WANDER GARCIA
ANA PAULA GARCIA
RENAN FLUMIAN

CONCURSOS
FISCAIS

3.500 QUESTÕES COMENTADAS

5ª Edição 2019

COMO PASSAR

EDITORA FOCO

2019 © Wander Garcia

Coordenadores: Wander Garcia, Ana Paula Garcia e Renan Flumian

Organizadora: Georgia Renata Dias

Autores: Wander Garcia, André Moreira Nascimento, André Roncaglia de Carvalho, Antonio Carlos Cintra do Amaral Filho, Eduardo Dompieri, Enildo Garcia, Fabrício de Oliveira Barros, Flávia Barros, Gustavo Caldas Guimarães de Campos, Gustavo Nicolau, Helder Satin, Henrique Subi, Hermes Cramacon, Lucía Campo Vecino, Magally Dato, Nédio Lima, Pedro Henrique Barros, Renan Flumian, Robinson Barreirinhas, Rodrigo Armstrong, Rosenei Novochadlo da Costa, Simone Cordeiro e Teresa Melo

Editor: Roberta Densa

Diretor Acadêmico: Leonardo Pereira

Revisora Sênior: Georgia Renata Dias

Projeto Gráfico e Diagramação: Ladislau Lima

Capa: Leonardo Hermano

Impressão miolo e capa: META BRASIL

Dados Internacionais de Catalogação na Publicação (CIP) de acordo com ISBD

C765

Como passar em Concursos Ficais / André Moreira Nascimento ... [et al.] ; organizado por Ana Paula Dompieri Garcia, Renan Flumian, Wander Garcia. - 5. ed. - Indaiatuba, SP : Editora Foco, 2019.

512 p. ; 17cm x 24cm.

ISBN: 978-85-8242-327-1

1. Metodologia de estudo. 2. Concursos Públicos. 3. Concursos Ficais. I. Garcia, Ana Paula Dompieri. II. Nascimento, André Moreira. III. Carvalho, André Roncaglia de. IV. Amaral Filho, Antonio Carlos Cintra do. V. Dompieri, Eduardo. VI. Garcia, Enildo. VII. Barros, Fabrício de Oliveira. VIII. Barros, Flávia. IX. Campos, Gustavo Caldas Guimarães de. X. Nicolau, Gustavo. XI. Satin, Helder. XII. Subi, Henrique. XIII. Cramacon, Hermes. XIV. Vecino, Lucía Campo. XV. Dato, Magally. XVI. Lima, Nédio. XVII. Barros, Pedro Henrique. XVIII. Flumian, Renan. XIX. Barreirinhas, Robinson. XX. Armstrong, Rodrigo. XXI. Costa, Rosenei Novochadlo da. XXII. Cordeiro, Simone. XXIII. Rocha, Tatiana. XXIV. Melo, Teresa. XXV. Garcia, Wander. XXVI. Título.

2018-1574　　　　　　　　　　　　　　　　　　　　　　　　　　　CDD 001.4　　CDU 001.8

Elaborado por Vagner Rodolfo da Silva - CRB-8/9410

Índice para catálogo sistemático:

1. Metodologia de estudo 001.4　　2. Metodologia de estudo 001.8

DIREITOS AUTORAIS: É proibida a reprodução parcial ou total desta publicação, por qualquer forma ou meio, sem a prévia autorização da Editora FOCO, com exceção do teor das questões de concursos públicos que, por serem atos oficiais, não são protegidas como Direitos Autorais, na forma do Artigo 8º, IV, da Lei 9.610/1998. Referida vedação se estende às características gráficas da obra e sua editoração. A punição para a violação dos Direitos Autorais é crime previsto no Artigo 184 do Código Penal e as sanções civis às violações dos Direitos Autorais estão previstas nos Artigos 101 a 110 da Lei 9.610/1998. Os comentários das questões são de responsabilidade dos autores.

NOTAS DA EDITORA:

Atualizações e erratas: A presente obra é vendida como está, atualizada até a data do seu fechamento, informação que consta na página II do livro. Havendo a publicação de legislação de suma relevância, a editora, de forma discricionária, se empenhará em disponibilizar atualização futura.

Bônus ou Capítulo On-line: Excepcionalmente, algumas obras da editora trazem conteúdo no *on-line*, que é parte integrante do livro, cujo acesso será disponibilizado durante a vigência da edição da obra.

Erratas: A Editora se compromete a disponibilizar no site www.editorafoco.com.br, na seção Atualizações, eventuais erratas por razões de erros técnicos ou de conteúdo. Solicitamos, outrossim, que o leitor faça a gentileza de colaborar com a perfeição da obra, comunicando eventual erro encontrado por meio de mensagem para contato@editorafoco.com.br. O acesso será disponibilizado durante a vigência da edição da obra.

Impresso no Brasil (11.2018)　　Data de Fechamento (11.2018)

2019

Todos os direitos reservados à
Editora Foco Jurídico Ltda.
Al. Júpiter 542 – American Park Distrito Industrial
CEP 13347-653 – Indaiatuba – SP
E-mail: contato@editorafoco.com.br
www.editorafoco.com.br

Acesse JÁ os conteúdos ON-LINE

 SHORT VIDEOS
Vídeos de curta duração com dicas de DISCIPLINAS SELECIONADAS

Acesse o link:
www.editorafoco.com.br/short-videos

  ATUALIZAÇÃO em PDF e VÍDEO para complementar seus estudos*

Acesse o link:
www.editorafoco.com.br/atualizacao

CAPÍTULOS ON-LINE

Acesse o link:
www.editorafoco.com.br/atualizacao

* As atualizações em PDF e Vídeo serão disponibilizadas sempre que houver necessidade, em caso de nova lei ou decisão jurisprudencial relevante, durante o ano da edição do livro.
* Acesso disponível durante a vigência desta edição.

Coordenadores e Autores

SOBRE OS COORDENADORES

Wander Garcia – @wander_garcia

É Doutor, Mestre e Graduado em Direito pela PUC/SP. É professor universitário e de cursos preparatórios para Concursos e Exame de Ordem, tendo atuado nos cursos LFG e DAMASIO. Neste, foi Diretor Geral de todos os cursos preparatórios e da Faculdade de Direito. Foi diretor da Escola Superior de Direito Público Municipal de São Paulo. É um dos fundadores da Editora Foco, especializada em livros jurídicos e para concursos e exames. É autor best seller com mais de 50 livros publicados na qualidade de autor, coautor ou organizador, nas áreas jurídica e de preparação para concursos e exame de ordem. Já vendeu mais de 1,5 milhão de livros, dentre os quais se destacam "Como Passar na OAB", "Como Passar em Concursos Jurídicos", "Exame de Ordem Mapamentalizado" e "Concursos: O Guia Definitivo". É também advogado desde o ano de 2000 e foi procurador do município de São Paulo por mais de 15 anos. É Coach Certificado, com sólida formação em Coaching pelo IBC e pela International Association of Coaching.

Ana Paula Garcia

Procuradora do Estado de São Paulo, Pós-graduada em Direito, Professora do IEDI, Escrevente do Tribunal de Justiça por mais de 10 anos e Assistente Jurídico do Tribunal de Justiça. Autora de diversos livros para OAB e concursos

Renan Flumian – @renanflumian

Professor e Coordenador Acadêmico do IEDI. Mestre em Filosofia do Direito pela *Universidad de Alicante*, cursou a *Session Annuelle D'enseignement* do *Institut International des Droits de L'Homme*, a Escola de Governo da USP e a Escola de Formação da Sociedade Brasileira de Direito Público. Autor e coordenador de diversas obras de preparação para Concursos Públicos e o Exame de Ordem. Advogado.

SOBRE OS AUTORES

André Moreira Nascimento

Advogado e especialista em Regulação de Petróleo e Derivados, Álcool Combustível e Gás Natural na ANP. Graduado em Direito pela Universidade Presbiteriana Mackenzie/SP. Graduado em Geografia pela USP. Coautor do livro *Estudos de Direito da Concorrência*, publicado pela Editora Mackenzie.

André Roncaglia de Carvalho

Bacharel e Mestre em Economia Política pela PUC-SP e doutorando do Programa de Economia do Desenvolvimento - IPE-USP. Atua como pesquisador nas áreas de Economia Monetária, História do Pensamento Econômico, História Econômica do Brasil e Macroeconomia. É professor de Fundamentos da Economia, Macroeconomia e Economia Brasileira pela Fundação-Escola de Comércio Álvares Penteado (FECAP), dos Programas de MBA da Fundação Getúlio Vargas.

Antonio Carlos Cintra do Amaral Filho

Bacharel em Economia pela FEA/USP e Direito pela PUC de São Paulo (ênfase em Direito Econômico e Internacional). Trabalhou por sete anos na Comissão de Valores Mobiliários (CVM), ex-assessor de Conselheiro no Tribunal de Contas do Município de São Paulo, atualmente Procurador do Município de São Paulo.

Eduardo Dompieri – @eduardodompieri

Pós-graduado em Direito. Professor do IEDI. Autor de diversas obras de preparação para Concursos Públicos e Exame de Ordem

Enildo Garcia

Professor-tutor da Pós-Graduação em Matemática (UFSJ-UAB). Professor de Matemática e Física em curso pré-vestibular comunitário. Aluno especial do Mestrado em Engenharia Elétrica do PPGEL-UFSJ. Integrante do Grupo de Estudos de Matemática Avançada — GEMA

(UFSJ), do Grupo de Estudos de Temas Polêmicos em Biologia (UFSJ) e do Grupo de Estudos para a OBMEP. Analista de Sistemas Sênior (PUC/RJ).

Fabrício de Oliveira Barros
Pós-graduado em Gestão Financeira. Professor universitário. Auditor de Controle Interno do Governo do Distrito Federal. Ex-auditor da KPMG Auditores Independentes.

Flávia Barros
Procuradora do Município de São Paulo. Doutora em Direito do Estado pela Universidade de São Paulo. Mestre em Direito Administrativo pela PUC-SP. Especialista em Direito Administrativo pela PUC-SP/COGEAE. Especialista em Direitos Difusos e Coletivos pela ESMPSP. Coach de Alta Performance pela FEBRACIS. Practioneer e Master em Programação Neurolinguística - PNL. Analista de Perfil Comportamental – DISC Assessment. Professora de Direito Administrativo.

Gustavo Caldas Guimarães de Campos
Possui mestrado em Ciências Jurídico-Econômicas pela Universidade de Coimbra (2008) reconhecido pela Universidade Católica de Brasília (UCB). Atualmente é procurador da fazenda nacional e Diretor-Geral do Centro de Altos Estudos da Procuradoria-Geral da Fazenda Naciona. Professor da ESAF e da UDF.

Gustavo Nicolau – @gustavo_nicolau
Doutor e Mestre pela Faculdade de Direito da USP. Professor de Direito Civil da Rede LFG/Praetorium. Advogado.

Helder Satin
Graduado em Ciências da Computação, com MBA em Gestão de TI. Professor do IEDI. Professor de Cursos de Pós-graduação. Desenvolvedor de sistemas Web e gerente de projetos.

Henrique Subi
Agente da Fiscalização Financeira do Tribunal de Contas do Estado de São Paulo. Mestrando em Direito Político e Econômico pela Universidade Presbiteriana Mackenzie. Especialista em Direito Empresarial pela Fundação Getúlio Vargas e em Direito Tributário pela UNISUL. Professor de cursos preparatórios para concursos desde 2006. Coautor de mais de 20 obras voltadas para concursos, todas pela Editora Foco.

Hermes Cramacon – @hermescramacon
Pós-graduado em Direito. Professor do Complexo Damásio de Jesus e do IEDI. Advogado.

Lucía Campo Vecino
Graduada em Direito e Economia pela Universidade Carlos III de Madrid e intercambista na USP e FGV.

Magally Dato
Professora de Língua Portuguesa. Agente de Fiscalização do Tribunal de Contas do Município de São Paulo.

Nédio Lima
Possui graduação em Ciências Jurídicas e Sociais pela Universidade de Passo Fundo (1987) e mestrado em Direito pela Universidade Federal de Santa Catarina (2001). Atualmente é Advogado e Professor Titular na Universidade do Oeste de Santa Catarina, campus de São Miguel do Oeste. Tem experiência na área de Direito, com ênfase em Direito Constitucional, Direito Processual Constitucional e Direito Eleitoral.

Pedro Henrique Barros
Doutor (2015), mestre (2010) e graduado (2007) em Ciências Contábeis. Interesses de pesquisa: conservadorismo contábil, estrutura de propriedade, governança corporativa e competição no mercado de produtos. Atualmente, é professor universitário e atua em perícias contábeis e processos de recuperação judicial.

Renan Flumian – @renanflumian
Mestre em Filosofia do Direito pela *Universidad de Alicante*. Cursou a *Session Annuelle D'enseignement do Institut International des Droits de L'Homme*, a Escola de Governo da USP e a Escola de Formação da Sociedade Brasileira de Direito Público. Professor e Coordenador Acadêmico do IEDI. Autor e coordenador de diversas obras de preparação para Concursos Públicos e o Exame de Ordem. Advogado.

Robinson Barreirinhas
robinson.barreirinhas@gmail.com
Secretário Municipal dos Negócios Jurídicos da Prefeitura de São Paulo. Professor do IEDI. Procurador do Município de São Paulo. Autor e coautor de mais de 20 obras de preparação para concursos

Rodrigo Armstrong

Graduado em Relações Internacionais pela Tufts University (Estados Unidos) e Mestre em Economia Política Internacional pela Universidade Federal do Rio de Janeiro (UFRJ). É ex-Assessor de Relações Internacionais do Prefeito do Rio de Janeiro, professor de Língua Inglesa para o Concurso de Admissão à Carreira Diplomática e professor de Economia Política Internacional na Pós-Graduação em Relações Internacionais, ambos nas Carreiras Internacionais do Damásio Educacional.

Rosenei Novochadlo da Costa

Mestre em Direito Constitucional pela PUC/SP. Especialista em Direito Constitucional pela Escola Superior de Direito Constitucional. Professora exclusiva de Direito Administrativo e Constitucional na Rede Luiz Flávio Gomes de Ensino. Professora de Direito na UNICAMP. Advogada.

Simone Cordeiro

Analista Judiciário do STJ e Mestre em Direito Público pela Universidade de Salamanca.

Teresa Melo

Professora do IEDI. Procuradora Federal. Assessora de Ministro do STJ.

Wander Garcia – @wander_garcia

É Doutor, Mestre e Graduado em Direito pela PUC/SP. É professor universitário e de cursos preparatórios para Concursos e Exame de Ordem, tendo atuado nos cursos LFG e DAMASIO. Neste, foi Diretor Geral de todos os cursos preparatórios e da Faculdade de Direito. Foi diretor da Escola Superior de Direito Público Municipal de São Paulo. É um dos fundadores da Editora Foco, especializada em livros jurídicos e para concursos e exames. É autor best seller com mais de 50 livros publicados na qualidade de autor, coautor ou organizador, nas áreas jurídica e de preparação para concursos e exame de ordem. Já vendeu mais de 1,5 milhão de livros, dentre os quais se destacam "Como Passar na OAB", "Como Passar em Concursos Jurídicos", "Exame de Ordem Mapamentalizado" e "Concursos: O Guia Definitivo". É também advogado desde o ano de 2000 e foi procurador do município de São Paulo por mais de 15 anos. É Coach Certificado, com sólida formação em Coaching pelo IBC e pela International Association of Coaching.

Sumário

COORDENADORES E AUTORES V
SOBRE OS COORDENADORES V
SOBRE OS AUTORES V

COMO USAR O LIVRO? XIII

1. DIREITO CIVIL 1
1. LINDB (LEI DE INTRODUÇÃO ÀS NORMAS DO DIREITO BRASILEIRO) 1
2. PARTE GERAL 3
3. OBRIGAÇÕES 15
4. CONTRATOS 19
5. RESPONSABILIDADE CIVIL 24
6. DIREITO DAS DAS COISAS 26
7. DIREITO DE FAMÍLIA 27
8. SUCESSÕES 27

2. DIREITO PENAL 29

3. DIREITO EMPRESARIAL 31
1. EMPRESÁRIO E EMPRESA 31
2. REGISTRO E ESCRITURAÇÃO 33
3. SOCIEDADES – PARTE GERAL E QUESTÕES COMBINADAS 36
4. SOCIEDADES LIMITADAS 45
5. SOCIEDADES ANÔNIMAS 47
6. NOME EMPRESARIAL 51

4. DIREITO CONSTITUCIONAL 55
1. CONSTITUIÇÃO, NORMAS CONSTITUCIONAIS, PODER CONSTITUINTE E HERMENÊUTICA CONSTITUCIONAL 55
2. PRINCÍPIOS FUNDAMENTAIS 59
3. DIREITOS E GARANTIAS FUNDAMENTAIS 61
4. CONTROLE DE CONSTITUCIONALIDADE 70
5. ORGANIZAÇÃO DO ESTADO 75

5. DIREITO ADMINISTRATIVO 83
1. REGIME JURÍDICO ADMINISTRATIVO E PRINCÍPIOS DO DIREITO ADMINISTRATIVO 83
2. FONTES DE DIREITO ADMINISTRATIVO 88

www. Acesse o conteúdo on-line. Siga as orientações disponíveis na página iii.

3. PODERES DA ADMINISTRAÇÃO PÚBLICA 88
4. ATOS ADMINISTRATIVOS 94
5. ORGANIZAÇÃO ADMINISTRATIVA 110

6. DIREITO TRIBUTÁRIO — 119

1. COMPETÊNCIA TRIBUTÁRIA 119
2. PRINCÍPIOS 126
3. IMUNIDADES 132
4. DEFINIÇÃO DE TRIBUTO E ESPÉCIES TRIBUTÁRIAS 136
5. LEGISLAÇÃO TRIBUTÁRIA – FONTES 143
6. VIGÊNCIA, APLICAÇÃO, INTERPRETAÇÃO E INTEGRAÇÃO 149
7. FATO GERADOR E OBRIGAÇÃO TRIBUTÁRIA 153
8. LANÇAMENTO, CRÉDITO TRIBUTÁRIO 157
9. SUJEIÇÃO PASSIVA, RESPONSABILIDADE TRIBUTÁRIA, CAPACIDADE E DOMICÍLIO 162
10. SUSPENSÃO, EXTINÇÃO E EXCLUSÃO DO CRÉDITO 171
11. REPARTIÇÃO DE RECEITAS 180
12. IMPOSTOS E CONTRIBUIÇÕES EM ESPÉCIE 182
13. GARANTIAS E PRIVILÉGIOS DO CRÉDITO 237
14. ADMINISTRAÇÃO TRIBUTÁRIA, FISCALIZAÇÃO 237
15. CRIMES TRIBUTÁRIOS 237
16. DIREITO FINANCEIRO 238
17. PROCESSO ADMINISTRATIVO FISCAL 238

7. DIREITO PREVIDENCIÁRIO — 241

1. PRINCÍPIOS 241
2. CUSTEIO 244
3. CONTRIBUIÇÕES SOCIAIS 249
4. BENEFÍCIOS 252
5. CRIMES 260

8. CONTABILIDADE — 261

1. PRINCÍPIOS FUNDAMENTAIS DE CONTABILIDADE 261
2. CONTABILIDADE GERAL 264

9. AUDITORIA — 335

1. AUDITORIA: CONCEITOS, OBJETIVOS, TIPOS GERAIS E PRÁTICA DA AUDITORIA 335
2. AUDITORIA INTERNA 340
3. CONTROLES INTERNOS 343
4. PROCEDIMENTOS GERAIS DE AUDITORIA: TESTES DE OBSERVÂNCIA E SUBSTANTIVOS 345
5. PROCEDIMENTOS DE AUDITORIA ESPECÍFICOS 354
6. PLANEJAMENTO DA AUDITORIA 362
7. RELEVÂNCIA E MATERIALIDADE NA AUDITORIA 363
8. RISCOS DA AUDITORIA 365
9. SUPERVISÃO E CONTROLE DE QUALIDADE 368
10. PAPÉIS DE TRABALHO E DOCUMENTAÇÃO DE AUDITORIA 369
11. EVIDÊNCIAS DE AUDITORIA 370

12.	FRAUDE E ERRO	373
13.	AMOSTRAGEM E AMOSTRAS: TAMANHO, TIPOS E AVALIAÇÃO DOS RESULTADOS	374
14.	OPINIÃO DO AUDITOR E RELATÓRIO DE AUDITORIA	377

10. ECONOMIA E FINANÇAS — 381

11. COMÉRCIO INTERNACIONAL E LEGISLAÇÃO ADUANEIRA — 391

1.	PARTE GERAL	391
2.	REGIMES ADUANEIROS	392
3.	VALORAÇÃO ADUANEIRA	394
4.	CONTROLE ADMINISTRATIVO	394
5.	DESPACHO E DESEMBARAÇO ADUANEIRO	395
6.	COMPETÊNCIA	398
7.	TRIBUTAÇÃO	398
8.	ORGANIZAÇÕES, TRATADOS E ACORDOS INTERNACIONAIS DE COMÉRCIO	401

12. ADMINISTRAÇÃO PÚBLICA — 403

13. ÉTICA NA ADMINISTRAÇÃO PÚBLICA E IMPROBIDADE ADMINISTRATIVA — 415

1.	CONCEITO, MODALIDADES, TIPIFICAÇÃO E SUJEITOS ATIVO E PASSIVO DA IMPROBIDADE ADMINISTRATIVA	415
2.	SANÇÕES E PROVIDÊNCIAS CAUTELARES POR ATO DE IMPROBIDADE ADMINISTRATIVA	416
3.	PROCESSO E OUTRAS QUESTÕES RELATIVAS À IMPROBIDADE ADMINISTRATIVA	417
4.	QUESTÕES DE CONTEÚDO VARIADO SOBRE IMPROBIDADE ADMINISTRATIVA	418
5.	DEVERES ÉTICOS E OUTRAS QUESTÕES	418

14. INFORMÁTICA — 421

1.	*HARDWARE*	421
2.	PLANILHAS ELETRÔNICAS	425
3.	EDITORES DE TEXTO	431
4.	OFFICE – POWERPOINT	433
5.	BANCOS DE DADOS	434
6.	INTERNET	434
7.	SISTEMAS OPERACIONAIS – WINDOWS	438
8.	SISTEMAS OPERACIONAIS – LINUX	442
9.	PROGRAMAÇÃO E SISTEMAS	444
10.	REDES	445
11.	SEGURANÇA	450

15. RACIOCÍNIO LÓGICO, MATEMÁTICA FINANCEIRA E ESTATÍSTICA — 457

1.	RACIOCÍNIO LÓGICO	457
2.	MATEMÁTICA BÁSICA	463
3.	MATEMÁTICA FINANCEIRA	470
4.	ESTATÍSTICA	481

Sumário on-line

16. DIREITO DO TRABALHO 259

17. SEGURANÇA E SAÚDE NO TRABALHO E LEGISLAÇÃO PREVIDENCIÁRIA 265

18. ECONOMIA DO TRABALHO E SOCIOLOGIA DO TRABALHO 271

19. ESPANHOL 275

20. LÍNGUA PORTUGUESA 287

1. INTERPRETAÇÃO DE TEXTOS 287
2. REDAÇÃO 322
3. SEMÂNTICA 336
4. VERBO 345
5. CONCORDÂNCIA 356
6. PONTUAÇÃO 361
7. PRONOME 370
8. REGÊNCIA 376
9. ANÁLISES SINTÁTICA E MORFOLÓGICA 382
10. CRASE 397
11. QUESTÕES COMBINADAS E OUTROS TEMAS 399

21. INGLÊS 407

22. LEGISLAÇÃO TRIBUTÁRIA INDICADA 411

COMO USAR O LIVRO?

Para que você consiga um ótimo aproveitamento deste livro, atente para as seguintes orientações:

1º Tenha em mãos um *vademecum* ou **um computador** no qual você possa acessar os textos de lei citados.

Neste ponto, recomendamos o **Vade Mecum de Legislação FOCO** – confira em www.editorafoco.com.br.

2º Se você estiver estudando a teoria (fazendo um curso preparatório ou lendo resumos, livros ou apostilas), faça as questões correspondentes deste livro na medida em que for avançando no estudo da parte teórica.

3º Se você já avançou bem no estudo da teoria, leia cada capítulo deste livro até o final, e só passe para o novo capítulo quando acabar o anterior; vai mais uma dica: alterne capítulos de acordo com suas preferências; leia um capítulo de uma disciplina que você gosta e, depois, de uma que você não gosta ou não sabe muito, e assim sucessivamente.

4º Iniciada a resolução das questões, tome o cuidado de ler cada uma delas **sem olhar para o gabarito e para os comentários**; se a curiosidade for muito grande e você não conseguir controlar os olhos, tampe os comentários e os gabaritos com uma régua ou um papel; na primeira tentativa, é fundamental que resolva a questão sozinho; só assim você vai identificar suas deficiências e "pegar o jeito" de resolver as questões; marque com um lápis a resposta que entender correta, e só depois olhe o gabarito e os comentários.

5º **Leia com muita atenção o enunciado das questões**. Ele deve ser lido, no mínimo, duas vezes. Da segunda leitura em diante, começam a aparecer os detalhes, os pontos que não percebemos na primeira leitura.

6º **Grife as palavras-chave, as afirmações e a pergunta formulada.** Ao grifar as palavras importantes e as afirmações você fixará mais os pontos-chave e não se perderá no enunciado como um todo. Tenha atenção especial com as palavras "correto", "incorreto", "certo", "errado", "prescindível" e "imprescindível".

7º Leia os comentários e **leia também cada dispositivo legal** neles mencionados; não tenha preguiça; abra o *vademecum* e leia os textos de leis citados, tanto os que explicam as alternativas corretas, como os que explicam o porquê de ser incorreta dada alternativa; você tem que conhecer bem a letra da lei, já que mais de 90% das respostas estão nela; mesmo que você já tenha entendido determinada questão, reforce sua memória e leia o texto legal indicado nos comentários.

8º Leia também os **textos legais que estão em volta** do dispositivo; por exemplo, se aparecer, em Direito Penal, uma questão cujo comentário remete ao dispositivo que trata de falsidade ideológica, aproveite para ler também os dispositivos que tratam dos outros crimes de falsidade; outro exemplo: se aparecer uma questão, em Direito Constitucional, que trate da composição do Conselho Nacional de Justiça, leia também as outras regras que regulamentam esse conselho.

9º Depois de resolver sozinho a questão e de ler cada comentário, você deve fazer uma **anotação ao lado da questão**, deixando claro o motivo de eventual erro que você tenha cometido; conheça os motivos mais comuns de erros na resolução das questões:

DL – "desconhecimento da lei"; quando a questão puder ser resolvida apenas com o conhecimento do texto de lei;

DD – "desconhecimento da doutrina"; quando a questão só puder ser resolvida com o conhecimento da doutrina;

DJ – "desconhecimento da jurisprudência"; quando a questão só puder ser resolvida com o conhecimento da jurisprudência;

FA – "falta de atenção"; quando você tiver errado a questão por não ter lido com cuidado o enunciado e as alternativas;

NUT - "não uso das técnicas"; quando você tiver se esquecido de usar as técnicas de resolução de questões objetivas, tais como as da **repetição de elementos** ("quanto mais elementos repetidos existirem, maior a chance de a alternativa ser correta"), das **afirmações generalizantes** ("afirmações generalizantes tendem a ser incorretas" - reconhece-se afirmações generalizantes pelas palavras *sempre, nunca, qualquer, absolutamente, apenas, só, somente exclusivamente* etc.), dos **conceitos compridos** ("os conceitos de maior extensão tendem a ser corretos"), entre outras.

obs: se você tiver interesse em fazer um Curso de "Técnicas de Resolução de Questões Objetivas", recomendamos o curso criado a esse respeito pelo IEDI Cursos On-line: www.iedi.com.br.

10º Confie no **bom-senso**. Normalmente, a resposta correta é a que tem mais a ver com o bom-senso e com a ética. Não ache que todas as perguntas contêm uma pegadinha. Se aparecer um instituto que você não conhece, repare bem no seu nome e tente imaginar o seu significado.

11º Faça um levantamento do **percentual de acertos de cada disciplina** e dos **principais motivos que levaram aos erros cometidos**; de posse da primeira informação, verifique quais disciplinas merecem um reforço no estudo; e de posse da segunda informação, fique atento aos erros que você mais comete, para que eles não se repitam.

12º Uma semana antes da prova, faça uma **leitura dinâmica** de todas as anotações que você fez e leia de novo os dispositivos legais (e seu entorno) das questões em que você marcar "DL", ou seja, desconhecimento da lei.

13º Para que você consiga ler o livro inteiro, faça um bom **planejamento**. Por exemplo, se você tiver 30 dias para ler a obra, divida o número de páginas do livro pelo número de dias que você tem, e cumpra, diariamente, o número de páginas necessárias para chegar até o fim. Se tiver sono ou preguiça, levante um pouco, beba água, masque chiclete ou leia em voz alta por algum tempo.

14º Desejamos a você, também, muita **energia, disposição, foco, organização, disciplina, perseverança, amor** e **ética**!

Wander Garcia, Ana Paula Garcia e Renan Flumian
Coordenadores

1. DIREITO CIVIL

Gustavo Nicolau

1. LINDB (LEI DE INTRODUÇÃO ÀS NORMAS DO DIREITO BRASILEIRO)

(Auditor do Tesouro Municipal/Recife-PE – FGV) A Lei de Introdução às Normas no Direito Brasileiro (Dec.-lei 4.657/1942), denominação dada pela Lei 12.376/2010 para a antiga Lei de Introdução ao Código Civil Brasileiro, estabelece normas sobre vigência, aplicação, interpretação, integração e conflito de leis no tempo e espaço.

Com relação às previsões estabelecidas em tal diploma legal, analise as afirmativas a seguir.

I. A lei posterior revoga a anterior quando expressamente o declare, quando ela seja incompatível ou quando regule inteiramente a matéria de que tratava a lei anterior.
II. Na aplicação da lei, o juiz atenderá aos fins sociais a que ela se dirige e às exigências do bem comum.
III. A lei nova, que estabeleça disposições gerais ou especiais a par das já existentes, não revoga nem modifica a lei anterior.

Assinale:

(A) se somente a afirmativa I estiver correta.
(B) se somente a afirmativa II estiver correta.
(C) se somente a afirmativa III estiver correta.
(D) se somente as afirmativas II e III estiverem corretas.
(E) se todas as afirmativas estiverem corretas.

I: correta. A afirmativa repete o enunciado do art. 2º, § 1º, da LINDB, no qual se estabelece que há três maneiras de uma nova lei revogar a anterior: expressa, tácita ou global. A revogação expressa ocorre quando a nova lei indica claramente qual texto legal está revogando (ex: o art. 2.045 do CC procedeu a uma revogação expressa do Código Civil de 1916), a tácita ocorre quando a nova lei apenas contraria a anterior e a global se verifica quando uma nova lei regula inteiramente assunto tratado na lei anterior; **II:** correta. A afirmativa reproduz o texto do art. 5º da LINDB. Ao determinar o atendimento aos "fins sociais", a Lei optou pela interpretação teleológica, derivada da teleologia, ciência que estuda a finalidade, o objetivo das coisas; **III:** correta. A afirmativa reproduz o disposto no art. 2º, § 2º, da LINDB. Quando a lei menciona "a par", ela quer dizer "paralelo", que não contradiz. Tais disposições não revogam a lei anterior, apenas a complementam.
Gabarito "E".

(Auditor Fiscal da Receita Federal – ESAF) Assinale a opção incorreta. Em relação aos conflitos de leis no espaço, a Lei de Introdução ao Código Civil estabelece os seguintes critérios:

(A) Em questões sobre o começo e fim da personalidade, o nome, a capacidade e os direitos de família, prevalece a lei do país de domicílio da pessoa.
(B) Em questões sobre a qualificação e regulação das relações concernentes a bens, prevalece a lei do país em que for domiciliado o proprietário.
(C) Em questões envolvendo obrigações, prevalece a lei do país onde foram constituídas, reputando-se constituída no lugar em que residir o proponente.
(D) Em questões envolvendo sucessão por morte, real ou presumida, prevalece a lei do país de domicílio do *de cujus*, ressalvando-se que, quanto à capacidade para suceder, aplica-se a lei do domicílio do herdeiro ou legatário.
(E) Em questões envolvendo sucessão sobre bens do estrangeiro situado no Brasil, aplicar-se-á a lei brasileira em favor do cônjuge brasileiro e dos filhos do casal, sempre que não lhes for mais favorável a lei do domicílio do *de cujus*.

A: correta, pois a alternativa encontra pleno respaldo no art. 7º da LINDB; **B:** incorreta, pois nesse caso aplica-se a lei onde estiverem situados (LINDB, art. 8º); **C:** correta, pois de pleno acordo com o art. 9º da LINDB; **D:** correta, pois de acordo com a previsão do art. 10 da LINDB; **E:** correta, pois de acordo com a previsão do art. 10, § 1º, da LINDB.
Gabarito "B".

(Auditor Fiscal da Receita Federal – ESAF) Assinale a opção falsa.

(A) Se, durante a *vacatio legis*, vier a norma a ser corrigida em seu texto, que contém erros substanciais, suscetíveis de modificar parcial ou totalmente o seu sentido, ensejando nova publicação, o prazo nela mencionado para sua entrada em vigor ou, não o havendo, os prazos de 45 dias e 3 meses começam a correr da nova publicação.
(B) O estatuto pessoal, no Brasil, baseia-se na lei do domicílio, que é o elemento de conexão indicativo da lei competente para reger conflitos de lei no espaço concernentes aos direitos de família.
(C) O costume *praeter legem*, previsto no art. 4º da Lei de Introdução ao Código Civil, por revestir-se de caráter supletivo, supre a lei nos casos omissos.
(D) Revogar é tornar sem efeito uma norma, retirando sua obrigatoriedade no todo, caso em que se tem a derrogação, ou em parte, hipótese em que se configura a ab-rogação.
(E) Para a integração jurídica, em caso de lacuna, o juiz poderá fazer uso da analogia, do costume e dos princípios gerais de direito.

A: correta, pois de pleno acordo com a LINDB, em seus arts. 1º, *caput* e § 3º; **B:** correta, pois a assertiva está de acordo com o art. 7º da LINDB; **C:** correta, pois a assertiva está de acordo com o art. 4º da LINDB, o que não se admite é o costume *contra legem*; **D:** incorreta, pois a revogação total da norma é a ab-rogação e a parcial é a derrogação; **E:** correta, pois a assertiva está de acordo com o art. 4º da LINDB.
Gabarito "D".

(Auditor Fiscal do Trabalho – ESAF) Sobre o efeito repristinatório, podemos afirmar que:

(A) a regra geral do *vacatio legis*, com os critérios progressivo e único, decorre do efeito repristinatório.
(B) a lei nova, que estabeleça disposições gerais ou especiais a par das já existentes, revogará a lei anterior quando regular inteiramente a matéria tratada na anterior.
(C) o legislador, derrogando ou ab-rogando lei que revogou a anterior, restabelece a lei abolida anteriormente, independentemente de declaração expressa.
(D) a vigência temporária da lei decorre do efeito repristinatório que fixa o tempo de sua duração.
(E) a lei revogadora de outra lei revogadora somente restabelece a velha lei, anteriormente abolida, quando expressamente declarado.

A: incorreta, pois não há qualquer ligação entre a *vacatio legis* e o efeito repristinatório previsto no art. 2º, § 3º, da LINDB; B: incorreta, pois a lei posterior que estabelece disposições a par das já existentes convive com a lei anterior (LINDB, art. 2º, § 2º); C: incorreta, pois se assim fosse estaria se consumando a repristinação que – no sistema brasileiro – somente poderá ocorrer caso mediante declaração expressa da lei posterior (LINDB, art. 2º, § 3º); D: incorreta, pois não há ligação entre a lei com vigência temporária e a repristinação; E: correta, pois é exatamente a regra que vige sobre repristinação em nosso sistema (LINDB, art. 2º, § 3º).
Gabarito "E".

(Auditor Fiscal/SC – FEPESE) Assinale a alternativa **incorreta**.

(A) Ninguém se escusa de cumprir a lei alegando que não a conhece.
(B) A *vacatio legis* estipulada como regra é de 90 (noventa) dias, quando não houver disposição em contrário.
(C) A lei nova, que estabeleça disposições gerais ou especiais a par das já existentes, não revoga nem modifica a lei anterior.
(D) Quando a lei for omissa, o juiz decidirá o caso de acordo com as analogias, os costumes e os princípios gerais do direto.
(E) Não se destinando à vigência temporária, a lei terá vigor até que outra a modifique ou revogue.

A: correta, pois a assertiva está de acordo com o art. 3º da LINDB; B: incorreta, pois em regra a *vacatio legis* é de 45 dias (art. 1º, *caput*, da LINDB) para as leis que se apliquem em território nacional; C: correta, pois a assertiva está de acordo com o art. 2º, § 2º, da LINDB; D: correta, pois a assertiva está de acordo com o art. 4º da LINDB; E: correta, pois a assertiva está de acordo com o art. 2º, *caput*, da LINDB.
Gabarito "B".

(Agente Tributário Estadual/MS – FGV) A lei geral posterior que cria disposição geral:

(A) ab-roga a lei especial.
(B) depende, para entrar em vigor, que a lei especial seja revogada.
(C) altera a lei especial, mas sem revogá-la.
(D) não revoga nem modifica a lei especial em vigor.
(E) revoga a lei especial.

De acordo com os critérios utilizados para solução de conflito de leis no tempo, em especial o critério da especialidade, lei geral nova não revoga uma lei especial anterior, pois o critério da especialidade prevalece (LINDB, art. 2º, § 2º).
Gabarito "D".

(Auditor Fiscal/PB – FCC) Considere as seguintes afirmações:

I. A lei posterior somente revogará a lei anterior quando expressamente o declare.
II. A lei nova, que estabeleça disposições gerais ou especiais a par das já existentes, não revoga nem modifica a lei anterior.
III. Para qualificar e reger as obrigações, aplica-se a lei do país em que devem ser cumpridas.
IV. A lei do país em que for domiciliada a pessoa determina as regras sobre o começo e o fim da personalidade.
V. A capacidade e os direitos de família se regulam pela lei correspondente à nacionalidade das pessoas.

Está correto o que se afirma APENAS em

(A) I e II.
(B) II e III.
(C) II e IV.
(D) III e V.
(E) IV e V.

I: incorreta, pois a lei posterior revoga anterior quando "expressamente o declare, quando seja com ela incompatível ou quando regule inteiramente a matéria de que tratava a lei anterior" (LINDB, art. 2º, § 1º); II: correta, pois de pleno acordo com o art. 2º, § 2º, da LINDB; III: incorreta, pois nesse caso aplica-se a lei do país onde forem constituídas (LINDB, art. 9º); IV: correta, pois de pleno acordo com o art. 7º da LINDB; V: incorreta, pois nesse caso deve se aplicar a lei do domicílio da pessoa.
Gabarito "C".

(Auditor Fiscal/AL – CESPE) Julgue os itens a seguir, referentes à Lei de Introdução ao Código Civil (Decreto-lei 4.657/1942).

(1) Trata essa lei de um conjunto de normas sobre normas.
(2) O conflito de leis no espaço não é objeto dessa lei.
(3) Aplica-se no âmbito dos direitos público e privado.
(4) No caso de um argentino domiciliado no Brasil querer casar-se com uma brasileira aqui domiciliada, aplicar-se-á a legislação argentina referente ao matrimônio.
(5) Pelo sistema de execução judicial de sentença estrangeira no Brasil, dever-se-á verificar, entre outros requisitos, se a sentença está traduzida por intérprete autorizado.

1: correta, pois a LINDB tem mesmo essa função de prever e regulamentar a vigência, revogação, interpretação, ausência, aplicação temporal e espacial das leis; 2: incorreta, pois a LINDB regulamenta o conflito de leis no espaço (arts. 7º a 19); 3: correta, pois a LINDB não tem aplicação restrita ao Direito Civil, mas a todos os ramos do direito, seja privado ou público; 4: incorreta, pois nesse caso deve-se aplicar a lei de domicílio da pessoa, no caso a lei brasileira (LINDB, art. 7º); 5: correta, pois de acordo com o art. 15, *d*, da LINDB.
Gabarito 1C, 2E, 3C, 4E, 5C.

(Fiscal de Tributos/PA – ESAF) Assinale a opção falsa.

(A) Se a lei fixar prazo final de sua vigência, completado este ela não mais produzirá efeitos.
(B) A cláusula de revogação deverá enumerar expressamente as leis ou disposições legais revogadas.
(C) As disposições transitórias são elaboradas pelo legislador no próprio texto normativo para conciliar a nova norma com as relações já definidas pela anterior.
(D) O critério *lex posterior derogat legi priori* significa que, de duas normas do mesmo escalão, a última prevalece sobre a anterior.

(E) Os atos que forem praticados de conformidade com a antiga norma, no período que decorre entre a publicação da lei nova e o início de sua vigência, não terão validade.

A: correta, pois nesse caso existe um termo final de vigência da norma (LINDB, art. 2º); B: correta, pois de pleno acordo com a regra estabelecida pelo art. 9º da Lei Complementar 95/1998; C: correta, pois essa é exatamente a função das disposições transitórias; D: correta, pois é este o significado do brocardo e ele é aplicado no Brasil (LINDB, art. 2º); E: incorreta, pois no direito brasileiro, a regra é a irretroatividade das normas, assim, enquanto a lei nova não estiver em vigor, os atos devem ser praticados em conformidade com a lei anterior, que ainda vige, mesmo que já publicada uma nova lei.
Gabarito "E".

(Auditor Fiscal/São José do Rio Preto-SP – VUNESP) De acordo com o art. 3º da LINDB (Lei de Introdução ao Código Civil): "Ninguém se escusa de cumprir a lei, alegando que não a conhece". É o princípio da obrigatoriedade das leis. Dentre as teorias que procuram justificá-lo, há uma sustentando o dever de cumprir as leis "não por motivo de um conhecimento presumido ou ficto, mas por elevadas razões de interesse público, ou seja, para que seja possível a convivência social". Trata-se da teoria da

(A) presunção legal.
(B) ficção.
(C) política geral.
(D) necessidade social.
(E) assertividade.

A teoria da necessidade social foi adotada pelo ordenamento jurídico brasileiro e sustenta que a lei é obrigatória e deve ser cumprida por todos, não por motivo de conhecimento, presumido ou ficto, mas por elevadas razões de interesse público ditado pela sociedade.
Gabarito "D".

(Auditor Fiscal/São Paulo-SP – FCC) Na lacuna da lei, o juiz

(A) decidirá com base na analogia, nos costumes e nos princípios gerais de direito.
(B) decidirá com base na equidade e na jurisprudência.
(C) decidirá o caso apenas se houver precedentes judiciais vinculantes dos tribunais superiores.
(D) arbitrará a solução que lhe parecer mais justa, de forma motivada.
(E) poderá escusar-se de proferir decisão.

A LINDB prevê a hipótese de um fato juridicamente relevante não conter uma previsão legal expressa para sua solução. Nesse caso ocorre a chamada lacuna da lei e a própria LINDB traz a solução para tal hipótese no art. 4º, determinando aplicação dos chamados sistemas integradores do ordenamento, que são três. Pela *analogia* aplica-se a lei que versa sobre hipótese semelhante; existe ainda a possibilidade de se aplicar os hábitos reiterados de uma sociedade, com a utilização então dos *costumes*. Por fim, a LINDB determina que – se esses dois mecanismos não forem suficientes – deve-se aplicar os princípios gerais do direito.
Gabarito "A".

(Auditor Fiscal/Limeira-SP – CESPE) Julgue o item que se segue, acerca das normas que regem o direito civil pátrio.

(1) Considere que a lei X tenha limitado em 1%, ao mês, a taxa de juros a ser cobrada pelas instituições financeiras. Posteriormente, a lei Y revogou a lei X, ao estabelecer que a taxa-limite seria de 2%. Entretanto a lei Y perdeu a vigência. Nessa situação, a lei X se restaurará, devendo as instituições financeiras obedecer às suas disposições quanto à aplicação da taxa de juros.

1: incorreta. Na hipótese, a revogação da lei Y não foi complementada com uma nova taxa máxima de juros, nem tampouco repristinou expressamente a lei X. Como no Brasil não existe a repristinação tácita, a hipótese descrita na questão seria de ausência de leis a tratar sobre taxa máxima de juros (LINDB, art. 2º, § 3º).
Gabarito 1E.

2. PARTE GERAL

2.1. PESSOAS NATURAIS

(Auditor Fiscal Tributário Estadual – SEGEP/MA – 2016 – FCC) O artigo 2º do Código Civil dispõe que a personalidade civil da pessoa começa do nascimento com vida; mas a lei põe a salvo, desde a concepção, os direitos do nascituro. Por sua vez, o artigo 3º do Código Civil dispõe que são absolutamente incapazes de exercer pessoalmente os atos da vida civil os menores de 16 anos. De acordo com o Código Civil,

(A) a personalidade civil inicia-se com 16 anos completos, embora a lei resguarde os direitos não patrimoniais a partir do nascimento com vida.
(B) a personalidade inicia-se com o nascimento com vida, mas até os 16 anos a pessoa não tem capacidade para praticar os atos da vida civil, devendo ser representada.
(C) o ordenamento adotou a teoria concepcionista, que atribui personalidade civil ao nascituro, sob condição suspensiva.
(D) como o ordenamento adotou a teoria natalista, admite-se, como regra, o aborto, pois a personalidade se inicia apenas com o nascimento com vida.
(E) a capacidade dos menores de 16 anos equipara-se à dos que, por enfermidade ou deficiência mental, não tiverem o necessário discernimento para a prática dos atos da vida civil.

A: incorreta, pois – pela letra fria do art. 2º do CC – a personalidade civil começa do nascimento com vida e a lei resguarda direitos patrimoniais (ex: direito de herdar, previsto no CC, art. 1.798) e também não patrimoniais (ex: direitos da personalidade) desde a concepção; B: correta, pois a assertiva separa personalidade e capacidade de exercício. Aquela se inicia com o nascimento com vida, enquanto esta é conferida em etapas. Na primeira etapa (incapacidade absoluta, que termina aos dezesseis anos) a pessoa precisa de um representante para a prática dos atos; C: incorreta, pois não é possível afirmar que o Código Civil adotou a teoria concepcionista, especialmente pela redação do art. 2º; D: incorreta, pois também não é correto afirmar que o aborto é permitido, sendo inclusive considerado crime contra a vida, sob jurisdição do Tribunal do Júri (CP, art. 124); E: incorreta, pois somente os menores de dezesseis anos são absolutamente incapazes (CC, art. 3º).
Gabarito "B".

(Auditor Fiscal da Receita Federal – ESAF) Se uma pessoa, que participava de operações bélicas, não for encontrada até dois anos após o término da guerra, configurada está a:

(A) declaração judicial de morte presumida, sem decretação de ausência.
(B) comoriência.
(C) morte civil.
(D) morte presumida pela declaração judicial de ausência.
(E) morte real.

A: correta, pois a hipótese fática narrada na assertiva descreve a clássica situação de morte presumida, sem necessidade de se perquirir o longo processo da ausência. A lei prevê essa situação jurídica para casos nos quais a probabilidade de morte seja alta, como tragédias, naufrágios, quedas de avião, nas quais o corpo não é encontrado (CC, art. 7º); **B:** incorreta, pois a comoriência é a presunção de morte simultânea quando impossível identificar a sequência das mortes (CC, art. 8º); **C:** incorreta, pois nosso ordenamento traz apenas uma hipótese, e bastante limitada, de morte civil, que é a situação de uma pessoa viva, mas considerada juridicamente morta. Tal hipótese está prevista no art. 1.816 do CC, que assim trata o indigno apenas para fins sucessórios; **D:** incorreta, pois o longo processo de ausência, que resulta na posterior decretação de morte presumida, é reservado para hipóteses nas quais não existe uma situação trágica ou um fato extraordinário que tornem extremamente provável a morte da pessoa (CC, arts. 22 a 39); **E:** incorreta, pois a morte real pressupõe a presença do corpo da pessoa que faleceu, devidamente documentado pelo atestado de óbito (Lei 6.015/1973, art. 77).

Gabarito "A".

2.2. DOMICÍLIO

(**Auditor Fiscal/PB – FCC**) O domicílio da pessoa natural é o lugar onde ela estabelece a sua residência com ânimo definitivo, porém

(A) o preso em cumprimento de sentença, ainda que a pena seja elevada, não perde o seu domicílio, que será considerado o local de sua última residência.
(B) o itinerante não tem domicílio.
(C) se tiver diversas residências, onde, alternadamente, viva, considerar-se-á domiciliada no local em que primeiro houver estabelecido residência.
(D) o domicílio do diplomata será, sempre, o Distrito Federal, enquanto servir no estrangeiro.
(E) quanto às relações concernentes à profissão também será domiciliada onde a profissão for exercida.

A: incorreta, pois o preso tem como domicílio legal, expressamente determinado na lei, o local onde cumpra a sentença condenatória (CC, art. 76, parágrafo único); **B:** incorreta, pois o domicílio do itinerante é o *lugar onde for encontrado* (CC, art. 73); **C:** incorreta, pois nessa hipótese aplica-se a regra segundo a qual "se, porém, a pessoa natural tiver diversas residências, onde, alternadamente, viva, considerar-se-á domicílio seu qualquer delas" (CC, art. 71); **D:** incorreta, pois nesse caso, o diplomata poderá ser demandado no Distrito Federal ou no último ponto do território brasileiro onde teve domicílio (CC, art. 77); **E:** correta, pois de pleno acordo com o art. 72 do CC.

Gabarito "E".

2.3 DIREITOS DA PERSONALIDADE

(**Auditor Fiscal Tributário da Receita Municipal/Cuiabá-MT – FGV**) Os direitos da personalidade foram disciplinados no Código Civil de 2002 de forma não taxativa.
Sobre o tema, analise as afirmativas a seguir.

I. Numa situação hipotética, é possível uma ex-noiva ingressar, a qualquer momento, com ação de ressarcimento por danos morais contra seu ex-noivo, que desistiu de casar no momento da cerimônia religiosa, diante dos convidados que lotaram a igreja no dia 25 de janeiro de 2004.
II. Os dispositivos legais destinados à proteção dos direitos da personalidade aplicam-se integralmente às pessoas jurídicas de direito privado, desde que não tenham qualquer finalidade lucrativa, enquanto às demais pessoas jurídicas só se confere proteção para lesão a direitos patrimoniais.
III. Júlia, apresentadora de programa infantil, poderá recorrer ao Poder Judiciário para impedir que um jornal de grande circulação publique matéria contendo fotos íntimas que foram divulgadas sem a sua autorização. Caso não tome providências para impedir a notícia, Júlia poderá pleitear indenização pelos danos morais e materiais decorrentes da publicação.

Assinale:

(A) se somente a afirmativa I estiver correta.
(B) se somente a afirmativa II estiver correta.
(C) se somente a afirmativa III estiver correta.
(D) se somente as afirmativas II e III estiverem corretas.
(E) se todas as afirmativas estiverem corretas.

I: incorreta, pois o Código Civil (art. 206, § 3º, V) foi taxativo ao prever prazo de três anos para toda e qualquer responsabilidade civil, incluindo aí a decorrente de danos morais. A "imprescritibilidade" dos direitos da personalidade refere-se ao direito em si, abstratamente considerado e não à responsabilidade civil decorrente de sua violação; **II:** incorreta, pois – como bem enfatizado pelo Enunciado 286 do CJF, "*Os direitos da personalidade são direitos inerentes e essenciais à pessoa humana, decorrentes de sua dignidade, não sendo as pessoas jurídicas titulares de tais direitos*". Vale ressaltar, todavia, que parte da doutrina afirma que as pessoas jurídicas detêm alguns direitos da personalidade, tais como honra objetiva, nome, imagem etc. Nessa esteira, a Súmula 227 do STJ afirma que: "*A pessoa jurídica pode sofrer dano moral*"; **III:** correta. A afirmativa contempla as duas maneiras de se tutelar um direito da personalidade. A primeira é a tutela inibitória, pela qual se pleiteia que a lesão seja evitada ou imediatamente cessada; A segunda – quando a lesão já se consumou – é a tutela de danos morais. Ambas têm previsão expressa no art. 12 do CC.

Gabarito "C".

2.4. PESSOAS JURÍDICAS

(**Auditor Fiscal Tributário Municipal – Prefeitura Cuiabá – 2016 – FGV**) Rodrigo e Manuela decidem desenvolver conjuntamente a atividade empresarial de fornecimento de materiais médico-hospitalares. Para tanto, realizam contrato válido com a finalidade de constituir a sociedade empresarial. Ocorre que o contrato social não foi levado à inscrição no respectivo registro.

Considerando a situação descrita, assinale a afirmativa correta.

(A) A pessoa jurídica já possui existência legal, sendo certo que com a assinatura do contrato social haverá a separação patrimonial.
(B) A pessoa jurídica já possui existência legal, sendo certo que a assinatura do contrato social é a única etapa necessária para a existência legal da pessoa jurídica.
(C) A pessoa jurídica não possui existência legal, pois para tanto há a necessidade de levar o contrato social ao respectivo registro.
(D) A pessoa jurídica não possui existência legal, porém já há uma sociedade de fato com patrimônio separado da dos seus membros.
(E) A pessoa jurídica não possui existência legal, sendo que a falta de registro torna o contrato social firmado absolutamente nulo.

No que se refere às pessoas jurídicas, o Código Civil indica que sua existência legal só começa com a inscrição "*do ato constitutivo no respectivo registro*". Tendo em vista que Rodrigo e Manuela não levaram o contrato social ao registro, resta evidente não haver pessoa jurídica, muito menos patrimônio separado dos seus membros.

Gabarito "C".

(Auditor Fiscal Tributário Municipal – Prefeitura Cuiabá – 2016 – FGV) A Associação de Amigos das Aves (AAA), por meio de Maria Helena, sua representante e presidente, celebra contrato de locação com Orlando, tendo como objeto imóvel de propriedade deste.

O imóvel servirá de sede da associação, conforme consta do contrato de locação. Após assinado o contrato e de posse das chaves do imóvel, Maria Helena passa a nele residir com sua filha. Após seis meses de locação, a AAA deixa de pagar os valores referentes ao aluguel, num total de R$ 12.000,00.

Depois de uma tentativa frustrada de cobrança amigável dos aluguéis atrasados, Orlando ingressa com uma ação de cobrança contra a AAA e Maria Helena. Ao fim do processo, somente Maria Helena é condenada a pagar o valor dos aluguéis atrasados, tendo em vista que a AAA dispunha somente de R$ 100,00 em seu patrimônio.

Tendo a situação descrita como referência, assinale a afirmativa correta.

(A) A ação de cobrança deveria ter sido intentada contra a associação, sendo certo que Maria Helena jamais poderá ser obrigada a pagar os valores devidos, com fundamento no princípio da separação patrimonial.
(B) A ação de cobrança deveria ter sido intentada contra a associação, sendo certo que Maria Helena somente poderá ser obrigada a pagar os valores devidos se houver a desconsideração da personalidade da sociedade.
(C) A ação de cobrança deveria ter sido intentada contra a associação e contra Maria Helena, na medida em que esta passa a residir no imóvel locado pela associação, tornando-se sua comodatária.
(D) A ação de cobrança deveria ter sido intentada somente contra Maria Helena, na medida em que ela é a representante da pessoa jurídica.
(E) A ação de cobrança deveria ter sido intentada somente contra Maria Helena, na medida em que a associação não possui meios de pagamento da dívida.

A hipótese descrita no enunciado é claramente de confusão patrimonial, autorizadora da desconsideração da personalidade jurídica. Para tanto, a cobrança deveria ter sido direcionada normalmente contra a pessoa jurídica que celebrou o contrato. Constatada a confusão patrimonial, bem como a insolvência da mesma, o adequado seria então pedir – nos autos do processo – a desconsideração da personalidade jurídica, visando – como preceitua o mesmo dispositivo – que "*os efeitos de certas e determinadas relações de obrigações sejam estendidos aos bens particulares dos administradores ou sócios da pessoa jurídica*" (CC, art. 50).

Gabarito "B".

(Auditor Fiscal Tributário Estadual – SEGEP/MA – 2016 – FCC) Jair é sócio e administrador da pessoa jurídica J. Jardinagem Ltda., que não possui conta-corrente, utilizando a conta-corrente pessoal de Jair para realizar movimentações financeiras. Surpreendido com dificuldades financeiras, decorrentes de suas obrigações pessoais, Jair gastou todos os recursos existentes em sua conta-corrente. Com isto, a pessoa jurídica J. Jardinagem Ltda. viu-se impossibilitada de honrar compromissos. À vista do ocorrido, Manoel, credor civil da J. Jardinagem Ltda., requereu a desconsideração da personalidade jurídica da empresa, a fim de ver penhorados os bens particulares e penhoráveis de Jair. De acordo com o Código Civil, tal pedido:

(A) deve ser acatado, pois a confusão patrimonial caracteriza abuso da personalidade jurídica, autorizando a desconsideração da personalidade jurídica da sociedade, com o atingimento dos bens particulares e penhoráveis de Jair.
(B) não deve ser acatado, pois apenas o abuso da personalidade jurídica caracteriza a desconsideração da personalidade jurídica, o que não se dá com a confusão patrimonial.
(C) deve ser acatado, pois a confusão patrimonial caracteriza abuso da personalidade jurídica, autorizando a desconsideração da personalidade jurídica da sociedade, que leva à sua dissolução.
(D) não deve ser acatado, pois apenas nas relações de consumo se admite a desconsideração da personalidade jurídica.
(E) deve ser acatado, pois o inadimplemento, por si só, autoriza a desconsideração da personalidade jurídica.

A: correta, pois a assertiva traz clara hipótese de confusão patrimonial, que é uma das hipóteses permissivas da desconsideração da personalidade jurídica (CC, art. 50) e cujo objetivo é alcançar o patrimônio pessoal da pessoa física dos sócios; **B:** incorreta, pois não é "apenas o abuso da personalidade" que possibilita a desconsideração; **C:** incorreta, pois a desconsideração da personalidade jurídica não acarreta a dissolução da sociedade; **D:** incorreta, pois não é apenas nas relações de consumo que se admite a desconsideração, tendo também previsão nas relações civis e comerciais; **E:** incorreta, pois o mero inadimplemento não é causa suficiente para a desconsideração, medida que, lembre-se, é excepcional no sistema.

Gabarito "A".

(Auditor do Tesouro Municipal/Recife-PE – FGV) As pessoas jurídicas podem ser classificadas como pessoas jurídicas de direito público e pessoas jurídicas de direito privado. A esse respeito, assinale a opção que o Código Civil indica como pessoa jurídica de direito público.

(A) Autarquia
(B) Partido político
(C) Sociedade
(D) Associação
(E) Entidade religiosa

A questão envolve os arts. 41 e 44 do Código Civil, os quais, respectivamente, trazem a lista de pessoas jurídicas de Direito Público e de Direito Privado. Dentre as opções da questão, somente a autarquia não aparece na lista do art. 41, tendo em vista que ela é uma típica pessoa jurídica de Direito Público interno.

Gabarito "A".

(Auditor Fiscal Tributário da Receita Municipal/Cuiabá-MT – FGV) Acerca das fundações e associações disciplinadas no Código Civil de 2002 como pessoas jurídicas de direito privado, sem finalidade lucrativa, assinale a afirmativa correta.

(A) Se os bens destinados à constituição da fundação não forem suficientes para a finalidade pretendida, na ausência de disposição do instituidor, os bens serão incorporados em outra fundação que se proponha a fim igual ou semelhante.
(B) Vencido o prazo de existência de uma fundação, o órgão do Ministério Público lhe promoverá a extinção, com a devida incorporação do patrimônio a outra fundação

de fim igual ou semelhante, mas o mesmo não poderá ocorrer caso sua finalidade tenha se tornado ilícita.

(C) Na hipótese de insuficiência dos bens destinados à constituição da fundação para a realização da finalidade almejada, os bens deverão ser convertidos em títulos da dívida pública, com rendimentos destinados à fundação de fim igual ou semelhante.

(D) É nulo o estatuto de associação que estabeleça vantagens especiais para algumas categorias de associados, em afronta ao princípio da igualdade de direitos entre os associados.

(E) As associações são caracterizadas pela união de pessoas com finalidade não lucrativa, regidas por um estatuto social, cujos termos devem fixar as diretrizes básicas para o respeito aos direitos e às obrigações recíprocas existentes entre os associados.

A: correta, pois a afirmativa reproduz o texto do art. 63 do CC. A ideia é manter os bens numa utilidade pública, ainda que em outra fundação que se dedique à finalidade semelhante àquela proposta pelo instituidor; **B:** incorreta, pois a destinação dos bens para Fundação de fim igual ou semelhante é solução adotada pelo Código Civil tanto na hipótese de vencimento de prazo, quanto na hipótese de finalidade ilícita (CC, art. 69); **C:** incorreta, pois a destinação dos bens nesse caso é a prevista na alternativa "A", conforme determinação do art. 63 do CC; **D:** incorreta, pois o Código Civil admite vantagens especiais para categorias de associados (*ex: associados remidos*); **E:** incorreta, pois "*Não há, entre os associados, direitos e obrigações recíprocos*" (CC, art. 53, parágrafo único).
Gabarito "A".

(**Auditor Fiscal Tributário da Receita Municipal/Cuiabá-MT – FGV**) A diretoria executiva da empresa TADV encaminha consulta ao setor jurídico sobre a possibilidade de o patrimônio particular dos seus sócios e administradores ser atingido pelos efeitos de certas e determinadas obrigações assumidas pela sociedade.

De acordo com determinação expressa do Código Civil de 2002, sobre a teoria da desconsideração da personalidade jurídica, assinale a afirmativa correta.

(A) O patrimônio particular dos sócios e dos administradores da empresa TADV poderá ser atingido caso se configure abuso da personalidade jurídica, caracterizada por desvio de finalidade, inadimplemento obrigacional ou confusão patrimonial.

(B) O patrimônio particular dos sócios e dos administradores da TADV poderá ser atingido caso o juiz, de ofício, determine a extensão dos efeitos das relações obrigacionais da sociedade não apenas aos administradores da empresa, mas também aos demais sócios.

(C) O patrimônio particular dos sócios da TADV poderá ser atingido em caso de abuso da personalidade, que ocorre quando há desvio de finalidade ou confusão patrimonial, se o juiz decidir pela desconsideração a requerimento da parte ou do Ministério Público.

(D) O patrimônio particular dos sócios da TADV só será atingido em virtude de obrigações decorrentes de relações de consumo, ao passo que o patrimônio particular dos administradores da empresa poderá ser atingido em caso de desvio de finalidade ou de confusão patrimonial, por determinação, de ofício, do juiz.

(E) O patrimônio particular dos sócios poderá ser atingido por força da teoria da desconsideração da personalidade jurídica quando houver celebração de negócio jurídico simulado, fraude à execução ou desvio de finalidade. A confusão patrimonial e o inadimplemento obrigacional configuram razão para atingir especificamente o patrimônio pessoal dos administradores.

A: incorreta, pois a teoria da desconsideração da personalidade jurídica somente pode ser aplicada em casos especificados em lei, dentre os quais não se encontra o mero "inadimplemento obrigacional" (CC, art. 50); **B:** incorreta, pois a desconsideração da personalidade jurídica não pode ser aplicada de ofício pelo juiz (CC, art. 50); **C:** correta, pois a assertiva contempla hipóteses de desconsideração da personalidade jurídica, a qual pode ser pleiteada pelas partes ou pelo Ministério Público, quando lhe couber intervir no processo (CC, art. 50); **D:** incorreta, pois a desconsideração da personalidade jurídica não se limita ao campo das relações de consumo, sendo também prevista nas relações civis; **E:** incorreta, pois o critério de alcance patrimonial esboçado na assertiva não encontra respaldo legal.
Gabarito "C".

(**Auditor Fiscal da Receita Federal – ESAF**) Na criação de fundação há duas fases:

(A) a do ato constitutivo, que deve ser escrito, podendo revestir-se da forma particular, e a do registro público.

(B) a do ato constitutivo, que deve ser escrito, pois requer instrumento particular ou testamento, e a do assento no registro competente.

(C) a do ato constitutivo, que deve ser escrito, e a da aprovação do Poder Executivo Federal.

(D) a da elaboração do estatuto por ato *inter vivos*, (instrumento público ou particular), sem necessidade de conter a dotação especial, e a do registro.

(E) a do ato constitutivo, que só pode dar-se por meio de escritura pública ou testamento, e a do registro.

Fundação é a pessoa jurídica formada pela reunião de bens para fins de assistência social, cultura, defesa e conservação do patrimônio histórico e artístico, educação, saúde, segurança alimentar e nutricional, defesa, preservação e conservação do meio ambiente e promoção do desenvolvimento sustentável, pesquisa científica, desenvolvimento de tecnologias alternativas, modernização de sistemas de gestão, produção e divulgação de informações e conhecimentos técnicos e científicos, promoção da ética, da cidadania, da democracia e dos direitos humanos e atividades religiosas. Tendo em vista sua relevância no contexto social, ela é cercada de alguns cuidados pelo legislador, como, por exemplo, a necessidade constante de fiscalização pelo Ministério Público. Ademais, a lei prescreve uma forma para sua constituição, que é a escritura pública ou o testamento, mediante os quais se fará a dotação de bens. Depois dessa fase, a Fundação será ainda registrada (CC, art. 62).
Gabarito "E".

(**Auditor Fiscal/São José do Rio Preto-SP – VUNESP**) Em razão da autonomia patrimonial da pessoa jurídica, as obrigações por essa contraídas não são, em princípio, imputáveis aos seus membros. Mas, em havendo abuso da personalidade jurídica, o Juiz poderá se valer da teoria da desconsideração da personalidade jurídica e invadir a esfera patrimonial dos sócios. Nos termos do art. 50, do CC/2002, os pressupostos para ocorrer tal desconsideração são

(A) a má-fé do empresário e o superfaturamento dos contratos.

(B) o desvio de finalidade e a confusão patrimonial.

(C) o desvio de patrimônio social e a má-fé empresarial.

(D) o superendividamento e a confusão societária.

(E) a preterição da boa-fé objetiva e o desvio de patrimônio social.

Como regra, o patrimônio da pessoa jurídica não se confunde com o patrimônio dos seus sócios. Não por acaso ela é considerada pela lei como uma pessoa, tendo personalidade própria e sendo titular de direitos e obrigações. Referida separação patrimonial é importante, pois estimula a criação de novas pessoas jurídicas, seres indispensáveis ao crescimento econômico, geração de tributos, renda, dinheiro com lastro e empregos. Porém, quando referida proteção é utilizada de forma abusiva, "caracterizado pelo desvio de finalidade, ou pela confusão patrimonial", o juiz poderá decidir que "os efeitos de certas e determinadas relações de obrigações sejam estendidos aos bens particulares dos administradores ou sócios da pessoa jurídica" (CC, art. 50).
Gabarito "B".

(Auditor Fiscal/São Paulo-SP – FCC) As condições para a desconsideração da personalidade jurídica, tais como regidas pelo Código Civil e pelo Código de Defesa do Consumidor (Lei 8.078/1990), são

(A) idênticas.
(B) distintas, porque pelo Código Civil é necessária a prova do excesso de poder por parte do sócio, ao passo que pelo Código de Defesa do Consumidor é necessária a prova da fraude contra o consumidor.
(C) distintas, porque além das condições já previstas pelo Código Civil, o Código de Defesa do Consumidor exige, adicionalmente, a comprovação da violação dos estatutos ou do contrato social em detrimento do consumidor.
(D) distintas, porque o Código Civil permite a desconsideração apenas em casos de desvio de finalidade ou confusão patrimonial, ao passo que o Código de Defesa do Consumidor traz hipóteses mais amplas.
(E) distintas apenas no campo de sua aplicação, pois o Código de Defesa do Consumidor restringe-se às relações de consumo, sendo nos demais aspectos idênticas.

A desconsideração da personalidade jurídica no âmbito do Código Civil restringe-se a duas hipóteses legalmente estabelecidas no art. 50, a saber, o *desvio de finalidade*, ou a *confusão patrimonial*. No bojo do Código de Defesa do Consumidor, porém, a situação é diversa. Buscando uma proteção quase exagerada ao consumidor, o legislador previu – no *caput* do art. 28 – nove hipóteses nas quais a desconsideração poderia ser decretada ("abuso de direito, excesso de poder, infração da lei, fato ou ato ilícito ou violação dos estatutos ou contrato social [...] falência, estado de insolvência, encerramento ou inatividade da pessoa jurídica provocados por má administração"). Como se não fosse o suficiente, o § 5º do referido art. 28 inseriu uma cláusula ampla, permitindo a desconsideração "sempre que sua personalidade for, de alguma forma, obstáculo ao ressarcimento de prejuízos causados aos consumidores". Referido parágrafo praticamente aniquila o *caput* do artigo, pois permite a desconsideração "sempre", ao passo que o *caput* enumera hipóteses taxativas. Um veto foi criado para o referido § 5º, mas o mesmo acabou – por equívoco – recaindo sobre o § 1º (que continha saudável regra para evitar a figura do "laranja").
Gabarito "D".

(Agente Tributário Estadual/MS – ESAF) Os partidos políticos são:

(A) pessoas jurídicas de direito público interno de administração direta
(B) fundações públicas
(C) fundações particulares
(D) pessoas jurídicas de direito privado

(E) pessoas jurídicas de direito público interno de administração indireta

Nosso sistema jurídico optou por conceder aos partidos políticos a natureza de pessoas jurídicas de direito privado, conforme demonstra o art. 44, V, do CC. Por se tratar de reunião de pessoas e não de bens, a natureza jurídica de fundação não pode ser aplicada.
Gabarito "D".

2.5. BENS

(Auditor Fiscal Tributário Municipal – Prefeitura Cuiabá – 2016 – FGV)
Em 2002, José, empresário do ramo imobiliário, se torna proprietário de dois apartamentos, cada um no valor de mercado de R$ 2.000.000,00.

Em 2003, José celebra um contrato de empréstimo com Miguel, pelo qual José receberá R$ 2.000.000,00 com obrigação de restituição do valor a Miguel em um ano.

Em 2005, José, já insolvente e temeroso com a possibilidade de perder um de seus bens imóveis, vende os dois imóveis e adquire uma casa no valor de R$ 4.000.000,00 milhões, para onde se muda com sua família.

Em 2006, José é notificado por Miguel, seu credor, para pagamento da dívida de R$ 2.000.000,00 milhões, referente ao empréstimo contraído em 2003. José, contudo, não realiza o pagamento.

Considerando os fatos narrados, assinale a afirmativa correta.

(A) O imóvel de José não poderá ser executado para pagamento de sua dívida com Miguel por constituir bem de família, impenhorável.
(B) O imóvel de José não poderá ser executado para pagamento de sua dívida com Miguel, pois a execução viola o direito à moradia de José, constitucionalmente garantido.
(C) O imóvel de José não poderá ser executado para pagamento de sua dívida com Miguel, pois o valor de sua dívida com Miguel é inferior ao valor do imóvel residencial.
(D) O imóvel de José poderá ser executado para pagamento de sua dívida com Miguel, pois sabendo que estava insolvente, adquiriu imóvel mais valioso para transferir a residência familiar.
(E) O imóvel de José poderá ser executado para pagamento de sua dívida com Miguel, desde que este comprove que houve fraude à execução.

Resta cristalina a intenção de José no caso concreto. Já sabendo da iminência de perder um dos imóveis de dois milhões de reais, ele vende ambos e compra apenas um, no valor de quatro milhões, alegando então que este é o seu bem de família e, portanto, impenhorável. Ocorre que o art. 4º da Lei 8.009/90 já previu esse artifício malicioso, ao estabelecer que: "*Não se beneficiará do disposto nesta lei aquele que, sabendo-se insolvente, adquire de má-fé imóvel mais valioso para transferir a residência familiar, desfazendo-se ou não da moradia antiga*".
Com esse dispositivo em mente, não há melhor alternativa do que a letra D, que traz o gabarito correto para solucionar a questão.
Gabarito "D".

(Fiscal de Rendas/RJ – FGV) Para os efeitos legais, consideram-se *bens móveis*:

(A) as energias que tenham valor econômico.
(B) as edificações que, separadas do solo, mas conservando a sua unidade, forem removidas para outro local.

(C) os materiais provisoriamente separados de um prédio, para nele se reempregarem.
(D) o direito à sucessão aberta.
(E) as coisas artificialmente incorporadas ao solo.

A: correta, pois as energias com valor econômico são consideradas bens móveis, a teor do art. 83, I do CC; **B:** incorreta, pois tais edificações são consideradas pela lei como bens imóveis (CC, art. 81, I); **C:** incorreta, pois do mesmo modo referidos materiais – ainda que separados provisoriamente – não perdem o caráter de bens imóveis (CC, art. 81, II); **D:** incorreta, pois o direito à sucessão aberta é um bem imóvel por força da lei e como tal sua cessão deve obedecer às mesmas formalidades da transmissão de um bem imóvel (escritura pública, vênia conjugal etc.); **E:** incorreta, pois trata-se de bem imóvel por acessão artificial (CC, art. 79).
Gabarito "A".

(Auditor Fiscal/SC – FEPESE) Assinale a alternativa **incorreta**.

(A) O domicílio da pessoa natural é o lugar onde ela estabelece residência com ânimo definitivo.
(B) Os materiais destinados a alguma construção, enquanto não forem empregados, conservam sua qualidade de móveis, readquirem essa qualidade os provenientes da demolição de algum prédio.
(C) Caso a pessoa natural possua diversos domicílios, onde, alternadamente viva, considerar-se-á seu domicílio aquele onde concomitantemente exercer profissão.
(D) Não perdem o caráter de imóveis as edificações que, separadas do solo, mas conservando sua unidade, forem removidas para outro lugar.
(E) Os bens públicos não estão sujeitos a usucapião.

A: correta, pois a alternativa traz o clássico conceito de domicílio, de acordo com o art. 70 do CC; **B:** correta, pois referidos materiais só mantêm o caráter de bens imóveis quando "provisoriamente separados de um prédio, para nele se reempregarem" (CC, art. 81, II); **C:** incorreta, pois nesse caso o Código determina que o domicílio será *qualquer um deles* (CC, art. 71); **D:** correta, pois de pleno acordo com o art. 81, I, do CC; **E:** correta, pois referida determinação vem prevista no art. 102 do CC, bem como na Constituição Federal (arts. 183, § 3º, e 191).
Gabarito "C".

(Auditor Fiscal/PB – FCC) O bem de família instituído pelos cônjuges ou pela entidade familiar poderá consistir

(A) em prédio residencial urbano ou rural, com suas pertenças e acessórios, destinando-se em ambos os casos a domicílio familiar, e poderá abranger valores mobiliários, cuja renda será aplicada na conservação do imóvel e no sustento da família.
(B) exclusivamente em prédio urbano com suas pertenças e acessórios, destinado a domicílio familiar.
(C) somente em imóvel de menor valor quando a pessoa possuir mais de um imóvel residencial.
(D) em prédio urbano ou rural destinado a domicílio familiar em cujo ato de instituição deverá ficar provado que não ultrapassa 1/6 (um sexto) do patrimônio líquido existente ao tempo da instituição.
(E) em imóveis que não ultrapassem 1/10 (um décimo) do patrimônio líquido existente ao tempo da instituição, os quais devem servir à moradia da família e para obtenção de rendas destinadas à sua manutenção, enquanto viverem os cônjuges ou companheiros e forem os filhos menores de idade.

A: correta, pois de pleno acordo com a regra estabelecida pelo art. 1.712 do CC; **B:** incorreta, pois nada impede a instituição do bem de família sobre prédio rural; **C:** incorreta, pois referida limitação não encontra respaldo na lei; **D e E:** incorretas, pois o Código exige que o bem de família não ultrapasse 1/3 (um terço) do patrimônio líquido existente ao tempo da instituição (CC, art. 1.711).
Gabarito "A".

(Auditor do Tesouro Municipal/Fortaleza-CE – ESAF) Petróleo de um poço é:

(A) fruto natural
(B) parte integrante
(C) produto
(D) pertença
(E) rendimento

A: incorreta, pois o fruto é o bem acessório que apresenta por principal característica o fato de se reproduzir periodicamente, característica que não se amolda ao petróleo, finito por natureza; **B:** incorreta, pois o petróleo não faz parte integrante do principal, como ocorre nas benfeitorias, por exemplo; **C:** correta, pois o produto é o bem acessório cuja principal característica é sua não renovação periódica, como ocorre com as pedras de uma mina, o carvão da jazida e o petróleo do poço; **D:** incorreta, pois a pertença (CC, art. 93) é o bem acessório que não faz parte integrante do principal e que serve ao seu uso, serviço ou aformoseamento, características que não se enquadram no exemplo do petróleo; **E:** incorreta, pois o rendimento é um exemplo de fruto civil, que deriva do capital investido, que é o bem principal.
Gabarito "C".

(Auditor do Tesouro Municipal/Recife-PE – ESAF) A constituição do bem de família requer escritura pública, logo ter-se-á o requisito da:

(A) forma especial única.
(B) forma especial plural.
(C) forma especial genérica.
(D) forma geral.
(E) forma contratual.

A: incorreta, pois o Código não estabelece uma única maneira de se formalizar a vontade de constituir um bem de família, podendo o instituidor optar entre a escritura pública ou o testamento (CC, art. 1.711); **B:** correta, pois há mais de uma forma para se exteriorizar a vontade de instituir bem de família segundo o art. 1.711 do CC; **C e D:** incorretas, pois há duas formas específicas para se instituir o bem de família; **E:** incorreta, pois a forma contratual é aquela estipulada pelas partes a fim de que o contrato tenha validade (CC, art. 109).
Gabarito "B".

(Auditor do Tesouro Municipal/Recife-PE – ESAF) Parte integrante é:

(A) o aumento do volume ou do valor do objeto da propriedade devido a forças externas, fatos eventuais ou fortuitos.
(B) o acessório que, unido ao principal, forma com ele um todo, sendo desprovida de existência material própria, embora mantenha sua identidade.
(C) o acessório destinado, de modo duradouro, a conservar ou facilitar o uso, ou prestar serviço, ou, ainda, servir de adorno do bem principal.
(D) a utilidade que a coisa produz periodicamente, cuja percepção mantém intacta a substância do bem que a gera.
(E) a obra que cria coisa nova, que se adere à propriedade anteriormente existente.

A: incorreta, pois nesse caso tem-se a acessão natural; **B:** correta, pois como o próprio nome diz, a parte integrante passa a compor com o principal um todo, embora mantenha sua identidade (ex.: sistema de ar condicionado central); **C:** incorreta, pois referido acessório constitui a pertença, que não faz parte integrante do principal (CC, art. 93); **D:** incorreta, pois referido conceito se amolda à ideia de fruto e não de parte integrante; **E:** incorreta, pois nesse caso há nova coisa e não simplesmente parte integrante.
Gabarito "B".

(Agente Tributário Estadual/MS – ESAF) Quando se empresta *ad pompam vel ostentationem* a alguém garrafas de vinho para serem usadas numa exposição, com o dever de serem restituídas, sem que possam ser substituídas por outras da mesma espécie, tais garrafas são tidas como:

(A) bens fungíveis
(B) bens consumíveis
(C) pertenças
(D) bens móveis por antecipação
(E) bens infungíveis

A: incorreta, pois nessa hipótese estipula-se que o específico bem emprestado deverá ser restituído, não se configurando, portanto, o bem fungível (CC, art. 85); **B:** incorreta, pois nessa hipótese os bens não se destroem após a natural exposição ajustada entre as partes (CC, art. 86); **C:** incorreta, pois as pertenças (CC, art. 93) são os bens acessórios que servem ao uso, serviço ou aformoseamento do principal, não fazendo parte integrantes deste; **D:** incorreta, pois os bens móveis por antecipação são aqueles que – em função da vontade humana – podem ser mobilizados, atendendo seu fim econômico; **E:** correta, pois no específico empréstimo para pompa e ostentação, os mesmos bens que foram emprestados devem ser utilizados e restituídos, caracterizando sua infungibilidade.
Gabarito "E".

(Agente Fiscal/PI – ESAF) Os frutos armazenados em depósito para expedição ou venda são:

(A) consumidos
(B) percebidos
(C) pendentes
(D) estantes
(E) percipiendos

A: incorreta, pois os frutos consumidos são aqueles que, como diz o nome, já foram utilizados; **B:** incorreta, pois os frutos percebidos são aqueles já aproveitados; **C:** incorreta, pois os frutos pendentes são aqueles que não atingiram o ponto de colheita ou fruição; **D:** correta, pois os frutos estantes são os frutos armazenados; **E:** incorreta, pois os frutos percipiendos são aqueles que estão prontos para serem colhidos, mas ainda não o foram.
Gabarito "D".

2.6. FATOS JURÍDICOS

(Auditor Fiscal/São José do Rio Preto-SP – VUNESP) Leia os itens.

I. Em regra, a validade da declaração de vontade depende de forma especial, a não ser quando a lei expressamente a dispensar.
II. Para subsistir a manifestação de vontade do autor que haja feito reserva mental de não querer o que manifestou, é necessário que o destinatário tenha conhecimento dela.
III. Quando não for necessária a declaração de vontade expressa, as circunstâncias ou os usos podem autorizar presumir que o silêncio tenha significado de anuência.
IV. Nas declarações de vontade, mais importante que o sentido literal da linguagem, é a intenção nelas consubstanciada.
V. Os negócios jurídicos benéficos e a renúncia interpretam-se extensivamente.

Está correto, apenas, o contido em

(A) I e III.
(B) I e IV.
(C) III e IV.
(D) II, III e IV.
(E) I, IV e V.

I: incorreta, pois a regra prevista no art. 107 do CC é exatamente no sentido oposto: "A validade da declaração de vontade não dependerá de forma especial, senão quando a lei expressamente a exigir"; **II:** incorreta, pois a manifestação de vontade daquele que fez a reserva mental de não querer o que manifestou só subsiste caso o destinatário não tenha conhecimento desta reserva (CC, art. 110); **III:** correta, pois de acordo com a regra estabelecida no art. 111 do CC; **IV:** correta, pois o art. 112 do Código determina que a intenção das partes é mais importante do que o sentido literal da linguagem; **V:** incorreta, pois a interpretação de tais atos é restritiva (CC, art. 114).
Gabarito "C".

(Agente Tributário Estadual/MS – FGV) É ato jurídico bilateral e sinalagmático:

(A) doação.
(B) promessa de recompensa.
(C) permuta.
(D) comodato.
(E) depósito gratuito.

A e B: incorretas, pois em ambos os contratos há obrigações para apenas uma das partes (doador e promitente), o que os caracteriza como bilaterais; **C:** correta, pois a permuta envolve obrigações recíprocas, sendo uma a causa da outra o que caracteriza o contrato como bilateral e sinalagmático; **D:** incorreta, pois o comodato é um contrato unilateral, só havendo obrigações para o comodatário, que deve zelar pela coisa e restituí-la no termo ajustado. Vale lembrar que o comodante não tem obrigações neste contrato já que o ato de entrega da coisa emprestada é elemento de existência do referido contrato, sendo por isso também classificado como contrato real; **E:** incorreta, pois o depósito gratuito só produz obrigações para o depositário, que deve guardar a coisa e devolvê-la no termo ajustado.
Gabarito "C".

(Auditor do Tesouro Municipal/Recife-PE – ESAF) A maioridade pode ser considerada como:

(A) fato jurídico extraordinário.
(B) ato jurídico em sentido estrito, como participação.
(C) fato jurídico ordinário.
(D) negócio jurídico.
(E) ato jurídico em sentido estrito, como mero ato material ou real.

A: incorreta, pois os fatos jurídicos extraordinários são aqueles que não se encontram na trajetória normal da vida humana, como um raio que mata um trabalhador rural; **B:** incorreta, pois o ato jurídico apresenta como característica principal a existência do elemento vontade, necessário para sua formação; **C:** correta, pois trata-se mesmo de fato jurídico de natureza ordinária, assim como a concepção, o nascimento e a morte; **D e E:** incorretas, pois tanto o negócio jurídico, como o ato jurídico em sentido estrito apresentam o elemento vontade como essencial para sua formação.
Gabarito "C".

2.6.1. EFICÁCIA DO NEGÓCIO JURÍDICO. CONDIÇÃO, TERMO E ENCARGO

(Auditor Fiscal Tributário Municipal – Prefeitura Cuiabá – 2016 – FGV) Fábio comprometeu-se a doar uma casa aos noivos Roberto e Carla, desde que viessem a contrair matrimônio.

Um mês antes do casamento, Carla descobriu que o vizinho do imóvel vem danificando o bem de Fábio, podendo a continuação destruir o imóvel.

Diante do ocorrido, assinale a afirmativa correta.

(A) Roberto e Carla nada poderão fazer, visto que só possuem uma mera expectativa de direito, sendo de Fábio a legitimidade para a propositura de qualquer ação.
(B) Roberto e Carla poderão promover ação judicial que impeça o ato do vizinho, visto que o termo inicial gera a aquisição do direito.
(C) Fábio, Roberto e Carla não poderão promover ação judicial, pois será preciso aguardar a realização do casamento para a propositura da ação.
(D) Roberto e Carla poderão agir, inclusive judicialmente, pois ao titular do direito eventual, nos casos de condição suspensiva, é permitido praticar os atos destinados a conservá-lo.
(E) A doação celebrada por Fábio está sujeita a uma condição suspensiva, o que gera a suspensão da aquisição do direito, inibindo a ação dos noivos.

A primeira tarefa do candidato é identificar que a hipótese é um claro exemplo de condição suspensiva, tendo em vista que o evento futuro é incerto (casamento) e suspende a aquisição do direito de propriedade de Roberto e Carla. De fato, como bem indica o art. 125 do Código Civil, não há direito adquirido dos donatários até que ocorra o matrimônio. O art. 130, contudo, permite que o titular do direito eventual pratique "*os atos destinados a conservá-lo*", exatamente como os donatários estão fazendo. Gabarito "D".

(Auditor Fiscal Tributário Municipal – Prefeitura Cuiabá – 2016 – FGV) Francisco deseja doar seu apartamento para Joaquim, seu sobrinho mais novo. Ao realizar a transferência, exige que o sobrinho pinte o apartamento, a cada 6 meses, na cor que ele determinar. Joaquim aceita a oferta.

Assinale a opção que indica o elemento acidental presente no negócio jurídico.

(A) Condição suspensiva.
(B) Condição resolutiva.
(C) Encargo.
(D) Termo inicial.
(E) Termo final.

A: Incorreta, pois não há na questão um evento futuro e incerto que impeça a aquisição do direito por parte de Joaquim. Pelas informações dadas, a doação já passa a surtir efeitos imediatamente; **B:** incorreta, pois não há a previsão de que a ocorrência de um evento futuro e incerto será capaz de extinguir os efeitos da doação; **C:** correta. O encargo é um ônus que se impõe a uma liberalidade. Esse ônus normalmente é de valor bastante inferior ao bem doado, justamente como é o caso da questão. Vale a menção de que o descumprimento do encargo – por si só – não extingue, nem resolve a doação, possibilitando ao doador apenas a propositura de uma ação a fim de revogar a doação (CC, art. 555); **D:** incorreta, pois não há um evento futuro e certo previsto no contrato e que impeça a aquisição do direito ali estabelecido; **E:** incor-

reta, pois também não há evento futuro e certo que resolva os efeitos do contrato de doação celebrado. Gabarito "C".

(Auditor Fiscal da Receita Federal – ESAF) A doação de um apartamento a João, jogador de golfe, se ele tiver bom desempenho no *PGA Tour*, circuito anual, com cerca de quarenta e cinco torneios masculinos de golfe, é negócio jurídico, que contém condição:

(A) simplesmente potestativa.
(B) puramente potestativa.
(C) ilícita.
(D) perplexa.
(E) resolutiva.

A condição potestativa é a que depende da vontade de um dos contraentes. Uma das partes pode provocar ou impedir sua ocorrência. A ela contrapõe-se a condição causal, a que depende do acaso, não estando, de qualquer modo, no poder de decisão dos contraentes. Nem todas as condições potestativas são ilícitas. Só aquelas cuja eficácia do negócio fica exclusivamente ao arbítrio de uma das partes, sem a interferência de qualquer fator externo. Por essa razão, a fim de espalmar dúvidas, o Código atual inseriu a expressão "puro arbítrio" na dicção legal mencionada. Distinguem-se, então, as condições potestativas simples das condições puramente potestativas. Nas primeiras, não há apenas vontade do interessado, mas também interferência de fato exterior. Por outro lado, a condição puramente potestativa depende apenas e exclusivamente da vontade do interessado. A proibição do art. 122 do CC refere-se tão só às condições puramente potestativas. As condições simplesmente potestativas exigem também a ocorrência de fato estranho ao mero arbítrio da parte, como é o caso da questão. Gabarito "A".

2.6.2. VÍCIOS DO CONSENTIMENTO

(Auditor Fiscal Tributário Municipal – Prefeitura Cuiabá – 2016 – FGV) Justina, oriunda de uma pequena cidade do interior do Brasil, chega a São Paulo sem conhecer ninguém e procura de imediato, e com urgência, um apartamento para residir.

O proprietário do imóvel desejado, percebendo a pouca experiência de Justina e reconhecendo a sua necessidade de moradia, cobra-lhe valor três vezes superior ao usualmente praticado naquele bairro.

Considerando tais fatos, assinale a afirmativa correta.

(A) O contrato de locação realizado é válido, tendo em vista a proteção ao princípio da autonomia privada.
(B) O contrato de locação realizado é nulo, tendo em vista a existência de dolo por parte do proprietário do imóvel.
(C) O contrato de locação realizado é nulo, tendo em vista a existência de erro por parte de Justina.
(D) O contrato de locação realizado é anulável, tendo em vista a existência de estado de perigo.
(E) O contrato de locação realizado é anulável, tendo em vista a existência de lesão.

A: incorreta, pois a inexperiência de Justina macula a necessária ponderação equilibrada que se exige para a prática do negócio, sendo este anulável; **B:** incorreta, pois não houve artifício malicioso por parte do proprietário, com o intuito de enganar Justina. Mesmo que houvesse, a solução legal é a anulabilidade e não a nulidade (CC, art. 171); **C:** incorreta, pois não havia no caso uma falsa percepção da realidade e mesmo que houvesse o caso seria de anulabilidade e não de nulidade; **D:** incorreta, pois a hipótese não se enquadra na previsão do art. 156 do Código Civil, não existindo necessidade de se salvar de grave dano;

E: correta, pois a hipótese encaixa-se perfeitamente na descrição do art. 157, tendo em vista que Justina, por inexperiência, se obrigou "*a prestação manifestamente desproporcional ao valor da prestação oposta*". A solução para a hipótese é a anulabilidade do contrato (CC, art. 171).
Gabarito "E".

(Auditor Fiscal Tributário da Receita Municipal/Cuiabá-MT – FGV) Juliana sofre pressão constante por parte de seus familiares para ser fiadora de seus pais, Ana e Roberto. Cansada e temerosa de comprometer todo o seu patrimônio, Juliana decide passar para o nome de Arnaldo, seu melhor amigo, os dois apartamentos de que é proprietária. Sem ter qualquer apartamento em seu nome, Juliana ver-se-á livre dos pedidos de socorro de seus familiares pela fiança.

Nesse negócio jurídico, verifica-se a ocorrência de

(A) lesão, tendo em vista a legítima expectativa de seus pais com relação à fiança.
(B) coação por simples temor reverencial.
(C) coação relativa, já que houve manifestação da vontade do agente.
(D) simulação relativa.
(E) simulação absoluta.

A: incorreta, pois a lesão exigiria que Ana estivesse em situação de premente necessidade ou inexperiência, o que não se configura na hipótese. Ademais, precisaria ter praticado ato excessivamente oneroso, o que também não ocorre (CC, art. 157); **B:** incorreta, pois o temor reverencial não é coação. Ademais, para se configurar o temor reverencial, seria preciso um exagerado respeito em relação à outra pessoa, o que não foi destacado na questão (CC, art. 153); **C:** incorreta, pois a coação exige uma grave ameaça de mal iminente e injusto (CC, art. 151), o que não se configura na hipótese; **D:** incorreta, pois a simulação relativa ocorre quando as partes fingem a prática de um ato (ato simulado) visando esconder outro que realmente ocorreu (ato dissimulado). No caso em questão ocorreu apenas um ato simulado; **E:** correta. A simulação absoluta ocorre quando as partes fingem a prática de um ato (ato simulado) e isso já é suficiente para se atingir um objetivo (em geral uma vantagem indevida). Assim, não há um ato verdadeiro realmente praticado pelas partes, mas mera aparência de um ato. É justamente o que acontece na afirmativa.
Gabarito "E".

(Auditor Fiscal Tributário da Receita Municipal/Cuiabá-MT – FGV) João, devidamente habilitado para dirigir, conduzia veículo de sua propriedade com cautela e diligência, quando foi surpreendido por ônibus em alta velocidade na contramão. Em rápida manobra, João conseguiu evitar uma colisão frontal, desviando seu automóvel para cima da calçada, onde atropelou Lucas, causando-lhe graves lesões físicas.

Sobre os fatos descritos, assinale a afirmativa correta.

(A) João, por ter agido em estado de necessidade, não será obrigado a indenizar o dano causado a Lucas, cuja indenização será devida pela empresa de ônibus.
(B) João, por não ter agido no estrito cumprimento de dever legal, será obrigado a indenizar o dano causado a Lucas.
(C) João, embora agindo em estado de necessidade, será obrigado a indenizar o dano causado a Lucas, mas terá ação de regresso contra a empresa de ônibus.
(D) João, por ter agido em decorrência de fato de terceiro, não será obrigado a indenizar o dano causado a Lucas, cuja indenização será devida pela empresa de ônibus.
(E) João, ao desviar deliberadamente o carro, será obrigado a indenizar o dano causado, e não terá ação de regresso contra a empresa de ônibus.

O ato praticado em estado de necessidade vem previsto no art. 188, II, do CC. Trata-se da "*deterioração ou destruição da coisa alheia, ou a lesão a pessoa, a fim de remover perigo iminente*". Nesses casos, ainda que João não tenha tido culpa no acidente, a lei entende que a vítima é "menos culpada ainda", por assim dizer, e não pode ficar sem o devido ressarcimento. Logo, a lei permite a condenação de João, assegurando-lhe o direito de regresso contra a empresa de ônibus.
Gabarito "C".

(Auditor Fiscal da Receita Federal – ESAF) "*A*" adquire de "*B*" o lote "*X*" do Recanto Azul, ignorando que lei municipal proíba loteamento naquela localidade. Tal compra e venda poderá ser anulada, por ter havido erro:

(A) sobre a natureza do ato negocial.
(B) substancial sobre a qualidade essencial do objeto.
(C) de direito.
(D) por falso motivo.
(E) sobre o objeto principal da declaração.

A: incorreta, pois ocorre erro sobre a natureza do ato quando há uma falsa percepção sobre qual é o ato praticado. Ex.: sujeito imagina estar recebendo objeto em doação, quando se trata de empréstimo; **B:** incorreta, pois o objeto em si apresenta perfeita identidade como o imaginado pelo adquirente; **C:** correta, pois o equívoco do comprador se deu quanto à lei que proibia o loteamento. Nesses casos, o Código Civil permite a anulação do negócio desde que o erro de direito tenha sido o motivo único ou principal do negócio celebrado; **D:** incorreta, pois o motivo é o que leva o sujeito a praticar um negócio e recai não sobre a lei, mas sobre fato. Ex.: compra do sítio pelo motivo de que a cachoeira produz energia elétrica, o que não se concretiza na prática; **E:** incorreta, pois o objeto principal da declaração é o lote e ele não apresenta qualquer tipo de divergência com o imaginado pelo comprador.
Gabarito "C".

(Fiscal de Tributos/Maceió-AL – CESPE) Com referência aos vícios da vontade, julgue os itens seguintes.

(1) São anuláveis os atos jurídicos em que houver declaração de vontade com base em erro substancial ou acidental.
(2) O dolo como vício de vontade ocorre quando um dos contratantes utiliza-se de meio malicioso para convencer a outra parte a firmar o contrato.
(3) Prescreve em 20 anos a ação para anular o ato jurídico praticado com vício de vontade, incidindo, na espécie, a regra geral da prescrição vintenária.

1: incorreta, pois o art. 138 do CC só admite a anulação do negócio jurídico quando o erro for substancial e não quando for meramente acidental (dizendo respeito a qualidades não determinantes do negócio jurídico); **2:** correta, pois a assertiva traz a descrição do referido vício do consentimento previsto no art. 145 do CC; **3:** incorreta, pois nesse caso o prazo é decadencial de quatro anos, conforme indicado pelo art. 178 do CC.
Gabarito 1E, 2C, 3E.

(Auditor Fiscal/PB – FCC) São anuláveis os negócios jurídicos

(A) toda vez que nos contratos bilaterais se verificar significativa desproporção das prestações, porque caracterizada a lesão.
(B) realizados em estado de perigo.
(C) quando comprovada a simulação.
(D) quando tiverem por objetivo fraudar lei imperativa.
(E) se um dos contratantes for menor de dezesseis anos.

A: incorreta, pois a mera ocorrência da desproporção não é suficiente para caracterizar o vício do consentimento lesão, o qual exige ainda a premente necessidade ou a inexperiência da vítima; **B:** correta, pois o estado de perigo é um vício do consentimento e como tal gera a anulabilidade do negócio jurídico (CC, art. 178); **C:** incorreta. A ocorrência da simulação produz a nulidade absoluta do ato simulado e não a mera anulabilidade (CC, art. 167); **D:** incorreta. O objetivo de fraudar lei imperativa gera a nulidade absoluta do negócio jurídico (CC, art. 166, VI); **E:** incorreta, pois o negócio praticado pelo absolutamente incapaz é nulo de pleno direito (CC, art. 166, I).
Gabarito "B".

(**Auditor do Tesouro Municipal/Recife-PE – ESAF**) Se houver temor de grave dano moral ou material à pessoa ou a algum parente seu, conhecido da outra parte, que compele o declarante a concluir contrato, mediante prestação exorbitante, tal negócio será passível de nulidade relativa, por ter havido a configuração de:

(A) lesão
(B) coação
(C) dolo principal
(D) estado de perigo
(E) dolo acidental

A: incorreta, pois a lesão ocorre quando uma pessoa – por premente necessidade ou inexperiência – celebra negócio desproporcional (CC, art. 157); **B:** incorreta, pois na coação, uma pessoa ameaça a outra de mal grave e injusto conduzindo a vítima a celebrar negócio que não celebraria se livre estivesse (CC, art. 151); **C:** incorreta, pois no dolo uma das partes utiliza artifício malicioso para atrapalhar o esclarecimento da outra e levá-la a praticar negócio que não praticaria se estivesse esclarecida (CC, art. 145); **D:** correta, pois o enunciado da questão traz definição bastante adequada ao vício do consentimento estado de perigo (CC, art.156); **E:** incorreta, pois o dolo acidental é o artifício malicioso que recai sobre elemento não determinante do negócio jurídico (CC, art. 146).
Gabarito "D".

(**Auditor do Tesouro Municipal/Fortaleza-CE – ESAF**) Se alguém vier a vender um imóvel fora do valor mercadológico, para poder pagar uma cirurgia urgente, tal venda poderá ser anulada por apresentar o vício de consentimento chamado:

(A) lesão
(B) dolo principal
(C) erro
(D) estado de perigo
(E) coação

O enunciado da questão aponta típica hipótese de negócio praticado em estado de perigo, pois a pessoa aceita negócio desproporcional, visando salvar-se ou salvar pessoa de sua família de grave dano conhecido pela outra parte (CC, art. 156). A hipótese mencionada não se enquadra na definição de lesão, dolo, erro ou coação.
Gabarito "D".

(**Agente Tributário Estadual/MS – ESAF**) Engano sobre peso ou medida do objeto do contrato é considerado:

(A) erro acidental
(B) erro substancial
(C) erro de fato
(D) erro de direito
(E) *error in qualitate*

O erro acidental, em tese, não é capaz de viciar o consentimento da parte, pois recai apenas sobre as qualidades acessórias do objeto: medida, peso ou quantidade que não importe em prejuízo real ao indivíduo.
Gabarito "A".

(**Agente Fiscal/PI – ESAF**) Assinale a opção falsa.

(A) O dolo de terceiro, para acarretar anulabilidade do negócio jurídico, não exige o conhecimento de uma das partes contratantes.
(B) A simulação relativa dá-se quando uma pessoa, sob aparência de um negócio fictício, pretende realizar outro que é o verdadeiro, diverso, no todo ou em parte, do primeiro.
(C) O erro escusável é aquele que é justificável, tendo-se em conta as circunstâncias do caso.
(D) A fraude contra credores apenas é atacável por ação pauliana.
(E) O *dolus bonus* é um comportamento lícito e tolerado por não ter a finalidade de prejudicar.

A: incorreta. O Código Civil (art. 148) apresenta como requisito para configurar o dolo de terceiro que a parte beneficiada com o dolo saiba do artifício malicioso utilizado em prejuízo da outra parte. (*Note que a rigor, obedecendo a este requisito legal, o dolo da parte que soube e nada mencionou já configura o seu dolo, não sendo exclusivamente de terceiro*); **B:** correta. A assertiva traz a correta definição da simulação relativa, pela qual uma pessoa finge praticar um ato visando esconder outro realmente praticado (CC, art. 167); **C:** correta. O Código Civil de 2002 não repetiu a noção de escusabilidade do erro, preferindo utilizar-se do critério de substancialidade ou acidentalidade; **D:** correta. A ação pauliana é o meio adequado para se pleitear a anulação do negócio jurídico no qual ocorre fraude contra credores. Na fraude à execução é possível pleitear-se a ineficácia do negócio jurídico nos próprios autos da ação movida contra o réu insolvente que dispõe de seus bens; **E:** correta, pois o *dolus bonus* é a gabança tolerável a respeito das qualidades do objeto negociado. Trata-se de artifício malicioso, mas plenamente aceito pelos usos e costumes do comércio jurídico.
Gabarito "A".

2.6.3. DA VALIDADE DO NEGÓCIO JURÍDICO

(**Auditor Fiscal da Receita Federal – ESAF**) Em relação à invalidade do negócio jurídico, todas as opções estão corretas, exceto:

(A) é nulo o negócio jurídico quando celebrado por pessoa absolutamente incapaz; o motivo determinante, comum a ambas as partes, for ilícito; não revestir a forma prescrita em lei; a lei taxativamente o declarar nulo, ou proibir-lhe a prática, sem cominar sanção.
(B) o negócio anulável pode ser confirmado pelas partes, salvo direito de terceiro, devendo o ato de confirmação conter a substância do negócio celebrado e a vontade expressa de mantê-lo.
(C) a anulabilidade não tem efeito antes de julgada por sentença, nem se pronuncia de ofício; só os interessados a podem alegar, e aproveita exclusivamente aos que a alegarem, salvo o caso de solidariedade ou indivisibilidade.
(D) as nulidades devem ser pronunciadas pelo juiz, quando conhecer do negócio jurídico ou dos seus efeitos e as encontrar provadas, não lhe sendo permitido supri-las, ainda que a requerimento das partes.
(E) o negócio anulável pode ser confirmado pelas partes, salvo direito de terceiro, sendo que a confirmação expressa, ou a execução voluntária do negócio anulável, não extingue as ações, ou exceções, de que contra ele dispusesse o devedor.

A: correta, pois a assertiva traz diversas hipóteses de nulidade absoluta, contempladas no art. 166 do CC; **B:** correta, pois a assertiva está de

pleno acordo com os arts. 172 e 173 do CC; **C:** correta, pois de pleno acordo com o art. 177 do CC; **D:** correta, pois de pleno acordo com o art. 168, parágrafo único do CC; **E:** incorreta pois a confirmação expressa ou tácita do negócio anulável extingue as ações e exceções de que contra ele dispusesse o devedor (CC, art. 175).
Gabarito "E".

(Auditor Fiscal da Receita Federal – ESAF) A nulidade absoluta do negócio jurídico

(A) somente poderá ser alegada pelos prejudicados, não podendo ser decretada de ofício pelo juiz.
(B) só aproveitará à parte que a alegou, com exceção de indivisibilidade ou solidariedade.
(C) poderá ser arguida por qualquer interessado, pelo Ministério Público, quando lhe couber intervir.
(D) poderá ser suprida pelo juiz e suscetível de confirmação e de convalidação pelo decurso do tempo.
(E) será decretada se ele for praticado por pessoa relativamente incapaz sem a devida assistência de seus legítimos representantes legais.

A: incorreta, pois a nulidade absoluta pode ser alegada por qualquer interessado, pelo juiz de ofício ou pelo Ministério Público quando lhe couber intervir (CC, art. 168); **B:** incorreta, pois referidas características são aplicáveis aos negócios anuláveis e não aos nulos; **C:** correta, pois de pleno acordo com o art. 168 do CC; **D:** incorreta, pois o negócio eivado de nulidade absoluta não pode ser confirmado pela vontade das partes, nem se convalida pelo decurso do tempo; **E:** incorreta, pois nesse caso a solução dada pela lei é a nulidade relativa (CC, art. 171, I).
Gabarito "C".

(Fiscal de Rendas/RJ – FGV) Com relação à *validade dos negócios jurídicos*, analise as afirmativas a seguir.

I. Quando a lei dispõe que determinado negócio jurídico é anulável, sem estabelecer prazo para pleitear-se a anulação, este prazo será de 2 anos, a contar da data da conclusão do ato.
II. Quando a lei proíbe a prática de um negócio jurídico sem, no entanto, cominar sanção, o negócio jurídico será nulo.
III. O prazo para pleitear-se a anulação de negócio jurídico no caso de erro, dolo, coação, fraude contra credores, estado de perigo ou lesão é contado do dia em que se realizou o negócio jurídico.

Assinale:
(A) se todas as afirmativas estiverem corretas.
(B) se somente as afirmativas I e II estiverem corretas.
(C) se somente as afirmativas I e III estiverem corretas.
(D) se somente as afirmativas II e III estiverem corretas.
(E) se somente a afirmativa III estiver correta.

I: correta, pois este é o prazo decadencial que a lei estabelece para hipóteses nas quais existe uma anulabilidade, mas a lei não previu prazo para que seja pleiteada judicialmente (CC, art. 179); **II:** correta, pois trata-se da chamada nulidade virtual, que se verifica quando a lei proíbe a prática de um negócio sem cominar-lhe sanção (CC, art. 166, VII); **III:** incorreta, pois no caso de coação o termo inicial do prazo é a cessação da ameaça (CC, art. 178, I).
Gabarito "B".

(Fiscal de Rendas/RJ – FGV) Quando a lei dispuser que determinado ato é anulável, sem estabelecer prazo para pleitear-se a anulação, será esta de:

(A) 1 ano.
(B) 5 anos.
(C) 3 anos.
(D) 2 anos.
(E) 4 anos.

Quando a lei dispuser que um negócio jurídico é anulável, mas não fixar um prazo para que seja pleiteada, este será de dois anos a contar da sua prática (CC, art. 179).
Gabarito "D".

(Auditor Fiscal/Vitória-ES – CESPE) Julgue os seguintes itens, que versam acerca do direito das obrigações e dos negócios jurídicos.

(1) A simulação é um acordo das partes contratantes para criar um negócio jurídico aparente, cujos efeitos não são desejados pelas partes, ou para ocultar, sob determinada aparência, o negócio desejado, o que acarreta a nulidade do negócio. O propósito do negócio aparente é o de enganar terceiros ou fugir ao imperativo da lei.
(2) O negócio jurídico de execução continuada celebrado por uma pessoa que se encontra sob premente necessidade, capaz de afetar a sua manifestação de vontade, pode ser anulado, se um dos contratantes provar que a prestação assumida na data do término do pagamento se tornou excessivamente onerosa.

1: correta, pois a assertiva traz adequada definição para a simulação (CC, art. 167, § 1º); **2:** incorreta, pois a assertiva confunde institutos. Na primeira parte prevê hipótese de vício do consentimento lesão, ao passo que na parte final destaca hipótese de resolução do contrato por onerosidade excessiva. Vale lembrar que na lesão o negócio já nasce desequilibrado, ao passo que na hipótese do art. 478 o negócio se tornou desproporcional ao longo do tempo.
Gabarito 1C, 2E.

(Auditor Fiscal/São Paulo-SP – FCC) NÃO é nulo o ato jurídico

(A) simulado.
(B) praticado sem observância da forma legal.
(C) praticado por absolutamente incapaz.
(D) praticado com reserva mental, desconhecida da outra parte.
(E) sujeito à condição suspensiva impossível.

A: incorreta. O negócio simulado é nulo, conforme previsto pelo art. 167 do CC; **B:** incorreta. A prática do ato sem a observância da forma prevista em lei é causa de nulidade absoluta (CC, art. 166, IV); **C:** incorreta. A prática de ato pelo absolutamente incapaz sem a devida representação gera sua nulidade absoluta (CC, art. 166, I); **D:** correta, pois a reserva mental só acarreta a anulação do negócio quando a outra parte dela tinha conhecimento. Quando isso não ocorre, a hipótese é de manutenção do negócio jurídico (CC, art. 110); **E:** incorreta, pois as condições suspensivas, que sejam impossíveis, invalidam os negócios jurídicos que lhes são subordinados (CC, art. 123, I).
Gabarito "D".

(Agente Tributário Estadual/MS – FGV) Com a intenção deliberada de prejudicar outrem, pós-data-se o instrumento de negócio jurídico. Aponte o vício ligado a esse procedimento.

(A) dolo acidental
(B) erro substancial
(C) simulação
(D) erro acidental
(E) fraude

A hipótese fática mencionada na assertiva coincide com precisão à mencionada pelo art. 167, § 1º, III, do CC, que estabelece como simulação atos desta natureza.
Gabarito "C".

2.6.4. ATOS ILÍCITOS

(Auditor Fiscal/PB – FCC) A deterioração ou destruição da coisa alheia, ou a lesão a pessoa, a fim de remover perigo iminente

(A) sempre constituem atos ilícitos, porque a lei proíbe o exercício arbitrário das próprias razões.
(B) não constituem atos ilícitos e sempre eximem o seu autor da obrigação de indenizar.
(C) não constituem atos ilícitos somente quando as circunstâncias os tornarem absolutamente necessários e nem sempre eximem o seu autor da obrigação de indenizar.
(D) constituem atos ilícitos, porém o seu autor sempre ficará isento da obrigação de indenizar.
(E) consubstanciam atos de legítima defesa e isentam seu autor da obrigação de indenizar, salvo se foi o causador do perigo.

A: incorreta, pois a hipótese fática mencionada na questão não se confunde com o exercício arbitrário das próprias razões; **B:** incorreta, pois a despeito de o estado de perigo não se configurar como ato ilícito, ele pode gerar a obrigação de indenizar quando a vítima do dano não for o causador do risco que envolva a situação (CC, art. 929). Ex.: para desviar de caminhão na contramão, motorista joga seu carro dentro de estabelecimento comercial; **C:** correta, pois de acordo com o art. 188, parágrafo único, do CC "o ato será legítimo somente quando as circunstâncias o tornarem absolutamente necessário, não excedendo os limites do indispensável para a remoção do perigo". Ademais, o art. 929 do CC prevê a hipótese de obrigação de indenizar quando a vítima do dano não for o causador do risco que envolva a situação; **D:** incorreta, pois nem sempre o autor ficará isento da obrigação de indenizar (CC, art. 929); **E:** incorreta, pois a hipótese é de estado de perigo e não de legítima defesa.
Gabarito "C".

2.7. PRESCRIÇÃO E DECADÊNCIA

(Auditor Fiscal da Receita Federal – ESAF) O artigo 205 do Código Civil dispõe que "A prescrição ocorre em dez anos, quando a lei não lhe haja fixado prazo menor". De acordo com a legislação pertinente, relativa aos prazos da prescrição, assinale a única opção correta.

(A) Prescreve em um ano a pretensão do segurado contra o segurador, ou a deste contra aquele, contado o prazo para o segurado, no caso de seguro de responsabilidade civil, da data em que for citado para responder à ação de indenização proposta pelo terceiro prejudicado, ou da data que a este indeniza, com a anuência do segurador.
(B) Prescreve em três anos a pretensão para haver prestações alimentares, a partir da data que se vencerem.
(C) Prescreve em cinco anos a pretensão para haver juros, dividendos ou quaisquer prestações acessórias, pagáveis, em períodos não maiores de um ano, com capitalização ou sem ela.
(D) Prescreve em dois anos a pretensão relativa à tutela, a contar da data da aprovação das contas.
(E) Prescreve em três anos a pretensão de cobrança de dívidas líquidas constantes de instrumento público ou particular.

A: correta, pois de pleno acordo com o art. 206, § 1º, II do CC; **B:** incorreta, pois o prazo prescricional para referida hipótese é de 2 anos (CC, art. 206, § 2º, do CC); **C:** incorreta, pois o prazo para tais hipóteses é de 3 anos (CC, art. 206, § 3º, III do CC); **D:** incorreta, pois o prazo para tais hipóteses é de 4 anos (CC, art. 206, § 4º, do CC); **E:** incorreta, pois o prazo para tais hipóteses é de 5 anos (CC, art. 206, § 5º, I do CC).
Gabarito "A".

(Auditor Fiscal da Receita Federal – ESAF) Assinale a opção correta.

(A) A pendência de ação de evicção não é causa suspensiva da prescrição.
(B) As causas impeditivas da prescrição são as circunstâncias que impedem que seu curso inicie, por estarem fundadas no *status* da pessoa individual ou familiar, atendendo razões de confiança, parentesco, amizade e motivos de ordem moral.
(C) A prescrição iniciada contra uma pessoa não continua a correr contra o seu sucessor a título universal ou singular.
(D) As partes podem aumentar ou reduzir prazo prescricional.
(E) A incapacidade absoluta não impede a prescrição.

A: incorreta, pois a existência de referida ação é causa que obsta a fluência do prazo prescricional (CC, art. 199, III); **B:** correta, pois como regra geral são essas características que impedem ou suspendem a prescrição (CC, art. 197 a 199); **C:** incorreta, pois a prescrição iniciada contra uma pessoa continua a correr contra o seu sucessor (CC, art. 196); **D:** incorreta, pois o Código Civil (art. 192) proíbe alteração de prazos prescricionais; **E:** incorreta, pois a incapacidade absoluta é causa que obsta a fluência do prazo prescricional (CC, art. 198, I).
Gabarito "B".

(Auditor Fiscal/RO – FCC) De acordo com o Código Civil brasileiro, é INCORRETO afirmar:

(A) A renúncia da prescrição pode ser expressa ou tácita, e só valerá, sendo feita, sem prejuízo de terceiro, depois que a prescrição se consumar.
(B) Prescreve em cinco anos a pretensão de ressarcimento de enriquecimento sem causa e a pretensão de reparação civil.
(C) A prescrição ocorre em dez anos, quando a lei não lhe haja fixado prazo menor.
(D) Suspensa a prescrição em favor de um dos credores solidários, só aproveitam os outros se a obrigação for indivisível.
(E) A prescrição interrompida recomeça a correr da data do ato que a interrompeu, ou do último ato do processo para a interromper.

A: correta, pois de pleno acordo com o disposto no art. 191 do CC; **B:** incorreta, pois nos dois casos o prazo prescricional é de três anos, conforme previsão do art. 206, § 3º, IV e V, do CC; **C:** correta, pois de pleno acordo com o disposto no art. 205 do CC; **D:** correta, pois – como regra – a suspensão da prescrição a favor de um credor solidário não aproveita os outros. Assim, caso a devedora se case com um credor, o prazo prescricional ficará suspenso apenas para este e não para os demais. A única hipótese na qual esta regra não se aplica é o caso de obrigação indivisível (CC, art. 201); **E:** correta, pois de pleno acordo com o art. 202, parágrafo único do CC.
Gabarito "B".

(Auditor Fiscal/São José do Rio Preto-SP – VUNESP) Sobre o tema da prescrição e decadência, assinale a assertiva correta.

(A) O prazo da prescrição da execução não é o mesmo da prescrição da ação.
(B) A prescrição resulta da lei, do costume e do testamento, enquanto que a decadência resulta exclusivamente da lei.

(C) Assim como a ação de investigação de paternidade, a de petição de herança também é imprescritível.
(D) Atualmente, pode-se dizer que os prazos decadenciais são unicamente os taxativamente discriminados na Parte Geral do Código Civil, nos arts. 205 (regra geral) e 206 (regras especiais).
(E) Quando um direito potestativo tem prazo fixado na lei, esse prazo tem natureza decadencial.

A: incorreta, pois a Súmula 150 do STF determina que: "Prescreve a execução no mesmo prazo de prescrição da ação"; **B:** incorreta, pois a prescrição resulta da lei, ao passo que a decadência pode resultar da lei ou da vontade das partes; **C:** incorreta, pois de acordo com a Súmula 149 do STF: "É imprescritível a ação de investigação de paternidade, mas não o é a de petição de herança"; **D:** incorreta, pois os arts. 205 e 206 do CC foram utilizados justamente para alocar os prazos prescricionais do Código Civil. Já os prazos decadenciais estão dispersos pela lei (CC, arts. 178, 179, 1.560, 1.815 parágrafo único, etc.); **E:** correta, pois a decadência é justamente o instituto de Direito Civil que extingue os direitos potestativos com prazo.
Gabarito "E".

(Auditor Fiscal/São Paulo-SP – FCC) José deve a Tomás a quantia de R$ 10.000,00 (dez mil reais). Tomás, contudo, não tomou medidas necessárias para a cobrança, o que ensejou o transcurso do prazo prescricional. Posteriormente, Tomás dirige notificação a José, solicitando o pagamento, e José lhe responde afirmando que pagará a dívida em 3 meses, assim que conseguir recursos. Se José não pagar a dívida nesse prazo, Tomás

(A) não pode cobrar a dívida, porque os prazos prescricionais não podem ser alterados por vontade das partes.
(B) pode cobrar a dívida, pois José renunciou à prescrição.
(C) não pode cobrar a dívida, pois não se admite renúncia tácita à prescrição.
(D) não pode cobrar a dívida, porque os prazos prescricionais não podem ser interrompidos.
(E) não pode cobrar a dívida, porque a prescrição consumada é definitiva.

A: incorreta, pois não se trata de alteração de prazo prescricional, até porque o prazo já se havia consumado; **B:** correta, pois José praticou atos incompatíveis com quem pretende se valer da prescrição consumada (CC, art. 191); **C:** incorreta, pois o art. 191 do Código Civil prevê a hipótese de renúncia tácita; **D:** incorreta, pois não se trata de interrupção de prazo prescricional; **E:** incorreta, pois a despeito de consumada a prescrição pode ser renunciada por quem a favorece.
Gabarito "B".

(Auditor Fiscal/PB – FCC) Os prazos prescricionais e decadenciais não correm

(A) contra os ausentes do país em serviço público da União, dos Estados ou dos Municípios.
(B) entre os cônjuges na constância da sociedade conjugal.
(C) contra os que se acharem servindo nas Forças Armadas, em tempo de guerra.
(D) contra os absolutamente incapazes.
(E) depois de interrompidos mediante protesto judicial.

Todas as alternativas apresentam hipóteses fáticas que ensejam a suspensão (se o prazo já havia iniciado) ou impedimento (se o prazo ainda não havia iniciado) da prescrição. Contudo, a única hipótese que também se aplica à decadência é a absoluta incapacidade do titular do direito, conforme previsto no Código Civil, art. 198, I c/c o art. 208.
Gabarito "D".

(Auditor Fiscal/Limeira-SP – CESPE) Julgue o item que se segue, acerca das normas que regem o direito civil pátrio.

(1) Considere que Cirilo tenha constituído Antônio como advogado para ajuizar ação de reintegração de posse. Ambos decidiram, de comum acordo, que os honorários de sucesso seriam pagos na data do trânsito em julgado da referida demanda, que ocorreu no dia 17 de janeiro de 2006. Entretanto, Cirilo não efetuou o pagamento devido, sob o argumento de que o processo teria sido muito célere e que, por isso, o advogado não teve muito trabalho. Nesse caso, Antônio somente poderá ajuizar ação cobrando seus honorários até janeiro de 2011.

1: correta, pois o prazo prescricional para a cobrança de honorários devidos a profissionais liberais em geral, procuradores judiciais, é de cinco anos, conforme o art. 206, § 5º, II, do CC.
Gabarito 1C.

(Auditor Tributário/Jaboatão dos Guararapes-PE – FCC) Prescreve em cinco anos a pretensão

(A) dos hospedeiros para o pagamento da hospedagem.
(B) do vencedor para haver do vencido o que despendeu em juízo.
(C) do segurado contra o segurador, ou a deste contra aquele.
(D) relativa a aluguéis de prédios urbanos ou rústicos.
(E) de ressarcimento de enriquecimento sem causa.

A: incorreta, pois nesse caso o prazo é de 1 ano (CC, art. 206, § 1º, I); **B:** correta, pois de pleno acordo com o art. 206, § 5º, III, do CC; **C:** incorreta, pois nesse caso o prazo é de 1 ano (CC, art. 206, § 1º, II); **D:** incorreta, pois nesse caso o prazo é de 3 anos (CC, art. 206, § 3º, I); **E:** incorreta, pois nesse caso o prazo é de 3 anos (CC, art. 206, § 3º, IV).
Gabarito "B".

3. OBRIGAÇÕES

3.1. TEORIA GERAL DAS OBRIGAÇÕES

(Auditor Fiscal Tributário Municipal – Prefeitura Cuiabá – 2016 – FGV) Joana firmou contrato com Virginia obrigando-se a entregar-lhe um vestido. Antes da tradição, porém, Joana utilizou o vestido em uma festa e derrubou vinho sobre ele, manchando o vestido.

Diante dessa situação, Virginia poderá:

(A) aceitar o vestido, ou o equivalente em dinheiro, desde que renuncie às perdas e danos.
(B) postular somente o equivalente em dinheiro, desde que renuncie ao recebimento do vestido.
(C) aceitar o vestido, ou o equivalente em dinheiro, além de postular perdas e danos.
(D) apenas postular perdas e danos.
(E) aceitar o vestido, apenas, desde que renuncie às perdas e danos.

A questão envolve obrigação de dar coisa certa, a qual se deteriorou antes da tradição, pela culpa do devedor. A solução indicada pelo art. 236 do Código Civil é conceder uma opção ao credor. Aceitar a coisa no estado em que se acha ou o equivalente em dinheiro podendo – em ambos os casos – postular perdas e danos.
Gabarito "C".

(Fiscal de Tributos/Maceió-AL – CESPE) Com relação ao direito das obrigações, julgue os itens seguintes.

(1) No caso de obrigação de restituir coisa certa, vindo esta a se perder sem culpa do devedor, a obrigação resolve-se automaticamente, sem qualquer direito ao credor de receber indenização ou de exigir a restituição da coisa.

(2) Na obrigação solidária ativa, qualquer dos credores pode receber o crédito por inteiro e dar quitação integral do débito.

1: correta: Trata-se de importante regra do direito obrigacional brasileiro. A pessoa que tem a obrigação de dar (ou restituir) coisa certa está desonerada de qualquer débito quando a referida coisa certa se perde sem sua culpa. Ex.: "A" empresta carro para "B" por 20 dias. No 10º dia o carro é roubado por três ladrões fortemente armados. Nesse caso, "B" nada deve a "A". Vale lembrar que se, por acaso, o credor havia antecipado pagamento, é evidente que ele deve ser restituído, até para evitar o enriquecimento sem causa por parte do devedor; **2:** correta. A principal aplicação prática decorrente da solidariedade ativa é possibilitar que qualquer credor cobre a dívida toda, ao mesmo tempo em que permite ao devedor pagar tudo a um só dos credores (CC, art. 267).
Gabarito 1C, 2C

(Auditor Tributário/Jaboatão dos Guararapes-PE – FCC) Com relação às obrigações alternativas é correto afirmar:

(A) Se, por culpa do devedor, ambas as prestações se tornarem inexequíveis, poderá o credor reclamar o valor de qualquer das duas, além da indenização por perdas e danos.

(B) Nas obrigações alternativas, em regra, a escolha cabe ao credor, se outra coisa não se estipulou.

(C) Em regra, pode o devedor obrigar o credor a receber parte em uma prestação e parte em outra, tendo em vista a natureza alternativa da obrigação.

(D) Quando a obrigação for de prestações periódicas, a faculdade de opção deverá ser exercida no primeiro período, por expressa determinação legal.

(E) Se uma das duas prestações não puder ser objeto de obrigação ou se tornar inexequível, a obrigação se extinguirá como um todo.

A: correta, pois de pleno acordo com a regra estabelecida pelo art. 255 do CC; **B:** incorreta, pois como regra a escolha cabe ao devedor (CC, art. 252); **C:** incorreta, pois o devedor não pode obrigar o credor a receber parte em uma e parte em outra prestação (CC, art. 252, § 1º); **D:** incorreta, pois nesse caso "a faculdade de opção poderá ser exercida em cada período" (CC, art. 252, § 2º); **E:** incorreta, pois nesse caso ocorre a concentração involuntária, recaindo a obrigação sobre a remanescente (CC, art. 253).
Gabarito "A".

(Auditor Fiscal/RN – ESAF) Se o devedor a quem compete a escolha se obriga a pagar ao credor, anualmente, dez valiosas obras de arte ou dois milhões de reais, a cada ano que passa

(A) deverá manter a escolha efetuada em determinado tempo.

(B) estará privado de optar por prestação diversa no período seguinte.

(C) a escolha, que fez num ano, o obrigará a mantê-la no ano seguinte.

(D) poderá optar ora pela entrega das obras de arte, ora pelo pagamento daquela quantia, pois a lei reconhece o *jus variandi* na escolha de prestação sucessiva.

(E) deverá fazer um acordo com o credor relativamente à concentração; não havendo unanimidade, o órgão judicante decidirá, findo o prazo por este fixado para a deliberação, indicando qual das prestações deverá ser cumprida para que o devedor se libere.

A questão versa sobre uma obrigação alternativa com prestações periódicas. Nessa hipótese, o devedor pode fazer uma opção a cada período prestacional. Assim, por exemplo, poderia num ano dar dez valiosas obras de arte e no ano seguinte pagar o valor de dois milhões de reais e assim sucessivamente, realizando suas escolhas a cada período. Segundo o Código Civil (art. 252, § 2º): "a faculdade de opção poderá ser exercida em cada período".
Gabarito "D".

(Fiscal de Tributos/PA – ESAF) A obrigação consistente em um vínculo jurídico pelo qual o devedor se compromete a realizar diversas prestações, de tal modo que não se considerará cumprida a obrigação até a execução de todas as prestações prometidas, sem exclusão de uma só, é a

(A) obrigação simples.
(B) obrigação cumulativa.
(C) obrigação facultativa.
(D) obrigação disjuntiva.
(E) obrigação alternativa.

A: incorreta, pois na obrigação simples há apenas um objeto na obrigação, não havendo margem de escolha ou necessidade de cumulação para o perfeito adimplemento; **B:** correta, pois na obrigação cumulativa o devedor só se desonera ao cumprir todas as prestações; **C:** incorreta, pois na rara obrigação facultativa existe um objeto na obrigação, mas no momento do adimplemento surge uma faculdade ao devedor de se desonerar mediante outra prestação (é o que ocorre quando se deixa um veículo em consignação para venda, chamado pelo Código Civil de contrato estimatório no art. 534. O comerciante a quem se entregou o carro tem apenas a obrigação de pagar o valor ajustado, mas no momento de cumprir a obrigação poderá optar por devolver o veículo); **D e E:** incorretas, pois a obrigação alternativa (também chamada de disjuntiva) não impõe a cumulação de objetos para que o devedor se desonere da obrigação. Como o próprio nome diz, o devedor procederá à escolha da prestação devida.
Gabarito "B".

(Agente Tributário Estadual/MS – ESAF) Havendo inexequibilidade de uma das prestações por culpa do devedor de obrigação alternativa, competindo a escolha delas ao credor:

(A) o credor somente poderá pleitear perdas e danos.
(B) o credor pleiteará o equivalente de qualquer delas mais perdas e danos.
(C) o credor terá direito de exigir ou a prestação subsistente ou o valor da outra com perdas e danos.
(D) o credor poderá reclamar o valor de qualquer das duas.
(E) cessará o *jus variandi* do devedor que não poderá forçar o credor a receber o valor da que se perdeu.

A hipótese mencionada na questão versa sobre uma obrigação alternativa com escolha do credor, na qual uma das prestações tornou-se inexequível por culpa do devedor. A solução dada pelo art. 255 do CC é simplesmente manter a opção do credor que agora poderá exigir a obrigação remanescente ou o valor da que se perdeu cumulada com perdas e danos.
Gabarito "C".

(Agente Fiscal/PI – ESAF) Assinale a opção correta.

(A) A solidariedade não se extingue com o óbito de um dos cocredores ou de um dos codevedores.

(B) A conversão da prestação em perdas e danos não alterará a solidariedade.
(C) A constituição em mora do credor solidário pela oferta de pagamento por parte do devedor comum, não prejudicará todos os demais.
(D) A cláusula, condição ou obrigação adicional, estipulada entre um dos codevedores e o credor poderá agravar a posição dos demais.
(E) O credor não pode renunciar à solidariedade em favor de um, alguns ou todos os devedores.

A: incorreta, pois como regra – em relação aos herdeiros do credor/devedor falecido – a solidariedade se desfaz. É o que determinam os arts. 270 e 276 do CC; B: correta, pois a solidariedade não guarda relação com o objeto e sim com um vínculo jurídico existente entre os diversos devedores ou diversos credores. Assim, convertendo-se a prestação em perdas e danos, persiste a solidariedade entre as diversas partes de um mesmo polo da obrigação; C: incorreta. A grande característica da solidariedade ativa é a possibilidade de qualquer credor poder cobrar o devedor comum pela dívida toda. Mas ao contrário também é verdadeiro: o devedor comum ganha o direito de pagar a obrigação inteira (seja divisível ou indivisível) a qualquer um dos credores (CC, art. 268). Caso ele encontre recusa de qualquer credor solidário ao recebimento da prestação, estará sendo tolhido de seu direito e, portanto, configurando a mora de todos os credores solidários (CC, art. 400); D: incorreta, pois "qualquer cláusula, condição ou obrigação adicional, estipulada entre um dos devedores solidários e o credor, não poderá agravar a posição dos outros sem consentimento destes" (CC, art. 278); E: incorreta, pois é dado ao credor o direito de renunciar à solidariedade em favor de um, alguns ou todos os devedores (CC, art. 282).
Gabarito "B".

3.2. TRANSMISSÃO DAS OBRIGAÇÕES

(Auditor do Tesouro Municipal/Recife-PE – FGV) Assinale a opção que indica duas espécies de Transmissão das Obrigações previstas no Código Civil.

(A) Cessão de crédito e sub-rogação
(B) Assunção de dívida e imputação
(C) Sub-rogação e imputação
(D) Dação e remissão
(E) Assunção de dívida e cessão de crédito

A transmissão das obrigações pode ocorrer tanto no lado ativo quanto no lado passivo. Nas duas hipóteses, um novo titular assume a posição obrigacional, mantendo-se, todavia, intacto o vínculo jurídico em si. Quando um credor transfere a outrem o seu direito de crédito, opera-se a chamada cessão de crédito (CC, art. 286), que pode ser onerosa (na qual se assemelha a uma "venda de crédito") ou gratuita (na qual se assemelha a uma "doação de crédito"). Como o crédito é um bem imaterial, não se aplicam as expressões venda ou doação, mas sim "Cessão". Vale ressaltar que a cessão de crédito não depende do consentimento do devedor e ela produz uma sub-rogação convencional (CC, art. 346, III).
Já quando o devedor transfere – com expressa anuência do credor – sua posição obrigacional para um terceiro, ocorre a assunção de dívida.
Vale a menção de que sub-rogação (CC, art. 346), imputação (CC, art. 352), dação (CC, art. 356) e remissão (CC, art. 385) são formas especiais de adimplemento da obrigação e não transmissão da obrigação. A sub-rogação implica na substituição do credor, em virtude da lei ou vontade das partes; a imputação é o direito que o devedor tem de indicar qual débito pretende quitar quando houver diversos débitos vencidos, líquidos e fungíveis; a dação é a quitação de uma obrigação através de entrega de coisa diversa da combinada (com aceitação do credor) e a remissão é o perdão da dívida por parte do credor.
Gabarito "E".

(Auditor Fiscal da Receita Federal – ESAF) O artigo 286 do Código Civil dispõe que "O credor pode ceder o seu crédito, se a isso não se opuser a natureza da obrigação, a lei, ou a convenção com o devedor; a cláusula proibitiva da cessão não poderá ser oposta ao cessionário de boa-fé, se não constar do instrumento da obrigação".
De acordo com a legislação pertinente, relativa à Cessão de Crédito, está incorreta a opção:

(A) salvo disposição em contrário, na cessão de um crédito, abrangem-se todos os seus acessórios.
(B) é ineficaz, em relação a terceiros, a transmissão de um crédito, se não celebrar-se mediante instrumento público, ou instrumento particular revestido das solenidades exigidas em lei.
(C) na cessão por título oneroso, o cedente, ainda que não se responsabilize, fica responsável ao cessionário pela existência do crédito ao tempo em que lhe cedeu; a mesma responsabilidade lhe cabe nas cessões por título gratuito, se tiver procedido de má-fé.
(D) o devedor não pode opor ao cessionário as exceções que lhe competirem, bem como as que, no momento em que veio a ter conhecimento da cessão, tinha contra o cedente.
(E) o crédito, uma vez penhorado, não pode mais ser transferido pelo credor que tiver conhecimento da penhora; mas o devedor que o pagar, não tendo notificação dela, fica exonerado, subsistindo somente contra o credor os direitos de terceiro.

A: correta (CC, art. 287), pois na cessão de crédito o cessionário (novo credor) substitui o antigo credor, titularizando então todos os seus direitos. A este fenômeno dá-se o nome de sub-rogação (CC, art. 347, I); B: correta, pois de pleno acordo com o art. 288 do CC. Referido dispositivo exige como condição de eficácia externa que a cessão ocorra mediante instrumento público ou particular, desde que no último caso seja utilizada a mesma forma exigida para o instrumento do mandato (CC, art. 654, § 1º); C: correta. A responsabilidade pela cessão de crédito pode limitar-se à existência do crédito (quando então é chamada de pro soluto) ou pode abranger também a solvência do devedor (quando então é chamada de pro solvendo). No silêncio das partes, a cessão onerosa implica apenas a responsabilidade pro soluto, ao passo que na cessão gratuita tal responsabilidade somente ocorrerá se o cedente tiver agido de má-fé (CC, art. 295); D: incorreta, pois o devedor pode opor ao cessionário as exceções que lhe competirem, conforme art. 294 do CC; E: correta, pois de acordo com o art. 298 do CC. Referido artigo trata da hipótese na qual o credor de um crédito é devedor de outra pessoa. Esta penhora o crédito daquele, impossibilitando desta forma a cessão.
Gabarito "D".

(Auditor Fiscal – São Paulo/SP – FCC) Em relação às modalidades e transmissões das obrigações, é correto afirmar:

(A) O credor não pode consentir em receber prestação diversa da que lhe é devida.
(B) Em regra, o cedente do crédito responde pela solvência do devedor.
(C) Se duas pessoas forem solidariamente responsáveis por uma dívida, o credor só poderá exigir, de cada uma, metade de seu valor.
(D) O credor não é obrigado a receber prestação diversa da que lhe é devida, ainda que mais valiosa.
(E) A entrega do título ao devedor não gera a presunção de pagamento.

A: incorreta, pois o credor não é obrigado a receber coisa diversa da que lhe é devida, mas pode consentir nesse sentido (CC, art. 313); **B:** incorreta. A responsabilidade pela cessão de crédito pode limitar-se à existência do crédito (quando então é chamada de *pro soluto*) ou pode abranger também a solvência do devedor (quando então é chamada de *pro solvendo*). A cessão *pro solvendo* não se aplica como regra (CC, art. 295); **C:** incorreta, pois contraria a regra mais importante da solidariedade passiva, que permite ao credor cobrar toda dívida de qualquer um dos devedores (CC, art. 275); **D:** correta, pois de pleno acordo com o art. 313 do CC; **E:** incorreta, pois referida entrega gera presunção de pagamento (CC, art. 324).

Gabarito "D".

(Auditor Tributário/Jaboatão dos Guararapes-PE – FCC) Com relação à cessão de crédito é correto afirmar:

(A) Pode o cessionário exercer os atos conservatórios do direito cedido, desde que haja prévio conhecimento da cessão pelo devedor.

(B) Ocorrendo várias cessões do mesmo crédito, prevalece a última cessão, independentemente de ter ocorrido a tradição do título do crédito cedido.

(C) O devedor não pode opor ao cessionário as exceções que, no momento em que veio a ter conhecimento da cessão, tinha contra o cedente.

(D) A cláusula proibitiva da cessão de crédito não poderá ser oposta ao cessionário de boa-fé, se não constar do instrumento da obrigação.

(E) Na cessão por título oneroso, o cedente, exceto quando não se responsabilize, fica responsável ao cessionário pela existência do crédito ao tempo em que lhe cedeu.

A: incorreta, pois os atos conservatórios (ex.: interrupção da prescrição) podem ser praticados, independentemente da anuência do devedor (CC, art. 293) **B:** incorreta, pois na hipótese de pluralidade de cessões, prevalece a que se completar com a tradição do título do crédito cedido (CC, art. 291); **C:** incorreta, pois o devedor pode opor ao cessionário as exceções que lhe competirem, conforme art. 294 do CC; **D:** correta, pois referida cláusula só poderá ser oposta ao cessionário caso conste do instrumento obrigacional (CC, art. 286) **E:** incorreta, pois a responsabilidade *pro soluto* (pela existência do crédito) verifica-se ainda que o cedente não se responsabilize (CC, art. 295).

Gabarito "D".

3.3. ADIMPLEMENTO

(Auditor Fiscal da Receita Federal – ESAF) Em Relação ao direito das obrigações, todas as opções estão corretas, exceto:

(A) se o devedor pagar ao credor, apesar de intimado da penhora feita sobre o crédito, ou da impugnação a ele oposta por terceiros, o pagamento não valerá contra estes, que poderão constranger o devedor a pagar de novo, ficando-lhe ressalvado o regresso contra o credor.

(B) ainda que a obrigação tenha por objeto prestação divisível, não pode o credor ser obrigado a receber, nem o devedor a pagar, por partes, se assim não se ajustou.

(C) a sub-rogação transfere ao novo credor todos os direitos, ações, privilégios e garantias do primitivo, em relação à dívida, contra o devedor principal, mas não contra os fiadores.

(D) A novação extingue os acessórios e garantias da dívida, sempre que não houver estipulação em contrário. Não aproveitará, contudo, ao credor ressalvar o penhor, a hipoteca ou a anticrese, se os bens dados em garantia pertencerem a terceiro que não foi parte na novação.

(E) A mora do credor subtrai o devedor isento de dolo à responsabilidade pela conservação da coisa, obriga o credor a ressarcir as despesas empregadas em conservá-la, e sujeita-o a recebê-la pela estimação mais favorável ao devedor, se o seu valor oscilar entre o dia estabelecido para o pagamento e o da sua efetivação.

A: correta (CC, art. 312). O mencionado dispositivo versa sobre a hipótese de o crédito de determinada pessoa ter sido penhorado por terceiro. Nessa hipótese, intima-se o devedor para que não efetue aquele pagamento ao credor. Se ainda assim o devedor efetuar o pagamento, poderá ser compelido a pagar novamente; **B:** correta, pois de pleno acordo com a regra estabelecida pelo art. 314 do CC; **C:** incorreta, pois a sub-rogação permite exercício de direitos, ações, privilégios e garantias não apenas contra o devedor principal, mas também contra os fiadores (CC, art. 349); **D:** correta, pois de pleno acordo com a regra estabelecida pelo art. 364 do CC; **E:** correta, pois o enunciado repete as diretrizes do art. 400 do CC quanto à mora do credor, também conhecida como *mora accipiendi*.

Gabarito "C".

(Fiscal de Rendas/RJ – FGV) Com relação ao *pagamento*, analise as afirmativas a seguir.

I. Terceiros não interessados podem pagar a dívida em seu próprio nome, desde que esteja vencida.

II. O credor não é obrigado a receber prestação diversa da que lhe é devida, a não ser que seja substancialmente mais valiosa.

III. O pagamento cientemente feito a credor incapaz de quitar não vale, a não ser que o devedor prove que o pagamento efetivamente reverteu em benefício do credor.

Assinale:

(A) se todas as afirmativas estiverem corretas.
(B) se somente as afirmativas I e II estiverem corretas.
(C) se somente as afirmativas II e III estiverem corretas.
(D) se somente as afirmativas I e III estiverem corretas.
(E) se somente a afirmativa III estiver correta.

I: incorreta, pois o terceiro não interessado pode pagar a dívida em seu próprio nome, esteja ou não vencida (CC, art. 305). A única diferença é que se pagar antes de se vencer, seu reembolso só será assegurado quando do vencimento; **II:** incorreta, pois o credor não é obrigado a receber coisa diversa da ajustada, mesmo que seja mais valiosa (art. 313 do CC); **III:** correta, pois de pleno acordo com a regra estabelecida pelo art. 310 do CC.

Gabarito "E".

(Auditor Fiscal/RO – FCC) A respeito do Adimplemento das Obrigações, considere:

I. O terceiro não interessado, que paga a dívida em seu próprio nome, tem direito a reembolsar-se do que pagar e se sub-roga nos direitos do credor.

II. O pagamento feito de boa-fé ao credor putativo é válido, exceto se provado depois que não era credor.

III. O credor não é obrigado a receber prestação diversa da que lhe é devida, ainda que mais valiosa.

IV. É lícito convencionar o aumento progressivo de prestações sucessivas.

De acordo com o Código Civil brasileiro, está correto o que se afirma APENAS em

(A) I, II e III.
(B) I e IV.
(C) II, III e IV.
(D) II e IV.
(E) III e IV.

I: incorreta, pois o relevante instituto da sub-rogação somente se verifica na hipótese de pagamento realizado pelo terceiro interessado. Quando o pagamento é realizado pelo terceiro não interessado, em seu próprio nome, ele terá direito apenas ao chamado regresso simples ou reembolso (art. 305 do CC); II: incorreta, pois aquele que paga a quem parece ser credor paga bem, mesmo que depois se prove que pagou a quem não era credor. A regra, estabelecida no art. 309 do CC, decorre da teoria da aparência, que prestigia aquele que confia na aparência das coisas; III: correta, pois de pleno acordo com a milenar regra, atualmente estabelecida em nosso ordenamento no art. 313 do CC; IV: correta, pois referido aumento progressivo é permitido pelo art. 316 do CC.
Gabarito "E".

(Auditor Fiscal/Limeira-SP – CESPE) Julgue o item que se segue, acerca das normas que regem o direito civil pátrio.

(1) Considere a seguinte situação hipotética. Manuel emprestou a Soraia a quantia de R$ 800,00. Alguns dias antes da data acordada para pagamento, Soraia ofereceu a Manuel, a título de quitação da dívida uma televisão, pois não dispunha do montante em dinheiro, o que foi aceito por Manoel. Nessa situação, houve novação da obrigação.

1: incorreta, pois a novação implica num elemento essencial para sua configuração, que é o *animus novandi*, ou seja, a intenção de extinguir uma obrigação com o objetivo de criar outra. A hipótese mencionada na questão versa sobre a entrega de um objeto que simplesmente extingue a dívida, o que configura claramente a dação em pagamento (CC, art. 356).
Gabarito 1E.

3.4. INADIMPLEMENTO

(Auditor Fiscal/São Paulo-SP – FCC) A notificação do devedor inadimplente é providência indispensável para constituí-lo em mora quando

(A) o credor pretender extinguir a dívida por compensação.
(B) a obrigação for positiva e líquida e não houver sido cumprida em seu termo.
(C) se tratar de obrigação proveniente de ato ilícito.
(D) não houver termo para cumprimento da obrigação.
(E) a obrigação for negativa.

A configuração da mora do devedor é expediente que acarreta grandes consequências jurídicas (muitas previstas no art. 399 do CC). Há dois caminhos para que a mora se caracterize. O primeiro deles é pela simples chegada do dia ajustado para o vencimento, quando então o próprio dia interpelará em favor do homem, numa hipótese de mora *ex re*. O segundo caminho ocorre quando não há dia ajustado para o vencimento. Nesse caso, a lei exige uma notificação judicial ou extrajudicial ao devedor inadimplente. É a chamada mora *ex personae* (CC, art. 397, parágrafo único).
Gabarito "D".

4. CONTRATOS

4.1. TEORIA GERAL DOS CONTRATOS

(Auditor Fiscal Tributário da Receita Municipal/Cuiabá-MT – FGV) Acerca dos dispositivos do Código Civil de 2002 destinados à disciplina jurídica dos contratos, assinale a afirmativa correta.

(A) A autonomia privada dos contratantes é maior no caso de contratos atípicos, porque não há exigência legal de observância da função social do contrato, prevista para os contratos típicos.
(B) Nos contratos de adesão regulados pelo Código Civil, é válida a cláusula que prevê a renúncia antecipada do aderente a direitos resultantes da natureza do negócio.
(C) Os contratos entre ausentes não se tornam perfeitos se, antes da aceitação, ou juntamente com ela, chegar ao proponente a retratação do aceitante.
(D) É válido o contrato celebrado entre Luísa e André para transferência do patrimônio integral da primeira para o segundo, com eficácia postergada para depois da morte de Luísa.
(E) A liberdade de contratar nos contratos atípicos é absoluta no direito brasileiro, por força do consagrado princípio de que os pactos devem ser cumpridos (*pacta sunt servanda*).

A: incorreta, pois a função social do contrato é princípio que alcança todos os contratos, sejam típicos ou atípicos (CC, art. 421). O próprio Código Civil (art. 2.035, parágrafo único) salienta que nenhum contrato prevalecerá se contrariar a função social do contrato. Ademais, esse princípio decorre da socialidade, um dos três pilares do Código Civil de 2002; B: incorreta, pois o Código Civil fulmina esse tipo de cláusula com a previsão de nulidade absoluta (CC, art. 424); C: correta, pois a afirmativa reproduz o texto do art. 433; D: incorreta, pois não se permite nenhuma convenção sobre herança de pessoa viva (CC, art. 426) e a doação de todo patrimônio também é nula (CC, art. 548); E: incorreta, pois o princípio pacta sunt servanda, segundo o qual o contrato faz lei entre as partes tem sua eficácia atenuada, mitigada, quando confrontado com a função social do contrato (CC, art. 2.035, parágrafo único).
Gabarito "C".

(Fiscal de Rendas/RJ – FGV) O direito de reclamar por um *vício de qualidade* que torna um produto impróprio ou inadequado ao consumo caduca em:

(A) 15 dias, tratando-se de vício aparente ou de fácil constatação e de produto não durável.
(B) 30 dias, tratando-se de vício aparente ou de fácil constatação e de produto não durável.
(C) 60 dias, tratando-se de vício aparente ou de fácil constatação e de produto durável.
(D) 120 dias, tratando-se de vício aparente ou de fácil constatação e de produto durável.
(E) 180 dias, tratando-se de vício oculto.

A: incorreta, pois nessa hipótese o prazo é de trinta dias (Lei 8.078/1990, art. 26, I); B: correta, pois de pleno acordo com o disposto no referido dispositivo legal; C, D, E: incorretas, pois contrários aos termos do mencionado artigo.
Gabarito "B".

(Auditor Fiscal/RO – FCC) De acordo com o Código Civil brasileiro, o adquirente decai do direito de obter a redibição ou abatimento no preço no prazo de trinta dias, se a coisa for móvel, e de um ano se for imóvel, contado da entrega efetiva; se já estava na posse, o prazo conta-se da alienação, reduzido à metade. Na constância de cláusula de garantia,

(A) correrão estes prazos, contados a partir do término da garantia contratual.
(B) não correrão estes prazos, mas o adquirente deve denunciar o defeito ao alienante nos sessenta dias seguintes ao seu descobrimento, sob pena de decadência.
(C) não correrão estes prazos, mas o adquirente deve denunciar o defeito ao alienante nos noventa dias seguintes ao seu descobrimento, sob pena de decadência.
(D) não correrão estes prazos, mas o adquirente deve denunciar o defeito ao alienante nos trinta dias seguintes ao seu descobrimento, sob pena de decadência.
(E) correrão estes prazos reduzidos de 1/3, contados a partir do término da garantia contratual.

A hipótese mencionada versa sobre os vícios redibitórios e a coexistência de garantia legal e garantia contratual. Nesse caso, o Código Civil adota inteligente solução e impede a fluência do prazo decadencial obrigando, contudo, o adquirente a informar o defeito ao alienante nos trinta dias seguintes ao seu descobrimento (CC, art. 446).
Gabarito "D".

(Auditor Tributário/Jaboatão dos Guararapes-PE – FCC) A coisa recebida em virtude de contrato comutativo pode ser enjeitada por vícios ou defeitos ocultos, que a tornem imprópria ao uso a que é destinada, ou lhe diminuam o valor. Se o alienante não conhecia o vício ou defeito da coisa, restituirá

(A) as despesas do contrato com perdas e danos.
(B) somente o valor recebido.
(C) somente as despesas do contrato.
(D) o valor recebido com perdas e danos.
(E) o valor recebido, mais as despesas do contrato.

A letra E está correta, de acordo com o disposto no art. 443 do CC.
Gabarito "E".

(Auditor do Tesouro Municipal/Recife-PE – ESAF) O contrato real é, quanto à forma, aquele que:

(A) sobrevive com a persistência da obrigação, apesar de ocorrerem soluções periódicas, até que, pelo implemento de uma condição ou decurso de um prazo, vem a cessar o ato negocial.
(B) se perfaz pela simples anuência das partes, sem necessidade de outro ato.
(C) não impõe nenhuma forma para sua formação, exigindo apenas o consenso dos contratantes.
(D) só se ultima com a entrega da coisa feita por um contratante a outro.
(E) depende, para se ultimar, de escritura pública ou particular.

Contrato real é aquele cuja formação depende da entrega da coisa. É o que ocorre, por exemplo, no comodato, no depósito e no mútuo. A alternativa D é a única que traz o conceito correto.
Gabarito "D".

4.2. CONTRATOS EM ESPÉCIE

4.2.1. DA COMPRA E VENDA

(Auditor Fiscal/PB – FCC) A compra e venda é considerada contrato

(A) real, porque, se pura e simples, só se considerará perfeita e acabada com a tradição do objeto.
(B) consensual, porque, se pura e simples, considerar-se-á obrigatória e perfeita, desde que as partes acordem no objeto e no preço.
(C) consensual, se tiver por objeto coisa imóvel, e real, se a coisa for móvel.
(D) real, apenas se celebrado por instrumento público levado a registro no Serviço de Registro de Imóvel.
(E) consensual, apenas se celebrado verbalmente ou por instrumento particular, tendo por objeto coisa móvel.

O contrato é denominado consensual quando ele se aperfeiçoa juridicamente mediante o simples consenso entre as partes. É exatamente o que acontece na hipótese da compra e venda (CC, art. 482). Firmado o acordo a respeito da coisa e do preço o contrato de compra e venda surge juridicamente com suas obrigações recíprocas. Não se confunda, nesse ponto, o nascimento do contrato com a transferência da propriedade, que se dará pela tradição (se móvel) ou pelo registro (se imóvel). O que se analisa nesse momento é apenas a formação do contrato. O contrato real, por sua vez, é aquele que só nasce juridicamente mediante a entrega do objeto, que é o que ocorre com o comodato, o mútuo e o depósito.
Gabarito "B".

(Auditor Fiscal/São Paulo-SP – FCC) Caio vendeu a Tício imóvel de sua propriedade, pelo preço de R$ 100.000,00 (cem mil reais). Durante as negociações, Caio mencionou que o imóvel tinha área de 1.000 m² (mil metros quadrados). Todavia, ao ingressar na posse, Tício constatou que a área, na realidade, era de 900 m² (novecentos metros quadrados). Neste caso, Tício:

(A) não terá direito à restituição proporcional do preço, em nenhuma hipótese.
(B) terá direito à restituição proporcional do preço, se a venda houver sido estipulada *ad mensuram*.
(C) terá direito à restituição proporcional do preço, se a venda houver sido estipulada *ad corpus*.
(D) teria direito à restituição proporcional do preço, se a diferença não fosse superior a 1/20 (um vigésimo) da área declarada.
(E) terá direito à restituição proporcional do preço, em qualquer hipótese.

A compra será *ad corpus* quando a característica mais importante do objeto negociado não for a sua medida, mas suas características gerais, como localização, vista, topografia, benfeitorias etc. Ou seja, na venda *ad corpus*, há um interesse no bem de um modo geral, um interesse no conjunto da obra, por assim dizer. Nessa hipótese, a lei entende que eventual diferença entre o tamanho declarado e o tamanho real não justifica uma resolução contratual ou uma devolução parcial de preço, preferindo conservar o contrato (CC, art. 500, § 3º). Já quando a venda é *ad mensuram*, o tamanho do bem imóvel negociado é uma característica determinante, relevante e, justamente por isso, eventual diferença entre o tamanho real e o declarado geram direito ao complemento da área ou – se isso não for possível – devolução parcial do valor pago (CC, art. 500, *caput*). A hipótese descrita na questão se aproxima muito mais de uma venda *ad mensuram*, justamente pela menção feita ao tamanho do terreno. Logo, a alternativa "B" é a mais adequada.
Gabarito "B".

4.2.2. DA DOAÇÃO

(Auditor Tributário/Jaboatão dos Guararapes-PE − FCC) A doação

(A) feita em contemplação do merecimento do donatário perde o caráter de liberalidade.
(B) à entidade futura caducará se, em dois anos, esta não estiver constituída regularmente.
(C) do cônjuge adúltero ao seu cúmplice pode ser anulada pelo outro cônjuge até cinco anos depois de dissolvida a sociedade conjugal.
(D) em forma de subvenção periódica ao beneficiado não se extingue morrendo o doador, e poderá ultrapassar a vida do donatário.
(E) feita ao nascituro é vedada pelo ordenamento jurídico brasileiro, em razão da necessidade de aceitação da doação pelo donatário.

A: incorreta, pois a doação feita em contemplação pelo merecimento do donatário não perde o caráter de liberalidade (CC, art. 540); **B:** correta, pois quando se doa à entidade futura, a lei exige que esta seja criada no prazo decadencial bienal (CC, art. 554); **C:** incorreta, pois o prazo para referida anulação é bienal (CC, art. 550); **D:** incorreta, pois a morte do donatário, nesse caso, extingue a doação (CC, art. 545); **E:** incorreta, pois o art. 542 do CC expressamente permite a doação ao nascituro.
Gabarito "B".

4.2.3. DA LOCAÇÃO

(Auditor Fiscal/RN − ESAF) A locação, quanto ao tempo de sua execução, é contrato

(A) de transmissão de uso e gozo.
(B) de execução continuada.
(C) bilateral.
(D) consensual.
(E) de execução imediata.

A questão pede que se identifique a classificação do contrato de locação no que se refere ao critério temporal de execução. Esse ponto é importante, porque o contrato de locação é bilateral e é consensual, mas tais classificações não se encaixam no critério solicitado pelo enunciado da questão. No que tange a esse específico critério de tempo de execução, não há dúvidas de que o contrato de locação é mesmo tipicamente de execução continuada.
Gabarito "B".

(Auditor Fiscal/São Paulo-SP − FCC) Determinado município celebra contrato de locação, na qualidade de locatário, de imóvel urbano destinado à instalação de posto de saúde. No decorrer da execução do contrato, constatam-se diversas falhas estruturais nos alicerces do imóvel, que impedem a sua utilização. Neste caso, o

(A) proprietário deverá efetuar a reparação, porque responde pela evicção.
(B) Município poderá efetuar a reparação por conta própria, ressarcindo-se posteriormente perante o proprietário.
(C) proprietário poderá efetuar a reparação por conta própria, ressarcindo-se posteriormente perante o Município.
(D) dever de reparar o imóvel depende de expressa previsão contratual, atribuindo-o a uma das partes.
(E) dever de reparar o imóvel depende de haver sido expressamente previsto, como condição da licitação destinada à locação do imóvel.

A: incorreta, pois a evicção representa a perda da coisa adquirida por decisão judicial que confere sua titularidade a outrem, por motivo anterior à venda (CC, art. 447). Evidentemente não é a hipótese aventada na questão; **B:** correta, pois o art. 22, IV, da Lei de Locação de Imóvel Urbano (Lei 8.245/1991) atribui ao locador a responsabilidade pelos vícios ou defeitos anteriores à locação. Ademais, o art. 35 da mencionada lei dispõe que "as benfeitorias necessárias introduzidas pelo locatário, ainda que não autorizadas pelo locador serão indenizáveis"; **C:** incorreta pois imputa o ônus de pagar ao Município; **D:** incorreta, pois no silêncio do contrato essa obrigação é do proprietário; **E:** incorreta, pois inexiste tal previsão legal, seja na Lei de Locação de Imóvel Urbano (Lei 8.245/1991), seja na Lei de Licitações (Lei 8.666/1993).
Gabarito "B".

4.2.4. DO EMPRÉSTIMO

(Auditor Fiscal Tributário Estadual − SEGEP/MA − 2016 − FCC) Marcelo emprestou gratuitamente a Henrique, para que expusesse em sua galeria de arte, obra assinada por renomado artista plástico. Enquanto a obra estava exposta, a galeria de artes foi atingida por um raio que incendiou o local. Durante o incêndio, Henrique houve por bem salvar as obras de sua propriedade, tendo em vista possuírem valor maior, abandonando a de Marcelo, que se danificou. O contrato celebrado entre Marcelo e Henrique é de

(A) comodato, que tem como objeto bem infungível, perfaz-se com o acordo de vontades e Henrique responderá pelo dano, não podendo invocar como causa excludente de responsabilidade caso fortuito ou força maior.
(B) comodato, que tem como objeto bem infungível, perfaz-se com a sua tradição e Henrique responderá pelo dano, não podendo invocar como causa excludente de responsabilidade caso fortuito ou força maior.
(C) mútuo, que tem como objeto bem fungível, perfaz-se com o acordo de vontades e Henrique não responderá pelo dano, pois o caso fortuito ou a força maior exclui o nexo de causalidade, afastando o dever de indenizar.
(D) comodato, que tem como objeto bem infungível, perfaz-se com o acordo de vontades e Henrique não responderá pelo dano, pois o caso fortuito ou a força maior exclui o nexo de causalidade, afastando o dever de indenizar.
(E) mútuo, que tem como objeto bem infungível, perfaz-se com a sua tradição e Henrique responderá pelo dano, não podendo invocar como causa excludente de responsabilidade caso fortuito ou força maior.

A interessante questão versa sobre o contrato de empréstimo, na modalidade comodato. Nesta espécie de empréstimo (cujas partes são comodante e comodatário) transfere-se apenas a posse direta do bem infungível, o qual será utilizado pelo comodatário e devolvido ao comodante. A transferência limitada à posse do bem gera uma consequência jurídica imediata. A propriedade do bem permanece com o comodante e − devido ao milenar princípio *res perit domino* − eventual perda da coisa sem culpa só prejudica o comodante, extinguindo-se a obrigação (vide art. 238) para o comodatário.
Contudo, há duas hipóteses nas quais a perda sem culpa da coisa objeto de comodato produzirá responsabilidade ao comodatário. A primeira é a hipótese de mora na restituição do bem emprestado. A mora amplia a responsabilidade do comodatário (assim como de qualquer devedor) e ele passa a responder pela perda da coisa, mesmo que a perda decorra do fortuito (CC, art. 399).
A segunda hipótese é justamente esta descrita pela questão, ou seja, correndo risco as suas próprias coisas e também a coisa objeto do

comodato, o comodatário prefere salvar as suas. Nesse caso, o comodatário responderá pela perda da coisa (CC, art. 583).

Vale a menção de que no contrato de mútuo, ocorre a transferência da propriedade do bem fungível. O mutuário irá utilizar o bem, consumi-lo e restituir outro de mesmo gênero, qualidade e quantidade. Justamente por isso, eventual perda sem culpa prejudica o mutuário e não o mutuante. GN

Gabarito "B".

4.2.4.1. DO COMODATO

(Fiscal de Tributos/PA – ESAF) É dever do comodante

(A) pagar as despesas extraordinárias e necessárias feitas pelo comodatário com a conservação da coisa emprestada, em caso de urgência, se não pôde ser avisado, oportunamente, para autorizá-las.
(B) responder se, correndo risco o objeto do comodato, vier a salvar o que lhe pertence, abandonando aquele à sua sorte, fazendo com que, por culpa sua, sofra deteriorações.
(C) restituir a coisa emprestada *in natura* no momento convencionado.
(D) limitar o uso do bem ao estipulado no contrato ou de acordo com sua natureza, sob pena de responder por perdas e danos.
(E) responder pela mora e pagar o aluguel pelo tempo do atraso em restituir o bem dado em comodato.

A: correta. Em que pese não haver previsão expressa nesse sentido, referida obrigação decorre mesmo da condição de proprietário que o comodante conserva e se mantém durante toda a execução do contrato; **B, C, D** e **E:** incorretas, pois referidas obrigações pertencem ao comodatário, conforme preceituam respectivamente os arts. 583, 581 e 582 do CC.

Gabarito "A".

4.2.4.2. DO MÚTUO

(Auditor Fiscal/PB – FCC) Celebrado contrato de mútuo por escritura pública, tendo por objeto quantia certa, aplicam-se as seguintes regras:

I. a quitação poderá ser dada por instrumento particular.
II. se o pagamento for ajustado em cotas periódicas, a quitação da última firma presunção relativa do pagamento das anteriores.
III. se não for ajustada época para o pagamento, este poderá ser exigido a qualquer tempo independentemente de interpelação.
IV. salvo disposição contrária ou se o contrário resulta de lei, da natureza da obrigação ou das circunstâncias, o pagamento deverá ser feito no domicílio do credor.
V. a quitação do capital nunca faz presumir o pagamento dos juros devidos.

Está correto o que se afirma APENAS em

(A) IV e V.
(B) III e V.
(C) II e IV.
(D) I e III.
(E) I e II.

I: correta, pois a quitação sempre pode ser dada por instrumento particular (CC, art. 320); **II:** correta, pois referida presunção legal encontra respaldo no art. 322 do CC; **III:** incorreta, pois; para a hipótese de mútuo com objeto dinheiro, existe regra específica no art. 592, II do Código Civil, segundo o qual – não se estipulando prazo – este será de trinta dias; **IV:** incorreta, pois a regra estabelecida no art. 327 do CC estabelece que a obrigação como regra é quesível, ou seja, cumprida no domicílio do devedor; **V:** incorreta, pois se a quitação nada mencionar a respeito dos juros, estes presumem-se quitados (CC, art. 323).

Gabarito "E".

4.2.5. DA EMPREITADA

(Agente Fiscal/PI – ESAF) É dever do comitente:

(A) pedir o pagamento de materiais que foram entregues ao empreiteiro e por ele inutilizados devido à sua imperícia.
(B) não fazer acréscimos ou mudanças que não sejam fundadas em razões de absoluta necessidade técnica, sem o assentimento do dono da obra.
(C) indenizar o empreiteiro pelas despesas que houver feito, se rescindir o contrato sem justa causa, pagando ainda os lucros que este poderia ter, se concluísse a obra.
(D) ceder o contrato de empreitada, dando origem à subempreitada.
(E) entregar a obra concluída a seu dono.

A: incorreta, pois não se trata de dever do comitente, mas sim de um direito seu (CC, art. 617); **B:** incorreta, pois o comitente é justamente o dono da obra; **C:** correta, pois de pleno acordo com o disposto no art. 623 do CC; **D:** incorreta, pois não existe a previsão legal de dever de ceder o contrato de empreitada; **E:** incorreta, pois trata-se de obrigação do empreiteiro e não do comitente.

Gabarito "C".

4.2.6. DO DEPÓSITO

(Auditor Fiscal/São Paulo-SP – FCC) Desejando guardar móveis e eletrodomésticos inservíveis, Cláudio contrata a empresa denominada "Armazéns Gerais Ltda.", pelo prazo certo de 12 (doze) meses. Passado esse período, resolve retirar os bens, mas foi impedido de fazê-lo pela empresa porque não havia pago a retribuição devida, relativa aos últimos dois meses. Além disso, um dos bens armazenados continha substâncias tóxicas que vazaram e contaminaram bens de outros proprietários, que foram indenizados pela empresa depositária. Nesse caso, a retenção dos bens de Cláudio é providência

(A) lícita, para garantia do pagamento da retribuição e para o ressarcimento dos danos causados.
(B) lícita apenas para garantia do pagamento da retribuição, mas não para o ressarcimento dos danos causados.
(C) lícita apenas para o ressarcimento dos danos causados, mas não para o pagamento da retribuição.
(D) ilícita, tendo Cláudio direito à restituição dos bens por suas próprias forças.
(E) ilícita, tendo Cláudio direito à indenização correspondente ao valor dos bens depositados.

O direito de retenção não é costumeiramente concedido pela Lei. Referido direito confere ao titular a prerrogativa de não restituir bens do outro contratante até que lhe sejam pagos valores devidos. No contrato de depósito remunerado, o Código Civil confere este direito subjetivo ao depositário sempre que o depositante não lhe pagar a remuneração ajustada, o valor das despesas de conservação e também os prejuízos que a coisa depositada gerou. Nesse sentido, a alternativa "A" é a única que se amolda ao disposto no art. 644 do CC.

Gabarito "A".

4.2.7. DO TRANSPORTE

(Auditor Fiscal/Vitória-ES – CESPE) Acerca dos contratos regidos pelo Código Civil, julgue os itens a seguir.

(1) No contrato de transporte de pessoas, ainda que gratuito, a responsabilidade do transportador é objetiva, isto é, somente poderá ser elidida se o evento danoso decorrer de culpa da vítima, de fato fortuito externo ou, ainda, de fato exclusivo de terceiro. Assim, não restando provada a existência de qualquer dessas causas excludentes da responsabilidade, o transportador é obrigado a indenizar todos os danos que o passageiro venha a sofrer durante o seu trajeto.

(2) Os contratos celebrados pela Internet ou por outro meio eletrônico são considerados contratos entre ausentes e as propostas são obrigatórias. Tais contratos são considerados perfeitos ou acabados a partir da expedição da proposta por um dos contratantes.

1: incorreta, pois o contrato de transporte gratuito não se subordina às mesmas regras do contrato remunerado de transporte (CC, art. 736); **2:** incorreta, pois para tais hipóteses o Código Civil adotou a teoria da agnição, na subteoria da expedição, pela qual o contrato torna-se perfeito e acabado a partir da expedição da aceitação (CC, art. 434). Nesse sentido, leciona Silvio Rodrigues: "O novo Código Civil brasileiro [...] acolheu o sistema da agnição, na forma da subteoria da expedição".1
Gabarito 1E, 2E

4.2.8. DA CONSTITUIÇÃO DE RENDA

(Auditor Fiscal/São Paulo-SP – FCC) Por meio de determinado contrato, João transferiu a Antônio a propriedade de um bem imóvel. Em contrapartida, Antônio se compromete a pagar a Pedro a quantia de R$ 1.000,00 (mil reais) mensais, em caráter vitalício, a partir da transmissão da propriedade. Este negócio jurídico é tipificado como

(A) compromisso de compra e venda.
(B) locação.
(C) constituição de renda.
(D) mandato.
(E) permuta.

Pelo contrato de constituição de renda, uma parte se obriga a periodicamente fornecer uma prestação à outra, normalmente de forma gratuita. Todavia, nada impede que esse contrato seja oneroso, o que ocorre quando uma das partes entrega bens móveis ou imóveis à outra, a qual fica obrigada a periodicamente fornecer prestações a quem transferiu ou a terceiros (CC, art. 804).
Gabarito "C".

4.2.9. DA FIANÇA

(Auditor Fiscal – São Paulo/SP – FCC) Em relação aos contratos, é correto afirmar:

(A) O contrato de fiança deve ser celebrado por escrito.
(B) Salvo cláusula em contrário, ficarão as despesas de escritura e registro a cargo do vendedor.
(C) O contrato preliminar deve conter todos os requisitos essenciais ao contrato a ser celebrado, inclusive a forma e as solenidades do contrato principal.
(D) O vendedor nunca é obrigado a entregar a coisa antes de receber o preço.

---
1 RODRIGUES, Sílvio. **Curso de Direito Civil**. Contratos. 30. ed. Saraiva: São Paulo. p. 76.

(E) O doador pode doar todos os seus bens, mesmo que não reserve parte ou renda suficiente para sua subsistência.

A: correta, pois o Código Civil exigiu a utilização da forma escrita para a celebração do contrato de fiança (CC, art. 819); **B:** incorreta, pois tais despesas ficam normalmente a cargo do comprador (CC, art. 490); **C:** incorreta, pois quanto à forma, o Código Civil não exige a observância da simetria com o contrato principal (CC, art. 462); **D:** incorreta, pois na venda a crédito o vendedor deverá entregar a coisa antes de receber o preço; **E:** incorreta, pois a doação universal é nula de pleno direito (CC, art. 548).
Gabarito "A".

(Fiscal de Tributos/Maceió-AL – CESPE) Com referência à fiança, julgue os itens seguintes.

(1) Não se admite a fiança dada em valor inferior ao da obrigação principal, sob pena de nulidade da garantia.
(2) Se o fiador for executado pelo credor, não tem direito de nomear à penhora, primeiramente, os bens do devedor para pagamento do débito, pois a fiança instaura solidariedade entre o fiador e o devedor, respondendo ambos igual e integralmente pelo pagamento da dívida.
(3) Se a fiança for prestada por tempo indeterminado, o fiador tem o direito de, a qualquer tempo, exonerar-se dela, ficando obrigado tão somente pela garantia da dívida em relação ao período anterior à sua exoneração.

1: incorreta, pois a fiança pode ser de valor inferior ao da obrigação principal (CC, art. 823); **2:** incorreta, pois a fiança – por si só – não implica solidariedade passiva entre devedor principal e o fiador. Ademais, o Código Civil garante ao fiador – como regra – o benefício de ordem (CC, art. 827); **3:** incorreta. O direito de se exonerar da responsabilidade da fiança de fato existe e encontra previsão legal no art. 835 do CC. Todavia, ao contrário do que é afirmado na questão, o fiador continuará obrigado "por todos os efeitos da fiança, durante sessenta dias após a notificação do credor".
Gabarito 1E, 2E, 3E

4.2.10. DIVERSOS CONTRATOS

(Auditor Fiscal da Receita Municipal – Prefeitura Teresina/PI – 2016 – FCC) Sobre o contrato de prestação de serviços, considere:

I. Caso pessoa obrigada por contrato escrito a prestar serviço a alguém venha a prestar serviço a outrem mediante aliciamento de terceiro, caberá ao prestador de serviços indenizar o tomador prejudicado, pois o terceiro é pessoa estranha ao contrato.
II. A lei proíbe expressamente que a prestação de serviço seja convencionada por prazo superior a quatro anos, de modo que caso haja fixação de prazo superior, o contrato, não sendo de natureza empresarial, deve ser reputado extinto em relação ao excesso, ocorrendo a redução temporal, ainda que não concluída a obra.
III. O contrato de prestação de serviços é personalíssimo, de modo que nem o tomador poderá transferir a outrem o direito aos serviços ajustados, nem o prestador de serviços, sem anuência da outra parte, apresentar substituto.
IV. É considerado serviço de consumo qualquer atividade fornecida no mercado de consumo, mediante remuneração, salvo as de natureza bancária, financeira, de crédito, securitária ou trabalhista.

Está correto o que se afirma APENAS em

(A) III e IV.
(B) II, III e IV.
(C) I, II e III.
(D) II e III.
(E) I e III.

I: incorreta, pois tal responsabilização recai sobre o aliciador e não sobre o prestador de serviço (CC, art. 608); II: correta, pois o enunciado encaixa-se perfeitamente na previsão do art. 598 do Código Civil, o qual proíbe contratos de prestação de serviço por prazo superior a quatro anos, extinguindo eventual excesso; III: correta, pois de pleno acordo com a regulamentação prevista no art. 605 do Código Civil; IV: incorreta, pois a súmula n.º 297 do STJ já pacificou o entendimento segundo o qual: "*O Código de Defesa do Consumidor é aplicável às instituições financeiras*". GN

Gabarito "D".

(Agente Tributário Estadual/MS – ESAF) Assinale a opção falsa.

(A) A empreitada será *ad mensuram* se contiver cláusula permissiva de variação do preço em consequência do aumento ou diminuição valorativa da mão de obra e dos materiais.
(B) A sublocação contém duas relações jurídicas: a relação *ex locato* entre locador e locatário e a entre este (sublocador) e o sublocatário.
(C) O comodatário terá o dever de responsabilizar-se solidariamente, se houver mais comodatários, devido ao caráter benéfico do comodato e ao disposto em lei, para melhor assegurar a devolução da coisa.
(D) A prestação de serviço não poderá ser convencionada por mais de quatro anos.
(E) O comitente tem o direito de pedir o pagamento de materiais que foram entregues ao empreiteiro e por ele inutilizados devido à sua imperícia.

A: incorreta, pois não é o fato de a empreitada ser *ad mensuram* que implica na cláusula permissiva de variação de preço. O que a empreitada *ad mensuram* gera é o direito do empreiteiro de "exigir o pagamento na proporção da obra executada" (CC, art. 614); B: correta, pois de fato, a sublocação pressupõe que o sublocador seja locatário da relação primitiva de locação; C: correta, pois referida solidariedade legal passiva encontra respaldo no art. 585 do CC; D: correta, pois de acordo com a limitação temporal estabelecida pelo art. 598 do CC; E: correta, pois de pleno acordo com o art. 617 do CC.

Gabarito "A".

(Auditor do Tesouro Municipal/Recife-PE – ESAF) Assinale a opção falsa.

(A) Os cônjuges, não sendo o regime matrimonial o da comunhão universal, não havendo disposição em contrário, poderão efetivar doação entre si, importando adiantamento do que lhes cabe por herança.
(B) O comprador só tem direito aos frutos pendentes, devendo indenizar benfeitorias, porque a compra e venda não produz direito real, que só surge com a tradição ou o registro.
(C) O locador tem obrigação de responder pelos vícios ocultos do bem locado, anteriores à locação.
(D) O comitente tem direito de enjeitar a obra ou pedir abatimento no preço se houver descumprimento do ajuste ou das regras técnicas da arte.
(E) O substabelecimento do mandato não poderá ser feito por instrumento particular se se o outorgou por instrumento público.

A: correta, pois o Código permite a doação de um cônjuge ao outro, o que implicará em adiantamento da legítima (CC, art. 544); B: correta, pois o contrato é consensual quando se aperfeiçoa mediante o simples consenso entre as partes. É exatamente o que acontece na hipótese da compra e venda (CC, art. 482). Firmado o acordo a respeito da coisa e do preço o contrato de compra e venda surge juridicamente com suas obrigações recíprocas; C: correta, pois tal obrigação encontra respaldo no art. 22, IV, da Lei 8.245/1991; D: correta, pois de acordo com o Código Civil (arts. 615 e 616); E: incorreta. A regra a se observar quanto ao contrato de mandato é a forma exigida para a celebração do contrato principal. Assim, caso o negócio principal a ser celebrado não exija escritura pública, mas o as partes escolheram essa forma para o mandato (por conveniência ou segurança, por exemplo), o substabelecimento não necessariamente precisará observar a forma pública, devendo sim respeito à forma exigida para o negócio principal (CC, art. 655).

Gabarito "E".

5. RESPONSABILIDADE CIVIL

(Auditor Fiscal Tributário Municipal – Prefeitura Cuiabá – 2016 – FGV) Ronaldo freou seu veículo pouco antes da faixa de pedestres, em respeito ao sinal de trânsito vermelho. Rafaela, que vinha logo atrás de Ronaldo, também parou, guardando razoável distância entre os carros. Entretanto, Tatiana, que trafegava na mesma faixa de rolamento, mais atrás, distraiu-se ao redigir mensagem no celular enquanto conduzia seu veículo, vindo a colidir com o veículo de Rafaela, o qual, em seguida, atingiu o carro de Ronaldo.

Diante disso, à luz das normas que disciplinam a responsabilidade civil, assinale a afirmativa correta.

(A) Cada um arcará com seu próprio prejuízo, visto que a responsabilidade pelos danos causados deve ser repartida entre todos os envolvidos.
(B) Tatiana deverá indenizar os prejuízos causados ao veículo de Rafaela, e esta deverá indenizar os prejuízos causados ao veículo de Ronaldo.
(C) Tatiana deverá indenizar os prejuízos causados aos veículos de Ronaldo e Rafaela.
(D) Tatiana e Rafaela têm o dever de indenizar Ronaldo, na medida de sua culpa.
(E) Tatiana e Rafaela têm o dever de indenizar Ronaldo, sendo que o dano será reparado de maneira equitativa e não integralmente.

A solução do caso apresentado decorre da simples aplicação das regras básicas de responsabilidade civil. Enquanto Ronaldo e Rafaela agiram com prudência e diligência em suas condutas, Tatiana foi negligente ao utilizar seu celular enquanto conduzia o veículo. Com a prática deste ato ilícito (CC, art. 187), ela gerou um dano direto a Rafaela. No que se refere a Ronaldo, ele também foi vitimado, servindo Rafaela de mero objeto causador do dano, sem afastar a ilicitude do ato de Tatiana. Logo, esta é subjetivamente responsável pela indenização (CC, art. 927) a ambos. GN

Gabarito "C".

(Auditor Fiscal da Receita Municipal – Prefeitura Teresina/PI – 2016 – FCC) A respeito da responsabilidade civil, é correto afirmar:

(A) Caso o ato ilícito seja causado por agente incapaz, este poderá responder com o seu próprio patrimônio pelos danos que causou, de forma subsidiária em relação aos seus pais, tutores ou curadores.
(B) O dano moral tem natureza personalíssima, de modo que a legitimidade para pleitear a sua reparação é

exclusivamente daquele diretamente ofendido pelo ato ilícito, vedado no ordenamento jurídico brasileiro o dano moral por ricochete.
(C) A jurisprudência predominante no Superior Tribunal de Justiça sustenta que a quebra de um contrato gera dano moral presumido (*in re ipsa*).
(D) Na responsabilidade civil subjetiva, o valor da indenização deve se medir pela extensão do dano causado, de modo que é irrelevante o grau de culpa para fins de fixação do montante da indenização.
(E) O caso fortuito e a força maior são excludentes da responsabilidade civil subjetiva, pois afastam a culpa genérica (*lato sensu*) e, assim, não se aplicam às hipóteses em que a lei impõe a responsabilidade civil objetiva.

A: correta, pois tal possibilidade encontra respaldo no art. 928 do Código Civil; B: incorreta, pois o dano moral por ricochete é perfeitamente cabível em nosso sistema e acolhido pela jurisprudência. Nesse sentido, didático julgado do STJ: "Conquanto a legitimidade para pleitear a reparação por danos morais seja, em princípio, do próprio ofendido, titular do bem jurídico tutelado diretamente atingido (CC/2002, art. 12; CC/1916, arts. 75 e 76), tanto a doutrina como a jurisprudência têm admitido, em certas situações, como colegitimadas também aquelas pessoas que, sendo muito próximas afetivamente ao ofendido, se sintam atingidas pelo evento danoso, reconhecendo-se, em tais casos, o chamado dano moral reflexo ou em ricochete" (REsp 1119632/RJ, Rel. Ministro Raul Araújo, Quarta Turma, julgado em 15/08/2017, DJe 12/09/2017); C: incorreta, pois o STJ tem reiteradamente afirmado que: "*O simples descumprimento contratual, por si, não é capaz de gerar danos morais, sendo necessária a existência de uma consequência fática capaz de acarretar dor e sofrimento indenizável pela sua gravidade*" (AgRg no REsp 1408540/MA, Rel. Ministro Antonio Carlos Ferreira, Quarta Turma, julgado em 12/02/2015, DJe 19/02/2015); D: incorreta, pois "Se houver excessiva desproporção entre a gravidade da culpa e o dano, poderá o juiz reduzir, equitativamente, a indenização" (CC, art. 944, parágrafo único); E: incorreta, pois fortuito e força maior afastam o nexo causal, aplicando-se, portanto, aos casos de responsabilidade subjetiva e também objetiva.
Gabarito "A".

(Auditor Fiscal Tributário da Receita Municipal/Cuiabá-MT – FGV) Sobre a responsabilidade civil disciplinada no Código Civil de 2002, assinale V para a afirmativa verdadeira e F para a falsa.
( ) Os empresários individuais e as empresas são responsáveis, independentemente de culpa, pelos danos que, em qualquer circunstância, causarem a terceiro, no exercício de suas atividades empresariais.
( ) O incapaz responderá integralmente pelos danos que causar se as pessoas por ele responsáveis não tiverem obrigação de fazê-lo ou não dispuserem de meios suficientes.
( ) Ainda que não haja culpa de sua parte, os pais responderão pelos atos praticados pelos filhos menores que estiverem sob sua autoridade e em sua companhia.
As afirmativas são, respectivamente,
(A) V, F e V.
(B) F, V e F.
(C) F, F e V.
(D) V, V e F.
(E) F, V e V.

I: incorreta, pois há casos de danos que não serão indenizáveis, como é a hipótese de fortuito, força maior, culpa exclusiva da vítima etc.; II: incorreta, pois a regra da excepcional responsabilidade do incapaz prevê uma indenização equitativa e até mesmo uma isenção de indenização caso ela prive o incapaz do necessário para sua mantença (CC, art. 928); III: correta, pois a responsabilidade civil dos pais pelos atos dos filhos menores é objetiva, ou seja, não se discute se os pais agiram ou não com culpa ou dolo. Vale apenas uma ressalva, muitas vezes esquecida pela doutrina, de que deve sim existir uma análise da culpa do causador direto do dano, ou seja, do próprio incapaz. Trata-se de um requisito indispensável para a responsabilização objetiva dos pais.
Gabarito "C".

(Auditor Fiscal da Receita Federal – ESAF) O Código Civil, em seu artigo 927, estabelece que aquele que, por ato ilícito, causar dano a outrem, fica obrigado a repará-lo. Sobre a responsabilidade civil, podemos afirmar que todas as opções abaixo estão corretas, exceto:
(A) ressalvados outros casos previstos em lei especial, os empresários individuais e as empresas respondem independentemente de culpa pelos danos causados pelos produtos postos em circulação.
(B) são também responsáveis pela reparação civil, o empregador ou comitente, por seus empregados, serviçais e prepostos, no exercício do trabalho que lhes competir, ou em razão dele.
(C) haverá obrigação de reparar o dano, independentemente de culpa, nos casos especificados em lei, ou quando a atividade normalmente desenvolvida pelo autor do dano implicar, por sua natureza, risco para os direitos de outrem.
(D) os bens do responsável pela ofensa ou violação do direito de outrem ficam sujeitos à reparação do dano causado, salvo se a vítima tiver concorrido culposamente para o evento danoso, caso em que responderão solidariamente pela reparação.
(E) aquele que demandar por dívida já paga, no todo ou em parte, sem ressalvar as quantias recebidas ou pedir mais do que for devido, ficará obrigado a pagar ao devedor, no primeiro caso, o dobro do que houver cobrado e, no segundo, o equivalente do que dele exigir, salvo se houver prescrição.

A: correta, pois referida responsabilidade encontra respaldo no art. 931 do CC; B: correta, pois nessa hipótese existe uma responsabilidade por ato de terceiro (CC, art. 932) assim como ocorre nas hipóteses de responsabilidade do hotel pelo ato do hóspede, Estado pelo ato do servidor público, curador pelo curatelado sob sua autoridade e em sua companhia; C: correta. Referida afirmação consagra a responsabilidade objetiva como cláusula geral para hipóteses nas quais a atividade normalmente desenvolvida implicar risco elevado aos direitos de outrem (CC, art. 927, parágrafo único); D: incorreta, pois referida solidariedade passiva é imposta pelo Código Civil entre os autores e os coautores. No caso de culpa concorrente da vítima, a indenização merecerá gradação diferenciada, não havendo previsão de solidariedade (CC, art. 945); E: correta, pois de pleno acordo com a famosa regra estabelecida pelo art. 940 do CC.
Gabarito "D".

(Fiscal de Rendas/RJ – FGV) Com relação à *responsabilidade civil*, analise as afirmativas a seguir.
I. A responsabilidade civil do empregador ou comitente por seus empregados, serviçais e prepostos, no exercício do trabalho que lhes competir, ou em razão dele depende de *culpa in eligendo* ou *in vigilando*, a qual é, no entanto, presumida *juris tantum*.
II. O incapaz não pode ser responsabilizado pelos prejuízos que causar, recaindo sempre o dever de indenizar apenas sobre as pessoas por ele responsáveis.

III. Mesmo tendo agido licitamente, no caso de prejuízo causado para remoção de perigo iminente, o autor do dano fica obrigado a indenizar a vítima, caso esta não seja culpada pelo perigo.

Assinale:

(A) se somente as afirmativas I e II estiverem corretas
(B) se somente as afirmativas II e III estiverem corretas.
(C) se somente as afirmativas I e III estiverem corretas.
(D) se somente a afirmativa II estiver correta.
(E) se somente a afirmativa III estiver correta.

I: incorreta. A responsabilidade do empregador é objetiva. Assim, verificado o ato ilícito praticado pelo empregado não há falar-se em análise da culpa do empregador. Serão, portanto, desprezadas eventuais alegações de conduta diligente do empregador, fornecimento de treinamento e equipamentos, fiel observância de procedimentos de segurança, etc. (CC, art. 932, III); II: incorreta, pois ainda que seja uma regra excepcional, o Código Civil permite a responsabilização direta do incapaz pelos seus atos quando "as pessoas por ele responsáveis não tiverem obrigação de fazê-lo ou não dispuserem de meios suficientes"; III: correta. Em que pese ser tratado como lícito, o ato praticado em estado de necessidade pode gerar a obrigação de indenizar, desde que a vítima do dano não seja a responsável pelo risco da situação. É o que ocorre, por exemplo, quando o condutor de um veículo – para não ser atingido por caminhão em alta velocidade – lança seu carro dentro de um estabelecimento comercial de terceiro. A vítima do dano deverá ser ressarcida, tendo em vista que não foi ela quem gerou o risco da situação (CC, arts. 188, II, e 929).
Gabarito "E".

(Fiscal de Rendas/RJ – FGV) A responsabilização do ato emulativo ocorre de forma:

(A) subjetiva.
(B) subjetivo-objetiva.
(C) objetiva.
(D) presumida.
(E) ficta.

A noção de ato emulativo refere-se à ideia de exercício abusivo de direito, ou seja, o ato que é praticado dentro da lei, mas ultrapassando os limites da boa-fé, o fim social do direito, do fim econômico ou dos bons costumes (CC, art. 187). Aquele que praticar tal conduta responderá objetivamente pelos danos causados (arts. 187 e 927, do CC). Nesse sentido, o Conselho da Justiça Federal proferiu o Enunciado 37, segundo o qual: "A responsabilidade civil decorrente do abuso do direito independe de culpa e fundamenta-se somente no critério objetivo-finalístico".
Gabarito "C".

(Auditor Fiscal/São Paulo-SP – FCC) No direito brasileiro, são regidas pelas regras da responsabilidade civil objetiva as obrigações por atos ilícitos decorrentes de

(A) acidentes de trânsito e acidentes de trabalho.
(B) atos praticados por profissionais liberais e relações de consumo.
(C) danos ao meio ambiente e relações de consumo.
(D) atos praticados por profissionais liberais e por pessoas jurídicas de direito público.
(E) contratos de transporte e de mandato.

A: incorreta, pois os acidentes de trânsito – como regra – submetem-se à disciplina da responsabilidade civil subjetiva; B: incorreta, pois os atos praticados pelos profissionais liberais submetem-se à disciplina da responsabilidade subjetiva (Le 8.078/1990, art. 14, § 4º); C: correta, pois de acordo com o art. 14, § 1º, da Lei 6.938/1981 e arts. 12 e 14 da Lei 8.078/1990; D: incorreta, pois os atos praticados pelos profissionais liberais submetem-se à disciplina da responsabilidade subjetiva (Lei 8.078/1990, art. 14, § 4º); E: incorreta, pois a responsabilidade do mandatário depende da prova de sua culpa (CC, art. 667).
Gabarito "C".

5.1. RESPONSABILIDADE CIVIL PELO ATO DE TERCEIRO

(Auditor Tributário/Jaboatão dos Guararapes-PE – FCC) Com relação à responsabilidade civil é correto afirmar:

(A) Os pais só respondem pelos atos praticados pelos filhos menores que estiverem sob sua autoridade e em sua companhia, se tiver havido culpa de sua parte.
(B) Aquele que ressarcir o dano causado por outrem pode reaver o que houver pago daquele por quem pagou, inclusive se o causador do dano for descendente seu relativamente incapaz.
(C) A responsabilidade civil é independente da criminal, podendo-se questionar sobre a existência do fato e sobre a autoria, inclusive quando estas questões se acharem decididas no juízo criminal.
(D) O direito de exigir reparação civil e a obrigação de prestá-la não se transmite com a herança, em razão da natureza personalíssima inerente ao instituto da responsabilidade civil.
(E) Havendo usurpação ou esbulho do alheio, além da restituição da coisa, a indenização consistirá em pagar o valor das suas deteriorações e o devido a título de lucros cessantes.

A: incorreta, pois a responsabilidade dos pais pelo ato dos filhos menores é objetiva. Assim, serão irrelevantes as alegações de prudência ou diligência dos pais, boa educação, vigilância constante etc. (CC, arts. 932, I, e 933); B: incorreta, pois o direito de regresso titularizado por aquele que responde por ato ilícito praticado por outrem não é concedido aos pais que responderam pelo ato ilícito do filho menor (CC, art. 934); C: incorreta, pois a regra de *independência das instâncias* encontra limites no art. 935 do CC. Assim, a existência do fato e a autoria – quando decididas no âmbito criminal – não podem mais ser questionadas no cível; D: incorreta, pois a regra do Código Civil é exatamente inversa. A obrigação de indenizar em decorrência do ato ilícito transmite-se com a herança, por força do art. 943 do CC. Deve-se ressaltar apenas que – por óbvio – a indenização paga encontrará limites nas forças da herança (CC, art. 1.792); E: correta, pois de pleno acordo com o disposto no art. 952 do CC.
Gabarito "E".

6. DIREITO DAS DAS COISAS

(Auditor Fiscal Tributário Estadual – SEGEP/MA – 2016 – FCC) Analise as proposições abaixo, acerca do direito das coisas:

I. Àquele que tem a propriedade, é defeso transferir a posse direta da coisa.
II. A propriedade do solo abrange a do subsolo, podendo o proprietário opor-se a quaisquer atividades realizadas por terceiros no imóvel, independentemente da profundidade em que se dê.
III. Não pode o possuidor direto defender a posse contra o dono da coisa.
IV. Não autorizam a aquisição da posse os atos de violência, mesmo depois de cessada a violência.
V. A posse do imóvel faz presumir, até prova contrária, a das coisas móveis que nele estiverem.

Está correto o que se afirma APENAS em

(A) IV.
(B) I, II e IV.
(C) III e IV.
(D) I, II e V.
(E) V.

I: incorreta, pois não existe tal vedação. Assim, por exemplo, o proprietário pode alugar seu bem e transferir a posse direta ao inquilino; II: incorreta, pois o proprietário não pode se opor a atividades realizadas por terceiros que ocorram a uma "*altura ou profundidade tais, que não tenha ele interesse legítimo em impedi-las*" (CC, art. 1.229); III: incorreta, pois a separação da posse em direta e indireta serve justamente a essa finalidade, ou seja, permitir que o possuidor direto defenda a pose contra o possuidor indireto e vice-versa, além de permitir que ambos defendam a posse contra terceiros; IV: incorreta, pois cessada a violência inicia-se a posse (que será injusta, mas ainda assim, posse); V: correta, pois de acordo com a presunção do art. 1.209 do CC.
Gabarito "E".

(Auditor Fiscal da Receita Municipal – Prefeitura Teresina/PI – 2016 – FCC)
No direito das coisas, conforme estabelece a legislação vigente,

(A) a servidão de passagem é instituto do direito de vizinhança e pode ser imposta, mediante indenização, em caso de imóvel encravado.
(B) em um contrato de locação, somente o locatário exerce a posse do bem, enquanto o locador exerce a propriedade.
(C) ao fâmulo da posse é assegurada a defesa da posse por meio da autotutela ou de interditos possessórios.
(D) o possuidor de má-fé tem o direito de invocar jurisdicionalmente a tutela possessória contra terceiros.
(E) a qualificação de posse como *ad usucapionem* pressupõe a prova da boa-fé.

A: incorreta. A questão menciona a passagem forçada, instituto do Direito de Vizinhança, no qual existe um prédio encravado e a passagem pode ser imposta (CC, art. 1.285). A servidão de passagem é um direito real sobre coisa alheia, que vincula dois imóveis. Ela é estabelecida por acordo de vontades ou testamento e sua função é proporcionar "utilidade" ao prédio dominante (CC, art. 1.378); **B:** incorreta, pois o locador mantém a chamada posse indireta do bem locado (CC, art. 1.197). Tal posse lhe proporciona o direito de exercer ações possessórias contra eventuais terceiros. Vale também a ressalva de que não somente o proprietário pode alugar um bem. O usufrutuário, o usuário, o enfiteuta são exemplos de titulares de direito real que também podem alugar o bem; **C:** incorreta, pois o fâmulo da posse só pode exercer a autotutela, já que "conserva a posse em nome do possuidor" (CC, art. 1.198); **D:** correta, pois possuidor de má-fé é o que tem conhecimento do vício de sua posse. Ele não teria êxito numa ação possessória promovida pela pessoa de quem ele, por exemplo, tomou a posse com violência. Todavia, numa ação possessória promovida por terceiro, nada impede que ele saia vitorioso; **E:** incorreta, pois a posse de má-fé também pode gerar usucapião (CC, art. 1.238).
Gabarito "D".

7. DIREITO DE FAMÍLIA

7.1. CASAMENTO E UNIÃO ESTÁVEL

(Auditor Fiscal da Receita Municipal – Prefeitura Teresina/PI – 2016 – FCC) A respeito do regime de bens, a legislação vigente estabelece que

(A) caso uma pessoa casada pelo regime da comunhão parcial de bens seja o ganhador de um prêmio em dinheiro mediante sorteio da loteria oficial, o valor será de sua exclusiva propriedade e não integrará o patrimônio comum do casal.
(B) o cônjuge pode dar em garantia bem imóvel independente de autorização de seu consorte, desde que prove que o bem não integra o patrimônio comum do casal.
(C) o regime da comunhão parcial de bens é o regime legal supletivo tanto no casamento como na união estável, de modo que os bens adquiridos onerosamente por qualquer um dos cônjuges ou companheiros devem ser partilhados, independentemente de prova do esforço comum.
(D) o regime de bens no casamento deve ser escolhido pelos cônjuges por meio de pacto antenupcial, negócio jurídico solene e que exige instrumento público para a sua validade e que gera efeitos a partir da celebração do casamento, tornando imutável o regime na vigência da sociedade conjugal.
(E) o casamento de um homem sexagenário com uma mulher mais jovem impõe a adoção do regime da separação obrigatória de bens, por força de expressa previsão legal neste sentido.

A: incorreta, pois no regime da comunhão parcial de bens há comunicação dos bens adquiridos por "fato eventual", que são justamente esses advindos pela sorte ou pelo acaso, sem trabalho ou direito hereditário envolvido (CC, art. 1.660, II); **B:** incorreta. Essa assertiva traz a tona um tema que gera muita dúvida no Direito Civil. A necessidade de se pedir vênia conjugal recai exatamente sobre os bens particulares de um dos cônjuges. É uma licença, uma maneira de a lei impor que a tomada de decisões relevantes seja feita em conjunto pelo casal (CC, art. 1.647, I); **C:** correta, pois o legislador entendeu que esse seria o regime mais adequado, mais razoável para regulamentar a vida dos cônjuges. Assim, elegeu a comunhão parcial como regime supletivo tanto na união estável (CC, art. 1.725), quanto no casamento (CC, art. 1.640); **D:** incorreta, apenas no que tange à mutabilidade do regime de bens no casamento, pois o art. 1.639, § 2º, possibilita tal alteração mediante autorização do juiz; **E:** incorreta, pois a idade fixada pela lei para tal imposição de regime é setenta anos (CC, art. 1.641, II).
Gabarito "C".

8. SUCESSÕES

8.1. SUCESSÃO EM GERAL

(Auditor Fiscal da Receita Municipal – Prefeitura Teresina/PI – 2016 – FCC)
Na sucessão legítima e testamentária,

(A) a renúncia abdicativa confere aos descendentes do renunciante participar da herança por estirpe, em representação ao herdeiro renunciante, como se morto fosse.
(B) a aceitação da herança pode ser expressa, tácita ou presumida, mas a renúncia válida sempre deve ser expressa e por instrumento público ou por termo judicial, de modo que a renúncia por instrumento particular é nula de pleno direito.
(C) a aceitação da herança somente se faz necessária na sucessão testamentária, uma vez que na legítima vale a regra de saisine.
(D) falecendo alguém sem deixar testamento nem herdeiro necessário notoriamente conhecido, os bens da herança, depois de arrecadados, ficarão sob a guarda e administração de um curador, até a entrega

ao sucessor devidamente habilitado ou à declaração de sua vacância.

(E) a renúncia de todos os herdeiros de uma mesma classe, em favor do monte hereditário, na verdade constitui forma renúncia *in favorem* ou translativa e, assim, configura ato de transmissão inter vivos e incide o respectivo imposto.

A: incorreta, pois o art. 1.811 do Código Civil veda a representação do herdeiro renunciante; **B:** correta, pois de acordo com a forma prescrita pelo Código Civil no art. 1.806. Não obedecida a forma prescrita, a solução da nulidade absoluta é dada pelo art. 166, IV do Código Civil; **C:** incorreta, pois a aceitação da herança também é necessária na sucessão legítima e ela retroage à data do óbito, conciliando-se assim ao princípio de saisine; **D:** incorreta. A assertiva contém apenas uma palavra errada, mas que muda todo o sentido do instituto. A ausência de qualquer herdeiro legítimo (o que é diferente de herdeiro necessário) já deflagra as consequências da declaração de herança vacante (CC, art. 1.819); **E:** incorreta, pois a renúncia "*em favor do monte hereditário*" é uma verdadeira e pura renúncia, não gerando imposto de transmissão. Para configurar a renúncia "in favorem" (que a rigor é uma cessão e, portanto, gera imposto), é preciso que se indique um ou mais beneficiários diretos. GN

Gabarito "B".

2. Direito Penal

Eduardo Dompieri

(Auditor Fiscal da Receita Municipal – Prefeitura Teresina/PI – 2016 – FCC)
A respeito da analogia, considere:

I. A analogia é uma forma de autointegração da lei.
II. Pela analogia, aplica-se a um fato não regulado expressamente pela norma jurídica um dispositivo que disciplina hipótese semelhante.
III. O emprego da analogia para estabelecer sanções criminais é admissível no Direito Penal.
IV. A analogia não pode ser aplicada contra texto expresso de lei.

Está correto o que se afirma APENAS em

(A) II, III e IV.
(B) I, II e IV.
(C) I e II.
(D) III e IV.
(E) I e III.

I e II: corretas. De fato, tal como afirmado, a analogia constitui um processo de autointegração da lei, por meio do qual é aplicado a determinado fato não disciplinado de forma expressa por lei um dispositivo que regula hipótese semelhante; III: incorreta, na medida em que é defeso o uso de analogia com o propósito de incriminar condutas não previstas em lei e estabelecer sanções criminais. Só é possível, em Direito Penal, o emprego da analogia em favor do réu; IV: correta. De fato, a analogia não pode ser aplicada contra texto expresso de lei.
Gabarito "B".

(Auditor Fiscal da Receita Municipal – Prefeitura Teresina/PI – 2016 – FCC)
O delito de furto simples, previsto no art. 155 do Código Penal, é um crime

(A) material, plurissubsistente e instantâneo.
(B) material, unissubsistente e instantâneo de efeitos permanentes.
(C) formal, unissubsistente e permanente.
(D) formal, unissubsistente e instantâneo de efeitos permanentes.
(E) formal, plurissubsistente e instantâneo.

É crime *material*, na medida em que se exige a produção de resultado naturalístico. Além disso, trata-se de crime *plurissubsistente*, já que a conduta, em regra, é constituída por vários atos, formando um processo executivo passível de fracionamento, o que, como bem sabemos, constitui pressuposto da tentativa; *unissubsistente*, de outro lado, é o crime cuja conduta é constituída de ato único. É o caso da injúria verbal (art. 140, CP). Dada a impossibilidade de fracionamento da conduta, neste caso, inviável a tentativa. Diz-se que é *delito instantâneo* na medida em que a consumação ocorre a um só instante (de maneira instantânea), não se prolongando no tempo, isto é, não há continuidade temporal. A propósito, no que toca à duração do momento consumativo, os crimes classificam-se, além de instantâneo, em permanente e instantâneo de efeitos permanentes. Permanente é o crime cuja consumação se protrai no tempo por vontade do agente. Clássico exemplo, sempre lembrado pela doutrina, é o delito de sequestro, capitulado no art. 148 do CP, em que a consumação se prolonga no tempo enquanto a liberdade da vítima permanece tolhida pelo agente (por vontade deste). Já o delito classificado pela doutrina como instantâneo de efeitos permanentes refere-se à hipótese em que o crime se consuma em momento certo, determinado, mas seus efeitos se prolongam no tempo, sendo, portanto, irreversíveis. É o caso do homicídio (art. 121, CP), cuja consumação, então representada pelo resultado morte, se dá em momento determinado, mas seus efeitos se prolongam no tempo.
Gabarito "A".

(Auditor Fiscal da Receita Municipal – Prefeitura Teresina/PI – 2016 – FCC)
O crime de falsa identidade

(A) é punido com pena de reclusão de 1 a 4 anos.
(B) só se consuma com a obtenção de vantagem ilícita.
(C) não admite tentativa.
(D) pode ser cometido na forma culposa.
(E) pode ser cometido por qualquer pessoa.

A: incorreta. Isso porque a pena prevista para o crime de falsa identidade, tal como consta do preceito secundário deste tipo penal (art. 307, CP), é de detenção (e não reclusão) de 3 meses a 1 ano (e não de 1 a 4 anos). Cuida-se, portanto, de infração penal de menor potencial ofensivo, na forma estatuída no art. 61 da Lei 9.099/1995; **B:** incorreta, uma vez que se trata de crime *formal*, em que a consumação é alcançada independentemente da ocorrência de resultado naturalístico, consistente, neste caso, na obtenção de vantagem ou mesmo na causação de prejuízo a outrem; **C:** incorreta. Ainda que de difícil configuração, admite-se, sim, a modalidade tentada deste delito, já que a conduta descrita no tipo penal comporta fracionamento (crime plurissubsistente); **D:** incorreta, na medida em que não há, para este delito, previsão de modalidade culposa; seu elemento subjetivo é representado necessariamente pelo dolo, consistente, neste caso, em obter vantagem para si ou para outrem ou provocar dano a terceiro (elemento subjetivo específico); **E:** correta. Cuida-se, de fato, de delito comum, assim entendido aquele que pode ser praticado por qualquer pessoa. É dizer: não se exige do sujeito ativo nenhuma qualidade ou característica especial.
Gabarito "E".

(Auditor Fiscal da Receita Municipal – Prefeitura Teresina/PI – 2016 – FCC)
Fica sujeito a trabalho em comum durante o período diurno, em colônia agrícola, industrial ou estabelecimento similar o condenado à pena

(A) restritiva de direitos de prestação pecuniária e de perda de bens e valores.
(B) de reclusão ou detenção, que cumpre pena em regime fechado.
(C) restritiva de direitos de prestação de serviços à comunidade.
(D) de reclusão ou detenção, que cumpre pena em regime semiaberto.
(E) restritiva de direitos de interdição temporária de direitos.

O enunciado corresponde à regra do regime semiaberto contida no art. 35, § 1º, do CP, que assim dispõe: *o condenado fica sujeito a trabalho em comum durante o período diurno, em colônia agrícola, industrial ou estabelecimento similar.*
Gabarito "D".

(Auditor Fiscal da Receita Municipal − Prefeitura Teresina/PI − 2016 − FCC)
Considere:

I. obediência hierárquica.
II. estado de necessidade.
III. exercício regular de um direito.
IV. legítima defesa.

Dentre as causas excludentes de ilicitude, incluem-se o que consta APENAS em

(A) I e II.
(B) II, III e IV.
(C) I, II e IV.
(D) I, II e III.
(E) III e IV.

I: incorreta, uma vez que a obediência hierárquica, disciplinada no art. 22 do CP, constitui causa de exclusão da *culpabilidade*, e não da *ilicitude*; II: correta. Cuida-se, de fato, de causa de exclusão da *ilicitude* (art. 23, I, do CP); III: correta, já que se trata de hipótese de exclusão da *ilicitude* (art. 23, III, do CP); IV: correta. A legítima defesa constitui, tal como afirmado, causa de exclusão da *ilicitude* (art. 23, II, do CP). Gabarito "B".

(Auditor Fiscal Tributário Estadual − SEGEP/MA − 2016 − FCC) O princípio do direito penal que possui claro sentido de garantia fundamental da pessoa, impedindo que alguém possa ser punido por fato que, ao tempo do seu cometimento, não constituía delito é

(A) atipicidade.
(B) reserva legal.
(C) punibilidade.
(D) analogia.
(E) territorialidade.

O enunciado corresponde aos postulados da reserva legal e anterioridade (arts. 5º, XXXIX, da CF e art. 1º do CP), segundo os quais somente existirá infração penal e, por conseguinte, a imposição da respectiva sanção penal se houver, ao tempo do cometimento do fato, lei (no seu sentido formal) que assim estabeleça. Dessa forma, somente constitui crime o comportamento assim considerado ao tempo de sua prática. Disso decorre que a lei que passa a considerar determinado comportamento como criminoso não pode alcançar fatos ocorridos anteriormente. Veda-se, portanto, a retroatividade em prejuízo do agente. Gabarito "B".

(Auditor Fiscal Tributário Estadual − SEGEP/MA − 2016 − FCC) O Código Penal, ao tratar da relação de causalidade do crime, considera causa a

(A) emoção ou a paixão.
(B) delação.
(C) ação ou omissão sem a qual o resultado não teria ocorrido.
(D) excludente de ilicitude.
(E) descriminante putativa.

Em matéria de relação de causalidade, adotamos, como regra, tal como consta do art. 13, *caput*, do CP, a chamada teoria da equivalência dos antecedentes (ou *conditio sine qua non*), segundo a qual considera-se causa toda ação ou omissão sem a qual o resultado não teria se produzido. Dessa forma, causa será tudo quanto houver concorrido para o resultado material. Gabarito "C".

(Auditor Fiscal Tributário Estadual − SEGEP/MA − 2016 − FCC) Ocorre o crime de peculato culposo:

(A) Quando o funcionário público concorre culposamente para o crime de outrem.
(B) Quando o particular concorre culposamente para o crime de outrem.
(C) Quando o funcionário público pratica o peculato-apropriação ou o peculato-desvio mediante erro determinado por terceiro.
(D) Quando o particular pratica o peculato-apropriação ou o peculato-desvio mediante imprudência, imperícia ou negligência.
(E) Em todas as hipóteses em que o funcionário público não age com dolo específico.

Além das formas dolosas, o peculato admite, também, a modalidade *culposa*, prevista no art. 312, § 2º, do CP, que pressupõe que o funcionário público concorra, de forma culposa (imperícia, imprudência ou negligência), para o delito de terceiro, que pode ou não ser funcionário público e age sempre de forma dolosa, praticando crimes como, por exemplo, furto, peculato, apropriação indébita etc. É importante que se diga que, no peculato culposo, a reparação do dano, quando anterior à sentença irrecorrível, extingue a punibilidade; se, no entanto, lhe é posterior, reduz de metade a pena imposta, conforme prescreve o art. 312, § 3º, do CP. Gabarito "A".

(Auditor Fiscal Tributário Estadual − SEGEP/MA − 2016 − FCC) O funcionário público que extravia qualquer documento de que tenha a guarda em razão da função, acarretando pagamento indevido de tributo, pratica o crime

(A) de fraude.
(B) de extravio de documento.
(C) de prevaricação.
(D) de descaminho.
(E) contra a ordem tributária previsto na Lei nº 8.137/90.

A conduta descrita no enunciado corresponde ao crime capitulado no art. 3º, I, da Lei 8.137/1990. É crime próprio, uma vez impõe ao sujeito ativo a qualidade de funcionário público, cujo conceito deve ser extraído do art. 327 do CP. Gabarito "E".

(Auditor Fiscal Tributário Estadual − SEGEP/MA − 2016 − FCC) A vantagem indevida obtida pelo funcionário público só caracteriza o crime de concussão quando for

(A) exigida.
(B) solicitada.
(C) aceita.
(D) oferecida.
(E) recebida.

A concussão (art. 316, "caput", do CP), que constitui delito próprio, pressupõe que o agente *exija*, que tem o sentido de impor à vítima a obtenção de vantagem indevida. É dizer, o ofendido, intimidado e temendo represália por parte do funcionário, acaba por ceder e a este entrega a vantagem indevida. E é aqui que este delito se distingue do crime de corrupção passiva, que, embora também seja próprio, tem como conduta nuclear o verbo *solicitar* (ou receber ou aceitar promessa de) vantagem indevida, que tem o sentido de pedir, requerer, diferente, portanto, da conduta consistente em *exigir* do crime de concussão. Gabarito "A".

3. DIREITO EMPRESARIAL

Robinson Barreirinhas

1. EMPRESÁRIO E EMPRESA

(Auditor Fiscal Tributário da Receita Municipal/Cuiabá-MT – FGV) A respeito do empresário individual, assinale V para a afirmativa verdadeira e F para a falsa.

( ) O empresário individual poderá limitar sua responsabilidade pelos atos praticados no exercício da empresa caso seja enquadrado como microempreendedor individual.
( ) Aquele que for impedido de exercer a empresa em nome próprio por lei especial, se a exercer, responderá pelas obrigações contraídas e poderá ter sua falência decretada.
( ) Ao efetuar seu registro como empresário individual, a pessoa física tem a opção de declarar se exerce a empresa como empresário ou como EIRELI; no primeiro caso, a responsabilidade será ilimitada e, no segundo, limitada.

As afirmativas são, respectivamente,

(A) F, V e V.
(B) V, F e V.
(C) V, F e F.
(D) F, F e V.
(E) F, V e F.

1ª: incorreta, pois o MEI é empresário individual (art. 18-A, § 1º, da LC 123/2006 e art. 966 do CC), de modo que responde pessoalmente e ilimitadamente pelas obrigações decorrentes da atividade empresarial (para limitar a responsabilidade seria necessário tornar-se empresa individual de responsabilidade limitada – EIRELI – art. 980-A do CC); **2ª**: correta, pois, nos termos do art. 973 do CC, a pessoa legalmente impedida de exercer atividade própria de empresário, se a exercer, responderá pelas obrigações contraídas. Ademais, como empresário, sujeita-se ao regime da falência, embora sua simples atividade irregular não seja motivo, por si, para decretação da quebra – art. 94 da Lei de Recuperação e Falência – LF – Lei 11.101/2005; **3ª**: incorreta para a banca, mas correta em nossa opinião, pois há mesmo essas duas opções para o cidadão que queira exercer a atividade empresarial individualmente, ou seja, sem associar-se a outras pessoas naturais (sem formar sociedade), com exatamente esses efeitos em relação à responsabilidade, quais sejam ilimitada, no caso do empresário individual do art. 966 do CC, e limitada, no caso do EIRELI do art. 980-A do CC. Parece que a banca procurou fazer uma "pegadinha", indicando que o registro como "empresário individual" restringe-se àquele do art. 966 do CC, mas isso é ater-se à extrema literalidade, razão pela qual discordamos do gabarito oficial.
Gabarito "E".

(Auditor do Tesouro Municipal/Recife-PE – FGV) Alfredo Chaves exerce em caráter profissional atividade intelectual de natureza literária com a colaboração de auxiliares. O exercício da profissão constitui elemento de empresa. Não há registro da atividade por parte de Alfredo Chaves em nenhum órgão público.

Com base nestas informações e nas disposições do Código Civil, assinale a afirmativa correta.

(A) Alfredo Chaves não é empresário porque exerce atividade intelectual de natureza literária.
(B) Alfredo Chaves não é empresário porque não possui registro em nenhum órgão público.
(C) Alfredo Chaves será empresário após sua inscrição na Junta Comercial.
(D) Alfredo Chaves é empresário porque exerce atividade não organizada em caráter profissional.
(E) Alfredo Chaves é empresário independentemente da falta de inscrição na Junta Comercial.

A: incorreta, pois mesmo quem exerce profissão intelectual, de natureza literária, pode ser considerado empresário, caso a profissão constitua elemento de empresa – art. 966, parágrafo único, do CC; **B**: incorreta, pois o registro não é pressuposto para qualificação ou identificação do empresário; **C**: incorreta, conforme comentário anterior; **D**: incorreta, pois a qualificação como empresário decorre do exercício profissional da atividade econômica organizada, nos termos do art. 966 do CC; **E**: correta, conforme comentários anteriores.
Gabarito "E".

(Auditor do Tesouro Municipal/Recife-PE – FGV) Paulo Afonso, casado no regime de comunhão parcial com Jacobina, é empresário enquadrado como microempreendedor individual (MEI). O varão pretende gravar com hipoteca o imóvel onde está situado seu estabelecimento, que serve exclusivamente aos fins da empresa.

De acordo com o Código Civil, assinale a opção correta.

(A) O empresário casado não pode, sem a outorga conjugal, gravar com hipoteca os imóveis que integram o seu estabelecimento, salvo no regime da separação de bens.
(B) O empresário casado pode, sem necessidade de outorga conjugal, qualquer que seja o regime de bens, gravar com hipoteca os imóveis que integram o seu estabelecimento.
(C) O empresário casado, qualquer que seja o regime de bens, depende de outorga conjugal para gravar com hipoteca os imóveis que integram o seu estabelecimento.
(D) O empresário casado pode, sem necessidade de outorga conjugal, gravar com hipoteca os imóveis que integram o seu estabelecimento, salvo no regime da comunhão universal.
(E) O empresário casado pode, mediante autorização judicial, gravar com hipoteca os imóveis que integram o estabelecimento.

Nos termos do art. 978 do CC, o empresário casado pode, sem necessidade de outorga conjugal, qualquer que seja o regime de bens, alienar os imóveis que integrem o patrimônio da empresa ou gravá-los de ônus real. Por essa razão, a alternativa "B" é a correta, considerando que o imóvel onde está situado o estabelecimento é da empresa, não do casal.
Gabarito "B".

(Auditor Fiscal da Receita Federal – ESAF) A respeito do empresário individual no âmbito do direito comercial, marque a opção correta.

(A) O empresário individual atua sob a forma de pessoa jurídica.
(B) Da inscrição do empresário individual, constam o objeto e a sede da empresa.
(C) O analfabeto não pode registrar-se como empresário individual.
(D) O empresário, cuja atividade principal seja a rural, não pode registrar-se no Registro Público de Empresas.
(E) O empresário individual registra uma razão social no Registro Público de Empresas.

A: incorreta, pois o empresário individual confunde-se com a própria pessoa natural que exerce profissionalmente atividade econômica organizada para a produção ou a circulação de bens ou de serviços (empresa) – art. 966 do CC. Ou seja, não há pessoa jurídica, distinta do empresário individual; **B**: correta, conforme previsto no art. 968, IV, do CC; **C**: incorreta, pois não existe essa vedação; **D**: incorreta, pois o registro do empresário rural é facultativo – art. 971 do CC; **E**: incorreta, pois o empresário individual opera sob firma constituída por seu nome, completo ou abreviado, aditando-lhe, se quiser, designação mais precisa da sua pessoa ou do gênero de atividade – art. 1.156 do CC.
Gabarito "B".

(Auditor Fiscal da Receita Federal – ESAF) Considera-se empresária a sociedade que:

(A) assume os riscos da produção.
(B) exerce atividade econômica com a colaboração de terceiros não familiares.
(C) é titular de estabelecimento.
(D) esteja matriculada no registro de empresas.
(E) seja mercantil.

A: correta, a sociedade caracteriza-se como empresária por exercer atividade organizada para a produção ou a circulação de bens ou de serviços. A sociedade empresária explora o capital e o trabalho com intuito lucrativo, assumindo os riscos inerentes a essa atividade – art. 966, *caput*, c/c art. 982, ambos do CC; **B**: incorreta, é possível a sociedade formada exclusivamente por familiares, por exemplo, sem que isso afaste a natureza empresária; **C**: incorreta, a titularidade de estabelecimento não é elemento definidor da sociedade empresária; **D**: incorreta, a ausência de registro não afasta a natureza empresária; **E**: incorreta, há sociedades empresárias prestadoras de serviços, por exemplo, que não têm natureza mercantil.
Gabarito "A".

(Agente Tributário Estadual/MS – ESAF) Do ponto de vista do Direito Comercial, o conceito de empresário deve ser entendido como equivalente ao

(A) do titular da empresa, empresário individual ou alguma espécie de sociedade mercantil, que assume o risco do negócio.
(B) de estabelecimento, como tal o conjunto de bens utilizados para o exercício da atividade mercantil.
(C) de qualquer entidade de fins lucrativos, qualquer que seja a forma utilizada.
(D) de uma atividade organizada com o objetivo da obtenção de lucros.
(E) de empresa, ou seja, o sujeito da atividade mercantil, que se apropria do lucro.

A: correta, empresário é quem exerce atividade organizada para a produção ou a circulação de bens ou de serviços. O empresário explora o capital e o trabalho com intuito lucrativo, assumindo os riscos inerentes a essa atividade – art. 966, *caput*, c/c art. 982, ambos do CC; **B**: incorreta, a titularidade de estabelecimento não é elemento definidor da sociedade empresária; **C**: incorreta, o empresário pode ser pessoa física (o que não é identificada, usualmente, como entidade nem utiliza "forma" para atuar). Ademais, a sociedade empresária deve constituir-se segundo um dos tipos regulados nos arts. 1.039 a 1.092 do CC – arts. 966 e 983 do CC; **D e E**: incorretas, o empresário não se confunde com a atividade que exerce, ou seja, não se confunde com a empresa – arts. 966 e 981 do CC.
Gabarito "A".

(Agente Fiscal/PI – ESAF) Do ponto de vista do Direito Comercial, o conceito de empresa deve ser entendido como equivalente

(A) ao de empresário, ou seja, o sujeito da atividade mercantil, que assume os riscos do negócio.
(B) ao de estabelecimento, como tal o conjunto de bens utilizados para o exercício da atividade mercantil.
(C) ao de qualquer entidade de fins lucrativos, qualquer que seja a forma utilizada.
(D) ao de uma atividade organizada com o objetivo da obtenção de lucros.
(E) ao de empresário, de estabelecimento, ou de uma forma societária qualquer, não se tratando de conceito doutrinariamente unívoco.

A e E: o empresário não se confunde com a atividade que exerce, ou seja, não se confunde com a empresa – arts. 966 e 981 do CC; **B e E**: incorreta, estabelecimento é o complexo de bens organizados para o exercício da empresa, ou seja, para a atividade do empresário, com quem não se confunde – art. 1.142 do CC; **C**: incorreta, entidades sem fins lucrativos não são, em princípio, empresárias; **D**: correta, empresa é atividade do empresário, organizada para a produção ou a circulação de bens ou de serviços. O empresário explora o capital e o trabalho com intuito lucrativo, assumindo os riscos inerentes a essa atividade – art. 966, *caput*, c/c art. 982, ambos do CC.
Gabarito "D".

(Auditor Fiscal/ES – CESPE) Julgue o item abaixo:

(1) De acordo com a legislação civil, considera-se empresário aquele que exerce profissionalmente atividade de natureza econômica organizada, para a produção ou circulação de bens ou serviços. No entanto, não se considera empresário o médico que exerce pessoalmente sua atividade profissional, ainda que contando com a colaboração de uma secretária e de um assistente.

1: correta, art. 966, *caput* e parágrafo único, do CC.
Gabarito 1C.

(Auditor Fiscal/RN – ESAF) Os requisitos previstos em lei para que as pessoas naturais sejam qualificadas como empresários destinam-se a

(A) garantir o cumprimento de obrigações contraídas no exercício de atividade profissional.
(B) impedir, em face do registro obrigatório, que incapazes venham a ser considerados empresários.
(C) facilitar a aplicação da teoria da aparência.
(D) por conta da inscrição no Registro de Empresas, servirem para dar conhecimento a terceiros sobre os exercentes da profissão.
(E) facilitar o controle dos exercentes de atividades empresariais.

Nos termos do Código Civil, somente a pessoa em pleno gozo de sua capacidade civil e que não seja legalmente impedida pode exercer a atividade empresarial – art. 972 do CC. Ademais, há diversas exigências relativas à representação ou à assistência de incapazes (art. 974 do CC) e aos registros relativos a emancipação, autorização, regime de casamento etc. (arts. 976 e 979). Essas normas visam a, entre outras coisas, resguardar a segurança jurídica nas relações empresariais e com os consumidores.

Gabarito "A".

(Auditor Fiscal/São Paulo-SP – FCC) O menor com dezesseis anos, titular de estabelecimento empresarial mantido com economia própria,

(A) poderá ser empresário se for emancipado.
(B) poderá ser empresário se obtiver autorização judicial.
(C) poderá ser empresário se constituir pessoa jurídica para administrar o estabelecimento.
(D) é empresário.
(E) não poderá ser empresário.

O menor com dezesseis anos titular de estabelecimento empresário mantido com economia própria será considerado civilmente capaz e empresário – arts. 5º, parágrafo único, V, 966 e 972, todos do CC.

Gabarito "D".

(Fiscal de Tributos/Rio Branco-AC – CESPE) Julgue o item abaixo:

(1) Para o direito comercial (ou empresarial), a firma individual é pessoa jurídica e funciona como instrumento de limitação da responsabilidade do empresário individual.

1: incorreta, firma é o nome empresarial do empresário individual – art. 1.156 do CC. Empresário individual é a própria pessoa física que exerce a atividade econômica descrita no art. 966 do CC.

Gabarito 1E.

(Auditor do Tesouro Municipal/Fortaleza-CE – ESAF) Em vista de uma denúncia anônima, foi descoberto que um funcionário público era titular de um estabelecimento comercial. Como consequência desse fato,

(A) os negócios por ele feitos eram nulos de pleno direito.
(B) não haveria qualquer penalidade, desde que ele não tivesse se valido do cargo para conseguir algum favor.
(C) independentemente de efeitos na esfera administrativa, suas obrigações manter-se-iam válidas.
(D) ele não poderia ter a falência decretada.
(E) sua falência seria decretada de pleno direito.

A incorreta e C correta: ainda que o funcionário público seja impedido de exercer atividade empresarial, responderá pelas obrigações contraídas – art. 973 do CC; **B:** incorreta, se há impedimento legal com cominação de sanção, o funcionário deverá ser apenado; **D e E:** incorretas, qualquer empresário, ainda que impedido, sujeita-se à falência, que somente será decretada na forma e nos casos previstos na legislação específica – art. 1º da LF.

Gabarito "C".

2. REGISTRO E ESCRITURAÇÃO

(Auditor Fiscal Tributário Estadual – SEGEP/MA – 2016 – FCC) À vista das normas do Código Civil, considere as seguintes proposições acerca da escrituração das empresas e sociedades empresárias:

I. Além dos demais livros exigidos por lei, é indispensável o Diário, sendo vedada, em qualquer hipótese, sua substituição pelo livro Balancetes Diários e Balanços.

II. É permitida a autenticação dos livros obrigatórios, mesmo que o empresário ou sociedade empresária ainda não estejam inscritos no Registro Público de Empresas Mercantis.
III. Salvo disposição especial de lei, os livros obrigatórios devem, necessariamente, ser autenticados no Registro Público de Empresas Mercantis antes de postos em uso.
IV. A adoção de fichas dispensa o uso de livro apropriado para o lançamento do balanço patrimonial e do de resultado econômico.
V. São lançados no Diário o balanço patrimonial e o de resultado econômico, devendo ambos ser assinados por técnico em Ciências Contábeis legalmente habilitado e pelo empresário ou sociedade empresária.

Está correto o que se afirma APENAS em

(A) I e II.
(B) I e III.
(C) II e IV.
(D) III e V.
(E) IV e V.

I: incorreta, pois o empresário ou sociedade empresária que adotar o sistema de fichas de lançamentos poderá substituir o livro Diário pelo livro Balancetes Diários e Balanços, observadas as mesmas formalidades extrínsecas exigidas para aquele – art. 1.185 do CC; **II:** incorreta, pois a inscrição do empresário ou da sociedade empresária é pressuposto para a autenticação dos livros – art. 1.181, parágrafo único, do CC; **III:** correta – art. 1.181, *caput*, do CC; **IV:** incorreta, pois a adoção de fichas não dispensa o uso de livro apropriado para o lançamento do balanço patrimonial e do de resultado econômico – art. 1.180, parágrafo único, do CC; **V:** correta – art. 1.184, § 2º, do CC.

Gabarito "D".

(Auditor do Tesouro Municipal/Recife-PE – FGV) Sobre os atos de competência do Registro Público de Empresas Mercantis (denominado atualmente Registro Empresarial), a cargo das Juntas Comerciais, assinale a afirmativa correta.

(A) O registro compreende a matrícula dos leiloeiros, tradutores públicos e intérpretes comerciais, trapicheiros e administradores de armazéns-gerais, bem como o cancelamento dela.
(B) Os atos concernentes a sociedades simples e a sociedades empresárias estrangeiras autorizadas a funcionar no Brasil estão sujeitos a arquivamento.
(C) O arquivamento dos documentos relativos à constituição, alteração, dissolução e extinção de associações, sociedades empresárias e cooperativas compete às Juntas Comerciais.
(D) A autenticação dos instrumentos de escrituração das sociedades empresárias, do empresário individual, registrado ou não, e dos agentes auxiliares do comércio é de responsabilidade das Juntas Comerciais.
(E) As Juntas Comerciais procederão ao assentamento dos usos e das práticas mercantis apenas quando houver provocação da Procuradoria ou de entidade de classe interessada.

A: correta, conforme o art. 32, I, da Lei 8.934/1994, Lei do Registro Público de Empresas Mercantis (Registro Empresarial); **B:** incorreta, pois as sociedades simples (não têm natureza empresarial) são registradas no Registro Civil das Pessoas Jurídicas – art. 1.150 do CC; **C:** incorreta, pois associações não são registradas na Junta Comercial; **D:** incorreta, pois somente a sociedade empresária ou empresário registrado é que poderá ter autenticação dos instrumentos de escrituração pelas Juntas Comerciais – art. 32, III, da Lei do Registro Público de Empresas Mercantis; **E:** incorreta, pois não existe essa restrição quanto à provocação – art. 8º, VI, da Lei do Registro Público de Empresas Mercantis.

Gabarito "A".

(Auditor Fiscal/ES – CESPE) Em relação ao empresário individual, à sociedade empresária e ao registro público de empresas, assinale a opção correta.

(A) Para darem início às suas atividades, as sociedades simples e a sociedade limitada devem ser registradas no registro público de empresas mercantis.
(B) Pessoas jurídicas podem tomar parte no quadro societário da sociedade em nome coletivo.
(C) Não há, para o empresário individual, distinção entre o patrimônio pessoal e o da empresa, por isso a alienação de bens imóveis relacionados ao exercício da atividade empresarial requer a outorga do cônjuge quando o regime do casamento for o de comunhão universal de bens.
(D) A teoria menor da desconsideração da personalidade jurídica centra-se no simples prejuízo do credor para afastar a autonomia patrimonial da sociedade empresarial.
(E) A pessoa cuja principal atividade profissional seja a rural deve obrigatoriamente requerer inscrição no registro público de empresas mercantis da respectiva sede.

A: incorreta, pois as sociedades simples são registradas no Registro Civil das Pessoas Jurídicas – art. 1.150 do CC; **B:** incorreta, pois somente pessoas naturais podem ser sócias em sociedade em nome coletivo, respondendo todos os sócios, solidária e ilimitadamente, pelas obrigações sociais – art. 1.039 do CC; **C:** incorreta, pois, nos termos do art. 978 do CC, o empresário casado pode, sem necessidade de outorga conjugal, qualquer que seja o regime de bens, alienar os imóveis que integrem o patrimônio da empresa ou gravá-los de ônus real; **D:** correta, descrevendo adequadamente a teoria. Interessante anotar que o art. 50 do CC adota linha mais restritiva, dispondo que, em caso de abuso da personalidade jurídica, caracterizado pelo desvio de finalidade, ou pela confusão patrimonial, pode o juiz decidir, a requerimento da parte, ou do Ministério Público quando lhe couber intervir no processo, que os efeitos de certas e determinadas relações de obrigações sejam estendidos aos bens particulares dos administradores ou sócios da pessoa jurídica. Segundo Fabio Ulhoa Coelho, pela formulação subjetiva, os elementos autorizadores da desconsideração são a fraude e o abuso de direito e, pela formulação objetiva, a confusão patrimonial (patrimônio da sociedade confundindo-se com o patrimônio do sócio); **E:** incorreta, pois a inscrição nesse caso é opcional, sendo que, se o realizar, ficará equiparado ao empresário sujeito a registro – art. 971 do CC.

Gabarito "D".

(Auditor Fiscal/ES – CESPE) Com relação aos livros do empresário e à sua escrituração, assinale a opção correta.

(A) O empresário e a sociedade empresária são obrigados a adotar um sistema de contabilidade, mecanizado ou não, com base na escrituração uniforme de seus livros, em correspondência com a documentação respectiva, e a levantar anualmente o balanço patrimonial e o de resultado econômico.
(B) O livro diário é obrigatório a todos os empresários, podendo, contudo, ser substituído por fichas no caso de escrituração mecanizada ou eletrônica.
(C) Os livros comerciais podem ser analisados, sem nenhuma restrição, pelas autoridades fazendárias.
(D) Os livros comerciais regularmente inscritos não podem ser utilizados como prova contra o empresário que os tenha escriturado.
(E) O juiz ou tribunal competente pode autorizar a exibição integral dos livros e papéis de escrituração empresarial quando for necessária para a resolução de qualquer questão de caráter patrimonial.

A: correta, conforme o art. 1.179 do CC; **B:** incorreta, pois o pequeno empresário a que se refere o art. 970 do CC fica dispensado das exigências gerais de escrituração – arts. 1.179, § 2º, e 1.180 do CC. As ME e EPP devem entretanto manter o livro caixa, sob pena de exclusão do regime simplificado de recolhimento de tributos – arts. 26, § 2º, e 29, VIII, da LC 123/2006. Ademais, o livro diário pode ser substituído pelo livro balancetes diários e balanços, quando adotado o sistema de fichas de lançamento – art. 1.185 do CC; **C:** incorreta, pois o acesso aos livros pelas autoridades fazendárias é restrito à fiscalização do pagamento dos tributos, nos estritos termos das leis especiais, ou seja, somente no que se refere à tributação objeto da fiscalização – art. 1.193 do CC e art. 195 do CTN; **D:** incorreta, pois os livros podem fazer prova, observadas as regras de exibição previstas no art. 1.191 do CC, entre outros; **E:** incorreta, pois a autorização judicial para exibição dos livros e papéis de escrituração somente ocorrerá quando necessária para resolver questões relativas a sucessão, comunhão ou sociedade, administração ou gestão à conta de outrem, ou em caso de falência – art. 1.191 do CC.

Gabarito "A".

(Auditor Fiscal da Receita Federal – ESAF) Sobre a disciplina escrituração empresarial prevista no Código Civil, assinale a opção incorreta.

(A) O empresário e a sociedade empresária são obrigados a seguir um sistema de contabilidade, mecanizado ou não, com base na escrituração uniforme de seus livros, em correspondência com a documentação respectiva, e a levantar anualmente o balanço patrimonial e o de resultado econômico.
(B) A escrituração será feita em idioma e moeda corrente nacionais e em forma contábil, por ordem cronológica de dia, mês e ano, sem intervalos em branco, nem entrelinhas, borrões, rasuras, emendas ou transportes para as margens, sendo permitido o uso de código de números ou de abreviaturas, que constem de livro próprio, regularmente autenticado.
(C) O empresário ou sociedade empresária que adotar o sistema de fichas de lançamentos poderá substituir o livro Diário pelo livro Balancetes Diários e Balanços, observadas as mesmas formalidades extrínsecas exigidas para aquele.
(D) O empresário e a sociedade empresária são obrigados a conservar em boa guarda toda a escrituração, correspondência e mais papéis concernentes à sua atividade, enquanto não ocorrer prescrição ou decadência no tocante aos atos neles consignados.
(E) O juiz ou tribunal pode autorizar a exibição integral dos livros e papéis de escrituração empresarial quando necessária para resolver qualquer questão de caráter patrimonial.

A: correta, pois reflete exatamente o disposto no art. 1.179 do CC; **B:** correta, conforme dispõe o art. 1.183 do CC; **C:** correta, por indicar exatamente a norma do art. 1.185 do CC; **D:** correta, nos termos do art. 1.194 do CC; **E:** essa é a incorreta, já que a possibilidade de o juiz ou o tribunal determinar a exibição integral de livros e papéis de escrituração restringe-se às questões relativas a sucessão, comunhão ou sociedade, administração ou gestão à conta de outrem, ou em caso de falência – art. 1.191 do CC.

Gabarito "E".

(Auditor Fiscal/SC – FEPESE) Assinale a alternativa **incorreta**.

(A) É obrigatória a inscrição do empresário no Registro Público de Empresas Mercantis da respectiva sede, antes do início da sua atividade.
(B) É relevante o regime de bens entre cônjuges que contratem compromisso societário, seja entre si ou com terceiro.
(C) Podem exercer a atividade de empresário os que estiverem em pleno gozo da capacidade civil e não forem legalmente impedidos.
(D) A pessoa legalmente impedida de exercer atividade própria de empresário, se exercer, responderá pelas obrigações contraídas.
(E) Poderá o incapaz, por meio de representante ou devidamente assistido, continuar a empresa antes exercida por ele enquanto capaz, por seus pais, ou pelo autor da herança.

A: assertiva correta, pois reflete exatamente o disposto no art. 967 do CC; **B:** essa é a assertiva incorreta, pois os cônjuges casados no regime da comunhão universal de bens ou no da separação obrigatória **não** podem contratar sociedade, entre si ou com terceiros – art. 977 do CC; **C:** correta, conforme o art. 972 do CC; **D:** correta, pois essa é a disposição do art. 973 do CC; **E:** correta, pois reflete o disposto no art. 974, *caput*, do CC.

Gabarito "B".

(Fiscal da Receita/CE) Com relação a registro de empresas, empresário e sociedades empresárias, assinale a opção correta.

(A) Em regra, as sociedades cooperativas devem ser registradas no registro público de empresas mercantis, a cargo das juntas comerciais.
(B) O empresário que instituir filial em estado diverso do de seu estabelecimento principal deverá também inscrevê-la na junta comercial do respectivo estado, com a prova da inscrição originária e a anotação da expressão filial. Tal procedimento é o bastante para a regularização, não sendo necessária alteração nos registros do estabelecimento principal.
(C) O empresário rural pode requerer inscrição no registro público de empresas mercantis da respectiva sede. Nesse caso, ficará equiparado ao empresário sujeito a registro, para todos os efeitos legais.
(D) As sociedades anônimas que não possuírem fins lucrativos perdem sua natureza empresarial, devendo ser registradas no registro civil das pessoas jurídicas.

A: incorreta, a sociedade cooperativa é considerada simples (não empresária – art. 982, parágrafo único, do CC), razão pela qual é defensável que seus atos constitutivos devam ser inscritos no Registro Civil das Pessoas Jurídicas do local de sua sede – arts. 998 e 1.150 do CC. É preciso ressalvar, entretanto, que o Departamento Nacional do Registro do Comércio – DNRC – e as Juntas Comerciais entendem aplicáveis as normas especiais dos arts. 17 e 18 da Lei 5.764/1971, que determinam a inscrição das cooperativas no Registro Público das Empresas Mercantis; **B:** incorreta, pois é preciso averbar a constituição da filial também na junta comercial da respectiva sede – art. 969, parágrafo único, do CC; **C:** assertiva correta, pois reflete o disposto no art. 971 do CC; **D:** incorreta, pois a sociedade por ações será sempre empresarial – art. 982, parágrafo único, do CC.

Gabarito "C".

(Fiscal da Receita/CE) Acerca das obrigações dos empresários, assinale a opção correta.

(A) São obrigações do empresário e da sociedade empresária efetuar os seus registros nas juntas comerciais, manter a escrituração uniforme de seus livros, em correspondência com a respectiva documentação, e levantar anualmente o balanço patrimonial e o resultado econômico.
(B) Os livros empresariais podem ser divididos em obrigatórios, exigidos por lei, e facultativos, não exigidos por lei, mas que auxiliam os empresários em sua atividade. Entre os livros obrigatórios, incluem-se o copiador de cartas, o livro razão e o livro caixa; e entre os livros facultativos, o livro diário, o livro de estoque e o livro borrador.
(C) São dispensados do dever de escrituração os pequenos e médios empresários e as empresas de pequeno porte, na forma definida em lei.
(D) As restrições estabelecidas ao exame da escrituração aplicam-se também às autoridades fazendárias, no regular exercício da fiscalização do pagamento de impostos.

A: essa é a assertiva correta, nos termos do art. 1.179 do CC; **B:** incorreta, pois o Diário é livro obrigatório – art. 1.180 do CC; **C:** incorreta, pois a dispensa refere-se apenas ao pequeno empresário – art. 1.179, § 2º, c/c o art. 970 do CC; **D:** incorreta, pois as restrições não se aplicam às autoridades fazendárias, no exercício da fiscalização, nos termos estritos das respectivas leis especiais – art. 1.193 do CC.

Gabarito "A".

(Auditor Fiscal/ES – CESPE) Julgue o item abaixo:

(1) Considere que, antes do início de sua atividade, determinado empresário procedeu à inscrição no registro público de empresas mercantis da respectiva sede, situada no estado do Espírito Santo. Após dois anos de atividade, e considerando o crescimento da empresa, decidiu abrir filial no estado de São Paulo. Nessa situação, o empresário não precisa inscrever-se junto ao registro público da nova jurisdição, bastando, para a abertura de filial, a prova da inscrição originária.

1: incorreta, qualquer sucursal, filial ou agência aberta em lugar sujeito à jurisdição de outro registro público mercantil deverá também ser inscrita nessa nova localidade, com a prova da inscrição originária – art. 969 do CC.

Gabarito 1E.

(Agente Fiscal/Teresina-PI – CESPE) Julgue o item abaixo:

(1) Serão registrados na junta comercial de sua sede os empresários, as sociedades empresárias e as sociedades simples.

1: incorreta, a sociedade simples não exerce atividade empresarial sujeita ao registro na junta comercial – art. 982 do CC.

Gabarito 1E.

(Auditor Fiscal/São Paulo-SP – FCC) Uma sociedade limitada, com dois sócios, teve seus atos constitutivos assinados, mas não arquivados no órgão competente. Não obstante a falta de arquivamento, iniciou-se a operação empresarial. De acordo com o contrato social, os sócios podiam praticar isoladamente quaisquer atos compreendidos no objeto da sociedade. Na eventualidade de a sociedade contrair dívidas de natureza civil, o respectivo credor poderá satisfazer-se com os bens

(A) sociais, apenas.
(B) pessoais de quaisquer dos sócios, mas não poderá penhorar bens sociais.
(C) pessoais de quaisquer dos sócios, independentemente da existência de bens sociais suficientes para liquidar a dívida.
(D) sociais ou, subsidiariamente, de quaisquer dos sócios.
(E) sociais ou do sócio que se obrigou pela sociedade, indistintamente.

Enquanto não houver inscrição dos atos constitutivos no registro público, trata-se de sociedade em comum. Nesse caso, os bens sociais respondem pelos atos de gestão praticados por qualquer dos sócios – art. 989 do CC. Ademais, os sócios respondem solidária e ilimitadamente pelas obrigações sociais (com seu patrimônio pessoal). No entanto, caso um dos sócios não tenha contratado pela sociedade, poderá suscitar o benefício de ordem, ou seja, exigir que o direito do credor seja adimplido preferencialmente pelos bens da sociedade (somente em caso de insuficiência, os bens pessoais desse sócio responderão pelo débito). Por outro lado, o sócio que contratou pela sociedade não tem direito ao benefício de ordem, ou seja, o credor pode satisfazer-se com os bens desse sócio ou da sociedade, sem ordem de preferência – art. 990 do CC.
Gabarito "E".

(Auditor do Tesouro Municipal/Recife-PE – ESAF) Em relação às Juntas Comerciais, elas

(A) somente podem fazer o exame formal dos atos que lhes são apresentados.
(B) abrem um processo próprio para registrar e dar proteção ao nome empresarial.
(C) são órgãos administrativos, mas suas decisões são vinculantes em definitivo.
(D) efetuam o registro de empresas estrangeiras após autorizadas pelo órgão federal competente.
(E) deverão efetuar o registro também de associações, nos termos do Novo Código Civil (Lei 10.406/2002).

A: incorreta, embora o exame formal seja essencial (art. 40 da Lei 8.934/1994), cumpre à autoridade competente fiscalizar a observância das prescrições legais concernentes ao ato ou aos documentos apresentados – art. 1.153, *caput*, *in fine*, do CC; **B:** incorreta, a proteção ao nome empresarial decorre automaticamente do arquivamento dos atos constitutivos ou de suas alterações – art. 1.166 do CC e art. 33 da Lei 8.934/1994; **C:** incorreta, as decisões das juntas podem ser revistas pelo Judiciário, em regra – art. 5º, XXXV, da CF; **D:** correta, arts. 1.134 e 1.136 do CC, e art. 32, II, *c*, da Lei 8.934/1994; **E:** incorreta, às juntas comerciais competem os registros dos empresários e das sociedades empresárias. As sociedades simples (não empresárias) submetem-se ao Registro Civil das Pessoas Jurídicas – art. 1.150 do CC.
Gabarito "D".

(Auditor Fiscal/RN – ESAF) A obrigação de manter a escrituração das operações comerciais seja em livros seja de forma mecanizada, em fichas ou arquivos eletrônicos,

(A) serve para que, periodicamente, se apure a variação patrimonial.
(B) permite que se apure o cumprimento das obrigações e sua regularidade.
(C) serve para preservar informações de interesse dos sócios das sociedades empresárias.
(D) constitui prova do exercício regular de atividade empresária.
(E) facilita a organização de balancetes mensais para prestação de contas aos sócios.

Embora as demais alternativas não estejam absoluta ou necessariamente erradas, a função básica da escrituração é fazer prova do exercício regular da empresa.
Gabarito "D".

3. SOCIEDADES – PARTE GERAL E QUESTÕES COMBINADAS

(Auditor Fiscal Tributário Municipal – Prefeitura Cuiabá – 2016 – FGV) Em uma sociedade do tipo simples, constituída por prazo indeterminado, formada pelos sócios Rita, Antônio e José, o segundo sócio veio a falecer em decorrência de um acidente.

Sabendo-se que o contrato é omisso quanto à sucessão por morte do sócio, assinale a afirmativa correta.

(A) Diante da morte do sócio Antônio, a sociedade terá continuidade com seu sucessor, em razão da ausência de disposição contratual em sentido contrário.
(B) A sociedade deverá proceder à liquidação da quota titularizada por Antônio, não podendo haver acordo dos sócios com os herdeiros para substituição do sócio falecido.
(C) A sociedade poderá permanecer em atividade com os sócios remanescentes por até 180 dias, contados da data do óbito, prazo para que seja substituído o sócio falecido, sob pena de dissolução de pleno direito.
(D) A sociedade será dissolvida de pleno direito com a morte do sócio, em razão de sua natureza personalista (*intuitu personae*), da quebra de *affectio societatis* e da omissão no contrato assegurando sua continuidade.
(E) A morte de qualquer sócio enseja a resolução da sociedade em relação ao *de cujus*, operando-se sua dissolução parcial e apuração de haveres com base no balanço patrimonial especial à data da resolução (balanço de determinação).

A: incorreta, pois, em regra, há liquidação da quota do sócio falecido, sendo que a substituição pelos herdeiros depende de acordo – art. 1.028, III, do CC; **B:** incorreta, pois é possível acordo com os herdeiros, para substituição do sócio falecido – art. 1.028, III, do CC; **C, D** incorretas e **E:** correta: conforme comentários anteriores, havendo, em regra, a liquidação da quota do sócio falecido.
Gabarito "E".

(Auditor Fiscal Tributário Municipal – Prefeitura Cuiabá – 2016 – FGV) Acerca da aplicação da desconsideração da personalidade jurídica, assinale a afirmativa correta.

(A) No Código Civil, a aplicação ex *officio* da desconsideração da personalidade jurídica está condicionada à demonstração de que a personalidade da pessoa jurídica constitui um mero obstáculo, subjetivo ou objetivo, ao ressarcimento do credor.
(B) A decisão judicial que responsabiliza pessoalmente os diretores pelos créditos correspondentes a obrigações tributárias, resultantes de atos praticados com infração de lei, está desconsiderando a personalidade jurídica da sociedade contribuinte.
(C) A desconsideração da personalidade jurídica acarreta a nulidade absoluta da personalidade jurídica e

invalida os atos praticados pelos administradores da sociedade em relação a terceiros.

(D) A desconsideração da personalidade jurídica pode ser decretada incidentalmente no curso do processo, não sendo necessário a propositura de ação específica com essa finalidade.

(E) A desconsideração da personalidade jurídica decretada em favor do consumidor produzirá a dissolução da pessoa jurídica fornecedora, com a liquidação do seu patrimônio.

A: incorreta, pois a desconsideração da personalidade jurídica depende de requerimento da parte ou do Ministério Público – art. 50 do CC; B: incorreta, pois, nesse caso, há simples responsabilidade tributária, não desconsideração, até porque o responsável pode não ser sócio, bastando que seja administrador da sociedade – art. 135, III, do CTN; C: incorreta, pois a desconsideração da personalidade jurídica é sempre pontual, referindo-se aos efeitos de certas e determinadas relações de obrigações – art. 50 do CC; D: correta, havendo o incidente de desconsideração da personalidade jurídica – art. 133 do CPC; E: incorreta, conforme comentário à alternativa "C" e art. 28 do CDC.
Gabarito "D".

(Auditor Fiscal Tributário da Receita Municipal/Cuiabá-MT – FGV) Jaciara constituiu, com suas irmãs Luciara e Cláudia, uma sociedade simples, com sede em Aripuanã/MT. A sociedade obteve enquadramento como microempresa no Registro Civil de Pessoas Jurídicas.

Com base nas disposições da Lei Complementar 123/2006 e das suas alterações, analise as afirmativas a seguir.

I. É nulo o enquadramento realizado pelo Registro Civil de Pessoas Jurídicas porque as microempresas, como sociedades empresárias, não podem adotar o tipo de sociedade simples, sendo obrigatório o registro do contrato na Junta Comercial.

II. O cancelamento do registro de protesto, fundado no pagamento do título realizado por devedor enquadrado como microempresa, será feito independentemente de declaração de anuência do credor, salvo no caso de impossibilidade de apresentação do original protestado.

III. Nas operações de compra e venda de produtos e serviços por microempresas, são vedadas cláusulas contratuais relativas à limitação da emissão ou circulação de títulos de crédito ou direitos creditórios, originados dessas operações.

Assinale:

(A) se somente as afirmativas II e III estiverem corretas.
(B) se somente as afirmativas I e III estiverem corretas.
(C) se somente a afirmativa III estiver correta.
(D) se somente a afirmativa II estiver correta.
(E) se somente a afirmativa I estiver correta.

I: incorreta, pois podem ser ME ou EPP, além da sociedade empresária, também a sociedade simples, a empresa individual de responsabilidade limitada e o empresário individual, registrados no Registro de Empresas Mercantis ou no Registro Civil de Pessoas Jurídicas, conforme o caso – art. 3º da LC 123/2006; II: correta, conforme o art. 73, III, da LC 123/2006; III: correta, nos termos do art. 73-A da LC 123/2006. Por essa razões, a alternativa "A" é a correta.
Gabarito "A".

(Auditor do Tesouro Municipal/Recife-PE – FGV) Maria, Betânia e Custódia pretendem constituir uma sociedade empresária e consultam um especialista para saber quais são as cláusulas que devem, obrigatoriamente, constar no referido instrumento contratual.

As opções a seguir apresentam cláusulas obrigatórias do contrato, à exceção de uma. Assinale-a.

(A) Denominação, objeto, sede e prazo da sociedade.
(B) De arbitragem ou compromissória.
(C) Indicação das pessoas naturais incumbidas da administração, seus poderes e atribuições.
(D) A quota de cada sócio e o modo de realizá-la.
(E) O capital, expresso em moeda corrente, podendo compreender qualquer espécie de bens, suscetíveis de avaliação pecuniária.

A: correta, conforme o art. 997, II, do CC; B: incorreta, pois não há essa exigência – art. 997 do CC; C: correta – art. 997, VI, do CC; D: correta – art. 997, IV, do CC; E: correta – art. 997, III, do CC.
Gabarito "B".

(Auditor do Tesouro Municipal/Recife-PE – FGV) Com relação à desconsideração da personalidade jurídica, analise as afirmativas a seguir.

I. Nas demandas judiciais decorrentes do inadimplemento de contratos celebrados entre empresários individuais, pode o juiz decidir, de ofício, que os efeitos de certas e determinadas relações de obrigações sejam estendidos aos bens particulares dos administradores ou sócios da pessoa jurídica.

II. A medida pode ser decretada pelo juiz em caso de abuso da personalidade jurídica, caracterizado pelo desvio de finalidade ou pela confusão patrimonial.

III. Não pode ser aplicada a desconsideração para atingir bens do patrimônio da pessoa jurídica em favor de credor particular de sócio (desconsideração inversa).

Assinale:

(A) se somente a afirmativa II estiver correta.
(B) se somente a afirmativa III estiver correta.
(C) se somente as afirmativas I e II estiverem corretas.
(D) se somente as afirmativas I e III estiverem corretas.
(E) se todas as afirmativas estiverem corretas.

I: incorreta, pois, no caso de empresários individuais eles (pessoas naturais) já respondem ilimitadamente pelas obrigações advindas de sua atividade, ou seja, não há falar em desconsideração se não há personalidade jurídica distinta (não há sociedade ou outra pessoa jurídica que não seja o próprio empresário) – art. 50 do CC; II: correta – art. 50 do CC. Segundo Fabio Ulhoa Coelho, pela formulação subjetiva, os elementos autorizadores da desconsideração são a fraude e o abuso de direito e, pela formulação objetiva, a confusão patrimonial (patrimônio da sociedade confundindo-se com o patrimônio do sócio); III: incorreta, pois admite-se a chamada desconsideração inversa, quando se busca basicamente coibir a ocultação de bens transferidos fraudulentamente pelo sócio para sociedade que ele controle plenamente. Nesse caso, afasta-se a autonomia patrimonial para que a sociedade responda pela obrigação do sócio em favor do seu credor.
Gabarito "A".

(Auditor do Tesouro Municipal/Recife-PE – FGV) Sobre as causas de resolução da sociedade em relação a um sócio (dissolução parcial) e seus efeitos, assinale a afirmativa correta.

(A) Verificada a resolução da sociedade por morte de sócio, proceder-se-á à liquidação de sua quota, salvo disposição diversa do contrato.
(B) A exclusão do sócio por justa causa não o exime das responsabilidades pelas obrigações sociais preexistentes, até 1 (um) ano da data da averbação da resolução da sociedade.
(C) Quando ocorrer a resolução da sociedade em relação a um sócio por retirada, os demais sócios devem proceder à investidura do liquidante para ultimar os negócios sociais.
(D) O distrato é uma causa de resolução da sociedade em relação a um sócio e, em se tratando de sociedade empresária, deve ser deliberado pela maioria do capital social.
(E) Nos casos em que a sociedade se resolver em relação a um sócio, o valor da quota deste será apurado com base no último balanço patrimonial aprovado.

A: correta, conforme o art. 1.028, I, do CC; **B:** incorreta, pois o prazo da responsabilidade é de dois anos após a averbação – art. 1.032 do CC; **C:** incorreta, pois a dissolução da sociedade é opção, não imposição aos demais sócios – art. 1.029, parágrafo único, do CC; **D:** incorreta. Qualquer sócio pode retirar-se da sociedade, na forma do art. 1.029 do CC. Os demais sócios podem excluir determinado sócio judicialmente e, nesse caso, a iniciativa deve ser pela maioria simples, em caso de falta grave no cumprimento de suas obrigações, ou, ainda, por incapacidade superveniente – art. 1.030 do CC; **E:** incorreta, pois o valor da quota será apurado com base em balanço especialmente levantado – art. 1.031 do CC.
Gabarito "A".

(Auditor Fiscal da Receita Federal – ESAF) São elementos do conceito de sociedade, exceto

(A) pluralidade de partes.
(B) exercício de atividade econômica.
(C) personalidade jurídica.
(D) *affectio societatis*.
(E) coparticipação dos sócios nos resultados.

A: correta, pois sociedade pressupõe mais de uma pessoa. Existem o empresário individual e a empresa individual de responsabilidade limitada, mas não se confundem com sociedade – arts. 966 e 980-A do CC; **B:** essa é a incorreta, pois nem toda sociedade é empresarial (existe a sociedade simples, sem objeto empresarial – art. 982, *caput*, *in fine*, do CC); **C:** adequada, pois essa é a regra – arts. 45 e 985 do CC. Mas é importante lembrar que existe a figura das sociedades despersonificadas (sociedades em comum e em conta de participação) – arts. 986 a 996 do CC; **D:** correta, pois a vontade e a disposição dos sócios para realizar conjunta e harmonicamente o objeto societário são essenciais para o conceito de sociedade; **E:** correta, pois essa é também diretriz inafastável nas sociedades, sendo nula a estipulação contratual que exclua qualquer sócio de participar dos lucros e das perdas – art. 1.008 do CC.
Gabarito "B".

(Auditor Fiscal da Receita Federal – ESAF) A propósito da sociedade em conta de participação, assinale a opção incorreta.

(A) O contrato da sociedade em conta de participação produz efeito somente entre os sócios, e a eventual inscrição de seu instrumento em qualquer registro não confere personalidade jurídica à sociedade.
(B) A contribuição do sócio participante constitui, com a do sócio ostensivo, patrimônio especial, objeto da conta de participação relativa aos negócios sociais.
(C) A falência do sócio ostensivo acarreta a dissolução da sociedade e a liquidação da respectiva conta, cujo saldo constituirá crédito quirografário.
(D) Salvo estipulação em contrário, o sócio ostensivo não pode admitir novo sócio sem o consentimento expresso dos demais.
(E) Os sócios, nas relações entre si ou com terceiros, somente por escrito podem provar a existência da sociedade em conta de participação, mas os terceiros podem prová-la de qualquer modo.

A: correta, pois isso é o que dispõe o art. 993 do CC; **B:** correta, refletindo o art. 994 do CC; **C:** correta, nos termos do art. 994, § 2°, do CC; **D:** também correta, nos exatos termos do art. 995 do CC; **E:** essa é a incorreta, pois a disposição do art. 987 do CC, descrita na alternativa, refere-se à sociedade em comum, não à sociedade em conta de participação. A sociedade em conta de participação pode ser provada por todos os meios de direito – art. 992, *in fine*, do CC.
Gabarito "E".

(Auditor Fiscal – São Paulo/SP – FCC) Considere as proposições abaixo:

I. O sócio que, a título de quota social, transmitir domínio, posse ou uso, responde pela evicção; e, pela solvência do devedor, aquele que transferir crédito.
II. Os bens particulares dos sócios não podem ser executados por dívidas da sociedade, senão depois de executados os bens sociais.
III. O sócio, admitido em sociedade já constituída, exime-se das dívidas sociais anteriores à admissão.

Assinale:

(A) está correta APENAS a afirmativa I.
(B) está correta APENAS a afirmativa II.
(C) está correta APENAS a afirmativa III.
(D) estão corretas APENAS as afirmativas I e II.
(E) estão corretas APENAS as afirmativas II e III.

I: correta, pois reflete o disposto no art. 1.005 do CC; **II:** assertiva correta, pois é diretriz atinente às sociedades indicada no art. 1.024 do CC; **III:** incorreta, pois o sócio, admitido em sociedade já constituída, não se exime das dívidas sociais anteriores à admissão – art. 1.025 do CC.
Gabarito "D".

(Auditor Fiscal da Receita Federal – ESAF) Sobre a transformação, assinale a opção incorreta.

(A) A passagem de uma companhia fechada para uma aberta constitui transformação societária.
(B) O ato de transformação independe da prévia dissolução ou baixa da forma empresarial originária.
(C) Na hipótese de concentração de todas as cotas da sociedade limitada sob titularidade de um único sócio, este pode requerer ao Registro Público de Empresas a transformação do registro da sociedade para empresário individual.
(D) Admite-se a transformação de uma sociedade em nome coletivo para uma sociedade limitada.
(E) Caso venha a admitir sócios, o empresário individual poderá solicitar ao Registro Público de Empresas a transformação de seu registro de empresário para registro de sociedade empresária.

A: essa é a assertiva incorreta, pois não houve alteração do tipo societário, no caso, ou seja, não houve transformação societária – art. 1.113 do CC; **B:** correta, conforme o art. 1.113 do CC; **C:** correta, pois reflete o disposto no art. 1.033, parágrafo único, do CC. Importante destacar que é possível também a transformação em empresa individual de responsabilidade limitada - EIRELI, conforme a redação dada pela Lei 12.441/2011 a esse dispositivo; **D:** correta, pois não há restrição a essa modificação do tipo societário; **E:** correta, conforme a previsão do art. 968, § 3º, do CC.

Gabarito "A".

(Auditor Fiscal da Receita Federal – ESAF) Sobre as sociedades, marque a opção correta.

(A) Os sócios podem contribuir com serviços para realização de suas cotas na sociedade limitada.
(B) A sociedade em conta de participação é uma pessoa jurídica.
(C) As companhias abertas constituem-se mediante o arquivamento dos seus atos constitutivos na Comissão de Valores Mobiliários – CVM.
(D) A sociedade limitada opera sob firma ou denominação social.
(E) A sociedade de economia mista é uma sociedade limitada, com o capital dividido em cotas.

A: incorreta, pois não é possível a integralização das quotas em serviço – art. 1.055, § 2º, do CC; **B:** incorreta, pois a sociedade em conta de participação não tem personalidade jurídica própria, por definição (é sociedade não personificada, prevista no Código Civil, ao lado da sociedade em comum) – art. 991 do CC; **C:** incorreta, a sociedade por ações (aberta ou fechada) constitui-se como qualquer sociedade empresária, pelo arquivamento de seus atos constitutivos na junta comercial – arts. 45 e 985 do CC; **D:** essa é a assertiva correta, conforme o art. 1.158 do CC; **E:** incorreta, pois a sociedade de economia mista é uma sociedade por ações (nunca limitada), cuja constituição é autorizada por lei e sob o controle do Poder Público – art. 236 da Lei das Sociedades por Ações – LSA (Lei 6.404/1976).

Gabarito "D".

(Auditor Fiscal do Trabalho – ESAF) Sobre a disciplina dos prepostos no Livro do Direito de Empresa do Código Civil, assinale a opção incorreta.

(A) Considera-se o gerente autorizado a praticar todos os atos necessários ao exercício dos poderes que lhe foram outorgados, mesmo quando a lei exigir poderes especiais.
(B) Em regra, considera-se perfeita a entrega de papéis, bens ou valores ao preposto, encarregado pelo preponente, se os recebeu sem protesto.
(C) O preposto não pode, sem autorização escrita, fazer-se substituir no desempenho da preposição, sob pena de responder, pessoalmente, pelos atos do substituto e pelas obrigações por ele contraídas.
(D) O gerente pode estar em juízo em nome do preponente, pelas obrigações resultantes do exercício da sua função.
(E) Na falta de estipulação diversa, consideram-se solidários os poderes conferidos a dois ou mais gerentes.

A: incorreta, pois o gerente não é considerado autorizado no caso de a lei exigir poderes especiais – art. 1.173 do CC; **B:** correta, nos termos do art. 1.171 do CC, salvo nos casos em que haja prazo para reclamação; **C:** correta, pois reflete o disposto no art. 1.169 do CC; **D:** correta, pois são os termos do art. 1.176 do CC; **E:** assertiva correta, conforme o art. 1.173, parágrafo único, do CC.

Gabarito "A".

(Auditor Fiscal/RO – FCC) A respeito da desconsideração da personalidade jurídica, considere:

I. A simples existência de prejuízo patrimonial para o consumidor é suficiente para autorizar a desconsideração da personalidade jurídica.
II. A aplicação da teoria da desconsideração da personalidade jurídica depende de expressa previsão legal.
III. A desconsideração poderá ser efetivada quando ocorrer o encerramento irregular da pessoa jurídica.

Está correto o que se afirma APENAS em

(A) I.
(B) I e II.
(C) I e III.
(D) II e III.
(E) III.

I: incorreta, pois a desconsideração da personalidade jurídica prevista no CDC pode ser decretada pelo juiz quando, em detrimento do consumidor, houver abuso de direito, excesso de poder, infração da lei, fato ou ato ilícito ou violação dos estatutos ou contrato social. A desconsideração também será efetivada quando houver falência, estado de insolvência, encerramento ou inatividade da pessoa jurídica provocados por má administração – art. 28, *caput*, do CDC; **II:** incorreta, pois o *disregard* foi construção jurisprudencial, posteriormente acolhida pela legislação, como o art. 50 do CC, o art. 28 do CDC, o revogado art. 18 da Lei 8.884/1994, além de disposições específicas quanto a atos culposos ou dolosos praticados pelos administradores com efeitos em relação à sua responsabilidade pessoal (por exemplo, art. 1.016 do CC e arts. 134, III e VII, e 135, III, ambos do CTN); **III:** correta, pois a dissolução irregular é ilícito que pode levar à desconsideração – art. 28, *caput*, do CDC e art. 50 do CC, ver Súmula 435/STJ.

Gabarito "E".

(Auditor Fiscal/SC – FEPESE) Assinale a alternativa **incorreta**.

(A) O empresário casado pode, sem necessidade de outorga conjugal, qualquer que seja o regime bens, alienar os imóveis que integrem o patrimônio da empresa ou gravá-los de ônus real.
(B) Os bens e as dívidas sociais constituem patrimônio especial, do qual os sócios são titulares em comum.
(C) Os bens sociais respondem pelos atos de gestão praticados por qualquer dos sócios, salvo pacto expresso limitativo de poderes, que somente terá eficácia contra o terceiro que o conheça ou deva conhecer.
(D) Os sócios, nas relações entre si ou com terceiros, somente por escrito podem provar a existência, da sociedade, mas os terceiros podem prová-la de qualquer modo.
(E) Ao instituir sucursal ou filial ou agência em local sujeito à jurisdição de outro Registro Público de Empresa Mercantil, o empresário estará autorizado a fazer as inscrições no local da sede.

A: correta, conforme o art. 978 do CC; **B:** assertiva correta, em relação à sociedade em comum – art. 988 do CC; **C:** correta, também em relação à sociedade em comum – art. 989 do CC; **D:** outra assertiva correta, em relação à sociedade em comum – art. 987 do CC; **E:** incorreta, pois deverá ser feita a inscrição no local do estabelecimento secundário, averbando-se o ato também no registro da sede – art. 969 do CC.

Gabarito "E".

(Auditor Fiscal/SC – FEPESE) Assinale a alternativa **incorreta**.

(A) A obrigação dos sócios começa imediatamente com o contrato, se este não fixar outra data, e termina quando, liquidada a sociedade, extinguirem-se as responsabilidades sociais.
(B) O sócio não pode ser substituído no exercício das suas funções, sem o consentimento dos demais sócios, expresso em modificação do contrato social.
(C) A legislação trata de forma idêntica o empresário rural e o empresário urbano.

(D) O sócio que, a título de quota social, transmitir domínio, posse ou uso, responde pela evicção; e pela solvência do devedor, aquele que transferir crédito.

(E) O sócio cuja contribuição consista em serviços, não pode, salvo convenção em contrário, empregar-se em atividade estranha à sociedade, sob pena de ser privado de seus lucros e dela excluído.

A: correta, pois reflete o disposto no art. 1.001 do CC; **B:** assertiva correta, nos termos do art. 1.002 do CC; **C:** incorreta, pois a lei assegurará tratamento favorecido, diferenciado e simplificado ao empresário rural e ao pequeno empresário, quanto à inscrição e aos efeitos daí decorrentes – art. 970 do CC; **D:** assertiva correta, em conformidade com o art. 1.005 do CC; **E:** correta, nos termos do art. 1.006 do CC.
Gabarito "C".

(Fiscal da Receita/CE) Acerca das sociedades empresárias, assinale a opção correta.

(A) Nas sociedades em comum, os sócios, nas relações entre si ou com terceiros, somente por escrito podem provar a existência da sociedade. Contudo, os terceiros não sócios podem provar a existência da sociedade por qualquer modo admitido em direito.

(B) Nas sociedades em nome coletivo, todos os sócios, sejam pessoas físicas ou jurídicas, respondem solidária e ilimitadamente pelas obrigações sociais.

(C) Nas sociedades limitadas, a lei define o valor do capital social como limite de responsabilidade entre os sócios. Assim, ainda que o capital social se encontre totalmente integralizado, os sócios poderão ser responsabilizados até o limite do valor do capital social descrito no ato constitutivo.

(D) A Lei 6.404/1976 exige que apenas acionistas façam parte da diretoria nas sociedades anônimas, vigendo, nesse órgão societário, o princípio da auto-organicidade.

A: assertiva correta, pois é o que dispõe o art. 987 do CC; **B:** incorreta, pois somente pessoas físicas (naturais, não as jurídicas) podem ser sócias nas sociedades em nome coletivo – art. 1.039 do CC; **C:** incorreta, pois a responsabilidade de cada sócio é restrita ao valor de suas quotas, embora todos respondam solidariamente pela integralização do capital social – art. 1.052 do CC; **D:** incorreta, pois, diferentemente dos membros do conselho de administração, os diretores das sociedades por ações não precisam ser acionistas (não há auto-organicidade, nesse aspecto, pois não são apenas os sócios que podem ser diretores) – art. 146 da LSA.
Gabarito "A".

(Agente Fiscal de Rendas/SP – FCC) João e Alberto eram sócios da ABC Comercial Ltda., sociedade que mantém o estabelecimento denominado "Calçados João & Alberto", destinado ao comércio varejista de calçados. Em 1º de março de 2005, foi averbada no órgão de registro de comércio a cessão de suas quotas a Carlos e Fernando, tendo a sociedade mantido a exploração do estabelecimento, sob o mesmo nome. Porém, na época da cessão a ABC Comercial Ltda. era devedora de duplicata mercantil, que não foi paga e que agora é executada pelo respectivo credor. Supondo que o contrato de cessão de quotas seja omisso com relação ao tema e que a dívida estava regularmente contabilizada, o débito é de responsabilidade

(A) de Carlos e Fernando, porque o alienante do estabelecimento apenas responde pelos débitos anteriores até transcorrido 1 (um) ano da cessão.

(B) de João e Alberto, porque os sócios antigos continuam respondendo pelas dívidas sociais até 2 (dois) anos depois do seu desligamento da sociedade.

(C) da ABC Comercial Ltda., porque suas obrigações não são afetadas pela mudança de seu quadro societário.

(D) de João e Alberto, porque o alienante do estabelecimento responde por todos os débitos anteriores à cessão, desde que contabilizados.

(E) de Carlos e Fernando, porque são os atuais integrantes do quadro societário.

Os sócios não se confundem com a sociedade. A ABC Comercial Ltda. (a sociedade) continua existindo normalmente, sem qualquer alteração em relação aos seus débitos ou aos seus credores. Note que Carlos e Fernando adquiriram as cotas sociais, ou seja, passaram a ser sócios da ABC que, por sua vez, continuou sendo titular do estabelecimento empresarial. Não houve simples aquisição do estabelecimento (art. 1.146 do CC).
Gabarito "C".

(Fiscal de Rendas/RJ – FGV) Celebram contrato de sociedade as pessoas que reciprocamente se obrigam a contribuir com bens ou serviços para o exercício de atividade econômica e a partilha entre si dos resultados. A partir do conceito de sociedade, em relação à sociedade unipessoal, assinale a alternativa correta.

(A) As sociedades regidas pelo Código Civil devem ser dissolvidas de pleno direito, quando reduzidas a um único sócio, se não houver a recomposição do quadro societário dentro de seis meses.

(B) As sociedades anônimas devem ser dissolvidas de pleno direito, pela existência de um único acionista, verificada em assembleia geral ordinária, se o mínimo de dois não for reconstituído dentro do prazo de um ano.

(C) As subsidiárias integrais podem adotar qualquer tipo societário e são consideradas sociedades unipessoais por terem como único sócio uma sociedade brasileira.

(D) A unipessoalidade das sociedades regidas pelo Código Civil e das sociedades anônimas é originária e transitória, enquanto que a das subsidiárias integrais pode ser superveniente e por prazo indeterminado.

(E) As empresas públicas são consideradas sociedades unipessoais, em qualquer hipótese.

A: incorreta, a recomposição da pluralidade de sócios deve ocorrer em 180 dias (que não corresponde, exatamente, a seis meses) – art. 1.033, IV, do CC; **B:** incorreta, nas sociedades anônimas, aferida a existência de um único sócio em assembleia geral ordinária, a pluralidade de sócios deve ser reconstituída até a assembleia geral ordinária do exercício seguinte – art. 206, I, *d*, da LSA; **C:** incorreta, as subsidiárias integrais são companhias (espécie de "sociedade" anônima, embora não haja pluralidade de sócios) pertencentes a uma sociedade brasileira – art. 251 da LSA; **D:** correta, arts. 1.033, IV, do CC e arts. 206, I, *d*, e 251, *caput* e § 2º, ambos da LSA; **E:** incorreta, as empresas públicas são formadas por pessoas jurídicas de direto público (exceto no caso excepcional de subsidiária integral).
Gabarito "D".

(Fiscal de Rendas/RJ – FGV) A teoria da desconsideração (*disregard of legal entity* ou a *lifting the corporate veil*), positivada no Código Civil, tem por objetivo precípuo afastar momentaneamente a personalidade jurídica da sociedade para atingir o patrimônio pessoal dos sócios.

A esse respeito, assinale a alternativa correta.

(A) A desconsideração da personalidade jurídica não será aplicada quando houver falência ou estado de insolvência do devedor.
(B) As sociedades integrantes dos grupos societários e as consorciadas são subsidiariamente responsáveis pelas obrigações de consumo.
(C) O juiz de ofício, a requerimento da parte interessada ou do Ministério Público, quando lhe couber intervir no processo, pode aplicar a teoria da desconsideração a fim de estender aos bens particulares dos sócios ou administradores da pessoa jurídica os efeitos de certas e determinadas relações de obrigações.
(D) As sociedades coligadas somente responderão por culpa pelas obrigações decorrentes de relações de consumo.
(E) A teoria da desconsideração pode ser aplicada em caso de abuso da personalidade jurídica, caracterizado pelo inadimplemento obrigacional, desvio de finalidade ou confusão patrimonial.

A: incorreta, cabe desconsideração sempre que houver abuso da personalidade jurídica (art. 50 do CC). Haverá também desconsideração em favor do consumidor, inclusive nos casos de falência e insolvência, nos termos do art. 28, *caput, in fine*, do CDC; B: incorreta, a responsabilidade das consorciadas é solidária – art. 28, § 3º, do CDC; C: incorreta, o juiz não pode desconsiderar, de ofício, a personalidade jurídica, pois se exige requerimento do interessado ou do Ministério Público – art. 50 do CC; D: correta, essa é a previsão do art. 28, § 4º, do CDC; E: incorreta, o inadimplemento obrigacional, por si, não caracteriza abuso da personalidade jurídica, nem, portanto, permite a desconsideração – art. 50 do CC.
Gabarito "D".

(Fiscal de Rendas/RJ – FGV) Assinale a afirmativa incorreta.

(A) As sociedades em comandita simples são constituídas por duas categorias de sócios: os comanditários, obrigados somente pelo valor de suas quotas, e os comanditados, responsáveis solidária e ilimitadamente pelas obrigações sociais.
(B) Nas sociedades em nome coletivo, os sócios somente podem ser pessoas naturais, com responsabilidade solidária e ilimitada pelas obrigações sociais.
(C) Nas sociedades limitadas, a responsabilidade dos sócios é limitada e solidária ao valor das cotas, e todos respondem pela integralização do capital social.
(D) As sociedades simples podem se constituir segundo um dos tipos regulados pelo Código Civil, inclusive adotarem a forma de sociedade anônima ou comandita por ações.
(E) Tanto as sociedades simples quanto as sociedades empresárias exercem atividade econômica.

A: correta, art. 1.045 do CC; B: correta, art. 1.039 do CC; C: incorreta, nas sociedades limitadas, como indica o nome, a responsabilidade de cada sócio é restrita (não solidária) ao valor de suas cotas, embora todos respondam solidariamente pela integralização do capital social – art. 1.052 do CC; D: correta, art. 983 do CC; E: correta, toda sociedade tem por finalidade o exercício de atividade econômica – art. 981 do CC.
Gabarito "C".

(Agente Fiscal/PI – ESAF) A desconsideração da personalidade jurídica prevista na Lei 8.078/1990

(A) abrange firmas individuais nos casos de insolvência.
(B) alcança todos os bens dos sócios, indistintamente, quando houver abuso da personalidade.
(C) aplica-se quando houver falência da sociedade e seus bens forem insuficientes para ressarcir credores involuntários.
(D) extingue a pessoa jurídica para garantir consumidores lesados.
(E) constitui instrumento específico para tutela de consumidores.

A: incorreta, o art. 28 do CDC (Lei 8.078/1990) refere-se às sociedades, até porque no caso de firma individual o empresário responde diretamente pelo débito; B e E: incorretas, a desconsideração em caso de abuso da personalidade jurídica é expressamente prevista pelo art. 50 do CC; C: correta, art. 28 do CDC; D: incorreta, a desconsideração da personalidade jurídica não implica extinção da sociedade.
Gabarito "C".

(Agente Tributário Estadual/MS – ESAF) A desconsideração da personalidade jurídica

(A) abrange a firma individual, caso tenha ocorrido confusão patrimonial
(B) alcança os bens de todos os sócios, indistintamente, toda vez que há abuso da personalidade.
(C) acarreta a falência da sociedade que tiver título protestado.
(D) não extingue a pessoa jurídica.
(E) depende de previsão legal expressa para que possa ser aplicada.

A: incorreta, o empresário individual, titular da firma individual, responde ilimitadamente com seus bens pelos débitos decorrentes de sua atividade empresarial, de modo que não há que se falar em desconsideração da personalidade jurídica (aplicável apenas às sociedades); B: incorreta, o juiz poderá decidir pela desconsideração em desfavor de administrador ou sócio, quando houver desvio de finalidade ou confusão patrimonial. Não se trata de responsabilização de todos os sócios indistinta e automaticamente – art. 50 do CC; C: incorreta, não há essa correlação necessária, embora a falência decorrente de má administração possa implicar desconsideração da personalidade jurídica em favor do consumidor – art. 28 do CDC; D: correta, a desconsideração da personalidade jurídica não implica extinção da sociedade; E: incorreta, a desconsideração da personalidade jurídica foi construção jurisprudencial, atualmente positivada (prevista expressamente em lei) – art. 50 do CC e art. 28 do CDC.
Gabarito "D".

(Auditor Fiscal/RN – ESAF) As operações de fusão e incorporação de sociedades

(A) dependem de aprovação por todos os membros de cada uma das sociedades envolvidas.
(B) constituem formas de reorganizar as relações societárias.
(C) podem ser deliberadas por maioria desde que haja previsão contratual.
(D) facilitam a mudança dos tipos societários.
(E) permitem a redução do capital social de qualquer das envolvidas no processo sem que os credores possam se opor.

A e C: incorretas, as fusões e as incorporações dependem do voto representativo de pelo menos três quartos do capital social, no caso das limitadas (art. 1.076, I, c/c art. 1.071, VI, ambos do CC), e da maioria das ações com direito a voto (como regra), no caso das sociedades anônimas (art. 136, IV, da LSA); B: a assertiva é verdadeira; D: incorreta, a mudança do tipo societário é a transformação (art. 220 da LSA) e não tem relação necessária com a fusão ou com a incorporação; E: incorreta, a incorporação e a fusão não implicam,

(Auditor Fiscal/ES – CESPE) Julgue o item abaixo:

(1) Na sociedade em comandita por ações, o diretor destituído continua respondendo, por tempo ilimitado, pelas obrigações contraídas sob sua administração.

1: incorreta. A responsabilidade do diretor destituído é limitada a dois anos, contados da destituição – art. 1.091, § 3º, do CC.
Gabarito 1E

(Auditor Fiscal/ES – CESPE) Julgue o item abaixo:

(1) Como sociedades não personificadas, as sociedades limitada e anônima distinguem-se no que diz respeito ao risco, ao limite de responsabilidade de seus sócios, pois, nas limitadas, a perda do sócio se restringe ao capital que subscreveu, ao passo que, nas anônimas, essa perda pode atingir o valor até o preço de emissão das ações subscritas.

1: incorreta. As sociedades limitadas e as sociedades anônimas possuem personalidade jurídica (são personificadas). Apenas a sociedade em comum e a sociedade em conta de participação não são personificadas.
Gabarito 1E

(Auditor Fiscal/ES – CESPE) Julgue o item abaixo:

(1) Suponha que João, empresário casado com Maria em regime de comunhão universal de bens, procedeu à venda de bem imóvel integrante do patrimônio da empresa, sem a autorização da esposa. Nessa situação, a alienação é válida, porquanto não há a necessidade de outorga conjugal para dispor de bens que integrem o patrimônio da empresa.

1: correta. Não é necessária outorga conjugal para que o empresário aliene imóveis que integram o patrimônio da empresa, qualquer que seja o regime do casamento – art. 978 do CC.
Gabarito 1C

(Auditor Fiscal/ES – CESPE) Julgue o item abaixo:

(1) O Código Civil adotou critério excludente para definir a sociedade simples, porquanto considerou empresária a sociedade que tem por objeto o exercício de atividade própria de empresário sujeito a registro, e sociedades simples, as demais.

1: correta. Esse é o teor do art. 982, *caput*, do CC. É importante salientar, entretanto, que, além de outras exceções que possam ser expressamente fixadas, o próprio Código Civil prevê que a sociedade por ações será sempre considerada empresária e a cooperativa será sempre sociedade simples – art. 982, parágrafo único, do CC.
Gabarito 1C

(Fiscal da Receita Estadual/AC – CESPE) De acordo com o art. 981 do Código Civil, celebram contrato de sociedade as pessoas que reciprocamente se obrigam a contribuir, com bens ou serviços, para o exercício de atividade econômica e a partilha, entre si, dos resultados. Acerca das sociedades empresárias, assinale a opção correta.

(A) Nas sociedades em comum, que não têm seus atos constitutivos inscritos no registro público competente, a responsabilidade de cada sócio é restrita ao valor de suas quotas.

(B) Quando ocorre, o processo de falência abrange todos os bens, interesses e negócios da sociedade empresária em questão, inclusive no âmbito trabalhista e tributário.
(C) As sociedades anônimas podem ser simples ou empresárias, em conformidade com a vontade dos sócios que as constituírem.
(D) A transformação da sociedade empresária equivale à mudança do tipo societário, como no caso em que uma pessoa jurídica deixa de ser uma sociedade limitada e passa a ser uma sociedade anônima.

A: incorreta, as sociedades em comum são aquelas que não têm seus atos constitutivos inscritos no registro público competente – art. 986 do CC. A responsabilidade de seus sócios é solidária e ilimitada, nos termos do art. 990 do CC; **B:** incorreta, os bens impenhoráveis do devedor não são arrecadados – art. 108, § 4º, da LF. O crédito tributário não se submete à habilitação em falência – art. 187 do CTN; **C:** incorreta, a sociedade por ações será sempre considerada empresária – art. 982, parágrafo único, do CC; **D:** a assertiva descreve e exemplifica corretamente a transformação societária – art. 1.113 do CC e art. 220 da LSA.
Gabarito "D".

(Fiscal da Receita Estadual/AC – CESPE) Severino, Antônia e Vinícius organizaram a sociedade limitada Mix Serviços Eletrônicos Ltda. Os sócios Severino e Antônia são casados e Vinícius é servidor público federal. Assim, com relação aos impedimentos, direitos e deveres do empresário e da sociedade empresária, assinale a opção correta.

(A) Não há qualquer óbice legal à mantença da sociedade entre Severino e Antônia, mesmo que o regime de bens dos cônjuges seja o da comunhão universal de bens.
(B) Vinícius está legalmente impedido de participar da gerência ou da administração da sociedade.
(C) Uma das obrigações da sociedade Mix Serviços Eletrônicos Ltda. é a escrituração do livro diário e do livro-caixa, uma vez que esses dois livros são obrigatórios para todas as sociedades empresárias.
(D) Os sócios podem estipular cláusula contratual que exclua Antônia de se responsabilizar por eventuais perdas da sociedade.

A: incorreta, os cônjuges casados em comunhão universal de bens não podem ser sócios – art. 977 do CC; **B:** correta, o servidor público federal não pode exercer a gerência ou administração de sociedade privada – art. 117, X, da Lei 8.112/1990; **C:** incorreta, o art. 1.180 do CC prevê a obrigatoriedade do Diário, que pode ser substituído por fichas no caso de escrituração mecanizada ou eletrônica; **D:** incorreta, é nula a estipulação contratual que exclua o sócio de participar dos lucros e das perdas da sociedade – art. 1.008 do CC.
Gabarito "B".

(Agente Tributário Estadual/MS – FGV) O *affectio societatis* refere-se:

(A) à disposição dos sócios em obterem lucro de lucro.
(B) à disposição dos sócios em criarem, em conjunto, novas sociedades mercantis.
(C) à imagem de que goza uma sociedade perante o público em geral.
(D) ao direito dos sócios de criarem novos estabelecimentos comerciais.
(E) à vontade de união e aceitação das áleas comuns.

A assertiva em E descreve adequadamente o conceito de *affectio societatis* – art. 981 do CC.
Gabarito "E".

(Auditor Fiscal/São Paulo-SP – FCC) As condições para a desconsideração da personalidade jurídica, tais como regidas pelo Código Civil e pelo Código de Defesa do Consumidor (Lei 8.078/1990), são

(A) idênticas.
(B) distintas, porque pelo Código Civil é necessária a prova do excesso de poder por parte do sócio, ao passo que pelo Código de Defesa do Consumidor é necessária a prova da fraude contra o consumidor.
(C) distintas, porque além das condições já previstas pelo Código Civil, o Código de Defesa do Consumidor exige, adicionalmente, a comprovação da violação dos estatutos ou do contrato social em detrimento do consumidor.
(D) distintas, porque o Código Civil permite a desconsideração apenas em casos de desvio de finalidade ou confusão patrimonial, ao passo que o Código de Defesa do Consumidor traz hipóteses mais amplas.
(E) distintas apenas no campo de sua aplicação, pois o Código de Defesa do Consumidor restringe-se às relações de consumo, sendo nos demais aspectos idênticas.

As condições são distintas. O art. 50 do CC prevê a desconsideração em caso de abuso da personalidade jurídica, caracterizado pelo desvio de finalidade, ou pela confusão patrimonial, o que deve ser decidido pelo juiz, a requerimento das partes ou do Ministério Público. Já o art. 28 do CDC traz hipóteses muito mais amplas, permitindo a desconsideração sempre que, em detrimento do consumidor, houver abuso de direito, excesso de poder, infração da lei, fato ou ato ilícito ou violação dos estatutos ou contrato social, além de ser efetivada em caso de falência, estado de insolvência, encerramento ou inatividade da pessoa jurídica provocados por má administração.
Gabarito "D".

(Auditor Fiscal/São Paulo-SP – FCC) A sociedade personificada, própria de atividades empresariais e em que todos os sócios são solidariamente e ilimitadamente responsáveis pelas dívidas sociais é denominada sociedade

(A) de capital e indústria.
(B) simples.
(C) em comandita simples.
(D) em comum.
(E) em nome coletivo.

A: incorreta, esse tipo societário não é mais previsto pela legislação atual; **B:** incorreta, a sociedade simples é não empresária – art. 983 do CC; **C:** incorreta, na sociedade em comandita simples, apenas os sócios comanditados (que praticam atos de gestão) respondem solidária e ilimitadamente pelas obrigações sociais – art. 1.045 do CC; **D:** incorreta, a sociedade em comum não é personificada – art. 986 do CC; **E:** correta, a questão descreve a sociedade em nome coletivo, em que todos os sócios respondem solidária e ilimitadamente – art. 1.039 do CC.
Gabarito "E".

(Fiscal de Tributos/Santos-SP – FCC) Considere as afirmativas a respeito das sociedades:

I. A estipulação contratual que exclua qualquer sócio de participar dos lucros e das perdas depende de deliberação unânime dos sócios.
II. Até dois anos depois de averbada a modificação do contrato de cessão total ou parcial de quotas, responde o cedente solidariamente com o cessionário, perante a sociedade e terceiros, pelas obrigações que tinha como sócio.
III. O sócio admitido em sociedade já constituída não responde por dívidas sociais anteriores à admissão.

Está correto o que se afirma APENAS em

(A) I.
(B) I e II.
(C) I e III.
(D) II e III.
(E) III.

I: correta, é exigida deliberação unânime acerca da participação de cada sócio nos lucros e nas perdas – art. 999, c/c art. 997, VII, do CC. No entanto, é nula a estipulação contratual que exclua o sócio de participar dos lucros e das perdas da sociedade – art. 1.008 do CC; **II:** correta, art. 1.003, parágrafo único, do CC; **III:** incorreta, é o oposto, pois o sócio admitido não se exime das dívidas sociais anteriores à admissão – art. 1.025 do CC. Observação: embora a I esteja incorreta ou, pelo menos, imprecisa, a alternativa B é a melhor, por exclusão das demais.
Gabarito "B".

(Auditor Fiscal/São José do Rio Preto-SP – VUNESP) A operação em que uma ou mais sociedades são absorvidas por outra, que lhes sucede em direitos e obrigações, denomina-se

(A) fusão.
(B) cisão parcial.
(C) transformação.
(D) incorporação.
(E) coligação.

A: incorreta, fusão implica extinção das sociedades que se unem, para formar sociedade nova – art. 1.119 do CC e art. 228 da LSA; **B:** incorreta, na cisão parcial, parcela do patrimônio da sociedade original é vertida para uma ou mais sociedades – art. 229 da LSA; **C:** incorreta, na transformação, a sociedade passa de um tipo para outro, sem dissolução ou extinção (v.g. de limitada para sociedade anônima) – art. 1.113 do CC e art. 220 da LSA; **D:** correta, a questão define a incorporação – art. 1.116 do CC e art. 227 da LSA; **E:** incorreta, sociedade coligada ou filiada é aquela de cujo capital outra sociedade participa com dez por cento ou mais, sem controlá-la – art. 1.099 do CC e art. 243, § 1º, da LSA.
Gabarito "D".

(Auditor Fiscal/São José do Rio Preto-SP – VUNESP) A sociedade simples

(A) é sociedade empresária de responsabilidade ilimitada.
(B) não admite sócios que contribuam apenas com trabalho.
(C) deve ser administrada apenas por pessoas jurídicas.
(D) admite a saída imotivada de sócio, se de prazo indeterminado.
(E) deve, necessariamente, ser extinta em caso de morte de um dos sócios.

A: incorreta, a sociedade simples não é empresária – art. 983 do CC; **B:** incorreta, admite-se a contribuição em serviços, no caso da sociedade simples – art. 997, V, do CC. Não há a vedação prevista no caso das sociedades limitadas, por exemplo – art. 1.055, § 2º, do CC; **C:** incorreta, a administração incumbirá pessoas naturais – art. 997, VI, do CC; **D:** correta, a retirada, no caso, depende apenas de notificação aos demais sócios, com antecedência mínima de sessenta dias – art. 1.029 do CC; **E:** incorreta, a morte do sócio implica liquidação de sua cota (não extinção da sociedade), em regra, com as exceções previstas no art. 1.028 do CC.
Gabarito "D".

(Auditor Fiscal/Teresina-PI – ESAF) Sociedades em conta de participação assemelham-se às sociedades irregulares por

(A) não terem personalidade jurídica.

(B) organizarem empresas em que há apenas dois sócios.
(C) faltar contrato escrito.
(D) não se admitir registro dos contratos.
(E) haver mais de uma espécie de sócios.

A: correta, de fato, tanto as sociedades em conta de participação como as sociedades em comum não têm personalidade jurídica – arts. 986 e 991 do CC; **B:** incorreta, não há essa limitação em relação ao número dos sócios; **C:** incorreta, a existência de contrato escrito é irrelevante – arts. 987 e 992 do CC; **D:** incorreta, a sociedade em comum, por definição, não possui inscrição de seus atos constitutivos no registro público (art. 986 do CC), e eventual inscrição dos atos da sociedade em conta de participação não lhe confere personalidade jurídica (art. 993 do CC); **E:** incorreta, não há essa distinção, no caso da sociedade em comum – arts. 988 e 990. Na sociedade em conta de participação, há sócio ostensivo (que pratica atos de gestão) e sócio participante – art. 991 do CC.
„Gabarito "A".

(Auditor do Tesouro Municipal/Recife-PE – ESAF) As operações de reorganização societária como a incorporação, fusão ou a cisão caracterizam-se por:

(A) alterar as relações entre sociedade e credores.
(B) alterar a proporção em que os sócios participam do capital social.
(C) sucessão nas obrigações.
(D) modificação da estrutura societária.
(E) modificação tipológica em todas as hipóteses.

A: incorreta, em princípio, essas operações não poderão prejudicar os credores – arts. 1.116, 1.119 e, especialmente, 1.122, todos do CC; **B:** incorreta, a proporção na participação no capital não é característica necessária de todas as operações de reorganização; **C:** correta, há sucessão das sociedades resultantes, nas obrigações – arts. 1.116 e 1.119 do CC e arts. 232 e 233 da LSA; **D:** incorreta, não há, necessariamente, alteração na estrutura societária; **E:** incorreta, não há, necessariamente, alteração de tipo societário, nos casos de incorporação, fusão e cisão.
„Gabarito "C".

(Auditor do Tesouro Municipal/Fortaleza-CE – ESAF) A incorporação de uma sociedade por outra é operação:

(A) de liquidação da sociedade incorporada.
(B) destinada a aumentar o patrimônio líquido da incorporadora.
(C) de reordenação patrimonial.
(D) de combinação do corpo de sócios das envolvidas.
(E) de transformação tipológica em qualquer circunstância.

A: incorreta, na incorporação há extinção da incorporada, não liquidação – art. 1.118 do CC; **B:** incorreta, a incorporação não implica, necessariamente, aumento do patrimônio líquido da incorporadora (pode ser que a incorporada possua patrimônio líquido negativo); **C:** correta, há, de certa forma, reordenação patrimonial, pois o patrimônio da incorporada é totalmente vertido à incorporadora – art. 1.116 do CC; **D:** incorreta, a combinação do corpo de sócios não é elemento definidor da incorporação; **E:** incorreta, não há, necessariamente, alteração do tipo societário (transformação), por conta da incorporação.
„Gabarito "C".

(Auditor do Tesouro Municipal/Recife-PE – ESAF) Nos termos do Código Civil, as sociedades são classificadas:

(A) empresárias e simples.
(B) de pessoas e de capitais.
(C) unipessoais e pluripessoais.
(D) grupadas e isoladas.

(E) com finalidade econômica e com finalidade religiosa ou cultural.

A: correta, essa é a distinção básica, prevista no art. 983 do CC; **B:** incorreta, embora o CC preveja tipos societários classificados como de pessoas (v.g. limitadas) e de capital (v.g. anônimas), essa não é uma distinção expressa na lei; **C:** incorreta, o Código Civil não prevê a sociedade unipessoal, mas, ao contrário, fixa regra para a solução da unipessoalidade – art. 1.033, IV, do CC; **D:** incorreta, não há essa classificação, embora o CC preveja a coligação societária – art. 1.097 do CC; **E:** incorreta, o CC não prevê essa classificação.
„Gabarito "A".

(Fiscal de Tributos/Rio Branco-AC – CESPE) Julgue o item abaixo:

(1) Na sociedade em conta de participação, o contrato social produz efeitos somente entre os sócios; além disso, a eventual inscrição de seu instrumento em qualquer registro não confere personalidade jurídica à sociedade.

1: correta, esse é o conteúdo do art. 993 do CC.
Gabarito 1C

(Agente Fiscal/Teresina-PI – CESPE) Julgue o item abaixo:

(1) A sociedade estrangeira, que tem de requerer e obter autorização do Poder Executivo para funcionar no país, ficará sujeita às leis e aos tribunais brasileiros, tanto em relação aos atos ou operações praticados no Brasil quanto aos praticados no exterior.

1: incorreta, a submissão às leis e aos tribunais brasileiros refere-se, em regra, apenas aos atos ou operações praticados no Brasil – art. 1.137 do CC.
Gabarito 1E

(Agente Fiscal/Teresina-PI – CESPE) Julgue o item abaixo:

(1) Nas sociedades em conta de participação, somente o sócio ostensivo se obriga perante terceiros, mas o sócio participante estará sujeito à responsabilidade solidária com o ostensivo pelas obrigações em que intervier, se tomar parte nas relações do sócio ostensivo com terceiros.

1: correta, esse é o conteúdo dos arts. 991, parágrafo único, e 993, parágrafo único, ambos do CC.
Gabarito 1C

(Agente Fiscal/Teresina-PI – CESPE) Julgue o item abaixo:

(1) Na sociedade em comum, enquanto não regularizado o seu registro, a responsabilidade dos sócios pelas obrigações sociais é ilimitada e direta.

1: incorreta, a responsabilidade é ilimitada, mas subsidiária (não direta), exceto no caso do sócio que contratou pela sociedade (nesse caso, não há benefício de ordem em relação aos bens sociais) – arts. 986 e 990 do CC.
Gabarito 1E

(Fiscal de Tributos/Rio Branco-AC – CESPE) Julgue o item abaixo:

(1) Nas sociedades personificadas simples, se bens não forem suficientes para a cobertura das dívidas, os sócios responderão na proporção em que participem das perdas sociais, exceto na hipótese de haver cláusula de responsabilidade solidária.

1: correta, art. 1.023 do CC.
Gabarito 1C

(Fiscal de Tributos/Rio Branco-AC – CESPE) Julgue o item abaixo:

(1) Considerando-se seu objeto, as companhias podem ser de natureza civil ou mercantil.

1: incorreta, companhia (= sociedade anônima – art. 1.088 do CC) terá sempre caráter empresarial, independentemente de seu objeto – art. 982, parágrafo único, do CC.
Gabarito 1E

(Técnico Fiscal /Vila Velha-ES – CESPE) Julgue o item abaixo:

(1) Consideram-se empresárias as sociedades limitadas, as sociedades anônimas, as sociedades de economia mista e as sociedades cooperativas.

1: incorreta, a sociedade cooperativa será considerada sociedade simples (não empresária), independentemente de seu objeto – art. 982, parágrafo único, do CC.
Gabarito 1E

(Técnico Fiscal /Vila Velha-ES – CESPE) Julgue o item abaixo:

(1) As pessoas jurídicas adquirem personalidade jurídica a partir da lavratura da escritura pública de compra e venda do imóvel onde funcionará a sede ou da autenticação do contrato de locação no cartório de registro de notas.

1: incorreta, a existência legal das pessoas jurídicas inicia-se com a inscrição do ato constitutivo no registro público competente – art. 45 do CC. Nesse momento, ocorre a aquisição de sua personalidade jurídica – art. 985 do CC.
Gabarito 1E

4. SOCIEDADES LIMITADAS

(Auditor Fiscal Tributário Estadual – SEGEP/MA – 2016 – FCC) A sociedade limitada tem o seu capital social dividido em quotas

(A) iguais ou desiguais, sendo indivisíveis em relação à sociedade, salvo para efeito de transferência.
(B) necessariamente iguais, sendo indivisíveis em relação à sociedade, salvo para efeito de transferência.
(C) iguais ou desiguais, sendo indivisíveis em relação à sociedade, mesmo para efeito de transferência.
(D) necessariamente iguais, sendo indivisíveis em relação à sociedade, mesmo para efeito de transferência.
(E) iguais ou desiguais, sendo divisíveis em relação à sociedade, para quaisquer efeitos.

A: correta, conforme arts. 1.055, *caput*, e 1.056, *caput*, do CC; B: incorreta, pois as quotas podem ser iguais ou desiguais – art. 1.055, *caput*, do CC; C: incorreta, pois é possível a divisão em relação à sociedade, para efeito de transferência – art. 1.056 do CC; D: incorreta, conforme comentários às alternativas "B" e "C"; E: incorreta, pois a quota é indivisível em relação à sociedade, salvo para efeito de transferência – art. 1.056, *caput*, do CC.
Gabarito "A".

(Auditor Fiscal Tributário da Receita Municipal/Cuiabá-MT – FGV) A sociedade Campos de Júlio Comércio de Gelo Ltda. tem nove sócios e o contrato social estabelece que as deliberações serão tomadas em reunião de sócios.

A esse respeito, analise as afirmativas a seguir.

I. Sócios titulares de mais de um quarto do capital podem convocar reunião de sócios, quando não atendido, no prazo de cinco dias, pedido de convocação fundamentado, com indicação das matérias a serem tratadas.

II. Anualmente haverá reunião dos sócios, nos quatro meses seguintes ao término do exercício social, com o objetivo de tomar as contas dos administradores e deliberar sobre o balanço patrimonial e o balanço de resultado econômico.

III. O contrato social pode estabelecer que a representação do sócio na reunião seja feita por outras pessoas, além de outro sócio ou advogado.

Assinale:

(A) se somente as afirmativas II e III estiverem corretas.
(B) se somente as afirmativas I e III estiverem corretas.
(C) se somente a afirmativa III estiver correta.
(D) se somente a afirmativa II estiver correta.
(E) se somente a afirmativa I estiver correta.

I: incorreta. Os sócios titulares de mais de um quinto do capital podem convocar a reunião ou assembleia, quando não atendido, no prazo de oito dias, pedido de convocação fundamentado, com indicação das matérias a serem tratadas – art. 1.073, I, do CC; II: correta, conforme o art. 1.078 do CC; III: correta – art. 1.074, § 1º, do CC.
Gabarito "A".

(Auditor Fiscal/ES – CESPE) Rafael, Elias e Otávio instituíram a sociedade Beta Ltda. Como capital social subscrito no valor de R$ 30.000,00, sendo cada quota equivalente ao valor de R$ 10.000,00. A integralização do capital não foi totalmente realizada, visto que Otávio não realizou qualquer espécie de contribuição, Rafael integralizou o valor de sua quota em dinheiro e Elias contribuiu com prestação de serviços.

Com base nessa situação hipotética, assinale a opção correta em relação à responsabilidade dos sócios quanto à integralização do capital social da empresa.

(A) Elias e Otávio respondem de maneira solidária em relação ao valor de R$ 20.000,00, ao passo que Rafael responde subsidiariamente.
(B) Elias e Otávio respondem de maneira solidária em relação ao valor de R$ 20.000,00, ao passo que a Rafael não cabe nenhuma responsabilidade, visto que ele adimpliu sua obrigação social.
(C) Otávio responde pessoalmente por sua quota não integralizada, sendo a responsabilidade de Elias e Rafael subsidiária em relação aos respectivos valores.
(D) A responsabilidade dos três sócios é solidária em relação ao valor da quota de Otávio, visto que a quota não foi integralizada nem com aporte de capitais, nem mediante prestação de serviços.
(E) A responsabilidade dos três sócios é solidária em relação ao valor das quotas de Otávio e de Elias, visto que o primeiro não integralizou nenhum capital e o segundo integralizou mediante serviços, modalidade não permitida pelo ordenamento jurídico.

A, B e C: incorretas, pois todos os sócios respondem solidariamente pela integralização do capital social – art. 1.052 do CC; D: incorreta, pois, embora a responsabilidade dos três seja realmente solidária, a fundamentação é incorreta, já que não cabe integralização por prestação de serviços – art. 1.055, § 2º, do CC; E: correta – arts. 1.052 e 1.055, § 2º, do CC.
Gabarito "E".

(**Auditor Fiscal do Trabalho – ESAF**) Sobre as quotas da sociedade limitada, assinale a opção correta.

(A) Os sócios podem realizar suas quotas mediante prestação de serviços.
(B) Não integralizada a quota do sócio remisso, os outros sócios podem tomá-la para si ou transferi-la a terceiros, nos termos da lei.
(C) O capital pode ser dividido somente em quotas iguais.
(D) As quotas são consideradas divisíveis em relação à sociedade.
(E) Pela exata estimação dos bens dados em realização das quotas responde apenas o respectivo sócio.

A: incorreta, pois não é possível a integralização das quotas em serviço – art. 1.055, § 2º, do CC; **B:** correta, nos termos do art. 1.058 do CC; **C:** incorreta, pois o capital social da limitada pode ser dividido em quotas iguais **ou desiguais**, cabendo uma ou diversas delas a cada sócio – art. 1.055, *caput*, do CC; **D:** incorreta, pois a quota é **indivisível** em relação à sociedade, salvo para efeito de transferência, nos termos do art. 1.056 do CC; **E:** incorreta, pois todos os sócios respondem solidariamente pela exata estimação de bens conferidos ao capital social, até o prazo de cinco anos da data do registro da sociedade – art. 1.055, § 1º, do CC.
Gabarito "B".

(**Fiscal da Receita/CE**) Acerca das regras que regulamentam as sociedades limitadas, assinale a opção correta.

(A) Ocorrendo deliberação, por maioria dos sócios, que seja contrária à lei ou que infrinja o contrato social, todos os sócios responderão solidária e ilimitadamente pelo ato irregular.
(B) Tratando-se de sociedade limitada, somente haverá necessidade de deliberação em assembleia se tal determinação vier expressa em seu contrato social. Essa é uma característica de sociedade anônima limitada não prevista em lei.
(C) A administração de sociedade limitada pode competir a terceiros estranhos ao quadro social, desde que o contrato social expressamente o admita.
(D) Na formação do capital social, os sócios podem contribuir com bens móveis ou imóveis, dinheiro ou prestação de serviços, e, no caso de a contribuição perfazer-se em bens, caso não haja acordo entre os sócios quanto ao valor destes, a avaliação será judicial.

A: assertiva incorreta, pois as deliberações infringentes do contrato ou da lei tornam ilimitada a responsabilidade **apenas** dos sócios que expressamente as aprovaram – art. 1.080 do CC; **B:** incorreta, pois a deliberação em assembleia é obrigatória se o número dos sócios for superior a dez, ou seja, exige-se a assembleia mesmo no silêncio do contrato social – art. 1.072 do CC; **C:** assertiva correta, em conformidade com o art. 1.061 do CC; **D:** incorreta, pois não é possível a integralização das quotas da sociedade limitada em serviço – art. 1.055, § 2º, do CC.
Gabarito "C".

(**Auditor Fiscal/ES – CESPE**) Julgue o item abaixo:

(1) Considere que Mário, sócio de determinada sociedade limitada, diante da omissão do contrato quanto à cessão de quotas, cedeu parte de sua quota a Ricardo, também sócio, sem, contudo, proceder à audiência dos demais sócios. Nessa situação, o ato é inválido, já que, na sociedade limitada, a cessão de quotas, mesmo na hipótese de omissão do contrato, depende da audiência prévia dos demais sócios.

1: incorreta, na omissão do contrato social, é permitida a cessão, total ou parcial, das quotas a outro sócio, independentemente de audiência dos outros – art. 1.057 do CC.
Gabarito 1E.

(**Fiscal de Tributos/Santos-SP – FCC**) A respeito das sociedades limitadas é correto afirmar que

(A) a assembleia dos sócios instala-se, em primeira convocação, com a presença de titulares de no mínimo 51% do capital social.
(B) as deliberações em assembleia, infringentes do contrato ou da lei, tornam ilimitada a responsabilidade de todos os sócios, ainda que ausentes.
(C) o administrador pode, independentemente de deliberação dos sócios, modificar o contrato social em relação à cláusula que possa implicar dano irreparável.
(D) o sócio não pode ser representado nas assembleias por outro sócio, mas apenas por advogado com poderes especiais.
(E) as deliberações em assembleia serão obrigatórias se o número de sócios for superior a 10.

A: incorreta, a assembleia instala-se com a presença, em primeira convocação, de titulares de no mínimo três quartos do capital social e, em segunda, com qualquer número – art. 1.074 do CC; **B:** incorreta, essas deliberações ilícitas implicam responsabilidade apenas dos sócios que expressamente as aprovaram – art. 1.080 do CC; **C:** incorreta, não há essa previsão. O administrador pode apenas tomar providência isolada, nos casos de atos de competência conjunta de vários administradores (art. 1.014 do CC), o que não inclui a alteração contratual, que depende da deliberação dos sócios que representem pelo menos três quartos do capital social – art. 1.076, I, c/c art. 1.071, V, ambos do CC; **D:** incorreta, o sócio pode ser representado por outro sócio, nos termos do art. 1.074, § 1º, do CC; **E:** correta, art. 1.072, § 1º, do CC.
Gabarito "E".

(**Auditor Fiscal/São José do Rio Preto-SP – VUNESP**) Na sociedade limitada,

(A) a administração atribuída no contrato a todos os sócios não se estende de pleno direito aos que posteriormente adquiram essa qualidade.
(B) a quota é divisível em relação à sociedade, salvo para efeito de transferência.
(C) o capital social será necessariamente dividido em quotas iguais, cabendo uma a cada um dos sócios.
(D) a omissão do contrato impede o sócio de ceder a sua quota, total ou parcialmente, a quem seja sócio, independentemente de audiência dos outros.
(E) o conselho fiscal é órgão essencial e obrigatório.

A: correta, art. 1.060, parágrafo único, do CC; **B:** incorreta, é o oposto, pois a quota é indivisível em relação à sociedade, exceto para efeito de transferência – art. 1.056 do CC; **C:** incorreta, o capital social é divido em quotas iguais ou desiguais, cabendo uma ou diversas a cada sócio – art. 1.055 do CC; **D:** incorreta, na omissão do contrato social, é permitida a cessão, total ou parcial, das quotas a outro sócio, independentemente de audiência dos outros – art. 1.057 do CC; **E:** incorreta, o conselho fiscal não é obrigatório, e depende de previsão contratual – art. 1.066 do CC.
Gabarito "A".

(**Fiscal de Tributos/Rio Branco-AC – CESPE**) Julgue o item abaixo:

(1) O capital da sociedade limitada é sempre dividido em quotas iguais, e a cada sócio cabe uma ou diversas quotas.

1: incorreta, o capital social é dividido em quotas iguais ou desiguais, cabendo uma ou diversas a cada sócio – art. 1.055 do CC.
Gabarito 1E

(Técnico Fiscal /Vila Velha-ES – CESPE) Julgue o item abaixo:

(1) Considere-se que Tiago, Luana e Caio constituam uma sociedade limitada e que Luana não disponha do montante necessário à integralização das suas quotas subscritas para a formação do capital social. Nesse caso, mesmo com a anuência dos demais sócios, é vedada a contribuição de Luana na forma de prestação de serviços à sociedade.

1: correta, o sócio na limitada não pode contribuir com prestação de serviço – art. 1.055, § 2º, do CC.
Gabarito 1C

(Agente Fiscal/Teresina-PI – CESPE) Julgue o item abaixo:

(1) Na sociedade limitada, embora a responsabilidade do sócio seja restrita às quotas por ele subscritas, todos os sócios respondem solidariamente pela integralização do capital social.

1: correta, art. 1.052 do CC.
Gabarito 1C

5. SOCIEDADES ANÔNIMAS

(Auditor Fiscal Tributário Estadual – SEGEP/MA – 2016 – FCC) A administração da sociedade anônima compete

(A) exclusivamente ao conselho de administração.
(B) à diretoria e ao conselho de administração, ou somente à diretoria, conforme dispuser o estatuto social.
(C) à diretoria, ao conselho de administração e, se houver, ao conselho fiscal.
(D) prioritariamente ao conselho fiscal, ao qual se subordinam a diretoria e o conselho de administração.
(E) exclusivamente à diretoria, caso se trate de companhia aberta.

Nos termos do art. 138 da Lei das Sociedades Anônimas – LSA (Lei 6.404/1976), a administração da companhia competirá, conforme dispuser o estatuto, ao conselho de administração e à diretoria, ou somente à diretoria. Por essa razão, a alternativa "B" é a correta.
Gabarito "B".

(Auditor Fiscal Tributário Municipal – Prefeitura Cuiabá – 2016 – FGV) Leia o fragmento a seguir.

"Na constituição da companhia por_____ não há utilização de _____ organizado e assinado pelos fundadores. O documento utilizado para formalizar a constituição é a _____."

Assinale a opção que completa corretamente as lacunas do fragmento acima.

(A) subscrição particular – prospecto – ata da deliberação dos subscritores em assembleia geral ou escritura pública.
(B) subscrição particular – laudo de avaliação dos bens – ata da deliberação dos subscritores em assembleia geral.
(C) subscrição particular – estudo de viabilidade econômica e financeira do empreendimento – escritura pública.
(D) subscrição particular – o estudo de viabilidade econômica e financeira do empreendimento – escritura pública.
(E) subscrição pública – projeto de estatuto – escritura pública.

A: correta – art. 88 da LSA e art. 1.132, § 1º, do CC; **B:** incorreta, pois é necessário o laudo de avaliação dos bens, no caso de escritura pública. Ademais, o documento utilizado para a constituição pode ser a ata de deliberação em assembleia geral ou a escritura pública – art. 88, § 1º, *e*, da LSA; **C e D:** incorretas, pois o documento utilizado para a constituição pode ser a ata de deliberação em assembleia geral ou a escritura pública – art. 88 da LSA; **E:** incorreta, pois o pedido de registro de emissão na Comissão de Valores Mobiliários, no caso de subscrição pública, deve ser instruído com o projeto de estatuto social, sendo desnecessária escritura pública – arts. 82, § 1º, *b*, e 96 da LSA.
Gabarito "A".

(Auditor Fiscal Tributário da Receita Municipal/Cuiabá-MT – FGV) De acordo com a Lei 6.404/1976, nas companhias ou sociedades anônimas, o prejuízo do exercício será obrigatoriamente absorvido, nessa ordem,

(A) pelos lucros acumulados, pelas reservas de lucros e pela reserva de capital.
(B) pelas reservas de lucros, pela reserva legal e pelos lucros acumulados.
(C) pela reserva de capital, pelos lucros acumulados e pela reserva legal.
(D) pelos lucros acumulados, pelas reservas de lucros e pela reserva legal.
(E) pela reserva legal, pelos lucros acumulados e pelas reservas de lucros.

Nos termos do art. 189, parágrafo único, da Lei 6.404/1976 – Lei das Sociedades por Ações – LSA, o prejuízo do exercício será obrigatoriamente absorvido pelos lucros acumulados, pelas reservas de lucros e pela reserva legal, nessa ordem. Por essa razão, a alternativa "D" é a correta.
Gabarito "D".

(Auditor do Tesouro Municipal/Recife-PE – FGV) Relacione as reservas previstas na Lei 6.404/1976 às respectivas finalidades.

1. Reserva legal
2. Reserva estatutária
3. Reserva para contingências
4. Reserva de capital

( ) É criada pelo estatuto com indicação precisa e completa de sua finalidade; os critérios para determinar a parcela anual dos lucros líquidos destinados à sua constituição; e o limite máximo da reserva.
( ) Pode ser utilizada, dentre outras hipóteses, para resgate, reembolso ou compra de ações; resgate de partes beneficiárias; incorporação ao capital social; pagamento de dividendo a ações preferenciais, quando essa vantagem lhes for assegurada.
( ) É formada por destinação de parte do lucro líquido, mediante deliberação da assembleia geral, por proposta dos órgãos da administração. Tem por finalidade compensar, em exercício futuro, a diminuição do lucro decorrente de perda julgada provável, cujo valor possa ser estimado.
( ) Tem por fim assegurar a integridade do capital social e somente poderá ser utilizada para compensar

prejuízos ou aumentar o capital. É constituída pela aplicação de 5% (cinco por cento) do lucro líquido do exercício, antes de qualquer outra destinação, não excedendo 20% (vinte por cento) do capital social.

Assinale a alternativa que indica a relação correta, de cima para baixo.

(A) 1 – 3 – 2 –4
(B) 1 – 4 – 2 –3
(C) 4 – 2 – 3 –1
(D) 2 – 4 – 3 –1
(E) 4 – 3 – 2 –1

1: reserva legal tem por fim assegurar a integridade do capital social e somente poderá ser utilizada para compensar prejuízos ou aumentar o capital. É constituída pela aplicação de 5% (cinco por cento) do lucro líquido do exercício, antes de qualquer outra destinação, não excedendo 20% (vinte por cento) do capital social – art. 193 da LSA; **2:** reserva estatutária é criada pelo estatuto com indicação precisa e completa de sua finalidade; os critérios para determinar a parcela anual dos lucros líquidos destinados à sua constituição; e o limite máximo da reserva – art. 194 da LSA; **3:** reserva para contingências é formada por destinação de parte do lucro líquido, mediante deliberação da assembleia geral, por proposta dos órgãos da administração. Tem por finalidade compensar, em exercício futuro, a diminuição do lucro decorrente de perda julgada provável, cujo valor possa ser estimado – art. 195 da LSA; **4:** reserva de capital pode ser utilizada, dentre outras hipóteses, para resgate, reembolso ou compra de ações; resgate de partes beneficiárias; incorporação ao capital social; pagamento de dividendo a ações preferenciais, quando essa vantagem lhes for assegurada – art. 200 da LSA. Por essas razões, a alternativa "D" é a correta.

Gabarito "D".

(Auditor do Tesouro Municipal/Recife-PE – FGV) As opções a seguir apresentam procedimentos que o liquidante de uma companhia em liquidação tem que seguir, *à exceção de uma*. Assinale-a.

(A) Ele deve levantar de imediato o balanço patrimonial da companhia, em prazo não superior ao fixado pela assembleia geral ou pelo juiz.
(B) Ele deve exigir dos acionistas a integralização de suas ações, quando o ativo não bastar para a solução do passivo.
(C) Ele deve convocar a assembleia geral a cada seis meses para prestar-lhe contas dos atos e operações praticados no semestre, bem como apresentar-lhe o relatório e o balanço do estado da liquidação.
(D) Ele deve determinar o modo de eleição dos membros do Conselho Fiscal que devam atuar durante o período de liquidação.
(E) Ele não poderá gravar bens e contrair empréstimos sem expressa autorização da assembleia geral, salvo quando indispensáveis ao pagamento de obrigações inadiáveis, nem prosseguir na atividade social, ainda que para facilitar a liquidação.

A: correta – art. 210, III, da LSA; **B:** correta – art. 210, V, da LSA; **C:** correta – art. 213 da LSA; **D:** incorreta, pois o liquidante não tem essa atribuição ou poder; **E:** correta – art. 211, parágrafo único, da LSA.

Gabarito "D".

(Auditor Fiscal/ES – CESPE) No que concerne à sociedade por ações, assinale a opção correta.

(A) A aprovação das contas sem reservas pela assembleia geral ordinária não exonera os administradores e os diretores de indenização pela prática de ato ilícito que tenha causado prejuízo à companhia.
(B) O valor patrimonial das ações corresponde ao montante pago pela ação quando adquirida.
(C) A incorporação consiste na absorção de uma ou mais sociedades anônimas por outra, o que enseja a extinção da personalidade jurídica da sociedade incorporada. Equiparando-se, para efeitos legais, à morte da pessoa física ou natural, a sociedade incorporadora somente responde pelas dívidas da sociedade incorporada na proporção do seu patrimônio.
(D) O acionista minoritário detém legitimidade ativa para o ajuizamento de ação individual de responsabilidade contra o administrador que desvie recursos de sua empresa.
(E) As demonstrações financeiras das companhias abertas devem refletir as normas expedidas pela Comissão de Valores Mobiliários, sendo obrigatória a submissão desses demonstrativos à auditoria realizada por auditores independentes registrados.

A: incorreta, pois a aprovação, sem reserva, das demonstrações financeiras e das contas, exonera de responsabilidade os administradores e fiscais, salvo erro, dolo, fraude ou simulação – art. 134, § 3º, da LSA; **B:** incorreta, pois o valor patrimonial da ação é aquele obtido pela divisão do valor do Patrimônio Líquido pela quantidade de ações ou quotas representativas do capital social integralizado, inclusive a quantidade de ações ou quotas em tesouraria. Não se confunde, portanto, com o valor de compra, nominal ou de mercado da ação; **C:** incorreta, pois inexiste essa equiparação à morte da pessoa natural, nem a responsabilidade limitada à proporção do patrimônio – art. 227 da LSA; **D:** incorreta em termos. Qualquer acionista, inclusive minoritário, pode promover ação de responsabilidade, mas apenas se ela não for proposta no prazo de 3 meses da assembleia geral – art. 159, § 3º, da LSA. Sem deliberação da assembleia, somente acionistas que representem pelo menos 5% do capital social podem promover a ação – art. 159, § 4º, da LSA; **E:** correta – art. 177, § 3º, da LSA.

Gabarito "E".

(Auditor Fiscal da Receita Federal – ESAF) Assinale a opção abaixo que contém o valor mobiliário que confere ao respectivo titular direito de crédito eventual, consistente na participação nos lucros anuais da sociedade.

(A) Debêntures.
(B) Ações.
(C) Bônus de subscrição.
(D) Partes beneficiárias.
(E) *Commercial paper*.

A: incorreta, pois a debênture confere ao seu titular direito de crédito contra a companhia (não se trata de simples direito eventual), nas condições constantes da escritura de emissão e, se houver, do certificado, podendo assegurar participação no lucro da sociedade (a participação no lucro é uma possibilidade, não uma característica essencial) – arts. 52 e 56 da Lei das Sociedades por Ações – LSA (Lei 6.404/1976); **B:** incorreta, pois a ação representa fração do capital social, cujo titular é qualificado como sócio da companhia – art. 11 da LSA; **C:** incorreta, pois o bônus de subscrição é o valor mobiliário que confere ao seu titular direito de subscrever ações do capital social, nas condições constantes do certificado, que será exercido mediante apresentação do título à companhia e pagamento do preço de emissão das ações – art. 75, parágrafo único, da LSA; **D:** essa é a assertiva correta, pois as partes beneficiárias conferirão aos seus titulares direito de crédito eventual contra a companhia, consistente na participação nos lucros anuais, nos exatos termos do art. 46, § 1º, da LSA; **E:** incorreta, pois o *commercial paper* é uma espécie de nota promissória emitida pela

companhia, que se distingue da debênture por ser resgatável no curto prazo (entre 30 a 360 dias) e por submeter-se a normas específicas quanto à sua emissão e circulação.
Gabarito "D".

(Auditor Fiscal da Previdência Social – ESAF) Nas sociedades anônimas,

(A) os diretores devem ser acionistas titulares, ao menos, de ações preferenciais.
(B) os membros do conselho de administração devem ser brasileiros, necessariamente.
(C) os membros do conselho de administração necessitam invariavelmente ter domicílio no Brasil.
(D) a competência das assembleias gerais extraordinárias é formada por exclusão, em relação à competência das assembleias gerais ordinárias.
(E) para os efeitos legais de responsabilidade, os diretores são considerados administradores e os membros do conselho de administração responsáveis pelo controle social.

A: incorreta, os diretores das sociedades anônimas não precisam ser acionistas – art. 146 da LSA; B e C: incorretas, não há essas exigências, para integrar o conselho de administração – art. 146 da LSA; D: correta, art. 131 da LSA; E: incorreta, arts. 142, 145 e 158 da LSA.
Gabarito "D".

(Auditor Fiscal/RO – FCC) NÃO se inclui na competência do Conselho de Administração, dentre outras atribuições:

(A) fixar a orientação geral para os negócios sociais.
(B) suspensão de direitos dos acionistas.
(C) escolher e destituir os auditores independentes, se houver.
(D) eleger e destituir os membros da diretoria.
(E) convocar a Assembleia Geral.

A, C, D e E: incorretas, pois essas **são atribuições** do conselho de administração – art. 142, I, II, IV e IX, da LSA; B: correta, essa é a alternativa que não indica atribuição do conselho de administração da companhia, já que cabe à assembleia geral suspender o exercício dos direitos do acionista que deixar de cumprir obrigação imposta pela lei ou pelo estatuto – art. 120 da LSA.
Gabarito "B".

(Agente Fiscal de Rendas/SP – FCC) A sociedade denominada "Companhia Paulistana de Açúcar" foi constituída tendo como acionistas Caio, Simplício e Túlio, com capital todo dividido em ações ordinárias. Apesar de Túlio ter subscrito ações representativas de 10% (dez por cento) do capital, nunca as integralizou. Caio e Simplício integravam o bloco de controle da sociedade e Caio, na qualidade de Diretor-Presidente, praticou atos fraudulentos que ensejaram a desconsideração da personalidade jurídica da sociedade, no curso de execução singular de duplicata mercantil. Nesta execução, Túlio

(A) poderá ser responsabilizado pelos débitos sociais, porque não integralizou suas ações.
(B) poderá ser responsabilizado pelos débitos sociais, pela aplicação da teoria da desconsideração da personalidade jurídica.
(C) poderá ser responsabilizado pelos débitos sociais, por força da responsabilidade do acionista decorrente da disciplina própria das sociedades anônimas.
(D) poderá ser responsabilizado pelos débitos sociais, porque é titular de ações ordinárias.
(E) não poderá ser responsabilizado pelos débitos sociais.

A solidariedade em relação ao capital não integralizado, prevista em relação às cotas das sociedades limitadas (art. 1.052 do CC), não existe no caso das companhias. A sociedade anônima pode executar o crédito contra o sócio remisso (e eventuais responsáveis) ou mandar vender as ações em bolsa – art. 107 da LSA. Assim, Túlio responde apenas pelo preço de emissão das ações que subscreveu. A responsabilidade pessoal, decorrente da desconsideração da personalidade jurídica, atinge, em princípio, apenas o gestor que praticou os atos fraudulentos (Caio) – art. 50 do CC.
Gabarito "E".

(Fiscal de Rendas/RJ – FGV) As ações são consideradas títulos representativos de parcelas do capital social de uma sociedade anônima, que atribuem aos seus titulares direitos patrimoniais e pessoais. Levando em consideração o conceito de ação e suas características, é correto afirmar que:

(A) as ações de companhia aberta somente podem ser negociadas depois de integralizados trinta por cento do preço de sua emissão.
(B) o direito de voto é um direito essencial do acionista.
(C) o conceito de valor nominal da ação é o mesmo que o de preço de emissão da ação.
(D) as ações podem representar frações desiguais do capital social.
(E) é vedada a emissão de ações, sem valor nominal, por preço inferior ao seu valor nominal.

A: correta, essa é a disposição do art. 29 da LSA; B: incorreta, o direito a voto é essencial no caso da ação ordinária, apenas – arts. 110 e 111 da LSA; C e D: incorreta, todas as ações da companhia têm o mesmo valor nominal, cuja somatória corresponde ao capital social (art. 11, § 2º, da LSA) – o preço de emissão, negociado no mercado, é igual ou superior ao valor nominal das ações (art. 13 da LSA); E: incorreta, a vedação se refere às ações com valor nominal – art. 13 da LSA.
Gabarito "A".

(Fiscal de Rendas/RJ – FGV) Em relação às sociedades anônimas, é correto afirmar que:

(A) as companhias de capital aberto são aquelas que têm os seus valores mobiliários negociados apenas no mercado de valores.
(B) qualquer acionista tem legitimidade para ajuizar ação de responsabilidade civil para cobrança dos prejuízos causados pelo administrador de sociedade anônima, se a assembleia geral deliberar não promover a ação.
(C) a responsabilidade dos acionistas é limitada ao valor nominal das ações subscritas ou adquiridas.
(D) as companhias são classificadas em abertas e fechadas conforme as ações de sua emissão estejam ou não admitidas à negociação em Bolsa de Valores.
(E) a companhia dissolvida conserva sua personalidade jurídica até a sua extinção, com o fim de proceder à liquidação.

A: incorreta, companhias de capital aberto são aquelas cujos valores mobiliários são admitidos à negociação no mercado de valores mobiliários – art. 4º da LSA; B: incorreta, se a assembleia geral decidir não promover a ação de responsabilidade contra o administrador, somente acionistas que representem pelo menos 5% do capital social poderão propô-la – art. 159, § 4º, da LSA; C: incorreta, a responsabilidade é limitada ao preço de emissão das ações subscritas ou adquiridas – art. 1.088 do CC; D: incorreta, a classificação refere-se à admissão dos valores mobiliários emitidos pela companhia (não apenas ações) à negociação no mercado de valores mobiliários (não apenas bolsas – há também o mercado de balcão) – art. 4º da LSA; **E:** correta, art. 51 do CC.

Gabarito "E".

(Fiscal de Rendas/RJ – FGV) A alienação, direta ou indireta, do controle de companhia aberta somente poderá ser contratada sob a condição, suspensiva ou resolutiva, de que o adquirente do controle se obrigue a fazer oferta pública de aquisição das ações:

(A) preferenciais, de modo a assegurar aos acionistas o pagamento de preço mínimo igual a 80% do valor pago por ação integrante do bloco de controle.
(B) ordinárias, de modo a assegurar aos acionistas o pagamento de preço mínimo igual a 80% do valor pago por ação integrante do bloco de controle.
(C) ordinárias e preferenciais sem voto ou com voto restrito, de modo a assegurar aos acionistas o pagamento de preço mínimo igual a 80% do valor pago por ação integrante do bloco de controle.
(D) preferenciais e ordinárias, de modo a assegurar aos acionistas o pagamento de preço mínimo igual a 80% do valor pago por ação integrante do bloco de controle.
(E) com direito a voto, de modo a assegurar aos acionistas o pagamento de preço mínimo igual a 80% do valor pago por ação integrante do bloco de controle.

A alienação do controle depende de compromisso, por parte do adquirente, de aquisição das demais ações com direito a voto por pelo menos 80% do preço pago pelas ações com direito a voto do bloco de controle – art. 254-A da LSA (*tag along*).

Gabarito "E".

(Agente de Tributos/MT – CESPE) Julgue o item abaixo:

(1) As Companhias podem ter como objeto qualquer atividade empresarial lucrativa, desde que não contrária à lei, à ordem pública e aos bons costumes.

1: correta, art. 1º da LSA.

Gabarito 1C.

(Agente de Tributos/MT – CESPE) Julgue o item abaixo:

(1) Independentemente do objeto, a sociedade por ações é sempre de natureza mercantil, ou seja, submete-se às leis comerciais, mas não aos usos comerciais.

1: incorreta, a sociedade por ações é sempre considerada empresarial, independentemente de seu objeto, de modo que se submete às leis correspondentes e aos usos comerciais – art. 982, parágrafo único, do CC.

Gabarito 1E.

(Auditor Fiscal/São José do Rio Preto-SP – VUNESP) Na sociedade anônima, o órgão executivo é

(A) a Assembleia Geral.
(B) o Conselho de Administração.
(C) o Conselho Consultivo.
(D) a Presidência.
(E) a Diretoria.

A administração das companhias compete, nos termos do estatuto, ao conselho de administração e à diretoria, ou somente à diretoria. O conselho é órgão de deliberação, sendo que a representação é privativa dos diretores. A diretoria, portanto, corresponde ao órgão executivo das sociedades anônimas – art. 138, § 1º, da LSA.

Gabarito "E".

(Auditor Fiscal/São José do Rio Preto-SP – VUNESP) Nas sociedades anônimas, a Diretoria

(A) será composta de pelo menos cinco diretores.
(B) é órgão de representação da sociedade.
(C) permite o ingresso de todos os membros do Conselho de Administração em sua composição.
(D) deve ser eleita, sob pena de nulidade pela Assembleia Geral, sendo vedada a eleição de diretores pelo Conselho de Administração.
(E) é facultativa nas sociedades anônimas de capital aberto.

A: incorreta, a diretoria é composta por pelo menos dois diretores – art. 143 da LSA; **B:** correta, art. 138, § 1º, da LSA; **C:** incorreta, há limite de 1/3 dos membros do conselho de administração que poderão integrar a diretoria – art. 143, § 1º, da LSA; **D:** incorreta, os diretores serão eleitos pelo conselho de administração (se existente), inclusive entre seus membros, observado o limite de 1/3 – art. 143, *caput*, e § 1º, da LSA; **E:** incorreta, as companhias abertas e as de capital autorizado terão, obrigatoriamente, conselho de administração – art. 138, § 2º, da LSA.

Gabarito "B".

(Auditor do Tesouro Municipal/Recife-PE – ESAF) A disciplina da emissão de ações pelas companhias prevê:

(A) a autorização prévia da CVM para emissões privadas.
(B) a prévia aprovação da emissão pela Assembleia Geral em qualquer caso.
(C) a manutenção de proporção da participação dos acionistas no capital social.
(D) o pagamento integral do preço de emissão em todos os casos.
(E) a possibilidade de emissões sem aprovação da Assembleia Geral.

A: incorreta, a emissão privada não se sujeita ao controle da CVM – art. 4º, § 2º, da LSA; **B:** incorreta, não é necessária a aprovação pela assembleia geral – arts. 122 e 132 da LSA; **C:** incorreta, não há essa previsão; **D:** incorreta, a integralização pode ser posterior à subscrição, nos termos do art. 106 da LSA; **E:** correta, arts. 122 e 132 da LSA

Gabarito "E".

(Agente Fiscal/Teresina-PI – CESPE) Julgue o item abaixo:

(1) A administração das sociedades anônimas é realizada por um conjunto de órgãos societários, sendo a assembleia geral o órgão máximo de deliberação, que possui competência para tratar de qualquer assunto relacionado ao objeto social.

1: correta, art. 121 da LSA.

Gabarito 1C.

(Agente Fiscal/Teresina-PI – CESPE) Julgue o item abaixo:

(1) Nas sociedades anônimas, as ações preferenciais podem ter o direito de voto limitado ou suprimido pelo estatuto da companhia.

1: correta, art. 111 da LSA.

Gabarito 1C.

(Fiscal de Tributos/Rio Branco-AC – CESPE) Julgue o item abaixo:

(1) O capital social somente pode ser formado com contribuições em dinheiro ou com qualquer espécie de bens suscetíveis de avaliação em dinheiro.

1: correta, art. 7º da LSA.

Gabarito 1C.

3. DIREITO EMPRESARIAL

(Fiscal de Tributos/Rio Branco-AC – CESPE) Julgue o item abaixo:

(1) A assembleia geral poderá deliberar a redução do capital social se julgá-lo excessivo.

1: correta, art. 173, *caput*, *in fine*, da LSA.
Gabarito 1C

6. NOME EMPRESARIAL

(Auditor Fiscal Tributário da Receita Municipal/Cuiabá-MT – FGV) Uma sociedade empresária com sede em Denise/MT, composta por três sócios pessoas naturais, adotou o nome empresarial "Pontes, Lacerda & Cáceres".

Sobre esse nome empresarial, assinale a afirmativa correta.

(A) Trata-se de denominação adotada por sociedade em comandita por ações.
(B) Trata-se de firma social adotada por sociedade cooperativa.
(C) Trata-se de denominação adotada por sociedade anônima.
(D) Trata-se de firma adotada por sociedade em nome coletivo.
(E) Trata-se de firma adotada por sociedade em comandita simples.

Quando o nome empresarial apresenta apenas os nomes dos sócios, sem indicação de algum tipo societário com limitação de responsabilidade (Ltda., S.A.), há firma coletiva, em que as pessoas nomeadas respondem ilimitadamente pelas obrigações sociais – art. 1.157 do CC. Ademais, as sociedades com responsabilidade limitada ao valor da quotas, por ações, por comandita ou cooperativas devem ter essa indicação no nome social – arts. 1.158, 1.159 e 1.160 do CC. No caso, como não há indicação do tipo societário, trata-se de sociedade em nome coletivo, de modo que a alternativa "D" é a correta.
Gabarito "D".

(Auditor Fiscal do Trabalho – ESAF) Assinale, a seguir, a sociedade que só pode adotar denominação social.

(A) Companhia.
(B) Sociedade em nome coletivo.
(C) Sociedade Limitada.
(D) Sociedade em conta de participação.
(E) Sociedade em comum.

A: essa é a assertiva correta, pois a companhia (= sociedade anônima) adotará obrigatoriamente denominação social (jamais firma ou razão social) designativa do objeto social, integrada pelas expressões "sociedade anônima" ou "companhia", por extenso ou abreviadamente, muito embora possa indicar o nome do fundador, acionista, ou pessoa que haja concorrido para o bom êxito da formação da empresa – art. 1.160 do CC; **B:** incorreta, pois a sociedade por nome coletivo, cujos sócios têm responsabilidade solidária e ilimitada pelas obrigações sociais (art. 1.039 do CC), adotará obrigatoriamente razão social (= firma coletiva), em que conste o nome dos sócios, bastando para formá-la aditar ao nome de um deles a expressão "e companhia" ou sua abreviatura – art. 1.157 do CC; **C:** incorreta, pois a sociedade limitada pode adotar firma ou denominação, integradas pela palavra final "limitada" ou a sua abreviatura – art. 1.158 do CC; **D:** incorreta, pois a sociedade em conta de participação não pode ter firma nem denominação – art. 1.162 do CC; **E:** incorreta, pois a sociedade em comum, cujos atos constitutivos não foram inscritos no registro competente, não tem personalidade jurídica própria nem, portanto, nome empresarial em sentido estrito – art. 986 do CC.
Gabarito "A".

Veja a seguinte tabela, para estudo e memorização:

	Uso	Exemplo
Firma individual	a) empresário individual – responsabilidade ilimitada	a) João da Silva Marcenaria
Firma coletiva, razão social	b) sociedade em nome coletivo – responsabilidade ilimitada	b) João da Silva e companhia; João da Silva e Pedro de Souza; João da Silva e irmãos
	c) sociedade em comandita simples	c) João da Silva e companhia
	d) sociedade limitada – não há responsabilidade ilimitada, desde que conste a palavra "limitada" ou "Ltda."	d) João da Silva Marcenaria Ltda.
	e) comandita por ações – diretor responde subsidiária e ilimitadamente	e) João da Silva Marcenaria Comandita por Ações
Denominação social	f) sociedade limitada – não há responsabilidade ilimitada, desde que conste a palavra "limitada" ou "Ltda."	f) Marcenaria Modelo Ltda.
	g) sociedade anônima – responsabilidade limitada ao preço das ações	g) Marcenaria Modelo Sociedade Anônima; Companhia Marcenaria Modelo; João da Silva Marcenaria S.A.
	h) comandita por ações – diretor responde subsidiária e ilimitadamente	h) Marcenaria Modelo Comandita por Ações
	i) sociedade cooperativa – pode ser de responsabilidade limitada ou ilimitada	i) Cooperativa Modelo de Marceneiros

(Fiscal da Receita/CE) Carlos e José montaram um armazém, o BSB Comércio de Bebidas Ltda., que se dedicava à venda de alimentos e bebidas no atacado. Levaram o contrato social a registro na junta comercial local, ficando estabelecido que o capital social estaria dividido em 100 quotas, no valor de R$ 1.000,00 cada quota.

Com base nessa situação hipotética e nas regras quanto ao nome empresarial, assinale a opção correta.

(A) Nos termos da legislação vigente, os princípios da novidade e da exclusividade são absolutos. Assim, a inscrição da sociedade na junta comercial exclui a possibilidade de haver nomes iguais ou semelhantes em todo o território nacional.

(B) Há vício no nome empresarial BSB Comércio de Bebidas Ltda., tendo em vista que as sociedades limitadas não podem adotar uma denominação, mas sim uma firma, que deve ser composta com o nome de um ou mais sócios que sejam pessoas físicas.

(C) Há preciosismo dos sócios na composição do nome empresarial BSB Comércio de Bebidas Ltda., pois, se o contrato social já estabelece que a responsabilidade dos sócios é limitada, não é necessário que a expressão Ltda. figure como parte do nome empresarial.
(D) Nos termos apresentados, o nome empresarial da sociedade de Carlos e José não respeita o princípio da veracidade.

A: incorreta, pois, em regra, a inscrição dos atos constitutivos ou as respectivas averbações, no registro próprio, asseguram o uso exclusivo do nome apenas nos limites do respectivo Estado – art. 1.166 do CC; **B:** incorreta, pois a sociedade limitada pode adotar firma **ou denominação** – art. 1.158 do CC; **C:** incorreta, pois é obrigatória a inclusão da palavra final "limitada" ou a sua abreviatura ao nome empresarial da sociedade limitada, sob pena de responsabilidade solidária e ilimitada dos administradores que empregarem a firma ou a denominação da sociedade – art. 1.158 do CC; **D:** essa é a assertiva correta, pois, pelo princípio da veracidade, a denominação deve designar corretamente o objeto da sociedade, no caso, comércio atacadista de alimentos e bebidas (não apenas comércio de bebidas) – art. 1.158, § 2º, do CC, e art. 34 da Lei 8.934/1994.
Gabarito "D".

(Fiscal de Rendas/RJ – FGV) Em relação ao nome empresarial, assinale a alternativa correta.

(A) A firma coletiva e a razão social são espécies de nome empresarial.
(B) A sociedade limitada pode adotar como nome empresarial firma ou denominação, integradas pela expressão final "limitada" ou sua abreviatura, não se admitindo o nome de um ou mais sócios na firma.
(C) A sociedade em conta de participação não pode ter firma ou denominação.
(D) A denominação, diferente da firma individual ou coletiva, pode ser objeto de alienação.
(E) A inscrição do empresário individual ou dos atos constitutivos ou respectivas averbações de sociedade empresária, no registro próprio, asseguram o uso exclusivo do nome em todo o território nacional.

A: incorreta, firma coletiva e razão social são expressões equivalentes; **B:** incorreta, é possível a adoção de nome de sócio, desde que seja pessoa física – art. 1.158, § 1º, do CC; **C:** correta, a vedação é prevista no art. 1.162 do CC; **D:** incorreta, nenhum nome empresarial, seja firma ou denominação, pode ser alienado – art. 1.164 do CC; **E:** incorreta, o princípio da novidade (ou a garantia decorrente desse princípio) refere-se apenas ao local do registro – art. 1.163 do CC.
Gabarito "C".

(Auditor Fiscal/ES – CESPE) Julgue o item abaixo:

(1) Segundo a lei civil, o nome empresarial não pode ser objeto de alienação.

1: correta, art. 1.164 do CC.
Gabarito 1C.

(Fiscal de Tributos Estaduais/AL – CESPE) O nome empresarial contém elementos importantes, que podem passar despercebidos por muitos. A partir do nome, pode-se, em regra, identificar o tipo societário sob o qual a empresa se constituiu, os sócios e a responsabilidade deles pelas obrigações sociais e, também, o objeto social. A leitura do nome social por olhos treinados revela informações invisíveis aos leigos. A respeito desse assunto, julgue os itens que se seguem.

(1) O nome empresarial é aquele sob o qual a empresa mercantil exerce sua atividade e se obriga nos atos a ela pertinentes. Compreende três espécies: a firma individual, a firma ou razão social e a denominação.
(2) As sociedades anônimas, as comanditas por ações e as sociedades por quotas de responsabilidade limitada podem adotar tanto a razão social quanto a denominação como nome empresarial.
(3) Em obediência ao princípio da novidade, o nome empresarial não poderá conter palavras ou expressões que denotem atividade não prevista no objeto da empresa mercantil.
(4) O nome João Batista e Companhia Limitada indica que a empresa é uma sociedade por quotas de responsabilidade limitada ou uma sociedade anônima.
(5) O nome empresarial Manoel Dias e Filhos indica que a responsabilidade dos sócios pelas obrigações contraídas pela sociedade é solidária e ilimitada.

1: correta, o empresário individual opera sob firma individual formada por seu próprio nome, completo ou abreviado, nos termos do art. 1.156 do CC. A firma ou a razão social indica o nome dos sócios que, em geral, respondem ilimitadamente (art. 1.157 do CC), exceto se houver indicação, ao final, de que se trata de sociedade limitada (art. 1.158 do CC). A denominação é o nome empresarial em que não aparece nome de sócio, muito embora seja admitida a inclusão, na denominação das sociedades anônimas, do nome de fundador, de acionista ou de pessoa que haja concorrido para o bom êxito na formação da empresa – art. 1.160, parágrafo único, do CC; **2:** incorreta, as sociedades anônimas operam sob denominação indicativa do objeto social, nunca firma, embora possa constar o nome do fundador, acionista ou pessoa que haja concorrido para o bom êxito na formação da empresa – art. 1.160, *caput* e parágrafo único, do CC; **3:** A assertiva é incorreta, pois o princípio da novidade refere-se à impossibilidade de adoção de nome já inscrito por outro empresário ou por outra sociedade – arts. 1.163 e 1.166 do CC; **4:** incorreta, a utilização da palavra "limitada" (ou sua abreviação "Ltda.") ao final do nome empresarial (firma, no caso, pois há nome de sócio) indica tratar-se de sociedade limitada – art. 1.158 do CC; **5:** correta, a sociedade com sócios de responsabilidade ilimitada pode operar sob firma em que constem seus nomes ou o nome de um (ou alguns) acompanhado da expressão "e companhia" ou sua abreviação ("e Cia.", que pode ser substituída por "e filhos", "e irmãos" ou outra expressão equivalente) – art. 1.157 do CC.
Gabarito 1C, 2E, 3E, 4E, 5C.

(Fiscal da Receita Estadual/AC – CESPE) Considere que Everson, Abimael e Jonas, ao constituírem sociedade visando a atuar no ramo de prestação de serviços de jardinagem, tenham optado por um nome empresarial condizente com o tipo societário adotado. Assim, acerca das normas que regem o nome empresarial, assinale a opção incorreta.

(A) O nome empresarial adotado pela sociedade estará automaticamente protegido quando os sócios promoverem o arquivamento do contrato social no registro público competente.

(B) Se o tipo societário adotado for uma sociedade limitada, uma possível denominação social será Casa Verde Serviços de Jardinagem Ltda.

(C) O título de estabelecimento da sociedade equivale ao nome empresarial.

(D) Se a sociedade constituída por Everson, Abimael e Jonas optar pelo regime de tributação simplificado (SIMPLES), deve acrescentar ao seu nome empresarial a expressão microempresa ou empresa de pequeno porte, conforme o caso.

A: correta, art. 1.166 do CC – em regra, a proteção limita-se ao território do respectivo Estado; **B:** correta, a sociedade limitada pode operar sob denominação social que indique seu objeto, com a palavra limitada ou sua abreviação (Ltda.) ao final – art. 1.158, § 2º, do CC; **C:** incorreta, o nome empresarial não se confunde com o título de estabelecimento; **D:** correta, pode, também, ser acrescida apenas a abreviação correspondente (ME ou EPP) – art. 72 da LC 123/2006.

Gabarito "C".

4. DIREITO CONSTITUCIONAL

Teresa Melo, Henrique Subi, Nédio Lima e André Moreira Nascimento

1. CONSTITUIÇÃO, NORMAS CONSTITUCIONAIS, PODER CONSTITUINTE E HERMENÊUTICA CONSTITUCIONAL

(Auditor Fiscal Tributário da Receita Municipal/Cuiabá-MT – FGV) Analise o fragmento a seguir.

"Sempre que uma norma jurídica comportar mais de um significado possível, deve o intérprete optar por aquele que melhor realize o espírito da Constituição, rejeitando as exegeses contrárias aos preceitos constitucionais."

Assinale a opção que indica o princípio de interpretação constitucional a que o fragmento se refere.

(A) Princípio da Unidade da Constituição.
(B) Princípio da Interpretação Conforme a Constituição.
(C) Princípio da Supremacia da Constituição.
(D) Princípio da Força Normativa da Constituição.
(E) Princípio da Concordância Prática.

A: incorreta, pois o princípio da unidade da constituição estabelece que, apesar de encontrarmos disposições contraditórias no seu texto, a constituição é uma única manifestação da vontade do povo e assim deve-se procurar harmonizar os comandos aparentemente contraditórios; **B:** correta, pois o princípio da interpretação conforme a constituição sustenta que, no caso de normas polissêmicas – isto é, que admitem mais de um significado possível –, deve-se dar preferência àquele significado que melhor atenda aos objetivos da constituição ou que não a contrarie; **C:** incorreta, pois o princípio da supremacia da constituição afirma que a constituição é a norma superior em uma pirâmide normativa, isto é, a norma a partir da qual todas as demais devem conformar-se (ideia de hierarquia); **D:** incorreta, pois o princípio da força normativa estabelece que a constituição é norma jurídica vinculante e obrigatória, não sendo apenas um pedaço de papel como afirmava Ferdinand Lassale; **E:** incorreta, pois o princípio da concordância prática ou da harmonização aduz que não há hierarquia entre as normas constitucionais, ou seja, na eventual colisão entre normas da constituição, deve-se fazer uma interpretação e aplicar aquela que melhor atenda à situação concreta, evitando o sacrifício total de uma em relação à outra.

Gabarito "B".

(Auditor Fiscal/ES – CESPE) No que se refere aos princípios fundamentais da CF e à aplicabilidade das normas constitucionais, assinale a opção correta.

(A) As normas constitucionais programáticas caracterizam-se por fixar políticas públicas ou programas estatais destinados à concretização dos fins sociais do Estado, razão pela qual são de aplicação ou execução imediata.
(B) Em suas relações internacionais a República Federativa do Brasil deve observar os princípios da concessão de asilo político e da vedação à extradição.
(C) A soberania, um dos princípios fundamentais da CF, não admite que o poder do Estado sofra imposições oriundas de Estados estrangeiros, mas apenas de organismos internacionais.
(D) Constitui exemplo de norma de eficácia limitada o dispositivo constitucional segundo o qual os cargos, empregos e funções públicas são acessíveis aos brasileiros que preencherem os requisitos estabelecidos em lei, assim como aos estrangeiros, na forma da lei.
(E) As normas constitucionais de eficácia contida não podem ser aplicadas imediatamente, pois necessitam de complementação legal para a produção de efeitos.

A: incorreta, já que as normas constitucionais programáticas são de aplicação ou execução mediata, indireta, diferida, razão pela qual dependem de normatividade ulterior para adquirirem aplicabilidade; **B:** incorreta, pois, em suas relações internacionais, a República Federativa do Brasil deve observar o princípio da concessão de asilo político (art. 4º, X, da CF), não constando a vedação à extradição no rol desses princípios; **C:** incorreta, pois a soberania é a ausência de outra norma jurídica superior, não admitindo que o poder do Estado sofra imposições oriundas de Estados estrangeiros e nem de organismos internacionais; **D:** correta, porque as normas constitucionais de eficácia limitada possuem aplicabilidade mediata, indireta, isto é, não produzem a plenitude dos seus efeitos até a edição de lei posterior integradora, sendo um exemplo o art. 37, I, da CF; **E:** incorreta, porque as normas constitucionais de eficácia contida são dotadas de aplicabilidade imediata, direta, mas não integral (pois o legislador pode restringir a sua eficácia), de forma que elas possuem eficácia plena enquanto não sobrevier lei restringindo os seus efeitos.

Gabarito "D".

(Auditor Fiscal/MA – FGV) A Constituição Federal estabelece que é *livre o exercício de qualquer trabalho, ofício ou profissão, atendidas as qualificações profissionais que a lei estabelecer.*

Observadas as regras de aplicabilidade das normas constitucionais, trata-se de norma considerada de eficácia

(A) plena.
(B) organizacional.
(C) contida.
(D) institutiva.
(E) programática.

A: incorreta, pois as normas constitucionais de eficácia plena produzem todos os seus efeitos desde a sua entrada em vigor, independentemente da elaboração de outra norma infraconstitucional, possuindo, assim, aplicabilidade direta, imediata e integral; **B:** incorreta, pois as normas organizacionais não fazem parte de classificação das normas constitucionais quanto à sua eficácia e aplicabilidade; **C:** correta, pois as normas de eficácia contida produzem todos os seus efeitos desde a sua entrada em vigor, mas podem ter a sua eficácia restringida pelo legislador, possuindo, assim, aplicabilidade direta, imediata e não integral (porque podem ser restringidas); esse é o caso da questão, no qual estabeleceu-se o direito ao exercício de qualquer trabalho, ofício ou profissão, mas permitiu que o legislador estabelecesse requisitos ou critérios quando necessário; **D e E:** incorretas, pois as normas constitucionais de eficácia limitada não produzem de imediato a plenitude dos seus efeitos, dependendo da edição de lei posterior integradora para adquirirem aplicabilidade, possuindo, assim, aplicabilidade indireta, mediata e reduzida. São subdivididas em: (a) normas definidoras de princípio institutivo ou organizativo, são aquelas que traçam as linhas mestras de uma instituição, delimitando sua estrutura e atribuições, as quais, contudo, só serão detalhadas por meio de lei; e (b) normas definidoras de princípio programático, são aquelas que estabelecem diretrizes ou programas a serem implementados pelos poderes instituídos, visando à realização dos fins do Estado.

Gabarito "C".

(Auditor Fiscal da Receita Federal – ESAF) O Estudo da Teoria Geral da Constituição revela que a Constituição dos Estados Unidos se ocupa da definição da estrutura do Estado, funcionamento e relação entre os Poderes, entre outros dispositivos. Por sua vez, a Constituição da República Federativa do Brasil de 1988 é detalhista e minuciosa. Ambas, entretanto, se submetem a processo mais dificultoso de emenda constitucional. Considerando a classificação das constituições e tomando-se como verdadeiras essas observações, sobre uma e outra Constituição, é possível afirmar que

(A) a Constituição da República Federativa do Brasil de 1988 é escrita, analítica e rígida, a dos Estados Unidos, rígida, sintética e negativa.
(B) a Constituição da República Federativa do Brasil de 1988 é do tipo histórica, rígida, outorgada e a dos Estados Unidos rígida, sintética.
(C) a Constituição dos Estados Unidos é do tipo consuetudinária, flexível e a da República Federativa do Brasil de 1988 é escrita, rígida e detalhista.
(D) a Constituição dos Estados Unidos é analítica, rígida e a da República Federativa do Brasil de 1988 é histórica e consuetudinária.
(E) a Constituição da República Federativa do Brasil de 1988 é democrática, promulgada e flexível, a dos Estados Unidos, rígida, sintética e democrática.

As classificações mais comuns dividem as constituições em: **materiais**, quando destinadas unicamente à estruturação do Estado, distribuição de competências e direitos e garantias fundamentais, e **formais**, quando abrangem diversos tipos de normas inseridas em seu texto, independentemente do conteúdo; **escritas**, quando consolidadas em um documento escrito, e **costumeiras ou consuetudinárias**, quando suas normas estão difundidas no seio social e são cumpridas independentemente de sua consolidação escrita; **dogmáticas**, quando suas normas são fruto do poder político dominante no momento de sua elaboração, e **históricas**, quando suas normas resultam de lenta e contínua evolução do direito em determinado território; **negativas ou liberais**, quando pregam a não intervenção do Estado, e **positivas ou sociais**, quando determinam a atuação do Estado para garantir direitos sociais mínimos para a população; **rígidas**, quando adotam um meio de alteração mais complexo para a alteração de seu texto quando comparado à forma de alteração das leis ordinárias, **flexíveis**, quando podem ser alteradas pelo mesmo processo legislativo das leis ordinárias, **semirrígidas ou semiflexíveis**, quando apresentam uma parte rígida e outra flexível, e **super-rígidas**, classificação aceita por apenas parte da doutrina, que albergaria as constituições que possuem um núcleo intangível, imutável (cláusulas pétreas); **promulgadas, populares ou democráticas**, quando originárias de um Poder Constituinte escolhido voluntariamente pela população, e **outorgadas ou ditatoriais**, quando imposta pelo detentor do poder independentemente da vontade popular; **constituição-garantia**, quando sua principal finalidade é a limitação do poder estatal, **constituição-dirigente**, quando, além da limitação do poder estatal, ocupa-se em determinar os objetivos e programas que devem ser cumpridos pelo Estado, e **constituição-balanço**, própria de países socialistas, elaborada em cada momento político para consolidar as normas aplicáveis a caminho do comunismo; **sintéticas ou concisas**, quando são de curta extensão, contendo, normalmente, apenas normas materialmente constitucionais, e **analíticas ou prolixas**, quando de grande extensão, normalmente abraçando diversas normas formalmente constitucionais; **ortodoxas**, quando fundadas somente em uma ideologia, e **ecléticas**, quando fruto do debate de ideias e alinhamentos políticos diversos. Considerando esses critérios, a Constituição brasileira de 1988 é formal, escrita, dogmática, positiva, rígida (ou super-rígida para alguns), promulgada, dirigente, analítica e eclética. A Constituição norte-americana dela difere por ser material, negativa, garantia e sintética.

Gabarito "A".

(Auditor Fiscal da Receita Federal – ESAF) Marque a opção incorreta.

(A) A constituição escrita, também denominada de constituição instrumental, aponta efeito racionalizador, estabilizante, de segurança jurídica e de calculabilidade e publicidade.
(B) A constituição dogmática se apresenta como produto escrito e sistematizado por um órgão constituinte, a partir de princípios e ideias fundamentais da teoria política e do direito dominante.
(C) O conceito ideal de constituição, o qual surgiu no movimento constitucional do século XIX, considera como um de seus elementos materiais caracterizadores que a constituição não deve ser escrita.
(D) A técnica denominada interpretação conforme não é utilizável quando a norma impugnada admite sentido unívoco.
(E) A constituição sintética, que é constituição negativa, caracteriza-se por ser construtora apenas de liberdade-negativa ou liberdade-impedimento, oposta à autoridade.

A: correta. As constituições escritas são também conhecidas como instrumentais e, de acordo com J. J. Gomes Canotilho, possuem os efeitos racionalizador, estabilizante, de segurança jurídica, de calculabilidade e de publicidade; **B:** correta. De acordo com a CESPE, a CF de 1988 é dogmática porque é escrita, foi elaborada por um órgão constituinte e sistematiza dogmas ou ideias da teoria política de seu momento histórico; **C:** incorreta (devendo ser assinalada). A expressão "constituição ideal" foi utilizada por J. J. Gomes Canotilho para descrever o texto constitucional como: a) texto escrito; b) com enumeração dos direitos fundamentais individuais (direitos de liberdade); c) que adota um sistema democrático formal (participação do povo nos atos legislativos) e d) assegura a limitação do poder do Estado mediante a adoção do princípio da separação dos poderes; **D:** correta. A interpretação conforme a Constituição ocorre diante de normas plurissignificativas, ou seja, que admitem mais de uma interpretação possível (não são unívocas, portanto), devendo-se preferir aquela que mais se aproxima da Constituição. Funciona como técnica de interpretação constitucional e como mecanismo de controle de constitucionalidade, sendo aceita em doutrina e também pela jurisprudência do STF; **E:** correta. As constituições sintéticas são também conhecidas como concisas ou sucintas, porque veiculam apenas os princípios fundamentais do Estado. Ao contrário, as analíticas são as constituições que, além das normas de direitos fundamentais e as de organização do Estado, tratam de todos os temas que os representantes do povo entendem importantes, como é o caso da brasileira.

Gabarito "C".

(Auditor Fiscal da Receita Federal – ESAF) Marque a opção correta.

(A) O Poder Constituinte Originário é ilimitado e autônomo, pois é a base da ordem jurídica.
(B) O Poder Constituinte Derivado decorrente consiste na possibilidade de alterar-se o texto constitucional, respeitando-se a regulamentação especial prevista

na própria Constituição Federal e será exercitado por determinados órgãos com caráter representativo.
(C) A outorga, forma de expressão do Poder Constituinte Originário, nasce da deliberação da representação popular, devidamente convocada pelo agente revolucionário.
(D) O Poder Constituinte Derivado decorre de uma regra jurídica de autenticidade constitucional.
(E) A doutrina aponta a contemporaneidade da ideia de Poder Constituinte com a do surgimento de Constituições históricas, visando, também, à limitação do poder estatal.

O Poder Constituinte Originário (PCO) é inicial porque inaugura uma nova ordem jurídica (portanto, não é a base da ordem jurídica, razão pela qual a alternativa "A" está incorreta); ilimitado porque não se submete aos limites impostos pela ordem jurídica anterior; autônomo porque exercido livremente por seu titular (o povo) e incondicionado por não se submeter a nenhuma forma preestabelecida para sua manifestação. Ao contrário do Poder Constituinte Originário (que é inicial, autônomo, ilimitado e incondicionado), o Poder Constituinte Derivado é secundário, subordinado, limitado, e exercido pelos representantes do povo. Daí resulta a conclusão de que o poder constituinte derivado encontra limites nas regras previstas pelo constituinte originário. Como defendido em doutrina, o poder constituinte derivado pode ser exercido através da reforma da Constituição Federal ou da Constituição Estadual (poder constituinte derivado reformador), pela revisão da Constituição Federal (poder constituinte derivado revisor, art. 3º do ADCT) ou por intermédio da elaboração das constituições estaduais e da lei orgânica do Distrito Federal (poder constituinte derivado decorrente).
Gabarito "D".

(Auditor Fiscal do Trabalho – ESAF) Praticamente toda a doutrina constitucionalista cita os princípios e regras de interpretações enumeradas por Canotilho. Entre os princípios e as regras de interpretação abaixo, assinale aquele(a) que não foi elencado por Canotilho.

(A) Unidade da constituição.
(B) Da máxima efetividade ou da eficiência.
(C) Da supremacia eficaz.
(D) Do efeito integrador.
(E) Da concordância prática ou da harmonização.

A: Pelo princípio da unidade da Constituição, as normas constitucionais devem ser observadas não como normas isoladas, mas como preceitos integrados, de modo que em nenhuma hipótese deve-se separá-las do conjunto em que se integram. Assim, não há hierarquia formal entre normas constitucionais, mas hierarquia axiológica; **B:** Pelo princípio da máxima efetividade deve-se buscar a interpretação que maior efetividade social conferir à norma interpretada; **C:** Pelo princípio da supremacia da Constituição qualquer lei ou ato normativo só será válido se compatível com os ditames constitucionais; **D:** De acordo com o princípio do efeito integrador (Canotilho), na resolução dos problemas jurídico-constitucionais deve ser dada primazia aos critérios favorecedores da integração política e social, bem como ao reforço da unidade política; **E:** Pelo princípio da concordância prática ou da harmonização, diante da inexistência de hierarquia entre os princípios constitucionais deve-se buscar a redução proporcional do alcance de cada um dos bens em conflito, de modo que seus núcleos não sejam atingidos, evitando o sacrifício total de um bem em benefício do outro.
Gabarito "C".

(Auditor Fiscal/SC – FEPESE) Com respeito ao modelo constitucional brasileiro, é correto afirmar:

(A) O conceito de constituição dogmática é conexo com o de constituição não escrita.
(B) Constituição não escrita é aquela carente de qualquer norma positivada que defina o que é ou não é constitucional.
(C) As constituições cesaristas também podem ser designadas como populares ou revolucionárias.
(D) Rígida é a constituição que somente é alterável mediante procedimentos formais iguais aos das leis.
(E) A Constituição formal é o modo peculiar de existir do Estado, reduzido sob forma escrita a um documento solenemente estabelecido pelo poder constituinte.

A: incorreta, pois o conceito de constituição dogmática (aquela que sistematiza os dogmas ou ideias fundamentais da teoria política e do Direito dominantes no momento) é conexo com o de constituição escrita; **B:** incorreta, porque constituição não escrita (aquela cuja regras não se encontram consolidadas em um único documento solene, sendo formada por textos esparsos, usos, costumes, jurisprudência e convenções) não significa ausência de qualquer norma positivada; **C:** incorreta, pois constituição cesarista (aquela formada a partir de um projeto elaborado por um ditador ou imperador e submetido à consulta popular) não pode ser considerada como popular ou revolucionária, haja vista que a participação popular visa apenas ratificar a vontade unilateral do detentor do poder; **D:** incorreta, já que constituição rígida é aquela que exige, para a sua alteração, um processo legislativo especial e qualificado, mais dificultoso e solene do que o processo legislativo ordinário (de normas infraconstitucionais); **E:** correta, pois constituição formal compreende todas as normas que, mesmo não sendo pertinentes à matéria constitucional, encontram-se inseridas em um documento escrito e solene estabelecido pelo poder constituinte e somente modificável por processos e formalidades especiais nele próprio estabelecidos. A questão trouxe a definição de constituição formal proposta por José Afonso da Silva.
Gabarito "E".

(Auditor Fiscal/SC – FEPESE) Com respeito ao modelo constitucional brasileiro, é correto afirmar:

(A) Normas constitucionais de eficácia limitada podem, apenas, ser restringidas por leis ou atos normativos.
(B) Normas de eficácia plena são as que determinam a criação de novas instituições públicas.
(C) Normas programáticas são aquelas cujo conteúdo remete-se a direitos fundamentais de primeira dimensão.
(D) Normas constitucionais de eficácia contida são de aplicabilidade direta e imediata, podendo ser restringidas por norma ulterior.
(E) Políticas públicas são normatizadas por normas de eficácia contida.

As normas constitucionais de eficácia plena são aquelas que desde a promulgação do texto constitucional estão aptas a produzirem seus efeitos jurídicos próprios, por terem eficácia direta e aplicabilidade imediata. As normas constitucionais *de eficácia contida* (ou redutível ou restringível) correspondem àquelas que, muito embora tenham eficácia direta e aplicabilidade imediata quando da promulgação da CF, podem vir a ser restringidas pelo legislador infraconstitucional no futuro. Vale dizer, ainda que autoaplicáveis, autorizam a posterior restrição pelo legislador. Normas constitucionais *de eficácia limitada* são as que possuem aplicabilidade indireta e eficácia mediata, pois dependem da intermediação do legislador infraconstitucional para que possam produzir seus efeitos jurídicos próprios. De acordo com a doutrina, as normas constitucionais de eficácia limitada podem ser: a) de princípio institutivo (ou organizativo) ou b) de princípio programático. Serão de princípio institutivo se contiverem regras de estruturação de instituição, órgãos ou entidades, como a norma do art. 18, § 2º, da CF. As normas constitucionais de eficácia limitada e de princípio programático veiculam programas a serem implementados pelo Estado (arts. 196, 205 e 215, da CF). Ou seja, as normas programáticas estabelecem diretrizes a serem atingidas pelo Estado, bem como a direção que deve tomar o legislador ordinário na implementação das políticas de governo.

Gabarito "D".

(Auditor Fiscal/SC – FEPESE) Com respeito ao modelo constitucional brasileiro, é correto afirmar:

(A) As normas constitucionais que conferem isenções, imunidades ou prerrogativas são típicas normas de eficácia limitada.
(B) Quando a norma infraconstitucional ajusta-se aos preceitos da constituição, sua validade é formal.
(C) Normas constitucionais que contenham vedações ou proibições são típicas normas de eficácia plena.
(D) Normas constitucionais que não indiquem processo especial de elaboração são de eficácia contida.
(E) As normas de eficácia limitada não podem incidir nos limites da sua eficácia traçada pela Constituição.

A: incorreta. Em geral são de eficácia plena; **B:** incorreta. Sua validade é material, porque de acordo com o *conteúdo* da CF; as normas formalmente constitucionais são aquelas que constam do texto da Constituição; **C:** correta. Porque têm eficácia direta e aplicabilidade imediata; **D:** incorreta. Normas de eficácia contida (ou restringível) são aquelas que, muito embora tenham eficácia direta e aplicabilidade imediata quando da promulgação do texto constitucional, podem vir a ser restringidas no futuro; **E:** incorreta. Todas as normas devem observância ao disposto na Constituição, diante do princípio da supremacia da CF.

Gabarito "C".

(Auditor Fiscal/SC – FEPESE) Com respeito ao modelo constitucional brasileiro, é correto afirmar:

(A) As normas programáticas, por serem princípios, também possuem eficácia interpretativa.
(B) O legislador não pode ser destinatário imediato de normas programáticas.
(C) As normas programáticas não podem tratar de matéria atinente a políticas públicas.
(D) Os direitos fundamentais de segunda dimensão não podem ser objeto de normas programáticas.
(E) A eficácia ab-rogativa das normas programáticas não impede que legislação ulterior restrinja algum direito subjetivo por elas consagrado.

A e C: As normas programáticas estabelecem diretrizes a serem atingidas pelo Estado, bem como a direção que deve tomar o legislador ordinário na implementação das políticas de governo, daí porque servem também como vetores de interpretação; **B:** incorreta. O legislador é o principal destinatário das normas programáticas; **D:** incorreta. Os direitos sociais são direitos a prestações positivas do Estado, caracterizados pela doutrina como *segunda dimensão*; **E:** incorreta. Toda norma constitucional, ainda que programática, possui eficácia para revogar as normas em contrário ou para servir de vetor de interpretação para o legislador ordinário. Assim, mesmo tendo baixa densidade normativa, as normas programáticas podem servir como parâmetro para a declaração de inconstitucionalidade das leis que com elas colidem.

Gabarito "A".

(Auditor Fiscal/SC – FEPESE) Com respeito ao modelo constitucional brasileiro, é correto afirmar:

(A) A interpretação autêntica é aquela realizada de maneira uniforme pelos tribunais.
(B) A interpretação constitucional pode se classificada, tradicionalmente, em autêntica, jurisprudencial ou doutrinária.
(C) O método sistemático é típico exemplo de interpretação constitucional autêntica.
(D) O método teleológico de interpretação é o que busca garantir a coerência dos diversos dispositivos do texto normativo.
(E) O método sistemático de interpretação consiste na análise pormenorizada de cada palavra e etimologia do texto normativo.

A: incorreta. A interpretação autêntica é aquela realizada pelo próprio órgão que editou a norma, mediante edição de outra, meramente interpretativa da primeira; **B:** correta, sendo certo que a interpretação autêntica da Constituição não pode ser realizada pela lei, mas apenas por norma de mesma hierarquia. Não há interpretação autêntica da CF nem mesmo quando a Constituição remete à regulamentação de alguma matéria à lei ordinária. Interpretação doutrinária é realizada por estudiosos, mestres em direito, que veiculam suas teses em obras doutrinárias. Interpretação jurisprudencial é a realizada pelos órgãos julgadores ao apreciar e aplicar a norma ao caso concreto; **C e E:** incorretas. Método sistemático: a norma constitucional deve ser interpretada à luz de todo o sistema constitucional, que é dotado de unidade; **D:** incorreta. Método teleológico: Método de interpretação segundo o qual se procura identificar a finalidade da norma, levando-se em consideração seu fundamento racional.

Gabarito "B".

(Auditor Fiscal Tributário Estadual – SEGEP/MA – 2016 – FCC) Constituição flexível

(A) exclui a forma escrita.
(B) prescinde de alguma forma de controle de constitucionalidade.
(C) não se sujeita a usos e costumes institucionais.
(D) requer elaboração e modificação por uma Assembleia Nacional Constituinte.
(E) exclui a possibilidade de exibir estabilidade no tempo assemelhada a de uma constituição tecnicamente rígida.

Constituição flexível é aquela que pode ser modificada pelo processo legislativo ordinário, inexistindo um procedimento diferenciado e mais dificultoso para a alteração dos seus dispositivos. **A:** incorreta, pois a Constituição flexível pode assumir a forma escrita, muito embora seja, via de regra, não escrita; **B:** correta, pois o controle de constitucionalidade baseia-se na ideia de rigidez constitucional e de supremacia da Constituição, tendo lugar apenas nas Constituições rígidas e semirrígidas, não sendo exequível nas flexíveis; **C:** incorreta, porque os usos e costumes constitucionais possuem grande relevância na Constituição não escrita – que é necessariamente flexível –, cujas normas e princípios localizam-se em diversas fontes normativas constitucionais (leis, costumes, jurisprudência, convenções e acordos); **D:** incorreta, pois a Assembleia Nacional Constituinte é um órgão colegiado com plenos poderes formado para redigir ou reformar a Constituição, sendo desnecessário para alterar uma Constituição flexível, a qual pode ser modificada pelo processo legislativo ordinário; **E:** incorreta, porque as Constituições não escritas (que também são históricas) são juridicamente flexíveis, mas, em regra, social e politicamente rígidas, sofrendo poucas alterações e exibindo estabilidade no tempo.

Gabarito "B".

(Auditor Fiscal Tributário Municipal – Prefeitura Cuiabá – 2016 – FGV) Edilberto, advogado constitucionalista, idealizou um modelo constitucional com as seguintes características: a primeira parte não poderia sofrer qualquer tipo de alteração, devendo permanecer imutável; a segunda parte poderia ser alterada a partir de um processo legislativo qualificado, mais complexo que aquele inerente à legislação infraconstitucional; e a terceira parte poderia ser alterada com observância do mesmo processo legislativo afeto à legislação infraconstitucional.

À luz da classificação predominante das Constituições, é correto afirmar que uma Constituição dessa natureza seria classificada como

(A) rígida.
(B) flexível.
(C) semirrígida.
(D) fortalecida.
(E) plástica.

O modelo constitucional da questão possui três partes com características e classificações distintas: a primeira parte não pode ser alterada, sendo, portanto, imutável; a segunda parte pode ser alterada por processo legislativo qualificado, sendo, portanto, rígida; e a terceira parte pode ser alterada por processo legislativo ordinário, sendo, portanto, flexível. **A**: incorreto, pois Constituição rígida é aquela que só pode ser modificada mediante processo legislativo especial e qualificado; **B**: incorreto, pois Constituição flexível (ou plástica) é aquela que pode ser modificada pelo processo legislativo ordinário, inexistindo um procedimento diferenciado e mais dificultoso para a alteração dos seus dispositivos; **C**: correto, pois Constituição semirrígida (ou semiflexível) é aquela em que uma pode ser alterada por processo legislativo especial (parte rígida) e a outra, por processo legislativo ordinário (parte flexível); **D**: incorreto, pois não há essa classificação quanto à estabilidade da constituição; **E**: incorreto, pois Constituição flexível (ou plástica) é aquela que pode ser modificada pelo processo legislativo ordinário, inexistindo um procedimento diferenciado e mais dificultoso para a alteração dos seus dispositivos.
Gabarito "C".

2. PRINCÍPIOS FUNDAMENTAIS

(Auditor Fiscal da Receita Federal – ESAF) Em 16 de março de 2014, a Criméia realizou consulta popular que resultou em ampla maioria favorável à separação da Ucrânia, abrindo caminho para sua anexação à Rússia, que restou implementada nos dias seguintes. A Criméia pertenceu à Rússia até 1953, quando o líder Nikita Kruschev resolveu que a Península deveria integrar a Ucrânia. Considerando esses acontecimentos, assinale a opção correta, tomando por fundamento a Constituição Federal de 1988.

(A) A Constituição Federal de 1988 não se ocupa do tema em epígrafe, vale dizer, não trata de questões internacionais e não menciona os respectivos princípios que devem guiar as relações internacionais da República Federativa do Brasil.
(B) A Constituição Federal de 1988 se ocupa do tema em epígrafe, porém, não menciona qualquer princípio de relações internacionais, deixando para o Congresso Nacional a tarefa de criá-los, via legislação ordinária.
(C) A Constituição Federal de 1988 se ocupa do tema em epígrafe, estabelecendo, como princípio, que a República Federativa do Brasil somente intervirá em outro Estado soberano na hipótese de requisição, em defesa da Democracia e dos Direitos Humanos, com ou sem mandato da Organização das Nações Unidas.
(D) A Constituição Federal de 1988 se ocupa do tema em epígrafe, estabelecendo, como princípios da República Federativa do Brasil, no plano internacional, a dignidade da pessoa humana e os valores sociais do trabalho e da livre-iniciativa.
(E) A Constituição Federal de 1988 se ocupa do tema em epígrafe, estabelecendo, como princípios da República Federativa do Brasil, no plano internacional, os princípios da autodeterminação dos povos e a não intervenção.

A: A CF ocupa-se do tema acima no art. 1º, quando fixa o princípio da indissolubilidade do vínculo federativo, "A República Federativa do Brasil, formada pela união indissolúvel dos Estados e Municípios e do Distrito Federal"; **B:** Além de tratar do assunto acima, a CF também estabelece no seu art. 4º, os princípios que regem suas relações internacionais; **C:** O art. 4º fixa os princípios que a República Federativa do Brasil deverá observar nas suas relações internacionais, entre os quais estão expressamente os da autodeterminação dos povos e o da não intervenção (incisos III e IV). Também a atuação do Brasil, em nível internacional ocorrerá somente com mandato da ONU pois o compromisso é pela solução pacífica das controvérsias, na ordem interna e internacional, conforme preâmbulo da CF; **D:** A dignidade da pessoa humana e os valores sociais do trabalho e da livre-iniciativa, são dois dos FUNDAMENTOS da República Federativa do Brasil (art. 1º); **E:** Letra E, correta porque conforme artigo 4º da CF.
Gabarito "E".

(Auditor Fiscal/SC – FEPESE) Com respeito ao modelo constitucional brasileiro, é correto afirmar:

(A) Cidadania e dignidade da pessoa são princípios relativos à existência do Estado de Direito.
(B) Os Direitos Fundamentais assumem a configuração normativa geral de princípios constitucionais.
(C) Princípios político-constitucionais são decisões jurídicas fundamentais dependentes de regras.
(D) Soberania e Estado Democrático de Direito são princípios relativos à forma de governo estatal.
(E) República e separação dos poderes são princípios relativos à forma, à estrutura e ao tipo de Estado de Direito.

A: incorreta. São fundamentos da República Federativa do Brasil (art. 1º, II e III, da CF); **B:** correta. Sua maioria está presente no Título II da Constituição; **C:** incorreta. Princípios não se confundem com regras, mas ambos são espécies do gênero *norma* (daí falar-se em normas-princípio e as normas-regra); **D:** incorreta. O Brasil constitui-se em Estado Democrático de Direito e tem como um de seus fundamentos a soberania (art. 1º, I, da CF); **E:** incorreta. São formas de Estado: Unitário e Federal; Formas de Governo: República ou Monarquia; Sistemas de Governo: Presidencialista ou Parlamentarista; Regimes políticos: Aristocracia, Oligarquia ou Democracia. Outros falam simplesmente em Democracia ou Ditadura. O Brasil é um Estado Federal, Republicano, Presidencialista e Democrático (art. 1º da CF).
Gabarito "B".

(Auditor Fiscal/SC – FEPESE) Com respeito ao modelo constitucional brasileiro, é correto afirmar:

(A) O princípio da divisão de poderes é um princípio geral do Direito Constitucional.
(B) Os princípios *jus fundamentais* são normas insuscetíveis de restrição ou maleabilidade.
(C) A ponderação é um procedimento de sopesamento de regras constitucionais em colisão.
(D) As garantias constitucionais destinam-se a regulamentar os princípios *jus fundamentais*.
(E) Normas e regras são espécies do gênero princípio constitucional, segundo as teorias ponderacionistas sobre princípios constitucionais.

A: correta. São Poderes da União, independentes e harmônicos entre si, o Legislativo, o Executivo e o Judiciário (art. 2º da CF); **B:** incorreta. Os princípios são, por definição, passíveis de restrição, mediante aplicação do princípio da razoabilidade. Entretanto, diante da inexistência de hierarquia entre os princípios constitucionais, deve-se buscar a redução proporcional do alcance de cada um dos bens em conflito, de modo que seus núcleos não sejam atingidos, evitando o sacrifício total de um bem em benefício do outro; **C:** incorreta. A ponderação é procedimento de sopesamento entre princípios, não entre regras. As regras não se sujeitam a ponderação porque ou incidem ou não incidem em determinado caso concreto; **D:** incorreta. Embora a expressão "direitos e garantias" seja muito utilizada, a doutrina afirma que *direitos* correspondem aos benefícios previstos na norma constitucional, ao passo que as *garantias* dizem respeito aos instrumentos através dos quais se assegura o pleno exercício dos direitos. Daí porque, embora distintos, os conceitos são conexos; **E:** incorreta. Princípios e regras são espécies do gênero norma, daí porque existem normas-princípio e normas-regra.
Gabarito "A".

(Agente Fiscal/Teresina-PI – CESPE) Julgue os itens seguintes.

(1) No exercício do sistema de freios e contrapesos, o Poder Judiciário não pode invadir a esfera reservada à decisão política dos dois outros poderes, o Legislativo e o Executivo.

(2) O princípio da separação dos poderes impede, como regra, que a Câmara dos Deputados submeta a processo de perda do mandato deputado federal licenciado das suas funções para exercício de atividade no Poder Executivo, em virtude de atos praticados por esse deputado que tenham estrita vinculação com a função exercida no Poder Executivo.

1: correta. Como de conhecimento geral, o princípio da separação de poderes é estruturado com base na a) especialização funcional e na b) independência entre os poderes. A especialização funcional diz respeito à atribuição de uma "função típica" para cada um dos Poderes, o que não exclui o exercício de "funções atípicas", vale dizer, muito embora a função típica (preponderante) do Executivo seja administrar, do Legislativo seja legislar e do Judiciário seja julgar, nada impede que todos os Poderes legislem, administrem e julguem. Em suma: a função típica de um Poder é atípica do outro. Assim, a separação de Poderes é princípio limitador do poder estatal, pois ao dividir os Poderes impede o exercício arbitrário e centralizado de cada um. Além disso, a independência entre os poderes convive com o sistema de "freios e contrapesos", que por sua vez não autoriza a invasão da esfera reservada à decisão política de cada poder; **2:** correta. Em obediência ao disposto no art. 56, I, da CF.
Gabarito 1C, 2C

(Fiscal de Tributos/Rio Branco – AC – CESPE) Com relação à organização e separação dos poderes, julgue os itens seguintes.

(1) O fiscal de tributos não pode emitir ato dissonante de entendimento editado em súmula vinculante pelo STF, sob pena de responder por crime de desobediência.

(2) O Ministério Público estadual pode prestar, desde que solicitado, assessoramento jurídico a municípios, visando a correta aplicação da Constituição e das leis.

1: incorreta. Nenhum agente público pode contrariar texto de Súmula Vinculante do STF, que se dirige a toda a Administração Pública (art. 102, § 2º, da CF). Entretanto, não tem como consequência imediata a configuração de crime de desobediência; **2:** incorreta. Não reflete o disposto no art. 128, § 5º, II, "b", da CF. O assessoramento jurídico do Poder Executivo Municipal é realizado pela Advocacia Pública Municipal (v. arts. 131 e 132 da CF, aplicados aos municípios por simetria).
Gabarito 1E, 2E

(Auditor Fiscal/São Paulo – SP – FCC) A separação de poderes é um critério funcional de limitação de poder

(A) incompatível com o Estado Democrático de Direito.
(B) compatível com os Estados organizados como federações.
(C) incompatível com os Estados regidos por constituições rígidas.
(D) compatível com as monarquias absolutistas.
(E) incompatível com os Estados unitários descentralizados.

A, B, D, E: Como de conhecimento geral, o princípio da separação de poderes é estruturado com base na a) especialização funcional e na b) independência entre os poderes. A especialização funcional diz respeito à atribuição de uma "função típica" para cada um dos Poderes, o que não exclui o exercício de "funções atípicas", vale dizer, muito embora a função típica (preponderante) do Executivo seja administrar, do Legislativo seja legislar e do Judiciário seja julgar, nada impede que todos os Poderes legislem, administrem e julguem. Em suma: a função típica de um Poder é atípica do outro. Assim, a separação de Poderes é princípio limitador do poder estatal, pois ao dividir os Poderes impede o exercício arbitrário e centralizado de cada um, daí a incompatibilidade com as monarquias absolutistas e a compatibilidade com os Estados Federados e Unitários Descentralizados; **C:** incorreta. Constituições rígidas são as que preveem um mecanismo qualificado para a alteração de seu texto (mais difícil que o procedimento de alteração de leis infraconstitucionais), como é o caso da Constituição Brasileira. A adoção de um texto rígido não impede o reconhecimento da separação de poderes como princípio limitador de poder.
Gabarito "B".

(Auditor do Tesouro Municipal/Recife-PE – FGV) Analise as afirmativas a seguir.

I. A soberania, a cidadania e a proteção à propriedade privada constituem fundamentos da República Federativa do Brasil.
II. A República Federativa do Brasil rege-se, em suas relações internacionais, pela autodeterminação dos povos e pela não intervenção.
III. A Constituição da República Federativa do Brasil erige a livre iniciativa como um princípio fundamental.

Assinale:

(A) se somente a afirmativa I estiver correta.
(B) se somente a afirmativa II estiver correta.
(C) se somente a afirmativa III estiver correta.
(D) se somente as afirmativas I e II estiverem corretas.
(E) se somente as afirmativas II e III estiverem corretas.

I: Errada, pois a soberania e a cidadania constituem fundamentos da República Federativa do Brasil (art. 1º, I e II, CF), ao passo que a proteção à propriedade privada é um direito fundamental (art. 5º, XXII, CF); **II:** Correta, porque a República Federativa do Brasil rege-se, em suas relações internacionais, pela autodeterminação dos povos e pela não intervenção (art. 4º, III e IV, CF); **III:** Correta, tendo em vista que a Constituição da República Federativa do Brasil erige a livre iniciativa como um princípio fundamental (art. 1º, IV, CF).
Gabarito "E".

(Auditor Fiscal/MA – FGV) A Constituição Federal estabelece que, em determinadas situações, projetos de lei aprovados pelo legislativo devem ser ratificados pela vontade popular.

Essas normas realizam o princípio fundamental da

(A) soberania.
(B) democracia.

(C) participação.
(D) dignidade.
(E) República.

A: A soberania diz respeito a possibilidade que tem o Brasil de definir livremente seu princípios, objetivos, organização e atuação dentro de seu território e de atuação internacional sem que haja norma jurídica superior; B: A democracia diz respeito ao direito dos seus cidadãos participarem na definição dos seus representados, na sua fiscalização e na definição da organização e funcionamento do Estado Brasileiro. Nesse caso, a vontade popular é privilegiada por sua participação direta por meio de referendo a determinadas leis aprovadas pelo parlamento; C: A participação, embora seja uma forma democrática de manifestação de todas as pessoas não é o caso em questão, pois aqui fala-se da manifestação da vontade popular e essa é prevista no artigo 14 da CF e será por meio do voto, plebiscito, referendo ou iniciativa popular; D: A dignidade é um dos fundamentos de República Federativa do Brasil e não diz respeito à manifestação da vontade popular, senão com as condições de aquisição e exercícios de direitos; E: A República é a forma de governo adotada pela CF, ou seja, os cargos são acessíveis a todos os brasileiros e exercidos temporariamente. Além disso, os ocupantes desses cargos serão responsabilizados por possíveis irregularidades.
Gabarito "B".

(Auditor Fiscal Tributário Estadual – SEGEP/MA – 2016 – FCC) Erradicar a pobreza e a marginalização é

(A) um objetivo fundamental da República Federativa do Brasil.
(B) um fundamento da República Federativa do Brasil.
(C) uma norma constitucional de aplicabilidade imediata e eficácia plena.
(D) uma regra constitucional autoexecutável.
(E) uma competência privativa da União.

Erradicar a pobreza e a marginalização e reduzir as desigualdades sociais e regionais é um dos objetivos fundamentais da República Federativa do Brasil, previsto no art. 3º, inciso III, da CF.
Gabarito "A".

3. DIREITOS E GARANTIAS FUNDAMENTAIS

(Auditor Fiscal da Receita Federal – ESAF) Assinale a opção correta.

(A) O mandado de segurança impetrado com vistas a anular ato lesivo ao patrimônio público isenta o autor de custas judiciais e do ônus da sucumbência.
(B) O *habeas corpus* protege o direito constitucional de ir e vir, o *habeas data* o direito líquido e certo não amparado por *habeas corpus* e pelo mandado de injunção.
(C) A ação popular e a ação civil pública são idênticas em propósito, finalidade e alcance, a diferença é que a última se insere na competência privativa dos tribunais.
(D) Por sua natureza de norma definidora de direitos e garantias, o *habeas data* não sofre qualquer tipo de restrição ou limitação constitucional.
(E) Compete ao Supremo Tribunal Federal julgar mandado de segurança contra ato do Tribunal de Contas da União e do próprio Supremo Tribunal Federal.

A: incorreta, pois a ação popular proposta com vistas a anular ato lesivo ao patrimônio público isenta o autor de custas judiciais e do ônus da sucumbência (art. 5º, LXXIII, CF); B: incorreta, pois o *habeas corpus* protege o direito constitucional de ir e vir (art. 5º, LXVIII, CF), o mandado de segurança protege direito líquido e certo, não amparado por *habeas corpus* ou *habeas data* (art. 5º, LXIX, CF), e o *habeas data* assegura o conhecimento e a retificação de informações pessoais constantes de registros ou bancos de dados de entidades governamentais ou de caráter público (art. 5º, LXXII, CF); C: incorreta, porque a ação popular e a ação civil pública não são idênticas em propósito, finalidade e alcance e ambas devem ser propostas na 1ª instância. A ação popular pode ser proposta por qualquer cidadão e tem por objetivo a proteção do patrimônio público; do meio ambiente; da moralidade administrativa e do patrimônio histórico e cultural, ao passo que a ação civil pública pode ser proposta por um rol de legitimados (Ministério Público, Defensoria Pública, entes públicos em geral e entidades associativas) e tem por objetivo a proteção do meio-ambiente, do consumidor, do patrimônio artístico, histórico e paisagístico, da ordem econômica, do consumidor, da ordem urbanística, da honra e dignidade de grupos raciais, étnicos ou religiosos, do patrimônio público e social e de qualquer outro interesse difuso ou coletivo; D: incorreta, haja vista que os direitos e garantias fundamentais não são de caráter absoluto, porquanto eles podem sofrer restrições ou limitações em suas aplicações, mormente na eventual colisão com outros direitos fundamentais. O *habeas data* possui limitações no próprio texto constitucional, pois só pode ser usado para assegurar o conhecimento de informações relativas à pessoa do impetrante, constantes de registros ou bancos de dados de entidades governamentais ou de caráter público. Atente-se para as assertivas com termos como *qualquer, sempre, nunca, apenas* ou outros limitativos ou ampliativos ao infinito podem induzir o candidato ao erro; E: correta, nos termos do artigo 102, I, d, da CF.
Gabarito "E".

(Auditor Fiscal Tributário da Receita Municipal/Cuiabá-MT – FGV) Considerando o direito fundamental à privacidade, assinale V para a afirmativa verdadeira e F para a falsa.

( ) A quebra do sigilo bancário ou fiscal pode ser determinada por Comissão Parlamentar de Inquérito.
( ) As provas provenientes de quebra irregular de sigilo bancário ou fiscal são nulas para fins de responsabilização administrativa e cível, mas não criminal.
( ) Não há vedação a que uma lei autorize certos órgãos do Poder Público a determinar a quebra de sigilo bancário ou fiscal, independentemente de autorização judicial.

As afirmativas são, respectivamente,

(A) V, V e F.
(B) V, F e F.
(C) F, F e V.
(D) F, F e F.
(E) V, F e V.

I: verdadeira, conforme firme jurisprudência do STF (MS 24.817, rel. min. Celso de Mello, julgamento em 3-2-2005, Plenário, DJE de 6-11-2009.); II: falsa, pois a quebra dos sigilos fiscal, bancário e telefônico deve observar a estrita legalidade, ou seja, qualquer prova decorrente de quebra irregular do direito fundamental ao sigilo é nula, inclusive para fins criminais; III: verdadeira, pois a Lei Complementar 105/2001, que sobre o sigilo das operações de instituições financeiras, foi julgada constitucional em fevereiro de 2016 (vide Informativo STF nº 815).
Gabarito "B". E: após o julgamento das ADIs 2.386, 2.397 e 2.859

(Auditor do Tesouro Municipal/Recife-PE – FGV) O Brasil subscreveu um Tratado Internacional de Direitos Humanos que assegura a todo cidadão réu em processo cível ou criminal o direito de ser julgado em três instâncias.

Considerando a hipótese acima, assinale a opção correta.

(A) Tal direito será incorporado ao elenco de direitos fundamentais com hierarquia constitucional.
(B) Tal direito será incorporado ao elenco de direitos fundamentais com hierarquia supraconstitucional.

(C) Tal direito não poderá ser incorporado ao elenco de direitos fundamentais, mas vincula a República Federativa do Brasil no plano internacional.
(D) Tal tratado não poderá gerar qualquer efeito no plano interno ou no plano internacional.
(E) Tal direito poderá ser incorporado com hierarquia constitucional ou supralegal, a depender do procedimento de internalização do tratado.

Os tratados internacionais subscritos pelo Brasil poderão ter os seguintes status:
1. Infraconstitucional, quando for sobre assuntos que não envolvam direitos humanos;
2. Supralegal, quando seu assunto for direitos humanos e for aprovado pelo procedimento simples; e,
3. Constitucional (status de emenda constitucional) se o assunto for direitos humanos e tiver sido aprovado na forma do artigo 5º, § 3º, ou seja, procedimento de Emenda Constitucional.
Gabarito "E".

(Auditor do Tesouro Municipal/Recife-PE – FGV) No que tange à liberdade de associação profissional ou sindical, assinale a afirmativa correta.

(A) É livre a criação de mais de uma organização sindical representativa de categoria profissional ou econômica na mesma base territorial.
(B) Uma vez aposentado, o indivíduo, ainda que filiado, não tem direito a votar e ser votado nas organizações sindicais.
(C) É vedada a dispensa do empregado sindicalizado somente a partir da posse no cargo de direção ou representação sindical.
(D) Ninguém pode ser obrigado a filiar-se a sindicato, mas, uma vez filiado, será obrigado a manter-se filiado até a aposentadoria.
(E) A lei não poderá exigir autorização do Estado para a fundação de sindicato, ressalvado o registro no órgão competente, vedadas ao Poder Público a interferência e a intervenção na organização sindical.

A: A Constituição adotou o princípio da Unicidade Sindical, ou seja, só pode haver uma organização sindical representativa da categoria profissional ou econômica na mesma base territorial. Art. 8º, II; **B:** Uma vez aposentado, o indivíduo, ainda que filiado, tem direito a votar e ser votado nas organizações sindicais. Art. 8º, VII; **C:** É vedada a dispensa do empregado sindicalizado a partir do registro da candidatura a cargo de direção ou representação sindical. Art. 8º, VIII; **D:** Ninguém pode ser obrigado a filiar-se a sindicato nem será obrigado a manter-se filiado. Art. 8º, V; **E:** Correta. A lei não poderá exigir autorização do Estado para a fundação de sindicato, ressalvado o registro no órgão competente, vedadas ao Poder Público a interferência e a intervenção na organização sindical. Art. 8º, I.
Gabarito "E".

(Auditor Fiscal/ES – CESPE) Acerca dos direitos e garantias fundamentais, assinale a opção correta.

(A) A inviolabilidade do sigilo de correspondência tem caráter absoluto, razão pela qual não poderá a legislação infraconstitucional estabelecer quanto a ela limitações, sem que incorra em ofensa à CF.
(B) A perda da nacionalidade brasileira pode ocorrer por ato voluntário de brasileiro que adquire outra nacionalidade. Nessa situação, uma vez configurada a perda, a nacionalidade brasileira não será passível de recuperação.
(C) Consoante a doutrina, as hipóteses de inelegibilidade absoluta podem ser estabelecidas na CF e na legislação infraconstitucional.
(D) Consoante a doutrina, a perda dos direitos políticos tem caráter definitivo, como ocorre no caso de incapacidade civil absoluta.
(E) A CF assegura a liberdade de manifestação de pensamento, sem excluir a responsabilidade pelos danos materiais e morais decorrentes do seu exercício e sem afastar o direito de resposta para rebater qualquer tipo de ofensa, e não apenas aquelas configuradoras de ilícitos penais.

A: Os direitos e garantias fundamentais não são absolutos, podendo sofrer limitações, especialmente quando em confronto com outro direito também fundamental; **B:** Por mais que o brasileiro voluntariamente perca sua nacionalidade essa poderá ser readquirida pela mesma forma que um estrangeiro pode naturalizar-se brasileiro; **C:** As hipóteses de inelegibilidades são as estabelecidas pela CF e também por Lei Complementar, por disposição expressa no artigo 14, § 9º; **D:** A perda dos direitos políticos tem caráter definitivo e ocorre com a perda da nacionalidade. Por outro lado o caso de incapacidade civil absoluta não é caso de perda, mas de suspensão dos direitos políticos (deixando de existir a incapacidade retomam-se os direitos políticos).
Gabarito "E".

(Auditor Fiscal/MA – FGV) Evilário sempre trabalhou sem vínculo formal, realizando tarefas eventuais para pessoas naturais e pessoas jurídicas. Com o passar dos anos, os males do trabalho desgastante diminuíram sua capacidade de suportar longas jornadas, impedindo a assunção de tarefas que efetuava corriqueiramente.

Com base nas normas constitucionais, diante da necessidade premente de sobrevivência, deve o Estado ampará-lo, conferindo-lhe remuneração, diante da proteção, como direito social à

(A) previdência.
(B) moradia.
(C) saúde.
(D) assistência.
(E) sobrevivência.

O Direito à Seguridade Social envolve os direitos a Saúde, Previdência e Assistência Social (art. 194).
A: A Previdência tem como objetivo garantir coberturas quando a pessoa mais precisa, especialmente quanto à doença, invalidez, morte e idade avançada, proteção à maternidade, proteção ao trabalhador em situação de desemprego involuntário, salário-família e auxílio-reclusão para os dependentes dos segurados de baixa renda, pensão por morte do segurado, homem ou mulher, ao cônjuge ou companheiro e dependentes. Mas esse direito é somente para os segurados, pois a previdência é de caráter contributivo o que não ocorreu com o caso em exame (art. 201 e ss.); **B:** A Moradia é um direito social bancado pelo poder público, cujo objetivo é garantir um local para morar, não necessariamente uma casa; **C:** A Saúde, cujo direito foi universalizado e direito de todos e dever do Estado, garantido mediante políticas sociais e econômicas que visem à redução do risco de doença e de outros agravos e ao acesso universal e igualitário às ações e serviços para sua promoção, proteção e recuperação; **D:** Correta. A assistência social será prestada a quem dela necessitar, independentemente de contribuição à seguridade social; **E:** A sobrevivência não é um direito social, mas a decorrência dele.
Gabarito "D".

(Analista-Tributário da Receita Federal –ESAF) Sobre os direitos e deveres individuais e coletivos, assinale a única opção correta.

(A) O sigilo profissional constitucionalmente determinado exclui a possibilidade de cumprimento de mandado de busca e apreensão em escritório de advocacia.
(B) Os dados obtidos em interceptação de comunicações telefônicas, judicialmente autorizadas para produção de prova em investigação criminal ou em instrução processual penal, não podem ser usados em procedimento administrativo disciplinar instaurado contra a mesma pessoa investigada, haja vista que prevalece no texto constitucional o regime da independência das instâncias.
(C) Sob a perspectiva objetiva, os direitos fundamentais outorgam aos indivíduos posições jurídicas exigíveis do Estado, ao passo que, na perspectiva subjetiva, os direitos fundamentais representam uma matriz diretiva de todo o ordenamento jurídico, bem como vinculam atuação do Poder Público em todas as esferas.
(D) O conteúdo do princípio da dignidade da pessoa humana se identifica necessariamente com o núcleo essencial dos direitos fundamentais.
(E) O estatuto constitucional das liberdades públicas, ao delinear o regime jurídico a que estas estão sujeitas, permite que sobre elas incidam limitações de ordem jurídica, destinadas, de um lado, a proteger a integridade do interesse social e, de outro, a assegurar a coexistência harmoniosa das liberdades, pois nenhum direito ou garantia pode ser exercido em detrimento da ordem pública ou com desrespeito aos direitos e garantias de terceiros.

A: incorreta. A diligência é possível. A inviolabilidade do escritório não é absoluta, podendo ser declarada judicialmente caso haja suspeita de ocultação de pessoas e documentos de interesse para a instrução processual. O art. 7º da Lei 8.906/1994 (Estatuto da OAB) limita, porém, o alcance da diligência àquilo que não disser respeito ao exercício da advocacia; **B:** incorreta. É possível o instituto da prova emprestada, desde que garantidos o contraditório e a ampla defesa também no processo administrativo; **C:** incorreta. Os conceitos de perspectiva objetiva e subjetiva estão invertidos; **D:** incorreta. A dignidade da pessoa humana, não obstante esteja inserida em todo direito fundamental, com ele não necessariamente se identifica, vez que não há direito ou garantia absoluto em nosso ordenamento, porém há sempre de ser respeitada a dignidade; **E:** correta. Trata-se da possibilidade de relativização dos direitos e garantias fundamentais.
Gabarito "E".

(Analista-Tributário da Receita Federal – ESAF) Sobre os direitos e deveres individuais e coletivos, assinale a única opção correta.

(A) A jurisprudência do Supremo Tribunal Federal firmou entendimento no sentido de que afronta o princípio da isonomia a adoção de critérios distintos para a promoção de integrantes do corpo feminino e masculino da Aeronáutica.
(B) Enquanto os direitos de primeira geração realçam o princípio da igualdade, os direitos de segunda geração acentuam o princípio da liberdade.
(C) O súdito estrangeiro, mesmo aquele sem domicílio no Brasil, tem direito a todas as prerrogativas básicas que lhe assegurem a preservação da liberdade e a observância, pelo Poder Público, da cláusula constitucional do devido processo legal.
(D) O Supremo Tribunal Federal reconheceu a necessidade do diploma de curso superior para o exercício da profissão de jornalista.
(E) As Comissões Parlamentares de Inquérito podem decretar a quebra do sigilo bancário ou fiscal, independentemente de qualquer motivação, uma vez que tal exigência está restrita às decisões judiciais.

A: incorreta. Desde o ano 2000, a jurisprudência do STF está consolidada no sentido oposto, de que tal diferenciação não ofende o princípio da isonomia porquanto as carreiras possuem estatutos jurídicos também distintos (RE 597359 AgR/RJ, DJ 28/05/2009, AI 586621 AgR/RJ, DJ 04/11/2008, RE 440725 AgR/RJ, DJ 06/12/2007); **B:** incorreta. A correlação está invertida. Os direitos fundamentais de primeira geração são as liberdades individuais, ao passo que os de segunda geração se ligam ao princípio da igualdade por determinar a atuação do Estado em prol daqueles que mais precisam em busca da igualdade material; **C:** correta. Os direitos e garantias fundamentais, dentre eles o devido processo legal, nada mais são do que a positivação dos direitos humanos, devendo ser respeitados independentemente da condição jurídica da pessoa. Ademais, o próprio art. 5º, caput, da CF assegura sua aplicação em prol dos estrangeiros residentes no país; **D:** incorreta. Ficou célebre a decisão do Pretório Excelso que dispensa tal formalidade para o exercício da profissão (RE 511961/SP, DJ 12/11/2009); **E:** incorreta. As decisões da CPI, mormente aquelas que impliquem restrição a direitos e garantias fundamentais, devem ser motivadas, independentemente de previsão constitucional expressa nesse sentido.
Gabarito "C".

(Analista-Tributário da Receita Federal – ESAF) Sobre os direitos e deveres individuais e coletivos, assinale a única opção correta.

(A) É livre a manifestação do pensamento, sendo permitido o anonimato.
(B) Os direitos fundamentais se revestem de caráter absoluto, não se admitindo, portanto, qualquer restrição.
(C) As associações só poderão ser compulsoriamente dissolvidas ou ter suas atividades suspensas por decisão do Ministro da Justiça.
(D) O princípio da isonomia, que se reveste de autoaplicabilidade, não é suscetível de regulamentação ou de complementação normativa. Esse princípio deve ser considerado sob duplo aspecto: (i) o da igualdade na lei; e (ii) o da igualdade perante a lei.
(E) A Constituição Federal de 1988 admite a aplicação de pena de banimento.

A: incorreta. O anonimato é vedado pelo art. 5º, IV, da CF; **B:** incorreta. Não há direitos absolutos. Mesmo os direitos e garantias fundamentais comportam restrição quando há autorização constitucional nesse sentido ou se houver conflito aparente entre eles (veja-se, por exemplo, STF, ADC 29/DF, DJ 28/06/2012); **C:** incorreta. As associações somente poderão ser dissolvidas por determinação judicial (art. 5º, XIX, da CF); **D:** correta. O princípio da isonomia é norma constitucional de eficácia plena e aplicabilidade imediata, dispensando qualquer regulamentação. Realmente, pode ser analisado sob esses dois prismas: a igualdade material (igualdade na lei) e igualdade formal (igualdade perante a lei), conforme já decidiu o STF (AI 360461 AgR/MG, DJ 27/03/2008); **E:** incorreta. A pena de banimento foi expressamente proscrita do ordenamento jurídico pelo art. 5º, XLVII, "d", da CF.
Gabarito "D".

(Analista-Tributário da Receita Federal – ESAF) Sobre os direitos e deveres individuais e coletivos, assinale a única opção correta.

(A) Ressalvadas as situações excepcionais taxativamente previstas no texto constitucional, nenhum agente

público, ainda que vinculado à administração tributária do Estado, poderá, contra a vontade de quem de direito, ingressar, durante o dia, sem mandado judicial, em espaço privado não aberto ao público, onde alguém exerce sua atividade profissional, sob pena de a prova resultante da diligência de busca e apreensão assim executada reputar-se inadmissível.
(B) A Constituição Federal de 1988 admite a aplicação de pena de trabalhos forçados.
(C) A atividade de músico deve ser condicionada ao cumprimento de condições legais para o seu exercício, não sendo cabível a alegação de que, por ser manifestação artística, estaria protegida pela garantia da liberdade de expressão.
(D) A gravação de conversa telefônica feita por um dos interlocutores, sem conhecimento do outro, é considerada prova ilícita.
(E) A defesa da legalização das drogas em espaços públicos não constitui exercício legítimo do direito à livre manifestação do pensamento, sendo, portanto, vedada pelo ordenamento jurídico pátrio.

A: correta, conforme decidiu o STF no julgamento do HC 93050/RJ, DJ 31/07/2008; **B:** incorreta. A pena de trabalhos forçados foi expressamente proscrita do ordenamento jurídico pelo art. 5º, XLVII, "c", da CF; **C:** incorreta. A liberdade de exercício da atividade de músico, independentemente de quaisquer condições, foi garantida pelo STF no julgamento do RE 414426/SC, DJ 07/10/2011; **D:** incorreta. A gravação feita pelo próprio interlocutor é totalmente lícita, nos termos da iterativa jurisprudência do STF, inclusive em sede de repercussão geral (RE 583937 QO-RG/RJ, DJ 17/12/2009); **E:** incorreta. O STF decidiu, no contexto da ADPF 187, que é legítima a manifestação voltada à legalização das drogas, amparada que está pelos direitos de reunião e livre manifestação do pensamento.

Gabarito "A".

(Analista-Tributário da Receita Federal – ESAF) Sobre os direitos e deveres individuais e coletivos, assinale a única opção correta.

(A) Ninguém será considerado culpado até a prolação da sentença penal condenatória.
(B) O exercício concreto da liberdade de expressão assegura ao jornalista o direito de expender críticas a qualquer pessoa, ainda que em tom áspero, contundente, sarcástico, irônico ou irreverente, especialmente contra as autoridades e aparelhos de Estado. No entanto, deve responder penal e civilmente pelos abusos que cometer, e sujeitar-se ao direito de resposta previsto no texto constitucional.
(C) Conceder-se-á mandado de injunção para proteger direito líquido e certo, não amparado por *habeas corpus* ou *habeas data*, quando o responsável pela ilegalidade ou abuso de poder for autoridade pública ou agente de pessoa jurídica no exercício de atribuições do Poder Público.
(D) Segundo a jurisprudência do Supremo Tribunal Federal, o foro especial para a mulher nas ações de separação judicial e de conversão da separação judicial em divórcio ofende o princípio da isonomia entre homens e mulheres ou da igualdade entre os cônjuges.
(E) Nos concursos públicos, é cabível a realização de exame psicotécnico, ainda que não haja previsão em lei, bastando, apenas, que o edital tenha regra específica sobre tal questão.

A: incorreta. Ninguém será considerado culpado até o trânsito em julgado da sentença penal condenatória (art. 5º, LVII, da CF); **B:** correta, nos exatos termos do quanto decidido pelo STF na ADI 4451 MC-REF/DF, DJ 30/06/2011; **C:** incorreta. O conceito apresentado é o do mandado de segurança. Mandado de injunção é o remédio constitucional destinado a prover omissão legislativa (art. 5º, LXIX e LXXI, da CF); **D:** incorreta. A jurisprudência do STF está consolidada no sentido oposto, de que não há ofensa ao princípio da isonomia (RE 227114/SP, DJ 15/02/2012); **E:** incorreta. Para o STF, a realização de exame psicotécnico em concursos públicos está vinculada à sua previsão legal (AI 758533 QO-RG/MG, DJ 12/08/2010).

Gabarito "B".

(Analista-Tributário da Receita Federal – ESAF) Sobre os direitos e deveres individuais e coletivos, assinale a única opção correta.

(A) A garantia constitucional da ampla defesa não afasta a exigência do depósito como pressuposto de admissibilidade de recurso administrativo.
(B) Não viola a garantia constitucional de acesso à jurisdição a taxa judiciária calculada sem limite sobre o valor da causa.
(C) Os direitos fundamentais de defesa geram uma obrigação para o Estado de se abster, ou seja, implicam numa postura de natureza negativa do Poder Público. Assim, impõe-se ao Estado um dever de abstenção em relação à liberdade, à intimidade e à propriedade do cidadão, permitindo-se a intervenção estatal apenas em situações excepcionais, onde haja, ainda, o pleno atendimento dos requisitos previamente estabelecidos nas normas.
(D) A extradição será deferida pelo STF no caso de fatos delituosos puníveis com prisão perpétua, não sendo necessário que o Estado requerente assuma o compromisso de comutá-la em pena não superior à duração máxima admitida na lei penal do Brasil.
(E) Ninguém poderá ser compelido a associar-se ou a permanecer associado, salvo quando houver previsão específica em lei.

A: incorreta. Nos termos da Súmula Vinculante nº 21, é inconstitucional a exigência de depósito para a admissibilidade do recurso administrativo, justamente por ofender o princípio da ampla defesa; **B:** incorreta. Tal prática viola a Constituição, nos termos da Súmula nº 667 do STF; **C:** correta. Os direitos fundamentais de primeira geração, ou "de defesa", determinam um não fazer do Estado, o dever de respeitar as liberdades individuais estabelecidas pela Lei Maior; **D:** incorreta. A despeito de não constar da Constituição ou do Estatuto do Estrangeiro (Lei nº 6.815/1980), há precedente do STF vinculando a concessão da extradição à comutação da pena de prisão perpétua para prisão pelo tempo máximo previsto no Brasil (Ext 855/CL - Chile, DJ 01/07/2005); **E:** incorreta. Não há qualquer exceção à liberdade de associação (art. 5º, XX, da CF).

Gabarito "C".

(Analista-Tributário da Receita Federal – ESAF) Sobre os direitos sociais, assinale a única opção correta.

(A) Não viola a Constituição o estabelecimento de remuneração inferior ao salário mínimo para as praças prestadoras de serviço militar inicial.
(B) O Supremo Tribunal Federal assentou o entendimento de que é possível a fixação do piso salarial em múltiplos do salário mínimo.
(C) A fundação de sindicato depende de autorização do Ministério do Trabalho.

(D) O aposentado filiado não tem direito a ser votado nas organizações sindicais.
(E) O texto constitucional prevê o direito ao Fundo de Garantia do Tempo de Serviço à categoria dos trabalhadores domésticos.

A: correta, nos termos da Súmula Vinculante 6: "Não viola a constituição o estabelecimento de remuneração inferior ao salário mínimo para as praças prestadoras de serviço militar inicial"; **B:** incorreta. Tal medida contraria o entendimento do STF esposado no AI 620193, AgR/PE, DJ 08/03/2012; **C:** incorreta. É livre a criação de sindicatos, não podendo a lei exigir autorização do Estado para tanto (art. 8º, I, da CF); **D:** incorreta. A participação política dos aposentados nos sindicatos de sua categoria profissional está assegurada pelo art. 8º, VII, da CF; **E:** incorreta quando da aplicação da prova. Em seu texto original, a CF realmente garantia o direito ao FGTS apenas aos segurados empregados. Tal direito foi estendido aos domésticos pela EC 72/2013 (art. 7º, parágrafo único, da CF).

Gabarito "A".

Auditor Fiscal da Receita Federal – ESAF) Nos termos da Constituição Federal de 1988, marque a opção incorreta.

(A) É assegurada, nos termos da lei, a prestação de assistência religiosa nas entidades civis e militares de internação privada ou pública.
(B) A prisão civil por dívida é cabível em se tratando de depositário infiel.
(C) O lazer é um direito social.
(D) A mulher é protegida quanto ao mercado de trabalho, mediante incentivos específicos.
(E) O trabalhador com vínculo empregatício permanente e o trabalhador avulso têm igualdade de direitos.

A: incorreta, devendo ser assinalada, pois não reflete o disposto no art. 5º, VII, da CF, segundo o qual "é assegurada, nos termos da lei, a prestação de assistência religiosa nas entidades civis e militares de internação coletiva"; **B:** correta. Essa alternativa é lamentável. A prisão civil por dívida é, em regra, vedada pelo nosso ordenamento. A Constituição Federal, entretanto, estabelece duas exceções à regra, legitimando a prisão civil do devedor que não paga pensão alimentícia e a do depositário infiel (art. 5º, LXVII, da CF). Entretanto, o Pacto de San José da Costa Rica, ratificado pelo Brasil, é ainda mais restritivo: só permite a prisão dos devedores de pensão alimentícia; ou seja, com base na Convenção Americana de Direitos Humanos, o depositário infiel não pode ser preso. O conflito entre a norma internacional e a norma constitucional foi inúmeras vezes analisado pelo STF que, em entendimento tradicional, decidia pela prevalência da Constituição e autorizava a prisão do depositário infiel. Ocorre que, em recente virada jurisprudencial (RE 466.343-1/SP, Rel. Min. Cezar Peluso), o STF acabou por consagrar a tese da *supralegalidade* dos tratados para concluir que a prisão do depositário infiel é ilícita. Com base no entendimento atual do STF, portanto, só é permitida a prisão do devedor de pensão alimentícia. Com base no texto expresso da CF (art. 5º, LXVII, da CF), cabe a prisão no caso de depositário infiel; **C:** correta. Art. 6º, *caput*, da CF; **D:** correta. Art. 6º, XX, da CF; **E:** correta. Art. 7º, XXXIV, da CF.

Gabarito "A".

(Analista-Tributário da Receita Federal – ESAF) Assinale a única opção correta.

(A) O cargo de Ministro da Fazenda é privativo de brasileiro nato.
(B) O cargo de Ministro do Tribunal Superior do Trabalho é privativo de brasileiro nato.
(C) O brasileiro nato poderá ser extraditado no caso de comprovado envolvimento em tráfico ilícito de entorpecentes e drogas afins.
(D) São brasileiros natos os nascidos no estrangeiro, de pai brasileiro ou mãe brasileira, desde que qualquer deles esteja a serviço da República Federativa do Brasil.
(E) No sistema jurídico-constitucional pátrio, é cabível a aquisição da nacionalidade brasileira como efeito direto e imediato resultante do casamento civil.

A: incorreta. Com exceção do Ministro da Defesa, os cargos de Ministro são acessíveis a todos os brasileiros, natos ou naturalizados (art. 87 da CF); **B:** incorreta. Apenas os Ministros do STF devem ser brasileiros natos, não havendo disposição similar para os membros dos demais tribunais superiores, inclusive o TST (art. 111-A da CF); **C:** incorreta. O brasileiro nato nunca será extraditado. A hipótese narrada aplica-se ao brasileiro naturalizado (art. 5º, LI, da CF); **D:** correta, nos termos do art. 12, I, "b", da CF); **E:** incorreta. Não há qualquer previsão nesse sentido em nossa Lei Maior (sobre o tema, leia-se o art. 12 da CF).

Gabarito "D".

(Auditor Fiscal da Receita Federal – ESAF) Marque a opção correta.

I. Não cabe mandado de segurança contra os atos de gestão comercial praticados pelos administradores de concessionárias de serviço público.
II. Compete originariamente ao Supremo Tribunal Federal o julgamento de *Habeas Corpus* contra decisão de turma recursal de Juizados Especiais Criminais.
III. Consoante entendimento jurisprudencial predominante, não se exige negativa da via administrativa para justificar o ajuizamento do *habeas data*.
IV. O Supremo Tribunal Federal decidiu pela autoaplicabilidade do mandado de injunção, cabendo ao Plenário decidir sobre as medidas liminares propostas.
V. Consoante entendimento jurisprudencial dominante, o Supremo Tribunal Federal adotou a posição não concretista quanto aos efeitos da decisão judicial no mandado de injunção.

(A) I e V estão corretas.
(B) II e IV estão corretas.
(C) II e III estão incorretas.
(D) I e II estão corretas.
(E) III e IV estão incorretas.

I: Correta, porque o art. 5º, LXIX, da CF exige que a ilegalidade ou o abuso de poder sejam praticados por autoridade pública ou agente de pessoa jurídica *no exercício de atribuições do Poder Público*, sendo certo que os atos comerciais não se enquadram nesse conceito; II: Incorreta. Sobre o tema, a Súmula 690/STF assim estabelecia: "Compete originariamente ao Supremo Tribunal Federal o julgamento de *habeas corpus* contra decisão de turma recursal de juizados especiais criminais". Esse entendimento, contudo, foi superado a partir do julgamento do HC 86.834/SP, Rel. Min. Marco Aurélio, julgado que firmou a competência do Tribunal de Justiça para julgamento do HC. De acordo com a nova orientação do Supremo Tribunal, compete ao Tribunal de Justiça local o julgamento de *habeas corpus* contra decisão de Turma Recursal de Juizado Especial Criminal. Isso porque, muito embora as turmas recursais funcionem como órgão de segunda instância recursal, elas não se incluem no conceito de *tribunal*, já que integradas por juízes de primeiro grau. Assim, deve-se aplicar a regra do art. 96, III, da CF para firmar a competência de julgamento do pedido formulado no HC. Além disso, o entendimento anterior do STF, de que cabia ao próprio Supremo o julgamento de HC contra ato de turma recursal de juizados especiais criminais, acabava por contrariar a taxatividade do rol de suas competências originárias, estabelecido no art. 102, I, do texto constitucional; III: Incorreta. A jurisprudência se firmou em sentido contrário, até porque o art. 8º, parágrafo único, da Lei 9.507/97, que disciplina o *habeas data*, determina que a "petição inicial deverá ser instruída com prova: I - da recusa ao acesso às informações ou do decurso de mais de dez dias sem decisão; II - da recusa em fazer-se a retificação ou do decurso de mais de quinze dias, sem decisão; ou III - da recusa em fazer-se a anotação a que se refere o § 2º do art. 4º ou do decurso de mais de quinze dias sem decisão"; **IV:** Incorreta. O mandado de injunção (art. 5º, LXXI, da CF) integra o conjunto dos "remédios constitucionais", pois visa tutelar *in concreto* os direitos subjetivos violados diante da falta de norma jurídica regulamentadora, referente a direitos ou prerrogativas referentes à nacionalidade, à soberania e à cidadania. É norma autoaplicável, muito embora não caiba liminar em seu procedimento (razão pela qual a alternativa está errada); **V:** Incorreta. Quanto aos seus efeitos, é muito importante observar que a doutrina majoritária defende que o provimento jurisdicional tem natureza constitutiva, ou seja, na ausência de norma regulamentadora, deve o órgão julgador suprir a omissão e formular a norma do caso concreto, com eficácia *inter partes*. Entretanto, por muitos anos a jurisprudência do STF não consagrou essa tese, orientando-se no sentido de que o provimento do MI tinha natureza meramente declaratória, limitando-se a dar ciência da mora legislativa ao órgão omisso, para que tomasse as providências necessárias quanto à edição do ato normativo (não concretista). Em alguns casos, o STF passou a regulamentar o direito violado, desde que o silêncio normativo fosse considerado desproporcional. Atualmente, porém, o STF tem adotado postura mais ativa no que tange ao Mandado de Injunção para viabilizar a própria fruição do direito subjetivo antes impedido de ser exercido por força de omissão legislativa inconstitucional (posição concretista). A questão, portanto, não tem resposta.

Gabarito ANULADO.

(Auditor Fiscal do Trabalho – ESAF) A nacionalidade pode ter repercussões na vida de brasileiros e estrangeiros. Nos termos da Constituição Brasileira, é brasileiro nato:

(A) os nascidos na República Federativa do Brasil, ainda que de pais estrangeiros e mesmo que estes não estejam a serviço de seu país.

(B) os nascidos no estrangeiro, de pai brasileiro ou mãe brasileira, ainda que nenhum deles esteja a serviço da República Federativa do Brasil.

(C) os nascidos no estrangeiro, de pai brasileiro ou de mãe brasileira, desde que sejam registrados em repartição brasileira competente, ou venham residir na República Federativa do Brasil antes da maioridade e, alcançada esta, optem, em qualquer tempo, pela nacionalidade brasileira.

(D) os nascidos no estrangeiro, de pai brasileiro ou mãe brasileira, desde que venham a residir na República Federativa do Brasil e optem, em qualquer tempo, pela nacionalidade brasileira.

(E) os nascidos no estrangeiro, de pai brasileiro ou de mãe brasileira, desde que sejam registrados em repartição brasileira competente ou venham a residir na República Federativa do Brasil e optem, em qualquer tempo, depois de atingida a maioridade, pela nacionalidade brasileira.

De acordo com o art. 12, I, da CF, são brasileiros natos: a) os nascidos na República Federativa do Brasil, ainda que de pais estrangeiros, desde que estes não estejam a serviço de seu país; b) os nascidos no estrangeiro, de pai brasileiro ou mãe brasileira, desde que qualquer deles esteja a serviço da República Federativa do Brasil e c) os nascidos no estrangeiro de pai brasileiro ou de mãe brasileira, desde que sejam registrados em repartição brasileira competente ou venham a residir na República Federativa do Brasil e optem, em qualquer tempo, depois de atingida a maioridade, pela nacionalidade brasileira.

Gabarito "E".

(Auditor Fiscal do Trabalho – ESAF) A doutrina constitucionalista tem comentado muito sobre os direitos dos trabalhadores garantidos constitucionalmente. Sobre tais direitos, considerando a doutrina de José Afonso da Silva, é correto afirmar que:

(A) a distinção entre trabalhadores urbanos e rurais ainda tem sua importância, pois ainda não gozam dos mesmos direitos.

(B) a garantia do emprego previsto pela Constituição não é, por si só, suficiente bastante para gerar o direito nela previsto, necessitando, por isso, de regulamentação.

(C) a Constituição Federal garantiu o direito ao gozo de férias anuais remuneradas estabelecendo o período de 30 dias.

(D) a Constituição conferiu direito à participação nos lucros ou resultados da empresa. Tal direito já pode ser exercido de imediato, em razão de a norma constitucional ser autoaplicável.

(E) a proteção do mercado de trabalho da mulher não é autoaplicável.

A: incorreta. Para José Afonso da Silva a distinção perdeu importância porque todos gozam dos mesmos direitos, inclusive quanto ao prazo prescricional relativo aos créditos resultantes da relação de trabalho. Para o autor, o que hoje importa é distinguir o trabalhador *doméstico* dos demais, pois enquanto o art. 7º refere-se a trabalhadores *urbanos e rurais*, seu parágrafo único assegura apenas alguns dos direitos listados no art. 7º aos domésticos; **B:** incorreta. A garantia de emprego diz respeito ao direito de o trabalhador conservar sua relação de emprego contra despedida arbitrária ou sem justa causa. Ainda de acordo com José Afonso da Silva, "a norma do art. 7º, I, é por si só suficiente para gerar o direito nela previsto. Em termos técnicos, é de aplicabilidade imediata, de sorte que a lei complementar apenas virá determinar os limites dessa aplicabilidade, com a definição dos elementos (despedida arbitrária e justa causa)"; **C:** incorreta. O art. 7º, XVII, da CF não estabeleceu prazo mínimo de férias, mas apenas o adicional mínimo de um terço a mais do salário normal; **D:** incorreta. O art. 7º, XI, da CF prevê a regulamentação do direito por lei, daí porque não é autoaplicável; **E:** correta, porque o art. 7º, XX, da CF prevê a regulamentação por lei.

Gabarito "E".

(Auditor Fiscal do Trabalho – ESAF) A Constituição da República previu a chamada Tutela Constitucional das Liberdades. Assinale a assertiva que traz características corretas em relação aos instrumentos abaixo.

(A) *Habeas corpus* – trata-se de um recurso, estando, por isso, regulamentado no capítulo a eles destinados no Código de Processo Penal.

(B) Mandado de segurança – a natureza civil da ação impede o ajuizamento de mandado de segurança em matéria criminal, inclusive contra ato de juiz criminal, praticado no processo penal.

(C) Mandado de injunção – as normas constitucionais que permitem o ajuizamento do mandado de injunção não decorrem de todas as espécies de omissões do Poder Público, mas tão só em relação às normas constitucionais de eficácia limitada de princípio institutivo e de caráter impositivo e das normas programáticas vinculadas ao princípio da legalidade, por dependerem de atuação normativa ulterior para garantir sua aplicabilidade.

(D) Mandado de injunção – em razão da ausência constitucional, não é possível o mandado de injunção coletivo, não tendo sido, por isso, atribuída a legitimidade

para as associações de classe, ainda que devidamente constituídas.
(E) Mandado de segurança – o mandado de segurança coletivo não poderá ter por objeto a defesa dos mesmos direitos que podem ser objeto do mandado de segurança individual.

A: incorreta, pois, apesar de estar regulamentado no capítulo destinado aos recursos no Código de Processo Penal (art. 647, CPP), a doutrina majoritária entende que o *habeas corpus* é uma ação constitucional autônoma, de caráter penal e rito especial, que visa evitar ou cessar violência ou ameaça na liberdade de locomoção por ilegalidade ou abuso de poder (art. 5º, LXVIII, CF); B: incorreta, porque o mandado de segurança é uma ação constitucional autônoma, de caráter civil e rito especial, que visa proteger direito líquido e certo ameaçado por ilegalidade ou abuso de poder praticado por autoridade pública (art. 5º, LXIX, da CF), sendo também cabível no âmbito penal para questões que não sejam hipótese de cabimento de *habeas corpus*; C: correta, tendo em vista que o mandado de injunção é cabível na hipótese de falta de norma regulamentadora que torne inviável o exercício dos direitos e liberdades constitucionais e das prerrogativas inerentes à nacionalidade, à soberania e à cidadania (art. 5º, LXXI, CF); por essa razão, de acordo com Alexandre de Moraes, está relacionado às normas constitucionais de eficácia limitada de princípio institutivo e de caráter impositivo e às normas programáticas vinculadas ao princípio da legalidade, por dependerem de atuação normativa ulterior para garantir sua aplicabilidade; D: incorreta, pois, apesar da ausência de previsão constitucional, a jurisprudência do STF admite a possibilidade de utilização de mandado de injunção coletivo por entidades de classe, desde que legalmente constituídas e em funcionamento há pelo menos um ano (MI 4.503 AgR, Rel. Min. Ricardo Lewandowski, j. 7-11-2013); E: incorreta, para J.J. Calmon de Passos, os direitos que podem ser objeto do mandado de segurança coletivo são os mesmos direitos que comportam defesa pelo mandado de segurança individual; nesse sentido, o entende que o objeto do mandado de segurança coletivo será um direito dos associados, independentemente de guardar vínculo com os fins próprios da entidade impetrante do writ, exigindo-se, entretanto, que o direito esteja compreendido na titularidade dos associados e que exista ele em razão das atividades exercidas pelos associados, mas não se exigindo que o direito seja peculiar, próprio, da classe. (RE 193382, Rel. Min. Carlos Velloso, Tribunal Pleno, j. 28.6.1996).
Gabarito "C".

(**Auditor Fiscal do Trabalho – ESAF**) A Constituição Federal estabelece em seu art. 5o os direitos e garantias fundamentais do cidadão, assunto bastante comentado pela doutrina pátria. A respeito do tema, é correto afirmar que

(A) o princípio do juiz natural deve ser interpretado buscando não só evitar a criação de tribunais de exceção, mas também de respeito absoluto às regras objetivas de determinação de competência, para que não sejam afetadas a independência e imparcialidade do órgão julgador.
(B) somente nas hipóteses constitucionais será possível a concessão da extradição, sem possibilidade de legislação federal infraconstitucional determinar outros requisitos formais.
(C) a tutela jurídica do direito de reunião se efetiva pelo *habeas corpus*, vez que o bem jurídico a ser tutelado é a liberdade de locomoção.
(D) o Supremo Tribunal Federal decidiu que é impossível a interceptação de carta de presidiário pela administração penitenciária, por violar o direito ao sigilo de correspondência e de comunicação garantido pela Constituição Federal.
(E) já está pacificado pelo Supremo Tribunal Federal que locais onde se exerce a profissão como escritório profissional não é domicílio para fins de aplicação do direito à inviolabilidade domiciliar, pois apesar de fechado tem livre acesso ao público.

A: correta. O princípio do juiz natural desdobra-se nas garantias insculpidas no art. 5º, XXXVII e LIII, da CF; B: incorreta. A Lei 6.815/1980 traz os requisitos e o procedimento para a extradição; C: incorreta. A liberdade de locomoção é tutelada pelo *habeas corpus* (art. 5º, LXVIII, da CF), mas a hipótese é de violação de direito líquido e certo, amparado por mandado de segurança. Isso porque o art. 5º, XVI, da CF, garante o direito de reunião independentemente de autorização, sendo exigida apenas comunicação prévia à autoridade competente. Assim, caso o Poder Público não respeite o direito assegurado constitucionalmente, caberá mandado de segurança; D: incorreta. O STF admitiu a interceptação de carta de presidiário sob o fundamento de que a "inviolabilidade do sigilo epistolar não pode constituir instrumento de salvaguarda de práticas ilícitas"; E: incorreta. A regra prevista no art. 5º, XI, da CF foi ampliada pela jurisprudência do STF para abranger também o escritório particular que funciona na casa do administrado.
Gabarito "A".

(**Fiscal de Rendas/RJ – FGV**) Em relação aos direitos e garantias fundamentais da Constituição Federal assinale a afirmativa incorreta.

(A) Os direitos e garantias fundamentais visam, entre outros, a proteger o direito à vida, o direito à segurança, os direitos sociais, mas não o direito à propriedade.
(B) A Constituição Federal admite a pena de morte em circunstâncias excepcionais.
(C) O Brasil se submete à jurisdição do Tribunal Penal Internacional (TPI).
(D) Os brasileiros naturalizados não têm a mesma proteção conferida aos brasileiros natos.
(E) Atribui-se à lei a regulamentação do direito à greve.

A: incorreta, devendo ser assinalada. Não reflete o disposto no art. 5º, *caput*, XXII e XXIII, da CF; B: correta, em caso de guerra declarada, de acordo com o art. 84, XIX, da CF (v. art. 5º, XLVII, "a", da CF); C: correta. Art. 5º, § 4º, da CF; D: correta. Art. 12, §§ 2º e 3º, da CF, por exemplo; E: correta. Art. 37, VII, da CF.
Gabarito "A".

(**Fiscal de Rendas/RJ – FGV**) Em relação aos direitos e garantias fundamentais expressos da Constituição Federal, analise as afirmativas a seguir:

I. os direitos e garantias expressas na Constituição Federal constituem um rol taxativo.
II. todos os tratados e convenções internacionais de direitos humanos internalizados após a EC-45/2004 serão equivalentes às emendas constitucionais.
III. as normas definidoras dos direitos e garantias fundamentais têm aplicação imediata.

Assinale:

(A) se somente a afirmativa II estiver correta.
(B) se somente a afirmativa III estiver correta.
(C) se somente as afirmativas II e III estiverem corretas.
(D) se somente as afirmativas I e III estiverem corretas.
(E) se todas as afirmativas estiverem corretas.

I: incorreta. Art. 5º, § 2º, da CF: "Os direitos e garantias expressos nesta Constituição não excluem outros decorrentes do regime e dos princípios por ela adotados, ou dos tratados internacionais em que a República Federativa do Brasil seja parte"; II: incorreta. Os tratados internacionais *sobre direitos humanos*, conforme expressa previsão do art. 5º, § 3º, da CF, *podem* ter tratamento diferenciado se aprovados na forma prevista na Constituição, adquirindo o *status* de emenda constitucional. Assim, a depender da opção *discricionária* do Congresso Nacional, somente serão equivalentes às emendas constitucionais os tratados que observarem o procedimento do art. 5º, § 3º, da CF. Os demais tratados internacionais sobre direitos humanos, não aprovados na forma do art. 5º, § 3º, da CF, terão *status supralegal*. Dessa forma, pela orientação atual do STF, poderão conviver em nosso ordenamento três tipos de tratados internacionais, com diferentes forças normativas: a) os tratados internacionais *gerais*, que continuam com força de lei ordinária; b) os tratados internacionais *sobre direitos humanos* com *status* de emenda constitucional, pois aprovados na forma do art. 5º, § 3º, da CF, e c) os tratados internacionais *sobre direitos humanos* que não observaram o procedimento previsto no art. 5º, § 3º, da CF, que gozam de supralegalidade.

Gabarito "B".

(Auditor Fiscal/RJ – FGV) É vedada a cassação de direitos políticos, cuja perda ou suspensão só não se dará nos casos de:

(A) deficiência mental.
(B) *sursis* da pena.
(C) condenação em pena pecuniária.
(D) condenação em pena restritiva de direitos.
(E) pródigos.

A: incorreta. Art. 15, II, da CF; **B, C e D:** incorretas. Art. 15, III, da CF; **E:** correta. Os pródigos são relativamente incapazes (art. 4º, IV, do Código Civil de 2002) e a CF só determina a perda ou suspensão de direitos políticos dos absolutamente incapazes (art. 15, II, da CF).

Gabarito "E".

(Auditor Fiscal/RJ – FGV) Conceder-se-á *habeas data*:

(A) para assegurar a integridade moral do cidadão.
(B) quando o responsável pela ilegalidade for autoridade pública.
(C) para proteger o direito líquido e certo não amparado por *habeas corpus*.
(D) para a retificação de dados, quando não se prefira fazê-lo por processo sigiloso, judicial ou administrativo.
(E) quando o responsável pela ilegalidade for agente de pessoa jurídica no exercício de atribuições de Poder Público.

Art. 5º, LXXII, "a" e "b", da CF.

Gabarito "D".

(Fiscal de Tributos/Vila Velha-ES – CESPE) Julgue o seguinte item.

(1) Seria inconstitucional a quebra de sigilo telefônico, mediante determinação judicial, para fins de investigação voltada à apuração de infrações administrativas.

1: correta. Art. 5º, XII, parte final, da CF.

Gabarito 1C.

(Auditor Fiscal – São Paulo/SP – FCC) A Lei federal nº 12.527, de 18 de novembro de 2011, que dispõe sobre os procedimentos a serem observados por União, Estados, Distrito Federal e Municípios, com o fim de garantir o acesso a informações, contempla as seguintes previsões:

"Art. 1º (...) Parágrafo único. Subordinam-se ao regime desta Lei:

I. os órgãos públicos integrantes da administração direta dos Poderes Executivo, Legislativo, incluindo as Cortes de Contas, do Judiciário e do Ministério Público;

II. as autarquias, as fundações públicas, as empresas públicas, as sociedades de economia mista e demais entidades controladas direta ou indiretamente pela União, Estados, Distrito Federal e Municípios."
(...)
"Art. 7º O acesso à informação de que trata esta Lei compreende, entre outros, os direitos de obter: (...)

VII. informação relativa: a) à implementação, acompanhamento e resultados dos programas, projetos e ações dos órgãos e entidades públicas, bem como metas e indicadores propostos; (...) § 1º O acesso à informação previsto no caput não compreende as informações referentes a projetos de pesquisa e desenvolvimento científicos ou tecnológicos cujo sigilo seja imprescindível à segurança da sociedade e do Estado." "Art. 32. Constituem condutas ilícitas que ensejam responsabilidade do agente público ou militar:

I. recusar-se a fornecer informação requerida nos termos desta Lei, retardar deliberadamente o seu fornecimento ou fornecê-la intencionalmente de forma incorreta, incompleta ou imprecisa; (...)"

Considere, a esse respeito, as seguintes afirmações, à luz da disciplina constitucional dos direitos e garantias fundamentais:

I. É indevida a subordinação dos órgãos e entidades referidos no parágrafo único, do art. 1º, ao regime da lei de acesso a informações, pois a Constituição determina que, para tanto, é necessária prévia autorização judicial.

II. O § 1º do artigo 7º é compatível com a Constituição da República, ao permitir que haja restrição de acesso a informações cujo sigilo seja imprescindível à segurança da sociedade e do Estado.

III. O artigo 32, inciso I, é incompatível com a Constituição da República no que se refere à previsão de responsabilização de agentes públicos pelo retardamento no fornecimento de informações.

Está correto o que se afirma APENAS em

(A) I.
(B) I e II.
(C) II.
(D) II e III.
(E) III.

I: incorreta. O direito ao acesso a informações é considerado garantia fundamental prevista no art. 5º, XXXIII, da CF; **II:** correta, nos termos do mesmo art. 5º, XXXIII, da CF; **III:** incorreta. A CF prevê a responsabilização do servidor público que não prestar as informações no prazo estabelecido pela lei (art. 5º, XXXIII, da CF).

Gabarito "C".

(Auditor Fiscal/São Paulo-SP – FCC) Suponha que determinada Deputada Estadual de 26 anos de idade seja brasileira naturalizada e neta do Governador do Estado. Nessa hipótese, de acordo com a Constituição de 1988, em ano de realização de eleições Estaduais e nacionais, a referida Deputada Estadual

(A) seria considerada inelegível para quaisquer mandatos a serem exercidos no Estado em que seu avô ocupe o cargo de Governador.
(B) poderia pleitear a reeleição como Deputada Estadual, mas não poderia concorrer ao cargo de Governador do Estado.

(C) estaria impedida de concorrer aos cargos de Presidente da República, Senador e Deputado Federal, por não possuir a idade mínima exigida para tanto.

(D) seria inelegível para os cargos de Presidente da República, Senador e Deputado Federal, por não ser brasileira nata.

(E) estaria impedida de concorrer a quaisquer dos cargos eletivos estaduais ou nacionais, por ausência das respectivas condições de elegibilidade.

A e B: Apesar de parente consanguínea de segundo grau do governador, a candidata pode se reeleger para o mesmo cargo que ocupava, em virtude da exceção prevista na parte final do art. 14, § 7º, da CF; **C:** incorreta. A idade mínima para deputado federal é vinte e um anos. Para Presidente da República e Senador, trinta e cinco. Art. 14, § 3º, VI, "a" e "c", da CF; **D:** incorreta. Dentre os citados, apenas o cargo de Presidente da República é privativo de brasileiro nato (art. 12, § 3º, I, da CF); **E:** incorreta. Não reflete o disposto no art. 14, § 7º, da CF.
Gabarito "B".

(Auditor Fiscal/São Paulo-SP – FCC) A Constituição assegura a liberdade de associação sindical, observando que

(A) ninguém será obrigado a filiar-se ou a manter-se filiado a sindicato, salvo na hipótese de assumir cargo de direção ou representação sindical.

(B) o aposentado filiado tem direito a votar, mas não a ser votado, nas organizações sindicais.

(C) é obrigatória a participação dos sindicatos nas negociações coletivas de trabalho.

(D) ao sindicato cabe a defesa dos direitos e interesses coletivos ou individuais da categoria, exceto em questões administrativas.

(E) a Assembleia Geral somente pode fixar contribuição para custeio do sistema confederativo da representação sindical respectiva diante da inexistência de contribuição prevista em lei.

A: incorreta. A norma do art. 8º, V, da CF não prevê exceções; **B:** incorreta. Não reflete o disposto no art. 8º, VII, da CF; **C:** correta. Art. 8º, VI, da CF; **D:** incorreta. Não reflete o disposto no art. 8º, III, da CF; **E:** incorreta. Não reflete o disposto no art. 8º, IV, da CF.
Gabarito "C".

(Fiscal de Tributos/Rio Branco-AC – CESPE) Julgue o seguinte item:

(1) Sem autorização judicial ou do responsável pelo estabelecimento, um fiscal de tributos pode adentrar, desde que durante o dia, em escritório de profissional liberal, não aberto ao público, para fins de identificar a ocorrência de fato gerador do imposto sobre serviços (ISS), já que não se estende a escritório a proteção constitucional da inviolabilidade de domicílio.

1: errado. O STF firmou jurisprudência em sentido contrário, estendendo ao escritório domiciliar a inviolabilidade constitucional conferida ao lar (art. 5º, XI, da CF).
Gabarito 1E.

(Auditor Fiscal – Prefeitura Ilhéus/BA – 2016 – CONSULTEC) O direito à saúde é fundamental do ser humano e é dever do poder público garanti-lo, mediante a formulação e execução de políticas econômicas, sociais e ambientais que objetivem, exceto

01) o bem-estar da população.

02) a eliminação ou redução dos riscos de doenças e outros agravos.

03) o aumento da arrecadação da saúde, para aquisições de máquinas e equipamentos.

04) a promoção, proteção e recuperação da saúde, pela garantia de acesso universal e igualitário a ações e serviços de saúde.

05) a prestação do serviço de assistência à maternidade e à infância.

01: correta, pois as políticas públicas de saúde devem garantir o bem-estar da população; **02:** correta, pois a eliminação ou redução dos riscos de doenças e outros agravos é uma das finalidades das políticas de saúde (art. 196 da CF); **03:** incorreta (devendo ser assinalada), uma vez que o aumento da arrecadação para o financiamento da saúde é objetivo a ser alcançado pelas políticas tributárias; **04:** correta, pois a promoção, proteção e recuperação da saúde, pela garantia de acesso universal e igualitário a ações e serviços de saúde é umas das finalidades das políticas de saúde (art. 196 da CF); **05:** correta, já que a prestação do serviço de assistência à maternidade e à infância deve estar incluída nas políticas públicas de saúde.
Gabarito: 03

(Auditor Fiscal Tributário Estadual – SEGEP/MA – 2016 – FCC) A teor da Constituição brasileira vigente, o exercício da liberdade de reunião em locais abertos ao público

(A) pode não ser pacífico.

(B) pode ser com armas.

(C) independe de autorização, ainda que frustre outra reunião anteriormente convocada para o mesmo local.

(D) é um direito social coletivo.

(E) exige prévio aviso à autoridade competente.

O art. 5º, inciso XVI, da CF estabelece ser direito individual e coletivo a liberdade de reunião com fins pacíficos, sem armas, em locais abertos ao público, independente de autorização, desde que não frustre outra reunião anteriormente convocada para o mesmo local, sendo apenas exigido prévio aviso à autoridade competente.
Gabarito "E".

(Auditor Fiscal Tributário Estadual – SEGEP/MA – 2016 – FCC) Segundo a Constituição brasileira vigente

(A) as associações poderão ser compulsoriamente dissolvidas por decisão judicial cautelar não transitada em julgado.

(B) as entidades associativas, independentemente de autorização, têm legitimidade para representar seus filiados judicial ou extrajudicialmente.

(C) é plena a liberdade de associação para fins lícitos, permitida a de caráter paramilitar.

(D) a criação de associações independe de autorização, vedada a interferência estatal em seu funcionamento.

(E) ninguém poderá ser compelido a associar-se ou a permanecer associado, salvo determinação legal expressa.

A: incorreto, pois as associações só poderão ser compulsoriamente dissolvidas ou ter suas atividades suspensas por decisão judicial, exigindo-se, no primeiro caso, o trânsito em julgado (art. 5º, XIX, da CF); **B:** incorreto, porque as entidades associativas, quando expressamente autorizadas, têm legitimidade para representar seus filiados judicial ou extrajudicialmente (art. 5º, XXI, da CF); **C:** incorreto, já que é plena a liberdade de associação para fins lícitos, vedada a de caráter paramilitar (art. 5º, XVII, da CF); **D:** correto, nos termos do art. 5º, XVIII, da CF; **E:** incorreto, uma vez que ninguém poderá ser compelido a associar-se ou a permanecer associado (art. 5, XX, da CF).
Gabarito "D".

(Auditor Fiscal Tributário Municipal – Prefeitura Cuiabá – 2016 – FGV) Pedro, professor, ao assumir a Secretaria de Educação do Município em que residia, decidiu reestruturar o sistema de ensino em vigor. Para tanto, estabeleceu, como pilar fundamental, o referencial de acesso, que deveria ser assegurado na forma que se mostrasse mais ampla sob o prisma da juridicidade.

À luz da sistemática estabelecida pela Constituição da República, assinale a afirmativa que se mostra constitucional, por ser compatível com os deveres dos poderes constituídos.

(A) Somente a educação fundamental é obrigatória e gratuita.
(B) Todos os níveis de ensino estão sujeitos à igualdade de acesso e à universalização.
(C) O acesso a todos os níveis de ensino deve estar baseado no sistema de mérito.
(D) O acesso ao ensino superior e gratuito é direito público subjetivo.
(E) O ensino médio gratuito deve ser progressivamente universalizado.

A: incorreto, pois é obrigatória a educação básica e gratuita dos 4 aos 17 anos de idade (art. 208, I, da CF); **B:** incorreto, porque o acesso ao ensino superior está baseado no sistema de mérito (art. 208, V, da CF) e também porque somente o ensino obrigatório está sujeito à universalização (art. 211, § 4º, da CF); **C:** incorreto, pois o acesso ao ensino superior é baseado no sistema de mérito (art. 208, V, da CF), ao passo que o ensino básico é acessível a todos (art. 208, I, da CF); **D:** incorreto, pois o acesso ao ensino obrigatório e gratuito é direito público subjetivo (art. 208, § 1º, da CF); **E:** correto, porque o Estado tem o dever de garantir a progressiva universalização do ensino médio gratuito, conforme preceitua o art. 208, II, da CF.

Gabarito "E".

4. CONTROLE DE CONSTITUCIONALIDADE

(Auditor Fiscal da Receita Federal – ESAF) Sobre a Arguição de Descumprimento de Preceito Fundamental (ADPF), é correto afirmar que:

(A) a decisão do Supremo Tribunal Federal, acolhendo-a, deverá ser posteriormente comunicada ao Senado Federal, que, por maioria absoluta, poderá suspender a execução, no todo ou em parte, do ato ou texto impugnado objeto da decisão.
(B) ela somente será admitida se não houver outro meio eficaz de sanar a lesividade.
(C) passou a integrar a Constituição Federal a partir da Emenda Constitucional n. 45/04, Reforma do Judiciário.
(D) ao proferir decisão, acolhendo-a, o juiz de primeiro grau está obrigado a remeter a decisão para ser confirmada pelo Supremo Tribunal Federal, considerando que se trata de uma das competências recursais do STF.
(E) é um dos instrumentos utilizados e admitidos pelo Supremo Tribunal Federal para obstar a tramitação do processo legislativo quando eivado de inconstitucionalidade.

A: incorreta, visto que a ADPF é uma ação do controle concentrado de constitucionalidade, portanto suas decisões terão eficácia para todos (*erga omnes*) e efeito vinculante relativamente aos demais órgãos do Poder Judiciário e da Administração Pública direta e indireta (art. 10, § 3º, da Lei 9.882/99); **B:** correta, pois o STF admite o cabimento da ADPF quando não há outro meio hábil de sanar a lesividade (ADPF 186, rel. min. Ricardo Lewandowski, j. 26-4-2012); **C:** incorreta, haja vista que a ADPF já estava prevista na redação original da Constituição de 1988, art. 102, parágrafo único, o qual foi posteriormente transformado em § 1º; **D:** incorreta, pois a ADPF será apreciada pelo Supremo Tribunal Federal, e não por juiz de primeiro grau (art. 102, § 1º, CF); **E:** incorreta, porque o STF admite o mandado de segurança, impetrado por parlamentar, para coibir atos praticados no processo de aprovação de lei ou emenda constitucional incompatíveis com disposições constitucionais que disciplinam o processo legislativo (MS 32.033, rel. p/ o ac. min. Teori Zavascki, j. 20-6-2013).

Gabarito "B".

(Auditor Fiscal Tributário da Receita Municipal/Cuiabá-MT – FGV) Assinale a opção que indica os atos normativos que podem ser objeto de controle de constitucionalidade pela via da ação direta.

(A) Leis complementares e decretos regulamentares.
(B) Leis ordinárias e atos internos do Legislativo.
(C) Medidas provisórias e decretos autônomos.
(D) Atos normativos privados e decretos legislativos.
(E) Normas constitucionais originárias e emendas constitucionais.

A: Decreto regulamentar sofre vício de ilegalidade, pois não cria direitos nem obrigações. Simplesmente regulamentam "leis", estas sim passíveis de controle de constitucionalidade pela via direta; **B:** Atos internos do Poder Legislativo por serem entendidos como *interna corporis* não se sujeitam ao controle abstrato de constitucionalidade (via ação direta); **C:** Aqui, tanto as MPs quantos os Decretos Autônomos (estes, cujo fundamento de validade está na própria CF – art. 84, VI) sujeitam-se ao controle de constitucionalidade pela via direta, ADI; **D:** Atos normativos privados – contratos etc. – não se sujeitam ao controle de constitucionalidade pela via direta pois não são atos normativos primários, oriundos da União ou dos Estados; **E:** Aqui discute-se a possibilidade das normas constitucionais inconstitucionais (inconstitucionalidade de normas originárias, promulgadas em 05 de outubro de 1988), o que não é admitido tanto pela doutrina pátria como pela jurisprudência do STF. No entanto as ECs, por serem fruto do poder constituinte derivado, podem ser objeto de controle por via direta pois o PC Derivado possui limites fixados no artigo 60 da CF.

Gabarito "C".

(Auditor do Tesouro Municipal/Recife-PE – FGV) A respeito das decisões definitivas de mérito proferidas pelo Supremo Tribunal Federal em sede de ação direta de inconstitucionalidade, assinale a afirmativa correta.

(A) Produzirão eficácia contra todos e efeito vinculante em relação aos demais órgãos do Poder Judiciário, à administração pública direta e indireta e aos órgãos do Poder Legislativo federal, estadual e municipal.
(B) Produzirão eficácia contra todos e efeito vinculante, em relação aos demais órgãos do Poder Judiciário e à administração pública direta e indireta.
(C) Produzirão eficácia contra todos, mas somente produzem efeito vinculante em relação aos demais órgãos do Poder Judiciário.
(D) Produzirão eficácia contra todos, mas, no ordenamento constitucional atual, não produzem efeito vinculante.
(E) Poderão determinar a suspensão da eficácia da lei declarada inconstitucional, mediante decisão do Senado Federal.

Nos termos do art. 102, § 2º, da CF, as decisões definitivas de mérito, proferidas pelo Supremo Tribunal Federal, nas ações diretas de inconstitucionalidade produzirão eficácia contra todos e efeito vinculante, relativamente aos demais órgãos do Poder Judiciário e à administração pública direta e indireta, nas esferas federal, estadual e municipal. Quanto ao Poder Legislativo, a decisão definitiva proferida pelo STF em ADI não o vincula quando se tratar do exercício de sua função típica (legislar).
Gabarito "B".

(Auditor do Tesouro Municipal/Recife-PE – FGV) O Partido Político "Cidadania e Respeito", com representação no Congresso Nacional, ajuizou ação direta de inconstitucionalidade por omissão, apontando a omissão parcial do legislador em relação ao cumprimento de dever constitucional de legislar.

Acerca dos contornos daquela ação, assinale a afirmativa correta.

(A) A decisão proferida em ação direta de inconstitucionalidade por omissão cria uma norma jurídica aplicável ao caso, até o advento da lei.
(B) Os Partidos Políticos com representação no Congresso Nacional não são legitimados à propositura da ação direta de inconstitucionalidade por omissão.
(C) Não se admite a propositura de ação direta de inconstitucionalidade por omissão em face de omissão apenas parcial do legislador.
(D) O Supremo Tribunal Federal poderá conceder medida cautelar no curso daquela ação, consistente na suspensão da aplicação da lei ou do ato normativo questionado.
(E) A ação direta de inconstitucionalidade por omissão pode ser proposta perante o Superior Tribunal de Justiça ou perante o Supremo Tribunal Federal, conforme o caso.

A: incorreta, pois declarada a inconstitucionalidade por omissão de medida para tornar efetiva norma constitucional, será dada ciência ao Poder competente para a adoção das providências necessárias e, em se tratando de órgão administrativo, para fazê-lo em trinta dias (art. 103, § 2º, CF), de forma que o STF não criará norma jurídica aplicável ao caso em respeito ao princípio da separação dos poderes; **B:** incorreta, tendo em vista que os partidos políticos com representação no Congresso Nacional são legitimados à propositura da ação direta de inconstitucionalidade por omissão (art. 103, VIII, CF); **C:** incorreta, pois é admissível a propositura de ação direta de inconstitucionalidade por omissão em face de omissão apenas parcial do legislador, conforme reconhecido no art. 12-F, § 1º, da Lei nº 9.868/99; **D:** correta, nos termos do art. 12-F, § 1º, da Lei nº 9.868/99; **E:** incorreta, porque a ação direta de inconstitucionalidade por omissão somente pode ser proposta perante o STF (art. 102, I, a, da CF).
Gabarito "D".

(Auditor Fiscal da Receita Federal – ESAF) O controle de constitucionalidade das leis é um dos mais importantes instrumentos da manutenção da supremacia da Constituição. Por essa razão é adotado, com algumas variações, pela grande maioria dos países democráticos. Com relação ao controle de constitucionalidade, pode-se afirmar que

(A) o controle difuso caracteriza-se por possibilitar a um número amplo de interessados impugnar a constitucionalidade de uma norma perante um único tribunal.
(B) o controle abstrato permite que um grupo restrito de pessoas impugne uma determinada norma, desde que fundamentado em um caso concreto, perante qualquer tribunal.
(C) o controle concentrado decorre de construção normativa de Hans Kelsen e a primeira Constituição a incorporá-lo foi a Constituição Alemã de 1919, também conhecida como Constituição de Weimar.
(D) o Brasil adota o controle difuso e o abstrato desde a Constituição Federal de 1891.
(E) o controle difuso é fruto de construção jurisprudencial da Suprema Corte dos Estados Unidos, embora alguns autores defendam que decisões anteriores já indicavam a possibilidade de o Judiciário declarar uma norma contrária à Constituição.

A: incorreta, pois o controle difuso ou concreto caracteriza-se por possibilitar a um número amplo de interessados impugnar a constitucionalidade de uma norma perante qualquer juiz ou Tribunal (a limitação a um único tribunal é característica do controle concentrado ou abstrato); **B:** incorreta, porque o controle abstrato permite que um grupo restrito de pessoas impugne uma determinada norma, desde que fundamentado na lei em tese (e não em um caso concreto), perante um tribunal constitucional; **C:** incorreta, pois o controle concentrado decorre de construção normativa de Hans Kelsen e a primeira Constituição a incorporá-lo foi a Constituição da Áustria, de 1920; **D:** incorreta, pois, no Brasil, o controle difuso foi adotado pela Constituição de 1891 (art. 59, § 1º, a e b), e o controle concentrado foi inserido pela Emenda Constitucional nº 16/1965, que alterou a Constituição de 1946 (art. 101, I, k); **E:** correta, pois o controle de constitucionalidade difuso é fruto de construção jurisprudencial da Suprema Corte dos Estados Unidos, especificamente no caso *Marbury versus Madison*, de 1803, em que o Juiz John Marshall entendeu que, havendo conflito entre a aplicação de uma lei e a Constituição em um caso concreto, deve prevalecer sempre a norma hierarquicamente superior.
Gabarito "E".

(Auditor Fiscal da Receita Federal – ESAF) Assinale a opção correta.

(A) O controle de constitucionalidade concentrado, abstrato, pode ser deflagrado mediante o ajuizamento de ação direta de inconstitucionalidade perante o STF, o STJ ou qualquer um dos Tribunais de Justiça dos Estados.
(B) Comporta exceções a regra geral que na declaração judicial de inconstitucionalidade de um ato normativo a decisão tem efeito *ex tunc*.
(C) A Comissão de Constituição e Justiça do Senado tem legitimidade para ajuizar Ação Direta de Inconstitucionalidade.
(D) O controle difuso foi introduzido no Direito Constitucional brasileiro com a Constituição de 1988.
(E) Nas decisões proferidas nas ações diretas de inconstitucionalidade, ao declarar a inconstitucionalidade de uma norma, o STF deve submeter sua decisão ao crivo do Senado Federal.

A: incorreta. O controle concentrado de constitucionalidade é exercido exclusivamente pelo STF, em caso de ofensa à Constituição Federal, e pelos Tribunais de Justiça dos Estados, em caso de ofensa à Constituição Estadual respectiva; **B:** correta. Nos termos do art. 27 da Lei 9.868/1999, havendo razões de segurança jurídica ou excepcional interesse social, pode o STF, por voto de dois terços de seus membros, modular os efeitos da decisão em controle concentrado de constitucionalidade, designando seu início para o trânsito em julgado da decisão ou qualquer outro momento futuro; **C:** incorreta. Os legitimados para a propositura da ADI são aqueles listados no art. 103 da CF, dentre os quais não se encontra a Comissão de Constituição e Justiça. Essa exclusão decorre do fato de CCJ atuar em sede de controle **prévio** de constitucionalidade; **D:** incorreta. O controle difuso de constitucionalidade, de inspiração norte-americana, é reconhecido pelo ordenamento jurídico pátrio desde a Constituição de 1891; **E:** incorreta. A decisão do STF em sede de controle concentrado é definitiva e irrecorrível, não podendo ser objeto sequer de ação rescisória (art. 26 da Lei 9.868/1999). A comunicação da decisão ao Senado para que, querendo, suspenda os efeitos da lei declarada inconstitucional ocorre somente em sede de controle difuso de constitucionalidade.

Gabarito "B".

(Auditor Fiscal da Receita Federal – ESAF) Marque a opção correta.

(A) Declarada *incidenter tantum* a inconstitucionalidade da lei ou ato normativo pelo Supremo Tribunal Federal, referidos efeitos serão *ex nunc*, sendo desnecessário qualquer atuação do Senado Federal.
(B) O Supremo Tribunal Federal não admite controle concentrado pelo Tribunal de Justiça local de lei ou ato normativo municipal contrário, diretamente, à Constituição Federal.
(C) Proclamada a inconstitucionalidade do dispositivo, pelo Supremo Tribunal Federal, julgar-se-á improcedente a ação direta de inconstitucionalidade.
(D) Atos estatais de efeitos concretos se submetem, em sede de controle concentrado, à jurisdição abstrata.
(E) As Súmulas, por apresentarem densidade normativa, são submetidas à jurisdição constitucional concentrada.

A: incorreta. No controle por via incidental (ou *incidenter tantum*), a produção de efeitos ocorre entre as partes que participaram do processo principal (*inter partes*) e para elas tem efeitos *ex tunc*, podendo ser editada resolução do Senado Federal visando à suspensão dos efeitos contra todos (*erga omnes*), conforme previsão no art. 52, X, da CF. A produção de efeitos contra terceiros, a partir da edição da Resolução do Senado, tem eficácia *ex nunc*. Note-se que a competência atribuída ao Senado Federal pelo art. 52, X, da CF, limita-se ao controle difuso ou incidental de constitucionalidade. No controle concentrado, a decisão do STF, por si só, produz efeitos contra todos (ou *erga omnes*) e vinculantes, por força do art. 102, § 2º, da CF, reproduzido no art. 28, parágrafo único, da Lei 9.868/1999; **B:** correta. Os TJs locais realizam controle concentrado de constitucionalidade de leis municipais ou estaduais sempre em face da Constituição Estadual (não podem analisar a constitucionalidade dessas normas em face da Constituição Federal). Assim, as leis estaduais estão sujeitas a duplo controle, igualmente abstrato: por intermédio de ADIn no STF (art. 102, I, "a", da CF, tendo como parâmetro a Constituição Federal) e por intermédio de ADIn estadual perante o TJ local (art. 125, § 2º, da CF, tendo por parâmetro a Constituição do Estado); **C:** incorreta. Proclamada a inconstitucionalidade da norma objeto do controle, a ADIn será procedente (possível ação declaratória de constitucionalidade em face do mesmo dispositivo seria improcedente). Se o STF declara sua constitucionalidade, a ADIn é improcedente e a ADC, procedente; **D:** incorreta. Atos de efeitos concretos são analisados em controle difuso, ou *incidenter tantum* ou incidental. Não cabe jurisdição abstrata; **E:** incorreta. Súmulas não possuem generalidade e abstração para serem objeto de controle de constitucionalidade.

Gabarito "B".

(Auditor Fiscal da Receita Federal – ESAF) Marque a opção correta.

(A) O Supremo Tribunal Federal, em sede de Ação Direta de Inconstitucionalidade, exige pertinência temática, quando a ação é proposta pelo Governador do Distrito Federal.
(B) Antes da concessão da liminar em sede de Ação Direta de Inconstitucionalidade, é possível que seu autor peça desistência da mesma.
(C) Para a propositura da Ação Direta de Inconstitucionalidade, se faz necessário observar um dos requisitos objetivos pertinente ao prazo prescricional.
(D) A Arguição de Descumprimento de Preceito Fundamental é cabível, mesmo quando impetrado Mandado de Segurança com a finalidade de sanar a lesividade.
(E) A Arguição de Descumprimento de Preceito Fundamental, segundo a legislação pertinente, apresenta mais legitimados ao que se verifica na legitimidade para a propositura de Ação Direta de Inconstitucionalidade.

A: correta. A legitimidade ativa para a propositura de ADIn encontra-se prevista no art. 103, I a IX, da CF. O STF, em interpretação restritiva do dispositivo constitucional, entende que determinados legitimados ativos devem observar o requisito da *pertinência temática* para propor ADIn, exigência que não está prevista na Constituição nem na legislação infraconstitucional, mas encontra-se amplamente sedimentada na jurisprudência do STF. Por pertinência temática deve-se entender a existência de uma relação direta entre a questão presente na lei ou no ato normativo a ser impugnado e os objetivos sociais da entidade demandante (ou entre a lei objeto de controle e as funções institucionais do legitimado ativo). Vale dizer, a noção é muito próxima do *interesse de agir* da Teoria Geral do Processo e faz surgir duas classes de legitimados ativos: os *universais* ou *neutros* e os *interessados* ou *especiais*. De acordo com o STF, são legitimados *neutros* ou *universais* para a propositura de ADIn (= têm legitimidade ativa em qualquer hipótese, sem necessidade de demonstração de pertinência temática): o Presidente da República, as Mesas do Senado e da Câmara, o Procurador-Geral da República, o Conselho Federal da OAB e o partido político com representação no Congresso Nacional. São legitimados *interessados* ou *especiais*, ou seja, precisam demonstrar relação de pertinência temática entre o objeto da ADIn e sua esfera jurídica (ou a de seus filiados): o Governador de Estado, a Mesa de Assembleia Legislativa (ou a Câmara Legislativa do DF), bem como as confederações sindicais ou entidades de classe de âmbito nacional; **B:** incorreta. A lei veda a intervenção de terceiros e a desistência na ADIn (arts. 5º e 7º da Lei 9.868/1999); **C:** incorreta. A propositura de ADIN não se sujeita a prazo prescricional porque a inconstitucionalidade não se convalida com o decurso do tempo; **D:** incorreta. A ADPF só é cabível se não houver outro meio capaz de sanar a lesividade (art. 4º da Lei 9.882/1999); **E:** incorreta. Os legitimados para a ADPF são os mesmos da ADIn (art. 2º, I, da Lei 9.882/1999 e art. 103 da CF).

Gabarito "A".

(Auditor Fiscal do Trabalho – ESAF) Sabe-se que a Constituição Federal sofre controle de diversas formas. Acerca do controle constitucional, é correto afirmar que

(A) é admitida a concessão de liminar em Ação Direta de Inconstitucionalidade, por omissão.
(B) o ajuizamento da Ação Direta de Inconstitucionalidade não se sujeita a prazos prescricional ou decadencial, vez que atos inconstitucionais não são suscetíveis de convalidação pelo decurso do tempo.
(C) o procedimento a ser seguido pela Ação Direta de Inconstitucionalidade por omissão não é o mesmo da ação de inconstitucionalidade genérica.
(D) a Ação Direta de Inconstitucionalidade, em face de sua natureza e finalidade especial, é suscetível de desistência a qualquer tempo.
(E) na Ação Direta de Inconstitucionalidade por omissão é obrigatória a oitiva do Advogado-Geral da União, tendo em vista que qualquer ato impugnado deve ser defendido.

A: Incorreta. De acordo com o STF, "a suspensão liminar de eficácia de atos normativos, questionados em sede de controle concentrado, não se revela compatível com a natureza e a finalidade da ação direta de inconstitucionalidade por omissão, eis que, nesta, a única consequ-

4. DIREITO CONSTITUCIONAL   73

ência político-jurídica possível traduz-se na mera comunicação formal, ao órgão estatal inadimplente, de que está em mora constitucional". (ADI 267 MC, Rel. Min. Celso de Mello, Tribunal Pleno, julgado em 25/10/1990); **B**: correta, a nulidade se verifica desde a edição da lei, ainda que os efeitos da declaração de inconstitucionalidade possam ser excepcionalmente modulados no tempo (v. art. 27 da Lei 9.868/1999); **C**: Incorreta. O procedimento da ADIn por omissão é, no que couber, o mesmo da ADIn genérica (art. 12-E da Lei 9.868/1999). Da mesma forma, as regras concernentes à decisão da ADIn por omissão também são as mesmas da ADIn genérica (art. 12-H, *caput* e § 2º da Lei 9.868/1999); **D**: Incorreta. São vedadas a intervenção de terceiros e a desistência da ação, por se tratar de processo objetivo (arts. 5º e 7º da Lei 9.868/1999); **E**: Incorreta. O Procurador-Geral da República deverá ser previamente ouvido, por força do art. 103, § 1º, da CF. Já o Advogado-Geral da União, que funciona como curador da constitucionalidade da norma impugnada (art. 103, § 3º, da CF), tem sua participação dispensada por motivos óbvios: por se tratar de ADIn *por omissão*, não há texto legal a ser defendido.
Gabarito "B".

(Fiscal de Rendas/RJ – FGV) Não possui legitimidade para propor ação direta de inconstitucionalidade:

(A) a mesa da Câmara dos Deputados.
(B) a mesa do Senado Federal.
(C) a mesa do Congresso Nacional.
(D) a mesa da Câmara Legislativa do Distrito Federal.
(E) a confederação sindical de âmbito nacional.

Art. 103, I a IX, da CF.
Gabarito "C".

(Auditor Fiscal/SC – FEPESE) Com respeito ao modelo constitucional brasileiro, é correto afirmar:

(A) No controle difuso de constitucionalidade, cabe ao Supremo Tribunal Federal apreciar o recurso especial.
(B) No controle concentrado de constitucionalidade, a decisão acolhida possui efeitos *erga omnes* mas não vinculantes.
(C) A Constituição Brasileira prevê expressamente a edição de lei regulamentadora das ações diretas de inconstitucionalidade
(D) Por disposição principiológica geral, as decisões de inconstitucionalidade abstrata de leis não geram efeito repristinatório.
(E) O Supremo Tribunal Federal realiza o controle difuso e concentrado da constitucionalidade das leis.

A e E: O Brasil adota o sistema misto de constitucionalidade, vale dizer, convivem em nosso país o controle abstrato (ou concentrado, ou por via principal) e o controle difuso (ou concreto, ou *incidenter tantum*). Dessa forma, qualquer juiz ou tribunal (inclusive o STF), "ao analisar um caso concreto", pode verificar a compatibilidade de lei ou ato normativo diante da Constituição Federal (controle difuso). Ao mesmo tempo, apenas ao STF cabe o controle concentrado (ou por via de ação) de lei ou ato normativo federal ou estadual diante da Constituição Federal. Assim, o STF exerce tanto o controle concentrado como o difuso. A decisão do STF, proferida em ADIn, insere-se no controle por via principal, cuja competência para julgamento é apenas do STF se o parâmetro de validade for a Constituição Federal. Isso não significa que o STF não exerça, como qualquer outro juiz ou tribunal, o controle difuso, pois efetivamente o faz em recurso extraordinário, em recurso ordinário ou até mesmo em causas de sua competência originária (*e.g.*, em mandado de segurança). Por fim, o recurso especial é processado e julgado pelo Superior Tribunal de Justiça (art. 105, III, da CF); **B**: No controle por via principal (ou concentrado, ou por ADIn), a regra é a produção de efeitos a) *erga omnes* (porque decorre do exercício de *substituição processual*: os órgãos e entidades do art. 103 da CF atuam em nome próprio na defesa de interesses de toda a coletividade – a legitimação é extraordinária), b) vinculantes (por força do art. 102, § 2º, da CF e do art. 28, parágrafo único, da Lei 9.868/1999) e c) *ex tunc* (já que a declaração de inconstitucionalidade tem natureza meramente declaratória), embora seja possível a modulação de efeitos temporais, na forma do art. 27 da Lei 9.868/1999 (cuja aplicação o STF também tem admitido para o controle por via incidental); **C**: Não prevê para a ADIn (art. 102, I, "a", da CF), mas sim para a ADPF (art. 102, § 1º, da CF, regulamentado pela Lei 9.882/1999). Entretanto, o procedimento da ADIn está regulamentada na Lei 9.868/1999; **D**: Repristinação é a restauração de uma lei revogada por outra e, no direito brasileiro, só é admitida se ocorrer expressamente (art. 2º, § 3º, da LINDB). O art. 11, § 2º, da Lei 9.868/1999 expressamente prevê o efeito repristinatório na ADIn ("A concessão da medida cautelar torna aplicável a legislação anterior acaso existente, salvo expressa manifestação em sentido contrário"), ou seja, a repristinação não decorre de "disposição principiológica geral".
Gabarito "E".

(Auditor Fiscal/SC – FEPESE) Com respeito ao modelo constitucional brasileiro, é correto afirmar:

(A) A declaração de inconstitucionalidade *in abstracto* torna inaplicável a legislação anterior revogada pela norma impugnada.
(B) A declaração de inconstitucionalidade *in abstracto* não possui efeito vinculante para os órgãos do Poder Judiciário.
(C) O controle em tese da constitucionalidade de leis opera pela via difusa.
(D) A declaração de inconstitucionalidade *in abstracto* de lei, no modelo brasileiro, possui caráter retroativo.
(E) O Supremo Tribunal Federal não pode apreciar pedido de medida cautelar nas ações diretas de inconstitucionalidade.

A: incorreta. Uma lei declarada inconstitucional não pode produzir efeitos. Assim, se previa a revogação de uma outra lei, essa revogação não tem mais efeito. Aliás, essa repristinação já é atingida pela concessão de cautelar, conforme texto do art. 11, § 2º, da Lei 9.868/1999; **B**: incorreta. No controle por via principal (ou concentrado, ou por ADIn), a regra é a produção de efeitos a) *erga omnes* (porque decorre do exercício de *substituição processual*: os órgãos e entidades do art. 103 da CF atuam em nome próprio na defesa de interesses de toda a coletividade – a legitimação é extraordinária), b) vinculantes (por força do art. 102, § 2º, da CF e do art. 28, parágrafo único, da Lei 9.868/1999) e c) *ex tunc* (já que a declaração de inconstitucionalidade tem natureza meramente declaratória), embora seja possível a modulação de efeitos temporais, na forma do art. 27 da Lei 9.868/1999 (cuja aplicação o STF também tem admitido para o controle por via incidental); **C**: incorreta. O controle em tese é sinônimo de controle abstrato e ocorre pela via principal ou concentrada; **D**: correta. Essa é a regra, apesar de os efeitos temporais da declaração de inconstitucionalidade poderem ser excepcionalmente modulados, observada a regra do art. 27 da Lei 9.868/1999; **E**: incorreta. A Lei 9.868/1999 prevê expressamente o cabimento de cautelar em ADIn (art. 10 e ss.).
Gabarito "D".

(Auditor Fiscal/SC – FEPESE) Com respeito ao modelo constitucional brasileiro, é correto afirmar:

(A) A competência para propositura de ação direta de inconstitucionalidade estende-se ao Chefe do Poder Executivo Municipal.
(B) O Procurador-Geral da República pode propor apenas a ação direta de inconstitucionalidade, não podendo propor ação declaratória de constitucionalidade.
(C) O Supremo Tribunal Federal pode apreciar ação direta de inconstitucionalidade de ato normativo estadual.

(D) O Procurador-Geral da República poderá, discricionariamente, ser ouvido nas ações de inconstitucionalidade.
(E) O cancelamento de súmula não poderá ser provocado por quem pode propor ação direta de inconstitucionalidade.

A: incorreta. Apenas os órgãos e entidades listados no art. 103 da CF podem propor ADIn, sendo certo que o prefeito não se encontra no rol; **B:** incorreta. Os legitimados para ADC são os mesmos da ADIn (art. 103, caput, da CF); **C:** correta, pois cabe ADIn de lei ou ato normativo federal ou estadual. Entretanto, só cabe ADC de lei ou ato normativo federal (art. 102, I, "a", da CF); **D:** incorreta. Deve obrigatoriamente ser ouvido (art. 103, § 1º, da CF); **E:** incorreta. Não reflete o disposto no art. 3º da Lei 11.417/2006, c/c art. 103 da CF: "Art. 3º São legitimados a propor a edição, a revisão ou o cancelamento de enunciado de súmula vinculante: I - o Presidente da República; II - a Mesa do Senado Federal; III – a Mesa da Câmara dos Deputados; IV – o Procurador-Geral da República; V - o Conselho Federal da Ordem dos Advogados do Brasil; VI - o Defensor Público-Geral da União; VII – partido político com representação no Congresso Nacional; VIII – confederação sindical ou entidade de classe de âmbito nacional; IX – a Mesa de Assembleia Legislativa ou da Câmara Legislativa do Distrito Federal; X - o Governador de Estado ou do Distrito Federal; XI - os Tribunais Superiores, os Tribunais de Justiça de Estados ou do Distrito Federal e Territórios, os Tribunais Regionais Federais, os Tribunais Regionais do Trabalho, os Tribunais Regionais Eleitorais e os Tribunais Militares".
Gabarito "C".

(Auditor Fiscal/RJ – FGV) No controle *incidenter tantum* de constitucionalidade, os tribunais podem modular temporalmente os seus efeitos, observado o *quorum* de:

(A) três quintos.
(B) um terço.
(C) dois terços.
(D) dois quintos.
(E) quatro quintos.

O art. 27 da Lei nº 9.868/1999 prevê que, ao declarar a inconstitucionalidade de lei ou ato normativo, e tendo em vista razões de segurança jurídica ou de excepcional interesse social, poderá o Supremo Tribunal Federal, por maioria de dois terços de seus membros, restringir os efeitos daquela declaração ou decidir que ela só tenha eficácia a partir de seu trânsito em julgado ou de outro momento que venha a ser fixado. O Supremo Tribunal Federal tem reconhecido, excepcionalmente, a possibilidade de proceder à modulação ou limitação temporal dos efeitos da declaração de inconstitucionalidade, mesmo quando proferida, por esta Corte, em sede de controle difuso ou *incidenter tantum* (RE 395.902-AgR, rel. min. Celso de Mello, Julgamento em 7-3-2006, Segunda Turma).
Gabarito "C".

(Fiscal de Tributos/Vila Velha - ES – CESPE) Julgue o seguinte item:
(1) No sistema jurídico brasileiro, é competência privativa do Supremo Tribunal Federal (STF) o controle de constitucionalidade das leis federais.

1: errado. O Brasil adota o sistema misto de controle de constitucionalidade, vale dizer, convivem em nosso país o controle abstrato (ou concentrado) e o controle difuso (ou concreto). Dessa forma, qualquer juiz ou tribunal, ao analisar um caso concreto, pode verificar a compatibilidade de lei ou ato normativo diante da Constituição Federal (controle difuso). Ao mesmo tempo, apenas ao STF cabe o controle concentrado (ou abstrato ou por via de ação direta) de lei ou ato normativo federal ou estadual diante da Constituição Federal.
Gabarito 1E.

(Fiscal de Tributos/Rio Branco-AC – CESPE) Julgue o seguinte item:
(1) Lei municipal pode ser impugnada no controle concentrado de constitucionalidade perante o Supremo Tribunal Federal (STF).

1: correto, por intermédio da Arguição de Descumprimento de Preceito Fundamental – ADPF, que é instrumento do controle concentrado (v. art. 1º, parágrafo único, I, da Lei 9.882/1999).
Gabarito 1C.

(Fiscal de Tributos/Maceió-AL – CESPE) Após publicação de lei federal que reduz o montante dos recursos repassados pela União aos estados e municípios brasileiros para os fundos de participação dos estados e dos municípios, respectivamente, um governador e um prefeito ingressaram, cada um, no Supremo Tribunal Federal (STF), com uma ação direta de inconstitucionalidade contra a referida lei.

Com base nessa situação hipotética, julgue os itens seguintes.

(1) O STF deverá rejeitar a ação intentada pelo prefeito, tendo em vista que ele não está legitimado pela Constituição da República para impetrar ação direta de inconstitucionalidade contra lei federal.
(2) O STF deverá rejeitar a ação intentada pelo governador, uma vez que este está legitimado a ingressar com ação direta de inconstitucionalidade apenas contra ato normativo estadual.

1: correto, por força do art. 103 da CF; **2:** errado. A legitimação prevista no art. 103 da CF deve ser interpretada à luz do art. 102, I, "a", da Constituição, que autoriza o ajuizamento de ADIn contra lei ou ato normativo federal ou estadual.
Gabarito 1C, 2E.

(Fiscal de Tributos/Maceió-AL – CESPE) Acerca da ação declaratória de constitucionalidade, julgue o item a seguir.

(1) Não se admite, no Brasil, ação declaratória de constitucionalidade de ato normativo estadual, se tomada a Constituição da República como parâmetro de constitucionalidade.

1: certo, por força do art. 102, I, "a", da CF.
Gabarito 1C.

(Auditor Fiscal/São Paulo-SP – FCC) No Brasil, a declaração de inconstitucionalidade das leis e atos normativos pode ser feita

(A) somente pelo Supremo Tribunal Federal.
(B) somente pelo Supremo Tribunal Federal e Tribunais de Justiça dos Estados-membros.
(C) somente por Tribunais, sendo seu exercício vedado aos juízes singulares.
(D) por todos os Tribunais e juízes singulares integrantes do Poder Judiciário.
(E) somente pelo Senado Federal, após julgamento do Tribunal competente.

O Brasil adota o sistema misto de constitucionalidade, vale dizer, convivem em nosso país o controle abstrato (ou concentrado) e o controle difuso (ou concreto). Dessa forma, qualquer juiz ou tribunal, ao analisar um caso concreto, pode verificar a compatibilidade de lei ou ato normativo diante da Constituição Federal (controle difuso). Ao mesmo tempo, apenas ao STF cabe o controle concentrado (ou abstrato ou por via de ação direta) de lei ou ato normativo federal ou estadual diante da Constituição Federal.
Gabarito "D".

(Auditor Fiscal/São Paulo-SP – FCC) A Arguição de Descumprimento de Preceito Fundamental pode ser ajuizada

(A) somente por membro do Ministério Público.
(B) somente por partido político com representação no Congresso Nacional.
(C) por qualquer cidadão em gozo de seus direitos políticos, entre outros sujeitos legitimados.
(D) por prefeito municipal, entre outros sujeitos legitimados.
(E) por governador de Estado ou do Distrito Federal, entre outros legitimados.

A ADPF pode ser proposta pelos mesmos legitimados ativos da ADIn (art. 2º da Lei 9.882/1999 c/c art. 103 da CF).
Gabarito "E".

(Auditor Fiscal/São Paulo-SP – FCC) A inconstitucionalidade de lei municipal em face da Constituição do Estado-membro pode ser declarada

(A) por meio de ação direta de inconstitucionalidade.
(B) por meio de ação de descumprimento de preceito fundamental.
(C) por meio de ação declaratória de constitucionalidade.
(D) somente mediante provocação da parte diretamente lesada.
(E) somente mediante o controle difuso de constitucionalidade.

A: correta. Lei municipal em face da Constituição Estadual pode ser contestada via ADIn estadual (também chamada de representação de inconstitucionalidade estadual), proposta perante o Tribunal de Justiça local; **B:** incorreta. Não cabe ADPF de lei municipal em face da Constituição Estadual, mas apenas da Constituição Federal (art. 1º, parágrafo único, I, da Lei 9.882/1999); **C:** incorreta. Só cabe ADC de lei federal em face da Constituição Federal (art. 102, I, "a", da CF); **D:** incorreta. A parte interessada não tem legitimidade para arguir a inconstitucionalidade de lei em controle concentrado; **E:** incorreta. Lei municipal pode ser contestada em face da Constituição Estadual também em controle concentrado de constitucionalidade, diretamente no TJ local, por intermédio de ADIn estadual.
Gabarito "A".

(Auditor Fiscal Tributário Estadual – SEGEP/MA – 2016 – FCC) Independe da demonstração de pertinência temática a ação direta de inconstitucionalidade ajuizada

(A) por Governador de Estado.
(B) pelo Governador do Distrito Federal.
(C) pelo Conselho Federal da Ordem dos Advogados do Brasil.
(D) por confederação sindical.
(E) por entidade de classe de âmbito nacional.

O art. 103 da Constituição Federal elenca os legitimados ativos para a propositura da ação direta de inconstitucionalidade. A partir de construção jurisprudencial, o Supremo Tribunal Federal estabeleceu uma diferenciação entre esses legitimados, dividindo-os em legitimados universais e legitimados especiais. Os **legitimados universais** são aqueles que não necessitam demonstrar pertinência temática (relação institucional com a matéria impugnada), pois o interesse genérico em preservar a supremacia da Constituição decorre das suas atribuições institucionais. São eles: o Presidente da República; a Mesa do Senado Federal; a Mesa da Câmara dos Deputados; o Procurador-Geral da República; o Conselho Federal da Ordem dos Advogados do Brasil e os partidos políticos com representação no Congresso Nacional. Já os **legitimados especiais** são aqueles que necessitam demonstrar a pertinência temática, isto é, a relação de adequação entre os objetivos estatutários ou o interesse específico para o qual foram constituídos e o conteúdo da norma jurídica arguida como inconstitucional. São eles: a Mesa de Assembleia Legislativa ou da Câmara Legislativa do Distrito Federal; o Governador de Estado ou do Distrito Federal e as confederações sindicais ou entidades de classe de âmbito nacional.
Gabarito "C".

(Auditor Fiscal Tributário Municipal – Prefeitura Cuiabá – 2016 – FGV) Com o objetivo de assegurar a plena execução de lei que veiculava matéria de natureza tributária, o Presidente da República expediu o respectivo regulamento.

Ocorre que esse ato normativo foi considerado pelo Congresso Nacional como exorbitante do poder regulamentar, o que o levou a sustá-lo.

O Chefe do Poder Executivo, irresignado com o ocorrido, determinou que fossem adotadas as providências necessárias à submissão do decreto legislativo, que sustou o regulamento, ao controle concentrado de constitucionalidade exercido pelo Supremo Tribunal.

À luz dessa narrativa e da sistemática constitucional, é correto afirmar que esse decreto legislativo

(A) não pode ser submetido ao referido controle, pois, ao aferir a compatibilidade do regulamento com a lei, sua essência enquadra-se no plano legal, não no constitucional.
(B) pode ser submetido ao referido controle, a exemplo do que ocorre com todos os atos normativos, de natureza legal ou infralegal.
(C) não pode ser submetido ao referido controle, pois não apresenta os atributos da generalidade e da abstração.
(D) pode ser submetido ao referido controle, pois aufere o seu fundamento de validade na Constituição e sua força normativa é negativa.
(E) não pode ser submetido ao referido controle, pois somente os atos normativos estão sujeitos a ele.

A Constituição atribui ao Congresso Nacional competência exclusiva para sustar os atos normativos do Poder Executivo que exorbitem do poder regulamentar ou dos limites de delegação legislativa (art. 49, V). O STF possui entendimento de que o decreto legislativo, editado com fundamento no art. 49, V, da CF, não se desveste dos atributos tipificadores da normatividade pelo fato de limitar-se, materialmente, à suspensão de eficácia de ato oriundo do Poder Executivo; sendo que também realiza função normativa o ato estatal que exclui, extingue ou suspende a validade ou a eficácia de uma outra norma jurídica (ADI 748 MC). Desse modo, o decreto legislativo que veicula a sustação de ato do Poder Executivo é ato normativo com fundamento de validade na Constituição e força normativa negativa, podendo ser objeto do controle concentrado de constitucionalidade. Saliente-se que não são todos os atos normativos de natureza infralegal que podem ser submetidos ao controle de constitucionalidade, mas apenas aqueles com densidade normativa – i.e., abstração e generalidade – e com fundamento de validade diretamente na Constituição.
Gabarito "D".

5. ORGANIZAÇÃO DO ESTADO

(Auditor Fiscal da Receita Federal – ESAF) Sobre competência para legislar, é correto afirmar que:

(A) compete privativamente à União legislar sobre sistemas de consórcios e sorteios.
(B) é competência comum da União, dos Estados, do Distrito Federal e dos Municípios legislar sobre propaganda comercial.

(C) Lei Ordinária poderá autorizar os Estados a legislar sobre questões específicas das matérias que são de competência privativa da União.
(D) a competência da União para legislar sobre normas gerais exclui a competência suplementar dos Estados.
(E) compete à União, aos Estados e ao Distrito Federal legislar concorrentemente sobre Direito do Trabalho.

A: correta, conforme art. 22, XX, da CF; B: incorreta, pois compete privativamente à União legislar sobre propaganda comercial (art. 22, XXIX, CF); além disso, a ência competência comum da União, dos Estados, do Distrito Federal e dos Municípios prevista no art. 23 é competência material ou administrativa, e não legislativa; C: incorreta, pois cabe à lei complementar autorizar os Estados a legislar sobre questões específicas das matérias que são competência privativa da União (art. 22, parágrafo único, CF); D: incorreta, porque a competência da União para legislar sobre normas gerais não exclui a competência suplementar dos Estados (art. 24, § 2º, CF); E: incorreta, porque compete privativamente à União legislar sobre direito do trabalho (art. 22, I,CF).
Gabarito "A".

(Auditor Fiscal da Receita Federal – ESAF) Com relação aos bens da União e dos Estados, é correto afirmar que:

(A) a faixa de até cento e cinquenta quilômetros de largura, ao longo das fronteiras terrestres, designada como faixa de fronteira, é considerada fundamental para defesa do território nacional, e sua ocupação e utilização serão reguladas por Resolução do Senado Federal.
(B) os recursos naturais da plataforma continental e da zona econômica exclusiva pertencem à União, sendo assegurada, nos termos da lei, a outras unidades federativas, a participação no resultado da exploração de petróleo, gás natural e outros recursos minerais e de recursos hídricos para fins de geração de energia elétrica.
(C) em razão de sua localização, as ilhas oceânicas e costeiras são de propriedade da União, sem exceção.
(D) pertencem aos Estados as cavidades naturais subterrâneas e os sítios arqueológicos e pré-históricos localizados dentro de sua respectiva área territorial.
(E) a exploração de recursos minerais de qualquer espécie será objeto de autorização conjunta da União e do Estado quando os recursos estiverem localizados em área territorial do Estado.

A: incorreta, pois a faixa de até cento e cinquenta quilômetros de largura, ao longo das fronteiras terrestres, designada como faixa de fronteira, é considerada fundamental para defesa do território nacional, e sua ocupação e utilização serão reguladas por lei (art. 20, § 2º, CF); B: correta, conforme art. 20, § 1º, da CF; C: incorreta, visto que pertencem à União as ilhas oceânicas e as costeiras, excluídas as que contenham a sede de Municípios e as áreas que estiverem sob domínio dos Estados (art. 20, IV, CF); D: incorreta, haja vista que pertencem à União as cavidades naturais subterrâneas e os sítios arqueológicos e pré-históricos (art. 20, X, CF); E: incorreta, porque os recursos minerais são bens da União (art. 20, IX, CF), portanto a sua exploração somente poderá ser efetuada mediante autorização ou concessão da União (art. 176, § 1º, da CF).
Gabarito "B".

(Auditor Fiscal Tributário da Receita Municipal/Cuiabá-MT – FGV) Sobre a organização político-administrativa do Estado brasileiro, analise as afirmativas a seguir.

I. O Estado brasileiro divide-se em entes federativos de três diferentes níveis organizados hierarquicamente.
II. Os Municípios podem legislar de forma suplementar sobre matérias elencadas pela Constituição de 1988 como sendo de competência legislativa concorrente.
III. A competência legislativa sobre assuntos de interesse local é privativa dos Municípios.

Assinale:

(A) se somente a afirmativa I estiver correta.
(B) se somente a afirmativa III estiver correta.
(C) se somente as afirmativas I e II estiverem corretas.
(D) se somente as afirmativas II e III estiverem corretas.
(E) se todas as afirmativas estiverem corretas.

I: A organização político-administrativa do Estado brasileiro compreende a União, os Estados-membros, o Distrito Federal e os Municípios, todos AUTÔNOMOS, portanto não há hierarquia entre eles. São três níveis uma vez que o DF possui as competências atribuídas a Estados e Municípios; II: Correta, artigo 30, II; III: Correta, artigo 30, I.
Gabarito "D".

(Auditor do Tesouro Municipal/Recife-PE – FGV) Em regra, a Constituição Brasileira de 1988 veda a acumulação remunerada de cargos públicos. Todavia, existem exceções constitucionalmente expressas.

Assinale a alternativa que apresenta uma exceção à vedação de acumulação.

(A) É possível acumular os cargos de juiz estadual e deputado federal.
(B) É possível acumular os cargos de professor universitário em Universidade Federal e o de pesquisador em Universidade Estadual, não conflitando os horários.
(C) É possível acumular os cargos de professor universitário em regime de dedicação exclusiva em Universidade Federal e de professor universitário em regime de dedicação exclusiva em Universidade Estadual.
(D) É possível acumular os cargos de analista judiciário e de técnico judiciário.
(E) É possível acumular os cargos de prefeito e procurador autárquico municipal.

Conforme art. 37, XVI, da CF, é vedada a acumulação remunerada de cargos públicos, exceto, quando houver compatibilidade de horários: a) a de dois cargos de professor; b) a de um cargo de professor com outro técnico ou científico; c) a de dois cargos ou empregos privativos de profissionais de saúde, com profissões regulamentadas.
Gabarito "B".

(Auditor Fiscal/ES – CESPE) No que concerne à organização político-administrativa do Estado brasileiro, assinale a opção correta.

(A) Inserem-se no âmbito da competência do município o planejamento e o controle do uso e ocupação do solo urbano.
(B) Compete à União legislar privativamente sobre direito do consumidor.
(C) Considere que lei estadual tenha sido editada dispondo sobre as condições para o exercício de determinada profissão e que tenha sido arguida a sua inconstitucionalidade em ação judicial. Nessa situação, não há inconstitucionalidade, já que a competência para legislar sobre o exercício de profissões é concorrente entre os entes da Federação.
(D) Considere que tenha sido editada lei estadual regulando o parcelamento de multas de trânsito ocorridas no âmbito de determinada unidade da

Federação. Nessa situação, a lei é constitucional, pois, de acordo com a CF, a competência para legislar sobre trânsito e transporte é concorrente entre os entes da Federação.
(E) A União, os estados, o Distrito Federal e os municípios têm competência concorrente para legislar sobre telecomunicações.

A: correta, pois compete aos municípios promover, no que couber, adequado ordenamento territorial, mediante planejamento e controle do uso, do parcelamento e da ocupação do solo urbano (art. 30. VIII, CF); B: incorreta, porque compete à União, aos Estados e ao Distrito Federal legislar concorrentemente sobre produção e consumo, o que inclui direito do consumidor (art. 24, V, CF); C: incorreta, porque a competência para legislar sobre condições para o exercício de profissões é privativa da União (art. 22, XVI, CF); D: incorreta, visto que a competência para legislar sobre trânsito e transporte é privativa da União (art. 22, XI, CF); E: incorreta, pois compete privativamente à União legislar sobre telecomunicações (art. 22, IV, CF).
Gabarito "A".

(Auditor Fiscal/MA – FGV) Nos termos da Constituição Federal, a remuneração dos servidores e os subsídios são fixados por leis específicas, observada a iniciativa prevista em cada caso.

No que concerne à revisão anual haverá

(A) lei específica de cada poder definindo o percentual aplicável aos seus servidores.
(B) lei geral determinando um único índice de reajuste para a totalidade dos servidores.
(C) lei para cada carreira do serviço público sujeito o índice à negociação livre.
(D) lei para cada Poder do Estado e o índice será fixado em reunião paritária.
(E) índice geral fixado em resolução do Supremo Tribunal Federal, consultados os demais Poderes.

Conforme art. 37, inciso X, da CF, a remuneração dos servidores públicos e o subsídio somente poderão ser fixados ou alterados por lei específica, observada a iniciativa privativa em cada caso, **assegurada revisão geral anual**, sempre na mesma data e sem distinção de índices. Logo, a revisão anual deverá ser realizada por lei geral que determine um único índice de reajuste para a totalidade dos servidores.
Gabarito "B".

(Auditor Fiscal Tributário da Receita Municipal/Cuiabá-MT – FGV) A respeito da Administração Pública, assinale V para a afirmativa verdadeira e F para a falsa.

( ) É vedada a vinculação de remunerações entre cargos diversos da Administração Pública.
( ) O direito de greve do servidor público não pode ser exercido enquanto não for regulamentado.
( ) Não é admitida a acumulação remunerada de cargos públicos.

As afirmativas são, respectivamente,

(A) V, F e F.
(B) F, V e F.
(C) V, V e F.
(D) F, V e V.
(E) F, F e F.

I: verdadeira. É vedada a vinculação ou equiparação de quaisquer espécies remuneratórias para o efeito de remuneração de pessoal do serviço público (art. 37, XIII, CF);
II: falsa. No julgamento dos mandados de injunção nº 670, 708 e 712, o Plenário do Supremo Tribunal Federal decidiu declarar a omissão legislativa quanto ao dever constitucional em editar lei que regulamente o exercício do direito de greve no setor público e, por maioria, aplicar ao setor, no que couber, a lei de greve vigente no setor privado (Lei nº 7.783/89);
III: falsa. Conforme art. 37, XVI, da CF, é vedada a acumulação remunerada de cargos públicos, exceto, quando houver compatibilidade de horários: a) a de dois cargos de professor; b) a de um cargo de professor com outro técnico ou científico; c) a de dois cargos ou empregos privativos de profissionais de saúde, com profissões regulamentadas.
Gabarito "A".

(Auditor do Tesouro Municipal/Recife-PE – FGV) As opções a seguir apresentam bens da União, à exceção de uma. Assinale-a.

(A) Os rios que banham mais de um Estado ou que provenham de território estrangeiro.
(B) Os recursos naturais da plataforma continental.
(C) Os recursos minerais, inclusive os do subsolo, localizados no interior de um Estado.
(D) Um lago localizado no interior de um Estado que não faça fronteira com outro País.
(E) As terras tradicionalmente ocupadas pelos índios.

A: correta, pois são bens da União os rios e quaisquer correntes de água em terrenos de seu domínio, ou que banhem mais de um Estado, sirvam de limites com outros países, ou se estendam a território estrangeiro ou dele provenham (art. 20, III, CF); B: correta, pois são bens da União os recursos naturais da plataforma continental e da zona econômica exclusiva (art. 20, V, CF); C: correta, pois são bens da União os recursos minerais, inclusive os do subsolo (art. 20, IX, CF); D: incorreta (devendo ser assinalada), pois são bens da União apenas os lagos em terrenos de seu domínio, ou que banhem mais de um Estado, sirvam de limites com outros países, ou se estendam a território estrangeiro (art. 20, IV, CF), portanto um lago localizado no interior de um Estado que não faça fronteira com outro país não é bem da União; E: correta, pois são bens da União as terras tradicionalmente ocupadas pelos índios (art. 20, XI, CF).
Gabarito "D".

(Analista-Tributário da Receita Federal – ESAF) Sobre as competências da União, Estados, Distrito Federal e Municípios, assinale a única opção correta.

(A) Compete privativamente à União legislar sobre direito penitenciário.
(B) Compete privativamente à União legislar sobre registros públicos.
(C) Compete à União, aos Estados e ao Distrito Federal legislar concorrentemente sobre desapropriação.
(D) Compete privativamente à União legislar sobre juntas comerciais.
(E) No âmbito da legislação concorrente, a competência da União limitar-se-á a estabelecer normas gerais. Inexistindo lei federal sobre normas gerais, os Estados não estão autorizados a exercer a competência legislativa plena.

A: incorreta. Trata-se de competência concorrente entre a União e os Estados (art. 24, I, da CF); B: correta, nos termos do art. 22, XXV, da CF; C: incorreta. Trata-se de competência privativa da União (art. 22, II, da CF); D: incorreta. Trata-se de competência concorrente entre a União e os Estados (art. 24, III, da CF); E: incorreta. Silente a legislação federal em caso de competência concorrente, os Estados exercerão a competência legislativa plena (art. 24, § 3º, da CF).
Gabarito "B".

(**Auditor Fiscal da Receita Federal – ESAF**) A Constituição Federal permite a criação de novos Estados. No que diz respeito a esse tema (criação de Estados), é correto afirmar que

(A) é vedado à União, direta ou indiretamente, assumir, em decorrência da criação de Estado, encargos referentes à despesa com pessoal inativo e com encargos e amortizações da dívida interna ou externa da administração pública.
(B) o Congresso Nacional deve se manifestar através de Lei Ordinária, aprovando a proposta.
(C) a população diretamente interessada deve se manifestar, aprovando a proposição na hipótese de a Assembleia Estadual discordar da proposta.
(D) o Tribunal de Justiça do novo Estado poderá funcionar com desembargadores do Tribunal de Justiça dos Estados limítrofes, pelo prazo máximo de dois anos, até que se organize o Tribunal do novo Estado.
(E) o primeiro Governador do novo Estado será indicado pelo Presidente da República, com mandato de no máximo dois anos, prazo em que devem estar concluídas as primeiras eleições gerais estaduais.

A: correta, nos termos do art. 234 da CF; **B:** incorreta. A aprovação pelo Congresso deve dar-se por lei complementar (art. 18, § 3º, da CF); **C:** incorreta. As Assembleias Legislativas não se manifestam no processo de criação de Estados, apenas a população diretamente interessada e o Congresso Nacional (art. 18, § 3º, da CF); **D:** incorreta. Os primeiros desembargadores do Tribunal de Justiça devem ser indicados pelo governador eleito (art. 235, V, da CF); **E:** incorreta. O governador deve ser eleito pela população do novo Estado.
Gabarito "A".

(**Auditor Fiscal da Receita Federal – ESAF**) Sobre os princípios constitucionais da Administração Pública, na Constituição de 1988, marque a única opção correta.

(A) Segundo a doutrina, o conteúdo do princípio da eficiência relaciona-se com o modo de atuação do agente público e o modo de organização, estruturação e disciplina da Administração Pública.
(B) O princípio da impessoalidade não guarda relação com a proibição, prevista no texto constitucional, de que conste da publicidade oficial nomes, símbolos ou imagens que caracterizem promoção pessoal de autoridade ou servidores públicos.
(C) O princípio da moralidade administrativa incide apenas em relação às ações do administrador público, não sendo aplicável ao particular que se relaciona com a Administração Pública.
(D) O conteúdo do princípio da publicidade não abrange a questão do acesso do particular aos atos administrativos, concluídos ou em andamento, em relação aos quais tenha comprovado interesse.
(E) Segundo a doutrina, há perfeita identidade do conteúdo do princípio da legalidade aplicado à Administração Pública e o princípio da legalidade aplicado ao particular.

A: correta. A inserção do princípio da eficiência na CF reflete a busca pela administração gerencial, otimizada, e dirige-se tanto ao agente público como à estrutura organizacional do Poder Público; **B:** incorreta. O princípio da impessoalidade (art. 37 da CF) tem dupla acepção no direito brasileiro: a primeira relaciona-se à finalidade pública e impede o favorecimento e a prática de atos em benefício próprio ou de terceiros (corolário do princípio da igualdade). A segunda indica que os atos administrativos não devem ser imputados ao agente que os praticou, mas ao órgão ou entidade administrativa a que está vinculado, o que impede, por exemplo, a propaganda pessoal por intermédio de ações públicas (art. 37, § 1º, da CF); **C:** incorreta. A moral administrativa é imperativo destinado a toda administração pública (direta e indireta), aos particulares em colaboração com o poder público e a todos que tratam da coisa pública; **D:** incorreta. O princípio da publicidade também tem duplo conteúdo: determina a divulgação oficial dos atos do Poder Público e a transparência da atuação dos órgãos administrativos, o que gera o direito à obtenção de informações de interesse particular (art. 5º, XXXIII, da CF); **E:** incorreta. A Administração só pode agir nos limites impostos pela lei (só atua quando a lei autoriza). Já o particular pode fazer tudo o que a lei não proíba (art. 5º, II, da CF).
Gabarito "A".

(**Auditor Fiscal do Trabalho – ESAF**) A Constituição Federal prevê que as pessoas jurídicas de direito público e as de direito privado prestadoras de serviços públicos responderão pelos danos que seus agentes, nessa qualidade, causarem a terceiros, assegurado o direito de regresso contra o responsável nos casos de dolo ou culpa. Sobre o princípio da responsabilidade civil objetiva do poder público, é correto afirmar que

(A) se reveste de caráter absoluto, vez que não admite o abrandamento ou a exclusão da própria responsabilidade civil do Estado.
(B) conforme decidiu o Superior Tribunal de Justiça, nem a força maior exclui a responsabilidade civil do Estado.
(C) havendo culpa exclusiva da vítima, não ficará excluída a responsabilidade do Estado, vez que a culpa é objetiva.
(D) se a culpa for concorrente, a responsabilidade civil do Estado deverá ser mitigada, repartindo-se o quanto da indenização.
(E) a indenização do dano deve abranger o que a vítima efetivamente perdeu, exceto os danos emergentes e lucros cessantes.

A responsabilidade civil objetiva do Estado (art. 37, § 6º, da CF) prescinde do elemento subjetivo (ou seja, o Estado responde mesmo se ausente culpa ou dolo), mas não dispensa a presença de nexo de causalidade (vínculo entre o ato estatal e o resultado). Se não houver relação direta e comprovada entre a ação/omissão do Estado e o resultado danoso, não há como imputar-lhe a responsabilidade. Se for comprovada culpa exclusiva da vítima ou força maior (força da natureza irresistível), afasta-se o nexo causal entre a atuação do Estado e o dano ocorrido e não há que se falar em responsabilização do Estado. Além disso, a indenização é integral, devendo abarcar tanto os danos emergentes quanto os lucros cessantes.
Gabarito "D".

(**Fiscal de Rendas/RJ – FGV**) No que concerne à competência legislativa concorrente da União, dos Estados e do Distrito Federal, conforme o art. 24 da Constituição Federal, ante a inexistência de Lei Federal, o Estado do Rio de Janeiro, no exercício de sua competência suplementar (CF, art. 24, § 2º), por meio de Lei Estadual "X", introduziu normas gerais de determinada matéria. Supervenientemente, a União, por meio da Lei Federal "Y", introduziu normas gerais da mesma matéria da Lei Estadual "X", o que resultou em:

(A) inconstitucionalidade da Lei Federal "Y".
(B) suspensão da eficácia da Lei Estadual "X" no que for contrária à Lei Federal "Y".
(C) ab-rogação da Lei Estadual "X".

(D) derrogação da Lei Estadual "X" no que for contrária à Lei Federal "Y".
(E) inconstitucionalidade superveniente da Lei Estadual "X".

No âmbito da legislação concorrente, a competência da União limitar-se-á a estabelecer normas gerais, o que não exclui a competência suplementar dos Estados. Além disso, inexistindo lei federal sobre normas gerais, os Estados exercerão a competência legislativa plena para atender a suas peculiaridades. Nesse último caso (de exercício de competência plena pelos Estados), a superveniência de lei federal sobre normas gerais suspende a eficácia da lei estadual apenas no que lhe for contrário (art. 24, §§ 1º a 4º, da CF).
Gabarito "B".

(Auditor Fiscal/SC – FEPESE) Com respeito ao modelo constitucional brasileiro, é correto afirmar:

(A) Apenas à União é vedado recusar fé a documentos públicos.
(B) Territórios Federais integram a União e sua criação ou transformação em Estado serão reguladas por lei complementar.
(C) Aos Estados é vedado, em qualquer hipótese, incorporar-se entre si ou subdividir-se.
(D) Embora os Municípios integrem a República Federativa do Brasil, eles não possuem *status* de ente federativo.
(E) O mar territorial é exemplo de bem público pertencente a Estados-membros.

A: incorreta. O art. 19, II, da CF proíbe que União, Estados, DF e Municípios recusem fé a documentos públicos; B: correta. Art. 18, § 2º, da CF; C: incorreta. Não reflete o disposto no art. 18, § 3º, da CF: "Os Estados podem incorporar-se entre si, subdividir-se ou desmembrar-se para se anexarem a outros, ou formarem novos Estados ou Territórios Federais, mediante aprovação da população diretamente interessada, através de plebiscito, e do Congresso Nacional, por lei complementar"; D: incorreta. Não reflete o disposto no art. 18, *caput*, da CF; E: incorreta. É bem da União (art. 20, VI, da CF).
Gabarito "B".

(Auditor Fiscal/SC – FEPESE) Com respeito ao modelo constitucional brasileiro, é correto afirmar:

(A) A responsabilidade civil por danos nucleares depende da existência de dolo ou culpa.
(B) É de competência comum entre os entes federados legislar sobre trânsito e transporte.
(C) É de competência privativa da União legislar sobre comércio exterior e interestadual.
(D) É de competência concorrente dos entes federativos legislar sobre telecomunicações e radiodifusão.
(E) Incluem-se, dentre os bens dos Estados membros, os recursos minerais, inclusive os do subsolo.

A: incorreta. A responsabilidade civil do Estado (art. 37, § 6º, da CF) é objetiva, ou seja, prescinde da existência de dolo ou culpa do agente estatal para que o Estado seja obrigado a indenizar a vítima. Basta que se comprove o dano e o nexo de causalidade entre a ocorrência do dano e a ação/omissão do Estado (art. 21, XXIII, *d*, da CF); B: incorreta. Trata-se de competência privativa da União (art. 22, XI, da CF); C: correta. Art. 22, VIII, da CF; D: incorreta. Competência privativa da União (art. 22, IV, da CF); E: incorreta. São bens da União (art. 20, IX, da CF).
Gabarito "C".

(Auditor Fiscal/SC – FEPESE) Com respeito ao modelo constitucional brasileiro, é correto afirmar:

(A) Os subsídios do governador do Estado serão fixados por lei de iniciativa do Executivo estadual.
(B) Compete à União, exclusivamente, legislar sobre direito tributário e financeiro
(C) É de competência comum dos entes federados legislar sobre águas e energia.
(D) Compete aos Municípios suprimir distritos, observada a legislação estadual.
(E) Incluem-se, entre os bens dos Estados, os potenciais de energia hidráulica.

A: incorreta. O art. 28, § 2º, da CF prevê que os subsídios do Governador, do Vice-Governador e dos Secretários de Estado serão fixados por lei de iniciativa da respectiva Assembleia Legislativa; B: incorreta. A competência é concorrente da União, Estados, DF e Municípios (art. 24, I, da CF); C: incorreta. Competência privativa da União (art. 22, IV, da CF); D: correta, conforme o art. 30, IV, da CF; E: incorreta. São bens da União (art. 20, VIII, da CF).
Gabarito "D".

(Fiscal de Rendas/RJ – FGV) Os territórios federais integram a União, e sua reintegração ao Estado de origem será regulada em lei:

(A) complementar.
(B) ordinária.
(C) delegada.
(D) complexa.
(E) mista.

Os Territórios Federais integram a União, e sua criação, transformação em Estado ou reintegração ao Estado de origem serão reguladas em lei complementar (Art. 18, § 2º, da CF).
Gabarito "A".

(Fiscal de Rendas/RJ – FGV) O Brasil é uma república, a indicar o governo como:

(A) sistema.
(B) forma.
(C) regime.
(D) paradigma.
(E) modelo.

Forma de governo: República ou Monarquia; Sistema de governo: parlamentarista ou presidencialista.
Gabarito "B".

(Fiscal de Tributos/Vila Velha-ES – CESPE) Julgue o seguinte item:

(1) A invocação de controle judicial da legalidade de atos administrativos somente é cabível após o esgotamento das instâncias de controle interno da administração.

1: errado. Não reflete o disposto no art. 5º, XXXV, da CF (princípio da inafastabilidade do controle pelo Poder Judiciário). A exigência de prévio esgotamento da instância administrativa só existe para as demandas desportivas (art. 217, § 1º, da CF).
Gabarito 1E.

(Fiscal de Tributos/Vila Velha-ES 8– CESPE) Julgue o seguinte item:

(1) As empresas públicas, diferentemente das sociedades de economia mista, são submetidas ao dever de contratar empregados mediante concurso público.

1: errado. A regra do concurso público existe para toda a Administração Pública, seja direta ou indireta (art. 37, II, da CF, que se refere a cargo ou emprego público).
Gabarito 1E.

(Auditor Fiscal – São Paulo/SP – FCC) De acordo com previsão da Constituição da República em matéria orçamentária, depende de lei complementar

(A) o estabelecimento de normas de gestão financeira e patrimonial da administração direta e indireta bem como condições para a instituição e funcionamento de fundos.
(B) a fixação de metas e prioridades anuais da administração pública, incluindo as despesas de capital para o exercício financeiro subsequente.
(C) a realização de despesas ou a assunção de obrigações diretas que excedam os créditos orçamentários ou adicionais.
(D) a abertura de crédito extraordinário para atender a despesas imprevisíveis e urgentes, como as decorrentes de comoção interna ou calamidade pública.
(E) o orçamento de investimento das empresas em que a União, direta ou indiretamente, detenha a maioria do capital social com direito a voto.

A: correta, nos termos do art. 165, § 9º, II, da CF; **B:** incorreta, pois cabe à lei de diretrizes orçamentárias (veiculada por lei ordinária) fixar as metas e prioridades da administração pública federal, incluindo as despesas de capital para o exercício financeiro subsequente (art. 165, § 2º, CF); **C:** incorreta, pois é vedada a realização de despesas ou a assunção de obrigações diretas que excedam os créditos orçamentários ou adicionais (art. 167, II, CF); **D:** incorreta, porque cabe à medida provisória prever a abertura de crédito extraordinário para atender a despesas imprevisíveis e urgentes, como as decorrentes de guerra, comoção interna ou calamidade pública (art. 167, § 3º, CF); **E:** incorreta, pois cabe à lei orçamentária anual (veiculada por lei ordinária) estabelecer o orçamento de investimento das empresas em que a União, direta ou indiretamente, detenha a maioria do capital social com direito a voto.
Gabarito 'A'.

(Auditor Fiscal/São Paulo-SP – FCC) De acordo com a Constituição Federal, a investidura em cargo ou emprego público

(A) depende de aprovação prévia em concurso de provas ou de provas e títulos, seja qual for o cargo a ser preenchido.
(B) é permitida aos estrangeiros na forma da lei.
(C) deve observar o prazo de validade do concurso correspondente, que poderá ser de até 2 anos improrrogáveis.
(D) é sempre vedada àquele que já exerça um cargo público em qualquer nível de governo.
(E) é sempre vedada àquele que já exerça um cargo público no mesmo nível de governo a que pertence o novo cargo a ser preenchido.

A: incorreta, pois a regra do concurso público comporta uma exceção: os cargos em comissão declarados em lei de livre nomeação e exoneração (art. 37, II, CF); **B:** correta, conforme art. 37, I, da CF; **C:** incorreta, já que o prazo de validade do concurso público será de até dois anos, prorrogável uma vez, por igual período (art. 37, III, CF); **D e E:** incorretas, pois é vedada a acumulação remunerada de cargos públicos, exceto, quando houver compatibilidade de horários: a) a de dois cargos de professor; b) a de um cargo de professor com outro técnico ou científico; c) a de dois cargos ou empregos privativos de profissionais de saúde, com profissões regulamentadas (art. 37, XVI, CF).
Gabarito 'B'.

(Auditor Fiscal/São Paulo-SP – FCC) Por serem entes da federação brasileira, os Municípios gozam de autonomia,

(A) a qual é tratada pela Constituição vigente como um princípio constitucional sensível.
(B) da qual decorre sua competência para criar, organizar e suprimir distritos, observada a legislação tributária federal.
(C) que lhes assegura participação nos órgãos centrais federais, nos termos estabelecidos pela Constituição.
(D) não admitindo a Constituição hipótese alguma de intervenção da União em Municípios.
(E) regendo-se por lei orgânica própria, votada em dois turnos, com um intervalo de dez dias, e aprovada pela maioria absoluta dos membros da Câmara Municipal.

A: correta, pois a autonomia municipal é tratada pela Constituição como um princípio constitucional sensível (art. 34, VII, "c", CF), isto é, um preceito tão importante que, caso seja desrespeitado, a União pode decretar a intervenção federal, suspendendo a autonomia política do ente da Federação (Estado ou DF) que tenha praticado a violação; **B:** incorreta, pois compete aos municípios criar, organizar e suprimir distritos, observada a legislação estadual (art. 30, IV, CF); **C:** incorreta, haja vista que a Constituição não possui norma nesse sentido; **D:** incorreta, porque a União poderá intervir nos municípios localizados em Território Federal, conforme interpretação do art. 35 da CF; **E:** incorreta, pois o município é regido por lei orgânica, votada em dois turnos, com o interstício mínimo de dez dias, e aprovada por dois terços dos membros da Câmara Municipal (art. 29, CF).
Gabarito 'A'.

(Fiscal de Tributos/Rio Branco-AC – CESPE) No que concerne a sistema de governo e a organização federativa, julgue os itens que se seguem.

(1) No sistema de governo denominado presidencialismo, há nítida separação entre a função de chefe de Estado e a de chefe de governo, as quais são desempenhadas por órgãos ou autoridades distintas.
(2) Segundo o modelo federativo brasileiro adotado pela Constituição Federal, se determinado município não aplicar o mínimo exigido da receita municipal na manutenção e no desenvolvimento do ensino e nas ações e serviços públicos de saúde, pode o estado federado do qual esse município faz parte nele intervir.

1: errada. No presidencialismo as funções de chefe de Estado e de chefe de Governo são acumuladas na pessoa do presidente; **2:** certa. Art. 35, III, da CF.
Gabarito 1E, 2C.

(Auditor Fiscal da Receita Municipal – Prefeitura Teresina/PI – 2016 – FCC) À luz das normas constitucionais de repartição de competências legislativas entre os entes federativos cabe à União

(A) estabelecer normas gerais em matéria de legislação tributária, cabendo aos Estados o exercício da competência suplementar.
(B) legislar, privativamente, sobre ciência, tecnologia, pesquisa, desenvolvimento e inovação, sem prejuízo da competência estadual para proporcionar os meios de acesso à ciência, à tecnologia, à pesquisa e à inovação.
(C) legislar, privativamente, em matéria de licitação e contratação, em todas as modalidades, para as Administrações públicas diretas, autárquicas e fundacionais da União, Estados, Distrito Federal e Municípios e para as empresas públicas e sociedades de economia mista.
(D) e aos Estados legislar, concorrentemente, sobre conflitos de competência em matéria tributária, cabendo à União a edição de normas gerais e aos Estados o exercício da competência suplementar.
(E) legislar, privativamente, em matéria de responsabilidade por dano ao consumidor, sem prejuízo da

competência estadual para instituir órgãos públicos de defesa do consumidor.

A: correta, pois compete à União, aos Estados e ao Distrito Federal legislar concorrentemente sobre direito tributário (art. 24, I, da CF), cabendo à União estabelecer normas gerais e aos Estados o exercício da competência suplementar (art. 24, §§ 1º e 2º, da CF); **B:** incorreta, pois compete à União, aos Estados e ao Distrito Federal legislar concorrentemente sobre ciência, tecnologia, pesquisa, desenvolvimento e inovação (art. 24, IX, da CF); **C:** incorreta, pois compete privativamente à União legislar sobre normas gerais de licitação e contratação, em todas as modalidades, para as administrações públicas diretas, autárquicas e fundacionais da União, Estados, Distrito Federal e Municípios e para as empresas públicas e sociedades de economia mista (art. 22, XXVII, da CF); **D:** incorreta, haja vista que os entes federados não têm competência para legislar sobre conflitos de competência em matéria tributária, mas sim para legislar concorrentemente sobre direito tributário (art. 24, I, da CF); **E:** incorreta, pois compete à União, aos Estados e ao Distrito Federal legislar concorrentemente sobre responsabilidade por dano ao consumidor (art. 24, VIII, da CF).

Gabarito "A".

(Auditor Fiscal da Receita Municipal – Prefeitura Teresina/PI – 2016 – FCC) Considerando as regras constitucionais vigentes a respeito da aposentadoria de servidores públicos civis, e excluídos os regimes jurídicos transitórios aplicáveis à matéria, considere:

I. Ao servidor ocupante exclusivamente de cargo em comissão declarado de livre provimento e exoneração, bem como de emprego público, aplica-se o regime geral da previdência social.
II. Considerando a autonomia dos entes federativos, cabe a cada um deles dispor sobre o regime jurídico de previdência oficial de seus servidores, não lhes sendo aplicáveis os requisitos e critérios estabelecidos para o regime geral da previdência social.
III. Por força do princípio da igualdade, o aumento de remuneração concedido a servidores públicos ativos deve repercutir imediatamente no valor pago a título de aposentadoria para os servidores públicos inativos da mesma carreira, respeitado o limite máximo de remuneração aplicável à categoria.
IV. Professora universitária da rede pública pode aposentar-se com proventos integrais caso tenha cumprido 50 anos de idade, 25 anos de contribuição, 10 anos de efetivo exercício no serviço público e 5 anos de exercício no cargo em que se dará a aposentadoria.

Está correto o que se afirma APENAS em

(A) II, III e IV.
(B) I.
(C) II e III.
(D) I, II e III.
(E) III e IV.

I: correto, nos termos do art. 40, § 13, da CF; **II:** incorreto, haja vista que aos servidores titulares de cargos efetivos da União, dos Estados, do Distrito Federal e dos Municípios, incluídas suas autarquias e fundações, é assegurado regime de previdência de caráter contributivo e solidário, observado o disposto no art. 40 da CF; **III:** incorreto, pois a Emenda Constitucional nº 41/2003 pôs fim à paridade entre servidores ativos e inativos (a qual vinculava o reajuste dos proventos de aposentadoria dos inativos ao aumento da remuneração dos servidores ativos), assegurando o reajustamento dos benefícios previdenciários para preservar-lhes o valor real (art. 40, § 8º, da CF); **IV:** incorreto, pois a Emenda Constitucional nº 41/2003 pôs fim à integralidade de proventos (a qual, em sua acepção tradicional, corresponde à totalidade da última da remuneração do servidor no cargo efetivo em que se der a aposentadoria), estabelecendo o cálculo dos proventos de aposentadoria com base na média das contribuições previdenciárias do servidor público (art. 40, § 3º, da CF) – obs.: não foram consideradas as regras de transição estabelecidas em emendas constitucionais.

Gabarito "B".

(Auditor Fiscal Tributário Estadual – SEGEP/MA – 2016 – FCC) A República Federativa do Brasil é composta pela união indissolúvel dos seguintes entes federados

(A) União, Estados, Distrito Federal e Municípios.
(B) União, Estados, Territórios, Distrito Federal e Municípios.
(C) Estados, Territórios, Distrito Federal e Municípios.
(D) União, Estados e Distrito Federal.
(E) União, Estados e Municípios.

A Constituição da República de 1988 adotou o federalismo como forma de Estado, estabelecendo, em seu art. 1º, que a República Federativa do Brasil é formada pela união indissolúvel dos Estados, Municípios e do Distrito Federal, todos reunidos em uma União que congrega os demais entes federados. Assim, o Estado Federal brasileiro compreende três níveis de governo dotados de autonomia administrativa, financeira e política: a União, os Estados, o Distrito Federal e os Municípios (art. 18 da CF). Os Territórios Federais integram a União e não são considerados entes da federação, não fazendo parte da organização político-administrativa e não dispondo de autonomia política.

Gabarito "A".

(Auditor Fiscal Tributário Municipal – Prefeitura Cuiabá – 2016 – FGV) Edinaldo e Pedro, estudantes de direito, travaram intenso debate a respeito da sujeição, ou não, dos serviços sociais autônomos à exigência constitucional de que a investidura em cargo ou emprego público dependa de aprovação prévia em concurso público de provas ou de provas e títulos.

À luz da sistemática constitucional e da interpretação que lhe vem sendo dispensada pelo Supremo Tribunal Federal, é correto afirmar que os serviços sociais autônomos,

(A) por integrarem a Administração Pública direta, devem observar a referida exigência constitucional.
(B) na medida em que não integram a Administração Pública, não devem observar a referida exigência constitucional.
(C) por integrarem a Administração Pública indireta, devem observar a referida exigência constitucional.
(D) somente estarão sujeitos à referida exigência constitucional quando receberem contribuições parafiscais.
(E) por serem entes paraestatais, devem observar a referida exigência constitucional.

De acordo com a jurisprudência do Supremo Tribunal Federal, os serviços sociais autônomos integrantes do denominado Sistema "S" ostentam natureza de pessoa jurídica de direito privado e não integram a administração pública – embora colaborem com ela na execução de atividades de relevante significado social –, de forma que não estão submetidos à exigência de concurso público para a contratação de pessoal, nos moldes do art. 37, II, da CF (RE nº 789.874).

Gabarito "B".

5. DIREITO ADMINISTRATIVO

Wander Garcia e Flávia Barros

1. REGIME JURÍDICO ADMINISTRATIVO E PRINCÍPIOS DO DIREITO ADMINISTRATIVO

(Auditor Fiscal da Receita Federal – ESAF) Os princípios constitucionais da legalidade e da moralidade vinculam-se, originalmente, à noção de administração

(A) patrimonialista.
(B) descentralizada.
(C) gerencial.
(D) centralizada.
(E) burocrática.

A administração *burocrática* direciona sua atenção ao controle de *meios*. Para isso, o respeito à legalidade e à moralidade são fundamentais. Já a administração gerencial direciona sua atenção ao controle de *fins* (de *resultados*). Por isso, o princípio da eficiência é fundamental.
Gabarito "E".

(Auditor Fiscal da Receita Federal – ESAF) Em seu sentido subjetivo, o estudo da Administração Pública abrange

(A) a atividade administrativa.
(B) o poder de polícia administrativa.
(C) as entidades e órgãos que exercem as funções administrativas.
(D) o serviço público.
(E) a intervenção do Estado nas atividades privadas.

A expressão "subjetivo" diz respeito ao *sujeito*, ou seja, à *pessoa*. Assim, em sentido subjetivo, a Administração Pública abrange as pessoas (as entidades) e seus órgãos.
Gabarito "C".

(Auditor Fiscal da Receita Federal – ESAF) A Emenda Constitucional n. 32, de 2001, à Constituição Federal, autorizou o presidente da República, mediante Decreto, a dispor sobre:

(A) extinção de funções públicas, quando vagas.
(B) extinção de cargos e funções públicas, quando ocupados por servidores não estáveis.
(C) funcionamento da administração federal, mesmo quando implicar aumento de despesa.
(D) fixação de quantitativo de cargos dos quadros de pessoal da Administração Direta.
(E) criação ou extinção de órgãos e entidades públicas.

Normalmente, os *decretos*, do Chefe do Executivo (Prefeito, Governador e Presidente), não têm o mesmo poder das *leis*, que emanam do Poder Legislativo. A função dos decretos é apenas de explicar a lei, de operacionalizar a aplicação da lei. Daí porque, como regra, os *decretos são de execução de lei*. Porém, a EC 32/2001 criou duas hipóteses de *decreto autônomo de lei*, ou seja, de decretos que podem ser expedidos mesmo sem lei o autorizando. Tais hipóteses estão no art. 84, VI, da Constituição Federal, e uma delas é justamente a prevista na alternativa "a" (art. 84, VI, *b*, da CF/1988).
Gabarito "A".

(Auditor Fiscal da Previdência Social – ESAF) Entre os fenômenos, cuja ocorrência assegura a observância do princípio legal da segurança jurídica, destaca-se a preclusão, em razão da qual, com relação a determinado questionamento, diz-se que

(A) fica exaurida a instância administrativa.
(B) fica inviabilizado o controle jurisdicional.
(C) o ato respectivo ganha presunção de legalidade.
(D) o ato respectivo passa a ser autoexecutável.
(E) o ato respectivo torna-se irrevogável.

O princípio da segurança jurídica significa que as relações jurídicas de que faz parte a Administração Pública devem ser mais estáveis. De um lado, isso implica respeitar os direitos adquiridos (direitos já consolidados), os atos jurídicos perfeitos (p. ex., um contrato) e a coisa julgada (decisão judicial de que não caiba mais recurso). De outro lado, a segurança jurídica implica não poder a Administração Pública anular atos ilegais depois de passado um certo período de tempo, sob pena de deixar as pessoas muito inseguras. Bom, no processo administrativo, que é aquele processo em que as pessoas ingressam no âmbito da própria Administração Pública (e não no âmbito do Poder Judiciário), é necessário que, depois de dada a oportunidade de defesa e de interposição de recursos administrativos, não caiba mais recursos e a instância administrativa acabe, ou seja, fique exaurida. Assim, exaurida a instância administrativa, fala-se em coisa julgada administrativa, coisa julgada essa que não mais permite recursos, em virtude da *preclusão*, que é a perda do direito de defesa por este já ter sido exercido ou por não caber mais defesa no processo.
Gabarito "A".

(Auditor Fiscal da Previdência Social – ESAF) Entre os princípios de Direito Administrativo, que a Administração Pública está obrigada a obedecer e observar nos seus atos, por força de expressa previsão constitucional e legal, os que se correspondem entre si, quanto à escolha do objeto e ao alcance do seu resultado, porque a violação de um deles importa de regra na inobservância do outro, são:

(A) legalidade e motivação.
(B) motivação e razoabilidade.
(C) razoabilidade e finalidade.
(D) finalidade e impessoalidade.
(E) impessoalidade e legalidade.

De fato, o princípio da finalidade tem total relação com o da impessoalidade. A Constituição Federal, ao impor o princípio da impessoalidade (art. 37, *caput*), impõe **três condutas: a)** *respeito à igualdade* entre as pessoas (ou seja, a administração não pode nem favorecer, nem perseguir pessoas); **b)** *proibição de autopromoção* dos agentes públicos (ou seja, os agentes públicos não podem fazer autopromoção usando dinheiro e recursos públicos); **c)** *respeito à finalidade* dos atos administrativos (ou seja, o agente público deve ser impessoal ao praticar os atos administrativos, buscando a finalidade prevista na lei, e não a finalidade que o agente entende melhor a ser alcançada).
Gabarito "D".

(Técnico da Receita Federal – ESAF) A primordial fonte formal do Direito Administrativo no Brasil é

(A) a lei.
(B) a doutrina.
(C) a jurisprudência.
(D) os costumes.
(E) o *vade mecum*.

De fato, a atuação da Administração Pública só pode se dar quando há **lei** permitindo ou determinando alguma conduta. O princípio da legalidade é o primeiro princípio a ser obedecido pela Administração Pública, que está amarrada, ou seja, que só pode fazer o que a lei permitir. O art. 37, *caput*, da CF/1988, ao enunciar os cinco princípios constitucionais do Direito Administrativo, começa justamente pelo *princípio da legalidade*. Dessa forma, a *lei* é a primordial fonte formal do Direito Administrativo Brasileiro.
Gabarito "A".

(Técnico da Receita Federal – ESAF) O princípio da motivação, a que a Administração Pública Federal está obrigada a obedecer, de acordo com o que dispõe o art. 2º da Lei 9.784, de 29/01/1999, consiste em ter de indicar nos seus atos administrativos os respectivos pressupostos fáticos e jurídicos, sendo isso dispensável, porém, nos casos em que a autoridade decide

(A) processo administrativo de concurso público.
(B) dispensa de procedimento licitatório.
(C) recurso administrativo.
(D) em decorrência de reexame de ofício.
(E) caso concreto aplicando jurisprudência sobre ele já firmada.

O princípio da motivação nos atos administrativos, apesar de não estar expresso na Constituição Federal (lá, o princípio está colocado apenas quanto aos atos judiciais e administrativos do Poder Judiciário – art. 93, IX, da CF/1988), está presente em vários dispositivos da Lei 9.784/1999. O princípio está no art. 2º, *caput*, dessa lei e também no inciso VII do parágrafo único do próprio art. 2º da lei. Para reforçar ainda mais o princípio, o art. 50 da Lei 9.784/1999 enuncia uma série de situações em que a motivação é obrigatória. O rol é tão amplo, que fica difícil imaginar uma situação em que a motivação não é obrigatória. Um exemplo pode ser a nomeação de alguém para um cargo em comissão, que é *livre*, ou seja, independe de motivação (art. 37, II, da CF). A questão apresenta, em suas alternativas, diversos casos em que a lei deixa claro que a motivação é obrigatória (vide os incisos III, IV, V, VI, do art. 50, respectivamente). No entanto, a alternativa "e" não aparece no dispositivo. Pelo contrário, o inciso VII do art. 50 só determina a motivação quando se decide um caso concreto *deixando de aplicar jurisprudência firmada*.
Gabarito "E".

(Técnico da Receita Federal – ESAF) A finalidade, como elemento essencial à validade dos atos administrativos, é aquele reconhecido como o mais condizente com a observância pela Administração do princípio fundamental da

(A) legalidade.
(B) impessoalidade.
(C) moralidade.
(D) eficiência.
(E) economicidade.

Conforme já comentado em questão acima, o princípio da impessoalidade impõe respeito à finalidade dos atos administrativos, não pode um agente público praticar um ato que tem uma finalidade X, buscando uma finalidade Y, sob pena de estar sendo *pessoal*, o que é vedado, já que o agente tem que ser *impessoal*.
Gabarito "B".

(Auditor Fiscal/ – ESAF) No que tange aos princípios do Direito Administrativo, assinale a opção correta.

(A) O princípio da moralidade administrativa se vincula a uma noção de moral jurídica, que não se confunde com a moral comum. Por isso, é pacífico que a ofensa à moral comum não implica também ofensa ao princípio da moralidade administrativa.
(B) O princípio da autotutela faculta a Administração Pública que realize policiamento dos atos administrativos que pratica.
(C) O princípio da impessoalidade relaciona-se ao fim legal previsto para o ato administrativo.
(D) A inobservância ao princípio da proporcionalidade pelo ato administrativo, por dizer respeito ao mérito do ato, não autoriza o Poder Judiciário a sobre ele se manifestar.
(E) O princípio da continuidade do serviço público impediu que ocorresse um abrandamento com relação à proibição de greve nos serviços públicos.

A: incorreta, pois prevalece (mas não é pacífico) que o princípio da moralidade impõe respeito a uma moral jurídica, e não à moral comum; a questão é polêmica, e a afirmativa foi muito forte ao dizer que o tema é pacífico; **B:** incorreta, pois, pelo princípio da autotutela, a Administração pode revogar seus atos inconvenientes e deve anular seus atos ilegais (art. 53 da Lei 9.784/1999), sem que tenha de pedir ao Poder Judiciário; essa faculdade não é sinônimo de *policiamento*, mas sim de *controle* dos próprios atos; **C:** correta, pois o princípio da impessoalidade impõe respeito à finalidade dos atos administrativos, ou seja, ao fim legal previsto para o ato; **D:** incorreta, pois o Judiciário pode apreciar três aspectos do ato administrativo, quais sejam, sua *legalidade*, sua *moralidade* e sua *razoabilidade* (e proporcionalidade); **E:** incorreta, pois não há proibição de greve no serviço público; a Constituição assegura o direito de greve do servidor (art. 37, VII).
Gabarito "C".

(Auditor Fiscal/CE – ESAF) Selecione a opção que apresenta corretamente princípios constitucionais de natureza ética.

(A) Eficiência é um princípio ético e moral que se acentua a partir da década de 70, associado à reivindicação geral de democracia administrativa, e significa dar transparência às ações de governo.
(B) O princípio da publicidade diz respeito ao direito do cidadão de receber dos órgãos públicos informações do seu interesse particular ou de interesse coletivo e geral.
(C) O princípio da continuidade justifica a proibição de greve dos servidores públicos, conforme a Constituição de 1988 que remete à lei específica as punições e penalidades advindas da greve.
(D) Segundo o princípio da impessoalidade, o órgão público pode agir por fatores pessoais e subjetivos, dando cumprimento aos princípios da legalidade e isonomia que rege o direito administrativo.
(E) O princípio da moralidade administrativa obriga que todo funcionário público aja conforme a lei, utilizando eficazmente o erário público proveniente de impostos pagos pelo cidadão.

A: incorreta, pois o princípio da eficiência só passou a integrar nossa Constituição Federal em 1998, já que foi inserido pela Emenda Constitucional 19/1998 (art. 37, *caput*); seu objetivo está relacionado com a eficiência, como o próprio nome diz, e não com a transparência; este é objetivo do princípio da publicidade, também previsto no art. 37, *caput*, da CF/1988; **B:** correta. De fato, pelo princípio da publicidade, impõe-se o direito trazido na alternativa, que está previsto também no art. 5º,

XXXIII, da CF/1988; **C:** incorreta, pois a Constituição Federal assegura o direito de greve ao servidor (art. 37, VII); **D:** incorreta, pois ser impessoal é justamente fazer o contrário; é agir apenas conforme o que a lei determinar, sem favorecer, nem perseguir pessoas; **E:** incorreta, pois a definição dada ("obriga que todo funcionário público aja conforme a *lei*") é do princípio da legalidade; pelo princípio da moralidade, determina-se que o agente público atue conforme a *moralidade administrativa*, ou seja, de forma honesta, leal, proba etc.

Gabarito "B".

(Auditor do Tesouro Municipal/Natal-RN – ESAF) Sobre os princípios constitucionais da administração pública, pode-se afirmar que

I. o princípio da legalidade pode ser visto como incentivador do ócio, haja vista que, segundo esse princípio, a prática de um ato concreto exige norma expressa que o autorize, mesmo que seja inerente às funções do agente público;
II. o princípio da publicidade visa a dar transparência aos atos da administração pública e contribuir para a concretização do princípio da moralidade administrativa;
III. a exigência de concurso público para ingresso nos cargos públicos reflete uma aplicação constitucional do princípio da impessoalidade;
IV. o princípio da impessoalidade é violado quando se utiliza na publicidade oficial de obras e de serviços públicos o nome ou a imagem do governante, de modo a caracterizar promoção pessoal do mesmo;
V. a aplicação do princípio da moralidade administrativa demanda a compreensão do conceito de "moral administrativa", o qual comporta juízos de valor bastante elásticos;
VI. o princípio da eficiência não pode ser exigido enquanto não for editada a lei federal que deve defini-lo e estabelecer os seus contornos.

Estão corretas as afirmativas

(A) I, II, III e IV.
(B) II, III, IV e V.
(C) I, II, IV e VI.
(D) II, III, IV e VI.
(E) III, IV, V e VI.

I: errada, pois o princípio da legalidade não significa que a lei traga o detalhe de cada atividade que o servidor deve exercer; a lei, ao criar uma competência, pode estabelecer de modo genérico as funções do agente público responsável, de modo que este deve praticar todos os atos concretos inerentes às suas funções, e isso deve ser feito de ofício e com busca da eficiência, e não do ócio; **II:** correta, pois a transparência, imposta pelo princípio da publicidade, colabora para que tudo fique às claras, inibindo atos que firam a moralidade administrativa; **III:** correta, pois uma das facetas do princípio da impessoalidade é o respeito à *igualdade*, ficando proibidos favorecimentos indevidos e perseguições; a exigência de concurso público preserva a isonomia, pois evita contratações motivadas em favorecimentos indevidos e evita também perseguições e preconceitos contra pessoas que desejam trabalhar na Administração, mas não são bem-vindas nela por motivos pessoais; **IV:** correta, pois outra faceta do princípio da impessoalidade é a vedação à *autopromoção*, proibida nos termos do art. 37, § 1º, da CF/1988; **V:** incorreta, pois, para boa parte da doutrina, a moral administrativa é tirada dos preceitos existentes no interior da administração e das normas que tornam jurídicos preceitos morais, o que revela que esses preceitos morais não são tão elásticos assim, ou seja, não são tão vagos como seriam caso fossem tirados exclusivamente da moral comum, da moral da sociedade em geral; **VI:** essa afirmativa foi considerada

correta, porém trata-se de questão bastante polêmica, pois enquanto não vier a tal lei a Administração não poderia exigir eficiência de seus agentes? Como se sabe, os agentes públicos estão sujeitos a avaliações de desempenho e uma delas é a *avaliação especial de desempenho* (art. 41, § 4º, da CF/1988), que medirá, dentre outros aspectos, a eficiência do agente público e foi introduzida por uma norma autoaplicável, que não depende de regulamentação por outra lei.

Gabarito "D".

(Agente Tributário Estadual/MS – ESAF) A vedação à utilização de imagens e símbolos que possam significar promoção pessoal de autoridades e servidores públicos justifica-se, basicamente, pelo princípio da

(A) legalidade.
(B) publicidade.
(C) eficiência.
(D) moralidade.
(E) razoabilidade.

A proibição narrada na questão, prevista no art. 37, § 1º, da CF/1988, fere dois princípios, o da impessoalidade e da moralidade. Como só este estava numa das alternativas, a resposta correta é a alternativa "d".

Gabarito "D".

(Fiscal de Tributos/PA – ESAF) Assinale a situação que não se relaciona com o princípio da impessoalidade, em alguma das suas acepções.

(A) Vedação ao uso da imagem da autoridade para promoção pessoal.
(B) Provimento de cargo público efetivo mediante concurso público.
(C) Anulação de ato cometido com desvio de finalidade.
(D) Verificação da presença do interesse público em todo ato cometido pela Administração Pública.
(E) Obrigação da divulgação pública dos atos oficiais.

O princípio da impessoalidade tem três facetas: i) respeito à igualdade; ii) vedação de autopromoção; iii) respeito à finalidade. A alternativa "a" relaciona-se com a vedação à autopromoção. A alternativa "b" relaciona-se com o respeito à igualdade. A alternativa "c" relaciona-se com o respeito à finalidade. A alternativa "d" relaciona-se com a finalidade dos atos administrativos, que, em última análise, é atender ao interesse público. E a alternativa "e" não se relacionada com o princípio da impessoalidade, mas com o princípio da publicidade.

Gabarito "E".

(Fiscal da Receita Estadual/AC – CESPE) No que se refere ao conceito, às fontes e aos princípios do direito administrativo e à organização da administração pública, assinale a opção correta.

(A) A vedação constitucional e legal de promoção pessoal de autoridades e de servidores públicos sobre suas realizações administrativas decorre do princípio da finalidade ou impessoalidade.
(B) Conforme a doutrina, não há relação entre o princípio da razoabilidade e a proibição de excesso ou a compatibilidade entre meios e fins.
(C) As organizações sociais compõem a administração pública indireta.
(D) Por não terem personalidade jurídica, os órgãos públicos não têm capacidade processual, mesmo quando atuam na defesa de prerrogativas próprias.

A: correta, pois uma das facetas do princípio da impessoalidade é a vedação da autopromoção; **B:** incorreta, pois a Lei 9.784/1999 define razoabilidade como **adequação entre meios e fins**, vedada a imposição de obrigações, restrições e sanções em **medida superior** àquelas estritamente necessárias ao atendimento do interesse público" (art. 2º, parágrafo único, VI); **C:** incorreta. As organizações sociais são entidades *paraestatais*, ou seja, entidades que não integram a administração pública, mas seguem *paralelas* a essa, exercendo atividades de utilidade pública e colaborando com aquela; **D:** incorreta. Os órgãos são *componentes* das pessoas jurídicas; assim, órgãos não são pessoas e, portanto, não têm personalidade jurídica; não tendo personalidade, não tem capacidade processual, como regra; todavia, a lei admite que os órgãos públicos, quando atuam na defesa de prerrogativas próprias, têm capacidade processual; assim a Mesa da Câmara dos Deputados, apesar de ser um mero órgão, pode ingressar com ação para defender suas prerrogativas.

Gabarito "A".

(Auditor Fiscal/Natal-RN – ESAF) O ato de remoção de servidor público, de ofício, como forma de punição do mesmo, confronta o seguinte princípio da Administração Pública:

(A) legalidade.
(B) finalidade.
(C) publicidade.
(D) razoabilidade.
(E) ampla defesa.

O ato administrativo **remoção**, que consiste no deslocamento do servidor no âmbito do mesmo quadro funcional em que trabalha, tem por *finalidade* ou atender o *interesse da Administração* em organizar melhor o serviço público ou atender o *interesse do servidor*, por motivo de união de cônjuges ou companheiros, saúde ou outro interesse previsto na lei (vide art. 36 da Lei 8.112/1990). Ou seja, a finalidade da remoção não é de punir, de modo que quando se usa a remoção de um agente público com a finalidade de punir está-se ferindo o princípio da finalidade e, consequentemente, o princípio da impessoalidade.

Gabarito "B".

(Auditor do Tesouro Municipal/Recife-PE – ESAF) Com referência aos princípios constitucionais da Administração Pública, é falso afirmar:

(A) a moralidade tem relação com a noção de costumes.
(B) a eficiência vincula-se ao tipo de administração dito gerencial.
(C) a publicidade impõe que todos os atos administrativos sejam publicados em diário oficial.
(D) a observância da legalidade alcança os atos legislativos materiais, ainda que não formais.
(E) a impessoalidade pode significar finalidade ou isonomia.

A: verdadeiro, pois a moralidade está relacionada com os costumes, principalmente os costumes (bons) tirados do interior da Administração Pública; **B:** verdadeiro, pois a administração gerencial está preocupada com o *controle de fins*, ou seja, com a eficiência, ao contrário da administração burocrática, que está preocupada com o *controle de meios*; **C:** falso, pois o princípio não determina que todos os atos sejam publicados necessariamente em diário oficial, por exemplo, numa licitação pela modalidade convite não é necessário publicar edital em diário oficial; basta que se faça uma carta-convite e a entregue a pelo menos três interessados; **D:** verdadeiro, pois a expressão legalidade deve ser interpretada em sentido amplo, ou seja, no sentido de que a administração deve atender tanto as leis (atos legislativos em *sentido formal e material*), como os demais atos normativos, como regulamentos editados pelo Poder Executivo (atos legislativos em *sentido material*); **E:** verdadeiro, pois a impessoalidade tem três facetas (respeito à isonomia, proibição de autopromoção e respeito à finalidade) e duas delas foram lembradas na alternativa.

Gabarito "C".

(Auditor do Tesouro Municipal/Fortaleza-CE – ESAF) O princípio constitucional da legalidade significa:

(A) que tudo que não estiver proibido por lei é lícito ao administrador público fazer.
(B) que os atos praticados pelos servidores públicos devem estar de acordo com o que estabelece a lei.
(C) que, se determinada tarefa operacional não estiver especificamente descrita em lei, o servidor não deve fazê-la, ainda que se inclua no rol geral de suas atribuições.
(D) que todos os atos dos servidores públicos devem ser públicos.
(E) que o servidor público não deve agir de modo impessoal.

A: incorreta, pois essa é a definição de "legalidade para o particular"; a "legalidade para o administrador público" estabelece que este **só** pode fazer o que a lei determinar ou permitir; **B:** correta, pois os atos dos servidores públicos devem, por óbvio, estar de acordo com o que estabelece a lei, até porque os agentes públicos só podem fazer o que a lei determinar ou permitir; **C:** incorreta, pois o princípio da legalidade não significa que a lei traga o detalhe de cada atividade que o servidor deve exercer; a lei, ao criar uma competência, pode estabelecer de modo genérico as funções do agente público responsável, de modo que este deve praticar todos os atos que se incluam no rol geral de suas atribuições; **D:** incorreta, pois a lei admite o sigilo em determinados casos, como nos casos em que há interesse da sociedade e do Estado ou nos casos em que se deva proteger a intimidade, a vida privada, a imagem e a honra das pessoas; **E:** incorreta, pois a redação deveria ser "o servidor público **deve** agir de modo impessoal".

Gabarito "B".

(Auditor Fiscal/SC – FEPESE) Quanto aos princípios constitucionais da Administração Pública, é **correto** afirmar:

(A) O princípio da prevalência do interesse público sobre o particular é exemplo de norma constitucional explícita.
(B) A atividade administrativa estatal não se subordina a quaisquer parâmetros legalistas *stricto sensu* e sim principiológicos.
(C) O princípio constitucional da eficiência equipara a atuação Administração Pública aos parâmetros de atuação da iniciativa privada.
(D) A conflituosidade é ínsita à natureza dos princípios, o que levou o constituinte a positivar valores que se chocam entre si.
(E) O princípio constitucional da impessoalidade é insuscetível de mitigação, mesmo em casos de comprometimento da segurança nacional.

A: incorreta, pois esse princípio não está expresso na Constituição Federal; **B:** incorreta, pois a atividade administrativa está subordinada ao princípio da legalidade, que determina não só obediência aos princípios, como também às leis e normas jurídicas em geral, sendo que a Administração Pública somente pode atuar no âmbito do que for permitido por normas de caráter legal, o que configura a sua dependência de Lei; **C:** incorreta, pois a Administração Pública faz a gestão de interesses públicos, e não de interesses privados, o que faz com que seu regime jurídico seja diferenciado do regime jurídico de direito privado; um exemplo disso é o dever de motivar; na iniciativa privada, como regra, esse dever não existe, diferente do que acontece na Administração Pública; **D:** correta, pois os princípios têm uma certa conflituosidade entre si; por exemplo, quanto mais houver amarras legais (princípio da legalidade), menos se consegue atingir a eficiência (princípio da eficiência); porém, se deixasse o agente público de agir sem que tivesse

que obedecer à lei, certamente haveria muita insegurança, de modo que o princípio da legalidade é importante para garantir valores relevantes para a sociedade; na prática, o princípio da proporcionalidade atuará, no caso concreto, para se verificar qual princípio prevalece em caso de grande contraposição entre dois ou mais princípios; **E:** incorreta, pois nenhum princípio é insuscetível de mitigação, já que nenhum princípio é absoluto; como se viu, há conflituosidade entre os princípios, sendo necessário, no caso concreto, ponderar valores e verificar qual princípio prevalece em situações específicas.
Gabarito "D".

(Fiscal da Receita/CE) Com referência a conceitos, fontes e princípios do direito administrativo, assinale a opção correta.

(A) Os costumes são fontes do direito administrativo, não importando se são *contra legem*, *praeter legem* ou *secundum legem*.
(B) As expressões serviço público centralizado e serviço público descentralizado equivalem a administração pública direta e administração pública indireta, respectivamente.
(C) Em uma sociedade democrática, a correta aplicação do princípio da supremacia do interesse público pressupõe a prevalência do interesse da maioria da população.
(D) A aplicação do princípio da segurança jurídica pode afastar o da mera legalidade.

A: incorreta, pois os costumes *contra legem* (contra a lei) não são fontes do direito administrativo, que atua sempre com obediência ao princípio da legalidade; já o costume *secundum legem* (segundo a lei), é irrelevante, pois, como tem o mesmo teor da lei, não é necessária sua utilização; e, por fim, o costume *praeter legem* (não regulado pela lei, seja para permiti-lo, seja para proibi-lo) pode ser fonte do direito administrativo, o que ocorre quando há lacuna legal, que é preenchida pela analogia, pelos costumes e pelos princípios gerais de direito; **B:** incorreta, pois a expressão "serviço público" descentralizado significa serviço público prestado não só pela Administração Indireta, como também por particulares concessionários e permissionários de serviço público; **C:** incorreta, pois nem sempre o interesse da maioria traduz-se em interesse público constitucionalmente protegido; por exemplo, mesmo que a maioria da população deseje a pena de morte, tal pena não poderá ser instituída, por se tratar de cláusula pétrea (cláusula que não pode ser modificada) na Constituição Federal; **D:** correta; um exemplo é a situação de um ato nulo, que fere o princípio da legalidade, mas que, por conta do princípio da segurança jurídica, pode importar, após 5 anos, na impossibilidade desse ato ser anulado, considerando o tempo decorrido e a estabilidade das relações jurídicas.
Gabarito "D".

(Fiscal de Tributos/Maceió-AL – CESPE) A respeito dos princípios básicos da administração pública, julgue o item seguinte.

(1) O princípio da legalidade impõe que o agente público observe, fielmente, todos os requisitos expressos na lei como da essência do ato vinculado.

1: correta, pois o princípio da legalidade impõe obediência aos preceitos legais, não podendo o agente público dispor disso, deixando de cumprir fielmente os preceitos legais.
Gabarito 1C.

(Auditor Fiscal Tributário Estadual – SEGEP/MA – 2016 – FCC) As autarquias devem ser criadas por

(A) lei e com personalidade jurídica de direito público.
(B) decreto pelo Ministério ou Secretaria ao qual estejam vinculadas e podem ter personalidade jurídica de direito privado ou de direito público.
(C) decreto quando tiverem personalidade jurídica de direito privado; e lei quando tiverem personalidade jurídica de direito público.
(D) lei e sua personalidade jurídica pode ser definida via decreto.
(E) lei e podem atuar no mercado financeiro, uma vez que podem ter personalidade jurídica de direito privado.

Constituição Federal, art. 37, XIX – somente por lei específica poderá ser criada autarquia e autorizada a instituição de empresa pública, de sociedade de economia mista e de fundação, cabendo à lei complementar, neste último caso, definir as áreas de sua atuação; Decreto 200/67, Art. 5º Para os fins desta lei, considera-se: I – Autarquia: o serviço autônomo, criado por lei, com personalidade jurídica, patrimônio e receita próprios, para executar atividades típicas da Administração Pública, que requeiram, para seu melhor funcionamento, gestão administrativa e financeira descentralizada. Segundo Maria Sylvia Di Pietro (2006. p. 422) não constava a natureza jurídica de direito público neste conceito porque a Constituição de 1967 atribuía aos entes autárquicos natureza privada, erro corrigido pela emenda constitucional, nº 1, de 1969.
Gabarito "A".

(Auditor Fiscal Tributário Municipal – Prefeitura Cuiabá – 2016 – FGV) No sistema de freios e contrapesos estabelecidos pela Constituição da República de 1988 há diversas previsões de controle do Poder Executivo.

Sobre o tema, analise as afirmativas a seguir.

I. É de competência exclusiva do Congresso Nacional sustar os atos normativos do Poder Executivo que exorbitem do poder regulamentar.
II. É de competência exclusiva do Congresso Nacional julgar anualmente as contas prestadas pelo Presidente da República e apreciar os relatórios sobre a execução dos planos de governo.
III. É de competência privativa do Supremo Tribunal Federal a autorização de abertura de Comissão Parlamentar de Inquérito para apuração de irregularidades cometidas pelo Presidente da República ou Ministros de Estado.
IV. É de competência privativa do Supremo Tribunal Federal processar e julgar *habeas data* contra atos de Ministro de Estado.

Está correto o que se afirma em:

(A) I, II, III e IV.
(B) IV, apenas.
(C) I e II, apenas.
(D) II e IV, apenas.
(E) I, apenas.

I: correta. Constituição Federal, art. 49, V – sustar os atos normativos do Poder Executivo que exorbitem do poder regulamentar ou dos limites de delegação legislativa. A assertiva deixou de mencionar a limitação da delegação legislativa. II: correta. Constituição Federal, art. 49, IX – julgar anualmente as contas prestadas pelo Presidente da República e apreciar os relatórios sobre a execução dos planos de governo; III: incorreta. Art. 58. O Congresso Nacional e suas Casas terão comissões permanentes e temporárias, constituídas na forma e com as atribuições previstas no respectivo regimento ou no ato de que resultar sua criação. § 3º As comissões parlamentares de inquérito, que terão poderes de investigação próprios das autoridades judiciais, além de outros previstos nos regimentos das respectivas Casas, serão criadas pela Câmara dos Deputados e pelo Senado Federal, em conjunto ou separadamente, mediante requerimento de um terço de seus membros, para a apuração de fato determinado e por prazo certo, sendo suas conclusões, se for o caso, encaminhadas ao Ministério Público, para que promova a responsabilidade civil ou criminal dos infratores. IV: incorreta. Art. 105. Compete ao Superior Tribunal de Justiça: I – processar e julgar, originariamente: b) os mandados de segurança e os habeas data contra ato de Ministro de Estado, dos Comandantes da Marinha, do Exército e da Aeronáutica ou do próprio Tribunal; (Redação da EC 23/1999) FMB

Gabarito "C".

2. FONTES DE DIREITO ADMINISTRATIVO

(Auditor Fiscal Tributário Estadual – SEGEP/MA – 2016 – FCC) São fontes do Direito Administrativo:

I. lei.
II. razoabilidade.
III. moralidade.
IV. jurisprudência.
V. proporcionalidade.

Está correto o que consta APENAS em

(A) I e II.
(B) II e IV.
(C) I e IV.
(D) III e V.
(E) IV e V.

O direito administrativo brasileiro não é codificado como ocorre com outros ramos do direito. Seus ditames estão espraiados em incontáveis leis, decretos-lei, medidas provisórias etc. Esse verdadeiro "cipoal legislativo" dificulta sua compreensão e ordenação sistemática, embora, como dito acima, a Constituição seja sua fonte primeira. Segundo Norberto Bobbio, "fontes do direito são aqueles fatos e aqueles atos de que o ordenamento jurídico depende para a produção de normas jurídicas"1. Pode-se dizer que o Direito Administrativo é formado por quatro fontes principais: a lei, a doutrina, a jurisprudência e os costumes. **A:** Doutrina – é ela que distingue as regras que convêm ao Direito Público e ao Direito Privado, e mais particularmente a cada uma dos sub-ramos do saber jurídico. Ela influi, segundo Hely Lopes Meirelles, não só na elaboração da lei como nas decisões contenciosas e não contenciosas e, desse modo, ordena o próprio Direito Administrativo; **B:** Jurisprudência – traduz a reiteração dos julgamentos num mesmo sentido, influenciando a construção do Direito Administrativo. Tem caráter mais prático, mais objetivo que a doutrina e que a lei, mas nem por isso se aparta de princípios teóricos que acabam por penetrar e integrar a Ciência Jurídica pela reiteração dos julgados; **C:** Costume – no Direito Administrativo brasileiro, o costume exerce ainda influência em razão da deficiência de legislação, de modo que a prática administrativa vem suprindo o texto escrito, passando a suprir a lei ou ainda atuando como elemento informativo da doutrina; **D:** Lei – é a fonte primária do Direito Administrativo, abrangendo desde a Constituição até os regulamentos executivos. Na questão em tela, portanto, os itens II, III e V são princípios de direito administrativo (já integrando a fonte lei), de modo que estão corretos apenas os itens I e IV, ou seja, a lei e a jurisprudência. FMB

Gabarito "C".

3. PODERES DA ADMINISTRAÇÃO PÚBLICA

Para resolver as questões deste item, vale citar as definições de cada poder administrativo apresentadas por Hely Lopes Meirelles, definições estas muito utilizadas em concursos públicos. Confira:

a) **poder vinculado** – "é aquele que o Direito Positivo – a lei – confere à Administração Pública para a prática de ato de sua competência, determinando os elementos e requisitos necessários à sua formalização"; b) **poder discricionário** – "é o que o Direito concede à Administração, de modo explícito, para a prática de atos administrativos com liberdade na escolha de sua conveniência, oportunidade e conteúdo"; c) **poder hierárquico** – "é o de que dispõe o Executivo para distribuir e escalonar as funções de seus órgãos, ordenar e rever a atuação de seus agentes, estabelecendo a relação de subordinação entre os servidores do seu quadro de pessoal"; d) **poder disciplinar** – "é a faculdade de punir internamente as infrações funcionais dos servidores e demais pessoas sujeitas à disciplina dos órgãos e serviços da Administração"; e) **poder regulamentar** – "é a faculdade de que dispõem os Chefes de Executivo (Presidente da República, Governadores e Prefeitos) de explicar a lei para sua correta execução, ou de expedir decretos autônomos sobre matéria de sua competência ainda não disciplinada por lei"; f) **poder de polícia** – "é a faculdade de que dispõe a Administração Pública para condicionar e restringir o uso e gozo de bens, atividades e direitos individuais, em benefício da coletividade ou do próprio Estado". (*Direito Administrativo Brasileiro*, 26ª ed., São Paulo: Malheiros, p. 109 a 123)

(Auditor Fiscal da Receita Federal – ESAF) Considerando-se os poderes administrativos, relacione cada poder com o respectivo ato administrativo e aponte a ordem correta.

1. poder vinculado
2. poder de polícia
3. poder hierárquico
4. poder regulamentar
5. poder disciplinar

( ) decreto estadual sobre transporte intermunicipal
( ) alvará para construção de imóvel comercial
( ) aplicação de penalidade administrativa a servidor
( ) avocação de competência por autoridade superior
( ) apreensão de mercadoria ilegal na alfândega

(A) 3/2/5/4/1
(B) 1/2/3/5/4
(C) 4/1/5/3/2
(D) 2/5/4/1/3
(E) 4/1/2/3/5

Confira os conceitos de cada um dos poderes abaixo relacionados na questão. **Poder vinculado** é aquele em que a administração só tem uma opção de atuação. **Poder discricionário** é aquele em que a administração tem margem de liberdade para atuar. **Poder de polícia** é o direito de administração condicionar a liberdade e a propriedade das pessoas às exigências do interesse público. **Poder hierárquico** é o direito de organizar os trabalhos e fiscalizar a atuação dos subordinados. **Poder disciplinar** é o direito de aplicar penalidades aos agentes públicos que cometerem faltas disciplinares. **Poder regulamentar** é aquele conferido ao Chefe do Poder Executivo para explicar a lei, com vistas à sua aplicação. O "decreto estadual sobre transporte intermunicipal" é expressão do poder regulamentar (item 4), pois é elaborado pelo Chefe do Executivo para regulamentar o transporte coletivo. O "alvará para construção de imóvel comercial" é expressão do poder vinculado (item 1), pois a lei define clara e objetivamente os requisitos para concessão desse tipo de alvará, cujo conteúdo é uma licença. A "aplicação de penalidade administrativa a servidor" é expressão do poder disciplinar (item 5). A "avocação de competência por autoridade superior" é expressão do poder hierárquico (item 3), pois este poder abrange, dentre outras, as faculdades de *dar ordens, fiscalizar* o seu cumprimento, *delegar* e

---

1. BOBBIO, Norberto. Teoria Geral do Direito, trad. Denise Agostinetti, 2ª ed., São Paulo: Martins Fontes, 2008, p. 196.

avocar atribuições, bem como *rever* os atos dos agentes inferiores. A "apreensão de mercadoria ilegal na alfândega" é expressão do poder de polícia (item 2), pois este poder importa em restringir a liberdade e a propriedade das pessoas, em benefício da coletividade.
Gabarito "C".

(Técnico da Receita Federal – ESAF) Os poderes vinculados e discricionários se opõem entre si, quanto à liberdade da autoridade na prática de determinado ato, os hierárquico e disciplinar se equivalem, com relação ao público interno da Administração a que se destinam, enquanto os de polícia e regulamentar podem se opor e/ou se equiparar, em cada caso, quer no tocante a seus destinatários (público interno e/ou externo) como no atinente à liberdade na sua formulação (em tese tais atos tanto podem conter aspectos vinculados e discricionários, como podem se dirigir a público interno e/ou externo da Administração).

(A) Correta a assertiva.
(B) Incorreta a assertiva, porque o poder de polícia é sempre e necessariamente vinculado, só se dirigindo a público externo.
(C) Incorreta a assertiva, porque o poder regulamentar é sempre e necessariamente discricionário, só se dirigindo a um público interno.
(D) Incorreta a assertiva, porque o poder de polícia é sempre necessariamente discricionário, só se dirigindo a um público interno.
(E) Incorreta a assertiva, porque o poder regulamentar é sempre e necessariamente vinculado, só se dirigindo a um público externo.

As três afirmações estão corretas. A primeira afirmativa (poderes vinculados e discricionários) é verdadeira, pois a existência ou não de margem de liberdade à autoridade é o que contrapõe os dois poderes; no poder vinculado não há margem liberdade para o agente público; já no discricionário, há margem de liberdade. A segunda afirmativa (poderes hierárquico e disciplinar) é verdadeira, pois os dois se dirigem ao público interno da Administração, no caso, aos agentes públicos. A terceira afirmativa (poderes de polícia e regulamentar) também é verdadeira, pois os dois poderes podem se dirigir para ao público interno e externo da Administração (o poder de polícia se exerce contra particulares e contra a administração também; uma obra de um banco estatal, por exemplo, pode ser embargada pela Prefeitura) e os dois poderes podem conter aspectos vinculados e discricionários (a lei que ditar o poder de polícia e o poder regulamentar pode trazer ou não margem de liberdade para o agente público; por exemplo, as leis de trânsito costumam trazer poderes vinculados ao agente público; já a lei que trata da defesa do pudor público, costuma trazer poderes discricionários).
Gabarito "A".

(Técnico da Receita Federal – ESAF) O ato de autoridade administrativa que aplica uma penalidade de advertência a servidor seu subordinado, pela inobservância de um determinado dever funcional, estará contido no contexto, particularmente, do exercício regular de seu poder

(A) discricionário e de polícia.
(B) discricionário e de império.
(C) disciplinar e hierárquico.
(D) regulamentar e de polícia.
(E) vinculado e de gestão.

Trata-se de poder disciplinar, pois diz respeito à aplicação de uma pena por conta de uma falta disciplinar de um agente público. O poder disciplinar é especial em relação ao poder hierárquico, que é mais abrangente. Todavia, como, no exemplo dado pela questão, quem tem competência para aplicar a penalidade disciplinar é o superior hierárquico, o poder hierárquico também é pertinente à situação narrada.
Gabarito "C".

(Auditor Fiscal do Trabalho – ESAF) Ao exercer o poder de polícia, o agente público percorre determinado ciclo até a aplicação da sanção, também chamado ciclo de polícia. Identifique, entre as opções abaixo, a fase que pode ou não estar presente na atuação da polícia administrativa.

(A) Ordem de polícia.
(B) Consentimento de polícia.
(C) Sanção de polícia.
(D) Fiscalização de polícia.
(E) Aplicação da pena criminal.

A: incorreta, pois a ordem de polícia está *sempre* presente na polícia administrativa, mesmo quando há consentimento, pois o consentimento está sempre ligado a ordens de como dada atividade deve ser exercida; por exemplo, o consentimento para alguém construir uma casa (licença para construir) traz uma série de ordens de como deverá se desenvolver a construção; **B**: correta, pois o consentimento de polícia *nem sempre* vai acontecer; por exemplo, a polícia administrativa de trânsito não pode consentir que alguém, sem carteira de habilitação, continue dirigindo veículo automotor; **C**: incorreta, pois a sanção de polícia está *sempre* presente, ainda que em um sentido potencial, pois, descumprido um dever de não fazer (próprio do poder de polícia), uma sanção respectiva deverá ser aplicada; **D**: incorreta, pois a polícia administrativa trabalha *sempre* com a fiscalização; **E**: incorreta, pois a polícia administrativa *nunca* pode aplicar a pena criminal.
Gabarito "B".

(Auditor Fiscal/SC – FEPESE) Quanto aos Poderes administrativos, é **correto** afirmar:

(A) O Poder Disciplinar é poder punitivo administrativo incidente em âmbito externo à Administração Pública.
(B) O Poder de Polícia Administrativa tem caráter de fiscalização e eventual restrição de liberdades públicas.
(C) O Poder Regulamentar se manifesta através de atos administrativos de efeito concreto.
(D) O Poder Discricionário da Administração Pública admite controle jurisdicional somente quando for ilegal ou politicamente inoportuno o ato.
(E) O Poder Vinculado somente admite controle jurisdicional quanto ao seu mérito do ato administrativo.

A: incorreta, pois esse poder é próprio da Administração Pública e consiste no poder de aplicar sanções disciplinares aos agentes públicos; **B**: correta, pois o poder de polícia importa no exercício de fiscalização das liberdades públicas, que poderá resultar em restrição destas; por exemplo, as pessoas têm liberdade para exercer a propriedade, porém não podem fazê-lo de maneira a prejudicar a coletividade, atuando o poder de polícia exatamente para impedir que isso aconteça; **C**: incorreta, pois o poder regulamentar se dá pela prática de regulamentos, que são atos gerais e abstratos; **D**: incorreta, pois o poder discricionário pode ser controlado pelo Judiciário nos aspectos de *legalidade*, e não nos aspectos de *conveniência e oportunidade*; **E**: incorreta, pois não há mérito no ato vinculado, ou seja, não há margem de liberdade no ato vinculado, de maneira que o Judiciário pode controlar cada aspecto desse tipo de ato.
Gabarito "B".

(Auditor Fiscal da Receita Federal – ESAF) São elementos nucleares do poder discricionário da administração pública, passíveis de valoração pelo agente público:

(A) a conveniência e a oportunidade.
(B) a forma e a competência.

(C) o sujeito e a finalidade.
(D) a competência e o mérito.
(E) a finalidade e a forma.

A: correto, pois a conveniência e a oportunidade são justamente os aspectos de mérito do ato discricionário, aspectos esses que são valorados pelo agente público, não podendo ser controlados pelo Judiciário; **B**: incorreto, pois a *competência* e *forma* são, para Hely Lopes Meirelles, elementos sempre vinculados; **C**: incorreto, pois o *sujeito* (que deve ser competente) e a *finalidade* são, para Hely Lopes Meirelles, elementos sempre vinculados; **D**: incorreta, pois, apesar do *mérito* ser expressão do poder discricionário, a *competência* é um elemento sempre vinculado; **E**: incorreto, pois a *finalidade* e a *forma* são, para Hely Lopes Meirelles, elementos sempre vinculados.

Gabarito "A".

(Auditor Fiscal/SC –FEPESE) Quanto aos Poderes administrativos, é correto afirmar:

(A) A relação de poder entre a Administração Direta e Administração Indireta é tipicamente hierárquica.
(B) O Poder de Polícia Administrativa se exerce sempre através da Polícia Judiciária.
(C) A vinculação à lei é prescindível no exercício do Poder Discricionário.
(D) O juízo de conveniência e oportunidade pauta o exercício do Poder Vinculado.
(E) A avocação de atos administrativos de subordinado e a revisão destes é típica manifestação do Poder Hierárquico.

A: incorreta, pois entre *pessoas jurídicas* (ou seja, entre a Administração Direta e Indireta) há *controle ou tutela*, ao passo que entre *órgãos públicos* (órgãos no interior da Administração) há *hierarquia*; **B**: incorreta, pois tais poderes não se confundem, vez que a polícia judiciária tem por objeto investigar crimes, ao passo que a polícia administrativa fiscaliza o descumprimento de normas administrativas; assim, em caso de um *crime de homicídio*, compete à polícia judiciária (Polícia Civil ou Polícia Federal, a depender do caso) investigar o ilícito; já em caso de uma *infração de trânsito*, compete à polícia administrativa (agentes de trânsito) combater o ilícito; **C**: incorreta, pois a lei sempre tem que ser obedecida, não se podendo prescindir de sua obediência mesmo nos casos de poder discricionário, que por sua vez tem seus limites traçadas também por normas legais; **D**: incorreta, pois, no poder vinculado, não há margem de liberdade alguma, ou seja, não há discricionariedade; **E**: correta, pois tais providências são típicas do exercício do poder hierárquico.

Gabarito "E".

(Auditor Fiscal/CE – ESAF) A aplicação da penalidade de advertência a servidor público infrator, por sua chefia imediata, é ato administrativo que expressa a manifestação do poder

(A) hierárquico.
(B) regulamentar.
(C) de polícia.
(D) disciplinar.
(E) vinculado.

O exemplo narra a aplicação de uma penalidade por uma falta disciplinar de um agente público. Portanto, trata-se do *poder disciplinar*.

Gabarito "D".

(Auditor do Tesouro Municipal/Natal-RN – ESAF) A autoridade administrativa, que no exercício da sua competência funcional, cassa a autorização dada a um administrado, a qual era necessária, para legitimar determinada atividade por ele desempenhada, pratica ato compreendido, especificamente, nos seus poderes discricionários, hierárquico e de polícia.

Está incorreta esta assertiva, porque

(A) a cassação de autorização é ato necessariamente vinculado.
(B) a prática de ato dessa natureza não condiz, propriamente, com o exercício do poder hierárquico.
(C) a prática de ato dessa natureza não condiz com o exercício do poder discricionário.
(D) a prática de ato dessa natureza não condiz com o exercício do poder de polícia.
(E) a prática de ato dessa natureza não condiz com o exercício dos poderes discricionários e de polícia.

Está incorreta a afirmativa, pois o poder hierárquico não se relaciona com o exemplo, já que esse poder é exercido em face de agentes públicos e não em face dos particulares. No mais, o ato praticado pode ser discricionário ou vinculado (a depender da lei que regula a cassação do ato) e diz respeito ao poder de polícia, pois importa em autorizar ou não a prática de atividades pelos particulares.

Gabarito "B".

(Fiscal de Tributos/PA – ESAF) A aplicação de uma penalidade de trânsito, por desrespeito à legislação desta matéria, decorre do seguinte poder:

(A) disciplinar.
(B) normativo.
(C) de polícia.
(D) regulamentar.
(E) hierárquico.

Trata-se de poder de polícia, enquadrando-se perfeitamente na sua definição: "é a faculdade de que dispõe a Administração Pública para condicionar e restringir o uso e gozo de bens, atividades e direitos individuais, em benefício da coletividade ou do próprio Estado (Hely Lopes Meireles)."

Gabarito "C".

Para responder à questão seguinte, considere a situação abaixo descrita: Um servidor público de determinado Estado da federação, responsável pela solução de consultas tributárias, recebeu consulta formal de uma empresa sobre a interpretação de determinado dispositivo da legislação estadual sobre o Imposto sobre Circulação de Mercadorias e Serviços – ICMS. O servidor público, competente para a tarefa, respondeu a consulta e submeteu-a a seu superior hierárquico, que a ratificou. Posteriormente, verificou-se que a resposta dada pelo servidor público estava equivocada, porque ignorava a existência de dispositivo legal expressamente contrário ao entendimento ali defendido. Assim, a solução da consulta foi invalidada e a empresa foi autuada pelo recolhimento a menor do tributo, arcando com as penalidades previstas na legislação.

(Auditor Fiscal/PB – FCC) A ratificação do ato praticado pelo servidor público pelo seu superior é manifestação do poder

(A) de polícia, representativo do controle efetuado pela direção superior da Administração Pública sobre os integrantes de seu quadro de pessoal.
(B) hierárquico, embora a ratificação seja apenas exigida nas hipóteses expressamente previstas pela lei.
(C) regulamentar, por meio do qual compete às autoridades superiores emitir atos administrativos normativos para observância obrigatória pelos graus inferiores.

(D) hierárquico, cabendo à autoridade superior definir o conteúdo dos atos emanados de seus subordinados, em qualquer hipótese.
(E) regulamentar, pelo qual as autoridades superiores controlam e fiscalizam os atos dos agentes inferiores.

O exemplo diz respeito à hipótese de exercício de poder hierárquico. Como se sabe, esse poder faculta ao superior hierárquico rever e fiscalizar os atos do subordinado. Todavia, a exigência de o chefe ter que analisar e ratificar expressamente cada ato expedido por seu subordinado nem sempre é feita pela lei. Quando a lei não determinar que o ato seja ratificado pelo superior, o ato produzirá efeitos desde quando for praticado.
Gabarito "B".

(Agente Tributário Estadual/MS – FGV) Indique o princípio imediatamente relacionado ao ato administrativo praticado visando à finalidade legal.

(A) Eficiência.
(B) Impessoalidade.
(C) Legalidade estrita.
(D) Moralidade.
(E) Publicidade.

O princípio da impessoalidade impõe respeito à igualdade, à neutralidade do agente e à finalidade. Quanto a esta, a ideia é que a lei seja aplicada com o objetivo de atender à **finalidade** da lei, sem subjetivismos, sem pessoalidades.
Gabarito "B".

(Auditor Fiscal/Natal-RN – ESAF) Assinale, entre os atos abaixo, aquele decorrente do poder vinculado da Administração Pública.

(A) Nomeação de servidor para o exercício de cargo de provimento em comissão.
(B) Decreto de desapropriação de imóvel urbano para construção de hospital público.
(C) Autorização para o uso temporário de área pública.
(D) Concessão do título de cidadão honorário do Município.
(E) Aposentadoria compulsória pelo implemento de idade.

A: incorreta. Trata-se de ato discricionário, pois esse tipo de nomeação é livre (art. 37, II, da CF/1988); **B:** incorreta. Trata-se de ato discricionário, pois o Chefe do Executivo tem liberdade para desapropriar ou não uma área e também para verificar qual imóvel é mais adequado para a desapropriação; **C:** incorreta. Trata-se de ato discricionário; aliás, a autorização é um *ato unilateral e discricionário, pela qual se faculta a uma pessoa, em proveito desta, o uso de um bem público*; **D:** incorreta. Trata-se de ato discricionário, pois os vereadores têm margem de liberdade para conceder ou não esse título a um cidadão; **E:** correta. Trata-se de ato vinculado, pois cumpridos os requisitos para a aposentadoria, a administração não tem margem de liberdade para conceder ou não a aposentadoria; a administração tem o dever de concedê-la.
Gabarito "E".

(Auditor do Tesouro Municipal/Recife-PE – ESAF) Considerando-se os poderes administrativos, relacione cada poder com o respectivo ato administrativo e aponte a ordem correta:

1. poder vinculado
2. poder de polícia
3. poder hierárquico
4. poder regulamentar
5. poder disciplinar

( ) decreto estadual sobre ICMS.
( ) ato de autorização para funcionamento de estabelecimento comercial.
( ) apreensão de mercadoria estragada em depósito alimentício.
( ) aplicação de penalidade administrativa a servidor desidioso.
( ) delegação de competência a autoridade inferior.

(A) 3/2/5/4/1
(B) 4/1/2/5/3
(C) 1/2/3/5/4
(D) 2/5/4/1/3
(E) 3/1/2/4/5

"O decreto estadual sobre ICMS" encerra poder regulamentar (item 4), pois é de competência do Chefe do Executivo e consiste em regulamentar a lei do ICMS. O "ato de autorização para funcionamento de estabelecimento comercial" é vinculado (item 1), pois preenchidos os requisitos legais (que estão bem claros e objetivos na lei), a licença deve ser dada. A "apreensão de mercadoria estragada em depósito alimentício" é expressão do poder de polícia (item 2), pois importa na limitação da liberdade e da propriedade em prol da coletividade. A "aplicação de penalidade administrativa a servidor desidioso" é expressão do poder disciplinar (item 5), pois importa na aplicação de pena por infração disciplinar por parte do servidor. A "delegação de competência a autoridade inferior" é expressão do poder hierárquico (item 3), pois este poder abrange, dentre outras, as faculdades de *dar ordens*, *fiscalizar* o seu cumprimento, *delegar* e *avocar* atribuições, bem como *rever* os atos dos agentes inferiores.
Gabarito "B".

(Fiscal de Tributos/Maceió-AL – CESPE) A respeito dos poderes administrativos, julgue os itens seguintes.

(1) Poder discricionário é o que o direito concede à administração, de modo explícito ou implícito, para a prática de atos administrativos com liberdade na escolha de sua conveniência, oportunidade e conteúdo.
(2) Poder hierárquico é o que a administração exerce sobre todas as atividades e bens que afetam ou possam afetar a coletividade.

1: correta; repare que é a própria definição de poder discricionário de Hely Lopes Meirelles; **2:** incorreta, pois a definição está ligada ao poder de polícia.
Gabarito 1C, 2E.

(Auditor Fiscal/São Paulo-SP – FCC) É adequada a invocação do poder de polícia para justificar que um agente administrativo

(A) prenda em flagrante um criminoso.
(B) aplique uma sanção disciplinar a um servidor subordinado seu.
(C) determine a interdição de um estabelecimento que viole normas sanitárias.
(D) agrida alguém, agindo em legítima defesa.
(E) envie ao Ministério Público a notícia do cometimento de uma infração por um cidadão.

A: incorreta. Trata-se de poder relacionado à polícia judiciária; **B:** incorreta. Trata-se de poder disciplinar; **C:** correta. Trata-se de poder de polícia, pois importa em restringir a propriedade e as atividades, com vistas a preservar a coletividade; **D:** incorreta. Trata-se de poder concedido a todos, inclusive aos particulares, não se tratando, de poder administrativo, muito menos de poder de polícia; **E:** incorreta. O poder de polícia importa em restringir comportamentos, o que não se confunde com meramente fazer denúncias e representações.
Gabarito "C".

(Auditor Fiscal/São Paulo-SP – FCC) NÃO se compreende dentre possíveis manifestações do poder hierárquico, no âmbito da Administração Pública,

(A) o acolhimento de um recurso, por autoridade superior àquela que proferiu decisão administrativa.
(B) a delegação de competências.
(C) a avocação de competências.
(D) o acolhimento de um pedido de reconsideração pela autoridade que proferiu decisão administrativa.
(E) a coordenação das ações de servidores subordinados.

O poder hierárquico abrange, dentre outras, as faculdades de *dar ordens*, *fiscalizar* seu cumprimento, *delegar* e *avocar* atribuições, bem como *rever* os atos dos agentes inferiores. Portanto, a única alternativa que não diz respeito a esse poder é a que trata do acolhimento do pedido de reconsideração, pois, neste caso, a própria autoridade revê o seu próprio ato, não havendo relação com o ato de inferior hierárquico.
Gabarito "D".

(Auditor Fiscal – Prefeitura Ilhéus/BA – 2016 – CONSULTEC) Dentre as atribuições do Município, compete-lhe promover o adequado ordenamento territorial, mediante o controle do uso e ocupação do solo, dispondo sobre parcelamento, arruamento, zoneamento urbano e rural, edificações, fixando limitações urbanísticas, podendo, quanto aos estabelecimentos e às atividades industriais, comerciais e de prestação de serviços, observadas as diretrizes da lei federal, exceto

(01) conceder ou renovar a autorização ou a licença, conforme o caso, para a sua construção ou funcionamento.
(02) conceder a licença ou "habite-se", após vistoria de conclusão de obras, que ateste a sua conformidade com o projeto e o cumprimento das condições especificadas em lei.
(03) desapropriar ou promover apropriação de quaisquer logradouros, a bem do serviço público.
(04) renovar ou cassar a autorização ou a licença, conforme o caso, daquele cujas atividades se tornem prejudiciais à saúde, à higiene, ao bem-estar, à recreação, ao sossego, aos bons costumes, ou se mostrarem danosas ao meio ambiente.
(05) promover o fechamento daqueles que estejam funcionando sem autorização ou licença, ou depois da sua revogação, anulação ou cassação, podendo interditar atividades, determinar ou proceder à demolição de construção ou edificação, nos casos e de acordo com a lei.

A competência dos municípios é para conceder a licença para localização e funcionamento de estabelecimentos industriais, comerciais, prestadores de serviços e quaisquer outros, renovar a licença concedida e determinar o fechamento de estabelecimentos que funcionem irregularmente, o que difere da licença expedida a sua construção. FMB
Gabarito 1.

(Auditor Fiscal da Receita Municipal – Prefeitura Teresina/PI – 2016 – FCC) O tombamento é ato de intervenção estatal na propriedade que implica, ao proprietário, o dever de preservá-la em todas as suas características declaradas como portadoras de significativo valor histórico, cultural, artístico ou paisagístico, tornando-a, assim, parte integrante do patrimônio cultural brasileiro. Para tal preservação cumpre ao proprietário do bem tombado

(A) eximir-se de custear as medidas de preservação, visto que, em se tratando de bem integrante do patrimônio cultural brasileiro, cumpre ao Estado, titular desse patrimônio, e não mais ao particular, custeá-las integralmente.
(B) arcar integralmente com os custos de preservação, salvo se declarar que não dispõe de recursos para tanto, hipótese em que o Estado deverá lhe assistir.
(C) arcar integralmente com os custos de preservação, jamais lhe socorrendo o direito de obter assistência estatal para esse custeio.
(D) arcar integralmente com os custos de preservação, podendo, todavia, alterá-lo significativamente se tal medida objetivar angariar recursos que permitam a melhor preservação da parcela remanescente.
(E) repartir sempre com o Estado os custos de preservação, por tratar-se de propriedade afeta a interesses tanto públicos como privados.

Decreto Lei 25/1937, art. 19. O proprietário de coisa tombada, que não dispuser de recursos para proceder às obras de conservação e reparação que a mesma requerer, levará ao conhecimento do Serviço do Patrimônio Histórico e Artístico Nacional a necessidade das mencionadas obras, sob pena de multa correspondente ao dobro da importância em que for avaliado o dano sofrido pela mesma coisa. § 1º Recebida a comunicação, e consideradas necessárias as obras, o diretor do Serviço do Patrimônio Histórico e Artístico Nacional mandará executá-las, a expensas da União, devendo as mesmas ser iniciadas dentro do prazo de seis meses, ou providenciará para que seja feita a desapropriação da coisa. FMB
Gabarito "B".

(Auditor Fiscal da Receita Municipal – Prefeitura Teresina/PI – 2016 – FCC) Município pretende instituir regulação dos serviços de abastecimento de água e esgotamento sanitário que seja consentânea com diretriz nacional estabelecida nos incisos I e II do art. 21 da Lei federal nº 11.445, de 5 de janeiro de 2007 (instituidora de diretrizes nacionais para o saneamento básico). Trata-se da diretriz segundo a qual o exercício da função de regulação atenderá aos princípios da "independência decisória, incluindo autonomia administrativa, orçamentária e financeira da entidade reguladora" (inciso I) e da "transparência, tecnicidade, celeridade e objetividade das decisões" (inciso II). Para instituir regulação com tais características, a solução juridicamente mais adequada, entre outras, é

(A) criar órgão público municipal especialmente dedicado à regulação dos serviços de saneamento básico, discriminando, em seu regulamento de criação, que as suas decisões serão tomadas mediante processos administrativos balizados pelos valores jurídicos da transparência, tecnicidade, celeridade e objetividade.
(B) criar autarquia, cuja lei de criação discrimine como características de seu regime jurídico a autonomia administrativa, orçamentária e financeira, porém com dirigentes sem mandato fixo, ocupantes de cargos de livre nomeação e exoneração pelo Chefe do Executivo, a qual seja incumbida regular com transparência, tecnicidade, celeridade e objetividade.
(C) criar autarquia em regime especial, que poderá ser denominada agência reguladora, cuja lei de criação discrimine como características desse regime especial o mandato fixo de seus dirigentes, que assim terão maior independência decisória em relação ao Prefeito,

a garantia de autonomia administrativa, orçamentária e financeira e, ainda, a tomada de decisões mediante processos administrativos balizados pelos valores jurídicos da transparência, tecnicidade, celeridade e objetividade.

(D) investir a empresa pública ou sociedade de economia mista municipal, prestadora de serviços públicos de saneamento, na atribuição de regulação da prestação de tais serviços públicos, assegurando-se que as decisões tomadas pela empresa estatal municipal não sejam passíveis de recurso hierárquico impróprio ao Secretário municipal ou ao Prefeito, bem como sejam resultantes de processos administrativos balizados pelos valores jurídicos da transparência, tecnicidade, celeridade e objetividade.

(E) delegar, na impossibilidade de oneração do tesouro municipal com os custos de criação de uma entidade reguladora municipal, o exercício da função reguladora dos serviços públicos municipais de saneamento básico à sociedade de economia mista pertencente à Administração indireta do Estado-membro da Federação em que situados os Municípios, exigindo-se, no instrumento de delegação, que as decisões a serem tomadas pela sociedade de economia mista estadual sejam balizadas pelos valores jurídicos da transparência, tecnicidade, celeridade e objetividade.

É evidente o vínculo indissociável entre saneamento básico e direitos fundamentais. Os direitos fundamentais se traduzem na atribuição a todo e qualquer indivíduo de condições de sobrevivência como "sujeito" (e não como "objeto") da vida. Isso envolve o fornecimento de utilidades materiais e imateriais que assegurem a existência saudável e a proteção contra os fatores nocivos do meio ambiente circundante, de modo a propiciar o desenvolvimento de todas as potencialidades individuais e coletivas. (JUSTEN FILHO, 2005, p. 17). Ocorre que se trata de atividade de grande dispêndio econômico e NESSE contexto surge a necessidade do Estado delegar o exercício da atividade de saneamento básico a outras entidades, sejam elas privadas ou empresas estatais ligadas a outros entes federativos. Essa delegação, porém, não prescinde de uma intervenção regulatória por parte do titular do serviço público de saneamento básico, o que por si só impôs as disposições legais que ora se analisa (TOSHIRO MUKAI, 2007, p.59). Assim fica claro que *é requisito da delegação do serviço de saneamento básico à entidade não integrante da Administração, a designação da entidade de regulação e de fiscalização. Apesar da Lei nº 11.445/07 não mencionar expressamente, essa regulação é feita por uma Agência Reguladora, que de acordo com Carvalho Filho (2007, p. 422) "nada mais é que uma autarquia sob regime especial". Esse regime especial se caracteriza pela existência de certas prerrogativas, quais sejam: poder normativo técnico, autonomia decisória, independência administrativa e autonomia econômico-financeira.*

Gabarito: C.

(Auditor Fiscal da Receita Municipal − Prefeitura Teresina/PI − 2016 − FCC) Agente público competente, no exercício de fiscalização, constata que determinada licença municipal de funcionamento de estabelecimento comercial foi recém-expedida mediante grave insuficiência de comprovação documental, pelo interessado, de atendimento aos requisitos legais. Diante de tal constatação, providência a ser adotada pelo agente público consiste em

(A) anular, de imediato, o ato administrativo de licença municipal de funcionamento, aplicando-se, no exercício do poder de polícia, as penalidades cabíveis ao interessado e a eventuais outros agentes eventualmente responsáveis pela infração à lei.

(B) revogar o ato administrativo de licença municipal de funcionamento, por estar sua expedição em desconformidade com os requisitos legais.

(C) anular, de imediato, o ato administrativo de licença municipal de funcionamento, por estar sua expedição em desconformidade com os requisitos legais, notificando-se o interessado para, querendo, apresentar recurso administrativo, na forma da lei.

(D) reputar válido o ato administrativo de licença municipal de funcionamento, porque opera em favor de sua validade a presunção de legitimidade dos atos da Administração pública, independentemente de vício no seu processo de produção.

(E) lavrar autuação circunstanciada do fato constatado, dando-se ciência ao interessado acerca da pretensão municipal de anulá-lo e oferecendo-lhe a oportunidade de, querendo, apresentar os esclarecimentos que julgar necessários, inclusive em defesa da validade da licença supostamente eivada de nulidade.

Uma vez expedida a licença municipal de forma legítima, esta só poderá ser cassada mediante o atendimento ao devido processo legal. E nesse sentido: Hely Lopes Meirelles ensina que "o alvará de autorização pode ser revogado sumariamente, a qualquer tempo, sem indenização, ao passo que o alvará de licença não pode ser invalidado discricionariamente, só admitindo revogação por interesse público superveniente e justificado, mediante indenização; ou cassação por descumprimento das normas legais na sua execução; ou anulação através de processo administrativo com defesa do interessado". ("Direito Administrativo Brasileiro", 20ª ed., São Paulo: Malheiros Editores, 1995, p. 213).

Gabarito: E.

(Auditor Fiscal Tributário Estadual − SEGEP/MA − 2016 − FCC) O poder de polícia caracteriza-se como atividade da Administração pública que impõe limites ao exercício de direitos e liberdades, tendo em vista finalidades de interesse público. Considere os atos ou contratos administrativos a seguir:

I. concessão de serviços públicos.
II. autorização para vendas de material de fogos de artifícios.
III. permissão de serviços públicos.
IV. concessão de licença ambiental para construção.

Caracterizam-se como manifestação do poder de polícia APENAS os constantes em

(A) I e II.
(B) II e III.
(C) III e IV.
(D) II e IV.
(E) I e III.

I: incorreta. Decorre do regime jurídico administrativo e tem natureza contratual. **II:** correta. Segundo Hely Lopes Meirelles, o **poder de polícia** é "a faculdade de que dispõe a Administração Pública para condicionar e restringir o uso e gozo de bens, atividades, e direitos individuais, em benefício da coletividade ou do próprio Estado". São atos de polícia: autorização, permissão e licença. Autorização e Permissão atos discricionários, sendo o primeiro de interesse individual e o segundo preponderante interesse público. Já a licença ato vinculado, vez que atendidos os requisitos precisa ser emitida. **III:** incorreta. STF já se manifestou em cautelar na ADI 1.491, e no entender da Corte, não há qualquer distinção entre concessão e permissão de serviço público, no que tange à sua natureza, podendo, ambos serem considerados contratos administrativos. **IV:** correta. Segundo Hely Lopes Meirelles, o **poder de polícia** é "a faculdade de que dispõe a Administração Pública para condicionar e restringir o uso e gozo de bens, atividades, e direitos individuais, em benefício da coletividade ou do próprio Estado". São atos de polícia: autorização, permissão e licença. Autorização e Permissão atos discricionários, sendo o primeiro de interesse individual e o segundo preponderante interesse público. Já a licença ato vinculado, vez que atendidos os requisitos precisa ser emitida. FMB

Gabarito "D".

(Auditor Fiscal Tributário Estadual – SEGEP/MA – 2016 – FCC) O processo disciplinar é derivado dos poderes:

(A) hierárquico e disciplinar.
(B) regulamentar e de polícia.
(C) disciplinar e de polícia.
(D) de polícia e hierárquico.
(E) hierárquico e regulamentar.

Para que o processo disciplinar e seus efeitos aconteçam, há que se reconhecer: em primeiro plano a subordinação existente entre órgãos e agentes da Administração Público, fato este decorrente da aplicação do poder hierárquico. Em segundo plano a supremacia especial do Estado de onde decorre o poder disciplinar e sua capacidade de punir internamente as infrações funcionais. FMB

Gabarito "A".

4. ATOS ADMINISTRATIVOS

4.1. REQUISITOS

(Auditor Fiscal da Receita Federal – ESAF) Quanto à competência para a prática dos atos administrativos, assinale a assertiva incorreta.

(A) Não se presume a competência administrativa para a prática de qualquer ato; necessária previsão normativa expressa.
(B) A definição da competência decorre de critérios em razão da matéria, da hierarquia e do lugar, entre outros.
(C) A competência é, em regra, inderrogável e improrrogável.
(D) Admite-se, excepcionalmente, a avocação e a delegação de competência administrativa pela autoridade superior competente, nos limites definidos em lei.
(E) Com o ato de delegação, a competência para a prática do ato administrativo deixa de pertencer à autoridade delegante em favor da autoridade delegada.

A: correta, pois a competência não se presume, devendo estar expressa na lei; B: correta, pois a competência é fixada a partir dos critérios citados, além de outros como, por exemplo, o critério do *valor*; C: correta, pois a lei é expressa no sentido de que a competência é *irrenunciável* (art. 11 da Lei 9.784/1999); D: correta (art. 11, parte final, da Lei 9.784/1999); E: incorreta, pois a delegação pode, inclusive, ser revogada pelo delegante (art. 14, § 2º, da Lei 9.784/1999).

Gabarito "E".

(Auditor Fiscal da Receita Federal – ESAF) Analise o seguinte ato administrativo: O Governador do Estado Y baixa Decreto declarando um imóvel urbano de utilidade pública, para fins de desapropriação, para a construção de uma cadeia pública, por necessidade de vagas no sistema prisional. Identifique os elementos desse ato, correlacionando as duas colunas.

1. Governador do Estado
2. Interesse Público
3. Decreto
4. Necessidade de vagas no sistema prisional
5. Declaração de utilidade pública

( ) finalidade
( ) forma
( ) motivo
( ) objeto
( ) competência

(A) 4/3/5/2/1
(B) 4/3/2/5/1
(C) 2/3/4/5/1
(D) 5/3/2/4/1
(E) 2/3/5/4/1

Para resolver as questões sobre os requisitos do ato administrativo, vale a pena trazer alguns elementos doutrinários. Confira:
Requisitos do ato administrativo (são requisitos para que o ato seja **válido**)
- **Competência**: *é a atribuição legal de cargos, órgãos e entidades*. São vícios de competência os seguintes: a1) usurpação de função: alguém se faz passar por agente público sem o ser, ocasião em que o ato será inexistente; a2) excesso de poder: alguém que é agente público acaba por exceder os limites de sua competência (ex.: fiscal do sossego que multa um bar que visita por falta de higiene); o excesso de poder torna nulo ato, salvo em caso de incompetência relativa, em que o ato é considerado anulável; a3) função de fato: exercida por agente que está irregularmente investido em cargo público, apesar de a situação ter aparência de legalidade; nesse caso, os atos praticados serão considerados válidos, se houver boa-fé.
- **Objeto**: *é o conteúdo do ato, aquilo que o ato dispõe, decide, enuncia, opina ou modifica na ordem jurídica*. O objeto deve ser lícito, possível e determinável, sob pena de nulidade. Ex.: o objeto de um alvará para construir é a *licença*.
- **Forma**: *são as formalidades necessárias para a seriedade do ato*. A seriedade do ato impõe a) respeito à forma propriamente dita; b) motivação.
- **Motivo**: *fundamento de fato e de direito que autoriza a expedição do ato*. Ex.: o motivo da interdição de estabelecimento consiste no fato de este não ter licença (motivo de fato) e de a lei proibir o funcionamento sem licença (motivo de direito). Pela Teoria dos Motivos Determinantes**,** *o motivo invocado para a prática do ato condiciona sua validade*. Provando-se que o motivo é inexistente, falso ou mal qualificado, o ato será considerado nulo.
- **Finalidade**: *é o bem jurídico objetivado pelo ato*. Ex.: proteger a paz pública, a salubridade, a ordem pública. Cada ato administrativo tem uma finalidade. **Desvio de poder (ou de finalidade)**: *ocorre quando um agente exerce uma competência que possuía, mas para alcançar finalidade diversa daquela para a qual foi criada*. Não confunda o *excesso de poder* (vício de sujeito) com o *desvio de poder* (vício de finalidade), espécies do *gênero abuso de autoridade*.
Respondendo à questão, a finalidade do ato é o "interesse público" (item 2); a forma é o "decreto" (item 3); o "motivo" da prática do ato é a "necessidade de vagas no sistema prisional" (item 4), ou seja, tal necessidade é o fato que autoriza a prática do ato; "objeto" do ato, ou seja, o seu conteúdo é a "declaração de utilidade pública" (item 5); e agente público que tem competência para prática de ato é o "governador" (item 1).

Gabarito "C".

(Auditor Fiscal da Receita Federal – ESAF) Os vícios do ato administrativo estão previstos na lei que regulamenta o seguinte instituto de controle do Poder Público:

(A) mandado de segurança.
(B) ação popular.
(C) ação direta de inconstitucionalidade.

(D) ação civil pública.
(E) mandado de injunção.

Os vícios dos atos administrativos estão regulamentados no art. 2º da Lei 4.717/1965 (Lei de Ação Popular).
Gabarito "B".

(Auditor Fiscal da Receita Federal – ESAF) O Decreto do Prefeito Municipal que, desejando aumentar a receita pública local para suprir necessidade de abertura de novas escolas públicas, regulamenta norma tributária, em desacordo com a lei, padece de vício quanto ao seguinte elemento do ato administrativo:

(A) finalidade.
(B) objeto.
(C) motivo.
(D) forma.
(E) competência.

Segundo a alínea *c* do parágrafo único do art. 2º da Lei 4.717/1965 ocorre vício no objetivo quando "o resultado do ato importa em violação de lei, regulamento ou outro ato normativo", justamente o que acontece no caso em tela, em que houve "desacordo com a lei", ou seja, "violação da lei".
Gabarito "B".

(Técnico da Receita Federal – ESAF) Entre os requisitos ou elementos essenciais à validade dos atos administrativos, o que mais condiz com o atendimento da observância do princípio fundamental da impessoalidade é o relativo à/ao

(A) competência.
(B) forma.
(C) finalidade.
(D) motivação.
(E) objeto lícito.

Um dos aspectos do princípio da impessoalidade é o dever de respeito à finalidade.
Gabarito "C".

(Técnico da Receita Federal – ESAF) Entre os elementos sempre essenciais à validade dos atos administrativos, destaca-se um deles que se refere, propriamente, à observância do princípio fundamental da impessoalidade, pelo qual deve atender ao interesse público, sintetizado no termo

(A) competência.
(B) legalidade.
(C) forma.
(D) motivação.
(E) finalidade.

Um dos aspectos do princípio da impessoalidade é o dever de respeito à finalidade.
Gabarito "E".

(Técnico da Receita Federal – ESAF) Considere a seguinte situação: Pedro, servidor público, incide em acumulação remunerada de cargos públicos. O ato de sua punição pode se graduar entre a demissão ou a devolução dos valores percebidos, a critério da autoridade. Neste exemplo, o poder discricionário do ato administrativo de punição encontra-se no seguinte elemento:

(A) forma.
(B) finalidade.
(C) objeto.
(D) competência.
(E) motivo.

A discricionariedade está no objeto, pois este é o conteúdo do ato, ou seja, o que o ato dispõe, enuncia. No caso o conteúdo do ato pode ser tanto a "demissão", como a "devolução dos valores percebidos". A autoridade tem margem de liberdade para decidir sobre o melhor conteúdo a ser aplicado.
Gabarito "C".

(Auditor Fiscal do Trabalho – ESAF) Sabendo-se que o agente público, ao utilizar-se do poder que lhe foi conferido para atender o interesse público, por vezes o faz de forma abusiva; leia os casos concretos abaixo narrados e assinale: (1) para o abuso de poder na modalidade de excesso de poder; e (2) para o abuso de poder na modalidade de desvio de poder. Após, assinale a opção que contenha a sequência correta.

I. Remoção de servidor público, *ex officio*, com o intuito de afastar o removido da sede do órgão, localidade onde também funciona a associação sindical da qual o referido servidor faz parte;
II. Aplicação de penalidade de advertência por comissão disciplinar constituída para apurar eventual prática de infração disciplinar;
III. Deslocamento de servidor público, em serviço, com o consequente pagamento de diárias e passagens, para a participação em suposta reunião que, na realidade, revestia festa de confraternização entre os servidores da localidade de destino;
IV. Agente público que, durante a fiscalização sanitária, interdita estabelecimento pelo fato de ter encontrado no local inspecionado um único produto com prazo de validade expirado.

(A) 2 / 1 / 2 / 1
(B) 1 / 1 / 2 / 2
(C) 1 / 2 / 1 / 2
(D) 2 / 2 / 1 / 2
(E) 2 / 1 / 1 / 2

Em primeiro lugar, é importante lembrar que o *excesso de poder* (1) é um vício no elemento *competência*, ao passo que o *desvio de poder* (2) ou *desvio de finalidade* é um vício no elemento *finalidade*. I: 2 (desvio de poder), pois o fato caracteriza um desvio de finalidade, já que remoção não serve para perseguir servidores; II: 1 (excesso de poder), pois o fato configura vício de competência, já que a advertência deve ser aplicada pelo chefe da repartição ou outra autoridade designada nos regimentos ou regulamentos, e não pela comissão disciplinar (art. 141, III, da Lei 8.112/1990); III: 2 (desvio de poder), pois o fato configura desvio de finalidade, já que esse tipo de deslocamento só é lícito para fins profissionais; IV: 1 (excesso de poder), pois o fato configura vício de competência, já que o agente público não tem competência para interditar o estabelecimento diante de um fato dessa natureza.
Gabarito "A".

(Auditor Fiscal do Trabalho – ESAF) Relativamente à vinculação e à discricionariedade da atuação administrativa, assinale a opção que contenha elementos do ato administrativo que são sempre vinculados.

(A) Competência e objeto.
(B) Finalidade e motivo.
(C) Competência e finalidade.
(D) Finalidade e objeto.

(E) Motivo e objeto.

Segundo Hely Lopes Meirelles são sempre vinculados os seguintes elementos do ato administrativo: competência, forma e finalidade, de modo que apenas a alternativa "c" está correta.
Gabarito "C".

(Auditor Fiscal/SC – FEPESE) Quanto aos atos administrativos, é **correto** afirmar:

(A) Os atos administrativos são declarações do Estado ou de quem lhe faça as vezes.
(B) Os atos administrativos prescindem de norma jurídica para assegurar ou criar direito novo.
(C) Atos administrativos normativos são típicos exemplos de atos de efeito concreto.
(D) Os atos administrativos se equiparam hierarquicamente à lei *stricto sensu*.
(E) Somente os atos administrativos normativos se equiparam hierarquicamente à lei *stricto sensu*.

A: correta, pois está de acordo com a definição de ato administrativo ("é a declaração do Estado ou de quem lhe faça as vezes, no exercício de prerrogativas públicas, com a finalidade de executar direta e concretamente a lei" [Celso Antônio Bandeira de Mello]); **B:** incorreta, pois é imprescindível que haja lei para que os atos administrativo assegurem direito novo, vez que, pelo princípio da legalidade, somente a lei pode criar direito novo; **C:** incorreta, pois os atos normativos, pelo seu caráter geral e abstrato, não são considerados atos de efeito concreto; **D:** incorreta, pois os atos administrativos são hierarquicamente inferiores às leis em sentido estrito; **E:** incorreta, pois atos administrativos, sejam eles comuns ou normativos, não se equiparam hierarquicamente à lei em sentido estrito.
Gabarito "A".

(Agente de Tributos/MT – CESPE) Um determinado órgão público estadual celebrou, com dispensa de licitação, um contrato administrativo cujo objeto é a realização de obras de contenção de encostas de morros. As obras contratadas são executáveis em 150 dias. Como justificativa para a contratação sem licitação, foi alegado estado emergencial, em razão da urgência de conclusão das obras com o fim de evitar desmoronamento de encostas sobre áreas habitadas, devido às fortes chuvas que assolam o estado. Com relação à situação hipotética apresentada acima, julgue o item a seguir.

(1) Caso os fatos indicados pela autoridade administrativa como sendo os motivos da prática desse ato administrativo sejam falsos ou inexistentes, o Poder Judiciário poderá revogar o ato praticado com base na teoria dos motivos determinantes.

Quando o motivo de fato invocado é falso, o caso é de anulação (e não de revogação) do ato administrativo, em virtude da aplicação da Teoria dos Motivos Determinantes, pela qual a existência e a adequação dos motivos invocados condicionam a validade do ato administrativo.
Gabarito 1E.

(Auditor Fiscal/PB – FCC) Suponha que um indivíduo preste à administração informações equivocadas a respeito da área construída de imóvel de sua propriedade. Tendo em vista essas informações, a administração lavra multa contra o proprietário, porque a área construída informada é maior do que a permitida pela legislação. Porém, na realidade, a área é menor e o imóvel está em conformidade com as posturas municipais. Desejando contestar a aplicação da multa, o proprietário

(A) não poderá fazê-lo, porque induziu a administração em erro.
(B) não poderá fazê-lo, porque a verdade material não prevalece sobre as informações constantes dos autos.
(C) poderá fazê-lo, sustentando a inexistência de motivos do ato administrativo.
(D) poderá fazê-lo, sustentando vício de forma do ato administrativo.
(E) poderá fazê-lo, sustentando desvio de finalidade do ato administrativo.

Como o motivo de fato para a prática do ato é falso, ainda que por culpa do administrado, o ato, pela Teoria dos Motivos Determinantes, é inválido.
Gabarito "C".

(Agente Tributário Estadual/MS – FGV) Qual dos elementos a seguir se afigura irrelevante para a eficácia de ato administrativo vinculado?

(A) Motivo.
(B) Competência.
(C) Objeto.
(D) Mérito.
(E) Forma.

Ato vinculado é aquele em que a administração não tem margem de liberdade, ou seja, é aquele em que a Administração tem apenas uma opção de atuação. Assim, nos atos vinculados está tudo regrado, ou seja, não há margem para o mérito (para a margem de liberdade). Portanto, a expressão mérito está deslocada, pois os atos vinculados não têm mérito, não tem margem de liberdade.
Gabarito "D".

(Agente Tributário Estadual/MS – FGV) O abuso de poder admite as formas:

(A) comissiva, omissiva, dolosa e culposa.
(B) comissiva, dolosa e culposa.
(C) comissiva e dolosa.
(D) omissiva e culposa.
(E) omissiva e dolosa.

O *abuso de poder* é o gênero, que tem duas espécies: *excesso de poder* (problema na competência) e *desvio de poder* (problema na *finalidade*). Não há limitação a que o abuso de poder decorra de atos comissivos, omissivos, dolosos e culposos. O abuso pode se dar em qualquer uma dessas condutas.
Gabarito "A".

(Auditor do Tesouro Municipal/Recife-PE – ESAF) A lei federal que trata da ação popular alude aos elementos do ato administrativo, de forma a apontar os atos lesivos ao patrimônio público. Assinale no rol seguinte o vício que não está presente na citada legislação:

(A) ausência de motivação.
(B) incompetência.
(C) desvio de finalidade.
(D) vício de forma.
(E) ilegalidade do objeto.

A ausência de motivação não está expressa no art. 2º da Lei 4.717/1965. Porém, a ausência de motivação consiste em vício no requisito "forma". Para que este requisito seja atendido é necessário respeito à forma propriamente dita (escrita, escritura pública etc.) e a presença de alguma motivação. Uma vez existente uma motivação qualquer (uma explicação, uma fundamentação), passa-se à análise da verdade dos fatos narrados e da adequação do direito aplicado, ocasião em que se analisa o requisito "motivo".
Gabarito "A".

(Auditor Fiscal/Teresina-PI – ESAF) Decreto Municipal nomeou José da Silva para o cargo de Secretário Municipal da Fazenda. Considerando o ato administrativo acima e os seus elementos, correlacione as duas colunas e assinale a opção correta.

1. Forma
2. Competência
3. Objeto
4. Finalidade
5. Motivo

( ) vacância do cargo
( ) interesse público
( ) decreto municipal
( ) nomeação de José da Silva
( ) Prefeito Municipal

(A) 4, 5, 1, 3, 2
(B) 4, 5, 3, 2, 1
(C) 3, 4, 2, 5, 1
(D) 5, 4, 1, 3, 2
(E) 5, 3, 1, 4, 2

A "vacância do cargo" é motivo que justifica a nomeação (item 5). O "interesse público" é a finalidade de todo ato administrativo (item 4). O "decreto municipal" é a forma pela qual a nomeação vem ao mundo jurídico (item 1). A "nomeação de José da Silva" é o conteúdo do ato, ou seja, o objeto (item 3). E o "Prefeito Municipal" é o sujeito que pode praticar o ato de nomeação, ou seja, é a pessoa que tem competência (item 2).
Gabarito "D".

(Fiscal de Tributos/Maceió-AL – CESPE) A respeito dos atos administrativos, julgue os itens seguintes.

(1) A competência, a finalidade e a forma são, obrigatoriamente, elementos vinculados do ato administrativo.
(2) Nenhum ato administrativo pode ser realizado validamente sem que o agente disponha de poder legal para praticá-lo. Entende-se por competência administrativa o poder atribuído ao agente da administração para o desempenho específico de suas funções.
(3) De acordo com Hely Lopes Meirelles, são requisitos ou elementos do ato administrativo: a competência, a finalidade, a forma, o motivo e o objeto.
(4) Como a administração pública só se justifica como fator de realização do interesse coletivo, seus atos devem dirigir-se sempre para um fim público.

1: correta, nos termos do ensinamento de Hely Lopes Meirelles, para quem a "competência, a finalidade e a forma" são sempre vinculadas; a competência, a lei sempre diz quem tem; a finalidade dos atos é sempre atender ao interesse público e a forma também deve ser expressa claramente na lei; para Celso Antonio Bandeira de Mello, todavia, apenas a competência é sempre vinculada; **2:** correta; trata-se da definição de Hely Lopes Meirelles; **3:** correta, nos termos do que o doutrinador dispõe, e também nos termos do art. 2º da Lei 4.717/1965; **4:** correta; em última análise, a finalidade de todo ato administrativo é atender ao interesse público.
Gabarito 1C, 2C, 3C, 4C.

(Auditor Fiscal/Jaboatão dos Guararapes-PE – FCC) O ato administrativo praticado com "desvio de competência" apresenta vício quanto

(A) à territorialidade.
(B) ao motivo.
(C) à finalidade.
(D) ao sujeito.
(E) ao objeto.

O desvio de competência tem a ver com o elemento subjetivo, ou seja, com o **sujeito** competente para a prática do ato.
Gabarito "D".

(Auditor Fiscal/Jaboatão dos Guararapes-PE – FCC) São requisitos dos atos administrativos, dentre outros,

(A) o tempo e o objeto.
(B) a territorialidade e o motivo.
(C) a forma e o motivo.
(D) o tempo e a forma.
(E) o sujeito e a territorialidade.

Os requisitos são: competência, objeto, **forma**, **motivo** e finalidade.
Gabarito "C".

(Auditor Fiscal/Jaboatão dos Guararapes-PE – FCC) Consoante à teoria dos motivos determinantes, a validade do ato administrativo

(A) independe da indicação de motivos.
(B) fica condicionada à veracidade do motivo apontado pela Administração.
(C) é automática e presumida, podendo o ato vir a ser motivado após sua expedição.
(D) é insuscetível de ser examinado em sede de controle externo.
(E) é impositiva, de modo a impossibilitar, em qualquer hipótese, a superveniente revogação ou anulação do ato pela Administração.

Deixando mais completa a informação, pode-se dizer que a validade do ato administrativo fica condicionada à veracidade (dos fatos) e à adequação (do direito) do motivo apontado pela Administração (art. 2º, parágrafo único, d, da Lei 4.717/1965).
Gabarito "B".

(Auditor Fiscal/São Paulo-SP – FCC) A ausência de motivação em um ato administrativo, que devesse ser motivado, caracteriza o vício conhecido como

(A) incompetência do agente.
(B) ilegalidade do objeto.
(C) vício de forma.
(D) inexistência de motivos.
(E) desvio de finalidade.

A ausência de motivação consiste em vício no requisito "forma". Para que este requisito seja atendido é necessário respeito à forma propriamente dita (escrita, escritura pública etc.) e a presença de alguma motivação. Uma vez existente motivação qualquer (uma explicação, uma fundamentação), passa-se à análise da verdade dos fatos narrados e da adequação do direito aplicado, ocasião em que se analisa o requisito "motivo". Mas a existência ou não da motivação em si, seja qual for ela, diz respeito ao requisito "forma".
Gabarito "C".

(Auditor Fiscal/São José do Rio Preto-SP – VUNESP) O excesso de poder classifica-se como vício em relação ao seguinte elemento do ato administrativo:

(A) competência.
(B) finalidade.
(C) forma.
(D) motivo.
(E) objeto.

O "excesso de poder" caracteriza vício na *competência*, ao passo que o "desvio de poder" caracteriza vício na *finalidade*.

Gabarito "A".

4.2. ATRIBUTOS

Para resolver as questões sobre os atributos do ato administrativo, vale a pena trazer alguns elementos doutrinários. Confira:

Atributos do ato administrativo (são as qualidades, as prerrogativas dos atos)

- Presunção de legitimidade é a qualidade do ato pela qual este se presume verdadeiro e legal até prova em contrário; ex.: uma multa aplicada pelo Fisco presume-se verdadeira quanto aos fatos narrados para a sua aplicação e se presume legal quanto ao direito aplicado, a pessoa tida como infratora e o valor aplicado.

- Imperatividade é a qualidade do ato pela qual este pode se impor a terceiros, independentemente de sua concordância; ex.: uma notificação da fiscalização municipal para que alguém limpe um terreno ainda não objeto de construção, que esteja cheio de mato.

- Exigibilidade é a qualidade do ato pela qual, imposta a obrigação, esta pode ser exigida mediante coação indireta; ex.: no exemplo anterior, não sendo atendida a notificação, cabe a aplicação de uma multa pela fiscalização, sendo a multa uma forma de coação indireta.

- Autoexecutoriedade é a qualidade pela qual, imposta e exigida a obrigação, esta pode ser implementada mediante coação direta, ou seja, mediante o uso da coação material, da força; ex.: no exemplo anterior, já tendo sido aplicada a multa, mais uma vez sem êxito, pode a fiscalização municipal ingressar à força no terreno particular, fazer a limpeza e mandar a conta, o que se traduz numa coação direta. A autoexecutoriedade não é a regra. Ela existe quando a lei expressamente autorizar ou quando não houver tempo hábil para requerer a apreciação jurisdicional.

Obs. 1: a expressão autoexecutoriedade também é usada no sentido da qualidade do ato que enseja sua imediata e direta execução pela própria Administração, independentemente de ordem judicial.

Obs. 2: repare que esses atributos não existem normalmente no direito privado; um particular não pode, unilateralmente, valer-se desses atributos; há exceções, em que o particular tem algum desses poderes; mas essas exceções, por serem exceções, confirmam a regra de que os atos administrativos se diferenciam dos atos privados pela ausência nestes, como regra, dos atributos acima mencionados.

(**Técnico da Receita Federal – ESAF**) A presunção de legitimidade é o atributo próprio dos atos administrativos

(A) que não admite prova de vício formal e/ou ideológico.
(B) que os torna irrevisíveis judicialmente.
(C) que impede sua anulação pela Administração.
(D) que autoriza sua imediata execução.
(E) que lhes dá condição de ser insusceptível de controle quanto ao mérito.

A: incorreta. A presunção de legitimidade *é a qualidade do ato pelo qual se presume verdadeiro e legal até prova em contrário*; portanto admite-se prova de vício formal (ex.: problema na forma e na competência) e de vício ideológico (ex.: falsidade nos fatos alegados); **B** e **C:** incorretas. O fato de ser uma presunção relativa (*juris tantum*), admitindo prova em contrário, permite a revisão judicial e também administrativa do ato; **D:** correta. O fato de existir a presunção de legitimidade dos atos faz com que não seja necessário buscar um provimento jurisdicional de conhecimento, podendo o ato ser executado imediatamente no plano administrativo e, muitas vezes, permitindo sua execução em juízo, nos casos em que se admite a inscrição na dívida ativa de eventual dívida em dinheiro; **E:** incorreta. Não é a presunção de legitimidade que impede o controle do mérito administrativo, e sim a lei que confere essa margem de liberdade ao agente público; é bom lembrar, todavia, que o ato administrativo pode ser controlado em sua legalidade, o que inclui o controle de razoabilidade e moralidade.

Gabarito "D".

(**Auditor Fiscal/MG – ESAF**) Relativamente aos atributos dos atos administrativos, assinale a opção correta.

(A) Há atos administrativos para os quais a presunção de legitimidade (ou legalidade) é absoluta, ou seja, por terem sido produzidos na órbita da Administração Pública, não admitem a alegação, por eventuais interessados, quanto à ilegalidade de tais atos.
(B) A presunção de legitimidade não está presente em todos os atos administrativos, o que fundamenta a possibilidade de seu desfazimento pelo Poder Judiciário.
(C) Não se pode dizer que a imperatividade seja elemento de distinção entre os atos administrativos e os atos praticados por particulares, eis que estes últimos também podem, em alguns casos, apresentar tal atributo (por exemplo, quando defendem o direito de propriedade).
(D) O ato administrativo nem sempre apresenta o atributo da imperatividade, ainda que o fim visado pela Administração deva ser sempre o interesse público.
(E) O ato administrativo que tenha autoexecutoriedade não pode ser objeto de exame pelo Poder Judiciário, em momento posterior, pois já produziu todos os seus efeitos.

A: incorreta. Não há atos com presunção absoluta de legitimidade, valendo salientar que nenhuma ilegalidade pode ser subtraída da apreciação do Poder Judiciário (art. 5º, XXXV, da CF/1988); **B:** incorreta. Todos os atos têm presunção de legitimidade; o que fundamenta a possibilidade de seu desfazimento pelo Poder Judiciário é o fato de que tal presunção é relativa, e não absoluta. **C:** incorreta. Todos os atributos do ato administrativo são traços distintivos deste ato como os atos regidos pelo direito privado; a **presunção de legitimidade** é a qualidade do ato pela qual este se presume verdadeiro e legal até prova em contrário (ex.: uma multa aplicada pelo Fisco presume que é verdadeira quanto aos fatos narrados para a sua aplicação e se presume legal quanto ao direito aplicado, a pessoa tida como infratora e o valor aplicado); a **imperatividade** é qualidade do ato pela qual este pode se impor a terceiros, independentemente de sua concordância (ex.: uma notificação da fiscalização municipal para que alguém limpe um terreno ainda não objeto de construção, que esteja cheio de mato); a **exigibilidade** é a qualidade do ato pela qual, imposta a obrigação, esta pode ser exigida mediante coação indireta (ex.: no exemplo anterior, não sendo atendida a notificação, cabe a aplicação de uma multa pela fiscalização, sendo a multa uma forma de *coação indireta*); **autoexecutoriedade** é a qualidade pela qual, imposta e exigida a obrigação, esta pode ser implementada mediante coação direta, ou seja, mediante o uso da coação material, da força (ex.: no exemplo anterior, já tendo sido aplicada a multa, mais uma vez sem resultado, pode a fiscalização municipal ingressar à força no terreno particular, fazer a limpeza e mandar a conta, o que se traduz numa *coação direta*); repare que esses atributos não existem normal-

mente no direito privado; um particular não pode, unilateralmente, valer-se desses atributos; há exceções, em que o particular tem algum desses poderes; mas essas exceções, por serem exceções, confirmam a regra de que os atos administrativos se diferenciam dos atos privados pela ausência nestes, como regra, dos atributos acima mencionados; aliás, a alternativa também está incorreta, pois o exemplo dado (usar a força para defender a propriedade – isso é possível em caso de esbulho ou turbação da posse, ou seja, em caso de invasão e de perturbação da posse de imóvel) é de autoexecutoriedade, e não de imperatividade; **D:** correta. De fato, nem todo ato administrativo apresenta o atributo da imperatividade; por exemplo, há atos administrativos que concedem benefícios (e não ordens aos particulares), situação em que não se impõe obrigações, característica típica da imperatividade; **E:** incorreta. O ato administrativo que tem autoexecutoriedade pode ser apreciado e julgado posteriormente pelo Poder Judiciário; por exemplo, a Administração Pública, ao fazer a apreensão de uma mercadoria de um particular (uso da força), pode tê-la feito de modo ilegal; assim, posteriormente, pode o Judiciário analisar a medida tomada e até condenar o Poder Público a devolver a mercadoria e a pagar indenização, se for o caso.
Gabarito "D".

(Fiscal da Receita/CE) Paulo, servidor público estadual, conduzia viatura oficial em uma rodovia quando houve um acidente. Apurado o valor do dano causado, por meio de um processo administrativo, Paulo foi considerado culpado e se negou a pagar. Nessa situação hipotética, de acordo com o atributo da autoexecutoriedade dos atos administrativos,

(A) a administração deverá imediatamente inscrever em dívida ativa o respectivo valor, com vistas a formar um título executivo e propor a devida ação de execução.
(B) a administração poderá, mesmo sem o consentimento de Paulo, determinar que o referido valor seja descontado da sua remuneração.
(C) o Estado, por intermédio de sua procuradoria jurídica, deverá propor uma ação de indenização, visando ao ressarcimento dos danos causados por Paulo.
(D) o Estado poderá promover, de ofício, a penhora de tantos bens quanto bastem para a satisfação do seu crédito.

O atributo da autoexecutoriedade admite que a Administração faça valer seus atos mediante o uso da força. Esse atributo só existe quando a lei expressamente autorizar ou quando não houver tempo de buscar a prestação jurisdicional. No caso narrado no enunciado, todavia, a Administração não tem autoexecutoriedade, devendo, então, ingressar com ação de cobrança contra o servidor.
Gabarito "C".

(Agente Tributário Estadual/MS – ESAF) O atributo do poder de polícia pelo qual a Administração impõe uma conduta por meio indireto de coação denomina-se:

(A) exigibilidade
(B) imperatividade
(C) autoexecutoriedade
(D) discricionariedade
(E) proporcionalidade

Vide as definições dadas na questão anterior. Repare no enunciado que se trata de *coação indireta*, de modo que a resposta é *exigibilidade*.
Gabarito "A".

(Auditor Fiscal/Jaboatão dos Guararapes-PE – FCC) O poder-dever de a Administração Pública anular seus próprios atos, nas situações cabíveis, decorre do

(A) controle externo a que se sujeita a Administração.
(B) atributo da autoexecutoriedade dos atos administrativos.
(C) atributo da coercibilidade dos atos administrativos.
(D) poder da autotutela.
(E) caráter impositivo dos atos administrativos.

A definição acima dada não é de um *atributo* do ato administrativo, e sim do princípio da autotutela, previsto no art. 53 da Lei 9.784/1999.
Gabarito "D".

4.3. CLASSIFICAÇÃO E ESPÉCIES

Antes de verificarmos as questões deste item, vale trazer um resumo das principais espécies de atos administrativos.

Espécies de atos administrativos segundo Hely Lopes Meirelles:

– Atos normativos são aqueles que contêm comando geral da Administração Pública, com o objetivo de executar a lei. Exs.: regulamentos (da alçada do chefe do Executivo), instruções normativas (da alçada dos Ministros de Estado), regimentos, resoluções etc.

– Atos ordinatórios são aqueles que disciplinam o funcionamento da Administração e a conduta funcional de seus agentes. Ex.: instruções (são escritas e gerais, destinadas a determinado serviço público), circulares (escritas e de caráter uniforme, direcionadas a determinados servidores), avisos, portarias (expedidas por chefes de órgãos – trazem determinações gerais ou especiais aos subordinados, designam alguns servidores, instauram sindicâncias e processos administrativos etc.), ordens de serviço (determinações especiais ao responsável pelo ato), ofícios (destinados às comunicações escritas entre autoridades) e despacho (contém decisões administrativas).

– Atos negociais são declarações de vontade coincidentes com a pretensão do particular. Ex.: licença, autorização e protocolo administrativo.

– Atos enunciativos são aqueles que apenas atestam, enunciam situações existentes. Não há prescrição de conduta por parte da Administração. Ex.: certidões, atestados, apostilas e pareceres.

– Atos punitivos são as sanções aplicadas pela Administração aos servidores públicos e aos particulares. Ex.: advertência, suspensão e demissão; multa de trânsito.

Confira mais classificações dos atos administrativos:

- Quanto à liberdade de atuação do agente

Ato vinculado é aquele em que a lei tipifica objetiva e claramente a situação em que o agente deve agir e o único comportamento que poderá tomar. Tanto a situação em que o agente deve agir, como o comportamento que vai tomar são únicos e estão clara e objetivamente definidos na lei, de forma a inexistir qualquer margem de liberdade ou apreciação subjetiva por parte do agente público. Exs: licença para construir e concessão de aposentadoria.

Ato discricionário é aquele em que a lei confere margem de liberdade para avaliação da situação em que o agente deve agir ou para escolha do melhor comportamento a ser tomado.

Seja na situação em que o agente deve agir, seja no comportamento que vai tomar, o agente público terá uma margem de liberdade na escolha do que mais atende ao interesse público. Neste ponto fala-se em mérito administrativo, ou seja, na valoração dos motivos e escolha do comportamento a ser tomado pelo agente.

Vale dizer, o agente público fará apreciação subjetiva, agindo segundo o que entender mais conveniente e oportuno ao interesse público. Reconhece-se a discricionariedade, por exemplo, quando a regra que traz a competência do agente traz conceitos fluídos, como bem comum, moralidade, ordem pública etc. Ou ainda quando a lei não traz um motivo que enseja a prática do ato, como, por exemplo, a que permite nomeação para cargo em comissão, de livre provimento e exoneração. Também se está diante de ato discricionário quando há mais de uma opção para o agente quanto ao momento de atuar, à forma do ato (ex.: verbal, gestual ou escrita), sua finalidade ou conteúdo (ex.: advertência, multa ou apreensão).

A discricionariedade sofre alguns temperamentos. Em primeiro lugar é bom lembrar que todo ato discricionário é parcialmente regrado ou vinculado. A competência, por exemplo, é sempre vinculada (Hely Lopes Meirelles entende que competência, forma e finalidade são sempre vinculadas, conforme vimos). Ademais, só há discricionariedade nas situações marginais, nas zonas cinzentas. Assim, se algo for patente, como quando, por exemplo, uma dada conduta fira veementemente a moralidade pública (ex.: pessoas fazendo sexo no meio de uma rua), o agente, em que pese estar diante de um conceito fluído, deverá agir reconhecendo a existência de uma situação de imoralidade. Deve-se deixar claro, portanto, que a situação concreta diminui o espectro da discricionariedade (a margem de liberdade) conferida ao agente.

Assim, o Judiciário até pode apreciar um ato discricionário, mas apenas quanto aos aspectos de legalidade, razoabilidade e moralidade, não sendo possível a revisão dos critérios adotados pelo administrador (mérito administrativo), se tirados de dentro da margem de liberdade a ele conferida pelo sistema normativo.

- Quanto às prerrogativas da administração

Atos de império são os praticados no gozo de prerrogativas de autoridade. Ex.: interdição de um estabelecimento.

Atos de gestão são os praticados sem uso de prerrogativas públicas, em igualdade com o particular, na administração de bens e serviços. Ex.: contrato de compra e venda ou de locação de um bem imóvel.

Atos de expediente são os destinados a dar andamentos aos processos e papéis que tramitam pelas repartições, preparando-os para decisão de mérito a ser proferida pela autoridade. Ex.: remessa dos autos à autoridade para julgá-lo.

A distinção entre ato de gestão e de império está em desuso, pois era feita para excluir a responsabilidade do Estado pela prática de atos de império, de soberania. Melhor é distingui-los em atos regidos pelo direito público e pelo direito privado.

- Quanto aos destinatários

Atos individuais são os dirigidos a destinatários certos, criando-lhes situação jurídica particular. Ex.: decreto de desapropriação, nomeação, exoneração, licença, autorização, tombamento.

Atos gerais são os dirigidos a todas as pessoas que se encontram na mesma situação, tendo finalidade normativa.

São diferenças entre um e outro as seguintes:

– só ato individual pode ser impugnado individualmente; atos normativos, só por ADIN ou após providência concreta.

– ato normativo prevalece sobre o ato individual.

– ato normativo é revogável em qualquer situação; ato individual deve respeitar direito adquirido.

– ato normativo não pode ser impugnado administrativamente, mas só após providência concreta; ato individual pode ser impugnado desde que praticado.

- Quanto à formação da vontade

Atos simples: decorrem de um órgão, seja ele singular ou colegiado. Ex.: nomeação feita pelo Prefeito; deliberação de um conselho ou de uma comissão.

Atos complexos: decorrem de dois ou mais órgãos, em que as vontades se fundem para formar um único ato. Ex.: decreto do Presidente, com referendo de Ministros.

Atos compostos: decorrem de dois ou mais órgãos, em que vontade de um é instrumental à vontade de outro, que edita o ato principal. Aqui existem dois atos pelo menos: um principal e um acessório. Exs.: nomeação do Procurador-Geral da República, que depende de prévia aprovação pelo Senado; e atos que dependem de aprovação ou homologação. Não se deve confundir atos compostos com atos de um procedimento, vez que este é composto de vários atos acessórios, com vistas à produção de um ato principal, a decisão.

- Quanto aos efeitos

Ato constitutivo é aquele em que a Administração cria, modifica ou extingue direito ou situação jurídica do administrado. Ex.: permissão, penalidade, revogação e autorização.

Ato declaratório é aquele em que a Administração reconhece um direito que já existia. Ex.: admissão, licença, homologação, isenção e anulação.

Ato enunciativo é aquele em que a Administração apenas atesta dada situação de fato ou de direito. Não produz efeitos jurídicos diretos. São juízos de conhecimento ou de opinião. Ex.: certidões, atestados, informações e pareceres.

- Quanto à situação de terceiros

Atos internos são aqueles que produzem efeitos apenas no interior da Administração. Ex.: pareceres, informações.

Atos externos são aqueles que produzem efeitos sobre terceiros. Nesse caso, dependerão de publicidade para terem eficácia. Ex.: admissão, licença.

- Quanto à estrutura.

Atos concretos são aqueles que dispõem para uma única situação, para um caso concreto. Ex.: exoneração de um agente público.

Atos abstratos são aqueles que dispõem para reiteradas e infinitas situações, de forma abstrata. Ex.: regulamento.

Confira outros atos administrativos, em espécie:

– Quanto ao conteúdo: a) **autorização**: *ato unilateral, discricionário e precário pelo qual se faculta ao particular, em proveito deste, o uso privativo de bem público ou o desempenho de uma atividade, os quais, sem esse consentimento, seriam legalmente proibidos*. Exs.: autorização de uso de praça para festa beneficente; autorização para porte de arma; b) **licença**: *ato administrativo unilateral e vinculado pelo qual a Administração faculta àquele que preencha requisitos legais o exercício de uma atividade*. Ex.: licença para construir; c) **admissão**: *ato unilateral e vinculado pelo qual se reconhece ao particular que preencha requisitos legais o direito de receber serviço público*. Ex.: aluno de escola; paciente em hospital; programa de assistência social; d) **permissão**: *ato administrativo unilateral, discricionário e precário, pelo qual a Administração faculta ao particular a execução de serviço público ou a utilização privativa de bem público, mediante licitação*. Exs.: permissão para peruero; permissão para uma banca de jornal. Vale lembrar que, por ser precária, pode ser revogada a qualquer momento, sem direito à indenização; e) **concessão**: *ato bilateral e não precário, pelo qual a Administração faculta ao particular a execução de serviço público ou a utilização privativa de bem público, mediante licitação*. Ex.: concessão para empresa de ônibus efetuar transporte remunerado de passageiros. Quanto aos bens públicos, há também a *concessão de direito real de uso*, oponível até ao poder concedente, e a *cessão de uso*, em que se transfere o uso para entes ou órgãos públicos; f) **aprovação**: *ato de controle discricionário*. Vê-se a conveniência do ato controlado. Ex.: aprovação pelo Senado de indicação para Ministro do STF; g) **homologação**: *ato de controle vinculado*. Ex.: homologação de licitação ou de concurso público; h) **parecer**: *ato pelo qual órgãos consultivos da Administração emitem opinião técnica sobre assunto de sua competência*. Podem ser das seguintes espécies: *facultativo* (parecer solicitado se a autoridade quiser); *obrigatório* (autoridade é obrigada a solicitar o parecer, mas não a acatá-lo) e *vinculante* (a autoridade é obrigada a solicitar o parecer e a acatar o seu conteúdo; ex.: parecer médico). Quando um parecer tem o poder de *decidir* um caso, ou seja, quando o parecer é, na verdade, uma decisão, a autoridade que emite esse parecer responde por eventual ilegalidade do ato (ex.: parecer jurídico sobre edital de licitação e minutas de contratos, convênios e ajustes – art. 38 da Lei 8.666/1993).

– Quanto à forma: a) **decreto**: *é a forma de que se revestem os atos individuais ou gerais, emanados do Chefe do Poder Executivo*. Exs.: nomeação e exoneração (atos individuais); regulamentos (atos gerais que têm por objeto proporcionar a fiel execução da lei – art. 84, IV, da CF/1988); b) **resolução e portaria**: *são as formas de que se revestem os atos, gerais ou individuais, emanados de autoridades que não sejam o Chefe do Executivo*; c) **alvará**: *forma pela qual a Administração confere licença ou autorização para a prática de ato ou exercício de atividade sujeita ao poderes de polícia do Estado*. Exs.: alvará de construção (instrumento da licença); alvará de porte de arma (instrumento da autorização).

(Auditor Fiscal da Receita Federal – ESAF) Em se tratando da classificação e extinção dos atos administrativos, é correto afirmar:

(A) atos gerais ou normativos são os que se preordenam a regular situações específicas como acontece nos decretos expropriatórios.
(B) no *ius gestionis* não há intervenção da vontade dos administrados para sua prática, como acontece nos decretos de regulamentação.
(C) os atos enunciativos indicam juízos de valor de outros atos de caráter decisório, como acontece nos pareceres.
(D) os atos complexos não se compõem de vontades autônomas, embora múltiplas, visto que há somente uma vontade autônoma, de conteúdo próprio e as demais instrumentais, como acontece no visto.
(E) na cassação há perda dos efeitos jurídicos em virtude de norma jurídica superveniente contrária àquela que respaldava a prática do ato.

A: incorreta, pois atos que regulam situações específicas são denominados *atos concretos*, e não *atos gerais ou normativos*; **B**: incorreta, pois nos *ius gestionis* (ou "atos de gestão") o Estado se coloca na posição de um particular para realizar negócios com este, tais como contratos de locação, de seguro etc.; sendo assim, há intervenção da vontade de particulares nesses atos; diferentemente se dá nos atos de império (*ius imperii*), no qual o Estado se coloca numa posição de soberania e pratica atos sem intervenção do particular, como são os decretos de regulamentação das leis; **C**: correta, pois os atos enunciativos são aqueles em que a Administração se limita a ou enunciam ou declarar a existência de um fato (ex: certidões), ou a emitir opinião acerca de um determinado assunto (ex: pareceres), tratando-se neste caso de juízo de valor apenas quanto à existência de outros atos decisórios; **D**: incorreta, pois no ato complexo há sim vontades autônomas, sem as quais não se terá o ato aperfeiçoado; um exemplo é a aposentadoria de um servidor público, que depende, de um primeiro ato (da Administração onde o servidor trabalha) e de um segundo, que é o registro da aposentadoria pelo Tribunal de Contas respectivo; **E**: incorreta, pois a *cassação* é a extinção de um ato administrativo que beneficiava uma pessoa, pelo fato de essa pessoa descumprir requisitos para continuar se beneficiando do ato; a situação narrada na alternativa diz respeito ao instituto da *caducidade*.
Gabarito "C".

(Técnico da Receita Federal – ESAF) O ato administrativo, – para cuja prática a Administração desfruta de uma certa margem de liberdade, porque exige do administrador, por força da maneira como a lei regulou a matéria, que sofresse as circunstâncias concretas do caso, de tal modo a ser inevitável uma apreciação subjetiva sua, quanto à melhor maneira de proceder, para dar correto atendimento à finalidade legal, – classifica-se como sendo

(A) complexo.
(B) de império.
(C) de gestão.
(D) discricionário.
(E) vinculado.

Trata-se da definição de ato discricionário, pois esse tipo de ato, ao contrário do ato vinculado, confere margem de liberdade ao agente público.
Gabarito "D".

(Técnico da Receita Federal – ESAF) O instituto jurídico administrativo, pelo qual o Estado transfere a outra entidade a execução de determinado serviço público, com a particularidade de que para cuja remuneração ela pode cobrar tarifas de seus usuários, classifica-se mais propriamente como sendo

(A) autorização.
(B) desconcentração.
(C) delegação.
(D) concessão.
(E) permissão.

Vale trazer os conceitos dados acima. Vamos trazê-los numa ordem mais didática. **Autorização** é o ato unilateral, discricionário e precário pela qual a Administração faculta ao particular, no interesse deste, o uso de um bem público ou a prestação de um serviço público (ex.: autorização para que uma pessoa física faça o transporte de outras pessoas físicas em caráter eventual). **Permissão** é o ato unilateral, discricionário e precário pela qual a Administração faculta ao particular o uso de um bem público ou a prestação de um serviço público, mediante licitação (ex.: permissão para que uma pessoa física ou jurídica opere vans ou peruas, no transporte de pessoas). **Concessão** é o ato bilateral (contrato) pelo qual a Administração faculta a uma pessoa jurídica o uso de um bem público ou a prestação de um serviço público, mediante licitação (ex.: concessão para que uma pessoa jurídica ou consórcio de empresas operem transporte por meio de ônibus). Repare que, de acordo com o *tamanho do investimento* e com a *complexidade do serviço*, escolhe-se o instituto jurídico mais apropriado. Além disso, a concessão só pode ser dada para *pessoa jurídica*. Como o enunciado trazia a informação de que o serviço está sendo passado para uma entidade (pessoa jurídica), provavelmente trata-se de concessão, pois esta só admite pessoa jurídica, como se disse, ao passo que a permissão admite tanto pessoa física como pessoa jurídica (art. 2º, II e IV, da Lei 8.987/1995). A expressão **delegação** não é a mais adequada para a outorga do direito de prestar um serviço público. Como se viu, as expressões adequadas são permissão e concessão. A expressão delegação é utilizada mais para atribuição de *competência* de um *órgão* para outro, *dentro* da própria pessoa jurídica, e não para uma pessoa jurídica *externa* (arts. 11 e ss. da Lei 9.784/1999). Aliás, a distribuição interna de competências tem o nome de **desconcentração** (o exemplo do enunciado não tratava de uma distribuição de competência para um *órgão interno*, mas sim da outorga de um serviço público para uma *entidade externa*), ao passo que a distribuição externa de competência (por exemplo, pela concessão) leva o nome de *descentralização*.
Gabarito "D".

(Auditor Fiscal do Trabalho – ESAF) Assinale a opção que contemple ato administrativo passível de revogação.

(A) Atestado de óbito.
(B) Homologação de procedimento licitatório.
(C) Licença para edificar.
(D) Certidão de nascimento.
(E) Autorização de uso de bem público.

Antes de comentar as alternativas, vale lembrar que não são irrevogáveis os seguintes atos: enunciativos, vinculados e já exauridos. **A:** incorreta, pois o atestado de óbito é um ato meramente enunciativo, não podendo ser revogado; **B:** incorreta, pois a homologação é um ato de controle vinculado (ao contrário da aprovação, que é um ato de controle discricionário), não podendo ser revogado; **C:** incorreta, pois a licença para edificar é um ato de vinculado, não podendo ser revogado; **D:** incorreta, pois a certidão de nascimento é um ato meramente enunciativo, não podendo ser revogado; **E:** correta, pois a autorização de uso de bem público é um ato discricionário, que pode ser revogado.
Gabarito "E".

(Auditor Fiscal/RO – FCC) Com relação à classificação dos atos administrativos, quanto à formação da vontade, em regra, a nomeação do Procurador Geral da República e a deliberação de um Conselho são atos administrativos

(A) complexos.
(B) complexo e simples, respectivamente.
(C) simples.
(D) compostos.
(E) composto e simples, respectivamente.

A nomeação do Procurador-Geral da República é ato *composto*, pois são necessárias as práticas de dois atos por dois órgãos diferentes; no caso, a nomeação depende de ato do Senado e de ato do Presidente da República (art. 128, § 1º, da CF/1988). A deliberação de um Conselho é um ato simples, pois praticado por um único órgão (o Conselho), ainda que se trate de um órgão colegiado.
Gabarito "E".

(Auditor Fiscal/SC – FEPESE) Quanto aos atos administrativos, é **correto** afirmar:

(A) A Portaria é sempre ato administrativo de caráter normativo.
(B) O Decreto é sempre ato administrativo de efeito concreto.
(C) Os atos administrativos somente podem ser expedidos pela Administração Pública.
(D) Portarias e Decretos são típicos veículos ou módulos de expedição de atos administrativos de conteúdo material.
(E) Os atos administrativos negociais, como a permissão, independem, para serem expedidos, da manifestação do particular.

A: incorreta, pois, por uma portaria pode-se editar ato de efeito concreto ou ato normativo; **B:** incorreta, pois o decreto pode veicular ato normativo ou ato de efeito concreto; **C:** incorreta, pois, excepcionalmente, atos administrativos podem ser expedidos por pessoas privadas, como é o caso dos atos praticados por notários e registradores; **D:** correta, pois tais atos, normalmente, veiculam comandos de direito material; **E:** incorreta, pois tais atos dependem de requerimento formulado pelo particular.
Gabarito "D".

(Auditor do Tesouro Municipal/Recife-PE – ESAF) Com referência ao ato administrativo normativo, assinale a afirmação falsa.

(A) O ato normativo tem precedência hierárquica sobre o ato individual.
(B) O ato normativo é sempre revogável.
(C) O ato normativo não pode ser impugnado na via administrativa, por meio dos recursos administrativos ordinários.
(D) O ato normativo tem natureza de ato vinculado, pois não pode exorbitar da lei.
(E) O ato normativo não pode ser impugnado, judicialmente, diretamente pela pessoa lesada, mas apenas pela via de arguição de inconstitucionalidade.

Os **atos administrativos normativos** são aqueles que contêm um comando geral do Executivo, visando à correta aplicação da lei. São exemplos desses atos os decretos regulamentares, os regimentos, as resoluções, as deliberações e as portarias de conteúdo geral. Tais não são leis em sentido formal, mas são leis em sentido material, já que são gerais e abstratas. Assim, os atos administrativos normativos têm precedência hierárquica em relação ao ato individual (alternativa "a"), são revogáveis (alternativa "b"), devem ser impugnados pelas vias iguais às que são utilizadas para a impugnação das leis (alternativas "c" e "e"), são discricionários (e não vinculados, por isso é falsa a alternativa "d").
Gabarito "D".

(Fiscal de Tributos/Rio Branco-AC – CESPE) Julgue o item seguinte.

(1) Grande parte da doutrina entende que os pareceres são atos da administração, e não atos administrativos propriamente ditos, já que eles, por si só, não criam, modificam ou extinguem direitos, sendo atos meramente opinativos.

1: correta. Atos administrativos são declarações do Estado, no exercício de prerrogativas públicas, com a finalidade de executar direta e concretamente a lei. Assim, a Administração Pública expede atos administrativos (que são aqueles que se encaixam no conceito acima) e meros atos da administração (que são aqueles que não se encaixam no conceito acima). O parecer, que é uma opinião técnica sobre um dado assunto, normalmente é opinativo, ou seja, não vincula ninguém, não é dotado de prerrogativas públicas, de modo que não é ato administrativo, e sim mero ato da administração.
Gabarito 1C

(Auditor Fiscal da Receita Municipal – Prefeitura Teresina/PI – 2016 – FCC) A Lei n. 3.338, de 20 de agosto de 2004, do Município de Teresina, regula o processo administrativo no âmbito da Administração Pública Municipal e dá outras providências. Esta lei, denominada Lei Geral de Processo Administrativo Municipal, se aplica

(A) a quaisquer processos administrativos desenvolvidos no âmbito da Administração Municipal direta e indireta, mesmo em se tratando de processos administrativos específicos regidos por lei própria, hipótese em que as normas contidas na lei própria devem ser consideradas derrogadas pelos ditames da Lei Geral.

(B) apenas às situações em que esteja em pauta um litígio, envolvendo particular e órgão ou entidade da Administração Municipal direta ou indireta, sendo, pois, inaplicável a processos administrativos de outra natureza, como os ampliativos de direitos, em que o interessado requer à Administração Municipal a expedição de uma licença em seu favor.

(C) aos processos administrativos de caráter sancionador desenvolvidos no âmbito da Administração Municipal direta e indireta, nos quais ficam assegurados, aos litigantes, o contraditório e a ampla defesa, submetendo-se os demais processos administrativos específicos a leis próprias.

(D) a quaisquer processos administrativos desenvolvidos no âmbito da Administração Municipal direta, mas não àqueles desenvolvidos pelas entidades da Administração Municipal indireta no exercício da autonomia decisória que lhes é própria.

(E) a quaisquer processos administrativos desenvolvidos no âmbito da Administração Municipal direta e indireta, mesmo em se tratando de processos administrativos específicos regidos por lei própria, hipótese em que os preceitos da Lei Geral terão aplicação subsidiária.

Art. 1º Esta Lei estabelece normas básicas sobre o processo administrativo, no âmbito da Administração Municipal direta e indireta, visando, em especial, a proteção dos direitos dos administrados e o melhor cumprimento dos fins da Administração. 1º Os preceitos desta Lei também se aplicam aos órgãos dos Poderes Legislativo e Judiciário da União às autarquias e às fundações, vinculadas à Administração Municipal, quando no desempenho de função administrativa.
Gabarito "E".

(Auditor Fiscal Tributário Estadual – SEGEP/MA – 2016 – FCC) Sobre as concessões e permissões de serviços públicos considere as afirmativas abaixo.

I. Poderes concedentes são: a União, o Estado, o Distrito Federal, o Município e suas autarquias e fundações públicas em cuja competência se encontre o serviço público objeto de concessão ou permissão.

II. Concessão de serviço público é a delegação de sua prestação, feita pelo poder concedente, mediante licitação, na modalidade de concorrência, à pessoa jurídica ou consórcio de empresas que demonstre capacidade para seu desempenho, por sua conta e risco e por prazo determinado.

III. Permissão de serviço público é a delegação, a título precário, independentemente de licitação, da prestação de serviços públicos, feita pelo poder concedente à pessoa física ou jurídica que demonstre capacidade para seu desempenho, por sua conta e risco.

IV. Concessão de serviço público precedida da execução de obra pública é a construção, total ou parcial, conservação, reforma, ampliação ou melhoramento de quaisquer obras de interesse público, delegada pelo poder concedente, mediante licitação, na modalidade de concorrência, à pessoa jurídica ou consórcio de empresas que demonstre capacidade para a sua realização, por sua conta e risco, de forma que o investimento da concessionária seja remunerado e amortizado mediante a exploração do serviço ou da obra por prazo determinado.

Está correto o que consta APENAS em

(A) I e II.
(B) II e III.
(C) III e IV.
(D) II e IV.
(E) I e III.

I: incorreta – O conceito de poder concedente de que trata a lei de concessões não inclui fundações e autarquias. De fato, o inciso I do artigo 2º da Lei nº 8.987/1995 estabelece que: "Para os fins do disposto nesta Lei, considera-se: I – poder concedente: a União, o Estado, o Distrito Federal ou o Município, em cuja competência se encontre o serviço público, precedido ou não da execução de obra pública, objeto de concessão ou permissão; II: correta – artigo 2º, inciso II, da Lei nº 8.987/1995; III: incorreta – o erro da assertiva está na desnecessidade de licitação, já que o inciso IV do artigo 2º da Lei nº 8.987/1995 expressamente determina que a permissão de serviço público será precedida de licitação. Vejamos: "IV – permissão de serviço público: a delegação, a título precário, mediante licitação, da prestação de serviços públicos, feita pelo poder concedente à pessoa física ou jurídica que demonstre capacidade para seu desempenho, por sua conta e risco". IV: correta – artigo 2º, inciso III, da Lei nº 8.987/1995.
Gabarito "D".

(Auditor Fiscal Tributário Municipal – Prefeitura Cuiabá – 2016 – FGV) Sobre as normas gerais acerca da prestação de serviços públicos por Organizações Sociais – OS's, assinale a afirmativa correta.

(A) A qualificação de pessoas jurídicas de direito privado sem fins lucrativos em Organização Social depende de lei específica de iniciativa do chefe do Poder Executivo.

(B) A Organização Social formada será integrante da Administração Indireta do ente federado que a criou, estando submetida aos princípios da hierarquia e do controle.

(C) Não obstante a qualificação como Organização Social, a entidade de direito privado qualificada está submetida à prévia licitação para a prestação do serviço delegado.

(D) A qualificação da entidade privada como Organização Social depende de licitação na modalidade de concorrência, salvo se por inviabilidade de competição a mesma for inexigível.

(E) As entidades qualificadas como Organização Social não integram a estrutura da Administração Pública e não possuem fins lucrativos, mas se submetem ao controle financeiro do Poder Público, inclusive do Tribunal de Contas.

A: incorreta – a qualificação como Organização Social não depende de lei específica de iniciativa do Chefe do Poder Executivo. Segundo o que dispõe a Lei nº 9.637, de 15 de maio de 1998, essa qualificação é dada por conveniência e oportunidade do órgão ao qual seu objeto esteja ligado. Seu vínculo com o Poder Público se dá mediante a celebração de **contrato de gestão**, por meio do qual a entidade se qualifica como organização social e passa a gozar de todos os privilégios previstos em lei, tais como a dotação orçamentária, cessão de bens públicos e cessão de servidores públicos. **B:** incorreta – Organizações Sociais não integram a Administração Pública Direta ou Indireta. São entes do chamado **Terceiro Setor**. Logo, não se submetem ao princípio da tutela que caracteriza a relação entre entes da Administração Direta e Indireta. **C:** incorreta – as organizações sociais gozam do privilégio de dispensa de licitar, conforme expresso no artigo 24, XXIV, da Lei nº 8.666/1993, alterado pela Lei nº 9.648/1998. Acerca dessa polêmica previsão há, inclusive, a ADI 1923 cuja medida cautelar foi indeferida, inclusive na parte referente ao artigo em comento. **D:** incorreto – a qualificação como Organização Social se faz mediante a celebração de contrato de gestão, não havendo a necessidade de realização de licitação para tanto. **E:** correto – as Organizações Sociais se submetem ao controle do Tribunal de Contas no que tange aos recursos oficiais recebidos. Gabarito "E". FMB

(Auditor Fiscal da Receita Municipal – Prefeitura Teresina/PI – 2016 – FCC) Município da capital de determinado Estado-membro da federação e outros dois Municípios que lhe são limítrofes pretendem promover a destinação final ambientalmente adequada de resíduos sólidos urbanos produzidos em seus territórios. Para tanto, cogitam contratar a construção e operação de um único aterro sanitário, que sirva, simultaneamente, à destinação final de resíduos produzidos em cada uma das três localidades, pelo prazo estimado de até vinte anos. Solução juridicamente possível para que realizem tal pretensão, de mútuo interesse, envolve a

(A) realização de licitação pública pelo Município da capital, para contratação da construção e operação do aterro sanitário intermunicipal, impondo-se aos dois últimos, no instrumento convocatório do certame, a obrigação de também destinarem os resíduos sólidos produzidos em seus territórios ao aterro sanitário licitado, para fins de promoção de economia de escala.

(B) constituição de associação pública entre os Municípios, na forma da Lei nº 11.107, de 6 de abril de 2005, mediante protocolo de intenções ratificado por lei de cada um dos Municípios consorciados, seguida da celebração de contrato de rateio de despesas entre os Municípios consorciados e, ainda, da celebração de contrato de programa entre a associação pública e a empresa estatal municipal de saneamento básico de um dos Municípios consorciados, ficando esta empresa responsável pela construção e operação do aterro sanitário.

(C) celebração de contratos de programa entre cada um dos Municípios e empresa do setor privado, não estatal, de saneamento básico, necessariamente precedidos de licitação pública, pelos quais seja delegada a esta empresa a construção e operação do aterro sanitário intermunicipal.

(D) constituição de associação pública entre os Municípios, na forma da Lei nº 11.107, de 06 de abril de 2005, convidando-se a integrar tal associação, também, empresa do setor privado, não estatal, de notória especialização no setor de saneamento básico, ficando esta empresa responsável pela construção e operação do aterro sanitário intermunicipal.

(E) realização de licitação pública pelo Município da capital, pela qual seja selecionada empresa do setor privado, não estatal, para a construção e operação do aterro sanitário intermunicipal, de tal modo que a esse resultado manifestem sua adesão os outros dois Municípios, gerando a celebração de distintos contratos de concessão entre cada Município e a empresa.

O consórcio consiste na gestão associada de entes federativos para a prestação de serviços de interesse comum a todos. Seu fundamento é constitucional, pois está previsto no artigo 241 CF/1988. Segundo o que dispõe a Lei nº 11.107, de 06 de abril de 2005, a chamada lei dos Consórcios Públicos, eles podem ser constituídos por meio de uma associação pública ou pessoa jurídica de direito privado. Ou seja, cria-se uma nova pessoa jurídica. No caso da questão em comento, por se tratar de aterro para três municípios, deve ser constituída associação pública entre os Municípios, na forma da Lei nº 11.107, de 6 de abril de 2005, mediante protocolo de intenções ratificado por lei de cada um dos Municípios consorciados, seguida da celebração de contrato de rateio de despesas entre os Municípios consorciados. Esse é, portanto, o instrumento mais apropriado no caso, já que se trata de obra envolvendo três municípios, o que torna as alternativas A e E, de realização de uma licitação pelo município da Capital, inviáveis. No caso da alternativa D, a eventual empresa deve ser contratada pelo consórcio, de modo que o erro na assertiva encontra-se no fato de que empresa do setor privado passe a integrar a associação pública constituída. Ora, a associação pública é uma espécie de autarquia, nos termos do que dispõe o inciso IV do artigo 41 do Código Civil, de modo que não pode ser integrado por pessoa jurídica de direito privado estranha à Administração Pública. A alternativa C traz outra situação inviável, na medida em que se faz necessária a assinatura de protocolo de intenções entre os municípios e não existe a figura da celebração do contrato de programa entre empresa privada e entes federados. Gabarito "B". FMB

(Auditor Fiscal da Receita Municipal – Prefeitura Teresina/PI – 2016 – FCC) Município pretende delegar à iniciativa privada, pelo prazo de quinze anos, as atividades de duplicação, reforma, manutenção e operação de rodovia municipal. Para tanto, o Prefeito decreta a utilidade pública, para fins de desapropriação, dos imóveis necessários a tais atividades, especialmente a de duplicação da rodovia municipal. E, ainda, prevê, no instrumento convocatório da licitação para a concessão da rodovia, que a concessionária vencedora do certame terá, entre suas obrigações, a de promover as ações de desapropriação necessárias à consecução do objeto. Analisando-se o conjunto de soluções adotadas pela municipalidade, conclui-se que ele envolve medidas

(A) lícitas, tais quais a delegação da exploração de rodovia e o decreto de utilidade pública para fins de desapropriação, por serem ambas medidas amparadas

na Constituição e nas leis do País, porém, também medida ilícita, consistente na delegação da promoção das ações de desapropriação à concessionária privada, para que exerça autoridade pública em benefício próprio, o que caracteriza a prática de ato de improbidade administrativa, nos termos da Constituição Federal e da Lei nº 8.429, de 2 de junho de 1992.
(B) ilícitas, pois desassiste ao Município a possibilidade jurídica de extinguir propriedades privadas, mediante desapropriação, para colocá-las a serviço de interesses privados, como os da futura empresa concessionária de rodovia.
(C) lícitas, como a expedição do decreto de utilidade pública para fins de desapropriação, mas também outras ilícitas, como a delegação a empresa do setor privado, não estatal, da atividade de promoção das ações de desapropriação, tendo em vista a indelegabilidade do poder de polícia municipal.
(D) ilícitas, como a expedição do decreto de utilidade pública, para fins de desapropriação, por impossível o enquadramento da ampliação de rodovia nalguma das hipóteses legalmente admitidas de desapropriação, ou, ainda, como a delegação da exploração da rodovia à iniciativa privada, por violar o art. 175 da Constituição Federal, segundo o qual incumbe ao Poder Público a exploração de serviços públicos, que, no caso, são serviços rodoviários.
(E) lícitas, tais quais a delegação da exploração de rodovia, a expedição do decreto de utilidade pública para fins de desapropriação e a delegação da obrigação de promover as necessárias ações de desapropriação à concessionária, por serem todas amparadas na Constituição e nas leis do País.

Essa questão trata basicamente da concessão de rodovias a particular, ou seja, da concessão de um serviço público precedida da execução de obra pública, regida pela Lei nº 8.987, de 13 de fevereiro de 1995. Eis da definição dada pelo inciso III do artigo 2º dessa lei: "III - concessão de serviço público precedida da execução de obra pública: a construção, total ou parcial, conservação, reforma, ampliação ou melhoramento de quaisquer obras de interesse público, delegada pelo poder concedente, mediante licitação, na modalidade de concorrência, à pessoa jurídica ou consórcio de empresas que demonstrem capacidade para a sua realização, por sua conta e risco, de forma que o investimento da concessionária seja remunerado e amortizado mediante a exploração do serviço ou da obra por prazo determinado". Segundo o inciso VIII do artigo 29 dessa mesma lei, cabe ao poder concedente "IX - declarar de necessidade ou utilidade pública, para fins de instituição de servidão administrativa, os bens necessários à execução de serviço ou obra pública, promovendo-a diretamente ou mediante outorga de poderes à concessionária, caso em que será desta a responsabilidade pelas indenizações cabíveis". De outra banda, o inciso VI do artigo 31 da lei determina incumbir à concessionária "VI - promover as desapropriações e constituir servidões autorizadas pelo poder concedente, conforme previsto no edital e no contrato", de modo que todos os atos realizados são perfeitamente lícitos e previstos na lei nº 8.987/1995. FMB
Gabarito "E".

(Auditor Fiscal Tributário Estadual – SEGEP/MA – 2016 – FCC) São finalidades do controle interno da Administração pública, EXCETO:
(A) avaliar o cumprimento das metas previstas no plano plurianual, a execução dos programas de governo e dos orçamentos da União.
(B) exercer o controle das operações de crédito, avais e garantias, bem como dos direitos e haveres da União.
(C) comprovar a legalidade e avaliar os resultados, quanto à eficácia e eficiência, da gestão orçamentária, financeira e patrimonial nos órgãos e entidades da administração federal, bem como da aplicação de recursos públicos por entidades de direito privado.
(D) apoiar o controle externo no exercício de sua missão institucional.
(E) apreciar as contas prestadas anualmente pelo Chefe do Executivo, mediante parecer prévio que deverá ser elaborado em sessenta dias a contar do seu recebimento.

A assertiva B está incorreta, pois ela se refere a uma finalidade de controle externo exercida pelo Tribunal de Contas da União, conforme consta no artigo 71, inciso I, da Constituição Federal. Os demais itens constam no artigo 74 da Constituição Federal, o qual estabelece quais as finalidades do Controle Interno dos três poderes. Diz esse artigo que: "Os Poderes Legislativo, Executivo e Judiciário manterão, de forma integrada, sistema de controle interno com a finalidade de: I – avaliar o cumprimento das metas previstas no plano plurianual, a execução dos programas de governo e dos orçamentos da União; II – comprovar a legalidade e avaliar os resultados, quanto à eficácia e eficiência, da gestão orçamentária, financeira e patrimonial nos órgãos e entidades da administração federal, bem como da aplicação de recursos públicos por entidades de direito privado; III – exercer o controle das operações de crédito, avais e garantias, bem como dos direitos e haveres da União; IV – apoiar o controle externo no exercício de sua missão institucional". FMB
Gabarito "B".

4.4. DISCRICIONARIEDADE E VINCULAÇÃO

(Técnico da Receita Federal – ESAF) O mérito é aspecto do ato administrativo que, particularmente, diz respeito à(ao)
(A) conveniência de sua prática.
(B) sua forma legal.
(C) sua motivação fática.
(D) princípio da legalidade.
(E) poder vinculado.

Mérito administrativo é a *margem de liberdade que tem a Administração para praticar certos atos*. Para Hely Lopes Meirelles o mérito administrativo consubstancia-se na *valoração dos motivos e na escolha do objeto do ato*. Só existe mérito administrativo nos atos discricionários, que são aqueles que conferem uma margem de liberdade para a Administração verificar a *conveniência* de *quando agir* (motivos) e/ou de *como agir* (objeto). Nos atos vinculados, ao contrário, a lei deixa bem claro o objetivo, quando se deve agir e como se deve agir, não havendo subjetividade, margem de liberdade para a Administração. Assim, o mérito está relacionado com a "conveniência de sua prática", devendo ser marcada a alternativa "a". A alternativa "b" não deve ser marcada, pois o mérito está relacionado com o *motivo* e com o *objeto*, e não com a *forma*, como regra. A alternativa "c" também não está correta, pois a motivação tem a ver com a *forma*. A alternativa "d" também é incorreta, pois o mérito é justamente a parte do ato em que a lei (o princípio da legalidade) não amarrou a Administração Pública. E a alternativa "e" é falsa, pois, como se viu, o mérito está relacionado com o poder discricionário, e não com o poder vinculado.
Gabarito "A".

(Agente Tributário Estadual/MS – ESAF) Faça a correlação entre as duas colunas e identifique a ordem correta da classificação:

1. Ato vinculado
2. Ato discricionário

( ) aposentadoria compulsória por implemento de idade.
( ) exoneração de titular de cargo de provimento em comissão.
( ) autorização para uso precário de bem público.
( ) regulamento municipal sobre feiras de abastecimento.
( ) licença para abertura de estabelecimento comercial.

(A) 2, 1, 1, 2, 1
(B) 1, 2, 2, 2, 1
(C) 1, 2, 1, 1, 2
(D) 1, 2, 2, 1, 2
(E) 2, 1, 1, 1, 2

A "aposentadoria compulsória por implemento de idade", para ser concedida, requer o cumprimento de requisitos claros e objetivos, portanto envolve ato vinculado (1); a "exoneração de titular de cargo de provimento em comissão" é *livre* (art. 37, II, da CF/1988), portanto envolve ato discricionário (2); a "autorização para uso precário de bem público" é um *ato unilateral, discricionário e precário da Administração*, portanto envolve ato discricionário (2); o "regulamento municipal sobre feiras de abastecimento", por ser um ato normativo, é um ato discricionário (2); e a "licença para abertura de estabelecimento comercial", por ser uma licença (*ato unilateral e vinculado pela qual se faculta a alguém o exercício de uma atividade*) é ato vinculado, bastando que o interessado cumpra requisitos claros e objetivos estabelecidos na lei para que consiga receber uma licença em seu favor, não havendo subjetivismos por parte da Administração Pública.
Gabarito "B".

(Auditor Fiscal/PB – FCC) É decorrência do regime jurídico do ato administrativo vinculado a

(A) impossibilidade de ser revogado por motivos de conveniência e oportunidade.
(B) desnecessidade de ser praticado em observância a expresso comando de lei.
(C) margem de escolha para o agente público decidir o conteúdo do ato.
(D) prescindibilidade da declaração dos motivos de sua edição.
(E) sua não sujeição ao controle jurisdicional, no que diz respeito a seu mérito.

A: correta. De fato, no ato vinculado a lei traz de modo claro e objetivo quando e como a Administração deve agir (não há que se falar em conveniência e oportunidade, mas sim em pura vinculação), o que faz com que a Administração não tenha margem de liberdade para praticar ora de um jeito, ora de outro jeito; praticado um ato vinculado, não há possibilidade de revogá-lo posteriormente; **B:** incorreta. Trata-se de afirmativa falsa, pois no ato vinculado é justamente o contrário que acontece, ou seja, ele deve ser praticado em observância a expresso comando da lei; **C:** incorreta. Trata-se de alternativa falsa, pois no ato vinculado não há margem de liberdade, mas pura legalidade; **D:** incorreta. Trata-se de alternativa falsa, pois o fato de o ato ser vinculado não quer dizer que não tenha que ter motivação, pois a motivação é um princípio do direito administrativo; **E:** incorreta. Trata-se de afirmação falsa, pois todos os atos administrativos estão sujeitos ao controle jurisdicional, principalmente os atos vinculados, em que o Judiciário pode conferir, de modo claro e objetivo, se todos os requisitos dos atos foram cumpridos.
Gabarito "A".

(Fiscal de Tributos/Vila Velha-ES – CESPE) Julgue o item seguinte.

(1) Entre os atos administrativos praticados pelo prefeito de Vila Velha, apenas os discricionários são sujeitos a revogação.

1: correta. De fato, somente atos discricionários podem ser revogados, pois somente neles existe margem de liberdade, que permite, num certo momento, a escolha de uma alternativa X e, em outro momento, a escolha de uma alternativa Y, desde que as duas alternativas estejam dentro da margem de liberdade estabelecida na lei. Quando se escolhe uma alternativa X e depois se quer passar para uma alternativa Y, deve-se revogar a alternativa X, substituindo-a pela alternativa Y. Por exemplo, imagine que a lei estabeleça que compete ao Prefeito determinar o horário de funcionamento das repartições públicas, que devem funcionar abertas ao público pelo menos 8 horas por dia. O Prefeito, num primeiro momento, pode estabelecer que o horário de funcionamento será das 7 às 15 h (alternativa X). Depois, diante de fatos novos indicando a inconveniência de manter esse horário, poderá modificá-lo para de 9 às 17 h (alternativa Y).
Gabarito "C".

(Auditor Fiscal Tributário Municipal – Prefeitura Cuiabá – 2016 – FGV) Considerando a disciplina prevista na Lei nº 4.504/64, acerca da reforma agrária e os meios de acesso à propriedade rural, assinale V para a afirmativa verdadeira e F para a falsa.

( ) O acesso à propriedade rural, promovido mediante a distribuição ou a redistribuição de terras, pode ser executado mediante compra e venda.
( ) O proprietário, caso intentada desapropriação parcial, poderá optar pela desapropriação de todo o imóvel, quando a área agricultável remanescente, inferior a cinquenta por cento da área original, ficar prejudicada em suas condições de exploração econômica.
( ) A Reforma Agrária visa a estabelecer um sistema capaz de promover a justiça social, o progresso e o bem-estar do trabalhador rural e o desenvolvimento econômico do país, com a gradual extinção de latifúndios e promoção de minifúndios.

As afirmativas são, respectivamente,

(A) V, V e F.
(B) F, V e V.
(C) V, V e V.
(D) F, F e V.
(E) F, V e F.

Primeira assertiva: correta. Lei nº 4.504/64. Art. 17. O acesso à propriedade rural será promovido mediante a distribuição ou a redistribuição de terras, pela execução de qualquer das seguintes medidas: a) desapropriação por interesse social; b) doação; *c) compra e venda*; d) arrecadação dos bens vagos; e) reversão à posse (Vetado) do Poder Público de terras de sua propriedade, indevidamente ocupadas e exploradas, a qualquer título, por terceiros; f) herança ou legado. Segunda Assertiva: Verdadeira Lei nº 4.504/64, art. 19, § 1º: Se for intentada desapropriação parcial, o proprietário poderá optar pela desapropriação de todo o imóvel que lhe pertence, quando a área agricultável remanescente, inferior a cinquenta por cento da área original, ficar: c) prejudicada em suas condições de exploração econômica, caso seja o seu valor inferior ao da parte desapropriada. Terceira Assertiva: incorreta. Lei nº 4.504/64, art. 16. A Reforma Agrária visa a estabelecer um sistema de relações entre o homem, a propriedade rural e o uso da terra, capaz de promover a justiça social, o progresso e o bem-estar do trabalhador rural e o desenvolvimento econômico do país, com a gradual extinção do minifúndio e do latifúndio. FMB
Gabarito "A".

4.5. EXTINÇÃO

Segue resumo acerca das formas de extinção dos atos administrativos

– Cumprimento de seus efeitos: como exemplo, temos a autorização da Prefeitura para que seja feita uma festa na praça de uma cidade. Este ato administrativo se extingue no momento em que a festa termina, uma vez que seus efeitos foram cumpridos.

– Desaparecimento do sujeito ou do objeto sobre o qual recai o ato: morte de um servidor público, por exemplo.

– Contraposição: extinção de um ato administrativo pela prática de outro antagônico em relação ao primeiro. Ex.: com o ato de exoneração do servidor público, o ato de nomeação fica automaticamente extinto.

– Renúncia: extinção do ato por vontade do beneficiário deste.

– Cassação: extinção de um ato que beneficia um particular por este não ter cumprido os deveres para dele continuar gozando. Não se confunde com a revogação – que é a extinção do ato por não ser mais conveniente ao interesse público. Também difere da anulação – que é a extinção do ato por ser nulo. Como exemplo desse tipo de extinção tem-se a permissão para banca de jornal se instalar numa praça, cassada porque seu dono não paga o preço público devido; ou a autorização de porte de arma de fogo, cassada porque o beneficiário é detido ou abordado em estado de embriaguez ou sob efeito de entorpecentes (art. 10, § 2º, do Estatuto do Desarmamento – Lei 10.826/2003).

– Caducidade. Extinção de um ato porque a lei não mais o permite. Trata-se de extinção por invalidade ou ilegalidade superveniente. Exs.: autorização para condutor de perua praticar sua atividade que se torna caduca por conta de lei posterior não mais permitir tal transporte na cidade; autorizações de porte de arma que caducaram 90 dias após a publicação do Estatuto do Desarmamento, conforme reza seu art. 29.

– Revogação. Extinção de um ato administrativo legal ou de seus efeitos por outro ato administrativo, efetuada somente pela Administração, dada a existência de fato novo que o torne inconveniente ou inoportuno, respeitando-se os efeitos precedentes (efeito "ex nunc"). Ex.: permissão para a mesma banca de jornal se instalar numa praça, revogada por estar atrapalhando o trânsito de pedestres, dado o aumento populacional, não havendo mais conveniência na sua manutenção.

O sujeito ativo da revogação é a Administração Pública, por meio da autoridade administrativa competente para o ato, podendo ser seu superior hierárquico. O Poder Judiciário nunca poderá revogar um ato administrativo, já que se limita a apreciar aspectos de legalidade (o que gera a anulação), e não de conveniência, salvo se se tratar de um ato administrativo da Administração Pública dele, como na hipótese em que um provimento do próprio Tribunal é revogado.

Quanto ao tema objeto da revogação, tem-se que este recai sobre o ato administrativo ou relação jurídica deste decorrente, salientando-se que o ato administrativo deve ser válido, pois, caso seja inválido, estaremos diante de hipótese que enseja anulação. Importante ressaltar que não é possível revogar um ato administrativo já extinto, dada a falta de utilidade em tal proceder, diferente do que se dá com a anulação de um ato extinto, que, por envolver a retroação de seus efeitos (a invalidação tem efeitos "ex tunc"), é útil e, portanto, possível.

O fundamento da revogação é a mesma regra de competência que habilitou o administrador à prática do ato que está sendo revogado, devendo-se lembrar que só há que se falar em revogação nas hipóteses de ato discricionário.

Já o motivo da revogação é a inconveniência ou inoportunidade da manutenção do ato ou da relação jurídica gerada por este. Isto é, o administrador público faz apreciação ulterior e conclui pela necessidade da revogação do ato para atender ao interesse público.

Quanto aos efeitos da revogação, esta suprime o ato ou seus efeitos, mas respeita os efeitos que já transcorreram. Trata-se, portanto, de eficácia "ex nunc".

Há limites ao poder de revogar. São atos irrevogáveis os seguintes atos: os que a lei assim declarar; os atos já exauridos, ou seja, que cumpriram seus efeitos; os atos vinculados, já que não se fala em conveniência ou oportunidade neste tipo de ato, em que o agente só tem uma opção; os meros ou puros atos administrativos (exs.: certidão, voto dentro de uma comissão de servidores); os atos de controle; os atos complexos (praticados por mais de um órgão em conjunto); e atos que geram direitos adquiridos. Os atos gerais ou regulamentares são, por sua natureza, revogáveis a qualquer tempo e em quaisquer circunstâncias, respeitando-se os efeitos produzidos.

– Anulação (invalidação): *extinção do ato administrativo ou de seus efeitos por outro ato administrativo ou por decisão judicial, por motivo de ilegalidade, com efeito retroativo ("ex tunc").* Ex.: anulação da permissão para instalação de banca de jornal em bem público por ter sido conferida sem licitação.

O sujeito ativo da invalidação pode ser tanto o administrador público como o juiz. A Administração Pública poderá invalidar de ofício ou a requerimento do interessado. O Poder Judiciário, por sua vez, só poderá invalidar por provocação ou no bojo de uma lide. A possibilidade de o Poder Judiciário anular atos administrativos decorre do fato de estarmos num Estado de Direito (art. 1º da CF/1988), em que a lei deve ser obedecida por todos, e também por conta do princípio da inafastabilidade da jurisdição ("a lei não poderá excluir da apreciação do Poder Judiciário lesão ou ameaça de lesão a direito" – art. 5º, XXXV, da CF/1988) e da previsão constitucional do mandado de segurança, do *habeas data* e da ação popular.

O objeto da invalidação é o ato administrativo inválido ou os efeitos de tal ato (relação jurídica).

Seu fundamento é o dever de obediência ao princípio da legalidade. Não se pode conviver com a ilegalidade. Portanto, o ato nulo deve ser invalidado.

O motivo da invalidação é a ilegalidade do ato e da eventual relação jurídica por ele gerada. Hely Lopes Meirelles diz que o motivo da anulação é a ilegalidade ou ilegitimidade do ato, diferente do motivo da revogação, que é a inconveniência ou inoportunidade.

Quanto ao prazo para se efetivar a invalidação, o art. 54 da Lei 9.784/1999 dispõe "O direito da Administração de anular os atos administrativos de que decorram efeitos favoráveis para os destinatários decai em 5 (cinco) anos, contados da data em que foram praticados, salvo comprovada má-fé". Perceba-se que tal disposição só vale para atos administrativos em geral de que decorram efeitos favoráveis ao agente (ex.: permissão, licença) e que tal decadência só aproveita ao particular se este estiver de boa-fé. A regra do art. 54 contém ainda os seguintes parágrafos: § 1º: *"No caso de efeitos patrimoniais contínuos, o prazo de decadência contar-se-á da percepção do primeiro pagamento"*; § 2º: *"Considera-se exercício do direito de anular qualquer medida de autoridade administrativa que importe impugnação à validade do ato"*.

No que concerne aos efeitos da invalidação, como o ato nulo já nasce com a sanção de nulidade, a declaração se dá retroativamente, ou seja, com efeito "ex tunc". Invalidam-se as consequências passadas, presentes e futuras do ato. Do ato ilegal não nascem direitos. A anulação importa no desfazimento do vínculo e no retorno das partes ao estado anterior. Tal regra é atenuada em face dos terceiros de boa-fé. Assim, a anulação de uma nomeação de um agente público surte efeitos em relação a este (que é parte da relação jurídica anulada), mas não em relação aos terceiros que sofreram consequências dos atos por este praticados, desde que tais atos respeitem a lei quanto aos demais aspectos.

(Auditor Fiscal da Receita Federal – ESAF) Em relação à invalidação dos atos administrativos, é incorreto afirmar que

(A) a anulação pode se dar mediante provocação do interessado ao Poder Judiciário.
(B) a revogação tem os seus efeitos *ex nunc*.
(C) tratando-se de motivo de conveniência ou oportunidade, a invalidação dar-se-á por revogação.
(D) anulação e revogação podem incidir sobre todos os tipos de ato administrativo.
(E) diante do ato viciado, a anulação é obrigatória para a Administração.

A: correta. De fato, a anulação pode se dar pela Administração e pelo Poder Judiciário; **B**: correta. De fato, uma vez revogado um ato, esta revogação não retroage, de modo que seu efeito é *ex nunc*, ao contrário da anulação, que diz respeito a um ato que sempre foi ilegal, e que retroage, ou seja, tem efeitos *ex tunc*; **C**: correta. Quando um ato discricionário fica inconveniente ou inoportuno o caso é de revogação, e não de invalidação; **D**: incorreta. A revogação só incide sobre atos discricionários, pois somente neles é possível verificar um fato novo que os torna inconvenientes; nos atos vinculados só há uma opção, hoje, amanhã e sempre; **E**: correta, porém entendemos ser incorreta. Um ato viciado pode ser *mantido* em algumas situações, como na hipótese de vício sanável (por exemplo, a Administração faz um contrato com alguém que tem 17 anos, sem a presença dos responsáveis deste; trata-se de vício sanável, pois basta que os responsáveis ratifiquem o ato posteriormente, para que este seja convalidado), em que cabe a convalidação (art. 55 da Lei 9.784/1999). Assim, a anulação não é obrigatória em certos casos.
Gabarito "D".

(Auditor Fiscal da Receita Federal – ESAF) Consoante a legislação federal, é falso afirmar-se quanto à convalidação do ato administrativo:

(A) decorre de poder discricionário.
(B) somente se aplica em atos com vícios sanáveis.
(C) não pode se dar por ato jurisdicional.
(D) pode ocorrer em hipótese de desvio de finalidade.
(E) não se aplica a atos que tenham acarretado prejuízo a terceiros.

A: correta. A convalidação importa em ato discricionário, pois nela se analisa conceito bem aberto, que é o da existência de "interesse público" na medida (art. 55 da Lei 9.784/1999); **B**: correta (art. 55 da Lei 9.784/1999); **C**: correta. A convalidação é ato da própria Administração (art. 55 da Lei 9.784/1999); **D**: incorreta, devendo ser assinalada. O desvio de finalidade é um vício insanável, de modo que não cabe convalidação (art. 55 da Lei 9.784/1999); **E**: correta (art. 55 da Lei 9.784/1999).
Gabarito "D".

(Técnico da Receita Federal – ESAF) No âmbito da Administração Pública Federal, o ato administrativo, quando eivado de vício insanável de legalidade do qual tenha gerado efeitos patrimoniais, para terceiros de boa-fé,

(A) só pode ser anulado, administrativamente, no prazo decadencial de cinco anos.
(B) pode ser anulado, a qualquer tempo, com eficácia *ex nunc* (doravante), desde que respeitados os direitos adquiridos.
(C) não pode ser anulado, sequer por decisão judicial.
(D) só por decisão judicial é que pode vir a ser reformado.
(E) torna-se irreversível, em razão da presunção de legalidade e da segurança jurídica.

A: correta, pois o art. 54 da Lei 9.784/1999 estabelece esse prazo decadencial para a anulação, quando determinado ato beneficia alguém de boa-fé; **B**: incorreta. Como se viu, a Administração tem prazo máximo de 5 anos para anular o ato no caso; além disso, quando se anula um ato, o efeito é *ex tunc* (retroage), e não *ex nunc* (não retroage); **C**: incorreta. Pelo princípio da autotutela, a Administração pode anular (e revogar) seus atos por si só, ou seja, sem ter que pedir ao Poder Judiciário; **D**: incorreta. O ato em questão, por ser insanável, não admite reforma, que, caso fosse admitida, poderia ser feita pela própria administração; **E**: incorreta. O ato em questão não é irreversível, pois pode ser anulado dentro prazo de 5 anos, conforme o disposto no art. 54 da Lei 9.784/1999.
Gabarito "A".

(Fiscal de Rendas/RJ – FGV) A respeito da *validade* dos atos administrativos, assinale a alternativa correta.

(A) A Administração Pública do Estado do Rio de Janeiro pode convalidar atos inválidos, desde que sanáveis e que não acarretem lesão ao interesse público e nem prejuízo a terceiros.
(B) O Supremo Tribunal Federal sumulou o entendimento de que atos eivados de vício devem ser obrigatoriamente anulados pela Administração Pública, desde que deles não se originem direitos.
(C) A cassação é forma de extinção por meio da edição de ato administrativo com base em critérios de oportunidade e conveniência da Administração Pública.
(D) O processo administrativo é pressuposto necessário à invalidação dos atos administrativos.
(E) Os atos administrativos gozam de presunção de legitimidade, que determina a inversão do ônus da prova em juízo.

A: correta (art. 55 da Lei 9.784/1999); **B:** incorreta, pois a Súmula 473 do STF tem outro teor; de acordo com essa súmula, atos ilegais não geram direito, devendo ser anulados; **C:** incorreta, pois a extinção dos atos por critérios de oportunidade e conveniência tem o nome de *revogação*, e não de *cassação*; esta é a extinção do ato pelo fato de o particular não estar cumprindo com os requisitos para continuar se beneficiando deste; **D:** incorreta, pois não há essa exigência na Lei de Processo Administrativo Federal (art. 53 da Lei 9.784/1999); **E:** incorreta, pois, apesar de os atos administrativos terem presunção de legitimidade, em juízo, o ônus da prova é do autor da demanda, de maneira que, se o Poder Público for autor da ação, mesmo assim terá ônus da prova, a não ser que se trate de execução fiscal.
Gabarito "A".

(Auditor Fiscal/SC – FEPESE) Quanto aos atos administrativos, é correto afirmar:

(A) Ao contrário dos atos jurídicos entre particulares, o ato administrativo é insuscetível de convalidação.
(B) A convalidação é o suprimento de validade do ato ilegal, com efeitos *ex nunc*.
(C) Os atos administrativos podem, em virtude de lei, ser anulados pela própria Administração Pública quando eivados de ilegalidade.
(D) A revogação do ato administrativo opera efeitos *ex tunc*.
(E) A nulidade do ato administrativo decorre da sua revogação.

A: incorreta (art. 55 da Lei 9.784/1999); **B:** incorreta, pois os efeitos são *ex tunc*, ou seja, retroagem; **C:** correta, pois a própria Administração pode anular seus atos independentemente de apreciação judicial; **D:** incorreta, pois a revogação opera efeitos *ex nunc*; **E:** incorreta, pois a nulidade decorre da *ilegalidade* do ato, e enseja *anulação*, e não *revogação*.
Gabarito "C".

(Auditor Fiscal/MG – ESAF) Determinado particular ingressa com ação, pleiteando ao Poder Judiciário que modifique o conteúdo de um ato administrativo, alegando exclusivamente sua inconveniência. Em vista do fundamento apresentado para o pedido, o Poder Judiciário:

(A) poderá modificar o ato, diretamente, se entender que é, efetivamente, inconveniente.
(B) poderá obrigar a autoridade administrativa a modificá-lo.
(C) somente poderá modificar o ato se entender que foi editado em momento inoportuno, sem adentrar no exame quanto à sua conveniência.
(D) não poderá atender o pedido apresentado, por ser a conveniência aspecto relacionado à discricionariedade do administrador.
(E) não poderá atender o pedido, pois a intervenção do Poder Judiciário somente se justificaria se, a um só tempo, o ato fosse inconveniente e tivesse sido editado em momento claramente inoportuno.

Como já se viu, a análise sobre a conveniência ou não de um ato só pode ser feita pela Administração Pública; portanto, somente ela pode revogar atos administrativos.
Gabarito "D".

(Auditor Fiscal/PB – FCC) A convalidação de atos administrativos é providência que

(A) pode ser tomada, desde que não prejudique o interesse público ou os direitos de terceiros.
(B) pode ser tomada livremente, mediante apreciação discricionária da autoridade competente.
(C) deve obrigatoriamente ser tomada, se os vícios forem sanáveis.
(D) não pode ser tomada, em razão de inexistirem nulidades relativas em direito administrativo.
(E) não pode ser tomada, por falta de expressa previsão legal.

A: correta (art. 55 da Lei 9.784/1999); **B:** incorreta. Apesar de ser competência discricionária, a discricionariedade não dá liberdade total ("livremente"), mas "margem de liberdade"; **C:** incorreta. Não basta que os vícios sejam sanáveis; há outros requisitos no art. 55 da Lei 9.784/1999; lembre-se de que a convalidação se trata de competência discricionária, e não vinculada; **D** e **E:** o art. 55 da Lei 9.784/1999 admite a convalidação no Direito Administrativo.
Gabarito "A".

(Auditor Fiscal/Natal-RN – ESAF) Em relação à invalidação dos atos administrativos, é correto afirmar:

(A) a revogação pode-se dar mediante provocação do interessado ao Poder Judiciário.
(B) a anulação tem os seus efeitos *ex nunc*.
(C) anulação e revogação podem incidir sobre todos os tipos de ato administrativo.
(D) tratando-se de motivo de conveniência ou oportunidade, a invalidação dar-se-á por revogação.
(E) diante do ato viciado, a anulação é facultativa para a Administração e obrigatória para o Judiciário.

A: incorreta. Somente a Administração pode revogar seus próprios atos; **B:** incorreta. A anulação tem efeitos *ex tunc* (retroage); **C:** incorreta. A revogação só pode incidir sobre atos discricionários; **D:** correta. A expressão *invalidação* não é adequada para se referir à *revogação*; a expressão invalidação tem a ver com *anulação*; **E:** incorreta. Diante de um ato viciado insanável, a anulação é obrigatória para a Administração e, caso o ato seja levado ao Judiciário, este também deve proceder à anulação; há de se lembrar também que, após 5 anos, o ato que beneficia terceiros de boa-fé não pode ser mais anulado nem pela Administração, nem pelo Judiciário.
Gabarito "D".

(Auditor Fiscal/Jaboatão dos Guararapes-PE – FCC) A revogação do ato administrativo

(A) pressupõe ato inválido e tem efeito não retroativo.
(B) ostenta efeitos retroativos, se decorrente de ato administrativo ilegal ou apenas inconveniente.
(C) poderá ser promovida pelo Judiciário, mediante provocação do Ministério Público.
(D) caberá à Administração e tem efeito retroativo.
(E) decorre da inconveniência e inoportunidade do ato e não desconstitui os efeitos até então gerados.

A: incorreta. Se o ato é inválido não poderá ser *revogado*; deve ser *anulado*; **B:** incorreta. A revogação não retroage; ademais, só se dá quanto a atos *inconvenientes*, e não quanto a atos *ilegais*; **C:** incorreta. A revogação só pode se dar pela Administração Pública; **D:** incorreta. A revogação não tem efeito retroativo; **E:** correta, pois a revogação se dá por inconveniência e não tem efeito retroativo, ou seja, não desconstitui os efeitos até então gerados.
Gabarito "E".

Instruções: Para responder às duas questões seguintes, considere a seguinte Súmula nº 473 do Supremo Tribunal Federal: "A Administração pode anular seus próprios atos, quando eivados de vícios que os tornam ilegais, porque deles não se originam direitos; ou revogá-los, por motivo de conveniência ou oportunidade, respeitados os direitos adquiridos, e ressalvada, em todos os casos, a apreciação judicial."

(Auditor Fiscal/São Paulo-SP – FCC) Sabendo-se que o mérito dos atos administrativos é identificado com os conceitos de conveniência e oportunidade, decorre da Súmula que

(A) somente a Administração pode anular seus atos, por motivo de legalidade.
(B) sempre poderá haver apreciação judicial sobre o mérito dos atos administrativos.
(C) tanto a Administração como o Poder Judiciário podem revogar atos administrativos, por motivo de mérito.
(D) a anulação de um ato ilegal só produz efeitos após a apreciação judicial.
(E) a Administração não depende do Poder Judiciário para anular seus atos ilegais.

A: incorreta. A súmula estabelece que a Administração pode anular seus atos, porém não exclui que o Judiciário também o faça, mediante provocação; e, de fato, tanto a Administração como o Judiciário podem anular os atos administrativos; **B:** incorreta. A frase da alternativa é muito forte; os atos administrativos só podem ser apreciados pelo Poder Judiciário nos aspectos de legalidade, razoabilidade e moralidade; o que sobrar de liberdade para a Administração não pode ser objeto de apreciação judicial; **C:** incorreta. Somente a Administração pode revogar os atos administrativos; **D e E:** a anulação pode ser feita pela própria Administração, independentemente de apreciação judicial, de acordo com o princípio da autotutela, estabelecido na súmula transcrita e também no art. 53 da Lei 9.784/1999.

Gabarito "E".

(Auditor Fiscal/São Paulo-SP – FCC) A existência de direitos adquiridos

(A) impede a anulação de um ato administrativo.
(B) em matéria de atos administrativos depende da apreciação judicial.
(C) não se aplica em matéria de atos administrativos.
(D) impõe que a revogação de um ato administrativo os respeite.
(E) não afeta a anulação ou a revogação de um ato administrativo.

A: incorreta. Não há que se falar em direito adquirido em caso de ato ilegal, de modo que, diante de um ato ilegal, sempre caberá anulação, ressalvados os casos de decadência do direito de anular e de convalidação (arts. 54 e 55 da Lei 9.784/1999); **B:** incorreta. A súmula nada estabelece a esse respeito; o fato é que para se consolidar um direito adquirido basta que se cumpram os requisitos legais para tanto, independentemente de apreciação judicial e, uma vez que se tem verdadeiramente um direito adquirido, nem mesmo o Judiciário pode desconsiderá-lo; **C:** incorreta. Atos administrativos podem gerar direitos adquiridos; pode-se dar como exemplo a concessão de uma aposentadoria, que gera um direito adquirido; **D:** correta. De fato, se nem a *lei* pode prejudicar um direito adquirido (art. 5º, XXXVI, da CF/1988), quanto mais um ato administrativo; assim, a revogação não pode prejudicar um direito adquirido; **E:** incorreta. Os direitos adquiridos não podem ser revogados.

Gabarito "D".

5. ORGANIZAÇÃO ADMINISTRATIVA

5.1. NOÇÕES GERAIS

Segue um resumo sobre a parte introdutória do tema Organização da Administração Pública:

O objetivo deste tópico é efetuar uma série de distinções, de grande valia para o estudo sistematizado do tema. A primeira delas tratará da relação entre pessoa jurídica e órgãos estatais.

Pessoas jurídicas estatais são entidades integrantes da estrutura do Estado e dotadas de personalidade jurídica, ou seja, de aptidão genérica para contrair direitos e obrigações.

Órgãos públicos são centros de competência integrantes das pessoas estatais instituídos para o desempenho das funções públicas por meio de agentes públicos. São, portanto, partes do corpo (pessoa jurídica). Cada órgão é investido de determinada competência, dividida entre seus cargos. Apesar de não terem personalidade jurídica, têm prerrogativas funcionais, o que admite até que interponham mandado de segurança, quando violadas. Tal capacidade processual, todavia, só têm os órgãos independentes e os autônomos. Todo ato de um órgão é imputado diretamente à pessoa jurídica da qual é integrante, assim como todo ato de agente público é imputado diretamente ao órgão ao qual pertence (trata-se da chamada "teoria do órgão", que se contrapõe à teoria da representação ou do mandato. Deve-se ressaltar, todavia, que a representação legal da entidade é atribuição de determinados agentes, como o Chefe do Poder Executivo e os Procuradores. Confiram-se algumas classificações dos órgãos públicos, segundo o magistério de Hely Lopes Meirelles:

Quanto à posição, podem ser órgãos independentes (originários da Constituição e representativos dos Poderes do Estado: Legislativo, Executivo e Judiciário – aqui estão todas as corporações legislativas, chefias de executivo e tribunais, e juízos singulares); *autônomos* (estão na cúpula da Administração, logo abaixo dos órgãos independentes, tendo autonomia administrativa, financeira e técnica, segundo as diretrizes dos órgãos a eles superiores – cá estão os Ministérios, as Secretarias Estaduais e Municipais, a AGU etc.), *superiores* (detêm poder de direção quanto aos assuntos de sua competência, mas sem autonomia administrativa e financeira – ex.: gabinetes, procuradorias judiciais, departamentos, divisões, etc.) e *subalternos* (são os que se acham na base da hierarquia entre órgãos, tendo reduzido poder decisório, com atribuições de mera execução – ex.: portarias, seções de expediente):

Quanto à estrutura, podem ser simples ou unitários (constituídos por um só centro de competência) e *compostos* (reúnem outros órgãos menores com atividades-fim idênticas ou atividades auxiliares – ex.: Ministério da Saúde).

Quanto à atuação funcional, podem ser singulares ou unipessoais (atuam por um único agente – ex.: Presidência da República) e *colegiados* ou *pluripessoais* (atuam por manifestação conjunta da vontade de seus membros – ex.: corporações legislativas, tribunais e comissões).

Outra distinção relevante para o estudo da estrutura da Administração Pública é a que se faz entre desconcentração e descentralização. Confira-se.

Desconcentração é a distribuição interna de atividades administrativas, de competências. Ocorre de órgão para órgão da entidade. Ex.: competência no âmbito da Prefeitura, que poderia estar totalmente concentrada no órgão Prefeito Municipal, mas que é distribuída internamente aos Secretários de Saúde, Educação etc.

Descentralização é a distribuição externa de atividades administrativas, que passam a ser exercidas por pessoa ou pessoas distintas do Estado. Dá-se de pessoa jurídica para pessoa jurídica como técnica de especialização. Ex.: criação de autarquia para titularizar e executar um dado serviço público, antes de titularidade do ente político que a criou.

Na descentralização por serviço a lei atribui ou autoriza que outra pessoa detenha a titularidade e a execução do serviço. Depende de lei. Fala-se também em outorga do serviço.

Na descentralização por colaboração o contrato ou ato unilateral atribui a outra pessoa a execução do serviço. Aqui o particular pode colaborar, recebendo a execução do serviço, e não a titularidade. Fala-se também em delegação do serviço e o caráter é transitório.

É importante também saber a seguinte distinção.

Administração direta compreende os órgãos integrados no âmbito direto das pessoas políticas (União, Estados, Distrito Federal e Municípios).

Administração indireta compreende as pessoas jurídicas criadas pelo Estado para titularizar e exercer atividades públicas (autarquias e fundações públicas) *e para agir na atividade econômica quando necessário (empresas públicas e sociedades de economia Mista)*.

Outra classificação relevante para o estudo do tema em questão é a que segue.

As pessoas jurídicas de direito público são os entes políticos e as pessoas jurídicas criadas por estes para exercerem típica atividade administrativa, o que impõe tenham, de um lado, prerrogativas de direito público, e, de outro, restrições de direito público, próprias de quem gere coisa pública2. Além dos entes políticos (União, Estados, Distrito Federal e Municípios), são pessoas jurídicas de direito público as *autarquias, fundações públicas, agências reguladoras* e *associações públicas* (consórcios públicos de direito público).

As pessoas jurídicas de direito privado estatais são aquelas criadas pelos entes políticos para exercer atividade econômica, devendo ter os mesmos direitos e restrições das demais pessoas jurídicas privadas, em que pese terem algumas restrições adicionais, pelo fato de terem sido criadas pelo Estado. São pessoas jurídicas de direito privado estatais as empresas públicas, as sociedades de economia mista, as fundações privadas criadas pelo Estado e os consórcios públicos de direito privado.

---
2. Vide art. 41 do CC/2002. O parágrafo único deste artigo faz referência às *pessoas de direito público com estrutura de direito privado*, que serão regidas, no que couber, pelas normas do Código Civil. A referência é quanto às fundações públicas, aplicando-se as normas do Código Civil apenas quando não contrariarem os preceitos de direito público.

Também é necessário conhecer a seguinte distinção.

Hierarquia consiste no poder que um órgão superior tem sobre outro inferior, que lhe confere, dentre outras prerrogativas, uma ampla possibilidade de fiscalização dos atos do órgão subordinado.

Controle (tutela ou supervisão ministerial) *consiste no poder de fiscalização que a pessoa jurídica política tem sobre a pessoa jurídica que criou, que lhe confere tão somente a possibilidade de submeter a segunda ao cumprimento de seus objetivos globais, nos termos do que dispuser a lei.* Ex.: a União não pode anular um ato administrativo de concessão de aposentadoria por parte do INSS (autarquia por ela criada), por não haver hierarquia; mas pode impedir que o INSS passe a comercializar títulos de capitalização, por exemplo, por haver nítido desvio dos objetivos globais para os quais fora criada a autarquia. Aqui não se fala em subordinação, mas em vinculação administrativa.

Por fim, há entidades que, apesar de não fazerem parte da Administração Pública Direta e Indireta, colaboram com a Administração Pública e são estudadas no Direito Administrativo. Tais entidades são denominadas entes de cooperação ou entidades paraestatais. São entidades que não têm fins lucrativos e que colaboram com o Estado em atividades não exclusivas deste. São exemplos de paraestatais as seguintes: a) *entidades do Sistema S* (SESI, SENAI, SENAC etc. – ligadas as categorias profissionais, cobram contribuições parafiscais para o custeio de suas atividades); b) *organizações sociais* (celebram *contrato de gestão* com a Administração); c) *organizações da sociedade civil de interesse público* – OSCIPs (celebram *termo de parceria* com a Administração); organizações da sociedade civil – OSC (celebram *termo de colaboração* ou *termo de fomento* com a Administração).

(Auditor do Tesouro Municipal/Recife-PE – FGV) São entidades da Administração Pública Indireta

I. as empresas públicas;
II. as agências reguladoras;
III. as parcerias público-privadas.

Assinale a opção que indica os itens corretos.

(A) somente I.
(B) somente II.
(C) somente III.
(D) somente I e II.
(E) somente I e III.

I e II: corretas, pois as empresas públicas e as agências reguladoras fazem parte da Administração Pública Indireta, sendo as primeiras pessoas de direito privado e as segundas, de direito público; III: incorreta, pois tais parcerias são contratos de concessão administrativa e ou de concessão patrocinada, e não uma pessoa jurídica.
Gabarito "D".

(Auditor Fiscal da Receita Federal – ESAF) Quanto à organização administrativa brasileira, analise as assertivas abaixo e assinale a opção correta.

I. A administração pública federal brasileira indireta é composta por autarquias, fundações, sociedades de economia mista, empresas públicas e entidades paraestatais.
II. Diferentemente das pessoas jurídicas de direito privado, as entidades da administração pública indireta

de personalidade jurídica de direito público são criadas por lei específica.

III. Em regra, a execução judicial contra o Instituto Brasileiro do Meio Ambiente e dos Recursos Naturais Renováveis – IBAMA enquanto autarquia federal está sujeita ao regime de precatórios previsto no art. 100 da Constituição Federal, respeitadas as exceções.

IV. A Caixa Econômica Federal enquanto empresa pública é exemplo do que se passou a chamar, pela doutrina do direito administrativo, de desconcentração da atividade estatal.

V. O Instituto Nacional do Seguro Social – INSS enquanto autarquia vinculada ao Ministério da Previdência Social está subordinada à sua hierarquia e à sua supervisão.

(A) Apenas os itens I e II estão corretos.
(B) Apenas os itens II e III estão corretos.
(C) Apenas os itens III e IV estão corretos.
(D) Apenas os itens IV e V estão corretos.
(E) Apenas os itens II e V estão corretos.

I: incorreta, pois as entidades paraestatais (exs.: entidades do Sistema "S", organizações sociais e OSCIPs) não fazem parte da administração indireta, vez que não são entidades criadas pelo Estado; II: correta, ao passo que as pessoas de direito privado estatais têm sua criação *autorizada pela lei* (art. 37, XIX, da CF/1988); III: correta, pois o IBAMA é uma autarquia, de modo que é uma pessoa jurídica de direito público, cuja execução judicial se dá mediante a expedição de precatório, nos termos do art. 100 da CF/1988, ressalvadas as exceções previstas na Constituição; IV: incorreta, pois a criação de entidades estatais está no contexto da *descentralização*, e não da *desconcentração*; V: incorreta, pois entre o Ministério da Previdência e o INSS há *controle* ou *tutela* ou *supervisão ministerial*, e não a *hierarquia*.
Gabarito "B".

(Auditor Fiscal da Receita Federal – ESAF) Assinale, entre as seguintes definições, aquela que pode ser considerada correta como a de órgão público.

(A) Unidade personalizada, composta de agentes públicos, com competências específicas.
(B) Centro funcional, integrante da estrutura de uma entidade, com personalidade jurídica de direito público.
(C) Conjunto de agentes públicos hierarquicamente organizados.
(D) Centro de competências, com patrimônio, responsabilidades e agentes próprios, criado para uma determinada atividade.
(E) Unidade organizacional, composta de agentes e competências, sem personalidade jurídica.

A e B: incorretas. Órgão público não tem personalidade jurídica, não se confundindo com as pessoas jurídicas; dentro de uma pessoa jurídica há vários órgãos públicos (por exemplo, dentro da União, há vários Ministérios, que são órgãos bastante importantes); dentro de grandes órgãos há outros órgãos e também agentes públicos; C: dentro de um mesmo órgão, de fato, há agentes públicos; porém o que caracteriza os órgãos não é a existência de uma hierarquia de agentes públicos, mas a existência de *competências específicas, cargos públicos* e *agentes públicos*; Hely Lopes Meirelles define órgãos públicos como "centros de competência instituídos para o desempenho de funções estatais, através de seus agentes, cuja atuação é imputada à pessoa jurídica a que pertencem" (Direito Administrativo Brasileiro, 26ª ed., São Paulo: Malheiros, p. 62); D: incorreta. Os órgãos não têm personalidade, portanto não têm patrimônio próprio; por ex., um imóvel da Receita Federal (que é um órgão), não pertence a esta, mas sim à União; a Receita Federal, no caso, apenas administra o imóvel, que está sob seus cuidados, mas como não tem personalidade jurídica, não tem aptidão para ser proprietária do bem; E: correta. Essa alternativa traz um conceito adequado de órgãos públicos.
Gabarito "E".

(Auditor Fiscal da Previdência Social – ESAF) O que distingue, fundamentalmente, os órgãos da Administração Direta Federal das entidades da Administração Indireta é o fato de

(A) terem personalidade jurídica de direito público (órgãos) e de direito privado (entidades).
(B) terem atuação de âmbito nacional ou regional.
(C) serem jurisdicionados da justiça federal ou da justiça comum.
(D) serem criados por lei ou ato dela decorrente.
(E) integrarem ou não a estrutura orgânica da União Federal.

A alternativa "e" está correta, pois, de fato, a diferença entre órgãos (ex.: o Ministério da Fazenda) e entidades (ex.: o Banco Central, que é uma autarquia) é que os primeiros integram a estrutura orgânica da União Federal, ao passo que os segundos integram a administração indireta federal. A alternativa "a" está errada, pois os órgãos públicos não têm personalidade jurídica, e as entidades da administração indireta podem ter personalidade de direito público (as que fazem atividade típica de estado, como o Banco Central) ou de direito privado (as que exploram atividade econômica ou meramente prestem serviços públicos, como o Banco do Brasil e os Correios, por exemplo). A alternativa "b" está errada, pois tanto os órgãos como as entidades podem ter atuação nacional. A alternativa "c" está errada, pois os atos de órgãos e entidades federais são apreciados pela Justiça Federal. Há exceções, como os atos das *entidades de direito privado estatais do tipo sociedades de economia mista* (por ex., o Banco do Brasil), cujos atos são julgados pela Justiça Estadual. A alternativa "d" está errada, pois é necessário lei tanto para criar um órgão como para criar uma entidade da administração indireta.
Gabarito "E".

(Auditor Fiscal do Trabalho – ESAF) Tendo por base a organização administrativa brasileira, classifique as descrições abaixo como sendo fenômenos: (1) de descentralização; ou (2) de desconcentração. Após, assinale a opção correta.

I. Criação da Fundação Instituto Brasileiro de Geografia e Estatística (IBGE), para prestar serviços oficiais de estatística, geologia e cartografia de âmbito nacional;
II. Criação de delegacia regional do trabalho a ser instalada em municipalidade recém-emancipada e em franco desenvolvimento industrial e no setor de serviços;
III. Concessão de serviço público para a exploração do serviço de manutenção e conservação de estradas;
IV. Criação de novo território federal.

(A) 2 / 1 / 2 / 1
(B) 1 / 2 / 2 / 1
(C) 2 / 2 / 1 / 1
(D) 1 / 2 / 1 / 1
(E) 1 / 2 / 1 / 2

A *descentralização* (1) é a distribuição *externa* de competência, ou seja, é a distribuição de competência de *pessoa jurídica* para *pessoa jurídica*. Já a *desconcentração* (2) é a distribuição *interna* de competência, ou seja, é a distribuição de competência de *órgão* para *órgão*. I: descentralização (1), pois o IBGE é uma pessoa jurídica; II: desconcentração (2), pois a delegacia regional é um órgão público; III: descentralização (1), pois a concessão de serviço público é sempre para uma pessoa jurídica; IV: descentralização (1), pois o território é uma pessoa jurídica.
Gabarito "D".

(Agente Fiscal/PI – ESAF) Com relação à administração pública, é correto afirmar.

(A) A expressão "administração pública" possui um sentido unívoco.
(B) Administração pública é expressão sinônima de governo.
(C) A administração pública manifesta-se, com exclusividade, no Poder Executivo.
(D) A atividade da administração pública pode ter, excepcionalmente, natureza jurisdicional.
(E) A organização básica da administração pública depende de lei.

A: incorreta. A expressão Administração Pública, em sentido **formal** é conjunto de *órgãos* instituídos para a consecução dos fins do Governo; já em sentido **material** é conjunto de *funções* necessárias aos serviços públicos em geral; e em sentido **operacional** é o *desempenho sistemático* dos serviços estatais; B: incorreta. Como se viu, em sentido formal, a Administração Pública é o conjunto de órgãos instituídos para a consecução dos fins do Governo; e este é o comando, a iniciativa, que faz com que tais órgãos se movimentem, de modo que não se deve confundir a Administração, no sentido de aparato estatal, com o Governo, que é o que movimenta esse aparato; C: incorreta. Existe Administração Pública no âmbito dos três Poderes; os poderes Judiciário e Legislativo quando fazem compras e contratam servidores expedem atos administrativos, próprios da Administração Pública; D: incorreta. A atividade da administração pública é uma atividade de execução; ela se dá mediante a prática de atos administrativos, não podendo praticar atos jurisdicionais e legislativos; E: está correta; porém, pode-se, por meio de decreto, tratar da organização e do funcionamento da administração, quando não haja aumento de despesa ou criação/extinção de órgãos públicos (art. 84, VI, da CF/1988).
Gabarito "E".

(Auditor do Tesouro Municipal/Recife-PE – ESAF) No sistema brasileiro, a noção de pessoa política engloba as seguintes entidades:

(A) Estados-Federados, autarquias e fundações públicas.
(B) União Federal e Municípios.
(C) Distrito Federal e empresas públicas.
(D) Municípios, Distrito Federal e autarquias.
(E) Autarquias e fundações públicas.

As pessoas políticas (ou entes federativos) são: União, Estados, Distrito Federal e Municípios.
Gabarito "B".

(Fiscal de Tributos/Vila Velha-ES – CESPE) Julgue o item seguinte.

(1) A prefeitura municipal de Vila Velha é um órgão da administração direta municipal.

1: correta. A administração direta dos Municípios compreende seus *órgãos*; dentre estes estão os órgãos *independentes* (Prefeitura e Câmara Municipal), os órgãos *autônomos* (Secretarias Municipais), os órgãos *superiores* (Departamentos, Procuradoria etc.) e os órgãos *subalternos* (seções de expediente).
Gabarito 1C.

(Auditor Fiscal/São Paulo-SP – FCC) É exemplo da desconcentração, tal como entendida pela doutrina administrativa, a criação de

(A) um ministério.
(B) uma empresa pública.
(C) uma fundação pública.
(D) uma agência reguladora.
(E) uma organização social.

A **desconcentração** é a distribuição *interna* de competências. Ela ocorre no *interior* das pessoas jurídicas, ou seja, de órgão para órgão. Assim, a criação de um ministério, que é um órgão que está no interior da pessoa jurídica, é expressão da desconcentração. A **descentralização**, por sua vez, é a distribuição externa de competências. Ela ocorre para fora das pessoas jurídicas, ou seja, de pessoa jurídica para pessoa jurídica. Assim, a criação de *empresas públicas*, *fundações públicas* e *agências reguladoras*, assim como a celebração de contrato de gestão com uma *organização social*, estão no contexto da descentralização.
Gabarito "A".

(Auditor Fiscal/São Paulo-SP – FCC) A organização administrativa brasileira tem como característica a

(A) não previsão de estruturas descentralizadas.
(B) personificação de entes integrantes da Administração indireta.
(C) ausência de relações de hierarquia.
(D) ausência de mecanismos de coordenação e de controle finalístico.
(E) inexistência de entidades submetidas a certas regras de direito privado.

Os pilares fundamentais da organização administrativa brasileira são: *planejamento*, *coordenação*, *descentralização*, *delegação de competência* e *controle*. Tais princípios estão estabelecidos no art. 6º do Dec.-lei 200/1967, que regulamentou a reforma administrativa da administração federal, mas acabam se refletindo nas demais esferas políticas. Dessa forma, a alternativa "a" está incorreta, pois a descentralização é um pilar da organização administrativa. A alternativa "b" está correta, pois as entidades da administração indireta têm personalidade jurídica (art. 4º, II, do Dec.-lei 200/1967). A alternativa "c" está incorreta, pois a *coordenação* e o *controle* abrangem também a hierarquia (arts. 8º e 13 do Dec.-lei 200/1967). A alternativa "d" está incorreta, pois os mecanismos de coordenação e de controle finalístico estão previstos nos arts. 8º, 9º, 13 e 19 a 29 do Dec.-lei 200/1967. A alternativa "e" está incorreta, pois as empresas públicas e as sociedades de economia são pessoas jurídicas de direito privado (art. 5º, II e III, do Dec.-lei 200/1967).
Gabarito "B".

(Auditor Fiscal/São Paulo-SP – FCC) Uma agência reguladora e uma organização social, respectivamente,

(A) integra a Administração direta e integra a Administração indireta.
(B) integra a Administração indireta e integra a Administração indireta.
(C) integra a Administração indireta e não integra a Administração pública.
(D) não integra a Administração pública e integra a Administração indireta.
(E) não integra a Administração pública e não integra a Administração pública.

Agências reguladoras fazem parte da Administração Indireta (trata-se de uma pessoa jurídica de direito público). Organizações sociais são pessoas de direito privado *não estatais* (ou seja, não pertencentes à Administração Direta e Indireta), que não têm fins lucrativos e colaboram com a Administração Pública. Essas entidades são chamadas de *entes de cooperação* ou de *entidades paraestatais*.
Gabarito "C".

(Auditor Fiscal/São José do Rio Preto-SP – VUNESP) Administração descentralizada ou Administração indireta são expressões que, na classificação estabelecida pelo Decreto-lei 200/1967, designam as seguintes entidades:

(A) autarquias e concessionárias.

(B) autarquias, empresas públicas, sociedades de economia mista e fundações públicas.
(C) fundações privadas.
(D) as atividades públicas do Estado.
(E) fundações governamentais, empresas públicas e sociedades de economia pública.

Art. 4º, II, do Dec.-lei 200/1967.
Gabarito "B".

(Auditor Fiscal Tributário Estadual – SEGEP/MA – 2016 – FCC) São conceitos de centralização, descentralização e desconcentração da atividade administrativa do Estado, respectivamente:

(A) a sua não distribuição interna no âmbito de um mesmo órgão; a sua distribuição interna no âmbito de um mesmo órgão; a sua distribuição a outras entidades administrativas.
(B) a sua reunião no âmbito do ente político competente; a sua distribuição a outras entidades administrativas; a sua distribuição interna no âmbito de um mesmo órgão.
(C) a sua reunião no ente político competente; a redistribuição aos demais entes políticos; a sua distribuição interna no âmbito de um mesmo ente político.
(D) a sua reunião no âmbito do ente político competente; a sua distribuição a outras entidades administrativas, integrantes do mesmo ente político; a sua distribuição interna no âmbito de um mesmo ente político.
(E) a sua reunião no âmbito do ente político competente; a sua distribuição a outras entidades administrativas; a sua distribuição a outros entes políticos.

São todas formas de realização da função administrativa. No caso da centralização, a função administrativa é exercida diretamente pelos entes que compõem a Administração Direta, ou seja, centralizadamente, pela própria entidade estatal;; na descentralização, a função administrativa é exercida por meio de uma pessoa jurídica, que pode ser de direito público ou privado, criada por lei ou por ela autorizada. Chama-se descentralização pois a função é exercidade indiretamente, por meio da criação de uma nova pessoa jurídica. A concentração, por sua vez, não tem relação com a criação ou não de uma pessoa jurídica, mas como casa entidade se estrutura no âmbito interno. Chama-se desconcentração a distribuição de competências a diversos órgãos dentro de uma mesma entidade. FMB
Gabarito "D".

5.2. ADMINISTRAÇÃO INDIRETA E DIRETA

(Auditor Fiscal Tributário da Receita Municipal/Cuiabá-MT – FGV) O Estado X pretende criar uma empresa pública para atuar no financiamento de projetos de desenvolvimento sustentável para pequenos produtores rurais. Considerando a disciplina constitucional a respeito das empresas públicas, assinale a afirmativa incorreta.

(A) Apesar de o seu pessoal estar sujeito ao regime trabalhista próprio das empresas privadas, não se dispensa a realização de concurso público.
(B) Somente por lei complementar pode ser autorizada a criação de empresa pública.
(C) Empresa pública está sujeita à exigência de prévia licitação para a compra de bens e para a contratação de serviços.
(D) A exploração direta de atividade econômica pelo Estado somente será permitida quando necessária aos imperativos da segurança nacional ou a relevante interesse coletivo.
(E) A empresa pública que explore atividade econômica não poderá gozar de privilégios fiscais não extensivos às empresas do setor privado.

A: assertiva correta, pois a exigência de concurso público se dá inclusive quanto a empregos públicos nas estatais (art. 37, II, da CF); **B:** assertiva incorreta, devendo ser assinalada; para autorizar a criação de uma empresa pública basta que haja uma lei (ordinária) específica, não sendo necessário que se trate de lei complementar (art. 37, XIX, da CF); **C:** assertiva correta, nos termos dos arts. 28 e seguintes da Lei 13.303/2016; **D:** assertiva correta, nos termos do art. 173, caput, da CF; **E:** assertiva correta, nos termos do art. 173, § 2º, da CF.
Gabarito "B".

(Auditor Fiscal da Receita Federal – ESAF) Em relação à organização administrativa da União Federal, assinale a afirmativa verdadeira.

(A) O contrato de gestão só pode ser celebrado entre a União Federal e as entidades descentralizadas.
(B) As fundações públicas de direito público estão impedidas de exercer poder de polícia administrativa.
(C) É possível, na esfera federal, uma empresa pública ser organizada sob a forma de sociedade anônima, sendo a União Federal a sua única acionista.
(D) As agências reguladoras podem, no âmbito da Administração Indireta, assumir a forma de autarquias, fundações ou empresas públicas.
(E) As denominadas fundações de apoio às instituições federais de ensino superior integram o rol da Administração Pública Indireta.

A: incorreta. O contrato de gestão pode ser celebrado com *órgãos* e entidades da administração *direta* e *indireta* (art. 37, § 8º, da CF/1988); **B:** incorreta. É possível criar dois tipos de fundações estatais, uma de direito privado (para realizar atividades que o setor privado pode fazer) e a outra de direito público (para realizar atividades típicas da Administração Pública); o exercício do poder de polícia é uma atividade típica da Administração Pública; portanto, as fundações públicas de direito público podem, sim, exercer poder de polícia; **C:** correta, nos termos do art. 5º, II, do Dec.-lei 200/1967; **D:** incorreta. As agências reguladoras, por exercerem atividade típica da Administração, são autarquias (art. 5º, I, do Dec.-lei 200/1967); porém, por terem algumas características especiais (os dirigentes só podem ser nomeados após aprovação do Senado; os dirigentes têm mandato fixo; os dirigentes ficam vinculados por um período de tempo às agências, findo o mandato), as agências reguladoras são autarquias especiais; **E:** incorreta. As fundações de apoio às instituições federais de ensino superior não são estatais, ou seja, não fazem parte da Administração Indireta; elas fazem um mero *contrato* com as instituições federais de ensino (art. 1º da Lei 8.958/1994).
Gabarito "C".

(Auditor Fiscal da Previdência Social – ESAF) A entidade da Administração Pública Federal, com personalidade jurídica de direito privado, que é submetida ao controle jurisdicional na Justiça Federal de Primeira Instância, nas ações em que figure como autora ou ré, quando não se tratar de falência, acidente de trabalho, questão eleitoral e matéria trabalhista, é a

(A) autarquia.
(B) empresa pública.
(C) fundação pública.
(D) sociedade de economia mista.

(E) fazenda pública.

Art. 109, I, da CF/1988.
Gabarito "B".

(Auditor Fiscal da Previdência Social – ESAF) De acordo com as normas legais vigentes, as chamadas fundações públicas, na área federal, são

(A) equiparadas às empresas públicas.
(B) entidades privadas fora da Administração.
(C) entidades da Administração Indireta.
(D) regidas por disposições do Código Civil.
(E) órgãos da Administração Direta.

Art. 4º, II, *a* (fundações públicas de direito público = autarquias) e *d* (fundações públicas de direito privado = art. 5º, IV, do Dec.-lei 200/1967), do Dec.-lei 200/1967.
Gabarito "C".

(Técnico da Receita Federal – ESAF) A entidade da Administração Indireta, que se conceitua como sendo uma pessoa jurídica de direito público, criada por força de lei, com capacidade exclusivamente administrativa, tendo por substrato um patrimônio personalizado, gerido pelos seus próprios órgãos e destinado a uma finalidade específica, de interesse público, é a

(A) autarquia.
(B) fundação pública.
(C) empresa pública.
(D) sociedade de economia mista.
(E) agência reguladora.

Trata-se do conceito de fundação pública de direito público, que tem natureza jurídica de autarquia. Só se dá o nome de fundação, no caso, porque o elemento patrimonial é o mais importante ("patrimônio personalizado").
Gabarito "B".

(Técnico da Receita Federal – ESAF) As sociedades de economia mista, constituídas com capitais predominantes do Estado, são pessoas jurídicas de direito privado, integrantes da Administração Pública Indireta, são regidas pelas normas comuns aplicáveis às empresas particulares, estando fora do âmbito de incidência do Direito Administrativo.

(A) Correta esta assertiva.
(B) Incorreta a assertiva, porque elas são pessoas jurídicas de direito público.
(C) Incorreta a assertiva, porque eles são de regime híbrido, sujeitando-se ao direito privado e, em muitos aspectos, ao direito público.
(D) Incorreta a assertiva, porque seus capitais são predominantes privados.
(E) Incorreta a assertiva, porque elas são de regime público, regidas exclusivamente pelo Direito Administrativo.

A assertiva "c" está correta em quase todos os aspectos (art. 5º, III, do Dec.-lei 200/67). Porém, tais empresas têm de respeitar, em alguns aspectos, o direito público. Por exemplo, estão sujeitas à fiscalização do Tribunal de Contas, devem fazer licitação pública e só podem contratar agentes por meio de concurso público.
Gabarito "C".

(Técnico da Receita Federal – ESAF) Entre outras, integram a Administração Pública Federal Indireta, também, as seguintes entidades, dotadas de personalidade jurídica de direito privado:

(A) as autarquias, organizações sociais e sociedades de economia mista.
(B) os serviços sociais autônomos (SENAI, SENAC etc.) e as concessionárias de serviços públicos.
(C) os serviços sociais autônomos e as agências reguladoras.
(D) as empresas públicas e sociedades de economia mista.
(E) as fundações e organizações não governamentais.

Art. 5º, II e III, do Dec.-lei 200/1967. São também pessoas de direito privado estatais as fundações públicas de direito privado (art. 5º, IV, da referida lei) e os consórcios públicos de direito privado (art. 1º, § 1º, da Lei 11.107/2005).
Gabarito "D".

(Técnico da Receita Federal – ESAF) Na Administração Pública Federal, a sociedade de economia mista é considerada como sendo um(a)

(A) órgão estatal.
(B) entidade de direito público.
(C) pessoa jurídica de direito privado.
(D) entidade da Administração Direta.
(E) paraestatal fora da Administração.

Art. 5º, III, do Dec.-lei 200/1967.
Gabarito "C".

(Técnico da Receita Federal – ESAF) As empresas públicas e sociedades de economia mista, no contexto da Administração Pública Federal, detêm alguns aspectos e pontos em comum, juridicamente, mas entre os que lhes são diferentes destaca-se

(A) a sua natureza jurídica.
(B) o regime jurídico dos seus servidores.
(C) o foro de controle jurisdicional.
(D) o tratamento fiscal privilegiado.
(E) a exigibilidade de licitação.

De fato, o foro das empresas públicas federais é a Justiça Federal, ao passo que o das sociedades de economia mista federais é a Justiça Estadual (art. 109, I, da CF/1988).
Gabarito "C".

(Fiscal de Rendas/RJ – FGV) Com relação à *organização administrativa*, analise as afirmativas a seguir.

I. A criação de subsidiárias das empresas estatais depende de lei específica, sendo, porém, dispensável para a participação delas em empresas privadas.
II. O contrato de gestão pode ser utilizado por empresas estatais dependentes de recursos públicos para ampliação de sua autonomia gerencial, orçamentária e financeira.
III. Os bens das empresas estatais afetados à prestação de serviço essencial, imprescindíveis à continuidade da prestação do serviço público, não são penhoráveis.

Assinale:
(A) se somente a afirmativa I estiver correta.
(B) se somente a afirmativa II estiver correta.
(C) se somente as afirmativas II e III estiverem corretas.
(D) se somente as afirmativas I e III estiverem corretas.
(E) se todas as afirmativas estiverem corretas.

I: incorreta (art. 37, XX, da CF/1988); II: correta (art. 37, § 8º, da CF/1988); III: correta, pois o princípio da continuidade do serviço público impede que os bens afetados aos serviços públicos sejam penhorados.
Gabarito "C".

(Fiscal de Rendas/RJ – FGV) Com relação às *agências reguladoras*, analise as afirmativas a seguir.

I. As agências reguladoras integram o aparelho burocrático do Estado como autarquias sob regime especial.
II. É juridicamente viável a cobrança de taxa – a taxa de fiscalização – pelas agências reguladoras para destinação específica.
III. O Banco Central não pode ser considerado agência reguladora por carecer de independência decisória, já que suas decisões condicionam-se aos atos normativos emanados pelo Conselho Monetário Nacional.

Assinale:
(A) se somente a afirmativa I estiver correta.
(B) se somente a afirmativa II estiver correta.
(C) se somente as afirmativas I e II estiverem corretas.
(D) se somente as afirmativas I e III estiverem corretas.
(E) se todas as afirmativas estiverem corretas.

I: correta, pois as agências reguladoras são autarquias especiais, o que significa que têm o mesmo regime jurídico das autarquias tradicionais, com algumas especificidades, como a nomeação de seus dirigentes mediante aprovação do Senado, a existência de mandato fixo para os dirigentes e a submissão dos dirigentes a uma "quarentena", findo seu mandato; II: correta, pois o exercício do poder de polícia (da fiscalização) dá ensejo à cobrança de taxa; III: correta, pois os dirigentes do Banco Central não têm mandato fixo.
Gabarito "E".

(Fiscal da Receita/CE) Assinale a opção correta a respeito da administração pública.
(A) A representação judicial dos órgãos públicos, já que não possuem personalidade jurídica, deverá ser feita pelos respectivos procuradores do ente a que pertençam, salvo na hipótese de defesa de suas competências e prerrogativas, em que esses órgãos poderão ter órgão jurídico específico para atuar em seu favor.
(B) A delegação de atribuições no âmbito da mesma pessoa jurídica a outros órgãos recebe a denominação de descentralização.
(C) As sociedades de economia mista, mesmo quando exploradoras de atividade econômica, em um regime de mercado, se beneficiam da imunidade recíproca.
(D) Uma ação judicial proposta contra uma empresa pública federal deverá ser julgada pela justiça comum estadual.

A: correta, valendo lembrar o exemplo das Mesas das Casas Legislativas, que podem ingressar com mandado de segurança para a defesa de suas competências e prerrogativas; B: incorreta, pois quando tal delegação ocorre no âmbito da mesma pessoa jurídica, ou seja, quando se dá de um órgão para um órgão, dentro uma mesma pessoa jurídica, tem-se o fenômeno da *desconcentração*; C: incorreta, pois tal imunidade só se dá entre os entes políticos e, por extensão, em favor das pessoas jurídicas de direito público, mas não favorece as pessoas jurídicas de direito privado estatais, como é o caso das sociedades de economia mista; D: incorreta, pois, nesse caso, é competente a Justiça Federal (art. 109, I, da CF/1988).
Gabarito "A".

(Auditor Fiscal/MG – ESAF) Relativamente às autarquias, aponte o item correto.
(A) Os bens de uma autarquia não podem ser objeto de penhora, não obstante tais entidades não integrarem a Administração direta.
(B) Há subordinação hierárquica entre a autarquia e a Administração direta.
(C) Nosso sistema legislativo expressamente exclui a possibilidade de criação de autarquias municipais.
(D) Não se pode dizer que as autarquias tenham capacidade de autoadministração, tendo em vista a tutela que sobre ela exerce a Administração direta.
(E) Os servidores das autarquias estão subordinados ao regime jurídico único estatutário, não havendo mais amparo, em nosso sistema legislativo, para a contratação pelo regime da Consolidação das Leis do Trabalho – CLT.

A: correta. As autarquias, por executarem atividades típicas da Administração Pública, são pessoas jurídicas de direito público, e, portanto, têm regime jurídico parecido com as pessoas políticas; assim, seus bens são bens públicos e, portanto, não pode ser penhorados; a execução por quantia certa contra as autarquias deve se realizar pela expedição de precatório, e não pela penhora de bens; B: incorreta. Entre a Administração Direta e a autarquia há *controle, tutela ou supervisão ministerial* (art. 26 do Dec.-lei 200/1967), e não *hierarquia* (esta existe no interior de pessoas jurídicas). A *hierarquia* confere amplo poder de fiscalização para o superior hierárquico. Já o *controle* só se dá nos limites da lei (vide o art. 26 referido); C: incorreta. Não há impedimento legal ou constitucional à criação de autarquias municipais; D: incorreta. Autarquias, como o próprio nome diz (auto + governo), têm capacidade de autoadministração; E: incorreta. É possível contratação pela CLT nas autarquias, para funções subalternas e industriais (art. 5º, I, c/c art. 182 do Dec.-lei 200/1967).
Gabarito "A".

(Auditor Fiscal/CE – ESAF) Assinale a opção que contemple o ponto de distinção entre a empresa pública e a sociedade de economia mista.
(A) Natureza jurídica.
(B) Atuação na ordem econômica.
(C) Regime de pessoal.
(D) Natureza do patrimônio.
(E) Formação do capital social.

Na empresa pública o capital é exclusivamente público, ao passo que na sociedade de economia mista há, necessariamente, capital público e capital privado (art. 5º, II e III, do Dec.-lei 200/67).
Gabarito "E".

(Auditor do Tesouro Municipal/Natal-RN – ESAF) O patrimônio personificado, destinado a um fim específico, que constitui uma entidade da Administração Pública, com personalidade jurídica de direito público, cuja criação depende de prévia autorização expressa por lei, conceitua-se como sendo
(A) um órgão autônomo.
(B) um serviço social autônomo.
(C) uma autarquia.
(D) uma empresa pública.
(E) uma fundação pública.

Trata-se do conceito de fundação pública de direito público, que tem natureza jurídica de autarquia. Só se dá o nome de fundação, no caso, porque o elemento patrimonial é o mais importante ("patrimônio personificado").
Gabarito "E".

(Agente Tributário Estadual/MS – ESAF) Em relação à organização administrativa brasileira, assinale a afirmativa verdadeira.
(A) A recente figura das organizações sociais reveste-se da personalidade jurídica de direito público.
(B) Após a Emenda Constitucional 19/1998, ficou vedado ao Poder Público criar fundações sob regime de direito privado.

(C) Empresas públicas e sociedades de economia mista têm, exclusivamente, como objeto institucional atividades relativas a serviços públicos.
(D) No momento, somente existem no Brasil autarquias classificadas como de serviço.
(E) Caracteriza o órgão autônomo a personalidade jurídica própria.

A: incorreta (art. 1º da Lei 9.637/1998); **B:** incorreta. Não há essa limitação em tal emenda; **C:** incorreta. Tais entidades são criadas para a exploração de atividade econômica ou para a mera execução de serviços públicos; **D:** correta (art. 5º, I, do Dec.-lei 200/1967); **E:** incorreta. O *órgão* autônomo (por ex., um Ministério e uma Secretaria Municipal ou Estadual) não tem personalidade jurídica.
Gabarito "D".

(Fiscal de Tributos/PA – ESAF) Em relação à organização administrativa brasileira, é correto afirmar que

(A) agências executivas e agências reguladoras são expressões com o mesmo significado jurídico.
(B) o contrato de gestão pode ser celebrado com órgão despersonalizado da Administração Direta.
(C) as fundações governamentais com personalidade jurídica de direito privado podem exercer poder de polícia administrativa.
(D) a empresa pública tem por objeto, sempre, a exploração de atividade econômica.
(E) as organizações sociais podem assumir a forma de autarquias.

A: incorreta. Agência executiva é um qualificativo atribuível a autarquias e fundações federais, por iniciativa do Ministério supervisor, à entidade que haja celebrado contrato de gestão com este e que possua um plano estratégico de desenvolvimento institucional. De um lado, as entidades recebem mais autonomia. De outro, metas de desempenho e eficiência. A grande vantagem é a ampliação dos valores de dispensa de licitação (art. 24, XXIV, da Lei 8.666/1993). Já agências reguladoras são autarquias sob regime especial, encarregadas do exercício do poder normativo e fiscalizador das concessões e permissões de serviço público, bem como do poder de polícia sobre certas atividades e também do fomento de certos setores. Ex.: ANEEL, ANATEL, ANP (petróleo), ANVISA (vigilância sanitária), ANS (saúde complementar), ANA (águas), ANCINE (fomento do cinema). Regime jurídico: igual ao das autarquias, com algumas peculiaridades: a) dirigentes são nomeados com prévia aprovação pelo Senado; b) dirigentes têm mandato fixo; c) ex-dirigentes estão sujeitos a "quarentena", período em que continuam vinculados à autarquia após o exercício do cargo, ficando impedidos de prestar serviços às empresas sob sua regulamentação ou fiscalização. **B:** correta (art. 37, § 8º, da CF/1988); **C:** incorreta. As fundações governamentais de direito privado não podem exercer atividade típica da Administração Pública (art. 5º, IV, do Dec.-lei 200/1967); **D:** incorreta. A empresa pública pode ter por objeto a exploração de atividade econômica ou a prestação de serviço público (art. 173, § 1º, da CF/1988); **E:** incorreta (art. 1º da Lei 9.637/1998 – são pessoas de direito privado).
Gabarito "B".

(Auditor Fiscal/ES – CESPE) Julgue o item que se segue.

(1) O estado-membro pode, a exemplo do que ocorre no âmbito federal, criar autarquia destinada ao desempenho de atividade administrativa de forma descentralizada. Para tanto, é indispensável a observância do princípio da reserva legal.

1: correta. Os Estados, o Distrito Federal e os Municípios também podem criar autarquias, devendo fazê-lo mediante *lei específica* (art. 37, XIX, da CF/1988).
Gabarito 1C.

(Fiscal de Rendas/RJ – FGV) Não é ente da Administração Indireta:

(A) sociedade de economia mista.
(B) empresa pública.
(C) agência reguladora.
(D) secretaria de Estado.
(E) fundação pública.

A Secretaria de Estado é um mero *órgão público*, e não um *ente* (uma pessoa jurídica).
Gabarito "D".

(Auditor Fiscal/São Paulo-SP – FCC) Uma empresa pública, que seja prestadora de serviços públicos,

(A) tem personalidade jurídica de direito público.
(B) não necessita de lei autorizando a criação de subsidiárias suas.
(C) é isenta do pagamento de impostos.
(D) não necessita de lei autorizando sua criação.
(E) responde objetivamente por danos que seus agentes, prestando o serviço, causem a terceiros.

A: incorreta. Uma empresa pública tem sempre personalidade de direito privado (art. 5º, II, do Dec.-lei 200/1967); **B:** incorreta (art. 37, XX, da CF/1988); **C:** incorreta. As pessoas de direito privado não têm a imunidade recíproca de impostos (art. 150, VI, *a*, e seus §§ 2º e 3º, da CF/1988); **D:** incorreta (art. 37, XIX, da CF/1988); **E:** correta (art. 37, § 6º, da CF/1988).
Gabarito "E".

(Auditor Fiscal Tributário Estadual – SEGEP/MA – 2016 – FCC) São exemplos de empresa pública e sociedade de economia mista, respectivamente:

(A) Banco do Brasil S.A. e Caixa Econômica Federal.
(B) Agência Nacional de Energia Elétrica e Empresa Brasileira de Correios e Telégrafos.
(C) Empresa Brasileira de Correios e Telégrafos e Caixa Econômica Federal.
(D) Companhia Nacional de Abastecimento e Banco do Brasil S.A.
(E) Banco do Brasil S.A. e Companhia Nacional de Abastecimento.

A: incorreta. Banco do Brasil – Sociedade de Economia mista. Caixa econômica federal – Empresa Pública; **B:** incorreta. ANEE: Agência Reguladora. ECT: Empresa Pública; **C:** incorreta. ECT: Empresa Pública. CEF: Empresa Pública; **D:** correta. Companhia Nacional de Abastecimento – Empresa Pública. Banco do Brasil: Sociedade de Economia Mista. **E:** incorreta – Sociedade de Economia Mista e Empresa Pública -
Gabarito "D".

(Auditor Fiscal Tributário Estadual – SEGEP/MA – 2016 – FCC) São exemplos de órgãos da Administração pública direta:

I. Partidos Políticos e Congresso Nacional.
II. Secretaria Estadual de Finanças e Secretaria Municipal de Planejamento.
III. Secretaria Estadual de Finanças e Partidos Políticos.
IV. Secretaria Municipal de Planejamento e Ministério do Turismo.
V. União e Instituto Nacional de Seguridade Social.

Está correto o que consta APENAS em

(A) I e III.
(B) II e III.
(C) II e IV.
(D) IV e V.

(E) I e V.

I: Incorreta. Partidos Políticos e Congresso Nacional não são órgãos. A administração pública direta é composta de órgãos que estão diretamente ligados ao chefe do Poder Executivo – no caso do Governo Federal, ao Presidente da República. Assim, temos como exemplos os ministérios, suas secretarias, coordenadorias e departamentos. II: correta – as Secretarias são órgãos que compõem a Administração Pública Direta, isto é, são centros de competência instituídos para o desempenho das funções estatais, não possuindo personalidade jurídica própria, de modo que sua atuação é imputda à pessoa jurídica a que pertencem III: incorreta – no caso, a secretaria é um órgão, ao passo que o partido político é pessoa jurídica de direito privado IV: correta. – tanto ministério como secretaria são órgãos, ou seja, unidades de competência por meio das quais uma pessoa jurídica se divide para o melhor exercício de suas funções V: incorreta. União é pessoa jurídica de direito público e INSS é autarquia. FMB

Gabarito "C".

5.3. ENTES DE COOPERAÇÃO

(Auditor Fiscal da Receita Federal – ESAF) Assinale entre o seguinte rol de entidades de cooperação com o Poder Público, não integrantes do rol de entidades descentralizadas, aquela que pode resultar de extinção de entidade integrante da Administração Pública Indireta.

(A) Organização social.
(B) Fundação previdenciária.
(C) Organização da sociedade civil de interesse público.
(D) Entidade de apoio às universidades federais.
(E) Serviço social autônomo.

São extintos o Laboratório Nacional de Luz Síncrotron, integrante da estrutura do Conselho Nacional de Desenvolvimento Científico e Tecnológico - CNPq, e a Fundação Roquette Pinto, entidade vinculada à Presidência da República. (...) § 3º É o Poder Executivo autorizado a qualificar como organizações sociais, nos termos desta Lei, as pessoas jurídicas de direito privado indicadas no Anexo I, bem assim a permitir a absorção de atividades desempenhadas pelas entidades extintas por este artigo (art. 21, § 3º, da Lei 9.637). Vide, também, o Anexo I da Lei 9.637/1998.

Gabarito "A".

(Auditor Fiscal/Natal-RN – ESAF) Em relação à Organização Social, nova categoria de entidade surgida com a reforma do Estado, assinale a afirmativa falsa.

(A) A Organização Social tem personalidade jurídica de direito privado.
(B) Sua qualificação resulta de um ato administrativo.
(C) A lei de licitação, expressamente, inclui como hipótese de dispensa a celebração do contrato de gestão com Organização Social.
(D) A Organização Social não integra a Administração Pública Indireta, classificando-se como entidade de colaboração com o Poder Público.
(E) Pode haver cessão de servidores da pessoa política para a Organização Social, bem como de bens e equipamentos.

A: correta (art. 1º da Lei 9.637/1998); **B:** correta (art. 2º, II, da Lei 9.637/1998); **C:** incorreta, devendo ser assinalada. A dispensa lá prevista é para a celebração de contrato de prestação de serviços, e não para a celebração de contrato de gestão (art. 24, XXIV, da Lei 8.666/1993); **D:** correta (art. 1º da Lei 9.637/1998); **E:** correta (arts. 12 e 14 da Lei 9.637/1998).

Gabarito "C".

(Auditor do Tesouro Municipal/Recife-PE – ESAF) Assinale, entre o seguinte rol de entidades paraestatais, de cooperação com o Poder Público, aquela que pode se originar de uma transformação de entidade integrante da Administração Pública Indireta:

(A) serviço social autônomo.
(B) fundação de apoio a instituição federal de ensino superior.
(C) organização da sociedade civil de interesse público.
(D) fundação previdenciária de regime fechado.
(E) organização social.

São extintos o Laboratório Nacional de Luz Síncrotron, integrante da estrutura do Conselho Nacional de Desenvolvimento Científico e Tecnológico - CNPq, e a Fundação Roquette Pinto, entidade vinculada à Presidência da República. (...) § 3º É o Poder Executivo autorizado a qualificar como organizações sociais, nos termos desta Lei, as pessoas jurídicas de direito privado indicadas no Anexo I, bem assim a permitir a absorção de atividades desempenhadas pelas entidades extintas por este artigo (art. 21, § 3º, da Lei 9.637). Vide também Anexo I da Lei 9.637/1998.

Gabarito "E".

6. DIREITO TRIBUTÁRIO

Robinson Barreirinhas

1. COMPETÊNCIA TRIBUTÁRIA

(Auditor Fiscal da Receita Municipal – Prefeitura Teresina/PI – 2016 – FCC) O Código Tributário Nacional estabelece que a atribuição constitucional de competência tributária para os Estados instituírem impostos como o IPVA

(A) compreende o compartilhamento da competência legislativa com os Municípios localizados em seu território, em razão de parte da receita deste imposto pertencer aos Municípios.
(B) compreende a competência legislativa plena a respeito desse imposto, ressalvadas as limitações existentes, contidas na Constituição Federal, nas Constituições dos Estados e observado o disposto no CTN.
(C) será, quando não exercida pelo Estado, exercida pelos Municípios nele localizados, que deverão fiscalizá-lo e cobrá-lo.
(D) pode ser delegada aos Municípios localizados em seu território, quando esses Municípios optarem, na forma da lei, por fiscalizá-lo e cobrá-lo, e desde que essa delegação não implique redução do imposto ou qualquer outra forma de renúncia fiscal.
(E) pode ser definitivamente perdida, a favor da União, quando o Estado não a exercer por três anos consecutivos, ou por cinco intercalados, subsistindo a repartição de suas receitas com os Municípios localizados no Estado que não exerceu sua competência.

A: incorreta, pois a competência tributária, que corresponde à competência legislativa plena relativa ao tributo, é sempre privativa e indelegável – arts. 6º e 7º do CTN; **B:** correta, nos termos do art. 6º do CTN; **C:** incorreta, pois a competência tributária é irrenunciável e incaducável, jamais podendo ser exercida por outro ente que não o próprio ente competente; **D:** incorreta, pois a competência tributária é indelegável, conforme comentários anteriores; **E:** incorreta, pois a competência tributária é incaducável.
Gabarito "B".

(Auditor Fiscal Tributário Municipal – Prefeitura Cuiabá – 2016 – FGV) A atual Constituição Federal instituiu competências tributárias comuns, privativas e residuais.

Sobre a atribuição de competência definida pela Constituição Federal de 1988, assinale a afirmativa correta.

(A) Os Municípios são competentes para instituir o imposto sobre transmissão *"causa mortis"* e doação, de quaisquer bens ou direitos.
(B) A União, os Estados, o Distrito Federal e os Municípios têm competência comum para instituir contribuição de intervenção no domínio econômico.
(C) Apenas os Estados e o Distrito Federal têm competência para a instituição de contribuição de melhoria, decorrente de obra pública.
(D) Os Estados têm competência para instituir imposto incidente sobre a prestação de transporte interestadual e intermunicipal.
(E) Os Estados e o Distrito Federal podem instituir impostos não previstos na Constituição Federal de 1988, desde que sejam não cumulativos e não tenham fato gerador ou base de cálculo próprios dos discriminados na Constituição.

A: incorreta, pois o ITCMD é da competência dos Estados e do Distrito Federal – art. 155, I, da CF; **B:** incorreta, pois a competência para instituir CIDE é exclusiva da União – art. 149 da CF; **C:** incorreta, pois a competência para instituir contribuição de melhoria é comum a todos os entes políticos (União, Estados, DF e Municípios), em relação às respectivas obras públicas – art. 145, III, da CF; **D:** correta, pois compete aos Estados e ao DF a competência para instituir o ICMS, que incide sobre transportes interestaduais e intermunicipais – art. 155, II, da CF; **E:** incorreta, pois a competência residual é exclusiva da União – art. 154, I, da CF.
Gabarito "D".

(Auditor Fiscal Tributário – Prefeitura Lages/SC – 2016 – FEPESE) É(São) Sujeito(s) ativo(s) da obrigação tributária:

(A) aqueles que devem pagar o tributo, podendo ser contribuinte ou responsável.
(B) os contribuintes visto que são os devedores diretos que têm relação pessoal e direta com o fato gerador (art. 121, I, CTN).
(C) qualquer empresa ou cidadão que deve ao ente público e consequentemente deve ser considerado como um ativo.
(D) o responsável que é o devedor indireto que, embora não sendo contribuinte, deve responder pela obrigação tributária, por força de lei (art. 121, II, CTN).
(E) a União, os Estados, o Distrito Federal e os Municípios, os quais detêm a competência tributária, podendo legislar sobre tributos e exigi-los, dentro de suas respectivas esferas.

A: incorreta, pois quem deve pagar é o sujeito passivo, que pode ser contribuinte ou responsável tributário – art. 121 do CTN; **B:** incorreta, pois contribuinte é sujeito passivo da obrigação tributária principal – art. 121, parágrafo único, I, do CTN; **C:** incorreta, pois quem ocupa o polo passivo da obrigação tributária principal, ou seja, quem deve pagar o tributo ou a penalidade pecuniária, é o sujeito passivo – art. 121 do CTN; **D:** incorreta, pois responsável tributário é sujeito passivo da obrigação principal – art. 121, parágrafo único, II, do CTN; **E:** correta, muito embora sujeição ativa não se confunda com competência tributária. A competência é capacidade para legislar acerca dos tributos, ou seja, competência legislativa plena – art. 6º do CTN. Sujeição ativa é ocupar o polo ativo da obrigação tributária, o que normalmente é feito pelos entes político, muito embora essa sujeição ativa (diferente da competência) possa ser delegada por lei – art. 7º do CTN.
Gabarito "E".

(Auditor Fiscal Tributário – Prefeitura Lages/SC – 2016 – FEPESE) São considerados impostos Federais, Estaduais e Municipais, respectivamente:

(A) IOF – Imposto sobre Operações Financeiras • ITR – Imposto sobre a Propriedade Territorial Rural • ISS – Imposto sobre Serviços

(B) PIS/Pasep – Programas de Integração Social e de Formação do Patrimônio do Servidor Público • ITBI – Imposto sobre Transmissão de Bens Inter Vivos • ICMS – Imposto sobre Circulação de Mercadorias
(C) Cide – Contribuição de Intervenção no Domínio Econômico • IPVA – Imposto sobre a Propriedade de Veículos Automotores • IPTU – Imposto sobre a Propriedade Predial eTerritorial Urbana
(D) Cide – Contribuição de Intervenção no Domínio Econômico • IPVA – Imposto sobre a Propriedade de Veículos Automotores • ITCMD – Imposto sobre a Transmissão Causa Mortis e Doação
(E) CSLL – Contribuição Social sobre o Lucro Líquido • ITBI – Imposto sobre Transmissão de Bens Inter Vivos • ITCMD – Imposto sobre a Transmissão Causa Mortis e Doação

A: incorreta, pois o ITR é tributo da competência da União – art. 153, VI, da CF; B: incorreta, pois a contribuição para o PIS/PASEP não é imposto, mas sim contribuição social – art. 239 da CF (veja comentário à alternativa "C"). Ademais, o ITBI é imposto municipal, enquanto o ICMS é imposto estadual – arts. 155, II, e 156, II, da CF; C: melhor alternativa. Pelo entendimento mais moderno, a CIDE não é imposto, mas sim espécie de contribuição especial, identificada por sua finalidade de intervenção no domínio econômico – art. 149 da CF. A alternativa é considerada correta porque é a melhor resposta. A CIDE é da competência federal, enquanto IPVA e IPTU são respectivamente da competência estadual e municipal. Ademais, há entendimento clássico de que todos os tributos são classificados em uma das três espécies listadas no art. 145 da CF: impostos, taxas ou contribuições de melhoria. Por essa interpretação, as CIDE podem ser classificadas como impostos, desde que seus fatos geradores sejam situações desvinculadas de qualquer atividade estatal específica voltada para o contribuinte – art. 16 do CTN; D: incorreta, pois, além da observação já feita sobre a CIDE, o ITCMD é imposto da competência dos Estados e do DF – art. 155, I, da CF; E: incorreta, pois a CSLL não é imposto, mas sim contribuição social (ver comentário à alternativa "C") e o ITBI e o ITCMD são, respectivamente, impostos municipais e estaduais – arts. 155, I, e 156, I, da CF.

Gabarito "C".

(Auditor Fiscal da Receita Municipal – Prefeitura Teresina/PI – 2016 – FCC)
Por meio de sorteio internacional, realizado em 2015, um determinado Município brasileiro foi escolhido para sediar, em 2016, evento político-ecológico relevante no cenário mundial, o qual, pela sua magnitude, acabou exigindo que o Brasil promovesse gastos enormes com segurança, principalmente com a segurança das autoridades estrangeiras. Não obstante o fato de a União e o Estado terem feito grandes investimentos nessa área, não houve meio de o Município sede do evento escapar da realização de enormes despesas nessa área.

Com base nessas informações e nas disposições da Constituição Federal nesse sentido, o referido Município poderá

(A) aumentar, para fazer face a essas despesas extraordinárias, a alíquota dos impostos municipais, respeitadas as regras constitucionais atinentes às limitações do poder de tributar e à desvinculação das receitas tributárias, bem como as limitações impostas por leis complementares.
(B) instituir contribuição de interesse nacional, de caráter excepcional e transitório, mediante delegação expressa e específica da União, por meio de resolução do Senado Federal.
(C) fixar a alíquota do ISS, por meio de lei ordinária, em percentual superior ao do teto estabelecido em lei complementar federal, em caráter excepcional e transitório.
(D) ser autorizado pela União, por meio de lei complementar específica, a tributar a exportação de serviços para o exterior, em caráter excepcional e transitório, não superior a seis meses.
(E) instituir empréstimo compulsório via edição de lei ordinária, mediante delegação expressa e específica da União, feita por meio de decreto legislativo, pois a realização desse evento constitui investimento público de caráter urgente e de relevante interesse nacional.

A: correta, pois a competência tributária do município implica competência plena para legislar sobre seus tributos – art. 6º do CTN. Interessante e correta a observação de que não pode haver vinculação da receita de imposto a despesa específica, ou seja, a lei municipal não pode prever que o aumento do imposto será destinado especificamente à despesa com o evento – art. 167, IV, da CF; B: incorreta, pois somente a União pode instituir contribuições, e a competência tributária é sempre indelegável – art. 149 da CF e art. 7º do CTN; C: incorreta, pois o ISS tem sua alíquota limitada a 5% por disposição do art. 8º da LC 116/2003, nos termos do art. 156, § 3º, I, da CF; D: discutível. A rigor, a CF não prevê imunidade em relação ao ISS sobre exportações, mas sim previsão de isenção heterônoma, ou seja, a ser fixada por lei complementar federal – art. 156, § 3º, II, da CF. Se a União pode, por lei complementar, excluir da incidência do ISS exportações de serviço, é ao menos discutível a possibilidade de autorizar a incidência, também por lei complementar; E: incorreta, pois empréstimo compulsório é da competência exclusiva da União, e a competência tributária é sempre indelegável – art. 148 da CF e art. 7º do CTN.

Gabarito "A".

(Auditor Fiscal – Prefeitura Ilhéus/BA – 2016 – CONSULTEC) Compete ao Município instituir impostos sobre, exceto

(01) propriedade de automotores que circulem na área urbana.
(02) propriedade predial e territorial urbana.
(03) transmissão "intervivos", a qualquer título, por ato oneroso, de bens imóveis, por natureza ou acessão física, e de direitos reais sobre os imóveis, salvo os de garantia, bem como por cessão de direitos à sua aquisição.
(04) vendas a varejo de combustíveis líquidos e gasosos, exceto óleo diesel.
(05) serviços de qualquer natureza, não compreendidos na competência do Estado, definidos em lei complementar.

1: incorreta, pois o IPVA é da competência estadual, independentemente da área de circulação do veículo – art. 155, III, da CF; 2: correta, pois o IPTU é da competência dos municípios – art. 156, I, da CF; 3: correta, pois o ITBI é da competência dos municípios; 4: considerada correta pela banca, mas está incorreta, pois esse imposto foi excluído pela EC 3/1993 – art. 156 da CF; 5: correta, pois o ISS é da competência dos Estados.

Gabarito 1.

(Auditor do Tesouro Municipal/Recife-PE – FGV) Com relação à competência tributária, assinale a afirmativa correta.

(A) Permite que uma pessoa jurídica de direito público delegue a outra a atribuição de executar leis em matéria tributária, conforme a legislação.
(B) Significa que todos os entes políticos que compõem a Federação estão dotados de competência legislativa plena.

(C) Representa o poder que é outorgado pela Constituição Federal para a criação de tributos a todos os entes administrativos de direito público.
(D) Admite a delegação da administração dos tributos, porém não confere ao delegatário as garantias e privilégios do poder delegante.
(E) Autoriza que pessoa jurídica de direito público possa exercer, em caráter residual, a competência conferida a outrem que, entretanto, não a exerce.

A: correta, pois a competência tributária refere-se à competência para legislar (isso é indelegável), não impedindo a atribuição da simples execução dessas lei a outra entidade, nos termos do art. 7º do CTN; B: discutível. De fato, todos os entes políticos detêm competência legislativa plena, compreendida na competência tributária. Na assertiva falta apenas anotar que estão ressalvadas as limitações contidas na própria Constituição Federal, Constituições Estaduais e Leis Orgânicas do Distrito Federal e Municípios, nos exatos termos do art. 6º do CTN; C: incorreta, pois a competência tributária é deferida apenas àqueles que podem legislar (entes políticos com poder legislativo), excluídas as entidades da administração indireta de direito público, por exemplo (autarquias e fundações públicas); D: incorreta, pois a atribuição a outro ente compreende as garantias e privilégios processuais, nos termos do art. 7º, § 1º, do CTN; E: incorreta, pois se houve delegação, ela deve ser revogada (o que pode acontecer a qualquer tempo) para que o ente político volte a exercer as atribuições - art. 7º, § 2º, do CTN.
Gabarito "A".

(Auditor Fiscal/ES – CESPE) O cometimento a pessoa de direito privado, como os bancos, do encargo de arrecadar tributos
(A) constitui ato de delegação de competência, de acordo com a legislação tributária vigente.
(B) constitui delegação da capacidade tributária passiva.
(C) constitui ato legal em que se atribui apenas a capacidade de arrecadar, não cabendo fiscalização ou cobrança do tributo.
(D) não pode ser revogado unilateralmente.
(E) pode ser anulado, e não revogado, visto que a revogação tem de ser feita por mútuo consentimento.

A: incorreta, pois a competência tributária refere-se à competência para legislar, que é indelegável - art. 7º do CTN; B: incorreta, pois a delegação refere-se à capacidade tributária ativa, de quem compõe o polo ativo da obrigação tributária (credor, não devedor); C: correta, nos termos do art. 7º, § 3º, do CTN; D: incorreta, pois a atribuição pode ser revogada, a qualquer tempo, por ato unilateral da pessoa jurídica de direito público que a tenha conferido - art. 7º, § 2º, do CTN; E: incorreta, nos termos do comentário à alternativa anterior.
Gabarito "C".

(Auditor Fiscal Tributário da Receita Municipal/Cuiabá-MT – FGV) O Art. 81 da Lei Orgânica do Município de Cuiabá (LOMC) lista quatro espécies tributárias que, "*atendidos os princípios da Constituição Federal e as normas do Direito Tributário estabelecidos em Lei Complementar Federal, sem prejuízo de outras garantias que a legislação municipal assegura ao contribuinte*", poderão ser instituídos pelo Município.
As espécies tributárias indicadas especificamente no citado dispositivo são
(A) *royalties* pela exploração de minerais, impostos, taxas e contribuição social.
(B) impostos, taxas, contribuição de interesse de categoria profissional e contribuição de melhoria.
(C) impostos, taxas, contribuição de melhoria e contribuição social.
(D) impostos, taxas, empréstimos compulsórios e contribuição de melhoria.
(E) *royalties* pela exploração de minerais, empréstimos compulsórios, contribuição de interesse de categoria profissional e contribuição para custeio de serviços de saúde.

A: incorreta, pois *royalties* não são tributos - art. 145 da CF; B: incorreta, pois as contribuições de interesse de categoria profissional são da competência exclusiva da União – art. 149 da CF; C: correta, pois é a única alternativa que indica tributos da competência municipal – arts. 145 e 149, § 1º, da CF; D: incorreta, pois empréstimos compulsórios são da competência exclusiva da União - art. 148 da CF; E: incorreta, conforme comentários anteriores.
Gabarito "C".

(Auditor Fiscal Tributário da Receita Municipal/Cuiabá-MT – FGV) A redação original da vigente Lei Orgânica do Município de Cuiabá (LOMC) previa, em seu Art. 86, que "*O Município instituirá por lei contribuição social, a ser cobrada de seus servidores, para custeio, em benefício destes, do Sistema Municipal de Previdência e Assistência Social*". Tal redação foi alterada, pois, de fato, continha previsão incompatível com a Constituição da República.

Assinale a afirmativa que a aponta.

(A) Era inconstitucional a exigência de qualquer tipo de contribuição a ser cobrada dos servidores municipais, pois o benefício previdenciário e assistencial lhes era assegurado pelo Município independentemente de qualquer contrapartida financeira por parte deles.
(B) Era inconstitucional a exigência de contribuição dos servidores municipais para custeio do Sistema Municipal de Previdência, pois o benefício previdenciário lhes era assegurado pelo Município independentemente de qualquer contrapartida financeira por parte deles.
(C) Era inconstitucional a exigência de contribuição dos servidores municipais para custeio do Sistema Municipal de Assistência Social, pois o benefício assistencial lhes era assegurado pelo Município independentemente de qualquer contrapartida financeira por parte deles.
(D) Era inconstitucional a exigência de contribuição dos servidores municipais para custeio do Sistema Municipal de Previdência, pois só a União pode instituir contribuição compulsória para custeio do sistema previdenciário.
(E) Era inconstitucional a exigência de contribuição dos servidores municipais para custeio do Sistema Municipal de Assistência Social, pois só a União pode instituir contribuição compulsória para o custeio da Assistência Social.

As contribuições sociais em geral são da competência exclusiva da União, nos termos do art. 149, *caput*, da CF. As únicas contribuições sociais que podem e, na verdade, devem ser instituídas e cobradas por Estados, Distrito Federal e Município são aquelas cobrada de seus servidores, para o custeio, em benefício destes, do regime previdenciário de que trata o art. 40 da CF, cuja alíquota não será inferior à da contribuição dos servidores titulares de cargos efetivos da União, nos termos do art. 149, § 1º, da CF. Também é relevante sabermos que as contribuições são definidas por sua finalidade. Assim, a contribuição

citada na questão é claramente inconstitucional, pois o Município não tem competência para instituir contribuição para custeio de serviços de assistência social (poderia ser algo opcional, não compulsório, jamais um tributo), lembrando que, diferentemente da previdência, a assistência não é contraprestacional, ou seja, mesmo quem não contribui pode ser beneficiado. Por essa razão, a alternativa "E" é a correta.
Gabarito "E".

(Auditor Fiscal Tributário da Receita Municipal/Cuiabá-MT – FGV) Assinale a opção que indica o sujeito ativo dos tributos especificados no Código Tributário do Município de Cuiabá (CTM- Cuiabá – LC municipal 43/1997), competente para lançar, cobrar, arrecadar e fiscalizar os tributos ali especificados.

(A) Procuradoria-Geral do Município de Cuiabá
(B) Secretaria de Fazenda do Município de Cuiabá
(C) Prefeito do Município de Cuiabá
(D) Município de Cuiabá
(E) Câmara de Vereadores do Município de Cuiabá

O sujeito ativo de um tributo, como sujeito de direitos que é, deve ter personalidade jurídica própria. Das alternativas, somente o Município de Cuiabá tem personalidade jurídica própria, de modo que a "D" é a correta.
Gabarito "D".

(Auditor Fiscal Tributário da Receita Municipal/Cuiabá-MT – FGV) O cometimento da função administrativa de arrecadar tributos a pessoas jurídicas de direito privado é

(A) vedado expressamente pela Constituição da República.
(B) vedado expressamente pela Lei Orgânica do Município de Cuiabá.
(C) vedado expressamente pelo CTM-Cuiabá.
(D) admitido expressamente pelo CTM-Cuiabá.
(E) admitido expressamente pela Lei Orgânica do Município de Cuiabá.

A: incorreta, pois não há essa vedação na CF; **B e C:** incorretas. Ainda que não se conheça essas normas locais, é de se presumir que elas não afastariam a norma nacional que permite a delegação – art. 7º do CTN; **D:** correta, nos termos do art. 13 do CTM de Cuiabá; **E:** incorreta, pois não há essa previsão. Destacamos que para escolher entre as alternativas D e E com precisão seria necessário conhecer a legislação local. Mas, fica a dica: como essa norma está no art. 7º do Código Tributário Nacional, tende a ser reproduzida nos códigos estaduais e municipais, e não nas suas constituições e leis orgânicas.
Gabarito "D".

(Auditor do Tesouro Municipal/Recife-PE – FGV) A competência legislativa do Município em matéria tributária é assegurada na Constituição da República Federativa do Brasil. Nesse sentido, de acordo com o estabelecido na Constituição Federal e disciplinado pelo Código Tributário do Município do Recife, certos tributos são de competência municipal, *exceto*

(A) Imposto sobre a Propriedade Predial e Territorial Urbana – IPTU.
(B) Imposto sobre Serviços de Qualquer Natureza –ISS.
(C) Imposto sobre a Transmissão Onerosa *"inter-vivos"* de Bens Imóveis e de Direitos a eles relativos –ITBI.
(D) Contribuição de Melhoria, decorrente de obras públicas.
(E) Imposto sobre Circulação de Mercadorias e Serviços –ICMS.

A, B, C e D: todos esses tributos são da competência municipal, nos termos dos arts. 145 e 156 da CF; **E:** essa é a alternativa a ser apontada, pois o ICMS é tributo estadual – art. 155 da CF.
Gabarito "E".

Veja a seguinte tabela com as competências dos entes políticos em relação aos impostos, para estudo e memorização:

Competência em relação aos impostos		
União	Estados e DF	Municípios e DF
- imposto de importação - imposto de exportação - imposto de renda - IPI - IOF - ITR - Imposto sobre grandes fortunas - Impostos extraordinários - Impostos da competência residual	– ITCMD – ICMS – IPVA	– IPTU – ITBI – ISS

(Auditor Fiscal/ES – CESPE) No que se refere à instituição de contribuição parafiscal, assinale a opção correta.

(A) O Distrito Federal poderá instituir contribuição parafiscal que não seja somente para o custeio do sistema de previdência e assistência social, a ser cobrada de seus servidores.
(B) Empréstimos compulsórios são espécies de contribuições parafiscais.
(C) Compete à União, exclusivamente, instituir contribuições sociais, com exceção do custeio da previdência e assistência social dos servidores públicos das demais unidades da Federação.
(D) Compete aos estados e aos municípios instituir contribuições de intervenção no domínio econômico.
(E) Para instituição de qualquer contribuição parafiscal, no âmbito da União, aplica-se o princípio da anterioridade anual.

A: incorreta, pois a única contribuição social que pode ser instituída por Distrito Federal, Estados e Municípios é aquela do art. 149, § 1º, da CF, cobrada de seus servidores, para o custeio, em benefício destes, do regime previdenciário próprio; **B:** incorreta, pois empréstimo compulsório é tributo específico, que não se confunde com contribuição – art. 148 da CF; **C:** correta, conforme o art. 149 da CF; **D:** incorreta, pois competência tributária para instituição CIDEs é exclusiva da União – art. 149 da CF; **E:** incorreta, pois as contribuições sociais sujeitam-se à anterioridade nonagesimal – art. 195, § 6º, da CF.
Gabarito "C".

(Auditor Fiscal da Receita Federal – ESAF) Sobre competência concorrente da União, Estados, Distrito Federal e Municípios, assinale a opção *incorreta*.

(A) A competência, privativa ou concorrente, para legislar sobre determinada matéria, não implica automaticamente a competência para a instituição de tributos.
(B) Os entes federativos somente podem instituir os impostos e as contribuições que lhes foram expressamente outorgados pela Constituição.
(C) Os Estados-membros podem instituir apenas contribuição que tenha por finalidade o custeio do regime de previdência de seus servidores.

(D) Norma que pretendesse fixar alíquota mínima igual à da contribuição dos servidores titulares de cargos efetivos na União, para a contribuição a ser cobrada pelos Estados, pelo Distrito Federal e pelos Municípios de seus servidores, para o custeio, em benefício destes, do regime previdenciário, seria inconstitucional por contrariar o pacto federativo.

(E) A expressão "regime previdenciário" de seus servidores, a ensejar a instituição de contribuição pelos Estados-membros, não abrange a prestação de serviços médicos, hospitalares, odontológicos e farmacêuticos.

A: correta, pois a competência tributária, relativa à possibilidade de legislar acerca de tributos (art. 153 da CF, por exemplo), é específica, não se confunde, nem é abrangida pela competência para legislar acerca de outras matérias (art. 24 da CF, por exemplo) ou pela competência material, relativa à atuação administrativa do poder público (prestação de serviços, fiscalização etc. – art. 23 da CF, por exemplo); **B:** assertiva correta, pois a competência tributária é definida pela Constituição Federal. É importante ressaltar, entretanto, que a União detém a chamada competência residual, podendo instituir outros impostos além daqueles expressamente previstos pela CF, mas por determinação e nos termos do art. 154, I, da própria Constituição Federal. Ademais, a União pode também instituir outras contribuições sociais, além daquelas previstas expressamente na Constituição, por força do art. 195, § 4.º, da CF; **C:** assertiva correta, pois essa é a única contribuição especial inserida na competência dos Estados – art. 149, § 1.º, da CF; **D:** essa é a incorreta (devendo ser assinalada), pois a alíquota mínima da contribuição para custeio do regime próprio dos servidores estaduais, distritais e municipais deve mesmo ser igual ou superior à alíquota da contribuição dos servidores federais – art. 149, § 1.º, *in fine*, da CF; **E:** correta, pois o art. 149, § 1.º, da CF refere-se apenas a regime previdenciário (a redação anterior à EC 41/2003 era mais ampla, indicando também assistência social), o que implica cobertura de aposentadoria e pensão, mas não "a prestação de serviços médicos, hospitalares, odontológicos e farmacêuticos" (RE 573.540/MG).

Gabarito "D".

(Analista-Tributário da Receita Federal – ESAF) Analise as proposições a seguir e assinale a opção correta.

I. Se a Constituição atribuir à União a competência para instituir certa taxa e determinar que 100% de sua arrecadação pertencerá aos Estados ou ao Distrito Federal, caberá, segundo as regras de competência previstas no Código Tributário Nacional, a essas unidades federativas a competência para regular a arrecadação do tributo.

II. Embora seja indelegável a competência tributária, uma pessoa jurídica de direito público pode atribuir a outra as funções de arrecadar e fiscalizar tributos.

III. É permitido, sem que tal seja considerado delegação de competência, cometer a uma sociedade anônima privada o encargo de arrecadar impostos.

(A) As duas primeiras afirmações são corretas, e errada a outra.
(B) A primeira é correta, sendo erradas as demais.
(C) As três são corretas.
(D) A primeira é errada, sendo corretas as demais.
(E) As três são erradas.

I: incorreta, pois a competência tributária, ou seja, a competência para legislar acerca do tributo, é indelegável – art. 7.º do CTN; **II:** correta, conforme dispõe expressamente o art. 7.º do CTN; **III:** correta, conforme o art. 7.º, § 3.º, do CTN (é o caso da contratação de bancos para simples recebimento de tributos pela rede de agências).

Gabarito "D".

(Auditor Fiscal – São Paulo/SP – FCC) Município *Deixa pra Lá*, não conseguindo, hipoteticamente, exercer sua competência constitucional tributária para instituir o ITBI no seu território, celebrou acordo com o Estado federado em que se localiza, para que esse Estado passasse a exercer, em seu lugar, a competência constitucional para instituir o referido imposto em seu território municipal e, ainda, para que exercesse as funções de fiscalizar e arrecadar esse tributo, recebendo, em contrapartida, um pagamento fixo anual, a título de "retribuição compensatória".

Relativamente a essa situação, o Município Deixa pra Lá

(A) não pode delegar sua competência tributária, nem suas funções de arrecadar e de fiscalizar tributos de sua competência tributária a qualquer outra pessoa jurídica de direito público, mas pode delegar as funções de arrecadação às instituições bancárias públicas e privadas.

(B) pode delegar sua competência tributária e suas funções de arrecadar e de fiscalizar tributos a outra pessoa jurídica de direito público.

(C) não pode delegar sua competência tributária a qualquer outra pessoa jurídica de direito público, embora possa delegar as funções de arrecadar e de fiscalizar tributos de sua competência tributária.

(D) não pode delegar sua competência tributária, nem suas funções de fiscalizar tributos a qualquer outra pessoa jurídica de direito público, embora possa delegar suas funções de arrecadar tributos de sua competência tributária.

(E) não pode delegar sua competência tributária, nem suas funções de arrecadar e de fiscalizar tributos de sua competência tributária a qualquer outra pessoa jurídica de direito público.

A, D e E: incorretas, pois é possível a delegação para o Estado das funções de arrecadação e fiscalização dos tributos, mas não para instituições financeiras (a elas somente é possível cometer o encargo ou a função de arrecadar os tributos) – art. 7.º, *caput* e § 3.º, do CTN; **B:** incorreta, pois a competência tributária, ou seja, a competência para legislar acerca do tributo, é indelegável – art. 7.º do CTN; **C:** correta, conforme o art. 7.º do CTN.

Gabarito "C".

(Auditor Fiscal da Receita Federal – ESAF) Competência tributária é o poder que a Constituição Federal atribui a determinado ente político para que este institua um tributo, descrevendo-lhe a hipótese de incidência, o sujeito ativo, o sujeito passivo, a base de cálculo e a alíquota. Sobre a competência tributária, avalie o acerto das afirmações adiante e marque com (V) as verdadeiras e com (F) as falsas; em seguida, marque a opção correta.

( ) A competência tributária é indelegável, salvo atribuição das funções de arrecadar ou fiscalizar tributos, ou de executar leis, serviços, atos ou decisões administrativas em matéria tributária, conferida por uma pessoa jurídica de direito público a outra.

( ) O não exercício da competência tributária por determinada pessoa política autoriza a União a exercitar tal competência, com base no princípio da isonomia.

( ) A pessoa política que detém a competência tributária para instituir o imposto também é competente para aumentá-lo, diminuí-lo ou mesmo conceder isenções, observados os limites constitucionais e legais.

(A) F, V, F
(B) F, F, V
(C) F, V, V
(D) V, F, V
(E) V, V, V

1ª: assertiva verdadeira, conforme o art. 7º do CTN; 2ª: falsa, pois a competência tributária é sempre privativa – não há possibilidade da União exercê-la no lugar de outra pessoa política; 3ª: verdadeira, já que a competência tributária é ampla – refere-se à possibilidade de instituir, aumentar, diminuir o tributo, conceder benefícios, fixar penalidades e obrigações acessórias.
Gabarito "D".

(Auditor Fiscal da Previdência Social – ESAF) Em relação ao tema competência tributária, é correto afirmar que:

(A) a Constituição atribui à União competência residual para instituir impostos, contribuições para a seguridade social e taxas.
(B) a instituição de empréstimos compulsórios requer lei complementar da União, dos Estados ou do Distrito Federal, conforme competência que a Constituição confere a cada um desses entes da Federação.
(C) para instituir impostos com fundamento na competência residual, é imprescindível, além da competência tributária, veiculação da matéria por lei complementar e observância dos princípios constitucionais da não cumulatividade e da identidade plena com outros impostos discriminados na Constituição, no que se refere a fato gerador e base de cálculo.
(D) somente a União tem competência residual para instituir impostos.
(E) os Estados, o Distrito Federal e os Municípios têm competência para instituir impostos, taxas, contribuição de melhoria e contribuição de intervenção no domínio econômico, que a Constituição lhes reserva.

A: a União detém competência residual em relação a impostos (art. 154, I, da CF) e a contribuições sociais (art. 195, § 4º, da CF), mas não para a instituição de taxas; B: somente a União pode instituir empréstimos compulsórios, por meio de lei complementar federal – art. 148 da CF; C: o imposto da competência residual não pode ter base de cálculo própria de outro já previsto na própria Constituição Federal (art. 154, I, da CF), o que significa que a União não pode invadir a competência tributária de outro ente político; D: art. 154, I, da CF; E: a competência para as contribuições de intervenção no domínio econômico (CIDE) é exclusiva da União – art. 149 da CF.
Gabarito "D".

(Técnico da Receita Federal – ESAF) Assinale a opção correta.

(A) O sistema tributário nacional é regido pelo disposto na Constituição Federal de 1988, em leis complementares, em resoluções do Congresso Nacional e, nos limites das respectivas competências, em leis federais, nas Constituições e em leis estaduais, e em leis municipais.
(B) O sistema tributário federal é regido pelo disposto na Constituição Federal de 1988, em leis complementares, em resoluções do Congresso Nacional e, nos limites das respectivas competências, em leis federais, nas Constituições e em leis estaduais, e em leis municipais.
(C) O sistema tributário nacional é regido pelo disposto na Constituição Federal de 1988, em leis complementares, em resoluções do Senado e, nos limites das respectivas competências, em leis federais, nas Constituições e em leis estaduais, e em leis municipais.
(D) O sistema tributário federal é regido pelo disposto na Constituição Federal de 1988, em leis complementares, em resoluções do Senado e, nos limites das respectivas competências, pela legislação tributária federal, estadual, e pelas leis municipais.
(E) O sistema tributário nacional é regido pelo disposto na Constituição Federal de 1988, em leis complementares, e, nos limites das respectivas competências, em leis federais, em resoluções do Senado, nas Constituições, em leis estaduais e em resoluções do CONFAZ e em leis municipais.

A, B e E: não há previsão de resoluções do Congresso Nacional ou do CONFAZ para regular o Sistema Tributário Nacional. O art. 2º do CTN faz referência a resoluções do Senado; C: a assertiva reflete o disposto no art. 2º do CTN; D: o art. 2º do CTN faz referência às Constituições Estaduais, o que não aparece na alternativa.
Gabarito "C".

(Técnico da Receita Federal – ESAF) Verifique os quadros abaixo e relacione cada uma das alíneas do primeiro quadro com uma das alternativas do segundo e assinale a opção correta.

V. Imposto sobre transmissão causa mortis e doação, de quaisquer bens ou direitos.
W. Imposto sobre a propriedade de veículos automotores nos Territórios Federais.
X. Imposto não previsto no art. 153 da Constituição Federal, criado por Lei Complementar.
Y. Taxa em razão do exercício do poder de polícia.
Z. Imposto sobre transmissão inter vivos, por ato oneroso, de bens imóveis.
1. Tributo da competência privativa da União.
2. Tributo da competência privativa dos Municípios.
3. Tributo da competência comum.
4. Tributo da competência residual da União.
5. Tributo da competência privativa dos Estados e do Distrito Federal.

(A) V1 W3 X5 Y2 Z4
(B) V5 W1 X4 Y3 Z2
(C) V2 W4 X3 Y1 Z5
(D) V3 W5 X2 Y4 Z1
(E) V4 W2 X1 Y5 Z3

V: o ITCMD é tributo estadual – art. 155, I, da CF; W: nos Territórios Federais (caso voltem a existir) a competência relativa a tributos estaduais (como o IPVA) é da União – art. 147 da CF; X: a União detém a chamada competência residual – art. 154, I, da CF; Y: as taxas, assim como as contribuições de melhoria, podem ser instituídas por todos os entes políticos, em relação aos respectivos serviços prestados e ao poder de polícia exercido. É a chamada competência comum – art. 145, II e III, da CF; Z: o ITBI é tributo municipal – art. 156, II, da CF.
Gabarito "B".

(Auditor Fiscal da Receita Federal – ESAF) Responda às perguntas:

Aos estados, ao Distrito Federal e aos municípios compete instituir contribuições de intervenção no domínio econômico e de interesse das categorias profissionais ou econômicas, desde que para o custeio, em benefício dos respectivos sujeitos passivos, e no âmbito territorial do ente tributante?

A Contribuição de Intervenção no Domínio Econômico incidente sobre a importação e a comercialização de petróleo e seus derivados, gás natural e seus derivados, e álcool etílico combustível (CIDE) foi instituída pela União com a finalidade de financiamento de projetos de proteção ao meio ambiente, ao consumidor, a bens e direitos de valor artístico, estético, histórico, turístico e paisagístico?

Compete aos municípios o imposto sobre a cessão, a título oneroso, de direitos à aquisição, por ato oneroso, de bens imóveis, por natureza ou acessão física, e de direitos reais sobre imóveis?

(A) Não, não, sim
(B) Não, não, não
(C) Sim, sim, sim
(D) Não, sim, sim
(E) Não, sim, não

1ª: a competência para as contribuições de intervenção no domínio econômico (CIDE) e para as contribuições de interesse de categorias profissionais ou econômicas é privativa da União – art. 149 da CF; 2ª: a CIDE sobre combustíveis financia subsídios e projetos ambientais relacionados à indústria de combustíveis, e programas de infraestrutura em transportes, nos termos do art. 177, § 4º, II, da CF; 3ª: o ITBI é tributo municipal – art. 156, II, da CF.
Gabarito "A".

(Auditor Fiscal da Receita Federal– ESAF) Leia o texto, preencha as lacunas e escolha, em seguida, a opção que contém a sequência em que foram preenchidas.

O Tribunal Regional Federal da 2ª Região julgou interessante questão sobre a competência para cobrar imposto de renda descontado na fonte sobre vencimentos de vereadores. Como você julgaria?

O imposto de renda incidente sobre rendimentos pagos a servidores municipais, descontado na fonte, pertence ____[i]____. Caberá ____[ii]____ exigi-lo, faltando ____[iii]____ capacidade ativa para fazê-lo. Quanto às parcelas do vencimento que os servidores julgam isentas ou imunes a tributação, contra o entendimento da Receita Federal, e por isso excluídas das respectivas declarações, competente para exigi-las é ____[iv]____.

(A) [i] à União...[ii] a ela...[iii] ao Município...[iv] a União
(B) [i] à União ...[ii] ao Município...[iii] à União...[iv] o Município
(C) [i] ao próprio Município ...[ii] a ele...[iii] à União... [iv] o Município
(D) [i] ao próprio Município ...[ii] a ele...[iii] à União... [iv] a União
(E) [i] ao próprio Município ...[ii] à União ...[iii] ao Município, caso não tenha descontado na fonte, ... [iv] a União

i: o IR retido na fonte pertence ao próprio Município – art. 158, I, da CF; ii, iii e iv: a capacidade tributária ativa, assim como a competência, é da União.
Gabarito "E".

(Auditor Fiscal da Receita Federal – ESAF) Assinale a assertiva incorreta.

(A) No âmbito da legislação concorrente, a competência da União limitar-se-á a estabelecer normas gerais.
(B) A competência da União para legislar sobre normas gerais não exclui a competência suplementar dos Estados.
(C) Não existindo lei federal sobre normas gerais, os Estados exercerão a competência legislativa plena, para atender a suas peculiaridades.
(D) A superveniência de lei federal sobre normas gerais suspende a eficácia da lei estadual, no que lhe for contrário.
(E) A Constituição não prevê as normas de direito tributário como pertencendo ao âmbito da legislação concorrente.

A, B e E: art. 24, I, e § 2º, da CF – a competência é concorrente, cabendo à União estabelecer normas gerais e, aos Estados, suplementá-las; **C:** Se não houver lei federal sobre normas gerais, os Estados exercem a competência legislativa plena, para atender a suas peculiaridades – art. 24, § 3º, da CF; **D:** a superveniência da lei federal suspende a eficácia da norma estadual, no que lhe for contrário – art. 24, § 4º, da CF.
Gabarito "E".

(Auditor Fiscal da Receita Federal – ESAF) Observe os quadros abaixo e procure relacionar cada uma das alíneas do primeiro quadro com as do segundo. Atente para a possibilidade de haver mais de uma vinculação possível, isto é, mais de uma alínea pode estar vinculada a um mesmo ente tributante ou vice-versa.

(1º quadro)

Estas competências...
v) instituir taxas, em razão do exercício do poder de polícia ou pela utilização, efetiva ou potencial, de serviços públicos específicos e divisíveis, prestados ao contribuinte ou postos a sua disposição;
w) dispor sobre conflitos de competência, em matéria tributária, entre as pessoas políticas;
x) estabelecer normas gerais em matéria de legislação tributária, especialmente sobre obrigação, lançamento, crédito, prescrição e decadência tributários;
y) legislar sobre impostos municipais;
z) instituir contribuições de seguridade social, mas apenas para seus servidores, destinadas ao custeio, em benefício destes, de sistemas de previdência e assistência social.

(2º quadro)

... a Constituição atribuiu aos seguintes entes:
1 – à União.
2 – aos Municípios e ao Distrito Federal ou, excepcionalmente, à União.
3 – aos Municípios, aos Estados, ao Distrito Federal e à União.
4 – ao Distrito Federal e aos Estados.
5 – aos Estados, ao Distrito Federal e aos Municípios.

É (são) errada(s) a(s) seguinte(s) vinculação(ções):

(A) v1, v2 e v4
(B) w1
(C) x1

(D) z5
(E) y3

v: as taxas podem ser instituídas e cobradas por todos os entes políticos (União, Estados, DF e Municípios), em relação aos serviços por eles prestados e ao poder de polícia exercido. Trata-se da chamada competência comum, prevista no art. 145, II, da CF; w: compete ao Congresso Nacional produzir normas que dirimam conflitos de competência, por meio de leis complementares, conforme o art. 146, I, da CF; x: compete ao Congresso Nacional produzir normas gerais em matéria de legislação tributária, por meio de leis complementares, conforme o art. 146, III, da CF; y: somente os Municípios podem legislar sobre tributos municipais (= privatividade da competência tributária), com exceção das normas nacionais previstas pelo art. 146 da CF (produzidas pelo Congresso Nacional).

Gabarito "E".

2. PRINCÍPIOS

(Auditor Fiscal Tributário Municipal – Prefeitura Cuiabá – 2016 – FGV) A União Federal estabeleceu, por meio de lei ordinária, alíquotas progressivas aplicáveis ao Imposto sobre a Renda das Pessoas Físicas (IRPF).

Segundo a referida lei ordinária, sobre a renda dos contribuintes localizados nos Estados da região Sudeste, incidiria a alíquota máxima de 10% (dez por cento) e, sobre a renda dos contribuintes localizados no restante do país, incidiria a alíquota máxima de 20% (vinte por cento).

Assinale a opção que indica o princípio constitucional violado na hipótese apresentada.

(A) Legalidade, uma vez que competiria à lei complementar a fixação de alíquotas do IRPF.
(B) Capacidade contributiva, no que se refere à alíquota máxima de 20%, pois a referida legislação afetaria de maneira desproporcional a renda do contribuinte.
(C) Uniformidade geográfica da tributação, visto que a legislação fixaria alíquotas diversas no território nacional.
(D) Não confisco, uma vez que a União está utilizando o IRPF com fins confiscatórios.
(E) Imunidade tributária recíproca, uma vez que os contribuintes dos Estados da região Sudeste irão pagar menos tributos que os demais Estados da Federação.

A: incorreta, pois foi observada formalmente a reserva legal, ou seja, a majoração foi feita por lei – art. 150, I, da CF; B: incorreta, pois não se considera alíquota de 20% para o tributo sobre a renda confiscatória ou violadora da capacidade contributiva, lembrando que hoje a alíquota máxima de IR para pessoas físicas é de 27,5%; C: correta, pois não é possível diferenciar alíquotas do IR em relação ao território nacional – art. 150, II, e 151, I, da CF; D: incorreta, conforme comentário à alternativa "B"; E: incorreta, pois a imunidade recíproca afasta a possibilidade de tributação em relação aos entes políticos, não aos cidadãos – art. 150, VI, a, da CF.

Gabarito "C".

(Auditor Fiscal da Receita Municipal – Prefeitura Teresina/PI – 2016 – FCC) Determinado Município brasileiro decidiu adotar as seguintes medidas, no exercício de 2014: (I) lançou e promoveu a cobrança do IPTU em relação ao terreno em que se localiza um cemitério que é comprovadamente extensão de entidade de cunho religioso, e cuja doutrina não aceita o sepultamento dos fiéis falecidos em cemitérios que não sejam esses; (II) concedeu isenção desse mesmo imposto a um grupo limitado de munícipes, exclusivamente em razão de sua condição de servidores públicos municipais; (III) editou decreto, no mês de novembro de 2014, para vigorar a partir do exercício seguinte, majorando a base de cálculo do IPTU, redundando esse fato, inclusive, em aumento superior à variação dos índices oficiais de inflação.

Considerando as limitações ao poder de tributar, arroladas no texto da Constituição Federal, a medida

(A) III violou o princípio da anterioridade.
(B) II violou o princípio da isonomia tributária.
(C) I não violou qualquer regra constitucional limitadora do poder de tributar.
(D) III violou o princípio da anterioridade nonagesimal (noventena).
(E) II não violou qualquer regra constitucional limitadora do poder de tributar, mas a medida I violou o princípio da irretroatividade.

A: incorreta, pois a majoração da base de cálculo do IPTU sujeita-se apenas à anterioridade anual, não à nonagesimal – art. 150, § 1º, da CF; B: correta, pois não é possível diferenciar a tributação com base na ocupação profissional ou função exercida – art. 150, II, da CF; C: incorreta, pois houve ofensa à imunidade aos templos de qualquer culto que, segundo jurisprudência do STF, estende-se aos cemitérios vinculados às religiões; D: incorreta, pois a majoração da base de cálculo do IPTU sujeita-se apenas à anterioridade anual, não à nonagesimal – art. 150, § 1º, da CF; E: incorreta, pois II violou o princípio da isonomia, conforme comentário à alternativa "B", e I desafiou a imunidade dos templos, conforme comentário à alternativa "C".

Gabarito "B".

(Auditor Fiscal da Receita Federal – ESAF) Sobre o entendimento do STF acerca da vedação da utilização, por parte da União, Estados, Distrito Federal e Municípios, dos tributos com efeitos de confisco, pode-se afirmar que:

(A) por veicular um conceito jurídico indeterminado, e não havendo diretriz objetiva e genérica, aplicável a todas as circunstâncias, é permitido aos Tribunais que procedam à avaliação dos excessos eventualmente praticados pelo Estado, com apoio no prudente critério do Juiz.
(B) a chamada 'multa moratória', que tem por objetivo sancionar o contribuinte que não cumpre suas obrigações tributárias, prestigiando a conduta daqueles que pagam em dia seus tributos aos cofres públicos, não possui caráter confiscatório, independentemente de seu importe.
(C) o isolado aumento da alíquota do tributo em dez pontos percentuais é suficiente para comprovar seu efeito de confisco.
(D) não é cabível, em sede de controle normativo abstrato, a possibilidade de o Supremo Tribunal Federal examinar se determinado tributo ofende, ou não, o princípio constitucional da não confiscatoriedade.
(E) leis estaduais que estipulam margens mínima e máxima das custas, dos emolumentos e da taxa judiciária e realizam uma disciplina progressiva das alíquotas – somente sendo devido o pagamento dos valores elevados para as causas que envolvam considerável vulto econômico – configuram ofensa ao princípio constitucional do não confisco.

A: correta – ver ADI 2010 MC/DF; B: incorreta, pois multas demasiadamente onerosas violam o princípio do não confisco – ver ADI 1075 MC/DF; C: incorreta. Ver a ADI 2010 MC/DF: "A identificação do efeito confiscatório deve ser feita em função da totalidade da carga tributária, mediante verificação da capacidade de que dispõe o contribuinte – considerado o montante de sua riqueza (renda e capital) – para suportar e sofrer a incidência de todos os tributos que ele deverá pagar, dentro de determinado período, à mesma pessoa política que os houver instituído (a União Federal, no caso), condicionando-se, ainda, a aferição do grau de insuportabilidade econômico-financeira, à observância, pelo legislador, de padrões de razoabilidade destinados a neutralizar excessos de ordem fiscal eventualmente praticados pelo Poder Público. Resulta configurado o caráter confiscatório de determinado tributo, sempre que o efeito cumulativo – resultante das múltiplas incidências tributárias estabelecidas pela mesma entidade estatal – afetar, substancialmente, de maneira irrazoável, o patrimônio e/ou os rendimentos do contribuinte"; **D:** incorreta, conforme precedentes citados nos comentários anteriores; **E:** incorreta, pois havendo correlação com a base de cálculo, não há efeito confiscatório.

Gabarito "A".

(Auditor Fiscal da Receita Federal – ESAF) Sobre a extrafiscalidade, julgue os itens a seguir, classificando-os como certos ou errados. Em seguida, assinale a opção correta.

I. Na medida em que se pode, através do manejo das alíquotas do imposto de importação, onerar mais ou menos o ingresso de mercadorias estrangeiras no território nacional, até o ponto de inviabilizar economicamente determinadas operações, revela-se o potencial de tal instrumento tributário na condução e no controle do comércio exterior.

II. Por meio da tributação extrafiscal, não pode o Estado intervir sobre o domínio econômico, manipulando ou orientando o comportamento dos destinatários da norma a fim de que adotem condutas condizentes com os objetivos estatais.

III. A extrafiscalidade em sentido próprio engloba as normas jurídico-fiscais de tributação (impostos e agravamento de impostos) e de não tributação (benefícios fiscais).

IV. Não existe, porém, entidade tributária que se possa dizer pura, no sentido de realizar tão somente a fiscalidade ou a extrafiscalidade. Os dois objetivos convivem, harmônicos, na mesma figura impositiva, sendo apenas lícito verificar que, por vezes, um predomina sobre o outro.

(A) Apenas I, II e IV estão corretas.
(B) Apenas I e IV estão corretas.
(C) Apenas II e IV estão corretas.
(D) Apenas I, III e IV estão corretas.
(E) Todas as alternativas estão corretas.

I: correta, pois a assertiva indica a função extrafiscal desse tributo, influenciando os preços no mercado e as decisões dos contribuintes; II: incorreta, pois esse é exatamente o legítimo exercício da função extrafiscal de determinados tributos; III: correta, pois, em regra, a extrafiscalidade se refere preponderantemente à cobrança de impostos; IV: correta, pois todo tributo possui essas duas funções, com pesos variáveis.

Gabarito "D".

(Auditor Fiscal da Receita Federal – ESAF) Sobre o princípio constitucional da solidariedade, próprio do direito previdenciário, julgue os itens a seguir, classificando--os como certos ou errados. Em seguida, assinale a opção correta.

I. A solidariedade é a justificativa elementar para a compulsoriedade do sistema previdenciário, pois os trabalhadores são coagidos a contribuir em razão da cotização individual ser necessária para a manutenção de toda a rede protetiva, e não para a tutela do indivíduo, isoladamente considerado.

II. A solidariedade é pressuposto para a ação cooperativa da sociedade, sendo essa condição fundamental para a materialização do bem-estar social, com a necessária redução das desigualdades sociais.

III. É a solidariedade que justifica a cobrança de contribuições pelo aposentado que volta a trabalhar.

IV. A solidariedade impede a adoção de um sistema de capitalização pura em todos os segmentos da previdência social.

(A) Apenas I está correta.
(B) Apenas I e II estão corretas.
(C) Apenas I, II e III estão corretas.
(D) Apenas II e III estão corretas.
(E) Todos os itens estão corretos.

I: correta, pois esse é princípio basilar da seguridade social; II: correta, conforme comentário anterior; III: correta, pois, nesse caso, não há relação de contraprestação (não se contribui para receber pessoalmente benefício em troca), mas apenas de colaboração com o sistema de seguridade social; IV: correta, pois esse sistema seria estritamente retributivo ou contraprestativo, como poupanças individuais em benefício de cada contribuinte, o que não protegeria, por exemplo, o trabalhador que sofresse um acidente que o invalidasse ainda jovem.

Gabarito "E".

(Auditor Fiscal Tributário da Receita Municipal/Cuiabá-MT – FGV) As opções a seguir apresentam princípios expressamente albergados na Constituição da República aprovada em 1988, à exceção de uma. Assinale-a.

(A) Princípio da Legalidade
(B) Princípio da Isonomia
(C) Princípio da Irretroatividade
(D) Princípio da Anterioridade
(E) Princípio da Anualidade

A: correta – art. 150, I, da CF; **B:** correta – art. 150, II, da CF; **C:** correta – 150, III, a, da CF; **D:** correta – 150, III, b e c, da CF; **E:** incorreta, devendo ser apontada, pois o antigo princípio da anualidade se referia à exigência de prévia previsão na lei orçamentária anual como pressuposto para a cobrança de tributos, o que não foi recepcionado pela atual Constituição.

Gabarito "E".

(Auditor Fiscal/MA – FGV) A respeito das *limitações constitucionais ao poder de tributar* do Sistema Tributário Nacional, analise as afirmativas a seguir.

I. Pelo princípio da legalidade somente a Constituição Federal pode criar e majorar tributos.

II. Pelo princípio da legalidade tributária só lei em sentido estrito pode criar tributo novo.

III. A lei complementar só de forma excepcional é utilizada para criar tributos.

IV. A iniciativa da lei tributária, sempre privativa, é reflexo do princípio da legalidade.

Assinale:
(A) se somente as afirmativas I e II estiverem corretas.
(B) se somente as afirmativas II e III estiverem corretas.
(C) se somente as afirmativas I e III estiverem corretas.
(D) se somente as afirmativas II e IV estiverem corretas.
(E) se somente as afirmativas III e IV estiverem corretas.

I: incorreta, pois o princípio da legalidade refere-se à exigência de lei do respectivo ente competente (em regra lei ordinária) para a instituição e alteração dos tributos – art. 150, I, da CF; **II:** correta, sendo entretanto relevante lembrar que, em princípio, tributos podem ser instituídos e modificados por medidas provisórias e leis delegadas com força de lei ordinária; **III:** correta, sendo exigida lei complementar apenas para determinados tributos federais; **IV:** incorreta. Embora haja discussão em relação a ser privativa do chefe do executivo a iniciativa para leis tributárias, isso não decorre do princípio da legalidade.

Gabarito "B".

(Auditor Fiscal da Receita Federal – ESAF) Parte significativa da doutrina entende que os princípios da legalidade e da anterioridade tributária constituem regras concretizadoras da segurança jurídica. Sobre os conteúdos desta, no direito tributário, analise os itens a seguir, classificando-os como corretos ou incorretos, para, a seguir, assinalar a assertiva que corresponda à sua opção.

I. Certeza do direito, segundo a qual a instituição e a majoração de tributos obedecem aos postulados da legalidade, da irretroatividade e das anterioridades de exercício e nonagesimais mínima e especial, demonstrando a garantia adicional que representam para o contribuinte se comparadas ao princípio geral da legalidade e às garantias de proteção ao direito adquirido, ato jurídico perfeito e coisa julgada.
II. Intangibilidade das posições jurídicas, o que se vislumbra, por exemplo, com o estabelecimento de prazos decadenciais e prescricionais a correrem contra o Fisco.
III. Estabilidade das relações jurídicas, por exemplo, no que diz respeito à consideração da formalização de um parcelamento de dívida como ato jurídico perfeito a vincular o contribuinte e o ente tributante.
IV. Confiança no tráfego jurídico, segundo o qual o contribuinte não pode ser penalizado se agir em obediência às normas complementares das leis e dos decretos.
V. Tutela jurisdicional, que se materializa pela ampla gama de instrumentos processuais colocados à disposição do contribuinte para o questionamento de créditos tributários, tanto na esfera administrativa como na esfera judicial.

Estão corretos apenas os itens:

(A) I, III e IV.
(B) II, III e IV.
(C) I, IV e V.
(D) III, IV e V.
(E) todos os itens estão corretos.

I: correta, indicando adequadamente a natureza especial dos princípios tributários atinentes à segurança jurídica (ver art. 150 da CF, principalmente, em relação aos princípios e garantias gerais apontadas no art. 5.º da CF); **II:** incorreta, pois não se pode afirmar que há intangibilidade, já que os prazos decadencial e prescricional podem ser alterados por lei complementar federal – art. 146, III, b, da CF; **III:** questionável, pois a formalização do parcelamento não impede a exclusão do contribuinte do benefício, em caso de descumprimento das normas aplicáveis – art. 155 c/c art. 155-A, § 2.º, do CTN; **IV:** adequada, conforme o art. 100, parágrafo único, do CTN; **V:** correta, pois a tutela jurisdicional é garantia última da segurança jurídica – art. 5.º, XXXV, da CF.

Gabarito "C".

(Auditor Fiscal da Receita Federal – ESAF) A Constituição Federal de 1988 veda aos entes tributantes instituir tratamento desigual entre contribuintes que se encontrem em situação equivalente, proibida qualquer distinção em razão de ocupação profissional ou função por eles exercida, independentemente da denominação jurídica dos rendimentos, títulos ou direitos. Considerando decisões emanadas do STF sobre o tema, assinale a opção incorreta.

(A) A exclusão do arrendamento mercantil do campo de aplicação do regime de admissão temporária não constitui violação ao princípio da isonomia tributária.
(B) A progressividade da alíquota, que resulta do rateio do custo da iluminação pública entre os consumidores de energia elétrica, não afronta o princípio da isonomia.
(C) A sobrecarga imposta aos bancos comerciais e às entidades financeiras, no tocante à contribuição previdenciária sobre a folha de salários, fere o princípio da isonomia tributária.
(D) Lei complementar estadual que isenta os membros do Ministério Público do pagamento de custas judiciais, notariais, cartorárias e quaisquer taxas ou emolumentos fere o princípio da isonomia.
(E) Não há ofensa ao princípio da isonomia tributária se a lei, por motivos extrafiscais, imprime tratamento desigual a microempresas e empresas de pequeno porte de capacidade contributiva distinta, afastando do regime do simples aquelas cujos sócios têm condição de disputar o mercado de trabalho sem assistência do Estado.

A: correta, pois o STF ratificou a disposição do art. 17 da Lei 6.099/1974, excluindo arrendamento mercantil do regime de admissão temporária – ver RE 429.306/PR; **B:** correta, pois o STF admite a progressividade na contribuição para custeio do serviço de iluminação pública – ver RE 573.675/SC; **C:** incorreta, pois o STF ratificou o adicional previsto no art. 22, § 1.º, da Lei 8.212/1991 – ver AC 1.109 MC/SP; **D:** correta, pois tal norma violaria o princípio da isonomia – ver ADIn 3.260/RN. É importante salientar que a decisão do STF refere-se à lei que isentava os membros do Ministério Público, inclusive os inativos (não era benefício em favor da instituição, mas das pessoas naturais); **E:** correta, pois esse é o entendimento do STF – ver ADIn 1.643/UF.

Gabarito "C".

(Analista-Tributário da Receita Federal – ESAF) Responda às perguntas abaixo e em seguida assinale a opção correta.

I. É vedado à União, aos Estados, ao Distrito Federal e aos Municípios cobrar imposto sobre o patrimônio, a renda ou os serviços uns dos outros. Isso, em tese, impede à lei de um Município atribuir à União a condição de responsável pela retenção na fonte do imposto sobre serviços?
II. Para combater o tráfego de gado infectado de uma região para outra, pode o Estado impor tributos interestaduais ou intermunicipais?
III. Atende ao princípio da anterioridade a majoração de um imposto no dia 2 de dezembro de um ano, para ser cobrado no exercício seguinte?

(A) Sim, não e não.
(B) Sim, sim e sim.
(C) Não, não e sim.
(D) Não, sim e não.
(E) Não, não e não.

I: não, pois a imunidade recíproca não afasta a responsabilidade por retenção na fonte (o ônus econômico não é suportado pela entidade imune, mas por terceiro) – art. 9.º, § 1.º, do CTN; **II:** não, pois a tributação não se presta a essa função. É expressamente vedado o estabelecimento de limitações ao tráfego de pessoas ou bens, por meio de tributos interestaduais ou intermunicipais, ressalvada a cobrança de pedágio pela utilização de vias conservadas pelo Poder Público – art. 150, V, da CF; **III:** em termos; a exigência atende à anterioridade anual ou do exercício (art. 150, III, *b*, da CF), mas não necessariamente à anterioridade nonagesimal, que exige lapso mínimo de 90 dias entre a publicação da lei e a cobrança (art. 150, III, *c*, da CF). Por essas razões, a alternativa "C" é a melhor, embora possa haver discussão quanto à "E", por conta da assertiva "III".

Gabarito "C".

(Auditor Fiscal da Receita Federal – ESAF) Entre as limitações constitucionais ao poder de tributar, que constituem garantias dos contribuintes em relação ao fisco, é incorreto afirmar que:

(A) os impostos sobre o patrimônio podem ser confiscatórios, quando considerados em sua perspectiva estática.
(B) uma alíquota do imposto sobre produtos industrializados de 150%, por exemplo, não significa necessariamente confisco.
(C) o imposto de transmissão *causa mortis*, na sua perspectiva dinâmica, pode ser confiscatório.
(D) o princípio do não confisco ajuda a dimensionar o alcance do princípio da progressividade, já que exige equilíbrio, moderação e medida na quantificação dos tributos.
(E) a identificação do efeito confiscatório não deve ser feita em função da totalidade da carga tributária, mas sim em cada tributo isoladamente.

O princípio de vedação do confisco busca impedir a supressão da propriedade, garantida constitucionalmente, e da própria capacidade econômica do contribuinte. É mais facilmente visualizado em relação aos tributos que incidem sobre a renda e o patrimônio (estaticamente considerado, caso do ITR, do IPVA e do IPTU, por exemplo; ou dinamicamente, em relação às transferências, caso do ITCMD e do ITBI, por exemplo). Imagine a cobrança de IPTU em 50% ao ano ou de imposto de renda a 95% sobre o salário-mínimo: ninguém discutiria tratar-se de confisco e, portanto, de exigência inconstitucional. Entretanto, no caso dos tributos incidentes sobre a produção e a circulação de bens e serviços, essa visualização é bem mais difícil, especialmente nos casos dos impostos com alíquotas seletivas em função da essencialidade (IPI e ICMS) ou aqueles de carga fortemente extrafiscal (IPI, II, IE, e IOF, por exemplo). Nesses casos, não há nítida redução do bem diretamente tributado, mas sim oneração do consumidor. Nesse sentido, não é confiscatório a cobrança de imposto de importação com alíquota de 50% para bens supérfluos (perfumes de luxo) ou IPI de 150% sobre cigarros, por exemplo. Por essas razões, as assertivas A, B e C estão corretas. A assertiva D também é verdadeira, pois o princípio do não confisco acaba sendo diretriz para o legislador, que o orienta na quantificação dos tributos. A alternativa E é a melhor, até por exclusão das demais. Entende-se que o princípio de vedação do confisco deve ser analisado em relação a cada tributo, mas isso não significa (aí está o erro) que a identificação do efeito confiscatório **não deva** ser feita em função da totalidade da carga tributária, que é, sem dúvida, uma variável relevante para a interpretação.

Gabarito "E".

(Auditor Fiscal da Receita Federal – ESAF) A Constituição da República veda a cobrança de tributos no mesmo exercício financeiro em que haja sido publicada a lei que os instituiu ou aumentou. Trata-se do princípio da anterioridade tributária, que, contudo, encontra na própria Constituição algumas exceções. Assinale, a seguir, a modalidade tributária em que só pode ser exigido o tributo no exercício seguinte ao de sua instituição ou majoração:

(A) Imposto sobre operações de crédito, câmbio e seguro, ou relativas a títulos ou valores mobiliários.
(B) Imposto sobre produtos industrializados.
(C) Empréstimo compulsório para atender a investimento público urgente e relevante.
(D) Empréstimo compulsório por motivo de guerra externa ou de calamidade pública.
(E) Imposto sobre exportação, para o exterior, de produtos nacionais ou nacionalizados.

Art. 150, § 1º, da CF: o IOF (A), o IPI (B), o empréstimo compulsório para atender a despesas extraordinárias (guerra ou calamidade) – (D) e o IE (E) são exceções ao princípio da anterioridade; **C:** o empréstimo compulsório para atender a investimentos públicos urgentes e de relevante interesse nacional submete-se ao princípio da anterioridade.

Gabarito "C".

Veja a seguinte tabela, para memorização:

Exceções à anterioridade anual (art. 150, III, b, da CF)	Exceções à anterioridade nonagesimal (art. 150, III, c, da CF)
– empréstimo compulsório para atender a despesas extraordinárias decorrentes de calamidade pública ou de guerra externa ou sua iminência (art. 148, I, in fine, da CF, em sentido contrário);	– empréstimo compulsório para atender a despesas extraordinárias decorrentes de calamidade pública ou de guerra externa ou sua iminência (art. 148, I, in fine, da CF, em sentido contrário – entendimento doutrinário);
– imposto de importação (art. 150, § 1º, da CF); – imposto de exportação (art. 150, § 1º, da CF); – IPI (art. 150, § 1º, da CF); – IOF (art. 150, § 1º, da CF); – impostos extraordinários na iminência ou no caso de guerra externa (art. 150, § 1º, da CF); – restabelecimento das alíquotas do ICMS sobre combustíveis e lubrificantes (art. 155, § 4º, IV, c, da CF); – restabelecimento da alíquota da CIDE sobre combustíveis (art. 177, § 4º, I, b, da CF); – contribuições sociais (art. 195, § 6º, da CF).	– imposto de importação (art. 150, § 1º, da CF); – imposto de exportação (art. 150, § 1º, da CF); – IR (art. 150, § 1º, da CF); – IOF (art. 150, § 1º, da CF); – impostos extraordinários na iminência ou no caso de guerra externa (art. 150, § 1º, da CF); – fixação da base de cálculo do IPVA (art. 150, § 1º, da CF); – fixação da base de cálculo do IPTU (art. 150, § 1º, da CF);

(Auditor Fiscal da Receita Federal – ESAF) Ainda que atendidas as condições e os limites estabelecidos em lei, é vedado ao Poder Executivo alterar as alíquotas do imposto sobre

(A) importação de produtos estrangeiros.
(B) exportação, para o exterior, de produtos nacionais ou nacionalizados.
(C) propriedade territorial rural.
(D) operações de crédito, câmbio e seguro, ou relativas a títulos ou valores mobiliários.
(E) produtos industrializados.

O Executivo, observadas as condições e os limites legais, pode alterar as alíquotas do II (A), do IE (B), do IOF (D) e do IPI (E) – art. 153, § 1º, da CF; **C:** as alíquotas do ITR não podem ser alteradas pelo Executivo.

Gabarito "C".

(Auditor Fiscal da Receita Federal – ESAF) Avalie o acerto das afirmações adiante e marque com V as verdadeiras e com F as falsas; em seguida, marque a opção correta.

( ) O princípio da anterioridade tributária não pode ser afastado por meio de emenda constitucional, ainda que em relação a um imposto determinado, não constante da enumeração excetuada no próprio texto constitucional original.
( ) O princípio da irretroatividade protege de alterações a tributação dos lucros apurados no período-base a ser encerrado em data futura.
( ) É inconstitucional a cobrança de imposto sobre movimentação financeira que atinja indiscriminadamente todas as aplicações, no ponto em que atinja as realizadas por Estados e Municípios, por exemplo (imunidade recíproca), sendo portanto inválido o § 2º do art. 2º da Emenda Constitucional nº 3, de 18 de março de 1993.

(A) V, V, V
(B) V, V, F
(C) V, F, V
(D) F, F, F
(E) F, V, F

1ª e 3ª: o STF ratificou esse entendimento ao julgar o caso do antigo IPMF – ver ADI 939/DF; 2ª: o STF entende que as majorações do IR durante o ano-base aplicam-se ao fato gerador que ocorrerá (ou concluir-se-á) apenas em 31 de dezembro – ver RE 250. 521/SP-STF.
Gabarito "C".

(Auditor Fiscal da Receita Federal – ESAF) É lícito ao ente tributante

(A) instituir distinção em razão de ocupação profissional ou função exercida pelo contribuinte, desde que prevista em lei adequada denominação jurídica dos rendimentos, títulos ou direitos.
(B) cobrar tributos em relação a fatos geradores ocorridos antes do início da vigência da norma jurídica que os houver instituído ou aumentado, desde que expressa a lei que os tenha previsto.
(C) estabelecer limitações ao tráfego de pessoas ou bens, mediante cobrança de pedágios, interestaduais ou intermunicipais, pela utilização de vias conservadas pelo Poder Público.
(D) cobrar imposto no mesmo exercício financeiro em que haja sido publicada a lei que os instituiu ou aumentou.
(E) exigir ou aumentar tributo mediante decreto ou ato administrativo, desde que publicado antes do início do exercício em que será cobrado.

A: essa distinção é vedada expressamente pelo art. 150, II, da CF; B: o princípio da irretroatividade não pode ser afastado por norma legal – art. 150, III, *a*, da CF; C: a vedação à limitação ao tráfego não impede a cobrança de pedágio – art. 150, V, da CF; D: isso é vedado pelo princípio da anterioridade – art. 150, III, *b*, da CF; E: a instituição e a majoração de tributos submetem-se ao princípio da legalidade – art. 150, I, da CF.
Gabarito "C".

(Auditor Fiscal da Previdência Social – ESAF) À luz da Constituição, avalie as formulações seguintes e, ao final, assinale a opção que corresponde à resposta correta.

I. É vedado à União elevar a alíquota do imposto sobre a renda e proventos de qualquer natureza, de 27,5% para 41%, incidente sobre renda líquida igual ou superior a R$ 120.000,00, auferida no ano civil por pessoa física, por força da disposição constitucional vedatória da utilização de tributo com efeito de confisco, bem assim da que prevê a graduação de impostos segundo a capacidade econômica do contribuinte.
II. A cobrança de pedágio pela utilização de vias conservadas pelo poder público não constitui violação do dispositivo constitucional que veda o estabelecimento de limitações ao tráfego de pessoas ou bens por meio de tributos interestaduais ou intermunicipais.
III. Somente à União compete instituir impostos extraordinários, na iminência ou no caso de guerra externa, compreendidos ou não em sua competência tributária, podendo a respectiva cobrança ser iniciada no mesmo exercício financeiro em que seja publicada a lei ordinária que os instituir.

(A) Somente I é falsa.
(B) I e II são falsas.
(C) I e III são falsas.
(D) II e III são falsas.
(E) Todas são falsas.

I: ainda que possa ser suscitada a questão da vedação de confisco, a majoração da alíquota do imposto de renda atende (não agride) a graduação segundo a capacidade contributiva; II: art. 150, V, *in fine*, da CF; III: art. 154, II, c/c art. 150, § 1º, ambos da CF.
Gabarito "A".

(Técnico da Receita Federal – ESAF) Assinale a opção correta.

(A) As empresas públicas, as sociedades de economia mista e suas subsidiárias gozarão dos privilégios tributários estabelecidos em lei complementar.
(B) As empresas públicas, as sociedades de economia mista e suas subsidiárias gozarão dos privilégios fiscais estabelecidos em lei complementar.
(C) As empresas públicas, as sociedades de economia mista e suas subsidiárias gozarão dos privilégios tributários estabelecidos em lei, desde que extensivos às do setor privado.
(D) As autarquias federais, municipais e estaduais gozam de imunidade quanto aos tributos dos outros entes políticos em decorrência da imunidade recíproca.
(E) O regime jurídico tributário das empresas públicas e das sociedades de economia mista que explorem atividade econômica de produção ou de comercialização de bens é estabelecido em norma complementar da legislação tributária.

As empresas públicas e sociedades de economia mista não podem gozar de privilégios fiscais não extensivos às entidades do setor privado – art. 173, § 2º, da CF. Por essa razão, a alternativa "C" é a correta. É importante entretanto lembrar do entendimento do STF favorável à imunidade tributária em favor da Empresa de Correios e Telégrafos (ECT) e a Empresa Brasileira de Infraestrutura Aeroportuária (Infraero) em relação a atividades públicas em sentido estrito, executadas sem intuito lucrativo, que não indiquem capacidade contributiva - ver RE 601.392/PR.
Gabarito "C".

(Técnico da Receita Federal – ESAF) A competência tributária, assim entendido o poder que os entes políticos têm para instituir tributos, encontra limites na Constituição Federal e no Código Tributário Nacional. Entre as limitações constitucionais ao poder de tributar, é incorreto afirmar que

(A) é vedado à União cobrar tributos em relação a fatos geradores ocorridos antes da vigência da lei que os houver instituído ou aumentado.

(B) é vedado aos entes políticos – União, Estados, Distrito Federal e Municípios – instituir impostos sobre patrimônio, renda ou serviços, uns dos outros.
(C) é vedado à União conceder isenções de tributos da competência dos Estados, do Distrito Federal ou dos Municípios, exceto para os produtos definidos em lei como integrantes da denominada "cesta básica".
(D) é vedado aos entes políticos, em geral, utilizar tributo com efeito de confisco.
(E) por meio de medida provisória, pode a União majorar imposto de sua competência.

A: princípio da irretroatividade – art. 150, III, *a*, da CF; **B:** imunidade recíproca – art. 150, VI, *a*, da CF; **C:** a CF/1988 não admite as chamadas isenções heterônomas, pois a competência tributária é privativa (somente o próprio ente político pode conceder isenções relativas a tributos de sua competência) – art. 151, III, da CF. ; **D:** princípio da vedação de confisco – art. 150, IV, da CF; **E:** isso é possível, nos termos do art. 62, § 2º, da CF.
Gabarito "C".

(Técnico da Receita Federal – ESAF) Avalie a correção das afirmações abaixo. Atribua a letra V para as verdadeiras e F para as falsas. Em seguida, marque a opção que contenha a sequência correta.

A Constituição Federal de 1988 veda

( ) o estabelecimento de limitações ao tráfego de pessoas, capitais ou bens por meio de impostos.
( ) a instituição de tributo sobre o patrimônio, a renda ou serviços dos partidos políticos, das entidades sindicais e das instituições de educação e de assistência social.
( ) a instituição de imposto que não seja uniforme em todo o território estadual ou municipal do ente político criador do imposto, admitida a concessão de incentivos fiscais para a correção dos desequilíbrios regionais socioeconômicos.

(A) V, V, V
(B) V, V, F
(C) V, F, F
(D) F, F, F
(E) V, F, V

1ª: a vedação prevista no art. 150, V, da CF refere-se a qualquer espécie de tributo (não apenas impostos), mas não se aplica à movimentação de capitais; 2ª: a imunidade prevista no art. 150, VI, *c*, da CF relaciona-se apenas a impostos (não às demais espécies de tributos). O princípio da uniformidade territorial orienta especificamente a União – art. 151, I, da CF.
Gabarito "D".

(Auditor Fiscal/SC – FEPESE) Assinale a alternativa correta.

(A) A vedação à retenção ou qualquer restrição à entrega de recursos previstas no artigo 160, parágrafo único, CF, não impede a União e os Estados de condicionarem a entrega de recursos ao pagamento de seus créditos, excluídos os de suas autarquias.
(B) Sem prejuízo da progressividade no tempo a que se refere o art. 182, § 4º, inciso II, CF, o IPTU poderá ser progressivo em razão do valor do imóvel, mas não poderá ter alíquotas diferentes de acordo com a localização e o uso do imóvel.
(C) É vedado à União instituir tributo que não seja uniforme em todo o território nacional ou que implique distinção ou preferência em relação a Estado, ao Distrito Federal ou a Município, em detrimento de outro, inadmitida a concessão de quaisquer outros incentivos fiscais, a qualquer título.
(D) As contribuições sociais e de intervenção no domínio econômico de que trata o *caput* do artigo 149, CF, não incidirão sobre as receitas decorrentes de exportação, nem sobre a importação de produtos estrangeiros ou serviços.
(E) À União e aos Estados é vedado efetuar retenção ou qualquer restrição à entrega e ao emprego dos recursos constitucionalmente atribuídos aos Estados, ao Distrito Federal e aos Municípios, neles compreendidos adicionais e acréscimos relativos a impostos.

A: assertiva incorreta, pois o art. 160, parágrafo único, I, da CF é expresso ao incluir os créditos das autarquias federais e estaduais na exceção, permitindo que a União e os Estados condicionem a entrega dos recursos ao seu pagamento; **B:** incorreta, pois, além da progressividade no tempo e em razão do valor do imóvel, o IPTU pode ter alíquotas diferenciadas em função da localização e do uso – art. 156, § 1º, II, da CF; **C:** incorreta, pois há uma exceção ao princípio da uniformidade territorial, que é exatamente a possibilidade de a União conceder incentivos fiscais destinados a promover o equilíbrio do desenvolvimento socioeconômico entre as diferentes regiões do País – art. 151, I, *in fine*, da CF; **D:** assertiva incorreta, pois essas contribuições incidirão sobre a importação, conforme determina o art. 149, § 2º, II, da CF; **E:** essa é a assertiva correta, conforme o art. 160, *caput*, da CF, lembrando que há as exceções previstas em seu parágrafo único.
Gabarito "E".

(Fiscal de Tributos Estaduais/AL – CESPE) Julgue o seguinte item:

(1) Para promover o equilíbrio econômico e reduzir as desigualdades sociais dos estados-membros, é permitido à União instituir impostos de forma não uniforme no território nacional.

1: A única exceção ao princípio da uniformidade territorial refere-se à promoção do equilíbrio entre as diferentes regiões do País (não entre Estados, especificamente) – art. 151, I, da CF.
Gabarito 1E.

(Fiscal de Tributos Estaduais/AL – CESPE) Julgue o seguinte item:

(1) A União pode instituir tributo que não seja uniforme em todo o território nacional, desde que inserido em um plano de concessão de incentivos fiscais destinados a promover o equilíbrio do desenvolvimento socioeconômico entre as regiões do País.

1: Art. 151, I, da CF.
Gabarito 1C.

(Fiscal de Tributos Estaduais/AL – CESPE) Julgue o seguinte item:

(1) A limitação decorrente do princípio da anterioridade, por configurar cláusula pétrea da Constituição da República, não pode ser elidida por emenda constitucional quando se instituir imposto que não foi previsto no texto originário de 1988.

1: O STF ratificou esse entendimento ao julgar o caso do antigo IPMF – ver ADI 939/DF.
Gabarito 1C.

(Fiscal de Tributos/PA – ESAF) Publicada lei que institua ou majore contribuição social para a seguridade social, poderá ser aplicada somente

(A) no exercício financeiro seguinte.

(B) decorrido o prazo de três meses.
(C) decorrido o prazo de noventa dias.
(D) decorrido o prazo de quarenta e cinco dias.
(E) decorrido o prazo de trinta dias.

As contribuições sociais são exigíveis somente noventa dias após a publicação da respectiva lei (anterioridade nonagesimal) – art. 195, § 6º, da CF.
Gabarito "C".

(Agente Tributário Estadual/MS – ESAF) Na defesa de seus interesses econômicos, os Estados podem:

(A) Estabelecer limitações ao tráfego de bens, por meio de tributos intermunicipais.
(B) Estabelecer diferença tributária entre bens, em razão de sua procedência.
(C) Dar caráter de seletividade, em função da essencialidade das mercadorias, a imposto de sua competência.
(D) Em caso de calamidade pública, instituir imposto novo, temporário, destinando cinquenta por cento (50%) da arrecadação aos Municípios.
(E) Conceder isenção geral dos impostos estaduais e municipais, mediante lei complementar.

A: isso é vedado nos termos do art. 150, V, da CF; **B:** isso é vedado nos termos do art. 152 da CF; **C:** o ICMS pode ser seletivo em função da essencialidade das mercadorias e dos serviços – art. 155, § 2º, III, da CF; **D:** não há previsão desse imposto na CF (existe apenas o empréstimo compulsório da competência federal – art. 148, I, da CF); **E:** não há possibilidade de isenções heterônomas no sistema tributário atual (as isenções somente podem ser concedidas pelo próprio ente competente para legislar acerca do tributo). No julgamento do RE 229.096/RS, o STF fixou o entendimento de que os tratados, como atos do Estado Federal Brasileiro, pessoa jurídica de direito público internacional, não se confundem com os da União (ente federado, como os Estados, Distrito Federal e Municípios), sendo possível a concessão de benefícios fiscais relativos a tributos estaduais e municipais. Não se trata, nessa hipótese, de isenção heterônoma vedada pelo art. 151, III, da CF.
Gabarito "C".

3. IMUNIDADES

(Auditor Fiscal Tributário Municipal – Prefeitura Cuiabá – 2016 – FGV) As imunidades tributárias são consideradas regras negativas de competência, estabelecidas pela Constituição Federal, afastando a tributação de determinadas pessoas ou bases econômicas.

Sobre as imunidades tributárias, analise as afirmativas a seguir.

I. São imunes de contribuição para a seguridade social as entidades beneficentes de assistência social que atendam às exigências estabelecidas em lei.
II. A imunidade dos templos de qualquer culto não alcança a COFINS (Contribuição para Financiamento da Seguridade Social) e a Contribuição ao PIS (Programas de Integração Social).
III. É imune de taxas o exercício do direito de obtenção de certidões em repartições públicas, para defesa de direitos e esclarecimento de situações de interesse pessoal.

Assinale:

(A) se somente a afirmativa I estiver correta.
(B) se somente as afirmativas I e II estiverem corretas.
(C) se somente as afirmativas I e III estiverem corretas.
(D) se somente as afirmativas II e III estiverem corretas.
(E) se todas as afirmativas estiverem corretas.

I: correta, nos termos do art. 195, § 7º, da CF, lembrando que, embora o dispositivo constitucional use o termo "isenção", trata-se de verdadeira imunidade; **II:** correta, pois as imunidades previstas no art. 150, VI, da CF referem-se a impostos; **III:** correta – art. 5º, XXXIV, b, da CF.
Gabarito "E".

(Auditor Fiscal da Receita Federal – ESAF) O entendimento do Supremo Tribunal Federal, no que toca à imunidade de que gozam as entidades beneficentes de assistência social, é no sentido de que:

(A) entendem-se por serviços assistenciais as atividades continuadas que visem à melhoria de vida da população e cujas ações, voltadas para as necessidades básicas, observem os objetivos, os princípios e as diretrizes estabelecidos em lei.
(B) o estabelecimento, como uma das condições de fruição de tal benefício por parte das entidades filantrópicas, da exigência de que possuam o certificado de Entidade Beneficente de Assistência Social – CEBAS, contraria o regime estabelecido na Constituição Federal.
(C) a jurisprudência do STF é no sentido de afirmar a existência de direito adquirido ao regime jurídico da imunidade das entidades filantrópicas.
(D) a exigência de renovação periódica do CEBAS, por parte das entidades filantrópicas, a cada três anos, ofende o disposto na Constituição Federal.
(E) tratando-se de imunidade – que decorre, em função de sua natureza mesma, do próprio texto constitucional –, revela-se evidente a absoluta impossibilidade jurídica de, mediante deliberação de índole legislativa, restringir a eficácia do preceito.

A: correta – ver RMS 23.729/DF; **B e D:** incorretas, pois o STC admite a exigência do Cebas, inclusive de sua renovação periódica – ver RMS 23.368AgRDF; **C:** incorreta, pois o STF entende não haver direito adquirido ao regime jurídico de imunidade – ver RMS 27.369Ed/DF; **E:** incorreta, pois cabe à lei complementar federal regular as limitações constitucionais ao poder de tributar (o que inclui as imunidades) – art. 146 da CF, ver RE 639.941/RS.
Gabarito "A".

(Auditor do Tesouro Municipal/Recife-PE – FGV) Determinada escola foi autuada pelo Fisco Municipal por não ter recolhido o imposto sobre os serviços que presta, apesar de ter recebido o título de instituição de utilidade pública, tendo sua imunidade reconhecida por meio de ato declaratório próprio, não possuindo fins lucrativos. A Fazenda alega que a escola não se cadastrou junto à Secretaria de Educação, órgão que estabelece os critérios para que um estabelecimento possa ser considerado "educacional" e, portanto, imune, sendo essa exigência ato privativo do Poder Executivo, que pode condicionar a fruição do benefício ao cumprimento de obrigações acessórias.

Nesse caso, a Fazenda agiu

(A) incorretamente, uma vez que a exigência de cadastro representa limite, a ser fixado por lei complementar, à imunidade gozada pelas cola.
(B) corretamente, já que cabe ao Poder Executivo fixar a organização das entidades imunes.
(C) corretamente, eis que cabe à Secretaria de Educação exercer controle sobre as escolas.

(D) incorretamente, já que as exigências quanto à organização das entidades imunes devem ser veiculadas por lei complementar.
(E) corretamente, uma vez que, mesmo imune, a escola tem que cumprir as obrigações acessórias.

A: correta, pois tendo sido reconhecida a imunidade, não parece razoável ou compatível com a regulação da norma nacional (art. 14 do CTN) a exigência de cadastro junto à Secretaria de Educação; **B**, **C** e **E**: incorretas, conforme comentário anterior; **D**: incorreta, pois cabe à lei complementar apenas dispor e regular nacionalmente as imunidades, nos termos do art. 146, II, da CF, não descer a detalhes quanto à organização das entidades imunes.

Gabarito "A".

(Auditor Fiscal Tributário da Receita Municipal/Cuiabá-MT – FGV) Ao disciplinar as hipóteses de imunidade, a Lei Orgânica do Município de Cuiabá (LOMC) prevê, em relação a uma específica categoria imune, que a vedação à instituição de impostos (vale dizer, a imunidade) *"será suspensa sempre que caracterizado o dano por ação ou omissão, comprovada pelo órgão competente, na forma da lei"*.

A LOMC refere-se à seguinte categoria:

(A) templos de qualquer culto.
(B) patrimônio, renda ou serviço de partidos políticos.
(C) imóveis tombados pelos órgãos competentes.
(D) livros, jornais, periódicos e o papel destinado à sua impressão.
(E) patrimônio, renda ou serviço de entidades sindicais de trabalhadores.

A solução desta questão exige conhecimento da legislação local, no caso o art. 90, § 4º, da LOM de Cuiabá, que se refere a templos de qualquer culto, de modo que a alternativa "A" é a correta. Ainda assim, interessante anotar que essa regra é de constitucionalidade duvidosa, pois não cabe à normas infraconstitucionais limitar o alcance de imunidades (fixadas pela Constituição Federal e reguladas por leis complementares federais).

Gabarito "A".

(Auditor do Tesouro Municipal/Recife-PE – FGV) Em relação às limitações da competência tributária do Município, analise as afirmativas a seguir.

I. O reconhecimento das imunidades tributárias no Município do Recife é de competência do Secretário de Finanças.
II. Incide Imposto sobre Propriedade Territorial Urbana – IPTU sobre os imóveis de igrejas utilizados para fins religiosos.
III. O Município deverá cobrar Imposto Sobre Serviços de Qualquer Natureza – ISS sobre os serviços prestados por autarquias, vinculados a suas finalidades essenciais.
IV. Ao Município é vedado instituir impostos sobre livros.

Assinale:

(A) se somente as afirmativas I e II estiverem corretas.
(B) se somente as afirmativas III e IV estiverem corretas.
(C) se somente as afirmativas I e IV estiverem corretas.
(D) se somente as afirmativas I e III estiverem corretas.
(E) se somente a afirmativa IV estiver correta.

I: correta, conforme a legislação local. Note, entretanto, que as demais assertivas podem ser resolvidas com base na Constituição Federal. Como dica: em regra é a própria Secretaria de Finanças (ou Fazenda), ou órgão em sua estrutura, que reconhece imunidade nos Estados e Municípios; **II**: incorreta, pois há imunidade, nos termos do art. 150, VI, *b*, da CF; **III**: incorreta, pois autarquias são imunes, nos termos e limites do art. 150, VI, § 2º, da CF; **IV**: correta, pois há imunidade nesse caso – art. 150, VI, *d*, da CF. Assim, a alternativa "C" é a correta.

Gabarito "C".

(Auditor Fiscal da Receita Federal – ESAF) No tocante à imunidade tributária recíproca, assinale o único item que não corresponde ao entendimento do STF acerca do tema.

(A) Sociedade de economia mista prestadora de serviço público de água e esgoto.
(B) Sociedades de economia mista prestadoras de ações e serviços de saúde, cujo capital social seja majoritariamente estatal.
(C) Empresa pública a quem a União atribui a execução de serviços de infraestrutura aeroportuária.
(D) Empresa pública encarregada de manter o serviço postal.
(E) Caixa de Assistência aos Advogados, vinculada à Ordem dos Advogados do Brasil.

A questão está mal escrita, mas a banca esperava que o candidato apontasse a alternativa em que consta entidade não abrangida pela imunidade recíproca. **A**: as sociedades de economia mista prestadoras de serviços públicos de água e esgoto são abrangidas pela imunidade recíproca, segundo a jurisprudência do STF – ver RE 631.309 AgR/SP; **B**: essas sociedades de economia mista prestadoras de ações e serviços de saúde também são abrangidas pela imunidade recíproca – ver RE 580.264/RS; **C**: a Infraero, empresa pública prestadora de serviço público de infraestrutura aeroportuária, é abrangida pela imunidade recíproca, conforme o entendimento do STF – ver RE 542.454 AgR/BA; **D**: o STF entende que a Empresa de Correios e Telégrafos (ECT) e a Empresa Brasileira de Infraestrutura Aeroportuária (Infraero) são imunes em relação a atividades públicas em sentido estrito, executadas sem intuito lucrativo, que não indiquem capacidade contributiva - RE 601.392/PR; **E**: essa é a alternativa a ser indicada, pois as Caixas de Assistência aos Advogados não são abrangidas pela imunidade recíproca ver RE 405.267 ED/MG.

Gabarito "E".

(Auditor Fiscal – São Paulo/SP – FCC) A *Igreja Mundial do Imposto Sagrado*, tendo em vista a ampliação de suas atividades religiosas, começou a cobrar de seus fiéis o valor de R$ 100,00 por batismo realizado. Responsáveis pela entidade religiosa regularmente constituída formulam consulta ao órgão competente do município de sua localização, para saber se devem, ou não, recolher o ISS pelos serviços religiosos prestados. Formulam consulta, também, ao fisco federal, para saber se a renda auferida com os batismos deve ser declarada como tributada pelo Imposto sobre Renda e Proventos de Qualquer Natureza – Pessoa Jurídica – IRPJ da entidade religiosa.

Nesse caso,

(A) o IRPJ não deve ser cobrado, pois a renda auferida com os batismos resta alcançada por imunidade tributária; porém, sobre o serviço de batismo deve ser cobrado o ISS, tendo em vista a ausência de dispositivo normativo em sentido contrário.
(B) o ISS e o IRPJ devem ser cobrados, em razão do princípio da igualdade, pois os templos de qualquer culto devem ser tratados tributariamente como qualquer pessoa jurídica que realize um serviço tributável e que aufira rendas.
(C) o ISS não deve ser cobrado, tendo em vista que o serviço de batismo é atividade relacionada às finali-

dades religiosas da entidade, porém, o IRPJ deve ser cobrado, pois a renda auferida com qualquer serviço prestado pelo templo é tributada.
(D) tanto o ISS como o IRPJ devem ser cobrados, pois não há dispositivo normativo que exima o templo de qualquer culto de quaisquer cobranças tributárias.
(E) nem o ISS, nem o IRPJ devem ser cobrados, tendo em vista que, tanto o serviço de batismo, como a renda respectivamente auferida, estão relacionados às finalidades essenciais da entidade religiosa.

O patrimônio, as rendas e os serviços relacionados às finalidades essenciais da entidade imune (templo religioso, no caso) são abrangidos pela imunidade recíproca – art. 150, § 4.º, da CF. O batismo está diretamente relacionado ao culto religioso, de modo que o valor cobrado não pode ser objeto de tributação por qualquer das esferas fiscais. Por essas razões, a alternativa "E" é a correta.
Gabarito "E".

(Auditor Fiscal da Receita Federal – ESAF) Diversos fatos podem resultar na desoneração tributária.

Assinale, entre as que se seguem, a forma de desoneração tributária pela qual não nascem nem a obrigação tributária, nem o respectivo crédito por força do não exercício da competência a que tem direito o poder tributante.

(A) Imunidade.
(B) Não incidência.
(C) Isenção.
(D) Alíquota zero.
(E) Remissão.

É muito importante que o candidato tenha clara a distinção entre imunidade, isenção e não incidência, conceitos muito exigidos em concursos públicos. A imunidade decorre de norma constitucional que afasta a competência tributária, ou seja, não há como União, Estados, DF e Municípios pretenderem criar ou cobrar tributos nesse caso, muito menos haver incidência tributária. A isenção pressupõe a existência de competência tributária, mas o ente político opta por afastar a cobrança do tributo em determinadas hipóteses, por meio de lei própria (existe uma lei que fixa expressamente a isenção, que, nos termos do CTN, é causa de exclusão do crédito tributário). Finalmente, a não incidência é conceito doutrinário mais aberto (há críticas e diversas definições), que implica inexistência de previsão legal para a incidência tributária. Por exemplo, há não-incidência no caso de propriedade de cavalos. **A:** incorreta, pois a imunidade implica inexistência de competência tributária; **B:** essa é a melhor alternativa; **C:** incorreta. A isenção pressupõe o exercício da competência legislativa, ainda que de forma negativa. Segundo o CTN, ocorre o fato gerador e surge a obrigação tributária (razão pela qual a assertiva é incorreta), mas o crédito é excluído – art. 175, I, do CTN; **D:** incorreta, pois a alíquota-zero significa que há competência e houve previsão legal de incidência em relação a determinado evento, mas o cálculo do tributo é nulo (já que a base de cálculo é multiplicada por zero); **E:** remissão é perdão do crédito tributário, modalidade de extinção – art. 156, IV, do CTN.
Gabarito "B".

(Auditor Fiscal da Receita Federal – ESAF) No tocante às imunidades tributárias conferidas às instituições de assistência social sem fins lucrativos, só uma afirmação não pode ser feita:

(A) É subordinada, entre outros, ao requisito de que apliquem integralmente no País os seus recursos na manutenção de seus objetivos institucionais, ou de outros que com estes guardem semelhança.
(B) Somente alcançam as entidades fechadas de previdência social privada se não houver contribuição dos beneficiários.
(C) Não excluem a atribuição, por lei, às instituições de assistência social, da condição de responsáveis pelos tributos que lhes caiba reter na fonte.
(D) Não dispensa tais entidades do cumprimento de obrigações tributárias acessórias, como a de manterem escrituração de suas receitas e despesas em livros revestidos de formalidades capazes de assegurar sua exatidão.
(E) Ainda quando alugado a terceiros, permanece imune ao IPTU o imóvel pertencente a tais instituições, desde que o valor dos aluguéis seja aplicado nas atividades essenciais de tais entidades.

A: a obrigação de aplicação dos recursos no Brasil refere-se estritamente à manutenção dos objetivos institucionais (não há opção quanto a outros objetivos semelhantes, como consta da assertiva) – art. 14, II, do CTN; **B:** Esse é o entendimento do Judiciário – ver Súmula 730/STF; **C** e **D:** a imunidade não afasta eventual responsabilidade tributária prevista em lei, como é o caso da retenção na fonte, nem as obrigações acessórias – art. 9º, § 1º, do CTN; **E:** esse é o teor da Súmula 724/STF.
Gabarito "A".

(Auditor Fiscal da Receita Federal – ESAF) Responda às perguntas:

Entidade fechada de previdência privada, que só confere benefícios aos seus filiados desde que eles recolham as contribuições pactuadas, goza de imunidade tributária?

Segundo entendimento firmado pelo Supremo Tribunal Federal, filmes fotográficos destinados à composição de livros, jornais e periódicos estão abrangidos por imunidade tributária?

A Constituição Federal veda a instituição de contribuição social para a seguridade social sobre o lucro auferido por pessoas jurídicas, que decorra de comercialização de livros, jornais, periódicos e papel destinado a sua impressão?

(A) Não, sim, não
(B) Não, não, sim
(C) Não, não, não
(D) Sim, sim, não
(E) Sim, não, sim

1ª: as entidades fechadas de previdência social privada somente são abrangidas pela imunidade do art. 150, VI, *c*, da CF se não houver contribuição dos beneficiários – Súmula 730/STF; 2ª: esse é o teor da Súmula 657/STF; 3ª: as imunidades previstas no art. 150, VI, da CF referem-se apenas aos impostos (não a contribuições).
Gabarito "A".

(Técnico da Receita Federal – ESAF) Em relação às imunidades, avalie as afirmações abaixo e, em seguida, marque a opção correta.

I. A diferença básica entre imunidade e isenção está em que a primeira atua no plano da definição da competência, e a segunda no plano do exercício da competência.

II. As imunidades podem ser definidas em função de condições pessoais de quem venha a vincular-se às situações materiais que ensejariam a tributação.

III. As imunidades podem ser definidas em função do objeto suscetível de ser tributado.

IV. A Constituição, ao definir a competência, excepciona determinadas situações que, não fosse a imunidade, estariam dentro do campo da competência, mas por

força da norma de imunidade, permanecem fora do alcance do poder de tributar.
(A) Todos os itens estão corretos.
(B) Há apenas um item correto.
(C) Há dois itens corretos.
(D) Há três itens corretos.
(E) Todos os itens estão errados.

I e IV: a imunidade é regra negativa de competência, enquanto a isenção é concedida pelo ente competente, por meio de lei; II: a imunidade recíproca e a dos partidos políticos, por exemplo, referem-se à condição pessoal do beneficiário; III: a imunidade dos livros, por exemplo, refere-se ao objeto da tributação, não à pessoa beneficiada.
Gabarito "A".

(Técnico da Receita Federal – ESAF) Assinale a opção correta.
(A) A Constituição Federal de 1988 impede que o Imposto sobre a Renda e proventos de qualquer natureza incida sobre as diárias e ajudas de custo pagas pela União, pelos Estados, Distrito Federal e Municípios.
(B) O parcelamento suspende a exigibilidade das obrigações acessórias do crédito tributário e impede lançamentos de tributos e penalidades relacionados com as suas obrigações principais e acessórias.
(C) O Imposto sobre Produtos Industrializados não incide sobre produtos industrializados destinados ao exterior, excluídos os semi-industrializados definidos em lei complementar.
(D) O Imposto sobre a Renda e proventos de qualquer natureza não pode incidir sobre receita ou rendimento oriundo do exterior, cabendo à lei estabelecer as condições e o momento em que se dará sua disponibilidade.
(E) Podem ser instituídos impostos federais, estaduais ou municipais sobre o patrimônio, a renda e os serviços não relacionados com as finalidades essenciais dos partidos políticos e de suas fundações.

A: a Constituição Federal não tem disposição nesse sentido – arts. 150, II, e 153, III, da CF; B: o parcelamento é causa de suspensão da exigibilidade do crédito tributário (art. 151, VI, do CTN), mas não dispensa o cumprimento das obrigações acessórias (parágrafo único do mesmo dispositivo). Ademais, a suspensão da exigibilidade não impede o lançamento (caso não tenha ocorrido até então, evidentemente); C: nenhuma exportação sofre a incidência do IPI – art. 153, § 3º, III, da CF (note que havia norma específica quanto ao ICMS sobre exportações de semielaborados, antes da EC 42/2003 – art. 155, § 2º, X, a, da CF); D: o IR pode incidir sobre receitas ou rendimentos oriundos do exterior – art. 43, § 2º, do CTN; E: a imunidade abrange apenas os fatos relacionados com as finalidades essenciais das entidades – art. 150, § 4º, da CF.
Gabarito "E".

(Técnico da Receita Federal – ESAF) Constituição Federal, art.150, VI, b.
art.150 - Sem prejuízo de outras garantias asseguradas ao contribuinte, é vedado à União, aos Estados, ao Distrito Federal e aos Municípios: VI - Instituir impostos sobre; (B)templos de qualquer culto.
Regulamento do Imposto de Renda, Dec. 3.000/99
art.168: art.168 - Não estão sujeitos ao imposto os templos de qualquer culto.
Em face dos enunciados acima, assinale a opção correta.
(A) A isenção concedida aos templos de qualquer culto não é de caráter amplo e irrestrito, alcançando apenas as rendas relativas às finalidades essenciais da entidade religiosa, o que não ocorre quando recursos são empregados na concessão de empréstimos para membros da Igreja, sejam eles a título gratuito ou oneroso.
(B) A imunidade concedida aos templos de qualquer culto é de caráter amplo e irrestrito, alcançando apenas as rendas relativas às finalidades essenciais da entidade religiosa, o que não ocorre quando recursos são empregados na concessão de empréstimos para membros da Igreja, sejam eles a título gratuito ou oneroso.
(C) A imunidade concedida aos templos de qualquer culto é de caráter restrito, alcançando as rendas relativas às finalidades da entidade religiosa, o que ocorre quando recursos são empregados na concessão de empréstimos para membros da Igreja, sejam eles a título gratuito ou oneroso.
(D) A imunidade aplicada aos templos de qualquer culto não é de caráter amplo e irrestrito, alcançando apenas as rendas relativas às finalidades essenciais da entidade religiosa, o que ocorre quando recursos são empregados na concessão de empréstimos para membros da Igreja, a título gratuito ou oneroso.
(E) A imunidade concedida aos templos de qualquer culto é de caráter restrito, alcançando apenas as rendas relativas às finalidades essenciais da entidade religiosa, o que ocorre quando recursos são empregados na concessão de empréstimos para membros da Igreja, sejam eles a título gratuito ou oneroso.

O STF dá às imunidades, como regra, interpretação ampla (há importantes exceções no caso da imunidade relativa a livros e periódicos). No entanto, essa imunidade refere-se apenas aos fatos relacionados às finalidades essenciais da entidade (art. 150, § 4º, da CF), o que não se verifica no caso de empréstimos realizados pelo templo.
Gabarito "B".

(Auditor Fiscal/RO – FCC) A vedação constitucional conferida aos entes federados de cobrarem impostos sobre patrimônio, renda e serviços uns dos outros é denominada
(A) isenção recíproca.
(B) imunidade recíproca.
(C) remissão específica.
(D) não incidência.
(E) anistia.

A assertiva refere-se à imunidade recíproca, fixada constitucionalmente (como toda imunidade) – art. 150, VI, a, da CF.
Gabarito "B".

(Auditor Fiscal/RO – FCC) Considerando as regras constitucionais sobre tributação de uma empresa pública, é correto afirmar que terá
(A) o mesmo regime tributário dos entes federados.
(B) isenção de tributos incidentes sobre patrimônio, renda e serviços relacionados com suas atividades essenciais.
(C) terá isenção sobre tributos incidentes sobre patrimônio, renda e serviços relacionados com a prestação de serviços públicos essenciais.
(D) imunidade sobre tributos incidentes sobre patrimônio, renda e serviços relacionados com exploração de atividade econômica.

(E) imunidade sobre impostos incidentes sobre patrimônio, renda e serviços relacionados com a prestação de serviços públicos essenciais.

Em princípio, as empresas públicas e as sociedades de economia mista, que são entidades de direito privado, sujeitam-se à tributação como todas as outras empresas, não se beneficiando da imunidade recíproca, nem podendo gozar de benefícios fiscais não extensivos às do setor privado – art. 150, VI, *a*, e § 2º, e art. 173, § 2º, da CF. Excepcionalmente, o STF entende que a Empresa de Correios e Telégrafos (ECT) e a Empresa Brasileira de Infraestrutura Aeroportuária (Infraero) são imunes em relação a atividades públicas em sentido estrito, executadas sem intuito lucrativo, que não indiquem capacidade contributiva. Por essa razão, a alternativa E é a correta.
Gabarito "E".

(Técnico Fiscal/Vila Velha-ES – CESPE) Julgue o seguinte item:

(1) O princípio constitucional tributário que veda aos entes tributantes o direito de cobrar tributos no mesmo exercício financeiro em que haja sido publicada a lei que os instituiu ou aumentou é o princípio da irretroatividade tributária.

1: A assertiva refere-se ao princípio da anterioridade. A irretroatividade impede que a lei seja aplicada a fatos pretéritos em relação ao início de sua vigência – art. 150, III, *a* e *b*, da CF.
Gabarito 1E.

(Fiscal de Tributos Estaduais/AL – CESPE) Julgue os seguintes itens:

(1) Os bens, os serviços e as rendas das empresas públicas do estado de Alagoas não são imunes à tributação, desde que utilizados nas funções essenciais da entidade.

(2) Um bem imóvel de propriedade de uma fundação pública federal alugado a terceiros, cuja renda seja revertida para a entidade, não pode ser objeto de incidência do IPTU.

1: As empresas públicas, assim como as sociedades de economia mista, não são abrangidas pela imunidade recíproca – art. 150, VI, *a*, e § 2º, da CF. Há exceções reconhecidas pelo STF em casos muito específicos, relacionados a atividades públicas em sentido estrito, executadas sem intuito lucrativo, que não indiquem capacidade contributiva (Correios); **2:** Esse entendimento é refletido pela Súmula 724/STF (embora ela se refira à alínea *c* do art. 150, VI, da CF).
Gabarito 1E, 2C.

(Fiscal de Tributos/PA – ESAF) A não incidência de impostos sobre as autarquias e as fundações públicas, no que se refere ao patrimônio, à renda e aos serviços vinculados às suas finalidades essenciais ou delas decorrentes, resulta de:

(A) remissão
(B) anistia
(C) isenção
(D) imunidade
(E) moratória

Trata-se de imunidade, nos termos do art. 150, VI, *a*, e § 2º, da CF.
Gabarito "D".

(Auditor Fiscal/CE – ESAF) Sobre a imunidade constitucional recíproca, de acordo com a Constituição Federal, é correto afirmar-se que a imunidade recíproca

(A) compreende todos os tributos que incidem sobre o patrimônio, a renda ou os serviços, uns dos outros.
(B) protege as pessoas jurídicas de direito público umas das outras, abrangendo quaisquer espécies de tributos.
(C) não compreende os impostos incidentes sobre a produção e a circulação de riquezas (IPI e ICMS).
(D) é extensiva às autarquias e fundações mantidas pelo poder público, no que se refere ao seu patrimônio, renda ou serviços vinculados a qualquer finalidade.
(E) é extensiva às fundações, mas não às autarquias mantidas pelo poder público.

A e B: a imunidade recíproca refere-se apenas aos impostos (e não às demais espécies tributárias) – art. 150, VI, *a*, da CF; **C:** a imunidade recíproca afasta a incidência do IPI e do ICMS quando o ente imune é o contribuinte de direito – ver Súmula 591/STF; **D e E:** o reconhecimento da imunidade recíproca em relação às autarquias e fundações públicas refere-se exclusivamente às suas finalidades essenciais – art. 150, § 2º, da CF.
Gabarito "C".

(Agente de Tributos/MT – CESPE) Julgue os seguintes itens:

(1) Considere a seguinte situação hipotética. O fisco de um determinado município autuou autarquia de município vizinho para pagamento do IPTU incidente sobre imóvel alugado a sociedade particular, visto o grande valor auferido no aluguel contratado. Nessa situação, o referido fisco agiu acertadamente, de acordo com a Constituição da República.

(2) A imunidade recíproca não abrange as concessionárias de serviços públicos.

1: O patrimônio da autarquia é imune, ainda que o imóvel seja alugado a terceiros, desde que a receita auferida seja revertida para suas finalidades essenciais – art. 150, VI, *a*, e § 2º, da CF. Esse entendimento é refletido pela Súmula 724/STF (embora ela se refira à alínea *c* do art. 150, VI, da CF); **2:** A imunidade recíproca é extensível apenas às autarquias e fundações públicas, nos termos do art. 150, § 2º, da CF e art. 13 do CTN.
Gabarito 1E, 2C.

(Agente de Tributos/MT – CESPE) Julgue o seguinte item:

(1) A imunidade tributária é instituto de direito utilizado na denominada guerra fiscal.

1: A imunidade é fixada pela Constituição Federal, o que impede sua utilização pelos Estados, DF e Municípios na chamada guerra fiscal.
Gabarito 1E.

4. DEFINIÇÃO DE TRIBUTO E ESPÉCIES TRIBUTÁRIAS

(Auditor Fiscal Tributário Municipal – Prefeitura Cuiabá – 2016 – FGV) De acordo com a Constituição da República Federativa do Brasil de 1988, a União, os Estados, o Distrito Federal e os Municípios podem instituir os seguintes tributos, à **exceção de um**. Assinale-o.

(A) Impostos.
(B) Taxas em razão do exercício do poder de polícia.
(C) Taxas sobre a renda das obrigações da dívida pública dos municípios.
(D) Taxas pela utilização, efetiva ou potencial, de serviços públicos específicos e divisíveis, prestados ao contribuinte.
(E) Contribuição de melhoria decorrente de obras públicas.

O art. 145 da CF prevê que União, os Estados, o Distrito Federal e os Municípios poderão instituir (i) impostos, (ii) taxas, em razão do exercício do poder de polícia ou pela utilização, efetiva ou potencial, de serviços públicos específicos e divisíveis, prestados ao contribuinte ou postos a sua disposição e (iii) contribuição de melhoria, decorrente de obras públicas. Por essa razão, a alternativa "C" é a incorreta.
Gabarito "C".

(Fiscal de Tributos – Prefeitura Tanguá/RJ – 2017 – MSCONCURSOS) O Código Tributário Nacional (CTN), instituído pela Lei n.º 5172, de 25 de outubro de 1966, foi elevado ao *status* de Lei Complementar pelo Supremo Tribunal Federal em inúmeros julgados, concretizando o art. 145, da Constituição da República de 1988. Segundo o CTN, qual conceito abaixo está correto?

(A) Tributo é toda prestação pecuniária compulsória, em moeda ou cujo valor nela se possa exprimir, que não constitua sanção de ato ilícito, instituída em lei e cobrada mediante atividade administrativa plenamente vinculada.
(B) Contribuição de melhoria é o tributo cuja obrigação tem por fato gerador uma situação independente de qualquer atividade estatal específica, relativa ao contribuinte.
(C) As taxas cobradas pela União, pelos Estados, pelo Distrito Federal ou pelos Municípios, no âmbito de suas respectivas atribuições, têm como fato gerador o custeio de obra pública, que enseja valorização imobiliária.
(D) Imposto é o tributo cuja obrigação tem por fato gerador uma situação dependente de atividade estatal específica, relativa ao contribuinte.

A: correta, nos termos do art. 3º do CTN, que define o tributo; B: incorreta, pois a assertiva descreve o imposto – art. 16 do CTN; C: incorreta, pois as taxas têm por fato gerador a utilização efetiva ou potencial de serviço público específico e divisível ou o exercício do poder de polícia – art. 145, II, da CF e art. 77 do CTN; D: incorreta, pois imposto tem como fato gerador situação desvinculada de qualquer atividade estatal específica voltada para o contribuinte – art. 16 do CTN.
Gabarito "A".

(Auditor Fiscal da Receita Municipal – Prefeitura Teresina/PI – 2016 – FCC) Um Município brasileiro foi beneficiado com as seguintes obras, no exercício de 2015:

I. Construção de uma fábrica de laticínios, por grupo econômico privado, cuja produção será destinada à exportação, e que acabou por gerar centenas de empregos para os munícipes, aumentando sensivelmente sua renda e valorizando os imóveis próximos à fábrica.
II. Implantação de uma escola e de um posto de saúde em bairro da periferia, por iniciativa do governo estadual, as quais implicaram valorização dos imóveis localizados em sua proximidade.
III. Construção de um porto fluvial pelo governo municipal, para escoar a produção de laticínios que serão produzidos no Município, o que acabou por valorizar os imóveis que circundam esse porto, em um raio de dois quilômetros.
IV. Construção de uma balança rodoviária de cargas, em rodovia municipal, para evitar o trânsito de veículos com excesso de peso nos limites do Município.

Em razão dos benefícios trazidos pela realização dessas obras, o referido Município, observada a disciplina legal estabelecida pelo Código Tributário Nacional a respeito da contribuição de melhoria, poderá lançar e cobrar esse tributo em relação a

(A) I e IV, apenas.
(B) II e III, apenas.
(C) III, apenas.
(D) I, II, III e IV.
(E) II, apenas.

I: incorreta, pois somente obra pública realizada pelo município pode dar ensejo à cobrança de contribuição de melhoria por ele, desde que implique valorização imobiliária dos imóveis próximos a essa obra – art. 145, III, da CF e art. 81 do CTN; II: incorreta, pois obra do governo estadual não dá ensejo à cobrança de contribuição de melhoria pelo município, conforme comentário à assertiva anterior; III: correta – art. 145, III, da CF e art. 81 do CTN; IV: incorreta, pois não se vislumbra valorização imobiliária decorrente da construção de uma balança rodoviária.
Gabarito "C".

(Auditor Fiscal Tributário da Receita Municipal/Cuiabá-MT – FGV) Assinale a opção que apresenta elemento estranho ao conceito legal de tributo.

(A) Prestação compulsória.
(B) Prestação pecuniária.
(C) Prestação com natureza de sanção.
(D) Prestação cobrada mediante atividade administrativa vinculada.
(E) Prestação instituída em lei.

Nos termos do art. 3º do CTN, tributo é toda prestação pecuniária compulsória, em moeda ou cujo valor nela se possa exprimir, que não constitua sanção de ato ilícito, instituída em lei e cobrada mediante atividade administrativa plenamente vinculada. Assim, a alternativa "C" é a que deve ser indicada (sanção não é tributo, por definição).
Gabarito "C".

(Auditor Fiscal Tributário da Receita Municipal/Cuiabá-MT – FGV) É sabido que todos os tributos têm função arrecadatória, ainda que alguns tenham mais acentuada função extrafiscal, buscando, assim, objetivos outros que não apenas o de arrecadar receitas públicas.

Assinale a opção que indica o tributo com função extrafiscal mais acentuada.

(A) Taxa para a expedição de Alvará de Localização.
(B) Imposto Sobre Serviços.
(C) Imposto Sobre Transmissão Causa Mortis e Doação.
(D) Imposto de Importação.
(E) Contribuição Social Sobre o Lucro Líquido.

A: incorreta, até porque as taxas em geral são retributivas em relação a alguma atividade estatal (fiscalização ou serviço), com função preponderantemente arrecadatória (= fiscal), portanto; B: incorreta, pois os impostos sobre circulação de bens e serviços tendem a ter função preponderantemente arrecadatória (ICMS, ISS); C: incorreta, pois também os impostos sobre transmissão de bens (ITBI, ITCMD) têm função fortemente fiscal; D: correta, pois os impostos aduaneiros (II e IE) são exemplos clássicos de tributos extrafiscais (de intervenção no mercado), cujas alíquotas inclusive pode ser alteradas de maneira ágil (por norma infralegal e sem sujeição ao princípio da anterioridade); E: incorreta, pois os impostos e contribuições sobre renda e lucro têm natureza fortemente arrecadatória (= fiscal).
Gabarito "D".

(Auditor Fiscal/MA – FGV) Com referência às *taxas*, assinale a alternativa em que as duas assertivas estão corretas e a segunda enfatiza e justifica o conteúdo da primeira.

(A) As taxas são espécie tributária que decorrem do exercício do poder de polícia ou de prestação de serviço público. // *Para haver cobrança de taxa é indispensável que o serviço público seja efetivamente prestado ao contribuinte.*
(B) No caso de serviço público indivisível e inespecífico, não pode haver cobrança de taxa. // *O serviço público*

que permite a cobrança da taxa vincula-se a uma relação anterior de natureza contratual.
(C) O exercício do poder de polícia justifica a cobrança da taxa. // A obrigação de pagar esta exação, contudo, depende da efetiva fiscalização exercida pelo Estado.
(D) A competência dos entes federativos para instituir taxas é comum. // A fixação das taxas, em cada caso, vai depender da aferição constitucional das competências administrativas.
(E) O serviço público específico e divisível autoriza a incidência da taxa. // A possibilidade de incidência de taxa sobre serviço público específico e divisível baseia-se na regra da proporcionalidade.

A: incorreta, pois serviços de utilização compulsória dão ensejo à cobrança de taxas pela simples disponibilização do serviço (= utilização potencial) - art. 79, I, b, do CTN; B: incorreta, pois a taxa de serviço é compulsória, sendo irrelevante a existência de contrato (manifestação de vontade de quem quer que seja), em especial nos serviços de utilização compulsória (nos demais, pode ser falar em concordância do contribuinte na fruição do serviço, mas não contrato no sentido privatístico do termo); C: incorreta, pois o Judiciário reconhece a exigibilidade da taxa de fiscalização nos casos em que há estrutura efetiva para a fiscalização, ainda que o contribuinte individualmente considerado não tenha sido fiscalizado no período; D: correta, pois somente o ente político que tem competência substantiva para prestar o serviço ou realizar a fiscalização detém a correspondente competência tributária para exigir a taxa; E: discutível. Em princípio, a cobrança de taxa pela prestação de serviços específicos e divisíveis tem relação com a contraprestatividade, a remuneração individualizada desses serviços (diferente dos impostos, que não têm relação com atividade específica estatal em relação ao contribuinte). Por outro lado, a proporcionalidade tem relação com o princípio da isonomia, e a cobrança de taxa pode se dar em montante proporcional à fruição do serviço específico e divisível (quem utiliza mais, paga mais).
Gabarito "D".

(Auditor Fiscal/ES – CESPE) Consideram-se divisíveis os serviços públicos justificadores da cobrança de taxas quando
(A) forem de utilização compulsória e postos à disposição mediante atividade estatal.
(B) puderem ser usufruídos a qualquer título.
(C) forem suscetíveis de utilização, separadamente, pelos usuários.
(D) forem suscetíveis de utilização efetiva pela coletividade, e não somente pelo usuário.
(E) puderem ser destacados em unidades autônomas de atuação da administração.

Divisíveis são os serviços suscetíveis de utilização, separadamente, por parte de cada um dos seus usuários, nos termos do art. 79, III, do CTN, de modo que a alternativa "C" é a correta.
Gabarito "C".

(Auditor Fiscal Tributário da Receita Municipal/Cuiabá-MT – FGV) A iluminação pública no Município de Cuiabá, a teor de sua Lei Orgânica,
(A) será necessariamente custeada com recursos dos impostos municipais.
(B) será necessariamente custeada com recursos de taxa municipal instituída para tal fim específico.
(C) poderá ser custeada com recursos de taxa municipal; inexistindo esta, deverá ser custeada com recursos dos impostos municipais.
(D) necessariamente com recursos da contribuição de iluminação pública.
(E) poderá ser custeada com recursos dos impostos municipais ou, inexistindo dotação orçamentária específica, com recursos excedentes das taxas municipais.

A: incorreta, pois o Município tem competência para instituir e cobrar a contribuição para custeio do serviço de iluminação pública, nos termos do art. 149-A da CF; B, C e E: incorretas, pois o Judiciário tem posição firme no sentido de que não cabe cobrança de taxa, pois o serviço de iluminação é indivisível – art. 79 do CTN – Súmula Vinculante 41/STF; D: correta, conforme comentários às alternativas anteriores.
Gabarito "D".

(Auditor do Tesouro Municipal/Recife-PE– FGV) A contribuição de melhoria tem como fato gerador a valorização de bem imóvel, resultante da execução de obra pública. O contribuinte do tributo é o proprietário do imóvel, o titular do seu domínio útil ou o possuidor, a qualquer título, de imóvel beneficiado pela execução de obra pública, ao tempo do lançamento.

Sobre as hipóteses de incidência da contribuição de melhoria, analise as afirmativas a seguir.

I. Alteração do traçado geométrico de vias e logradouros públicos.
II. Obras de pavimentação executadas na zona rural do Município.
III. Abertura, alargamento, pavimentação, iluminação, arborização, esgotos pluviais e outros melhoramentos de praças e vias públicas.

Assinale a opção que apresenta hipótese(s) de incidência da contribuição de melhoria.
(A) I, somente.
(B) II, somente.
(C) III, somente.
(D) I e II, somente.
(E) II e III, somente.

I e II: incorretas, pois, em princípio, a simples manutenção de vias e logradouros (além de pequenas alterações de melhoramentos já existentes) não dão ensejo à cobrança da contribuição de melhoria – ver RE 115.863/SP; III: correta, conforme comentário anterior, sendo casos de efetiva melhoria apta a valorizar os imóveis próximos.
Gabarito "C".

(Auditor Fiscal – São Paulo/SP – FCC) Um contribuinte deixou de emitir o documento fiscal referente a uma prestação de serviço tributada pelo ISS, tributo de competência municipal, e, como consequência, foi-lhe aplicada penalidade pecuniária pelo descumprimento dessa obrigação acessória (art. 230, *caput*, inciso V, alínea "a" do Decreto Municipal 52.703/2011)

Essa penalidade pecuniária
(A) é taxa, pois tem a finalidade de ressarcir o erário pelo dano causado pelo descumprimento de uma obrigação acessória.
(B) é imposto, pois está prevista na legislação do ISS.
(C) não é imposto, mas é tributo, em sentido amplo, pois tem natureza compulsória.
(D) é tributo, porque é cobrado por meio de atividade vinculada, conforme estabelece o Código Tributário Nacional.
(E) não é tributo, pois sanção pelo cometimento de ato ilícito não pode ser definida como tributo.

A penalidade pecuniária por infração da legislação tributária, embora seja objeto da obrigação tributária principal (art. 113, § 1.º, do CTN), não se confunde com tributo, por definição (art. 3.º do CTN). Importante salientar que taxas, impostos e contribuições de melhoria são espécies de tributo, nos termos do art. 145 da CF. Por essas razões, a alternativa "E" é a correta.

Gabarito "E".

(**Auditor Fiscal – São Paulo/SP – FCC**) Projeto de lei estadual, no intuito de fiscalizar a pesca esportiva no rio Piracicaba, foi enviado à Assembleia Legislativa, propondo a criação da *Taxa de Fiscalização de Pesca do Rio Piracicaba*, como meio de custear aparato fiscalizador estadual das atividades de pesca do referido rio. Tendo em vista que os benefícios trazidos por tal fiscalização atingiriam toda a população das cidades ribeirinhas, o projeto de lei em questão propunha que a base de cálculo da taxa pelo exercício do poder de polícia sobre a pesca esportiva fosse o valor venal dos imóveis localizados no perímetro urbano das cidades, desde que esses imóveis se encontrassem na zona limítrofe do rio Piracicaba, até a distância máxima de 10 km. O projeto de lei não foi aprovado pela Assembleia Legislativa, tendo sido arquivado, sob o fundamento de inconstitucionalidade.

Com base na situação descrita acima, é correto afirmar:

(A) Nas circunstâncias descritas e pela relevância social do projeto de lei proposto, somente a União teria competência para instituir um imposto extraordinário, com a mesma finalidade e com a mesma base de cálculo do IPTU.

(B) Como a competência para instituir taxas pelo exercício do poder de polícia é exclusiva dos municípios, o projeto de lei deveria ser municipal.

(C) A taxa não pode ter base de cálculo idêntica à que corresponda a imposto.

(D) A espécie tributária a ser criada deveria ser uma contribuição de melhoria, e não uma taxa pelo exercício do poder de polícia, tendo em vista os benefícios trazidos pela fiscalização da pesca às cidades ribeirinhas.

(E) A espécie tributária a ser criada deveria ser um imposto estadual com base de cálculo idêntica à do IPTU, e não uma taxa pelo exercício do poder de polícia.

A: incorreta, até porque o imposto extraordinário somente pode ser instituído em caso de guerra externa ou sua iminência – art. 154, II, da CF; **B**: incorreta, pois todos os entes políticos podem instituir taxas pelo exercício do regular poder de polícia inserido; **C**: essa é a correta, nos termos do art. 145, § 2.º, da CF, art. 77, parágrafo único, do CTN e Súmula Vinculante 29/STF. No caso, a base de cálculo da taxa coincidiria com a do IPTU, o que seria inconstitucional; **D e E**: incorretas, pois o custeio do exercício do poder de polícia pode se dar por meio de taxa, a ser instituída por quem detém a competência e efetivamente realiza a fiscalização – art. 145, II, da CF e art. 77 do CTN.

Gabarito "C".

(**Auditor Fiscal – São Paulo/SP – FCC**) A realização de obras públicas, que transformaram uma região anteriormente pantanosa em um belo e aprazível parque, ocasionou a valorização da maior parte dos imóveis localizados em suas proximidades, da seguinte maneira:

– o imóvel "A", que valia R$ 4.000.000,00 antes das obras, teve fator de absorção do benefício de valorização de 200%, passando a valer R$ 12.000.000,00.

– o imóvel "B", que valia R$ 3.000.000,00 antes das obras, teve fator de absorção do benefício da valorização de 100%, passando a valer R$ 6.000.000,00.

– o imóvel "C", que valia R$ 2.000.000,00 antes das obras, teve fator de absorção do benefício da valorização de 50%, passando a valer R$ 3.000.000,00.

– o imóvel "D" não teve valorização alguma em decorrência das obras realizadas.

Obs.: Todos os quatro imóveis têm a mesma área de terreno e o que determinou a diferença nos fatores de absorção do benefício da valorização foram elementos alheios à dimensão do terreno. O custo total da obra foi orçado em R$ 6.000.000,00 e a referida contribuição deverá custeá-la integralmente.

Com base nessas informações e considerando que o município em questão editou lei ordinária estabelecendo a cobrança de contribuição de melhoria para fazer face ao custo dessa obra, é correto afirmar que

(A) a municipalidade poderá exigir do proprietário do imóvel "C" contribuição de melhoria no valor de R$ 500.000,00, mesmo que seu imóvel tenha sido valorizado em R$ 1.000.000,00, desde que o limite total da exigência referente ao custo da obra não ultrapasse R$ 6.000.000,00.

(B) os proprietários dos imóveis "A", "B", "C" e "D" deverão pagar contribuição de melhoria, pois estão na zona beneficiada.

(C) os proprietários dos imóveis "A", "B" e "C" deverão pagar contribuição de melhoria, desde que a fixação das bases de cálculo e dos fatos geradores respectivos sejam estabelecidos por lei complementar.

(D) os proprietários dos imóveis "A", "B" e "C", que tiveram seus imóveis efetivamente valorizados com a obra, deverão ratear integralmente o valor de custo da obra, com base na área do terreno de cada um deles, cabendo a cada um o valor de R$ 2.000.000,00.

(E) a municipalidade poderá exigir, cumulativamente, de todos os quatro proprietários, contribuição de melhoria em valor igual ao da valorização de seus respectivos imóveis, cabendo ao imóvel "A" pagar R$ 8.000.000,00, ao imóvel "B" pagar R$ 3.000.000,00, ao imóvel "C" pagar R$ 1.000.000,00 e não cabendo nada a "D", perfazendo um total de R$ 12.000.000,00.

A: assertiva correta, pois se observam ambos os limites para a cobrança (individual e total) – art. 81 do CTN; **B**: incorreta, pois não pode haver cobrança em relação ao imóvel "D", já que, quanto a ele, não houve fato gerador (= valorização imobiliária decorrente da obra) – art. 145, III, da CF e art. 81 do CTN; **C**: incorreta, pois não há reserva de lei complementar. Basta lei ordinária municipal, no caso (note que o art. 146, III, a, da CF refere-se apenas a impostos); **D**: incorreta, pois nenhum proprietário poderá ser compelido a pagar mais do que o valor da valorização imobiliária correspondente (= limite individual) – art. 81 do CTN; **E**: incorreta, pois o fisco não pode cobrar mais do que o valor da obra (= limite total) – art. 81 do CTN.

Gabarito "A".

(**Auditor Fiscal – São Paulo/SP – FCC**) Admitindo-se que caiba apenas aos Estados federados colocar à disposição da população um determinado serviço público específico e divisível, e, admitindo-se, também, que, em decorrência de omissão de alguns Estados, os municípios neles localizados resolvam, fora do âmbito de suas respectivas atribuições, tornar esse serviço disponível às suas respectivas populações, cobrando, em razão disso, taxas pelos serviços que estão sendo colocados à sua disposição, conclui-se que a instituição dessa taxa está em

(A) desconformidade com a legislação, pois as taxas só podem ser cobradas em razão de serviços efetivamente prestados e não meramente colocados à disposição do munícipe.
(B) desconformidade com a legislação, pois uma pessoa jurídica de direito público não pode cobrar taxa por atividade que não esteja no âmbito de suas respectivas atribuições.
(C) conformidade com a legislação, desde que o Estado delegue sua competência tributária para o município.
(D) desconformidade com a legislação, pois a atividade desenvolvida pelo município deve ser prestada gratuitamente, custeada pela receita geral de impostos, já que os municípios não estão constitucionalmente autorizados a cobrar taxa de espécie alguma.
(E) conformidade com a legislação, pois, se o Estado não exerceu sua competência constitucional, o município deve fazê-lo, cobrando, consequentemente, as taxas cabíveis.

Não é possível a cobrança da taxa, pois o respectivo serviço deve ser estar inserido no âmbito de suas atribuições, conforme o art. 80 do CTN. Ou seja, se o ente político presta serviço fora de suas atribuições (sem que possua competência material para isso), não poderá cobrar taxa em relação a essa atividade. Por essa razão, a alternativa "B" é a correta.
Gabarito "B".

(Auditor Fiscal − São Paulo/SP − FCC) Claudio Ladeira é proprietário de bem imóvel, localizado no Município de São Paulo, em via não asfaltada. Em janeiro de 2012, a Prefeitura iniciou a execução de plano de obra pública de pavimentação da via, cujo edital prevê a incidência de Contribuição de Melhoria aos imóveis beneficiados pela obra. Essa Contribuição será arrecadada dos proprietários de imóveis beneficiados por obras

(A) públicas, executadas pela Prefeitura exclusivamente por meio de seus órgãos da Administração direta.
(B) de pavimentação de vias e logradouros, executadas pela Prefeitura por meio de seus órgãos da Administração direta ou indireta, em relação aos imóveis localizados na zona rural.
(C) de pavimentação de vias e logradouros, executadas pela Prefeitura por meio de seus órgãos da Administração direta ou indireta.
(D) de pavimentação, reparação e recapeamento de pavimento, de alteração do traçado geométrico de vias e logradouros públicos e de colocação de guias e sarjetas, em relação aos imóveis localizados na zona urbana.
(E) de reparação e recapeamento de pavimento, de alteração do traçado geométrico de vias e logradouros públicos e de colocação de guias e sarjetas, em relação aos imóveis localizados na zona urbana.

A: incorreta, pois não há restrição quanto à execução da obra, que pode ser feita por empresa contratada pelo Poder Público, por exemplo; **B**: incorreta, pois não há restrição quanto ao imóvel estar localizada na zona rural ou urbana (a contribuição pode abarcar todos, nos termos da lei instituidora do tributo); **C**: essa é a correta, nos termos do art. 145, III, da CF e do art. 81 do CTN; **D**: incorreta, pois as obras descritas na questão referem-se apenas à pavimentação. Ademais, há jurisprudência no sentido de que a manutenção de bens públicos (reparação e recapeamento, no caso) não dão ensejo à contribuição de melhoria, pois não implicam efetiva valorização imobiliária (apenas recuperação do valor); **E**: incorreta, conforme comentários às alternativas "B" e "D".
Gabarito "C".

(Auditor Fiscal − São Paulo/SP − FCC) Carlos Maximus é proprietário de bem imóvel localizado no Município de São Paulo. Verificada a ocorrência de fato gerador da Contribuição de Melhoria envolvendo seu imóvel, foi notificado para o pagamento do tributo. NENHUMA parcela anual da Contribuição de Melhoria poderá ser superior a

(A) 3% do valor venal do imóvel, apurado para efeito de cálculo do IPTU, no exercício de cobrança de cada uma dessas parcelas.
(B) 5% do valor venal do imóvel, apurado para efeito de cálculo do IPTU, no exercício de cobrança da contribuição.
(C) 8% do valor venal do imóvel, apurado para efeito de cálculo do IPTU, no exercício de cobrança de cada uma dessas parcelas.
(D) 20% do valor apurado de IPTU, no exercício de cobrança de cada uma dessas parcelas.
(E) 40% do valor apurado de IPTU, no exercício de cobrança da contribuição.

O art. 12, *caput*, do DL 195/1967 dispõe que a contribuição de melhoria será paga pelo contribuinte da forma que a sua parcela anual não exceda a 3% (três por cento) do maior valor fiscal do seu imóvel, atualizado à época da cobrança. Por essa razão, a alternativa "A" é a correta.
Gabarito "A".

(Auditor Fiscal − São Paulo/SP − FCC) Letícia Barbieri, proprietária de bem imóvel localizado no Município de São Paulo, não promoveu o pagamento da Contribuição de Melhoria, incidente sobre seu imóvel, na data de seu vencimento. Tal débito tributário, não pago no respectivo vencimento, fica acrescido de

I. multa moratória de 20%, se o pagamento efetuar-se após o vencimento.
II. multa moratória de 25% sobre o valor da contribuição devida, quando apurado o débito pela fiscalização.
III. multa equivalente a 0,33%, por dia de atraso, sobre o valor do imposto devido, até o limite de 30%.
IV. juros moratórios de 1% ao mês, a partir do mês imediato ao do vencimento.
V. correção monetária.

Está correto o que se afirma APENAS em

(A) I, IV e V.
(B) II, IV e V.
(C) III, IV e V.
(D) III e V.
(E) IV e V.

A fixação de penalidade pecuniária, juros e correção monetária pelo atraso no pagamento de tributos é feita pela legislação do ente competente. No caso, a legislação do Município de São Paulo prevê multa moratória de 20%, juros moratórios de 1% ao mês e correção monetária - art. 13, I, II e III, respectivamente, da Lei Municipal 10.212/1986 de São Paulo. Por essa razão, a alternativa "A" é a correta.
Gabarito "A".

6. DIREITO TRIBUTÁRIO

(Auditor Fiscal da Receita Federal – ESAF) Sobre as taxas, podemos afirmar, exceto, que:

(A) o fato gerador da taxa não é um fato do contribuinte, mas um fato do Estado; este exerce determinada atividade, e por isso cobra a taxa das pessoas que dela se aproveitam.
(B) a atuação estatal referível, que pode ensejar a cobrança de taxa, pode consistir no exercício regular do poder de polícia.
(C) a atuação estatal referível, que pode ensejar a cobrança de taxa, pode consistir na prestação ao contribuinte, ou na colocação à disposição deste, de serviço público específico, divisível ou não.
(D) as atividades gerais do Estado devem ser financiadas com os impostos, e não com as taxas.
(E) o poder de polícia, que enseja a cobrança de taxa, considera-se regular quando desempenhado pelo órgão competente e nos limites da lei aplicável, com observância do processo legal e, tratando-se de atividade que a lei tenha como discricionária, sem abuso ou desvio de poder.

A e B: assertivas corretas, pois o fato gerador da taxa é sempre uma atividade estatal específica voltada ao contribuinte (referível ao contribuinte, na terminologia de Geraldo Ataliba), seja a prestação de serviço público, seja o exercício do poder de polícia – art. 145, II, da CF; C: incorreta, pois somente os serviços públicos específicos e divisíveis dão ensejo à taxa (os indivisíveis não); D: assertiva adequada. De fato, os impostos, cujos fatos geradores não se referem a atividades estatais específicas, não podem, em regra, ter seus recursos vinculados a despesa específica, exatamente por que se prestam a custear as atividades gerais do Estado – art. 167, IV, da CF e art. 16 do CTN; E: assertiva correta, nos termos do art. 78, parágrafo único, do CTN.
Gabarito "C".

(Auditor Fiscal da Receita Federal – ESAF) Em relação aos empréstimos compulsórios, é correto afirmar que:

(A) é um tributo, pois atende às cláusulas que integram o art. 3º do Código Tributário Nacional.
(B) é espécie de confisco, como ocorreu com a retenção dos saldos de depósitos a vista, cadernetas de poupança e outros ativos financeiros, por ocasião do chamado "Plano Collor" (Lei n. 8.024/90).
(C) o conceito de 'despesa extraordinária' a que alude o art. 148, inciso I, da Constituição Federal, pode abranger inclusive aquelas incorridas sem que tenham sido esgotados todos os fundos públicos de contingência.
(D) se conceitua como um contrato de direito público, com a característica da obrigatoriedade de sua devolução ao final do prazo estipulado na lei de sua criação.
(E) se subordina, em todos os casos, ao princípio da anterioridade da lei que o houver instituído.

A: assertiva correta, pois hoje é pacífico o entendimento de que o empréstimo compulsório tem natureza tributária – ver RE 146.615/PE; B: incorreta, pois se trata de tributo válido, constitucionalmente previsto – art. 148 da CF; C: incorreta, pois, em princípio, se há disponibilidade orçamentária e financeira para incorrer à despesa, não há razão para instituição do empréstimo compulsório, cuja receita deve, necessariamente, ser vinculada à despesa que fundamentou sua instituição – art. 148, parágrafo único, da CF; D: incorreta, pois não mais se aceita a classificação do empréstimo compulsório como "contrato coativo" – ver RE 111.954/PR e REsp 638.862/PR, afastando a aplicação da Súmula 418/STF; E: incorreta, pois o empréstimo compulsório instituído no caso de investimento público de caráter urgente e de relevante interesse nacional deve observar o princípio da anterioridade – art. 148, II, da CF.
Gabarito "A".

(Auditor Fiscal da Receita Federal – ESAF) Taxas, na dicção do artigo 145, inciso II, da Constituição Federal, constituem a modalidade de tributo que se podem cobrar em razão do exercício do poder de polícia ou pela utilização, efetiva ou potencial, de serviços públicos específicos e divisíveis, prestados ao contribuinte ou postos à sua disposição. Sobre a taxa, é errado afirmar que

(A) é um tributo cuja base de cálculo ou fato gerador há de ser diversa dos de imposto, e não pode ser calculada em função do capital das empresas.
(B) competente para instituir e cobrar a taxa é a pessoa política – União, Estado, Distrito Federal ou Município – legitimada para a realização da atividade que caracterize o fato gerador do tributo.
(C) os serviços públicos que ensejam sua cobrança consideram-se utilizados pelo contribuinte, efetivamente, quando, sendo de utilização compulsória, sejam postos à sua disposição mediante atividade administrativa em efetivo funcionamento.
(D) serviços públicos específicos são aqueles destacáveis em unidades autônomas de intervenção, de utilidade ou de necessidade públicas.
(E) serviços públicos divisíveis são aqueles suscetíveis de utilização, separadamente, por parte de cada um dos seus usuários.

A: art. 145, § 2º, da CF e art. 77, parágrafo único, in fine, do CTN; B: art. 77, caput, do CTN; C: a assertiva descreve a utilização potencial do serviço, que dá ensejo à taxa, e não a utilização efetiva – art. 79, I, do CTN; D: art. 79, II, do CTN; E: art. 79, III, do CTN.
Gabarito "C".

(Auditor Fiscal da Receita Federal – ESAF) Indique a opção que preenche corretamente as lacunas, consideradas as pertinentes disposições do Código Tributário Nacional.
Para efeito de fato gerador e cobrança de taxa, considera-se regular o exercício do poder de polícia quando desempenhado _____ nos limites da lei aplicável, com observância _____ e, tratando-se de atividade que a lei tenha como _____, sem abuso ou desvio de poder.

(A) pelo Poder Público / das disposições regulamentares aplicáveis / contrária aos bons costumes
(B) por órgão de segurança pública / das normas administrativas aplicáveis / perigosa
(C) pelo órgão competente / de procedimentos administrativos / vinculada
(D) somente por órgão de segurança pública / do devido processo legal / atentatória a direitos fundamentais
(E) pelo órgão competente / do processo legal / discricionária

A frase, completada com as expressões da alternativa E, define o regular exercício do poder de polícia, conforme o art. 78, parágrafo único, do CTN.
Gabarito "E".

(Auditor Fiscal da Receita Federal – ESAF) A assertiva errada, entre as constantes abaixo, é a que afirma que

(A) a instituição de empréstimos compulsórios só pode ser feita por lei complementar.

(B) um dos fundamentos possíveis do empréstimo compulsório é a calamidade pública.
(C) a simples iminência de guerra externa pode justificar a instituição de empréstimos compulsórios.
(D) no caso de investimento público de relevante interesse nacional e de caráter urgente não se aplica o princípio da anterioridade.
(E) os recursos provenientes de empréstimo compulsório só podem ser aplicados para atender à despesa que tiver fundamentado a sua instituição.

A: art. 148 da CF; **B** e **C:** art. 148, I, da CF; **D:** na hipótese, aplica-se o princípio da anterioridade (diferentemente do empréstimo compulsório decorrente de despesa extraordinária, que não se sujeita a esse princípio) – art. 148, II, *in fine*, da CF; **E:** art. 148, parágrafo único, da CF.
Gabarito "D".

(Auditor Fiscal da Receita Federal – ESAF) Responda às perguntas:

O Município de Campinas instituiu a taxa de serviços urbanos, cuja base de cálculo repousa nos elementos localização, área e dimensões do imóvel. Essa taxa é constitucional?

O texto constitucional (art. 145, III) deixou de se referir expressamente à valorização imobiliária, ao cogitar de contribuição de melhoria. Com isso, o acréscimo do valor do imóvel localizado nas áreas beneficiadas direta ou indiretamente por obras públicas ainda figura como fato gerador da contribuição?

O imposto sobre operações financeiras está sujeito ao princípio da anterioridade?

(A) Não, não, não
(B) Não, sim, não
(C) Sim, não, não
(D) Sim, sim, não
(E) Sim, sim, sim

1: essa exação tem base de cálculo própria de imposto imobiliário (IPTU), que não pode ser adotada para taxas – art. 145, § 2º, da CF; **2:** a valorização imobiliária é pressuposto para a cobrança da contribuição de melhoria, apesar de o art. 145, III, da CF não fazer referência expressa a isso – art. 81 do CTN; **3:** o IOF não se submete ao princípio da anterioridade – art. 150, § 1º, da CF.
Gabarito "B".

(Auditor Fiscal da Previdência Social – ESAF) Com referência a tributo e suas espécies, é correto afirmar que:

(A) empréstimo compulsório, contribuição de melhoria, contribuição de intervenção no domínio econômico e compensação financeira aos Estados pela exploração de petróleo por empresas privadas são espécies tributárias.
(B) tributo é um gravame cuja obrigação tem por fato gerador uma situação independente de qualquer atividade estatal específica, relativa ao contribuinte.
(C) são espécies tributárias, entre outras, imposto, taxa, contribuição em favor de categoria profissional, preço público e contribuição de intervenção no domínio econômico.
(D) tributo é toda prestação pecuniária compulsória, em moeda, ou cujo valor nela se possa exprimir, que não constitua sanção de ato ilícito, instituída em lei e cobrada mediante atividade administrativa plenamente vinculada.
(E) tributo é a prestação pecuniária compulsória, em moeda, ou cujo valor nela se possa exprimir, instituída em lei e cobrada mediante atividade administrativa plenamente vinculada, que não constitua sanção de ato ilícito, ressalvado o caso de ato ilícito que requeira reparação em virtude de guerra.

A: a compensação financeira pela exploração de petróleo não tem natureza tributária; **B:** a assertiva descreve os impostos (não os tributos em geral) – art. 16 do CTN; **C:** preço público não é tributo (não há compulsoriedade); **D:** a assertiva descreve o tributo, conforme o art. 3º do CTN; **E:** em nenhuma hipótese o tributo decorre de ato ilícito – art. 3º do CTN.
Gabarito "D".

(Auditor Fiscal/RO – FCC) Para se identificar a natureza jurídica específica de um tributo considera-se, em regra,

(A) a validade jurídica dos atos efetivamente praticados pelos contribuintes.
(B) os efeitos dos atos jurídicos efetivamente ocorridos.
(C) a denominação e demais características formais adotadas pela lei.
(D) o fato gerador da respectiva obrigação tributária.
(E) a destinação legal do produto de sua arrecadação.

Nos exatos termos do art. 4º do CTN, a natureza jurídica específica do tributo é determinada pelo fato gerador da respectiva obrigação, sendo irrelevantes para qualificá-la: (i) a denominação e demais características formais adotadas pela lei ou (ii) a destinação legal do produto da sua arrecadação. Por essa razão, a alternativa D é a correta. A doutrina aceita que, além do fato gerador, também a base de cálculo indica a natureza jurídica específica do tributo.
Gabarito "D".

(Auditor Fiscal/RO – FCC) Sobre as características das espécies de tributos, é correto afirmar que

(A) imposto é o tributo cuja obrigação tributária tem por fato gerador uma atividade estatal.
(B) taxa é o tributo cuja obrigação tributária tem por fato gerador uma obra pública.
(C) contribuição de melhoria é uma espécie de tributo vinculado a uma prévia atividade estatal, qual seja, obra pública.
(D) o empréstimo compulsório é um tributo de competência comum e pode ser instituído por medida provisória em caso de investimento urgente.
(E) a contribuição para o custeio do serviço de iluminação pública é de competência exclusiva dos Estados e Distrito Federal.

A: incorreta, pois o imposto é tributo desvinculado, ou seja, seu fato gerador não tem relação com atividade estatal específica, relativa ao contribuinte – art. 16 do CTN; **B:** incorreta, pois o fato gerador da taxa é sempre (i) serviço público específico ou divisível ou (ii) exercício do poder de polícia – art. 145, II, da CF; **C:** assertiva correta. O fato gerador da contribuição de melhoria é a valorização imobiliária decorrente de obra pública. Por isso, a atividade estatal é indireta e mediatamente (não diretamente ou imediatamente) referida ao contribuinte – art. 145, III, da CF e art. 81 do CTN; **D:** incorreta, por duas razões. Em primeiro lugar, a competência é exclusiva da União (não é competência comum a todos os entes políticos), ou seja, somente ela pode instituir empréstimo compulsório – art. 148 da CF. Em segundo lugar, a instituição do empréstimo compulsório se dá por lei complementar federal, que não pode ser substituída por medida provisória – art. 62, § 1º, III, c/c art. 148 da CF; **E:** incorreta, pois a competência para a instituição da contribuição para custeio do serviço de iluminação pública é exclusiva dos Municípios e do Distrito Federal – art. 149-A da CF.
Gabarito "C".

(Auditor Fiscal/SC – FEPESE) Assinale a alternativa **correta**.

(A) A natureza jurídica específica do tributo é determinada pelo fato gerador da respectiva obrigação, sendo relevante igualmente, conforme o Código Tributário Nacional, a destinação legal do produto de sua arrecadação.
(B) Tributo, nos termos do CTN, é toda prestação pecuniária compulsória, em moeda ou cujo valor nela se possa exprimir, que não constitua sanção de ato ilícito, instituída em lei, e cobrada mediante atividade administrativa plenamente vinculada.
(C) O Empréstimo Compulsório, conforme a Constituição Federal, pode ser instituído pela União e pelos Estados membros da Federação, nesse caso desde que a Constituição estadual fixe sua competência.
(D) Com a redação do art.145, III, CF, o critério da valorização deixou de ser importante para caracterizar o aspecto material da hipótese de incidência da Contribuição de Melhoria, sendo esta a orientação majoritária da doutrina e jurisprudência nacionais.
(E) O costume não pode ser fonte primária ou secundária de direito tributário, eis que, de acordo com o princípio da legalidade tributária, o tributo somente pode ser instituído ou aumentado por lei, ato formal e materialmente emanado do Poder Legislativo.

A: incorreta, pois a destinação legal do produto da arrecadação é irrelevante para a definição da natureza jurídica específica do tributo – art. 4º, II, do CTN. Perceba, entretanto, que a destinação não é irrelevante para o direito tributário (apenas é irrelevante para a definição da natureza jurídica específica do tributo). A receita do empréstimo compulsório, por exemplo, deve obrigatoriamente ser vinculada à despesa que lhe deu origem – art. 148, parágrafo único, da CF; **B:** assertiva correta, pois indica a definição de tributo, conforme o art. 3º do CTN; **C:** incorreta, pois a competência para instituição do empréstimo compulsório é exclusiva da União; **D:** incorreta. Embora o art. 145, III, da CF não faça referência à valorização imobiliária, como as Constituições anteriores, a doutrina majoritária e a jurisprudência pacífica indicam que ela representa o fato gerador da contribuição de melhoria, ou seja, somente quando há valorização imobiliária decorrente da obra pública é que a contribuição pode ser exigida; **E:** incorreta, por duas razões. Em primeiro lugar, aceita-se que a medida provisória (que não é lei em sentido estrito, pois emanada pelo Executivo) pode instituir e alterar tributos, desde que não se exija lei complementar. Em segundo lugar, embora não seja exatamente costume, a prática reiteradamente observada pela autoridade administrativa (não a prática ou o costume dos contribuintes) é considerada norma complementar tributária – art. 100, III, do CTN.

Gabarito "B".

(Agente Tributário Estadual/MS – ESAF) Assinale as proposições abaixo com F para falsa ou V para verdadeira e, a seguir, indique a opção que contém a sequência correta.

( ) A Contribuição de Melhoria é devida sempre que o Estado realizar obra pública.
( ) O contribuinte pode pagar o débito referente à Contribuição de Melhoria com apólices da dívida pública emitidas especialmente para o financiamento da obra, pelo valor nominal.
( ) O lançamento da Contribuição de Melhoria sobre determinados imóveis deve ser realizado quando já executada a obra em sua totalidade ou em parte suficiente para justificar a exigência.

(A) F, V, V
(B) F, F, F
(C) F, F, V
(D) V, V, V
(E) V, V, F

1ª: a contribuição de melhoria somente pode ser cobrada se houver valorização imobiliária decorrente da obra pública – art. 145, III, da CF e art. 81 do CTN; 2ª: essa possibilidade é prevista pelo art. 12, § 4º, do Decreto-Lei 195/1967; 3ª: art. 9º do Decreto-Lei 195/1967.

Gabarito "A".

5. LEGISLAÇÃO TRIBUTÁRIA – FONTES

(Auditor Fiscal Tributário Municipal – Prefeitura Cuiabá – 2016 – FGV) A expressão "*legislação tributária*" compreende as leis, os tratados e as convenções internacionais, os decretos e as normas complementares que versem sobre tributos e relações jurídicas a eles pertinentes.

Sobre a legislação tributária, assinale a afirmativa ***incorreta***.

(A) A lei tributária não se aplica a ato ou fato pretérito, ainda que seja expressamente interpretativa, sob pena de violação do princípio da irretroatividade.
(B) Somente a lei pode estabelecer a cominação de penalidades para ações e omissões contrárias a seus dispositivos.
(C) Os tratados e convenções internacionais podem revogar ou modificar a legislação tributária interna.
(D) O Poder Executivo pode, nas condições e nos limites estabelecidos em lei, alterar as alíquotas do imposto de Importação, Imposto de Exportação, Imposto sobre Produtos Industrializados e Imposto sobre Operações Financeiras.
(E) A lei tributária não pode alterar a definição, o conteúdo e o alcance de institutos, conceitos e formas de direito privado, utilizados pela Constituição Federal, para definir ou limitar competências tributárias.

A: incorreta, pois a lei expressamente interpretativa aplica-se excepcionalmente a fato pretérito – art. 106, I, do CTN; **B:** correta – art. 97, V, do CTN; **C:** correta, sendo essa a literalidade do art. 98 do CTN. Importante ressaltar que o STF decidiu que o disposto no art. 151, III, da CF não impede a concessão de isenções tributárias heterônomas por meio de tratados internacionais, ou seja, é possível instituição de benefícios fiscais relativos a tributos estaduais ou municipais por meio de tratados internacionais (RE 543.943 AgR/PR); **D:** correta – art. 153, § 1º, da CF; **E:** correta – art. 110 do CTN.

Gabarito "A".

(Auditor Fiscal da Receita Municipal – Prefeitura Teresina/PI – 2016 – FCC) O Código Tributário Nacional traz disciplina a respeito das normas da legislação tributária em geral, normas essas que incluem os tratados internacionais. De acordo com esse Código, os tratados internacionais

(A) modificam, mas não revogam, a legislação tributária interna.
(B) estabelecem a forma por meio da qual, mediante anuência do Senado Federal, as Fazendas Públicas da União, dos Estados e dos Municípios poderão disciplinar isenções de tributos federais, estaduais e municipais com Estados estrangeiros.
(C) podem versar sobre obrigações acessórias, mas, no tocante às obrigações principais, não podem versar sobre matérias atinentes a taxas e contribuições em geral, inclusive sobre contribuição de melhoria.

(D) admitem, como normas complementares a eles, os atos normativos expedidos pelas autoridades administrativas.
(E) estão compreendidos na expressão "legislação tributária", definida no referido Código, enquanto as convenções internacionais não estão.

A: incorreta, pois, pela literalidade do art. 98 do CTN, os tratados e as convenções internacionais revogam ou modificam a legislação tributária interna, e serão observados pela que lhes sobrevenha; **B:** incorreta, pois os tratados internacionais somente podem ser firmados pela União; **C:** incorreta, pois os tratados podem versar sobre matéria tributária em geral, compondo a legislação tributária – art. 96 do CTN; **D:** correta, pois os atos normativos expedidos pelas autoridades administrativas são normas complemtares das leis, dos tratados e das convenções internacionais e dos decretos, nos termos do art. 100, I, do CTN; **E:** incorreta, pois os tratados e as convenções internacionais integram a legislação tributária, nos termos do art. 96 do CTN.

Gabarito "D".

Veja a seguinte tabela, que indica a produção do tratado e sua introdução no sistema jurídico interno brasileiro (em princípio, não há "acordos executivos", sem referendo pelo Congresso Nacional, em matéria tributária):

1º O Presidente da República celebra o tratado, muitas vezes por meio de plenipotenciário - art. 84, VIII, da CF
2º O Congresso Nacional referenda o tratado, aprovando-o por decreto legislativo – art. 49, I, da CF
3º O Presidente ratifica o tratado, manifestando o consentimento aos demais países
4º O Presidente promulga o tratado, por decreto, cuja publicação insere-o no sistema jurídico interno

(Auditor Fiscal da Receita Municipal – Prefeitura Teresina/PI – 2016 – FCC) A Constituição Federal, em diversos de seus dispositivos, determina expressamente que o legislador federal edite normas jurídicas por meio de lei complementar, o que acontece, inclusive, em relação às normas de natureza tributária. De acordo com o texto constitucional, é necessário lei complementar federal para

(A) fixar as alíquotas mínimas do ISS.
(B) instituir, no caso de guerra externa, impostos extraordinários, compreendidos ou não na competência tributária dos Municípios.
(C) definir os fatos geradores das contribuições de melhoria.
(D) definir a base de cálculo das taxas.
(E) instituir o ISS, bem como definir os serviços sujeitos a esse imposto.

A: correta – art. 156, § 3º, I, da CF; **B:** incorreta, pois os impostos extraordinários podem ser instituídos por lei ordinária federal. Ademais, o imposto pode ou não estar compreendido na competência tributária da própria União – art. 154, II, da CF; **C:** incorreta, pois basta lei ordinária de cada ente tributante para instituir as contribuições de melhoria com os respectivos fatos geradores, observando as diretrizes do art. 81 e seguintes do CTN. Somente os fatos geradores dos impostos previstos na Constituição é que precisam ser definidos por lei complementar federal – art. 146, III, *a*, da CF; **D:** incorreta, conforme comentários à alternativa "C", observando-se as diretrizes do art. 77 e seguintes do CTN; **E:** incorreta, pois a instituição do ISS se dá por lei ordinária de cada município e do DF. Já os serviços sujeitos ao ISS devem realmente ser listados em lei complementar federal – art. 156, III, da CF.

Gabarito "A".

(Auditor Fiscal – Prefeitura Ilhéus/BA – 2016 – CONSULTEC) A constituição, suspensão da exigibilidade, moratória, extinção e anistia do crédito tributário são disciplinadas

(01) pelo Código Tributário Nacional, observadas as normas do Código Tributário Municipal.
(02) pela Constituição Federal, observadas as normas do Código Tributário Nacional.
(03) apenas pelo Código Tributário Municipal.
(04) apenas pela Constituição Federal.
(05) apenas pelo Código Tributário Nacional.

1: correta, nos termos do art. 7º do Código Tributário Municipal de Ilhéus – Lei 3.723/2014 – CTM-Ilhéus; **2, 3, 4 e 5:** incorretas, conforme comentário anterior.

Gabarito 1.

(Auditor Fiscal Tributário da Receita Municipal/Cuiabá-MT – FGV) Determinado Estado da Federação aprova, por meio de lei complementar, uma taxa que vem depois a ser modificada por lei ordinária em relação a dois de seus comandos: alíquota e base de cálculo. Com base no exposto, assinale a afirmativa correta.

(A) A lei ordinária é inválida, pois não pode alterar a lei complementar.
(B) A lei ordinária é válida, pois a matéria por ela regulada não é reservada a uma lei complementar.
(C) A lei ordinária é válida em relação à alíquota mas não em relação à base de cálculo.
(D) A lei ordinária é válida em relação à base de cálculo mas não em relação à alíquota.
(E) A lei ordinária é inválida e sequer poderá ser convalidada por lei complementar superveniente.

O STF já pacificou o entendimento no sentido de que a lei complementar que veicular matéria própria de lei ordinária é materialmente lei ordinária (embora seja formalmente lei complementar). Assim, pode ser modificada por lei ordinária posterior – ver AI 702.533 AgR/RJ. Por essa razão, a alternativa "B" é a correta.

Gabarito "B".

(Auditor Fiscal Tributário da Receita Municipal/Cuiabá-MT – FGV) De acordo com o Código Tributário Nacional (CTN), a data de recolhimento de um tributo é tema reservado

(A) a uma Emenda à Constituição.
(B) a uma Lei Complementar.
(C) a uma Lei Ordinária.
(D) a uma Medida Provisória.
(E) a um Decreto.

A rigor, o CTN não faz referência direta ao instrumento que deve veicular norma atinente à data de vencimento dos tributos, mas a jurisprudência é pacífica no sentido de que pode ser por instrumento infralegal, de modo que as alternativas A, B, C e D são claramente incorretas. Entretanto, ainda que a alternativa "E" seja a melhor (já que o Judiciário reconhece essa possibilidade), não é exato dizer que a data de recolhimento seja matéria reservada a decreto. A rigor, o próprio art. 160 do CTN (que é lei complementar) fixa prazo residual de vencimento (30 dias após a notificação).

Gabarito "E".

(Auditor Fiscal/ES – CESPE) Considere que, em projeto de lei ordinária estadual, seja prevista a cobrança de ICMS, com alteração da base de cálculo prevista na lei complementar federal. Em face dessa situação hipotética, assinale a opção correta. Considere que a sigla CF, sempre que utilizada, se refira a Constituição Federal de1988.

(A) As limitações do poder de tributar, previstas na CF, servem para que as unidades da Federação possam exercer sua competência legislativa plena.
(B) As normas gerais definidoras do fato gerador e da base de cálculo para cada imposto estão previstas na CF, não sendo, portanto, o estado obrigado a observar o previsto a esse respeito na lei complementar federal.
(C) O estado possui competência para instituir tributo da forma que bem entender, uma vez que sua competência é plena no sistema federativo.
(D) Lei complementar estadual pode instituir tributo de forma diferente da lei complementar federal, por terem ambas a mesma hierarquia.
(E) O estado pode instituir tributo no momento em que desejar, devendo respeitar o disposto na CF no que se refere à instituição dos discriminados como de sua competência.

A: incorreta, pois as limitações constitucionais restringem exatamente a competência legislativa dos entes federados em matéria tributária; B: incorreta, pois base de cálculo e fato gerador dos impostos previstos na Constituição Federal são definidos por lei complementar federal – art. 146, III, a, da CF; C: incorreta, conforme comentário à alternativa "A"; D: incorreta, conforme comentário à alternativa "A"; E: correta, pois a competência tributária fixada pela Constituição é de exercício facultativo pelo ente político, embora sua inércia possa ser considerada irresponsabilidade fiscal – art. 11 da LRF.
Gabarito "E".

(Auditor Fiscal/ES – CESPE) Os convênios que, celebrados entre os entes da Federação, estabelecem regras sobre a concessão de benefícios fiscais têm, de acordo com o CTN, natureza de

(A) atos administrativos com hierarquia de leis ordinárias, dada a exigência constitucional de lei específica para a concessão de benefícios fiscais.
(B) normas complementares, considerados fonte formal secundária do direito tributário, dado que adstritas à predominância das normas contidas nas fontes principais.
(C) lei ordinária federal, decidida em âmbito federal.
(D) leis complementares federal, visto que regrarão norma prevista na CF.
(E) normas administrativas com a mesma hierarquia das resoluções fixadas pelo Senado Federal, em relação ao estabelecimento de alíquotas interestaduais do ICMS.

Os convênios são definidos como normas complementares, nos termos do art. 100, IV, do CTN, de modo que a alternativa "B" é a correta.
Gabarito "B".

(Auditor Fiscal Tributário da Receita Municipal/Cuiabá-MT – FGV) De acordo com a Lei Orgânica do Município de Cuiabá (LOMC), a concessão de isenção, anistia ou remissão de débitos tributários dependerá

(A) de despacho do Governador, em cada caso concreto.
(B) de autorização legislativa concedida por maioria simples.
(C) de autorização legislativa concedida por maioria absoluta.
(D) de decreto do Governador, aplicável a todos os casos que se enquadrem na mesma situação que levou à concessão do benefício.
(E) de resolução do Secretário de Estado de Fazenda, aplicável a todos os casos que se enquadrem na mesma situação que levou à concessão do benefício.

A, B e E: incorretas, claramente, pois benefícios fiscais devem ser concedidos por leis específicas, nos termos do art. 150, § 6º, da CF; B: incorreta, pois exige-se maioria absoluta naquele Município, por força do art. 88 de sua Lei Orgânica; C: correta, nos termos do comentário anterior.
Gabarito "C".

(Auditor Fiscal Tributário da Receita Municipal/Cuiabá-MT – FGV) Por meio de decreto, o Prefeito do Município de Cuiabá atualiza o valor monetário da base de cálculo do Imposto sobre a Propriedade Predial e Territorial Urbana (IPTU), ajustando-o ao valor de mercado dos imóveis, sem ultrapassar a inflação acumulada desde o último reajuste. O Decreto prevê que os novos valores serão observados a partir da data de sua publicação.

Tal mudança é

(A) inconstitucional, por violar o princípio da irretroatividade, apenas.
(B) inconstitucional, por violar o princípio da legalidade, apenas.
(C) inconstitucional, por violar os princípios da legalidade e da irretroatividade.
(D) legítima, pois a atualização do valor monetário da base de cálculo não constitui majoração de tributo.
(E) legítima, pois a majoração do IPTU pode ser promovida por decreto.

A, B e C: incorretas, pois a simples atualização monetária da base de cálculo, dentro dos limites dos índices oficiais de inflação, não é majoração real, de modo que pode ser veiculada por norma infralegal (art. 97, § 2º, do CTN e Súmula 160/STJ). Ademais, essa atualização da base de cálculo não se sujeita ao princípio da anterioridade anual – art. 150, § 1º, in fine, da CF. Finalmente, não há ofensa ao princípio da irretroatividade, no caso, já que a atualização se refere aos fatos geradores futuros; D: correta, conforme comentários anteriores; E: incorreta, pois se fosse efetiva majoração (acima dos índices oficiais de inflação) dependeria de lei – art. 150, I, da CF.
Gabarito "D".

(Auditor Fiscal da Receita Federal – ESAF) Em matéria tributária, de acordo com a Constituição Federal, compete à Lei Complementar, exceto,

(A) instituir as limitações constitucionais ao poder de tributar.
(B) dispor sobre obrigação, lançamento, crédito, prescrição e decadência tributários.
(C) estabelecer critérios especiais de tributação, com o objetivo de prevenir desequilíbrios da concorrência.
(D) dispor sobre o adequado tratamento tributário ao ato cooperativo praticado pelas sociedades cooperativas.
(E) estabelecer tratamento diferenciado e favorecido para as microempresas e para as empresas de pequeno porte, inclusive regimes especiais ou simplificados.

Nos termos do art. 146 da CF, cabe à lei complementar: "I - dispor sobre conflitos de competência, em matéria tributária, entre a União, os Estados, o Distrito Federal e os Municípios; II - regular as limitações constitucionais ao poder de tributar; III - estabelecer normas gerais em matéria de legislação tributária, especialmente sobre: *a)* definição de tributos e de suas espécies, bem como, em relação aos impostos discriminados na Constituição, a dos respectivos fatos geradores, bases de cálculo e contribuintes; *b)* obrigação, lançamento, crédito, prescrição e decadência tributários; *c)* adequado tratamento tributário ao ato cooperativo praticado pelas sociedades cooperativas; *d)* definição de tratamento diferenciado e favorecido para as microempresas e para as empresas de pequeno porte, inclusive regimes especiais ou simplificados no caso do imposto previsto no art. 155, II [ICMS], das contribuições previstas no art. 195, I e §§ 12 e 13 [da CF] e da contribuição a que se refere o art. 239 [da CF]". Ademais, nos termos do art. 146-A da Constituição, lei complementar poderá estabelecer critérios especiais de tributação, com o objetivo de prevenir desequilíbrios da concorrência, sem prejuízo da competência de a União, por lei, estabelecer normas de igual objetivo. Por essas razões, a alternativa "A" deve ser indicada (cabe à lei complementar, apenas, *regular* as limitações constitucionais ao poder de tributar, não *instituí-las*) – somente a CF institui limitações constitucionais, evidentemente.

Gabarito "A".

(Auditor Fiscal da Receita Federal – ESAF) Sobre a vigência da legislação tributária, assinale a opção *incorreta*.

(A) Entende-se por vigência a aptidão de uma norma para qualificar fatos, desencadeando seus efeitos de direito.
(B) Vigência e eficácia, atributos normativos que costumam existir simultaneamente, no Direito Tributário podem existir separadamente.
(C) Pode-se ter no Direito Tributário norma vigente mas não eficaz, como no caso das que majorem tributos, que em geral têm sua eficácia diferida para o início do exercício financeiro seguinte ao qual foi publicada; todavia, não se admite norma eficaz e não vigente.
(D) As normas constitucionais de eficácia limitada constituem exemplo de norma que, embora em vigor, não está apta a produzir efeitos.
(E) No caso das leis que necessitem regulamentação, é lícito ao regulamento, sem alterar o mandamento legal, estabelecer o termo *a quo* de incidência da novel norma tributária, não podendo ser interpretado, todavia, de forma a surpreender o contribuinte.

As definições de validade, vigência e eficácia das normas não são uniformes na doutrina e jurisprudência, o que pode gerar discussões em relação a esta questão. Seguindo a lição de Tércio Sampaio Ferraz e a normatização do CTN (art. 101), definimos que (a) validade é a pertinência da norma ao sistema jurídico, aquela produzida regularmente pelo órgão competente; (b) vigência é a delimitação temporal e espacial da validade da norma – art. 101 do CTN; e (c) eficácia refere-se à possibilidade de a norma produzir efeitos concretos. Exemplo de norma válida, mas não vigente: durante *vacatio legis*; exemplo de norma não válida, mas vigente: norma revogada, com vigência para fatos passados (ou vigor); exemplo de norma válida e vigente, mas não eficaz: ausência de regulamentação necessária para sua aplicação, antes do prazo da anterioridade (eficácia limitada). **A:** adequada, pois é comum essa definição, embora possa se confundir com eficácia; **B, D e E:** corretas, conforme comentários iniciais; **C:** essa é a incorreta, pois é possível norma válida e eficaz em relação a fatos pretéritos, por exemplo, ainda que já tenha sido revogada (não é mais vigente no tempo).

Gabarito "C".

(Analista-Tributário da Receita Federal – ESAF) Responda às perguntas abaixo e, em seguida, assinale a opção correta.

Os decretos que apenas em parte versem sobre tributos compreendem-se na expressão "legislação tributária"?

A cominação de penalidades para as ações ou omissões contrárias a seus dispositivos, ou para outras infrações nela definidas, relativa às obrigações principais ou acessórias, somente se pode estabelecer mediante lei?

Segundo o Código Tributário Nacional, a atualização do valor monetário da base de cálculo, de que resulte maior valor do tributo, pode ser feita por ato administrativo, em vez de lei?

(A) Não, não e não.
(B) Sim, sim e sim.
(C) Não, não e sim.
(D) Não, sim e não.
(E) Sim, não e não.

1: sim, pois a expressão "legislação tributária" compreende as leis, os tratados e as convenções internacionais, os decretos e as normas complementares que versem, no todo ou em parte, sobre tributos e relações jurídicas a eles pertinentes – art. 96 do CTN; **2:** sim, nos termos do art. 97, V, do CTN; **3:** sim, conforme o art. 97, § 2.º, do CTN, lembrando que essa atualização por norma infralegal deve observar os limites da inflação medida pelos índices oficiais (acima disso há majoração real do tributo, o que exige lei) – ver Súmula 160/STJ.

Gabarito "B".

(Auditor Fiscal – São Paulo/SP – FCC) A legislação tributária de um determinado município paulista atribui eficácia normativa às decisões de seus órgãos coletivos de jurisdição administrativa.

Esse órgão, por sua vez, em determinada ocasião, proferiu decisão administrativa dessa natureza, concluindo pela não incidência de um determinado tributo municipal.

Esse entendimento, todavia, não reflete a jurisprudência firmada nos tribunais judiciais superiores, que têm sido em sentido diverso, pela incidência desse tributo.

Com base na regra da legislação municipal que atribui eficácia normativa às decisões de seus órgãos coletivos de jurisdição administrativa, muitos munícipes deixaram de pagar o referido tributo, seguindo o entendimento desse tribunal administrativo. A fiscalização, porém, tomando ciência de que os tribunais judiciais superiores firmaram entendimento em sentido diverso, pela incidência desse tributo, adotou a mesma interpretação da legislação firmada nos tribunais superiores e passou a fazer o lançamento do referido tributo, observando os prazos decadenciais.

Relativamente a essa situação, a Fazenda Pública municipal

(A) nada poderá reclamar do contribuinte, nem mesmo o valor nominal do tributo, pois ele agiu em conformidade com decisão proferida em processo administrativo tributário à qual a lei daquele município atribui eficácia normativa.
(B) poderá reclamar o tributo devido, mas não poderá impor penalidades, nem reclamar juros de mora ou atualização monetária pelo imposto pago extemporaneamente.
(C) poderá reclamar o tributo devido, bem como impor penalidades e reclamar juros de mora e atualização monetária pelo tributo pago extemporaneamente.

(D) poderá reclamar o tributo devido e impor penalidades, mas não poderá reclamar juros de mora ou atualização monetária pelo imposto pago extemporaneamente.

(E) poderá reclamar o tributo devido, impor penalidades e reclamar atualização monetária sobre o imposto pago extemporaneamente, pois isso não implica aumento da base de cálculo do imposto, mas não poderá reclamar juros de mora pelo imposto pago extemporaneamente.

Essa situação enseja debate quanto à possibilidade de uma autoridade municipal descumprir uma norma local (decisão administrativa com efeitos normativos – art. 100, II, do CTN), ou ainda a possibilidade, sempre questionada, de o ente político recorrer judicialmente de decisão administrativa proferida por órgão de sua própria estrutura. Entretanto, a leitura das alternativas permite perceber que o examinador exigia apenas o conhecimento do disposto no art. 100, parágrafo único, do CTN, pelo qual o cumprimento de normas complementares pelos contribuintes, posteriormente consideradas ilegais ou inconstitucionais, não afasta o dever de recolher o tributo (conforme a lei e a Constituição), mas impede a imposição de penalidade, cobrança de juros de mora e atualização do valor monetário da base de cálculo do tributo. Por essa razão, a alternativa "B" é a correta.
Gabarito "B".

(Auditor Fiscal – São Paulo/SP – FCC) Um município brasileiro criou, hipoteticamente, por meio de lei ordinária, uma nova taxa, de conformidade com as normas gerais de direito tributário que disciplinam essa matéria, mas deixou para o decreto regulamentador a fixação de sua alíquota e de sua base de cálculo.

A lei em questão não poderia, todavia, ter atribuído ao decreto a competência para fixar alíquota e determinar a base de cálculo da referida taxa, porque determinar a base de cálculo das taxas

(A) é matéria de lei complementar e fixar a alíquota delas é matéria de lei ordinária.

(B) e fixar a alíquota delas é matéria de lei ordinária.

(C) e fixar a alíquota delas é matéria de lei complementar.

(D) é matéria de lei ordinária, mas fixar a alíquota delas é matéria tanto de lei complementar como de lei ordinária.

(E) é matéria tanto de lei complementar como de lei ordinária, mas fixar a alíquota delas é matéria apenas de lei ordinária.

A fixação de alíquotas e base de cálculo de taxas (como no caso da generalidade dos tributos) deve ser feita por lei – art. 97, IV, do CTN. Exige-se lei complementar apenas para: (a) determinados tributos da competência federal (arts. 148, 153, VII, 154, I, 195, § 4.º, da CF) e (b) base de cálculo e contribuintes dos impostos previstos na Constituição (art. 146, III, a, da CF). Por essas razões, a alternativa "B" é a correta.
Gabarito "B".

(Auditor Fiscal da Receita Federal – ESAF) Sobre a Legislação Tributária, assinale a opção correta.

(A) Pode-se afirmar que ordem de serviço, expedida por Delegado da Receita Federal do Brasil, contendo normas relativas ao atendimento do contribuinte, integra a "legislação tributária".

(B) O prazo de recolhimento de determinado tributo não pode ser minorado por regulamento específico, haja vista a exigência constitucional de lei em sentido estrito.

(C) Segundo a Constituição Federal, há exigência de lei complementar para a instituição de contribuição de intervenção no domínio econômico.

(D) Com o advento da Emenda Constitucional n. 45/2004, os tratados e convenções internacionais, que visam ao estabelecimento de regras para coibir a evasão fiscal, ao serem aprovados pelo Congresso Nacional, serão equivalentes às emendas constitucionais.

(E) As decisões proferidas pelas Delegacias da Receita Federal de Julgamento, em regra, integram a legislação tributária.

A: assertiva correta, pois atos normativos expedidos pelas autoridades administrativas são normas tributárias complementares, que integram o conceito de "legislação tributária", nos termos do art. 96 c/c o art. 100, I, do CTN; B: incorreta, pois a alteração do prazo de pagamento do tributo não se submete ao princípio da legalidade estrita (pode ser veiculada por norma infralegal), nem ao da anterioridade – ver RE 195. 218/MG e Súmula 669/STF; C: incorreta, pois as CIDEs podem ser instituídas por lei ordinária federal – art. 149 da CF; D: incorreta, pois somente os tratados relativos aos direitos humanos podem ser equiparados a emendas constitucionais, desde que atendidos os requisitos do art. 5º, § 3º, da CF; E: incorreta, pois somente as decisões administrativas a que a lei atribua eficácia normativa são consideradas normas tributárias complementares – art. 100, II, do CTN.
Gabarito "A".

Veja esta tabela, para memorização:

Dependem de lei – art. 97 do CTN	Não dependem de lei
– a instituição de tributos, ou a sua extinção; – a majoração de tributos, ou sua redução (exceção: alteração das alíquotas do II, IE, IPI, IOF e da CIDE sobre combustíveis). Equipara-se à majoração do tributo a modificação da sua base de cálculo, que importe em torná-lo mais oneroso. Não constitui majoração de tributo a atualização do valor monetário da respectiva base de cálculo; – a definição do fato gerador da obrigação tributária principal, ressalvado o disposto no inciso I do § 3º do artigo 52, e do seu sujeito passivo; – a fixação de alíquota do tributo e da sua base de cálculo, ressalvado o disposto nos artigos 21, 26, 39, 57 e 65; – a cominação de penalidades para as ações ou omissões contrárias a seus dispositivos, ou para outras infrações nela definidas; – as hipóteses de exclusão, suspensão e extinção de créditos tributários, ou de dispensa ou redução de penalidades.	– fixação da data para pagamento do tributo; – regulamentação das obrigações acessórias (forma de declaração, escrituração, recolhimento etc.). Há controvérsia quanto à própria fixação de obrigações acessórias, pois o art. 113, § 2º, do CTN faz referência à legislação tributária (expressão que inclui não apenas as leis, mas também os decretos, portarias etc.); – alteração das alíquotas do II, IE, IPI, IOF e da CIDE sobre combustíveis.

(Auditor Fiscal da Receita Federal – ESAF) Considerando a publicação de norma, em 15 de dezembro de 2009, visando à majoração de tributo, sem disposição expressa sobre a data de vigência, aponte a opção correta.

(A) Tratando-se de imposto sobre a renda e proventos de qualquer natureza, poderá ser editada lei ordinária, produzindo efeitos financeiros a partir de 1º de janeiro de 2010.
(B) Tratando-se de imposto sobre produtos industrializados, poderá ser expedido decreto presidencial, produzindo efeitos financeiros a partir de sua publicação.
(C) Tratando-se de imposto sobre a propriedade territorial rural, poderá ser editada medida provisória, produzindo efeitos financeiros noventa dias após a sua publicação.
(D) Tratando-se de imposto sobre importação, poderá ser expedido decreto presidencial, produzindo efeitos financeiros noventa dias após a sua publicação.
(E) Tratando-se de contribuição social, poderá ser editada medida provisória, produzindo efeitos financeiros a partir de 1º de janeiro de 2011, caso não tenha sido convertida em lei no mesmo exercício financeiro em que tenha sido publicada.

A rigor, a lei tributária, como toda outra, deve indicar a data de início de vigência (art. 3º, III, da LC 95/1998). No caso de omissão, a vigência iniciar-se-á somente 45 dias após a publicação (art. 1º da Lei de Introdução às Normas do Direito Brasileiro - LINDB). Nesse contexto, a lei publicada em 15 de dezembro de 2009 somente teria vigência a partir do final de janeiro de 2010, independentemente dos princípios da anterioridade anual e nonagesimal. Para solução da questão, ignoraremos isso (ou não haveria alternativa correta) e consideraremos que as leis a que se referem as assertivas entram em vigor na data de suas publicações (o mais comum é que as leis tragam disposição expressa nesse sentido), embora sua eficácia possa ser postergada, em conformidade com os princípios da anterioridade anual e nonagesimal. **A:** a assertiva correta, pois a majoração do IR submete-se apenas à anterioridade anual, mas não à nonagesimal, e não exige lei complementar (pode ser veiculada por lei ordinária federal) – art. 150, § 1º, da CF; **B:** incorreta, pois o Executivo Federal pode apenas modificar as alíquotas do IPI, mas não sua base de cálculo (a assertiva não especifica se é alteração da alíquota ou da base de cálculo) – art. 153, § 1º, da CF. Ademais, a majoração do IPI não se sujeita à anterioridade anual, mas sim à nonagesimal – art. 150, § 1º, da CF; **C:** incorreta, pois a majoração de imposto por MP somente terá efeitos no exercício seguinte se a medida provisória for convertida em lei até o final do ano em que foi publicada – art. 62, § 2º, da CF; **D:** incorreta, pois o Executivo Federal pode apenas modificar as alíquotas do II, mas não sua base de cálculo (a assertiva não especifica se é alteração da alíquota ou da base de cálculo) – art. 153, § 1º, da CF. Ademais, a majoração do II não se sujeita à anterioridade anual, nem à nonagesimal – art. 150, § 1º, da CF; **E:** assertiva imprecisa. Embora não haja jurisprudência a respeito, nem doutrina relevante, parece-nos que a eficácia da norma em 1º de janeiro de 2011 depende da conversão da MP em lei até o final do exercício de 2010 (a assertiva informa apenas que não foi convertida até o final de 2009, mas não indica se isso ocorreu no ano seguinte) – art. 62, § 2º, da CF.
Gabarito "A".

(Auditor Fiscal da Receita Federal – ESAF) Leis complementares, ou leis complementares à Constituição, são espécies normativas que têm a função de complementar dispositivos constitucionais que tratam genericamente de determinadas matérias, normalmente devido à sua complexidade. As leis complementares, por força do art. 69 da Constituição, serão aprovadas pela maioria absoluta dos membros do Congresso Nacional. Considerando apenas o texto expresso da Constituição, pode-se concluir que as leis complementares em matéria tributária não tratam:

(A) da instituição de impostos residuais.
(B) da definição dos produtos industrializados sobre os quais o imposto incidirá uma única vez.
(C) da instituição de um regime único de arrecadação dos impostos e contribuições da União, dos estados, do Distrito Federal e dos municípios.
(D) do estabelecimento de critérios especiais de tributação com o objetivo de prevenir desequilíbrios da concorrência.
(E) da regulação da forma e das condições como isenções, incentivos e benefícios fiscais serão concedidos e revogados, relativamente ao Imposto sobre Circulação de Mercadorias e Serviços (ICMS).

A: a competência residual é exercida por meio de leis complementares federais – art. 154, I, da CF; **B:** não há previsão constitucional nesse sentido (há norma relativa a ICMS sobre combustíveis e lubrificantes – art. 155, § 2º, XII, h, da CF); **C:** a instituição do Simples Nacional depende de lei complementar federal (atualmente, a LC 123/2006) – art. 146, parágrafo único, da CF; **D:** art. 146-A da CF; **E:** art. 155, § 2º, XII, g, da CF.
Gabarito "B".

(Auditor Fiscal da Receita Federal – ESAF) Leia cada um dos assertos abaixo e assinale (V) ou (F), conforme seja verdadeiro ou falso. Depois, marque a opção que contenha a exata sequência.

( ) Os convênios reclamam o prévio abono da Assembleia Legislativa, por assimilação deles aos tratados internacionais que, pela Constituição, necessitam da aprovação prévia do Congresso Nacional.
( ) A lei instituidora da isenção de mercadorias, mesmo que nada diga a respeito, é extensiva às mercadorias estrangeiras, quando haja previsão da lei mais favorecida, porque para não ofender o disposto no art. 98 do CTN ela tem de ser interpretada como aplicável a todos os casos que não os ressalvados, em virtude de extensão de isenção pelos tratados internacionais.
( ) Os atos administrativos normativos entram em vigor, em regra, na data da sua publicação.

(A) F, F, V
(B) F, F, F
(C) V, V, V
(D) F, V, V
(E) V, F, V

1ª: em se tratando de Convênios Interestaduais de ICMS, a legislação não prevê aprovação pelas Assembleias Legislativas, apesar de crítica doutrinária – art. 4º da LC 24/1975; 2ª: a tributação de mercadorias estrangeiras não pode ser superior à dos similares nacionais nos termos de determinados tratados internacionais (GATT, OMC, Mercosul etc.) – ver Súmulas 575/STF, 20/SJT e 71/STJ; 3ª: art. 103, I, do CTN.
Gabarito "D".

(Auditor Fiscal da Receita Federal – ESAF) Responda com base na Constituição Federal.

Medida Provisória publicada em 10 de dezembro de 2002 que majorou, a partir de 1º de janeiro de 2003, o imposto sobre a renda e proventos de qualquer natureza de pessoas físicas, mas não convertida em lei até 31 de dezembro de 2002, continuou a produzir efeitos a partir de 1º de janeiro de 2003?

É admitida a edição de medida provisória para estabelecer, em matéria de legislação tributária, normas gerais sobre a definição de base de cálculo do imposto de competência da União sobre propriedade territorial rural?

No tocante ao imposto sobre operações relativas à circulação de mercadorias e sobre prestações de serviços de transporte interestadual e intermunicipal e de comunicação (ICMS), cabe à lei complementar estabelecer as alíquotas aplicáveis às operações e prestações, interestaduais e de exportação?

(A) Não, não, não
(B) Não, sim, não
(C) Não, não, sim
(D) Sim, não, sim
(E) Sim, sim, não

1ª: art. 62, § 2º, da CF; 2ª: normas gerais em matéria tributária são veiculadas por lei complementar federal (art. 146, III, da CF), que não pode ser substituída por medida provisória – art. 62, § 1º, III, da CF; 3ª: cabe ao Senado Federal, por meio de Resolução – art. 155, § 2º, IV, da CF. Importante notar que, a partir da EC 42/2003, não há mais hipótese de incidência do ICMS sobre exportações – art. 155, § 2º, X, *a*, da CF.
Gabarito "A".

(Auditor Fiscal da Receita Federal – ESAF) Para efeitos administrativos, a União poderá articular sua ação em um mesmo complexo geoeconômico e social, visando a seu desenvolvimento e à redução das desigualdades regionais. Nesse contexto, disporá sobre isenções, reduções ou diferimento temporário de tributos federais devidos por pessoas físicas ou jurídicas. Ela o fará mediante
(A) resolução do Senado Federal.
(B) decreto legislativo.
(C) lei complementar.
(D) lei ordinária.
(E) lei delegada ou medida provisória.

A competência tributária é exercida, em regra, por meio de lei ordinária – art. 150, § 6º, c/c art. 151, I, *in fine*, ambos da CF.
Gabarito "D".

(Auditor Fiscal da Receita Federal – ESAF) O estabelecimento, em caráter geral, da definição da base de cálculo e do fato gerador dos impostos discriminados na Constituição há de ser feito por
(A) lei complementar federal, em todos os casos.
(B) exclusivamente por lei complementar federal, para a União, e por lei complementar estadual para os Estados e Municípios.
(C) apenas em lei ordinária federal, estadual e municipal, conforme o caso, tendo em vista o princípio da autonomia dos Estados e Municípios.
(D) lei delegada, medida provisória ou lei ordinária federal em qualquer caso.
(E) lei delegada, medida provisória ou lei ordinária federal quanto aos tributos da União, por lei estadual ou convênios para os Estados, e por lei municipal, para os Municípios.

Trata-se de matéria a ser veiculada por lei complementar federal, mesmo em relação aos impostos estaduais e municipais – art. 146, III, *a*, da CF.
Gabarito "A".

(Auditor Fiscal da Receita Federal – ESAF) Avalie o acerto das afirmações adiante e marque com V as verdadeiras e com F as falsas; em seguida, marque a opção correta.

( ) Lei federal estabelecerá em tabelas de valores, mediante normas gerais, as taxas ou emolumentos relativos aos atos praticados pelos serviços notariais e de registro.
( ) Segundo a jurisprudência, a correção monetária de débito fiscal pode ser regulada por lei estadual.
( ) Compete privativamente aos Estados instituir contribuições previdenciárias passíveis de cobrança de seus servidores.
(A) V, V, V
(B) V, V, F
(C) V, F, F
(D) F, F, F
(E) F, V, F

1ª: a lei federal estabelecerá apenas as normas gerais para fixação dos emolumentos, e não os valores específicos – art. 236, § 2º, da CF; 2ª: a assertiva é verdadeira; 3ª: a assertiva é dúbia. União, Estados, DF e Municípios devem estabelecer as contribuições cobradas dos respectivos servidores, para custeio do regime previdenciário próprio – art.149, §1º, da CF – nesse sentido, a assertiva está errada. No entanto, com relação aos seus servidores, somente o respectivo Estado pode instituir a contribuição previdenciária – nesse sentido, a assertiva está correta. De qualquer forma, a alternativa E é a melhor, por conta das duas primeiras assertivas.
Gabarito "E".

6. VIGÊNCIA, APLICAÇÃO, INTERPRETAÇÃO E INTEGRAÇÃO

(Auditor Fiscal da Receita Municipal – Prefeitura Teresina/PI – 2016 – FCC) A Secretaria de Finanças de determinado Município brasileiro, necessitando de dar publicidade às normas complementares das leis e dos decretos emanados das autoridades municipais competentes, edita as referidas normas, denominadas Portarias, que são expedidas pelas autoridades administrativas dessa Secretaria. De acordo com o Código Tributário Nacional, essas Portarias entram em vigor

(A) no primeiro dia do exercício seguinte ao de sua publicação, quando estiverem aumentando alíquota do IPTU.
(B) quarenta e cinco dias após a data da sua publicação, salvo disposição de lei orgânica municipal em contrário.
(C) na data de sua publicação, salvo disposição em contrário.
(D) no primeiro dia do exercício seguinte ao de sua publicação, quando estiverem aumentando alíquota de tributo, e desde que observado o interregno de 90 dias entre a data da publicação do ato e o primeiro dia do exercício subsequente.
(E) trinta dias após a data da sua publicação, salvo disposição de lei em contrário.

Salvo disposição em contrário, os atos administrativos expedidos pelas autoridades administartivas entram em vigor na data de sua publicação, nos termos do art. 103, I, do CTN. Por essa razão, a alternativa "C" é a correta.
Gabarito "C".

(Auditor Fiscal Tributário da Receita Municipal/Cuiabá-MT – FGV) A pessoa jurídica Primária Ltda. requereu administrativamente, à Receita Federal do Brasil (RFB), autorização para aproveitar, em sua escrita fiscal do Imposto sobre Produtos Industrializados (IPI), os créditos escriturais da pessoa jurídica Terceiro Ltda., que expressamente manifestou seu intento de transferi-los à requerente.

O pleito de Primária Ltda. foi deferido por órgão administrativo singular da estrutura da RFB. Por conta disso, Primária Ltda. aproveitou, em sua própria escrita fiscal, R$ 300.000,00 correspondentes aos créditos escriturais de Terceiro Ltda., compensando tal montante com os débitos escriturais de IPI. O resultado prático foi o recolhimento, por Primária Ltda., de IPI de R$ 300.000,00 inferior àquele que seria devido, se não fosse o aproveitamento dos créditos escriturais de Terceiro Ltda.

Dois anos depois daquela autorização, a RFB revê e reformula a decisão anterior. Exige, por decorrência, que Primária Ltda. recolha os R$ 300.000,00 pagos a menor, acrescidos de multa e de juros demora.

Sabendo-se que realmente foi equivocada a decisão inicial que deferiu o pleito administrativo de Primária Ltda., assinale a afirmativa correta.

(A) Primária Ltda. deve recolher os R$ 300.000,00, excluídos a multa e os juros demora.
(B) Primária Ltda. deve recolher os R$ 300.000,00, excluída a multa, mas mantidos os juros demora.
(C) Primária Ltda. deve recolher os R$ 300.000,00, excluídos os juros de mora, mas mantida a multa.
(D) Primária Ltda. deve recolher os R$ 300.000,00, acrescidos da multa e dos juros demora.
(E) Primária Ltda. não deve recolher nenhum valor resultante da revisão da decisão administrativa anterior, pois ela não é suscetível de reforma.

O entendimento jurídico equivocado do fisco não afasta a exigibilidade do tributo efetivamente devido, de modo que Primária deve recolher o imposto. Entretanto, a decisão anterior do fisco, deferindo o aproveitamento do crédito, é norma complementar, cuja observância afasta a imposição de penalidades, juros de mora e atualização monetária da base de cálculo do tributo, nos termos do art. 100, parágrafo único, do CTN. Por essas razões, a alternativa "A" é a correta.
Gabarito "A".

(Auditor Fiscal/MA – FGV) Diante de situação fática não prevista expressamente na legislação, vislumbrada lacuna a ser superada, a autoridade judicial fez uso de norma expressa existente no ordenamento jurídico para hipótese semelhante à que deveria julgar.

Neste caso, a integração da lacuna se deu por

(A) utilização do princípio da legalidade.
(B) uso da equidade.
(C) utilização da analogia.
(D) interpretação axiológica.
(E) uso do princípio da isonomia.

Quando há lacuna e se aplica norma prevista expressamente para situação semelhante estamos diante da analogia, prevista no art. 108, I, do CTN, de modo que a alternativa "C" é a correta.
Gabarito "C".

(Auditor Fiscal/MA – FGV) DCS – Corretagem e Seguros Ltda., se insurge em face da quebra de seu sigilo bancário para averiguação, pela Receita, de sua movimentação financeira. Até a lavratura do auto de infração, que ocorreu em 2000, só havia procedimento administrativo de fiscalização, sem qualquer processo judicial instaurado.

Aduz a sociedade empresária que a Lei Complementar 105/2001, que dispõe sobre o sigilo das operações financeiras, não poderia ter sua aplicação retroativa.

Com base no exposto, assinale a afirmativa correta.

(A) É lícita e legítima a conduta do Fisco, uma vez que possível a retroatividade das leis tributárias procedimentais, relativas à constituição do crédito tributário não alcançado pela decadência, ainda que os fatos imponíveis a serem apurados lhes sejam anteriores.
(B) É inconstitucional a conduta do Fisco, seja pela aplicação retroativa da Lei Complementar 105/2001, seja pela quebra do sigilo de dados que tem proteção da Carta Magna.
(C) É ilegal a conduta do Fisco, que conflita com o Código Tributário Nacional, o qual determina que o lançamento seja regido pela lei vigente à época da ocorrência do fato gerador.
(D) É legítima a conduta do Fisco, já que a Fazenda Pública prescinde, em qualquer hipótese, de autorização judicial para obter informações sobre operações realizadas pelo contribuinte.
(E) É abusiva a conduta do Fisco, pois embora a lei tributária procedimental possa retroagir, tal não será possível para gerar responsabilidade do contribuinte.

Quanto ao acesso à movimentação bancária dos contribuintes pelo fisco, sem intermediação judicial, o estudante deve acompanhar o entendimento do STF que tem variado bastante ao longo do tempo. Não deixe de estudar o RE 601.314/SP. Partiremos do entendimento do próprio fisco e desse precedente em relação à União pela constitucionalidade da LC 105/2001 no que ser refere ao tema. **A:** correta, conforme o art. 144, § 1°, do CTN; **B:** incorreta, conforme o art. 144, § 1°, do CTN e RE 601.314/SP; **C:** incorreta, conforme comentários anteriores; **D:** incorreta, pois as autoridades e os agentes fiscais tributários da União, dos Estados, do Distrito Federal e dos Municípios somente poderão examinar documentos, livros e registros de instituições financeiras, inclusive os referentes a contas de depósitos e aplicações financeiras, quando houver processo administrativo instaurado ou procedimento fiscal em curso e tais exames sejam considerados indispensáveis pela autoridade administrativa competente – art. 6° da LC 105/2001; **E:** incorreta, pois a vedação ser refere à atribuição de responsabilidade tributária a terceiros, não ao próprio contribuinte – art. 144, § 1°, *in fine*, do CTN.
Gabarito "A".

(Auditor do Tesouro Municipal/Recife-PE – FGV) Considere os enunciados a seguir.

I. O Código Tributário Nacional regula a vigência das normas complementares, afastando a aplicação da Lei de Introdução do Código Civil.
II. *Vacatio legis* é o período em que a norma jurídica não tem eficácia, embora esteja vigente.
III. O Código Tributário Nacional veda a extraterritorialidade da legislação tributária, como forma de proteger a Federação.
IV. Na hipótese dos tratados e convenções internacionais, o decreto que os promulga suspende a eficácia da legislação que é anterior a eles.

Assinale:

(A) se somente as afirmativas I e III estiverem corretas.
(B) se somente as afirmativas I e IV estiverem corretas.
(C) se somente as afirmativas II e IV estiverem corretas.
(D) se somente as afirmativas II e III estiverem corretas.
(E) se somente as afirmativas I e II estiverem corretas.

I: correta. De fato, o CTN traz regras de vigência em relação a normas complementares, em seu art. 103, de modo que, em relação a elas, não se aplica a regra subsidiária do art. 1° da Lei de Introdução às Normas

do Direito Brasileiro (nova denominação da LICC), ou seja, prazo de 45 dias para de *vacatio legis*; **II:** incorreta, pois a *vacacio legis* refere-se à vigência, não à eficácia, ou seja, ela entra em vigor apenas após o período de *vacatio legis*. Interessante notar que, mesmo após a *vacatio*, é possível a norma vigente ainda não ser eficaz (só aplicável no início do exercício seguinte, por exemplo) e também uma norma não mais vigente (revogada) que seja eficaz em relação a fatos passados (aplicação retroativa de norma punitiva mais benéfica, por exemplo); **III:** incorreta, pois o CTN prevê expressamente a possibilidade extraterritorialidade nos termos de convênios e leis – art. 102 do CTN; **IV:** discutível. Em regra, o tratado internacional integrado ao direito interno brasileiro tem força de lei ordinária federal (ver ADI-MC 1.480/DF), exceto se versar sobre direitos humanos, hipótese em que terá natureza supralegal (caso do Pacto de São José da Costa Rica – art. 5°, § 2°, da CF, ver HC 94.013/SP-STF) ou valerá como emenda constitucional, desde que aprovado por ambas as Casas do Congresso, em dois turnos e por maioria de três quintos de seus membros (art. 5°, § 3°, da CF). O tratado é celebrado pelo Presidente da República (art. 84, VIII, da CF), muitas vezes por meio do plenipotenciário. Posteriormente submete-se ao referendo do Congresso Nacional (art. 49, I, da CF), que pode aprová-lo por meio de decreto legislativo. A seguir, o Presidente ratifica o tratado, manifestando, aos demais países, o consentimento. Finalmente, o Presidente promulga o tratado por decreto, cuja publicação insere-o no sistema jurídico nacional. Ingressando como lei ordinária federal no sistema jurídico brasileiro podem ser revogados por norma interna dessa natureza, ainda que isso gere responsabilidade no plano internacional – ver. ADI-MC 1.480/DF. Em matéria tributária, há grande discussão por conta do art. 98 do CTN, que indica, em sua literalidade, supremacia do tratado em relação às normas internas, daí porque pode haver o entendimento indicado na assertiva. Ver também o RE 229.096/RS.
Gabarito "B".

(Auditor do Tesouro Municipal/Recife-PE – FGV) A respeito da interpretação e da integração da legislação tributária, assinale V para a afirmativa verdadeira e F para a falsa.

( ) Os princípios gerais de direito privado são utilizados no direito tributário para definir os efeitos, conteúdo e alcance de seus institutos.
( ) O intérprete deve fazer uso, em casos de suspensão ou exclusão do crédito tributário, da exegese literal.
( ) A legislação tributária que defina infrações deve ser interpretada, quanto à capitulação legal do fato, de forma mais favorável ao acusado.
( ) O princípio da legalidade funciona como limite à integração da legislação tributária, quando se trata de usar a equidade.

As afirmativas são, respectivamente,

(A) F, V, F e V.
(B) V, F, F e V.
(C) F, V, V e F.
(D) V, V, F e F.
(E) F, F, V e V.

1ª: incorreta, pois os princípios gerais de direito privado utilizam-se para pesquisa da definição, do conteúdo e do alcance de seus institutos, conceitos e formas, mas não para definição dos respectivos efeitos tributários - art. 109 do CTN; **2ª:** correta, conforme o art. 111 do CTN; **3ª:** incorreta, pois essa interpretação mais favorável à legislação apenas quando houver dúvida em relação à capitulação do fato, não sendo regra para todos os casos – art. 112, I, do CTN; **4ª:** correta, pois a aplicação da equidade não pode implicar ilegalidade – art. 108, § 2°, do CTN.
Gabarito "A".

(Auditor Fiscal da Receita Federal – ESAF) Com relação à retroatividade das leis tributárias, permitida pelo Código Tributário Nacional, assinale a opção correta.

(A) Embora o CTN seja categórico ao admitir a aplicação da lei tributária a fatos pretéritos, é necessário que a lei que se enquadrar nas hipóteses em que ele admite esta retroação decline de modo expresso tal previsão.
(B) Apesar da multa fiscal ser estabelecida de acordo com a lei vigente ao tempo do fato gerador, a pena menos severa da lei posterior substitui a mais grave da lei anterior, podendo prevalecer para efeito de pagamento.
(C) No caso da retroatividade das leis interpretativas, esta retroatividade será meramente aparente, vigente que estava a lei interpretada. Torna-se ainda necessário que a interpretação que der à lei anterior coincida com a interpretação que lhe der o Judiciário.
(D) As leis interpretativas, em alguns casos, podem vir a alterar as relações jurídicas advindas da lei interpretada.
(E) No Estado Democrático de Direito, a lei interpretativa constitui uma exceção, de vez que a função interpretativa constitui prerrogativa da doutrina e dos tribunais.

A: incorreta, pois não se exige expressa indicação da retroatividade na própria norma. Anote-se que, no caso do art. 106, I, do CTN, a norma deve ser *expressamente* interpretativa para ter efeitos retroativos (a qualificação de *interpretativa* é que deve ser expressa, não o efeito retroativo); **B:** adequada, pois a penalidade menos severa aplica-se à infração pretérita, em substituição à norma então vigente, desde que não haja decisão definitiva – art. 106, II, *c*, do CTN; **C:** essa é a melhor alternativa, pois corresponde ao entendimento do STF e do STJ, apresentado em relação ao art. 3.° da LC 118/2005 – RE 566.621/RS e REsp 1.269.570/MG; **D:** inadequada, conforme comentário à alternativa anterior; **E:** incorreta, pois é plenamente possível e aceita a chamada interpretação autêntica (feita pelo próprio legislador). Ademais, qualquer cidadão interpreta as normas jurídicas, como pressuposto para sua aplicação (não apenas juristas, advogados, promotores etc.).
Gabarito "C".

(Auditor Fiscal da Receita Federal – ESAF) O CTN determina que se proceda à interpretação literal sempre que se estiver diante de legislação tributária que disponha, entre outros, sobre a outorga de isenção. Tal regra permite as seguintes conclusões, com *exceção* de:

(A) ainda que a interpretação literal preconizada pelo CTN tenha como objetivo evitar interpretações ampliativas, não se admite, porém, interpretação que venha a ser mais restritiva do que a própria lei.
(B) a busca do real significado, sentido e alcance de benefício fiscal não configura ofensa à mencionada regra.
(C) sua aplicação veda o emprego da analogia, mas não impossibilita uma interpretação mais ampla.
(D) a requalificação de verba em razão de seus elementos essenciais, para fins de reconhecê-la isenta, em detrimento da terminologia adotada pela legislação previdenciária, é vedada ao Juiz, por força desta regra.
(E) tal regra não constitui norma geral de interpretação da legislação que disponha sobre deduções de despesas na determinação da base de cálculo de tributos.

A: correta, pois a interpretação deve ser, a rigor, estrita, não restritiva; **B:** correta, pois essa é uma definição possível do esforço interpretativo; **C:** adequada, pois a aplicação da analogia é inviável em relação a isenções – art. 111, II, do CTN; **D:** essa é a incorreta, pois somente pela análise dos elementos essenciais de qualquer fato (e não sua denominação) é que se permite a adequada aplicação da norma tributária; **E:** correta, pois a dedução de despesas refere-se ao próprio cálculo da base do tributo, não a isenção ou outro benefício fiscal.
Gabarito "D".

(Auditor Fiscal da Receita Federal – ESAF) Na hipótese da ausência de disposição legislativa expressa, está a autoridade competente para aplicar a legislação tributária a utilizar-se da equidade, por expressa autorização do Código Tributário Nacional. Sobre esta, podemos afirmar que:

(A) sua utilização é permitida, por exemplo, nos casos em que o legislador não previu limitação temporal, a reduzir seu percentual mensal, de modo a evitar-se o confisco.
(B) na equidade, de certa forma, até se poderia afirmar que o Juiz poderia estar se rebelando contra a regra geral determinada pela norma.
(C) pode ser encarada como um meio de suprir a falta de norma adequada ao caso singular; todavia, não pode ser vista como uma forma de amortecer essa norma.
(D) pela equidade, aproxima-se do conceito de justiça real.
(E) sua natureza consiste em corrigir a lei, nas vezes em que esta se mostrar inadequada ao caso concreto, em razão do seu caráter geral.

A: essa assertiva é obscura. Não é possível entender o que teria sido limitado temporalmente ou o que teria tido seu percentual mensal reduzido; **B:** adequada, pois se pode afirmar muita coisa a respeito da equidade, ainda que absolutamente genérica, como a assertiva; **C:** discutível, pois a equidade é definida como regra de integração, ou seja, aplicável em caso de lacuna legislativa apenas; **D:** adequada, pois corresponde a definição bastante usual da equidade (justiça para o caso concreto); **E:** incorreta, pois a equidade é aplicada apenas em caso de lacuna legislativa, não para correção de leis.
Gabarito "A".

(Auditor Fiscal – São Paulo/SP – FCC) Um município brasileiro, desconsiderando as regras de direito privado a respeito de transmissões onerosas e doações de bens e direitos, inseriu, na lei ordinária que instituiu o ITBI naquele município, uma regra jurídica que equiparava as doações de imóveis, feitas entre parentes em linha reta e entre parentes em linha colateral, até o terceiro grau, a transmissões onerosas e, com base nessa norma legal, passou a cobrar o ITBI sobre essas transmissões.

Nesse caso, a norma municipal acima referida

(A) poderia ter sido criada pelo município, desde que o município firmasse convênio com o Estado no qual está localizado, transferindo a competência tributária do Estado para a do município e promovendo repartição de receita com o ente estadual, de modo que este recebesse em repasse a mesma importância que receberia se a operação tivesse sido tributada pelo ITCMD.
(B) não poderia ter sido criada pelo município, pois é competência dos Estados, e não dos municípios, legislar sobre o ITBI.
(C) não poderia ter sido criada pelo município, pois ela fere norma geral de direito tributário que impede que a pessoa jurídica de direito público edite norma para alterar a definição, o conteúdo e o alcance de institutos, conceitos e formas de direito privado, utilizados, expressa ou implicitamente, pela Constituição Federal, para definir ou limitar competências tributárias.
(D) poderia ter sido criada pelo município, pois é competência dos municípios legislar sobre o ITBI.
(E) poderia ter sido criada pelo município, desde que o município firmasse convênio com o Estado no qual ele está localizado, transferindo a competência tributária do Estado para a competência tributária do município.

A: incorreta, pois a competência tributária é indelegável – art. 7.º do CTN; **B:** incorreta, pois o ITBI é da competência municipal – art. 156, II, da CF; **C:** essa é a correta, nos termos do art. 110 do CTN; **D:** incorreta, pois houve doação, conforme definido pela legislação civil, o que se submete à competência exclusiva dos Estados e do Distrito Federal – art. 155, I, da CF; **E:** incorreta, conforme comentário à alternativa "A".
Gabarito "C".

(Auditor Fiscal – São Paulo/SP – FCC) Uma lei hipotética do município de São Paulo reduziu de 50% para 30% o percentual da penalidade aplicável ao sujeito passivo que descumpriu uma determinada obrigação tributária.

Esse novo percentual de penalidade se aplica

(A) em relação a todas as infrações cometidas depois da entrada da lei em vigor e, em relação àquelas cometidas antes dessa data, somente em relação aos processos não definitivamente julgados e desde que a nova lei mencione expressamente produzir efeitos retroativos.
(B) apenas às infrações cometidas após a data em que essa lei entrou em vigor.
(C) apenas às infrações cometidas antes da data em que essa lei entrou em vigor.
(D) em relação às infrações cometidas tanto antes, como depois, da data em que essa lei entrou em vigor.
(E) em relação a todas as infrações cometidas depois da entrada da lei em vigor e, em relação àquelas cometidas antes dessa data, somente em relação aos processos não definitivamente julgados.

A: incorreta, pois não é necessária menção expressa ao efeito retroativo – art. 106, II, do CTN; **B:** incorreta, pois a norma que reduz penalidade aplica-se a fatos pretéritos, desde que não definitivamente julgados – art. 106, II, do CTN; **C:** incorreta, pois a regra é a aplicação prospectiva (para frente) da norma – ver o art. 150, III, a, da CF; **D:** incorreta, pois a aplicação retroativa não ocorre nos casos definitivamente julgados (nem quando já houve recolhimento da penalidade – extinção do crédito, ato jurídico perfeito); **E:** correta, conforme comentários anteriores.
Gabarito "E".

(Auditor Fiscal – São Paulo/SP – FCC) Legislações municipais brasileiras estabelecem a incidência do ISS nas prestações de serviços de "alfaiataria e costura, quando o material for fornecido pelo usuário final, exceto aviamento".

Órgãos de fiscalização de alguns municípios, desconsiderando a própria restrição contida nesse dispositivo da lei complementar federal e de sua própria lei municipal, expediram notificação do lançamento do ISS, reclamando o tributo também sobre as prestações de serviços de alfaiataria e costura, inclusive nos casos em que o material utilizado nessa prestação não tenha sido fornecido pelo usuário final. A justificativa legal para sua cobrança foi o uso da analogia prevista no CTN, pois, no entender daquelas autoridades municipais, as prestações de serviços em que o material é fornecido pelo consumidor final são análogas àquela em que o referido material não é fornecido.

Nesse caso, a ação dos órgãos de fiscalização municipal,

(A) está em desconformidade com a legislação, porém, neste caso, deve o contribuinte se conformar com o lançamento efetuado, tendo em vista sua legalidade, somente restando a ele se socorrer dos princípios

gerais de direito público, a fim de minorar os efeitos da cobrança.
(B) não merece reparos, tendo em vista a possibilidade de se cobrar tributos para fatos não contemplados pela lei, mas que seriam semelhantes a fatos geradores legalmente previstos.
(C) não merece reparos, porém, neste caso, deve o contribuinte pleitear a aplicação da equidade, tendo em vista ser dispensado do pagamento do tributo devido.
(D) está em desconformidade com a legislação, porém, nesse caso, deve o contribuinte se conformar com o lançamento efetuado, tendo em vista sua legalidade, somente restando a ele se socorrer dos princípios gerais de direito tributário, a fim de minorar os efeitos da cobrança.
(E) está em desconformidade com a legislação e, em razão disso, o contribuinte tem a possibilidade de se insurgir contra o lançamento efetuado, alegando que não se pode exigir imposto não previsto em lei, por meio de analogia.

A e D: incorretas, pois paradoxais. Não há como algo estar em desconformidade com a legislação e, ao mesmo tempo, estar dentro da legalidade. No caso, a exação é indevida e pode ser contestada pelo contribuinte; B e C: incorretas, pois a aplicação da analogia é possível somente em caso de lacuna legislativa (não é o caso) e, principalmente, jamais poderá implicar exigência de tributo sem previsão legal – art. 108, § 1.º, do CTN; E: essa é a correta, conforme comentários às alternativas anteriores.
Gabarito "E".

(Auditor Fiscal – São Paulo/SP – FCC) A autoridade competente para aplicar a lei tributária municipal, estando diante de norma legal a partir da qual se podem erigir diferentes interpretações, deverá interpretá-la de maneira mais favorável ao
(A) sujeito passivo de obrigação acessória, quanto à extensão dos prazos para cumprimento de obrigação acessória.
(B) acusado, quando essa lei tributária estiver definindo infrações ou cominando penalidades.
(C) contribuinte, no tocante à alíquota e à base de cálculo aplicáveis a um determinado tributo.
(D) contribuinte acusado, no tocante à alíquota e à base de cálculo aplicáveis a um determinado tributo, bem como às penalidades passíveis de imposição a ele.
(E) contribuinte, no tocante à alíquota aplicável a um determinado tributo.

A: incorreta, pois a interpretação mais benéfica ao contribuinte (infrator, a rigor) refere-se às infrações e penalidades – art. 112 do CTN. As normas relativas à dispensa de obrigação acessória devem ser interpretadas literalmente (estritamente) – art. 111 do CTN; B: essa é a correta, conforme comentário anterior; C: incorreta, conforme comentário à alternativa "A". A interpretação das normas relativas ao tributo (alíquota, base de cálculo) deve ser estrita; D: incorreta, pois a interpretação mais benéfica refere-se apenas às penalidades – art. 112 do CTN; E: incorreta, conforme comentários anteriores.
Gabarito "B".

(Auditor Fiscal da Receita Federal – ESAF) Em relação à vigência da legislação tributária podemos afirmar que, salvo disposição em contrário,
(A) os atos normativos expedidos pelas autoridades administrativas entram em vigor, 30 dias após sua publicação.
(B) as decisões dos órgãos singulares ou coletivos de jurisdição administrativa, a que a lei atribua eficácia normativa, entram em vigor na data de sua publicação.
(C) os convênios que entre si celebrem a União, os estados, o Distrito Federal e os municípios entram em vigor na data de sua publicação.
(D) em face do princípio da legalidade, uma lei pode estar vigente e eficaz, mas só se pode aplicá-la aos fatos geradores que ocorrerem no exercício seguinte ao da sua publicação.
(E) a medida provisória, até que seja convertida em lei, revoga ou suspende a lei com ela incompatível. Caso não haja a conversão, a lei anterior voltará em sua plenitude, cabendo ao Congresso Nacional disciplinar as relações jurídicas formadas no período de vigência da medida provisória.

A: os atos administrativos entram em vigor na data de sua publicação, salvo disposição em contrário – art. 103, I, do CTN; **B:** as decisões, em regra, entram em vigor 30 dias após sua publicação – art. 103, II, do CTN; **C:** os convênios entram em vigor na data neles prevista – art. 103, III, do CTN; **D:** a assertiva refere-se ao princípio da anterioridade. A questão é controversa na doutrina. Ainda que haja suporte para a assertiva, boa parte dos autores entende que, na anterioridade, a norma é vigente, mas a eficácia inicia-se apenas no exercício seguinte; **E:** embora haja discussão doutrinária quanto à utilização dos termos "revogação" e "suspensão", no caso de MP não convertida, a assertiva parece adequada aos termos do art. 62, § 3º, da CF. Note-se que o gabarito oficial foi alterado de E para D, talvez por conta dessa dubiedade.
Gabarito "D".

(Auditor Fiscal da Receita Federal – ESAF) Considerando os temas "vigência" e "aplicação" da legislação tributária, julgue os itens a seguir. Marque com (V) a assertiva verdadeira e com (F) a falsa, assinalando ao final a opção correspondente.
( ) É condição de vigência da lei tributária a sua eficácia.
( ) O CTN veda a extraterritorialidade da legislação tributária.
( ) Não é vedado aos decretos dispor sobre o termo inicial da vigência dos atos expedidos pelas autoridades administrativas tributárias.
( ) O Código Tributário Nacional adota como regra a irretroatividade da lei tributária.
(A) V, F, F, V
(B) F, F, V, F
(C) F, F, V, V
(D) V, F, V, V
(E) V, F, V, F

1ª: há normas vigentes, mas sem eficácia (para parte da doutrina, é o que ocorre no caso da anterioridade); 2ª: é possível a aplicação extraterritorial de normas estaduais, distritais e municipais quando autorizadas por convênio – art. 102 do CTN; 3ª: isso é possível; 4ª: essa é a norma, em conformidade com o princípio da irretroatividade – art. 150, III, a, da CF e art. 105 do CTN.
Gabarito "C".

7. FATO GERADOR E OBRIGAÇÃO TRIBUTÁRIA

(Fiscal de Tributos – Prefeitura Tanguá/RJ – 2017 – MSCONCURSOS) Segundo o Código Tributário Nacional, assinale a alternativa correta que corresponde à relação entre tributo e seu fato gerador:

(A) Imposto sobre a renda e proventos de qualquer natureza, e a doação de bem móvel.
(B) As taxas, e serviço público geral e indivisível, prestado ao contribuinte ou posto à sua disposição.
(C) Imposto sobre a transmissão de bens imóveis e de direitos a eles relativos, e a transmissão, a qualquer título, de direitos reais sobre imóveis, exceto os direitos reais de garantia.
(D) Imposto predial territorial rural, e a propriedade, o domínio útil ou a posse de imóvel por natureza, como definido na lei civil, localizado na zona urbana do Município.

A: incorreta, pois a doação de bem é fato gerador do ITCMD estadual – art. 155, I, da CF; B: incorreta, pois somente os serviços públicos *específicos* e divisíveis podem dar ensejo às taxas – art. 145, II, da CF e art. 77 do CTN; C: correta, pois indica adequadamente o fato gerador do ITBI municipal, ressalvando que a transmissão tributada pelos municípios é apenas a realizada *inter vivos* e de maneira onerosa – art. 156, II, da CF; D: incorreta, pois a propriedade de imóvel urbano é tributada pelo IPTU municipal, não pelo ITR federal – art. 156, I, da CF.
Gabarito "C".

(Auditor Fiscal da Receita Municipal – Prefeitura Teresina/PI – 2016 – FCC) O Código Tributário Nacional estabelece disciplina a respeito das obrigações tributárias, dividindo-as em principais e acessórias.

De acordo com esse Código, a obrigação

(A) acessória decorre de fato gerador de taxas e contribuições especiais, enquanto que a obrigação principal decorre de fato gerador de imposto.
(B) acessória tem por objeto o lançamento de penalidade pecuniária.
(C) principal, pelo simples fato da sua inobservância, converte-se em direito subjetivo da Fazenda Pública de propor execução fiscal.
(D) principal tem como fato gerador qualquer situação que, na forma da legislação aplicável, imponha a prática ou a abstenção de ato que não configure obrigação acessória.
(E) principal é extinta juntamente com a extinção do crédito tributário que dela decorreu.

A: incorreta, pois a distinção entre a obrigação tributária principal e a acessória não se refere à espécie de tributo, mas sim à natureza de sua prestação: se for pecuniária, trata-se de obrigação principal, se for não pecuniária, trata-se de obrigação acessória – art. 113 do CTN; B: incorreta, pois a penalidade pecuniária é objeto da obrigação principal – art. 113, § 1º, do CTN; C: incorreta, pois para que seja possível propor a execução fiscal, é necessária a inscrição em dívida ativa do débito inadimplido – art. 201 do CTN; D: incorreta, pois o objeto da obrigação principal é o tributo ou a penalidade pecuniária (prestação pecuniária) – art. 113, I, do CTN; E: correta – art. 113, § 1º, *in fine*, do CTN.
Gabarito "E".

(Auditor do Tesouro Municipal/Recife-PE – FGV) Assinale a opção que indica um efeito do *fato gerador*.

(A) Fixa a hipótese de incidência do tributo.
(B) Determina o regime jurídico da obrigação tributária.
(C) Estabelece a hipótese de incidência da obrigação tributária acessória.
(D) Discrimina os tributos de competência de cada ente político.
(E) Indica o local onde o tributo deve ser pago.

A: incorreta, pois hipótese de incidência é a previsão legal, geral e abstrata, do fato gerador, jamais efeito dele; B: correta, pois a natureza jurídica do tributo é indicada pelo fato gerador e por sua base de cálculo, em regra (as contribuições, entendemos, são definidas por sua finalidade); C: incorreta, conforme comentário à alternativa "A"; D: incorreta, pois a definição das competências tributárias é feita pela Constituição Federal, muitas vezes pela indicação dos fatos geradores; E: incorreta, pois não há essa relação de causa e efeito.
Gabarito "B".

(Auditor Fiscal da Receita Federal – ESAF) Sobre a relação entre obrigação e crédito tributário, assinale a opção *incorreta*.

(A) A relação tributária é uma relação obrigacional cujo conteúdo é uma prestação pecuniária, em que num dos polos está o devedor, e no outro o credor. Obrigação e crédito pressupõem um e outro.
(B) A obrigação, quando surge, já se estabelece em favor do sujeito ativo (a ela corresponde o crédito e vice-versa). Quando o CTN diz do surgimento da obrigação com o crédito tributário, e da constituição do crédito com o lançamento, quis na verdade referir-se ao crédito formalizado, certo, líquido e oponível ao sujeito passivo.
(C) Embora obrigação e crédito sejam, no direito privado, dois aspectos da mesma relação, o direito tributário houve por bem distingui-los: a obrigação como um primeiro momento na relação tributária, de conteúdo e sujeito passivo ainda não determinados e formalmente identificados; o crédito como um segundo momento na mesma relação, que surge com o lançamento.
(D) De acordo com o CTN, o lançamento possui natureza constitutiva da obrigação tributária, e declaratória do respectivo crédito tributário.
(E) À obrigação tributária corresponde o direito de proceder-se ao lançamento.

A: adequada, pois reflete o entendimento de boa parte da doutrina. É importante salientar, entretanto, que o CTN prevê a constituição do crédito tributário em momento posterior ao surgimento da obrigação tributária (a obrigação surge automaticamente com o fato gerador, mas o crédito correspondente é constituído somente em momento posterior, com o lançamento) – art. 142 do CTN; B: adequada, pois reflete entendimento bastante acatado da doutrina; C: correta, conforme comentário à alternativa "A" (embora se afaste, de certa forma, da doutrina adotada nas assertivas anteriores); D: essa é a incorreta, pois, segundo o CTN, o lançamento é constitutivo do crédito – art. 142 do CTN; E: correta, pois o lançamento pressupõe a existência da obrigação tributária – art. 142 do CTN.
Gabarito "D".

(Auditor Fiscal da Receita Federal – ESAF) Sobre as obrigações tributárias acessórias, assinale a opção *incorreta*.

(A) As multas aplicadas pela Receita Federal do Brasil, decorrentes do descumprimento de obrigação acessória, detêm caráter tributário e são incluídas nos programas de parcelamentos de débitos fiscais.
(B) O gozo de imunidade ou de benefício fiscal não dispensa o seu titular de cumprir as obrigações tributárias acessórias a que estão obrigados quaisquer contribuintes.
(C) O sujeito passivo, na obrigação acessória, transforma-se em *longa manus* da Administração Pública, no

sentido que pratica atos que seriam próprios da administração, com o intuito de auxiliá-la em sua função fiscalizatória e arrecadatória.
(C) Parte da doutrina entende faltar às obrigações acessórias o conteúdo dimensível em valores patrimoniais, pelo que as entende como deveres instrumentais ou formais.
(D) O cumprimento, por determinado sujeito, de obrigação acessória, não o condiciona à obrigação tributária principal.
(E) A criação de obrigação acessória sem a específica e expressa autorização legal importa em usurpação da competência legislativa do Poder Legislativo.

A: correta, pois as penalidades pecuniárias, inclusive decorrentes de descumprimento de obrigações acessórias, integram a obrigação tributária principal (têm natureza tributária) – art. 113, § 2.º, do CTN; B: correta, conforme os arts. 9.º, § 1.º, e 175, parágrafo único, do CTN, entre outros; C: assertiva correta, pois indica entendimento doutrinário bastante difundido, que não aceita a qualificação de "obrigação" acessória; D: assertiva correta, pois, apesar do nome ("acessória"), a obrigação acessória não é condicionada à obrigação principal (nem, muito menos, condiciona-a); E: essa é melhor alternativa, podendo se afirmar que é incorreta (devendo, portanto, ser assinalada), pois boa parte jurisprudência (e parte menor da doutrina) entendem que a instituição de obrigação acessória não depende de previsão expressa e específica em lei (norma infralegal pode especificar esse dever instrumental) – ver no STJ RMS 20.587/MG e REsp 838.143/PR.
Gabarito "E".

(**Auditor Fiscal da Receita Federal – ESAF**) Sobre a elisão fiscal, assinale a opção *incorreta*.
(A) Distingue-se da elusão fiscal por ser esta expressão utilizada para designar a prática de atos ou negócios como base em um planejamento tributário lícito.
(B) Tem como sinônimo a simulação, que consiste em uma discrepância entre a vontade real e a vontade declarada pelas partes.
(C) A elisão abusiva deve ser coibida, por ofender a um sistema tributário criado sob as bases constitucionais da capacidade contributiva e da isonomia tributária.
(D) Para fins de sua configuração, tem grande utilidade a análise do *business purpose test* do direito tributário norte-americano, que aceita como lícita a economia fiscal que, além da economia de imposto, tenha um objetivo negocial explícito.
(E) Não se confunde com a dissimulação.

A: a assertiva é dúbia ou mesmo incorreta. A utilização do pronome "esta" indica que a qualificação como prática relacionada a planejamento lícito refere-se à elisão fiscal, o que é incorreto. Elisão fiscal é o planejamento tributário lícito, em que o contribuinte busca organizar suas atividades de modo a reduzir a carga tributária, sem fraude ou simulação. A elusão fiscal é algo ilícito, que, embora pretendendo apresentar-se como elisão fiscal (planejamento lícito), implica simulação; B: essa é a assertiva incorreta (devendo ser assinalada), conforme comentário à alternativa anterior (a elusão é que implica simulação); C: assertiva correta, pois a elisão fiscal é lícita. Se houve abuso de direito, por exemplo, não se trata, a rigor, de elisão, mas elusão ou evasão fiscal (ilícito); D: assertiva correta, pois os atos do planejamento tributário lícito devem ter propósito negocial, ou seja, não devem ser inúteis; E: assertiva correta, pois dissimulação implica esconder algo que efetivamente ocorreu (o fato gerador, no caso), o que indica evasão fiscal. Simulação indica a tentativa de fazer acreditar em algo que não existiu.
Gabarito "B".

(**Auditor Fiscal da Receita Federal – ESAF**) Sobre os diversos aspectos da norma tributária impositiva, julgue os itens a seguir, classificando-os como corretos ou incorretos, para, a seguir, assinalar a assertiva que corresponda à sua opção.
I. Ainda que se trate de um ato jurídico, no sentido dessa expressão no Código Civil, o fato gerador da obrigação tributária há de ser sempre considerado como um fato.
II. O aspecto temporal é a indicação das circunstâncias de tempo importantes para a configuração dos fatos imponíveis, que necessariamente será explícita.
III. Aspecto espacial da hipótese de incidência corresponde ao território no qual, ocorrida a situação descrita no aspecto material, surge a obrigação tributária.
IV. Aspecto pessoal é aquele que diz respeito à definição dos sujeitos ativo e passivo da relação tributária.
V. O montante da obrigação tributária é o aspecto quantitativo da norma tributária impositiva, que pode ser um valor fixo, um percentual incidente sobre determinada grandeza ou até mesmo a lei pode utilizar-se do enquadramento em tabelas.
Estão corretos apenas os itens:
(A) I, IV e V.
(B) I, III, IV e V.
(C) II, III e V.
(D) II, IV e V.
(E) Todos os itens estão corretos.

I: questionável. O fato gerador é mesmo um fato, não um ato, já que a capacidade do agente, sua vontade e intenção e o resultado são irrelevantes – arts. 114, 118 e 126 do CTN, entre outros; II: incorreta. A indicação do momento da incidência é essencial, não apenas importante, para a configuração do fato gerador. É possível que a ESAF tenha considerado a assertiva incorreta por outra razão (necessidade de o aspecto temporal ser explícito). De fato, nem sempre a indicação do aspecto temporal é clara na legislação tributária, mas parece-nos que deve ser explícita, pois essencial para a configuração do fato gerador; III, IV e V: corretas, definindo adequadamente os aspectos espacial, pessoal e quantitativo da hipótese de incidência.
Gabarito "B".

(**Analista-Tributário da Receita Federal – ESAF**) Avalie as três proposições abaixo, à luz do Código Tributário Nacional, e responda à questão correspondente, assinalando a opção correta.
I. Em regra, a definição do fato gerador da obrigação tributária principal só pode ser estabelecida em lei, mas a definição do sujeito passivo dessa obrigação pode ser estabelecida em decretos e normas complementares.
II. A obrigação acessória tem por objeto a prestação positiva de pagamento do tributo ou penalidade pecuniária e outras prestações previstas no interesse da arrecadação.
III. Poderão ser desconsiderados pela autoridade os atos ou negócios jurídicos praticados com a finalidade de dissimular a ocorrência do fato gerador do tributo.
Contém ou contêm erro:
(A) apenas as duas primeiras proposições.
(B) apenas a primeira.
(C) apenas a segunda.
(D) apenas a terceira.
(E) nenhuma, pois as três estão certas.

I: incorreta, pois a definição do sujeito passivo é matéria também reservada à lei – art. 97, III, do CTN; **II:** incorreta, pois o pagamento de tributo ou penalidade é objeto da obrigação principal, não da acessória – art. 113, § 1.º, do CTN; **III:** correta, sendo a chamada norma antielisiva – art. 116, parágrafo único, do CTN.

Gabarito "A".

(Auditor Fiscal – São Paulo/SP – FCC) A empresa Fernando Rosa S/C Ltda., contribuinte de imposto municipal, efetuou prestação de serviço sujeita à incidência desse imposto, emitiu corretamente o documento fiscal previsto na legislação municipal, escriturou-o regularmente no livro próprio, apurou o montante do imposto a pagar no término do período de apuração e, ao final, pagou o imposto devido.

A obrigação tributária principal

(A) se extingue juntamente com a extinção do fato gerador.
(B) não se extingue.
(C) se extingue com o lançamento por homologação feito pelo contribuinte.
(D) se extingue juntamente com a extinção do crédito tributário dela decorrente.
(E) se extingue com a apresentação de pedido de parcelamento do crédito tributário.

A: incorreta, pois fato gerador é a situação que faz surgir a obrigação, de modo que não pode (o fato gerador) ser extinto (é a obrigação e o crédito correspondente que são extintos); **B:** incorreta, pois a extinção do crédito implica, em regra, extinção da obrigação tributária correspondente; **C:** incorreta, pois lançamento, em si, não implica extinção do crédito. O recolhimento do tributo e da penalidade objeto desse lançamento (pagamento antecipado) é que corresponde à extinção do crédito – art. 156, VII, do CTN; **D:** correta, conforme comentário à alternativa "B"; **E:** incorreta, pois o efetivo parcelamento apenas suspende a exigibilidade do crédito (a extinção ocorre apenas com a quitação do débito parcelado) – art. 151, VI, do CTN.

Gabarito "D".

(Auditor Fiscal – São Paulo/SP – FCC) Um determinado município paulista, ao instituir o ISS, imposto de competência municipal, criou, na mesma lei ordinária, várias obrigações acessórias, no interesse da arrecadação e fiscalização desse imposto.

Com relação à referida lei ordinária, é correto afirmar que

(A) cabe à lei complementar criar tanto obrigações principais, como obrigações acessórias.
(B) ela não poderia ter criado obrigações acessórias, pois isso é atribuição de decreto.
(C) ela não poderia ter criado obrigações acessórias, pois isso é atribuição de normas regulamentares e infrarregulamentares.
(D) não há irregularidade alguma em ela ter criado obrigações acessórias.
(E) lei ordinária só pode criar obrigação principal e normas infralegais só podem criar obrigações acessórias.

A: incorreta, pois, em regra, basta lei ordinária para fixar obrigações principais e acessórias (há alguns tributos federais que exigem lei complementar); B e C: incorretas, pois é possível instituir obrigação acessória por lei (há quem entenda que não se pode institui-las por norma infralegal); **D:** correta, conforme comentários anteriores; **E:** incorreta, pois é possível a instituição de obrigação acessória por lei, conforme comentários anteriores (o debate é sobre a possibilidade de instituir-se obrigação acessória por norma infralegal).

Gabarito "D".

(Auditor Fiscal da Receita Federal – ESAF) Sobre a obrigação tributária principal e acessória e sobre o fato gerador do tributo, assinale a opção correta.

(A) Segundo o Código Tributário Nacional, a obrigação de pagar multas e juros tributários constitui-se como obrigação acessória.
(B) A obrigação acessória, quando não observada, converte-se em obrigação principal somente em relação à penalidade pecuniária.
(C) A existência de uma obrigação tributária acessória pressupõe a existência de uma obrigação tributária principal.
(D) A instituição de obrigação acessória, com a finalidade de dar cumprimento à obrigação principal, deve atenção ao princípio da estrita legalidade.
(E) No Sistema Tributário Nacional, admite-se que a obrigação de fazer, em situações específicas, seja considerada obrigação tributária principal.

A: incorreta, pois a prestação pecuniária (tributos, acréscimos ou penalidades) é sempre objeto da obrigação tributária principal, não da acessória – art. 113, § 1º, do CTN; **B:** assertiva correta, pois o descumprimento da obrigação acessória (fazer ou deixar de fazer algo no interesse da administração tributária, que não seja pagar dinheiro, ou seja, não pecuniária) implica multa (que é objeto da obrigação principal) – art. 113, § 3º, do CTN; **C:** incorreta, pois, mesmo no caso de inexistência de obrigação tributária principal, pode haver obrigação acessória (por exemplo, mesmo entidade imune pode ser obrigada a manter registros fiscais, até para que o fisco possa verificar o preenchimento dos requisitos para a imunidade – art. 14, III, do CTN); **D:** a rigor, o CTN não prevê lei para a instituição da obrigação tributária acessória, mas apenas "legislação tributária", que inclui decretos e normas complementares – arts. 113, § 2º, e 115 do CTN; **E:** incorreta, pois a obrigação principal somente pode ter por objeto prestação pecuniária (pagamento de tributo ou de penalidade pecuniária, ou seja, em dinheiro).

Gabarito "B".

(Auditor Fiscal da Receita Federal – ESAF) Leia cada um dos assertos abaixo e assinale (V) ou (F), conforme seja verdadeiro ou falso. Depois, marque a opção que contenha a exata sequência.

( ) A situação definida em lei, desde que necessária para o nascimento da obrigação tributária principal é o seu fato gerador.
( ) Qualquer situação que, na forma da legislação aplicável, impõe a prática de um ato que não tenha por objeto o pagamento de tributo ou multa, é obrigação tributária acessória.
( ) Atos ou negócios jurídicos praticados com a finalidade de encobrir a ocorrência do fato gerador do tributo ou a natureza dos elementos constitutivos da obrigação tributária, desde que legítimos perante a legislação civil, não podem ser desconsiderados pela autoridade tributária.

(A) V, V, V
(B) F, V, V
(C) F, F, F
(D) F, F, V
(E) V, F, V

1ª: art. 114 do CTN; 2ª: a assertiva é verdadeira, considerando que a prática do ato, a que se refere a assertiva, relacione-se à arrecadação ou à fiscalização dos tributos – art. 113, § 2º, do CTN; 3ª: trata-se de dissimulação, que deve ser desconsiderada pelo fisco – art. 116, parágrafo único, do CTN.

Gabarito "C".

6. DIREITO TRIBUTÁRIO

(Auditor Fiscal da Receita Federal – ESAF) Avalie as afirmações abaixo e marque a opção que corresponda, na devida ordem, ao acerto ou erro de cada uma (V ou F, respectivamente).

1) Multa decorrente de obrigação acessória constitui obrigação principal.
2) Se a lei impõe a determinados sujeitos que não façam alguma coisa, está a impor-lhes uma obrigação tributária acessória e a simples situação de fato que a lei considera relevante para impor a abstenção já é considerada fato gerador dessa obrigação.
3) Quando um sujeito passivo não está sujeito ao imposto, mas apenas a prestar informações ao fisco sobre matéria de interesse da fiscalização, esta é sua obrigação tributária principal.

(A) V, V, V
(B) V, V, F
(C) V, F, F
(D) F, F, F
(E) F, F, V

1: toda exigência pecuniária (tributo ou penalidade), prevista na legislação tributária, é objeto da obrigação principal – art. 113, § 1º, do CTN; **2:** arts. 113, § 2º, e 115 do CTN; **3:** somente o dever de pagar em dinheiro (a título de tributo ou penalidade) é objeto da obrigação principal – 113, § 1º, do CTN.
Gabarito "B".

(Técnico da Receita Federal – ESAF) O procedimento através do qual opera-se a constituição do crédito tributário pela identificação do sujeito passivo, pela descrição e classificação do produto, pela declaração de seu valor, pelo cálculo do imposto, e, sendo o caso, da penalidade prevista, é denominado:

(A) diferimento;
(B) base de cálculo;
(C) fato gerador;
(D) lançamento;
(E) deferimento.

A assertiva descreve o lançamento tributário – art. 142 do CTN.
Gabarito "D".

(Técnico da Receita Federal – ESAF) Sobre a obrigação tributária acessória, é incorreto afirmar-se que

(A) tem por objeto prestações positivas previstas na legislação tributária.
(B) tal como a obrigação principal, supõe, para o seu surgimento, a ocorrência de fato gerador.
(C) objetiva dar meios à fiscalização tributária para a investigação e o controle do recolhimento de tributos.
(D) sua inobservância converte-se em obrigação principal, relativamente a penalidade pecuniária.
(E) realizar matrícula no cadastro de contribuintes, emitir nota fiscal e apresentar declarações ao Fisco constituem, entre outros, alguns exemplos.

A: a assertiva é dúbia. A obrigação acessória não se refere apenas a prestações positivas (são possíveis prestações negativas também) – art. 113, § 1º, do CTN. Essa é a melhor alternativa, por exclusão das demais, que são totalmente corretas; **B:** art. 115 do CTN; **C:** essa é a função das obrigações acessórias – art. 113, § 2º, in fine, do CTN; **D:** art. 113, § 3º, do CTN; **E:** esses são exemplos de obrigações acessórias, ou seja, são deveres relativos à tributação que não se confundem com o recolhimento de dinheiro ao fisco (não se trata de recolhimento de tributo ou penalidade pecuniária).
Gabarito "A".

(Auditor Fiscal/RO – FCC) Sobre as obrigações tributárias acessórias dos contribuintes e seus livros fiscais, é CORRETO afirmar:

(A) A autoridade fiscal não poderá intimar o contribuinte a comprovar o montante das operações escrituradas ou que deveriam ter sido escrituradas nos referidos livros, para efeito de verificação do pagamento do imposto, ainda que se trate de perda ou extravio de livros e demais documentos fiscais.
(B) Os livros fiscais poderão ser retirados do estabelecimento a critério do contribuinte, independentemente de autorização fiscal.
(C) A falta de emissão do documento fiscal próprio ou a não exibição do mesmo ao fisco importará a renúncia à norma excludente da incidência ou do pagamento do crédito tributário e a consequente exigibilidade do imposto nos casos de suspensão, isenção ou diferimento.
(D) O registro das operações de cada estabelecimento será feito por meio de livros, guias e documentos fiscais, cujos modelos e formas serão estabelecidos pelo contribuinte, de acordo com suas necessidades administrativas.
(E) Os documentos, livros e demais elementos de contabilidade em geral dos contribuintes ou responsáveis não constituem instrumentos auxiliares da escrituração de fiscalização.

A: incorreta, pois a autoridade fiscal poderá intimar o contribuinte, conforme a regulamentação da legislação tributária – art. 194 do CTN; **B:** incorreta, pois a legislação tributária local regulará a manutenção dos livros fiscais – art. 194 do CTN; **C:** essa é a assertiva correta, conforme a legislação local. Ainda que não seja conhecida pelo candidato, é possível indicar a alternativa por exclusão das demais; **D:** incorreta, pois os modelos e as formas dos documentos fiscais são estabelecidos pela legislação tributária; **E:** incorreta, pois todos os livros contábeis do contribuinte podem ser considerados instrumentos auxiliares da escrituração fiscal, na medida em que permitam a aferição e a quantificação da obrigação tributária.
Gabarito "C".

8. LANÇAMENTO, CRÉDITO TRIBUTÁRIO

(Auditor Fiscal Tributário – Prefeitura Lages/SC – 2016 – FEPESE) Quanto ao Crédito Tributário, é incorreto considerar:

(A) que a obrigação e o crédito tributário nascem com a ocorrência do fato gerador.
(B) o crédito tributário somente poderá ser modificado, extinto, ou ter sua exigibilidade suspensa ou excluída nos casos legalmente previstos.
(C) crédito regularmente constituído é aquele tornado líquido, certo e exigível, por meio do lançamento.
(D) a prestação em moeda ou outro valor nela se possa exprimir, que o sujeito ativo da obrigação tributária tem o direito de exigir do sujeito passivo direto ou indireto.
(E) o lançamento é constitutivo do crédito tributário.

A: incorreta, pois, embora a obrigação nasça com o fato gerador, o crédito surge apenas com o lançamento tributário – arts. 113, 114 e 142 do CTN; **B:** correta – art. 141 do CTN; **C:** correta – art. 142 do CTN, lembrando que a exigibilidade se inicia com o vencimento; **D:** correta, pois esse é o objeto da obrigação tributária principal e, por ser exigível, do crédito correspondente – art. 113, I, do CTN; **E:** correta, nos termos do art. 142 do CTN.
Gabarito "A".

(Auditor Fiscal da Receita Federal – ESAF) Sobre o lançamento como forma de constituição do crédito tributário, assinale a opção correta.

(A) A obrigação de prestar declaração é determinante para a definição da modalidade de lançamento do tributo respectivo.
(B) Qualquer que seja a modalidade escolhida para o arbitramento, o fisco poderá levar a efeito a que mais favorecer o contribuinte.
(C) Nos tributos sujeitos ao lançamento por homologação, o pagamento antecipado é o termo a *quo* do prazo para repetição e compensação de indébito.
(D) A legislação brasileira utiliza-se largamente da modalidade do lançamento por declaração, a maior parte dos tributos, especialmente nos impostos e contribuições sociais, segue tal sistemática.
(E) A natureza do ato homologatório difere da do lançamento tributário: enquanto este certifica a quitação, aquele certifica a dívida.

A: incorreta, pois não apenas o tributo lançado por declaração (art. 147) exige prestação de declarações pelo contribuinte, sendo bastante comum nos casos de lançamento por homologação e mesmo de ofício; **B:** incorreta, pois a aplicação da legislação tributária deve ser estrita, sendo excepcionais as hipóteses de aplicação mais benéfica ao contribuinte, restritas a penalidades pecuniárias; **C:** correta, conforme entendimento jurisprudencial consolidado; **D:** incorreta, pois o grande volume de tributos tem lançamento por homologação ou autolançamento; **E:** incorreta, pois o lançamento constitui o crédito, não tendo relação direta com a quitação.
Gabarito "C".

(Auditor Fiscal/MA – FGV) Quanto ao *lançamento*, analise as afirmativas a seguir.

I. É declaratório da obrigação tributária e constitutivo do crédito tributário.
II. Pode ser revisto pela autoridade tributária, desde que haja erro de direito.
III. É constitutivo da obrigação tributária e declaratório do crédito tributário.
IV. É revisto de ofício pela autoridade administrativa quando determinado em lei.
Assinale:

(A) se somente as afirmativas I e III estiverem corretas.
(B) se somente as afirmativas I e IV estiverem corretas.
(C) se somente as afirmativas II e III estiverem corretas.
(D) se somente as afirmativas I e II estiverem corretas.
(E) se somente as afirmativas II e IV estiverem corretas.

I: correta, sendo esse o entendimento majoritário e consonante com o art. 142 do CTN. A propósito do entendimento jurisprudencial, ver a Súmula 436/STJ: *A entrega de declaração pelo contribuinte reconhecendo débito fiscal constitui o crédito tributário, dispensada qualquer outra providência por parte do fisco.*; **II:** incorreta, pois somente o erro de fato permite, em princípio, a revisão do lançamento, não a mudança de entendimento jurídico (erro de direito) – art. 146 do CTN; **III:** incorreta, conforme comentário à primeira assertiva; **IV:** correta, conforme o art. 149, I, do CTN.
Gabarito "B".

(Auditor do Tesouro Municipal/Recife-PE – FGV) Sobre crédito tributário, analise as afirmativas a seguir.

I. A inscrição do crédito tributário é decorrente da dívida ativa.
II. Todo crédito tributário é dívida ativa tributária.
III. A inscrição gera presunção de certeza e liquidez do crédito tributário.
IV. A maneira de calcular juros de mora é requisito formal para inscrição na dívida ativa.
Assinale:

(A) se somente as afirmativas I e III estiverem corretas.
(B) se somente as afirmativas II e III estiverem corretas.
(C) se somente as afirmativas III e IV estiverem corretas.
(D) se somente as afirmativas II e IV estiverem corretas.
(E) se somente as afirmativas I e IV estiverem corretas.

I: incorreta, pois a dívida ativa é que decorre da inscrição dos créditos – art. 201 do CTN; **II:** incorreta, pois somente com a inscrição é que o crédito tributário passa a compor a dívida ativa; **III:** correta, nos termos do art. 204 do CTN; **IV:** correta, nos termos do art. 202, II, do CTN.
Gabarito "C".

(Analista-Tributário da Receita Federal – ESAF) Responda às perguntas abaixo e, em seguida, assinale a opção correta.

I. Se o lançamento não foi notificado ao sujeito passivo, pode ser livremente alterado pela autoridade?
II. A alteração de entendimento (modificação dos critérios jurídicos adotados pela autoridade administrativa) no exercício do lançamento pode ser efetivada, em relação aos outros contribuintes, quanto a fato gerador ocorrido anteriormente à sua introdução?
III. A certidão com efeito de negativa pode ser expedida em favor de contribuinte que tenha efetuado o depósito do montante integral do crédito tributário, pois, em tal caso, este estará com sua exigibilidade suspensa?

(A) Não, não e não.
(B) Sim, sim e sim.
(C) Não, não e sim.
(D) Não, sim e não.
(E) Sim, não e não.

I: sim, pois o lançamento não foi concluído (não existe como ato de constituição do crédito tributário) antes da notificação. A rigor, não é exato falar em alteração do lançamento, por essa mesma razão; **II:** sim, pois isso é vedado apenas em relação ao mesmo sujeito passivo (não em relação a outros contribuintes), nos termos do art. 146 do CTN; **III:** correta, conforme o art. 151, II, c/c o art. 206 do CTN.
Gabarito "B".

(Auditor Fiscal – São Paulo/SP – FCC) Um contribuinte do Imposto Predial e Territorial Urbano – IPTU possuía um imóvel urbano com área construída equivalente a 250 m². Após a reforma que promoveu nesse imóvel, no final do ano de 2009, a área construída, passou a ser de 400 m².

Essa reforma foi feita sem o conhecimento nem a autorização das autoridades municipais competentes, com o intuito de evitar o aumento do valor do IPTU lançado para esse imóvel.

Independentemente das sanções que esse contribuinte possa sofrer pelas irregularidades cometidas, foi constatado que, nos anos de 2010 e 2011, a prefeitura daquele município lançou o IPTU em valor menor do que o devido, pois considerou como construída a área de 250 m², e não de 400 m².

Em setembro de 2011, ao tomar conhecimento de que a área construída do referido imóvel havia sido aumentada sem a devida comunicação à municipalidade, a fiscalização municipal, em relação ao IPTU,

(A) pode revisar de ofício apenas o lançamento do IPTU referente ao exercício de 2011, pois foi nesse exercício que o fisco constatou a existência de aumento da área construída.
(B) não pode fazer coisa alguma, pois os lançamentos do IPTU referentes aos exercícios de 2010 e 2011 já haviam sido feitos e estavam revestidos de definitividade.
(C) pode revisar de ofício os lançamentos do IPTU referentes aos exercícios de 2010 e 2011, para apreciar fatos anteriormente desconhecidos (o aumento da área construída), não havendo prazo limite para o início dessa revisão, pois o contribuinte agiu com dolo ao deixar de informar a Fazenda Pública municipal a respeito da ampliação da área construída.
(D) desde que autorizado judicialmente, pode rever de ofício os lançamentos do IPTU referentes aos exercícios de 2010 e 2011, para apreciar fatos anteriormente desconhecidos (o aumento da área construída), devendo essa revisão do lançamento, porém, ser iniciada enquanto não extinto o direito da Fazenda Pública.
(E) pode revisar de ofício os lançamentos do IPTU referentes aos exercícios de 2010 e 2011, para apreciar fatos anteriormente desconhecidos (o aumento da área construída), devendo essa revisão do lançamento, porém, ser iniciada enquanto não extinto o direito da Fazenda Pública.

A, B e D: incorretas, pois em ambos os lançamentos citados houve dolo do contribuinte e erro de fato, o que permite a retificação de ofício do lançamento pela autoridade fiscal, sem necessidade de provimento jurisdicional (o lançamento é privativo da autoridade fiscal) – art. 149, VII e VIII, do CTN; C: incorreta, pois há sempre prazo decadencial, nos termos dos arts. 149, parágrafo único, e 173 do CTN; E: essa é a correta, conforme comentários anteriores.
Gabarito "E".

(Auditor Fiscal – São Paulo/SP – FCC) Um determinado tributo, cuja legislação de regência determine aos seus contribuintes a emissão do correspondente documento fiscal, com sua posterior escrituração no livro fiscal próprio, seguida da apuração do valor devido no final de cada período de competência e, finalmente, do subsequente recolhimento do valor apurado junto à rede bancária, tudo sem a prévia conferência do fisco, ficando essa atividade desenvolvida pelo contribuinte sujeita à posterior análise e exame pelo agente do fisco, que poderá considerá-la exata ou não, caracteriza a forma de lançamento denominada

(A) extemporâneo.
(B) de ofício.
(C) por homologação.
(D) por declaração.
(E) misto.

A descrição corresponde ao lançamento por homologação, conforme o art. 150 do CTN.
Gabarito "C".

(Auditor Fiscal da Receita Federal – ESAF) Sobre o lançamento, com base no Código Tributário Nacional, assinale a opção correta.

(A) O lançamento é um procedimento administrativo pelo qual a autoridade fiscal, entre outras coisas, declara a existência de uma obrigação tributária.
(B) Ao se estabelecer a competência privativa da autoridade administrativa para efetuar o lançamento, permitiu-se a delegação dessa função.
(C) No lançamento referente à penalidade pecuniária, a autoridade administrativa deve aplicar a legislação em vigor no momento da ocorrência do fato gerador.
(D) A legislação posterior à ocorrência do fato gerador da obrigação que instituir novos critérios de apuração ou processos de fiscalização, ampliando os poderes de investigação da autoridade administrativa, não se aplica ao lançamento.
(E) A aplicação retroativa de legislação tributária formal pode atribuir responsabilidade tributária a terceiros.

A: correta, conforme boa parte da doutrina, para a qual o lançamento é declaratório. É importante ressaltar, entretanto, que o CTN consigna tratar-se de procedimento constitutivo do crédito tributário – art. 142 do CTN; B: incorreta, pois o lançamento é competência privativa da autoridade fiscal, de modo que não pode ser delegada – art. 142 do CTN. É importante ressaltar, entretanto, que o lançamento por homologação é considerado pela doutrina majoritária como sendo autolançamento, realizado pelo próprio contribuinte; C: incorreta, pois há casos de retroatividade da norma mais benéfica, em relação às penalidades (*lex mitior*) – art. 112 do CTN; D: incorreta, pois há retroatividade também nessa hipótese – art. 144, § 1º, do CTN; E: incorreta, pois a atribuição de responsabilidade tributária implica criação de dever em relação a determinada pessoa, de modo que não pode, jamais, ser feita de modo retroativo – art. 144, § 1º, *in fine*, do CTN.
Gabarito "A".

(Auditor Fiscal da Receita Federal – ESAF) O lançamento, a teor do art. 142 do Código Tributário Nacional, é o procedimento administrativo tendente a verificar a ocorrência do fato gerador da obrigação correspondente, determinar a matéria tributável, calcular o montante do tributo devido, identificar o sujeito passivo e, sendo o caso, propor a aplicação da penalidade cabível.

Sobre o lançamento, avalie o acerto das afirmações adiante e marque com (V) as verdadeiras e com (F) as falsas; em seguida, marque a opção correta.

( ) Trata-se de uma atividade vinculada e obrigatória, sob pena de responsabilidade funcional.
( ) O lançamento regularmente notificado ao sujeito passivo somente poderá ser alterado por iniciativa de ofício da autoridade administrativa.
( ) Salvo disposição de lei em contrário, quando o valor tributário esteja expresso em moeda estrangeira, no lançamento far-se-á sua conversão em moeda nacional ao preço médio do câmbio do mês da ocorrência do fato gerador da obrigação.

(A) F, F, V
(B) V, F, F
(C) V, V, F
(D) F, F, V
(E) V, F, V

1ª: art. 142, parágrafo único, do CTN; 2ª: o lançamento também pode ser modificado por iniciativa do sujeito passivo – art. 145, I, do CTN; 3ª: a conversão se dá pelo câmbio do dia da ocorrência do fato gerador – art. 143 do CTN.
Gabarito "B".

(Auditor Fiscal da Receita Federal – ESAF) Não se admite alteração do lançamento regularmente notificado ao sujeito passivo em virtude de:

(A) iniciativa de ofício da autoridade administrativa, quando se comprove que o sujeito passivo, ou terceiro em benefício daquele, agiu com dolo, fraude ou simulação.
(B) impugnação do sujeito passivo.
(C) recurso de ofício.
(D) iniciativa de ofício da autoridade administrativa, quando se comprove que, no lançamento anterior, ocorreu fraude ou falta funcional da autoridade que o efetuou, ou omissão, pela mesma autoridade, de ato ou formalidade especial.
(E) iniciativa de ofício da autoridade administrativa, quando reconhece a necessidade de apuração de fato não conhecido ou não provado por ocasião do lançamento anterior, no caso de estar extinto o direito da Fazenda Pública de revisar o lançamento.

A: art. 149, VII, do CTN; **B:** art. 145, I, do CTN; **C:** art. 145, II, do CTN; **D:** art. 149, IX, do CTN; **E:** inviável a revisão no caso de extinção do direito da fazenda (decadência) – art. 149, parágrafo único, do CTN.
Gabarito "E".

(Auditor Fiscal da Receita Federal – ESAF) Preencha as lacunas com as expressões oferecidas entre as cinco opções abaixo.

Se a lei atribui ao contribuinte o dever de prestar declaração de imposto de renda e de efetuar o pagamento sem prévio exame da autoridade, o lançamento é por _____.

Segundo os termos do CTN, na redação vigente a partir de 11 de janeiro de 2002, a lei pode circunscrever a aplicabilidade do _____ a determinada região ou a determinada categoria de _____.

(A) declaração / crédito tributário / ocupação profissional
(B) declaração / regime aduaneiro / mercadorias
(C) homologação / regime automotivo / empresas, segundo seu porte ou procedência
(D) homologação / parcelamento / moeda de conta ou de pagamento
(E) homologação / parcelamento / responsáveis ou contribuintes

1ª: a assertiva refere-se ao lançamento por homologação – art. 150 do CTN; 2ª: ao parcelamento aplicam-se subsidiariamente as regras da moratória (art. 155-A, § 2º, do CTN), inclusive a que admite sua aplicabilidade a determinada área territorial ou a determinada classe ou categoria de sujeitos passivos – art. 152, parágrafo único, do CTN.
Gabarito "E".

(Técnico da Receita Federal – ESAF) Sobre as modalidades de lançamento do crédito tributário, podemos afirmar que

(A) lançamento por homologação é feito quanto aos tributos cuja legislação atribua ao sujeito passivo o dever de calcular o tributo, submetê-lo ao prévio exame da autoridade administrativa, e realizar seu pagamento.
(B) o lançamento por declaração é aquele feito em face da declaração prestada pelo próprio contribuinte ou por terceiro.
(C) o lançamento de ofício é aquele feito pela autoridade administrativa, com base nas informações prestadas pelo contribuinte.

(D) a revisão do lançamento, em quaisquer de suas modalidades, pode ser iniciada mesmo após a extinção do direito da Fazenda Pública, nos casos de erro por parte do contribuinte.
(E) na hipótese do lançamento por homologação, não fixando a lei ou o regulamento prazo diverso para homologação, seu prazo será de cinco anos, contados do fato gerador.

A: no lançamento por homologação não há exame prévio pelo fisco, em relação ao pagamento – art. 150 do CTN; **B:** art. 147 do CTN; **C:** esse é o lançamento por declaração, que pode se dar a partir de informações prestadas pelo sujeito passivo ou por terceiros – art. 147 do CTN; **D:** após a extinção do direito da fazenda (= decadência), não é possível rever o lançamento – art. 149, parágrafo único, do CTN; **E:** o prazo para a homologação não pode ser fixado por simples regulamento – art. 150, § 4º, do CTN.
Gabarito "B".

(Técnico da Receita Federal – ESAF) Avalie a correção das afirmações abaixo. Atribua a letra V para as verdadeiras e F para as falsas. Em seguida, marque a opção que contenha a sequência correta.

( ) O crédito tributário não é atingido pela decadência.
( ) Modificados a extensão e os efeitos do crédito tributário, altera-se a obrigação tributária que lhe deu origem.
( ) O lançamento é regido pela legislação vigente à época da ocorrência do fato gerador, não lhe sendo aplicável a legislação posterior.

(A) V, V, V
(B) V, V, F
(C) V, F, F
(D) F, F, F
(E) V, F, V

1ª: a não cobrança do crédito no prazo legal implica prescrição em desfavor do fisco (a decadência refere-se ao direito de lançar) – art. 174 do CTN; 2ª: a modificação do crédito não altera a obrigação tributária correspondente – art. 140 do CTN; 3ª: em regra, aplica-se a lei vigente à época do fato gerador, mas há exceções nos casos de normas relativas a critérios de apuração, processos de fiscalização, poderes de investigação, e garantias e privilégios do crédito, nos termos do art. 144, § 1º, do CTN.
Gabarito "C".

(Auditor Fiscal/RO – FCC) O lançamento tributário

(A) não pode, após regularmente notificado ao sujeito passivo, ser alterado de ofício pela autoridade administrativa.
(B) depende sempre de prévia declaração do sujeito passivo ou de terceiro, na forma da legislação tributária.
(C) reporta-se à data da ocorrência do fato gerador e rege-se pela lei vigente ao tempo da prática do lançamento.
(D) não pode ser revisto de ofício pela autoridade competente.
(E) é regido pela legislação vigente que, posteriormente à ocorrência do fato gerador da obrigação, tenha instituído novos critérios de apuração ou fiscalização.

A: incorreta, pois há hipóteses em que é possível a alteração, conforme o art. 145 do CTN, quais sejam, (i) impugnação do sujeito passivo, (ii) recurso de ofício e (iii) iniciativa de ofício da autoridade administrativa, nos casos do art. 149 do CTN; **B:** incorreta, pois o lançamento de ofício prescinde de declaração prévia do contribuinte (é feito diretamente pelo fisco) – art. 149 do CTN; **C:** incorreta, pois o lançamento é regido, em regra, pela lei vigente à época do fato gerador, ainda que posteriormente revogada ou modificada – art. 144, *caput*, do CTN; **D:** incorreta, pois o lançamento pode ser revisto de ofício nos casos do art. 149 do CTN; **E:** assertiva correta, pois é hipótese excepcional de aplicação da norma posterior àquela vigente à época do fato gerador – art. 144, § 1º, do CTN.

Gabarito "E".

(Fiscal de Rendas/RJ – FGV) Assinale a afirmação incorreta.

(A) Compete privativamente à autoridade administrativa constituir o crédito tributário pelo lançamento.
(B) O lançamento reporta-se à data da ocorrência do fato gerador da obrigação e rege-se pela lei então vigente, ainda que posteriormente modificada ou revogada.
(C) O lançamento regularmente notificado ao sujeito passivo só pode ser alterado em virtude de impugnação ou recurso administrativo.
(D) A modificação introduzida nos critérios jurídicos adotados pela autoridade administrativa no exercício do lançamento somente pode ser efetivada, em relação a um mesmo sujeito passivo, quanto a fato gerador ocorrido posteriormente à sua introdução.
(E) A atividade administrativa de lançamento é vinculada e obrigatória, sob pena de responsabilidade funcional.

A: art. 142 do CTN; **B:** art. 144 do CTN; **C:** o lançamento também pode ser alterado de ofício – art. 145, III, do CTN; **D:** art. 146 do CTN; **E:** art. 142, parágrafo único, do CTN.

Gabarito "C".

(Fiscal de Rendas/RJ – FGV) Nos termos do Código Tributário Nacional, o lançamento é efetuado e revisto de ofício pela autoridade administrativa nos seguintes casos:

I. quando a pessoa legalmente obrigada, embora tenha prestado declaração, deixe de atender, no prazo e na forma da legislação tributária, a pedido de esclarecimento formulado pela autoridade administrativa, recuse-se a prestá-lo ou não o preste satisfatoriamente, a juízo daquela autoridade;
II. quando se comprove falsidade, erro ou omissão quanto a qualquer elemento definido na legislação tributária como sendo de declaração obrigatória;
III. quando se comprove que o sujeito passivo, ou terceiro em benefício daquele, agiu com dolo, fraude ou simulação.

Analise os itens acima e assinale:

(A) se nenhum item estiver correto.
(B) se somente os itens I e III estiverem corretos.
(C) se somente os itens II e III estiverem corretos.
(D) se somente os itens I e II estiverem corretos.
(E) se todos os itens estiverem corretos.

I: art. 149, III, do CTN; **II:** art. 149, IV, do CTN; **III:** art. 149, VII, do CTN.

Gabarito "E".

(Agente Tributário Estadual/MS – FGV) Em se tratando de lançamento por homologação, sem prazo fixado em lei, decorridos cinco anos sem pronunciamento da Fazenda Pública:

(A) o lançamento não será considerado homologado, enquanto a Fazenda não o fizer de ofício.
(B) o lançamento sempre será considerado homologado.
(C) o lançamento sempre será considerado homologado e o crédito definitivamente extinto.
(D) o lançamento será considerado homologado e o crédito definitivamente extinto, salvo se comprovada a ocorrência de culpa, dolo, fraude ou simulação.
(E) o lançamento será considerado homologado e o crédito definitivamente extinto, salvo se comprovada a ocorrência de dolo, fraude ou simulação.

Ocorre a homologação tácita e a extinção definitiva do crédito, na hipótese, exceto se houver comprovação de dolo, fraude ou simulação – art. 150, § 4º, do CTN.

Gabarito "E".

(Agente Tributário Estadual/MS – FGV) Quanto à existência de erro em relação a qualquer elemento definido na legislação tributária como sendo de declaração obrigatória, pode-se afirmar que:

(A) somente pode ser retificado pelo contribuinte.
(B) somente pode ser retificado pelos órgãos julgadores administrativos.
(C) somente pode ser retificado pelos órgãos julgadores do Poder Judiciário.
(D) será retificado de ofício pela autoridade administrativa competente.
(E) somente pode ser retificado pelo superior hierárquico da autoridade fiscal que efetuou o lançamento.

Trata-se de hipótese que permite a revisão de ofício do lançamento, nos termos do art. 149, IV, do CTN.

Gabarito "D".

(Agente Tributário Estadual/MS – FGV) A modificação introduzida, de ofício ou em consequência de decisão administrativa ou judicial, nos critérios jurídicos adotados pela autoridade administrativa no exercício do lançamento:

(A) não pode ser efetivada em relação a um mesmo sujeito passivo.
(B) somente pode ser efetivada em relação a um mesmo sujeito passivo, quanto ao fato gerador ocorrido a qualquer tempo.
(C) somente pode ser efetivada, em relação a um mesmo sujeito passivo, quanto ao fato gerador ocorrido anteriormente à sua introdução.
(D) somente pode ser efetivada, em relação a um mesmo sujeito passivo, quanto ao fato gerador ocorrido posteriormente à sua introdução.
(E) somente pode ser efetivada em relação a um mesmo sujeito ativo, quanto ao fato gerador ocorrido anteriormente à sua introdução.

A assertiva em D reflete o disposto no art. 146 do CTN.

Gabarito "D".

(Agente Tributário Estadual/MS – FGV) O lançamento é efetuado e revisto de ofício pela autoridade administrativa nas seguintes hipóteses, dentre outras, previstas no artigo 149 do CTN:

(A) em virtude de modificação introduzida, de ofício ou em consequência de decisão administrativa ou judicial, nos critérios jurídicos adotados e quando deve ser apreciado fato não conhecido por ocasião do lançamento anterior.
(B) quando houver divergência na interpretação da lei, por parte de autoridade administrativa subordinada,

e quando a declaração não seja prestada, por quem de direito, no prazo e na forma da legislação tributária.

(C) quando deve ser apreciado fato não conhecido por ocasião do lançamento anterior e quando a declaração não seja prestada, por quem de direito, no prazo e na forma da legislação tributária.

(D) quando a lei estabelecer novos critérios de apuração ou fiscalização e quando se comprove que o sujeito passivo, ou terceiro em benefício daquele, agiu com dolo, fraude ou simulação.

(E) quando se comprove falsidade, erro ou omissão, quanto a qualquer elemento definido na legislação tributária como sendo de declaração obrigatória, e quando a lei estabelecer novos critérios de apuração ou fiscalização.

A: a modificação nos critérios jurídicos não permite a revisão do lançamento, nos termos do art. 146 do CTN; **B:** a divergência da autoridade subordinada não é, por si, causa para a revisão do lançamento; **C:** art. 149, II e VIII, do CTN; D e **E:** a fixação legal de novos critérios de apuração ou fiscalização, por si, não permite a revisão do lançamento, embora possam ser aplicados a fatos geradores pretéritos – art. 144, § 1º, do CTN.
Gabarito "C".

(Auditor Fiscal/São Paulo-SP – FCC) De conformidade com a sistemática do Código Tributário Nacional, o crédito tributário é constituído

(A) pelo fato gerador da obrigação tributária principal.
(B) pela obrigação tributária principal.
(C) por lei ordinária.
(D) por lei complementar.
(E) pelo lançamento.

Nos termos do art. 142 do CTN, o lançamento constitui o crédito tributário.
Gabarito "E".

9. SUJEIÇÃO PASSIVA, RESPONSABILIDADE TRIBUTÁRIA, CAPACIDADE E DOMICÍLIO

(Auditor Fiscal Tributário Municipal – Prefeitura Cuiabá – 2016 – FGV) Segundo a legislação, Caio, proprietário do imóvel X, celebra contrato de locação com Tício, no qual estabelece que o responsável pelo pagamento do Imposto sobre a Propriedade Territorial Urbana – IPTU será o locatário do imóvel. O referido contrato foi registrado no Cartório de Registro de Imóveis competente.

Sobre a hipótese apresentada, assinale a afirmativa correta.

(A) O contrato é válido, podendo ser oposto ao Fisco, que deverá realizar o lançamento do IPTU tendo como sujeito passivo Tício, locatário do imóvel.
(B) O contrato é válido e terá seus efeitos limitados aos contratantes, mas não produzirá efeito contra o Fisco, no que se refere à responsabilidade tributária.
(C) O contrato é nulo, uma vez que altera definição de sujeição passiva disposta em lei.
(D) O contrato é válido, tendo em vista que o Código Tributário Nacional prevê que o locatário é o sujeito passivo da obrigação tributária referente ao pagamento do IPTU.
(E) O contrato é válido e cria, para o pagamento do IPTU, uma forma de responsabilidade solidária entre o locador e o locatário.

A: incorreta, pois a sujeição passiva é fixada por lei, sendo inoponível contra o fisco o acordo entre particulares, nos termos do art. 123 do CTN; **B:** correta – art. 123 do CTN; **C:** incorreta, pois o contrato é válido e eficaz entre as partes, apenas não podendo ser oposto contra a Fazenda; **D:** incorreta, pois o sujeito passivo do IPTU é o proprietário, o titular do domínio útil ou o possuidor com *animus domini* – art. 34 do CTN; **E:** incorreta, conforme comentários anteriores.
Gabarito "B".

(Auditor Fiscal Tributário Municipal – Prefeitura Cuiabá – 2016 – FGV) Sobre responsabilidade tributária, analise as afirmativas a seguir.

I. A lei pode atribuir a sujeito passivo de obrigação tributária a condição de responsável pelo pagamento do imposto, cujo fato gerador deva ocorrer no futuro.

II. Os sócios de sociedade limitada, independente da prática de atos de gerência e administração, são pessoalmente responsáveis pelos créditos correspondentes a obrigações tributárias resultantes de atos praticados com excesso de poderes ou infração de lei, contrato social ou estatutos.

III. O sucessor a qualquer título não é responsável pelo crédito tributário decorrente de tributo devido pelo *de cujus*.

Assinale:

(A) se somente a afirmativa I estiver correta.
(B) se somente a afirmativa III estiver correta.
(C) se somente as afirmativas I e II estiverem corretas.
(D) se somente as afirmativas I e III estiverem corretas.
(E) se somente as afirmativas II e III estiverem corretas.

I: correta – art. 150, § 7º, da CF; **II:** incorreta, pois somente os gestores das sociedades podem ser considerados responsáveis tributários, em caso de atos praticados com excesso de poderes ou infração de lei, contrato social ou estatutos – art. 135, III, do CTN – ver Súmulas 430 e 435/STJ; **III:** incorreta, pois o sucessor é responsável, nos termos do art. 131, II, do CTN.
Gabarito "A".

(Auditor Fiscal da Receita Municipal – Prefeitura Teresina/PI – 2016 – FCC) Joãozinho, com seis anos de idade, recebeu doação de seus avós, a qual foi devidamente aceita pelos seus pais, em seu nome. Marcelo, empresário, perdeu o direito de administrar diretamente os seus bens, desde a decretação da falência de sua empresa, consoante o que determina o art. 103 da Lei Federal nº 11.101/05. A empresa Serviços Gerais Ltda., prestadora de serviços previstos na Lista de Serviços anexa à Lei Complementar Federal nº 116/03, funciona sem a devida inscrição no Cadastro de Contribuintes do ISS do Município em que se localiza, mas atua comercialmente como se regular fosse. Por determinação judicial, Maria Luisa encontra-se internada em hospital para doentes mentais, por sofrer de moléstia que a impede de praticar os atos do dia a dia, em razão de profunda alienação mental.

De acordo com as regras do Código Tributário Nacional, atinentes à capacidade tributária das pessoas para serem sujeitos passivos de obrigação tributária principal,

(A) a empresa Serviços Gerais Ltda. reveste a condição de sujeito passivo do IPTU relativo ao terreno que a

referida sociedade adquiriu e no qual se localiza a sede da referida empresa.
(B) Maria Luisa, que perdeu suas faculdades mentais, não reveste, por causa disso, a condição de sujeito passivo do Imposto de Renda, embora aufira rendimentos tributáveis por esse imposto.
(C) Marcelo não pode ser identificado como sujeito passivo do IPVA de veículo de sua propriedade, em relação aos fatos geradores ocorridos após a perda do direito de administrar seus bens, justamente por causa dessa perda.
(D) a empresa Serviços Gerais Ltda. não reveste a condição de sujeito passivo do ISS em relação aos serviços que presta, porque não está regularmente constituída, ainda que configure, indubitavelmente, uma unidade econômica.
(E) Joãozinho, por ser menor de idade, não pode ser identificado como sujeito passivo do ITCMD incidente sobre a doação recebida, ainda que a lei ordinária competente preveja que o donatário é o contribuinte desse imposto.

A: correta, pois a capacidade tributária da empresa independe de sua regularidade perante o fisco – art. 126, III, do CTN; **B:** incorreta, pois a capacidade tributária independe da capacidade civil da pessoa natural – art. 126, I, d CTN; **C:** incorreta, pois a capacidade tributária independe de achar-se a pessoa natural sujeita a medidas que importem privação ou limitação do exercício de atividades civis, comerciais ou profissionais, ou da administração direta de seus bens ou negócios – art. 126, II, do CTN; **D:** incorreta, pois a capacidade tributária independe de estar a pessoa jurídica regularmente constituída, bastando que configure uma unidade econômica ou profissional – art. 126, III, do CTN; **E:** incorreta, pois a capacidade tributária independe da capacidade civil da pessoa natural – art. 126, I, do CTN.
Gabarito "A".

(Auditor Fiscal – Prefeitura Ilhéus/BA – 2016 – CONSULTEC) O sujeito passivo tem direito à restituição total ou parcial do tributo pago, em alguns casos, exceto

(01) pagamento espontâneo de tributo indevido ou maior que o devido em face da legislação tributária aplicável, ou da natureza ou circunstâncias materiais do fato gerador efetivamente ocorrido.
(02) erro na identificação do sujeito passivo, na determinação da alíquota aplicável, no cálculo do montante do débito ou na elaboração ou conferência de qualquer documento relativo ao pagamento.
(03) ordem do poder executivo, por meio de decreto municipal específico.
(04) reforma, anulação, revogação ou rescisão de decisão condenatória.
(05) quando for reconhecida a imunidade e o beneficiado fizer prova de que ao tempo do fato gerador ela já preenchia os pressupostos para gozar do benefício.

1: correta, pois é possível a restituição nesse caso – art. 165, I, do CTN; **2:** correta, pois é possível a restituição nesse caso – art. 165, II, do CTN; **3:** incorreta, pois a ordem do poder executivo não é fundamento nem pressuposto para a restituição de indébito tributário – art. 165 do CTN; **4:** correta, pois é possível a restituição nessa hipótese – art. 165, III, do CTN; **5:** correta, pois, nesse caso, o tributo é indevido, sendo possível a restituição – art. 165 do CTN. Ver também art. 33 do Código Tributário Municipal de Ilhéus – Lei 3.723/2014 – CTM-Ilhéus.
Gabarito 3

(Auditor Fiscal/MA – FGV) A companhia Delta S.A., sucessora por incorporação das indústrias Alpha e Beta, impugna a cobrança de multa punitiva que lhe está sendo exigida pelo Fisco Estadual, em decorrência de operações mercantis que foram realizadas pelas companhias incorporadas, em desacordo com a legislação de regência, pelo que foram multadas anteriormente à data da incorporação.

Com base no exposto, assinale a afirmativa correta.

(A) A multa é devida, mas deve ser cobrada dos gestores das companhias incorporadas, que inadimpliram com a obrigação legal.
(B) A multa não é devida, ante o caráter punitivo que possui, já que a pena não pode passar da pessoa do infrator.
(C) A multa não é devida pela sucessora. A sociedade incorporadora não cometeu qualquer ilícito com a incorporação.
(D) A multa é devida pela companhia sucessora, uma vez que constitui o passivo do patrimônio adquirido pelo sucessor.
(E) A multa é devida pela companhia sucessora, desde que os antigos gestores das sociedades incorporadas tenham cessado a atividade empresarial.

A, B e C: incorretas, pois a incorporadora sucede as incorporada pela totalidade dos créditos tributários, o que inclui não apenas os tributos, mas também as penalidades pecuniárias – arts. 129 e 132 do CTN. Isso não afasta a responsabilidade pessoal dos agentes que eventualmente tenham violado a lei - art. 135 do CTN; **D:** correta, conforme comentário anterior; **E:** incorreta, pois não há essa premissa para a responsabilidade da sucessora – art. 132 do CTN.
Gabarito "D".

(Auditor Fiscal da Receita Federal – ESAF) Sobre o instituto da responsabilidade no Código Tributário Nacional, assinale a opção *incorreta*.

(A) A obrigação do terceiro, de responder por dívida originariamente do contribuinte, jamais decorre direta e automaticamente da pura e simples ocorrência do fato gerador do tributo.
(B) Exige-se que o responsável guarde relação com o contribuinte ou com o fato gerador, ou seja, que tenha possibilidade de influir para o bom pagamento do tributo.
(C) Pode ser um sucessor ou um terceiro e responder solidária ou subsidiariamente, ou ainda por substituição.
(D) Contribuinte e responsável são sujeitos passivos da mesma relação jurídica, cujo objeto, pagar o tributo, coincide.
(E) O vínculo que obriga o responsável ao pagamento do tributo surge de lei específica.

A: correta. Existe a chamada responsabilidade por transferência, hipótese em que há contribuinte (sujeito passivo direto, com relação pessoal e direta com o fato gerador) no momento do fato gerador, mas, em decorrência de um fato posterior (venda de imóvel, falecimento, violação da lei), surge a responsabilidade tributária de terceiro (adquirente do imóvel, herdeiro, sócio que violou a lei) – art. 135 do CTN, por exemplo. Há, entretanto, a responsabilidade por substituição, quando o responsável tributário (sujeito passivo que não tem relação pessoal e direta com o fato gerador) surge imediatamente com a ocorrência do fato gerador, ou até mesmo antes dele (por exemplo, no caso de da fábrica de automóveis, em relação ao ICMS que seria devido pela revenda do veículo pela concessionária) – ver art. 150, § 7.º, da CF; **B:**

assertiva correta. As leis dos entes tributantes podem instituir hipóteses de responsabilidade tributária, desde que haja vínculo com o fato gerador (não basta a relação com o contribuinte) – art. 128 do CTN. Entretanto, o CTN prevê hipóteses de responsabilidade por conta da relação com o contribuinte – art. 131, por exemplo; **C:** correta, conforme arts. 128 e seguintes do CTN; **D:** incorreta (devendo ser assinalada), pois há distinção entre as duas espécies de sujeito passivo, que não coexistem necessariamente na mesma obrigação tributária – art. 121 do CTN; **E:** discutível. Não há dúvida que qualquer sujeição passiva, inclusive a responsabilidade, exige previsão legal – art. 128 do CTN. Entretanto, é discutível o conceito de generalidade, já que as normas nacionais veiculadas pelo CTN fixam diretamente hipóteses de responsabilidade tributária (independentemente de normas específicas dos entes tributantes).

Gabarito "D".

(Analista-Tributário da Receita Federal – ESAF) É incorreto dizer, em relação à recuperação judicial,

(A) que a concessão desse regime de pagamento dos créditos depende da apresentação da prova de quitação de todos os tributos.

(B) que a alienação de unidade produtiva isolada acarreta para o adquirente a responsabilidade pelos tributos, relativos ao fundo adquirido, quando o adquirente for sócio da transmitente.

(C) que condições de parcelamento dos créditos tributários do devedor em recuperação judicial dependem de lei específica.

(D) que a inexistência da lei estadual específica de parcelamento importa na aplicação das leis gerais, sobre o assunto, do Estado ao devedor.

(E) que a alienação judicial de filial acarreta para o adquirente a responsabilidade pelos tributos, relativos ao fundo ou estabelecimento adquirido.

A: isso é correto – art. 191-A do CTN c/c arts. 151, 205 e 206, do CTN e art. 57 da Lei 11.101/2005; **B:** correta, conforme o art. 133, § 2.º, I, do CTN; **C:** correta também, nos termos do art. 155-A, § 3.º, do CTN; **D:** correta, conforme o art. 155-A, § 4.º, do CTN; **E:** essa é incorreta (devendo ser assinalada), pois diverge da regra do art. 133, § 1.º, II, do CTN.

Gabarito "E".

(Auditor Fiscal – São Paulo/SP – FCC) Um contribuinte infrator de dispositivo da legislação tributária, querendo sanear a irregularidade cometida, pretende promover a denúncia espontânea. Como essa infração resultou em sonegação do tributo, esse contribuinte infrator, para evitar a imposição de sanções fiscais sobre ele, decidiu efetuar o pagamento do tributo devido, acrescido dos juros de mora sobre ele incidentes.

Para que essa denúncia esteja revestida de espontaneidade, ela deverá ser feita antes

(A) de o fisco dar início a qualquer procedimento administrativo ou medida de fiscalização, relacionados com a infração.

(B) do julgamento de impugnação apresentada contra o lançamento de ofício da penalidade pecuniária.

(C) do transcurso do prazo prescricional.

(D) da ocorrência do fato gerador da obrigação tributária principal à qual a infração está vinculada.

(E) do transcurso do prazo decadencial.

A denúncia espontânea ocorre somente se o pagamento da totalidade do tributo devido, acrescido de juros de mora, ocorrer antes do início de qualquer procedimento administrativo ou medida de fiscalização, relacionados com a infração, nos termos do art. 138, parágrafo único, do CTN. Por essa razão, a alternativa "A" é a correta.

Gabarito "A".

(Auditor Fiscal – São Paulo/SP – FCC) Uma pessoa adquiriu bem imóvel, localizado em área urbana de município paulista, sem exigir que o vendedor lhe exibisse ou entregasse documento comprobatório da quitação do IPTU, relativo aos cinco exercícios anteriores ao da data da referida aquisição. Nada constou a respeito dessa quitação no título por meio do qual foi feita a transmissão da propriedade do referido imóvel.

Desse modo, esse adquirente

(A) tornou-se contribuinte do IPTU em relação aos créditos tributários referentes aos exercícios anteriores ao de sua aquisição, cabendo a ele quitá-los nessa condição.

(B) é responsável tributário pelo pagamento do IPTU devido até o momento da transmissão da propriedade.

(C) é responsável tributário pelo pagamento do IPTU somente em relação aos fatos geradores ocorridos após a aquisição do imóvel.

(D) não é responsável tributário pelo pagamento do IPTU anterior à aquisição do imóvel, pois não há ilícito algum na aquisição de imóvel em transmissão *inter vivos*.

(E) não é responsável tributário pelo pagamento do IPTU anterior à aquisição do imóvel, pois nada constou, no título aquisitivo, sobre a existência desses créditos tributários não pagos.

O adquirente do imóvel torna-se responsável tributário em relação aos créditos relativos a impostos cujo fato gerador seja a propriedade, o domínio útil ou a posse de bens imóveis, além dos relativos a taxas pela prestação de serviços referentes a esses bens ou a contribuições de melhoria. A exceção é no caso de prova da quitação constante do título translativo, conforme o art. 130, *caput*, do CTN. Por essas razões, a alternativa "B" é a correta.

Gabarito "B".

(Auditor Fiscal – São Paulo/SP – FCC) Um menino menor de idade, com dez anos, recebeu, na qualidade de herdeiro testamentário, por ocasião da morte de sua avó, um imóvel urbano, localizado em município do interior de São Paulo, no valor de R$ 350.000,00.

Houve a aceitação da herança pelo menor, que, nesse ato, foi representando por seus pais. Nesse caso, o tributo devido na transmissão causa mortis de bens imóveis caberá

(A) ao menino menor de idade, pois ele tem capacidade tributária, e, no caso de impossibilidade de exigência do cumprimento dessa obrigação tributária por ele, seus pais responderão solidariamente com ele.

(B) aos pais do menor de idade, pois o menino, por ser menor de idade, não tem capacidade tributária.

(C) ao menino menor de idade, pois ele tem capacidade tributária, e, no caso de impossibilidade de exigência do cumprimento dessa obrigação tributária por ele, seus pais responderão solidariamente com ele, nos atos em que intervierem ou pelas omissões de que forem responsáveis.

(D) cinquenta por cento ao menino menor de idade e cinquenta por cento aos pais do menor.

(E) aos pais do menino menor de idade e ao próprio menino, pois o menor não tem capacidade jurídica para ser, isoladamente, contribuinte.

A, B, D e E: incorretas, pois a responsabilidade dos pais só ocorre se houver omissão deles no recolhimento do tributo, sendo subsidiária (apesar da literalidade do art. 134 do CTN); C: essa é a correta, nos termos do art. 134, I, do CTN.
Gabarito "C".

(Auditor Fiscal – São Paulo/SP – FCC) Em uma situação hipotética, quatro irmãos adquiriram, em conjunto, no exercício de 2005, por meio de compra e venda, um imóvel localizado em município do Estado de São Paulo.

Esses irmãos, todavia, deixaram de pagar o IPTU incidente sobre esse imóvel, nos exercícios de 2006 a 2011.

No final do ano de 2011, o referido município editou lei ordinária, concedendo remissão do crédito tributário desse IPTU exclusivamente aos proprietários ou coproprietários, pessoas naturais, que comprovassem ter auferido rendimentos anuais em montante inferior a R$ 12.000,00, nos exercícios de 2006 a 2011.

Considerando que o mais velho dos irmãos se encontra na situação prevista nessa lei, a remissão

(A) não beneficiou os quatro irmãos porque não existe solidariedade entre os quatro irmãos em relação ao IPTU devido pelo bem imóvel adquirido.
(B) beneficiou a todos os quatro irmãos, pois, por força da solidariedade, ou todos se beneficiam, ou nenhum deles se beneficia.
(C) não beneficiou nenhum dos quatro irmãos, pois, por força da solidariedade, ou todos se beneficiam, ou nenhum deles se beneficia.
(D) só beneficiou o irmão mais velho, pois, tendo sido concedida em caráter pessoal, não se estende aos demais.
(E) só beneficiou o irmão mais velho, extinguindo, por outro lado, a solidariedade entre os demais irmãos não beneficiados pela isenção.

Em princípio, a isenção concedida a um dos solidariamente obrigados estende-se aos demais, exceto exatamente em casos como o descrito, em que o benefício é concedido em caráter pessoal a um deles – art. 125, II, do CTN. Por essa razão, a alternativa "D" é a correta.
Gabarito "D".

(Auditor Fiscal – São Paulo/SP – FCC) Uma determinada pessoa adquiriu um imóvel urbano em maio de 2010. Em fevereiro de 2012, ela constatou que o IPTU incidente sobre esse imóvel, nos exercícios de 2008, 2009 e 2010, não havia sido pago pelo proprietário anterior. Os créditos tributários referentes ao IPTU incidente nos exercícios de 2011 e 2012 ela mesma os pagou, em razão de o imóvel já lhe pertencer nesses exercícios. Não existe prova alguma de quitação do tributo referente aos exercícios 2008, 2009 e 2010.

Considerando que o fato gerador do IPTU, em relação à situação descrita acima, ocorre no dia 1º de janeiro de cada exercício, o adquirente é

(A) responsável tributário pelo pagamento do IPTU, em relação aos exercícios de 2008, 2009 e 2010 e contribuinte desse imposto em relação aos exercícios de 2011 e 2012.
(B) contribuinte do IPTU, em relação aos exercícios de 2008, 2009, 2010, 2011 e 2012.
(C) contribuinte do IPTU, em relação aos exercícios de 2008, 2009 e 2010 e responsável tributário pelo pagamento desse imposto em relação aos exercícios de 2011 e 2012.
(D) contribuinte do IPTU, em relação aos exercícios de 2008 e 2009 e responsável tributário pelo pagamento desse imposto em relação aos exercícios de 2010, 2011 e 2012.
(E) responsável tributário pelo pagamento do IPTU, em relação aos exercícios de 2008, 2009, 2010, 2011 e 2012.

O adquirente do imóvel é responsável pelos tributos inadimplidos pelo proprietário anterior, relacionados ao bem, nos termos do art. 130 do CTN, dentro do prazo prescricional (e decadencial, caso não tenha havido lançamento à época). Após a aquisição, o adquirente é contribuinte, na qualidade de proprietário do imóvel à época do fato gerador (exercícios de 2011 e 2012). Por essa razão, a alternativa "A" é a correta.
Gabarito "A".

(Auditor Fiscal – São Paulo/SP – FCC) Nos casos de impossibilidade de exigência do cumprimento da obrigação principal pelo contribuinte, respondem solidariamente com esse contribuinte, nos atos em que intervierem ou pelas omissões de que forem responsáveis, os tabeliães, escrivães e demais serventuários de ofício, pelos tributos devidos sobre os atos praticados por eles, ou perante eles, em razão do seu ofício, conforme dispõe o art. 134, *caput*, inciso VI do CTN.

Quanto aos tabeliães e escrivães, especificamente no que concerne aos tributos municipais, é correto afirmar que,

(A) mediante intimação escrita, são obrigados a prestar à autoridade administrativa todas as informações de que disponham com relação aos bens, negócios ou atividades de terceiros, exceto quanto a fatos sobre os quais os tabeliães e escrivães estejam legalmente obrigados a observar segredo em razão de cargo, ofício, função, ministério, atividade ou profissão.
(B) diferentemente dos contribuintes e dos responsáveis em geral, não estão sujeitos à fiscalização municipal, pois já se submetem à fiscalização da Corregedoria Geral da Justiça estadual.
(C) como qualquer outro contribuinte ou responsável em geral, estão sujeitos à fiscalização municipal, mas só estão obrigados a prestar à autoridade administrativa as informações de que disponham com relação aos bens, negócios ou atividades de terceiros, quando autorizados pela Corregedoria Geral da Justiça estadual.
(D) mediante intimação escrita, ou inclusive verbal, em caso de urgência, são obrigados a prestar à autoridade administrativa todas as informações de que disponham com relação aos bens, negócios ou atividades de terceiros, exceto quanto a fatos sobre os quais os tabeliães e escrivães estejam legalmente obrigados a observar segredo em razão de cargo, ofício, função, ministério, atividade ou profissão.
(E) nas cidades que não forem capitais de Estado, mediante anuência da autoridade judicial da comarca, devem prestar à autoridade administrativa todas as informações de que disponham com relação aos

bens, negócios ou atividades de terceiros, exceto quanto a fatos sobre os quais os tabeliães e escrivães estejam legalmente obrigados a observar segredo em razão de cargo, ofício, função, ministério, atividade ou profissão.

A: correta, pois reflete o disposto no art. 197, parágrafo único, do CTN; **B:** incorreta, pois os tabeliães, escrivães e demais serventuários de ofício submetem-se à fiscalização tributária, devendo prestar informações nos termos do art. 197, I, do CTN; **C:** incorreta, pois não há necessidade de autorização prévia; **D:** incorreta, pois não há previsão de intimação verbal que vincule à prestação de informações – art. 197 do CTN; **E:** incorreta, pois não há essa restrição em relação cidades que não sejam capital de Estado ou exigência de autorização judicial – art. 197 do CTN.

Gabarito "A".

(Auditor Fiscal – São Paulo/SP – FCC) Empresa contribuinte do ISS firma contrato de natureza particular com pessoa jurídica sua cliente, convencionando que a obrigação de pagar o referido imposto, correspondente aos serviços que presta, deva ser de responsabilidade de sua cliente. Tendo em vista que a referida cliente não cumpriu a convenção particular entre elas celebrada, pois não liquidou o crédito tributário lançado em nome da contribuinte prestadora de serviços, a fiscalização municipal notificou a contribuinte a pagar o imposto devido. Em resposta à notificação fiscal, a contribuinte apresentou cópia da convenção particular celebrada entre elas, alegando a existência de erro na identificação do sujeito passivo na notificação elaborada. Entende a contribuinte que a cobrança do tributo não pago deveria ser feita à sua cliente.

Com base no descrito acima e nas normas gerais de direito tributário que disciplinam essa matéria, a justificativa apresentada pela contribuinte

(A) deve ser acatada, pois a convenção particular deve ser aceita e respeitada pela Fazenda Pública Municipal para eximir a contribuinte do pagamento do imposto ainda não pago, desde que haja decreto do Poder Executivo municipal, permitindo a modificação da definição legal do sujeito passivo das obrigações tributárias correspondentes.

(B) não deve ser acatada, pois a convenção particular não se presta a alterar a sujeição passiva de obrigação tributária, exceto quando firmada escritura pública nesse sentido, situação em que a Fazenda Pública Municipal deve eximir a contribuinte prestadora de serviço de tal cobrança, mesmo na ausência de lei normatizando a questão.

(C) não deve ser acatada, na medida em que o ordenamento jurídico não contemple possibilidade alguma de modificação da definição legal do sujeito passivo das obrigações tributárias, quer por meio de convenção entre as partes, quer por meio de disposição de lei.

(D) deve ser acatada, pois a convenção particular, desde que celebrada por escritura pública, deve ser aceita e respeitada pela Fazenda Pública Municipal, para eximir a contribuinte do pagamento do imposto ainda não pago, pois a responsabilidade passou a ser da sua cliente.

(E) não deve ser acatada, pois nem a convenção particular, nem a escritura pública se prestam a alterar a sujeição passiva de obrigação tributária, a não ser que haja lei normatizando a questão.

A sujeição passiva é fixada em lei, não podendo ser alterada por convenção particular, inoponível, portanto, contra o fisco, exceto se a própria lei autorizar isso – art. 123 do CTN. Por essa razão, a alternativa "E" é a correta.

Gabarito "E".

(Auditor Fiscal – São Paulo/SP – FCC) Ferraz Ltda. adquire estabelecimento da Maribrás S.A., continuando a exploração dos serviços então prestados pela alienante. Considerando-se que a Maribrás S.A. não cessou com a exploração de sua atividade, a empresa Ferraz Ltda. responde pelos tributos, relativos ao estabelecimento adquirido, devidos até a data do ato de aquisição

(A) apenas no caso de conluio, fraude ou simulação.
(B) de forma pessoal.
(C) de forma solidária com a Maribrás S.A.
(D) até o limite de 50% de todos os débitos.
(E) de forma subsidiária.

A responsabilidade do adquirente do estabelecimento (Ferraz Ltda.) é integral, exceto se o alienante prosseguir (ou reiniciar) a exploração de qualquer atividade profissional, industrial ou comercial nos seis meses seguintes à alienação. Nesse último caso, a responsabilidade do adquirente é apenas subsidiária – art. 133, I e II, do CTN. Por essa razão, a alternativa "E" é a correta.

Gabarito "E".

(Auditor Fiscal da Receita Federal – ESAF) Sobre a solidariedade e os sujeitos da obrigação tributária, com base no Código Tributário Nacional, assinale a opção correta.

(A) O sujeito ativo da obrigação tributária é a pessoa jurídica de direito público que detém capacidade ativa, sendo esta indelegável.
(B) No polo ativo da relação jurídico-tributária, necessariamente deve figurar pessoa jurídica de direito público.
(C) O contribuinte de fato integra a relação jurídico-tributária, haja vista possuir relação direta com o fato gerador da obrigação.
(D) Em regra, há solidariedade entre o contribuinte de fato e o contribuinte de direito, na relação jurídico-tributária.
(E) A solidariedade ativa decorre da situação em que houve delegação do poder de arrecadar e fiscalizar tributos.

A: incorreta, pois embora a competência tributária seja indelegável, a capacidade ativa (ocupação do polo ativo da obrigação tributária) pode ser delegada por lei – art. 7º do CTN; **B:** essa é a disposição do art. 7º do CTN, de modo que a alternativa é a melhor. Entretanto, há entendimento doutrinário no sentido de que o polo ativo da obrigação tributária pode, excepcionalmente, ser ocupado por pessoa de direito privado, como é caso dos tabeliães e notários; **C:** incorreta, pois o contribuinte de fato é aquele a quem é repassado o ônus econômico do tributo indireto (v.g. consumidor final, em relação ao ICMS), que não tem relação jurídica tributária com o fisco. A obrigação tributária é composta exclusivamente pelo contribuinte de direito (aquele indicado na lei como quem deve recolher o tributo ao fisco); **D:** incorreta, pois, como dito, o contribuinte de fato não integra a obrigação tributária (não tem dever em relação ao sujeito ativo, ou seja, não tem obrigação de recolher nada ao fisco, nem de cumprir obrigação acessória); **E:** não existe solidariedade ativa no direito tributário.

Gabarito "B".

6. DIREITO TRIBUTÁRIO

(Auditor Fiscal da Receita Federal – ESAF) Sobre a disciplina conferida ao domicílio tributário, pelo Código Tributário Nacional, assinale a opção correta.

(A) O domicílio do contribuinte ou responsável, em regra, será estabelecido por eleição.
(B) O domicílio da pessoa jurídica de direito privado será o lugar em que estiver localizada sua sede.
(C) O domicílio da pessoa jurídica de direito público será o lugar em que estiver localizada sua sede.
(D) O lugar eleito pelo contribuinte como domicílio tributário não poderá ser recusado pela autoridade tributária, sob a alegação de prejuízo à atividade fiscalizatória.
(E) Caso a autoridade fiscal não consiga notificar a pessoa jurídica de direito privado em sua sede, poderá fazê-lo em qualquer de suas unidades.

A: assertiva correta, pois, em regra, o domicílio tributário é eleito pelo contribuinte ou pelo responsável tributário – art. 127 do CTN. O dispositivo legal traz as regras subsidiárias, para o caso de não haver eleição de domicílio; **B:** incorreta, pois o domicílio é eleito pelo contribuinte ou responsável. Ademais, inexistindo eleição, o domicílio tributário da pessoa jurídica de direito privado será o lugar da sua sede, ou, em relação aos atos ou fatos que derem origem à obrigação, **o de cada estabelecimento** – art. 127, II, do CTN; **C:** incorreta, pois, inexistindo eleição, o domicílio da pessoa jurídica de direito público será qualquer de suas repartições no território do ente tributante – art. 127, III, do CTN; **D:** incorreta, pois pode haver recusa, nessa hipótese – art. 127, § 2º, do CTN; **E:** incorreta, conforme comentário à alternativa B.
Gabarito "A".

(Auditor Fiscal da Receita Federal – ESAF) Sobre a responsabilidade tributária, assinale a opção correta.

(A) O transportador, ao firmar termo de responsabilidade por determinada mercadoria, pode ser considerado, por ato da autoridade administrativa, responsável pelo pagamento do ICMS.
(B) O espólio, até a data da abertura da sucessão, e o sucessor, até a data da partilha, no que se refere aos tributos devidos pelo *de cujus*, podem ser considerados, respectivamente, responsável tributário e contribuinte.
(C) Sabendo-se que a fonte pagadora é responsável pela retenção do imposto de renda, não pode ser imputada ao contribuinte a obrigação pelo pagamento do tributo, caso o imposto não tenha sido recolhido.
(D) Na substituição tributária progressiva, o dever de pagar o tributo recai sobre o contribuinte que ocupa posição posterior na cadeia produtiva.
(E) Na substituição tributária para frente não há recolhimento de imposto ou contribuição antes da ocorrência do fato gerador, mas apenas a antecipação de seu pagamento por responsável definido por lei.

A: incorreta, pois a simples responsabilidade pela mercadoria não dá ensejo à responsabilidade tributária, pois não implica vínculo do transportador com o fato gerador do ICMS (circulação econômica da mercadoria). Perceba que é necessário que haja esse vínculo, ainda que indireto, com o fato gerador, para que a pessoa possa ser qualificada como responsável tributário pela lei – art. 128 do CTN; **B:** incorreta, pois tanto o espólio quanto o sucessor são considerados responsáveis (não contribuintes) em relação aos tributos até o momento da abertura da sucessão e da partilha, nos termos do art. 131, II e III, do CTN; **C:** incorreta, já que a legislação dos entes tributantes costuma manter a responsabilidade do contribuinte, no caso de inadimplência da fonte pagadora. Entretanto, é importante ressaltar que a jurisprudência aceita a cobrança contra o contribuinte apenas na hipótese de não ter havido retenção na fonte – ver AgRg no EREsp 830.609/RJ-STJ; **D:** incorreta, pois a substituição tributária "para frente" ou progressiva refere-se a fatos geradores futuros, ou seja, recai sobre o contribuinte que ocupa posição anterior (não posterior) na cadeia produtiva ou comercial – art. 150, § 7º, da CF; **E:** essa é a melhor alternativa, até por exclusão das demais. Trata-se de interpretação dada por alguns, para justificar a cobrança do tributo antes da ocorrência do fato gerador (afirma-se que não é pagamento, mas simples antecipação). De qualquer forma, o art. 150, § 7º, da CF fala em pagamento do imposto ou contribuição, assim como a jurisprudência do STF – ver ADI 1.851/AL.
Gabarito "E".

(Auditor Fiscal da Receita Federal – ESAF) Assinale a opção errada entre as relacionadas abaixo. Salvo disposição de lei em contrário, são os seguintes os efeitos da solidariedade tributária:

(A) o pagamento efetuado por um dos obrigados aproveita aos demais.
(B) a isenção ou remissão de crédito exonera todos os obrigados, salvo se outorgada pessoalmente a um deles, subsistindo, nesse caso, a solidariedade quanto aos demais pelo saldo.
(C) a interrupção da prescrição, em favor de um dos obrigados, favorece aos demais.
(D) a interrupção da prescrição, contra um dos obrigados, prejudica aos demais.
(E) ao demandado assiste o direito de apontar o devedor originário para solver o débito e assim exonerar-se.

A: art. 125, I, do CTN; **B:** art. 125, II, do CTN; **C** e **D:** art. 125, III, do CTN; **E:** não há benefício de ordem – art. 124, parágrafo único, do CTN.
Gabarito "E".

(Auditor Fiscal da Receita Federal – ESAF) Responda às seguintes perguntas:

No interregno que medeia a declaração e o vencimento, o valor declarado a título de tributo, corre o prazo prescricional da pretensão de cobrança?

O inadimplemento de obrigações tributárias caracteriza infração legal que justifique redirecionamento da responsabilidade para o sócio-gerente da empresa?

A expressão 'ato não definitivamente julgado' constante do artigo 106, II, letra 'c', do Código Tributário Nacional refere-se ao âmbito administrativo (já que no âmbito judicial não se procede ao lançamento)?

(A) Sim, não, sim
(B) Não, sim, não
(C) Sim, sim, não
(D) Não, não, não
(E) Sim, sim, sim

1ª: se ainda não houve vencimento, não há possibilidade de o fisco cobrar o tributo, ou seja, não nasceu o direito à cobrança (não há *actio nata*), de modo que o prazo prescricional não flui; 2ª: o STJ entende que o simples inadimplemento não pode ser considerado infração à lei para fins de responsabilização do gestor da empresa nos termos do art. 135 do CTN; 3ª: o "definitivamente julgado" do art. 106, II, do CTN refere-se à decisão judicial.
Gabarito "D".

(Auditor Fiscal da Receita Federal – ESAF) A lei tributária pode atribuir responsabilidade solidária

(A) a terceira pessoa, vinculada ao fato gerador da respectiva obrigação.

(B) a diversas pessoas, cabível a invocação, por elas, do benefício de ordem, não do benefício de divisão.
(C) quando não haja comunhão de interesses relativamente à situação que constitua fato gerador da obrigação principal.
(D) restrita às hipóteses expressas no Código Tributário Nacional.
(E) a quem tenha interesse comum no fato imponível, caso em que será exigível o tributo, integralmente, de cada um dos coobrigados.

A: art. 128 do CTN; B: a solidariedade não comporta benefício de ordem – art. 124, parágrafo único, do CTN; C: a comunhão de interesse na situação que constitui o fato gerador implica solidariedade, nos termos do art. 124, I, do CTN; D: a lei do ente tributante pode fixar outras hipóteses de responsabilidade, além daquelas previstas no CTN – art. 128 do CTN; E: o interesse comum implica, por si só, solidariedade (art. 124, I, do CTN), mas o pagamento realizado por um dos obrigados aproveita aos demais (não é possível cobrar o tributo integralmente de cada um deles) – art. 125, I, do CTN.
Gabarito "A".

(Auditor Fiscal da Receita Federal – ESAF) Responda de acordo com as pertinentes disposições do Código Tributário Nacional.

O benefício da denúncia espontânea da infração, previsto no art. 138 do Código Tributário Nacional, é aplicável, em caso de parcelamento do débito, para efeito de excluir a responsabilidade do contribuinte pelo pagamento de multa moratória?

O síndico de massa falida responde pessoalmente pelos créditos tributários correspondentes a obrigações tributárias que resultem de atos praticados por ele, no exercício de suas funções, com excesso de poderes ou infração de lei?

A responsabilidade pessoal do sucessor a qualquer título e do cônjuge meeiro, pelos tributos devidos pelo de cujus até a data da partilha ou adjudicação, está limitada à metade do quinhão do legado ou da meação?

(A) Não, não, sim
(B) Não, sim, não
(C) Não, sim, sim
(D) Sim, sim, não
(E) Sim, sim, sim

1ª: o benefício da denúncia espontânea pressupõe o pagamento integral do tributo, o que não ocorre no caso de parcelamento – art. 138 do CTN; 2ª: art. 135, I, c/c art. 134, V, ambos do CTN; 3ª: a responsabilidade, na hipótese, limita-se ao total do quinhão, do legado ou da meação – art. 131, II, do CTN.
Gabarito "B".

(Auditor Fiscal da Receita Federal – ESAF) Avalie o acerto das afirmações adiante e marque com V as verdadeiras e com F as falsas; em seguida, marque a opção correta.

( ) Salvo disposição de lei em contrário, considera- se ocorrido o fato gerador e existentes os seus efeitos, tratando-se de situação jurídica, desde momento em que se verifiquem as circunstâncias materiais necessárias a que produza os efeitos que normalmente lhe são próprios.
( ) A autoridade administrativa poderá desconsiderar atos ou negócios jurídicos praticados com a finalidade de dissimular a ocorrência do fato gerador do tributo ou a natureza dos elementos constitutivos da obrigação tributária, observados os procedimentos a serem estabelecidos em lei ordinária.
( ) Salvo disposição de lei em contrário, as convenções particulares, relativas à responsabilidade pelo pagamento de tributos, podem ser opostas à Fazenda Pública para modificar a sujeição passiva, desde que o novo sujeito passivo comunique a existência do convencionado à repartição fazendária competente antes de ocorrer o fato gerador da correspondente obrigação tributária.

(A) F, V, F
(B) F, F, V
(C) F, F, F
(D) V, V, F
(E) V, F, F

1ª: a assertiva refere-se ao fato gerador que corresponde à situação de fato – art. 116, I, do CTN; 2ª: art. 116, parágrafo único, do CTN; 3ª: as convenções particulares jamais alteram a sujeição passiva, matéria reservada à lei – art. 123 do CTN.
Gabarito "A".

(Auditor Fiscal da Receita Federal – ESAF) O texto abaixo sobre substituição tributária é reprodução do § 7º do art. 150 da Constituição Federal.

Assinale a opção que preenche corretamente as lacunas do texto.

"_____[I]_____ poderá atribuir a sujeito passivo de obrigação tributária a condição de _____[II]_____ pelo pagamento _____[III]_____, cujo fato gerador deva ocorrer posteriormente, assegurada a imediata e preferencial restituição da quantia paga, caso _____[IV]_____ o fato gerador presumido."

(A) [I] A lei...[II] responsável...[III] de impostos ou contribuição...[IV] não se realize
(B) [I] A legislação tributária...[II] substituto tributário...[III] de tributos...[IV] não ocorra
(C) [I] Resolução do CONFAZ...[II] responsável...[III] do ICMS...[IV] se efetive
(D) [I] Somente lei complementar...[II] substituto tributário...[III] do ICMS...[IV] não se materialize
(E) [I] Medida Provisória...[II] substituto legal...[III] de impostos e contribuições...[IV] ocorra

As expressões em A completam a frase de modo a reproduzir o disposto no art. 150, § 7º, da CF.
ATENÇÃO: à época do exame, o STF entendia que a substituição tributária para a frente gerava presunção absoluta, de forma que, se ocorrida a operação, independente do valor, não haveria direito à restituição, assim como não haveria dever de complementação (STF, RE 266.602-5/MG, Pleno, j. 14.09.2006, rel. Min. Ellen Gracie, *DJ* 02.02.2007). Ocorre que em outubro de 2016 o Pleno do STF modificou esse entendimento, fixando nova tese no RE 593.849/MG em repercussão geral, reconhecendo o direito à restituição também no caso de o fato gerador ocorrer por valor inferior ao presumido e que servirá de base de cálculo para o tributo recolhido na sistemática de substituição tributária "para frente".
Gabarito "A".

(Auditor Fiscal da Receita Federal – ESAF) Avalie a correção das afirmações abaixo. Atribua a letra V para as verdadeiras e F para as falsas. Em seguida, marque a opção que contenha tais letras na sequência correta.

(1) Relativamente ao imposto territorial rural notificado a apenas um dos condôminos, o outro condômino está excluído de qualquer responsabilidade.

(2) A solidariedade tributária, segundo os princípios gerais vigentes em nosso direito, não se presume, pois tem de estar prevista em lei.
(3) Normalmente, quando há solidariedade tributária e um dos devedores é perdoado por lei, a dívida se reparte pelos demais, que respondem pela totalidade.

(A) V, V, V
(B) V, V, F
(C) V, F, F
(D) F, F, F
(E) F, V, F

1: a notificação de um dos coobrigados solidários (condôminos de imóvel rural) implica cientificação de todos – a propósito, ver art. 125, III, do CTN; **2:** diferentemente da regra civilista (art. 265 do CC), no âmbito tributário a solidariedade jamais advém da vontade das partes. Nesse sentido, decorre sempre da lei. Importante lembrar que há a solidariedade natural, fixada diretamente nos termos do art. 124, I, do CTN (não é necessária lei específica do ente tributante, como no caso do art. 124, II, do CTN); 3. A justificativa do erro está no art. 125, II, do CTN.
Gabarito "E".

(Auditor Fiscal da Receita Federal – ESAF) Responda às questões:

O imposto territorial rural incidente sobre um imóvel, em cujo título aquisitivo conste ter sido quitado, sub-roga-se na pessoa do respectivo adquirente?

Neste caso, o tabelião em cujas notas foi feita a escritura responde pelo imposto?

A incorporação de uma instituição financeira por outra, a bem da segurança do sistema financeiro, e mediante o assentimento da autoridade competente, extingue as obrigações da incorporada?

(A) Sim, Sim, Sim
(B) Sim, Sim, Não
(D) Sim, Não, Sim
(D) Não, Não, Não
(E) Não, Sim, Não

1ª: não há responsabilização do adquirente, na hipótese – art. 130, *caput*, do CTN; **2ª:** o tabelião responde nos termos dos arts. 134, VI, ou 135, I, ambos do CTN, desde que haja ato ou omissão a ele imputável (se o erro foi do fisco, que emitiu certidão negativa errada, por exemplo, não há que se falar em responsabilidade do tabelião); **3ª:** não há previsão legal de perdão (remissão ou anistia) na hipótese. A incorporadora responde pelos débitos da incorporada – art. 132 do CTN.
Gabarito "E".

(Auditor Fiscal da Receita Federal – ESAF) Responda às questões:

As sociedades sem personalidade jurídica, quando demandadas, poderão opor ao fisco a inexistência de sua constituição formal?

Segundo decorre do Código Tributário Nacional, silvícola, enquanto durar sua incapacidade civil, é passível de ter capacidade tributária?

Certa pessoa dedicada ao comércio ambulante, sem endereço fixo, somente encontrado junto à sua banca de comércio, poderá ser considerada pela autoridade fiscalizadora como sem domicílio fiscal?

(A) Não, Sim, Não
(B) Sim, Sim, Não
(C) Sim, Não, Sim
(D) Não, Não, Não
(E) Sim, Sim, Sim.

1ª e 2ª: a capacidade tributária independe da regular constituição da pessoa jurídica ou da capacidade civil da pessoa natural – art. 126, I e III, do CTN; **3ª:** considera-se, na hipótese, o local das atividades habituais (onde está a banca) como sendo o domicílio tributário – art. 127, I, do CTN.
Gabarito "A".

(Auditor Fiscal da Previdência Social – ESAF) A fiscalização do Instituto Nacional do Seguro Social (INSS) iniciou ação fiscal na empresa XYZ, em 20 de junho de 2002, para verificar o cumprimento de obrigações tributárias, inclusive o recolhimento de contribuições devidas à seguridade social, ocasião em que foi lavrado o respectivo termo de início de fiscalização. No referido termo, o agente fiscal do INSS intimou a empresa a apresentar os documentos comprobatórios de escrituração em seus livros, bem assim os comprovantes de recolhimento das contribuições devidas. Em 15 de julho de 2002, percebendo que poderia ser apenado por haver cometido infração à legislação pertinente, consistente no fato de ter deixado de recolher aos cofres públicos contribuição descontada de seus empregados, o representante legal da empresa, antes mesmo de apresentar à fiscalização os documentos solicitados no termo inicial de fiscalização, denunciou espontaneamente a infração, incluindo em tal denúncia a prova de recolhimento aos cofres do INSS do valor integral da contribuição, acrescido dos juros de mora exigidos por lei. É sabido que a referida contribuição, recolhida pelo sujeito passivo, submete-se à modalidade de lançamento por homologação. Com base nos elementos ora apresentados e tendo em vista a legislação pertinente à matéria, é correto afirmar que a responsabilidade pela infração cometida:

(A) ficou excluída, considerando-se que houve denúncia espontânea da infração, acompanhada do pagamento integral da contribuição e dos juros de mora.
(B) não ficou excluída, porquanto a autoridade administrativa competente do INSS deveria, previamente ao pagamento, arbitrar o montante do valor da contribuição devida, em consonância com as normas legais reguladoras do lançamento por homologação.
(C) não ficou excluída, pois não se considera espontânea a denúncia apresentada após o início do procedimento de fiscalização, ainda que tenha sido pago o valor integral da contribuição e dos juros de mora devidos.
(D) não pode remanescer na esfera administrativa do INSS, considerando-se que o pagamento integral da contribuição e dos juros de mora devidos extingue a punibilidade criminal do agente.
(E) possibilitará que haja condenação do agente pela prática de crime de sonegação fiscal, considerando-se que deveria ter sido pago, inclusive, o valor da multa de mora incidente sobre a contribuição recolhida fora do prazo fixado em lei.

Não há denúncia espontânea, nem, portanto, dispensa do pagamento das multas, após o início de fiscalização relacionada à infração considerada – art. 138, parágrafo único, do CTN.
Gabarito "C".

(Auditor Fiscal da Previdência Social – ESAF) Relativamente ao tema obrigação tributária, o Código Tributário Nacional estabelece que, salvo disposição de lei em contrário, a solidariedade tributária passiva produz o seguinte efeito, entre outros:

(A) a suspensão da prescrição, em favor ou contra um dos obrigados, favorece ou prejudica os demais.
(B) o pagamento efetuado por um dos obrigados não aproveita aos demais.
(C) a isenção ou anistia do crédito tributário exonera todos os obrigados, salvo se outorgada pessoalmente a um deles, subsistindo, nesse caso, a solidariedade quanto aos demais pelo saldo.
(D) a isenção ou remissão de crédito exonera todos os obrigados, salvo se outorgada pessoalmente a um deles, subsistindo, nesse caso, a solidariedade quanto aos demais pelo saldo.
(E) a interrupção da prescrição em favor de um dos obrigados não favorece os demais.

A: o art. 125, III, do CTN não faz referência expressa à hipótese de suspensão da prescrição; **B:** o pagamento aproveita aos demais – art. 125, I, do CTN; **C:** o art. 125, II, do CTN não faz referência expressa à anistia; **D:** art. 125, II, do CTN; **E:** a interrupção da prescrição favorece os demais – art. 125, III, do CTN.
Gabarito "D".

(Técnico da Receita Federal – ESAF) Em relação ao domicílio tributário, é correto afirmar-se que
(A) este pode ser livremente eleito pelo sujeito passivo da obrigação tributária, não tendo a autoridade administrativa o poder de recusá-lo.
(B) relativamente às pessoas jurídicas de direito público, será considerado como seu domicílio tributário aquele situado no Município de maior relevância econômica da entidade tributante.
(C) quanto às pessoas naturais, a sua residência habitual, ou, sendo esta incerta ou desconhecida, aquela que a autoridade administrativa assim eleger.
(D) é definido pelo lugar dos bens ou da ocorrência dos atos ou fatos que tenham dado origem à obrigação tributária, na impossibilidade de aplicação dos critérios de identificação indicados pelo Código Tributário Nacional.
(E) no caso de pessoa jurídica de direito privado que possua mais de um estabelecimento, seu domicílio será aquele cuja escrituração contábil demonstre maior faturamento.

A: a autoridade fiscal pode recusar o domicílio eleito, quando impossibilite ou dificulte a arrecadação ou a fiscalização do tributo – art. 127, § 2º, do CTN; **B:** o domicílio das pessoas de direito público corresponde a qualquer de suas repartições no território do ente tributante – art. 127, III, do CTN; **C:** no caso de residência incerta ou desconhecida, considera-se domicílio o centro habitual de atividade do sujeito passivo – art. 127, I, do CTN; **D:** art. 127, § 1º, do CTN; **E:** no caso das pessoas jurídicas de direito privado, considera-se o lugar da sede ou de cada estabelecimento, nos termos do art. 127, II, do CTN.
Gabarito "D".

(Técnico da Receita Federal – ESAF) Excluem a espontaneidade:
(A) o registro da Declaração de Importação e o termo de início de fiscalização aduaneira de zona secundária.
(B) o desembaraço aduaneiro e a homologação do lançamento.
(C) a revisão aduaneira do despacho de importação e a seleção do despacho para fiscalização de zona secundária.
(D) a concessão do regime aduaneiro suspensivo e a conferência final de manifesto.
(E) a lavratura de auto de infração ou a expedição de notificação de lançamento.

A espontaneidade é afastada com o início da fiscalização relacionada à infração considerada – art. 138, parágrafo único, do CTN.
Gabarito "A".

(Auditor Fiscal/RO – FCC) Considere os itens a seguir, sobre responsabilidade de terceiros:

I. Os pais, tutores e curadores são responsáveis pelos tributos devidos por seus filhos menores, tutelados e curatelados, nos atos em que intervierem ou pelas omissões de que forem responsáveis.
II. Os sócios são responsáveis pelos tributos devidos pela sociedade em cotas de responsabilidade limitada.
III. A responsabilidade de terceiros não se estende a nenhuma espécie de penalidade, na medida em que esta espécie de responsabilidade é pessoal e intransferível.
IV. A responsabilidade pessoal dos gerentes de pessoas jurídicas de direito privado limita-se aos créditos decorrentes de obrigações resultantes de atos praticados com excesso de poderes, infração de lei, contrato ou estatuto.

Está correto o que se afirma APENAS em
(A) I e III.
(B) I e IV.
(C) II e III.
(D) II e IV.
(E) III e IV.

I: assertiva correta, conforme o art. 134, I e II, do CTN; **II:** incorreta, pois há, em princípio, separação da pessoa dos sócios em relação à sociedade. A responsabilidade ocorre apenas excepcionalmente – art. 135 do CTN; **III:** incorreta, pois há responsabilidade também em relação às penalidades – arts. 134, parágrafo único, e 135 do CTN; **IV:** correta, conforme o art. 135, III, do CTN.
Gabarito "B".

(Auditor Fiscal/SC – FEPESE) Assinale a alternativa **correta**.
(A) De acordo com o artigo 121, parágrafo único, CTN, o sujeito passivo da obrigação principal diz-se contribuinte, quando tenha relação pessoal e direta com a situação que constitua o respectivo fato gerador e responsável, quando, sem revestir a condição de contribuinte, sua obrigação decorra de disposição de lei, decreto ou instrução normativa da autoridade fazendária.
(B) Quanto à solidariedade, podemos afirmar que o direito tributário brasileiro consagra a regra segundo a qual são solidariamente obrigadas as pessoas que tenham interesse comum na situação que constitua o fato gerador da obrigação principal e as pessoas expressamente designadas por lei, sendo que a solidariedade comporta, de acordo com o CTN, em determinadas situações, benefício de ordem.
(C) Nos termos do art. 125, CTN, e salvo disposição de lei em contrário, os efeitos da solidariedade consistem em que o pagamento efetuado por um dos obrigados aproveita aos demais, a isenção ou remissão de crédito exonera todos os obrigados, sem exceções, e a interrupção da prescrição, em favor ou contra um dos obrigados, favorece ou prejudica aos demais.
(D) Da leitura do art. 120, CTN, podemos afirmar que, salvo disposição de lei em contrário, a pessoa jurídica

de direito público, que se constituir pela fusão de duas outras, sub-roga-se nos direitos da mais populosa das duas, até que o Poder Legislativo estadual aprove um corpo normativo novo para nova pessoa jurídica.

(E) No que concerne à definição legal do fato gerador, podemos afirmar que o CTN consagra o princípio "pecunia non olet", no sentido de que a mesma é interpretada abstraindo-se da validade jurídica dos atos efetivamente praticados pelos contribuintes, responsáveis, ou terceiros, bem como da natureza do seu objeto ou dos seus efeitos e dos efeitos dos fatos efetivamente ocorridos.

A: incorreta, pois a responsabilidade tributária deve ser prevista em lei, não bastando decreto ou outra norma infralegal – art. 121, parágrafo único, II, do CTN; **B:** incorreta, pois não há benefício de ordem – art. 124, parágrafo único, do CTN; **C:** incorreta, pois há exceção no caso da remissão ou isenção concedida pessoalmente a um dos coobrigados, hipótese em que não aproveita aos demais, em relação aos quais subsiste a solidariedade quanto ao saldo – art. 125, II, do CTN; **D:** incorreta, pois o art. 120 do CTN regula o desmembramento territorial, não a fusão de pessoas jurídicas de direito público; **E:** assertiva correta, pois reflete o disposto no art. 4º do CTN.
Gabarito "E".

(Auditor Fiscal/SC – FEPESE) Assinale a alternativa **correta**.

(A) No que se refere ao domicílio tributário, podemos afirmar, conforme dispõe o Código Tributário Nacional, que considera-se como tal, em qualquer situação, quanto às pessoas jurídicas de direito privado ou às firmas individuais, o lugar da sua sede, ou, em relação aos atos ou fatos que derem origem à obrigação, o de cada estabelecimento.
(B) A autoridade administrativa pode recusar o domicílio eleito, quando impossibilite ou dificulte a arrecadação ou a fiscalização do tributo, aplicando-se então a regra segundo a qual o sujeito passivo deverá indicar novo domicílio diverso do primeiro que fora antes indicado.
(C) A capacidade tributária passiva independe de achar-se a pessoa natural sujeita a medidas que importem privação ou limitação do exercício de atividades civis, comerciais ou profissionais, ou da administração direta de seus bens ou negócios, bem como de estar a pessoa jurídica regularmente constituída, bastando que configure uma unidade econômica ou profissional.
(D) O domicílio tributário será sempre, para todos os efeitos, a residência habitual do contribuinte pessoa física, ou, sendo esta incerta ou desconhecida, o centro habitual de sua atividade e quanto às pessoas jurídicas de direito público, qualquer de suas repartições no território da entidade tributante.
(E) O CTN consagra a regra segundo a qual, salvo disposição de lei em contrário, os atos ou negócios jurídicos condicionais reputam-se perfeitos e acabados, sendo resolutória a condição, desde o momento de seu implemento e, sendo suspensiva a condição, desde o momento da prática do ato ou da celebração do negócio.

A e D: incorretas, pois, em regra, o domicílio tributário é eleito pelo contribuinte ou pelo responsável tributário – art. 127 do CTN. O dispositivo legal traz as regras subsidiárias, para o caso de não haver eleição de domicílio; **B:** incorreta, pois em caso de recusa do domicílio eleito, será considerado o lugar da situação dos bens ou da ocorrência dos atos ou fatos que deram origem à obrigação – art. 127, §§ 1º e 2º,

do CTN; **C:** assertiva correta, pois é o que dispõe o art. 126, II e III, do CTN; **E:** incorreta, pois é o oposto. No caso de condição suspensiva, o fato gerador ocorre no momento do implemento da condição e, no caso de condição resolutória ou resolutiva, no momento da prática do ato ou da celebração do negócio (a condição é irrelevante, nesse caso, para a configuração do fato gerador) – art. 117 do CTN.
Gabarito "C".

10. SUSPENSÃO, EXTINÇÃO E EXCLUSÃO DO CRÉDITO

(Auditor Fiscal Tributário Municipal – Prefeitura Cuiabá – 2016 – FGV) Caio, visando à suspensão de exigibilidade de crédito objeto de auto de infração, ajuizou ação anulatória e realizou o depósito do montante integral.

As opções a seguir também apresentam hipóteses de suspensão de exigibilidade do crédito, **à exceção de uma**. Assinale-a.

(A) Moratória.
(B) Impugnação ao auto de infração.
(C) Anistia fiscal.
(D) Parcelamento do crédito.
(E) Concessão de medida liminar em mandado de segurança.

A, B, D e E: corretas, pois são modalidades de suspensão do crédito tributário, nos termos do art. 151 do CTN; **C:** incorreta, pois a anistia é modalidade de exclusão do crédito, não de suspensão – art. 175, II, do CTN.
Gabarito "C".

(Auditor Fiscal Tributário Municipal – Prefeitura Cuiabá – 2016 – FGV) Em dezembro de 2015, a pessoa jurídica X efetuou a entrega da declaração do imposto sobre a renda pessoa jurídica (IRPJ), relativo a fatos geradores ocorridos no mês de julho de 2015, na qual reconheceu o débito fiscal, na sua integralidade.

No entanto, a pessoa jurídica X não realizou o pagamento do IRPJ, vencido em dezembro de 2015.

Sobre a hipótese, é correto afirmar que a União Federal deverá

(A) constituir o crédito, por meio de lançamento, até julho de 2020.
(B) constituir o crédito, por meio de lançamento, até janeiro de 2021.
(C) inscrever o crédito em dívida ativa, até julho de 2020.
(D) ajuizar execução fiscal, até julho de 2020.
(E) ajuizar execução fiscal, até dezembro de 2020.

A e B: incorretas, pois a declaração do montante pelo contribuinte implica constituição do crédito – Súmula 436/STJ; **C:** incorreta, pois o prazo para cobrança do crédito já constituído e, portanto, para inscrição em dívida ativa e início da execução fiscal, é de 5 anos contados da constituição definitiva, iniciando-se a partir do vencimento (quando posterior à declaração), pelo princípio da actio nata. Assim, o prazo prescricional quinquenal se inicia em dezembro de 2015 e termina em dezembro de 2020, prazo máximo para a inscrição e início da execução; **D:** incorreta, conforme comentário anterior; **E:** esta é a correta, conforme comentário à alternativa "C".
Gabarito "E".

(Auditor Fiscal Tributário – Prefeitura Lages/SC – 2016 – FEPESE) Repetição de indébito pode ser considerado como:

(A) o direito de o ente público pleitear o pagamento de uma quantia sem que tenha sido completamente paga pelo contribuinte.

(B) o direito da pessoa de pleitear a devolução de uma quantia paga sem que tenha sido devida.
(C) a restituição do principal, acrescido ou não de juros, pago pelo contribuinte ao ente público em decorrência de débitos de períodos anteriores.
(D) os valores pagos pelo contribuinte acrescidos ou não de juros moratórios, após julgamento da sentença.
(E) os valores pagos indevidamente pelo contribuinte que lhe serão devolvidos ao contribuinte desde de que o mesmo faça pedido formal, instruindo a razão do pagamento, sem direito de receber os juros decorrentes.

A: incorreta, pois repetição de indébito é direito do sujeito passivo que recolheu indevidamente dinheiro a título de tributo ou penalidade pecuniária – art. 165 do CTN. Até porque se o contribuinte pagou completamente, o fisco não tem direito de exigir qualquer pagamento, obviamente; **B:** correta – art. 165 do CTN; **C:** incorreta, pois somente há direito à respetição se o pagamento foi indevido. Ademais, a restituição do tributo implica a devolução com juros moratórios acrescidos; **D:** incorreta, pois há acréscimo de juros e, atualmente, o pagamento pelo fisco se dá apenas após o trânsito em julgado – arts. 167 e art. 100, § 5º, da CF; **E:** incorreta, pois não é preciso justificar o pagamento indevido, e são devidos juros na devolução arts. 165 e 167 do CTN.

Gabarito "B".

(Auditor Fiscal da Receita Municipal – Prefeitura Teresina/PI – 2016 – FCC) Um contribuinte do ISS, tributo lançado por homologação em diversos Municípios brasileiros, desenvolveu a atividade de autolançamento a que se refere o *caput* do art. 150 do Código Tributário Nacional e, depois de apurar o montante devido no mês de agosto de 2015, efetuou o pagamento do crédito tributário apurado, no dia 25 do mês subsequente.

Depois de ter quitado o referido débito para com a Fazenda Pública municipal, o contribuinte se deu conta de que havia errado na elaboração do cálculo do referido débito fiscal, o que redundou em pagamento a maior do que o efetivamente devido.

Em razão disso, tomou a decisão de pleitear a restituição desse valor pago a maior. O direito de pleitear essa restituição, de acordo com o Código Tributário Nacional e a legislação de regência dessa matéria, poderá ser exercido até o dia

(A) 31 de dezembro de 2020.
(B) 25 de setembro de 2025.
(C) 25 de setembro de 2017.
(D) 25 de setembro de 2020.
(E) 25 de setembro de 2022.

O direito à repetição do indébito prescreve em 5 anos contados do pagamento indevido, nos termos do art. 168, I, do CTN, interpretado pelo art. 3º da LC 118/2005, de modo que a alternativa "D" é a correta.

Gabarito "D".

(Auditor Fiscal/MA – FGV) O INSS ingressou com execução fiscal em face do Estado Beta, pela falta de pagamento da contribuição previdenciária de alguns de seus agentes administrativos. Está provado nos autos que os créditos remontam aos anos de 1991 a 1994 e não há comprovação de qualquer pagamento.

O lançamento do tributo devido efetivou-se em março de 2001 e a inscrição em dívida ativa em setembro de 2003. O juiz de 1º grau extinguiu o processo com base na constatação de ter havido a decadência.

A esse respeito, assinale a afirmativa correta.

(A) O Juiz errou, já que por se tratar de tributo lançado por homologação são 5 anos para homologar e mais 5 anos para inscrever o crédito tributário.
(B) O juiz errou, visto que no caso da contribuição previdenciária deve haver antecipação do pagamento do tributo, não mais se falando de decadência.
(C) O juiz está correto, visto que o prazo decadencial, nesta espécie de tributo, conta-se da data do fato gerador.
(D) O juiz errou, havendo a aplicação, cumulativa e concorrente, dos prazos previstos no Código Tributário Nacional.
(E) O juiz está correto, contando-se o prazo decadencial do primeiro dia do exercício seguinte àquele em que o lançamento poderia ter sido efetuado.

A: incorreta, pois, inexistindo pagamento, o prazo é de 5 anos contados do primeiro dia do exercício seguinte, nos termos do art. 173 do CTN, ou seja, terminou em 1997 a 2000; **B:** incorreta, pois é caso de decadência – arts. 150, § 4º, e 173 do CTN; **C:** incorreta, conforme comentário à alternativa "A"; **D:** incorreta, pois o prazo é único, de 5 anos, conforme comentários anteriores; **E:** correta, conforme comentários anteriores.

Gabarito "E".

(Auditor do Tesouro Municipal/Recife-PE – FGV) Assinale a opção que indica uma forma de extinção do crédito tributário.

(A) A substituição da obrigação tributária anterior por outra que lhe é posterior.
(B) A delegação de competência tributária de um ente político a outro.
(C) Cláusula contratual específica que desonere uma das partes do pagamento do tributo.
(D) Decisão administrativa definitiva e irreformável sobre a quitação do crédito fiscal.
(E) Decisão judicial que desonere o contribuinte do pagamento do tributo.

A: incorreta, até porque a substituição de uma obrigação tributária por outra não é ordinariamente prevista na legislação tributária; **B:** incorreta, até porque isso é impossível, a competência é indelegável – art. 7º do CTN; **C:** incorreta, sendo inviável acordo particular afastar a obrigação ou o crédito, que decorrem exclusivamente da lei; **D:** correta, conforme o art. 156, IX, do CTN; **E:** incorreta, pois apenas a decisão judicial transitada em julgado em favor do devedor extingue o crédito – art. 156, X, do CTN.

Gabarito "D".

(Auditor Fiscal Tributário da Receita Municipal/Cuiabá-MT – FGV) Assinale a opção que, de acordo com o Código Tributário do Município de Cuiabá (CTM-Cuiabá – LC municipal 43/1997), indica exclusivamente hipóteses de extinção do crédito tributário.

(A) Anistia, remissão, decisão judicial passada em julgado e pagamento.
(B) Decisão judicial passada em julgado, consignação em pagamento julgada procedente, conversão de depósito em renda e decadência.
(C) Consignação em pagamento julgada procedente, prescrição, pagamento e depósito do montante integral.
(D) Parcelamento, compensação, transação e remissão.
(E) Decadência, liminar em mandado de segurança, transação e compensação.

A: incorreta, pois anistia é modalidade de exclusão do crédito tributário, não extinção – art. 175, II, do CTN; **B:** correta, nos termos do art.

156 do CTN; **C:** incorreta, pois depósito é modalidade de suspensão do crédito, não de extinção – art. 151, II, do CTN; **D:** incorreta, pois parcelamento é modalidade de suspensão; **E:** incorreta, pois liminar é modalidade de suspensão.

Gabarito "B".

(Auditor Fiscal Tributário da Receita Municipal/Cuiabá-MT – FGV) Assinale a opção que indica a hipótese apta a interromper o prazo de prescrição que consta do Código Tributário do Município de Cuiabá (CTM-Cuiabá – LC municipal 43/1997), embora não figure de modo expresso no Código Tributário Nacional (CTN).

(A) Protesto judicial.
(B) Qualquer ato judicial que constitua em mora o devedor.
(C) Qualquer ato inequívoco, ainda que extrajudicial, que importe em reconhecimento do débito pelo devedor.
(D) Citação do devedor ou despacho do juiz que ordenar a citação em execução fiscal.
(E) Apresentação de documento comprobatório da dívida, em juízo, de inventário ou concurso de credores.

Prescrição e decadência tributárias são matérias veiculadas por lei complementar federal, nos termos do art. 146, III, *b*, da CF (ver a Súmula Vinculante 8/STF), de modo que basta conhecer o CTN para resolver esta questão, considerando que a norma local não poderia divergir da nacional. Nos termos do art. 174, parágrafo único, do CTN, a prescrição é interrompida: (i) pelo despacho do juiz que ordenar a citação em execução fiscal; (ii) pelo protesto judicial; (iii) por qualquer ato judicial que constitua em mora o devedor e (iv) por qualquer ato inequívoco ainda que extrajudicial, que importe em reconhecimento do débito pelo devedor. Assim, a alternativa a ser indicada, pois não consta do CTN, é a "E".

Gabarito "E".

(Analista-Tributário da Receita Federal – ESAF) Analise os itens a seguir e assinale a opção correta.

I. A isenção, desde que concedida por prazo certo, e independentemente de ser condicionada a contrapartidas por parte do contribuinte, não poderá ser revogada por lei.
II. A anistia só abrange as infrações cometidas a partir da sua vigência, devido ao princípio da irretroatividade das leis.
III. A anistia dos crimes, concedida em lei penal, não estende seus efeitos à matéria tributária.
(A) Somente o item I está correto.
(B) Somente o item II está correto.
(C) Somente o item III está correto.
(D) Estão corretos os itens I e III.
(E) Estão corretos os itens II e III.

I: incorreta, pois a irrevogabilidade da isenção, prevista no art. 178 do CTN, somente ocorre se o benefício for concedido por prazo certo e em função de determinadas condições; II: incorreta, pois a anistia abrange exclusivamente as infrações cometidas anteriormente à vigência da lei que a concede – art. 180 do CTN; III: correta, pois são esferas distintas e, nesse aspecto, autônomas do Direito.

Gabarito "C".

(Auditor Fiscal – São Paulo/SP – FCC) Ocorrido o fato gerador do IPTU, iniciou-se o prazo para que a Fazenda Pública municipal efetuasse o lançamento desse tributo, o que foi feito dentro do prazo previsto na legislação.

O contribuinte, discordando do valor do crédito tributário constituído por meio desse lançamento, ofereceu, tempestivamente, impugnação contra ele, a qual, todavia, resultou totalmente infrutífera, já que a decisão definitiva, na esfera administrativa, manteve a integralidade do crédito tributário lançado.

Resignado com essa decisão administrativa, o contribuinte optou por não discutir a questão na esfera judicial, dando ensejo a que a Fazenda Pública pudesse cobrar dele o crédito tributário constituído pelo citado lançamento.

O prazo inicialmente referido para a Fazenda Pública efetuar o lançamento do tributo; o obstáculo jurídico do início da fluência do prazo para a cobrança do crédito tributário definitivamente constituído e o prazo finalmente mencionado para a Fazenda Pública poder cobrar do contribuinte o crédito tributário definitivamente constituído são, respectivamente, denominados

(A) suspensão de exigibilidade do crédito tributário; decadência e prescrição.
(B) decadência; suspensão de exigibilidade do crédito tributário e prescrição.
(C) prescrição; suspensão de exigibilidade do crédito tributário e decadência.
(D) prescrição; decadência e suspensão de exigibilidade do crédito tributário.
(E) decadência; prescrição e suspensão de exigibilidade do crédito tributário.

O prazo para o fisco lançar o tributo é decadencial – art. 173 do CTN. A impugnação administrativa do lançamento pelo sujeito passivo é modalidade de suspensão do crédito tributário – art. 151, III, do CTN. Finalmente, o prazo para cobrança do tributo pelo fisco é prescricional – art. 174 do CTN. Por essas razões, a alternativa "B" é a correta.

Gabarito "B".

(Auditor Fiscal – São Paulo/SP – FCC) Para poder discutir em juízo a incidência ou não de um determinado tributo, lançado por município paulista, o contribuinte ingressou com a ação judicial que considerou apropriada e, no bojo dessa ação, efetuou o depósito da importância em discussão.

Como a decisão definitiva do processo foi contrária ao contribuinte, a quantia depositada foi convertida em renda da Fazenda Pública municipal.

Nesse caso,

(A) a conversão em renda da quantia questionada judicialmente extingue o crédito tributário e o seu depósito, integral ou não, suspende definitivamente a exigibilidade desse mesmo crédito.
(B) o depósito da quantia questionada, integral ou parcial, suspende a exigibilidade do crédito tributário e a conversão dele em renda extingue esse mesmo crédito.
(C) o depósito integral da quantia questionada suspende a exigibilidade do crédito tributário e a conversão dele em renda extingue esse mesmo crédito.
(D) tanto o depósito integral da quantia questionada como sua conversão em renda da Fazenda Pública municipal suspendem a exigibilidade do crédito tributário questionado judicialmente.
(E) tanto o depósito integral da quantia questionada como sua conversão em renda da Fazenda Pública municipal extinguem o crédito tributário questionado judicialmente.

A e B: incorretas, pois somente o depósito integral suspende a exigibilidade do crédito – art. 151, II, do CTN; C: essa é a correta – arts. 151, II, e 156, VI, do CTN; D: incorreta, pois a conversão do depósito em renda extingue (não suspende) o crédito – art. 156, VI, do CTN; E: incorreta, pois o depósito integral suspende (não extingue) o crédito – art. 151, II, do CTN.

Gabarito "C".

(Auditor Fiscal – São Paulo/SP – FCC) Os tributos federais, bem como os estaduais e os municipais, estão sujeitos às regras de decadência, referidas no art. 173 do CTN. Tratando-se de tributos cujo lançamento seja feito por homologação, estes, especificamente, se sujeitarão, também, à regra de homologação tácita, por decurso de prazo, prevista no § 4.º do art. 150 desse mesmo Código.

Tanto os prazos de decadência como o de homologação tácita do lançamento, pelo decurso de prazo, são de cinco anos e estão previstos, respectivamente, no caput do art. 173 do CTN e no § 4.º do art. 150 do referido Código.

Consequentemente, a contagem desses prazos quinquenais deve ser feita de modo

(A) contínuo, excluindo-se na sua contagem o dia de início e incluindo-se o de vencimento, sendo que eles só se iniciam ou vencem em dia de expediente normal na repartição à qual o contribuinte está vinculado, em razão do seu domicílio.

(B) contínuo ou descontínuo, conforme determinar a lei ordinária, incluindo-se na sua contagem o dia de início e excluindo-se o de vencimento, sendo que eles só se iniciam ou vencem em dia de expediente normal na repartição à qual o contribuinte está vinculado, em razão do seu domicílio.

(C) contínuo ou descontínuo, conforme determinar a lei ordinária, excluindo-se na sua contagem o dia de início e incluindo-se o de vencimento, sendo que eles só se iniciam ou vencem em dia de expediente normal na repartição em que corra o processo ou deva ser praticado o ato.

(D) contínuo, excluindo-se na sua contagem o dia de início e incluindo-se o de vencimento, sendo que eles só se iniciam ou vencem em dia de expediente normal na repartição em que corra o processo ou deva ser praticado o ato.

(E) contínuo, incluindo-se na sua contagem o dia de início e excluindo-se o de vencimento, sendo que eles só se iniciam ou vencem em dia de expediente normal na repartição à qual o contribuinte está vinculado, em razão do seu domicílio.

Nos termos do art. 210 do CTN, os prazos previstos no Código e na legislação tributária serão contínuos, excluindo-se na sua contagem o dia de início e incluindo-se o de vencimento. Ademais, só se iniciam ou vencem em dia de expediente normal na repartição em que corra o processo ou deva ser praticado o ato. Por essas razões, a alternativa "D" é a correta.

Gabarito "D".

(Auditor Fiscal – São Paulo/SP – FCC) Município localizado no Estado de São Paulo concedeu, por meio de lei ordinária, isenção do ITBI para as transmissões imobiliárias, quando, cumulativamente, o adquirente do imóvel fosse pessoa natural, o valor venal do imóvel, no ano da transmissão, não excedesse R$ 50.000,00 e o referido imóvel tivesse mais de 20 anos de construção.

Para poder fruir dessa isenção, o interessado, isto é, o adquirente do imóvel, deveria formular, por meio de requerimento escrito, o pedido de isenção do ITBI, juntando a documentação comprobatória do direito de usufruir o benefício legal.

Um munícipe, interessado em usufruir do referido benefício, apresentou o referido requerimento, juntando:

I. cópia do *carnet* do IPTU, comprovando que o referido imóvel, no exercício anterior ao da transmissão, tinha valor venal equivalente a R$ 49.000,00.
II. documentação comprobatória de que o imóvel tinha 19 anos de construção.
III. documentos comprovando que ele, pessoa natural, é o adquirente desse imóvel.

Em seu requerimento, explicou que o fato de o imóvel não ter mais de 20 anos não deveria impedir o deferimento do pedido de isenção, pois o imóvel estava "tão arruinado", que parecia ter 50 anos de construção.

A autoridade municipal competente para apreciar o referido requerimento e reconhecer ou não a presença dos requisitos necessários para o reconhecimento da isenção deverá

(A) indeferir o pedido formulado pelo munícipe, pois matéria relacionada com a outorga de isenção deve ser interpretada literalmente e, se o referido imóvel, não tem mais de 20 anos de construção, nem a prova de seu valor venal foi feita com *carnet* do IPTU do exercício em que se deu a transmissão do imóvel, não há como reconhecer que o interessado tenha satisfeito os requisitos legais para fruição do benefício isencional.

(B) deferir o pedido formulado pelo munícipe, por considerar satisfeitos todos os requisitos legais, pois o adquirente é pessoa natural, o valor da transação é inferior a R$ 50.000,00, conforme demonstra o *carnet* do IPTU referente ao lançamento feito no exercício anterior ao da transmissão do imóvel, e o estado de conservação do imóvel lhe dá a aparência de ter sido construído há mais de 20 anos.

(C) deferir parcialmente o pedido formulado pelo munícipe e considerar satisfeitos apenas dois dos três requisitos legais, reconhecendo ao adquirente o direito de usufruir apenas 2/3 (dois terços) do valor do benefício isencional.

(D) deferir o pedido formulado, interpretando teleologicamente a legislação, para reconhecer que a finalidade social da isenção deve nortear seu despacho, não se devendo valorizar em demasia requisitos formais, tais como a perfeita idade do imóvel ou a comprovação do seu valor venal do exercício em que houve a transmissão do bem.

(E) deferir o pedido formulado, aplicando a interpretação analógica ao caso e reconhecendo que, se o imóvel aparenta estar "arruinado", ele tem, por analogia com imóveis no mesmo estado, mais de vinte anos, sendo, ademais, irrelevante, que o documento comprobatório do valor venal do imóvel seja do ano anterior ao da transmissão do bem.

Não há como deferir o pedido, pois a norma que concede isenção deve necessariamente ser interpretada de modo estrito ou literal, na terminologia do art. 111, II, do CTN. Assim, não preenchidos os requisitos para o benefício (construção com 50 anos e comprovação do valor venal no ano da transmissão), inviável a pretensão do contribuinte. Por essa razão, a alternativa "A" é a correta.

Gabarito "A".

(Auditor Fiscal da Receita Federal – ESAF) Sobre a prescrição e a decadência, como modalidades de extinção do crédito tributário, assinale a opção correta.

(A) O despacho do juiz que ordenar a citação em execução fiscal suspende a prescrição.
(B) A inscrição do débito em dívida ativa constitui causa de suspensão do prazo prescricional.
(C) Notificado o sujeito passivo do lançamento, inicia-se o prazo decadencial de cinco anos para extinção do crédito.
(D) A Constituição Federal autoriza que lei ordinária, em situações específicas, estabeleça normas gerais em matéria de legislação tributária, especialmente sobre decadência e prescrição.
(E) O pagamento de débitos prescritos não gera o direito a sua repetição, na medida em que, embora extinta a pretensão, subsiste o direito material.

A: incorreta, pois o despacho do juiz, no caso, **interrompe** a prescrição (não suspende) – art. 174, parágrafo único, I, do CTN; **B:** discordamos do gabarito oficial, pois não há essa hipótese de suspensão. O judiciário entende que o art. 2º, § 3º, da Lei 6.830/1980, que prevê a suspensão por 180 dias, não se aplica à dívida ativa tributária (apenas à não tributária), já que a matéria é reservada à lei complementar federal – ver EREsp 657. 536/RJ-STJ; **C:** incorreta, pois o prazo decadencial refere-se à constituição do crédito, ou seja, ao lançamento. Após a notificação do lançamento, não há mais que se falar em decadência (exceto em relação à eventual revisão), mas apenas em prescrição. Assim, após a notificação, inicia-se o prazo quinquenal **prescricional** para a cobrança – art. 174 do CTN; **D:** incorreta, pois as normas gerais relativas à decadência e à prescrição tributária devem ser veiculadas sempre por lei complementar federal – art. 146, III, b, da CF; **E:** incorreta, pois isso não ocorre no direito tributário, diferentemente do que acontece no direito privado. Com a prescrição, há extinção do próprio crédito tributário, e não apenas da pretensão do fisco de cobrar, de modo que o pagamento é indevido e o valor deve ser restituído.

Gabarito "B".

Veja a seguinte tabela para estudar e memorizar as causas de suspensão, extinção e exclusão do crédito tributário:

Suspensão	Extinção	Exclusão
– a moratória	– pagamento	– a isenção
– o depósito do seu montante integral	– a compensação	– a anistia
– as reclamações e os recursos, nos termos das leis reguladoras do processo tributário administrativo	– a transação	
– a concessão de medida liminar em mandado de segurança	– remissão	
– a concessão de medida liminar ou de tutela antecipada, em outras espécies de ação judicial	– a prescrição e a decadência	

Suspensão	Extinção	Exclusão
– o parcelamento	– a conversão de depósito em renda	
	– o pagamento antecipado e a homologação do lançamento nos termos do disposto no artigo 150 e seus §§ 1º e 4º	
	– a consignação em pagamento, nos termos do disposto no § 2º do artigo 164	
	– a decisão administrativa irreformável, assim entendida a definitiva na órbita administrativa, que não mais possa ser objeto de ação anulatória	
	– a decisão judicial passada em julgado	
	– a dação em pagamento em bens imóveis, na forma e condições estabelecidas em lei	

(Auditor Fiscal da Receita Federal – ESAF) O artigo 151 do Código Tributário Nacional enumera as hipóteses de suspensão da exigibilidade do crédito tributário. Sobre estas, avalie o acerto das afirmações adiante e marque com (V) as verdadeiras e com (F) as falsas; em seguida, marque a opção correta.

( ) A moratória pode ser concedida em caráter geral ou em caráter individual, dependendo, em ambos os casos, da prévia existência de lei autorizativa.
( ) A consignação em pagamento do montante integral do débito constitui direito subjetivo do contribuinte, enquanto discute, na via administrativa ou judicial, a legalidade da cobrança que lhe é imputada.
( ) A concessão de medida liminar ou de tutela antecipada, acarretam a suspensão da exigibilidade do crédito tributário.

(A) V, V, V.
(B) F, V, V.
(C) F, V, V.
(D) V, F, V.
(E) F, V, F.

1ª: art. 152 do CTN; 2ª: a assertiva refere-se ao depósito. A consignação é espécie de ação judicial – art. 890 do CPC; 3ª: art. 151, V, do CTN.

Gabarito "D".

(Auditor Fiscal da Receita Federal – ESAF) Sobre o pagamento indevido de tributos é correto afirmar-se, de acordo com o Código Tributário Nacional, que

(A) a reforma, a anulação, a revogação ou a rescisão de decisão condenatória, à vista da qual se tenha efetuado o recolhimento, afinal tido por indevido também podem ensejar a restituição.
(B) a restituição de tributos que comportem, por sua natureza, transferência do respectivo encargo financeiro, será feita a quem comprove ter efetuado o

pagamento indevido, tenha ele ou não assumido o referido encargo financeiro.
(C) ao falar de sujeito passivo, está a referir-se ao obrigado que o seja na condição de contribuinte, não àquela em que ele tenha figurado como responsável.
(D) para que haja o direito à restituição, nos casos de tributos sujeitos a lançamento por homologação, é necessária a prática do ato homologatório por parte da autoridade fazendária.
(E) o sujeito passivo tem direito à restituição total ou parcial do tributo, recolhido indevidamente ou a maior do que o devido, desde que comprove ter havido erro, de sua parte, na interpretação da legislação aplicável ao caso.

A: art. 165, III, do CTN; **B:** é necessário comprovar, na hipótese, a assunção do encargo financeiro ou conseguir autorização de quem o tenha assumido – art. 166 do CTN; **C:** o responsável tributário também pode repetir indébito tributário, na forma da lei (em geral, desde que tenha assumido o encargo financeiro); **D:** basta haver pagamento indevido para que haja direito à restituição – art. 165 do CTN; **E:** é desnecessária a comprovação de erro por parte do sujeito passivo – art. 165 do CTN.

Gabarito "A".

(Auditor Fiscal da Receita Federal – ESAF) Leia cada um dos assertos abaixo e assinale (V) ou (F), conforme seja verdadeiro ou falso. Depois, marque a opção que contenha a exata sequência.

( ) A Lei de Execução Fiscal (LEF) prevê que a inscrição em dívida ativa suspende o curso do prazo prescricional.
( ) O Código Tributário Nacional não prevê essa suspensão.
( ) O STJ entende que a suspensão do prazo prescricional prevista na LEF sofre as limitações impostas pelo CTN.
(A) F, V, V
(B) F, F, F
(C) V, F, V
(D) F, F, V
(E) V, V, V

1ª: art. 2º, § 3º, lei 6830/80 (LEF); 2ª: a assertiva é verdadeira; 3ª: esse é um entendimento antigo do STJ, mas que vem sendo rediscutido atualmente.

Gabarito "E".

(Auditor Fiscal da Receita Federal – ESAF) Considerando o tema "isenção tributária", julgue os itens a seguir e marque com (V) a assertiva verdadeira e com (F) a falsa, assinalando ao final a opção correspondente.

( ) Se concedida com prazo determinado e sob condições não pode ser revogada.
( ) Com o advento da Constituição de 1988, a concessão da isenção heterotópica passou a ser proibida (art. 151, III).
( ) Por ser a isenção nada mais que o reverso da tributação, a lei isentiva só entra em vigor no exercício financeiro seguinte ao em que instituída.
( ) Segundo a letra do Código Tributário Nacional, a isenção constitui mera dispensa legal do pagamento do tributo.
(A) V, F, F, V
(B) V, V, F, V
(C) V, F, V, F

(D) F, V, F, V
(E) V, F, F, F

1ª: art. 178 do CTN; 2ª: o art. 151, III, da CF veda expressamente a isenção heterônoma (heterotópica), ou seja, aquela concedida por outro ente que não o titular da competência tributária. No julgamento do RE 229.096/RS, o STF fixou o entendimento de que os tratados, como atos do Estado Federal Brasileiro, pessoa jurídica de direito público internacional, não se confundem com os da União (ente federado, como os Estados, Distrito Federal e Municípios), sendo possível a concessão de benefícios fiscais relativos a tributos estaduais e municipais. Não se trata, nessa hipótese, de isenção heterônoma vedada pelo art. 151, III, da CF; 3ª: o princípio da anterioridade refere-se apenas à instituição ou à majoração de tributos, não aos benefícios fiscais – art. 150, III, b, da CF; 4ª: de fato, o CTN descreve a isenção como exclusão do crédito, que seria exatamente essa dispensa do pagamento (a obrigação tributária surge com o fato gerador, mas a lei dispensa o sujeito passivo de pagar o valor correspondente) – art. 175, I, do CTN.

Gabarito "B".

(Auditor Fiscal da Receita Federal – ESAF) A restituição de tributos, cujo encargo financeiro possa transferir-se, somente pode ser obtida se o _____ _____ provar que não o transferiu ou que está autorizado pelo _____.
No caso do direito ao creditamento do IPI, não se aplica esta regra, porque não se trata de _____.
(A) contribuinte .... fisco.... tributo indireto.
(B) sujeito passivo .... sujeito ativo .... compensação.
(C) sujeito passivo .... sujeito ativo .... restituição do indevido.
(D) contribuinte de direito .... contribuinte de fato .... repetição de indébito.
(E) responsável .... contribuinte .... repetição de indébito.

As expressões em D completam a frase de maneira adequada. Contribuinte de direito é aquele que a lei indica como sujeito passivo e que deve recolher o tributo. Contribuinte de fato é o sujeito que suporta o ônus financeiro dos tributos que permitem, por sua natureza, esse repasse (tributos indiretos, como o ICMS e o IPI). Eventuais diferenças relativas a creditamento de IPI, desde que correspondente à entrada de produtos, não implicam repasse financeiro a terceiros. O STF pacificou o entendimento de que, em regra, a entrada de produto não tributado, isento ou sujeito à alíquota zero **não** permite creditamento de IPI em favor do adquirente (ver RE 398.365/RS – repercussão geral).

Gabarito "D".

(Auditor Fiscal da Receita Federal – ESAF) Avalie o acerto das afirmações adiante e marque com V as verdadeiras e com F as falsas; em seguida, marque a opção correta.

( ) A dação em pagamento em bens móveis, a remissão, a compensação e a decadência extinguem o crédito tributário.
( ) O parcelamento concedido na forma e condição estabelecidas em lei específica, o depósito do montante integral do crédito tributário, a homologação do lançamento e a concessão de medida liminar em mandado de segurança suspendem a exigibilidade do crédito tributário.
( ) As disposições do Código Tributário Nacional, relativas ao parcelamento, aplicam-se, subsidiariamente, à moratória.
(A) V, V, F
(B) V, F, V
(C) V, V, V
(D) F, F, V
(E) F, F, F

1ª: o CTN admite apenas a dação de bens imóveis em pagamento (não de móveis) – art. 156, XI, do CTN; 2ª: a homologação do lançamento (art. 150, §§ 1º e 4º, do CTN) é causa de extinção do crédito – art. 156, VII, do CTN; 3ª: é o oposto, as disposições do CTN relativas à moratória aplicam-se, subsidiariamente, ao parcelamento – art. 155-A, § 2º, do CTN.

Gabarito "E".

(Auditor Fiscal da Receita Federal – ESAF) Responda de acordo com as pertinentes disposições do Código Tributário Nacional.

É permitido que a anistia abranja infrações cometidas posteriormente ao início da vigência da lei que a concede?

É vedado às entidades tributantes conceder anistia e isenção que alcancem apenas determinada região do seu território, em função de condições a ela peculiares?

O despacho da autoridade administrativa que concede isenção gera direito adquirido para o beneficiário?

(A) Não, não, sim
(B) Não, sim, não
(C) Não, não, não
(D) Sim, não, sim
(E) Sim, não, não

1ª: não há possibilidade de anistia para fatos futuros (isso seria o mesmo que revogar, ainda que parcialmente, a norma que fixa a penalidade) – art. 180 do CTN; 2ª: isso é permitido, desde que por meio de lei – arts. 176, parágrafo único, e 181, II, c, ambos do CTN; 3ª: o despacho concessivo de isenção, moratória ou anistia não gera direito adquirido – art. 179, § 2º, do CTN.

Gabarito "C".

(Auditor Fiscal da Previdência Social – ESAF) Não obstante o pagamento seja a forma mais comum de extinção do crédito tributário, o Código Tributário Nacional prevê outras causas extintivas. Assim, é correto afirmar que são causas ou formas extintivas do crédito tributário, entre outras, as seguintes:

(A) a compensação, a transação, a anistia e a dação em pagamento.
(B) a prescrição, a dação em pagamento e o depósito do montante integral.
(C) a decadência, a novação e a decisão administrativa irreformável.
(D) a consignação em pagamento, a dação em pagamento e a concessão de medida liminar em ação direta de inconstitucionalidade.
(E) a dação em pagamento em bens imóveis, a decisão judicial passada em julgado, a transação e a compensação.

A: a anistia exclui o crédito (ao lado da isenção) – art. 175, II, do CTN; **B:** o depósito suspende do crédito – art. 151, II, do CTN; **C:** a novação não é prevista no CTN como causa de extinção do crédito. O parcelamento, por exemplo, suspende o crédito – art. 151, VI, do CTN; **D:** a concessão de liminar suspende a exigibilidade do crédito – art. 151, V, do CTN; **E:** art. 156, II, III, X, XI, do CTN.

Gabarito "E".

(Técnico da Receita Federal – ESAF) De acordo com o art. 175 do Código Tributário Nacional, a isenção e a anistia excluem o crédito tributário. Por isso, podemos afirmar que

(A) a exclusão do crédito tributário dispensa, inclusive, o cumprimento das obrigações acessórias dependentes da obrigação principal cujo crédito seja excluído.
(B) a isenção pode-se estender às taxas e às contribuições de melhoria, caso haja previsão legal.
(C) a anistia somente pode ser concedida em caráter geral.
(D) a isenção pode ser revogada ou modificada, em qualquer hipótese, por despacho fundamentado da autoridade competente para concedê-la.
(E) a anistia, como regra, abrange exclusivamente as infrações cometidas anteriormente à vigência da lei que a concede. Entretanto, esta lei poderá ter efeitos futuros, nas situações e condições que especificar.

A: as obrigações acessórias não são dispensadas, na hipótese – art. 175, parágrafo único, do CTN; **B:** art. 177, I, do CTN; **C:** a anistia pode ser concedida limitadamente (não apenas em caráter geral), nos termos do art. 181, II, do CTN; **D:** as isenções concedidas em função de determinadas condições (onerosas) e por prazo certo não podem ser livremente revogadas ou modificadas; **E:** não há possibilidade de anistia para fatos futuros (isso seria o mesmo que revogar, ainda que parcialmente, a norma que fixa a penalidade) – art. 180 do CTN.

Gabarito "B".

(Técnico da Receita Federal – ESAF) Verifique os quadros abaixo e relacione cada uma das alíneas do primeiro quadro com uma das opções do segundo. Assinale, a seguir, a opção correta.

V. a moratória, concedida por lei em caráter geral ou concedida em caráter individual, com base em lei autorizativa.
W. a remissão.
X. a consignação em pagamento, julgada procedente.
Y. a anistia concedida em caráter geral ou limitadamente.
Z. a conversão do depósito do montante integral do crédito em renda.
1. Suspende a exigibilidade do crédito tributário
2. Extingue o crédito tributário
3. Exclui o crédito tributário

(A) V2, W3, X1, Y2, Z4
(B) V1, W2, X2, Y3, Z2
(C) V2, W2, X2, Y2, Z3
(D) V3, W1, X3, Y3, Z1
(E) V1, W3, X1, Y1, Z2

V: suspensão do crédito – art. 151, I, do CTN; **W:** extinção do crédito – art. 156, IV, do CTN; **X:** extinção do crédito – art. 156, VIII, do CTN; **Y:** exclusão do crédito – art. 175, II, do CTN; **Z:** extinção do crédito – art. 156, VI, do CTN.

Gabarito "B".

(Técnico da Receita Federal – ESAF) Indique quais situações, entre outras, "suspendem" a exigibilidade do crédito tributário:

(A) a concessão de medida liminar em mandado de segurança; a isenção condicionada; as reclamações e os recursos, nos termos das leis reguladoras do processo tributário administrativo.
(B) o depósito do montante integral do crédito; a isenção condicionada; as reclamações e os recursos, nos termos das leis reguladoras do processo tributário administrativo; a anistia fiscal.
(C) a moratória; o depósito do montante integral do crédito; as reclamações e os recursos, nos termos das leis reguladoras do processo tributário administrativo; a concessão de medida liminar em mandado de segurança.
(D) a moratória, a anistia fiscal, a remissão; as reclamações e os recursos, nos termos das leis reguladoras do processo tributário administrativo; a concessão de medida liminar em mandado de segurança.

(E) a concessão de medida liminar em mandado de segurança; a isenção condicionada; as reclamações e os recursos, nos termos das leis reguladoras do processo tributário administrativo; a isenção condicionada.

A, B, D e E: a isenção e a anistia excluem o crédito – art. 175 do CTN; **C:** art. 151, I, II, III e IV, do CTN.
Gabarito "C".

(Técnico da Receita Federal – ESAF) Indique em quantos anos prescreve o direito a interpor ação anulatória da decisão administrativa que denegar restituição.

(A) 1 ano
(B) 2 anos
(C) 3 anos
(D) 4 anos
(E) 5 anos

O prazo é de dois anos, nos termos do art. 169 do CTN.
Gabarito "B".

(Auditor Fiscal/RO – FCC) O contribuinte ou responsável não terá direito à restituição no caso de

(A) reforma de decisão condenatória.
(B) cobrança ou pagamento espontâneo de imposto indevido ou maior que o devido, em face da Legislação Tributária aplicável ou da natureza ou circunstâncias materiais do fato gerador efetivamente ocorrido.
(C) anulação ou rescisão de decisão condenatória.
(D) erro na identificação do sujeito passivo, na determinação da alíquota aplicável, no cálculo do montante do débito ou na elaboração ou conferência de qualquer documento relativo ao pagamento efetuado.
(E) crédito tributário pago, que tenha sido reclamado pelo fisco em Auto de Infração.

A, B, C e D: incorretas, pois há direito à restituição do indébito tributário, nesses casos – art. 165, I, II e III, do CTN; **E:** correta, pois, se o crédito tributário era devido, não há que se falar em indébito, nem, portanto, em direito à restituição.
Gabarito "E".

(Auditor Fiscal/RO – FCC) A respeito do parcelamento, considere as seguintes afirmações:

I. O seu pedido implica o reconhecimento incondicional da infração e do crédito tributário, tendo a concessão resultante caráter decisório.
II. O acordo de parcelamento só prospera com o pagamento da última parcela.
III. O contribuinte que encerrar suas atividades e porventura tiver créditos tributários não liquidados, poderá solicitar parcelamento, desde que cumpra a exigência de fiança suficiente para liquidação do débito.

Está correto o que se afirma APENAS em

(A) I.
(B) I e III.
(C) II.
(D) II e III.
(E) III.

I: esse é o entendimento do fisco, na medida em que o contribuinte ou o responsável, para aderir ao parcelamento, deve confessar seu débito; **II:** incorreta, pois, em princípio, o acordo configura-se com o pagamento da primeira parcela; **III:** assertiva correta, na forma da legislação local que regula a matéria.
Gabarito "B".

(Auditor Fiscal/SC – FEPESE) Assinale a alternativa **correta**.

(A) O conceito de lançamento tributário sobressai do art. 142, CTN, segundo o qual compete à autoridade administrativa constituir o crédito tributário pelo lançamento, entendido o procedimento administrativo tendente a verificar a ocorrência do fato gerador da obrigação correspondente, determinar a matéria tributável e calcular o montante do tributo devido, sendo que a aplicação da penalidade cabível deve sempre ser feita em separado, através de auto de infração.
(B) Suspendem a exigibilidade do crédito tributário, conforme art. 151, CTN, exclusivamente a moratória, as reclamações e os recursos, nos termos das leis reguladoras do processo tributário administrativo, a concessão de medida liminar em mandado de segurança e a concessão de medida liminar ou de tutela antecipada, em outras espécies de ação judicial.
(C) No que se refere ao pagamento, é correto afirmar que o crédito não integralmente pago no vencimento é acrescido de juros de mora, seja qual for o motivo determinante da falta, sem prejuízo da imposição das penalidades cabíveis e da aplicação de quaisquer medidas de garantia previstas nesta Lei ou em lei tributária, sendo que, se a lei não dispuser de modo diverso, os juros de mora serão calculados à taxa de três por cento ao mês.
(D) O crédito tributário regularmente constituído, segundo o artigo 141, CTN, somente se modifica ou extingue, ou tem sua exigibilidade suspensa ou excluída, nos casos previstos no próprio código, fora dos quais não podem ser dispensadas, sob pena de responsabilidade funcional na forma da lei, a sua efetivação ou as respectivas garantias.
(E) A concessão da moratória em caráter individual não gera direito adquirido e será revogada de ofício, sempre que se apure que o beneficiado não satisfazia ou deixou de satisfazer as condições ou não cumprira ou deixou de cumprir os requisitos para a concessão do favor, cobrando-se o crédito acrescido de juros de mora com imposição da penalidade cabível, em qualquer caso.

A: incorreta, pois a aplicação da penalidade pode ser feita no mesmo ato, veiculada pelo mesmo documento que indica o tributo devido (é o que ocorre, na prática, no caso de auto de infração) – art. 142 do CTN; **B:** incorreta, pois há outras modalidades de suspensão do crédito tributário (depósito integral em dinheiro e parcelamento) – art. 151 do CTN; **C:** incorreta. Interessante notar que o "nesta lei" refere-se ao CTN (o examinador copiou o texto legal sem adaptá-lo). O erro está na taxa de juros que, em caso de inexistência de norma legal com sentido diverso, será de 1% ao mês – art. 161, § 1º do CTN; **D:** correta, pois reflete exatamente o disposto no art. 141 do CTN; **E:** incorreta, pois a cobrança da penalidade somente ocorre se houver dolo ou simulação do beneficiado ou de terceiro em benefício daquele – art. 155, I, do CTN.
Gabarito "D".

(Auditor Fiscal/SC – FEPESE) Assinale a alternativa **correta**.

(A) Conforme o artigo 165, CTN, o sujeito passivo tem direito, independentemente de prévio protesto, à restituição total ou parcial do tributo, seja qual for a modalidade do seu pagamento, somente em caso de cobrança ou pagamento espontâneo de tributo indevido ou maior que o devido em face da legislação

tributária aplicável, ou da natureza ou circunstâncias materiais do fato gerador efetivamente ocorrido.
(B) O lançamento direto, ou de ofício, é realizado pela autoridade administrativa quando a lei assim o determine, e, dentre outras situações, quando a pessoa legalmente obrigada, embora tenha prestado declaração solicitada, deixe de atender, no prazo e na forma da legislação tributária, a pedido de esclarecimento formulado pela autoridade administrativa, recuse-se a prestá-lo ou não o preste satisfatoriamente, a juízo daquela autoridade.
(C) O artigo 172, CTN, prevê que a lei pode autorizar a autoridade administrativa a conceder, por despacho fundamentado, remissão total ou parcial do crédito tributário, unicamente em função da situação econômica do sujeito passivo, ao erro ou ignorância escusáveis do sujeito passivo, quanto a matéria de fato ou devido à diminuta importância do crédito tributário.
(D) A restituição de tributos que comportem, por sua natureza, transferência do respectivo encargo financeiro somente será feita a quem prove haver assumido o referido encargo, ou, no caso de tê-lo transferido a terceiro, estar por este expressamente autorizado a recebê-la, devendo a aludida autorização ser concedida unicamente mediante expresso procedimento judicial.
(E) Nos termos do artigo 169, CTN, prescreve em cinco anos a ação anulatória da decisão administrativa que denegar a restituição, sendo que o prazo de prescrição é interrompido pelo início da ação judicial, recomeçando o seu curso, por metade, a partir da data da intimação validamente feita ao representante judicial da Fazenda Pública interessada.

A: incorreta, pois há outras hipóteses que dão ensejo à restituição do indébito tributário, quais sejam (i) erro na identificação do sujeito passivo, na determinação da alíquota aplicável, no cálculo do montante do débito ou na elaboração ou conferência de qualquer documento relativo ao pagamento e (ii) reforma, anulação, revogação ou rescisão de decisão condenatória – art. 165, II e III, do CTN; **B:** correta, pois indica hipóteses de lançamento de ofício (= direto) – art. 149, I e II, do CTN; **C:** incorreta, pois há duas outras hipóteses de remissão, quais sejam o atendimento (i) a considerações de equidade, em relação com as características pessoais ou materiais do caso e (ii) a condições peculiares a determinada região do território da entidade tributante – art. 172, IV e V, do CTN; **D:** incorreta, pois não se exige que a autorização dada pelo contribuinte de fato (quem assumiu o ônus econômico) se dê mediante expresso procedimento judicial – art. 166 do CTN; **E:** incorreta, pois o prazo é de apenas 2 anos, nesse caso – art. 169 do CTN.
Gabarito "B".

(Auditor Fiscal/SC – FEPESE) Assinale a alternativa **correta**.

(A) Da leitura do artigo 156, CTN, podemos concluir que extinguem o crédito tributário, entre outras modalidades, a compensação, a transação, a remissão, a prescrição e a decadência, a conversão de depósito em renda, o pagamento antecipado e a homologação do lançamento nos termos do disposto no artigo 150 e seus §§ 1º e 4º e a consignação em pagamento, nos termos do disposto no § 2º do artigo 164.
(B) O princípio da anterioridade especial veda a cobrança de tributos antes de decorridos noventa dias da data em que haja sido publicada a lei que os instituiu ou aumentou, observada a anterioridade geral, prevista no art.150, III, b, CF, com exceção do IR, IOF, IPI, IPVA e ICMS.
(C) Pela leitura do artigo 170, CTN, podemos concluir que a lei pode, nas condições e sob as garantias que estipular, ou cuja estipulação em cada caso atribuir à autoridade administrativa, autorizar a compensação de créditos tributários com créditos líquidos e certos, desde que já vencidos, do sujeito passivo contra a Fazenda pública.
(D) A Lei complementar 104/2001 incluiu no CTN o art.170-A, dispondo que é vedada a compensação mediante o aproveitamento de tributo, objeto de contestação judicial pelo sujeito passivo, antes da decisão judicial de segundo grau, para evitar abusos no uso do referido instituto tributário.
(E) Conforme o artigo 173, CTN, o direito de a Fazenda Pública constituir o crédito tributário extingue-se após 5 (cinco) anos, contados da data da ocorrência do fato gerador da obrigação tributária e da data em que se tornar definitiva a decisão que houver anulado, por vício formal, o lançamento anteriormente efetuado.

A: assertiva correta, pois são modalidades de extinção do crédito tributário previstas no art. 156 do CTN; **B:** incorreta, pois o IPI não é exceção à anterioridade nonagesimal (ou especial, conforme termo utilizado pelo examinador). Ademais, somente a fixação da base de cálculo do IPVA e do IPTU não se submete à anterioridade nonagesimal (não a majoração da alíquota, por exemplo, que deve observar o prazo de 90 dias) – art. 150, § 1º, da CF; **C:** incorreta, pois se admite a compensação também de créditos vincendos (= a vencer, ainda não vencido) do sujeito passivo contra a fazenda – art. 170 do CTN; **D:** incorreta, pois a vedação impede a compensação antes do trânsito em julgado – art. 170-A do CTN; **E:** incorreta, pois o prazo decadencial de 5 anos é contado (i) do primeiro dia do exercício seguinte àquele em que o lançamento poderia ter sido efetuado (não do fato gerador, como consta da assertiva) e (ii) da data em que se tornar definitiva a decisão que houver anulado, por vício formal, o lançamento anteriormente efetuado.
Gabarito "A".

(Auditor Fiscal/SC – FEPESE) Assinale a alternativa **correta**.

(A) A isenção, ainda quando prevista em contrato, é sempre decorrente de lei que especifique as condições e os requisitos exigidos para a sua concessão, os tributos a que se aplica e, sendo caso, o prazo de sua duração, devendo sempre ser restrita a determinada região do território da entidade tributante, em função de condições a ela peculiares.
(B) A anistia abrange exclusivamente as infrações cometidas anteriormente à vigência da lei que a concede, não se aplicando aos atos qualificados em lei como crimes ou contravenções e aos que, mesmo sem essa qualificação, sejam praticados com dolo, fraude ou simulação pelo sujeito passivo ou por terceiro em benefício daquele, podendo, porém, ser aplicada às infrações resultantes de conluio entre duas ou mais pessoas jurídicas.
(C) A cobrança judicial do crédito tributário não é sujeita a concurso de credores ou habilitação em falência, concordata, inventário ou arrolamento, prevendo, porém, o parágrafo único do artigo 187, CTN, o concurso de preferência entre pessoas jurídicas de direito público, dispositivo já considerado inconstitucional pelo Supremo Tribunal Federal.

(D) A ação para a cobrança do crédito tributário prescreve em cinco anos, contados da data da sua constituição definitiva, sendo que a prescrição se interrompe pelo despacho do juiz que ordenar a citação em execução fiscal, pelo protesto judicial, por qualquer ato judicial que constitua em mora o devedor ou por qualquer ato inequívoco ainda que extrajudicial, que importe em reconhecimento do débito pelo devedor.

(E) Conforme o disposto no artigo 193, CTN, a não ser quando expressamente autorizado por lei, nenhum órgão da administração pública da União, dos Estados ou dos Municípios, exceto suas autarquias, celebrará contrato ou aceitará proposta em concorrência pública sem que o contratante ou proponente faça prova da quitação de todos os tributos devidos à Fazenda Pública interessada, relativos à atividade em cujo exercício contrata ou concorre.

A: incorreta, pois a isenção **pode** ser restrita a determinada região, mas é possibilidade, não imposição – art. 176, parágrafo único, do CTN; **B:** incorreta, pois, salvo disposição legal em contrário, não cabe anistia no caso de conluio – art. 180, II, do CTN; **C:** incorreta, pois o concurso de preferência entre os entes políticos (art. 187, parágrafo único, do CTN) foi considerado constitucional pelo STF – Súmula 563/STF; **D:** assertiva correta, em conformidade com o art. 174 do CTN; **E:** incorreta, pois a vedação de contratação aplica-se também às autarquias – art. 193 do CTN.
Gabarito "D".

(Fiscal de Tributos Estaduais/AL – CESPE) Julgue o seguinte item:

(1) A restituição de impostos pagos indevidamente se dará a quem provar haver assumido o referido encargo ou, no caso de tê-lo transferido a terceiro, estar por este expressamente autorizado a recebê-la.

1: Art. 166 do CTN.
Gabarito 1C

(Fiscal de Tributos Estaduais/AL – CESPE) Julgue os seguintes itens:

(1) Desde janeiro de 2001, foi excluída a dação em pagamento em bens imóveis do rol de causas de extinção do crédito tributário previsto no Código Tributário Nacional (CTN).
(2) O prévio protesto não é condição indispensável ao exercício do direito à restituição total ou parcial do tributo pago indevidamente pelo sujeito passivo.

1: A LC 104/2001 incluiu a dação em pagamento como causa de extinção do crédito, nos termos do art. 156, XI, do CTN, que vigora atualmente;
2: Art. 165 do CTN.
Gabarito 1E, 2C

(Fiscal de Rendas/RJ – FGV) Nos termos do Código Tributário Nacional, é modalidade de suspensão de exigibilidade do crédito tributário a:

(A) transação.
(B) prescrição.
(C) moratória.
(D) anistia.
(E) remissão.

A: extinção – art. 156, III, do CTN; **B:** extinção – art. 156, V, do CTN; **C:** suspensão – art. 151, I, do CTN; **D:** exclusão – art. 175, II, do CTN; **E:** extinção – art. 156, IV, do CTN.
Gabarito "C".

(Fiscal de Rendas/RJ – FGV) Segundo o Código Tributário Nacional, impõe-se interpretação literal de norma tributária que disponha sobre:

(A) moratória.
(B) compensação.
(C) transação.
(D) prescrição.
(E) remissão.

O art. 111 do CTN prevê expressamente a interpretação literal das normas relativas à suspensão e à exclusão do crédito tributário, o que inclui a moratória (causa de suspensão do crédito). Importante lembrar, entretanto, que qualquer benefício fiscal, como é o caso da remissão (= perdão do crédito), deve ser interpretado estritamente.
Gabarito "A".

(Fiscal de Rendas/RJ – FGV) Nos casos de tributos que não estão sujeitos a lançamento por homologação, o direito de a Fazenda Pública constituir o crédito tributário extingue-se após:

(A) cinco anos, contados do primeiro dia do exercício seguinte àquele em que o lançamento poderia ter sido efetuado.
(B) dez anos, contados do primeiro dia do exercício seguinte àquele em que o lançamento poderia ter sido efetuado.
(C) cinco anos, contados da data de ocorrência do fato gerador.
(D) dez anos, contados da data de ocorrência do fato gerador.
(E) um ano, contado da data de ocorrência do fato gerador.

A assertiva em A reflete o disposto no art. 173, I, do CTN.
Gabarito "A".

11. REPARTIÇÃO DE RECEITAS

(Auditor Fiscal da Receita Municipal – Prefeitura Teresina/PI – 2016 – FCC) É no texto da Constituição Federal que se encontram as atribuições de competência tributária em relação aos impostos, e também, as regras básicas de repartição de receitas de alguns desses impostos. De acordo com o texto constitucional, cabem aos Municípios

(A) 50% do produto da arrecadação do IPVA, a ser repartido entre os Municípios localizados no Estado competente para instituir esse imposto, de modo proporcional ao número de habitantes desses Municípios.
(B) de origem do metal, 70% do montante da arrecadação do IOF, incidente sobre o ouro ativo financeiro ou instrumento cambial, devido na operação de origem.
(C) 25% do produto da arrecadação do ICMS sobre operações com mercadorias e sobre prestações de serviço de transporte interestadual e intermunicipal, e 50% do produto da arrecadação desse mesmo imposto sobre prestações de serviço de comunicação.
(D) 50% do produto da arrecadação do ITR, relativamente aos imóveis neles situados, cabendo-lhes 80% desse produto, quando ele for fiscalizado e cobrado pelos Municípios que assim optarem, na forma da lei, desde que não implique redução do imposto ou qualquer outra forma de renúncia fiscal.
(E) 75% do produto da arrecadação do IR, incidente na fonte, sobre rendimentos pagos, a qualquer título, por suas autarquias.

A: incorreta, pois a parcela de 50% será repassada ao município onde licenciado o veículo correspondente – art. 158, III, da CF; **B:** correta, nos termos do art. 153, § 5º, II, da CF; **C:** incorreta, pois somente 25% do produto da arrecadação do ICMS é entregue aos municípios, inclusive no caso de serviços de comunicação – art. 158, IV, da CF; **D:** incorreta, pois no caso de fiscalização e cobrança pelo município, a totalidade do ITR arrecadado fica com ele – art. 158, II, *in fine*, da CF; **E:** incorreta, pois no caso de retenção na fonte, a totalidade do IR retido pertence ao município – art. 158, I, da CF.

Gabarito "B".

(Auditor Fiscal – São Paulo/SP – FCC) Como resultado da emancipação político-administrativa do distrito de um determinado município paulista, o município recém-criado terá, em primeiro lugar, de eleger sua Câmara Municipal para que esta, posteriormente, elabore a legislação tributária do referido município. Nesse caso, salvo disposição de lei em contrário,

(A) a repartição das receitas tributárias (50% do IPVA, 25% do ICMS, 50% do ITR etc.) referentes a fatos geradores ocorridos no novo município, após a sua criação, pertencerão ao município do qual ele se desmembrou, até o primeiro dia do exercício seguinte ao que entrar em vigor a legislação do novo município.

(B) até a edição dessa nova legislação, não poderá ser cobrado tributo algum pela pessoa jurídica de direito público recém-criada.

(C) até a edição dessa nova legislação, só poderão ser cobradas taxas pela pessoa jurídica de direito público recém-criada.

(D) até a edição dessa nova legislação, continuará a ser aplicada a legislação tributária do município do qual a nova pessoa jurídica de direito público se desmembrou, até que entre em vigor a sua própria.

(E) a repartição das receitas tributárias (50% do IPVA, 25% do ICMS, 50% do ITR etc.) referentes a fatos geradores ocorridos no novo município, após a sua criação, pertencerão ao município do qual ele se desmembrou, até o último dia do exercício em que entrar em vigor a legislação do novo município.

A e E: incorretas, pois o novo município terá direito às transferências constitucionalmente previstas, independentemente da aprovação de suas normas tributárias; **B e C:** incorretas, pois, salvo disposição de lei em contrário, a pessoa jurídica de direito público, que se constituir pelo desmembramento territorial de outra, sub-roga-se nos direitos desta, cuja legislação tributária aplicará até que entre em vigor a sua própria – art. 120 do CTN. **D:** correta, conforme comentário à alternativa anterior.

Gabarito "D".

(Auditor Fiscal/RO – FCC) A porcentagem do produto da arrecadação do imposto sobre produtos industrializados que a União entregará aos Estados e ao Distrito Federal, proporcionalmente ao valor das respectivas exportações de produtos industrializados, é de

(A) dez por cento.
(B) quinze por cento.
(C) vinte por cento.
(D) vinte e cinco por cento.
(E) trinta por cento.

Nos termos do art. 159, II, da CF, a União entregará **10%** do produto da arrecadação do IPI aos Estados e ao Distrito Federal, proporcionalmente ao valor das respectivas exportações de produtos industrializados.

Gabarito "A".

(Auditor Fiscal/SC – FEPESE) Assinale a alternativa correta.

(A) O Fundo de Participação dos Estados e do Distrito Federal será distribuído à razão de 10%, proporcionalmente à superfície de cada entidade participante e 90% proporcionalmente ao coeficiente individual de participação, resultante do produto do fator representativo da população pelo fator representativo do inverso da renda per capita, de cada entidade participante.

(B) Pertence aos Estados o produto da arrecadação do imposto da União sobre renda e proventos de qualquer natureza, incidente na fonte, sobre rendimentos pagos, a qualquer título, por eles e suas autarquias, exceto as fundações públicas que instituírem e mantiverem.

(C) Pertencem aos Municípios 80% cento do produto da arrecadação do imposto da União sobre a propriedade territorial rural, relativamente aos imóveis neles situados, cabendo a totalidade na hipótese da opção a que se refere o art. 153, § 4º, III, CF.

(D) No que concerne à repartição de receitas tributárias, é correto afirmar que, conforme o CTN, a lei federal pode cometer aos Estados, ao Distrito Federal ou aos Municípios o encargo de arrecadar os impostos de competência da União cujo produto lhes seja distribuído no todo ou em parte.

(E) No que se refere ao ICMS, podemos afirmar que as parcelas de receitas pertencentes aos Municípios serão creditadas na razão de pelo menos um quarto na proporção do valor adicionado nas operações relativas à circulação de mercadorias e nas prestações de serviços, realizadas em seus territórios, e até três quartos, de acordo com o que dispuser lei estadual.

A: incorreta, pois o fundo de participação dos Estados e do DF será distribuído em (i) 5% proporcionalmente à superfície de cada entidade participante e (ii) 95% proporcionalmente ao coeficiente individual de participação, resultante do produto do fator representativo da população pelo fator representativo do inverso da renda *per capita*, de cada entidade participante – art. 88, I e II, do CTN; **B:** incorreta, pois o IR retido na fonte pelas fundações instituídas e mantidas pelos Estados também pertence a eles – art. 157, I, *in fine*, da CF; **C:** incorreta, pois os Municípios têm direito a 50% do ITR relativo aos imóveis rurais localizados em seu território, cabendo-lhes 100% no caso da opção prevista no art. 153, § 4º, III, da CF – art. 158, II, da CF; **D:** correta, pois é o que dispõe o art. 84 do CTN. No sistema constitucional atual, entende-se que isso não pode ser imposto aos entes políticos, embora possa ser delegado por meio de convênio; **E:** incorreta, pois a parcela do ICMS devida aos Municípios terá pelo menos ¾ (75%) distribuída pelo critério do valor adicionado e até ¼ (25%) de acordo com a lei estadual – art. 158, parágrafo único, da CF.

Gabarito "D".

(Auditor Fiscal/SC – FEPESE) Assinale a alternativa correta.

(A) A União deve entregar, do produto da arrecadação do imposto sobre produtos industrializados, dez por cento aos Estados e ao Distrito Federal, proporcionalmente ao valor das respectivas exportações de produtos industrializados.

(B) Quanto à repartição de receitas tributárias, é correto afirmar que o Tribunal de Contas da União efetuará o cálculo das quotas referentes aos fundos de participação a que alude o artigo 159, CF, exceto no que se refere ao Fundo Especial, previsto no artigo 159, I, c, CF.

(C) Conforme o art. 162, CF, a União, os Estados, o Distrito Federal e os Municípios divulgarão semestralmente os montantes de cada um dos tributos arrecadados, os recursos recebidos, os valores de origem tributária entregues e a entregar e a expressão numérica dos critérios de rateio.

(D) Pertencem aos Estados e ao Distrito Federal vinte e cinco por cento do produto da arrecadação do imposto que a União instituir no exercício de sua competência residual (a ela atribuída pelo art. 154, I, CF).

(E) Pertencem aos Municípios vinte e cinco por cento do produto da arrecadação do imposto do Estado sobre operações relativas à circulação de mercadorias e sobre prestações de serviços de transporte e de comunicação, cabendo a totalidade na hipótese da opção a que se refere o art. 153, § 4º, III, CF.

A: assertiva correta, conforme o art. 159, II, da CF; **B:** incorreta, pois o TCU também calculará as quotas referentes a todos os fundos de participação previstos no art. 159, I, da CF – art. 161, parágrafo único, da CF; **C:** incorreta, pois a divulgação prevista no art. 162 da CF é mensal, não semestral; **D:** incorreta, pois os Estados e o DF têm direito a 20% da receita de eventual imposto instituído no exercício da competência residual da União – art. 157, II, da CF; **E:** incorreta, pois não há hipótese de o Município ficar com 100% da arrecadação do ICMS. O art. 153, § 4º, III, da CF refere-se ao ITR federal, caso em que o Município fica com 50% da receita em relação aos imóveis localizados em seu território, mas pode receber 100%, no caso da opção prevista no dispositivo constitucional.

Gabarito "A".

(Agente Tributário Estadual/MS – ESAF) Dos impostos arrecadados pelos Estados, pertencem aos Municípios:

(A) Cinquenta por cento (50%) do produto da arrecadação do imposto sobre operações relativas à circulação de mercadorias e sobre prestações de serviços de transporte interestadual e intermunicipal e de comunicação - ICMS.

(B) Cinquenta por cento (50%) do produto da arrecadação do imposto sobre a propriedade de veículos automotores - IPVA, licenciados no território municipal.

(C) Cinquenta por cento (50%) do produto da arrecadação do imposto sobre a propriedade territorial rural - ITR.

(D) Cinquenta por cento (50%) do produto da arrecadação do imposto sobre a renda e proventos de qualquer natureza - IR.

(E) Cinquenta por cento (50%) do produto da arrecadação do imposto sobre a transmissão *causa mortis* e doação de quaisquer bens ou direitos - ITDB.

A: apenas 25% (não 50%) da receita do ICMS pertence aos Municípios – art. 158, IV, da CF; **B:** art. 158, III, da CF; **C** e **D:** o ITR e o IR são cobrados pela União – art. 153, III e VI, da CF; **E:** a CF não prevê a repartição da receita do ITCMD estadual.

Gabarito "B".

(Auditor Fiscal/Teresina-PI – CESPE) Julgue o seguinte item:

(1) Ao arrecadar o IOF sobre o ouro por operação, como ativo financeiro, realizada no município de Teresina, a União terá de destinar uma parcela da receita àquele município.

1: 70% da receita do IOF é destinado ao Município de origem do ouro, nos termos do art. 153, § 5º, II, da CF.

Gabarito 1C.

(Fiscal de Tributos/Rio Branco-AC – CESPE) Julgue o seguinte item:

(1) Caso um município tenha arrecadado, no último exercício financeiro, R$ 950.000,00 relativos ao pagamento do imposto sobre a propriedade de veículos automotores (IPVA), quanto aos veículos licenciados em seu território, a ele caberá a importância de R$ 475.000,00.

1: O Município fica com 50% da receita do IPVA incidente sobre os veículos licenciados em seu território – art. 158, III, da CF.

Gabarito 1C.

12. IMPOSTOS E CONTRIBUIÇÕES EM ESPÉCIE

12.1. IMPOSTO DE IMPORTAÇÃO E IMPOSTO DE EXPORTAÇÃO

(Auditor Fiscal da Receita Federal – ESAF) Com relação ao imposto sobre importação de produtos estrangeiros, assinale a opção incorreta.

(A) Somente se deve considerar entrada e importada aquela mercadoria estrangeira que ingressa no território nacional para uso comercial ou industrial e consumo, não aquela em trânsito, destinada a outro país.

(B) A Constituição Federal outorga à União a competência para instituí-lo, vale dizer, concede a este ente político a possibilidade de instituir imposto sobre a entrada no território nacional, para incorporação à economia interna, de bem destinado ou não ao comércio, produzido pela natureza ou pela ação humana, fora do território nacional.

(C) A simples entrada em território nacional de um quadro para exposição temporária num museu ou de uma máquina para exposição em feira, destinados a retornar ao país de origem, não configuram importação, e, por conseguinte não constituem fato gerador.

(D) Terá suas alíquotas graduadas de acordo com o grau de essencialidade do produto, de modo a se tributar com alíquotas mais elevadas os produtos considerados supérfluos, e com alíquotas inferiores os produtos tidos como essenciais.

(E) Possui caráter nitidamente extrafiscal, tanto que a Constituição Federal faculta ao Poder Executivo, atendidas as condições e os limites estabelecidos em lei, alterar suas alíquotas, já que sua arrecadação não possui objetivo exclusivo de abastecer os cofres públicos, mas também a conjugação de outros interesses que interferem no direcionamento da atividade impositiva – políticos, sociais e econômicos, por exemplo.

A: correta, pois, de fato, não incide o imposto de importação – II no caso de mercadoria estrangeira destinada a outro país, em trânsito regular pelo território nacional, trafegando por via usual ao comércio internacional – art. 1º, § 1º, da Lei 3.244/1957 e art. 318, V, do Regulamento Aduaneiro – RA (Decreto 6.759/2009); **B:** assertiva correta, já que a competência tributária para o II é privativa da União – ver art. 19 do CTN e arts. 69 e 72 do RA; **C:** correta, nos termos do art. 354 do RA (admissão temporária); **D:** incorreta, pois o II não se submete, necessariamente, ao princípio da seletividade conforme a essencialidade do bem. Trata-se de tributo de caráter fortemente extrafiscal, com alíquotas fixadas em conformidade com a política aduaneira do país; **E:** correta, conforme o art. 153, § 1º, da CF.

Gabarito "D".

6. DIREITO TRIBUTÁRIO

(Auditor Fiscal da Receita Federal – ESAF) Responda às perguntas que seguem:

O sócio cotista pode ser responsabilizado com base na regra de solidariedade do CTN, sem que tenha participado da gerência?

A alíquota incidente sobre as importações de mercadorias entradas em território nacional é definida pela norma vigente no momento em que se efetivou o registro da declaração apresentada pelo importador à repartição alfandegária competente?

O fato gerador do imposto de importação é a data da celebração, no Brasil ou no exterior, do contrato de compra e venda relativo aos produtos importados, ou, se conhecido, o instante em que são embarcadas as mercadorias adquiridas no estrangeiro?

(A) Sim, sim, sim
(B) Não, não, não
(C) Não, sim, não
(D) Não, sim, sim
(E) Não, não, sim

1ª: em princípio, somente o sócio que participa da administração da empresa pode ser responsabilizado nos termos do art. 135, III, do CTN (importante ressaltar que há entendimento de que esse dispositivo trata de responsabilidade subsidiária, não solidária); 2ª e 3ª: a legislação aplicável é aquela vigente no momento do fato gerador (art. 144 do CTN), que se considera ocorrido na data de registro da declaração de importação da mercadoria submetida a despacho para consumo – art. 73, I, do RA.
Gabarito "C".

(Auditor Fiscal da Receita Federal – ESAF) Segundo a legislação própria, considera-se estrangeira(o) e, salvo disposição em contrário, pode, sobre ela(e), incidir o imposto de importação (salvo se por outra razão seja verificada sua não incidência):

(A) mercadoria restituída pelo importador estrangeiro, por motivo de modificações na sistemática de importação por parte do país importador.
(B) mercadoria enviada em consignação e não vendida no exterior no prazo autorizado, quando retorna ao País.
(C) produto devolvido do exterior por motivo de defeito técnico, para reparo ou substituição.
(D) mercadoria nacional que retornar ao País.
(E) produto estrangeiro em trânsito aduaneiro de passagem acidentalmente destruído no País.

A, B, C e E: a mercadoria não é considerada estrangeira, nessas hipóteses – arts. 70, I, II, III, e 71,VII, ambos do RA; D: a mercadoria nacional que retorne ao Brasil é considerada estrangeira, em regra – art. 70, caput, do RA.
Gabarito "D".

(Auditor Fiscal da Receita Federal – ESAF) Avalie o acerto das afirmações adiante e marque com V as verdadeiras e com F as falsas; em seguida, marque a opção correta.

( ) A base de cálculo do imposto sobre a importação de produtos estrangeiros, quando a alíquota seja específica, é o preço normal que o produto, ou seu similar, alcançaria, ao tempo da importação, em uma venda em condições de livre concorrência, para entrega no porto ou lugar de entrada do produto no País.
( ) É facultado ao Poder Executivo, nas condições e nos limites estabelecidos em lei, alterar as alíquotas ou as bases de cálculo do imposto sobre a importação de produtos estrangeiros.
( ) A posse de imóvel por natureza, como definido na lei civil, localizado fora da zona urbana do Município, não constitui fato gerador do imposto sobre propriedade territorial rural.

(A) F, V, F
(B) F, F, V
(C) F, F, F
(D) V, F, V
(E) V, V, F

1ª: a base de cálculo do II é: quando a alíquota for *ad valorem*, o valor aduaneiro apurado segundo as normas do Artigo VII do Acordo Geral sobre Tarifas e Comércio – GATT 1994; e quando a alíquota for específica, a quantidade de mercadoria expressa na unidade de medida estabelecida art. 75 do RA; 2ª: somente a alíquota do II (entre os impostos citados) pode ser alterada pelo Executivo – art. 153, § 1º, da CF; 3ª: o ITR incide exatamente nessa hipótese – art. 153, VI, da CF e art. 29 do CTN.
Gabarito "C".

(Auditor Fiscal da Receita Federal – ESAF) Quanto ao imposto de exportação, avalie o acerto das afirmações adiante e marque com V as verdadeiras e com F as falsas; em seguida, marque a opção correta.

( ) O imposto incide sobre mercadoria nacional ou nacionalizada destinada ao exterior.
( ) Pelas regras vigentes, o imposto é excepcional, pois somente os produtos relacionados estão a ele sujeitos.
( ) O preço, a vista, da mercadoria, FOB ou colocada na fronteira, é indicativo do preço normal, que é a base de cálculo do imposto.

(A) V, V, V
(B) V, V, F
(C) V, F, F
(D) F, F, F
(E) F, V, F

1ª: art. 212 do RA; 2ª: de fato, somente a exportação das mercadorias relacionadas pela Câmara de Comércio Exterior sujeitam-se ao IE – art. 212, § 2º, do RA; 3ª: art. 214 do RA.
Gabarito "A".

(Técnico da Receita Federal – ESAF) Não haverá incidência do Imposto de Importação nas seguintes situações, exceto:

(A) devolução de dois aparelhos de ultrasonografia nacionalizados, por motivo de defeito técnico e que retornaram ao País para substituição.
(B) retorno ao País de veículo de fabricação nacional, adquirido no mercado interno, por empresa nacional de engenharia e exportado para execução de obra contratada no exterior.
(C) retorno ao Brasil de peças de artesanato, sob a alegação de que não correspondia à amostra apresentada ao importador estrangeiro pelo representante da cooperativa de artesãos.
(D) retorno ao País de produtos nacionais, enviados em consignação e não vendidos, imediatamente após o término do prazo autorizado.
(E) redestinação ou devolução para o exterior de mercadoria estrangeira, corretamente descrita e cujo erro de expedição foi comprovado.

A: art. 70, II, do RA; B: art. 70, parágrafo único, do RA; C: art. 70, V, do RA; D: art. 70, I, do RA; E: art. 71, I, do RA.
Gabarito "B".

(Técnico da Receita Federal – ESAF) As normas legais e regulamentares que dispõem sobre o Imposto de Exportação prescrevem que:

(A) o Imposto de Exportação incide sobre mercadoria nacional ou nacionalizada destinada ao exterior.
(B) a base de cálculo do Imposto de Exportação é o preço normal que a mercadoria, ou seu similar, alcançaria ao tempo de uma exportação, em uma venda em condições de livre concorrência no mercado internacional, observadas as normas expedidas pelo Conselho de Política Aduaneira do Ministério da Fazenda.
(C) poderá o Ministro do Desenvolvimento, Indústria e Comércio Exterior reduzir ou elevar a alíquota para atender aos objetivos da política cambial e do comércio exterior.
(D) considera-se ocorrido o fato gerador do Imposto de Exportação na data do efetivo embarque, devidamente comprovada pela exibição do conhecimento de transporte.
(E) Na administração do Imposto de Exportação aplicar-se-ão supletivamente as normas que regulam a administração do Imposto sobre Produtos Industrializados.

A: art. 212 do RA; **B:** o art. 214 do RA prevê observância das normas expedidas pela Câmara de Comércio Exterior (não pelo Conselho de Política Aduaneira); **C:** a competência para a alteração da alíquota é deferida à Câmara de Comércio Exterior, não ao Ministro – art. 215, § 1º, do RA; **D:** considera-se ocorrido o fato gerador na data do registro de exportação no Sistema Integrado de Comércio Exterior (SISCOMEX) – art. 213, parágrafo único, do RA; **E:** ao IE aplica-se, subsidiariamente, a legislação relativa ao II – art. 235 do RA.
Gabarito "A".

(Técnico da Receita Federal – ESAF) - O pagamento do Imposto de Exportação será realizado na forma e momento fixados pelo

(A) Ministro do Desenvolvimento, Indústria e Comércio Exterior, que poderá determinar sua exigibilidade antes da efetiva saída do território aduaneiro da mercadoria a ser exportada.
(B) Ministro da Fazenda, que poderá determinar sua exigibilidade antes da efetiva saída do território aduaneiro da mercadoria a ser exportada.
(C) Secretário-Executivo da Câmara de Comércio Exterior-CAMEX, que poderá determinar sua exigibilidade antes da efetiva saída do território aduaneiro da mercadoria a ser exportada.
(D) Diretor do Departamento de Comércio Exterior, da Secretaria do Comércio Exterior do Ministério do Desenvolvimento, Indústria e Comércio Exterior, que poderá determinar sua exigibilidade antes da efetiva saída do território aduaneiro da mercadoria a ser exportada.
(E) Presidente do Banco Central do Brasil, que poderá determinar sua exigibilidade antes da efetiva saída do território aduaneiro da mercadoria a ser exportada.

A assertiva em B reflete o disposto no art. 216 do RA.
Gabarito "B".

12.2. IPI

(Auditor Fiscal da Receita Federal – ESAF) São imunes da incidência do Imposto sobre Produtos Industrializados, exceto:

(A) o ouro, quando definido em lei como ativo financeiro ou instrumento cambial.
(B) os livros, jornais e periódicos e o papel destinado à sua impressão.
(C) os produtos industrializados destinados ao exterior.
(D) as aeronaves de uso militar vendidas à União.
(E) a energia elétrica, derivados do petróleo, combustíveis e minerais do País.

A: há imunidade em relação ao IPI, pois a Constituição se refere à incidência exclusiva do IOF nesse caso, – art. 153, § 5º, da CF; **B:** há imunidade – art. 150, VI, d, da CF; **C:** há imunidade, conforme art. 153, § 3º, III, da CF; **D:** não há imunidade neste caso, de modo que é a alternativa a ser indicada; **E:** há imunidade em relação ao IPI, pois a Constituição prevê a incidência exclusiva de ICMS, II e IE nesse caso – art. 155, § 3º, da CF.
Gabarito "D".

(Auditor Fiscal da Receita Federal – ESAF) Julgue os itens abaixo e, em seguida, assinale a opção correta.

I. Segundo entendimento recente do Supremo Tribunal Federal, o valor cobrado a título de ressarcimento de custos para utilização do selo especial de emissão oficial para controle do Imposto sobre Produtos Industrializados detém natureza jurídica tributária de contribuição de intervenção no domínio econômico, motivo pelo qual está reservado a lei em sentido estrito.
II. A legislação tributária impõe obrigação acessória consistente na aplicação de selo especial de emissão oficial para controle de determinados produtos sujeitos ao Imposto sobre Produtos Industrializados.
III. A exigência legal de utilização de selos para o controle da produção de algumas mercadorias sujeitas ao Imposto sobre Produtos Industrializados foi recentemente revogada por lei que instituiu, em substituição ao selo, a obrigatoriedade de utilização da nuvem digital para controle de mercadorias, que capta imagens da produção e transporte das mercadorias em tempo real.
IV. A legislação tributária impõe obrigação acessória consistente na instalação de equipamentos contadores de produção, que possibilitem a identificação do tipo de produto, de embalagem e de sua marca comercial, ficando os contribuintes obrigados ao ressarcimento pelo custo necessário à instalação desses equipamentos na linha de produção.

(A) Apenas o item II está correto.
(B) Apenas os itens II e III estão corretos.
(C) Apenas o item III está correto.
(D) Apenas o item IV está errado.
(E) Apenas os itens I e III estão errados.

I: incorreta, pois o STF decidiu pela natureza de taxa pelo exercício do poder de polícia, cujo valor somente poderia ser fixado por lei – ver RE 662.113/PR; **II:** correta, embora, conforme comentário anterior, o STF tenha afastado a definição de preço público para reconhecer a natureza tributária da cobrança pecuniária; **III:** incorreta, pois não houve dispensa da colocação dos selos de controle – art. 284 do Regulamento do IPI – RIPI; **IV:** correta – art. 376 do RIPI, entre outros.
Gabarito "E".

(Auditor Fiscal da Receita Federal – ESAF) De acordo com a legislação tributária sobre o Imposto sobre Produtos Industrializados (IPI), assinale a opção correta.

(A) As bebidas alcoólicas, os produtos de perfumaria ou toucador e as preparações cosméticas industrializadas na Zona Franca de Manaus, com utilização de matérias-primas da fauna e flora regionais, em conformidade com processo produtivo básico, por estabelecimentos com projetos aprovados pelo Conselho de Administração da Superintendência da Zona Franca de Manaus – SUFRAMA, são isentos de IPI, quando destinados à comercialização em qualquer outro ponto do território nacional.
(B) Os produtos industrializados na Zona Franca de Manaus, destinados ao seu consumo interno, não são isentos de IPI.
(C) Os automóveis de passageiros de fabricação nacional que obedeçam às especificações previstas em Lei são isentos de IPI, quando adquiridos por pessoas portadoras de deficiência mental severa ou profunda, ou autistas, desde que atendidos os requisitos previstos na legislação tributária.
(D) Os bens de informática destinados à coleta eletrônica de votos, fornecidos diretamente ao Tribunal Superior Eleitoral, assim como os caixões funerários, são objeto de suspensão de IPI.
(E) Há isenção de IPI sobre hidrocarbonetos, assim entendidos os derivados do petróleo, resultantes da sua transformação, mediante processos genericamente denominados refino ou refinação.

A: incorreta, pois, dentre os produtos listados, somente os produtos de perfumaria, cosméticos etc. são isentos, nos termos do art. 81, II, do Regulamento do IPI – RIPI (Decreto 7.212/2010); B: incorreta, pois há isenção, nos termos do art. 81, I, do RIPI; C: essa é a correta, nos termos do art. 55, IV, do RIPI; D: incorreta, pois se trata de isenção, não de simples suspensão do IPI – art. 54, VII e XXV, do RIPI; E: incorreta, pois há imunidade, no caso – art. 155, § 3.º, da CF e art. 18, IV, do RIPI.
Gabarito "C".

(Auditor Fiscal da Receita Federal – ESAF) Assinale a opção que contém a sequência correspondente à classificação correta dos institutos tratados em cada um dos itens a seguir:

I. Crédito atribuído a empresa produtora e exportadora de mercadorias nacionais, como ressarcimento das contribuições, legalmente especificadas, incidentes sobre as respectivas aquisições, no mercado interno, de matéria-prima, produto intermediário e material de embalagem, para utilização no processo produtivo.
II. Crédito correspondente ao imposto incidente sobre matéria-prima, produto intermediário e material de embalagem, adquiridos para emprego na industrialização de produtos tributados, incluindo-se, entre as matérias-primas e os produtos intermediários, aqueles que, embora não se integrando ao novo produto, forem consumidos no processo de industrialização, salvo se compreendidos entre os bens do ativo permanente.
III. Créditos extintos em 1990, antes atribuídos a empresas fabricantes e exportadoras de produtos manufaturados, a título estímulo fiscal, sobre suas vendas para o exterior, como ressarcimento de tributos pagos internamente.
IV. Valores instituídos por prazo determinado, atribuídos a pessoa jurídica produtora que efetue exportação de bens manufaturados no País, calculados pela aplicação de percentual estabelecido pelo Poder Executivo sobre a receita decorrente da exportação desses bens, objetivando ressarcir o resíduo tributário federal existente nessa cadeia de produção.

(A) Crédito-prêmio; crédito-escritural; crédito-básico; valores decorrentes do Regime Especial de Reintegração de Valores Tributários para as Empresas Exportadoras (Reintegra).
(B) Crédito presumido; crédito-básico; crédito-prêmio; crédito-básico.
(C) Crédito-prêmio; crédito não cumulativo; valores decorrentes do Regime Especial de Reintegração de Valores Tributários para as Empresas Exportadoras (Reintegra); crédito por devolução.
(D) Crédito presumido; crédito-básico; crédito-prêmio; valores decorrentes do Regime Especial de Reintegração de Valores Tributários para as Empresas Exportadoras (Reintegra).
(E) Crédito não cumulativo; crédito presumido; crédito por devolução; crédito-prêmio.

I: crédito presumido – art. 241 do RIPI; II: crédito-básico – art. 226, I, do RIPI; III: crédito-prêmio – ver no STJ: REsp 1.129.971/BA; IV: Reintegra – Lei 12.546/2011. Por essas razões, a alternativa "D" é a correta.
Gabarito "D".

(Auditor Fiscal da Receita Federal – ESAF) De acordo com a legislação tributária do Imposto sobre Produtos Industrializados (IPI), julgue os itens abaixo, classificando-os como corretos (C) ou errados (E). Em seguida, escolha a opção adequada às suas respostas.

I. O saldo credor do Imposto sobre Produtos Industrializados – IPI, acumulado em cada trimestre-calendário, decorrente de aquisição de matéria-prima, produto intermediário e material de embalagem, aplicados na industrialização, inclusive de produto isento ou tributado à alíquota zero, que o contribuinte não puder compensar com o IPI devido na saída de outros produtos, poderá ser utilizado na forma prevista em Lei.
II. A incidência do IPI na importação de produtos industrializados depende do título jurídico a que se der a importação. Por isso, a Lei exclui da sujeição passiva do IPI a pessoa física na condição de importadora de produtos industrializados para uso próprio.
III. Segundo entendimento atual do Superior Tribunal de Justiça, é devida a correção monetária ao creditamento do IPI quando há oposição ao seu aproveitamento decorrente de resistência ilegítima do Fisco.
IV. A legislação tributária determina, em observância à não cumulatividade do tributo, que a entrada de insumos não onerados – seja por força de alíquota zero, de não incidência, de isenção ou de imunidade – gera direito ao crédito de IPI na saída dos produtos industrializados.

(A) Apenas os itens I e III estão corretos.
(B) Apenas os itens I e IV estão corretos.
(C) Apenas o item IV está correto.
(D) Apenas os itens II e IV estão corretos.
(E) Apenas o item III está errado.

I: correta, nos termos do art. 256, § 2.º, do RIPI; **II:** incorreta, pois o título jurídico a que se faça a importação é irrelevante para a incidência do IPI na importação – art. 39 do RIPI; **III:** correta – Súmula 411/STJ; **IV:** incorreta – ver no STF: RE 370.682/SC; e no STJ: REsp 1.134.903/SP. Por essas razões, a alternativa "A" é a correta. Interessante lembrar que o STF pacificou o entendimento de que, em regra, a entrada de produto não tributado, isento ou sujeito à alíquota zero **não** permite creditamento de IPI em favor do adquirente (ver RE 398.365/RS – repercussão geral).

Gabarito "A".

(Auditor Fiscal da Receita Federal – ESAF) Tendo por base a legislação tributária aplicável ao Imposto sobre Produtos Industrializados (IPI), julgue os itens abaixo, classificando-os como corretos (C) ou errados (E). Em seguida, escolha a opção adequada às suas respostas.

I. A tributação das bebidas classificadas nas Posições 22.04, 22.05, 22.06 e 22.08 da TIPI, vulgarmente chamadas de "bebidas quentes", dá-se por intermédio de técnica especial, consistente no enquadramento dos produtos por Classes de valores de imposto. Este enquadramento é passível de alteração pelo Ministro da Fazenda, desde que o comportamento do mercado justifique a alteração, sendo esta alteração legalmente limitada ao valor do imposto que resultaria da aplicação da alíquota do produto constante da TIPI sobre o seu valor tributável.

II. Mediante intimação escrita, as empresas transportadoras e os transport adores autônomos são obrigados a prestar aos Auditores-Fiscais da Receita Federal do Brasil todas as informações de que disponham com relação aos produtos, negócios ou atividades de terceiros, exceto quanto a fatos sobre os quais estejam legalmente obrigados a observar segredo em razão de cargo, ofício, função, ministério, atividade ou profissão.

III. A mistura de tintas entre si, ou com concentrados de pigmentos, sob encomenda do consumidor ou usuário, realizada em estabelecimento comercial varejista, efetuada por máquina automática ou manual, não se caracteriza como industrialização, desde que fabricante e varejista não sejam empresas interdependentes, controladora, controlada ou coligadas.

IV. Para fins de controle do quantitativo de produtos industrializados tributados pelo IPI, a legislação tributária pode instituir obrigação acessória consistente na aplicação de selo especial, confeccionado pela Casa da Moeda do Brasil e distribuído aos contribuintes pela Secretaria da Receita Federal do Brasil, proibida cobrança de valores pela distribuição, exceto no caso de inutilização ou desperdício ocasionado pelo contribuinte, hipótese em que será cobrado ressarcimento pela redistribuição dos selos.

(A) Apenas o item II está correto.
(B) Apenas os itens II e III estão corretos.
(C) Apenas o item III está correto.
(D) Apenas o item IV está errado.
(E) Todos os itens estão corretos.

I: correta – ver Nota Complementar (NC) 22-2 da Tabela de Incidência do IPI – TIPI; **II:** correta, nos termos do art. 517, III, do RIPI; **III:** correta, nos termos do art. 5.º, XIV, do RIPI; **IV:** incorreta, pois é possível a cobrança relativa a ressarcimento de custos e demais encargos, conforme determinação do Ministro de Estado da Fazenda, nos termos do art. 298 do RIPI.

Gabarito "D".

(Auditor Fiscal da Receita Federal – ESAF) A Lei n. 12.546, de 14 de dezembro de 2011, prevê incidência específica do Imposto sobre Produtos Industrializados (IPI) sobre certos tipos de cigarros (Cigarros que contenham tabaco – classificados no código 2402.20.00 da TIPI, com exceção do EX 01). A respeito desta incidência, assinale a opção *incorreta*.

(A) O IPI em questão será apurado e recolhido, uma única vez, pelo estabelecimento industrial, em relação às saídas dos cigarros destinados ao mercado interno, ou pelo importador, no desembaraço aduaneiro dos cigarros de procedência estrangeira.

(B) O valor a ser pago a título desse IPI é calculado mediante a aplicação da alíquota do tributo sobre a sua base de cálculo, a qual é obtida mediante aplicação de uma porcentagem, cujo mínimo está previsto em lei, incidente sobre o preço de venda a varejo do produto.

(C) O Poder Executivo poderá fixar preço mínimo de venda no varejo dos cigarros de que trata o *caput*, válido em todo o território nacional, abaixo do qual fica proibida a sua comercialização.

(D) O fabricante dos cigarros em questão é obrigado a Registro Especial junto à Secretaria da Receita Federal do Brasil, cuja concessão dar-se-á por estabelecimento industrial e estará, também, na hipótese de produção, condicionada à instalação de contadores automáticos da quantidade produzida, sendo a ausência de regularidade fiscal uma das hipóteses que pode resultar no cancelamento deste Registro Especial.

(E) A pessoa jurídica industrial ou importadora dos cigarros referidos poderá optar por regime favorecido de apuração e recolhimento do IPI, caso em que, atendidos certos requisitos, a base de cálculo do tributo será o menor preço de venda a varejo do produto, praticado em cada Estado ou no Distrito Federal.

A: correta, conforme o art. 16 da Lei 12.546/2011; **B** e **C:** corretas, nos termos do art. 4.º do DL 1.593/1977 e do art. 20 da Lei 12.546/2011 (embora haja claro erro na menção ao *caput*); **D:** correta, nos termos do art. 1.º do DL 1.593/1977; **E:** essa é a incorreta (devendo ser assinalada), conforme comentários às alternativas anteriores.

Gabarito "E".

(Analista-Tributário da Receita Federal – ESAF) Avalie os itens a seguir e assinale a opção correta.

I. Para fins da incidência do Imposto sobre Produtos Industrializados, a industrialização é caracterizada como qualquer operação que modifique a natureza, o funcionamento, o acabamento, a apresentação ou a finalidade do produto.

II. O aperfeiçoamento para consumo é considerado como industrialização, para fins da incidência do Imposto sobre Produtos Industrializados, dependendo do processo utilizado para obtenção do produto e da localização e condições das instalações ou equipamentos empregados.

III. A alteração da apresentação do produto pela colocação de embalagem, ainda que em substituição da original, salvo quando a embalagem colocada se destine apenas ao transporte da mercadoria, é caracterizado como industrialização para fins da incidência do Imposto sobre Produtos Industrializados.

(A) Somente o item I está correto.
(B) O item I e o item II estão corretos.
(C) Os itens I, II e III estão corretos.
(D) Os itens II e III estão corretos.
(E) Os itens I e III estão corretos.

I: correta, nos termos do art. 46, parágrafo único, do CTN e art. 4.º do RIPI; II: incorreta, pois são irrelevantes, para caracterizar a operação como industrialização, o processo utilizado para obtenção do produto e a localização e condições das instalações ou equipamentos empregados – art. 4.º, parágrafo único, do RIPI; III: correta, nos termos do art. 4.º, IV, do RIPI. A alternativa "E" é a correta, portanto.
Gabarito "E".

12.3. IR

(Auditor Fiscal da Receita Federal – ESAF) Sobre recente alteração efetuada na legislação sobre tributação de lucros auferidos no exterior por empresas controladas por pessoa jurídica investidora domiciliada no Brasil, julgue as alternativas abaixo, para então assinalar a opção correta.

I. Os lucros auferidos por intermédio de controladas no exterior são tributados pelo regime de competência.
II. Permite-se a utilização de prejuízo da mesma empresa no exterior para compensar lucros nos exercícios subsequentes, limitados a cinco anos.
III. Permite-se crédito sobre tributos retidos no exterior sobre dividendos recebidos pela investidora no Brasil.
IV. Permite-se a consolidação de lucros com prejuízos no exterior, por um período experimental de quatro anos, desde que a investida esteja localizada em país que mantenha acordo para troca de informações tributárias e não seja paraíso fiscal.

(A) Apenas I está correta.
(B) Apenas I e II estão corretas.
(C) Apenas I, II e IV estão corretas.
(D) Apenas II está correta.
(E) Todas as alternativas estão corretas.

I: correta – arts. 2º e 76, da Lei 12.973/2014; II: correta – art. 77, § 2º, da Lei 12.973/2014; III: correta – art. 87, § 1º, da Lei 12.973/2014; IV: correta, embora as datas tenham sido alteradas na conversão da MP 627/2013, resultando no art. 78, § 2º, da Lei 12.973/2014.
Gabarito "E".

(Auditor Fiscal da Receita Federal – ESAF) Com a extinção do chamado Regime Tributário de Transição (RTT), foram efetuadas importantes alterações na legislação vigente sobre o Imposto de Renda das Pessoas Jurídicas (IRPJ), e sobre a Contribuição Social sobre o Lucro Líquido (CSLL). Entre as opções abaixo, assinale aquela que não constitui uma dessas alterações.

(A) Tratamento dos efeitos provocados em razão da alteração significativa na forma de contabilização do arrendamento mercantil (leasing) na Lei das S.A., com o reconhecimento no ativo imobilizado do bem arrendado, desde a formalização do contrato.
(B) Disciplinamento de ajustes decorrentes dos novos métodos e critérios contábeis introduzidos em razão da convergência das normas contábeis brasileiras aos padrões internacionais.
(C) Estabelecimento de multa específica pela falta de apresentação da escrituração do livro de apuração do lucro real em meio digital, ou pela sua apresentação com informações incorretas ou omissas, com base na capacidade contributiva da empresa.
(D) Extinção da sistemática de ajustes em Livro Fiscal para os ajustes do lucro líquido decorrentes do RTT.
(E) Avaliação dos investimentos pela equivalência patrimonial. A MP dispõe sobre o registro separado do valor decorrente da avaliação ao valor justo dos ativos líquidos da investida (mais-valia) e a diferença decorrente de rentabilidade futura(goodwill).

A: correta – art. 46 da Lei 12.973/2014; B: correta, conforme diversos dispositivos da Lei 12.973/2014; C: correta – arts. 7º, § 6º, e 8º-A do DL 1.598/1977, com a redação dada pela Lei 12.973/2014; D: incorreta, conforme arts. 72 a 75 da Lei 12.973/2014; E: correta – art. 37, § 3º, I, da Lei 12.973/2014.
Gabarito "D".

(Auditor Fiscal Tributário da Receita Municipal/Cuiabá-MT – FGV) Fulano de Tal é sócio da pessoa jurídica Lavolândia Ltda., empresa de pequeno porte optante pelo Simples Nacional. A ela presta serviços e recebe regularmente sua remuneração mensal pelos serviços prestados, a qual está acima da faixa de isenção do Imposto de Renda (IR). Além disso, anualmente recebe seus dividendos sobre o lucro da pessoa jurídica, observada sua participação societária no capital.

Com base no caso exposto, assinale a opção que indica o tratamento tributário adequado do Imposto sobre a Renda (IR) com relação aos dois rendimentos auferidos por Fulano de Tal – remuneração e dividendos.

(A) Não incide IR sobre nenhum dos dois rendimentos, já que a pessoa jurídica é optante pelo Simples Nacional.
(B) Não incide IR sobre os dividendos, mas sim sobre a remuneração.
(C) Não incide IR sobre a remuneração, mas sim sobre os dividendos.
(D) Incide IR sobre os dois rendimentos.
(E) Incide IR sobre os dois rendimentos, mas o valor do IR sobre a remuneração pode ser deduzido do IR sobre os dividendos.

Em regra, não apenas no caso das empresas optantes pelo Simples Nacional, incide IR sobre os rendimentos auferidos pelo trabalho dos sócios (pró-labore), mas não sobre os dividendos distribuídos, que são isentos. Por essa razão, a alternativa correta é a "B".
Gabarito "B".

(Auditor Fiscal da Receita Federal – ESAF) Julgue os itens abaixo e, em seguida, assinale a opção correta.

I. As hipóteses legalmente previstas como distribuição disfarçada de lucros constituem presunção relativa, isto é, a pessoa jurídica pode obter a revisão da presunção se lograr comprovar que o negócio supostamente fraudulento, simulado ou inexistente foi realizado no seu interesse e em condições estritamente comutativas.
II. Se uma empresa domiciliada no Brasil obtém empréstimo de sua matriz domiciliada no exterior, poderá deduzir os juros a ela pagos, para fins de determinação do lucro real, desde que estejam de acordo com o contrato registrado no Banco Central do Brasil, não se admitindo prova de que os juros pagos são inferiores aos contratados.
III. A dedução dos custos e encargos relativos a bens importados de pessoa jurídica domiciliada no exterior

para fins de determinação do lucro real está limitada a montante que não exceda o preço determinado pela aplicação de um dos métodos previstos em lei para determinação dos preços de transferência, sob pena de o excedente ser adicionado ao lucro líquido, para determinação do lucro real da pessoa jurídica domiciliada no Brasil.

IV. Se o preço médio dos bens exportados por empresa domiciliada no Brasil a pessoa controlada domiciliada no exterior for superior ao preço médio praticado na venda dos mesmos bens no mercado interno, considerando havida identidade de períodos e similaridade de condições de pagamento, a receita assim auferida fica sujeita a arbitramento, presumindo-se que os preços foram manipulados.

(A) Apenas os itens I e II estão corretos.
(B) Apenas o item IV está errado.
(C) Apenas os itens II, III e IV estão errados.
(D) Apenas os itens I, III e IV estão corretos.
(E) Apenas o item III está errado.

I: correta, considerando que as disposições legais sobre o lucro não podem afastar a definição básica de acréscimo patrimonial prevista no art. 43 do CTN; **II:** incorreta, pois admite-se a prova, conforme comentário à alternativa anterior – ver art. 24 e seguintes da Lei 12.249/2010; **III:** incorreta, pois, conforme art. 18, *caput*, e §§ 7º e 8º, da Lei 9.430/1996, a limitação atinente aos preços de transferência referem-se a operações entre pessoas vinculadas, o que não é mencionado na alternativa; **IV:** incorreta, pois o arbitramento e a presunção ocorrem quando o preço médio de venda for inferior (não superior) a noventa por cento do preço médio praticado no mercado – art. 19 da Lei 9.430/1996.

Gabarito "C".

(Auditor Fiscal da Receita Federal – ESAF) Considere a situação hipotética narrada:

"João dos Santos trabalhou, de 1990 a 2012, no Centro-Oeste Caboclo S.A., a qual, tanto quanto João e demais empregados contribuíram, durante todo o período do contrato de trabalho de João, para plano privado de previdência complementar, especialmente instituído em prol desses trabalhadores. Em 2013, João se aposentou pelo regime geral de previdência social, ao tempo em que se desligou do plano privado de previdência complementar, momento em que dele recebeu verba relativa a resgate."

De acordo com a legislação tributária em vigor, assinale a opção correta.

(A) João não está obrigado a recolher Imposto de Renda sobre a parcela do resgate correspondente ao montante de contribuições por ele vertidas à previdência privada durante seu contrato de trabalho, porque tal parcela não representa riqueza nova no patrimônio de João, mas apenas devolução de renda já tributada.
(B) João tem direito a excluir da incidência do Imposto de Renda a parcela do valor de resgate que corresponder às contribuições por ele vertidas à previdência privada entre 1990 e 1995.
(C) João deve oferecer todo o valor recebido a título de resgate à tributação por ocasião da Declaração de Ajuste Anual em 2014, porque tal riqueza representa acréscimo ao patrimônio dele, pouco importando que já tenha sido tributada quando do recebimento dos salários.
(D) João está dispensado de recolher Imposto de Renda sobre os valores correspondentes ao resgate, e a Centro-Oeste Caboclo S.A. goza de imunidade tributária do Imposto de Renda Pessoa Jurídica, conforme decidido em precedentes do Supremo Tribunal Federal.
(E) João deve pagar Imposto de Renda sobre o resgate, mas tem direito a repetir indébito tributário relativo ao Imposto de Renda por ele pago nos cinco anos anteriores ao desligamento, no que corresponder ao valor por ele destinado à previdência privada nesse período, em virtude da declaração de inconstitucionalidade de norma que vedava a dedutibilidade da contribuição vertida à previdência privada da base de cálculo do Imposto de Renda devido por pessoas físicas.

A: incorreta, considerando que em determinado período o contribuinte reduziu o cálculo do montante a ser pago a título de imposto de renda relativo às suas contribuições; **B:** correta, pois a dedução se restringe a esse período – ver a IN RFB 1.343/2013; **C, D e E:** incorretas, conforme comentários anteriores.

Gabarito "B".

(Auditor Fiscal da Receita Federal – ESAF) Considere a situação hipotética narrada:

"Em decorrência de condenação transitada em julgado em seu favor, em 2012, pela Justiça Federal, Maria Lúcia recebeu, em 2013, quantia relativa ao pagamento de pensões que deveria ter recebido durante os meses de junho de 2008 a julho de 2011."

De acordo com a legislação tributária, assinale a opção correta.

(A) Maria Lúcia deve ter sofrido retenção relativa ao Imposto de Renda incidente sobre essa quantia, mediante aplicação da alíquota vigente no mês de pagamento e correspondente à faixa equivalente ao total recebido, dividido pelo número de meses em atraso, acrescendo-se atualização monetária contada de cada competência vencida até o dia do pagamento, respeitadas as faixas de isenção.
(B) Maria Lúcia deve declarar esse rendimento na sua Declaração de Ajuste Anual em 2014, momento a partir do qual o tributo se torna exigível, mantido seu direito adquirido a pagar o Imposto de Renda incidente sobre essa quantia proporcionalizado entre os anos de 2014 a 2017, de modo a compensá-la pelo atraso no recebimento da verba devida desde 2008.
(C) Maria Lúcia não está obrigada a pagar Imposto de Renda sobre essa quantia, por se tratar de verba com natureza indenizatória e, portanto, não tributável.
(D) Maria Lúcia deve ter sofrido retenção do Imposto de Renda no momento do recebimento dessa quantia, calculado mediante utilização de tabela progressiva, resultante da multiplicação da quantidade de meses relativos à pensão em atraso pelos valores constantes da tabela progressiva mensal correspondente ao mês de recebimento.
(E) Maria Lúcia não está obrigada a pagar Imposto de Renda sobre a parte dessa quantia que corresponder à pensão que deveria ter recebido no ano de 2008, porque sobre ela ocorreu a decadência do direito da União.

A: incorreta, pois não se adota a faixa de tributação em relação ao total recebido, o que seria injusto (se ela tivesse recebido as pensões nos meses corretos, a cada parcela seria aplicada a tabela mensal, com tributação provavelmente mais favorável); **B:** incorreta, pois o imposto devido deve ser pago no exercício do recebimento da pensão, sem o citado cálculo relativo aos exercícios seguintes; **C:** incorreta, pois não se trata de indenização (não é compensação por dano), mas apenas pagamento em atraso; **D:** correta, conforme comentário à alternativa "A"; **E:** incorreta, pois o fato gerado ocorreu apenas em 2013, quando houve a disponibilidade do acréscimo patrimonial.

Gabarito "D".

(Auditor Fiscal da Receita Federal – ESAF) Considere a situação hipotética narrada:

"Pablo é brasileiro e vive no exterior há alguns anos, em país que tributa a renda da pessoa física em percentual muito superior à tributação brasileira. Pablo mantém fortes laços com o Brasil, para onde envia, mensalmente, os produtos artesanais por ele desenvolvidos, recebendo justa contraprestação da Jeremias Artesanato Mundial Ltda., revendedora exclusiva de sua produção, com sede no município de Salvador. Além disso, Pablo possui imóvel na cidade de Manaus, em razão do qual recebe aluguéis mensais, e presta serviços de consultoria para Matias Turismo Pantanal Ltda., empresa sediada no município de Campo Grande. Ano passado, os pais de Pablo faleceram, deixando joias e imóveis no Rio de Janeiro, tudo vendido pela sua irmã, Paola, que, em acordo como irmão, enviou-lhe a metade da herança que lhe cabia."

De acordo com a legislação tributária em vigor, assinale a opção correta.

(A) Desde que Pablo tenha quitado os tributos devidos até a data de sua saída definitiva do Brasil, deve receber todos os rendimentos acima descritos livres de Imposto de Renda, já que não é domiciliado nem residente no Brasil.
(B) Independentemente de ser ou não domiciliado ou residente no Brasil, Pablo está obrigado ao Imposto de Renda no Brasil tanto quanto e tal como aqueles cidadãos que aqui residem, por ser brasileiro e porque está auferindo riqueza produzida no Brasil.
(C) Os valores enviados por Jeremias Artesanato Mundial Ltda., em razão da venda do artesanato, assim como os valores dos aluguéis e aqueles decorrentes da prestação de serviços à Matias Turismo Pantanal S.A., que forem remetidos a Pablo no exterior, devem sofrer incidência do Imposto de Renda na fonte, ficando a remessa do quinhão da herança pertencente a Pablo dispensada do recolhimento desse tributo.
(D) Os rendimentos acima descritos que tiverem sido recebidos por Pablo após requerimento e saída definitiva e regular do País ficam todos sujeitos à tributação exclusiva na fonte a título de Imposto de Renda Pessoa Física.
(E) Deve ser retido pelas fontes o valor correspondente ao Imposto de Renda incidente sobre a herança e sobre os aluguéis, ficando os valores enviados por Jeremias Artesanato Mundial Ltda., em razão da venda do artesanato, e os enviados em razão dos serviços prestados à Matias Turismo Pantanal S.A., livres de Imposto de Renda no Brasil por não consubstanciar em rendimento de trabalho realizado neste País.

A: incorreta, pois o residente ou domiciliado no exterior pode ser contribuinte do IR, nos termos do arts. 3º e 682 e seguintes do Regulamento do IR – RIR; **B:** incorreta, pois as regras de incidência e quantificação do tributo não são idênticas aos domiciliados no Brasil e, em princípio, não têm relação com sua nacionalidade; **C:** correta – arts. 39, XV e 685 do RIR; **D:** incorreta, pois os valores adquiridos por doação ou herança são isentos – art. 39, XV, do RIR; **E:** incorreta, conforme comentários anteriores.

Gabarito "C".

(Auditor Fiscal da Receita Federal – ESAF) Os seguintes valores são onerados pelo Imposto sobre a Renda devido pelas pessoas físicas, *exceto*:

(A) os lucros do comércio e da indústria, auferidos por todo aquele que não exercer, habitualmente, a profissão de comerciante ou industrial.
(B) as importâncias recebidas a título de juros e indenizações por lucros cessantes.
(C) os valores correspondentes a bolsas de estudo e de pesquisa caracterizadas como doação, quando recebidas exclusivamente para proceder a estudos ou pesquisas e desde que os resultados dessas atividades não representem vantagem para o doador, nem importem contraprestação de serviços.
(D) o valor do laudêmio recebido.
(E) os rendimentos derivados de atividades ou transações ilícitas ou percebidos com infração à lei.

A: correta, pois há incidência do IR no caso – art. 55, III, do Regulamento do Imposto de Renda – RIR (Decreto 3.000/1999); **B:** correta, pois incide IR, conforme art. 55, VI, do RIR; **C:** incorreta (devendo essa alternativa a ser indicada), pois não há incidência do IR, no caso – art. 39, VII, do RIR; **D:** correta, pois incide IR, conforme art. 55, XVII, do RIR; **E:** correta, pois incide também o IR, nos termos do art. 55, X, do RIR.

Gabarito "C".

(Auditor Fiscal da Receita Federal – ESAF) As seguintes hipóteses de rendimentos estão sujeitas ao recolhimento mensal do Imposto sobre a Renda devido pelas pessoas físicas, *exceto*:

(A) os emolumentos e custas dos serventuários da Justiça, como tabeliães, notários, oficiais públicos e outros, quando não forem remunerados exclusivamente pelos cofres públicos.
(B) os rendimentos recebidos em dinheiro, a título de alimentos ou pensões, em cumprimento de decisão judicial, ou acordo homologado judicialmente, inclusive alimentos provisionais.
(C) os rendimentos recebidos por residentes ou domiciliados no Brasil que prestem serviços a embaixadas, repartições consulares, missões diplomáticas ou técnicas ou a organismos internacionais de que o Brasil faça parte.
(D) os ganhos de capital auferidos pela pessoa física na alienação de bens ou direitos de qualquer natureza.
(E) os rendimentos de aluguéis recebidos de pessoas físicas.

Consulte o art. 106 do RIR, que trata do pagamento mensal do IR pelas pessoas físicas e perceba que somente a alternativa "D" indica hipótese em que isso não ocorre. No caso do ganho de capital, o imposto é apurado no mês em que auferido (art. 117, § 2.º, do RIR) recolhimento se dá até o último dia útil do mês subsequente (art. 852 do RIR).

Gabarito "D".

(Auditor Fiscal da Receita Federal – ESAF) De acordo com a legislação tributária em vigor, assinale a opção *incorreta*.

(A) As contraprestações de arrendamento mercantil somente serão dedutíveis pela pessoa jurídica arrendatária quando o bem arrendado estiver relacionado intrinsecamente com a produção e comercialização dos bens e serviços.

(B) Não são dedutíveis, como custos ou despesas operacionais, as gratificações ou participações no resultado, atribuídas aos dirigentes ou administradores da pessoa jurídica.

(C) Regra geral, são dedutíveis, na determinação do lucro real da pessoa jurídica, as remunerações pagas aos sócios ou dirigentes.

(D) Para efeito de apuração do lucro real, a pessoa jurídica poderá deduzir, como despesa operacional, as participações atribuídas aos empregados nos lucros ou resultados, dentro do próprio exercício de sua constituição.

(E) O valor correspondente a aluguel de imóvel cedido pela pessoa jurídica para uso de seu administrador, diretor, gerente e assessor, assim como outras espécies de remuneração indireta, é despesa indedutível para efeito de apuração do lucro real, ainda que sejam individualizados a operação e o beneficiário da despesa.

A: correta, conforme o art. 356, § 5.º, do RIR; **B:** correta, nos termos do art. 303 do RIR; **C:** também correta, conforme o art. 357 do RIR; **D:** correta, nos termos do art. 359 do RIR; **E:** essa é a incorreta (devendo ser assinalada), pois essa despesa é dedutível, no caso de beneficiários individualizados e identificados – art. 358, § 3.º, I, do RIR.
Gabarito "E".

(Auditor Fiscal da Receita Federal – ESAF) Julgue os itens abaixo, classificando-os como corretos (C) ou errados (E), de acordo com a sua correspondência com as hipóteses legais que determinam a apuração do Imposto sobre a Renda da Pessoa Jurídica (IRPJ) sobre o lucro arbitrado. Em seguida, escolha a opção adequada às suas respostas.

I. Quando o contribuinte, obrigado à tributação com base no lucro real, não mantiver escrituração na forma das leis comerciais e fiscais, ou deixar de elaborar as demonstrações financeiras exigidas pela legislação fiscal.

II. Quando a escrituração a que estiver obrigado o contribuinte revelar evidentes indícios de fraudes ou contiver vícios, erros ou deficiências que a tornem imprestável para identificar a efetiva movimentação financeira, inclusive bancária.

III. Quando a escrituração a que estiver obrigado o contribuinte revelar evidentes indícios de fraudes ou contiver vícios, erros ou deficiências que a tornem imprestável para determinar a receita bruta.

IV. Quando o contribuinte optar indevidamente pela tributação com base no lucro presumido.

V. Quando o contribuinte não mantiver, em boa ordem e segundo as normas contábeis recomendadas, Livro Razão ou fichas utilizadas para resumir e totalizar, por conta ou subconta, os lançamentos efetuados no Diário.

(A) Apenas os itens I, II, III e V estão corretos.
(B) Apenas os itens I, II, IV e V estão corretos.
(C) Apenas os itens I, IV e V estão errados.
(D) Apenas o item II está errado.
(E) Todos os itens estão corretos.

I: correta, nos termos do art. 530, I, do RIR; **II:** correta, conforme o art. 530, II, *a*, do RIR; **III:** essa é incorreta, pois a imprestabilidade que implica apuração pelo lucro arbitrado refere-se à identificação do lucro real, não da receita bruta – art. 530, II, *b*, do RIR; **IV:** correta, conforme art. 530, IV, do RIR; **V:** também correta, nos termos do art. 530, VI, do RIR. Por essa razão, a alternativa "B" deve ser escolhida.
Gabarito "B".

(Auditor Fiscal da Receita Federal – ESAF) Sobre o Imposto sobre a Renda da Pessoa Jurídica (IRPJ) e de acordo com a legislação tributária em vigor, julgue os itens a seguir, classificando-os como corretos (C) ou errados (E). Em seguida, escolha a opção adequada às suas respostas.

I. Os juros, o desconto, o lucro na operação de reporte e os rendimentos de aplicações financeiras de renda fixa, ganhos pelo contribuinte, serão incluídos no lucro operacional e, quando derivados de operações ou títulos com vencimento posterior ao encerramento do período de apuração, poderão ser rateados pelos períodos a que competirem.

II. Na fusão, incorporação ou cisão de sociedades com extinção de ações ou quotas de capital de uma possuída por outra, a diferença entre o valor contábil das ações ou quotas extintas e o valor de acervo líquido que as substituir será computada na determinação do lucro real como perda ou ganho de capital, conforme o valor do acervo líquido, avaliado segundo os parâmetros legalmente previstos, seja menor ou maior que o valor contábil das ações ou quotas liquidadas, permitido ao contribuinte o diferimento dos efeitos tributários resultantes dessa diferença, desde que atendidos os requisitos legais.

III. A pessoa jurídica que tiver parte ou todo o seu patrimônio absorvido em virtude de incorporação, fusão ou cisão deverá levantar balanço específico para esse fim, no qual os bens e direitos serão avaliados pelo valor contábil ou de mercado. No caso de pessoa jurídica tributada com base no lucro presumido ou arbitrado, que optar pela avaliação a valor de mercado, a diferença entre este e o custo de aquisição, diminuído dos encargos de depreciação, amortização ou exaustão, será considerada ganho de capital, que deverá ser adicionado à base de cálculo do imposto de renda devido.

IV. Os incentivos e benefícios fiscais concedidos por prazo certo e em função de determinadas condições a pessoa jurídica que vier a ser incorporada poderão ser transferidos, por sucessão, à pessoa jurídica incorporadora, mediante requerimento desta, desde que observados os limites e as condições fixados na legislação que institui o incentivo ou o benefício.

(A) Os itens I e II estão corretos.
(B) Os itens II e III estão corretos.
(C) Os itens III e IV estão corretos.
(D) Os itens II, III e IV estão corretos.
(E) Todos os itens estão corretos.

I: correta, conforme o art. 373 do RIR; **II:** também correta, nos termos do art. 430 do RIR; **III:** correta, refletindo o disposto no art. 235 do RIR; **IV:** correta, em conformidade com o art. 8.º da Lei 11.434/2006. Por essas razões, a alternativa "E" é a adequada.
Gabarito "E".

(**Auditor Fiscal da Receita Federal –ESAF**) De acordo com a legislação tributária em vigor, assinale a opção incorreta.

(A) Os lucros auferidos no exterior, por intermédio de filiais, sucursais, controladas ou coligadas, serão computados para fins de determinação do lucro real no balanço levantado em 31 de dezembro do ano-calendário em que tiverem sido disponibilizados para a pessoa jurídica domiciliada no Brasil.
(B) Para fins de determinação da base de cálculo do imposto de renda, os lucros auferidos por controlada ou coligada no exterior serão considerados disponibilizados para a controladora ou coligada no Brasil na data do balanço do qual constar a sua distribuição para a pessoa jurídica domiciliada no Brasil, na forma do regulamento.
(C) Os prejuízos e perdas apurados por filiais, sucursais ou controladas, no exterior, de pessoas jurídicas domiciliadas no Brasil, não serão compensados com lucros auferidos no Brasil para fins de apuração do lucro real.
(D) A pessoa jurídica poderá compensar o imposto de renda incidente, no exterior, sobre os lucros, rendimentos e ganhos de capital computados no lucro real, até o limite do imposto de renda incidente, no Brasil, sobre os referidos lucros, rendimentos ou ganhos de capital.
(E) Serão computados na determinação do lucro real os resultados líquidos, positivos ou negativos, obtidos em operações de cobertura (*hedge*) realizadas em mercados de liquidação futura, diretamente pela empresa brasileira, em bolsas no exterior.

A: correta, nos termos do art. 394 do RIR; **B**: incorreta (devendo ser assinalada), pois, no caso de controlada ou coligada, os lucros serão considerados disponibilizados para a empresa no Brasil na data do pagamento ou do crédito em conta representativa de obrigação da empresa no exterior – art. 394, §§ 2.º e 3.º, do RIR; **C**: correta, nos termos do art. 394, § 8.º, do RIR; **D**: correta, nos termos do art. 395 do RIR; **E**: também correta, conforme o art. 396 do RIR.
Gabarito "B".

(**Auditor Fiscal da Receita Federal – ESAF**) Sobre os Preços de Transferência, julgue os itens a seguir, classificando-os como corretos (C) ou errados (E). Em seguida, escolha a opção adequada às suas respostas.

I. Os Preços de Transferência, consistentes na manipulação de preços de negócios havidos entre pessoas vinculadas, constituem prática ilícita, passível de ser desconsiderada pela autoridade fiscal, porque sua utilização tem por único objetivo a transferência de lucros para a parte do negócio que esteja domiciliada no exterior, em país com menor carga tributária.
II. O Método dos Preços Independentes Comparados (PIC) e o Método do Custo de Produção mais Lucro (CPL) são parâmetros legalmente previstos para o alcance de limite mínimo permitido para dedução de valores na determinação do lucro real, a título de custos, despesas e encargos, relativos a bens, serviços e direitos, constantes de documento de importação ou de aquisição, nas operações realizadas entre pessoas vinculadas.
III. As disposições legais relativas aos Preços de Transferência se aplicam, também, às operações realizadas entre pessoas jurídicas ou físicas domiciliadas no Brasil e pessoas jurídicas ou físicas residentes ou domiciliadas em país que não tribute a renda ou que a tribute abaixo de percentual legalmente previsto pela lei brasileira ou cuja lei não permita acesso a informações relativas à composição societária, titularidade de bens ou direitos ou às operações econômicas realizadas, casos para os quais a aplicação das regras de preços de transferência prescinde da existência de vínculo entre as partes contratantes.
IV. Nos termos da legislação tributária, as operações de exportação de bens, serviços ou direitos produzidos no território brasileiro para empresa vinculada, sediada em outro país, que venham a ser configuradas como exportações destinadas à conquista de novos mercados, fazem jus a tratamento normativo diferenciado relativo a Preços de Transferência em comparação ao aplicável a operações de exportação comuns entre partes vinculadas.

(A) Somente o item I está errado.
(B) Somente o item III está correto.
(C) Apenas os itens II e IV estão corretos.
(D) Todos os itens estão errados.
(E) Apenas os itens III e IV estão corretos.

I: incorreta, pois o preço de transferência não é necessariamente ilícito, até porque as operações entre pessoas vinculadas têm inegáveis peculiaridades quanto à formação dos preços que não podem ser desconsideradas pela legislação tributária; II: incorreta, pois a legislação tributária prevê apenas os métodos listados no art. 240, § 3.º, do RIR; III: correta, conforme o art. 245 do RIR e 24, *caput*, e § 4.º, da Lei 9.430/1996; IV: correta, conforme o art. 30 da IN SRF 243/2002.
Gabarito "E".

(**Analista-Tributário da Receita Federal – ESAF**) Constitui rendimento para fins do Imposto sobre a Renda, *exceto*,

(A) todo o produto do capital.
(B) o provento de qualquer natureza.
(C) o acréscimo patrimonial não correspondente aos rendimentos declarados.
(D) a pensão e os alimentos percebidos em mercadoria.
(E) todo produto do trabalho.

Nos termos do art. 37 do RIR, constituem rendimento bruto todo o produto do capital, do trabalho ou da combinação de ambos, os alimentos e pensões percebidas em dinheiro, os proventos de qualquer natureza, assim também entendidos os acréscimos patrimoniais não correspondentes aos rendimentos declarados. Por essa razão, a alternativa "D" deve ser indicada.
Gabarito "D".

(**Analista-Tributário da Receita Federal – ESAF**) É pessoalmente responsável pelo pagamento do Imposto de Renda da Pessoa Física

(A) o sucessor a qualquer título quando se apurar, na abertura da sucessão, que o *de cujus* não apresentou declaração de rendimentos de exercícios anteriores, caso em que responde por toda a dívida.
(B) o espólio, pelo tributo devido pelo *de cujus*, quando se apurar que houve falta de pagamento de imposto devido até a data da abertura da sucessão, sendo que, nesse caso, não serão cobrados juros moratórios e multa de mora.
(C) o cônjuge meeiro, quando se apurar, na abertura da sucessão, que o *de cujus* apresentou declaração de

exercícios anteriores com omissão de rendimentos, mesmo que a declaração tenha sido em separado.

(D) o sucessor a qualquer título, pelo tributo devido pelo *de cujus* até a data da partilha ou da adjudicação, limitada esta responsabilidade ao montante do quinhão, do legado ou da herança.

(E) o sucessor a qualquer título e o cônjuge meeiro quando se apurar, na abertura da sucessão, que o *de cujus* não apresentou declaração de rendimentos de exercícios anteriores ou o fez com omissão de rendimentos, caso em que respondem por toda a dívida.

A, C e E: incorretas, pois, nesse caso, o espólio é que responde pelo imposto devido – art. 23, § 1.º, do RIR; B: incorreta, pois o imposto será exigido acrescido de juros moratórios e multa – art. 23, § 2.º, do RIR; D: correta, conforme o art. 131, II, do CTN e o art. 23, I, do RIR. Gabarito "D".

(Analista-Tributário da Receita Federal – ESAF) São contribuintes do Imposto de Renda da Pessoa Física

(A) as pessoas físicas domiciliadas ou residentes no Brasil, titulares de disponibilidade econômica ou jurídica de renda ou proventos de qualquer natureza.

(B) as pessoas físicas domiciliadas ou residentes no Brasil, e aquelas que mesmo sem serem residentes no País, sejam titulares de disponibilidade econômica ou jurídica de renda ou proventos de qualquer natureza percebidos no exterior.

(C) as pessoas físicas brasileiras domiciliadas ou residentes no Brasil, titulares de disponibilidade econômica ou jurídica de renda ou proventos de qualquer natureza.

(D) as pessoas físicas domiciliadas ou residentes no Brasil, titulares de disponibilidade econômica ou jurídica de renda ou proventos de qualquer natureza que percebam os rendimentos somente de fontes situadas no País.

(E) as pessoas físicas brasileiras domiciliadas ou residentes no Brasil, titulares de disponibilidade econômica ou jurídica de renda ou proventos de qualquer natureza, que percebam rendimentos, independentemente da localização da fonte.

Os contribuintes dos impostos previstos na Constituição devem ser definidos por lei complementar federal – art. 146, III, *a*, da CF. Nesse sentido, o art. 45 do CTN dispõe que contribuinte do IR é o titular da disponibilidade da renda ou do provento de qualquer natureza, sem prejuízo de atribuir a lei essa condição ao possuidor, a qualquer título, dos bens produtores de renda ou dos proventos tributáveis. Ver também o art. 2.º do RIR. Nesse sentido, a alternativa "A" é a correta. Gabarito "A".

(Analista-Tributário da Receita Federal – ESAF) Respondem pelo Imposto de Renda devido pelas pessoas jurídicas, exceto

(A) a pessoa física sócia da pessoa jurídica extinta mediante liquidação que continuar a exploração da atividade social.

(B) as sociedades que receberem parcelas do patrimônio da pessoa jurídica extinta por cisão.

(C) a pessoa jurídica que incorporar outra.

(D) a pessoa jurídica resultante da transformação de outra.

(E) a pessoa jurídica que adquirir unidade produtiva isolada.

A, B, C e D: corretas, pois essas pessoas respondem pelo imposto, nos termos do art. 132, *caput* e parágrafo único, do CTN; E: essa é a melhor alternativa, embora o adquirente de estabelecimento empresarial possa ser responsabilizado nos termos do art. 133 do CTN. Gabarito "E".

(Analista-Tributário da Receita Federal – ESAF) Quanto ao domicílio fiscal da pessoa jurídica, relativo ao Imposto sobre a Renda, assinale a opção correta.

(A) Quando houver pluralidade de estabelecimentos, a pessoa jurídica pode optar pelo lugar onde se achara residência do sócio administrador ou a sede da empresa.

(B) Quando existir um único estabelecimento, o domicílio será o lugar da situação deste.

(C) O domicílio fiscal de residentes ou domiciliados no exterior é o lugar onde se achar a residência do procurador ou representante no país.

(D) Quando a empresa é fonte pagadora, o domicílio será no estabelecimento centralizador de suas operações, independentemente do lugar do estabelecimento que pagar, creditar, remeter ou empregar rendimento sujeito ao imposto no regime de tributação na fonte.

(E) No caso de eleição de domicílio que dificulte a arrecadação ou a fiscalização do tributo, a autoridade pode considerar como tal o lugar da residência do administrador.

A: incorreta, pois, no caso de pluralidade de estabelecimentos, o domicílio da pessoa jurídica é escolhido por ela entre o lugar onde se achar o estabelecimento centralizador das suas obrigações ou a sede da empresa dentro do País – art. 212, I, *b*, do RIR; B: correta, pois essa é a regra do art. 212, I, *a*, do RIR; C: incorreta. Caso haja procurador ou representante, o seu domicílio (do procurador ou representante) é o lugar onde se achar sua residência habitual ou a sede da representação no País – art. 32 do RIR. Se o representante ou procurador for pessoa jurídica, o domicílio fiscal é o lugar onde se achar seu estabelecimento ou a sede de sua representação no País – art. 212, § 1.º, do RIR; D: incorreta, pois, no caso de obrigações em que incorra como fonte pagadora, domicílio é o lugar do estabelecimento que pagar, creditar, entregar, remeter ou empregar rendimento sujeito ao imposto no regime de tributação na fonte – art. 212, II, do RIR; E: incorreta, pois, em caso de recusa do domicílio eleito pela pessoa jurídica, será considerado o lugar da situação dos bens ou da ocorrência dos autos ou fatos que deram origem à obrigação tributária – art. 212, §§ 2.º e 3.º, do RIR. Gabarito "B".

(Analista-Tributário da Receita Federal – ESAF) Com relação à tributação da pessoa jurídica, pode-se afirmar que

(A) a regra é o pagamento com base no lucro real, a exceção é a opção feita pelo contribuinte pelo pagamento do imposto sobre a renda e adicional determinados sobre base de cálculo estimada.

(B) a pessoa jurídica pode optar pelo arbitramento, pois se trata de base de cálculo substitutiva em face de dificuldade ocorrida na apuração pelo lucro presumido.

(C) a opção do contribuinte pela apuração com base no lucro presumido permite ao contribuinte deixar de apresentar ao fisco sua escrituração contábil.

(D) o contribuinte é sempre obrigado à tributação com base no lucro real.

(E) o contribuinte é livre para optar entre a tributação pelo lucro real, lucro presumido ou arbitrado.

A: correta, nos termos dos arts. 219 e 516 do RIR; **B:** incorreta, pois, em princípio, não há opção pelo lucro arbitrado – art. 530 do RIR; **C:** incorreta, pois a escrituração contábil, embora simplificada, não é dispensada; **D:** incorreta, pois há a opção pelo lucro presumido – art. 516 do RIR; **E:** incorreta, pois determinadas pessoas jurídicas são obrigadas à tributação pelo lucro real – art. 516, *caput* e § 3.º, do RIR. Ademais, não há, a rigor, opção pelo lucro arbitrado – art. 530 do RIR.

Gabarito "A".

(Analista-Tributário da Receita Federal – ESAF) Assinale a opção incorreta quanto ao Imposto de Renda da Pessoa Jurídica.

(A) O sujeito passivo, demonstrando por meio de balanços ou balancetes mensais, que o valor acumulado já pago excede o valor do imposto devido no período calculado com base no lucro real, pode suspender ou reduzir o pagamento do imposto devido em cada mês.

(B) Ficam dispensadas do pagamento mensal as pessoas jurídicas que demonstrarem, por meio de balanços ou balancetes mensais, a existência de prejuízos fiscais apurados a partir do mês de janeiro do ano-calendário.

(C) O pagamento do imposto de renda no mês de janeiro do ano-calendário fica dispensado se for demonstrado, por meio de balancetes mensais relativos ao ano anterior, que o valor já pago excedeu o valor devido no mês de dezembro.

(D) A inobservância do regime de competência quanto a apuração de escrituração de receita, rendimento, custo ou dedução, somente constitui fundamento para lançamento de imposto ou de diferença de imposto se dela resultar a postergação de seu pagamento para período de apuração posterior ao que seria devido.

(E) A inobservância do regime de competência quanto a apuração de escrituração de receita, rendimento, custo ou dedução ou do reconhecimento de lucro, somente constitui fundamento para lançamento de imposto ou de diferença de imposto se dela resultar a redução indevida do lucro real em qualquer período de apuração.

A: correta, conforme o art. 230 do RIR; **B:** correta, nos termos do art. 230, § 2.º, do RIR; **C:** incorreta (devendo ser assinalada), pois não há dispensa do IR relativo ao mês de janeiro por conta do valor recolhido em dezembro do ano anterior; **D:** correta, conforme o art. 273, I, do RIR (embora o termo "somente" seja impreciso – veja comentário à próxima alternativa); **E:** correta, nos termos do art. 273, II, do RIR (embora o termo "somente" seja impreciso - veja comentário à alternativa anterior).

Gabarito "C".

(Auditor Fiscal da Receita Federal – ESAF) Para os efeitos do imposto de renda, o _____ percebido na alienação de bens imóveis considera-se _____. Já a importância paga a título de aluguel, remetida, creditada, empregada ou entregue ao contribuinte, produzido por bens imóveis é denominada _____. Um(a) _____, na linguagem tributária, é o valor percebido independentemente de ser produzido pelo capital ou o trabalho do contribuinte.

(A) rendimento....rendimento de capital........ganho imobiliário....*si necura*
(B) provento........rendimento imobiliário........provento predial....provento
(C) rendimento....rendimento de capital.......ganho imobiliário....*pre benda*
(D) ganho....ganho de capital.......rendimento de capital.... *sine cura*
(E) ganho ....ganho de capital......rendimento de capital.... provento

O acréscimo percebido na alienação de bens (diferença entre preço da aquisição e da venda) é ganho de capital – art. 117 do RIR. O acréscimo relativo à exploração do imóvel (aluguel) é rendimento de capital – art. 49 do RIR. O art. 43, II, do CTN denomina "proventos de qualquer natureza" os acréscimos patrimoniais que não são classificados como renda, que é produto do capital, do trabalho ou da combinação de ambos.

Gabarito "E".

(Auditor Fiscal da Receita Federal – ESAF) Relativamente ao imposto de renda, assinale a afirmação correta.

(A) A Constituição determina que o imposto de renda seja informado pelo critério de que aquele que ganhe mais deverá pagar de imposto uma proporção maior do que aquele que ganhe menos.

(B) A renda e os proventos de qualquer natureza percebidos no País por residentes ou domiciliados no exterior ou a eles equiparados não estão sujeitos ao imposto em razão do princípio da extraterritorialidade.

(C) No caso de rendimentos percebidos em dinheiro a título de alimentos ou pensões em cumprimento de acordo homologado judicialmente ou decisão judicial, inclusive alimentos provisionais ou provisórios, verificando-se a incapacidade civil do alimentado, não há incidência do imposto.

(D) Em razão do princípio da universalidade da tributação, a ajuda de custo destinada a atender às despesas com transporte, frete e locomoção do beneficiado e seus familiares, em caso de remoção de um município para outro, está sujeita ao imposto.

(E) A tributação dos rendimentos recebidos por residentes ou domiciliados no Brasil que prestem serviços a embaixadas, repartições consulares, missões diplomáticas ou técnicas não está sujeita à legislação brasileira, por força da Convenção de Viena sobre Relações Diplomáticas.

A: a assertiva refere-se ao princípio da progressividade – arts. 153, § 2º, I, e 145, § 1º, ambos da CF; B, C e **E:** incide IR, nessas hipóteses – arts. 3º, 5º e 106, III, todos do RIR; **D:** não incide IR, na hipótese – art. 39, I, do RIR.

Gabarito "A".

12.4. ITR

(Auditor Fiscal da Receita Federal – ESAF) Relativamente ao Imposto Territorial Rural (ITR), avalie o acerto das afirmações adiante e marque com V as verdadeiras e com F as falsas; em seguida, marque a opção correta.

( ) Como regra, o ITR incide inclusive sobre o imóvel declarado de interesse social para fins de reforma agrária.

( ) Segundo a interpretação legal, imóvel rural de área inferior a 30 hectares, independentemente do local onde se encontre, é considerada pequena propriedade, imune ao imposto.

( ) O "posseiro" do imóvel é estranho à relação jurídica relativa ao ITR, pois o contribuinte do imposto é o titular do domínio útil ou o proprietário.

(A) V, V, V
(B) V, V, F
(C) V, F, F
(D) F, F, F
(E) F, V, F

1ª: a simples declaração de interesse social não afasta a incidência do ITR, enquanto o possível expropriado continuar na posse ou no domínio do imóvel, nos termos do art. 2°, § 1°, do RITR; 2ª: embora haja limites maiores para determinadas regiões do país, o imóvel com área igual ou inferior a 30 ha será sempre considerado pequena gleba rural, para fins do art. 153, § 4°, II, da CF – art. 3°, § 1°, III, do RITR; 3ª: o possuidor a qualquer título é contribuinte do ITR, desde que a posse seja com *animus domini* ou *ad usucapionem* (quando o possuidor age como proprietário ou pode vir a ter o domínio da terra por usucapião) – art. 5° do RITR e art. 31 do CTN.

Gabarito "B".

(Auditor Fiscal da Receita Federal – ESAF) Avalie as afirmações abaixo e marque a opção que corresponda, na devida ordem, ao acerto ou erro de cada uma (V ou F, respectivamente).

1) Sobre o imóvel declarado de interesse social para fins de reforma agrária deixa ipso facto de incidir o imposto territorial rural (ITR).
2) Um imóvel de 100 hectares, localizado na Amazônia Ocidental, é considerado "pequena gleba rural" para fins de não incidência (imunidade) do ITR, se presentes as demais condições.
3) Competem ao INCRA as atividades de arrecadação, tributação e fiscalização do ITR.

(A) V, V, V
(B) V, V, F
(C) F, V, F
(D) F, F, F
(E) F, F, V

1ª: a simples declaração de interesse social não afasta a incidência do ITR, enquanto o possível expropriado continuar na posse ou no domínio do imóvel, nos termos do art. 2°, § 1°, do RITR; 2ª: art. 3°, § 1°, I, do RITR c/c art. 153, § 4°, II, da CF; 3ª: a arrecadação e a fiscalização são de competência da Receita Federal do Brasil, embora possa firmar convênio com o INCRA para delegar-lhe determinadas funções – art. 73 do RITR.

Gabarito "C".

(Fiscal de Tributos Estaduais/AL – CESPE) Julgue o seguinte item:

(1) Se um fazendeiro possuir como propriedade imóvel apenas uma pequena propriedade rural no estado de Alagoas, onde vive com sua esposa e seus oito filhos, ele não precisará pagar o imposto sobre propriedade territorial rural (ITR).

Esse fazendeiro será beneficiado pela imunidade prevista no art. 153, § 4°, II, da CF, desde que explore o imóvel.

Gabarito 1C.

(Auditor Fiscal/PB – FCC) O imposto sobre propriedade territorial rural

(A) será progressivo e terá suas alíquotas fixadas a fim de estimular a manutenção de propriedades improdutivas.
(B) será fiscalizado e cobrado pelos Municípios que assim optarem, na forma da lei, desde que não implique redução do imposto ou qualquer outra forma de renúncia fiscal.
(C) é instituído pela União, sendo que a competência legislativa para sua instituição ou aumento pode ser delegada aos Municípios.
(D) não incidirá sobre pequenas glebas rurais, definidas em lei, mesmo quando o proprietário possua outros imóveis.
(E) não incidirá sobre pequena gleba rural, exigindo-se, apenas, que o proprietário a explore só ou com sua família.

A: a função extrafiscal do ITR é desestimular (não estimular) a propriedade improdutiva – art. 153, § 4°, I, da CF; B: art. 153, § 4°, III, da CF; C: a competência tributária (prerrogativa de legislar acerca do ITR) é indelegável; D: a imunidade do art. 153, § 4°, II, da CF beneficia apenas o proprietário que não tenha outro imóvel; E: exige-se que o proprietário não possua outro imóvel (art. 153, § 4°, II, da CF).

Gabarito "B".

12.5. ICMS

(Auditor Fiscal Tributário Municipal – Prefeitura Cuiabá – 2016 – FGV) Em relação à incidência do Imposto sobre Circulação de Mercadorias e Serviços (ICMS) sobre operações interestaduais de exportação e importação, analise as afirmativas a seguir.

I. Cabe ao Senado Federal, por meio de Resolução, estabelecer as alíquotas do ICMS aplicáveis às operações e prestações, interestaduais e de exportação.
II. Nas operações interestaduais que destinam bens a consumidor final, será aplicada a alíquota interna do Estado, quando o destinatário for contribuinte do ICMS.
III. Incide ICMS sobre a entrada de bens importados por pessoa física, qualquer que seja sua finalidade.

Assinale:

(A) se somente a afirmativa II estiver correta.
(B) se somente as afirmativas I e III estiverem corretas.
(C) se somente as afirmativas I e II estiverem corretas.
(D) se somente as afirmativas II e III estiverem corretas.
(E) se todas as afirmativas estiverem corretas.

I: correta conforme gabarito oficial, mas entendemos que está incorreta, pois atualmente toda operação de exportação é imune ao ICMS – art. 155, § 2°, X, *a*, da CF; II: incorreta, pois atualmente não há distinção por conta do destinatário da operação interestadual ser ou não contribuinte do imposto, sendo sempre aplicável a alíquota interestadual, menor que a interna – art. 155, § 2°, VII, da CF; III: correta – art. 155, § 2°, IX, *a*, da CF.

Gabarito "B".

(Auditor Fiscal da Receita Federal – ESAF) A desoneração do ICMS – Imposto sobre Operações Relativas à Circulação de Mercadorias e sobre Prestações de Serviços de Transporte Interestadual e Intermunicipal e de Comunicação – das exportações, cuja finalidade é o incentivo a estas, desonerando as mercadorias nacionais do seu ônus econômico, de modo a permitir que as empresas brasileiras exportem produtos, e não tributos – imuniza as operações de exportação e assegura a manutenção e o aproveitamento do montante do imposto (ICMS) cobrado nas operações e prestações anteriores. Consoante entendimento do STF sobre tal dispositivo, podemos afirmar, exceto, que:

(A) o aproveitamento dos créditos de ICMS, por ocasião da saída imune para o exterior, gera receita tributável por parte da Cofins e da Contribuição para o PIS.

(B) adquirida a mercadoria, a empresa exportadora pode creditar-se do ICMS anteriormente pago, mas somente poderá transferir a terceiros o saldo credor acumulado após a saída da mercadoria com destino ao exterior.
(C) sob o específico prisma constitucional, receita bruta pode ser definida como o ingresso financeiro que se integra no patrimônio na condição de elemento novo e positivo, sem reservas ou condições.
(D) o aproveitamento de créditos de ICMS, por ocasião da saída imune para o exterior, constitui mera recuperação do ônus econômico advindo do ICMS, assegurada expressamente pela Constituição Federal.
(E) o conceito de receita, acolhido pela Constituição Federal, não se confunde com o conceito contábil.

A: incorreta, devendo ser apontada pelo candidato, já que não incide PIS ou Cofins sobre os créditos de ICMS – ver RE 792.040AgR/RS; B, C, D e E: corretas, conforme decisão do Supremo no RE 606.107/RS (repercussão geral).
Gabarito "A".

(Auditor Fiscal Tributário da Receita Municipal/Cuiabá-MT – FGV) Pretendendo adquirir, no mercado doméstico, caminhões para uso em serviço, o Município de Cuiabá pede ao Estado de Mato Grosso que afaste a incidência do Imposto sobre Circulação de Mercadorias e Serviços (ICMS) nessa operação específica.

Assinale a solução juridicamente adequada a ser dada ao caso exposto.

(A) O Estado deve acolher o pleito mediante prova cabal de que os veículos serão mesmo empregados em atividades inerentes às atribuições do Município, pois, mesmo inexistindo lei estadual nesse sentido, o caso é de isenção de tributos.
(B) O Estado deve acolher o pleito mediante prova cabal de que os veículos serão mesmo empregados em atividades inerentes às atribuições do Município, pois o caso é de imunidade de tributos.
(C) O Estado poderá acolher o pleito mediante decisão administrativa afastando a incidência do ICMS ao caso.
(D) O Estado não poderá acolher o pleito, ainda que os caminhões sejam mesmo empregados em atividades inerentes às atribuições do Município, pois é vedada a concessão de tratamento tributário diferenciado a entidades públicas que explorem a atividade econômica.
(E) O Estado não poderá acolher o pleito, pois a imunidade não favorece o Município neste caso concreto, já que ele é apenas o contribuinte de fato, e não o contribuinte de direito.

A, B e C: incorretas, pois a imunidade recíproca em favor do Município (adquirente do bem) não aproveita ao contribuinte de direito (comerciante que vende o veículo, contribuinte de direito do ICMS) – ver ARE 758.886AgR/MG; D: incorreta, pois a exigibilidade do ICMS nada tem a ver com a exploração de atividade econômica por entidades públicas; E: correta, conforme comentários anteriores.
Gabarito "E".

(Auditor Fiscal/MA – FGV) O Estado Alpha, com base em pauta fiscal, exigia de forma definitiva o ICMS devido pela futura operação interna, inclusive quanto à operação a ser realizada pelo próprio adquirente, nas compras de mercadorias feitas por comerciantes de Alpha aos comerciantes de outros estados da Federação. Desta forma, as vendas efetuadas pelo varejista para os consumidores não eram tributadas novamente.

Decreto e Instrução Normativa do Estado Alpha alteraram este regime para algumas mercadorias, passando a ser o de sistema normal de apuração de ICMS, quando o contribuinte tem o direito, que decorre do princípio da não cumulatividade, de descontar do total do débito do imposto decorrente das saídas, o valor do imposto pago na operação anterior.

Entretanto, o decreto e a instrução normativa proibiram que as mercadorias em estoque pudessem, ao serem vendidas, utilizar os créditos fiscais do ICMS antecipadamente pago no sistema anterior.

Com base no exposto, assinale a afirmativa correta.

(A) O decreto e a instrução normativa violam o princípio da anterioridade e a segurança jurídica do comerciante que exauriu sua obrigação fiscal.
(B) O decreto e a instrução normativa são plenamente vigentes, eis que a venda de estoque representa fato gerador pendente do ICMS.
(C) O decreto e a instrução normativa são plenamente vigentes, eis que a venda de estoque representa fato gerador futuro do ICMS.
(D) A mudança do regime não está protegida pelo princípio da legalidade, podendo ocorrer a qualquer tempo, com vigência imediata.
(E) A proibição é válida, já que com a mudança de regime de tributação não foram suprimidas as etapas posteriores do ciclo de comercialização das mercadorias, sobre as quais há incidência do ICMS.

A: correta, pois, apesar de confusa, a descrição do caso indica que em relação às mercadorias estocadas já houve pagamento antecipado do ICMS incidente sobre a operação futura no mercado local (venda ao consumidor final), além de serem oneradas pelo ICMS pago nas operações anteriores (interestadual inclusive). Nesse caso, não se poderia exigir pagamento em duplicidade do ICMS na nova sistemática (de não cumulatividade), ao mesmo tempo que se veda a compensação com valores do imposto anteriormente pagos; B: incorreta, pois o fato gerador relativo ao contribuinte domiciliado nesse Estado ocorrerá apenas no momento da venda no mercado local; C: incorreta, conforme comentário anterior; D: incorreta, pois não se pode prejudicar o ato jurídico perfeito ou o direito adquirido, muito menos cobrar imposto em duplicidade, o que pode ser o caso (como dito, a descrição não é muito clara sobre a nova cobrança em relação aos bens estocados); E: incorreta, conforme comentários anteriores.
Gabarito "A".

(Auditor do Tesouro Municipal/Recife-PE – FGV) A empresa Gama Ltda. concedeu bonificação à empresa Delta Ltda., em relação à compra e venda realizada entre as empresas, considerando a manutenção das metas atingidas por Delta, na compra de produtos de Gama. A bonificação foi excluída da base de cálculo do ICMS devido. Posteriormente Gama Ltda. foi incorporada por Beta Ltda. Passados 3 anos dessa incorporação, o Fisco Estadual pretende o pagamento, por Beta Ltda., do ICMS devido sobre os valores subtraídos à tributação, relativos à bonificação, e ainda está exigindo o pagamento de multa.

Observada tal situação concreta, assinale a afirmativa correta.

(A) São indevidos o ICMS sobre a bonificação concedida e a multa, que tem caráter de punição, não podendo passar da pessoa do infrator.
(B) É devido o ICMS sobre a bonificação concedida, vez que atrelada às metas atingidas por Delta, porém indevida a multa, já que Beta não cometeu infração alguma.
(C) Em se tratando de bonificação condicionada a metas, há incidência do ICMS, sendo a multa e o imposto devidos por Beta, como sucessora de Gama Ltda.
(D) Beta deve pagar tão somente o ICMS sobre o valor excluído da tributação por Gama, acrescido de correção monetária e multa moratória.
(E) Incabível cobrar multa da empresa Beta Ltda., já que, no momento da incorporação, não havia sido imposta.

A: incorreta, pois a bonificação citada é desconto dado posteriormente, que fora condicionado a evento futuro e incerto (atingimento de meta), de modo que não pode ser abatido da base de cálculo do ICMS – art. 13, § 1º, II, a, da LC 87/1996. Em relação à multa, a penalidade pecuniária compõe o crédito tributário e é devida pela sucessora, nos termos dos arts. 129 e 132 do CTN; B: incorreta, conforme comentário anterior; C: correta, conforme comentários anteriores; D: imprecisa, pois a expressão "tão somente" pode dar a entender que a multa aplicada a Gama pelo não pagamento do ICMS sobre a bonificação não está sendo assumida pela sucessora. A alternativa "C" é clara e, portanto, a melhor; E: incorreta, conforme comentários anteriores.

Gabarito "C".

(Auditor do Tesouro Municipal/Recife-PE – FGV) Uma empresa de construção e incorporação de imóveis realiza a compra de determinada máquina, necessária ao desempenho de sua atividade, em Estado federado diverso daquele em que está localizada, sendo a alíquota mais favorável do que a do Estado onde está sua sede.

Nesse caso, quanto ao ICMS,

(A) não é devido o ICMS nessa operação, pois as empresas de construção civil são contribuintes do ISS e não pagam diferença de alíquota do ICMS de mercadoria utilizada em suas obras.
(B) não é devida a diferença de alíquota do ICMS, já que tais empresas são isentas do ICMS.
(C) a empresa adquirente, sendo equiparada aos demais contribuintes do ICMS, deverá pagar a diferença de alíquota.
(D) não é devida a diferença de alíquota nessa operação, exceto se a empresa se identificar, quando da compra, como contribuinte do imposto, em função da menor alíquota.
(E) é devida a diferença de alíquota do ICMS para o Estado destinatário da mercadoria.

É muito importante sabermos que, até a EC 87/2015, havia distinção entre contribuintes e não contribuintes do ICMS na aquisição interestadual de mercadorias e serviços. A alíquota interestadual (menor que a interna) aplicava-se apenas no caso de adquirentes contribuintes do imposto. Para os não contribuintes, aplicava-se apenas a alíquota interna do Estado (ou DF) de origem, mais alta que a interestadual, não ficando qualquer diferença a ser cobrada pelo Estado (ou DF) de destino. Esta questão foi formulada nesse contexto anterior, e assim seguem os nossos comentários.
Não se esqueça, mais uma vez, que isso mudou com a EC 87/2015. Hoje todas as operações interestaduais, inclusive para destinatário não contribuinte do ICMS, sujeitam-se à alíquota interestadual. Essa alteração ocorreu por conta do forte pleito dos Estados majoritariamente adquirentes de mercadorias, não fornecedores, que acabavam sendo prejudicados pelas vendas interestaduais diretas a consumidores localizados em seus territórios, situação bastante comum nas vendas pela internet, por exemplo.
A partir dessa nova sistemática, o Estado (ou DF) de origem fica com o valor referente à alíquota interestadual e o Estado (ou DF) de destino fica com a diferença entre sua alíquota interna e a interestadual.
Também é muito importante saber que essa modificação trazida pela EC 87/2015, em relação às vendas para não contribuintes localizados em outros Estados (ou DF), será gradual, conforme o art. 99 do ADCT, ficando concluída apenas em 2019. A: correta, conforme entendimento jurisprudencial. A rigor, a aquisição da máquina pela empresa de construção deveria se sujeitar à alíquota interna do Estado em que localizado o vendedor, não havendo falar em diferencial de alíquota em relação a interestadual e a interna. Ver Súmula 432/STJ; B: incorreta, pois as empresas simplesmente não são contribuintes do ICMS (não isentas); C: incorreta, pois não são contribuintes ou equiparadas; D: incorreta, pois muitas empresas faziam exatamente isso, identificando-se como contribuintes do ICMS no Estado da compra (para ter incidência menor da alíquota interestadual), mas identificando-se como não contribuintes no Estado do destino. Essa má-fé perante o fisco foi reconhecida pelo STJ (ver REsp 620.113/MT), mas desconsiderada para fins de análise da questão tributária e expedição da Súmula 432/STJ; E: incorreta, conforme comentários anteriores. Importante destacar que com a EC 87/2015 e a determinação de recolhimento de diferencial de alíquota ao Estado de destino em qualquer venda a consumidor final (contribuinte ou não do ICMS), a discussão relativa ao ICMS sobre construção civil pode ser reaberta.

Gabarito "A".

(Auditor Fiscal/ES – CESPE) No que se refere ao estabelecimento para fins de cobrança do ICMS, assinale a opção correta.

(A) Depósito de mercadorias encontrado ao lado de estabelecimento comercial, sendo ambos do mesmo titular, não pode ser considerado estabelecimento autônomo, ainda que seja depósito aberto.
(B) Cada estabelecimento comercial responde por seu crédito tributário, ainda que o mesmo titular possua vários estabelecimentos.
(C) Qualquer lugar público ou privado que sirva para reuniões de pessoas físicas ou jurídicas é considerado estabelecimento para fins fiscais.
(D) Se um titular possuir vários estabelecimentos em seu nome, cada um será considerado de forma autônoma para os fins fiscais.
(E) Por ser meio de transporte, o veículo usado no comércio ambulante não pode ser considerado como estabelecimento autônomo para os fins fiscais.

A: incorreta, pois cada estabelecimento do titular é autônomo, considerando-se com tal inclusive o local onde as mercadorias se encontrem armazenadas – art. 11, I, a, e § 3º, da LC 87/1996; B: incorreta, pois estabelecimento não tem personalidade jurídica, não podendo ser sujeito passivo, portanto (embora seja considerado autônomo para fins de controle e cálculo do ICMS) – art. 4º da LC 87/1996; C: incorreta, pois estabelecimento é o local, privado ou público, edificado ou não, próprio ou de terceiro, onde pessoas físicas ou jurídicas exerçam suas atividades em caráter temporário ou permanente, bem como onde se encontrem armazenadas mercadorias – art. 11, § 3º, da LC 87/1996; D: correta – art. 11, § 3º, II, da LC 87/1996; E: incorreta, pois o veículo do ambulante pode ser considerado estabelecimento autônomo – art. 11, § 3º, III, da LC 87/1996.

Gabarito "D".

(Auditor Fiscal da Receita Federal – ESAF) Assinale, entre as hipóteses abaixo, a única que constitui hipótese de incidência do ICMS – Imposto sobre Operações relativas à Circulação de Mercadorias e sobre Prestações de Serviços de transporte interestadual e intermunicipal e de comunicação.

(A) Fornecimento de alimentação e bebidas em restaurante ou estabelecimento similar, sem a previsão na respectiva lei estadual.
(B) Saída física de máquinas, utensílios e implementos a título de comodato.
(C) Comercialização de exemplares de obras cinematográficas, gravados em fitas de videocassete.
(D) Alienação de salvados de sinistro pelas seguradoras.
(E) Operações de industrialização por encomenda de embalagens, destinadas à utilização direta em processo subsequente de industrialização.

A: incorreta, pois é sempre necessária previsão da hipótese de incidência na lei estadual ou distrital – art. 1.º da LC 87/1996; **B:** incorreta, pois, no caso de comodato (empréstimo) não há circulação de mercadoria – Súmula 573/STF; **C:** correta – Súmula 662/STF; **D:** incorreta, pois a atual jurisprudência afasta a cobrança nesse caso, tendo sido cancelada a Súmula 152/STJ pela 1.ª Seção do STJ, no julgamento do REsp 73.552/RJ; **E:** incorreta, pois incide exclusivamente o ISS, na hipótese – ver REsp 1.097.249/ES e REsp 888.852/ES.
Gabarito "C".

(Auditor Fiscal da Receita Federal – ESAF) A Constituição Federal prevê que o ICMS – Imposto sobre Operações relativas à Circulação de Mercadorias e sobre Prestações de Serviços de transporte interestadual e intermunicipal e de comunicação – será não cumulativo, compensando-se o que for devido em cada operação relativa à circulação de mercadorias ou prestação de serviços com o montante cobrado nas anteriores pelo mesmo ou outro Estado ou pelo Distrito Federal. Sobre a não cumulatividade do ICMS, assinale a opção correta.

(A) Cabe a restituição do tributo pago indevidamente, independentemente de haver decisão reconhecendo que o contribuinte de direito não recuperou do contribuinte de fato o *quantum* respectivo.
(B) Nas operações interestaduais, o creditamento do ICMS na operação subsequente deve corresponder ao montante que foi efetivamente recolhido na operação anterior.
(C) No caso de a mercadoria ser alienada, intencionalmente, por importância inferior ao valor que serviu de base de cálculo na operação de que decorreu sua entrada, o contribuinte, se desejar, poderá efetuar a anulação do crédito correspondente à diferença entre o valor referido e o que serviu de base ao cálculo na saída respectiva.
(D) Viola o princípio da não cumulatividade a vedação ao creditamento do ICMS relativo à entrada de insumos usados em industrialização de produtos cujas saídas foram isentas.
(E) O registro tardio dos créditos, por inércia do contribuinte, não é vedado. Todavia, fica afastada a possibilidade de correção de tais créditos, na medida em que foi ele próprio quem lhe deu causa.

A: incorreta, pois, no caso dos chamados tributos indiretos, a restituição do indébito submete-se ao disposto no art. 166 do CTN; **B:** adequada, embora a CF e a LC 87/1996 refiram-se ao valor "cobrado" nas operações anteriores, não necessariamente "recolhido" – art. 155, § 2.º, I, da CF e art. 19 da LC 87/1996; **C:** ilógica. O creditamento é escritural e um direito do contribuinte. Não teria sentido ele optar por cancelar parcialmente o crédito da entrada para pagar mais ICMS ao fisco; **D:** incorreta - art. 155, § 2.º, II, *a*, da CF; **E:** correta, pois a natureza escritural dos créditos veda sua correção monetária, exceto se o aproveitamento tardio decorrer de culpa do fisco.
Gabarito "B".

(Técnico da Receita Federal – ESAF) Consoante decisões recentes dos Tribunais Superiores acerca do Imposto sobre Circulação de Mercadorias e Serviços – ICMS, é incorreto afirmar-se que

(A) não incide ICMS na importação de bens por pessoa física ou jurídica que não seja contribuinte do imposto.
(B) é legítima a incidência do ICMS na comercialização de exemplares de obras cinematográficas, gravados em fitas de videocassete.
(C) na entrada de mercadoria importada do exterior, é ilegítima a cobrança do ICMS por ocasião do desembaraço aduaneiro.
(D) não constitui fato gerador do ICMS o simples deslocamento de mercadoria de um para outro
(E) o fornecimento de mercadorias com a simultânea prestação de serviços em bares, restaurantes e estabelecimentos similares constitui fato gerador do ICMS a incidir sobre o valor total da operação.

A: a partir da EC 33/2001, incide ICMS na hipótese – art. 155, § 2º, IX, *a*, da CF; **B:** não incide ICMS, na hipótese – Súmula 135/STJ; **C:** admite-se a cobrança do ICMS no momento do desembaraço aduaneiro – art. 12, IX, da LC 87/1996; **D:** os fiscos estaduais e distrital defendem a incidência, na hipótese, nos termos do art. 12, I, da LC 87/1996. Argumentam que a Súmula 166/STJ não se aplica aos deslocamentos definitivos entre estabelecimentos (afasta-se a incidência do ICMS somente quando a mercadoria é deslocada provisoriamente, com retorno ao estabelecimento originário); **E:** art. 2º, I, da LC 87/1996. Em nossa opinião, o gabarito é impreciso. A assertiva em A também é incorreta e, no que se refere à assertiva em D, há forte debate quanto ao significado da Súmula 166/STJ.
Gabarito "C".

(Auditor Fiscal/PE – UPENET/IAUPE) De acordo com o Decreto 14.876/91, *"Considera-se ocorrido o fato gerador do imposto"*

(A) na saída de mercadoria do estabelecimento de contribuinte, exclusive cooperativa, ainda que para outro estabelecimento do mesmo titular.
(B) na saída de mercadoria do estabelecimento de contribuinte, inclusive cooperativa, desde que para outro estabelecimento do mesmo titular.
(C) na saída de bens produzidos no estabelecimento do contribuinte, ainda que para outro estabelecimento do mesmo titular.
(D) na saída de mercadoria do estabelecimento de contribuinte, inclusive cooperativa, ainda que para outro estabelecimento do mesmo titular.
(E) na saída de mercadoria do estabelecimento de contribuinte, inclusive cooperativa, desde que para estabelecimento de outro titular.

Embora a questão faça referência à legislação local, é possível resolvê-la sem conhecer a norma estadual, já que o fato gerador e o contribuinte (além das bases de cálculo) dos impostos previstos na Constituição são definidos por lei complementar federal – art. 146, III, *a*, da CF. Da mesma forma, a fixação do local da operação, para efeito de definição do estabelecimento responsável pelo ICMS, é dada por lei complementar federal – art. 155, § 2º, XII, *d*, da CF. Contribuinte do ICMS é qualquer pessoa, física ou jurídica, que realize, com habitualidade ou em volume que caracterize intuito comercial, operações de circulação de mercadoria ou prestações de serviços de transporte interestadual e intermunicipal e de comunicação, ainda que as operações e as prestações se iniciem no exterior – art. 4º da LC 87/1996. O conceito inclui as cooperativas, portanto. Ademais, apesar de jurisprudência em contrário (Súmula 166/STJ), é incontroverso que o art. 12, I, da LC 87/1996 considera ocorrido o fato gerador no momento da saída da mercadoria do estabelecimento do contribuinte, ainda que para outro estabelecimento do mesmo titular, norma que é repetida pelas legislações locais. Por essa razão, a alternativa D é a correta.

Gabarito "D".

(Auditor Fiscal/PE – UPENET/IAUPE) De acordo com o Decreto 14.876/91, NÃO se considera ocorrido o fato gerador do imposto no (na)

(A) fornecimento de alimentação, bebidas e outras mercadorias em bares, restaurantes, cafés e outros estabelecimentos.
(B) prestação dos serviços de competência municipal, com fornecimento de mercadoria, quando prevista a incidência em relação a esta nos termos de lei complementar.
(C) prestação dos serviços de transporte interestadual e intramunicipal de qualquer natureza.
(D) prestação de serviço de comunicação, feita por qualquer meio, inclusive a geração, a emissão, a recepção, a transmissão, a retransmissão, a repetição e a ampliação de comunicação de qualquer natureza, através de ato oneroso.
(E) arrematação em leilão ou na aquisição em licitação, promovidos pelo Poder Público, de mercadoria, inclusive importada do exterior, apreendida ou abandonada.

Apesar da referência à legislação local, é importante lembrar que o fato gerador dos impostos previstos na Constituição é fixado por lei complementar federal, no caso do ICMS, a LC 87/1996. **A:** incorreta, pois há incidência do ICMS, nesse caso – art. 2º, I, da LC 87/1996 e Súmula 163/STJ; **B:** incorreta, pois incide o ICMS sobre o valor das mercadorias, quando são fornecidas com serviço sujeito ao ISS, desde que haja previsão específica nesse sentido – art. 2º, V, da LC 87/1996; **C:** assertiva parcialmente incorreta (essa é a alternativa a ser indicada pelo candidato, por exclusão das demais). Na verdade, o ICMS incide sobre o transporte interestadual (citado na assertiva) e **inter**municipal, mas não no caso de transporte **intra**municipal (dentro do município, também citado na assertiva), que se sujeita ao ISS – art. 155, II, da CF e art. 2º, II, da LC 87/1996; **D:** incorreta, pois incide ICMS nesse caso – art. 2º, III, da LC 87/1996; **E:** incorreta, pois o imposto estadual incide também nessa hipótese – art. 4º, parágrafo único, III, da LC 87/1996.

Gabarito "C".

Veja a seguinte tabela, para estudo e memorização dos casos de fornecimento de mercadoria com serviços e as incidências do ICMS e do ISS:

Fornecimento de mercadoria com prestação de serviço Art. 1º, § 2º, da LC 116/2003 e art. 2º, IV e V, da LC 87/1996		
Situação	Incidência	Exemplos
Serviço constante da lista da LC 116/2003, sem ressalva em relação à mercadoria	ISS sobre o preço total	Súmula 156/STJ. A prestação do serviço de composição gráfica, personalizada e sob encomenda, ainda que envolva fornecimento de mercadorias, está sujeita, apenas, ao ISS. (Especificamente no caso de embalagens a serem utilizadas como insumo industrial, o STF entende que incide ICMS sobre o valor total) Súmula 274/STJ. O ISS incide sobre o valor dos serviços de assistência médica, incluindo-se neles as refeições, os medicamentos e as diárias hospitalares.
Serviço constante da lista da LC 116/2003, com ressalva em relação à mercadoria	ISS sobre o preço do serviço e ICMS sobre o valor da mercadoria	Item 14. 03 – Recondicionamento de motores (exceto peças e partes empregadas, que ficam sujeitas ao ICMS).
Serviço não constante da lista da LC 116/2003	ICMS sobre o valor total da operação	Súmula 163/STJ. O fornecimento de mercadorias com a simultânea prestação de serviços em bares, restaurantes e estabelecimentos similares constitui fato gerador do ICMS a incidir sobre o valor total da operação.

(Auditor Fiscal/PE – UPENET/IAUPE) De acordo com o Decreto 14.876/91, indique a alternativa na qual NÃO ocorrerá a não incidência nas (na)

(A) operações de arrendamento mercantil contratado por escrito, em relação à venda do bem arrendado ao arrendatário, inclusive mediante o exercício da opção de compra prevista no respectivo contrato.
(B) operações com ouro, quando definido em lei como ativo financeiro ou instrumento cambial.
(C) saída de mercadoria que tenha entrado em estabelecimento de empresa transportadora, exclusivamente para fim de transporte, desde que tenha sido enviada para o destinatário indicado na documentação fiscal que a acompanhe.

(D) extração e remoção de terras e rochas, simplesmente escavadas, transferidas ou compactadas durante a execução das obras de construção e conservação de estradas de rodagem, pistas de aeroportos, túneis, portos, barragens e outras obras semelhantes.
(E) operações de qualquer natureza de que decorra a transferência de propriedade de estabelecimento industrial, comercial ou de outra espécie.

Mais uma vez, o candidato precisa estar atento. O fato gerador do ICMS é fixado pela lei complementar federal (art. 146, III, *a*, da CF), de modo que é possível resolver a questão, mesmo sem conhecer a norma local. Ademais, é preciso cuidado com o texto confuso, que apresenta dupla negativa (não ocorrerá a não incidência). O candidato deve indicar a alternativa em que há incidência do ICMS (= não há não incidência). **A:** essa é a alternativa correta, pois, embora o ICMS não incida sobre a operação de arrendamento mercantil em si (incide apenas o ISS sobre o *leasing*), o tributo estadual é cobrado em relação à eventual venda do bem arrendado ao arrendatário no final do contrato (exercício da opção de compra) – art. 3°, VIII, *in fine*, da LC 87/1996; **B:** incorreta, pois não incide ICMS na hipótese, mas apenas o IOF federal – art. 3°, IV, da LC 87/1996; **C:** incorreta, pois não incide ICMS nesse caso, mas apenas na saída do estabelecimento originário (de onde saiu a mercadoria a ser transportada ao destinatário) – art. 12, I, da LC 87/1996; **D:** incorreta, pois não incide ICMS, pois não há mercadoria (bem móvel destinado ao comércio), no caso – art. 2°, I, da LC 87/1996; **E:** incorreta, pois o imposto estadual não incide nesse caso – art. 3°, VI, da LC 87/1996.
Gabarito "A".

(Auditor Fiscal/PE – UPENET/IAUPE) De acordo com o Decreto 14.876/91, indique a alternativa INCORRETA em relação à base de cálculo do imposto.
(A) O valor de que decorrer a operação na saída de mercadoria de estabelecimento de contribuinte.
(B) O valor de que decorrer a operação na transmissão, a terceiro, de propriedade de mercadoria, ou de título que a represente, quando a mercadoria não tiver transitado pelo estabelecimento transmitente.
(C) Na falta de documentação que indique o valor da operação, a base de cálculo será o preço CIF praticado pelo estabelecimento industrial à vista, caso o destinatário seja, também, industrial.
(D) Na hipótese de fornecimento de mercadoria, juntamente com a prestação de serviço não incluído na competência tributária do Município, o valor total da operação, compreendendo este o preço da mercadoria empregada, o do serviço prestado e demais despesas acessórias cobradas ao destinatário.
(E) O valor de que decorrer a operação, na transmissão, a terceiro, de propriedade de mercadoria depositada em armazém-geral ou em depósito fechado localizado na Unidade da Federação do transmitente.

Lembre-se de que a base de cálculo dos impostos previstos na Constituição é fixada pela lei complementar federal (art. 146, III, *a*, da CF), de modo que é possível resolver a questão, mesmo sem conhecer a legislação local. **A:** correta, pois o valor da operação é a base de cálculo do ICMS no caso de circulação de mercadoria – art. 13, I, c/c art. 12, I, da LC 87/1996; **B:** correta, pois essa é a base de cálculo (valor da operação) prevista no art. 13, I, c/c art. 12, IV, da LC 87/1996; **C:** incorreta, pois, no caso de importação em que não há documentação, o valor fixado pela autoridade aduaneira para a base de cálculo do imposto de importação será considerado no preço da importação para fins do ICMS – art. 14, parágrafo único, da LC 87/1996. A esse valor (= preço da importação) serão somados os montantes previstos no art. 12, V, da LC 87/1996 (o próprio imposto de importação, além de outras despesas aduaneiras), para se chegar à base de cálculo do ICMS;

D: assertiva correta, conforme o art. 13, IV, *a*, c/c art. 12, VIII, *a*, da LC 87/1996; **E:** correta, pois a base de cálculo é o valor da operação, também nesse caso – art. 13, I, c/c art. 12, III, da LC 87/1996.
Gabarito "C".

(Auditor Fiscal/PE – UPENET/IAUPE) De acordo com o Decreto 14.876/91, indique a alternativa INCORRETA em relação à base de cálculo do imposto.
(A) Na industrialização efetuada por outro estabelecimento, a base de cálculo será o valor agregado durante o processo de industrialização, quando a mercadoria for recebida sem imposto destacado no respectivo documento fiscal, nas hipóteses legalmente admitidas.
(B) Na industrialização efetuada por outro estabelecimento, a base de cálculo será o valor total, incluído o da mercadoria recebida e o agregado durante o processo de industrialização, quando a mercadoria for recebida com imposto destacado no respectivo documento fiscal.
(C) Na entrada de mercadoria importada do exterior, para fins de determinação da base de cálculo, será considerado o preço da mercadoria expresso em moeda estrangeira que será convertido em moeda nacional pela mesma taxa de câmbio utilizada no cálculo do Imposto de Importação, sendo devido o acréscimo posterior, se houver variação da taxa de câmbio até o pagamento do efetivo preço.
(D) Na entrada de mercadoria conduzida por contribuinte de outra Unidade da Federação, sem destinatário certo, esgotada, sucessivamente, cada possibilidade: i) o preço máximo de venda no varejo, quando este for fixado pela autoridade competente ou pelo fabricante; ii) o valor no varejo das citadas mercadorias em que se exigir o pagamento do imposto e iii) o valor constante do documento fiscal de origem, inclusive IPI e despesas acessórias.
(E) Na prestação de serviço de transporte interestadual e intermunicipal e de comunicação, o preço do serviço, acrescendo-se, quanto ao iniciado ou prestado no exterior, todas as despesas cobradas ou debitadas ao adquirente, relacionadas com a sua utilização.

A: correta. Se não houve destaque do ICMS na nota, o estabelecimento industrializador não se creditou do valor correspondente, sendo coerente, nesse caso, que o tributo estadual incida apenas sobre o valor agregado (art. 14, V, *a*, do Decreto 14.876/1991); **B:** correta. Nesse caso, como há destaque na nota, o industrializador se creditará do ICMS correspondente e, com isso, reduzirá o imposto a ser recolhido na saída. Coerentemente, a base de cálculo deverá ser o valor total da operação, incluindo a mercadoria recebida e o valor agregado (art. 14, V, *b*, do Decreto 14.876/1991); **C:** incorreta, pois o preço será convertido em moeda nacional pelo câmbio utilizado no cálculo do imposto de importação, sem qualquer acréscimo ou devolução posterior se houver variação da taxa de câmbio até o pagamento efetivo do preço – art. 14 da LC 87/1996. Perceba que é possível resolver a questão, mesmo sem conhecer a legislação local; **D:** correta, pois se trata de normas para arbitramento do valor da operação, prevista no art. 14, VI, do Decreto 14.876/1991; **E:** correta, pois, em regra, o ICMS incide sobre o valor total da operação, o que inclui as despesas cobradas ou debitadas ao adquirente, relacionadas com a sua utilização (art. 14, X, do Decreto 14.876/1991).
Gabarito "C".

(Auditor Fiscal/PE – UPENET/IAUPE) De acordo com o Decreto 14.876/91, indique a alternativa CORRETA em relação à base de cálculo do imposto.

(A) Na arrematação em leilão ou na aquisição em licitação, promovidos pelo Poder Público, de mercadoria, inclusive importada do exterior, apreendida ou abandonada, a base de cálculo será o valor da arrematação ou da aquisição, não incluídos o valor do Imposto de Importação, do IPI e demais despesas cobradas ou debitadas ao interessado.
(B) Na saída de mercadoria, posta de conta ou à ordem, por anulação de venda, quando posteriormente destinada a eventual comprador, o valor constante da Nota Fiscal de origem, acrescido das despesas acessórias, inclusive frete, seguro e IPI, quando houver, observado, para fim de abatimento, o respectivo crédito fiscal.
(C) Na saída de mercadoria para estabelecimento pertencente ao mesmo titular, a base de cálculo será o valor correspondente à saída mais recente da mercadoria, tratando-se de estabelecimento comercial.
(D) Na saída de mercadoria para estabelecimento pertencente ao mesmo titular, tratando-se de produto primário, a base de cálculo será o custo de aquisição ou produção mais recente, quando este for produtor.
(E) Na saída de mercadoria desacompanhada de Nota Fiscal, a base de cálculo será o valor desta no varejo ou, na sua falta, o valor em nível de varejo da respectiva praça, com os acréscimos relativos ao imposto antecipado.

A: incorreta, pois no caso de arrematação de bens abandonados ou apreendidos, a base de cálculo inclui o valor do imposto de importação, do IPI, e de todas as despesas cobradas ou debitadas ao adquirente – art. 13, VII, c/c o art. 12, XI, da LC 87/1996; **B:** essa é a alternativa correta, nos termos da legislação local (art. 14, XIV, do Decreto pernambucano 14.876/1991). Entretanto, perceba que é possível resolver a questão mesmo sem conhecê-la, por exclusão, apenas com base na lei complementar federal; **C:** incorreta, pois, no caso, a base de cálculo levará em consideração o valor da entrada (não saída) mais recente da mercadoria – art. 12, § 4º, da LC 87/1996; **D:** incorreta, pois, tratando-se de mercadorias não industrializadas, a base de cálculo para o ICMS será o preço corrente no mercado atacadista do estabelecimento remetente – art. 13, § 4º, III, da LC 87/1996; **E:** incorreta, pois não faz sentido. Se não há valor no varejo, não há como ser adotado o "valor em nível de varejo". A rigor, pela legislação local, o fisco considerará o valor de atacado na respectiva praça, na falta de valor no varejo (art. 14, XVII, do Decreto pernambucano 14.876/1991).
Gabarito "B".

(Auditor Fiscal/PE – UPENET/IAUPE) De acordo com o Decreto 14.876/91, avalie as assertivas abaixo.

I. Na saída de produto em retorno ao estabelecimento que o tenha remetido para conserto ou reparo, desde que tenha havido emprego de materiais, a base de cálculo será o preço cobrado ao remetente pelo fornecimento destes.
II. Não ocorrendo o retorno de produto remetido para conserto ou reparo, a base de cálculo será o valor de que tenha decorrido a saída, acrescido do valor dos materiais empregados no conserto ou reparo.
III. Na saída de bens de capital de origem estrangeira, promovida pelo estabelecimento que os houver adquirido do exterior com isenção do Imposto de Importação, a base de cálculo será a diferença entre o valor da operação de que decorrer a saída e o custo da aquisição dos referidos bens.

Em relação à base de cálculo do imposto, assinale a alternativa CORRETA.

(A) Apenas as alternativas "I" e "II" estão corretas.
(B) Apenas as alternativas "I" e "II" estão incorretas.
(C) Apenas as alternativas "II" e "III" estão incorretas.
(D) Apenas as alternativas "I" e "III" estão corretas.
(E) Apenas as alternativas "I" e "III" estão incorretas.

I: correta, pois, nesse caso, só há circulação econômica da mercadoria empregada no conserto ou reparo; **II:** incorreta, pois, nesse caso, houve circulação de mercadoria do remetente para o estabelecimento que realizaria o conserto, de modo que a base de cálculo só pode ser o valor da mercadoria remetida (sem acréscimo do montante correspondente aos materiais eventualmente empregados no conserto); **III:** correta. Nesse caso, há regra específica da legislação pernambucana – art. 14, XXIV, do Decreto 14.876/1991. Em princípio, a base de cálculo seria o valor da operação, possibilitando-se a compensação do ICMS eventualmente recolhido na operação anterior, dentro da sistemática da não cumulatividade. Caso não tenha havido recolhimento anterior (isenção de ICMS na importação), a regra que permite o abatimento do custo da mercadoria adquirida, para fins de cálculo da base de cálculo da operação de saída, configura benefício fiscal concedido pela legislação pernambucana.
Gabarito "D".

(Auditor Fiscal/PE – UPENET/IAUPE) De acordo com o Decreto 14.876/91, indique a alternativa CORRETA em relação ao crédito fiscal.

(A) É assegurado ao sujeito passivo do imposto o direito de creditar-se do imposto devido, destacado em documento fiscal idôneo, relativo à matéria-prima, produto intermediário, embalagem ou serviço para emprego no processo de comercialização e industrialização.
(B) O estabelecimento não poderá se beneficiar, antecipadamente, do abatimento do imposto ainda não recolhido do qual seja devedor como contribuinte-substituto, sob a condição de que o recolhimento venha a ser efetuado no prazo legal.
(C) É admitido o crédito em relação à energia elétrica e a outras fontes de energia, quando utilizadas na produção, industrialização, comercialização, extração, geração ou prestação dos serviços de transportes e de comunicação.
(D) Na hipótese de cálculo do imposto em desacordo com as normas legais de incidência, se for comprovado cálculo a maior, somente será admitido o crédito do valor do imposto legalmente exigido, e, sendo verificado cálculo a menor, o contribuinte deverá creditar-se do valor do imposto destacado no documento fiscal.
(E) Na transferência de mercadoria, qualquer que tenha sido a base de cálculo adotada para o recolhimento do imposto devido pelo estabelecimento remetente, não será admitido crédito inferior ao valor do tributo calculado sobre a base de cálculo legalmente prevista para a hipótese.

A: incorreta. Perceba que não tem cabimento falar em matéria-prima, produto intermediário, embalagem ou serviços em relação ao ICMS incidente sobre o processo de **comercialização**. É por isso que a legislação local refere-se ao processo de **produção** ou industrialização, nesse caso – art. 28, II, do Decreto 14.876/1991; **B:** incorreta, pois o creditamento é permitido, nessa hipótese, pela legislação local – art. 28, § 10, do Decreto 14.876/1991; **C:** incorreta. Pela legislação nacional, o crédito de

ICMS relativo à entrada de energia elétrica somente é permitido, atualmente, (i) quando for objeto de operação de saída de energia elétrica; (ii) quando consumida no processo de industrialização; e (iii) quando seu consumo resultar em operação de saída ou prestação para o exterior, na proporção destas sobre as saídas ou prestações totais – art. 33, II, da LC 87/1996. O art. 33, II, *d*, da LC 87/1996 prevê o aproveitamento do crédito relativo à energia elétrica nas demais hipóteses, mas o termo inicial para vigência da regra vem sendo sucessivamente adiado por leis complementares posteriores (verifique a situação legal na época de sua prova!). A legislação pernambucana tem regra excepcional, mas que não abrange a situação descrita na assertiva (serviços de transporte e comunicação); **D:** correta, já que essas regras, previstas na legislação local (art. 28, §§ 6º e 7º, do Decreto 14.876/1991), impedem que o adquirente da mercadoria ou do serviço credite-se por valor maior que o efetivamente recolhido na operação anterior; **E:** incorreta. Perceba que não faria sentido a legislação local proibir crédito **inferior** ao correto. O contribuinte adquirente da mercadoria ou do serviço tem todo interesse em se creditar do valor correto, nunca inferior. O creditamento por valor inferior implicaria aumento do ICMS a ser recolhido na saída. A assertiva equivale a "proibir o contribuinte de pagar mais ICMS do que é devido", o que, perceba, não faz sentido. A legislação local, coerentemente, proíbe crédito **superior** ao valor do tributo calculado sobre a base de cálculo legalmente prevista para a hipótese, pois isso implicaria redução indevida do ICMS a ser pago na saída (art. 28, § 9º, do Decreto 14.876/1991).

Gabarito "D".

(Auditor Fiscal/PE – UPENET/IAUPE) De acordo com o Decreto 14.876/91 (RICMS/PE), indique a alternativa INCORRETA em relação ao estorno de crédito.

(A) O contribuinte procederá ao estorno do imposto de que se tenha creditado, quando a mercadoria adquirida for integrada ao ativo fixo ou for utilizada para consumo do próprio estabelecimento ou para locação, comodato ou arrendamento mercantil a terceiros.

(B) O contribuinte procederá ao estorno do imposto de que se tenha creditado, quando a mercadoria adquirida perecer, for objeto de roubo, furto ou extravio, ou, quando deteriorada, tornar-se imprestável para qualquer finalidade da qual resulte fato gerador do imposto.

(C) O contribuinte procederá ao estorno do imposto de que se tenha creditado, quando a mercadoria adquirida, quando as operações ou as prestações subsequentes forem beneficiadas por isenção, não incidência ou qualquer outra forma de exoneração tributária.

(D) Quando uma mercadoria adquirida ou um serviço recebido resultar em saída tributada e não tributada pelo imposto, o estorno será proporcional à saída ou à prestação não tributada.

(E) Havendo mais de uma aquisição ou prestação e, sendo impossível determinar a qual delas corresponde a mercadoria ou o serviço, o imposto a estornar será calculado sobre o preço de aquisição ou prestação mais antiga, mediante a aplicação da alíquota vigente para a respectiva operação.

A: correta, pois, em regra, realiza-se o estorno do ICMS relativo às entradas de mercadorias que são objeto de operações não tributadas posteriormente, caso da locação, do comodato e do arrendamento mercantil – art. 155, § 2º, II, *b*, da CF e art. 21, I da LC 87/1996, art. 34, I, *b*, do Decreto pernambucano 14.876/1991. De modo semelhante, a mercadoria destinada ao ativo fixo (permanente) permite o creditamento apenas parceladamente, conforme o art. 20, § 5º, da LC 87/1996; **B:**

assertiva correta, conforme o at. 21, IV, da LC 87/1996; **C:** correta, nos termos do art. 21, I, da LC 87/1996; **D:** correta, pois o estorno proporcional é reconhecido pela jurisprudência do STF – ver AI 565. 666 AgR/RS, ver o art. 34, III, do Decreto 14.876/1991; **E:** essa é a assertiva incorreta, pois leva em consideração o preço de aquisição ou prestação mais recente – art. 34, § 2º, do Decreto 14.876/1991.

Gabarito "E".

(Auditor Fiscal/PE – UPENET/IAUPE) Considerando os dados abaixo

a) Aquisição interestadual de 10 (dez) máquinas pelo valor unitário de R$ 10.000, com alíquota de 12%;
b) Venda com isenção de 3 (três) máquinas pelo valor unitário de R$ 12.000;
c) Venda de 7 (sete) máquinas, tendo a operação redução de 40% da base de cálculo.

indique o valor do estorno a ser realizado.

(A) R$ 4.860.
(B) R$ 5.840.
(C) R$ 6.960.
(D) R$ 7.120.
(E) R$ 9.600.

Quando há saída isenta ou não tributada, deve ser feito o estorno proporcional em relação ao crédito de ICMS relativo às entradas – art. 155, § 2º, II, *b*, da CF e art. 21, I, da LC 87/1996. O STF reconheceu que a redução parcial da base de cálculo equivale à isenção parcial, de modo que deve haver diminuição proporcional do crédito relativo à entrada – ver AI 565. 666 AgR/RS. Considerando que as máquinas não são destinadas ao ativo permanente, houve, em princípio, creditamento de R$ 12 mil (12% de R$ 100 mil, valor total da aquisição), ou seja, R$ 1. 200,00 por máquina. Como 3 máquinas foram vendidas sem recolhimento do ICMS (isenção total), deve ser feito o estorno equivalente a elas, ou seja, R$ 3. 600,00. Em relação às 7 máquinas com isenção parcial de 40% na saída, haverá estorno proporcional em relação às entradas (= 40% de R$ 1. 200,00 X 7), ou seja, R$ 3. 360,00. No total, serão estornados R$ 6. 960,00.

Gabarito "C".

(Auditor Fiscal/RO – FCC – adaptada) Sobre a disposição constitucional do ICMS, é INCORRETO afirmar que

(A) incide sobre operações que destinem mercadorias para o exterior e sobre serviços prestados a destinatários no exterior.

(B) poderá ser seletivo, em função da essencialidade das mercadorias e dos serviços.

(C) não incide sobre operações que destinem a outros estados petróleo e energia elétrica.

(D) incide sobre a entrada de bem ou mercadoria importados do exterior por pessoa física ou jurídica, ainda que não seja contribuinte habitual do imposto, qualquer que seja a sua finalidade.

(E) será não cumulativo, compensando-se o que for devido em cada operação relativa à circulação de mercadorias ou prestação de serviços com o montante cobrado nas anteriores pelo mesmo ou outro Estado ou Distrito Federal.

A: incorreta, pois as exportações de mercadorias e de serviços são imunes em relação ao ICMS – art. 155, § 2º, X, *a*, da CF; **B:** correta, nos exatos termos do art. 155, § 2º, III, da CF; **C:** correta, não há incidência nessas operações, conforme o art. 155, § 2º, X, *b*, da CF. O ICMS só incidirá nas operações seguintes, ocorridas no território do Estado de destino ou na entrada em seu território, sendo que essa unidade da Federação ficará com toda a receita do imposto – art. 155, § 4º, I, da CF e arts. 2º, III, e 3º, III, da LC 87/1996; **D:** correta, em conformidade com

o art. 155, § 2º, IX, *a*, da CF; **E:** correta, pois indica a não cumulatividade aplicável ao ICMS – art. 155, § 2º, I, da CF.
Gabarito "A".

(Auditor Fiscal/RO – FCC) Considera-se ocorrido o fato gerador do ICMS no momento

(A) do fornecimento de mercadoria com prestação de serviços compreendidos na competência tributária dos Municípios e sem indicação expressa de incidência do imposto de competência estadual, como definido na lei complementar aplicável.
(B) do ato final do transporte com término no exterior.
(C) da aquisição em licitação pública de mercadorias importadas do exterior e apreendidas ou abandonadas, excetuados os bens adquiridos nessas mesmas circunstâncias.
(D) da saída de mercadoria de estabelecimento de contribuinte, ainda que para outro estabelecimento do mesmo titular.
(E) da entrada na repartição aduaneira das mercadorias ou bens importados do exterior.

A: incorreta, pois, nessa hipótese (serviço tributável pelos Municípios, com fornecimento de mercadoria, e sem disposição expressa de incidência do ICMS) incide apenas o ISS sobre o preço total da operação – art. 1º, § 2º, da LC 116/2003. Haveria incidência do ICMS sobre o valor total da operação se o serviço não estivesse listado na LC 166/2003, ou seja, se não houvesse competência municipal em relação a ele – arts. 2º, IV, e 12, VIII, *a*, da LC 87/1996. Em uma terceira hipótese, haveria incidência do ICMS apenas sobre o valor da mercadoria fornecida com o serviço, caso a LC 116/2003 previsse expressamente essa situação – arts. 2º, V, e 12, VIII, *b*, da LC 87/1996 (veja a tabela anteriormente apresentada); **B:** incorreta, pois o ICMS incide no momento do **início** (não do término, como consta da assertiva) da prestação dos serviços de transporte interestadual e intermunicipal – art. 12, V, da LC 87/1996; **C:** incorreta, pois não há a exceção indicada na assertiva – art. 12, XI, da LC 87/1996; **D:** correta, pois essa é a exata disposição do art. 12, I, da LC 87/1996. Importante, entretanto, salientar que o Judiciário afasta a incidência nessa hipótese, pelo menos em relação às operações internas – Súmula 166/STJ; **E:** incorreta, pois, no caso de importação, o fato gerador do ICMS ocorre no momento do desembaraço aduaneiro – art. 12, IX, da LC 87/1996.
Gabarito "D".

(Auditor Fiscal/RO – FCC) O ICMS

I. não incide sobre operações com livros, jornais, periódicos e papel destinado à sua impressão.
II. não incide sobre operações com ouro.
III. não incide sobre operações de qualquer natureza de que decorra a transferência de propriedade de estabelecimento industrial, comercial ou de outra espécie.

Está correto o que se afirma APENAS em

(A) I.
(B) I e III.
(C) II.
(D) II e III.
(E) III.

I: assertiva correta, pois há imunidade, no caso – art. 150, VI, *d*, da CF; **II:** incorreta, pois o ICMS incide nas operações com ouro, quando circula como mercadoria, embora não incida o tributo estadual no caso do ouro definido em lei como ativo financeiro ou instrumento cambial (que se submete exclusivamente ao IOF federal) – arts. 153, § 5º, e 155, X, *c*, da CF; **III:** correta, nos termos do art. 3º, VI, da LC 87/1996.
Gabarito "B".

(Auditor Fiscal/RO – FCC) O ICMS incide sobre

(A) a prestação de serviço de transporte interestadual e intramunicipal, por qualquer via, de pessoas, bens, mercadorias ou valores.
(B) a prestação de serviço de transporte intermunicipal e intramunicipal, por qualquer via, de pessoas, bens, mercadorias ou valores.
(C) a entrada de bem ou mercadoria importados do exterior por pessoa física ou jurídica, ainda que não seja contribuinte habitual do imposto, exceto a destinada ao ativo fixo do estabelecimento importador.
(D) a entrada, no território do Estado, de petróleo, inclusive lubrificante e combustível líquido e gasoso dele derivados, e de energia elétrica, quando destinados à comercialização ou à industrialização, decorrentes de operações interestaduais.
(E) a prestação onerosa de serviço de comunicação, por qualquer meio.

A e **B:** incorretas, pois o ICMS não incide no caso de transporte intramunicipal (dentro dos limites do território de um único município, sujeito ao ISS), mas apenas sobre os serviços de transporte intermunicipal e interestadual (que ultrapassem os limites do município) – art. 155, II, da CF; **C:** incorreta, pois o ICMS incide sobre as importações, qualquer que seja a destinação a ser dada à mercadoria – art. 155, § 2º, IX, *a*, da CF; **D:** incorreta, pois se o petróleo ou derivado e a energia elétrica forem destinados à comercialização ou à industrialização, não haverá incidência do imposto na operação interestadual – art. 3º, III, da LC 87/1996. Somente quando **não** forem destinados à comercialização ou à industrialização é que haverá incidência do imposto na entrada no Estado de destino – art. 2º, III, LC 87/1996; **E:** correta, pois incide o ICMS nessa hipótese – art. 155, II, da CF e art. 2º, III, da LC 87/1996.
Gabarito "E".

(Auditor Fiscal/RO – FCC) Nos casos em que o lançamento e o pagamento do ICMS incidentes sobre determinada operação ou prestação são transferidos para etapa ou etapas posteriores, ocorre

(A) diferimento.
(B) isenção.
(C) substituição tributária "para frente".
(D) suspensão.
(E) parcelamento.

A: correta, pois a assertiva refere-se exatamente ao diferimento (= adiamento) do recolhimento do ICMS para o momento das operações subsequentes; **B:** isenção é modalidade de exclusão do crédito tributário, hipótese em que não há cobrança do imposto por força de lei – art. 175, I, do CTN; **C:** na substituição tributária "para frente" o contribuinte é também responsável pelo recolhimento do ICMS relativo às operações subsequentes, ou seja, há antecipação do pagamento, não diferimento – art. 150, § 7º, da CF; **D:** o CTN indica expressamente as modalidades de suspensão da exigibilidade do crédito tributário, dentre as quais não consta o diferimento – art. 151 do CTN; **E:** parcelamento é modalidade de suspensão do crédito tributário, que não se confunde com o diferimento – art. 151, VI, do CTN.
Gabarito "A".

(Auditor Fiscal/RO – FCC) Contribuinte é

I. qualquer pessoa, física ou jurídica, que realize, com ou sem habitualidade, operações de circulação de mercadoria ou prestações de serviços de transporte interestadual e intermunicipal e de comunicação.
II. qualquer pessoa, física ou jurídica, que realize, com habitualidade ou em volume que caracterize intuito

comercial, operação de circulação de mercadoria que se inicie no exterior.

III. a pessoa, física ou jurídica, que, mesmo sem habitualidade ou intuito comercial, seja destinatária de serviço prestado no exterior ou cuja prestação se tenha iniciado no exterior.

Está correto o que se afirma APENAS em

(A) I.
(B) I e III.
(C) II.
(D) II e III.
(E) III.

I: incorreta, pois, como regra, somente a pessoa que realize essas operações **com** habitualidade será considerada contribuinte do ICMS – art. 4º da LC 87/1996; II: correta, nos termos do art. 4º da LC 87/1996; III: correta, pois, no caso da importação, qualquer pessoa que a promova será considerada contribuinte do ICMS – art. 155, § 2º, IX, *a*, da CF e art. 4º, parágrafo único, I, da LC 87/1996.
Gabarito "D".

(Auditor Fiscal/RO – FCC) A base de cálculo do ICMS no fornecimento de alimentação, bebidas e outras mercadorias é

(A) o valor da operação, compreendendo a mercadoria e o serviço.
(B) apenas o valor da mercadoria fornecida.
(C) apenas o preço do serviço prestado no fornecimento.
(D) o valor da operação acrescido do imposto sobre produtos industrializados e de quaisquer outras taxas.
(E) o valor da prestação de serviço acrescido do imposto sobre produtos industrializados e de quaisquer outras taxas.

Nos termos do art. 13, II, c/c o art. 12, II, da LC 87/1996, a base de cálculo do ICMS no caso do fornecimento de alimentação, bebidas e outras mercadorias por qualquer estabelecimento é o valor da operação, compreendendo mercadoria e serviço – Súmula 163/STJ.
Gabarito "A".

(Auditor Fiscal/RO – FCC) NÃO integra a base de cálculo do ICMS o

(A) frete, caso o transporte seja efetuado pelo próprio remetente e seja cobrado em separado.
(B) montante do Imposto sobre Produtos Industrializados (IPI), quando a operação, realizada entre contribuintes e relativa a produto destinado à industrialização ou à comercialização, configurar fato gerador de ambos os impostos.
(C) montante do próprio imposto.
(D) valor correspondente a descontos sob condição.
(E) valor correspondente a seguros.

A: incorreta, pois, nesse caso, o valor do frete integra a base de cálculo do ICMS – art. 13, § 1º, II, *b*, da LC 87/1996; B: assertiva correta, conforme o art. 155, § 2º, XI, da CF; C: incorreta, pois o montante do ICMS inclui-se em sua própria base de cálculo (= cálculo "por dentro") – art. 155, § 2º, XII, *i*, da CF e art. 13, § 1º, I, da LC 87/1996; D: incorreta, pois somente os descontos concedidos sob condição integram a base de cálculo do ICMS – art. 13, § 1º, II, *a, in fine*, da LC 87/1996; E: incorreta, pois integra a base de cálculo do ICMS o valor correspondente a seguros, juros e demais importâncias pagas, recebidas ou debitadas – art. 13, § 1º, II, *a*, da LC 87/1996.
Gabarito "B".

(Auditor Fiscal/RO – FCC) A alíquota do ICMS nas operações internas com mercadorias não especificadas pela Lei Estadual nº 688/96 é de

(A) 9%
(B) 12%
(C) 17%
(D) 25%
(E) 35%

As alíquotas internas do ICMS são fixadas pela lei estadual de cada Estado e do Distrito Federal. De qualquer forma, é interessante o candidato saber que as unidades da Federação costumam fixar suas alíquotas básicas em 17% ou 18%. A alíquota excepcional de 25% é reservada para o fornecimento de energia elétrica e para os serviços de telecomunicação. Lembre-se também que as alíquotas interestaduais fixadas pelo Senado Federal são de 7% e 12%.
Gabarito "C".

(Auditor Fiscal/RO – FCC) A respeito da compensação do ICMS, é correto afirmar:

(A) O imposto é não cumulativo, compensando-se o que for devido em cada operação relativa à circulação de mercadorias ou prestação de serviços de transporte interestadual e intermunicipal e de comunicação com o montante pago nas operações anteriores ao mesmo ou a outro Estado.
(B) É vedado o crédito relativo a mercadoria entrada no estabelecimento ou prestação de serviços a ele feita para integração ou consumo em processo de industrialização ou produção rural, quando a saída do produto resultante for tributada pelo imposto, exceto se se tratar de saída para o exterior.
(C) É permitido o crédito relativo a mercadoria entrada no estabelecimento ou prestação de serviços a ele feita para comercialização ou prestação de serviço, quando a saída ou a prestação subsequente estiverem isentas do imposto, exceto se se tratar de saída para o exterior.
(D) Os créditos decorrentes de entrada de mercadorias no estabelecimento destinadas ao ativo permanente deverão ser feitos à razão de um sessenta avos por mês, devendo a primeira fração ser apropriada no mês em que ocorrer a entrada no estabelecimento.
(E) Não dão direito a crédito as entradas de mercadorias ou utilização de serviços resultantes de operações ou prestações que se refiram a mercadorias ou serviços alheios à atividade do estabelecimento.

A: incorreta, pois a compensação refere-se ao montante **cobrado** nas operações anteriores, não necessariamente aos valores **pagos**, como consta na assertiva – art. 155, § 2º, I, da CF; B: incorreta, pois a vedação de creditamento ocorre quando houver **isenção** ou **não incidência** na operação de saída – art. 155, § 2º, II, da CF. Quando a saída for tributada, haverá direito ao creditamento do ICMS relativo às entradas; C: incorreta, pois o contribuinte tem direito à manutenção do crédito de ICMS relativo às entradas, apesar da imunidade sobre as exportações – art. 155, § 2º, X, *a, in fine*, da CF; D: incorreta, pois o creditamento mensal é de 1/48 (um quarenta e oito avos), conforme o art. 20, § 5º, I, da LC 87/1996; E: essa é a assertiva correta, pois reflete exatamente o disposto no art. 20, § 1º, *in fine*, da LC 87/1996.
Gabarito "E".

(Auditor Fiscal/RO – FCC) NÃO dão direito de crédito do ICMS

(A) as mercadorias destinadas ao uso ou consumo do estabelecimento, no exercício de 2010.
(B) a entrada de energia elétrica no estabelecimento, quando for objeto de operação de saída de energia elétrica.

(C) a entrada de energia elétrica no estabelecimento, quando for consumida no processo de industrialização.
(D) o recebimento de serviços de comunicação, utilizados pelo estabelecimento ao qual tenham sido prestados, na execução de serviços da mesma natureza.
(E) o recebimento de serviços de comunicação, utilizados pelo estabelecimento, quando sua utilização resultar em operação de saída ou prestação para o exterior, na proporção desta sobre as saídas ou prestações totais.

A: essa é a assertiva a ser indicada pelo candidato, pois a norma de transição que adia o início do creditamento de ICMS relativo a mercadorias destinadas ao uso ou ao consumo vem sendo sucessivamente prorrogada – art. 33, I, da LC 87/1996; **B** e **C:** a entrada de energia elétrica, nessas hipóteses, dá ensejo ao creditamento – art. 33, II, *a* e *b*, da LC 87/1996; D e E: o recebimento de serviços de comunicação, nessas hipóteses, dá ensejo ao creditamento – art. 33, IV, *a* e *b*, da LC 87/1996.
Gabarito "A".

(Auditor Fiscal/RO – FCC) A respeito do local da operação ou da prestação para os efeitos da cobrança do ICMS, considere as seguintes afirmações:

I. Tratando-se de prestação onerosa de serviço de comunicação, o local da prestação do serviço de radiodifusão sonora e de som e imagem, assim entendido o da geração, emissão, transmissão e retransmissão, repetição, ampliação e recepção.
II. Tratando-se de prestação de serviço de transporte, o local onde tenha fim a prestação.
III. Tratando-se de mercadoria ou bem, o local onde se encontre, quando acompanhado de documentação inidônea, como dispuser a legislação tributária.

Está correto o que se afirma APENAS em
(A) III.
(B) II e III.
(C) II.
(D) I e III.
(E) I.

I: assertiva correta, nos termos do art. 11, III, *a*, da LC 87/1996; **II:** incorreta, pois, em regra, considera-se o local do **início** da prestação dos serviços de transporte (não do fim, como consta da assertiva) – art. 11, II, *a*, da LC 87/1996; **III:** correta, pois reflete o disposto no art. 11, I, *a*, da LC 87/1996.
Gabarito "D".

(Auditor Fiscal/SC – FEPESE) Assinale a alternativa **correta**.

(A) Somente por convênios poderá ser efetuada redução da base de cálculo do ICMS, ou concedida devolução total ou parcial, direta ou indireta, condicionada ou não, do tributo, ao contribuinte, a responsável ou a terceiros, não se aplicando tal regra à concessão de créditos presumidos.
(B) Quaisquer outros incentivos ou favores fiscais ou financeiro-fiscais, concedidos com base no Imposto de Circulação de Mercadorias e Prestação de Serviços, dos quais resulte apenas redução, direta ou indireta, do respectivo ônus, poderão ser concedidos através de regulamento estadual, desnecessária a celebração de convênio para tal fim.
(C) O imposto sobre produtos industrializados tem como fato gerador, conforme dispõe o CTN, tão somente o seu desembaraço aduaneiro, quando de procedência estrangeira e a sua saída dos estabelecimentos importador, industrial ou comerciante.
(D) A concessão dos benefícios previstos no art. 1º da LC 24/75 dependerá sempre de decisão unânime dos Estados representados, mas sua revogação total ou parcial dependerá de aprovação de três quintos, pelo menos, dos representantes presentes.
(E) As isenções do imposto sobre operações relativas à circulação de mercadorias e prestação de serviços serão concedidas ou revogadas nos termos de convênios celebrados e ratificados pelos Estados e pelo Distrito Federal, segundo o disposto na Lei Complementar nº 24/75.

A: incorreta, pois a concessão de créditos presumidos também depende de convênio interestadual – art. 155, § 2º, XI, *g*, da CF e art. 1º, parágrafo único, I a III, da LC 24/1975; **B:** incorreta, pois dependem de convênio interestadual quaisquer outros incentivos ou favores fiscais ou financeiro-fiscais, concedidos com base no ICMS, dos quais resulte redução ou eliminação, direta ou indireta, do respectivo ônus – art. 155, § 2º, XI, *g*, da CF e art. 1º, parágrafo único, IV, da LC 24/1975; **C:** incorreta, pois o art. 46 do CTN prevê terceira hipótese de incidência do IPI, qual seja a sua arrematação, quando apreendido ou abandonado e levado a leilão; **D:** incorreta quanto à revogação dos benefícios de ICMS, que dependem de aprovação de pelo menos 4/5 (quatro quintos) dos representantes presentes – art. 2º, § 2º, da LC 24/1975; **E:** assertiva correta, conforme o art. 155, § 2º, XI, *g*, da CF e o art. 1º da LC 24/1975.
Gabarito "E".

(Auditor Fiscal/SC – FEPESE) Assinale a alternativa correta.

(A) É facultado ao Senado Federal estabelecer alíquotas mínimas nas operações internas do ICMS, mediante resolução de iniciativa de um terço e aprovada pela maioria absoluta de seus membros e fixar alíquotas máximas nas mesmas operações para resolver conflito específico que envolva interesse de Estados, mediante resolução de iniciativa da maioria absoluta e aprovada igualmente pela maioria absoluta de seus membros.
(B) Salvo deliberação em contrário dos Estados e do Distrito Federal, nos termos do disposto no artigo 155, § 2º, XII, "g", CF, as alíquotas internas, nas operações relativas à circulação de mercadorias e nas prestações de serviços, não poderão ser inferiores às previstas para as operações interestaduais, nem superiores às alíquotas de exportação.
(C) No que concerne ao ICMS, é correto afirmar que, conforme a CF, resolução do Senado Federal, de iniciativa do Presidente da República ou de um terço dos Senadores, aprovada pela maioria absoluta de seus membros, estabelecerá as alíquotas aplicáveis às operações e prestações, interestaduais e de exportação.
(D) O ICMS não incidirá, conforme a CF, sobre operações que destinem a outros Estados petróleo, inclusive lubrificantes, combustíveis líquidos e gasosos dele derivados, e energia elétrica, sobre o ouro, nas hipóteses definidas no art. 153, § 5º, CF, e nas prestações de serviço de comunicação nas modalidades de radiodifusão sonora e de sons e imagens de recepção gratuita ou paga.
(E) Cabe à lei complementar definir os contribuintes do ICMS, dispor sobre substituição tributária e disciplinar o regime de compensação do imposto; quanto à previsão de casos de manutenção de crédito, relati-

vamente à remessa para outro Estado e exportação para o exterior, de serviços e de mercadorias, pode ser fixada por lei ordinária.

A: incorreta, apenas na parte final, quanto ao quórum de aprovação das alíquotas máximas, que é de dois terços dos membros do Senado (não maioria absoluta, como consta da assertiva) – art. 155, § 2º, V, b, da CF; B: incorreta na parte final, pois as alíquotas internas não são limitadas pelas de exportação, até porque essas operações (de exportação) são imunes – art. 155, § 2º, VI e X, a, da CF; C: assertiva correta, pois reflete exatamente o disposto no art. 155, § 2º, IV, da CF. Entretanto, é bom lembrar que, atualmente, as operações de exportação são imunes, ou seja, o Senado não fixará alíquotas para elas, evidentemente – art. 155, § 2º, X, a, da CF; D: incorreta na parte final, pois a imunidade relativa às prestações de serviço de comunicação nas modalidades de radiodifusão sonora e de sons e imagens refere-se exclusivamente àquelas de recepção livre e gratuita (não às pagas) – art. 155, § 2º, X, d, da CF; E: incorreta, pois a previsão de casos de manutenção de crédito, relativamente à remessa para outro Estado e exportação para o exterior, de serviços e de mercadorias também deve ser veiculada por lei complementar (não por lei ordinária) – art. 155, § 2º, XII, f, da CF.
Gabarito "C".

(Agente Fiscal de Rendas/SP – FCC) Em relação ao Imposto sobre Circulação de Mercadorias e Serviços (ICMS), é correto afirmar que

(A) será seletivo, em função da essencialidade das mercadorias e relevância dos serviços, de acordo com critérios estabelecidos pelo Poder Executivo, através de decreto ou portaria.
(B) cabe à resolução do Congresso Nacional regular a forma como, mediante deliberação dos Estados e Distrito Federal, isenções, incentivos e benefícios fiscais serão concedidos e revogados.
(C) não incidirá sobre operações com ouro comercializado no território nacional, em barra ou em joias, e nas prestações de serviços de comunicação de qualquer natureza.
(D) a isenção ou não incidência, salvo determinação em contrário da legislação, não implicará crédito para compensação com o montante devido nas operações ou prestações seguintes e acarretará a anulação do crédito relativo às operações anteriores.
(E) incidirá sobre operações que destinem a outros Estados petróleo, inclusive lubrificantes, combustíveis líquidos e gasosos dele derivados, e energia elétrica.

A: a seletividade refere-se à essencialidade das mercadorias e dos serviços, na forma da lei que estabelece as alíquotas do imposto – art. 155, § 2º, III, da CF; B: essa matéria é regulada por lei complementar federal (atualmente LC 24/1975) – art. 155, § 2º, XII, g, da CF; C: no que se refere ao ouro, não incide ICMS somente quando definido em lei como ativo financeiro ou instrumento cambial – art. 153, § 5º, da CF; D: art. 155, § 2º, II, da CF; E: não há incidência interestadual do ICMS, na hipótese – art. 155, § 2º, X, b, da CF, observado o disposto no art. 155, § 2º, XII, h, da CF.
Gabarito "D".

(Agente Fiscal de Rendas/SP – FCC) É INCORRETO afirmar que

(A) as despesas aduaneiras são incluídas na base de cálculo do ICMS incidente sobre a entrada de mercadoria ou bem importado do exterior.
(B) incide o ICMS no fornecimento de energia elétrica para os templos de qualquer culto.
(C) incide o ICMS na recauchutagem ou regeneração de pneus para usuário final.
(D) incide o IPVA sobre a propriedade de veículo automotor não registrado nem licenciado que permanece exclusivamente dentro de terreno particular.
(E) incide o ICMS no serviço de televisão por assinatura.

A: art. 13, V, e, in fine, da LC 87/1996; B: a imunidade dos templos (art. 150, VI, b, da CF) não beneficia o contribuinte de direito do ICMS, que é a concessionária de energia elétrica; C: incide ISS, não ICMS, na hipótese – item 14. 04 da lista anexa à LC 116/2003; D: a irregularidade no registro ou a utilização limitada do veículo não afasta a incidência do IPVA; E: o ICMS incide sobre serviços onerosos de comunicação, o que inclui os serviços de televisão por assinatura – art. 155, § 2º, X, d, da CF, contrario sensu, e art. 12, VII, da LC 87/1996. Importante salientar que atualmente, a LC 116/2003, alterada pela LC 157/2016, prevê expressamente a incidência do ISS municipal (afastando a pretensão estadual, portanto) sobre os serviços de "streaming", ou seja, disponibilização de conteúdo (filmes, seriados, shows, músicas etc.) sem cessão definitiva (do tipo "Netflix" e "Spotify").
Gabarito "C".

(Agente Fiscal de Rendas/SP – FCC) Considere o artigo 8º da Lei Estadual nº 6.374/89:

"Artigo 8º - São sujeitos passivos por substituição, no que se refere ao imposto devido pelas operações ou prestações com mercadorias e serviços adiante nominados:

.....

III. quanto a combustível ou lubrificante, derivado ou não de petróleo, relativamente ao imposto devido nas operações antecedentes ou subsequentes:

a) o fabricante, o importador ou o distribuidor de combustíveis, este como definido na legislação federal;

......"

A norma legal, acima,

(A) depende de inclusão no Regulamento do ICMS para se tornar de observância obrigatória.
(B) aplica-se a uma refinaria, localizada no Estado do Rio de Janeiro, que venda gasolina a um posto de serviços localizado em território paulista, independentemente da celebração de Convênio que trate da extraterritorialidade da referida norma legal.
(C) aplica-se a um distribuidor com estabelecimento, localizado no Rio de Janeiro, que importe gasolina pelo porto de Santos e a remeta diretamente para outro estabelecimento de sua propriedade, localizado no Estado de Minas Gerais.
(D) é, em relação às operações interestaduais com combustíveis ou lubrificantes derivados de petróleo, simples decorrência lógica da Constituição Federal de 1988, que elegeu o Princípio do Destino para essas mercadorias.
(E) considerada em si só, é impositiva apenas para fabricante, importador ou distribuidor de combustíveis localizado em território paulista.

A: o Regulamento do ICMS é consolidação da legislação estadual relativa ao imposto, normalmente veiculado por decreto do Executivo, mas que não é pressuposto de validade das leis tributárias (ou seja, a não inclusão do dispositivo legal no regulamento não impede sua plena aplicação); B, C e E: a norma produzida por determinado Estado aplica-se apenas aos fatos e às pessoas localizados em seu território (princípio da territorialidade), exceto se houver convênio interestadual admitindo sua aplicação extraterritorial – art. 102 do CTN; D: o art. 155, § 4º, I, da CF prevê que o ICMS será devido no destino, no caso de combustíveis e lubrificantes derivados de petróleo. No entanto, a norma citada na questão trata também de produtos não derivados do petróleo, hipótese em que o ICMS é devido, total ou parcialmente, ao Estado de origem – art. 155, § 4°, II e III, da CF. Ademais, se o contribuinte (refinaria, distribuidor etc.) estiver localizado em SP e remeter o combustível ou lubrificante derivado de petróleo para consumo em outro Estado, a responsabilidade prevista na lei, citada na questão, não se aplica ao tributo incidente sobre essa operação.

Gabarito "E".

(Agente Fiscal de Rendas/SP – FCC) A Importadora e Comercial O2B LTDA., contribuinte paulista, com inscrição estadual no Cadastro de Contribuintes do Estado de São Paulo, mas não no de Pernambuco, negocia a importação de mercadorias por sua matriz localizada na capital paulista e as importa, desembaraçando-as no porto de Recife – PE, de onde são enviadas diretamente para seu cliente, situado no mesmo Estado. Nesse caso,

(A) o ICMS incidente na entrada das mercadorias importadas do exterior deve ser recolhido ao Estado de Pernambuco e o imposto decorrente da venda deve ser recolhido ao Estado de São Paulo.

(B) o ICMS incidente na entrada das mercadorias importadas do exterior deve ser recolhido ao Estado de São Paulo e o imposto decorrente da venda deve ser recolhido ao Estado de Pernambuco.

(C) ocorrem duas operações, dois fatos geradores do ICMS: entrada de mercadoria importada do exterior e venda de mercadoria ao estabelecimento situado em Pernambuco, cabendo o ICMS, em ambas situações, ao Estado de Pernambuco.

(D) ocorrem duas operações, dois fatos geradores do ICMS: entrada de mercadoria importada do exterior e venda de mercadoria ao estabelecimento situado em Pernambuco, cabendo o ICMS, em ambas situações, ao Estado de São Paulo.

(E) não ocorre nenhum fato gerador do ICMS, pois O2B é contribuinte paulista, e não do Estado de Pernambuco.

A jurisprudência tem entendido que o ICMS é devido no local do destinatário da mercadoria, no caso, ao Estado de Pernambuco, quando se tratar da chamada importação indireta ou por intermédia pessoa – art. 11, I, d, da LC 87/1996.

Gabarito "C".

(Agente Fiscal de Rendas/SP – FCC) Considere o seguinte encadeamento de três operações sujeitas à legislação do ICMS, todas ocorridas em território paulista, considerando que a alíquota é uniforme de 20%.

Operação 1: A Sociedade Anônima O2B vende à empresa Laranjeira Ltda. matérias-primas no valor de R$ 100,00, em operação sujeita ao ICMS.

Operação 2: A partir das matérias-primas adquiridas de O2B e de energia elétrica, adquirida ao custo de R$ 20,00 da concessionária local, tributada normalmente, a empresa Laranjeira Ltda. aplica mão de obra ao custo de R$ 10,00 para elaborar produtos e os vende, com isenção do ICMS, à empresa Pinto da Silva e Cia., para quem tais produtos são insumos para a sua produção.

Operação 3: A empresa Pinto da Silva e Cia. efetua transformação dos insumos adquiridos, com tributação normal, da Laranjeira Ltda., e vende seu produto em operação tributada ao consumidor final por R$ 200,00. A carga tributária total do ICMS do produto levado ao consumo é de

(A) R$ 40,00.
(B) R$ 42,00.
(C) R$ 44,00.
(D) R$ 48,00.
(E) R$ 64,00.

Na primeira operação, há ônus de R$ 20,00 relativo ao ICMS (= 20% de R$ 100,00). Na segunda operação, há encargo equivalente a R$ 4,00, relativo ao ICMS incidente sobre a energia elétrica (= 20% de R$ 20,00). Finalmente, a terceira operação submete-se ao ICMS de 20% sobre o preço final, o que equivale a R$ 40,00 (= 20% de R$ 200,00), sem direito a creditamento relativo à operação anterior, que foi isenta (art. 155, § 2°, II, a, da CF). Ao final, a carga tributária total foi de R$ 64,00 (= R$ 20,00 + R$ 4,00 + R$ 40,00).

Gabarito "E".

Instruções: Para responder às duas questões abaixo considere as seguintes informações:

A Indústria A. P. da Silva, localizada em Campinas/SP, adquire por R$ 1 milhão, da Fábrica de Máquinas C. Lopes, localizada em Poços de Caldas/MG, uma prensa e a instala no setor produtivo de seu parque industrial, em operação sujeita ao ICMS. Em relação ao ICMS incidente nessa operação interestadual, considere que ambas as alíquotas internas do imposto dos Estados envolvidos sejam de 18%, que não haja isenção alguma nessa operação, nem no Estado remetente, nem no Estado destinatário.

(Agente Fiscal de Rendas/SP – FCC) A fábrica de máquinas C. Lopes deve pagar ao fisco mineiro

(A) R$ 200.000,00
(B) R$ 180.000,00
(C) R$ 120.000,00
(D) R$ 90.000,00
(E) R$ 60.000,00

As alíquotas interestaduais são fixadas pelo Senado Federal, nos termos do art. 155, § 2°, IV, da CF. Atualmente, a alíquota básica é de 12%, nos termos da Resolução do Senado 22/1989, exceto nas operações realizadas nas regiões Sul e Sudeste, destinadas às regiões Norte, Nordeste e Centro-Oeste e ao Estado do Espírito Santo, hipóteses em que a alíquota é de 7%. No caso de serviços e mercadorias importadas do exterior, as circulações interestaduais tem alíquota de 4%, nos termos da Resolução do Senado 13/2012. Assim, se a venda foi de R$ 1 milhão, entre MG e SP, o ICMS interestadual é de R$ 120. 000,00 (= 12% de R$ 1 milhão).

Gabarito "C".

(Agente Fiscal de Rendas/SP – FCC) A Indústria A.P. da Silva deve pagar ao fisco paulista

(A) R$ 60.000,00
(B) R$ 90.000,00
(C) R$ 120.000,00
(D) R$ 180.000,00
(E) R$ 200.000,00

A diferença entre a alíquota interestadual (12%) e a interna (18%) é devida ao Estado de destino – art. 155, § 2°, VIII, da CF. Assim, o adquirente deve recolher ao fisco paulista R$ 60. 000,00 (= 6% de R$ 1 milhão), de modo que a carga tributária total seja de 18% sobre o valor da operação.

Gabarito "A".

(Agente Fiscal de Rendas/SP – FCC) A pizzaria O2B, que ainda não está inscrita no Cadastro de Contribuintes do ICMS, não tem salão para receber clientes em seu estabelecimento.

As pizzas são preparadas e vendidas no balcão, para serem consumidas fora do estabelecimento ou entregues no domicílio da clientela, no próprio bairro da pizzaria, mediante uma taxa de entrega. Essa pizzaria

(A) é contribuinte do ICMS, porque fornece refeições.
(B) é contribuinte do ICMS, porque efetua saídas de mercadorias de seu estabelecimento.
(C) é contribuinte do Imposto Municipal sobre Serviços, e não do ICMS.
(D) é contribuinte tanto do ISSQN quanto do ICMS, por prestar serviço de transporte.
(E) será contribuinte do ICMS a partir da inscrição no Cadastro Estadual de Contribuintes do ICMS.

A pizzaria presta serviço não incluído na competência municipal com fornecimento de mercadorias (pizzas), o que atrai a incidência do ICMS sobre o valor total da operação – art. 155, IX, *b*, da CF.
Gabarito "B".

(Agente Fiscal de Rendas/SP – FCC) Ocorre o fato gerador do ICMS,

(A) na prestação de serviços compreendida na competência tributária dos municípios, se houver fornecimento de mercadoria.
(B) na prestação de serviços não compreendidos na competência tributária dos municípios.
(C) no fornecimento de mercadoria com prestação de serviços compreendidos na competência tributária dos municípios, mas que, por indicação expressa da Lei nº 6.374/1989, que dispõe sobre a instituição do ICMS no Estado de São Paulo, sujeitem-se à incidência do imposto de competência estadual.
(D) no fornecimento de mercadoria com prestação de serviços compreendidos na competência tributária dos municípios, mas que, por indicação de lei complementar, sujeitem-se à incidência do imposto de competência estadual.
(E) no fornecimento de mercadoria com prestação de serviços compreendidos na competência tributária dos municípios, mas que, por indicação da lei municipal, sujeitem-se à incidência do imposto de competência estadual.

A, C e D: se o serviço estiver compreendido na competência municipal (listado na LC 116/2003), sujeita-se exclusivamente ao ISS, exceto se a própria lei complementar fixar a incidência do ICMS sobre as mercadorias; B: o ICMS incide sobre outros serviços, além dos de transporte interestadual e intermunicipal e de comunicação, apenas se não forem compreendidos na competência municipal e se forem prestados com fornecimento de mercadoria – art. 155, § 2º, IX, *b*, da CF; E: a competência tributária é irrenunciável. Somente a lei complementar federal pode fixar a incidência do ICMS sobre mercadorias fornecidas com prestação de serviço compreendido na competência municipal.
Gabarito "D".

(Agente Fiscal de Rendas/SP – FCC) As Fazendas Reunidas M. A. da Silva adquirem terreno com árvores em pé, carregadas de frutos, com a intenção de vender os frutos e a madeira dessas árvores. Incide o ICMS no momento

(A) do registro no cartório de imóveis do contrato de compra e venda do terreno.
(B) em que as Fazendas Reunidas M. A. da Silva tomam posse do terreno.
(C) da colheita dos frutos e/ou da derrubada das árvores.
(D) em que o adquirente do terreno contrata com terceiro a venda dos frutos e da madeira.
(E) em que ocorre a saída dos frutos e da madeira do estabelecimento.

O fato gerador do ICMS sobre a circulação de mercadorias ocorre no momento da saída do estabelecimento – art. 12, I, da LC 87/1996.
Gabarito "E".

(Agente Fiscal de Rendas/SP – FCC) C. Lopes Ltda., contribuinte paulista estabelecido em Santos – SP, adquire e recebe em seu estabelecimento mercadoria em operação originada em Estado localizado na região centro-oeste do país. No documento fiscal emitido pelo vendedor, consta destaque do valor do ICMS calculado a 12%, por se tratar de operação realizada entre contribuintes. Considerando que tal operação foi realizada ao abrigo de ato normativo concessivo de benefício fiscal não autorizado por convênio celebrado nos termos da Lei Complementar nº 24, de 7/1/1975, e que redundou em carga tributária efetiva inferior ao imposto destacado no documento fiscal, cabe ao fisco paulista

(A) lavrar AIIM (auto de infração e imposição de multa) contra C. Lopes Ltda, relativamente ao crédito do imposto que superar o montante em que o imposto tenha sido efetivamente cobrado pelo Estado de origem.
(B) lavrar AIIM (auto de infração e imposição de multa) ao contribuinte do Estado de origem, relativamente ao crédito do imposto que superar o montante em que o imposto efetivamente lhe seja cobrado.
(C) denunciar a situação ao CONFAZ.
(D) admitir o crédito fiscal em sua integralidade, desde que o Estado de origem da operação admita a irregularidade e requeira formalmente ao CONFAZ convênio que, nos termos da Lei Complementar nº 24/1975, o permita instituir o benefício fiscal em questão.
(E) declarar a nulidade da operação.

O benefício fiscal concedido sem previsão em convênio interestadual é nulo e o suposto crédito não será reconhecido pelo Estado de destino – art. 8º, I, da LC 24/1975. Caso o adquirente, estabelecido em SP, credite-se de valor superior ao devido (por conta do benefício fiscal inválido), o fisco local deverá autuá-lo em relação ao montante de ICMS recolhido a menor.
Gabarito "A".

(Agente Fiscal de Rendas/SP – FCC) Considere a Decisão Normativa seguinte (I) e o julgado que o segue (II), a respeito do ICMS:

I. "O crédito do valor do ICMS, quando admitido, poderá ser lançado, inclusive extemporaneamente, por seu valor nominal, conforme preceitua o § 2º do artigo 38 da Lei nº 6.374/89 (artigo 61, § 2º, do RICMS), observado o prazo de prescrição quinquenal (artigo 61, § 3º, do RICMS), e nos termos do artigo 65 do RICMS." (Item 7 da Decisão Normativa CAT 1/2001).

II. "EMENTA: ICMS: aproveitamento de créditos escriturais que deixaram de ser lançados na época própria: correção monetária: inadmissibilidade em face do princípio da não cumulatividade (CF, art. 155, § 2º, I): precedentes." (AI-AgR 491086/MG; Relator: Min. Sepúlveda Pertence; Julgamento: 09/08/2005; Órgão Julgador: Primeira Turma do STF)

Em relação aos textos I e II acima, é correto afirmar que

(A) tratam apenas de créditos acumulados.
(B) não há correlação entre os textos I e II.
(C) são convergentes e importam, em suma, que o contribuinte que não exercer seu direito ao crédito, no momento previsto pela legislação, poderá fazê-lo no quinquênio que se lhe seguir, mas apenas pelo seu valor nominal, sem qualquer atualização monetária.
(D) apenas o texto II concerne ao princípio da não cumulatividade.
(E) o texto II, por ter sido emitido pelo Supremo Tribunal Federal, posteriormente ao texto I, o torna sem efeito jurídico.

A decisão normativa e o precedente jurisprudencial harmonizam-se. O crédito de ICMS deve ser utilizado no prazo de cinco anos contados da emissão do documento fiscal (art. 23, parágrafo único, da LC 87/1996) e não pode ser corrigido monetariamente, exceto se houver óbice do fisco ao seu aproveitamento.
Gabarito "C".

(Agente Fiscal de Rendas/SP – FCC) Considere a Cláusula primeira do Convênio AE 15/74, que estabelece suspensão de ICM nas remessas interestaduais de produtos para conserto, reparo e industrialização e que, embora ele tenha sido aprovado anteriormente à Constituição de 1988, foi por ela recepcionado:

"Cláusula primeira. Os signatários acordam em conceder suspensão do Imposto sobre Operações Relativas à Circulação de Mercadorias nas remessas interestaduais de produtos destinados a conserto, reparo ou industrialização, desde que as mesmas retornem ao estabelecimento de origem no prazo de 180 (cento e oitenta) dias, contados da data das respectivas saídas, prorrogáveis por mais cento e oitenta dias, admitindo-se, excepcionalmente, uma segunda prorrogação de igual prazo."

Compreendendo-se por "signatários" as unidades federadas, por "estabelecimento remetente" aquele que efetua a referida remessa interestadual e por "estabelecimento industrializador" aquele que procede ao conserto, reparo ou industrialização, é correto afirmar que

(A) a suspensão na operação de remessa não impede a transferência do crédito relativo aos materiais remetidos do estabelecimento remetente ao industrializador.
(B) a remessa de todas as peças necessárias para a montagem de máquinas, veículos automotores etc. não está amparada pela suspensão.
(C) o retorno ao estabelecimento remetente é tributado pela unidade federada de localização do estabelecimento remetente, relativamente à mão de obra e aos materiais aplicados.
(D) o retorno ao estabelecimento remetente é tributado pela unidade federada de localização do estabelecimento industrializador, relativamente à mão de obra e aos materiais aplicados.
(E) a unidade federada de localização do estabelecimento remetente somente pode admitir o crédito do imposto relativo à aplicação de materiais, e não da mão de obra.

A: não há transferência de crédito, pois não há operação tributada, na hipótese; **B:** o convênio não exclui essa possibilidade; **C** e **D:** a operação tributável ocorre no Estado para o qual foi remetida a mercadoria.

Deve-se observar, entretanto, que há forte entendimento de que incide ISS (não ICMS), na hipótese, por se tratar de prestação onerosa de serviços de conserto, de reparo e de industrialização sob encomenda;
E: caso admita-se a incidência de ICMS sobre o conserto, o reparo e a industrialização, deve-se reconhecer, por decorrência lógica, o direito ao creditamento pelo remetente.
Gabarito "D".

(Agente Fiscal de Rendas/SP – FCC) Analise os esquemas abaixo:

Considerando que segundo o artigo 155, § 2º, XI, da Constituição Federal, que cuida do ICMS, o IPI não integra a base de cálculo do imposto em determinadas situações. Dos esquemas representados, o IPI integra a base de cálculo do ICMS APENAS em

(A) I e II.
(B) I e III.
(C) II e III.
(D) II e IV.
(E) III e IV.

O IPI não integra a base de cálculo do ICMS quando a operação, sujeita aos dois tributos, ocorrer entre contribuintes do imposto estadual e o produto for destinado à industrialização ou à posterior comercialização – art. 155, § 2º, XI, da CF.
Gabarito "C".

(Agente Fiscal de Rendas/SP – FCC) Analise o artigo 2º, VI, da Lei nº 6.374/89, que diz o seguinte:

*"Art. 2º – Ocorre o fato gerador do imposto: ....
....".*

VI – na entrada em estabelecimento de contribuinte de mercadoria oriunda de outro Estado ou do Distrito Federal destinada a consumo ou ao ativo permanente."

Tal dispositivo está ligado ao § 5º do mesmo artigo com a seguinte dicção:

§ 5º – Nas hipóteses dos incisos VI e XIV, a obrigação do contribuinte consistirá, afinal, em pagar o imposto correspondente à diferença entre a alíquota interna e a interestadual.

Sabemos que essa hipótese de fato gerador foi incluída na Lei Estadual para viabilizar a cobrança do diferencial de alíquota nas operações interestaduais das aquisições de mercadorias, para uso ou consumo, por estabelecimentos contribuintes do imposto, conforme a seguinte disposição da Constituição Federal:

*"Art. 155
....
§ 2º ....
VII. em relação às operações e prestações que destinem bens e serviços a consumidor final localizado em outro Estado, adotar-se-á:
a) a alíquota interestadual, quando o destinatário for contribuinte do imposto;
b) ....;
VIII – na hipótese da alínea "a" do inciso anterior, caberá ao Estado da localização do destinatário o imposto correspondente à diferença entre a alíquota interna e a interestadual."*

Tendo em vista as disposições acima e considerando que todos os estabelecimentos abaixo são inscritos no Cadastro de Contribuintes do Estado de São Paulo e, ainda, que a alíquota interna é maior do que a interestadual, NÃO vão pagar a diferença de alíquota na aquisição interestadual de um bem do ativo permanente, os seguintes estabelecimentos:

(A) armazém geral, estabelecimento comercial atacadista e empresa de serviço de transporte intramunicipal.
(B) estabelecimento industrial, empresa de *leasing* e órgão da administração pública que não pratica com habitualidade operação ou prestação sujeita ao imposto.
(C) órgão da administração pública que não pratica com habitualidade operação ou prestação sujeita ao imposto, produtor rural que comercializa sementes selecionadas e empresa fornecedora de refeições a presos de cadeia pública.
(D) empresa prestadora de serviço de transporte intramunicipal, armazém geral e empresa de *leasing*.
(E) empresa prestadora de serviço de transporte interestadual, instituição financeira e armazém geral.

Não haverá cobrança do diferencial de alíquota nas hipóteses em que o adquirente da mercadoria não for contribuinte do ICMS. Nesses casos, a operação interestadual é tributada pela alíquota interna e o imposto correspondente é totalmente devido ao Estado de origem (não há diferencial em favor do destino) – art. 155, § 2º, VII, *b*, da CF. A opção D indica apenas pessoas que não são contribuintes do ICMS, mas sim do ISS.

Gabarito "D".

(Agente Fiscal de Rendas/SP – FCC) Analise os eventos abaixo e relacione o local da operação com a correspondente situação:

I. Tratando-se de mercadoria ou bem, quando em situação irregular, o do estabelecimento transportador.
II. Tratando-se de serviço de transporte, quando em situação fiscal irregular pela falta de documentação fiscal do transporte, onde se encontre o transportador.
III. Transportador autônomo estabelecido no Paraná contratado por empresa de São Paulo para trazer gado de Mato Grosso do Sul até Esteio/RS, paga o ICMS sobre o transporte para São Paulo.
IV. Tratando-se de prestação onerosa de serviço de comunicação prestado por meio de satélite, o do estabelecimento ou domicílio do tomador do serviço.

Para efeito de cobrança do ICMS, há relacionamento correto APENAS em

(A) II e IV.
(B) II e III.
(C) I e II.
(D) II.
(E) I.

I: o local da operação é onde se encontre a mercadoria ou o bem em situação irregular – art. 11, I, *b*, da LC 87/1996; II: art. 11, II, *b*, da LC 87/1996; III: o imposto é devido ao Estado em que se iniciou o transporte (MS) – art. 11, II, *a*, da LC 87/1996; IV: art. 11, III, *c-1*, da LC 87/1996.

Gabarito "A".

(Agente Fiscal de Rendas/SP – FCC) Em relação à base de cálculo do ICMS, é correto afirmar:

(A) A empresa V. Camargo Ltda. importou mercadorias e, tendo discordado do montante do Imposto de Importação cobrado pela Secretaria da Receita Federal no desembaraço aduaneiro, impetrou mandado de segurança perante a Justiça Federal e obteve liminar, que se estendeu ao ICMS sobre a importação. Se for negada a segurança pela Justiça Federal, a alteração do Imposto de Importação não pode acarretar, após o desembaraço aduaneiro, a alteração da base de cálculo do ICMS.
(B) A Empreiteira Latorre e Pane fabrica, vende, entrega e coloca, em obras de construção civil, paredes divisórias. Na base de cálculo do ICMS, deve incluir os valores da entrega e da colocação.
(C) A Indústria C. Lopes Silva S/A reaproveita, em seu próprio estabelecimento, peças de aço rejeitadas pelo seu controle de qualidade. A base de cálculo correspondente ao retorno para industrialização é o valor da operação.
(D) A Comercial Célia Ltda. realiza vendas sem cobrar de seus compradores pela entrega o porte do correio, mas um valor variável em função do valor de compra, que pode ser maior ou menor do que o referido porte. Na base de cálculo do ICMS, deve incluir o valor do porte do correio.
(E) A empresa gráfica CNR Ltda. confecciona papéis para correspondência, a serem consumidos no próprio estabelecimento. A base de cálculo do ICMS é o custo de produção.

A: o ICMS incide sobre o valor correspondente ao II, na hipótese – art. 13, V, *b*, da LC 87/1996. Assim, a alteração do imposto federal implica, necessariamente, alteração da base de cálculo do ICMS; **B:** esse é o entendimento dos fiscos estaduais. Por essa razão, e por exclusão das demais alternativas, a B é a melhor. No entanto, a jurisprudência do STJ considera que incide exclusivamente ISS, na hipótese – ver AgRg no REsp 1. 085. 475/PR-STJ; **C:** não há circulação de mercadoria, nem, portanto, incidência do ICMS, pois as peças não saem do estabelecimento; **D:** o valor do frete (porte de correio) não se sujeita ao ICMS, na hipótese, pois não há cobrança em separado – art. 13, § 1º, II, *b*, da LC 87/1996. De qualquer forma, o ICMS incide sobre o valor total da operação, o que inclui a parcela variável – art. 13, I, da LC 87/1996; **E:** não há circulação de mercadoria, na hipótese, pois a produção é para consumo próprio.

Gabarito "B".

(Agente Fiscal de Rendas/SP – FCC) Foi publicado no Diário Oficial da União de 21.12.2005 o seguinte Convênio, ratificado nacionalmente em 09.01.06, pelo Ato Declaratório 01/06:

"CONVÊNIO ICMS 131/05 (Autoriza os Estados do Acre, Alagoas, Paraná e São Paulo a conceder isenção nas operações internas com farinha de mandioca não temperada).

O Conselho Nacional de Política Fazendária – CONFAZ, na sua 120a reunião ordinária, realizada em Mata de São João, BA, no dia 16 de dezembro de 2005, tendo em vista o disposto na Lei Complementar nº 24, de 7 de janeiro de 1975, resolve celebrar o seguinte

CONVÊNIO:

Cláusula primeira: Ficam os Estados do Acre, Alagoas, Paraná e São Paulo autorizados a conceder isenção nas operações internas com farinha de mandioca ou de raspa de mandioca, não temperadas, classificadas no código 1106.20.00 Nomenclatura Comum do Mercosul – NCM.

Cláusula segunda: Este convênio entra em vigor na data da publicação de sua ratificação nacional, produzindo efeitos até 31 de outubro de 2007.

Mata de São João, BA, 16 de dezembro de 2005."

Em relação ao referido Convênio, é correto afirmar que

(A) não há instrumento jurídico pelo qual a autorização a que se refere a Cláusula primeira possa ser estendida a outras unidades federadas.
(B) a isenção nas operações internas com farinha de mandioca ou de raspa de mandioca, não temperadas, não se aplica às vendas realizadas no interior de estabelecimentos varejistas a pessoas físicas e consumidores finais dos produtos, residentes em outras unidades federadas.
(C) o benefício fiscal de que trata o Convênio poderá ser prorrogado antes de 31 de outubro de 2007, mediante novo Convênio concessivo de benefício, que postergue a data determinada na Cláusula segunda.
(D) as operações internas com farinha de mandioca ou de raspa de mandioca, não temperadas, nos Estados do Acre, Alagoas, Paraná e São Paulo passaram a ser agraciadas com a isenção do ICMS a partir de 21.12.2005, data da publicação no D.O.U.
(E) para a aprovação do referido Convênio, bastou a sua ratificação, expressa ou tácita, pela maioria das unidades federadas que se tenham feito representar na reunião do CONFAZ.

A: basta novo convênio interestadual, aprovado pelo CONFAZ; **B:** as vendas realizadas no interior do estabelecimento varejistas são operações internas, não interestaduais, independentemente da residência dos adquirentes. Desta forma, aplica-se a isenção; **C:** o convênio interestadual pode ser alterado (inclusive quanto ao prazo de validade) por outro convênio interestadual; **D:** salvo disposição em contrário, o convênio vigora a partir do trigésimo dia contado da publicação da ratificação nacional – art. 6º da LC 24/1975. No caso, há disposição em contrário, pois a cláusula segunda do convênio prevê o início de vigência na data de publicação da ratificação nacional, que ocorreu em 09/01/2006; **E:** a concessão de benefícios depende de concordância unânime dos Estados e do DF presentes na reunião – art. 2º, § 2º, da LC 24/1975.

Gabarito "C".

(**Agente Fiscal de Rendas/SP – FCC**) Analise as seguintes afirmações sobre o instituto da substituição tributária:

I. O instituto da substituição tributária, da qual são modalidades o diferimento e a sujeição passiva por substituição com retenção do imposto, é instrumento de política fiscal dos Estados. Tanto o diferimento, que se refere às operações antecedentes, como a substituição com retenção antecipada do imposto, que se refere às operações subsequentes, prestam-se, unicamente, para facilitar a fiscalização de contribuintes que pertencem a segmentos de atividade econômica com pequeno número de fabricantes, grande número de atacadistas e um número ainda maior de varejistas.
II. A substituição tributária com retenção antecipada do imposto, segundo o artigo 6º da Lei Complementar nº 87, de 1996, deve ser criada por Lei estadual, hipótese em que ela se aplica, desde logo, tanto em relação às operações internas como em relação às operações interestaduais.
III. O fundamento legal de validade da substituição tributária, com retenção antecipada do imposto, é a Lei Complementar nº 87, de 1996, que contém o comando para que o Estado possa designar um contribuinte responsável pelo pagamento do imposto cujo fato gerador ainda nem aconteceu.
IV. Na omissão da Lei estadual que cria a substituição tributária com retenção antecipada do imposto, deve-se entender que está assegurado ao contribuinte substituído o direito à restituição do valor do imposto pago, por força da substituição tributária, correspondente ao fato gerador presumido que não se realizou.

Está correto o que se afirma APENAS em

(A) I.
(B) I e II.
(C) III.
(D) III e IV.
(E) IV.

I: no diferimento, a apuração e a cobrança do tributo são postergados para operações supervenientes. Assim, a sistemática é indicada para as hipóteses em que há quantidade maior de fornecedores do que adquirentes (*v.g.* produtores rurais que vendem produtos para uma única agroindústria); **II:** a substituição tributária relativa a operações interestaduais depende de convênio interestadual (não pode ser fixada por simples lei estadual) – art. 9º da LC 87/1996; **III:** a substituição tributária "para frente" já era admitida antes da LC 87/1996, à luz do art. 150, § 7º, da CF; **IV:** esse direito é previsto diretamente pelo art. 150, § 7º, *in fine*, da CF. ATENÇÃO: o STF entedia que a substituição tributária para a frente gerava presunção absoluta, de forma que, se ocorrida a operação, independente do valor, não haveria direito à restituição, assim como não haveria dever de complementação (STF, RE 266.602-5/MG, Pleno, j. 14.09.2006, rel. Min. Ellen Gracie, *DJ* 02.02.2007). Ocorre que em outubro de 2016 o Pleno do STF modificou esse entendimento, fixando nova tese no RE 593.849/MG em repercussão geral, reconhecendo o direito à restituição também no caso de o fato gerador ocorrer por valor inferior ao presumido e que servirá de base de cálculo para o tributo recolhido na sistemática de substituição tributária "para frente"

Gabarito "E".

(**Agente Fiscal de Rendas/SP – FCC**) Analise as seguintes afirmações sobre a alíquota do ICMS:

I. Os Estados e o Distrito Federal estão impedidos de fixar alíquotas internas inferiores às previstas para as operações interestaduais.
II. As alíquotas aplicáveis às operações e prestações interestaduais são estabelecidas por Resolução do Senado Federal.
III. Em todas as operações interestaduais devem ser utilizadas alíquotas interestaduais.
IV. A alíquota incidente na operação de importação é a alíquota interna.
V. Nas operações interestaduais entre contribuintes da região Nordeste a alíquota é de 12%.

Está correto o que se afirma APENAS em

(A) I e II.
(B) II e III.
(C) II, III e IV.
(D) II, IV e V.
(E) III e V.

I: é possível a fixação de alíquotas internas inferiores às alíquotas interestaduais excepcionalmente, por meio de convênio interestadual – art. 155, § 2º, VI, da CF; **II:** art. 155, § 2º, IV, da CF; **III:** aplica-se a alíquota interna quando a operação interestadual for destinada a não contribuinte – art. 155, § 2º, VII, *b*, da CF; **IV:** compete a cada Estado e ao DF legislar sobre o assunto, considerando que a CF não prevê alíquota específica para a hipótese. Em princípio, não pode haver distinção de tratamento à mercadoria originária de países signatários do GATT e de outros acordos comerciais internacionais, o que implica adoção da alíquota interna; **V:** As alíquotas interestaduais são fixadas pelo Senado Federal, nos termos do art. 155, § 2º, IV, da CF. Atualmente, a alíquota básica é de 12%, nos termos da Resolução do Senado 22/1989, exceto nas operações realizadas nas regiões Sul e Sudeste, destinadas às regiões Norte, Nordeste e Centro-Oeste e ao Estado do Espírito Santo, hipóteses em que a alíquota é de 7%.

Gabarito: "D".

(Agente de Tributos/MT – CESPE) Julgue os seguintes itens:

(1) A Constituição da República instituiu o direito à compensação entre créditos e débitos do ICMS, vinculando-os à mesma mercadoria.
(2) O diferimento do ICMS não gera direito ao crédito nem ofende o princípio da não cumulatividade.
(3) Uma sociedade comercial que durante três meses seguidos tiver apurado crédito do ICMS poderá corrigi-lo monetariamente no momento do recolhimento de eventual débito, já que a legislação estadual prevê a atualização monetária do débito, tendo em vista os princípios da isonomia e da não cumulatividade.
(4) Não há de se falar em tratamento desigual em situações em que o legislador proíbe a correção monetária dos créditos e impõe a dos débitos devidamente constituídos e recolhidos na data determinada por decreto estadual, ainda que o crédito tenha sido lançado na escrita fiscal extemporaneamente.
(5) O contribuinte tem direito de creditar-se no valor do ICMS recolhido na entrada de matéria-prima empregada na fabricação de produto isento na saída, sendo que proibição legislativa de tal prática ofende o princípio da não cumulatividade.

1: A sistemática de créditos e débitos refere-se a determinado período de tempo, em que o contribuinte escritura todas as entradas e saídas e apura o montante eventualmente devido – art. 24 da LC 87/1996; **2:** Quando há diferimento é porque a apuração e a cobrança do imposto são postergadas para uma operação futura, o que impede o creditamento anterior. Não há ofensa ao princípio da não cumulatividade, pois o imposto não é pago antes dessa operação futura (não há cumulatividade, portanto); **3:** Salvo disposição legal em contrário, não se admite a correção monetária dos créditos escriturais de ICMS, exceto se houver óbice do fisco ao seu aproveitamento; **4:** De fato, fere a isonomia exigir correção monetária do débito pago pelo contribuinte no prazo correto, considerando que não tem o direito de corrigir seus créditos escriturais; **5:** A impossibilidade de creditamento (= dever de estorno), na hipótese, é prevista pela própria Constituição Federal, de modo que não há que se falar em ofensa ao princípio constitucional da não cumulatividade – art. 155, § 2º, II, *b*, da CF.

Gabarito: 1E, 2C, 3E, 4E, 5E.

(Agente de Tributos/MT – CESPE) Julgue os seguintes itens:

(1) A reforma tributária realizada em 2003, que redundou na Emenda Constitucional n.º 42/2003, teve como fundamento principal acabar com a guerra fiscal entre os estados e o Distrito Federal e a principal novidade nessa questão foi o estabelecimento da limitação da anterioridade mitigada para o ICMS.
(2) A concessão de crédito presumido do ICMS unilateralmente constitui benefício fiscal inconcebível pelo ordenamento jurídico vigente.

1: O ICMS submete-se à anterioridade comum e à nonagesimal (não há limitação) – art. 150, III, *b* e *c*, da CF. Ademais, esse princípio não interfere (positiva ou negativamente) na chamada guerra fiscal; **2:** Qualquer incentivo ou benefício fiscal relativo ao ICMS depende de convênio interestadual, nos termos do art. 155, § 2º, XII, *g*, da CF.

Gabarito: 1E, 2C.

(Agente de Tributos/MT – CESPE) Julgue o seguinte item:

(1) A incidência do ICMS sobre prestação onerosa de serviço de comunicação não foi derrogada pela reforma constitucional ocorrida no final de 2003.

O ICMS incide, na hipótese – art. 155, II, da CF. A rigor, isso foi indiretamente confirmado pela EC 42/2003, ao excluir da incidência os serviços de radiodifusão de recepção livre e gratuita – art. 155, § 2º, X, *d*, da CF.

Gabarito: 1C.

(Fiscal de Rendas/RJ – FGV) Nos termos da Lei Complementar 87/96, o local da operação ou da prestação, para os efeitos da cobrança do imposto e definição do estabelecimento responsável, é:

(A) o Estado onde estiver localizado o adquirente, em qualquer hipótese.
(B) tratando-se de mercadoria ou bem, o Estado de onde o ouro tenha sido extraído, quando considerado como ativo financeiro ou instrumento cambial.
(C) tratando-se de mercadoria ou bem, o domicílio do adquirente, na hipótese de captura de peixes, crustáceos e moluscos.
(D) tratando-se de bem importado do exterior, o Distrito Federal.
(E) tratando-se de prestação onerosa de serviço de comunicação, o estabelecimento da concessionária ou da permissionária que forneça ficha, cartão, ou assemelhados com que o serviço é pago.

A: na circulação de mercadoria, o ICMS é devido no local do estabelecimento que promove a saída – art. 11, I, *a*, da LC 87/1996; **B:** não incide ICMS sobre o ouro, quando definido em lei como ativo financeiro ou instrumento cambial – art. 153, § 5º, da CF; **C:** o ICMS, na hipótese, é devido ao local em que ocorre o desembarque do produto – art. 11, I, *i*, da LC 87/1996; **D:** o ICMS, na hipótese, é devido ao local do estabelecimento onde ocorre a entrada física ou do domicílio do adquirente – art. 11, I, *d* e *e*, da LC 87/1996; **E:** art. 11, III, *b*, da LC 87/1996.

Gabarito: E.

12.6. IPVA

(Auditor Fiscal/RO – FCC) O Estado de Rondônia majorou a base de cálculo do IPVA para o exercício de 2010, em 20 de novembro de 2009, conforme lei publicada no diário oficial do Estado naquela data. Considerando que a lei entrou em vigor na data de sua publicação, é correto afirmar que esta lei terá eficácia

(A) 90 dias a contar do início do exercício de 2010, tendo em vista a anterioridade nonagesimal.
(B) na data de sua publicação, podendo ser aplicada imediatamente, ainda no exercício de 2009, por ser exceção à anterioridade.
(C) 90 dias a contar da publicação, por dever obediência apenas à anterioridade nonagesimal.
(D) a partir do início do exercício financeiro de 2010, por ser exceção à anterioridade nonagesimal, mas se submeter à anterioridade anual.
(E) 90 dias da publicação, desde que já no outro exercício financeiro, por dever obediência às regras de anterioridades nonagesimal e anual.

A majoração da base de cálculo do IPVA (assim como a do IPTU) é exceção ao princípio da anterioridade nonagesimal, submetendo-se apenas à anterioridade anual. Assim, o aumento veiculado por lei publicada no ano de 2009 (ainda que no último trimestre) vale em 1º de janeiro de 2010 – art. 150, § 1º, da CF.

Gabarito "D".

(Auditor Fiscal/RO – FCC) Ocorre o fato gerador do IPVA na data

(A) do desembaraço aduaneiro, em relação a veículo importado do exterior, por meio de *trading*, por contribuinte que não seja consumidor final.
(B) da primeira aquisição do veículo usado por consumidor final.
(C) em que ocorrer a outorga da isenção do imposto.
(D) do desembaraço aduaneiro, em relação a veículo importado do exterior, diretamente por contribuinte que não seja consumidor final.
(E) da incorporação de veículo novo ao ativo permanente do seu fabricante, revendedor ou importador.

Não foi produzida, até hoje, norma nacional relativa ao fato gerador do IPVA (art. 146, III, *a*, da CF), de modo que os Estados e o DF exercem a competência legislativa plena (art. 24, § 3º, da CF). É preciso, portanto, conhecer a legislação de cada Estado e do DF para aferir o momento de sua ocorrência. Entretanto, é interessante ressaltar que as normas estaduais, em regra, exigem o tributo apenas a partir da primeira aquisição de veículo novo por consumidor final ou, em caso de importação por consumidor final, no momento do desembaraço aduaneiro. A partir do exercício seguinte à primeira aquisição, é comum a legislação dos Estados fixar a incidência no dia 1º de janeiro de cada ano (como tradicionalmente ocorre com os tributos sobre propriedade – fato gerador continuado). **A** e **D**: incorretas, pois a importação para revenda, ou seja, aquela que não é promovida pelo consumidor final, não implica incidência do IPVA; **B**: incorreta, já que a aquisição de veículo usado não é fato gerador do IPVA (ela já ocorreu nesse ano, em 1º de janeiro ou na data da primeira aquisição do veículo novo); **C**: assertiva incorreta, pois a outorga de isenção implica afastamento do tributo, de modo que seria contraditório referir-se a fato gerador nesse momento; **E**: essa é a assertiva correta. Perceba que, nessa hipótese, o próprio fabricante, revendedor ou importador passa a ser o primeiro "consumidor final" do veículo, já que ele foi incorporado ao seu ativo permanente, ou seja, não será revendido, em princípio.

Gabarito "E".

(Auditor Fiscal/SC – FEPESE) Assinale a alternativa **correta**.

(A) Em relação ao IPVA, é possível afirmar que é um imposto progressivo, eis que possui diferentes alíquotas, as quais incidem sobre aeronaves (0,5%), embarcações e veículos terrestres de duas rodas (1%) e veículos terrestres de passeio e utilitários, nacionais e estrangeiros (2%).
(B) Do produto da arrecadação do IPVA, 50% serão destinados ao município em que estiver registrado, matriculado ou licenciado o veículo, acrescidos de quaisquer valores acessórios ao principal, com exceção das penalidades de natureza pecuniária.
(C) Em relação ao Imposto sobre Serviços de Qualquer Natureza (ISS), está correto afirmar que o mesmo está regulado nos artigos 71 a 73 do CTN, e regulamentado pela Lei Complementar nº 116, de 31 de julho de 2003.
(D) O IPVA tem como fato gerador a propriedade, plena ou não, de veículos automotores de qualquer espécie, sendo que considera-se ocorrido o fato gerador, em relação a veículos adquiridos ou desembaraçados em anos anteriores, no dia 1º de janeiro de cada ano.
(E) Nos termos do artigo 66 do CTN, contribuinte do Imposto sobre Operações Financeiras deverá ser sempre o tomador do empréstimo, vedada a atribuição da sujeição passiva à instituição credora da operação de crédito realizada.

A: incorreta, pois a progressividade refere-se à variação da alíquota em razão da base de cálculo do imposto (= quanto maior o valor do veículo, maior seria a alíquota aplicável, em caso de verdadeira progressividade). No caso, a assertiva refere-se à simples diferenciação de alíquotas em conformidade com a natureza, uso e procedência do veículo; **B**: incorreta. O art. 158, III, da CF dispõe que 50% do produto da arrecadação do IPVA pertence ao Município em cujo território o veículo foi licenciado. Entende-se que isso inclui todo o crédito tributário recebido, ou seja, imposto, correção, juros e penalidades pecuniárias; **C**: incorreta, pois a norma nacional que regula o ISS, atualmente, é a LC 116/2003, e não mais o CTN ou o DL 406/1968; **D**: essa é a assertiva correta. O STF afasta a incidência do IPVA sobre embarcações e aeronaves, muito embora (isso é importante lembrar, para fins de concurso) os Estados continuem a exigir o tributo nessas hipóteses, com base em suas legislações; **E**: incorreta, pois, nos termos do art. 66 do CTN, contribuinte do IOF é qualquer das partes na operação tributada, como dispuser a lei.

Gabarito "D".

(Fiscal de Tributos/PA – ESAF) Considerando que o valor anual do IPVA de determinado veículo novo é R$ 1.200,00 (um mil e duzentos reais), assinale a opção que indica o valor correto do IPVA a ser cobrado no exercício de 2002 para a hipótese de o veículo ser adquirido do fabricante pela primeira vez em 29 de setembro do ano de 2002.

(A) R$ 900,00
(B) R$ 300,00
(C) R$ 400,00
(D) R$ 1.200,00
(E) R$ 800,00

Questão típica de IPVA em concursos de fiscalização. Não foi produzida, até hoje, norma nacional relativa ao fato gerador do IPVA (art. 146, III, *a*, da CF), de modo que os Estados e o DF exercem a competência legislativa plena (art. 24, § 3º, da CF). É preciso, portanto, conhecer a legislação de cada Estado e do DF para calcular o valor devido de IPVA (alíquotas, isenções, benefícios, incentivos), eventuais restituições por perda ou destruição do automóvel etc. No entanto, é interessante notar que, em regra, as normas estaduais exigem o tributo apenas a partir da primeira aquisição de veículo novo por consumidor final ou, em caso de importação por consumidor final, no momento do desembaraço aduaneiro. Caso essa primeira aquisição ocorra após janeiro, as legislações estaduais costumam determinar o cálculo proporcional aos meses restantes até o final do ano. A partir do exercício seguinte à primeira aquisição, é comum a legislação dos Estados fixar a incidência no dia 1º de janeiro de cada ano (como tradicionalmente ocorre com os tributos sobre propriedade – fato gerador continuado). Nesta questão, como o veículo foi adquirido originalmente em setembro, o IPVA é calculado em 4/12 (quatro doze avos) do total anual.

Gabarito "C".

(Auditor Fiscal/RN – ESAF) Paulo, consumidor final, adquiriu, em 02 de março do ano X, automóvel novo, cujo valor venal constante da nota fiscal foi R$ 48.000,00, tendo pago correta e pontualmente o IPVA. Em 20 de outubro do mesmo ano o veículo foi totalmente destruído por incêndio. Tendo em vista a situação descrita, assinale a afirmativa correta.

(A) O valor do IPVA pago no exercício foi de R$ 1.200,00, não havendo direito à restituição.

(B) O valor do IPVA pago no exercício foi de R$ 1.000,00, tendo Paulo direito à restituição de R$ 200,00 em razão da perda total do veículo antes do final do exercício.
(C) O valor do IPVA pago no exercício foi de R$ 1.200,00, tendo Paulo direito à restituição de R$ 200,00 em razão da perda total do veículo antes do final do exercício.
(D) O valor do IPVA pago foi de R$ 1.000,00, não havendo direito a qualquer restituição.
(E) O valor do IPVA foi R$ 960,00, não havendo direito a qualquer restituição.

Note que os eventos ocorridos após o fato gerador (perda, roubo, destruição do automóvel etc.) não têm o condão de, por si só, alterar a incidência tributária. De fato, a propriedade do automóvel no momento fixado pela lei (primeira aquisição ou 1º de janeiro de cada ano, como tradicionalmente ocorre nas legislações estaduais) configura o fato gerador do IPVA, ou seja, é situação necessária e suficiente para o surgimento da obrigação tributária – art. 114 do CTN. Assim, se não houver lei estadual em contrário, o roubo ou a destruição do automóvel posterior à ocorrência do fato gerador não implica restituição do IPVA pago. Por outro lado, é importante notar que há Estados que preveem, em sua legislação, restituição do tributo (total ou proporcional aos meses restantes no ano), na hipótese.
Gabarito "D".

(Auditor Fiscal/RN – ESAF) Avalie o acerto das formulações adiante e marque com V as verdadeiras e com F as falsas; em seguida, marque a resposta correta.
( ) O imposto sobre propriedade de veículos automotores (IPVA), de competência dos Estados e do Distrito Federal, terá alíquotas mínimas fixadas pelo Senado Federal.
( ) Não se admite a fixação de alíquotas diferenciadas do IPVA em função do tipo e utilização de veículo automotor.
( ) A Constituição Federal exige deliberação conjunta dos Estados e do Distrito Federal, na forma regulada em lei complementar da União, para fixação de alíquotas máximas do IPVA.
(A) F, F, V
(B) F, V, F
(C) V, F, F
(D) V, V, F
(E) V, V, V

1ª: art. 155, § 6º, I, da CF; 2ª: é possível essa diferenciação – art. 155, § 6º, II, da CF; 3ª: não há essa previsão.
Gabarito "C".

(Fiscal de Tributos Estaduais/AL – CESPE) Acerca do imposto sobre operações relativas à circulação de mercadorias e sobre prestação de serviços de transporte interestadual e intermunicipal e de comunicações (ICMS) e do imposto sobre a propriedade de veículos automotores (IPVA), julgue o item subsequente.
(1) O IPVA é imposto direto, em que ocorre o fenômeno da transferência da carga tributária a terceiro.

A transferência da carga tributária a terceiro é característica dos tributos indiretos (v.g. ICMS e IPI). O IPVA, como os demais tributos sobre a propriedade, é considerado tributo direto, cujo ônus financeiro tende a ser suportado pelo próprio contribuinte.
Gabarito 1E.

12.7. ITCMD

(Auditor Fiscal da Receita Federal – ESAF) Sobre o imposto de transmissão *causa mortis* e doação, de quaisquer bens ou direitos, de competência dos Estados e do Distrito Federal, assinale a opção *incorreta*.
(A) Sua incidência é legítima no caso de inventário por morte presumida.
(B) Não incide sobre os honorários do advogado contratado pelo inventariante, com a homologação do juiz.
(C) Sua existência não obsta que se utilize o valor do monte-mor como base de cálculo da taxa judiciária.
(D) Não é exigível antes da homologação do cálculo do valor do bem transmitido.
(E) É calculado sobre o valor dos bens na data da avaliação.

A: correta, nos termos da Súmula 331/STF; B: correta, conforme a Súmula 115/STF; C: incorreta (devendo ser assinalada), pois o valor da herança (monte-mor) é base de cálculo própria de imposto (ITCMD), não servindo para cálculo de taxa – art. 145, § 2.º, da CF – ver RE 394.736/RS; D: correta, conforme a Súmula 114/STF; E: correta, nos termos da Súmula 113/STF.
Gabarito "C".

(Fiscal de Rendas/RJ – FGV) Será objeto de recolhimento do Imposto sobre Transmissão *Causa Mortis* e Doação – ITCMD:
(A) a dação em pagamento.
(B) o oferecimento de bens imóveis em garantia.
(C) a consolidação da propriedade na pessoa do fiduciário.
(D) a transmissão de bens ao cônjuge, em virtude da comunicação decorrente do regime de bens do casamento.
(E) a doação de bens em adiantamento de legítima.

A, B, C e D: o ITCMD estadual não incide sobre transmissões onerosas de propriedade, sobre o estabelecimento de garantias ou sobre a comunicação de bens decorrente do regime de casamento; E: o tributo estadual incide sobre as doações – art. 155, I, da CF.
Gabarito "E".

(Fiscal de Tributos/PA – ESAF) Considerando que a sigla ITCD designa o imposto de competência do Estado, incidente sobre a transmissão *causa mortis* ou doação de bens ou direitos, entre as proposições abaixo, indique a verdadeira.
(A) O ITCD relativo à transmissão *causa mortis* de imóveis situados em São Paulo, onde era domiciliado o *de cujus*, a herdeiros legítimos residentes no Pará, é devido ao Estado do Pará.
(B) O ITCD relativo à doação de bens móveis, sendo o donatário domiciliado no Pará e o doador domiciliado em Pernambuco, é devido ao Estado do Pará.
(C) O ITCD relativo à transmissão *causa mortis* de bens móveis a herdeiros legítimos residentes no Pará, tendo o inventário se processado na Bahia, onde era domiciliado o *de cujus*, é devido ao Estado do Pará.
(D) Se o contribuinte não concordar com o valor estipulado pela autoridade fiscal, para efeito de cálculo do ITCD, poderá requerer, no prazo de 15 dias, avaliação contraditória na forma prevista na lei, interrompendo a fluência do prazo para pagamento do tributo.

(E) O ITCD relativo à transmissão *causa mortis* de imóveis situados no Pará, pertencentes a *de cujus* que era domiciliado no Rio de Janeiro e que faleceu na Bahia, a herdeiros legítimos residentes em São Paulo, é devido ao Estado de São Paulo, onde se processou o inventário.

A e E: os impostos sobre a propriedade imobiliária ou sua transmissão são sempre devidos no local em que se encontrem (SP e PA, respectivamente) – art. 155, § 1º, I, da CF; **B:** o ITCMD sobre doação de bens móveis é devido no local do domicílio do doador (PE, na hipótese) – art. 155, § 1º, II, da CF; **C:** o ITCMD sobre transmissão *causa mortis* de bens móveis é devido no local em que se processar o inventário ou o arrolamento (BA, na hipótese) – art. 155, § 1º, II, da CF; **D:** o procedimento administrativo é fixado pela legislação local. Mesmo que não se conheça a norma estadual, é possível responder a esta questão, por exclusão das demais alternativas.
Gabarito "D".

(Auditor Fiscal/RN – ESAF) Alfredo, casado em segundas núpcias com Maria, sob o regime de comunhão universal de bens, veio a falecer. Deixou três filhos menores tidos do segundo casamento (Pedro, Marcelo e João) e um filho do primeiro casamento (Antônio), maior, casado e que reside em casa própria. Antônio habilitou-se à herança, mas depois renunciou à sua parte em favor do monte, sem ressalva. Na partilha, os bens não foram individualmente atribuídos, tendo cada um recebido quota parte de todo o monte. Tendo em vista a hipótese descrita e considerando as disposições relativas ao Imposto Sobre a Transmissão Causa Mortis e Doações de Quaisquer Bens ou Direitos (ITCD), assinale, entre as opções abaixo, a correta.

(A) São sujeitos passivos do imposto Maria, Pedro, Marcelo, João e Antônio.
(B) São sujeitos passivos do imposto Pedro, Marcelo e João.
(C) São sujeitos passivos do imposto Maria, Pedro, Marcelo e João.
(D) São sujeitos passivos do imposto Pedro, Marcelo, João e Antônio.
(E) O fato gerador ocorre na data da homologação da partilha.

Maria era casada em comunhão universal de bens, de modo que não é herdeira, mas sim meeira (já era proprietária da metade dos bens). Todos os filhos são contribuintes, mesmo aquele que renunciou apenas após a habilitação.
Gabarito "D".

(Auditor Fiscal/RN – ESAF) José, residente e domiciliado em São Paulo, possuía ações e três imóveis: um no Rio de Janeiro, um no Rio Grande do Norte e um em Minas Gerais. Em janeiro do ano X, José doou o imóvel situado em Minas Gerais e 20% das ações, ao seu afilhado Paulo, residente no Rio Grande do Norte. Em junho José faleceu, processando-se o inventário em São Paulo. Seu filho mais velho, Luís, residente no Paraná, herdou o imóvel do Rio de Janeiro e metade das ações remanescentes. O filho mais novo, Guilherme, residente em Goiás, herdou o imóvel no Rio Grande do Norte e a outra metade das ações remanescentes. Considerando a situação descrita e as disposições relativas ao local da operação para fins de incidência do Imposto Sobre a Transmissão Causa Mortis e Doações de Quaisquer Bens ou Direitos (ITCD), assinale, a seguir, a opção que indica corretamente o local da operação, para fins de incidência do imposto, nas transmissões: das ações a Paulo, das ações a Luís, das ações a Guilherme, do imóvel a Paulo, do imóvel a Luís e do imóvel a Guilherme, nessa ordem:

(A) Rio Grande do Norte, Paraná, Goiás, Minas Gerais, Rio de Janeiro e Rio Grande do Norte.
(B) Rio Grande do Norte, Rio Grande do Norte, Paraná, Paraná, Goiás, Goiás.
(C) São Paulo, São Paulo, São Paulo, Minas Gerais, Rio de Janeiro e Rio Grande do Norte.
(D) São Paulo, São Paulo, São Paulo, São Paulo, São Paulo, São Paulo.
(E) São Paulo, São Paulo, São Paulo, Rio Grande do Norte, Paraná, Goiás.

Os impostos sobre a propriedade imobiliária ou sua transmissão são sempre devidos no local em que se encontrem (RJ, RN e MG) – art. 155, § 1º, I, da CF. Quanto aos bens móveis, títulos e créditos (caso das ações), o ITCMD é devido no local de domicílio do doador ou onde se processar o inventário ou o arrolamento (SP) – art. 155, § 1º, II, da CF.
Gabarito "C".

(Auditor Fiscal/RN – ESAF) Considerando as normas relativas ao Imposto Sobre a Transmissão Causa Mortis e Doações de Quaisquer Bens ou Direitos (ITCD), assinale as assertivas abaixo com F, para falsa e com V, para verdadeira e, a seguir, marque a opção que contém a sequência correta.

( ) Nas transmissões de imóveis *causa mortis*, o fato gerador do ITCD ocorre com a averbação do instrumento (formal de partilha ou adjudicação) no Registro de Imóveis.
( ) Está isenta do ITCD a doação de imóvel destinado à própria residência do donatário.
( ) O ITCD não incide nas transmissões a título de antecipação de herança.
( ) O ITCD não incide nas transmissões de direitos hipotecários.
( ) A base de cálculo do ITCD nas transmissões *causa mortis* é o valor venal dos bens, direitos e créditos, no momento da ocorrência do fato gerador, segundo estimativa fiscal, não sendo admitida qualquer dedução.

(A) F, V, F, V, F
(B) V, F, F, V, V
(C) F, F, F, F, F
(D) V, V, V, F, V
(E) V, V, F, F, V

1ª: a transmissão dos bens, e, portanto, o fato gerador do imposto sobre transmissão *causa mortis*, ocorre no momento em que o autor da herança falece – art. 1.784 do CC; 2ª: as isenções devem ser concedidas por lei estadual; 3ª: incide ITCMD, na hipótese, por se tratar de espécie de doação (até porque, se não incidisse, seria relativamente fácil deixar de recolher o tributo); 4ª: o ITCMD incide sobre a transmissão de qualquer espécie de bens e direitos, desde que a transmissão não seja onerosa – art. 155, I, da CF; 5ª: a base de cálculo é o valor venal dos bens transmitidos, e eventuais deduções devem estar previstas na lei estadual, pois a norma nacional não regula a matéria – arts. 146, III, *a*, e 24, § 3º, da CF (ainda que não se conheça a legislação estadual, é possível resolver a questão, por exclusão das demais alternativas). Interessante lembrarmos, em relação às alíquotas do ITCM, que a Suprema Corte reviu a questão, reconhecendo que o imposto pode ser progressivo, atendendo assim o princípio da capacidade contributiva (RE 562.045/RS – Repercussão Geral).
Gabarito "C".

(Agente Tributário Estadual/MS – ESAF) Assinale, entre as opções abaixo, a que não é alcançada pela incidência do Imposto Sobre a Transmissão *Causa Mortis* e Doações de Quaisquer Bens ou Direitos.

(A) Permuta de bens imóveis.
(B) Sucessão testamentária.
(C) Instituição de usufruto por ato não oneroso.
(D) Doação em adiantamento de legítima.
(E) Desigualdade de valores da partilha decorrente de divórcio.

A: o ITCMD não incide sobre operações onerosas, como é o caso de permuta de imóveis (a operação sujeita-se ao ITBI municipal); **B:** trata-se de transmissão *causa mortis*, sujeita ao ITCMD; **C:** é doação de direito, sobre a qual incide ITCMD; **D:** incide o tributo estadual sobre doações de qualquer espécie; **E:** se não houve pagamento pela diferença, há doação, sujeita ao ITCMD.
Gabarito 'A'.

(Agente Tributário Estadual/MS – ESAF) Considerando que a sigla ITCD significa Imposto Sobre a Transmissão *Causa Mortis* e Doações de Quaisquer Bens ou Direitos, entre as proposições abaixo, indique a verdadeira.

(A) O ITCD relativo à transmissão *causa mortis* de imóveis situados em Minas Gerais, a herdeiros legítimos residentes no Mato Grosso do Sul, decorrente de falecimento de pessoa que também residia no Mato Grosso do Sul, é devido no Mato Grosso do Sul.
(B) O ITCD só incide sobre doações em que haja aceitação expressa do donatário.
(C) Ocorrendo o falecimento de pessoa que tenha vários herdeiros, mas um único bem indivisível a partilhar, ocorre apenas um fato gerador do ITCD.
(D) Os cartórios de registros de títulos e documentos respondem solidariamente pelo recolhimento do ITCD, por qualquer irregularidade cometida.
(E) O contribuinte que não concordar com a avaliação dos bens, para efeito de ITCD, poderá apresentar reclamação ao órgão competente no prazo de 30 dias.

A: os impostos sobre a propriedade imobiliária ou sua transmissão são sempre devidos no local em que se encontrem (MG) – art. 155, § 1º, I, da CF; **B:** o fato gerador do ITCMD é a transmissão do bem que, no caso da doação, pressupõe aceitação expressa ou tácita – art. 539 do CC; **C:** o art. 35, parágrafo único, do CTN dispõe que, na transmissão *causa mortis*, ocorrem tantos fatos geradores distintos quantos sejam os herdeiros ou legatários; **D:** os titulares dos cartórios respondem pelos tributos incidentes sobre os atos praticados por eles, ou perante eles, em razão de seu ofício, nos termos do art. 134, VI, do CTN; **E:** o procedimento administrativo é regulado pela legislação estadual.
Gabarito 'D'.

12.8. ISS

(Auditor Fiscal da Receita Municipal – Prefeitura Teresina/PI – 2016 – FCC) De acordo com a disciplina estabelecida na Lei Complementar no 116, de 31 de julho de 2003, o ISS

(A) incide sobre as exportações de serviços para o exterior do País, nos termos estabelecidos em lei.
(B) não incide sobre a prestação de serviços em relação de emprego, regida pela CLT, dos diretores de conselho fiscal de sociedades, salvo disposição de lei municipal em contrário.
(C) tem como contribuinte o tomador do serviço.
(D) tem como fato gerador a prestação de serviços constantes da lista anexa a essa Lei, desde que tais serviços se constituam como atividade preponderante do prestador.
(E) incide sobre os serviços mencionados na lista anexa à referida Lei, afastada a incidência do ICMS sobre eles, mesmo que sua prestação envolva fornecimento de mercadorias, ressalvadas as exceções expressas na própria lista.

A: incorreta, pois o art. 2º, I, da LC 116/2003 afasta a incidência do ISS nas exportações, conforme o art. 156, § 3º, II, da CF; **B:** incorreta, pois não há possibilidade de lei municipal dispor em contrário e exigir o ISS nessa situação – art. 2º, II, da LC 116/2003; **C:** incorreta, pois contribuinte do ISS é o prestador do serviço – art. 5º da LC 116/2003; **D:** incorreta, pois a preponderância na atividade do prestador é irrelevante – art. 1º, *caput*, da LC 116/2003; **E:** correta – art. 1º, § 2º, da LC 116/2003.
Gabarito 'E'.

(Auditor Fiscal – Prefeitura Ilhéus/BA – 2016 – CONSULTEC) O imposto sobre serviços de qualquer natureza não incide sobre

(01) a exportação de serviço para o exterior do país.
(02) a prestação de serviços em relação de emprego, dos trabalhadores avulsos, dos diretores e membros de conselho consultivo ou de conselho fiscal de sociedades e fundações.
(03) o ato cooperativo praticado por sociedade cooperativa.
(04) o valor intermediado no mercado de títulos e valores mobiliários, o principal, juros e acréscimos moratórios relativos a operações de crédito realizadas por instituições financeiras.
(05) o resultado econômico da prestação.

1: correta, nos termos do art. 2º, I, da LC 116/2003, que afasta a incidência do ISS nas exportações, conforme o art. 156, § 3º, II, da CF; **2:** correta, pois não incide ISS nesse caso – art. 2º, II, da LC 116/2003; **3:** correta, pois não há prestação de serviço, nem, portanto, incidência do ISS sobre o ato cooperativo, ou seja, aquele realizado pela cooperativa em relação ao cooperado – ver AgRg no REsp 1.172.458/RJ; **4:** correta, pois não incide ISS nesse caso – art. 2º, III, da LC 116/2003; **5:** incorreta, pois a base de cálculo do ISS é exatamente o preço do serviço prestado, ou seja, o resultado econômico da prestação – art. 7º da LC 116/2003.
Gabarito 5.

(Auditor Fiscal Tributário da Receita Municipal/Cuiabá-MT – FGV) A pessoa jurídica Alfa Ltda. presta serviços de manutenção de eletrodomésticos. Por meio de concorrência pública, é contratada pelo Município Beta para a manutenção de eletrodomésticos utilizados nas escolas daquela municipalidade. Ao emitir a fatura para a cobrança de seus serviços a pessoa jurídica Alfa Ltda., estabelecida no próprio Município Beta, computou o valor do Imposto Sobre Serviços (ISS) incidente na operação.

Nesse caso, a pessoa jurídica Alfa Ltda.

(A) está correta, pois o ISS incide regularmente na operação realizada.
(B) está errada, pois a manutenção de eletrodomésticos não sofre a incidência do ISS.
(C) está errada, pois, embora o ISS incida sobre o tipo de serviço indicado, o Município é beneficiado pela isenção do tributo, mesmo inexistindo lei específica, visto que o Município não pode pagar tributo para ele mesmo.
(D) está errada, pois, embora o ISS incida sobre o tipo de serviço indicado, o Município é beneficiado pela imunidade do ISS.

(E) está correta, esteja ou não o tipo de serviço indicado sujeito ao ISS, pois um Município não pode contratar serviços e suportar o tributo cuja instituição é de sua própria competência.

A: correta, pois incide ISS sobre a operação, nos termos do subitem 14.01 da lista anexa da LC 116/2003; B: incorreta, conforme comentário anterior; C: incorreta, pois contribuinte do imposto é a Alfa Ltda., não o Município; D: incorreta, pois não se trata de imunidade, que, de qualquer forma, não beneficiaria o contribuinte de direito (Alfa Ltda.); E: incorreta, conforme comentários anteriores.

Gabarito "A".

(Auditor Fiscal Tributário da Receita Municipal/Cuiabá-MT – FGV) Empresa Criativa de Softwares Ltda. é uma pessoa jurídica dedicada à concepção, sob encomenda, de programas de computador. Após conceber distintos programas sob encomenda de seus clientes, foi autuada para a exigência do Imposto sobre Serviços de Qualquer Natureza (ISSQN), pois, durante todo o seu primeiro ano de operação, em nenhum momento recolheu o referido tributo.

Em tempestiva defesa administrativa, a pessoa jurídica alegou ser indevido o tributo, por força de três fundamentos distintos:

I. os contratos pelos quais os *softwares* eram encomendados informavam que o ISSQN estaria a cargo do tomador do serviço, não do fornecedor;
II. o resultado financeiro do primeiro ano de operações da pessoa jurídica foi deficitário, o que afasta a incidência do ISSQN;
III. ao longo do primeiro ano de atividades, a pessoa jurídica, com o fito de reduzir seus custos, deixou de ter estabelecimento fixo, passando a operar nos endereços de seus sócios.

A esse respeito, assinale a afirmativa correta.

(A) Nenhum dos três fundamentos apresentados pela pessoa jurídica afasta a incidência do ISSQN.
(B) Apenas o primeiro fundamento apresentado pela pessoa jurídica afasta a incidência do ISSQN.
(C) Apenas o segundo fundamento apresentado pela pessoa jurídica afasta a incidência do ISSQN.
(D) Apenas o terceiro fundamento apresentado pela pessoa jurídica afasta a incidência do ISSQN.
(E) Nenhum dos três fundamentos apresentados pela pessoa jurídica afasta plenamente a incidência do ISSQN, mas o tributo só pode incidir sobre os meses em que a Empresa Criativa de Softwares Ltda. Tinha estabelecimento fixo.

I: incorreta, pois a convenção entre particulares não altera a sujeição passiva do tributo, ou seja, o contribuinte (prestador do serviço) não se exime de recolher o ISS – art. 123 do CTN; II: incorreta, pois a base de cálculo do ISS é o preço cobrado, não tendo relação com o lucro ou prejuízo auferido – art. 7º da LC 116/2003; III: incorreta, pois a existência de estabelecimento fixo é irrelevante para a incidência do ISS – art. 1º da LC 116/2003.

Gabarito "A".

(Auditor Fiscal Tributário da Receita Municipal/Cuiabá-MT – FGV) XYZ Ltda. é uma pessoa jurídica que cede a uma determinada empresa telefônica, mediante remuneração, a utilização dos postes por ela instalados em distintas localidades. Embora XYZ Ltda. esteja domiciliada no município de Campo Novo do Parecis, no Estado do Mato Grosso, a empresa telefônica beneficia-se da cessão do direito de uso dos postes de XYZ nos municípios de Sorriso, Lucas do Rio Verde e Cuiabá.

Diante de tal cenário, assinale a opção correta acerca da eventual incidência do Imposto Sobre Serviços de Qualquer Natureza (ISSQN).

(A) Não incide o ISSQN na hipótese, pois o serviço não consta da lista própria.
(B) O ISSQN incide e é devido ao Município de Campo Novo do Parecis, onde é domiciliada a empresa XYZ Ltda.
(C) O ISSQN incide e é devido ao Município de Cuiabá, por ser abrangido pelo serviço e ser a capital do Estado.
(D) O ISSQN incide e é devido aos três Municípios onde o serviço é prestado (Sorriso, Lucas do Rio Verde e Cuiabá), observada a base de cálculo proporcional ao número de postes existentes em cada município.
(E) O ISSQN incide e é devido ao Estado do Mato Grosso, onde localizados todos os Municípios envolvidos na operação.

A: incorreta, pois o subitem 3.04 da lista anexa da LC 116/2003 prevê expressamente locação, sublocação, arrendamento, direito de passagem ou permissão de uso, compartilhado ou não, de ferrovia, rodovia, postes, cabos, dutos e condutos de qualquer natureza; B: incorreta, pois no caso do subitem 3.04 considera-se ocorrido o fato gerador e devido o imposto em cada Município em cujo território haja extensão de ferrovia, rodovia, postes, cabos, dutos e condutos de qualquer natureza, objetos de locação, sublocação, arrendamento, direito de passagem ou permissão de uso, compartilhado ou não; C: incorreta, conforme comentário anterior; D: correta, conforme comentário à alternativa "B"; E: incorreta, pois o ISS é tributo municipal, não estadual.

Gabarito "D".

(Auditor Fiscal Tributário da Receita Municipal/Cuiabá-MT – FGV) O Ofício de Notas do Município Alfa recebe autuação fiscal pela falta de recolhimento do Imposto sobre Serviços de Qualquer Natureza (ISSQN) incidente sobre suas atividades.

Defende-se alegando que:

I. presta serviço público essencial e, por isso, é imune ao ISSQN;
II. ainda que pudesse haver a incidência do tributo, a base de cálculo não seria o valor dos emolumentos recebidos pelos atos notariais praticados, mas um valor fixo e independente do valor do trabalho pessoal do contribuinte, tal como previsto pelo Art. 9º, § 1º, do Decreto-lei 406/1968.

A esse respeito, assinale a afirmativa correta.

(A) Nenhum dos dois fundamentos já foi enfrentado pelo STF, sendo plausíveis as teses do Ofício de Notas.
(B) Nenhum dos dois fundamentos já foi enfrentado pelo STF, e as teses do Ofício de Notas são implausíveis.
(C) O STF já refutou o fundamento da imunidade, e o Art. 9º, § 1º, do DL 406/1968 foi revogado pela LC 116/2003.
(D) O STF já acolheu o fundamento da imunidade e o fundamento atinente ao Art. 9º, § 1º, do DL 406/1968.
(E) O STF já refutou o fundamento da imunidade, e o Art. 9º, § 1º, do DL 406/1968, embora vigente, já teve sua aplicação rejeitada em relação aos serviços notariais.

I: incorreta, pois o STF já reconheceu a sujeição dos delegatários à incidência do ISS – ADI 3.089/DF; II: incorreta, pois a base de cálculo é o preço do serviço – ver REsp 1.187.764/RS. **A:** incorreta, pois o STF reconheceu a incidência e entende que a discussão quanto à base de cálculo é matéria infraconstitucional; **B:** incorreta, conforme comentário anterior; **C:** incorreta, pois entende-se que a tributação fixa prevista no art. 9º, § 1º, do DL 406/1968 não foi afastada pela LC 116/2003; **D:** incorreta, conforme comentários anteriores; **E:** correta, conforme comentários anteriores.

Gabarito "E".

(Auditor do Tesouro Municipal/Recife-PE – FGV) O Imposto Sobre Serviços de Qualquer Natureza – ISS, de competência municipal, tem como fato gerador a prestação de determinados serviços e, como contribuinte, o prestador do serviço. No entanto, a lei pode prever alguns responsáveis pelo pagamento do imposto devido ao Município.

De acordo com o Código Tributário Municipal do Recife, aqueles considerados responsáveis tributários pelo pagamento do ISS, estão listados a seguir, à exceção de um. Assinale-o.

(A) O tomador do serviço, quando o prestador do serviço estabelecido ou domiciliado no Município do Recife não comprovar a sua inscrição no Cadastro Mercantil de Contribuintes.
(B) As incorporadoras e construtoras, em relação aos serviços que lhes for emprestados.
(C) As empresas e entidades que explorem loterias e outros jogos, inclusive apostas, em relação às comissões pagas aos seus agentes, revendedores, concessionários ou congêneres.
(D) O tomador do serviço, quando o prestador de serviço emitir a Nota Fiscal de Serviços, mas não realizar o pagamento do ISS.
(E) As empresas seguradoras, quando se tratar de tomador, intermediário ou responsável pelo pagamento do serviço.

A: correta – art. 111, I, do Código Tributário Municipal de Recife – Lei 15.563/1991; **B:** correta - art. 111, III, do Código; **C:** correta – art. 111, IV, do Código; **D:** incorreta, pois a legislação de Recife não prevê responsabilidade tributária nesse caso; **E:** correta – art. 111, VIII, do Código.

Gabarito "D".

(Auditor do Tesouro Municipal/Recife-PE – FGV) O Código Tributário Municipal estabelece que determinados serviços, quando prestados por sociedades, serão tributados pelo Imposto Sobre Serviço de Qualquer Natureza – ISS por mês, em relação a cada profissional habilitado, seja sócio, empregado ou não, que preste serviço em nome da sociedade. Nesse caso, o imposto será calculado considerando o número de profissionais habilitados, sejam sócios, empregados ou não, que prestem serviços em nome da sociedade.

Assinale a opção que indica os serviços que *não* podem ser tributados pelo método descrito acima.

(A) Serviços de medicina e biomedicina, bem como serviços de medicina veterinária e zootecnia.
(B) Serviços de contabilidade, inclusive serviços técnicos e auxiliares, e serviços de auditoria.
(C) Serviços de advocacia.
(D) Serviços de agenciamento, de corretagem ou de intermediação de direitos de propriedade industrial, artística ou literária.
(E) Serviços de guarda e de estacionamento de veículos terrestres automotores, aeronaves e embarcações.

A tributação fixa do ISS refere-se à prestação de serviços sob a forma de trabalho pessoal do próprio contribuinte e, em caso de sociedade, calculado em relação a cada profissional habilitado, sócio, empregado ou não, que preste serviços em nome da sociedade, embora assumindo responsabilidade pessoal, nos termos da lei aplicável. Trata-se, portanto, de tributação diferenciada em favor de profissionais liberais, em que não há atividade efetivamente empresarial. A alternativa que evidentemente indica atividade empresarial, sem relação pessoal do prestador com o tomador do serviço, é a "E", que deve apontada pelo candidato.

Gabarito "E".

(Auditor Fiscal da Receita Federal – ESAF) Sobre o ISS – Imposto Sobre Serviços de Qualquer Natureza, de competência dos Municípios e do Distrito Federal, é *incorreto* afirmar-se que:

(A) no conjunto de serviços tributáveis pelo ISS, a lei complementar definirá aqueles sobre os quais poderá incidir o mencionado imposto, com o que realiza a sua finalidade principal, que é afastar os conflitos de competência, em matéria tributária, entre as pessoas políticas.
(B) na construção civil, a dedução do valor dos materiais e subempreitadas no cálculo do preço do serviço, para fins de apuração do ISS, não configura isenção.
(C) não há incidência sobre operações bancárias.
(D) serviços de registros públicos, cartorários e notariais são imunes à incidência do ISS.
(E) se houver ao mesmo tempo locação de bem móvel e prestação de serviços, o ISS incide sobre o segundo fato, sem atingir o primeiro.

A: adequada, pois compete à lei complementar federal definir os serviços tributáveis pelos Municípios e pelo Distrito Federal por meio do ISS – art. 156, III, da CF; **B:** correta, pois se trata de definição da base de cálculo do ISS pela lei complementar – art. 146, III, *a*, da CF e art. 7.º, § 2.º, I, da LC 116/2003, lembrando que essa lei complementar não prevê o abatimento das subempreitadas (ver art. 9.º, § 2.º, *b*, do DL 406/1968); **C:** discutível, pois o ISS incide sobre determinados serviços relacionados ao setor bancário ou financeiro, o que poderia ser indicado como "operações bancárias" – item 15 da lista anexa à LC 116/2003. De qualquer forma, é importante lembrar que incide exclusivamente o IOF federal sobre determinadas operações financeiras; **D:** incorreta, pois o STF já pacificou o entendimento pela incidência do ISS sobre essas atividades - ver ADIn 3.089/DF; **E:** correta – Súmula Vinculante 31/STF.

Gabarito "D".

(Auditor Fiscal – São Paulo/SP – FCC) A Empresa Olivata Ltda. atua preponderantemente como comerciante e, esporadicamente, presta serviços de transporte municipal e de transporte intermunicipal. Com base na legislação municipal paulistana que regulamenta o ISS, o serviço prestado pela Olivata Ltda. de transporte

(A) municipal pode ser considerado fato gerador do ISS ainda que não seja atividade preponderante do prestador, da mesma forma que o serviço de transporte intermunicipal é fato gerador do ISS por não estar no âmbito de incidência do ICMS.
(B) municipal não pode ser considerado fato gerador do ISS, ainda que seja a atividade preponderante do prestador, da mesma forma que o serviço de transporte intermunicipal não é fato gerador do ISS por estar no âmbito de incidência do ICMS.
(C) intermunicipal pode ser considerado fato gerador do ISS, ainda que não seja atividade preponderante do prestador, ao passo que o serviço de transporte muni-

cipal não é fato gerador do ISS por estar no âmbito de incidência do ICMS.
(D) municipal pode ser considerado fato gerador do ISS, ainda que não seja atividade preponderante do prestador, ao passo que o serviço de transporte intermunicipal não é fato gerador do ISS por estar no âmbito de incidência do ICMS.
(E) intermunicipal não pode ser considerado fato gerador do ISS, desde que seja a atividade preponderante do prestador, da mesma forma que o serviço de transporte municipal não é fato gerador do ISS por estar no âmbito de competência do ICMS.

Incide ISS apenas sobre os serviços de transporte municipal (dentro do território do município), já que o intermunicipal sujeita-se exclusivamente ao ICMS estadual – art. 155, II, da CF. A Olivata Ltda. é contribuinte do ISS, independentemente de a prestação do serviço ser ou não atividade preponderante – art. 1.º, caput, in fine, da LC 116/2003. Por essas razões, a alternativa "D" é a correta.
Gabarito "D".

(Auditor Fiscal – São Paulo/SP – FCC) Empresa Marista S.A. foi contratada para prestar serviço de pesquisa de opinião sobre o "paladar do paulistano", pela empresa Food Ltda., que está instalando uma cadeia de restaurantes no Município de São Paulo. A empresa Food Ltda. firmou contrato de rateio de despesas com sua controladora, a empresa Food Inc., situada nos Estados Unidos da América, de forma que o serviço prestado pela Marista S.A. foi pago pela Food Inc., representando ingresso de divisas oriundas do exterior no território nacional. Nesse caso,
(A) há incidência de ISS, tendo-se em vista que não existe previsão de isenção de ISS para exportação de serviços.
(B) há incidência de ISS, tendo-se em vista que o resultado da prestação de serviços foi verificada no território nacional, não se configurando a existência de exportação de serviços, para fins da legislação municipal.
(C) não há incidência de ISS, tendo-se em vista que houve ingresso de divisas no território nacional, configurando-se a existência de exportação de serviços, para fins da legislação municipal.
(D) há incidência de ISS, tendo-se em vista que a isenção anteriormente prevista às exportações de serviços foi revogada.
(E) não há incidência de ISS, tendo-se em vista que o resultado da prestação de serviços não foi verificado no território nacional, configurando-se a existência de exportação de serviços, para fins de legislação municipal.

O serviço foi prestado no Brasil, por empresa brasileira para tomadora brasileira, sendo que o serviço produziu efeitos no País. Pouco importa, nesse contexto, o rateio da despesa com a controladora estrangeira ou o ingresso de divisas. Por essas razões, a alternativa "B" é a correta.
Gabarito "B".

(Auditor Fiscal – São Paulo/SP – FCC) Empresa X S.A., estabelecida em Barueri, contrata, em 25/03/2009, a empresa Correa B.V.I, estabelecida no exterior, para lhe prestar serviços de consultoria técnica, que são realizados integralmente no exterior. A prestação é finalizada em 23/04/2010, sem qualquer recolhimento de ISS. Em 25/07/2011, X S.A. altera sua sede social para o Município de São Paulo, deixando de ser estabelecida em Barueri. Nesse caso, o ISS

(A) não é devido ao Município de São Paulo, tendo-se em vista que o estabelecimento de serviços da contratante estava situado em Barueri, no momento em que houve a prestação de serviços.
(B) é devido à União Federal e ao Município de São Paulo, por tratar-se de serviço proveniente do exterior.
(C) é devido, exclusivamente, ao Município de São Paulo, onde se encontra atualmente o estabelecimento contratante.
(D) não é devido ao Município de São Paulo, haja vista que o serviço é proveniente do exterior.
(E) é devido ao Município de São Paulo, em virtude da previsão da solidariedade ativa, que norteia o regime jurídico do ISS incidente sobre a importação de serviços.

No momento do fato gerador, o Município de São Paulo não tem qualquer relação com o estabelecimento tomador do serviço (art. 3.º, I, da LC 116/2003), muito menos com o prestador, inexistindo, tampouco, relação com o local da prestação do serviço. Não há como, portanto, falar em pretensão do fisco paulistano em relação à tributação desse serviço, ainda que tenha ocorrido, posteriormente, instalação da sede da contribuinte em seu território. Por essas razões, a alternativa "A" é a correta.
Gabarito "A".

(Auditor Fiscal – São Paulo/SP – FCC) Associação Esperança, entidade de assistência social sem fins lucrativos, estabelecida no Município de São Paulo, goza de imunidade, contrata a prestadora de serviços Outsorcing Ltda., estabelecida em Ribeirão Preto, para prestar serviços de fornecimento de mão de obra, em seu estabelecimento. Nos termos da legislação paulistana, a Associação Esperança
(A) não é responsável pelo ISS devido na operação, haja vista que a Outsorcing Ltda. encontra-se estabelecida no Município de Ribeirão Preto.
(B) é responsável pelo ISS devido na operação, haja vista que o serviço prestado pela Outsorcing Ltda. é de fornecimento de mão de obra, embora o ISS não seja devido ao Município de São Paulo.
(C) não é responsável pelo ISS devido na operação, haja vista que o ISS não é devido ao Município de São Paulo.
(D) não é responsável pelo ISS devido na operação, haja vista gozar de imunidade.
(E) é responsável pelo ISS devido na operação, haja vista que o serviço é de fornecimento de mão de obra e o ISS é devido ao Município de São Paulo.

A imunidade da entidade assistencial não beneficia terceiros, no caso, o prestador do serviço, que é o contribuinte do ISS. No fornecimento de mão de obra, o ISS é devido ao Município em que localizado o estabelecimento do tomador do serviço – art. 3.º, XX, da LC 116/2003. Ademais, o tomador é responsável pela retenção na fonte e recolhimento do imposto – art. 6.º, § 2.º, II, da LC 116/2003, c/c item 17.05 da lista anexa. Finalmente, a imunidade não afasta a responsabilidade tributária por retenção na fonte - art. 9.º, § 1.º, do CTN. Por essas razões, a alternativa "E" é a correta.
Gabarito "E".

(Auditor Fiscal – São Paulo/SP – FCC) A empresa X S.A. tem como objeto social a consultoria em informática. Tem sede no Rio de Janeiro, onde recolhe, integralmente, o ISS incidente sobre suas atividades. No Município de São Paulo, mantém uma sala, com computadores, uma telefonista e três consultores que atendem a demanda dos tomadores estabelecidos no Município de São Paulo. A empresa X S.A.,

(A) ainda que não possua estabelecimento no Município de São Paulo, está obrigada a recolher o ISS ao Município de São Paulo em seu valor integral.
(B) por não possuir estabelecimento no Município de São Paulo, não está obrigada a recolher ISS ao Município de São Paulo.
(C) por possuir estabelecimento no Município de São Paulo, está obrigada a recolher o ISS incidente sobre os serviços prestados no referido estabelecimento ao Município de São Paulo.
(D) por possuir estabelecimento no Município de São Paulo, está obrigada a recolher o ISS ao Município de São Paulo, apenas no montante da quantia que superar o valor do ISS já recolhido no Município do Rio de Janeiro.
(E) ainda que não possua estabelecimento no Município de São Paulo, está obrigada a recolher o ISS ao Município de São Paulo, apenas no montante da quantia que superar o valor do ISS já recolhido no Município do Rio de Janeiro.

O ISS relativo ao serviço de consultoria em informática é devido ao Município em que está localizado o estabelecimento prestador – art. 3°, *caput*, da LC 116/2003. Considera-se estabelecimento prestador o local onde o contribuinte desenvolva a atividade de prestar serviços, de modo permanente ou temporário, e que configure unidade econômica ou profissional, sendo irrelevantes para caracterizá-lo as denominações de sede, filial, agência, posto de atendimento, sucursal, escritório de representação ou contato ou quaisquer outras que venham a ser utilizadas – art. 4.° da LC 116/2003. Por essas razões, o ISS em questão é devido ao Município de São Paulo, de modo que a alternativa "C" é a correta.
Gabarito "C".

(Auditor Fiscal – São Paulo/SP – FCC) A pessoa jurídica Engenharia Tecson Movement Ltda. apresenta pedido de consulta ao Município de São Paulo. Informa que é composta por sócios que prestam serviços de engenharia de forma pessoal, e que, em 2011, foram alienadas quotas correspondentes a 50% do capital social da sociedade à pessoa jurídica Ipson Participações S.A., estabelecida no Brasil, constituída de capital 100% nacional, especializada em investir em pessoas jurídicas de médio porte. Constitui teor da consulta a possibilidade de aplicação do regime especial de recolhimento do imposto, em que a receita bruta é estabelecida a partir de um valor fixo, multiplicada pelo número de profissionais habilitados. O contribuinte foi corretamente informado de que o regime especial é

(A) inaplicável à Engenharia Tecson Movement Ltda. porque esse benefício apenas pode ser pleiteado pelas sociedades empresárias.
(B) aplicável à Engenharia Tecson Movement Ltda. porque se trata de serviços de engenharia e os sócios engenheiros prestam serviços de forma pessoal, sendo irrelevante que haja sócias que sejam pessoas jurídicas.
(C) inaplicável à Engenharia Tecson Movement Ltda. porque apenas as pessoas físicas poderão se aproveitar desse benefício.
(D) inaplicável à Engenharia Tecson Movement Ltda. porque possui sócia que apenas aporta o capital.
(E) aplicável à Engenharia Tecson Movement Ltda. porque se trata de serviços de engenharia e os sócios engenheiros prestam serviços de forma pessoal, e a única sócia pessoa jurídica é estabelecida no Brasil, e constituída de capital 100% nacional.

As chamadas sociedades uniprofissionais (SUPs) são aquelas formadas exclusivamente por profissionais habilitados de uma mesma categoria (advogados, médicos, dentistas, arquitetos, contadores etc.) que prestam o serviço assumindo responsabilidade pessoal, hipótese em que o ISS será calculado pela multiplicação de um valor fixo em reais pelo número de profissionais daquela sociedade – art. 9.°, §§ 1.° e 3.°, do DL 406/1968. No caso descrito, o ingresso de pessoa jurídica no quadro societário descaracteriza a SUP, afastando a tributação por valor fixo. Por essas razões, a alternativa "D" é a correta.
Gabarito "D".

(Auditor Fiscal – São Paulo/SP – FCC) Determinado contribuinte presta serviço, tributado com a alíquota de 5%, cujo preço é de R$ 100,00. No contrato, há previsão de desconto de 20%, desde que o pagamento do serviço seja realizado até o dia primeiro do mês subsequente à emissão da Nota Fiscal. O tomador de serviço pagou no dia primeiro do mês subsequente ao da emissão da Nota Fiscal. Contudo, pagou apenas 50% do valor do serviço, ficando inadimplente, quanto ao restante. Nesse caso, o valor do ISS devido é de

(A) R$ 2,00.
(B) R$ 2,50.
(C) R$ 2,50 pelo prestador de serviços e no valor de R$ 2,50 pelo tomador de serviços.
(D) R$ 4,00.
(E) R$ 5,00.

Em regra, as legislações municipais, ao definirem a base de cálculo do ISS, observando o disposto no art. 7.° da LC 116/2003, permitem o abatimento apenas dos descontos incondicionais (a exemplo do ICMS – ver art. 13, § 1.°, II, a, da LC 87/1996). No caso, o desconto foi condicionado a evento futuro e incerto, o que impede o abatimento (a base de cálculo será o preço "cheio", ou seja, R$ 100,00). Ademais, o efetivo pagamento do preço pelo tomador do serviço (sua adimplência) não altera o cálculo. O fato gerador é a prestação onerosa do serviço, não o pagamento. Por essas razões, o ISS, no caso, corresponde a R$ 5,00 (= 5% de R$ 100,00), de modo que a alternativa "E" é a correta.
Gabarito "E".

(Auditor Fiscal – São Paulo/SP – FCC) No Município de São Paulo,

I. a alíquota de ISS relativa aos serviços de locação de bens móveis é de 5%;
II. a alíquota mais elevada é de 5%;
III. as alíquotas de ISS são progressivas, levando-se em conta a capacidade contributiva do contribuinte.

Está correto o que afirma APENAS em

(A) I.
(B) I e II.
(C) II.
(D) II e III.
(E) III.

Embora as alíquotas do ISS sejam fixadas pela lei municipal, é possível resolver a questão com base nas normas constitucionais e nacionais que regulam a matéria, além da jurisprudência dos Tribunais Superiores. I: incorreta, pois não incide ISS sobre locação de bens móveis, lembrando que o item correspondente foi vetado da lista anexa da LC 116/2003 – ver Súmula Vinculante 31/STF; II: correta, considerando que esse é o teto para todos os Municípios e Distrito Federal (as alíquotas do ISS podem variar entre 2% e 5%) - art. 8.°, II, da LC 116/2003;

III: incorreta, lembrando que não há, em regra, progressividade nos tributos incidentes sobre a circulação de bens ou serviços (ISS, ICMS, IPI etc. não são progressivos) - a progressividade existe no caso do imposto de renda e determinados impostos sobre a propriedade ou sua transferência (IR, ITR, IPTU, ITCMD – neste último caso, há recente entendimento jurisprudencial do STF).

Gabarito "C".

(Auditor Fiscal – São Paulo/SP – FCC) Contribuinte sofre auto de infração, apurando-se que a base de cálculo do ISS era de R$ 1.000,00. Um ano depois, é lavrado lançamento complementar, por erro de fato, tendo-se em vista que a base de cálculo, na realidade, era de R$ 100.000,00. O referido lançamento complementar

(A) apenas poderia ter sido realizado, se devidamente fundamentada a mudança de critério jurídico adotado pela autoridade administrativa, observado contraditório e devido processo legal.
(B) poderia ter sido realizado, no prazo disponível à Fazenda Municipal.
(C) não poderia ter sido realizado, pela proibição de dupla acusação sobre a mesma infração.
(D) poderia ter sido realizado, a qualquer tempo, haja vista que a inexatidão é causa de interrupção do prazo prescricional.
(E) poderia ter sido realizado, a qualquer tempo, haja vista que a inexatidão é causa de interrupção de perempção.

O erro de fato (diferente do erro de direito) permite a revisão do lançamento dentro do prazo decadencial – art. 149, IV e VIII, do CTN. Ver também o art. 146 do CTN e a Súmula 227/TFR que afastam a possibilidade de revisão no caso de erro de direito. Por essas razões, a alternativa "B" é a correta.

Gabarito "B".

(Auditor Fiscal – São Paulo/SP – FCC) Jucs Serviços Ltda. deixou de pagar o ISS destacado em notas fiscais de serviços eletrônica emitidas. O débito tributário de ISS, após a cobrança amigável, será enviado para

(A) inscrição em dívida ativa, sem nenhum acréscimo, por se configurar a denúncia espontânea.
(B) lavratura de lançamento complementar, observado o contraditório e ampla defesa.
(C) inscrição em dívida ativa, com os acréscimos legais devidos.
(D) lavratura de auto de infração, observado o contraditório e ampla defesa.
(E) lavratura de auto de infração, dispensado o contraditório e ampla defesa por ser ato unilateral do sujeito passivo.

O tributo declarado pelo próprio contribuinte, mas não pago, já tem o crédito constituído (a declaração corresponde ao lançamento), dispensando qualquer atuação do fisco nesse sentido. No caso, basta inscrever o débito em dívida ativa e executá-lo judicial, admitindo-se a qualquer momento a cobrança amigável – Súmula 436/STJ. Por essa razão, a alternativa "C" é a correta.

Gabarito "C".

(Auditor Fiscal – São Paulo/SP – FCC) Considere:

I. A incidência de ISS depende do resultado financeiro obtido decorrente da prestação de serviços.
II. A nomenclatura do serviço é relevante para determinar a incidência do ISS.
III. O ISS incide sobre a prestação dos serviços constantes da lista veiculada na legislação municipal. Está correto o que se afirma em

(A) I, apenas.
(B) I e II, apenas.
(C) I, II e III.
(D) I e III, apenas.
(E) III, apenas.

I: incorreta, pois o ISS é devido pela simples prestação onerosa do serviço (esse é o fato gerador), sendo irrelevante os efeitos financeiros (mesmo em caso de inadimplemento há obrigação de recolhimento do imposto) – art. 118, II, do CTN; **II**: incorreta, pois a denominação é irrelevante – art. 4.º, I, do CTN; **III**: correta, já que é necessária a previsão expressa da incidência na lei municipal ou distrital, lembrando que ela não pode inovar em relação aos serviços taxativamente listados na norma nacional (LC 116/2003).

Gabarito "E".

(Agente Fiscal de Rendas/SP – FCC) Considere as seguintes afirmações:

I. A Lei Complementar nº 116/03, que "Dispõe sobre o Imposto Sobre Serviços de Qualquer Natureza, de competência dos Municípios e do Distrito Federal, e dá outras providências", é assim chamada por complementar a Constituição. Por isso, sua Lista de serviços anexa pode contemplar qualquer serviço de comunicação em particular, que de outro modo estaria sujeito ao ICMS, muito embora não possa contemplar no gênero todos os serviços de comunicação.
II. Por força do disposto na Lei Complementar nº 116/03, o Armazém Geral é sujeito passivo (contribuinte) do ISSQN, portanto, ele não pode ser eleito responsável tributário pelo pagamento do ICMS, pela legislação estadual desse imposto.
III. Embora "Leilão e congêneres" sejam "Serviços de apoio técnico, administrativo, jurídico, contábil, comercial e congêneres" (item 17.13 da Lista de Serviços anexa à Lei Complementar nº 116/03), não há impedimento legal a atribuição de responsabilidade ao leiloeiro pelo ICMS devido, em relação à saída de mercadoria objeto de alienação em leilão.

Está correto o que se afirma APENAS em

(A) I.
(B) II.
(C) III.
(D) I e II.
(E) I e III.

I: os serviços de comunicação sujeitam-se exclusivamente ao ICMS, por expressa determinação constitucional – art. 155, II, c/c art. 156, III, da CF; **II** e **III**: embora os serviços de armazenagem e de leilão sujeitem-se ao ISS (itens 11.04 e 17.13 da lista anexa à LC 116/2003), nada impede que a legislação do ICMS fixe a responsabilidade tributária do titular da empresa de armazenagem ou do leiloeiro, no caso, por exemplo, de concorrerem para a evasão do tributo estadual – art. 5º da LC 87/1996.

Gabarito "C".

(Fiscal de Rendas/RJ – FGV) De acordo com o Ato das Disposições Constitucionais Transitórias da CRFB/88, a alíquota mínima do ISS é de:

(A) 5%.
(B) 2%.

(C) 3%.
(D) 0,5%.
(E) 1%.

A alíquota mínima é de 2%, nos termos do art. 88, I, do ADCT. Atualmente, suprindo a lacuna que havia na legislação complementar, o art. 8º-A da LC 116/2003 (com redação dada pela LC 157/2016) fixa esse piso de 2% para o ISS, com vedação a benefícios que tenham como resultado burlar o patamar mínimo de tributação. A LC 157/2016 modificou a legislação nacional do ISS, prevendo nulidade de leis municipais que fixem o imposto abaixo do patamar de 2%, prevendo alteração da sujeição ativa (o município do tomador ou do intermediário do serviço pode passar a ser sujeito ativo) e criando responsabilidade tributária para o tomador pessoa jurídica.
Gabarito "B".

(Auditor Fiscal/CE – ESAF) Em relação ao Imposto Sobre Serviços, se não consta da lista anexa à Lei Complementar n. 116/2003 determinado serviço, podemos afirmar que a sua não exigência ocorre em vista de:

(A) isenção.
(B) anistia.
(C) não incidência.
(D) imunidade.
(E) não cumulatividade.

A: a isenção pressupõe previsão legal genérica de incidência, que é especificamente afastada em relação a determinada situação ou a determinada pessoa (na dicção do CTN, há exclusão do crédito ou dispensa do pagamento). Ou seja, a isenção é exceção legal à regra da tributação; **B:** a anistia é perdão, não se confundindo com a situação narrada; **C:** não incidência descreve a situação narrada; **D:** imunidade é norma constitucional que afasta a competência tributária; **E:** não cumulatividade é técnica de tributação ou princípio relacionado a determinados tributos (v.g. ICMS e IPI).
Gabarito "C".

(Auditor Fiscal/São Paulo-SP – FCC) O filho de "A" permaneceu internado em hospital particular, localizado no município de São Paulo, pelo período de uma semana. Por ocasião do fechamento da conta hospitalar, depois de o paciente ter recebido alta, foram-lhe entregues duas Notas Fiscais (NF), sendo uma relativa à prestação dos serviços hospitalares, com incidência do ISS, e a outra referente ao fornecimento dos medicamentos utilizados na prestação de serviços hospitalares, com incidência do ICMS. Quanto à emissão desses documentos fiscais, é correto afirmar que, relativamente à prestação de serviços hospitalares, está

(A) correta a emissão de NF com incidência do ISS, mas está incorreta a emissão de NF, com incidência do ICMS, relativamente aos medicamentos fornecidos, pois esse fornecimento, em razão da prestação de serviços hospitalares, também está sujeito à incidência do ISS.
(B) correta a emissão de NF com incidência do ISS, bem como está correta a emissão de NF, com incidência do ICMS, relativamente aos medicamentos fornecidos, pois esse fornecimento, ainda que promovido em razão da prestação de serviços hospitalares, é sujeito à incidência do ICMS.
(C) incorreta a emissão de NF com incidência do ISS, pois quando existe fornecimento de mercadorias juntamente com prestação de serviço, previsto na lista de serviços anexa à Lei Complementar federal 116/03, de 31 de julho de 2003 (art. 126 do Anexo Único a que se refere o art. 1º do Decreto nº 47.006, de 16 de fevereiro de 2006 – "Consolidação da Legislação do Município de São Paulo"), tanto a mercadoria como o serviço se sujeitam ao ICMS. Está correta a emissão de NF, com incidência do ICMS, relativamente aos medicamentos fornecidos, pois esse fornecimento é sempre sujeito à incidência do ICMS.
(D) incorreta a emissão de NF com incidência do ISS, pois esse serviço não consta da lista de serviços anexa à Lei Complementar federal 116/03, de 31 de julho de 2003 (art. 126 do Anexo Único a que se refere o art. 1º do Decreto nº 47.006, de 16 de fevereiro de 2006 – "Consolidação da Legislação do Município de São Paulo"), razão pela qual resulta correta a emissão de NF, com incidência do ICMS, relativamente aos medicamentos fornecidos, uma vez que, à míngua de menção expressa de um determinado serviço na referida lista, esse fornecimento fica sujeito à incidência do ICMS.
(E) incorreta a emissão da NF, bem como em relação aos medicamentos fornecidos, pois a prestação de serviços hospitalares, incluídos os medicamentos utilizados nesta prestação, é imune à tributação municipal e estadual.

Se o serviço está sujeito à competência tributária municipal (listado, portanto, na LC 116/2003) e é prestado com fornecimento de mercadorias, o ISS incide sobre o preço total, exceto nos casos em que a própria lei complementar prevê a cobrança de ICMS sobre os bens – art. 1º, § 2º, da LC 116/2003. Incide exclusivamente o ISS sobre o preço total do serviço hospitalar, incluindo o custo dos remédios, pois não configura exceção à regra – Súmula 274/STJ.
Gabarito "A".

(Auditor Fiscal/São Paulo-SP – FCC) Sujeita-se à incidência do ISS a

(A) prestação de serviço de hospedagem, em hotéis, e a alimentação fornecida em razão dessa hospedagem, ainda quando não incluída no preço da diária.
(B) execução, por administração, de obras de construção civil e o fornecimento de mercadorias produzidas pelo prestador de serviços fora do local de prestação dos serviços.
(C) prestação de serviço de bufê (buffet) e o fornecimento da alimentação e das bebidas necessárias à prestação desse serviço, quando esse fornecimento for cobrado concomitantemente com a prestação de serviço.
(D) prestação de qualquer tipo de serviço de alfaiataria e costura para empresa que vai comercializar as peças de vestuário objeto da prestação de serviços.
(E) prestação de serviço de funeral e o respectivo fornecimento de caixões, urnas ou esquifes.

A: a alimentação se sujeita ao tributo municipal somente se incluída no preço da diária – item 9. 01, in fine, da lista anexa à LC 116/2003; **B:** se o bem é vendido como mercadoria, e não aplicado como insumo em obra, incide exclusivamente o ICMS – item 7. 02, in fine, da lista anexa à LC 116/2003; **C:** o fornecimento de alimentação e bebidas se sujeita ao ICMS – item 17. 11, in fine, da lista anexa à LC 116/2003; **D:** o ISS incide somente sobre o serviço de alfaiataria e costura prestado ao usuário final, com material por ele fornecido (pelo tomador do serviço) – item 14. 09 da lista anexa à LC 116/2003; **E:** item 25. 01 da lista anexa à LC 116/2003.
Gabarito "E".

(Auditor Fiscal/São Paulo-SP – FCC) Considere as seguintes situações:

I. uma empresa de demolição, com estabelecimento único, situado no município de São Paulo, prestou serviços de demolição no município de Santos.
II. uma empresa de execução de serviços de decoração e jardinagem, com estabelecimento único, situado no município de Mairiporã, prestou serviços no município de São Paulo.
III. uma empresa de organização de festas e recepções (bufê ou *buffet*), com estabelecimento único, situado no município de São Paulo, prestou serviços no município de Campinas.
IV. uma empresa de dedetização, com estabelecimento único, situado no município de Poá, prestou serviços no município de São Paulo.

Considerando as prestações de serviços descritas, o ISS é devido ao município de São Paulo APENAS nas situações

(A) I e III.
(B) I, II e III.
(C) II e III.
(D) II e IV.
(E) III e IV.

I: o ISS é devido no local da demolição – art. 3º, IV, da LC 116/2003; II: o tributo é devido no local da decoração ou da jardinagem – art. 3º, VIII, da LC 116/2003; III: o ISS é devido no local do estabelecimento prestador (não é exceção à regra) – art. 3º, *caput*, da LC 116/2003; IV: o ISS é devido no local do estabelecimento prestador (não é exceção à regra) – art. 3º, *caput*, da LC 116/2003.

Gabarito "C".

12.9. IPTU

(Auditor Fiscal – Prefeitura Ilhéus/BA – 2016 – CONSULTEC) O Imposto sobre a Propriedade Predial e Territorial Urbana — IPTU — tem como fato gerador

(01) a propriedade, o domínio útil ou a posse de bem imóvel, por natureza ou por acessão física, como definido na lei civil.
(02) a posse, o domínio útil ou a posse de bem imóvel, por natureza ou por acessão física, como definido na lei de Diretrizes Orçamentárias.
(03) a posse ou propriedade de bem imóvel.
(04) a manutenção de terrenos e imóveis efetivamente habitados.
(05) os terrenos onde se encontram o Município de Ilhéus.

1: correta conforme gabarito oficial, mas entendemos que está incorreta, pois somente o imóvel localizado na zona urbana dá ensejo à incidência do IPTU – art. 32 do CTN; 2: incorreta, pois a LDO não define propriedade, mas sim a lei civil – art. 32 do CTN; 3: incorreta, pois também o domínio útil de imóvel dá ensejo ao IPTU, mas desde que localizado na zona urbana – art. 32 do CTN; 4: incorreta, pois a manutenção de terrenos e imóveis não é fato gerador de qualquer imposto; 5: incorreta, pois somente os imóveis urbanos dão ensejo à tributação pelo IPTU.

Gabarito 1.

(Auditor do Tesouro Municipal/Recife-PE – FGV) Augusto José se insurge em face da cobrança de IPTU que recebeu, com valores majorados para o presente exercício fiscal. Segundo alegado e provado, a lei que alterou a legislação anterior sobre o referido imposto foi publicada, de forma parcial, no ano anterior ao presente exercício; a tabela relativa à Planta de Valores, contudo, foi publicada no mesmo exercício fiscal da cobrança dos novos valores. A Fazenda Municipal, entretanto, registra que a tabela representa mero regulamento editado pelo Poder Executivo local, não se confundindo com a lei anterior, esta regularmente publicada, conforme determina a Constituição.

A cobrança com base na nova tabela e a posição da Fazenda Municipal podem ser caracterizadas como

(A) constitucionais, não havendo exigência para que o ato que fixa a Planta de Valores seja publicado em exercício anterior, sendo materialmente de natureza administrativa.
(B) inconstitucionais, já que a cobrança no mesmo exercício fiscal fere o princípio da anterioridade, e a argumentação da Fazenda fere o princípio da legalidade.
(C) constitucional a posição da Fazenda Municipal, sendo certo que a Planta de Valores não majora o IPTU, mas sim a lei que instituiu as novas alíquotas.
(D) inconstitucionais, uma vez que há ofensa ao princípio da legalidade por parte da cobrança e ofensa ao princípio da irretroatividade na argumentação da Fazenda.
(E) constitucional a cobrança, já que houve a publicação da lei no exercício anterior ao de sua vigência e a posição da Fazenda é legal, por observar a natureza jurídica da Planta de Valores.

A Planta de Valores fixa a base de cálculo do IPTU, elemento essencial da tributação e que, portanto, sujeita-se aos princípios da anterioridade e da legalidade. Assim, a cobrança do IPTU majorado no mesmo exercício da publicação da planta e a veiculação por decreto (regulamento do Executivo) são inconstitucionais, razão pela qual a alternativa "B" é a correta.

Gabarito "B".

(Auditor do Tesouro Municipal/Recife-PE – FGV) Em determinado Município da Federação, foi editada lei fixando alíquotas progressivas do IPTU, em decorrência do número de imóveis de propriedade do contribuinte.

Nesse sentido,

(A) a lei é inconstitucional, sendo o IPTU um imposto de natureza real.
(B) a lei é constitucional por obedecer ao princípio da função social da propriedade.
(C) a lei é constitucional por levar em consideração a capacidade contributiva do contribuinte.
(D) a lei é inconstitucional, eis que não leva em consideração a destinação dada aos imóveis.
(E) a lei é constitucional, mas terá que ser publicada no exercício anterior ao da vigência das novas alíquotas.

A lei é inconstitucional, pois a progressividade do IPTU somente é possível no tempo (art. 182, § 4º, II, da CF) ou em relação ao valor do imóvel a que se refere – art. 156, § 1º, I, da CF. A Súmula 589/STF é expressa: é inconstitucional a fixação de adicional progressivo do imposto predial e territorial urbano em função do número de imóveis do contribuinte. Por essa razão, a alternativa "A" é a única correta.

Gabarito "A".

(Auditor Fiscal Tributário da Receita Municipal/Cuiabá-MT – FGV) Alberto é proprietário, desde 2002, de imóvel no centro de Cuiabá. No dia 05 de janeiro de 2012, o imóvel é vendido a Roberval, sendo a transferência registrada no dia seguinte junto ao Registro de Imóveis competente, tendo sido apresentada a certidão de regularidade fiscal do bem, expedida pelo Município. Em 20 de dezembro de 2013, o Município constata que não foi pago o Imposto sobre a Propriedade Predial e Territorial Urbana (IPTU) dos exercícios de 2011 e de 2013 do referido imóvel, embora tenha sido regularmente recolhido o IPTU do exercício de 2012.

Assinale a opção que indica quem deve efetuar o pagamento do imposto em questão em relação a cada um dos dois exercícios inadimplidos.

(A) O IPTU de 2011 deve ser pago por Alberto e o IPTU de 2013 deve ser pago por Roberval.
(B) O IPTU relativo aos dois exercícios deve ser pago por Alberto.
(C) O IPTU relativo aos dois exercícios deve ser pago por Roberval.
(D) O IPTU de 2011 deve ser pago por Roberval e o IPTU de 2013 deve ser pago por Alberto.
(E) O IPTU relativo aos dois exercícios deve ser pago por Alberto ou por Roberval ante a solidariedade entre ambos.

A: correta. Roberval não responde pelo IPTU de 2011, já que constou na transferência do imóvel a certidão de regularidade fiscal – art. 130 do CTN; **B:** incorreta, pois Alberto nada deve em relação ao exercício de 2013 e seguintes; **C:** incorreta, conforme comentário à alternativa "A"; **D:** incorreta, conforme comentários anteriores; **E:** incorreta, conforme anteriores.

Gabarito "A".

(Auditor Fiscal Tributário da Receita Municipal/Cuiabá-MT – FGV) Francisco é proprietário de imóvel localizado em área de expansão urbana constante de loteamento aprovado pelos órgãos competentes, mas a área não é dotada de nenhum dos cinco melhoramentos que o Art. 209, *caput*, do Código Tributário do Município de Cuiabá (CTM-Cuiabá – LC municipal 43/1997) considera necessários (ao menos dois deles) para que a área possa ser considerada como zona urbana.

Nesse cenário, é correto afirmar que o IPTU sobre o imóvel em questão incide

(A) quando presente ao menos um dos cinco melhoramentos indicados no Art. 209, *caput*, do CTM-Cuiabá.
(B) quando presentes ao menos dois dos cinco melhoramentos indicados no Art. 209, *caput*, do CTM-Cuiabá.
(C) quando presentes ao menos três dos cinco melhoramentos indicados no Art. 209, *caput*, do CTM-Cuiabá.
(D) quando presentes ao menos quatro dos cinco melhoramentos indicados no Art. 209, *caput*, do CTM-Cuiabá.
(E) desde logo, pois é inaplicável a exigência dos melhoramentos indicados no Art. 209, *caput*, do CTM-Cuiabá.

O IPTU incide em relação a imóveis localizados em áreas urbanas. Área urbana é aquela identificada pela lei municipal, desde que tenha pelo menos dois melhoramentos daqueles listados no art. 32, § 1º, do CTN. Também podem ser consideradas áreas urbanas, independentemente da existência de qualquer melhoramento, as áreas que a lei municipal aponte como urbanizáveis ou de expansão urbana constantes de loteamentos aprovados pelos órgãos competentes. No caso desta questão, portanto, é devido o IPTU, independentemente de haver melhoramentos na área, razão pela qual a alternativa "E" é a correta.

Gabarito "E".

(Auditor Fiscal Tributário da Receita Municipal/Cuiabá-MT – FGV) "X" adquire, para fim residencial, imóvel que pertencia a uma autarquia estadual. Celebram as partes uma promessa de compra e venda, que é prontamente registrada no Registro Geral de Imóveis (RGI) competente.

Após o registro da promessa de compra e venda,

(A) continua a não incidir o IPTU, por força da imunidade da autarquia, sendo desnecessária a formalização de novo pedido nesse sentido por parte do ente autárquico (cujo nome continua vinculado ao imóvel no RGI, ainda que agora a autarquia figure como promitente vendedora).
(B) passa a incidir o IPTU, a ser pago pela autarquia.
(C) passa a incidir o IPTU, a ser pago por "X", uma vez que registrada no RGI a promessa de compra e venda do imóvel.
(D) continua a não incidir o IPTU, por força da imunidade da autarquia, desde que o ente autárquico formalize novo pedido de reconhecimento de sua imunidade (pois o imóvel continua a ela vinculado no RGI, ainda que agora a autarquia figure como promitente vendedora).
(E) passa a incidir o IPTU, a ser pago solidariamente pela autarquia e por "X".

A: incorreta, pois a imunidade em favor da autarquia não aproveita o comprador – art. 150, § 3º, da CF; **B:** incorreta, pois o contribuinte, no caso, é o possuidor com *animus domini*, ou seja, com ânimo de proprietário, que é o promitente comprador; **C:** correta- Súmula 583/STF; **D:** incorreta, conforme comentários anteriores; **E:** incorreta, conforme comentário à alternativa "B".

Gabarito "C".

(Auditor do Tesouro Municipal/Recife-PE – FGV) Sobre a isenção do Imposto sobre Propriedade Territorial Urbana – IPTU – no Município do Recife, analise as afirmativas a seguir.

I. Os imóveis de propriedade de terceiros utilizados pela Administração Pública direta e indireta, que não explore atividade econômica, do Município do Recife, mediante locação, cessão, comodato ou outra modalidade de ocupação.
II. Os imóveis de propriedade das agremiações carnavalescas, desde que utilizados exclusivamente como sedes das agremiações.
III. O contribuinte que possuir um único imóvel residencial de área construída não superior a 150m2.
IV. O contribuinte que auferir renda mensal de até R$ 1.500,00 (um mil e quinhentos reais).

Assinale a opção que apresenta hipóteses de isenção do IPTU.

(A) I e II, somente.
(B) I e IV, somente.
(C) I e III, somente.
(D) II e III, somente.
(E) II e IV, somente.

Isenções são fixadas pela lei do próprio ente tributante (vedam-se as chamadas isenções heterônomas), de modo que o candidato deve estudar a lei do município, neste caso, que indica haver benefício fiscal nos itens I e II somente, de modo que a alternativa correta é a "A".

Gabarito "A".

(Auditor Fiscal da Receita Federal – ESAF) A progressividade no tempo das alíquotas do IPTU – Imposto sobre a Propriedade Predial e Territorial Urbana, de competência dos Municípios e do Distrito Federal, prevista na Constituição Federal, como medida de política pública que busca dar efetividade à função social da propriedade, caracteriza-se pela

(A) seletividade.
(B) parafiscalidade.
(C) capacidade contributiva.
(D) extrafiscalidade.
(E) essencialidade.

A e E: incorretas, pois não há distinção das alíquotas conforme algum critério relacionado ao imóvel (essencialidade do bem, por exemplo); **B:** incorreta, pois a parafiscalidade refere-se à delegação legal da sujeição ativa e à destinação da receita do imposto ao próprio sujeito ativo delegado; **C:** incorreta, pois a progressividade no tempo prevista no art. 182, § 4.º, II, da CF é pena pelo não cumprimento da função social da propriedade urbana; **D:** essa é a correta, pois essa função de pena, indicada nos comentários à alternativa anterior, é extrafiscal, isto é, não se refere à função arrecadatória do tributo (não é função fiscal).
Gabarito "D".

(Auditor Fiscal da Receita Federal – ESAF) O IPTU – Imposto sobre a Propriedade Predial e Territorial Urbana, de competência dos Municípios e do Distrito Federal, possui as seguintes características, *exceto*:

(A) pode ser progressivo em razão do valor venal do imóvel, o que permite calibrar o valor do tributo de acordo com índice hábil à mensuração da essencialidade do bem.
(B) a progressividade de sua alíquota, com base no valor venal do imóvel, só é admissível para o fim de assegurar o cumprimento da função social da propriedade urbana.
(C) é inconstitucional a lei do município que reduz o imposto predial urbano sobre imóvel ocupado pela residência do proprietário, que não possua outro.
(D) pode ter diversidade de alíquotas no caso de imóvel edificado, não edificado, residencial ou comercial.
(E) não se admite a progressividade fiscal decorrente da capacidade econômica do contribuinte, dada a natureza real do imposto.

A: correta, conforme o art. 156, § 1.º, I, da CF; **B:** incorreta, pois a progressividade em relação ao valor do imóvel, prevista no art. 156, § 1.º, I, da CF, refere-se diretamente à capacidade contributiva. O cumprimento da função social da propriedade refere-se diretamente à progressividade no tempo prevista no art. 182, § 4.º, II, da CF; **C:** incorreta, pois não há vedação constitucional a essa redução do IPTU, que atende à função social da propriedade urbana; **D:** correta, sendo possível a tributação distinta do terreno não edificado e daquele ocupado por edificação (lembre-se que o imposto refere-se ao terreno e à edificação), além da distinção relativa ao uso do imóvel – art. 156, § 1.º, II, da CF; **E:** incorreta, pois o entendimento do STF nesse sentido ficou ultrapassado pela EC 29/2000, que alterou a redação do art. 156, § 1.º, I, da CF - Súmula 668/STF. Observação: parece-nos que há 3 alternativas que se afastam das características do IPTU, o que prejudica a questão.
Gabarito "C".

(Auditor Fiscal da Receita Federal – ESAF) Sobre o Imposto sobre a Propriedade Predial e Territorial Urbana (IPTU), previsto no artigo 156, I, da Constituição Federal, de competência dos municípios, é incorreto afirmar que

(A) terá alíquotas progressivas em razão do valor do imóvel.
(B) poderá ter alíquotas diferentes de acordo com a localização do imóvel.
(C) poderá ter alíquotas diferentes de acordo com o uso do imóvel.
(D) poderá ter suas alíquotas progressivas no tempo, no caso de solo urbano não edificado, subutilizado ou não utilizado.
(E) terá como fato gerador a propriedade, o domínio útil ou a posse de imóvel localizado em zona urbana.

A: o IPTU poderá (é uma opção do legislador local, não uma imposição constitucional) ter alíquotas progressivas em razão do valor do imóvel – art. 156, § 1º, I, da CF; B e **C:** art. 156, § 1º, II, da CF; **D:** art. 182, § 4º, II, da CF; **E:** art. 32 do CTN.
Gabarito "A".

(Agente de Tributos/MT – CESPE) A União editou lei complementar estabelecendo alíquotas progressivas do IPTU objetivando resguardar a função social da propriedade.

Considerando essa situação hipotética, julgue os itens que se seguem.

(1) Na redação original da Constituição Federal de 1988, a progressividade nas alíquotas do IPTU somente era admitida para fim extrafiscal, sendo essa redação modificada para incluir a possibilidade de alíquotas diferenciadas em razão do valor do imóvel.
(2) A União poderá dispor sobre normas gerais em matéria tributária; entretanto, isso não se aplica a alíquotas progressivas do IPTU.

1: Inicialmente, a Constituição Federal previa expressamente apenas a progressividade no tempo – art. 182, § 4º, II, da CF. Posteriormente, foi incluída, pela EC 29/2000, a previsão expressa de progressividade em razão do valor do imóvel – art. 156, § 1º, I, da CF; **2:** O Congresso Nacional tem competência para legislar acerca do aproveitamento adequado do solo urbano, inclusive no que se refere à cobrança do IPTU progressivo no tempo, nos termos do art. 182, § 4º, da CF. A rigor, não é necessária lei complementar, bastando lei ordinária. Atualmente, essas normas nacionais são veiculadas pelo Estatuto da Cidade – art. 7º da Lei 10. 257/2001.
Gabarito 1C, 2E.

(Auditor Tributário/Jaboatão dos Guararapes-PE – FCC) O IPTU – Imposto sobre Propriedade Predial e Territorial Urbana tem como fato gerador a propriedade, o domínio útil ou a posse de bem

(A) imóvel ou móvel, por natureza ou acessão física, como definido na lei tributária, localizado na zona urbana ou rural.
(B) imóvel, por natureza ou acessão jurídica, como definido na lei fiscal, localizado somente na zona urbanizável do Município, independentemente de sua forma, estrutura ou destinação.
(C) imóvel ou móvel, por natureza, por acessão física ou por acessão jurídica, como definido na lei tributária, localizado na zona urbana ou urbanizável do Município, quando a forma, estrutura ou destinação se enquadrarem nos critérios fixados em lei.
(D) imóvel, por acessão física ou jurídica, como definido na lei civil, localizado na zona urbana, rural ou urbanizável do Município, tendo sua forma, estrutura ou destinação prevista em lei.

(E) imóvel, por natureza ou acessão física, como definido na lei civil, localizado na zona urbana ou urbanizável do Município, independentemente de sua forma, estrutura ou destinação.

A, B e C: o imóvel, para fins do IPTU, é aquele definido na lei civil – art. 32 do CTN; **D:** o IPTU não incide sobre imóveis localizados na zona rural; **E:** a assertiva reflete o disposto no art. 32 do CTN.
Gabarito 'E'.

(Auditor do Tesouro Municipal/Fortaleza-CE – ESAF) Considerando as disposições relativas ao Imposto Predial e Territorial Urbano, assinale as proposições abaixo com F para falsa ou V para verdadeira e, a seguir, indique a opção que contém a sequência correta:

( ) O imposto constitui ônus real, acompanhando o imóvel em todas as mutações de domínio.
( ) No caso de condomínio indiviso, o lançamento do imposto será realizado no nome de cada condômino, pela divisão do valor total pelo número de condôminos.
( ) Contribuinte do imposto é o proprietário do imóvel, o titular do domínio útil, ou o seu possuidor a qualquer título.

(A) V, V, V
(B) V, F, F
(C) F, V, V
(D) V, F, V
(E) F, F, V

1ª: art. 130 do CTN; 2ª: há solidariedade, na hipótese (art. 124, I, do CTN), de modo que as legislação municipais, em regra, determinam o lançamento único; 3ª: art. 34 do CTN.
Gabarito 'D'.

(Auditor do Tesouro Municipal/Natal-RN – ESAF) Não são passíveis de serem objeto do IPTU imóveis localizados em área cujos únicos melhoramentos existentes, construídos ou mantidos pelo Poder Público, são os seguintes:

(A) escola primária a 3 quilômetros do imóvel considerado e sistema de esgoto sanitário.
(B) abastecimento de água e rede de iluminação pública, para distribuição domiciliar.
(C) calçamento com canalização de águas pluviais e sistema de transporte coletivo.
(D) posto de saúde a 2 quilômetros do imóvel considerado e abastecimento de água.
(E) meio fio com canalização de águas pluviais e sistema de esgoto sanitário.

Das assertivas, apenas C indica melhoria (transporte coletivo) que não é critério para determinação da área urbana, para fins de incidência do IPTU – art. 32, § 1º, do CTN.
Gabarito 'C'.

(Técnico Fiscal/Vila Velha-ES – CESPE) Acerca do imposto sobre a propriedade predial e territorial urbana (IPTU), julgue os itens que se seguem.

(1) Considere-se que Dino seja usufrutuário de imóvel de propriedade de Raimundo. Nesse caso, Dino não tem qualquer responsabilidade pelo pagamento do IPTU, pois este imposto apenas incide sobre a propriedade plena.
(2) Considere-se que Mônica seja proprietária de uma chácara localizada fora da zona urbana do município de Vila Velha e que seus caseiros produzam alimentos apenas para consumo próprio. Nesse caso, não é lícita a cobrança do IPTU sobre a chácara de propriedade de Mônica.

1: O titular do domínio útil é contribuinte do IPTU – art. 34 do CTN. A rigor, titular do domínio útil é o efiteuta. De qualquer forma, a assertiva é incorreta, pois o IPTU incide também no caso de efiteuse, em que não há propriedade plena; **2:** Em princípio, a destinação do imóvel não afasta a incidência do IPTU, bastando se localize na zona urbana ou urbanizável do Município, observado o art. 32 do CTN. Excepcionalmente, excluem-se da incidência municipal, e incluem-se no âmbito do ITR, os imóveis utilizados em exploração extrativa vegetal, agrícola, pecuária ou agroindustrial, ainda que localizados em área urbana – art. 15 do DL 57/1966.
Gabarito 1E, 2E

(Auditor Fiscal/Teresina-PI – CESPE) Julgue os seguintes itens:

(1) Consoante a Constituição Federal, o IPTU é o único imposto municipal expressamente progressivo.
(2) Caso uma ação de cobrança de IPTU tenha sido ajuizada em 2/4/2008, o juiz tenha ordenado, em 15/4/2008, a citação do réu, e este tenha sido citado em 18/4/2008, nessa situação, o prazo de prescrição para interrupção irá até 18/4/2013.

1: Art. 156, § 1º, I, da CF; **2:** O despacho do juiz que ordena a citação interrompe a prescrição, cujo prazo fluirá, portanto, até 15/04/2013 – art. 174, *caput*, e parágrafo único, I, do CTN.
Gabarito 1C, 2E

(Auditor Fiscal/Teresina-PI – CESPE) Em cada um dos itens subsequentes, é apresentada uma situação hipotética acerca do IPTU, seguida de uma assertiva a ser julgada. No julgamento de cada assertiva, considere que todos os imóveis citados na respectiva situação hipotética estejam localizados no município de Teresina.

(1) Em 31 de dezembro de 2007, Mário adquiriu uma casa na zona urbana do município, oportunidade em que pagou o IPTU referente ao exercício de 2007. Nessa situação, o fato gerador do IPTU relativo ao ano de 2008 ocorrerá somente em 31 de dezembro de 2008.
(2) A casa de Estevão está localizada a dois quilômetros de distância de uma escola primária e de um posto de saúde, e não há nenhum outro melhoramento ou serviço mantido pelo poder público que sirva a sua casa. Nessa situação, é correto afirmar que a casa de Estevão se encontra em zona urbana, e, por isso, o IPTU incide sobre ela.
(3) Pedro construiu em seu terreno urbano uma edificação de natureza temporária. Nessa situação, Pedro pagará IPTU apenas sobre o terreno.
(4) Paulo assinou com Joana, proprietária de um imóvel, um contrato de promessa de compra e venda do imóvel. Nessa situação, a responsabilidade pelo pagamento do IPTU é dos dois, solidariamente.
(5) Artur é proprietário de uma unidade autônoma de um condomínio vertical. Nessa situação, o IPTU de sua fração ideal no condomínio estará incluído no IPTU de sua unidade.

1: Embora o fato gerador do IPTU deva ser regulado por lei complementar federal (art. 146, III, *a*, da CF), não há norma nacional que determine o momento de sua ocorrência. Assim, cada Município fixa, por lei local, esse momento de incidência (art. 30, II e III, da CF). Como regra, a exemplo do que tradicionalmente ocorre com os tributos sobre o patrimônio (fato gerador continuado), as leis municipais fixam a incidência do IPTU no dia 1º de janeiro de cada exercício. Há cidades que preveem, adicionalmente, incidências a cada conclusão de obra, no que se refere ao imposto predial; **2:** Em princípio, a lei municipal não poderia indicar essa área como urbana, pois seria necessário mais um dos melhoramentos previstos no art. 32, § 1º, do CTN. No entanto, é importante lembrar que haveria incidência do IPTU na hipótese de o imóvel estar localizado em área urbanizável ou de expansão urbana, conforme a lei municipal, constante de loteamento aprovado, observado o disposto no art. 32, § 2º, do CTN; **3:** Em princípio, o IPTU não incide sobre construções estritamente temporárias (barracos para armazenamento de materiais de construção, por exemplo), em conformidade com a legislação municipal; **4:** O art. 150, § 3º, *in fine*, da CF prevê a responsabilidade do promitente comprador; **5:** A forma como o imposto relativo à fração ideal é lançado depende da legislação de cada município. No entanto, em regra, dá-se em conjunto com o IPTU de cada unidade.

Gabarito 1E, 2E, 3C, 4C, 5C

12.10. ITBI

(Auditor Fiscal da Receita Municipal – Prefeitura Teresina/PI – 2016 – FCC) Pedro, pai de dois filhos, edificou, em terrenos de sua propriedade, próximos um do outro, duas casas iguais. Depois de construídas, procurou o tabelião local e pediu-lhe que elaborasse uma única escritura pública de doação, por meio da qual destinou uma das casas a seu filho Thiago, e a outra a seu filho David.

Como Thiago era filho estudioso e trabalhador, Pedro decidiu que o referido contrato produziria efeitos imediatamente em relação à doação feita a esse filho. Por outro lado, como David não era estudioso, nem tão trabalhador, Pedro pediu ao tabelião que fizesse constar da referida escritura uma cláusula que determinasse que os efeitos desse contrato, em relação a David, só se operariam na data em que esse filho concluísse seu curso superior, ficando este contrato, portanto, sem efeitos, se David não viesse a concluir o referido curso.

Considerando:

I. as informações acima;
II. que o ITCMD tem como sujeito passivo o destinatário da transmissão dos bens;
III. que a transmissão de bens imóveis se dá com o registro da escritura pública no respectivo Cartório de Registro de Imóveis, momento em que o Estado de localização desses imóveis determina o pagamento do ITCMD; e
IV. a disciplina do Código Tributário Nacional a respeito do momento em que se consideram ocorridos os fatos geradores dos tributos, o referido imposto será devido por

(A) Thiago, por ocasião da conclusão do curso superior por David, e não será devido por David em momento algum.
(B) Thiago e por David, por ocasião do registro da escritura de doação, no Cartório de Registro de Imóveis.
(C) Thiago, por ocasião do registro da escritura de doação, no Cartório de Registro de Imóveis, e por David, na data em que ele concluir o curso superior.
(D) Thiago, por ocasião da conclusão do referido curso superior, e por David, por ocasião do registro da escritura de doação, no Cartório de Registro de Imóveis.
(E) Thiago e por David, por ocasião da conclusão do curso superior por David.

A: incorreta, pois o ITCMD será devido por Thiago imediatamente com a doação, no momento em que a escritura for registrada no cartório de imóveis, em relação à parcela que lhe foi doada; ademais, será devido o ITCMD por David somente quando implementada a condição suspensiva (quando ele concluir o curso superior) e efetivamente realizado o registro da transmissão no registro de imóveis – art. 117, I, do CTN; **B:** incorreta, pois o ITCMD relativo à parcela de David será devido somente quando (e se) implementada a condição suspensiva, com o efetivo registro da transmissão no cartório competente – art. 117, I, do CTN; **C:** correta, sendo essa a melhor alternativa, sendo necessário o registro da efetiva transmissão no registro de imóveis; **D:** incorreta, pois a condição suspensiva se refere a David, conforme comentários anteriores; **E:** incorreta, conforme comentários anteriores.

Gabarito "C".

(Auditor Fiscal Tributário da Receita Municipal/Cuiabá-MT – FGV) As opções a seguir apresentam hipóteses sujeitas à incidência do Imposto sobre Transmissão de Bens Imóveis por ato *inter vivos* e oneroso (ITBI – *inter vivos*), à exceção de uma. Assinale-a.

(A) Transmissão, a qualquer título, de propriedade ou domínio útil de bens imóveis por natureza.
(B) Transmissão, a qualquer título, de propriedade ou domínio útil de bens imóveis por acessão física.
(C) Transmissão, a qualquer título, de direitos reais sobre imóveis, exceto os direitos reais de garantia.
(D) Transmissão, a qualquer título, de direitos reais sobre imóveis para incorporação ao patrimônio de pessoa jurídica em realização ou integralização de capital.
(E) Cessão de direitos relativos às transmissões de imóveis.

O ITBI incide sobre a transmissão "inter vivos", a qualquer título, por ato oneroso, de bens imóveis, por natureza ou acessão física, e de direitos reais sobre imóveis, exceto os de garantia, bem como cessão de direitos a sua aquisição – art. 156, II, da CF. Ademais, não incide sobre a transmissão de bens ou direitos incorporados ao patrimônio de pessoa jurídica em realização de capital, nem sobre a transmissão de bens ou direitos decorrente de fusão, incorporação, cisão ou extinção de pessoa jurídica, salvo se, nesses casos, a atividade preponderante do adquirente for a compra e venda desses bens ou direitos, locação de bens imóveis ou arrendamento mercantil – art. 156, § 2º, I, da CF. Por essa razão, a alternativa "D" é a que aponta evento não sujeito a essa tributação.

Gabarito "D".

(Auditor Fiscal Tributário da Receita Municipal/Cuiabá-MT – FGV) A base de cálculo do ITBI – *inter vivos* é o valor venal dos bens imóveis (ou dos direitos reais a eles relativos) constante do Cadastro Imobiliário do Município. Constatada aparente inconsistência do valor venal, ele pode ser reavaliado.

Dentre os elementos a seguir, assinale opção que indica o único que não é admitido pelo Código Tributário do Município de Cuiabá (CTM-Cuiabá – LC municipal 43/1997) como passível de ser considerado na reavaliação do valor venal.

(A) Quantidade de outros imóveis do mesmo proprietário.
(B) Localização.
(C) Estado de conservação e infraestrutura urbana.
(D) Valores das áreas vizinhas ou situadas em zonas economicamente equivalentes.
(E) Valores correntes das transações de bens de mesma natureza no mercado imobiliário de Cuiabá.

A: esta é a alternativa a ser indicada, pois o ITBI, a exemplo do IPTU, não pode ser quantificado com base em valores que não sejam do próprio imóvel considerado – ver Súmula 589/STF; **B, C, D e E:** todos esses elementos são aptos a indicar o valor do imóvel, de modo que podem ser adotados pela legislação local na verificação da base de cálculo do ITBI.

Gabarito "A".

(Auditor do Tesouro Municipal/Recife-PE – FGV) Segundo divisão de competências, os Municípios podem instituir o Imposto sobre Transmissão *"inter vivos"* de Bens Imóveis – ITBI e de direitos a eles relativos. As opções a seguir apresentam hipóteses de incidência do ITBI, *à exceção de uma*. Assinale-a.

(A) A compra e venda pura de um imóvel.
(B) A transmissão, por qualquer ato judicial ou extrajudicial, de bens imóveis.
(C) A permutação ou dação em pagamento de imóvel.
(D) A diferença entre o valor da quota-parte material de um imóvel recebido por um ou mais condôminos, na divisão para extinção de condomínio, e o valor de sua quota-parte ideal.
(E) O compromisso de compra e venda de bens imóveis, com cláusula de arrependimento.

A: correta, pois compra e venda é o caso típico de transmissão onerosa de imóveis *inter vivos*, de modo que se sujeita ao ITBI; B: correta, pois presume-se que essas transmissões se deem onerosamente, *inter vivos*; C: correta, já que permuta e dação em pagamento são meios pelos quais há transmissões onerosas *inter vivos*, sujeitas, portanto, ao ITBI; D: correta, pois presume-se que essa transmissão da diferença não se deu gratuitamente; E: essa é a melhor alternativa, pois não há incidência, desde que o compromissário comprador não seja possuidor do imóvel com *aninus domini*.
Gabarito "E".

(Auditor Fiscal da Receita Federal – ESAF) Compete ao Município o imposto sobre

(A) a transmissão causa mortis e doação, de quaisquer bens imóveis ou direitos a eles relativos, situados em seu território.
(B) operações relativas a prestações de serviços de transporte intramunicipal.
(C) a propriedade de veículos automotores licenciados em seu território.
(D) a transmissão inter vivos, relativamente a bens móveis, títulos e créditos, se em seu território tiver domicílio o transmitente, ou ao Distrito Federal.
(E) a transmissão inter vivos por ato oneroso, de bens imóveis, exceto a dos imóveis por definição legal.

A: as doações são tributadas pelos Estados e pelo DF – art. 155, I, da CF; B: incide o ISS, na hipótese; C: o Estado e o DF exigem o IPVA sobre a propriedade de veículos automotores – art. 155, III, da CF; D: os Municípios tributam apenas a transmissão onerosa de bens imóveis e de direitos reais, nos termos do art. 156, II, da CF; E: o ITBI incide sobre a transmissão de imóveis, como definidos pela lei civil – art. 35, I, do CTN.
Gabarito "B".

(Auditor Fiscal/Teresina-PI – ESAF) Considerando que a sigla ITBI está sendo usada para designar o imposto, de competência do Município, incidente sobre a transmissão de bens, assinale as proposições abaixo com F (para falsa) ou V (para verdadeira) e, a seguir, indique a opção que contém a sequência correta.

( ) Não constitui fato gerador do ITBI a instituição de usufruto a título oneroso.
( ) Ocorre o fato gerador do ITBI sempre que houver transmissão, *inter vivos*, da propriedade ou do domínio útil de bem imóvel por natureza ou por acessão física.
( ) A base de cálculo do imposto é determinada pela administração tributária através de avaliação.

(A) V, V, F
(B) F, F, V
(C) V, F, F
(D) V, V, V
(E) V, F, V

1ª: O ITBI incide sobre a transmissão onerosa de direitos reais (exceto os de garantia), como no caso de instituição de usufruto – art. 156, I, da CF; 2ª: o ITBI incide somente na transmissão onerosa (as doações são tributadas pelos Estados e pelo DF); 3ª: a base de cálculo do ITBI é o valor venal do imóvel e seu lançamento é regulado pela legislação local – art. 38 do CTN (ainda que não se conheça a legislação do Município, é possível solucionar a questão, por exclusão das demais alternativas).
Gabarito "B".

(Auditor do Tesouro Municipal/Recife-PE – ESAF) Considerando as disposições relativas ao Imposto sobre a Transmissão *Inter Vivos* de Bens Imóveis e de direitos a eles relativos (ITBI), assinale as proposições abaixo com F para falsa e V para verdadeira e, a seguir, indique a opção que contém a sequência correta.

( ) Não incide o ITBI sobre a transmissão de imóveis integrantes do patrimônio de uma empresa, que os vende em conjunto com a totalidade de seu patrimônio, a outra pessoa jurídica cuja única atividade é a compra e venda de imóveis.
( ) Constitui fato gerador do ITBI o compromisso de compra e venda de imóveis, sem cláusula de arrependimento, inscrito no Registro de Imóveis.
( ) Em caso do permuta de imóveis situados no Município do Recife, cada um dos permutantes é contribuinte do ITBI.

(A) F, F, V
(B) F, V, V
(C) V, F, V
(D) F, V, F
(E) V, V, V

1ª: art. 37, § 4º, do CTN; 2ª: embora a jurisprudência consigne que o ITBI somente é devido no momento do registro da alienação no cartório de imóveis, as legislações municipais, em regra, exigem o tributo no momento do registro da escritura; 3ª: a norma nacional (art. 42 do CTN) não fixa especificamente o sujeito passivo do ITBI, nos termos do art. 146, III, *b*, da CF. Assim, a legislação de cada Município determina quem é o contribuinte – art. 30, II e III, da CF. Em regra, as leis municipais indicam o adquirente do imóvel como contribuinte que, no caso da permuta, é cada uma das partes contratantes.
Gabarito "E".

12.11. OUTROS IMPOSTOS E COMBINADAS

(Auditor Fiscal da Receita Municipal – Prefeitura Teresina/PI – 2016 – FCC) Relativamente aos impostos de competência municipal, a Constituição Federal

(A) estabelece que o IPTU, imposto sujeito à progressividade, incide sobre a propriedade de bens imóveis localizados nas zonas urbana e rural do ente municipal tributante.
(B) e a Lei Complementar nº 116/03, interpretadas de modo conjunto, estabelecem que, na organização de festas e recepções do tipo buffet, o ISS incide tanto sobre a parte referente à prestação de serviços, como sobre o fornecimento de alimentação e bebidas, desde que, mediante a elaboração de um

único contrato comercial, o mesmo contribuinte seja o prestador do serviço e o fornecedor da alimentação e das bebidas.
(C) estabelece que o ITBI terá suas alíquotas máximas e mínimas fixadas em lei complementar.
(D) e a Lei Complementar nº 116/03, interpretadas de modo conjunto, estabelecem que o ISS incide somente sobre a prestação de serviços, na hipótese de o tomador do serviço (cliente) contratar a empresa A para organizar a festa, e contratar a empresa B para fornecer alimentação e bebidas, ainda que ambas sejam empresas interdependentes.
(E) estabelece que o ITBI incide sobre a transmissão de bens e direitos, a título oneroso, inclusive sobre a transmissão de direitos reais, como os direitos pignoratícios.

A: incorreta, pois o IPTU incide apenas em relação a imóveis localizados na área urbana do município – art. 32 do CTN; **B:** incorreta, pois o fornecimento de alimentação e bebidas pelo bufê fica sujeito exclusivamente ao ICMS, já que o item 17.11 da LC 116/2003 assim dispõe expressamente – ver o art. 1º, § 2º, da LC 116/2003; **C:** incorreta, pois o ITBI não tem limites de alíquotas fixadas por lei complementar federal – art. 156 da CF; **D:** correta, pois o fornecimento de alimentos e bebidas sujeitas-se apenas ao ICMS, mesmo quando o fornecimento é feito pela empresa que presta serviço de bufê, conforme comentário à alternativa "B"; **E:** incorreta, pois a transmissão de direitos reais não se sujeita ao ITBI – art. 156, II, da CF.
Gabarito "D".

(Auditor Fiscal Tributário da Receita Municipal/Cuiabá-MT – FGV) Com relação ao Imposto sobre Grandes Fortunas (IGF), assinale a afirmativa correta.
(A) Pode ser instituído pela União, pelos Estados e pelos Municípios, no exercício de competência concorrente.
(B) Pode ser instituído pela União, mas, enquanto esta não o fizer, poderão institui-lo os Estados, no exercício de competência supletiva.
(C) Pode ser instituído pela União, mas, enquanto esta não o fizer, poderão institui-lo os Municípios, no exercício de competência supletiva.
(D) Pode ser instituído apenas pela União, por meio de lei complementar, inexistindo competência concorrente ou supletiva de qualquer outro ente público.
(E) Pode ser instituído apenas pela União, por meio de lei ordinária, inexistindo competência concorrente ou supletiva de qualquer outro ente público.

A: incorreta, pois a competência para instituição do IGF é exclusiva da União – art. 153, VII, da CF; **B** e **C:** incorretas, pois não há competência tributária supletiva; **D:** correta, conforme comentários anteriores; **E:** incorreta, pois a instituição deve ser feita por lei complementar federal, por disposição expressa do art. 153, VII, da CF.
Gabarito "D".

(Analista-Tributário da Receita Federal – ESAF) O ouro, quando não for considerado como simples metal, mas definido em lei como ativo financeiro ou instrumento cambial, sujeita-se exclusivamente à incidência do _____.
Esse imposto é devido na operação _____.
Está sujeito à alíquota _____, já estabelecida na Constituição.

O produto da arrecadação pertence _____.

(A) ICMS / de origem / máxima / ao Estado.
(B) ICMS / de destino / máxima / ao Estado de destino.
(C) IOF / de origem / mínima / ao Estado e ao Município de origem.
(D) IOF / de origem / máxima / À União e, compartilhadamente, ao Estado e Município de origem.
(E) IOF / de destino / mínima / ao Estado e ao Município de destino.

As operações com ouro ativo financeiro ou instrumento cambial são tributadas pelo IOF federal (art. 153, § 5.º, da CF), incidente apenas na operação de origem (ver RE 181.849 AgR/RS e RE 190.363/RS). Apesar de ser um tributo da competência federal, o produto da arrecadação é totalmente destinado ao Estado ou Distrito Federal (30%) e ao Município (70%) de origem do minério – art. 153, § 5.º, I e II, da CF. Por essas razões, a alternativa "C" é a correta.
Gabarito "C".

(Auditor Fiscal da Receita Federal – ESAF) Analise os itens a seguir, classificando-os como verdadeiros (V) ou falsos (F). Em seguida, escolha a opção adequada às suas respostas:

I. de acordo com a Constituição Federal, o imposto sobre a renda e proventos de qualquer natureza será informado pela generalidade, universalidade e progressividade, na forma da lei. Pode-se afirmar que o critério da progressividade decorre dos princípios da igualdade e da capacidade contributiva, na medida em que contribuintes com maiores rendimentos sejam tributados de modo mais gravoso do que aqueles com menores rendimentos;

II. a Constituição estabelece expressamente que o imposto sobre a renda será progressivo, enquanto o imposto sobre a propriedade imobiliária poderá ser progressivo;

III. a Constituição traça uma dupla progressividade para o IPTU, quais sejam, progressividade em razão do imóvel e em razão do tempo;

IV. o princípio da capacidade contributiva não possui significado muito importante para o IPTU, visto que este tributo se caracteriza por ser um imposto real, sem relação com as características pessoais do sujeito passivo.

(A) Estão corretos somente os itens I e III.
(B) Estão corretos somente os itens I, II e IV.
(C) Estão corretos somente os itens I e II.
(D) Estão corretos somente os itens II e IV.
(E) Todos os itens estão corretos.

I: correta, conforme o art. 153, § 2º, I, da CF; **II:** assertiva correta, nos termos dos arts. 153, § 2º, I, in fine, e 156, § 1º, I, da CF; **III:** correta, pois o IPTU admite a progressividade em razão do valor do imóvel e em razão do tempo, nos termos dos arts. 156, § 1 º, I, e 182, § 4º, II, da CF; **IV:** adequada, conforme parte importante da doutrina, que foca no fato de a capacidade contributiva relacionar-se imediatamente a características pessoais do sujeito passivo, nos termos do art. 145, § 1º, da CF, e de que o IPTU refere-se objetivamente e especificamente à propriedade de um determinado imóvel..
Gabarito "E".

(Auditor Fiscal da Receita Federal – ESAF) Analise os itens a seguir, classificando-os como verdadeiros (V) ou falsos(F). Em seguida, escolha a opção adequada às suas respostas:

I. as operações de câmbio constituem fato gerador do

IOF – imposto sobre operações de crédito, câmbio e seguro, ou relativas a títulos ou valores mobiliários;
II. o câmbio traz um comércio de dinheiro, no qual este se torne mercadoria e, como tal, tem custo e preço;
III. operações de câmbio são negócios jurídicos de compra e venda de moeda estrangeira ou nacional, ou, ainda, os negócios jurídicos consistentes na entrega de uma determinada moeda a alguém em contrapartida de outra moeda recebida.

(A) Somente o item I está correto.
(B) Estão corretos somente os itens I e II.
(C) Estão corretos somente os itens I e III.
(D) Todos os itens estão corretos.
(E) Todos os itens estão errados.

I: assertiva correta, pois o IOF incide sobre operações de (i) crédito, (ii) câmbio e (iii) seguro, ou (iv) relativas a títulos ou valores mobiliários – art. 153, V, da CF; II e III: corretas, pois na operação de câmbio há aquisição de determinada quantidade de moeda (tal qual mercadoria) com pagamento em outra moeda – arts. 63, II, e 64, II, do CTN.
Gabarito "D".

(Auditor Fiscal da Receita Federal – ESAF) É correto o seguinte asserto:

(A) No que se refere ao imposto de importação, a legislação brasileira, devido ao princípio da nação mais favorecida, determina que todo tratamento aduaneiro decorrente de ato internacional aplica-se a mercadorias originárias de qualquer exportador e não apenas a do país beneficiário.
(B) Compete à autoridade monetária, em especial ao Banco Central do Brasil, a administração do IOF, incluídas as atividades de arrecadação, tributação e fiscalização.
(C) O imposto sobre operações financeiras (IOF) incide sobre operações de crédito realizadas por comerciantes (crédito direto ao consumidor) quando os direitos creditórios não tenham sido alienados.
(D) Quando se tratar de mercadoria despachada para consumo, a norma legal considera como ocorrido o fato gerador do imposto de importação não na data do ingresso nas águas territoriais brasileiras, mas na do registro, na repartição aduaneira, da declaração de importação.
(E) O fato gerador do Imposto sobre a Propriedade Territorial Rural (ITR) ocorre em cada exercício ao completar-se um ano civil em que o contribuinte esteja vinculado ao imóvel.

A: somente as exportações originárias de país signatário do acordo em que se previu a cláusula da nação mais favorecida terão garantidas o mesmo tratamento fiscal ofertado a outras nações; B: a fiscalização e a arrecadação do IOF são realizadas pela Receita Federal do Brasil; C: incide o IOF somente se essas operações forem realizadas por meio de instituição financeira; D: art. 73, I, do RA; E: o fato gerador do ITR ocorre em 1º de janeiro de cada exercício – art. 32, § 1º, do RITR.
Gabarito "D".

(Auditor Fiscal/SC – FEPESE) Assinale a alternativa **correta**.

(A) O princípio da progressividade aplica-se, conforme a Constituição Federal, ao IR, ITR e IPTU.
(B) A seletividade, nos estritos termos constitucionais, deve ser observada apenas pelo ITR e IPTU.
(C) Nos impostos pessoais, a formação da base de cálculo prescinde de aspectos pessoais relativos ao contribuinte.
(D) O IRPF é imposto proporcional, visto que sua tabela contempla apenas uma faixa de isenção e quatro alíquotas, de 7,5, 15, 22,5 e 27,5%.
(E) O Empréstimo Compulsório criado em caso de calamidade pública não pode ser cobrado no mesmo exercício financeiro em que tenha sido publicada a lei que o instituiu.

A: correta, pois a Constituição Federal prevê expressamente a progressividade no caso do IR, do IPTU e do ITR, esses dois últimos após as EC 29/2000 e 42/2003, respectivamente – art. 153, § 2º, I, e § 4º, I, e art. 156, § 1º, I, da CF; B: incorreta, pois a Constituição prevê expressamente a seletividade em função da essencialidade do bem apenas em relação ao IPI e ao ICMS. É importante lembrar que o IPI **deve** ser seletivo e o ICMS **pode** ser seletivo – arts. 153, § 3º, I, e 155, § 2º, III, da CF; C: incorreta, pois, nos termos do art. 145, § 1º, da CF, sempre que possível, os impostos terão caráter pessoal e serão graduados segundo a capacidade econômica do contribuinte; D: incorreta, pois o Imposto de Renda tem alíquotas progressivas, por expressa determinação constitucional – art. 153, § 2º, I, in fine, da CF; E: incorreta, pois o empréstimo compulsório criado para atender a despesas extraordinárias, decorrentes de calamidade pública, de guerra externa ou sua iminência, não se submete ao princípio da anterioridade – art. 148 da CF e art.150, § 1º, da CF. A submissão à anterioridade (cobrança somente no exercício seguinte ao da publicação da lei correspondente) poderia dificultar muito ou mesmo impedir a vinculação dos recursos arrecadados à despesa correspondente, o que é determinado pelo art. 148, parágrafo único, da CF.
Gabarito "A".

(Auditor Fiscal/SC – FEPESE) Assinale a alternativa **correta**.

(A) O Poder Executivo pode, conforme ditame constitucional, nas condições e limites fixados em lei, alterar as alíquotas ou as bases de calculo do Imposto sobre a Importação, a fim de ajustá-lo aos objetivos da política cambial e do comércio exterior.
(B) A base de cálculo do Imposto sobre a Exportação, quando a alíquota seja *ad valorem*, é o preço normal que o produto, ou seu similar, alcançaria, ao tempo da exportação, em uma venda em condições de livre concorrência.
(C) O Imposto sobre a Transmissão de Bens Imóveis, o *Inter Vivos*, de competência dos Estados, tem como fato gerador a transmissão da propriedade ou do domínio útil de bens imóveis, por natureza ou por acessão física, como definidos na lei civil.
(D) O Imposto sobre a Renda e Proventos de Qualquer Natureza tem como fato gerador a aquisição da disponibilidade econômica ou jurídica de renda, entendida esta apenas como o produto do trabalho, assalariado ou autônomo.
(E) O contribuinte do Imposto sobre a Transmissão de Bens Imóveis, segundo o Código Tributário Nacional, é o comprador do imóvel, excluída a possibilidade de a lei eleger o vendedor como sujeito passivo de tal obrigação tributária.

A: incorreta, pois o Executivo pode alterar apenas a alíquota de determinados impostos (II, IE, IPI e IOF), jamais sua base de cálculo – art. 153, § 1º, da CF; B: assertiva correta, conforme o art. 24, II, do CTN; C: incorreta, pois o ITBI *inter vivos* é da competência municipal, não estadual – art. 156, III, da CF. Os Estados tributam as transmissões *causa mortis* e doações de quaisquer bens (móveis ou imóveis), por meio do ITCMD – art. 155, I, da CF; **D:** incorreta, pois a aquisição da disponibilidade econômica ou jurídica de renda corresponde ao produto do capital, do trabalho ou da combinação de ambos – art. 43, I, do CTN; **E:** incorreta, pois, nos termos do art. 42 do CTN, o contribuinte do imposto sobre transmissão de bens móveis é qualquer das partes na operação tributada, como dispuser a lei. A norma nacional vale tanto para o ITCMD estadual como para o ITBI municipal.

Gabarito "B".

(Auditor Fiscal/SC – FEPESE) Assinale a alternativa **correta**.

(A) O imposto, de competência da União, sobre a exportação para o estrangeiro de produtos nacionais ou nacionalizados tem como fato gerador a saída destes do território nacional, salvo se forem exportados via Zonas de Processamento Especial.
(B) Quanto ao Imposto de Exportação, é correto afirmar que é vedado ao legislador adotar como base de cálculo a parcela do valor ou do preço da mercadoria, excedente de valor básico, fixado de acordo com os critérios e dentro dos limites por ela estabelecidos.
(C) O imposto sobre a propriedade territorial rural tem como fato gerador a propriedade, o domicílio útil ou a posse de imóvel por natureza, como definido na lei civil, localizado fora da zona urbana do Município, tendo como base do cálculo o valor de mercado do imóvel.
(D) Para efeito de IPTU, entende-se como zona urbana a definida em lei federal, observado o requisito mínimo da existência de melhoramentos indicados em pelo menos 3 (três) dos incisos do art. 32, § 1°, CTN, construídos ou mantidos pelo Poder Público.
(E) Conforme determina a Constituição Federal, com regulamentação do CTN, compete ao Distrito Federal e aos Estados não divididos em Municípios, instituir, cumulativamente, os impostos atribuídos aos Estados e aos Municípios.

A: incorreta, pois, nos termos do art. 23 do CTN, o IE tem por fato gerador a saída dos produtos nacionais ou nacionalizados do território nacional, sem exclusão das zonas de processamento de exportação – arts. 3°, § 1°, e 539, § 1°, III, do Regulamento Aduaneiro (Decreto 6.759/2009); **B:** incorreta, pois o art. 25 do CTN permite expressamente que a lei adote como base de cálculo do IE a parcela do valor ou preço, referidos no art. 24 do mesmo Código, excedente de valor básico, fixado de acordo com os critérios e dentro dos limites por ela estabelecidos; **C:** incorreta, pois a base de cálculo do ITR é o valor fundiário da terra, nos termos do art. 30 do CTN, que corresponde ao valor da terra nua tributável – art. 35 do Regulamento do ITR (Decreto 4.382/2002); **D:** incorreta, pois a zona urbana, para fins do IPTU, é aquela definida pela lei municipal, observado o disposto no art. 32 do CTN; **E:** assertiva correta, com as seguintes observações. A rigor, o art. 147 da CF dispõe que compete à União, em Território Federal, os impostos estaduais e, se o Território não for dividido em Municípios, cumulativamente, os impostos municipais. Ademais, ao Distrito Federal cabem os impostos municipais. Não existe Estado brasileiro sem Municípios. De qualquer forma, a assertiva é correta, pois faz referência ao CTN que, literalmente, dispõe que compete aos Estados não divididos em Municípios, instituir, cumulativamente, os impostos atribuídos aos Estados e aos Municípios – art. 18, II, *in fine*, do CTN.

Gabarito "E".

(Auditor Fiscal/SC – FEPESE) Assinale a alternativa **incorreta**.

(A) A base de cálculo do IOF é, quanto às operações de crédito, o montante da obrigação, compreendendo o principal e os juros e quanto às operações de câmbio, o respectivo montante em moeda nacional, recebido, entregue ou posto à disposição.
(B) Contribuinte do Imposto de Renda é o titular da disponibilidade econômica ou jurídica da renda ou proventos de qualquer natureza, sem prejuízo de atribuir a lei essa condição ao possuidor, a qualquer título, dos bens produtores de renda ou dos proventos tributáveis.
(C) Na determinação da base de cálculo do IPTU, deve ser considerado o valor dos bens móveis mantidos, em caráter permanente ou temporário, no imóvel, para efeito de sua utilização, exploração, aformoseamento ou comodidade.
(D) Contribuinte do Imposto sobre Produtos Industrializados é, nos termos do CTN, o importador ou quem a lei a ele equiparar, o industrial ou quem a lei a ele equiparar, o comerciante de produtos sujeitos ao imposto, que os forneça aos contribuintes industriais e o arrematante de produtos apreendidos ou abandonados, levados a leilão.
(E) Considera-se poder de polícia atividade da administração pública que, limitando ou disciplinando direito, interesse ou liberdade, regula a prática de ato ou a abstenção de fato, em razão de interesse público concernente à, entre outros quesitos, segurança, disciplina da produção e do mercado e ao respeito à propriedade e aos direitos individuais ou coletivos.

A: correta, nos termos do art. 64, II, do CTN; **B:** assertiva correta, pois reflete o disposto no art. 45 do CTN; **C:** incorreta, pois a base de cálculo do IPTU não inclui o valor dos bens móveis mantidos, em caráter permanente ou temporário, no imóvel, para efeito de sua utilização, exploração, aformoseamento ou comodidade – art. 33, parágrafo único, do CTN; **D:** correta, conforme o art. 51 do CTN; **E:** assertiva correta, pois essa é a definição de poder de polícia dada pelo art. 78 do CTN.

Gabarito "C".

(Auditor Fiscal/SC – FEPESE) Assinale a alternativa correta.

(A) O ITCMD relativamente a bens imóveis e respectivos direitos, compete ao Estado da situação do bem, ou ao Distrito Federal e relativamente a bens móveis, títulos e créditos, compete ao Estado de domicílio do inventariante, ou onde tiver domicílio o doador, ou ao Distrito Federal.
(B) A União poderá instituir, mediante lei complementar, impostos não previstos no artigo 153, CF, desde que sejam não cumulativos e não tenham fato gerador ou base de cálculo próprios dos discriminados na Constituição Federal, ressalvados os impostos de competência dos Estados.
(C) O ITR será fiscalizado e cobrado pelos Municípios que assim optarem, na forma da lei, desde que não implique redução do imposto ou qualquer outra forma de renúncia fiscal, cabendo-lhes 80% da receita do imposto na hipótese de realizarem a opção mencionada.
(D) O ITCMD terá competência para sua instituição regulada por lei complementar se o doador tiver domicílio ou residência no exterior, se o *de cujus* possuía bens, era residente ou domiciliado ou teve o seu inventário processado no exterior e terá suas alíquotas mínimas e máximas fixadas pelo Senado Federal.
(E) O ouro, quando definido em lei como ativo financeiro ou instrumento cambial, sujeita-se exclusivamente à incidência do IOF, devido na operação de origem; a alíquota mínima será de um por cento, assegurada a

transferência do montante da arrecadação à razão de 30% para o Estado, o Distrito Federal ou o Território, conforme a origem, e de 70% para o Município de origem.

A: incorreta, no que se refere à transmissão *causa mortis* de bens móveis, hipótese em que o ITCMD será devido ao Estado onde se processar o inventário ou o arrolamento (não o do domicílio do inventariante, necessariamente) – art. 155, § 1º, II, da CF; **B:** incorreta, pois eventual imposto criado pela União, no exercício de sua competência residual, não poderá ter base de cálculo própria de qualquer imposto discriminado na Constituição, sem exceção, ou seja, não pode tampouco ter base de cálculo própria dos impostos estaduais – art. 154, I, da CF; **C:** incorreta, pois se o Município optar pela fiscalização e cobrança do ITR, ficará com 100% da arrecadação – art. 158, II, da CF; **D:** incorreta, no que se refere às alíquotas, pois somente as máximas serão fixadas pelo Senado – art. 155, IV, da CF; **E:** assertiva correta, pois reflete precisamente o disposto no art. 153, § 5º, da CF.
Gabarito "E".

(Auditor Fiscal/SC – FEPESE) Assinale a alternativa **correta**.

(A) À exceção dos impostos de que tratam o inciso II do *caput* do artigo 155 e o art. 153, I e II, CF, nenhum outro tributo ou contribuições poderão incidir sobre operações relativas a energia elétrica, serviços de telecomunicações, derivados de petróleo, combustíveis e minerais do País.
(B) O ITBI não incide sobre a transmissão de bens ou direitos incorporados ao patrimônio de pessoa jurídica em realização de capital, nem sobre a transmissão de bens ou direitos decorrente de fusão, incorporação, cisão ou extinção de pessoa jurídica, mesmo que a atividade preponderante do adquirente for a compra e venda desses bens ou direitos, locação de bens imóveis ou arrendamento mercantil.
(C) Em relação ao Imposto sobre Serviços de Qualquer Natureza, ISS, cabe à lei ordinária municipal fixar as suas alíquotas máximas e mínimas, excluir da sua incidência exportações de serviços para o exterior e regular a forma e as condições como isenções, incentivos e benefícios fiscais serão concedidos e revogados.
(D) O ICMS incide sobre a entrada de bem ou mercadoria importados do exterior por pessoa física ou jurídica, ainda que não seja contribuinte habitual do imposto, desde que o bem tenha finalidade de mercancia, assim como sobre o serviço prestado no exterior, cabendo o imposto ao Estado onde estiver situado o domicílio ou o estabelecimento do destinatário da mercadoria, bem ou serviço.
(E) As alíquotas do ICMS definidas mediante deliberação dos Estados e Distrito Federal, nos termos do art.155, § 2º, XII, *g*, CF, serão uniformes em todo o território nacional, podendo ser diferenciadas por produto, e poderão ser específicas, por unidade de medida adotada, ou *ad valorem*, incidindo sobre o valor da operação ou sobre o preço que o produto ou seu similar alcançaria em uma venda em condições de livre concorrência.

A: incorreta, pois a vedação refere-se a outros **impostos**, não a outros tributos ou contribuições, como consta da assertiva – art. 155, § 3º, da CF; **B:** incorreta, pois o ITBI incide no caso de a atividade preponderante do adquirente ser a compra e venda de bens imóveis ou direitos reais, locação de bens imóveis ou arrendamento mercantil – art. 156, § 2º, I, da CF; **C:** incorreta, pois essas matérias devem ser veiculadas por lei complementar federal – art. 156, § 3º, da CF; **D:** incorreta, pois o ICMS incide na importação, qualquer que seja a finalidade (mercancia ou não, ainda que realizada por consumidor final) – art. 155, § 2º, IX, *a*, da CF; **E:** assertiva correta, pois se refere à fixação de alíquotas relativas às operações com combustíveis e lubrificantes na hipótese do art. 155, § 4º, da CF.
Gabarito "E".

12.12. CONTRIBUIÇÕES ESPECIAIS

(Auditor Fiscal Tributário Municipal – Prefeitura Cuiabá – 2016 – FGV) A Constituição Federal de 1988 autoriza a instituição de novas contribuições de seguridade social, destinadas a garantir a sua manutenção ou expansão.

As opções a seguir apresentam os requisitos para a instituição de novas contribuições de seguridade social, **à exceção de uma**. Assinale-a.

(A) Ser instituída por lei complementar.
(B) Ser não cumulativa.
(C) Ser instituída pela União.
(D) Ter fato gerador distinto das contribuições sociais já previstas na Constituição Federal.
(E) Ter base de cálculo distinta dos impostos já previstos na Constituição Federal.

A, B, C e D: corretas, em conformidade com o art. 195, § 4º, c/c art. 154, I, da CF; **E:** incorreta, sendo essa a melhor alternativa, pois a base de cálculo deve ser distinta das contribuições sociais já previstas na CF, muito embora o entendimento descrito na assertiva não seja desprezível.
Gabarito "E".

(Auditor Fiscal da Receita Federal – ESAF) Sobre a CSLL – Contribuição Social sobre o Lucro Líquido, é incorreto afirmar que:

(A) o valor pago a título de CSLL não perde a característica de corresponder a parte dos lucros ou da renda do contribuinte pela circunstância de ser utilizado para solver obrigação tributária.
(B) é constitucional dispositivo de lei que proíbe a dedução do valor da CSLL para fins de apuração do lucro real, base de cálculo do Imposto sobre a Renda das Pessoas Jurídicas.
(C) as associações de poupança e empréstimo estão isentas do imposto sobre a renda, mas são contribuintes da contribuição social sobre o lucro líquido.
(D) as entidades sujeitas à CSLL poderão ajustar o resultado do período com as adições determinadas e exclusões admitidas, conforme legislação vigente, para fins de determinação da base de cálculo da contribuição.
(E) estão sujeitas ao pagamento da CSLL as pessoas jurídicas e as pessoas físicas a elas equiparadas, domiciliadas no País. A apuração da CSLL deve acompanhar a forma de tributação do lucro adotada para o IRPJ.

A: correta, exatamente conforme decisão do STF no RE 582.525SP; **B:** correta, nos termos da mesma decisão; **C:** correta – art. 177 do RIR; **D:** incorreta, pois o ajuste é dever, não opção – art. 2º, § 1º, *c*, da Lei 7.689/1988; **E:** correta – art. 4º da Lei 7.689/1988 e art. 57 da Lei 8.981/1995.
Gabarito "D".

(Auditor Fiscal da Receita Federal – ESAF) Sobre o recolhimento das contribuições previdenciárias em atraso, assinale a opção incorreta.

(A) No lançamento de ofício, aplica-se, a título de multa, um percentual sobre a totalidade ou diferença de contribui-

ção nos casos de falta de pagamento ou recolhimento, de falta de declaração e nos de declaração inexata.
(B) Os juros constituem verdadeira indenização a ser paga pelo sujeito passivo, em razão de sua disponibilidade financeira indevida, obtida pela empresa ao não recolher o devido em época própria. Possuem, portanto, caráter punitivo.
(C) Caso o sujeito passivo, uma vez notificado, efetue o pagamento, a compensação ou o parcelamento de seu débito, será concedida a redução da multa de lançamento de ofício.
(D) A rescisão do parcelamento implica restabelecimento do montante da multa proporcionalmente ao valor da receita não satisfeita.
(E) A correção monetária tem como função única a atualização da expressão monetária utilizada, de tal maneira que inexiste qualquer alteração no valor real da contribuição devida, que permanece imutável no seu equivalente em poder de compra.

A: correta – art. 44, I, da Lei 9.430/1996; B: incorreta, pois indenização não é punição, é apenas compensação pelo dano causado; C: correta – art. 44, § 3º, da Lei 9.430/1996; D: correta – art. 6º, § 2º, da Lei 8.218/1991; E: correta, descrevendo adequadamente a correção monetária.
Gabarito "B".

(Auditor Fiscal da Receita Federal – ESAF) Sobre o conceito previdenciário de empresa e empregador doméstico, assinale a opção incorreta.

(A) Empregador doméstico é a pessoa ou família que admite a seu serviço, com ou sem finalidade lucrativa, empregado doméstico.
(B) Embora o empregador doméstico não se enquadre como empresa, há algumas obrigações acessórias que lhe são exigíveis.
(C) O empregador doméstico não se classifica, em virtude desta condição, como segurado obrigatório do Regime Geral de Previdência Social (RGPS).
(D) Uma dona de casa, ainda que empregadora doméstica, caso não exerça qualquer atividade remunerada vinculante ao RGPS, poderá, caso deseje, filiar-se como segurada facultativa.
(E) As contribuições do empregador doméstico somente visam ao custeio das prestações previdenciárias concedidas aos empregados domésticos.

A: incorreta, pois o empregador doméstico não admite a seu serviço o empregado com finalidade lucrativa – art. 15, II, da Lei 8.212/1991; B: correta – ver art. 30, V, da Lei 8.212/1991; C: correta, pois o empregado doméstico, não o empregador, é o segurado obrigatório do RGPS – art. 12, II, da Lei 8.212/1991; D: correta – art. 14 da Lei 8.212/1991; E: correta, pois essa contribuição não se refere a benefício em favor de qualquer outra pessoa além do empregado, não servindo, por exemplo, à seguridade do próprio empregador – art. 24 da Lei 8.212/1991.
Gabarito "A".

(Auditor Fiscal da Receita Federal – ESAF) No tocante à responsabilidade pelo recolhimento das Contribuições Sociais Previdenciárias, pode-se afirmar que as empresas são responsáveis, exceto:

(A) pela arrecadação, mediante desconto na remuneração paga, devida ou creditada, e pelo recolhimento da contribuição dos segurados, empregado e trabalhador avulso a seu serviço, observado o limite máximo do salário de contribuição.
(B) pela arrecadação, mediante desconto, e pelo recolhimento da contribuição do produtor rural pessoa física e do segurado especial incidente sobre a comercialização da produção, quando adquirir ou comercializar o produto rural recebido em consignação, independentemente dessas operações terem sido realizadas diretamente com o produtor ou com o intermediário pessoa física.
(C) pela retenção de 11% (onze por cento) sobre o valor bruto da nota fiscal, da fatura ou do recibo de prestação de serviços executados mediante cessão de mão de obra ou empreitada, excetuada a hipótese de empregados em regime de trabalho temporário.
(D) pela arrecadação, mediante desconto, e pelo recolhimento da contribuição incidente sobre a receita bruta da realização de evento desportivo, devida pela associação desportiva que mantém equipe de futebol profissional, quando se tratar de entidade promotora de espetáculo desportivo.
(E) pela arrecadação, mediante desconto, e pelo recolhimento da contribuição incidente sobre a receita bruta decorrente de qualquer forma de patrocínio, de licenciamento de uso de marcas e símbolos, de publicidade, de propaganda e transmissão de espetáculos desportivos, devida pela associação desportiva que mantém equipe de futebol profissional.

A: correta – art. 30, I, da Lei 8.212/1991; B: correta – art. 30, XI, da Lei 8.212/1991; C: incorreta, pois a obrigação de retenção existe inclusive no caso de trabalho temporário – art. 31 da Lei 8.212/1991; D: correta – art. 22, § 7º, da Lei 8.212/1991; E: correta – art. 22, § 9º, da Lei 8.212/1991.
Gabarito "C".

(Auditor Fiscal – São Paulo/SP – FCC) Para custear o serviço de iluminação pública, nos moldes da competência estabelecida no art. 149-A da Constituição Federal, a Prefeitura de São Paulo instituiu a COSIP. Com relação à referida contribuição, nos termos do Decreto nº 52.703/11 do Município de São Paulo, é correto afirmar que

I. contribuinte é todo aquele possua ligação de energia elétrica regular ao sistema de fornecimento de energia.
II. são isentos os contribuintes residentes ou instalados em vias ou logradouros que não possuam iluminação pública.
III. são isentos os contribuintes vinculados às unidades consumidoras classificadas como "tarifa social de baixa renda".

Está correto o que se afirma em

(A) I, apenas.
(B) I, II e III.
(C) II, apenas.
(D) II e III, apenas.
(E) III, apenas.

Todas estão corretas, conforme a legislação municipal, de modo que a alternativa "B" é a correta. Como diretriz nacional, perceba que o art. 149-A, parágrafo único, da CF prevê que a cobrança dessa contribuição pode ser feita na fatura de energia elétrica, o que leva a maior parte dos Municípios a regularem dessa forma a exação.
Gabarito "B".

(Auditor Fiscal da Receita Federal – ESAF) Segundo o art. 195, caput, da Constituição Federal, a seguridade social será financiada por toda a sociedade, de forma direta e indireta, nos termos da lei, mediante recursos provenientes dos orçamentos da União, dos Estados, do Distrito Federal e dos Municípios, e das contribuições sociais que enumera. Sobre estas, é incorreto afirmar que:

(A) ao afirmar que o financiamento da seguridade social se dará por toda a sociedade, revela-se o caráter solidário de tal financiamento. Todavia, as pessoas físicas e jurídicas somente podem ser chamadas ao custeio em razão da relevância social da seguridade se tiverem relação direta com os segurados ou se forem, necessariamente, destinatárias de benefícios.
(B) a solidariedade não autoriza a cobrança de tributo sem lei, não autoriza exigência de quem não tenha sido indicado por lei como sujeito passivo de obrigação tributária, e não autoriza que seja desconsiderada a legalidade estrita que condiciona o exercício válido da competência relativamente a quaisquer tributos.
(C) as contribuições de seguridade social, sendo tributos, submetem-se às normas referentes às limitações do poder de tributar, contidas no art. 150 da Constituição Federal, com exceção da anterioridade geral, em face da norma especial contida no art. 195, § 6º (anterioridade nonagesimal), especialmente concebida para o condicionamento da instituição de contribuições de seguridade social.
(D) para a instituição de contribuições ordinárias (nominadas) de seguridade social, quais sejam, as já previstas nos incisos I a IV do art. 195 da Constituição, basta a via legislativa da lei ordinária, consoante o entendimento pacificado do Supremo Tribunal Federal.
(E) as entidades beneficentes de assistência social gozam de imunidade das contribuições para a seguridade social.

A: essa é a assertiva incorreta, pois a solidariedade implica também contribuição independentemente de benefício direto. Perceba, por exemplo, que a assistência social (que integra a seguridade) concede benefícios independentemente de contribuição, de modo que aqueles que têm capacidade devem contribuir para o sistema em favor dos menos afortunados; B: assertiva correta, pois as contribuições sociais são tributos e, como tais, submetem-se às limitações constitucionais ao poder de tributar; C: correta, conforme o citado dispositivo constitucional; D: correta. Somente outras contribuições (art. 195, § 4º, da CF) dependem de lei complementar federal; E: assertiva correta. Apesar de o art. 195, § 7º, da CF usar o termo "isenção", trata-se de imunidade, pois é norma constitucional que afasta a competência tributária.
Gabarito "A".

(Auditor Fiscal da Receita Federal – ESAF) Sobre a Contribuição Social para o Lucro Líquido (CSLL), instituída pela Lei n. 7.689/88, julgue os itens abaixo, classificando-os como verdadeiros (V) ou falsos (F). Em seguida, escolha a opção adequada às suas respostas:

I. a sua base de cálculo é a mesma do imposto de renda das pessoas físicas, sendo que as deduções e compensações admissíveis para a apuração de um correspondem àquelas admitidas para fins de apuração da base de cálculo do outro;
II. a sua base de cálculo é o valor do resultado do exercício antes da provisão para o imposto de renda;
III. a CSLL poderá incidir sobre o resultado presumido ou arbitrado, quando tal seja o regime de apuração a que a pessoa jurídica se submete relativamente ao imposto de renda.

(A) Estão corretos os itens I e II.
(B) Estão corretos os itens I e III.
(C) Estão corretos os itens II e III.
(D) Todos os itens estão corretos.
(E) Todos os itens estão errados.

I: incorreta, pois, apesar de semelhantes, as bases de cálculo não são coincidentes, até porque a da CSLL é o valor do resultado do exercício, **antes** da provisão para o Imposto de Renda – art. 2º da Lei 7.689/1988; II: correta, conforme comentário à assertiva anterior; III: correta, conforme o art. 20 da Lei 9.249/1995.
Gabarito "C".

(Auditor Fiscal da Receita Federal – ESAF) Sobre as contribuições sociais gerais (art. 149 da Constituição Federal), é errôneo afirmar-se, haver previsão de que

(A) poderão ter alíquotas *ad valorem* ou específicas.
(B) incidirão, também sobre a importação de produtos estrangeiros ou serviços.
(C) incidirão, em todos os casos, uma única vez.
(D) poderão ter por base, entre outras, o faturamento e a receita bruta.
(E) não incidirão sobre as receitas decorrentes de exportação.

A: art. 149, § 2º, III, *b*, da CF; B: art. 149, § 2º, II, da CF; C: a lei definirá as hipóteses em que as contribuições incidirão uma única vez – art. 149, § 4º, da CF; D: art. 149, § 2º, III, *a*, da CF; E: art. 149, § 2º, I, da CF.
Gabarito "C".

(Auditor Fiscal da Receita Federal – ESAF) Sobre as contribuições para a seguridade social (art. 195 da Constituição), podemos afirmar que

(A) nenhum benefício ou serviço da seguridade social poderá ser criado, majorado ou estendido sem a correspondente fonte de custeio, parcial ou total.
(B) as contribuições do empregador sobre a folha de salários não poderão ter alíquotas ou bases de cálculo diferenciadas em razão da atividade econômica a que se dedique a empresa.
(C) as receitas dos estados, do Distrito Federal e dos municípios destinadas à seguridade social integrarão o orçamento da União.
(D) são isentas de contribuição para a seguridade social as entidades beneficentes de assistência social que atendam às exigências estabelecidas pelo Poder Executivo.
(E) somente poderão ser exigidas após decorridos noventa dias da data da publicação da lei que as houver instituído ou modificado.

A: a fonte de custeio deverá atender a toda despesa criada ou à parcela majorada (não pode ser parcial) – art. 195, § 5º, da CF; B: isso é admitido expressamente pelo art. 195, § 9º, da CF; C: as receitas de cada ente político constarão dos respectivos orçamentos – art. 195, § 1º, da CF; D: as exigências, a serem atendidas, são estabelecidas por lei – art. 195, § 7º, da CF; E: as contribuições sociais sujeitam-se à noventena – art. 195, § 6º, da CF.
Gabarito "E".

(Auditor Fiscal da Receita Federal – ESAF) Responda às questões:

Podem os Municípios instituir contribuição para o custeio do serviço de iluminação pública, cobrando-a na fatura de consumo de energia elétrica?

Podem os Estados cobrar contribuição previdenciária de seus servidores, para o custeio, em benefício destes, de regime previdenciário, com alíquota inferior à da contribuição dos servidores titulares de cargos efetivos da União?

As contribuições sociais de intervenção no domínio econômico e de interesse das categorias profissionais ou econômicas, como instrumento de sua atuação nas respectivas áreas, poderão incidir sobre as receitas decorrentes de exportação?

(A) Não, sim, não.
(B) Sim, não, sim.
(C) Sim, não, não.
(D) Não, não, sim.
(E) Sim, sim, não.

1ª: isso é admitido expressamente pelo art. 149-A, parágrafo único, da CF; 2ª: a alíquota da contribuição exigida pela União é a mínima a ser observada pelos demais entes políticos – art. 149, § 1º, da CF; 3ª: há vedação expressa à incidência das contribuições sociais e de intervenção sobre receitas de exportação – art. 149, § 2º, I, da CF.
Gabarito "C".

(Auditor Fiscal da Receita Federal – ESAF) Leia cada um dos assertos abaixo e assinale (V) ou (F), conforme seja verdadeiro ou falso. Depois, marque a opção que contenha a exata sequência.

( ) É legítima a cobrança da COFINS e do PIS sobre as operações relativas à energia elétrica, serviços de telecomunicações, derivados de petróleo, combustíveis e minerais do País.
( ) A Contribuição para o Financiamento da Seguridade Social - COFINS, com a incidência não cumulativa, tem como fato gerador o faturamento mensal, assim entendido o total das receitas auferidas pela pessoa jurídica, independentemente de sua denominação ou classificação contábil.
( ) Foram instituídas a Contribuição para o PIS/PASEP Importação e a Contribuição para a COFINS, devida pelo importador de bens estrangeiros ou serviços do exterior.

(A) V, V, F
(B) F, V, F
(C) V, F, F
(D) F, F, F
(E) V, V, V

1ª: arts. 2º e 3º da Lei 9.718/1998; 2ª: art. 1º da Lei 10.637/2002; 3ª: art. 1º da Lei 10. 865/2004.
Gabarito "E".

(Auditor Fiscal da Receita Federal – ESAF) A lei autorizou a remissão dos débitos incidentes sobre a receita bruta decorrente do transporte internacional de cargas ou passageiros, mas essa remissão é restrita aos débitos

(A) constituídos antes de fevereiro de 1999 das empresas nacionais proprietárias de embarcações em tráfego internacional, quando o pagamento for efetuado em moedas conversíveis, relativamente à COFINS e ao PIS/PASEP.
(B) independentemente de serem constituídos ou não, mesmo os inscritos em dívida ativa, correspondentes à contribuição para o PIS/PASEP, à COFINS e ao FINSOCIAL de responsabilidade das empresas de transporte aéreo.
(C) não inscritos em Dívida Ativa, correspondentes à contribuição para o PIS/PASEP, à COFINS e ao FINSOCIAL incidentes sobre a receita bruta decorrente do transporte marítimo de cargas ou passageiros.
(D) constituídos apenas depois de fevereiro de 1999, das empresas nacionais proprietárias de embarcações em tráfego internacional, quando o pagamento for efetuado em moedas conversíveis, relativamente à COFINS e ao PIS/PASEP.
(E) constituídos antes de fevereiro de 1999 pelas empresas nacionais de transporte aéreo e empresas armadoras nacionais, quando o pagamento for efetuado em moedas conversíveis, relativamente à COFINS e ao PIS/PASEP.

A assertiva em B reflete o disposto no art. 4º da Lei 10. 560/2002.
Gabarito "B".

(Auditor Fiscal da Receita Federal – ESAF) Relativamente aos fatos geradores ocorridos a partir de 1º de janeiro de 2002, foram isentas da Contribuição Social sobre o Lucro Líquido (CSLL)

(A) as pessoas físicas que perceberam apenas rendimentos do trabalho.
(B) as pessoas jurídicas que participarem do programa do primeiro emprego.
(C) as pessoas jurídicas que aplicarem em títulos e valores mobiliários a favor de seus empregados.
(D) as entidades fechadas de previdência complementar.
(E) as organizações não governamentais dedicadas à proteção do meio ambiente.

As entidades fechadas de previdência complementar foram isentadas da CSLL nos termos da assertiva – art. 5º da Lei 10.426/2002.
Gabarito "D".

(Auditor Fiscal da Receita Federal – ESAF) O Supremo Tribunal Federal julgou importante questão sobre a exigibilidade da contribuição para o Programa de Formação do Patrimônio do Servidor Público (PASEP), pela União Federal, ao Estado do Paraná. Aponte a opção que preenche corretamente as lacunas do texto abaixo.

"... o Estado do Paraná, que, durante a vigência da Lei Complementar nº 8, de 3 de dezembro de 1970, _____ [I]_____, por força da Lei nº 6.278, de 23/05/1972, a contribuir para o PROGRAMA DE FORMAÇÃO DO PATRIMÔNIO DO SERVIDOR PÚBLICO, _____ [II]_____ da contribuição, _____[III]_____ nº 10.533, de 30/11/1993, pois, com o advento da Constituição Federal de 1988, a contribuição deixou de ser _____ [IV]_____, para ser _____ [V]____ , nos termos do art. 239."

(A) [I] já não se comprometera... [II] não pode sofrer a incidência... [III] mesmo diante da Lei Federal... [IV] compulsória... [V] facultativa
(B) [I] se desobrigara... [II] pôde-se eximir... [III] em face de sua Lei... [IV] obrigatória... [V] voluntária
(C) [I] se prontificara... [II] tem o direito de eximir-se... [III] por meio de sua Lei... [IV] obrigatória... [V] voluntária
(D) [I] se obrigara... [II] já não poderia se eximir... [III] mediante sua Lei... [IV] facultativa... [V] obrigatória
(E) [I] se comprometera... [II] já se liberou... [III] diante da Lei... [IV] fonte de estímulo ao servidor público... [V] instrumento financiador do seguro-desemprego

As expressões em D completam a assertiva de modo que reflita a decisão do STF na ACO 471/PR.
Gabarito "D".

6. DIREITO TRIBUTÁRIO

(**Auditor Fiscal da Receita Federal – ESAF**) Responda com base na Constituição Federal.

É vedado que as contribuições sociais para a seguridade social tenham base de cálculo própria de impostos?

Incide contribuição social para a seguridade social sobre aposentadoria e pensão concedidas pelo regime geral de previdência social?

As contribuições sociais para a seguridade social sobre a folha de salários, a receita ou o faturamento de pessoas jurídicas poderão ter alíquotas ou bases de cálculo diferenciadas, em razão da atividade econômica ou da utilização intensiva de mão de obra?

(A) Sim, não, não
(B) Sim, sim, sim
(C) Sim, sim, não
(D) Não, não, sim
(E) Não, sim, sim

1ª: essa vedação refere-se às taxas – art. 145, § 2º, da CF; 2ª: art. 195, II, *in fine*, da CF; 3ª: art. 195, § 9º, da CF.
Gabarito "D".

(**Auditor Fiscal da Receita Federal – ESAF**) Indique a opção que preenche corretamente as lacunas, consideradas as pertinentes disposições constitucionais.

As contribuições sociais e de intervenção no domínio econômico previstas no caput do art. 149 da Constituição Federal _____ sobre as receitas decorrentes de exportação, _____ sobre a importação de petróleo e seus derivados, gás natural e seus derivados e álcool combustível.

As contribuições de intervenção no domínio econômico, previstas no art. 149 da Constituição Federal, estão submetidas ao princípio da _____.

(A) incidirão / podendo incidir também / anterioridade
(B) não incidirão / mas poderão incidir / anterioridade
(C) não incidirão / mas poderão incidir / anterioridade mitigada ou nonagesimal
(D) incidirão / não podendo incidir / anterioridade
(E) não incidirão / não podendo incidir também / anterioridade mitigada ou nonagesimal

1ª: nenhuma contribuição social ou de intervenção poderá incidir sobre as receitas decorrentes de exportação, mas incidirão sobre as importações de produtos estrangeiros ou serviços – art. 149, § 2º, I e II, da CF; 2ª: apenas as contribuições sociais não se submetem à anterioridade, mas as instituições e majorações das CIDE devem observar o princípio – art. 195, § 6º, da CF.
Gabarito "B".

(**Auditor Fiscal da Receita Federal – ESAF**) A assertiva errada, entre as constantes abaixo, é a que afirma que

(A) As contribuições para o PIS/PASEP e a COFINS, devidas pelas pessoas jurídicas, seguirão regime próprio de reconhecimento de receitas e não o previsto na legislação do imposto de renda.
(B) uma das alternativas da pessoa jurídica produtora e exportadora de mercadorias nacionais para o exterior é determinar o valor do crédito presumido do Imposto sobre Produtos Industrializados (IPI), como ressarcimento relativo às contribuições para os Programas de Integração Social e de Formação do Patrimônio do Servidor Público (PIS/PASEP) e para a Seguridade Social (COFINS).
(C) segundo entendimento sumulado pelo Superior Tribunal de Justiça, a parcela relativa ao ICM inclui-se na base de cálculo do PIS.
(D) Aplicam-se à pessoa jurídica adquirente de mercadoria de procedência estrangeira, no caso da importação realizada por sua conta e ordem, por intermédio de pessoa jurídica importadora, as normas de incidência das contribuições para o PIS/PASEP e COFINS sobre a receita bruta do importador.
(E) As instituições responsáveis pela retenção e pelo recolhimento da CPMF deverão apurar e registrar os valores devidos, mesmo no período de vigência de decisão judicial impeditiva da retenção e do recolhimento da contribuição.

A: aplica-se a definição dada pela legislação do imposto de renda, na hipótese – art. 3º da Lei 9.715/1998, art. 7º da Lei 11.051/2004 e art. 2º da MP 2.221/2001.
Gabarito "A".

(**Auditor Fiscal da Receita Federal – ESAF**) Assinale a opção correta.
(A) Compete supletivamente à União instituir contribuições sociais, de intervenção no domínio econômico e de interesse das categorias profissionais ou econômicas, como instrumento de sua atuação nas respectivas áreas.
(B) A instituição das contribuições sociais, de intervenção no domínio econômico e de interesse das categorias profissionais ou econômicas depende de lei complementar de caráter geral que defina o fato gerador e a base de cálculo.
(C) Os Estados, o Distrito Federal e os Municípios poderão reter a contribuição federal, cobrada de seus servidores, para o custeio, em benefício desses, de sistemas de previdência e assistência social.
(D) Os rendimentos do trabalho pagos ou creditados, a qualquer título, a pessoa física que preste serviços à empresa não pode ser objeto da contribuição para a seguridade social por constituírem base de cálculo de outra exação, o imposto de renda.
(E) As contribuições para a seguridade podem ser exigidas imediatamente, por não se lhe aplicar a anterioridade da data da publicação da lei que as houver instituído ou modificado em relação ao exercício financeiro da cobrança.

A: a competência da União é privativa (não supletiva), na hipótese – art. 149 da CF; **B**: a assertiva descreve entendimento ultrapassado, pois a jurisprudência atual do STF é de que essas contribuições podem ser criadas e alteradas por lei ordinária federal (ver RE 396. 266/SC-STF), com exceção das contribuições sociais instituídas no exercício da competência residual prevista no art. 195, § 4º, da CF, que exigem lei complementar federal; **C**: não há essa previsão no art. 149, § 1º, da CF; **D**: há previsão expressa de incidência da contribuição social, nos termos do art. 195, I, *a*, da CF; **E**: embora não se aplique a anterioridade, as contribuições sociais sujeitam-se à noventena, de modo que não é possível sua imediata exigência, em caso de instituição ou majoração – art. 195, § 6º, da CF.
Gabarito "B".

(**Auditor Fiscal da Previdência Social – ESAF**) Em relação às contribuições sociais, inclusive às destinadas à seguridade social, a Constituição estabelece limitações que devem ser respeitadas pela legislação infraconstitucional. Isto posto, avalie as formulações seguintes e, ao final, assinale a opção que corresponde à resposta correta.

I. É vedada a concessão de remissão ou anistia da contribuição social destinada à seguridade social, para débitos em montante superior ao fixado em lei complementar, do empregador, da empresa e da entidade equiparada a empresa na forma da lei, incidente sobre a folha de salários e demais rendimentos do trabalho pagos ou creditados, a qualquer título, à pessoa física que lhe preste serviço, mesmo sem vínculo empregatício. Igual vedação se aplica, para débitos em montante superior ao fixado em lei complementar, à contribuição social de seguridade social, a que se sujeitam o trabalhador e os demais segurados da previdência social.

II. É vedada a incidência de contribuições sociais sobre as receitas decorrentes de exportação e sobre a importação de petróleo e seus derivados. Vedada também é a incidência de contribuição para a seguridade social sobre o valor das aposentadorias e pensões concedidas pelo regime geral de previdência social.

III. É vedada a concessão de isenção ou anistia da contribuição social destinada à seguridade social, incidente sobre a receita de concursos de prognósticos, para débitos em montante superior ao fixado em lei complementar.

(A) Somente I é verdadeira.
(B) I e II são verdadeiras.
(C) I e III são verdadeiras.
(D) II e III são verdadeiras.
(E) Todas são falsas.

I: art. 195, § 11, da CF; II: embora seja vedada a cobrança de contribuição social sobre as exportações, é possível a incidência sobre importações (art. 149, § 2º, I e II, da CF); III: a vedação prevista no art. 195, § 11, da CF não atinge a contribuição incidente sobre concursos de prognósticos (loterias).
Gabarito "A".

(Técnico da Receita Federal – ESAF) Compete exclusivamente à União Federal instituir contribuições sociais, de intervenção no domínio econômico e de interesse das categorias profissionais ou econômicas, como instrumento de sua atuação nas respectivas áreas, observado o disposto na Constituição Federal, nos arts.146, III, e 150, I e III, e sem prejuízo do previsto o art.195, § 6º, relativamente às contribuições a que alude o dispositivo.(art.149 da Constituição Federal) Em face do enunciado, assinale a opção correta.

(A) As contribuições sociais estão jungidas aos princípios da legalidade estrita (art.150, I), da irretroatividade (150, III, "a"), e da anterioridade (art.150, III, "b"), excepcionado o princípio da anterioridade para as contribuições sociais destinadas à seguridade social, as quais serão exigidas após decorridos noventa dias da data da publicação que as houver instituído ou modificado (art.195, § 6º).
(B) As contribuições sociais não estão jungidas aos princípios da legalidade estrita (art.150, I), da irretroatividade (150, III, "a"), e da anterioridade (art.150, III, "b"), excepcionado o princípio da anterioridade para as contribuições sociais destinadas à seguridade social, as quais serão exigidas após decorridos noventa dias da data da publicação que as houver instituído ou modificado (art.195, § 6º).
(C) As contribuições sociais estão jungidas aos princípios da legalidade estrita (art.150, I), da irretroatividade (150, III, "a"), e da anterioridade (art.150, III, "b"), excepcionado o princípio da anterioridade para as contribuições sociais destinadas à intervenção no domínio econômico, as quais serão exigidas após decorridos noventa dias da data da publicação que as houver instituído ou modificado (art.195, § 6º).
(D) As contribuições sociais estão jungidas aos princípios da legalidade estrita (art.150, I), da irretroatividade (150, III, "a"), e da anterioridade (art.150, III, "b"), excepcionado o princípio da anterioridade para as contribuições sociais de interesse de categorias profissionais ou econômicas, as quais serão exigidas após decorridos noventa dias da data da publicação que as houver instituído ou modificado (art.195, § 6º).
(E) As contribuições sociais estão jungidas aos princípios da legalidade estrita (art.150, I), da irretroatividade (150, III, "a"), e da anterioridade (art.150, III, "b"), excepcionado o princípio da anterioridade para as contribuições de melhoria, as quais serão exigidas após decorridos noventa dias da data da publicação que as houver instituído ou modificado (art.195, § 6º).

A assertiva A é verdadeira e reflete o disposto nos dispositivos constitucionais citados.
Gabarito "A".

(Técnico da Receita Federal– ESAF) A assertiva errada, entre as constantes abaixo, é a que afirma que:

(A) é permitido às entidades fechadas de previdência complementar excluir da base de cálculo da contribuição social para financiamento da seguridade social, conhecida pela sigla COFINS, a receita resultante da venda de bens imóveis, destinada ao pagamento de benefícios de aposentadoria, pensão, pecúlio e resgates.
(B) as sociedades cooperativas não estão submetidas ao regime da não cumulatividade na cobrança da contribuição para o Programa de Integração Social (PIS), estabelecido na Lei nº 10.637, de 30 de dezembro de 2002.
(C) a contribuição para o PIS, devida por pessoa jurídica submetida ao regime da não cumulatividade de que trata a Lei nº 10.637, de 30 de dezembro de 2002, tem como fato gerador o faturamento mensal, assim entendido o total das receitas auferidas pela pessoa jurídica, independentemente de sua denominação ou classificação contábil.
(D) as receitas não operacionais decorrentes da venda de ativo imobilizado integram a base de cálculo da contribuição para o PIS, no caso de pessoa jurídica submetida ao regime da não cumulatividade na cobrança da contribuição, de que trata a Lei nº 10.637, de 30 de dezembro de 2002.
(E) para efeito de apuração da base de cálculo da Contribuição Social sobre o Lucro Líquido (CSLL), poderá ser deduzido o valor das provisões técnicas

das operadoras de planos de assistência à saúde, cuja constituição é exigida pela legislação especial a elas aplicável.

A: art. 32, II, da Lei 10.637/2002; **B:** art. 8º, X, da Lei 10.637/2002; **C:** art. 1º da Lei 10.637/2002; **D:** essas receitas não integram a base de cálculo da contribuição não cumulativa para o PIS/PASEP – art. 1º, § 3º, VI, da Lei 10.637/2002; **E:** art. 13, I, da Lei 9.249/1995.

Gabarito "D".

13. GARANTIAS E PRIVILÉGIOS DO CRÉDITO

(Auditor Fiscal Tributário Municipal – Prefeitura Cuiabá – 2016 – FGV) Sobre as garantias e os privilégios do crédito tributário, assinale a afirmativa correta.

(A) Na falência, o crédito tributário prefere a qualquer outro, seja qual for sua natureza ou o tempo de sua constituição, ressalvados apenas, os créditos extraconcursais ou as importâncias passíveis de restituição, nos termos da lei falimentar, e os créditos com garantia real, no limite do valor do bem gravado.
(B) Presume-se fraudulenta a alienação ou oneração de bens ou rendas, por sujeito passivo em débito para com a Fazenda Pública, por crédito tributário regularmente inscrito em dívida ativa.
(C) O juiz pode determinar a indisponibilidade de bens e direitos do executado antes da sua citação, como forma de assegurar a garantia do juízo na execução fiscal.
(D) A cobrança judicial do crédito tributário está sujeita à habilitação em falência e recuperação judicial.
(E) Na falência, a multa tributária prefere apenas aos créditos subordinados e quirografários.

A: incorreta, pois, em qualquer situação (falência ou não) o crédito tributário não prefere aos créditos decorrentes da legislação do trabalho (estes até 150 salários mínimos) ou do acidente de trabalho – art. 186, *caput*, do CTN e art. 83 da Lei 11.101/2005 (Lei de Falências); **B:** correta – art. 185 do CTN; **C:** incorreta, pois, em regra, a indisponibilidade de bens e direitos é determinada após a citação, no caso do art. 185-A do CTN. Há a possibilidade, entretanto, de indisponibilidade antes da citação, no caso da ação cautelar fiscal – arts. 4º e 7º da Lei 8.397/1992; **D:** incorreta, pois a cobrança judicial do crédito tributário não é sujeita a concurso de credores ou habilitação em falência, recuperação judicial, concordata, inventário ou arrolamento – art. 187 do CTN; **E:** incorreta, pois, na falência, a multa tributária prefere apenas aos créditos subordinados – art. 186, parágrafo único, III, do CTN e art. 83 da Lei 11.101/2005 (Lei de Falências).

Gabarito "B".

14. ADMINISTRAÇÃO TRIBUTÁRIA, FISCALIZAÇÃO

(Auditor Fiscal da Receita Municipal – Prefeitura Teresina/PI – 2016 – FCC) A atividade de fiscalização dos sujeitos passivos de obrigação tributária é de tal relevância que o próprio Código Tributário Nacional contempla algumas das principais regras a esse respeito. De acordo com esse Código,

(A) é permitida a divulgação, por parte dos servidores da Fazenda Pública, de informação obtida em razão do ofício, sobre a situação financeira de contribuinte, desde que não envolva crime financeiro por ele cometido.
(B) as autoridades administrativas municipais poderão requisitar o auxílio da força pública estadual, quando necessário à efetivação de medida prevista na legislação tributária, desde que essa medida se configure fato definido em lei como crime ou contravenção.
(C) é vedada a divulgação, por parte da Fazenda Pública, de alguns tipos de informações específicas, tais como aquelas relativas à inscrição de débitos do contribuinte em Dívida Ativa dessa mesma Fazenda Pública.
(D) a autoridade fiscal que proceder a qualquer diligência de fiscalização lavrará, em um dos livros fiscais exibidos pelo sujeito passivo, os termos necessários para que se documente o início do procedimento, e fixará prazo máximo para a conclusão daquela, vedada a lavratura desses termos em separado.
(E) os despachantes aduaneiros oficiais, que são contribuintes do ISS, estão obrigados, mediante intimação escrita de autoridade competente para fiscalizar o ICMS, a prestar às autoridades administrativas todas as informações de que disponham com relação aos negócios de seus clientes, contribuintes do ICMS, preservado o dever de segredo, quando previsto em lei.

A: incorreta, pois é vedada a divulgação de informações obtidas em razão do ofício, nos termos e com as exceções previstas no art. 198 do CTN; **B:** incorreta, pois as autoridades fiscais podem requisitar o auxílio da força policial para exercício das suas atividades, nos termos do art. 200 do CTN, ainda que não haja configuração de crime ou contravenção penal; **C:** incorreta, pois a divulgação de informação relativa à inscrição em dívida ativa é uma das exceções ao sigilo fiscal – art. 198, § 3º, II, do CTN; **D:** incorreta, pois é possível a lavratura em separado dos livros fiscais exibidos, nos termos do art. 196, parágrafo único, do CTN; **E:** correta – art. 197, IV e parágrafo único, do CTN.

Gabarito "E".

15. CRIMES TRIBUTÁRIOS

(Auditor Fiscal – Prefeitura Ilhéus/BA – 2016 – CONSULTEC) Caracteriza-se como indício de sonegação fiscal, exceto

(01) a prestação de declaração falsa ou a omissão, total ou parcial, de informação com a intenção de eximir-se, total ou parcialmente, de pagamento de tributos.
(02) a inserção de informação ou dados inexatos ou a omissão de receitas, faturamentos ou rendimentos e de operações de qualquer natureza em documentos ou livros fiscais com a intenção de eximir-se, total ou parcialmente, de pagamento de tributos.
(03) alterar faturas e quaisquer documentos relativos a operações mercantis com o propósito de fraudar a Fazenda Municipal.
(04) fornecer ou emitir documentos graciosos ou alterar despesas, com o objetivo de obter dedução indevida de tributos.
(05) alterar conjunto de receitas com o objetivo de aumentar as bases de cálculo dos tributos

1, 2, 3 e 4: corretas, pois, mais que indícios, esses atos podem ser considerados crimes contra a ordem tributária, nos termos do art. 2º da Lei 8.137/1990 – art. 43 do Código Tributário Municipal de Ilhéus – Lei 3.723/2014 – CTM-Ilhéus; **5:** incorreta, sendo esta a única assertiva que não indica indício de sonegação fiscal, já que aumentar a base de cálculo dos tributos do próprio contribuinte implica majoração do valor a ser recolhido ao fisco.

Gabarito 5.

16. DIREITO FINANCEIRO

(Auditor Fiscal Tributário Municipal – Prefeitura Cuiabá – 2016 – FGV) Na Lei Orçamentária Anual do Município X não constou a previsão de todas as receitas, bem como a autorização de todas as despesas da administração direta e indireta, relativas aos três Poderes.

Assinale a opção que indica o princípio orçamentário violado na hipótese apresentada.

(A) Princípio da Legalidade.
(B) Princípio da Anualidade.
(C) Princípio da Exclusividade.
(D) Princípio da Publicidade.
(E) Princípio da Universalidade.

A: incorreta, pois o princípio da legalidade se refere à exigência de lei; **B**: incorreta, pois o princípio da anualidade se refere ao período de vigência da lei orçamentária – art. 165, § 5°, da CF; **C**: incorreta, pois o princípio da exclusividade se refere à vedação a que a lei orçamentária anual contenha dispositivos estranhos à previsão de receitas e à fixação das despesas, com as exceções previstas no art. 165, § 8°, da CF; **D**: incorreta, pois a publicidade é diretriz da transparência, garantindo o controle da população sobre as receitas e despesas públicas – art. 74, § 2°, da CF; **E**: correta, pois o princípio da universalidade determina que a lei orçamentária anual inclua todas as despesas e receitas do exercício – arts. 3° e 4° da Lei 4.320/1964. Gabarito E"

Veja a seguinte tabela com os mais importantes princípios orçamentários, para estudo e memorização:

Princípios orçamentários	
Anualidade	A lei orçamentária é anual (LOA), de modo que suas dotações orçamentárias referem-se a um único exercício financeiro – art. 165, § 5°, da CF
Universalidade	A LOA inclui todas as despesas e receitas do exercício – arts. 3° e 4° da Lei 4.320/64
Unidade	A LOA refere-se a um único ato normativo, compreendendo os orçamentos fiscal, de investimento e da seguridade social – art. 165, § 5°, da CF e art. 1° da Lei 4.320/64. Ademais, cada esfera de governo (União, Estados, DF e Municípios) terá uma única LOA para cada exercício, o que também é indicado como princípio da unidade
Exclusividade	A LOA não conterá dispositivo estranho à previsão da receita e à fixação da despesa, admitindo-se a autorização para abertura de créditos suplementares e para contratação de operações de crédito – art. 165, § 8°, da CF
Equilíbrio	Deve haver equilíbrio entre a previsão de receitas e a autorização de despesas, o que deve também ser observado na execução orçamentária. Isso não impede a realização de *superávits* – ver art. 48, *b*, da Lei 4.320/64 e art. 31, § 1°, II, da LRF (LC 101/2000)
Especificação, especialização ou discriminação	Deve haver previsão pormenorizada de receitas e despesas, não cabendo dotações globais ou ilimitadas – art. 167, VII, da CF e art. 5° da Lei 4.320/64

Unidade de tesouraria	As receitas devem ser recolhidas em caixa único, sendo vedada qualquer fragmentação para criação de caixas especiais – art. 56 da Lei 4.320/64
Não afetação ou não vinculação da receita dos impostos	É vedada a vinculação de receita de impostos a órgão, fundo ou despesa, com as exceções previstas no art. 167, IV, da CF

(Auditor Fiscal – Prefeitura Ilhéus/BA – 2016 – CONSULTEC) Com relação às receitas e despesas municipais, é correto afirmar, exceto:

(01) A receita Municipal constituir-se-á da arrecadação dos tributos municipais, da participação em impostos da União e do Estado, dos recursos resultantes do Fundo de Participação dos Municípios e da utilização de seus bens, serviços, atividades, receitas oriundas de aplicações financeiras, juros e correção monetária e de outros ingressos.
(02) A fixação dos preços públicos, devidos pela utilização de bens, serviços e atividades municipais, será feita pelo Prefeito mediante edição de decreto.
(03) A despesa pública atenderá aos princípios estabelecidos na Constituição Federal e às normas de direito financeiro.
(04) Qualquer despesa poderá ser ordenada ou satisfeita independente da existência de recurso disponível e crédito votado pela Câmara Municipal.
(05) As disponibilidades de caixa dos órgãos da administração direta e indireta do Município serão depositadas em instituições financeiras oficiais, salvo os casos previstos em lei.

1: correta, indicando diversas receitas correntes e de capital listadas no art. 11 da Lei 4.320/1964; **2**: correta, pois o preço público não é tributo, não se sujeitando ao princípio da legalidade, já que não há compulsoriedade (ninguém é obrigado a pagá-lo sem que tenha concordado com isso); **3**: correta – art. 1° da Lei 4.320/1964; **4**: incorreta, pois nenhuma despesa poderá ser realizada sem prévia dotação orçamentária (que compõe a lei orçamentária anual, aprovada pelo Legislativo a partir de projeto do Executivo) – art. 167, II, da CF e art. 60 da Lei 4.320/1964; **5**: correta – art. 164, § 3°, da CF. Gabarito: 4

17. PROCESSO ADMINISTRATIVO FISCAL

(Auditor do Tesouro Municipal/Recife-PE – FGV) O Município do Recife lavrou auto de infração em face da pessoa jurídica prestadora de serviços ABCD Serviços Ltda. por não realizar o pagamento do Imposto Sobre Serviços de Qualquer Natureza – ISS. Por não concordar com a cobrança do imposto, a pessoa jurídica resolve apresentar impugnação ao auto de infração.

Assinale a opção que indica o prazo para a apresentação da impugnação ao auto de infração.

(A) 10 (dez) dias, contados da lavratura do auto de infração.
(B) 10 (dez) dias, contados da ciência do auto de infração.
(C) 15 (quinze) dias, contados da ciência do auto de infração.
(D) 30 (trinta) dias, contados da data da lavratura do auto de infração.
(E) 30 (trinta) dias, contados da ciência do auto de infração.

Os prazos relativos ao processo administrativo tributário são fixados pela legislação local, de modo que o candidato precisa estudá-la. Como dica, em regra o prazo de pagamento ou impugnação do lançamento é fixado em 30 dias, o que ocorre no caso, de modo que a alternativa "E" é a correta.

Gabarito "E".

(Auditor Fiscal Tributário da Receita Municipal/Cuiabá-MT – FGV) O Código Tributário do Município de Cuiabá (CTM-Cuiabá – LC municipal 43/1997) assegura *"o direito de consulta sobre a interpretação e aplicação da legislação tributária"* (Art. 32, *caput*). No § 2º do mesmo artigo, está previsto que *"O Secretário Municipal de Finanças encaminhará o processo de consulta ao setor competente para respondê-la, dando o prazo de xxx dias para a resposta"* (o qual poderá ser duplicado se a consulta versar sobre matéria controversa – Art. 32, §3º).

Em não havendo duplicação do prazo, o setor competente deverá responder a consulta em

(A) 10 dias.
(B) 15 dias.
(C) 30 dias.
(D) 45 dias.
(E) 60 dias.

Os prazos relativos ao processo administrativo tributário são fixados pela legislação local, de modo que o candidato precisa estudá-la. No caso, o prazo é de 15 dias, de modo que a alternativa "B" é a correta – art. 32, § 2º, do Código Tributário do Município de Cuiabá – LC 43/1997.

Gabarito "B".

(Auditor do Tesouro Municipal/Recife-PE – FGV) A instrução e o julgamento do processo administrativo tributário competem ao Conselho Administrativo Fiscal – CAF, órgão integrante da Secretaria de Finanças do Recife. O Conselho Administrativo Fiscal – CAF é composto pelos seguintes membros:

(A) 1 (um) Procurador do Município do Recife, escolhido pelo Prefeito, que será o seu Presidente nato; 03 (três) Julgadores Auditores do Tesouro Municipal e 02 (dois) Julgadores representantes da sociedade civil, designados pelo Chefe do Executivo.
(B) O Prefeito do Município do Recife, que será o seu Presidente nato; 03 (três) Julgadores Auditores do Tesouro Municipal e 02 (dois) Julgadores representantes da sociedade civil, designados pelo Chefe do Executivo.
(C) O Secretário de Finanças, que será o seu Presidente nato; 02 (dois) Julgadores Auditores do Tesouro Municipal e 03 (três) Julgadores representantes da sociedade civil, designados pelo Chefe do Executivo.
(D) O Secretário de Finanças, que será o seu Presidente nato; 03 (três) Julgadores Auditores do Tesouro Municipal e 02 (dois) Julgadores representantes da sociedade civil, designados pelo Chefe do Executivo.
(E) 1 (um) Procurador do Município do Recife, escolhido pelo Prefeito, que será o seu Presidente nato; 02 (dois) Julgadores Auditores do Tesouro Municipal e 03 (três) Julgadores representantes da sociedade civil, designados pelo Chefe do Executivo.

A composição dos órgãos da administração tributária é dada pela legislação local, que precisa ser estudada. Como dica, os órgãos de julgamento administrativo tributário são em regra vinculados às Secretarias de Finanças, compostos prioritariamente por auditores fiscais e, em muitos colegiados, por representantes da sociedade civil. Quando há procuradores em sua composição, são em regra minoria em relação aos auditores, já que o órgão cuida do lançamento de tributos (atribuição da autoridade fiscal). Com essas informações, excluiríamos as alternativas que colocam procuradores ou prefeito em sua presidência (A, B e E). No mais, pela legislação local chegamos à composição indicada na alternativa "D" – art. 2º da LC 17.976/2014.

Gabarito "D".

(Auditor do Tesouro Municipal/Recife-PE – FGV) O processo administrativo-tributário do Município do Recife será apreciado em segunda instância pelo pleno do Conselho Administrativo Fiscal –CAF.

Nesse sentido, as opções a seguir apresentam atribuições do pleno do Conselho Administrativo Fiscal – CAF, à exceção de uma. Assinale-a.

(A) Processar e julgar originariamente as consultas formuladas sobre a interpretação e aplicação da legislação tributária municipal.
(B) Processar e julgar, em grau de recurso ou reexame necessário, os processos administrativo-tributários decididos em primeira instância.
(C) Processar e julgar pedidos de restituição de tributo recolhido indevidamente.
(D) Sumular, semestralmente, suas decisões tomadas por unanimidade.
(E) Rever as súmulas.

A, B, D e E: corretas, pois são atribuições do CAF de Recife – art. 8º da LC 17.976/2014; C: incorreta, pois a competência é de julgamento em grau de recurso – arts. 5º e 8º da LC 17.976/2014.

Gabarito "C".

(Auditor Fiscal da Receita Federal – ESAF) A manifestação de inconformidade apresentada pelo sujeito passivo, tal como definida nas normas que tratam do processo de restituição de indébito tributário, tem como objeto:

(A) o não provimento do recurso de ofício pela autoridade julgadora de segunda instância.
(B) a revisão da decisão da Delegacia da Receita Federal de Julgamento pelos Conselhos de Contribuintes.
(C) a correção de omissões nas decisões da Delegacia da Receita Federal de Julgamento e nos acórdãos do Conselho de Contribuintes.
(D) a revisão do despacho decisório do Delegado da Receita Federal pela Delegacia da Receita Federal de Julgamento.
(E) a discordância em relação aos cálculos contidos na decisão da Delegacia da Receita Federal de Julgamento.

A manifestação de inconformidade impugna a não homologação da compensação declarada pelo sujeito passivo – art. 74, § 9º, da Lei 9.430/1996. A assertiva em D indica as autoridades competentes para o julgamento – art. 25 do Decreto 70.235/1972.

Gabarito "D".

7. DIREITO PREVIDENCIÁRIO

Robinson Barreirinhas

1. PRINCÍPIOS

(Analista-Tributário da Receita Federal – ESAF) Assinale a opção incorreta.

Compete ao Poder Público, nos termos da lei, organizar a seguridade social, com base nos seguintes objetivos:

(A) universalidade da cobertura e do atendimento.
(B) prevalência dos benefícios e serviços às populações rurais.
(C) seletividade e distributividade na prestação dos benefícios e serviços.
(D) irredutibilidade do valor dos benefícios.
(E) equidade na forma de participação no custeio.

A: correta, nos termos do art. 194, parágrafo único, I, da CF; **B:** incorreta, pois o Poder Público deve organizar a seguridade social com base na uniformidade e equivalência dos benefícios e serviços às populações urbanas e rurais – art. 194, parágrafo único, II, da CF; **C:** correta, conforme art. 194, parágrafo único, III, da CF; **D:** correta, nos termos do art. 194, parágrafo único, IV, da CF; **E:** correta, conforme o art. 194, parágrafo único, V, da CF.
Gabarito "B".

Veja a seguinte tabela, para estudo e memorização dos objetivos da seguridade social, listados no art. 194 da CF:

Objetivos da Seguridade Social – art. 194 da CF
– universalidade da cobertura e do atendimento;
– uniformidade e equivalência dos benefícios e serviços às populações urbanas e rurais;
– seletividade e distributividade na prestação dos benefícios e serviços;
– irredutibilidade do valor dos benefícios;
– equidade na forma de participação no custeio;
– diversidade da base de financiamento;
– caráter democrático e descentralizado da Administração, mediante gestão quadripartite, com participação dos trabalhadores, dos empregadores, dos aposentados e do Governo nos órgãos colegiados.

(Auditor Fiscal da Receita Federal – ESAF) À luz da Organização da Seguridade Social definida na Constituição Federal, julgue os itens abaixo:

I. Previdência Social, Educação e Assistência Social são partes da Seguridade Social;
II. a Saúde possui abrangência universal, sendo qualquer pessoa por ela amparada;
III. a Previdência Social pode ser dada gratuitamente à população rural carente;
IV. a Assistência Social, por meio de sistema único e centralizado no poder central federal, pode ser dada a todos os contribuintes individuais da Previdência Social.

O número de itens errados é:

(A) zero
(B) um
(C) dois
(D) três
(E) quatro

I: incorreta, pois a seguridade social é composta por (i) previdência social, (ii) saúde e (iii) assistência social (não pela educação) – art. 194, *caput*, da CF; **II:** assertiva correta, pois o acesso universal é previsto o art. 196 da CF; **III:** incorreta, já que a previdência social tem caráter contributivo (diferentemente da assistência social, por exemplo) – art. 201, *caput*, da CF. Veja, entretanto, o disposto no art. 39, I, do Plano de Benefícios da Previdência Social – PBPS (Lei 8.213/1991); **IV:** incorreta, pois a assistência social é organizada com **descentralização** político-administrativa (não há um sistema único centralizado, como consta da assertiva) – art. 204, I, da CF. De fato, a assistência social pode ser dada a todos os contribuintes individuais, mas não apenas a eles. Perceba que a assistência social atende a **todos** que dela necessitem, independentemente de contribuições – art. 203, *caput*, da CF.
Gabarito "D".

(Auditor Fiscal da Receita Federal – ESAF – adaptada) A respeito da Ordem Social e princípios constitucionais da seguridade social, assinale a opção incorreta.

(A) As contribuições sociais da empresa podem ter alíquotas diferenciadas.
(B) O orçamento da seguridade social dos entes federados descentralizados é distinto do orçamento da União.
(C) Poderá haver contribuição social do trabalhador sobre o lucro e o faturamento.
(D) A lei definirá critério de transferência de recursos para o Sistema Único de Saúde.
(E) É vedada a concessão de remissão ou anistia das contribuições sociais devidas pelo trabalhador e demais segurados da previdência social, para débitos em montante superior ao fixado em lei complementar.

A: correta, pois a diferenciação de alíquotas e bases de cálculo é autorizada nos termos do art. 195, § 9º, da CF; **B:** correta, pois cada ente federado tem seu próprio orçamento – art. 165, § 5º, da CF; **C:** incorreta, pois a contribuição social sobre lucro e faturamento recai sobre o empregador, na forma do art. 195, I, *b* e *c*, da CF. O trabalhador não tem capacidade contributiva para figurar como sujeito passivo dessa exação; **D:** assertiva correta, nos termos do art. 195, § 10, da CF; **E:** correta, nos termos do art. 195, § 11, da CF, c/c o inciso II do mesmo dispositivo constitucional. Alteramos essa assertiva, pois a original era imprecisa ("Pode ser dada remissão para as contribuições sociais do empregado retidas pelas empresas no pagamento dos salários"), razão pela qual a questão foi anulada.
Gabarito "C".

(Auditor Fiscal da Receita Federal – ESAF) No âmbito da Seguridade Social, com sede na Constituição Federal/88 (art. 194), podemos afirmar:

(A) A seguridade social compreende um conjunto de ações de iniciativa dos Poderes Públicos e da socie-

dade, visando a assegurar os direitos relativos à saúde, à vida, à previdência e à assistência social.
(B) A seguridade social compreende um conjunto integrado de ações de iniciativa dos Poderes Públicos e da sociedade, destinadas a assegurar os direitos relativos à saúde, à previdência e à assistência social.
(C) A seguridade social compreende um conjunto de ações dos Poderes Públicos e da sociedade, destinadas a assegurar os direitos relativos à saúde, à previdência e à assistência social.
(D) A seguridade social compreende um conjunto integrado de ações dos Poderes Públicos e da sociedade, destinadas a assegurar os direitos relativos à saúde, à previdência, à vida e à assistência social.
(E) A seguridade social compreende um conjunto integrado de ações de iniciativa dos Poderes Públicos constituídos e da sociedade, destinado a assegurar os direitos relativos à saúde, à previdência e a assistência social.

A e D: o art. 194 da CF não faz referência expressa à vida; **B:** a assertiva reproduz o disposto no art. 194 da CF; **C:** falta a palavra "integrado", após "conjunto"; **E:** o art. 194 da CF não faz referência a Poderes Públicos "constituídos". Há outra diferenciação no texto, pois o dispositivo constitucional utiliza o termo "destinadas" (fazendo referência às ações), e não "destinado".
Gabarito "B".

(**Auditor Fiscal da Receita Federal – ESAF**) Indique qual das opções está correta com relação aos objetivos constitucionais da Seguridade Social:

(A) Irredutibilidade do valor dos serviços.
(B) Equidade na cobertura.
(C) Uniformidade e equivalência dos benefícios e serviços às populações urbanas e rurais.
(D) Seletividade na prestação dos benefícios e serviços às populações urbanas e rurais.
(E) Diversidade de atendimento.

A: a CF prevê a irredutibilidade do valor dos benefícios, não dos serviços – art. 194, p. único, IV, da CF; **B:** a CF prevê a equidade na forma de participação no custeio (não na cobertura) e a universalidade da cobertura e do atendimento – art. 194, p. único, I e V, da CF; **C:** art. 194, p. único, II, da CF; **D:** a seletividade na prestação dos benefícios e serviços não é restrita às populações urbanas e rurais – art. 194, p. único, III, da CF; **E:** a CF prevê universalidade do atendimento (não diversidade) e diversidade da base de financiamento – art. 194, p. único, I e VI, da CF.
Gabarito "C".

(**Auditor Fiscal da Receita Federal – ESAF**) Segundo dispõe o art. 196, da CF/88, a saúde é direito de todos e dever do Estado. Diante dessa premissa, assinale a opção que está correta.

(A) As ações e serviços públicos de saúde integram uma rede regionalizada e hierarquizada e constituem um sistema único, sem a participação da comunidade.
(B) O acesso universal igualitário às ações e serviços para sua promoção, proteção e recuperação constitui garantia constitucional.
(C) O sistema único de saúde será financiado, nos termos do art. 195, da CF/88, com recursos exclusivamente do orçamento, da seguridade social, da União, dos estados, do Distrito Federal e dos municípios.
(D) As ações e serviços de saúde não são de relevância pública, cabendo ao Poder Público dispor, nos termos da lei, sobre sua regulamentação, fiscalização e controle, com a execução inclusive através de terceiros.
(E) Independe de lei complementar a instituição de normas de fiscalização, avaliação e controle das despesas com saúde nas esferas federal, estadual, distrital e municipal.

A: o sistema único de saúde terá a participação da comunidade – art. 198, III, da CF; **B:** a garantia de acesso universal e igualitário é prevista no art. 196 da CF; **C:** o sistema único de saúde conta com outras fontes de custeio, além dos orçamentos públicos, especialmente as contribuições sociais – arts. 195 e 198, § 1º, da CF; **D:** as ações e os serviços de saúde são de relevância pública, evidentemente – art. 197 da CF; **E:** a matéria deve ser regulada por lei complementar federal – art. 198, § 3º, III, da CF.
Gabarito "B".

(**Auditor Fiscal da Previdência Social – ESAF**) À luz da Seguridade Social definida na Constituição Federal, julgue os itens abaixo:

I. Previdência Social, Saúde e Assistência Social são partes da Seguridade Social.
II. A saúde exige contribuição prévia.
III. A Previdência Social exige contribuição prévia.
IV. A assistência social possui abrangência universal, sendo qualquer pessoa por ela amparada.

(A) Todos estão corretos.
(B) Somente I está incorreto.
(C) II e IV estão incorretos.
(D) I e II estão incorretos.
(E) III e IV estão incorretos.

I: a seguridade social compreende conjunto integrado de ações destinadas a assegurar os direitos relativos à saúde, à previdência e à assistência social – art. 194 da CF; **II:** o acesso à saúde é universal e igualitário, independentemente de contribuição prévia – art. 196 da CF; **III:** a previdência social tem caráter contributivo, diferentemente da saúde e da assistência social (cujos serviços e benefícios independem de contribuição) – art. 201 da CF; **IV:** os serviços e benefícios da assistência social não são universais, pois apenas determinadas categorias são abrangidas (idosos, cidadãos de baixa renda etc.) – art. 203 da CF.
Gabarito "C".

(**Auditor Fiscal da Previdência Social – ESAF**) Com relação aos objetivos constitucionais da Seguridade Social, assinale a opção correta.

(A) Universalidade da base de financiamento.
(B) Seletividade e distributividade na prestação dos benefícios e serviços.
(C) Irredutibilidade do valor dos serviços.
(D) Equidade na cobertura.
(E) Diversidade do atendimento.

A e E: a CF prevê a universalidade da cobertura e do atendimento (não da base de financiamento) e diversidade da base de financiamento (não do atendimento) – art. 194, p. único, I e VI, da CF; **B:** art. 194, p. único, III, da CF; **C:** a irredutibilidade é do valor dos benefícios (não dos serviços) – art. 194, p. único, IV, da CF; **D:** a CF prevê equidade na forma de participação no custeio (não na cobertura) e universalidade da cobertura – art. 194, p. único, I e V, da CF.
Gabarito "B".

(**Auditor Fiscal da Previdência Social – ESAF**) Assinale a opção correta entre as assertivas abaixo relacionadas à gestão da Seguridade Social, nos termos da Constituição Federal.

(A) A gestão da Seguridade Social ocorre de forma centralizada, monocrática, quadripartite.

(B) A gestão da Seguridade Social ocorre de forma descentralizada, monocrática, quadripartite.
(C) A gestão da Seguridade Social ocorre de forma centralizada, colegiada, quadripartite.
(D) A gestão da Seguridade Social ocorre de forma descentralizada, colegiada, tripartite.
(E) A gestão da Seguridade Social ocorre de forma descentralizada, colegiada, quadripartite.

A seguridade social será organizada com base no caráter democrático e descentralizado da administração, mediante gestão quadripartite, com participação dos trabalhadores, dos empregadores, dos aposentados e do Governo nos órgãos colegiados – art. 194, p. único, VII, da CF.
Gabarito "E".

(Auditor Fiscal da Previdência Social – ESAF) A respeito do financiamento da Seguridade Social, nos termos da Constituição Federal e da legislação de custeio previdenciária, assinale a opção correta.
(A) A pessoa jurídica em débito com o sistema de seguridade social não pode contratar com o poder público.
(B) A lei não pode instituir outras fontes de custeio além das previstas na Constituição Federal.
(C) Pode-se criar benefício previdenciário sem prévio custeio.
(D) As contribuições sociais criadas podem ser exigidas no ano seguinte à publicação da lei.
(E) São isentas de contribuição para a seguridade social todas as entidades beneficentes de utilidade pública federal.

A: art. 195, § 3º, da CF; **B:** a lei poderá instituir outras fontes de custeio, nos termos do art. 195, § 4º, da CF; **C:** isso não é possível. Nenhum benefício ou serviço da seguridade social pode ser criado, majorado ou estendido sem a correspondente fonte de custeio total – art. 195, § 5º, da CF; **D:** as contribuições sociais não se submetem ao princípio da anterioridade, mas apenas à noventena – art. 195, § 6º, da CF; **E:** a imunidade prevista no art. 195, § 7º, da CF (o texto constitucional utiliza o termo "isenção") abrange entidades beneficentes de assistência social que atendam às exigências estabelecidas em lei (não basta ser entidade beneficente de utilidade pública federal, é necessário atender às exigências legais).
Gabarito "A".

(Auditor Fiscal da Previdência Social – ESAF) A respeito da organização e princípios constitucionais da Seguridade Social, assinale a opção incorreta.
(A) As contribuições sociais da empresa podem ter alíquotas diferenciadas.
(B) O orçamento da seguridade social dos entes federados descentralizados é distinto do orçamento da União.
(C) Pode ser dada remissão para as contribuições sociais das empresas sobre a folha de salários.
(D) A lei definirá critério de transferência de recursos para o sistema único de saúde.
(E) Poderá haver contribuição social do trabalhador sobre o lucro e o faturamento.

A: art. 195, I, e § 9º, da CF; **B:** art. 195, § 1º, da CF; **C:** isso é possível, desde que observadas as normas dos arts. 195, § 11, e 150, § 6º, ambos da CF; **D:** art. 195, § 10, da CF; **E:** a contribuição social sobre o lucro e o faturamento somente pode ser exigida das empresas – art. 195, I, *b e c*, da CF.
Gabarito "E".

(Auditor Fiscal da Previdência Social – ESAF) A Saúde é direito de todos e dever do Estado; analise as assertivas abaixo, buscando a correta, nos termos da definição constitucional da Saúde.
(A) A manutenção dos índices do risco de doença e de outros agravos constituem garantia constitucional.
(B) O acesso universal e igualitário às ações e serviços para sua promoção, proteção e recuperação constitui garantia constitucional.
(C) As ações e serviços públicos de saúde integram uma rede regionalizada e hierarquizada, constituindo um sistema múltiplo.
(D) Atendimento integral, com prioridade para as atividades repressivas, sem prejuízo dos serviços assistenciais, é característica da saúde.
(E) O sistema único de saúde será financiado, nos termos do art. 195, com recursos do orçamento da União, dos Estados e dos Municípios.

A: a redução do risco de doença e de outros agravos (não sua manutenção) refere-se à garantia do direito à saúde – art. 196 da CF; **B:** art. 196 da CF; **C:** as ações e os serviços públicos de saúde constituem sistema único (não múltiplo) – art. 198 da CF; **D:** a prioridade é para as atividades preventivas (não repressivas) – art. 198, II, da CF; **E:** além dos recursos do orçamento da União, dos Estados, do DF e dos Municípios, há outras fontes de financiamento do sistema único de saúde, especialmente as contribuições sociais – art. 198, § 1º, *in fine*, da CF.
Gabarito "B".

(Auditor Fiscal da Previdência Social – ESAF) Com relação à forma com que as ações e serviços de saúde, em regra, são executados, assinale a opção incorreta em relação às instituições autorizadas a realizá-las:
(A) Instituições privadas.
(B) Instituições públicas.
(C) Instituições públicas municipais.
(D) Empresas de capitais estrangeiros.
(E) Instituições privadas locais.

As ações e os serviços de saúde são realizados diretamente pelo Poder Público ou através de terceiros e, também, por pessoa física ou jurídica de direito privado – art. 197 da CF. O art. 199, § 3º, da CF veda a participação direta ou indireta de empresas ou capitais estrangeiros na assistência à saúde no País, salvo nos casos previstos em lei.
Gabarito "D".

(Técnico da Receita Federal – ESAF) A Seguridade Social será financiada por toda a sociedade, de forma direta e indireta, nos termos da lei, mediante recursos provenientes dos orçamentos da União, dos Estados, do Distrito Federal e dos Municípios. Será financiada também por contribuições sociais, mas não pela contribuição
(A) do empregador, da empresa e da entidade a ela equiparada na forma da lei, incidentes sobre a folha de salários e demais rendimentos do trabalho pagos ou creditados, a qualquer título, à pessoa física que lhe preste serviço, mesmo sem vínculo empregatício.
(B) sobre a receita ou o faturamento, relativo a operações de comércio interno, do empregador, da empresa e da entidade a ela equiparada na forma da lei.
(C) sobre o lucro do empregador, da empresa e da entidade a ela equiparada na forma da lei, independentemente de ser sujeito também pelo imposto de renda.
(D) do importador de bens ou serviços do exterior, ou de quem a lei a ele equiparar, independentemente da

incidência do imposto de importação que no caso couber.
(E) sobre os proventos de aposentadoria ou pensão concedidos pelo Regime Geral de Previdência Social ao trabalhador ou demais segurados submetidos a tal regime.

A: art. 195, I, a, da CF; B: art. 195, I, b, da CF; C: art. 195, I, c, da CF; D: art. 195, IV, da CF; E: as aposentadorias e as pensões concedidas pelo regime geral da previdência social – RGPS – são imunes à contribuição previdenciária – art. 195, II, in fine, da CF.
Gabarito "E".

(Técnico da Receita Federal – ESAF) De acordo com os princípios constitucionais da Seguridade Social, é incorreta a seguinte opção:

(A) não incidirá contribuição sobre aposentadoria e pensão concedidas pelo Regime Geral da Previdência Social de que trata o art. 201 da CF/88.
(B) poderá ser instituída contribuição social do trabalhador sobre o lucro e o faturamento.
(C) podem ter alíquotas diferenciadas as contribuições sociais da empresa.
(D) os entes federados descentralizados têm seu orçamento da Seguridade Social distinto do orçamento da União.
(E) a transferência de recursos para o Sistema Único de Saúde terá seus critérios definidos em lei.

A: as aposentadorias e as pensões concedidas pelo regime geral da previdência social – RGPS – são imunes à contribuição previdenciária – art. 195, II, in fine, da CF; B: a contribuição social sobre o lucro e o faturamento somente pode ser exigida das empresas – art. 195, I, b e c, da CF; C: art. 195, I, e § 9º, da CF; D: art. 195, § 1º, da CF; E: art. 195, § 10, da CF.
Gabarito "B".

(Técnico da Receita Federal – ESAF) De acordo com a Constituição Federal/88, as instituições poderão participar do Sistema Único de Saúde, segundo diretrizes deste, mediante contrato de direito público ou convênio, tendo preferência as entidades filantrópicas e as sem fins lucrativos, podendo elas participar de forma

(A) alternativa.
(B) supletiva.
(C) complementar.
(D) contributiva.
(E) suspensiva.

As instituições privadas poderão participar de forma complementar do sistema único de saúde – art. 199, § 1º, da CF.
Gabarito "C".

(Técnico da Receita Federal – ESAF) A Constituição Federal, no seu art. 194, parágrafo único, elenca os objetivos da Seguridade Social. Entre os quais, está correto:

(A) a diversidade de atendimento.
(B) a equidade na forma de participação no custeio.
(C) a redutibilidade do valor dos benefícios.
(D) a universalidade e a equivalência dos benefícios e serviços às populações urbanas e rurais.
(E) a unicidade da base de financiamento.

A e E: a CF prevê universalidade do atendimento (não diversidade) e diversidade (não unicidade) da base de financiamento – art. 194, p. único, I e VI, da CF; B: art. 194, p. único, V, da CF; C: a CF prevê a irredutibilidade (não redutibilidade) do valor dos benefícios – art. 194, p. único, IV, da CF; D: a CF prevê a uniformidade (não universalidade) e a equivalência dos benefícios e serviços às populações urbanas e rurais – art. 194, p. único, II, da CF. Ademais, prevê a universalidade da cobertura e do atendimento – art. 194, p. único, I, da CF.
Gabarito "B".

(Técnico da Receita Federal – ESAF) Nos termos da CF/88, no seu art. 194, parágrafo único, inciso VII, a gestão da Seguridade Social ocorre de forma

(A) descentralizada, monocrática e quadripartite.
(B) centralizada, monocrática e quadripartite.
(C) centralizada, colegiada e quadripartite.
(D) descentralizada, colegiada e tripartite.
(E) descentralizada, democrática e quadripartite.

A seguridade social será organizada com base no caráter democrático e descentralizado da administração, mediante gestão quadripartite, com participação dos trabalhadores, dos empregadores, dos aposentados e do Governo nos órgãos colegiados – art. 194, p. único, VII, da CF.
Gabarito "E".

2. CUSTEIO

(Auditor Fiscal da Receita Federal – ESAF) Assinale a opção incorreta.

(A) A base de cálculo da contribuição social devida pela empresa é a soma da remuneração paga, devida ou creditada aos segurados e às demais pessoas físicas a seu serviço, mesmo sem vínculo empregatício.
(B) O salário de contribuição dos empregados domésticos é a base de cálculo da contribuição social por eles devida.
(C) No caso dos segurados especiais, sua contribuição social incide sobre a receita bruta proveniente da comercialização da produção rural.
(D) Os trabalhadores, de forma geral, contribuem com alíquota incidente sobre seu salário de contribuição.
(E) No caso do produtor rural registrado sob a forma de pessoa jurídica, sua contribuição social recairá sobre o total de sua receita líquida.

A: correta, conforme o art. 22 do Plano de Custeio da Seguridade Social – PCSS (Lei 8.212/1991); B: correta, conforme o art. 20 do PCSS; C: correta, nos termos do art. 25 do PCSS; D: correta, nos termos do art. 20 do PCSS; E: incorreta, pois a contribuição social incide, no caso, sobre a receita bruta proveniente da comercialização da produção – art. 22A do PCSS.
Gabarito "E".

(Auditor Fiscal da Receita Federal – ESAF) Sobre o financiamento da seguridade social, assinale a opção incorreta.

(A) A sociedade financia a seguridade social, de forma indireta, entre outras formas, por meio das contribuições para a seguridade social incidentes sobre a folha de salários.
(B) O financiamento da seguridade social por toda a sociedade revela, entre outros, seu caráter solidário.
(C) A seguridade social conta com orçamento próprio, que não se confunde com o orçamento fiscal.
(D) O custeio da seguridade social também ocorre por meio de imposições tributárias não vinculadas previamente a tal finalidade.
(E) O financiamento da seguridade social também pode ensejar a instituição, pela União, no exercício de sua competência residual, de contribuição específica.

A: incorreta, pois essa é uma forma de financiamento direto pela sociedade, por meio de recolhimento das contribuições sociais diretamente destinadas à seguridade social – art. 195 da CF; **B:** correta, pois mesmo quem não tem benefício imediato e direto advindo da seguridade social deve contribuir para seu custeio; **C:** correta, conforme o art. 165, III, da CF; **D:** correta, pois a seguridade social é financiada também por recursos dos orçamentos dos entes políticos, na maior parte constituídos por tributos não diretamente relacionados com a seguridade social (impostos em geral, por exemplo); **E:** correta, pois a União pode criar, por lei complementar, outras contribuições sociais para custeio da seguridade – art. 195, § 4º, da CF.
Gabarito "A".

(Auditor Fiscal da Receita Federal – ESAF) Sobre as verbas que não integram o salário-de-contribuição, analise os itens a seguir, classificando-os como corretos ou incorretos, para, a seguir, assinalar a assertiva que corresponda à sua opção.

I. A ajuda de custo, em parcela única, recebida exclusivamente em decorrência de mudança de local de trabalho do empregado.
II. A importância recebida a título de bolsa de complementação educacional de estagiário quando paga nos termos da Lei 6.494/1977.
III. A participação nos lucros ou resultados da empresa, quando paga ou creditada de acordo e nos limites de lei específica.
IV. O abono do Programa de Integração Social - PIS e do Programa de Assistência ao Servidor Público - PASEP.
V. A importância paga ao empregado a título de complementação ao valor do auxílio-doença, desde que este direito seja extensivo aos demais empregados da empresa.

Estão corretos apenas os itens:
(A) I, II e IV.
(B) II, IV e V.
(C) II e V.
(D) I e V.
(E) Todos os itens estão corretos.

I: correto, nos termos do art. 28, § 9º, *g*, do PCSS; II: correto, em conformidade com o art. 28, § 9º, *i*, do PCSS; III: correto, nos termos do art. 28, § 9º, *j*, do PCSS; IV: também correto, conforme o correto, art. 28, § 9º, *l*, do PCSS; V: correto, em consonância com o disposto no art. 28, § 9º, *n*, do PCSS.
Gabarito "E".

(Auditor Fiscal da Receita Federal – ESAF) Sobre o conceito de salário-de-contribuição, analise os itens a seguir, classificando-os como corretos ou incorretos, para, a seguir, assinalar a assertiva que corresponda à sua opção.

I. Para os segurados empregado e trabalhador avulso, a remuneração auferida em uma ou mais empresas, assim entendida a totalidade dos rendimentos que lhe são pagos, devidos ou creditados a qualquer título, durante o mês, destinados a retribuir o trabalho, qualquer que seja a sua forma, inclusive as gorjetas, os ganhos habituais sob a forma de utilidades e os adiantamentos decorrentes de reajuste salarial, quer pelos serviços efetivamente prestados, quer pelo tempo à disposição do empregador ou tomador de serviços, nos termos da lei ou do contrato ou, ainda, de convenção ou de acordo coletivo de trabalho ou de sentença normativa, observados os limites mínimo e máximo.
II. Para o segurado empregado doméstico, a remuneração registrada em sua CTPS ou comprovada mediante recibos de pagamento, observados os limites mínimo e máximo.
III. Para o segurado contribuinte individual, independentemente da data de filiação ao RGPS, considerando os fatos geradores ocorridos desde 1º de abril de 2003, a remuneração auferida em uma ou mais empresas ou pelo exercício de sua atividade por conta própria, durante o mês, observados os limites mínimo e máximo do salário de contribuição.
IV. Para o segurado especial que usar da faculdade de contribuir individualmente, o valor por ele declarado.

Estão corretos apenas os itens:
(A) I, III e IV.
(B) III e IV.
(C) II, III e IV.
(D) II e IV.
(E) Todos os itens estão corretos.

I: correta, nos termos do art. 28, I, do PCSS; II: correta, conforme o art. 28, II, do PCSS; III: correta, nos termos do art. 28, III, do PCSS; IV: correta, em conformidade com o disposto no art. 28, IV, do PCSS.
Gabarito "E".

(Analista-Tributário da Receita Federal – ESAF) Não se considera empresa, nem a ela se equipara, para fins de custeio da Previdência Social,

(A) a firma individual que reúne elementos produtivos para a produção ou circulação de bens ou de serviços e assume o risco de atividade econômica urbana ou rural.
(B) a sociedade que assume o risco de atividade econômica urbana ou rural, com fins lucrativos ou não, ainda que tenha duração temporária.
(C) a empresa individual de responsabilidade limitada (Eireli) que assuma o risco de atividade econômica.
(D) a cooperativa, a missão diplomática e a repartição consular de carreiras estrangeiras ou a entidade de qualquer natureza ou finalidade.
(E) aquele que admite empregado a seu serviço, mediante remuneração, sem finalidade lucrativa, no âmbito residencial de diretor de empresa.

A, B, C e D: incorretas, pois todas elas indicam empresas, para fins de custeio da seguridade social – art. 15, I, e parágrafo único, do PCSS e art. 12, I, e parágrafo único, do Regulamento da Previdência Social – RPS (Decreto 3.048/1999); **E:** correta, pois o contratante de empregado doméstico não é equiparado à empresa (é simples empregador doméstico, ainda que seja diretor de empresa) – art. 15, II, do PCSS.
Gabarito "E".

(Analista-Tributário da Receita Federal – ESAF) Não se destina integralmente ao financiamento da Seguridade Social, até 2015:

(A) a COFINS – Contribuição para o Financiamento da Seguridade Social.
(B) Receita da Dívida Ativa da Contribuição Previdenciária do Segurado Obrigatório – Contribuinte Individual.
(C) Receita da Dívida Ativa da Arrecadação FIES – Certificados Financeiros do Tesouro Nacional.
(D) Taxa de Ocupação de Terrenos da União arrecadada pelas unidades da Previdência Social.

(E) Remuneração de Depósitos Bancários percebida pelas unidades integrantes do Ministério da Saúde.

O art. 76 do ADCT dispõe sobre a Desvinculação de Receitas da União – DRU. Até 31.12.2015 eram desvinculados 20% da arrecadação da União de impostos, contribuições sociais e de intervenção no domínio econômico, já instituídos ou que viessem a ser criados até aquela data, seus adicionais e respectivos acréscimos legais. A única alternativa que indica contribuição ou imposto é a "A", de modo que é a correta. Importante que o estudante acompanhe a tramitação da PEC que pretende prorrogar mais uma vez a DRU até 2023 (em princípio, se não houve alteração na tramitação legislativa), ampliando a regra, com restrições, para Estados, Distrito Federal e Municípios.

Gabarito "A".

(Analista-Tributário da Receita Federal – ESAF) É vedada a utilização dos recursos provenientes das contribuições sociais do empregador incidentes sobre a folha de salários para a realização de despesas distintas das enumeradas na Constituição. Entre essas, veda-se a aplicação de recursos dessa origem

(A) na cobertura dos eventos de doença, invalidez, morte e idade avançada.
(B) na proteção à maternidade, especialmente à gestante, nos termos da legislação pertinente.
(C) no aporte de recursos à entidade de previdência, tendo em vista as prioridades estabelecidas na lei de diretrizes orçamentárias.
(D) na proteção ao trabalhador em situação de desemprego involuntário, como previsto na legislação respectiva.
(E) no pagamento de salário-família e auxílio-reclusão para os dependentes dos segurados de baixa renda.

A questão se refere ao disposto nos arts. 167, XI, e 201, da CF. Nesse sentido, a arrecadação correspondente às contribuições sobre folha de salários somente pode ser destinada a (i) cobertura dos eventos de doença, invalidez, morte e idade avançada; (ii) proteção à maternidade, especialmente à gestante; (iii) proteção ao trabalhador em situação de desemprego involuntário; (iv) salário-família e auxílio-reclusão para os dependentes dos segurados de baixa renda; (v) pensão por morte do segurado, homem ou mulher, ao cônjuge ou companheiro e dependentes. Por essas razões, a alternativa "C" é a única que indica destinação incompatível com a diretriz constitucional.

Gabarito "C".

(Analista-Tributário da Receita Federal – ESAF) Integra o salário de contribuição:

(A) o valor recebido a título de indenização por despedida sem justa causa nos contratos de trabalho por prazo determinado.
(B) a parcela *in natura* recebida de acordo com programa de alimentação aprovado pelo Ministério do Trabalho e Emprego, nos termos da Lei da Alimentação do Trabalhador.
(C) a importância recebida a título de férias indenizadas e respectivo adicional constitucional.
(D) o valor recebido como indenização de 40% do montante depositado no FGTS, como proteção à relação de emprego contra despedida arbitrária ou sem justa causa.
(E) a remuneração auferida, a qualquer título, em uma ou mais empresas, por trabalhador avulso, durante o mês, destinado a retribuir o trabalho.

A, B, C e D: incorretas, pois essas verbas não integram o salário de contribuição, conforme o art. 28, § 9º, *d, e, m*, do PCSS; **E:** correta, pois a remuneração indicada na alternativa integra o salário de contribuição – art. 28, I, do PCSS.

Gabarito "E".

(Analista-Tributário da Receita Federal – ESAF) Avalie as afirmações abaixo e marque a opção correspondente:

I. a empresa é desobrigada a arrecadar a contribuição do contribuinte individual;
II. a empresa é obrigada a arrecadar a contribuição do segurado empregado e do trabalhador avulso;
III. contribuinte individual, quando exercer atividade econômica por conta própria é obrigado a recolher sua contribuição, por iniciativa própria, até o dia quinze do mês seguinte àquele a que as contribuições se referirem.

(A) As duas primeiras afirmações são corretas, e errada a outra.
(B) A primeira afirmação é correta, sendo erradas as demais.
(C) As três afirmações são corretas.
(D) A primeira afirmação é errada, sendo corretas as demais.
(E) As três afirmações são erradas.

I: incorreta, pois a empresa é obrigada a reter na fonte e arrecadar a contribuição do contribuinte individual a seu serviço, conforme o art. 4º da Lei 10.666/2003; **II:** correta, nos termos do art. 30, I, *a*, do PCSS; **III:** correta, conforme o art. 30, II, do PCSS.

Gabarito "D".

(Auditor Fiscal da Receita Federal – ESAF) A respeito do financiamento da Seguridade Social, nos termos da Constituição Federal e da legislação de custeio previdenciária, assinale a opção correta.

(A) A pessoa jurídica em débito com o sistema de seguridade social pode contratar com o poder público federal.
(B) Lei ordinária pode instituir outras fontes de custeio além das previstas na Constituição Federal.
(C) Podem-se criar benefícios previdenciários para inativos por meio de decreto legislativo.
(D) As contribuições sociais criadas podem ser exigidas noventa dias após a publicação da lei.
(E) São isentas de contribuição para a seguridade social todas entidades beneficentes de utilidade pública distrital e municipal.

A: incorreta, pois a pessoa jurídica em débito com o sistema da seguridade social, como estabelecido em lei, **não poderá** contratar com o Poder Público nem dele receber benefícios ou incentivos fiscais ou creditícios – art. 195, § 3º, da CF; **B:** incorreta, pois outras fontes de custeio devem ser previstas em lei **complementar** federal (não simples lei ordinária, como consta da assertiva) – art. 195, § 4º, c/c art. 154, I, da CF; **C:** incorreta, pois todo e qualquer benefício previdenciário somente pode ser criado por lei (aprovada pelo Legislativo e sancionada pelo Executivo), nunca por decreto legislativo – art. 201, *caput*, da CF; **D:** essa é a assertiva correta, pois as contribuições sociais submetem-se apenas à anterioridade nonagesimal, não à anterioridade anual – art. 195, 6º, da CF; **E:** assertiva incorreta, pois tais entidades são imunes (a CF usa o termo "isenção"), desde que atendam às exigências estabelecidas em lei – art. 195, § 7º, da CF.

Gabarito "D".

(Auditor Fiscal da Receita Federal – ESAF) Tendo em vista a classificação dos segurados obrigatórios na legislação previdenciária vigente, assinale a assertiva incorreta.

(A) Como empregado – a pessoa física residente no imóvel rural ou em aglomerado urbano ou rural próximo a ele que, individualmente ou em regime de economia familiar, ainda que com o auxílio eventual de terceiros a título de mútua colaboração.
(B) Como trabalhador avulso – quem presta, a diversas empresas, sem vínculo empregatício, serviço de natureza urbana ou rural definidos no Regulamento.
(C) Como contribuinte individual – o síndico ou administrador eleito para exercer atividade de direção condominial, desde que recebam remuneração.
(D) Como empregado – o brasileiro ou estrangeiro domiciliado e contratado no Brasil para trabalhar como empregado em sucursal ou agência de empresa nacional no exterior.
(E) Como contribuinte individual – o sócio solidário, o sócio de indústria, o sócio gerente.

A: incorreta, pois a descrição refere-se ao segurado especial (não ao empregado) – art. 12, VII, do Plano de Custeio da Seguridade Social – PCSS (Lei 8.212/1991); **B:** correta, conforme o art. 12, VI, do PCSS; **C:** assertiva correta, nos termos do art. 12, V, *f*, do PCSS; **D:** correta, conforme a previsão do art. 12, I, *c*, do PCSS; **E:** correta, nos termos do art. 12, V, *f*, do PCSS.
Gabarito "A".

(Auditor Fiscal da Receita Federal – ESAF) Hermano, advogado autônomo, possui escritório no qual mantém relação de vínculo empregatício com Lia (advogada e assistente de Hermano) e Léa (secretária).

A construtora ABC Empreendimentos, pessoa jurídica cadastrada na Junta Comercial, possui na sua folha de pagamentos 10 empregados e 20 autônomos que prestam serviços para distintas construtoras na área de assentamento de mármore e granito.

De acordo com a situação-problema apresentada acima e do conceito previdenciário de empresa, é correto afirmar que:

(A) Hermano deve contribuir só como contribuinte individual.
(B) a construtora ABC pode contribuir como contribuinte individual autônomo.
(C) Hermano e a construtora ABC devem contribuir sobre a folha de pagamento de seus empregados.
(D) Hermano não pode contribuir como empresa, pois é pessoa natural.
(E) a construtora ABC não deve contribuir sobre a folha de pagamento de seus empregados, pois eles prestam serviços a terceiros.

Perceba que, para fins previdenciários, o conceito de "empresa" difere daquele adotado pelo direito empresarial (não é a atividade do empresário ou da sociedade empresária). Empresa, para fins previdenciários, é conceito muito amplo: a firma individual ou sociedade que assume o risco de atividade econômica urbana ou rural, com fins lucrativos ou não, bem como os órgãos e entidades da administração pública direta, indireta e fundacional; equipara-se a empresa, para os efeitos do PCSS, o contribuinte individual e a pessoa física na condição de proprietário ou dono de obra de construção civil, em relação a segurado que lhe presta serviço, bem como a cooperativa, a associação ou entidade de qualquer natureza ou finalidade, a missão diplomática e a repartição consular de carreira estrangeiras – art. 15, I, e p. único, do PCSS. A empresa, portanto, é sujeito passivo de contribuição previdenciária (art. 195, I, da CF). **A e D:** incorretas, pois a autônomo (contribuinte individual) é equiparado à empresa, em relação ao segurado que lhe presta serviço – art. 15, p. único, do PCSS; **B:** incorreta, pois contribuinte individual autônomo somente pode ser pessoa natural, nunca sociedade – art. 12, V, *h*, do PCSS; **C:** essa é a assertiva correta, pois ambos (Hermano e a construtora ABC) são considerados empresa, para fins do PCSS; **E:** incorreta, pois o empregador, a empresa e o equiparado contribuem sobre a folha de salários e demais rendimentos do trabalho pagos ou creditados, a qualquer título, à pessoa física que lhe preste serviço, mesmo sem vínculo empregatício – art. 195, I, a, da CF.
Gabarito "C".

(Auditor Fiscal da Receita Federal – ESAF) A respeito dos segurados facultativos da Previdência Social, é correto afirmar que:

(A) a pessoa pode ser segurado facultativo independente da sua idade.
(B) o síndico de condomínio remunerado pela isenção da taxa de condomínio pode ser segurado facultativo.
(C) aquele que deixou de ser segurado obrigatório da previdência social não pode ser segurado facultativo.
(D) não pode ser segurado facultativo aquele que estiver exercendo atividade remunerada que o enquadre como segurado obrigatório da previdência social.
(E) o estudante maior de quatorze anos.

A e E: incorretas, pois, atualmente, a idade mínima para o trabalho e, portanto, para a filiação no regime geral (RGPS) é de 16 anos e, excepcionalmente, 14 anos para o aprendiz – art. 7º, XXXIII, da CF, art. 14 do PCSS e art. 13 do PBPS; **B:** incorreta, pois o síndico que recebe remuneração é contribuinte individual (obrigatório) – art. 12, V, *f*, do PCSS; **C:** incorreta, pois qualquer pessoa que não seja contribuinte obrigatório (nem seja filiado a regime próprio de servidores públicos – art. 201, § 5º, da CF) pode se filiar ao Regime Geral de Previdência Social – RGPS – como contribuinte facultativo – art. 14 do PCSS; **D:** essa é a assertiva correta, pois o contribuinte obrigatório não se qualifica, concomitantemente, como facultativo – art. 14 do PCSS.
Gabarito "D".

(Auditor Fiscal do Trabalho – ESAF) Com relação aos segurados facultativos, à luz da legislação previdenciária vigente, assinale a opção correta.

(A) Pode ser menor de 14 anos.
(B) Pode ser segurado empregado.
(C) Pode ser aquele que deixou de ser segurado obrigatório da Previdência Social.
(D) Pode ser segurado especial.
(E) Pode ser segurado contribuinte individual.

A: incorreta, pois, atualmente, a idade mínima para o trabalho e, portanto, para a filiação no regime geral (RGPS) é de 16 anos e, excepcionalmente, 14 anos para o aprendiz – art. 7º, XXXIII, da CF, art. 14 do PCSS e art. 13 do PBPS; **B:** incorreta, pois o contribuinte obrigatório não pode ser, ao mesmo tempo, segurado facultativo – art. 14 do PCSS; **C:** essa é a assertiva correta, já que pode se filiar ao Regime Geral de Previdência Social qualquer pessoa que não seja contribuinte obrigatório (nem seja filiado a regime próprio de servidores públicos – art. 201, § 5º, da CF) – RGPS – como contribuinte facultativo – art. 14 do PCSS; **D e E:** incorretas, pois o segurado especial e o segurado contribuinte individual são espécies de segurado obrigatório, de modo que não podem se filiar, concomitantemente, como segurados facultativos – art. 14 do PCSS.
Gabarito "C".

(Auditor Fiscal da Receita Federal – ESAF) Não é filiado obrigatório ao RGPS, na qualidade de segurado empregado,

(A) aquele que presta serviço de natureza urbana ou rural à empresa, em caráter não eventual, com subordinação e mediante remuneração.
(B) o contratado em caráter permanente em Conselho, Ordem ou autarquia de fiscalização do exercício de atividade profissional.
(C) o menor aprendiz, com idade de quatorze a dezoito anos, sujeito a formação técnica-profissional metódica.
(D) o trabalhador temporário contratado por empresa de trabalho temporário para atender à necessidade transitória de substituição de seu pessoal regular e permanente ou a acréscimo extraordinário de serviços.
(E) o carregador de bagagem em porto, que presta serviços sem subordinação nem horário fixo, mas sob remuneração, a diversos, com a intermediação obrigatória do sindicato da categoria ou OGMO.

A: incorreta, pois é segurado obrigatório, conforme o art. 11, I, *a*, do PBPS; **B:** incorreta, pois esses empregados de entidades autárquicas federais especiais (natureza dessas entidades de fiscalização profissional) são filiados obrigatórios ao RGPS, desde que não amparados por regime próprio de previdência social – art. 12 do PBPS; **C:** incorreta, pois, atualmente, a idade mínima para o trabalho e, portanto, para a filiação no regime geral (RGPS) é de 16 anos e, excepcionalmente, 14 anos para o aprendiz – art. 7º, XXXIII, da CF e art. 13 do PBPS. O menor empregado como aprendiz é segurado obrigatório – art. 28, § 4º, do PCSS; **D:** incorreta, pois é segurado obrigatório, conforme o art. 11, I, *b*, do PBPS; **E:** correta a afirmação, pois esse trabalhador é filiado obrigatório na condição de avulso, não de empregado – art. 9º, VI, *g*, do RPS.
Gabarito "E".

(Auditor Fiscal da Receita Federal – ESAF) O art. 11, § 1º, do Regulamento da Previdência Social, dispõe sobre os segurados facultativos. Não está entre os segurados facultativos expressamente previstos no citado dispositivo:

(A) Aquele que deixou de ser segurado obrigatório da previdência social.
(B) A dona de casa.
(C) O síndico de condomínio, quando não remunerado.
(D) O brasileiro que acompanha cônjuge que presta serviço no exterior.
(E) O estudante universitário.

A: art. 11, § 1º, V, do RPS; **B:** art. 11, § 1º, I, do RPS; **C:** art. 11, § 1º, II, do RPS; **D:** art. 11, § 1º, IV, do RPS; **E:** o estudante universitário não é citado expressamente no dispositivo legal, que não é taxativo (é bom lembrar). Nada impede que o estudante universitário filie-se como contribuinte facultativo, nos termos do art. 13 do PBPS (desde que não seja filiado obrigatório do RGPS ou de regime próprio).
Gabarito "E".

(Auditor Fiscal da Receita Federal – ESAF) Leia cada um dos assertos abaixo e assinale (V) ou (F), conforme seja verdadeiro ou falso. Depois, marque a opção que contenha a exata sequência.

( ) A contribuição social previdenciária dos segurados empregado, empregado doméstico e trabalhador avulso é calculada mediante a aplicação da alíquota de oito, nove ou onze por cento sobre o seu salário de contribuição, de acordo com a faixa salarial constante da tabela publicada periodicamente pelo MPS.
( ) O segurado empregado, inclusive o doméstico, que possuir mais de um vínculo, deverá comunicar mensalmente ao primeiro empregador a remuneração recebida até o limite máximo do salário de contribuição, envolvendo os vínculos adicionais.
( ) No que couberem, as obrigações de comunicar a existência de pluralidade de fontes pagadoras aplicam-se ao trabalhador avulso que, concomitantemente, exerça atividade de empregado.

(A) V F V
(B) V V F
(C) V V V
(D) V F F
(E) F F F

1ª: art. 20 do PCSS; 2ª e 3ª: o segurado deve comunicar a todos os empregadores a existência de outros vínculos, para o correto cálculo do salário-de-contribuição e para a identificação da alíquota aplicável.
Gabarito "A".

(Auditor Fiscal da Receita Federal – ESAF) Para os segurados empregados e trabalhadores avulsos, entende-se por salário de contribuição:

(A) a remuneração auferida, sem dependência da fonte pagadora, em uma ou mais empresas ou pelo exercício de sua atividade por conta própria, durante o mês, observados os limites mínimo e máximo do salário de contribuição.
(B) o valor recebido pelo cooperado, ou a ele creditado, resultante da prestação de serviços a terceiros, pessoas físicas ou jurídicas, por intermédio da cooperativa.
(C) o valor por eles declarado, observados os limites mínimo e máximo do salário de contribuição.
(D) vinte por cento do valor bruto auferido pelo frete, carreto, transporte, não se admitindo a dedução de qualquer valor relativo aos dispêndios com combustível e manutenção do veículo, ainda que parcelas a este título figurem discriminadas no documento.
(E) a remuneração auferida em uma ou mais empresas, assim entendida a totalidade dos rendimentos que lhe são pagos, devidos ou creditados a qualquer título, durante o mês.

A: incorreta, pois a remuneração auferida por atividade exercida por conta própria, sem dependência em relação à fonte do pagamento, não corresponde ao salário de contribuição do empregado, mas sim ao do contribuinte individual – art. 28, III, do PCSS; **B:** incorreta, pois a renda do cooperado, na hipótese, integra o salário de contribuição de contribuinte individual, não de empregado – art. 30, § 5º, do PCSS; **C:** incorreta, pois o salário de contribuição é calculado pelo empregador e não se restringe a eventual declaração do cooperado – arts. 28, I, e 30, I, *a*, ambos do PCSS; **D:** incorreta, pois frete, carreto e remuneração por transporte realizado compõem o salário de contribuição de autônomo, não de empregado – art. 201, § 4º, do Decreto 3.048/199; **E:** correta, pois essa é a definição dada pelo art. 28, I, do PCSS.
Gabarito "E".

(Auditor Fiscal da Previdência Social – ESAF) Nos termos da legislação previdenciária, assinale qual dos requisitos abaixo não é exigido da empresa para fins de isenção de contribuições.

(A) Ser reconhecida como de utilidade pública federal.

(B) Ser reconhecida como de utilidade pública pelo respectivo Estado, Distrito Federal ou Município onde se encontre a sua sede.
(C) Ser portadora do Registro e do Certificado de Entidade Beneficente de Assistência Social fornecidos pelo Conselho Nacional de Assistência Social.
(D) Não perceber seus diretores vantagens ou benefícios, por qualquer forma ou título, em razão das competências, funções ou atividades que lhes são atribuídas pelo respectivo estatuto social.
(E) Estar em situação irregular em relação às contribuições sociais.

Os requisitos para o reconhecimento da imunidade (o art. 195, § 7°, da CF e a legislação previdenciária utilizam o termo "isenção") incluem o disposto nas assertivas A, B, C e D. Ainda que não se conheça a norma, perceba que a alternativa E é absurda (não há como exigir que alguém esteja em situação irregular, para que seja reconhecida a imunidade).
Gabarito "E".

(Auditor Fiscal da Previdência Social – ESAF) A respeito do conceito previdenciário de empresa ou de empregador doméstico, assinale a assertiva incorreta.

(A) Empresa – a firma individual ou sociedade que assume o risco de atividade econômica urbana ou rural, com fins lucrativos, bem como os órgãos e entidades da administração pública direta, indireta ou fundacional.
(B) Empregador doméstico – a pessoa ou família que admite a seu serviço, sem finalidade lucrativa, empregado doméstico.
(C) Equipara-se à empresa, para os efeitos da Lei 8.213/91, o contribuinte individual em relação a segurado que lhe presta serviço.
(D) Equipara-se à empresa, para os efeitos da Lei 8.213/91, a cooperativa.
(E) Equipara-se à empresa, para os efeitos da Lei 8.213/91, a associação ou entidade de qualquer natureza ou finalidade.

A: incorreta, pois a entidade é considerada empresa, ainda que não tenha fins lucrativos – art. 15, I, do PCSS; B: incorreta, conforme o art. 15, II, do PCSS; C, D e E: incorretas, conforme o art. 15, p. único, do PCSS.
Gabarito "A".

(Auditor Fiscal da Previdência Social – ESAF) Não constitui receita das contribuições sociais:

(A) as das empresas, incidentes sobre a remuneração paga ou creditada aos segurados a seu serviço.
(B) as dos empregadores domésticos, incidentes sobre o salário-de-contribuição dos empregados domésticos a seu serviço.
(C) as provenientes da União.
(D) as das empresas, incidentes sobre o faturamento e o lucro.
(E) as incidentes sobre a receita de concursos de prognósticos.

A: incorreta, pois são receitas, conforme o art. 22, I, do PCSS; B: incorreta, pois são receitas, conforme o art. 24 do PCSS; C: correta, pois a contribuição da União, prevista no art. 16 do PCSS, não é contribuição social, em sentido estrito (não é tributo recolhido, mas receita orçamentária disponibilizada para a previdência); D: incorreta, pois são receitas, conforme o art. 23 do PCSS; E: incorreta, pois são receitas, conforme o art. 26 do PCSS.
Gabarito "C".

3. CONTRIBUIÇÕES SOCIAIS

(Auditor Fiscal da Receita Federal – ESAF) A arrecadação e o recolhimento das contribuições destinadas à seguridade social constituem uma das principais tarefas de gestão tributária. Sobre elas o tempo decorrido mostra-se importante, considerando a jurisprudência dos Tribunais Superiores sobre a legislação previdenciária de custeio. Entre as assertivas a seguir indicadas, assinale a correta.

(A) Prazos de prescrição e decadência podem ser definidos em lei ordinária.
(B) O prazo decadencial das contribuições da seguridade social é de 5 anos.
(C) A arrecadação e o recolhimento das contribuições podem ser feitos em qualquer momento.
(D) Valores recolhidos pelo fisco antes do julgamento de recursos extraordinários que discutiam o prazo de prescrição deverão ser devolvidos se forem superiores ao prazo de 5 anos do lançamento.
(E) A ação de cobrança do crédito tributário oriundo de contribuição social pode ser impetrada em qualquer momento.

A legislação previdenciária (arts. 45 e 46 da Lei 8.212/1991) previa prazo decadencial (para lançamento das contribuições sociais) e prescricional (para sua cobrança) de dez anos. Esse texto ficou prejudicado pela Súmula Vinculante 8/STF, pois a matéria (decadência e prescrição tributárias) deve ser veiculada por lei complementar federal (art. 146, III, b, da CF). Esses dispositivos legais foram formalmente revogados pela LC 128/2008. Atualmente, portanto, vige o prazo de cinco anos para decadência e prescrição, conforme dispõe o CTN (arts. 173 e 174). **A**: incorreta, pois prescrição e decadência tributárias são matérias a serem veiculadas por lei complementar federal; **B**: correta, conforme comentários iniciais; **C**: incorreta, pois a decadência e a prescrição não apenas impedem a cobrança do crédito (arrecadação), como também implicam indébito tributário, em caso de recolhimento espontâneo (há direito do contribuinte à restituição); **D**: incorreta, pois o fisco não recolhe contribuições. Quem faz isso são os contribuintes e responsáveis. Apesar do texto confuso nessa alternativa, é interessante lembrar que eventual declaração de inconstitucionalidade de tributo não afeta a contagem do prazo prescricional para a repetição de indébito, conforme a jurisprudência do STJ – ver EDcl no AgRg no Ag 1.283.915/MG; **E**: incorreta, pois o prazo prescricional para a execução fiscal é de 5 anos. Observe que o termo "impetrada" é usualmente utilizado para mandado de segurança, por exemplo, mas não para execução fiscal.
Gabarito "B".

(Auditor Fiscal da Receita Federal – ESAF) Além das contribuições sociais, a seguridade social conta com outras receitas. Não constituem outras receitas da seguridade social:

(A) as multas.
(B) receitas patrimoniais.
(C) doações.
(D) juros moratórios.
(E) sessenta por cento do resultado dos leilões dos bens apreendidos pela Secretaria da Receita Federal do Brasil.

Nos termos do art. 27 do PCSS, constituem outras receitas da seguridade social: (i) as multas, a atualização monetária e os juros moratórios; (ii) a remuneração recebida por serviços de arrecadação, fiscalização e cobrança prestados a terceiros; (iii) as receitas provenientes de prestação de outros serviços e de fornecimento ou arrendamento de bens; (iv) as demais receitas patrimoniais, industriais e financeiras; (v) as doações, legados, subvenções e outras receitas eventuais; (vi) 50% dos valores obtidos e aplicados na forma do parágrafo único do art. 243 da Constituição Federal; (vii) **40%** do resultado dos leilões dos bens apreendidos pelo Departamento da Receita Federal; e (viii) outras receitas previstas em legislação específica. Perceba, portanto, que a alternativa E é a incorreta.

Gabarito "E".

(Auditor Fiscal da Receita Federal – ESAF) Nos termos do Regulamento da Previdência Social, analise as assertivas a respeito das obrigações acessórias de retenção e responsabilidade solidária da contribuição social, assinalando a incorreta.

(A) As empresas que integram grupo econômico cuja matriz tem sede em Brasília respondem entre si, solidariamente, pelas obrigações decorrentes do disposto no Regulamento da Previdência Social.
(B) A empresa contratante de serviços executados mediante cessão ou empreitada de mão de obra deverá reter onze por cento do valor bruto da nota fiscal, fatura ou recibo de prestação de serviços e recolher a importância retida em nome da empresa contratada.
(C) Considera-se construtor, para os efeitos do Regulamento da Previdência Social, a pessoa física ou jurídica que executa obra sob sua responsabilidade, no todo ou em parte.
(D) O proprietário, o incorporador definido na Lei n. 4.591, de 1964, o dono da obra ou condômino da unidade imobiliária cuja contratação da construção, reforma ou acréscimo não envolva cessão de mão de obra, são solidários com o construtor.
(E) Exclui-se da responsabilidade solidária perante a seguridade social o adquirente de prédio ou unidade imobiliária que realize a operação com empresa de comercialização.

A: incorreta, pois a localização da matriz é irrelevante para a responsabilidade solidária das empresas que integram grupo econômico de qualquer natureza – art. 222 do Regulamento da Previdência Social – RPS (Decreto 3.048/1999); **B:** correta, conforme o art. 31 do PCSS e o art. 219 do RPS; **C:** correta, conforme o art. 220, § 4°, do RPS; **D:** assertiva correta, nos termos do art. 220, *caput*, do RPS; **E:** correta, pois reflete o disposto no art. 221 do RPS.

Gabarito "A".

(Auditor Fiscal da Receita Federal – ESAF) Constituem contribuições sociais, de acordo com a Lei n. 8.212/91, exceto:

(A) As das empresas, incidentes sobre a remuneração paga ou creditada aos segurados a seu serviço.
(B) As dos empregados domésticos.
(C) As dos trabalhadores, incidentes sobre o seu salário de contribuição.
(D) As das empresas, incidentes sobre faturamento e lucro.
(E) As dos proprietários rurais, incidentes sobre o seu faturamento.

A: art. 22, I, do PCSS; B e **C:** art. 20 do PCSS; **D:** art. 23 do PCSS; **E:** a contribuição do produtor rural pessoa física (não do proprietário rural, necessariamente) incide, em regra, sobre sua receita bruta – art. 25, *caput* e § 1°, do PCSS.

Gabarito "E".

(Auditor Fiscal da Receita Federal – ESAF) Segundo a letra da legislação previdenciária,

(A) o direito de apurar e constituir os créditos previdenciários extingue-se após 10 anos, contados do primeiro dia do exercício seguinte àquele em que o crédito poderia ter sido constituído, ou da data em que se tornar definitiva a decisão que anulou, por vício formal, a constituição de crédito anteriormente efetuado.
(B) o prazo decadencial a ser aplicado é aquele vigente à época do fato gerador (565 §1).
(C) nos casos de dolo, fraude ou simulação, o prazo decadencial será de vinte anos, contados do primeiro dia do exercício seguinte àquele em que for constatado o evento doloso, fraudulento ou simulado, ou, tendo havido anulação em razão desses vícios, da data da publicação desta.
(D) a ação para cobrança do crédito tributário prescreve em cinco anos, contados da data da sua constituição definitiva.
(E) a prescrição se suspende pela citação pessoal feita ao devedor.

A legislação previdenciária (arts. 45 e 46 do PCSS) previa prazo decadencial (para lançamento das contribuições sociais) e prescricional (para sua cobrança) de dez anos. Esse texto ficou prejudicado pela Súmula Vinculante 8/STF, pois a matéria (decadência e prescrição tributárias) deve ser veiculada por lei complementar federal (art. 146, III, *b*, da CF). Esses dispositivos legais foram formalmente revogados pela LC 128/2008. Atualmente, portanto, vige o prazo de cinco anos para decadência e prescrição, conforme dispõe o CTN (arts. 173 e 174).

Gabarito "A".

(Auditor Fiscal da Receita Federal – ESAF) No campo da responsabilidade dos sócios pelos débitos da Seguridade Social, é verdade afirmar que:

(A) A responsabilidade solidária dos sócios comporta benefício de ordem, se a sociedade, indiscutivelmente, possuir patrimônio mais do que suficiente para arcar com dívida.
(B) A responsabilidade solidária não inclui os sócios das sociedades de responsabilidade limitada.
(C) A responsabilidade solidária dos sócios não fica limitada ao pagamento do débito da sociedade no período posterior à Lei 8.620/93, que, pela relevância social do débito para com a Seguridade Social, retroage para alcançar o patrimônio dos sócios para pagamentos anteriores à sua entrada em vigor.
(D) A responsabilidade dos sócios por dívidas contraídas pela sociedade para com a Seguridade Social, decorrentes do descumprimento das obrigações previdenciárias, é solidária e encontra respaldo no art. 13 da Lei 8.620/93 e no art. 124 do Código Tributário Nacional.
(E) A Lei 8.620/93 não trouxe inovação ao ordenamento jurídico vigente, permanecendo a responsabilidade dos sócios pelos débitos da Seguridade Social como subsidiária e regulada pelo art. 135 do Código Tributário Nacional, que exige a comprovação de que o não recolhimento da exação decorreu de ato praticado com violação à lei, ao contrato social ou ao estatuto da empresa pelo sócio-gerente.

O STJ reconhece a aplicabilidade do art. 13 da Lei 8.620/1993 em seu período de vigência (foi revogado pela Lei 11.941/2009). O dispositivo legal previa a responsabilidade solidária dos sócios de limitadas e do titular da firma individual pelos débitos junto à seguridade social. Ademais, os acionistas controladores, os administradores, os gerentes e os diretores respondiam solidariamente e subsidiariamente por esses débitos, quando houvesse dolo ou culpa. Ocorre que a interpretação do STJ ao art. 13 da Lei 8.620/1993 observou o disposto no art. 135 do CTN, ou seja, a responsabilidade dependia de excesso de poderes, infração à lei, aos contratos sociais ou aos estatutos. Ver AgRg no REsp 1.039.289/BA.

Gabarito "D".

(Auditor Fiscal da Receita Federal – ESAF) Quanto ao financiamento da seguridade social, de acordo com o estabelecido na CF/88 e na legislação do respectivo custeio, assinale a opção correta.

(A) A lei não pode instituir outras fontes de custeio além daquelas previstas na Constituição Federal.
(B) São isentas de contribuição para a seguridade social as entidades beneficentes de assistência social que atendam às exigências estabelecidas em lei.
(C) As contribuições sociais criadas podem ser exigidas no ano seguinte à publicação da respectiva lei.
(D) Há possibilidade de criar benefício previdenciário sem prévio custeio.
(E) Mesmo em débito com o sistema da seguridade social, pode a pessoa jurídica contratar com o poder público.

A: incorreta, pois o art. 195, § 4º, do PCSS prevê a possibilidade de a lei instituir outras fontes de custeio (outras contribuições sociais); B: correta, pois essa imunidade é prevista pelo art. 195, § 7º, da CF (o dispositivo faz referência a "isenção"); C: incorreta, pois as contribuições sociais não se submetem ao princípio da anterioridade, mas apenas à noventena – art. 195, § 6º, da CF; D: incorreta, pois isso não é possível, já que é preciso existir fonte de custeio total – art. 195, § 5º, da CF; E: incorreta, pois isso não é admitido – art. 195, § 3º, da CF.

Gabarito "B".

(Auditor Fiscal da Receita Federal – ESAF) Com relação às contribuições sociais, no âmbito da seguridade social, é correto afirmar:

(A) As contribuições sociais, de que trata o art. 195 da CF/88, só poderão ser exigidas após decorridos noventa dias da data da publicação da lei que as houver instituído ou modificado, não se lhes aplicando o disposto no art. 150, III, b, da Carta Magna.
(B) As contribuições sociais de que trata o art. 195, da CF/88, só poderão ser exigidas após decorridos cento e oitenta dias da data da publicação da lei que as houver instituído ou modificado, não se lhes aplicando o disposto no art. 150, III, b, da Carta Magna.
(C) São isentas de contribuição para a seguridade social todas as entidades de assistência social que atendam às exigências estabelecidas em lei complementar.
(D) As contribuições sociais de que trata o art. 195, da CF/88, só poderão ser exigidas após decorridos noventa dias da data da assinatura da lei que as houver instituído ou modificado, não se lhes aplicando o disposto no art. 150, III, b, da Carta Magna.
(E) As contribuições sociais de que trata o art. 195, da CF/88, só poderão ser criadas e exigidas após decorridos noventa dias da publicação da lei que as houver instituído ou modificado, não se lhes aplicando o disposto no art. 150, III, b, da Carta Magna.

A: correta, pois as contribuições sociais submetem-se à noventena (exigibilidade apenas após noventa dias da publicação da respectiva lei que as instituiu ou majorou), mas não à anterioridade – art. 195, § 6º, da CF; B, D e E: incorretas, conforme comentário à alternativa "A"; C: incorreta, pois somente as entidades beneficentes (não são todas) de assistência social são imunes, observadas as exigências legais – art. 195, § 7º, da CF (o dispositivo refere-se a "isenção").

Gabarito "A".

(Auditor Fiscal da Receita Federal – ESAF) Segundo a orientação uniformizadora do Superior Tribunal de Justiça (Súmula 148), "Os débitos relativos a benefício previdenciário, vencidos e cobrados em juízo após a vigência da Lei n. 6.899/81, devem ser corrigidos monetariamente na forma prevista nesse diploma legal", isso significa dizer, quanto ao termo inicial da atualização do débito, que, se posterior a vigência do referido diploma legal, de modo geral:

(A) conta-se a partir do ajuizamento da ação.
(B) conta-se a partir do momento em que era devida a dívida.
(C) conta-se a partir da citação válida.
(D) conta-se a partir da sentença.
(E) conta-se a partir do trânsito em julgado da sentença.

O art. 1º, §§ 1º e 2º, da Lei 6.899/1981 prevê, nas cobranças pelo fisco, a correção monetária a partir do respectivo vencimento e, nos demais casos, a partir do ajuizamento da ação. Por essa razão, a alternativa "B" é a correta.

Gabarito "B".

(Auditor Fiscal da Previdência Social – ESAF) Nos termos do Regulamento da Previdência Social, assinale a assertiva incorreta a respeito do parcelamento de contribuições e demais importâncias devidas à seguridade social.

(A) Caso o segurado contribuinte individual manifeste interesse em recolher contribuições relativas a período anterior à sua inscrição, a retroação da data do início das contribuições será autorizada, podendo ser parcelado o pagamento.
(B) As contribuições sociais objeto de parcelamento ficam sujeitas, entre outros acréscimos, a juros de mora, de caráter irrelevável, incidentes sobre o valor atualizado.
(C) Poderão ser objeto de parcelamento as contribuições descontadas do segurado empregado.
(D) A empresa ou segurado que tenha sido condenado criminalmente por sentença transitada em julgado, por obter vantagem ilícita em prejuízo da seguridade social ou de suas entidades, não poderá obter parcelamento de seus débitos.
(E) O deferimento do parcelamento pelo Instituto Nacional do Seguro Social fica condicionado ao pagamento da primeira parcela.

A: correta, conforme o art. 124 do RPS; B: correta, conforme o art. 239, II, do RPS; C: incorreta, pois isso não é possível – art. 244, § 1º, do RPS; D: correta, conforme o art. 244, § 2º, do RPS; E: correta, conforme o art. 244, § 6º, do RPS.

Gabarito "C".

(Auditor Fiscal da Previdência Social – ESAF) Nos termos da legislação previdenciária, assinale a assertiva correta a respeito da restituição e compensação de contribuições.

(A) Na hipótese de pagamento ou recolhimento indevido, a contribuição não será atualizada monetariamente.
(B) Será admitida a restituição ou a compensação de contribuição a cargo da empresa, recolhida ao Instituto Nacional do Seguro Social, que, por sua natureza, tenha sido transferida ao preço de bem ou serviço oferecido à sociedade.

(C) Somente poderá ser restituída ou compensada contribuição para a seguridade social, arrecadada pelo Instituto Nacional do Seguro Social, na hipótese de pagamento ou recolhimento indevido.
(D) A restituição de contribuição ou de outra importância recolhida indevidamente, que comporte, por sua natureza, a transferência de encargo financeiro, será feita de imediato.
(E) Direito de pleitear judicialmente a compensação só pode ser exercido no prazo de cento e oitenta dias do seu pagamento.

A: incorreta, pois o débito será corrigido monetariamente, na forma da legislação aplicável – art. 239, I, do RPS; B e D: incorretas, pois isso não é admitido – art. 166 do CTN e art. 248 do RPS; C: correta, conforme o art. 247 do RPS; E: incorreta, pois o direito à compensação de um crédito perante o fisco com débito do contribuinte pode ser pleiteado judicialmente enquanto a pretensão do particular não estiver prescrita, ou seja, em até 5 anos contados na forma do art. 165 do CTN c/c art. 3º da LC 118/2005.
Gabarito "C".

(Auditor Fiscal da Previdência Social – ESAF) Nos termos do Regulamento da Previdência Social, assinale a assertiva correta a respeito da prescrição e da decadência.

(A) É de cinco anos o prazo de decadência de todo e qualquer direito ou ação do segurado ou beneficiário para a revisão do ato de concessão de benefício.
(B) A contagem do prazo de decadência do direito do segurado ou beneficiário para a revisão do ato de concessão de benefício começa do segundo dia do mês seguinte ao do recebimento da primeira prestação.
(C) O direito da seguridade social de apurar e constituir seus créditos extingue-se após dez anos.
(D) Na hipótese de ocorrência de dolo, fraude ou simulação, a seguridade social não pode, a qualquer tempo, apurar e constituir seus créditos.
(E) O direito de pleitear judicialmente a desconstituição de exigência fiscal fixada pelo Instituto Nacional do Seguro Social no julgamento de litígio em processo administrativo fiscal extingue-se com o decurso do prazo de cento e oitenta dias.

A legislação previdenciária (arts. 45 e 46 do PCSS) previa prazo decadencial (para lançamento das contribuições sociais) e prescricional (para sua cobrança) de dez anos. Esse texto ficou prejudicado pela Súmula Vinculante 8/STF, pois a matéria (decadência e prescrição tributárias) deve ser veiculada por lei complementar federal (art. 146, III, b, da CF). Esses dispositivos legais foram formalmente revogados pela LC 128/2008. Atualmente, portanto, vige o prazo de cinco anos para decadência e prescrição, conforme dispõe o CTN (arts. 173 e 174).
Gabarito "A".

(Técnico da Receita Federal – ESAF) Preencha as lacunas com as palavras que lhe parecerem adequadas e escolha a opção que as contenha. _____ da obrigação previdenciária é _____. Como regra geral, quando a remuneração do segurado empregado, inclusive do trabalhador avulso, for _____ durante o mês, o salário de contribuição será a remuneração efetivamente paga, devida ou a ele creditada.

(A) Fato gerador – o salário de contribuição – reduzido ou majorado
(B) Base de cálculo – o limite mínimo e máximo do salário de contribuição – por causa das horas extras, maior que o normalmente pago

(C) salário de contribuição – o valor que serve de base para os benefícios – variável
(D) Base de cálculo – salário de contribuição – proporcional ao número de dias trabalhados
(E) Alíquota – específica ou *ad valorem* – uniforme

A: o fato gerador da contribuição previdenciária é o pagamento de salário ou preço de serviço prestado à empresa, por exemplo, não o salário de contribuição, que é base de cálculo; B: o salário de contribuição, e não seus limites, é base de cálculo da contribuição previdenciária; C: o salário de contribuição é a base para a contribuição previdenciária, não para o cálculo dos benefícios; D: a alternativa indica as palavras que completam adequadamente a frase, nos termos dos arts. 11, p. único, c, e art. 28, I, e § 1º, ambos do PCSS; E: em princípio, as alíquotas das contribuições previdenciárias são *ad valorem*, ou seja, percentuais que incidem sobre a base de cálculo – arts. 20, 21 e 22, entre outros, do PCSS.
Gabarito "D".

4. BENEFÍCIOS

(Auditor Fiscal da Receita Federal – ESAF) Maria Clara, empregada doméstica com deficiência física, e Antônio José, empresário dirigente de multinacional sediada no Brasil, desejam contribuir para o Regime Geral de Previdência Social e com isso gozar de todos os benefícios e serviços prestados pela Seguridade Social. De acordo com a situação-problema apresentada acima, é correto afirmar que:

(A) Maria Clara e Antônio José podem participar da Assistência Social.
(B) só Antônio José pode participar da Previdência Social.
(C) só Antônio José pode participar de benefícios previdenciários.
(D) Maria Clara pode usufruir dos serviços de Saúde pública em razão da sua deficiência física.
(E) Maria Clara e Antônio José podem participar da Previdência Social.

A: incorreta, pois, em princípio, o empresário não necessita da assistência social (talvez nem a empregada doméstica, no caso), que é voltada prioritariamente para os mais desfavorecidos, que não têm condições de prover a própria manutenção (idosos desamparados, famílias com renda *per capita* inferior a ¼ de salário mínimo etc.) – art. 203 da CF e, entre outros, os arts. 20, 22 e 23 da Lei Orgânica da Assistência Social – LOAS (Lei 8.742/1993); B e C: incorretas, pois a empregada doméstica é segurada obrigatória do RGPS, podendo gozar de seus benefícios, na forma da legislação – art. 11, II, do Plano de Benefícios da Previdência Social – PBPS (Lei 8.213/1991); D: incorreta, no que se refere à relação de causalidade. Isso porque todos podem usufruir dos serviços da Saúde (= acesso universal), inclusive Maria Clara e Antônio José, **independentemente** da condição de deficiente físico (dito de outra forma, não é por conta de sua deficiência física que Maria Clara pode usufruir da Saúde pública) – art. 196 da CF; E: essa é a assertiva correta. A rigor, não só podem, como devem participar do RGPS, pois ambos são segurados obrigatórios – art. 11 do PBPS.
Gabarito "E".

Veja a tabela seguinte, para estudo e memorização dos objetivos da assistência social:

Objetivos da Assistência Social – art. 203 da CF
– proteção à família, à maternidade, à infância, à adolescência e à velhice
– o amparo às crianças e adolescentes carentes

– a promoção da integração ao mercado de trabalho

– a habilitação e reabilitação das pessoas portadoras de deficiência e a promoção de sua integração à vida comunitária

– a garantia de um salário mínimo de benefício mensal à pessoa portadora de deficiência e ao idoso que comprovem não possuir meios de prover à própria manutenção ou de tê-la provida por sua família, conforme dispuser a lei

(Auditor Fiscal do Trabalho – ESAF) Considerando a teoria geral dos benefícios e serviços da Previdência Social na Lei n. 8.213/91, julgue os itens abaixo relativos aos beneficiários da Previdência Social:

I. só são beneficiários da Previdência Social os segurados que contribuem para o caixa previdenciário.
II. dona de casa não pode ser beneficiária da Previdência Social.
III. pessoa jurídica pode ser beneficiária do sistema de Previdência Social.
IV. só os dependentes que contribuem podem ser beneficiários da Previdência Social.

(A) I e II estão corretos.
(B) Somente I está incorreto.
(C) II e IV estão corretos.
(D) Todos estão incorretos.
(E) III e IV estão corretos.

I: incorreta, pois, embora a previdência social seja contributiva (art. 201 da CF), é preciso lembrar que há os dependentes, que também são beneficiários, ainda que nada recolham – art. 10 do PBPS; II: incorreta, pois a dona de casa pode ser contribuinte facultativa – art. 13 do PBPS e art. 11, § 1º, I, do Regulamento da Previdência Social – RPS (Decreto 3.048/1999); III: incorreta, pois somente pessoas naturais são beneficiárias da previdência social – art. 10 do PBPS; IV: incorreta, pois os dependentes dos segurados são beneficiários da previdência social independentemente de contribuição própria – art. 16 do PBPS.

Gabarito "D".

Veja as seguintes tabelas, com os segurados obrigatórios do RGPS e os dependentes:

Segurados obrigatórios do RGPS – art. 11 do PBPS	
Empregado	– aquele que presta serviço de natureza urbana ou rural à empresa, em caráter não eventual, sob sua subordinação e mediante remuneração, inclusive como diretor empregado
	– aquele que, contratado por empresa de trabalho temporário, definida em legislação específica, presta serviço para atender a necessidade transitória de substituição de pessoal regular e permanente ou a acréscimo extraordinário de serviços de outras empresas
	– o brasileiro ou o estrangeiro domiciliado e contratado no Brasil para trabalhar como empregado em sucursal ou agência de empresa nacional no exterior
	– aquele que presta serviço no Brasil a missão diplomática ou a repartição consular de carreira estrangeira e a órgãos a elas subordinados, ou a membros dessas missões e repartições, excluídos o não brasileiro sem residência permanente no Brasil e o brasileiro amparado pela legislação previdenciária do país da respectiva missão diplomática ou repartição consular
	– o brasileiro civil que trabalha para a União, no exterior, em organismos oficiais brasileiros ou internacionais dos quais o Brasil seja membro efetivo, ainda que lá domiciliado e contratado, salvo se segurado na forma da legislação vigente do país do domicílio
	– o brasileiro ou estrangeiro domiciliado e contratado no Brasil para trabalhar como empregado em empresa domiciliada no exterior, cuja maioria do capital votante pertença a empresa brasileira de capital nacional
Empregado	– o servidor público ocupante de cargo em comissão, sem vínculo efetivo com a União, Autarquias, inclusive em regime especial, e Fundações Públicas Federais.
	– o exercente de mandato eletivo federal, estadual ou municipal, desde que não vinculado a regime próprio de previdência social
	– o empregado de organismo oficial internacional ou estrangeiro em funcionamento no Brasil, salvo quando coberto por regime próprio de previdência social
	– o exercente de mandato eletivo federal, estadual ou municipal, desde que não vinculado a regime próprio de previdência social
Empregado doméstico	– aquele que presta serviço de natureza contínua a pessoa ou família, no âmbito residencial desta, em atividades sem fins lucrativos
Contribuinte individual	– a pessoa física, proprietária ou não, que explora atividade agropecuária, a qualquer título, em caráter permanente ou temporário, em área superior a 4 (quatro) módulos fiscais; ou, quando em área igual ou inferior a 4 (quatro) módulos fiscais ou atividade pesqueira, com auxílio de empregados ou por intermédio de prepostos; ou ainda nas hipóteses dos §§ 9º e 10 deste artigo
	– a pessoa física, proprietária ou não, que explora atividade de extração mineral - garimpo, em caráter permanente ou temporário, diretamente ou por intermédio de prepostos, com ou sem o auxílio de empregados, utilizados a qualquer título, ainda que de forma não contínua
	– o ministro de confissão religiosa e o membro de instituto de vida consagrada, de congregação ou de ordem religiosa
	– o brasileiro civil que trabalha no exterior para organismo oficial internacional do qual o Brasil é membro efetivo, ainda que lá domiciliado e contratado, salvo quando coberto por regime próprio de previdência social
	– o titular de firma individual urbana ou rural, o diretor não empregado e o membro de conselho de administração de sociedade anônima, o sócio solidário, o sócio de indústria, o sócio gerente e o sócio cotista que recebam remuneração decorrente de seu trabalho em empresa urbana ou rural, e o associado eleito para cargo de direção em cooperativa, associação ou entidade de qualquer natureza ou finalidade, bem como o síndico ou administrador eleito para exercer atividade de direção condominial, desde que recebam remuneração
	– quem presta serviço de natureza urbana ou rural, em caráter eventual, a uma ou mais empresas, sem relação de emprego
	– a pessoa física que exerce, por conta própria, atividade econômica de natureza urbana, com fins lucrativos ou não
Trabalhador avulso	– quem presta, a diversas empresas, sem vínculo empregatício, serviço de natureza urbana ou rural definidos no Regulamento

Segurado especial	– como segurado especial: a pessoa física residente no imóvel rural ou em aglomerado urbano ou rural próximo a ele que, individualmente ou em regime de economia familiar, ainda que com o auxílio eventual de terceiros
Dependentes no RGPS – art. 16 do PBPS – a primeira classe com dependente exclui as seguintes	
– o cônjuge, a companheira, o companheiro e o filho não emancipado, de qualquer condição, menor de 21 (vinte e um) anos ou inválido ou que tenha deficiência intelectual ou mental ou deficiência grave. A dependência econômica desses é presumida, a dos demais deve ser comprovada – § 4º. O enteado e o menor tutelado equiparam-se a filho, mediante declaração do segurado e desde que comprovada a dependência econômica - § 2º.	
– os pais	
– o irmão não emancipado, de qualquer condição, menor de 21 (vinte e um) anos ou inválido ou que tenha deficiência intelectual ou mental ou deficiência grave	

(Auditor Fiscal do Trabalho – ESAF) Assinale a opção correta, entre as assertivas abaixo, relacionada aos benefícios que os dependentes da Previdência Social têm direito à luz da Lei n. 8.213/91.

(A) Aposentadoria por tempo de contribuição.
(B) Auxílio-doença.
(C) Auxílio-acidente.
(D) Aposentadoria por invalidez.
(E) Pensão por morte.

O dependente tem direito apenas a: (i) pensão por morte; (ii) auxílio-reclusão; (iii) serviço social; e (iv) reabilitação profissional – art. 18, II e III, do PBPS, de modo que a alternativa E é a correta.
Gabarito "E".

(Auditor Fiscal do Trabalho – ESAF) Assinale a opção correta, entre as assertivas abaixo, relativas aos benefícios previdenciários de acidente de trabalho previstos na Lei n. 8.213/91.

(A) Equiparam-se ao acidente do trabalho a doença proveniente de contaminação acidental do empregado no exercício de sua atividade.
(B) A empresa não é responsável pela adoção e uso de medidas coletivas e individuais de proteção e segurança da saúde do trabalhador.
(C) O acidente de trabalho deve ser pago pelo INSS em caso de doença degenerativa.
(D) A empresa deverá comunicar o acidente do trabalho à Previdência Social até o 10º (décimo) dia útil seguinte ao da ocorrência, haja ou não morte.
(E) Os sindicatos de classe não poderão acompanhar a cobrança, pela Previdência Social, de multas oriundas de desrespeito às normas acidentárias.

A: essa é a assertiva correta, conforme o art. 21, III, do PBPS; **B:** incorreta, pois a empresa **é responsável** pela adoção e pelo uso das medidas coletivas e individuais de proteção e segurança da saúde do trabalhador – art. 19, § 1º, do PBPS; **C:** incorreta, pois a doença degenerativa não é considerada doença do trabalho – art. 20, § 1º, a, do PBPS; **D:** incorreta, pois a empresa deverá comunicar o acidente do trabalho à Previdência Social até o 1º dia útil seguinte ao da ocorrência e, em caso de morte, de imediato, à autoridade competente – art. 22, caput, do PBPS; **E:** incorreta, pois os sindicatos e as entidades representativas de classe **poderão acompanhar** a cobrança, pela Previdência Social, das multas relativas às normas acidentárias – art. 22, § 4º, do PBPS.
Gabarito "A".

(Auditor Fiscal do Trabalho – ESAF) Assinale a opção correta, entre as assertivas abaixo, relativas ao número mínimo de contribuições mensais indispensáveis para que o beneficiário faça jus ao benefício previsto na Lei n. 8.213/91.

(A) Auxílio-doença no caso de acidente de qualquer natureza – 14 (quatorze) contribuições mensais.
(B) Auxílio-reclusão – 12 contribuições mensais.
(C) Aposentadoria por idade – independe de contribuições mensais.
(D) Aposentadoria por tempo de serviço – 120 contribuições mensais.
(E) Pensão por morte – independe de contribuições mensais.

A e B: incorretas, pois não há carência para o auxílio-doença decorrente de acidente de qualquer natureza e para o auxílio-reclusão – art. 26, I e II, do PBPS; **C e D:** incorretas, pois há carência de 180 contribuições mensais, para a aposentadoria por idade, aposentadoria por tempo de serviço e aposentadoria especial – art. 25, II, do PBPS. A rigor, não há mais aposentadoria por tempo de serviço, mas sim por tempo de contribuição – art. 201, § 7º, I, da CF; **E:** assertiva correta, conforme o art. 26, I, do PBPS.
Gabarito "E".

Veja as seguintes tabelas, para estudo e memorização dos períodos de carência e das prestações que independem de carência:

Períodos de Carência – art. 25 do PBPS	
– auxílio-doença e aposentadoria por invalidez	12 contribuições mensais
– aposentadoria por idade, aposentadoria por tempo de serviço e aposentadoria especial	180 contribuições mensais
– salário-maternidade para contribuintes individuais, seguradas especiais e facultativas	10 contribuições mensais. Em caso de antecipação do parto, o período é reduzido em nº de contribuições equivalentes ao nº de meses em que o parto foi antecipado. A segurada especial deve apenas comprovar atividade rural nos 12 meses anteriores ao início do benefício – art. 39, p. único, do PBPS

Independem de Carência – art. 26 do PBPS
– pensão por morte, auxílio-reclusão, salário-família e auxílio-acidente
– auxílio-doença e aposentadoria por invalidez (nos termos do inciso II)
– aposentadoria por idade ou por invalidez, de auxílio-doença, auxílio-reclusão e pensão para o segurado especial, no valor de 1 salário mínimo, desde que comprove o exercício de atividade rural, ainda que de forma descontínua, no período, imediatamente anterior ao requerimento do benefício, igual ao número de meses correspondentes à carência do benefício requerido
– serviço social
– reabilitação profissional
– salário-maternidade para as seguradas empregada, trabalhadora avulsa e empregada doméstica

(Auditor Fiscal da Receita Federal – ESAF) É falso afirmar que, quanto ao segurado e ao dependente, o Regime Geral da Previdência Social compreende as seguintes prestações, devidas inclusive em razão de eventos decorrentes de acidente de trabalho, expressas em benefícios e serviços, exceto.

(A) a pensão por morte.
(B) o auxílio-doença.
(C) o salário-família.
(D) a reabilitação profissional.
(E) o salário-maternidade.

A: a pensão por morte é devida apenas ao dependente (obviamente, pois pressupõe o falecimento do segurado) – art. 18, II, *a*, do PBPS; **B:** o auxílio-doença é devido apenas ao segurado – art. 18, I, *e*, do PBPS; **C:** o salário-família é devido apenas ao segurado – art. 18, I, *f*, do PBPS; **D:** a reabilitação profissional é o único serviço, dentre as alternativas, que é devido tanto ao segurado quanto ao dependente – art. 18, III, *c*, do PBPS; **E:** o salário-maternidade é devido apenas ao segurado – art. 18, I, *g*, do PBPS.
Gabarito "D".

(Auditor Fiscal da Receita Federal – ESAF) Leia cada um dos assertos abaixo e assinale (V) ou (F), conforme seja verdadeiro ou falso. Depois, marque a opção que contenha a exata sequência.

( ) Não são cumulativos o benefício de auxílio-doença e o de percepção, pelos dependentes, do auxílio-reclusão, ainda que, nessa condição, o segurado recluso contribua como contribuinte individual ou facultativo.
( ) Perde o direito ao auxílio-reclusão o beneficiário, se, o contribuinte individual ou facultativo, passa a exercer atividade remunerada em cumprimento de pena em regime fechado ou semiaberto.
( ) Na hipótese de aposentadoria por idade, a perda da qualidade de segurado não será considerada para a concessão desse benefício, irrelevante para o caso o tempo de contribuição.

(A) V, V, V
(B) V, F, F
(C) V, F, V
(D) V, V, F
(E) F, F, F

1ª: verdadeira, conforme o art. 80 do PBPS; 2ª: falsa, conforme o art. 116, § 6º, do RPS; 3ª: falsa, pois a perda da condição de segurado é relevante para a concessão da aposentadoria por idade, nos termos dos arts. 24, p. único, e 25, II, ambos do PBPS.
Gabarito "B".

(Auditor Fiscal da Receita Federal – ESAF) Conforme estabelece o art. 80, da Lei n. 8.213/91, é correto afirmar com relação ao auxílio-reclusão:

(A) Será concedido aos dependentes do segurado que estiver preso preventivamente.
(B) Será concedido aos dependentes do segurado que estiver respondendo a processo criminal, independentemente de recolhimento à prisão.
(C) Será concedido aos dependentes do segurado recolhido à prisão, que não tiver remuneração.
(D) Será concedido aos dependentes do segurado recolhido à prisão, ainda que receba benefício de aposentadoria.
(E) Será concedido aos dependentes do segurado recolhido ou não à prisão, mas que esteja condenado e não receba qualquer remuneração.

A: correta, pois o auxílio-reclusão é devido no caso de segurado recolhido à prisão, inclusive no caso de prisão cautelar, inexistindo restrição no art. 80 do PBPS. Entretanto, não havendo referência expressa à prisão preventiva no dispositivo, o gabarito oficial indica a alternativa "C" como a correta; **B** e **E:** incorretas, pois não há auxílio-reclusão sem prisão do segurado – art. 80, p. único, do PBPS; **C:** correta, sendo esta a melhor alternativa, pois refere-se estritamente aos requisitos previstos expressamente no art. 80 do PBPS; **D:** incorreta, pois o recebimento de remuneração da empresa, auxílio-doença, aposentadoria ou abono de permanência em serviço afastam a possibilidade de auxílio-reclusão – art. 80 do PBPS.
Gabarito "C".

(Auditor Fiscal da Receita Federal – ESAF) Assinale a opção correta, no tocante ao auxílio-doença.

(A) Será concedido ao segurado, independentemente de carência.
(B) Será concedido ao segurado quando ficar constatada a sua incapacidade para o seu trabalho ou para sua atividade habitual por período de até 15 (quinze) dias consecutivos.
(C) Será concedido ao segurado quando ficar constatada a sua incapacidade para o seu trabalho ou para a sua atividade habitual por mais de 15 (quinze) dias consecutivos.
(D) Será concedido ao segurado quando ficar constatada a sua incapacidade para o seu trabalho ou para sua atividade habitual por período inferior a 15 (quinze) dias consecutivos.
(E) Será concedido ao segurado quando ficar constatada a sua incapacidade parcial para o trabalho ou para sua atividade habitual por período de até 15 (quinze) dias consecutivos.

A: incorreta, pois em regra, o auxílio-doença submete-se à carência de 12 contribuições mensais – art. 25, I, do PBPS (ver exceções no art. 26, II, da mesma lei, casos em que não há carência para o auxílio doença e para a aposentadoria por invalidez decorrentes de acidentes, de doenças profissionais ou do trabalho, além de outras doenças e afecções especificadas em lista do governo federal); **B**, **D** e **E:** incorretas, pois o prazo de 15 dias é mínimo, não máximo – art. 59 do PBPS; **C:** correta, conforme comentário anterior.
Gabarito "C".

(Auditor Fiscal da Receita Federal – ESAF) A Lei de Benefícios da Previdência Social (Lei n. 8.213/91), no art. 11, elenca como segurados obrigatórios da Previdência Social na condição de empregado, entre outros, as seguintes pessoas físicas, exceto:

(A) Aquele que presta serviço de natureza urbana ou rural à empresa, em caráter não eventual, sob sua subordinação e mediante remuneração, inclusive como diretor empregado.
(B) Aquele que, contratado por empresa de trabalho temporário, definida em legislação específica, presta serviço para atender a necessidade transitória de substituição de pessoal regular e permanente ou a acréscimo extraordinário de serviço de outras empresas.
(C) O empregado de organismo oficial internacional ou estrangeiro em funcionamento no Brasil, ainda que coberto por regime próprio de previdência social.

(D) O exercente de mandato eletivo federal, estadual ou municipal, desde que não vinculado a regime próprio de previdência social.
(E) O brasileiro ou estrangeiro domiciliado e contratado no Brasil para trabalhar como empregado em empresa domiciliada no exterior, cuja maioria do capital votante pertença a empresa brasileira de capital nacional.

A: correta, conforme o art. 11, I, *a*, do PBPS; B: correta, conforme o art. 11, I, *b*, do PBPS; C: incorreta, pois o empregado de organismo oficial internacional ou estrangeiro coberto por regime próprio de previdência social não é segurado obrigatório do RGPS – art. 11, I, *i*, do PBPS; D: correta, conforme o art. 11, I, *j*, do PBPS; E: correta, nos termos do art. 11, I, *f*, do PBPS.
Gabarito "C".

(**Auditor Fiscal da Receita Federal – ESAF**) Indique qual dos benefícios listados abaixo, de acordo com a legislação previdenciária, é reembolsado à empresa:

(A) Auxílio-acidente.
(B) Aposentadoria por idade.
(C) Salário-família pago aos segurados a seu serviço.
(D) Aposentadoria por invalidez.
(E) Pensão por morte.

Das alternativas, apenas o salário-família é pago pelo empregador ao segurado a seu serviço e, posteriormente, reembolsado pela seguridade social por meio de compensação – art. 68 do PBPS. Interessante lembrar que, com a LC 150/2015, o empregador doméstico também fica obrigado a pagar o salário-família, descontando o valor no recolhimento das contribuições.
Gabarito "C".

(**Auditor Fiscal da Receita Federal – ESAF**) De acordo com a Lei n. 8.213/91, na parte relativa ao auxílio-doença, indique qual das opções está incorreta:

(A) é um benefício de caráter continuado.
(B) é devido ao segurado.
(C) a sua extinção ocorre diante da recuperação da capacidade para o trabalho.
(D) em regra, possui prazo de carência para a sua concessão.
(E) é concedido diante da incapacidade permanente para o trabalho.

A: correta, conforme o art. 61 do PBPS; B e C: corretas, conforme o art. 60 do PBPS; D: correta, pois, em regra, o auxílio--doença submete-se à carência de 12 contribuições mensais – art. 25, I, do PBPS (ver exceções no art. 26, II, da mesma lei, casos em que não há carência para o auxílio doença e para a aposentadoria por invalidez decorrentes de acidentes, de doenças profissionais ou do trabalho, além de outras doenças e afecções especificadas em lista do governo federal); E: incorreta, pois o auxílio-doença é concedido por conta de incapacidade temporária. Se não houver recuperação para atividade habitual, o segurado deverá se submeter a processo de reabilitação profissional e, caso seja considerado não recuperável, será aposentado por invalidez – art. 62 do PBPS.
Gabarito "E".

(**Auditor Fiscal da Receita Federal – ESAF**) Com relação à aposentadoria por invalidez, prevista na Lei 8.213/91, é incorreto afirmar:

(A) A aposentadoria por invalidez não será concedida ao trabalhador avulso.
(B) A concessão de aposentadoria por invalidez dependerá da verificação da condição de incapacidade mediante exame médico-pericial a cargo da Previdência.
(C) A aposentadoria por invalidez, uma vez cumprida, quando for o caso, a carência exigida, será devida ao segurado que, estando ou não em gozo de auxílio-doença, for considerado incapaz.
(D) A aposentadoria por invalidez, inclusive a decorrente de acidente do trabalho, consistirá numa renda mensal correspondente a 100% (cem por cento) do salário--de-benefício.
(E) A aposentadoria por invalidez será concedida ao trabalhador doméstico.

A: incorreta, pois o trabalhador avulso e o doméstico também fazem jus à aposentadoria por invalidez – arts. 18, I, *a*, e 43, *b*, ambos do PBPS; B: correta, nos termos do art. 42, § 1°, do PBPS; C: correta, conforme o art. 42, *caput*, do PBPS; D: correta, conforme o art. 44 do PBPS; E: correta, conforme comentário à alternativa "A".
Gabarito "A".

(**Auditor Fiscal da Receita Federal – ESAF**) No Regime Geral da Previdência Social, é incorreto afirmar que, nas situações abaixo elencadas, mantém a qualidade de segurado, independentemente de contribuições:

(A) Até 6 (seis) meses após o livramento, o segurado retido ou recluso.
(B) Até 12 (doze) meses após a cessação das contribuições, o segurado que deixar de exercer atividade remunerada abrangida pela Previdência Social ou estiver suspenso ou licenciado sem remuneração.
(C) Até 12 (doze) meses após cessar a segregação, o segurado acometido de doença de segregação compulsória.
(D) Até 3 (três) meses após o licenciamento, o segurado incorporado às Forças Armadas para prestar serviço.
(E) Sem limite de prazo, quem está em gozo de benefício.

A: incorreta, pois o prazo é de 12 meses, na hipótese – art. 15, IV, do PBPS; B: correta, conforme o art. 15, II, do PBPS; C: correta, conforme o art. 15, III, do PBPS; D: correta, conforme o art. 15, V, do PBPS; E: correta, conforme o art. 15, I, do PBPS.
Gabarito "A".

Veja a seguinte tabela, para estudo e memorização dos prazos em que se mantém a qualidade de segurado, independentemente de contribuições:

Mantém a qualidade de segurado, mesmo sem contribuições – art. 15 do PBPS
– sem limite de prazo, quem está em gozo de benefício
– até 12 meses após a cessação das contribuições, o segurado que deixar de exercer atividade remunerada abrangida pela Previdência Social ou estiver suspenso ou licenciado sem remuneração. Prorrogado para até 24 meses se o segurado já tiver pago mais de 120 contribuições mensais sem interrupção que acarrete a perda da qualidade de segurado. Serão acrescidos 12 meses para o segurado desempregado, desde que comprovada essa situação pelo registro no órgão próprio do Ministério do Trabalho e da Previdência Social
– até 12 meses após cessar a segregação, o segurado acometido de doença de segregação compulsória
– até 12 meses após o livramento, o segurado retido ou recluso
– até 3 meses após o licenciamento, o segurado incorporado às Forças Armadas para prestar serviço militar
– até 6 meses após a cessação das contribuições, o segurado facultativo

7. DIREITO PREVIDENCIÁRIO

(Auditor Fiscal da Receita Federal – ESAF) A Lei de Benefícios da Previdência Social (Lei n. 8.213/91), no art. 11, elenca como segurados obrigatórios da Previdência Social na condição de contribuinte individual, entre outros, as seguintes pessoas físicas, exceto:

(A) O brasileiro civil que trabalha no exterior para organismo oficial internacional do qual o Brasil é membro efetivo, ainda que lá domiciliado, e contratado, e que coberto por regime próprio de previdência social.
(B) A pessoa física, proprietária ou não, que explora atividade de extração mineral – garimpo, em caráter permanente ou temporário, diretamente ou por intermédio de prepostos, com ou sem o auxílio de empregados, utilizados a qualquer título, ainda que de forma não contínua.
(C) O ministro de confissão religiosa e o membro de instituto de vida consagrada, de congregação ou de ordem religiosa.
(D) Quem presta serviço de natureza urbana ou rural, em caráter eventual, a uma ou mais empresas, sem relação de emprego.
(E) A pessoa física, proprietária ou não, que explora atividade agropecuária ou pesqueira, em caráter permanente ou temporária, diretamente ou por intermédio de prepostos e com auxílio de empregados, utilizados a qualquer título, ainda que de forma não contínua.

A: o brasileiro, na hipótese, não será segurado obrigatório do RGPS, pois se submete a regime previdenciário próprio – art. 11, V, *e*, do PBPS; **B:** art. 11, V, *b*, do PBPS; **C:** art. 11, V, *c*, do PBPS; **D:** art. 11, V, *g*, do PBPS; **E:** a assertiva reproduz o antigo texto do art. 11, V, *a*, do PBPS, alterado em 2008. Atualmente, a inclusão obrigatória dos que exercem atividade pesqueira e dos que exploram áreas iguais ou menores que 4 módulos fiscais refere-se apenas àqueles que se valem de auxílio de empregados ou intermediação por prepostos. Ademais, incluiu-se entre os contribuintes individuais os excluídos da categoria de segurados especiais nos §§ 9º e 10º do art. 11 do PBPS.
Gabarito "A".

(Auditor Fiscal da Receita Federal – ESAF) A Lei de Benefícios da Previdência Social (Lei n. 8.213/91), no art. 16, arrola como beneficiários do Regime Geral de Previdência Social, na condição de dependentes do segurado, exceto.

(A) o cônjuge.
(B) a companheira e o companheiro.
(C) os pais.
(D) o filho não emancipado, de qualquer condição, inválido ou menor de 21 (vinte e um) anos ou, se estudante, menor de 25 (vinte e cinco) anos.
(E) o irmão não emancipado, de qualquer condição, inválido ou menor de 21 (vinte e um) anos.

A e B: corretas, pois são dependentes dos segurados, conforme o art. 16, I, do PBPS; **C:** correta, pois os pais são dependentes do segurados, conforme o art. 16, II, do PBPS; **D:** incorreta, pois o estudante com 21 anos ou mais não é, apenas por essa condição, dependente do segurado – art. 16, I, do PBPS; **E:** correta, pois é dependente do segurado, nos termos do art. 16, III, do PBPS.
Gabarito "D".

(Auditor Fiscal da Previdência Social – ESAF) Pedro, menor carente, de 12 anos, e Paulo, empresário bem-sucedido, de 21 anos, desejam participar de programas assistenciais (Assistência Social) e de saúde pública (Saúde). De acordo com a situação-problema apresentada acima, é correto afirmar que:

(A) Pedro e Paulo podem participar da Assistência Social.
(B) só Pedro pode participar da Saúde.
(C) Pedro só pode participar da Assistência Social.
(D) Paulo pode participar da Assistência Social.
(E) Pedro e Paulo podem participar da Saúde.

Em princípio, Paulo não é amparado pela assistência social, que pressupõe situação de desatendimento das necessidades básicas – ver art. 203 da CF e Lei 8.742/1993. Já o acesso à saúde é universal e igualitário, de modo que Pedro e Paulo beneficiam-se das ações e dos serviços – art. 196 da CF.
Gabarito "E".

(Auditor Fiscal da Previdência Social – ESAF) À luz da competência constitucional da Previdência Social, julgue os itens abaixo que são de competência da Previdência Social:

I. cobertura dos eventos de doença, invalidez, morte e idade avançada.
II. salário-família e auxílio-reclusão para os dependentes dos segurados de baixa renda.
III. pensão por morte do segurado, homem ou mulher, ao cônjuge ou companheiro e dependentes.
IV. a promoção da integração ao mercado de trabalho.
(A) Todos estão corretos.
(B) Somente IV está incorreto.
(C) I e II estão incorretos.
(D) I e III estão incorretos.
(E) III e IV estão incorretos.

I: correta, conforme o art. 201, I, da CF; **II:** correta, conforme o art. 201, IV, da CF; **III:** correta, conforme o art. 201, V, da CF; **IV:** incorreta, pois essa ação refere-se à assistência social, não à previdência social – art. 203, III, da CF.
Gabarito "B".

(Auditor Fiscal da Previdência Social – ESAF) Com relação às espécies de prestações e aos períodos de carência correspondentes, assinale a opção incorreta.

(A) Aposentadoria por invalidez oriunda de doença profissional – doze contribuições.
(B) Auxílio-doença – doze contribuições.
(C) Salário-família – zero contribuições.
(D) Auxílio-funeral – zero contribuições.
(E) Pensão por morte – zero contribuições.

A: incorreta, pois a aposentadoria por invalidez oriunda de doença profissional não se submete, excepcionalmente, a período de carência – art. 26, II, do PBPS; **B:** correta, conforme o art. 25, I, do PBPS; **C, D e E:** corretas, pois não há carência, nessas hipóteses – art. 26, I, do PBPS. A Lei 8.742/1993 prevê benefício no âmbito da assistência social (que não é contraprestacional, ou seja, não há carência) em caso de morte, para famílias com renda per capita inferior a um quarto do salário mínimo, em substituição ao auxílio-funeral da previdência social (arts. 22 e 40).
Gabarito "A".

(Auditor Fiscal da Previdência Social – ESAF) Considerando a orientação dos Tribunais Superiores sobre a legislação previdenciária, assinale a assertiva incorreta.

(A) A definição, em ato regulamentar, de grau mínimo de disacusia, não exclui, por si só, a concessão do benefício previdenciário.
(B) Não é inconstitucional a inclusão de sócios e administradores como contribuintes obrigatórios da Previdência Social.

(C) Compete à Justiça Estadual processar e julgar os litígios decorrentes de acidente do trabalho.
(D) Em caso de acidente de trabalho ou de transporte, a companheira tem direito a ser indenizada pela morte do amásio, se entre eles havia impedimento para o matrimônio.
(E) A ação acidentária prescinde do exaurimento da via administrativa.

A: correta, conforme a Súmula 44/STJ; **B:** correta, conforme a Súmula 466/STF; **C:** correta, conforme as Súmulas 501/STF, 15/STJ e 366/STJ. Com a alteração do art. 114, VI, da CF/1988 (EC 45/2004), a Justiça Trabalhista passou a ser competente para julgar as ações de indenização por dano moral ou patrimonial decorrentes da relação de trabalho. Em se tratando de servidor e ente público (excluídos da expressão "relação de trabalho"), a competência é da Justiça comum, Estadual ou Federal, conforme o caso – ADI--MC 3.395/DF-STF; **D:** incorreta, pois a companheira tem direito a ser indenizada, em princípio, apenas se não havia impedimento ao matrimônio – Súmula 35/STF, ver art. 1.727 Código Civil; **E:** correta, conforme a Súmula 89/STJ.
Gabarito "D".

(Auditor Fiscal da Previdência Social – ESAF) Não é segurado facultativo da Previdência Social:

(A) pessoa participante de regime próprio de previdência.
(B) a dona-de-casa.
(C) o síndico de condomínio, quando não remunerado.
(D) aquele que deixou de ser segurado obrigatório da previdência social.
(E) o bolsista que se dedique em tempo integral a pesquisa.

A: correta, pois a pessoa participante de regime próprio de previdência não pode ingressar como contribuinte facultativo no RGPS – art. 201, § 5º, da CF (mas pode ser segurado obrigatório – art. 12, § 1º, do PBPS); **B, C, D e E:** incorretas, pois são segurados facultativos, conforme o art. 11, § 1º, I, II, V e VIII, do RPS.
Gabarito "A".

(Auditor Fiscal da Previdência Social – ESAF) A respeito do regime geral de previdência social e da classificação dos segurados obrigatórios, assinale a assertiva incorreta.

(A) Como empregado – aquele que presta serviço de natureza urbana ou rural à empresa, em caráter não eventual, sob sua subordinação e mediante remuneração, inclusive como diretor empregado.
(B) Como trabalhador avulso – quem presta, a diversas empresas, sem vínculo empregatício, serviço de natureza urbana ou rural definidos em Regulamento.
(C) Como contribuinte individual – o ministro de confissão religiosa e o membro de instituto de vida consagrada, de congregação ou de ordem religiosa.
(D) Como empregado – o titular de firma individual urbana ou rural.
(E) Como contribuinte individual – o diretor não empregado e o membro de conselho de administração de sociedade anônima.

A: correta, conforme o art. 12, I, a, do PBPS; **B:** correta, conforme o art. 12, VI, do PBPS; **C:** correta, conforme o art. 12, V, c, do PBPS; **D:** incorreta, pois o titular de firma individual é contribuinte individual, não empregado – art. 12, V, f, do PBPS; **E:** correta, conforme o art. 12, V, f, do PBPS.
Gabarito "D".

(Auditor Fiscal da Previdência Social – ESAF) A respeito dos períodos de carência, assinale qual dos benefícios abaixo necessita de período de carência:

(A) Pensão por morte.
(B) Auxílio-reclusão.
(C) Salário-família.
(D) Auxílio-acidente.
(E) Auxílio-doença.

A, B, C, e D: incorretas, pois esses benefícios independem de carência para serem concedidos – art. 26, I, do PBPS; **E:** correta, pois, em regra, o auxílio-doença submete-se à carência de 12 contribuições mensais – art. 25, I, do PBPS (ver exceções no art. 26, II, da mesma lei, casos em que não há carência para o auxílio doença e para a aposentadoria por invalidez decorrentes de acidentes, de doenças profissionais ou do trabalho, além de outras doenças e afecções especificadas em lista do governo federal).
Gabarito "E".

(Auditor Fiscal da Previdência Social – ESAF) Com relação às espécies de prestações e aos beneficiários correspondentes, assinale a opção incorreta.

(A) Aposentadoria por invalidez – segurado.
(B) Pensão por morte – dependente.
(C) Salário-família – segurado.
(D) Auxílio-acidente – dependente.
(E) Auxílio-doença – segurado.

A: correta, conforme o art. 18, I, a, do PBPS; **B:** correta, conforme o art. 18, II, a, do PBPS; **C:** correta, conforme o art. 18, I, f, do PBPS; **D:** incorreta, pois o auxílio-acidente é devido ao segurado – art. 18, I, h, do PBPS; **E:** correta, conforme o art. 18, I, e, do PBPS.
Gabarito "D".

(Auditor Fiscal da Previdência Social – ESAF) Com relação ao auxílio-doença e suas características, assinale a opção incorreta.

(A) Benefício continuado.
(B) Devido ao segurado.
(C) Extinção do benefício pela recuperação da capacidade para o trabalho.
(D) Possui prazo de carência, em regra.
(E) Incapacitação permanente para o trabalho.

A: art. 61 do PBPS; **B:** art. 18, I, e, do PBPS; **C:** art. 60 do PBPS; **D:** em regra, o auxílio-doença submete-se à carência de 12 contribuições mensais – art. 25, I, do PBPS (ver exceções no art. 26, II, da mesma lei, casos em que não há carência para o auxílio doença e para a aposentadoria por invalidez decorrentes de acidentes, de doenças profissionais ou do trabalho, além de outras doenças e afecções especificadas em lista do governo federal); **E:** o auxílio-doença é concedido por conta de incapacidade temporária. Se não houver recuperação para atividade habitual, o segurado deverá se submeter a processo de reabilitação profissional e, caso seja considerado não recuperável, será aposentado por invalidez – art. 62 do PBPS.
Gabarito "E".

(Auditor Fiscal da Previdência Social – ESAF) Com relação ao auxílio-acidente e suas características, assinale a opção incorreta.

(A) Benefício instantâneo.
(B) Devido ao segurado.
(C) Caráter indenizatório.
(D) Vinculado a sequelas consolidadas.
(E) Extinção do benefício pelo óbito do segurado.

A: incorreta, pois o auxílio-acidente é benefício mensal (continuado) – art. 86, §§ 1º e 2º, do PBPS; **B:** correta, conforme o art. 18, I, *h*, do PBPS; **C:** correta, conforme o art. 201, § 10, da CF e art. 86 do PBPS; **D:** correta, conforme o art. 86, *caput*, do PBPS; **E:** correta, pois há extinção pelo óbito do segurado ou por sua aposentadoria – art. 86, § 1º, do PBPS.
Gabarito "A".

(Auditor Fiscal da Previdência Social – ESAF) Com relação à aposentadoria por invalidez e suas características, assinale a opção incorreta.

(A) Benefício de renda mensal.
(B) Exige, em regra, carência.
(C) Extinção do benefício com o retorno voluntário à atividade.
(D) Pode ser acumulado com auxílio-doença.
(E) Alíquota de 100% do salário-de-benefício.

A e E: corretas, conforme o art. 44 do PBPS; **B:** correta, pois a aposentadoria por invalidez submete-se, em regra, à carência de 12 contribuições mensais – art. 25, I, do PBPS (ver exceções no art. 26, II, da mesma lei, casos em que não há carência para o auxílio doença e para a aposentadoria por invalidez decorrentes de acidentes, de doenças profissionais ou do trabalho, além de outras doenças e afecções especificadas em lista do governo federal); **C:** correta, conforme o art. 46 do PBPS; **D:** incorreta, pois a aposentadoria por invalidez não pode ser cumulada com o auxílio-doença – arts. 43 e 124, I, ambos do PBPS.
Gabarito "D".

(Auditor Fiscal da Previdência Social – ESAF) Com relação à reabilitação profissional e suas características, assinale a opção incorreta.

(A) Desenvolve capacidades residuais das pessoas incapacitadas.
(B) É um benefício temporário.
(C) Busca integração no mercado de trabalho.
(D) Exige trabalho integrado de profissionais de diferentes áreas.
(E) Permite readaptação profissional.

A, C, D e E: corretas, conforme o art. 89 do PBPS; **B:** incorreta, pois a reabilitação profissional é serviço prestado no âmbito da previdência social, não benefício temporário.
Gabarito "B".

(Técnico da Receita Federal – ESAF) A seguinte prestação (benefício) somente é concedida aos dependentes, não ao segurado:

(A) salário-família
(B) auxílio-reclusão
(C) salário-maternidade
(D) auxílio-acidente
(E) aposentadoria por invalidez

A: incorreta, pois o salário-família é devido apenas ao segurado – art. 18, I, *f*, do PBPS; **B:** correta, pois o auxílio-reclusão é devido apenas aos dependentes – art. 18, II, *b*, do PBPS; **C:** incorreta, pois o salário-maternidade é devido apenas ao segurado – art. 18, I, *g*, do PBPS; **D:** incorreta, pois o auxílio-acidente é devido apenas ao segurado – art. 18, I, *h*, do PBPS; **E:** incorreta, pois a aposentadoria por invalidez é devida apenas ao segurado – art. 18, I, *a*, do PBPS.
Gabarito "B".

(Auditor Fiscal da Previdência Social – ESAF) Nos termos da legislação previdenciária, assinale qual benefício é reembolsado à empresa:

(A) salário-família pago aos segurados a seu serviço.
(B) auxílio-acidente.
(C) aposentadoria por idade.
(D) aposentadoria por invalidez.
(E) pensão por morte.

Das alternativas, apenas o salário-família é pago pelo empregador ao segurado a seu serviço e, posteriormente, reembolsado pela seguridade social por meio de compensação – art. 68 do PBPS. Interessante lembrar que, com a LC 150/2015, o empregador doméstico também fica obrigado a pagar o salário-família, descontando o valor no recolhimento das contribuições.
Gabarito "A".

(Técnico da Receita Federal – ESAF) Não está previsto, em caso algum, como segurado-empregado obrigatório da Previdência Social do Brasil

(A) o trabalhador contratado no exterior para trabalhar no Brasil em empresa constituída e funcionando em território nacional segundo as leis brasileiras com salário estipulado em moeda estrangeira.
(B) o brasileiro ou o estrangeiro domiciliado e contratado no Brasil para trabalhar como empregado no exterior, em sucursal ou em agência de empresa constituída sob as leis brasileiras e que tenha sede e administração no País.
(C) o brasileiro ou o estrangeiro domiciliado e contratado no Brasil para trabalhar como empregado em empresa domiciliada no exterior, com maioria de capital votante pertencente a empresa constituída sob as leis brasileiras, que tenha sede e administração no País e cujo controle efetivo esteja em caráter permanente sob a titularidade direta ou indireta de pessoas físicas domiciliadas e residentes no Brasil.
(D) o estrangeiro que presta serviços no Brasil a missão diplomática ou a repartição consular de carreira estrangeira, ainda que sem residência permanente no Brasil, e o brasileiro amparado pela legislação previdenciária do país da respectiva missão diplomática ou da repartição consular.
(E) o menor aprendiz, com idade de quatorze a dezoito anos, ainda que sujeito à formação técnico-profissional metódica, sob a orientação de entidade qualificada, nos termos da lei.

A: é segurado obrigatório, na qualidade de empregado, pois o trabalhador, na hipótese, sujeita-se às leis brasileiras, inclusive quanto à seguridade social – art. 11, I, *a*, do PBPS; **B:** é segurado obrigatório, na qualidade de empregado, conforme o art. 9º, I, *c*, do RPS; **C:** é segurado obrigatório, na qualidade de empregado, conforme o art. 9º, I, *d*, do RPS; **D:** esses não são segurados obrigatórios – art. 11, I, *d*, do PBPS; **E:** atualmente, a idade mínima para o trabalho e, portanto, para a filiação no regime geral (RGPS) é de 16 anos e, excepcionalmente, 14 anos para o aprendiz – art. 7º, XXXIII, da CF e art. 13 do PBPS. O menor empregado como aprendiz é segurado obrigatório – art. 28, § 4º, do PCSS.
Gabarito "D".

(Técnico da Receita Federal – ESAF) Segundo a consolidação administrativa das normas gerais de tributação previdenciária e de arrecadação das contribuições sociais administradas pela Secretaria da Receita Previdenciária – SRP, deve contribuir obrigatoriamente na qualidade de "segurado-empregado":

( ) o diretor empregado que seja promovido para cargo de direção de sociedade anônima, mantendo as características inerentes à relação de trabalho?

( ) o trabalhador contratado em tempo certo, por empresa de trabalho temporário?
( ) aquele que presta serviços de natureza contínua, mediante remuneração, à pessoa, à família ou à entidade familiar, no âmbito residencial desta, em atividade sem fins lucrativos?

(A) Sim, sim, sim
(B) Sim, não, não
(C) Sim, não, sim
(D) Sim, sim, não
(E) Não, não, não

1ª: verdadeira, pois, se há relação de trabalho, o diretor é segurado obrigatório na categoria de empregado – art. 11, I, a, do PBPS; 2ª: verdadeira, conforme o art. 11, I, b, do PBPS; 3ª: falsa, pois a assertiva refere-se ao empregado doméstico, que é segurado obrigatório, mas não na categoria de empregado (art. 11, I, do PBPS), e sim em categoria específica indicada no art. 11, II, do PBPS.
Gabarito "D".

(Técnico da Receita Federal – ESAF) Leia cada um dos assertos abaixo e assinale (V) ou (F), conforme seja verdadeiro ou falso. Depois, marque a opção que contenha a exata sequência.

( ) O segurado que deixar de exercer atividade remunerada abrangida pela Previdência Social, ou estiver suspenso ou licenciado sem remuneração, que deixar de contribuir perde automaticamente a qualidade de segurado, para fins de receber benefícios.
( ) O irmão não emancipado, menor de 21 anos, válido para o trabalho, alista-se entre os beneficiários do Regime Geral de Previdência Social, na condição de dependente do segurado.
( ) Se o cônjuge que se divorcia abre mão dos alimentos, processa-se o cancelamento da inscrição de dependente, para fins de benefícios previdenciários.

(A) V, V, V
(B) F, F, F
(C) F, V, V
(D) V, V, F
(E) F, F, V

1ª: falsa, pois o cidadão mantém a qualidade de segurado até 12 meses após a cessação das contribuições, nessas hipóteses – art. 15, II, do PBPS; 2ª: verdadeira, pois o irmão menor de 21 anos não emancipado qualifica-se como dependente do segurado, ainda que não seja inválido ou não tenha qualquer deficiência – art. 16, III, do PBPS; 3ª: verdadeira, pois o cônjuge, na hipótese, deixa de ser dependente – art. 17, § 2º, do PBPS.
Gabarito "C".

5. CRIMES

(Auditor Fiscal da Receita Federal – ESAF) No contexto dos Crimes contra a Previdência Social, em particular das inovações advindas da Lei n. 9.983/2000, é correto afirmar:

(A) O crime tipificado no art. 168-A do Código Penal não se consuma com o simples não recolhimento das contribuições previdenciárias descontadas dos empregados no prazo legal.
(B) O crime previsto na alínea "d" do art. 95 da Lei n. 8.212/91 não foi revogado pelo art. 3º do referido diploma legal, que não tipifica a mesma conduta no art. 168-A do Código Penal.
(C) O elemento subjetivo da infração penal prevista no art. 168-A do Código Penal exige a demonstração do especial fim de agir ou o dolo específico de fraudar a Previdência.
(D) O art. 3º do referido diploma legal apenas transmudou a base legal da imputação do crime da alínea "d" do art. 95 da Lei n. 8.212/91 para o art. 168-A do Código Penal.
(E) A teor da dicção do art. 168-A do Código Penal, a penhora de bens é causa de extinção de punibilidade da infração penal.

A: incorreta, pois o não recolhimento ao fisco implica, na hipótese, crime previsto no art. 168-A, caput, do CP; B: incorreta, pois o art. 95 do PCSS foi expressamente revogado pela Lei 9.983/2000. A tipificação antes prevista na alínea d desse artigo passou ser veiculada pelo art. 168-A, caput, do CP; C: incorreta, pois a intenção de fraudar a previdência é irrelevante, para a tipificação penal; D: correta, conforme comentário à alternativa "B"; E: incorreta, pois o art. 168-A, § 2º, do CP prevê a extinção da punibilidade apenas no caso de o agente, espontaneamente, declarar, confessar e pagar as contribuições, importâncias ou valores e prestar as informações devidas à previdência social, na forma definida em lei ou regulamento, antes do início da ação fiscal.
Gabarito "D".

(Auditor Fiscal da Previdência Social – ESAF) A respeito de crime, responsabilização civil, criminal e administrativa contra a previdência social, assinale a opção incorreta a respeito da(s) natureza(s) da conduta "Deixar de repassar à previdência social as contribuições recolhidas dos contribuintes, no prazo e forma legal ou convencional":

(A) infração administrativa.
(B) crime.
(C) crime tipificado no Código Penal brasileiro.
(D) crime tipificado na Lei 8.212/91.
(E) infração administrativa que acarreta sanção administrativa.

A questão descreve o crime tipificado pelo art. 168-A, caput, do Código Penal, de modo que a alternativa "C" é a correta.
Gabarito "C".

8. CONTABILIDADE

Fabrício de Oliveira Barros, Pedro Henrique Barros e Rosenei Novochadlo da Costa

1. PRINCÍPIOS FUNDAMENTAIS DE CONTABILIDADE

(Auditor do Tesouro Municipal/Recife-PE – FGV) O Princípio do Registro pelo Valor Original determina que os componentes do patrimônio devem ser inicialmente registrados pelos valores originais das transações, expressos em moeda nacional. Ao longo do tempo, diferentes bases de mensuração podem ser utilizadas, entre elas o Custo Corrente.

Em relação ao Custo Corrente, assinale a afirmativa correta.

(A) Reconhece os ativos pelos valores em caixa ou equivalentes de caixa, os quais teriam de ser pagos se esses ativos ou ativos equivalentes fossem adquiridos na data ou no período das demonstrações contábeis.
(B) Reconhece os ativos pelos valores em caixa ou equivalentes de caixa, os quais poderiam ser obtidos pela venda em uma forma ordenada.
(C) Reconhece os ativos pelo valor presente, descontado do fluxo futuro de entrada líquida de caixa que se espera ser gerado pelo item no curso normal das operações da entidade.
(D) Reconhece o ativo pelo valor pelo qual ele pode ser trocado entre partes conhecedoras, dispostas a isso, em uma transação sem favorecimentos.
(E) Reconhece os ativos pelos valores pagos, a serem pagos em caixa ou equivalentes de caixa ou pelo valor justo dos recursos que são entregues para adquiri-los na data da aquisição.

De acordo com a Resolução 750/93, em seu Art. 7º e suas atualizações: "O Princípio do Registro pelo Valor Original determina que os componentes do patrimônio devem ser inicialmente registrados pelos valores originais das transações, expressos em moeda nacional.
§ 1º As seguintes bases de mensuração devem ser utilizadas em graus distintos e combinadas, ao longo do tempo, de diferentes formas:
I – Custo histórico. Os ativos são registrados pelos valores pagos ou a serem pagos em caixa ou equivalentes de caixa ou pelo valor justo dos recursos que são entregues para adquiri-los na data da aquisição. Os passivos são registrados pelos valores dos recursos que foram recebidos em troca da obrigação ou, em algumas circunstâncias, pelos valores em caixa ou equivalentes de caixa, os quais serão necessários para liquidar o passivo no curso normal das operações; e
II – Variação do custo histórico. Uma vez integrado ao patrimônio, os componentes patrimoniais, ativos e passivos, podem sofrer variações decorrentes dos seguintes fatores:
a) Custo corrente. Os ativos são reconhecidos pelos valores em caixa ou equivalentes de caixa, os quais teriam de ser pagos se esses ativos ou ativos equivalentes fossem adquiridos na data ou no período das demonstrações contábeis. Os passivos são reconhecidos pelos valores em caixa ou equivalentes de caixa, não descontados, que seriam necessários para liquidar a obrigação na data ou no período das demonstrações contábeis;
b) Valor realizável. Os ativos são mantidos pelos valores em caixa ou equivalentes de caixa, os quais poderiam ser obtidos pela venda em uma forma ordenada. Os passivos são mantidos pelos valores em caixa e equivalentes de caixa, não descontados, que se espera seriam pagos para liquidar as correspondentes obrigações no curso normal das operações da Entidade;
c) Valor presente. Os ativos são mantidos pelo valor presente, descontado do fluxo futuro de entrada líquida de caixa que se espera seja gerado pelo item no curso normal das operações da Entidade. Os passivos são mantidos pelo valor presente, descontado do fluxo futuro de saída líquida de caixa que se espera seja necessário para liquidar o passivo no curso normal das operações da Entidade;
d) Valor justo. É o valor pelo qual um ativo pode ser trocado, ou um passivo liquidado, entre partes conhecedoras, dispostas a isso, em uma transação sem favorecimentos; e
e) Atualização monetária. Os efeitos da alteração do poder aquisitivo da moeda nacional devem ser reconhecidos nos registros contábeis mediante o ajustamento da expressão formal dos valores dos componentes patrimoniais."
Portanto, a alternativa "A" é a que melhor se aproxima do conceito propugnado pelas normas brasileiras de contabilidade, especificamente a resolução 750/93.

Gabarito "A".

(Auditor Fiscal da Receita Federal – ESAF) Entre as características qualitativas de melhoria, a comparabilidade está entre as que os analistas de demonstrações contábeis mais buscam. Dessa forma, pode-se definir pela estrutura conceitual contábil que comparabilidade é a característica que

(A) permite que os usuários identifiquem e compreendam similaridades dos itens e diferenças entre eles nas Demonstrações Contábeis.
(B) utiliza os mesmos métodos para os mesmos itens, tanto de um período para outro, considerando a mesma entidade que reporta a informação, quanto para um único período entre entidades.
(C) considera a uniformidade na aplicação dos procedimentos e normas contábeis, onde, para se obter a comparabilidade, as entidades precisam adotar os mesmos métodos de apuração e cálculo.
(D) garante que usuários diferentes concluam de forma completa e igual, quanto à condição econômica e financeira da empresa, sendo levados a um completo acordo.
(E) estabelece procedimentos para a padronização dos métodos e processos aplicados em demonstrações contábeis de mesmo segmento.

A: Correto. O CPC 00 – Pronunciamento Conceitual Básico – define que "comparabilidade é a característica qualitativa que permite que os usuários identifiquem e compreendam similaridades dos itens e diferenças entre eles. Diferentemente de outras características qualitativas, a comparabilidade não está relacionada com um único item. A comparação requer no mínimo dois itens". **B:** Incorreto. O item troca o conceito de comparabilidade com "uniformidade". O CPC 00 – Pronunciamento Conceitual Básico – define que "comparabilidade não significa uniformidade. Para que a informação seja comparável, coisas iguais precisam parecer iguais e coisas diferentes precisam parecer diferentes. A comparabilidade da informação contábil-financeira não é aprimorada ao se fazer com que coisas diferentes pareçam iguais ou, ainda, ao se fazer coisas iguais parecerem diferentes". **C:** *Idem* ao item "b". **D:** Incorreto. O objetivo da comparabilidade não é garantir conclusões sobre a condição econômica e financeira das empresas, mas identificar similaridades e diferenças entre os itens comparados. **E:** Incorreto. O item se refere à uniformidade.

Gabarito "A".

(Auditor Fiscal da Receita Federal – ESAF) Exemplificamos, abaixo, os dados contábeis colhidos no fim do período de gestão de determinada entidade econômico-administrativa:

- dinheiro existente	200,00	- máquinas	400,00
- dívidas diversas	730,00	- contas a receber	540,00
- rendas obtidas	680,00	- empréstimos bancários	500,00
- mobília	600,00	- contas a pagar	700,00
- consumo efetuado	240,00	- automóveis	800,00
- capital registrado	650,00	- casa construída	480,00

Segundo a Teoria Personalística das Contas e com base nas informações contábeis acima, pode-se dizer que, neste patrimônio, está sob responsabilidade dos agentes consignatários o valor de:

(A) R$ 1.930,00.
(B) R$ 3.130,00.
(C) R$ 2.330,00.
(D) R$ 3.020,00.
(E) R$ 2.480,00.

Na teoria personalista cada conta assume a configuração de uma pessoa no seu relacionamento com a empresa ou entidade. As contas classificadas como de agentes consignatários são as que representam os bens da empresa, conforme elencadas a seguir:

- dinheiro existente	200,00
- mobília	600,00
- máquinas	400,00
- automóveis	800,00
- casa construída	480,00
TOTAL	**2.480,00**

Gabarito "E".

(Auditor Fiscal da Receita Federal – ESAF) O Conselho Federal de Contabilidade, considerando que a evolução ocorrida na área da Ciência Contábil reclamava a atualização substantiva e adjetiva de seus princípios, editou, em 29 de dezembro de 1993, a Resolução 750, dispondo sobre eles. Sobre o assunto, abaixo estão escritas cinco frases. Assinale a opção que indica uma afirmativa falsa.

(A) A observância dos Princípios Fundamentais de Contabilidade é obrigatória no exercício da profissão e constitui condição de legitimidade das Normas Brasileiras de Contabilidade (NBC).

(B) Os Princípios Fundamentais de Contabilidade, por representarem a essência das doutrinas e teorias relativas à Ciência da Contabilidade, a ela dizem respeito no seu sentido mais amplo de ciência social, cujo objeto é o patrimônio das Entidades.

(C) O Princípio da entidade reconhece o Patrimônio como objeto da Contabilidade e afirma a autonomia patrimonial e a desnecessidade da diferenciação de um Patrimônio particular no universo dos patrimônios existentes.

(D) O patrimônio pertence à entidade, mas a recíproca não é verdadeira. A soma ou agregação contábil de patrimônios autônomos não resulta em nova entidade, mas numa unidade de natureza econômico-contábil.

(E) São Princípios Fundamentais de Contabilidade: o da entidade; o da continuidade; o da oportunidade; o do registro pelo valor original; o da atualização monetária; o da competência e o da prudência.

A: de acordo com o § 1º do artigo 1º da Resolução CFC N.º 750/93, destacando que após a edição da Resolução CFC N.º 1.282/2010 os princípios passaram a ser denominados "PRINCÍPIOS DE CONTABILIDADE"; **B:** de acordo com o artigo 2º da Resolução CFC N.º 750/93; **C:** segundo o artigo 4º da Resolução CFC N.º 750/93 "o princípio da entidade reconhece o patrimônio como objeto da contabilidade e afirma a autonomia patrimonial, a necessidade da diferenciação de um Patrimônio particular no universo dos patrimônios existentes"; **D:** de acordo com o parágrafo único do artigo 4º da Resolução CFC N.º 750/93; **E:** de acordo com o artigo 3º da Resolução CFC N.º 750/93, exceto pelo princípio da atualização monetária que foi retirado pela Resolução CFC N.º 1.282/2010.

Gabarito "C".

(Auditor Fiscal/MG – ESAF) Assinale a opção que contém afirmativa correta sobre princípios fundamentais de contabilidade.

(A) Quando se apresentarem opções igualmente aceitáveis, o princípio da competência impõe a escolha da hipótese de que resulte menor patrimônio líquido.

(B) Diante de alternativas igualmente válidas, o princípio da competência impõe a adoção do menor valor para o ativo e do maior valor para o passivo.

(C) As receitas e as despesas devem ser incluídas na apuração do resultado do período em que ocorrerem, segundo afirma o princípio da prudência.

(D) O reconhecimento simultâneo das receitas e despesas correlatas é consequência natural do respeito ao período em que ocorrer sua geração, mas não atende ao princípio da continuidade.

(E) O princípio da entidade reconhece o patrimônio como objeto da contabilidade e afirma a autonomia patrimonial diferenciando o patrimônio particular no universo dos patrimônios existentes.

A: o Princípio da Prudência que impõe a escolha que resulte no menor valor para o ativo e no maior para o passivo, o que implica um menor Patrimônio Líquido; **B:** o Princípio da Prudência que impõe a adoção do menor valor para o ativo e do maior para o passivo; **C:** a inclusão das receitas e despesas ao exercício que ocorrerem é definido pelo Princípio da Competência; **D:** a adoção do correto registro das receitas e despesas em nada interfere no Princípio da Continuidade; **E:** conforme o artigo 4º da Resolução CFC Nº 750/93.

Gabarito "E".

(Auditor Fiscal da Receita Federal – ESAF) Quando o Contador registra, no fim do exercício, uma variação cambial para atualizar a dívida em moeda estrangeira; quando faz provisão para crédito de liquidação duvidosa; ou quando faz um lançamento de ajuste do estoque ao preço de mercado está apenas:

(A) cumprindo a sua obrigação profissional.
(B) executando o regime contábil de competência.
(C) cumprindo o princípio fundamental da prudência.
(D) satisfazendo o princípio fundamental da entidade.
(E) seguindo a convenção do conservadorismo.

Ao realizar os procedimentos apresentados pela questão, a empresa está cumprindo o Princípio da Prudência, que, segundo o artigo 10º da Resolução CFC Nº 750/93, determina a adoção do menor valor para os componentes do ativo e do maior para os do passivo, sempre que se apresentem alternativas igualmente válidas para a quantificação das mutações patrimoniais que alterem o patrimônio líquido.
Gabarito 'C'.

(Técnico da Receita Federal – ESAF) Com relação aos Princípios Fundamentais de Contabilidade, assinale a opção incorreta.

(A) O Princípio da PRUDÊNCIA determina a adoção do menor valor para os componentes do ATIVO e do maior, para os do PASSIVO, sempre que se apresentem alternativas igualmente válidas para a quantificação das mutações patrimoniais que alterem o Patrimônio Líquido.
(B) O Princípio da PRUDÊNCIA impõe a escolha da hipótese de que resulte menor Patrimônio Líquido, quando se apresentarem opções igualmente aceitáveis diante dos demais Princípios Fundamentais de Contabilidade.
(C) O Princípio da PRUDÊNCIA somente se aplica às mutações posteriores, constituindo-se ordenamento indispensável à correta aplicação do Princípio da COMPETÊNCIA.
(D) A aplicação do Princípio da PRUDÊNCIA ganha ênfase quando, para definição dos valores relativos às variações patrimoniais, devem ser feitas estimativas que envolvem incertezas de grau variável.
(E) O Princípio da PRUDÊNCIA refere-se, simultaneamente, à tempestividade e à integridade do registro do patrimônio e das suas mutações, determinando que este seja feito de imediato e com a extensão correta, independentemente das causas que originaram o registro.

A: de acordo com o artigo 10º da Resolução CFC N.º 750/93; **B:** item de acordo com o § 1º do artigo 10º da Resolução CFC N.º 750/93 antes de ser revogado pela Resolução CFC Nº 1.282/2010. Ainda assim, pelo *caput* do artigo, é possível concluir que o item está correto; **C:** item de acordo com o § 2º do artigo 10º da Resolução CFC N.º 750/93 antes de ser revogado pela Resolução CFC Nº 1.282/2010. Ainda assim, pelo *caput* do artigo, é possível concluir que o item está correto; **D:** de acordo com o § 3º do artigo 10º da Resolução CFC N.º 750/93 antes de ser revogado pela Resolução CFC Nº 1.282/2010. Ainda assim, pelo *caput* do artigo, é possível concluir que o item está correto; **E:** o item está incorreto, pois as causas que originaram as mutações precisam ser consideradas para fins de registro contábil.
Gabarito 'E'.

(Auditor do Tesouro Municipal/Recife-PE – ESAF) Com relação aos Princípios Fundamentais de Contabilidade, assinale a opção incorreta.

(A) Do Princípio do REGISTRO PELO VALOR ORIGINAL resulta que a avaliação dos componentes patrimoniais deve ser feita com base nos valores de entrada, considerando-se como tais os resultantes do consenso com os agentes externos ou da imposição destes.
(B) Do Princípio do REGISTRO PELO VALOR ORIGINAL resulta que, uma vez integrados no patrimônio, os bens, direitos ou obrigações não poderão ter alterados seus valores intrínsecos, admitindo-se, tão somente, sua decomposição em elementos e/ou sua agregação, parcial ou integral, a outros elementos patrimoniais.
(C) Do Princípio do REGISTRO PELO VALOR ORIGINAL resulta que o valor original será mantido enquanto o componente permanecer como parte do patrimônio, inclusive quando da saída deste.
(D) Do Princípio do REGISTRO PELO VALOR ORIGINAL resulta que o uso da moeda do País na tradução do valor dos componentes patrimoniais constitui imperativo de homogeneização quantitativa dos mesmos.
(E) Do Princípio do REGISTRO PELO VALOR ORIGINAL resulta que é inadequada a utilização de qualquer tipo de CORREÇÃO ou ATUALIZAÇÃO MONETÁRIA.

Quando da aplicação da prova a questão era válida. No entanto, tornou-se inválida devido a alterações trazidas pela Resolução CFC Nº 1.282/2010 no artigo 7º da Resolução CFC Nº 750/93. Cabe no entanto a oportunidade de apresentar o novo texto do artigo, a seguir:
Art. 7º O Princípio do Registro pelo Valor Original determina que os componentes do patrimônio devem ser inicialmente registrados pelos valores originais das transações, expressos em moeda nacional.
§ 1º As seguintes bases de mensuração devem ser utilizadas em graus distintos e combinadas, ao longo do tempo, de diferentes formas:
I – Custo histórico. Os ativos são registrados pelos valores pagos ou a serem pagos em caixa ou equivalentes de caixa ou pelo valor justo dos recursos que são entregues para adquiri-los na data da aquisição. Os passivos são registrados pelos valores dos recursos que foram recebidos em troca da obrigação ou, em algumas circunstâncias, pelos valores em caixa ou equivalentes de caixa, os quais serão necessários para liquidar o passivo no curso normal das operações; e
II – Variação do custo histórico. Uma vez integrado ao patrimônio, os componentes patrimoniais, ativos e passivos, podem sofrer variações decorrentes dos seguintes fatores:
a) Custo corrente. Os ativos são reconhecidos pelos valores em caixa ou equivalentes de caixa, os quais teriam de ser pagos se esses ativos ou ativos equivalentes fossem adquiridos na data ou no período das demonstrações contábeis. Os passivos são reconhecidos pelos valores em caixa ou equivalentes de caixa, não descontados, que seriam necessários para liquidar a obrigação na data ou no período das demonstrações contábeis;
b) Valor realizável. Os ativos são mantidos pelos valores em caixa ou equivalentes de caixa, os quais poderiam ser obtidos pela venda em uma forma ordenada. Os passivos são mantidos pelos valores em caixa e equivalentes de caixa, não descontados, que se espera seriam pagos para liquidar as correspondentes obrigações no curso normal das operações da Entidade;
c) Valor presente. Os ativos são mantidos pelo valor presente, descontado do fluxo futuro de entrada líquida de caixa que se espera seja gerado pelo item no curso normal das operações da Entidade. Os passivos são mantidos pelo valor presente, descontado do fluxo futuro de saída líquida de caixa que se espera seja necessário para liquidar o passivo no curso normal das operações da Entidade;
d) Valor justo. É o valor pelo qual um ativo pode ser trocado, ou um passivo liquidado, entre partes conhecedoras, dispostas a isso, em uma transação sem favorecimentos; e
e) Atualização monetária. Os efeitos da alteração do poder aquisitivo da moeda nacional devem ser reconhecidos nos registros contábeis

mediante o ajustamento da expressão formal dos valores dos componentes patrimoniais.

§ 2º São resultantes da adoção da atualização monetária:

I – a moeda, embora aceita universalmente como medida de valor, não representa unidade constante em termos do poder aquisitivo;

II – para que a avaliação do patrimônio possa manter os valores das transações originais, é necessário atualizar sua expressão formal em moeda nacional, a fim de que permaneçam substantivamente corretos os valores dos componentes patrimoniais e, por consequência, o do Patrimônio Líquido; e

III – a atualização monetária não representa nova avaliação, mas tão somente o ajustamento dos valores originais para determinada data, mediante a aplicação de indexadores ou outros elementos aptos a traduzir a variação do poder aquisitivo da moeda nacional em um dado período.

Gabarito "E".

2. CONTABILIDADE GERAL

(Fiscal de Tributos – Prefeitura Tanguá/RJ – 2017 – MSCONCURSOS)
Segundo a contabilidade, é correto afirmar que:

(A) "Ativo" significa os bens e obrigações pertencentes a uma entidade.
(B) O patrimônio de uma entidade é formado pelo ativo e passivo.
(C) "Passivo" significa o patrimônio pertencente a uma entidade.
(D) O patrimônio líquido de uma entidade é obtido pelo resultado da diferença entre o ativo e o passivo, multiplicado pelo balanço patrimonial.

A: Incorreta: O ativo compreende bens e direitos. As obrigações pertencem ao passivo. **B:** Correta: Patrimônio são os bens, direitos e obrigações. **C:** Incorreta: O passivo compreende obrigações próprias e de terceiros. **D:** Incorreta: Patrimônio líquido compreende Bens direitos deduzindo as obrigações, também é possível classificar com a nomenclatura de Capital Próprio.

Gabarito "B".

(Fiscal de Tributos – Prefeitura Tanguá/RJ – 2017 – MSCONCURSOS)
Assinale a alternativa correta:

(A) O Livro Diário é um registro facultativo para a contabilidade de uma entidade.
(B) Custo é o gasto efetuado para se obter receita.
(C) Pelo Princípio da Competência, as receitas e despesas realizadas em um exercício podem ser misturadas a outras despesas e receitas em outros exercícios.
(D) O método das partidas dobradas significa que toda vez que se faz o lançamento de um fato ocorrido, dois registros devem ser efetuados.

A: Incorreta: O livro diário é obrigatório, atualmente o SPED (Sistema Publico de Escrituração Digital) alterou o livro no formato físico para o digital. **B:** Incorreta: O custo é um elemento que faz parte do estoque, quando ocorre a transferência do estoque para o resultado ele se torna despesa. O termo Custo Mercadoria Vendida se trata de uma despesa no resultado. A despesa sim é o elemento fundamental para obter receita. **C:** Incorreta: O princípio da competência obriga que sejam efetu-ados os registros na contabilidade na data DO FATO, independente de seu pagamento ou recebimento. O CPC 00 – Estrutura Conceitual para elaboração e divulgação de relatório em seu item OB17 prevê que "-O regime de competência retrata com propriedade os efeitos de transações e outros eventos e circunstâncias sobre os recursos econômicos e reivindicações da entidade que reporta a informação nos períodos em que ditos efeitos são produzidos, ainda que os recebimentos e pagamentos em caixa derivados ocorram em períodos distintos". **D:** Correta: O conceito de partida dobrada surgiu em 1494 o frei Luca Pacioli escreveu o livro "Summa de Arithmetica, Geometria proportioni et propornalità" que revolucionou a contabilidade criando o método das parti-das dobradas na qual cada fato tem um débito e um crédito do mesmo valor.

Gabarito "D".

(Auditor Fiscal Tributário Municipal – Prefeitura Cuiabá – 2016 – FGV)
De acordo com o pronunciamento técnico CPC 00 (R1) – Estrutura Conceitual para Elaboração e Divulgação de Relatório Contábil-Financeiro, não é possível que relatórios contábil-financeiros de propósito geral forneçam toda e qualquer informação que todo usuário repute ser relevante.

Assinale a opção que indica a restrição presente no processo de elaboração e divulgação de relatório financeiro de uma entidade de acordo com a estrutura conceitual.

(A) O custo de gerar a informação.
(B) A subjetividade da contabilidade.
(C) A complexidade das transações contábeis.
(D) O número de páginas das demonstrações contábeis.
(E) A intenção da administração em não apresentar informações estratégicas.

A: Incorreta. A estrutura conceitual CPC 00 em seu item QC 38 descreve que "na aplicação da restrição do custo, avalia-se se os benefícios proporcionados pela elaboração e divulgação de informação em particular são provavelmente justificados pelos custos incorridos para fornecimento e uso dessa informação". **B.** Incorreta: A subjetividade da contabilidade está presente na maioria de suas contas com exceção do caixa e capital social que são contas objetivas, no entanto não é uma restrição desde que atenda todas características qualitativas e os princípios contábeis. **C.** Incorreta: Toda transação deve ser escriturada independente de sua complexidade. **D.** Correta: O número de páginas deve atender as formalidades intrínsecas e não deve ser restrito, essa limita-ção pode distorcer apresentando relatórios incompletos. **E:** Incorreta: O texto não fala de contabi-lidade.

Gabarito "A".

(Auditor Fiscal Tributário Municipal – Prefeitura Cuiabá – 2016 – FGV) De acordo com as práticas contábeis vigentes no Brasil, um ativo decorrente de imposto sobre a renda e contribuição fiscal diferidos deve ser constituído em uma entidade lucrativa, quando a entidade

(A) recebe uma multa ambiental.
(B) reconhece depreciação contábil menor do que a fiscal.
(C) baixa a provisão para contingência, por ter vencido a causa que havia sido provisionada.
(D) paga juros sobre capital próprio a seus acionistas.
(E) reconhece despesa pela redução do valor recuperável do ativo imobilizado.

A: Incorreta. é uma despesa indedutível e deve ser adicionada na PARTE A DO LALUR **B:** Incorreta. o registro da depreciação menor que a fiscal é escriturado no resultado sendo uma despesa dedutível. **C:** Incorreta. importante nessa alternativa é entender que provisão se trata de um aumento no Passivo e uma redução da DRE sendo adicionada na PARTE A DO LALUR decorrente de algum risco judicial, como foi ganha a causa deve ser revertida essa provisão eliminando o passivo e uma exclusão NA PARTE A DO LALUR. **D:** Incorreta. é um critério previsto pelo IR e totalmente dedutível desde que atenda as formalidades dos requi-sitos pela legislação.**E.** Correta. Essa questão tem várias informações importantes para com-preensão. 1) Práticas contábeis vigentes no Brasil – se refere a legislação do Imposto de Renda, 2) Imposto de renda diferido - IR Diferido é o montante de despesas ou receitas de tributo que ficam postergadas, 3) entidade lucrativa, 4) recuperável do ativo ou seja teste de impairment que é indedutível pela legislação do Imposto de Renda, 5) simplificando e determinando para o calculo do Imposto de Renda e Contribuição juntos tem alíquota de 30%. Com essas informações exemplificaremos: Uma empresa tem um ativo imobilizado no valor de R$ 5.000,00 que fez o teste de impairment gerando uma redução de R$100,00 reconhecida no imobilizado, supondo que a empresa tenha um lucro antes do IR de R$ 2.000,00 (incluído os R$ 100,00), calculando o IR de 30% teremos 2.000 x 30%=R$ 600,00. No entanto os R$ 100,00 não é dedutível e devemos adicionar portanto será R$ 2.100 X 30%= R$ 630,00.Nesse cenário ocorre o surgimento do IR diferido de R$ 30,00 e um Passivo a pagar de IR do mesmo valor. RNC

Gabarito "E".

(Auditor Fiscal Tributário Municipal – Prefeitura Cuiabá – 2016 – FGV)
Uma empresa produz e vende mochilas. Em 01/01/2015 não havia estoque inicial de mochilas.

No mês de janeiro de 2015 a empresa produziu 200 mochilas. Para isso, consumiu R$ 1.200,00 de matéria prima, pagou os salários dos funcionários diretamente envolvidos na produção no valor de R$ 2.200,00, incorreu em custos indiretos de fabricação no valor de R$ 600,00 e depreciou a máquina utili-zada no processo em R$ 200,00.

No processo de transporte para o cliente, acidentalmente, houve a danificação de 20 mochilas, que não poderão ser aproveitadas. As mochilas começaram a ser vendidas no início de fevereiro por

R$ 30,00. Em março, com a volta às aulas, as mochilas passaram a

ser vendidas por R$ 35,00. Já em abril, as vendas diminuíram e as mochilas passaram a ser vendidas por R$ 22,00.

Assinale a opção que indica o valor contábil unitário da mochila em 30/04/15.

(A) R$ 20,00.
(B) R$ 21,00.
(C) R$ 22,00.
(D) R$ 23,00.
(E) R$ 35,00.

Muitas informações dessa questão são desnecessárias como o preço de venda. Estamos buscando o valor contá-bil unitário da mochila, esse custo foi consequência da produção de 200 unidades em janeiro. Somando a Matéria Prima de R$ 1.200,00 + Salários dos funcionários de R$ 2.200,00 + Custos Indireto de Fabricação no valor de R$ 600,00 + Depreciação de R$ 200,00 o que totaliza o montante de R$ 4.200,00. Portanto, o custo unitário de cada mochila em 30/04/15 é R$ 4.200,00/200=R$ 21,00. A perda decorrente do transporte de 20 unidades não pode ser incluída no custo de todas mochilas. RNC

Gabarito "B".

(Auditor Fiscal Tributário Municipal – Prefeitura Cuiabá – 2016 – FGV)
Uma empresa apresen-tava em 31/12/X0 o seguinte balanço patrimonial:

Caixa   100.000   Capital Social   100.000

No ano X1, a empresa auferiu receitas à vista no valor de R$ 50.000,00 e incorreu em despesas à vista no valor de R$ 80.000,00. Em 31/12/X1 foi feito um estudo e constatou-se que a empresa apresentava perspectivas de lucros futuros.

No ano X2, a empresa auferiu receitas à vista no valor de R$ 90.000,00 e incorreu em despesas, também à vista, no valor de R$ 70.000,00.

Assinale a opção que indica a provisão para o imposto sobre a renda e contribuição social da empresa em 31/12/X2, considerando alíquota de 34%.

(A) Zero.
(B) R$ 2.040,00.
(C) R$ 3.400,00.
(D) R$ 4.760,00.
(E) R$ 6.800,00.

No exercício de X1 ocorreu uma Receita de R$ 50.000,00 e Despesa de R$ 80.000,00 dando um prejuízo de R$ 30.000,00. No ano de X2 ocorreu uma Receita de R$ 90.000,00 e Despesa de R$ 70.000,00 dando um lucro de R$ 20.000,00. Os prejuízos do ano anterior podem ser deduzidos até o montante de 30% do lucro do IR e da CS.

(a)	Receita X1	50.000,00
(b)	Despesa X1	(80.000,00)
(c) = (a)-(b)	Prejuizo Acumulado X1	(30.000,00)
(d)	Receita X2	90.000,00
(e)	Despesa X2	(70.000,00)
(f) = (d)-(e)	Lucro X2	20.000,00
(g)=(f) x 30%	Prejuizo Aproveitado de X1	(6.000,00)
(h)=(f)-(g)	Base de Cálculo IR e CS	14.000,00
(i)=(h)x34%	IR e CS 34%	4.760,00

RNC

Gabarito "D".

(Auditor Fiscal Tributário Municipal – Prefeitura Cuiabá – 2016 – FGV) A Cia. A possui partici-pação societária na Cia B, investida com participação de 18% do capital social. O diretor financei-ro da Cia. A é membro do conselho de administração da Cia B.

De acordo com a Lei nº 6.404/76, o investimento na Cia. B deve ser avaliado no balanço patrimonial da Cia. A, pelo

(A) valor justo.
(B) valor de saída.
(C) método do custo.
(D) método da reavaliação.
(E) método da equivalência patrimonial.

A. Incorreta. O valor justo é uma mensuração baseada em mercado e não uma mensuração específica da entidade. **B**. Incorreta: Valor de saída não se refere a avaliação de investimentos. **C**. Incorreta: Método de Custo: Nesse caso o investimento não está distribuindo os dividendos e sim demonstrando seu valor econômico para que reflita na estrutura patrimonial o resultado do ganho ou perda do investimento. **D**. Incorreta. A reavaliação ocorre na hipótese de avaliar o próprio pa-trimônio, como um ativo imobilizado. O investimento é um fenômeno que figura a participação da situação patrimonial líquida de outra entidade ligada. **E**. Correta. O **Art. 248 da Lei 6.404/76 determina que** "No balanço patrimonial da companhia, os investimentos em coligadas ou em controla-das e em outras sociedades que façam parte de um mesmo grupo ou estejam sob controle co-mum serão avaliados pelo método da equivalência patrimonial". RNC

Gabarito "E".

(Auditor Fiscal Tributário Municipal – Prefeitura Cuiabá – 2016 – FGV)
Em 31/12/2015, uma empresa apresentava os seguintes saldos em suas contas:

Venda de produtos: .... R$ 400.000,00

Devoluções e abatimentos sobre vendas: .. R$ 30.000,00

Estoque inicial de mercadorias: .... R$ 50.000,00

Estoque final de mercadorias: .... R$ 30.000,00

Compras de mercadorias: .... R$ 200.000,00
PIS e COFINS sobre vendas: .... R$ 37.000,00
ICMS a recuperar: .... R$ 21.000,00
ICMS sobre vendas: .... R$ 48.000,00
Despesas administrativas: .... R$ 40.000,00

Considerando apenas esses fatos, assinale a opção que indica o valor do resultado bruto na Demonstração do Resultado do Exercício, em 31/12/2015.

(A) R$ 25.000,00.
(B) R$ 65.000,00.
(C) R$ 86.000,00.
(D) R$ 102.000,00.
(E) R$ 150.000,00.

Apuração do Resultado Bruto		
(a)	Vendas dos Produtos	400.000,00
(b)	Devoluções e Abatimentos	(30.000,00)
(c)	PiS e Cofins Vendas	(37.000,00)
(d)	ICMS Venda	(48.000,00)
(e)	Estoque Inicial	(50.000,00)
(f)	Compras	(200.000,00)
(g)	Estoque Final	30.000,00
(h)	Resultado Bruto = Total	65.000,00

B: Correta. O resultado bruto também conhecido como lucro bruto é decorrente do resultado das receitas brutas, deduzindo os tributos sobre a receita e o custo da mercadoria é apurado pelo método do inventário periódico que é CMV=Estoque Inicial + Compras – Estoque Final. O detalhe fundamental é que o ICMS sobre as compras não participa no resultado e sim no ativo estoque.

Gabarito "B".

(Auditor Fiscal Tributário Municipal – Prefeitura Cuiabá – 2016 – FGV) Em janeiro de 2015 uma entidade realizou as seguintes operações.

• Integralização de capital social no valor de R$ 120.000,00, sendo R$ 80.000,00 em dinheiro e R$ 40.000,00 em um automóvel a ser utilizado pela entidade.
• Pagamento do seguro mensal do automóvel por R$ 2.000,00.
• Pagamento do aluguel antecipado de dois anos por R$ 60.000,00.
• Venda de mercadorias por R$ 100.000,00, sendo metade à vista e metade para recebimento em 2016. As mercadorias estavam avaliadas por R$ 60.000,00.
• Compra à vista de um computador para ser utilizado na empresa por R$ 6.000,00.
• Reconhecimento de despesas de salários no valor de R$ 12.000,00, que serão pagas no mês seguinte.
• Contração de empréstimo bancário no valor de R$ 30.000,00.

Assinale a opção que indica o fluxo de caixa gerado ou consumido pela entidade operacional e evidenciado na Demonstração dos Fluxos de Caixa, em 31/01/2015.

(A) Consumo de R$ 12.000,00.
(B) Consumo de R$ 10.000,00.
(C) Geração de R$ 18.000,00.
(D) Geração de R$ 48.000,00.

A: Correta. O Conselho Federal de Contabilidade na Norma Brasileira de Contabilidade NBC TG 03 – Demonstração dos fluxos de caixa em seu item 14 "Os fluxos de caixa advindos das atividades ope-racionais são basicamente derivados das principais atividades geradoras de receita da entidade. Portanto, eles geralmente resultam de transações e de outros eventos que entram na apuração do lucro líquido ou prejuízo" Com base nessa definição detalhamos abaixo seu cálculo.

Fluxo de Caixa Gerado pelas Atividades Operacionais		
(a)	Pagamento Seguro Mensal	(2.000)
(b)	Pagamento Aluguel Antecipado	(60.000)
(c)	Vendas de mercadoria total	100.000
(d)	Venda de mercadoria a vista	(50.000)
= (a)+(b)+(c)-(d)	Total das Atividades Operacionais	(12.000)

Gabarito "A".

(Auditor Fiscal Tributário Municipal – Prefeitura Cuiabá – 2016 – FGV) Em 31/12/2011, a Editora Ler comprou os direitos autorais sobre um livro por R$ 800.000,00. O contrato tinha duração de dez anos.

Em 31/12/2014, os contadores da editora fizeram um estudo e constataram que os benefícios gerados pelo livro para a editora, nos anos remanescentes, seriam de R$ 490.000,00.

Considerando que a editora utiliza o método de linha reta para amortizar seus ativos intangíveis, o valor da amortização acumulada em 31/12/2015 foi

(A) R$ 280.000,00.
(B) R$ 310.000,00.
(C) R$ 320.000,00.
(D) R$ 480.000,00.
(E) R$ 490.000,00.

B. Correta. Calculo de amortização até 31/12/2014- Amortização anual= 800.000/10 anos R$ 80.000 por ano. Amortização acumulada de 2012 a 2014 = R$ 240.000,00 (R$ 80.000 x 3 anos). Valor contábil dos direitos autorais = R$ 800.000 – R$ 240.000 = R$ 560.000. Em 2014 o Ativo foi reavaliado em um valor recuperável de R$ 490.000. Como o valor recuperável foi menor que o valor contábil é necessário um ajuste de uma perda no resultado de R$ 70.000 (R$ 560.000 – R$ 490.000). Para apurar o valor da amortização acumulada em 31/12/2015 o cálculo é R$ 240.000 + R$ 70.000 = R$ 310.000

Gabarito "B".

(Auditor Fiscal Tributário Municipal – Prefeitura Cuiabá – 2016 – FGV) De acordo com as normas contábeis vigentes no Brasil, assinale a opção que indica a correta classificação contábil das perdas estimadas em contas a receber.

(A) Redutora da receita de vendas na Demonstração do Resultado do Exercício.
(B) Passivo no Balanço Patrimonial.
(C) Atividade Operacional na Demonstração dos Fluxos de Caixa (método direto).
(D) Ajuste positivo no lucro líquido na conciliação entre o lucro e o caixa na Demonstração dos Fluxos de Caixa (método indireto).
(E) Distribuição do valor adicionado para financiadores na Demonstração do Valor Adicionado.

As perdas são contas redutoras do ativo não representando movimentação de caixa, quando ocorre a provisão redutora no ativo e seu registro na despesa que é necessário realizar o ajuste do lucro líquido na demonstração de fluxo de caixa método indireto.

Gabarito "D".

(Auditor Fiscal Tributário Municipal – Prefeitura Cuiabá – 2016 – FGV) Em 31/12/2015, uma entidade possuía as seguintes contas em seu ativo:

Caixa:	R$ 100.000,00
Conta Bancária no Banco Alfa:	R$ 50.000,00
Conta Bancária no Banco Beta:	R$ 30.000,00
Depósito vinculado à liquidação de empréstimo de curto prazo:	R$ 80.000,00
Numerário em trânsito decorrente de remessa para filial:	R$ 40.000,00
Aplicações de curto prazo no mercado financeiro, prontamente conversíveis em caixa e com risco considerável de mudança de valor:	R$ 60.000,00

Além disso, sabe-se que, na data, o Banco Beta estava em liquidação.

Com base nas contas acima, o saldo das Disponibilidades, em 31/12/2015, foi

(A) R$ 150.000,00.
(B) R$ 180.000,00.
(C) R$ 190.000,00.
(D) R$ 220.000,00.
(E) R$ 250.000,00.

No contexto apresentado, o saldo das Disponibilidades é aquele que está em moeda ou depósito bancário, que tem liquidez certa sem alterar o valor, outra informação muito relevante é que o Banco Beta estava em liquidação. Seguindo essas premissas o candidato deve questionar quais contas são líquidas conforme tabela abaixo:

	Saldo 31/12/2015	Liquidez Imediata?	a realizar?
Caixa	100.000,00	100.000,00	
Conta Bancária no Banco Alfa	50.000,00	50.000,00	
Conta Bancária no Banco Beta	30.000,00		30.000,00
Depósito Viculado	80.000,00		80.000,00
Numerário em Transito	40.000,00	40.000,00	
Aplicação Curto Prazo	60.000,00		60.000,00
Total	360.000,00	190.000,00	170.000,00

Gabarito "C".

(Auditor Fiscal Tributário Municipal – Prefeitura Cuiabá – 2016 – FGV) Uma entidade pública possui computadores entre seus ativos imobilizados. Em 31/12/X0, o contador da entidade considerou que o valor registrado no balanço patrimonial não poderia ser recuperado economicamente, determinando que fosse reconhecida uma despesa em decorrência da redução do valor.

De acordo com a Resolução CFC nº 1.367/11, esse fato representa a aplicação do seguinte princípio fundamental da Contabilidade:

(A) Princípio da Competência.
(B) Princípio da Oportunidade.
(C) Princípio da Entidade.
(D) Princípio da Prudência.
(E) Princípio do Registro pelo Valor Original.

A condição de não poder ser recuperado economicamente e reconhecida como despesa o Princípio da Prudência que está se referindo conforme a Resolução CFC 1.367/11 em seu item 1.71 artigo 10 *"Parágrafo único. O Princípio da Prudência pressupõe o emprego de certo grau de precaução no exercício dos julgamentos necessários às estimativas em certas condições de incerteza, no sentido de que ativos e receitas não sejam superestimados e que passivos e despesas não sejam subestimados, atribuindo maior confiabilidade ao processo de mensuração e apresentação dos componentes patrimoniais."*
Gabarito "D".

(Auditor Fiscal Tributário Municipal – Prefeitura Cuiabá – 2016 – FGV) Uma prefeitura apresentava os seguintes saldos em 31/12/2015 (em milhares de reais), referentes ao ano de 2015:

Receita arrecadada: .... R$ 12.000,00;
Receita prevista: .... R$ 14.000,00;
Despesa fixada: .... R$ 8.500,00;
Despesa empenhada: .... R$ 8.000,00;
Despesa paga: .... R$ 5.000,00;
Despesa liquidada: .... R$ 7.500,00.

De acordo com a Lei nº 4.320/64, o resultado da execução orçamentária, em 31/12/2015, é de

(A) R$ 4.000,00.
(B) R$ 4.500,00.
(C) R$ 5.500,00.
(D) R$ 6.000,00.
(E) R$ 6.500,00.

Para obter o resultado da execução orçamentária utilizamos a seguinte equação.
Receita Arrecadada R$ 12.000,00 menos Despesa Empenhada R$ 8.000,00 = R$ 4.000,00.
Gabarito "A".

(Auditor Fiscal Tributário Municipal – Prefeitura Cuiabá – 2016 – FGV) De acordo com a NBC T 16.3, Planejamento e seus Instrumentos sob o Enfoque Contábil, a contabilidade aplicada ao setor público deve permitir a integração dos planos hierarquicamente interligados, comparando suas metas programadas com as realizadas e evidenciando as diferenças relevantes.

Assinale a opção que indica o item do relatório contábil-financeiro em que essas diferenças relevantes devem ser evidenciadas.

(A) Notas Explicativas.
(B) Relatório da Administração.
(C) Balanço Social.
(D) Plano de Contas.
(E) Formulário de Referência.

Segundo a NBC T 16.3 – Planejamento e Seus Instrumentos sob o Enfoque Contábil, em seu item 3 cita que "Contabilidade Aplicada ao Setor Público deve permitir a integração dos planos hierarquicamente interligados, comparando suas metas programadas com as realizadas, e evidenciando as diferenças relevantes por meio de notas explicativas.
Gabarito "A".

(Auditor Fiscal Tributário Municipal – Prefeitura Cuiabá – 2016 – FGV) De acordo com a NBC T 16.10, Avaliação e Mensuração de Ativos e Passivos em Entidades do Setor Público, assinale a opção que indica o posicionamento correto em relação à mensuração do ativo imobilizado de uma entidade após o reconhecimento inicial.

(A) A entidade deve mensurar todos os ativos imobilizados pelo método de custo.
(B) A entidade deve mensurar todos os ativos imobilizados pelo método de reposição.
(C) A entidade deve mensurar todos os ativos imobilizados pelo método da reavaliação.

(D) A entidade pode utilizar dois modelos, determinando quais classes de ativos devem ser mensuradas pelo custo e quais pela reavaliação.
(E) A entidade deve escolher o modelo de custo ou de reavaliação como sua política contábil e aplicá-lo para todos os itens do ativo imobilizado.

A Resolução do CFC 1.437/2013 em seu item 35A apresenta dois modelos para fins determinação sendo o modelo de custo ou o modelo de reavaliação. RNC
Gabarito "D".

(Auditor Fiscal Tributário Municipal – Prefeitura Cuiabá – 2016 – FGV)
O plano de contas de uma entidade tem como objetivo atender o registro contábil dos atos e fatos praticados por ela, de modo uniforme e sistematizado.

Nesse sentido, o grupo inscrição de restos a pagar pertence à seguinte classe:

(A) Ativo.
(B) Passivo.
(C) Variação Patrimonial Aumentativa.
(D) Controles da Execução do Planejamento e Orçamento.
(E) Controles da Aprovação do Planejamento e Orçamento.

E: Correta. Segundo o Manual de Contabilidade Aplicada ao Setor Publico. Parte IV. Secretaria do Tesouro Nacional. Brasília, 2012 Pagina 16. A Inscrição de restos a pagar pertence a Controles de Aprovação do Planejamento e Orçamento. RNC
Gabarito "E".

(Auditor Fiscal Tributário Municipal – Prefeitura Cuiabá – 2016 – FGV)
Assinale a opção que indica a correta contabilização das operações de crédito por antecipação da receita.

(A) Receitas Extraordinárias.
(B) Receitas Extraorçamentárias.
(C) Ativo não Circulante.
(D) Passivo não Circulante.
(E) Patrimônio Líquido.

Segundo o Manual de Contabilidade Aplicada ao Setor Publico (MCASP), 7ª edição, 2017 do Ministério da Fazenda – Secretaria do Tesouro Nacional Página (2017, pag.36) "Operações de Crédito por Antecipação de Receita Orçamentária – ARO são exceção às operações de crédito em geral. Classificam-se como "Receita Extraorçamentária" e não são item da "Receita Orçamentária", por determinação do Parágrafo Único do art. 3º da Lei 4.320, de 1964." RNC
Gabarito "B".

(Auditor Fiscal Tributário Municipal – Prefeitura Cuiabá – 2016 – FGV) De acordo com a Lei Complementar nº 101/00, a aplicação da receita de capital, derivada da alienação de bens e direitos que integram o patrimônio público para o financiamento de despesa corrente, é permitida quando destinada

(A) por lei à compra de ativos imobilizados para hospitais.
(B) à compra de artigos destinados à saúde pública.
(C) por lei aos regimes de previdência social, geral e próprio dos servidores públicos.
(D) aos gastos com merenda escolar.
(E) por lei a gastos com segurança nacional.

Segundo a Lei Complementar nº 101/00 art. 44 cita que "É vedada a aplicação da receita de capital derivada da alienação de bens e direitos que integram o patrimônio público para o financiamento de despesa corrente, salvo se destinada por lei aos regimes de previdência social, geral e próprio dos servidores públicos". RNC
Gabarito "C".

(Auditor Fiscal Tributário Municipal – Prefeitura Cuiabá – 2016 – FGV)
Considere as duas situações a seguir:

Situação 1: um consumidor vai a um supermercado e compra um refrigerante por um determinado preço. O produto é prontamente substituído por outro do estoque.

Situação 2: um parque público é inaugurado, mas, em pouco tempo, fica sujo devido à falta de limpeza e de fiscalização por parte do ente público.

As situações 1 e 2 descrevem, respectivamente, casos de bens

(A) excludentes e públicos.
(B) rivais e excludentes.
(C) privados e públicos.
(D) privados e rivais.
(E) privados nos dois casos.

O refrigerante pode ser considerado como bem privado que não pode ser compartilhado simultaneamente por dois ou mais pessoas, enquanto que o parque é rival, porque em função as faltas de limpeza e fiscalização impedem a sua fruição concomitante. RNC
Gabarito "D".

(Auditor Fiscal Tributário Municipal – Prefeitura Cuiabá – 2016 – FGV)
Em relação às funções do governo, analise as afirmativas a seguir.

I. A tributação sobre grandes fortunas e heranças pode ter função distributiva ou estabilizadora, a depender de como o governo irá alocar os valores arrecadados.
II. A expansão do sistema de água e esgoto para áreas desfavorecidas está relacionada à função distributiva.
III. Um programa de estímulo às contratações de jovens por empresas, em contrapartida de abono fiscal, é considerado função estabilizadora.

Assinale:

(A) se somente a afirmativa I estiver correta.
(B) se somente a afirmativa II estiver correta.
(C) se somente a afirmativa III estiver correta.
(D) se somente as afirmativas II e III estiverem corretas.
(E) se somente as afirmativas I e III estiverem corretas.

I: Verdadeira. Essa tributação pode ser usada para melhorar o equilíbrio da renda, podendo ser instrumento de política fiscal. II: Falsa: A expansão do sistema de água e esgoto para áreas desfavorecidas que está relacionada à função alocativa. III: Verdadeira: Um estímulo a contratações de jovens em contrapartida de abono fiscal se trata de política fiscal expansiva com função estabilizadora. RNC
Gabarito "E".

(Auditor Fiscal Tributário Municipal – Prefeitura Cuiabá – 2016 – FGV)
Em uma situação de dominância fiscal, o governo, para reequilibrar as contas públicas, pode lançar mão do ajuste fiscal, do imposto inflacionário e da senhoriagem.

Sobre o imposto inflacionário e a senhoriagem, assinale a afirmativa correta.

(A) A senhoriagem está relacionada à impressão de papel moeda para pagamento da dívida, não resultando em inflação, enquanto que o imposto inflacionário gera inflação.
(B) O imposto inflacionário ocorre quando o governo permite a escalada da inflação, o que acaba corroendo a dívida real, ao passo que a senhoriagem ocorre via impressão de dinheiro para pagamento da dívida, elevando também a inflação.

(C) Ambos necessitam de uma violação da Lei de Responsabilidade Fiscal por parte da União, culminando em penas severas para o governante.
(D) O imposto inflacionário é uma alíquota extra cobrada sobre a produção, que é repassada pelos empresários ao preço final do consumidor, gerando inflação, enquanto a senhoriagem é também um tributo aplicado sobre grandes fortunas.
(E) Ambos necessitam da permissão do Tesouro Nacional para que o pagamento da dívida possa ser feito via emissão monetária (no caso da senhoriagem) ou aumento descontrolado dos preços (imposto inflacionário).

Tanto o Imposto inflacionário quanto a senhoriagem elevam a inflação.
Gabarito "B".

(Auditor Fiscal Tributário Municipal – Prefeitura Cuiabá – 2016 – FGV) A curva de Laffer estabelece que

(A) a taxa de retorno do imposto para a sociedade é decrescente com o aumento da alíquota.
(B) os gastos públicos aumentam com o imposto cobrado.
(C) a população decide trabalhar no mercado informal se a alíquota for igual a 100%.
(D) a arrecadação atinge seu ápice quando a alíquota é igual a 100%.
(E) a demanda por bens públicos é maior do que a de bens privados, quando a alíquota tributária é nula.

A curva de Laffer apresenta que um aumento na alíquota do imposto até determinado ponto, acima deste ocorre o incentivo a informalidade. Na questão o tributo é de 100%, portanto, ocorre um aumento do trabalho na informalidade.
Gabarito "C".

(Auditor Fiscal Tributário Municipal – Prefeitura Cuiabá – 2016 – FGV) A gestão do Plano Plurianual (PPA) de 2012-2015 inovou ao se dividir em gestão tática e gestão operacional, além de estabelecer a gestão estratégica.

Relacione as dimensões estratégica, tática e operacional às respectivas características.

1. Dimensão Estratégica
2. Dimensão Tática
3. Dimensão Operacional

( ) Vincula os programas temáticos para alcance dos objetivos por meio de iniciativas definidas no PPA.
( ) Está vinculada ao orçamento anual e ao desempenho da ação do governo, buscando otimizar o uso dos recursos públicos e a qualidade dos produtos.
( ) Tem como base os macrodesafios e a visão de longo prazo do Governo Federal.

Assinale a opção que indica a relação correta, de cima para baixo.

(A) 1 – 2 – 3.
(B) 1 – 3 – 1.
(C) 2 – 3 – 1.
(D) 2 – 1 – 3.
(E) 3 – 2 – 1.

A dimensão estratégica precede e orienta a elaboração dos Programas Temáticos. É composta por uma Visão de Futuro, Eixos e Diretrizes Estratégicas. **A Dimensão Tática** define caminhos exequíveis para as transformações da realidade que estão anunciadas nas Diretrizes Estratégicas, considerando as variáveis inerentes à política pública e reforçando a apropriação, pelo PPA, das principais agendas de governo e dos planos setoriais para os próximos quatro anos. **A Dimensão Operacional** relaciona-se com a otimização na aplicação dos recursos disponíveis e a qualidade dos produtos entregues, sendo especialmente tratada no Orçamento.
Gabarito "C".

(Auditor Fiscal Tributário Municipal – Prefeitura Cuiabá – 2016 – FGV) Dentre os princípios que direcionam a Lei de Responsabilidade Fiscal (LRF), **não** está incluído

(A) o equilíbrio entre receitas e despesas, a fim de se evitar déficits públicos constantes.
(B) a adoção de uma política tributária estável, com regras claras.
(C) o estímulo à participação da população nos atos relacionados à prestação das contas dos recursos públicos, visando ao controle social do orçamento.
(D) a estipulação de um limite da dívida pública como percentual do PIB, lançando mão do *sequestro orçamentário* se necessário.
(E) a transparência na elaboração, execução e divulgação das leis referentes às finanças públicas, em especial aquelas relacionadas ao orçamento.

A Lei de Responsabilidade Fiscal em seus princípios não se incluem metodologia de percentual da dívida pública com sequestro orçamentário.
Gabarito "D".

(Auditor Fiscal Tributário Municipal – Prefeitura Cuiabá – 2016 – FGV) Em relação aos créditos adicionais do processo orçamentário, assinale V para a afirmativa verdadeira e F para a falsa.

( ) Os créditos adicionais são autorizações de despesa não computadas ou insuficientemente dotadas na lei orçamentária.
( ) O crédito suplementar é um tipo de crédito adicional destinado a despesas para as quais não haja dotação orçamentária específica.
( ) O crédito especial é um crédito adicional destinado a despesas urgentes e imprevistas, como uma guerra ou uma calamidade pública.

As afirmativas são, respectivamente,

(A) V, F e V.
(B) V, F e F.
(C) F, V e V.
(D) F, F e V.
(E) F, F e F.

Somente a primeira alternativa se encontra correta. São eles autorizações de despesas não computadas ou insuficientemente dotadas na lei de orçamento. Em outras palavras, os créditos adicionais são instrumentos de ajustes orçamentários, sendo "fundamental para oferecer flexibilidade e permitir a operacionalidade de qualquer sistema orçamentário".
Gabarito "B".

(Auditor Fiscal Tributário – Prefeitura Lages/SC – 2016 – FEPESE) As contas do Balanço classificam-se em vários grupos e subgrupos. Qual a classificação correta?

(A) Ativo Circulante, Ativo não circulante, dividido em Realizável a Longo Prazo, Investimentos, Ativo Imobilizado, Ativo Diferido e Ativo Intangível. Passivo Circulante, Passivo não circulante, Patrimônio Líquido dividido em Capital Social, Reservas de Capital, Ajustes de Avaliação Patrimonial, Reserva Estatutária, Reservas de Lucro e Lucros (ou Prejuízos) Acumulados.

(B) Ativo Circulante, Ativo não circulante, dividido em Realizável a Longo Prazo, Ativo Permanente e Ativo Intangível. Passivo Circulante, Passivo não circulante, Patrimônio Líquido dividido em Capital Social, Reservas de Capital, Ajustes de Avaliação Patrimonial, Reservas Especiais, Reservas de Lucro e Lucros (ou Prejuízos) Acumulados.

(C) Ativo Circulante, Ativo não circulante, dividido em Realizável a Longo Prazo, Ativo Permanente e Ativo Intangível. Passivo Circulante, Passivo não circulante, Patrimônio Líquido dividido em Capital Social, Reservas de Capital, Ajustes de Avaliação Patrimonial, Reservas de Lucro e Reservas para Contingências.

(D) Ativo Circulante, Ativo não circulante, dividido em Realizável a Longo Prazo, Investimentos, Ativo Imobilizado e Ativo Intangível. Passivo Circulante, Passivo não circulante, Patrimônio Líquido dividido em Capital Social, Reservas de Capital, Ajustes de Avaliação Patrimonial, Reservas de Lucro e Lucros (ou Prejuízos) Acumulados.

(E) Ativo Circulante, Ativo não circulante, dividido em Realizável a Longo Prazo, Investimentos, Ativo Imobilizado e Ativo Intangível. Passivo Circulante, Passivo Exigível a Longo Prazo, Passivo não circulante, Patrimônio Líquido dividido em Capital Social, Reservas de Capital, Ajustes de Avaliação Patrimonial, Reservas de Lucro e Reserva Estatutária.

A. Incorreta. Ativo Diferido foi extinto. B. Incorreta. Reservas Especiais não se enquadram no contexto do patrimônio líquido. C. Incorreta. Falta a conta de Investimento. D. Correta. A Lei 11.638/2007 definiu a estrutura apresentada. E. Incorreta. A Conta de Passivo Exigível a Longo Prazo fica classificado no Passivo Circulante, a ordem está errada. Gabarito "D".

(Auditor Fiscal da Receita Municipal – Prefeitura Teresina/PI – 2016 – FCC) O índice de liquidez corrente de uma empresa era 1,7, obtido a partir dos valores constantes no Balanço Patrimonial de 31/12/2014. O Passivo Circulante da empresa, nesta mesma data, correspondia a 40% do passivo total. Sabendo-se que o Ativo Circulante da empresa totalizava R$ 170.000,00 e que o valor total dos ativos constantes do balanço era R$ 550.000,00, o valor do Patrimônio Líquido constante do Balanço Patrimonial, na mesma data, era, em reais,

(A) 261.000,00.
(B) 300.000,00.
(C) 410.000,00.
(D) 330.000,00.
(E) 150.000,00.

A questão, quando envolve montagem do Balanço Patrimonial, depende da utilização da regra de três nas fórmulas de análise de balanço e da estruturação, utilizando o conceito de soma ou redução dos grupos do balanço. Tendo sido as premissas detalhadas no enunciado, o cálculo do Patrimônio Líquido segue o raciocínio abaixo:

Liquidez Corrente = Ativo Circulante / Passivo Circulante
Ativo Circulante = R$ 170.000/1,7 = R$ 100.000,00
Passivo Exigível Longo Prazo = R$ 100.000,00/40% X (1-40%) = R$ 150.000,00
Patrimônio Líquido = Ativo Total – Passivo Circulante – Passivo Exigível a Longo Prazo
Patrimônio Líquido = R$ 550.000,00 – R$ 100.000,00 – R$ 150.000,00 = R$ 300.000,00

Gabarito "B".

(Auditor Fiscal da Receita Municipal – Prefeitura Teresina/PI – 2016 – FCC) As vendas realizadas por uma empresa durante o mês de dezembro de 2015 totalizaram R$ 2.610.300,00 e as informações disponíveis são as seguintes:

Data	Valores em Reais (R$)	Data de vencimento
01/12/2015	1.110.300,00	01/03/2017
10/12/2015	800.000,00	À vista
20/12/2015	700.000,00	À vista

Nas vendas a prazo, a empresa pratica a taxa de juros de 0,7% ao mês, o que equivale a uma taxa de juros de 11,03% para o prazo total da venda ocorrida em 01/12/2015.

Os efeitos evidenciados na Demonstração do Resultado do ano de 2015 da empresa, decorrentes especificamente das vendas efetuadas durante o mês de dezembro de 2015 foram:

(A) Receita de Vendas = R$ 2.500.000,00 e Receita Financeira = R$ 17.500,00.
(B) Receita de Vendas = R$ 2.610.300,00 apenas.
(C) Receita de Vendas = R$ 2.500.000,00 apenas.
(D) Receita de Vendas = R$ 2.500.000,00 e Receita Financeira = R$ 7.000,00.
(E) Receita de Vendas = R$ 1.500.000,00 e Receita Financeira = R$ 110.300,00.

A questão quer saber o resultado na venda a prazo na data de 31/12/2015. A venda de R$ 1.110.300,00 ao eliminar o efeito dos juros de todo o período de 11,03%, tem o valor de R$ 1.000.000,00 (1.110.300,00/1+11,03%) que somado as demais vendas de R$ 800.000,00 e R$ 700.000,00 gera uma receita bruta de R$ 2.500.000,00. O juro será adicionado gradualmente, conforme será incorrido, tomando como base o valor da venda já líquido R$ 1.000.000,00 X 0,07%=R$ 7.000,00 de Receita Financeira. Gabarito "D".

(Auditor Fiscal da Receita Municipal – Prefeitura Teresina/PI – 2016 – FCC) Uma empresa contratou os serviços de uma transportadora pelo prazo de um ano e o valor total do contrato negociado foi R$ 1.200.000,00. O contrato foi assinado em 01/09/2015, entrou em vigor imediatamente, sendo que o volume mensal a ser transportado já estava estabelecido em cláusula contratual e era constante durante todo prazo contratado. A empresa efetuará o pagamento do valor total no final do prazo do contrato, e este somente poderá ser rescindido antecipadamente com o pagamento integral do valor contratado, sem qualquer desconto.

Os valores evidenciados na Demonstração do Resultado de 2015 e os saldos das contas do Balanço Patrimonial em 31/12/2015, decorrentes do contrato assinado e efetivado em 01/09/2015, foram:

(A) Despesas com Transporte = R$ 400.000,00 e Despesas Antecipadas = R$ 400.000,00.
(B) Despesa com Transporte = R$ 400.000,00 e Contas a pagar = R$ 400.000,00.
(C) Despesa com Transporte = R$ 400.000,00; Contas a pagar = R$ 400.000,00 e Despesas Antecipadas = R$ 800.000,00.
(D) Despesas Antecipadas = R$ 1.200.000,00 e Contas a pagar = R$ 1.200.000,00.
(E) Despesa com Transporte = R$ 400.000,00; Contas a pagar = R$ 1.200.000,00 e Despesas Antecipadas = R$ 800.000,00.

A contratação da transportadora por R$ 1.200.000,00 será para 12 meses e a liquidação será somente no final do contrato. O período de apuração é de 01/09/2015 até 31/12/2015 que corresponde a 4 meses. Com base nesses dados, os saldos em 31/12/2015 de cada conta são:
Despesa com Transporte = R$ 1.200.000,00 / 12 meses X 4 meses = R$ 400.000,00
Contas a Pagar = R$ 1.200.000,00 (fica provisionado no passivo até sua liquidação)
Despesas Antecipadas = R$ 1.200.000,00 − R$ 400.000,00
RNC
Gabarito "E".

(Auditor Fiscal da Receita Municipal – Prefeitura Teresina/PI – 2016 – FCC)
No dia 30/04/2015, a empresa Sempre Comprando S.A. adquiriu 80% das ações da empresa Perspectiva S.A. por R$ 80.000.000,00 e passou a deter controle sobre esta. O valor pago corresponde a 80% do valor justo líquido dos ativos e passivos adquiridos pela empresa Sempre Comprando S.A. No ano de 2015, a empresa Perspectiva S.A. apurou um lucro líquido de R$ 24.000.000,00. Os valores evidenciados no Balanço Patrimonial de 31/12/2015 e na Demonstração do Resultado do ano de 2015, nas demonstrações contábeis individuais da empresa Sempre Comprando S.A., foram, respectivamente, em reais,

(A) Investimentos = 80.000.000,00 e Resultado de Participação Societária = 0.
(B) Dividendos a Receber = 19.200.000,00 e Resultado de Participação Societária = 19.200.000,00.
(C) Investimentos = 99.200.000,00 e Resultado de Participação Societária = 19.200.000,00.
(D) Dividendos a Receber = 24.000.000,00 e Resultado de Participação Societária = 24.000.000,00.
(E) Investimentos = 104.000.000,00 e Resultado de Participação Societária = 24.000.000,00.

Em 30/04/2015 foi adquirido por R$ 80.000.000,00 e corresponde a 80% das ações. Em 31/12/2015 a empresa teve um lucro de R$ 24.000.000,00. O método de equivalência patrimonial a ser contabilizado até 31/12/2015 é de R$ 24.000.000,00 X 80%= R$ 19.200.000,00.
Portanto:
Investimentos = R$ 80.000.000,00 + 19.200.000,00 = R$ 99.200.000,00
Resultado de Participação Societária = R$ 19.200.000,00
RNC
Gabarito "C".

(Auditor Fiscal da Receita Municipal – Prefeitura Teresina/PI – 2016 – FCC)
O Balanço Patrimonial, em 31/12/2014, de uma empresa constituída na forma de sociedade por ações apresentava o valor de R$ 300.000,00 para o grupo do Patrimônio Líquido. Durante o ano de 2015, foram identificados os seguintes eventos e valores correspondentes à atividade da empresa no período:

− Não houve aumento de Capital.
− Não houve distribuição de dividendos extraordinários nem pagamento de Juros sobre o Capital Próprio.
− A empresa apurou um lucro líquido de R$ 90.000,00.
− Destinação do lucro líquido em decorrência da Lei das Sociedades por Ações e do que estabelece o estatuto social da empresa:
− Reserva Legal: constituída nos termos da Lei no 6.404/76.
− Constituição de Reserva Estatutária no valor de R$ 3.000,00.
− Destinação de R$ 6.000,00 para Reserva para Expansão.

O Estatuto Social da empresa prevê pagamento de Dividendo Obrigatório no valor de 25% do Lucro Líquido, ajustado nos termos da Lei no 6.404/76. Os valores apresentados no Balanço Patrimonial de 31/12/2015 como Dividendos a Pagar e Patrimônio Líquido são, respectivamente,

(A) R$ 22.500,00 e R$ 367.500,00.
(B) R$ 22.500,00 e R$ 354.000,00.
(C) R$ 21.375,00 e R$ 355.125,00.
(D) R$ 21.375,00 e R$ 368.625,00.
(E) R$ 19.125,00 e R$ 370.875,00.

O dividendo mínimo obrigatório nos termos da lei 6.404/76 nesta questão compreende ao lucro líquido deduzido a reserva legal de 5% multiplicado por 25% do lucro líquido ajustado. Aplicando o cálculo com base nos dados apuramos:
Dividendos a Pagar = (R$ 90.000,00 − (R$ 90.000,00 X 5% = R$ 4.500,00)) X 25% = R$ 21.375,00
A constituição das reservas legal, estatutária e expansão nessa questão não interfere no saldo do patrimônio líquido, com base nessas informações, basta somar o saldo do capital social mais o lucro menos o dividendo que chegamos no valor solicitado, conforme o cálculo abaixo:
Patrimônio Líquido = R$ 300.000,00 + R$ 90.000,00 − 21.375,00 = R$ 368.625,00
RNC
Gabarito "D".

(Auditor Fiscal da Receita Municipal – Prefeitura Teresina/PI – 2016 – FCC)
Determinada empresa adquiriu, em 31/12/2013, uma máquina por R$ 400.000,00, à vista. A vida útil estimada pela empresa para a máquina, na data da aquisição, era 4 anos e o valor residual estimado em R$ 40.000,00. Em 31/12/2014, a empresa reavaliou a vida útil remanescente da máquina para 5 anos e reestimou o valor residual, no final da nova vida útil, em R$ 10.000,00. A empresa adota o método das quotas constantes para o cálculo da despesa de depreciação. Em 31/12/2015, a empresa realizou o teste de recuperabilidade do ativo (teste de impairment) e, para isto, obteve as seguintes informações sobre a máquina:

− Valor em uso: R$ 280.000,00.
− Valor justo líquido das despesas de venda: R$ 230.000,00.

Com base nestas informações, o valor contábil da máquina apresentado no Balanço Patrimonial da empresa, em 31/12/2015, foi, em reais,

(A) 240.000,00.

(B) 280.000,00.
(C) 230.000,00.
(D) 270.000,00.
(E) 250.000,00.

O valor em uso de R$ 280.000,00 subtraindo o valor residual de 2014 no valor de R$ 40.000,00, adicionando a reavaliação residual do ano de 2015 com no valor residual de R$ 10.000,00, chegamos no valor da máquina de R$ 250.000,00. RNC
Gabarito "E".

(Auditor Fiscal da Receita Municipal – Prefeitura Teresina/PI – 2016 – FCC) A Cia. Expansão obteve, em 01/12/2015, um empréstimo para financiar a expansão da sua atividade operacional. O valor do empréstimo obtido foi R$ 10.500.445,00, para pagamento integral (principal e juros) em 01/12/2016 e a taxa de juros compostos negociada foi 3% ao mês. Os custos incorridos e pagos para a obtenção deste empréstimo foram R$ 500.445,00. Sabendo-se que este empréstimo é mensurado pelo custo amortizado e que a taxa de custo efetivo é 3,42% a.m., o valor dos encargos financeiros reconhecido na Demonstração do Resultado de 2015, referente a este empréstimo, foi, em reais,

(A) 842.445,00.
(B) 315.013,00.
(C) 300.000,00.
(D) 342.000,00.
(E) 800.445,00.

Considerando que o empréstimo foi negociado por R$ 10.500.445,00. Eliminando os custos incorridos de R$ 500.445,00 obtemos o principal de R$ 10.000.000,00. A questão se refere a 30 dias, portanto, ao multiplicarmos o principal pela taxa de custo efetivo de 3,42% a.m, (R$ 10.000.000,00 X 3,42%)=R$ 342.000,00. RNC
Gabarito "D".

Instruções: Para responder às duas questões abaixo, considere as informações abaixo.

Em 01/01/2015 a Cia. Olímpica adquiriu, à vista, 80% das ações da Cia. Atlética pelo valor de R$ 10.000.000,00. Na data da aquisição, o valor do Patrimônio Líquido constante do Balanço Patrimonial da Cia. Atlética era R$ 5.000.000,00 e o valor justo líquido dos ativos e passivos identificáveis da Cia. Atlética que foram adquiridos, de acordo com o laudo de avaliação, era R$ 9.000.000,00. A Participação dos Não Controladores foi avaliada pela parte que lhes cabe no valor justo líquido dos ativos e passivos identificáveis da adquirida. Sabe-se que a diferença entre o patrimônio líquido contábil e o valor justo líquido dos ativos e passivos identificáveis era decorrente de um ativo intangível com vida útil indefinida.

Durante o ano de 2015, a Cia. Atlética reconheceu em seu Patrimônio Líquido as seguintes mutações:

– Lucro líquido de 2015: R$ 400.000,00
– Dividendos distribuídos: R$ 150.000,00
– Ajustes de avaliação patrimonial: R$ 50.000,00 (saldo credor).

(Auditor Fiscal da Receita Municipal – Prefeitura Teresina/PI – 2016 – FCC) Sabendo que durante o ano 2015 não foi reconhecida nenhuma perda por impairment (teste de recuperabilidade do ativo), relacionada com o investimento efetuado na Cia. Atlética, o valor reconhecido como Intangível correspondente ao Ágio pago por Expectativa de Rentabilidade Futura na aquisição de Controladas, no Balanço Consolidado da Cia. Olímpica de 31/12/2015, foi, em reais,

(A) 1.800.000,00.
(B) 2.800.000,00.
(C) 6.000.000,00.
(D) 1.000.000,00.
(E) 5.000.000,00.

O Ágio reconhecido como Intangível é apurado conforme tabela abaixo:

	100%	80%	
Compra	10.000.000,00	8.000.000,00	
PL	5.000.000,00	4.000.000,00	3.200.000,00
laudo	9.000.000,00	7.200.000,00	
Dividendos	150.000,00	120.000,00	- 120.000,00
lucro	400.000,00	320.000,00	- 320.000,00
ajuste	50.000,00	40.000,00	40.000,00
		Agio	2.800.000,00

Considerando que a Cia. Atlética foi adquirida 80% das Ações, para cálculo do Ágio apuramos o seguinte valor. RNC
Gabarito "B".

(Auditor Fiscal da Receita Municipal – Prefeitura Teresina/PI – 2016 – FCC) O valor apresentado pela Cia. Olímpica na conta Investimento, no Balanço Patrimonial individual de 31/12/2015, e o valor reconhecido na Demonstração do Resultado individual de 2015 referente a este investimento foram, respectivamente, em reais,

(A) 10.240.000,00 e 320.000,00.
(B) 10.320.000,00 e 320.000,00.
(C) 10.200.000,00 e 200.000,00.
(D) 7.440.000,00 e 320.000,00.
(E) 10.240.000,00 e 360.000,00.

A diferença do Laudo em relação ao patrimônio líquido é de (a) R$ 3.200.000,00, adicionado o valor de aquisição pelo laudo (b) R$ 7.200.000,00, (c) Deduzindo os Dividendos R$ 120.000,00, subtraindo o (d) ajuste de R$ 40.000,00 temos no Balanço o valor de R$ 10.240.000,00 (a+b-d-d). Como equivalência patrimonial temos o lucro de R$ 400.000,00 multiplicado por 80% das ações, temos o valor de R$ 320.000,00. RNC
Gabarito "A".

(Auditor Fiscal da Receita Municipal – Prefeitura Teresina/PI – 2016 – FCC) A Cia. Brasileira atua no mercado nacional e sua moeda funcional é o Real. Em 30/11/2015 a Cia. Brasileira constituiu a subsidiária Cia. Americana para atuar nos Estados Unidos, e integralizou 100% do Capital Social no valor de US$100.000,00 (cem mil dólares). A moeda funcional da Cia. Americana é o dólar e, em 31/12/2015, apresentou o seguinte Balanço Patrimonial:

Cia. Americana
Balanço Patrimonial (valores em dólares – US$)

Ativo		Passivo	
Ativo Circulante	**150.000**	**Passivo Circulante**	**60.000**
Disponível	70.000	Fornecedores	40.000
Contas a Receber	80.000	Empréstimos	20.000
Ativo Não Circulante	**50.000**	**Patrimônio Líquido**	**140.000**
Imobilizado	50.000	Capital Social	100.000
		Lucro Líquido	40.000
Total Ativo	**200.000**	**Total Passivo + PL**	**200.000**

A receitas e despesas da Cia. América

Data	Taxa de Câmbio
30/11/2015	3,80 R$/US$
31/12/2015	4,00 R$/US$
Taxa média de dezembro de 2015	3,90 R$/US$

Com base nestas informações, o saldo credor da conta Ajustes Acumulados de Conversão apresentado no Balanço Patrimonial da Cia. Americana em 31/12/2015 foi, em reais,

(A) 28.000,00.
(B) 14.000,00.
(C) 4.000,00.
(D) 24.000,00.
(E) 20.000,00.

O valor da variação é o resultado das equações abaixo:
Variação Taxa de Câmbio Corrente (R$ 4,00-R$ 3,80)=R$ 0,20
Variação do Patrimônio Líquido somente o capital social R$ 100.000,00 X R$ 0,20 =R$ 20.000,00
Variação Taxa de Câmbio Média (R$ 4,00-R$ 3,90)=R$ 0,10
Variação do Lucro Líquido: R$ 40.000,00 X R$ 0,10 = R$ 4.000,00
SALDO CREDOR DA CONTA AJUSTES ACUMULADOS DE CONVERSÃO = R$ 20.000,00+R$ 4.000,00=R$ 24.000,00.
Gabarito "D".

Instruções: Para responder às duas questões abaixo, considere as informações abaixo.

A Indústria Magnata S.A. produz um único produto e incorreu nos seguintes gastos durante o mês de julho de 2015, para produzir integralmente 5.000 unidades:

Custos fixos: R$ 35.000,00 Custos variáveis:

– Matéria-prima: R$ 6,00/unidade

– Mão de obra direta: R$ 3,50/unidade

Despesas fixas: R$ 7.500,00 Despesas variáveis: R$ 2,50/unidade

Comissões de venda: 10% do preço bruto de venda

Informações adicionais:

– Preço bruto de venda: R$ 140,00/unidade

– Impostos sobre a Venda: 10% da receita bruta de vendas

– Quantidade vendida no mês de julho de 2015: 3.500 unidades

(Auditor Fiscal da Receita Municipal – Prefeitura Teresina/PI – 2016 – FCC)
O ponto de equilíbrio contábil da Indústria Magnata S.A. era, em quantidade,

(A) 425
(B) 373.
(C) 300.
(D) 75.
(E) 326.

O ponto de equilíbrio contábil é o cálculo da quantidade mínima a ser vendida de determinado produto para cobrir as despesas fixas do período. É necessário ter o preço de venda deduzido dos tributos sobre a venda e comissão variável e o custo variável de cada produto apurado. Com base nesse critério apuramos:
Custo Fixo Total (CFT) = Custo Fixo R$ 35.000,00 + Despesa Fixa = R$ 7.500,00 = R$ 42.500,00
Custo Variável = Matéria Prima R$ 6,00 + Mão de obra direta R$ 3,50 + Despesa Variável R$ 2,50
Custo Variável (CV) = R$ 6,00+R$ 3,50+ R$ 2,50 = R$ 12,00
Preço de Venda Líquida (PVL): Preço de Venda R$ 140,00 – Imposto Venda R$ 14,00 – Comissão R$ 14,00
Preço de Venda Líquida (PVL): R$ 112,00
Margem de Contribuição Unitária (MCU) = PVL R$ 112,00 – R$ 12,00 = R$ 100
Ponto de Equilíbrio Contábil (PEC) = CFT/MCU
PEC = R$ 42.500,00 / R$ 100
PEC = 425 unidades
Gabarito "A".

(Auditor Fiscal da Receita Municipal – Prefeitura Teresina/PI – 2016 – FCC)
Sabendo que a Indústria Magnata S.A. utiliza o método de Custeio por Absorção, o custo unitário da produção do período em julho de 2015 foi, em reais,

(A) 20,50.
(B) 9,50.
(C) 7,00.
(D) 16,50.
(E) 19,00.

Custeio por Absorção é um método aceito pelo fisco onde o custo fixo é distribuído no custo de cada produto utilizando um critério como

rateio. Nessa questão a interpretação é que o custeio por absorção não aceita valores de despesa. Somente os gastos relacionados ao custo do produto podem ser absorvidos.
Custeio por Absorção Individual = Custo Variável + (Custo Fixo/Quantidade Fabricada no período)
Custo Variável = Matéria Prima R$ 6,00 + Mão de obra direta R$ 3,50
Custo Variável (CV) = R$ 6,00+R$ 3,50 = R$ 9,50
Custo Fixo Unitário (CFU) = Custo Fixo R$ 35.000,00/5000 unidades = R$ 7,00
Custo do Produto Apurado pelo Método Absorção = CV R$ 9,50 + CFU R$ 7,00 = R$ 16,50

Gabarito "D".

(**Auditor Fiscal da Receita Municipal – Prefeitura Teresina/PI – 2016 – FCC**)
A Cia. Peso Pesado é uma empresa industrial que produz um único produto. Durante o mês de abril de 2016 incorreu nos seguintes gastos, em reais:

Mão de obra direta 41.000,00
Compra de matéria-prima 85.000,00
Energia elétrica (sendo 80% referente à fábrica) 15.000,00
Aluguel (sendo 40% referente à fábrica) 20.000,00
Salário do supervisor da fábrica 12.000,00
Comissões dos vendedores 6.000,00
Frete sobre as compras de matéria-prima 9.000,00
Frete sobre vendas 11.000,00
Depreciação do setor administrativo 7.000,00
Depreciação dos equipamentos da fábrica 10.000,00

Sabendo-se que o estoque inicial de produtos em processo era R$ 18.000,00, que o estoque final de produtos em processo era R$ 22.000,00, que o estoque inicial de matéria-prima era R$ 8.000,00 e que o estoque final de matéria prima era R$ 3.000,00, o custo da produção acabada no mês de abril de 2016, utilizando o método de custeio por absorção, foi, em reais,

(A) 184.000,00.
(B) 178.000,00.
(C) 169.000,00.
(D) 217.000,00.
(E) 182.000,00.

O frete sobre compra de matéria-prima é um custo enquanto que o frete sobre as vendas é uma despesa, portanto, no cálculo da matéria-prima deve ser adicionado o frete sobre as compras. Com relação ao consumo da matéria-prima na produção devemos aplicar a fórmula do inventário periódico que é Custo Matéria Prima=Estoque Inicial+ Compras - Estoque Final. O material em processo teve um aumento de R$ 4.000,00 (R$ 22.000,00-R$18.000,00), isso significa que devemos reduzir esse aumento no material em processo porque o enunciado da questão deixa claro que é o custo da produção acabada. O valor de R$ 178.000,00 do custo da produção acabada foi apurado com base na tabela abaixo:

Cálculo	Gastos Incorridos		ABSORÇÃO	DESPESA
(a)	Mão de obra direta	41.000,00	41.000,00	
(b)=(c)+(d)+(e)-(f)	Custo com Matéria Prima	99.000,00	99.000,00	
(c)	Estoque Inicial	8.000,00		
(d)	Compra Matéria Prima	85.000,00		
(e)	Frete Sobre Compras	9.000,00		
(f)	Estoque Final	(3.000,00)		
(g)	Energia elétrica (sendo 80% referente à fábrica)	15.000,00	12.000,00	3.000,00
(h)	Aluguel (sendo 40% referente à fábrica)	20.000,00	8.000,00	12.000,00
(i)	Salário do supervisor da fábrica	12.000,00	12.000,00	
(j)	Comissões dos vendedores	6.000,00		6.000,00
(l)	Frete sobre vendas	11.000,00		11.000,00
(m)	Depreciação do setor administrativo	7.000,00		7.000,00
(n)	Depreciação dos equipamentos da fábrica	10.000,00	10.000,00	
(o)=(p)-(q)	**Produtos em Processo**	(4.000,00)	(4.000,00)	
(p)	estoque final de produtos em processo	22.000,00		
(q)	estoque inicial de produtos em processo	18.000,00		
	TOTAL		178.000,00	39.000,00

Gabarito "B".

(**Auditor Fiscal da Receita Municipal – Prefeitura Teresina/PI – 2016 – FCC**) A Cia. Play Foot produz três produtos: A, R e D. Considerando as quantidades produzidas no período e o critério de alocação de custos e despesas fixas adotado pela empresa, as informações referentes a cada um dos produtos estão apresentadas na tabela a seguir:

Produto	Matéria-prima	Mão de obra direta	Quantidade total produzida	Preço de venda	Horas de mão de obra direta
A	$15/unidade	$20/unidade	2.000	$250/unidade	2h/unidade
B	$10/unidade	$20/unidade	1.000	$200/unidade	2h/unidade
C	$10/unidade	$10/unidade	2.000	$180/unidade	1h/unidade

Os custos indiretos totais incorridos no mês de dezembro de 2015 totalizaram R$ 360.000,00 e a Cia. Líder os aloca aos produtos em função da quantidade total de horas de mão de obra direta utilizada. Com base nestas informações e sabendo que não havia estoques iniciais e finais de produtos em processo, os custos unitários de produção, no mês de dezembro de 2015, para os produtos A, B e C foram, respectivamente, em reais,

(A) 125; 80; 115.
(B) 35; 30; 20.
(C) 107; 102; 92.
(D) 80; 75; 65.
(E) 125; 120; 65.

Para descobrir o custo unitário de cada produto é necessário que ocorra a apropriação dos custos indiretos em cada produto, essa distribuição sempre se dá através de algum critério que pode ser um rateio como exemplo. A questão está deixando claro que o custo indireto deve ser alocado em cada produto com base na quantidade de horas de mão de obra direta utilizada, podemos chamar de esforço de cada produto conforme a tabela abaixo:

Produto	MP (X)	MOD (Y)	QTDE PRODUZIDA (unidade) (Z)	TEMPO MOD (horas) (K)	HORAS POR PRODUTO (T)=(Z)X(K)
A	R$ 15,00	R$ 20,00	2.000	2	4.000
B	R$ 10,00	R$ 20,00	1.000	2	2.000
C	R$ 10,00	R$ 10,00	2.000	1	2.000
				TOTAL	8.000

Definido o critério a ser utilizado para apropriação do custo indireto, proporcionalmente ao total de horas por produto o Custo Indireto de Fabricação é rateado em cada um dos produtos conforme a tabela abaixo:

Produto	HORAS POR PRODUTO (T)=(Z)X(K)	Proporção	Custo Indireto (R$ 360.000,00)	MP	MOD	CIF unitário	Total Custo Unitário
A	4.000	50%	180.000	R$ 15,00	R$ 20,00	R$ 90,00	R$ 125,00
B	2.000	25%	90.000	R$ 10,00	R$ 20,00	R$ 90,00	R$ 120,00
C	2.000	25%	90.000	R$ 10,00	R$ 10,00	R$ 45,00	R$ 65,00
	8.000	100%	360.000				

Gabarito "E".

(**Auditor Fiscal – Prefeitura Ilhéus/BA – 2016 – CONSULTEC**) À luz dos Princípios Fundamentais de Contabilidade, marque V ou F, conforme sejam verdadeiras ou falsas as afirmativas.

( ) Normalmente, as indústrias só reconhecem o resultado obtido na venda no momento em que há transferência do bem ou serviço ao adquirente.
( ) O Princípio da Realização da Receita, ou competência, aproxima os conceitos de lucro em Economia e em Contabilidade.
( ) Os ativos, contabilmente, devem ser registrados sempre por seu valor corrente de mercado.

A alternativa que indica a sequência correta, de cima para baixo, é a
(01) V F F
(02) V V F
(03) V V V
(04) F V V
(05) F F V

FALSA: As indústrias podem ter outros critérios além daqueles em que há transferência do bem ou serviço, como exemplo, um navio que tem longo prazo para fabricação; nesses casos, o contrato é de longo prazo e o reconhecimento da receita ocorre conforme o cronograma físico financeiro das indústrias que têm longo prazo para fabricação, como navio.
VERDADEIRA. Princípio da Competência existe para demonstrar o resultado econômico independente de ocorrer transação financeira.
VERDADEIRA. Os ativos devem ser registrados pelo seu valor corrente de mercado, jamais deve representar economicamente um valor acima deste.

Gabarito 4

(Auditor Fiscal – Prefeitura Ilhéus/BA – 2016 – CONSULTEC) O Conservadorismo traz à Contabilidade uma visão

(01) precavida.
(02) agressiva.
(03) arrojada.
(04) arriscada.
(05) otimista.

Mesmo não normatizado, o conceito do conservadorismo tem grande aproximação ao princípio da prudência. A contabilidade deve provisionar despesas que possam influenciar no futuro um risco, enquanto a receita só deve ser registrada quando ocorrer a certeza que o benefício futuro será realizado.
1: Correta. Dentre as alternativas o sinônimo que mais se aproxima a palavra conservadorismo é precavida, ou seja, maior cuidado na gestão do risco. As demais alternativas seguem uma interpretação alinhada a um risco maior que não se refere ao consevardorismo. RNC
Gabarito: 1

(Auditor Fiscal – Prefeitura Ilhéus/BA – 2016 – CONSULTEC) Quanto ao seu mecanismo de débito e crédito, é correto afirmar que as contas

(01) do passivo são debitadas quando obrigações são liquidadas.
(02) do patrimônio líquido são debitadas quando se lhes incorpora a correção monetária do exercício.
(03) de despesa são debitadas quando em contrapartida, para apuração do resultado do exercício.
(04) do ativo são debitadas quando há saída de bens ou direitos do patrimônio.
(05) de receitas são debitadas, porque concorrem para o aumento do patrimônio líquido.

01: Correta. Quando ocorre um pagamento de uma obrigação registrada no passivo existe um crédito no ativo e um débito no passivo. 02: Incorreta. A correção monetária do exercício deve ser registrada na demonstração de resultado. 03: Incorreta. As despesas são creditadas quando a contrapartida é feita pela apuração do resultado do exercício. 04: Incorreta. Quando há saída de bens ou direitos do patrimônio ocorre um crédito no ativo. 05: Incorreta. As receitas são creditadas e no momento que ocorre a apuração do exercício o crédito entra como um aumento do patrimônio líquido e não o inverso. RNC
Gabarito: 1

(Auditor Fiscal da Receita Federal – ESAF) O lucro obtido na Venda de Imobilizado e o Resultado de Equivalência Patrimonial representam, na Demonstração dos Fluxos de Caixa (DFC):

(A) ingresso de caixa na atividade de investimento.
(B) aumento de atividades operacionais.
(C) ajustes do resultado na elaboração da DFC.
(D) ingressos por Receita Operacional.
(E) aumento de investimentos.

A. Incorreto – o resultado de equivalência patrimonial não representa ingresso de recursos.
B. Incorreto – o lucro na venda de imobilizado não representa ingressos de recursos nas atividades operacionais.
C. Correto – o resultado do período é ajustado por ambos os eventos quando da elaboração do fluxo de caixa pelo método indireto.
D. Incorreto – não há nomenclatura "receita operacional" na demonstração dos fluxos de caixa.
E. Incorreto – O resultado de equivalência patrimonial não representa ingresso de recursos. Portanto, não aumenta o caixa das atividades de investimento.
Gabarito: "C".

(Auditor Fiscal da Receita Federal – ESAF) Na elaboração da Demonstração do Valor Adicionado (DVA), as Receitas Financeiras de Juros recebidas por entidades comerciais e o valor da contribuição patronal para a Previdência Social são, respectivamente:

(A) Valor adicionado recebido em transferência e distribuição da riqueza obtida.
(B) Distribuição da Riqueza Obtida e Valor adicionado recebido por substituição.
(C) Receitas derivadas de produtos ou serviços e item do Valor Adicionado Bruto.
(D) Valor Adicionado Bruto e Receitas derivadas de produtos ou serviços.
(E) Receitas derivadas de produtos ou serviços e Valor adicionado recebido por substituição.

A: Correto – no modelo de DVA contido no CPC 09, as receitas financeiras estão situadas na parte 1 da DVA, especificamente no campo 6.2, dentro do valor adicionado recebido em transferência. O valor da contribuição patronal é uma distribuição de riqueza para o governo federal. Fica na parte 2 da DVA, onde a entidade mostra como o valor adicionado foi distribuído. O campo é o 8.2.1 é o utilizado para tanto; **B:** Incorreto – nomenclaturas não estão presentes no modelo de DVA constante do CPC 09, **C:** Incorreto – a receita financeira é valor adicionado recebido em transferência e o INSS é uma distribuição de valor para o governo federal; **D:** Incorreto – a receita financeira é valor adicionado recebido em transferência e o INSS é uma distribuição de valor para o governo federal; **E:** Incorreto – a receita financeira é valor adicionado recebido em transferência e o INSS é uma distribuição de valor para o governo federal.
Gabarito: "A".

(Auditor Fiscal da Receita Federal – ESAF) Com relação às assertivas a seguir, pode-se afirmar que:

I. Os Ativos Não Circulantes Mantidos para a Venda, devem ser depreciados normalmente até a data da venda, e os encargos financeiros, se verificados, devem ser reconhecidos como custo de operação e contrapostos aos ingressos de caixa obtidos ao final da operação.

II. Os Ativos Não Circulantes Mantidos para a Venda, uma vez identificados, devem estar disponíveis para a venda imediata nas condições em que se encontram desde que a recuperação do seu valor contábil esteja firmemente atrelada à geração de caixa por uso contínuo.

III. No Balanço Patrimonial os Ativos Não Circulantes Mantidos para a Venda e os passivos a eles relacionados devem ser compensados e apresentados em um único montante no Balanço Patrimonial.

Assinale a opção correta.

(A) Todas são verdadeiras.
(B) Somente I é falsa.
(C) Somente III é verdadeira.
(D) Todas são falsas.
(E) Apenas a II é verdadeira.

Para responder essa questão, deve-se recorrer à NBC TG 31, que versa sobre "Ativo Não Circulante Mantido para Venda e Operação Descontinuada.
Afirmação I. Falsa, conforme item 25: "**A entidade não deve depreciar (ou amortizar) o ativo não circulante enquanto estiver classificado como mantido para venda ou enquanto fizer parte de grupo de ativos classificado como mantido para venda**. Os juros e os outros gastos atribuíveis aos passivos de grupo de ativos classificado como mantido para venda devem continuar a ser reconhecidos." (Grifo nosso)
Afirmação II. Falsa, conforme item 6: "A entidade deve classificar um ativo não circulante como mantido para venda se o seu valor contábil

vai ser recuperado, principalmente, **por meio de transação de venda em vez do uso contínuo.**" (Grifo nosso)

Afirmação III. Falsa, conforme item 38: "A entidade deve apresentar o ativo não circulante classificado como mantido para venda separadamente dos outros ativos no balanço patrimonial. Os passivos de grupo de ativos classificado como mantido para venda devem ser apresentados separadamente dos outros passivos no balanço patrimonial. **Esses ativos e passivos não devem ser compensados nem apresentados em um único montante**." (Grifo nosso)

Gabarito "D".

(Auditor Fiscal da Receita Federal – ESAF) Com relação à Redução ao Valor Recuperável de Ativos, pode-se afirmar que:

(A) a esta técnica estão sujeitos à aplicação desse processo todos os ativos sem qualquer tipo de exceção.
(B) é esse tipo de procedimento aplicável somente aos ativos intangíveis e aos ativos resultantes de Contratos de Construção.
(C) apenas aos ativos resultantes de Contratos de Construção e aqueles sujeitos à aplicação do valor justo como os ativos biológicos são passíveis da aplicação dessa redução.
(D) tem como objetivo assegurar que os ativos não estejam registrados contabilmente por valor maior do que o passível de ser recuperado por uso ou venda.
(E) não é aplicada aos imobilizados em razão dos mesmos já estarem sujeitos à depreciação, amortização ou a exaustão que cobrem possíveis divergências no valor de custo do ativo e o seu valor recuperável.

A resposta da questão depende de conhecimento acerca da NBC TG 01, que versa sobre a redução ao valor recuperável de ativos. A afirmação A é falsa, pois no item 2 há uma série de exceções a aplicação da norma a certos ativos. O mesmo é válido para as afirmações B e C, pois a norma não está restrita apenas aos ativos citados. No caso da afirmação E, a depreciação, amortização e exaustão não tem o intuito de cobrir "possíveis divergência no valor de custo do ativo e o seu valor recuperável". Portanto, a alternativa D é a única que contém um conceito válido. Em suma, a resposta D resumo o objetivo da redução ao valor recuperável dos ativos.

Gabarito "D".

(Auditor Fiscal da Receita Federal – ESAF) A Cia. Mamoré vende a prazo por R$15.000 um imobilizado cujo valor de registro é R$140.000 e a depreciação acumulada, calculada até a data da venda, eradeR$126.000.Para efetuar o registro desse evento, a empresa deve:

(A) registrar um débito de R$140.000 em conta do imobilizado.
(B) contabilizar um crédito de R$15.000 em Ganhos com Venda de Imobilizado.
(C) reconhecer um débito de R$14.000 em conta de resultado.
(D) lançar um crédito de R$126.000 na conta de Depreciação Acumulada.
(E) efetuar um débito de R$140.000 em perdas com imobilizado.

O enunciado enseja os seguintes lançamentos contábeis:
D – Resultado na venda de imobilizado
C –Imobilizado   R$ 140.000
D – Depreciação acumulada
C – Resultado na venda de imobilizado R$ 126.000
D – Outras contas a receber
C – Resultado na venda de imobilizado   R$ 15.000
Pelos lançamentos acima, vê-se que a única alternativa correta é a B.

Gabarito "B".

(Auditor Fiscal da Receita Federal – ESAF) De acordo com as normas contábeis atualizadas, os juros cobrados sobre a operação de desconto devem ser:

(A) lançados como despesa financeira após o recebimento do último título descontado.
(B) contabilizados pelo montante total dos juros descontados como despesas no momento inicial da operação.
(C) registrados como despesas financeiras no momento da quitação de cada um dos títulos descontados.
(D) registrados como despesa financeira em três parcelas iguais através de rateio do total por 90dias.
(E) transferidos para o resultado como despesa financeira de acordo com o regime de competência.

A resposta da questão depende do conhecimento acerca do regime de competência. A alternativa A viola da ideia de competência ao reconhecer os juros apenas ao final do período de desconto. O mesmo ocorre com a afirmação B, porém de maneira inversa. No caso das alternativas C e D, a inconsistência decorre da ideia de que a apropriação dos juros depende do pagamento das parcelas (alternativa C) ou é linear (alternativa D). Nenhuma dessas duas afirmações são válidas. Portanto, a resposta E é a única que capta o tratamento correto a ser dado para tal evento econômico.

Gabarito "E".

No início de 2013, o Patrimônio Líquido da Cia. Madeira era composto pelos seguintes saldos:

Contas de PL	Valores R$
Capital Social	1.000.000
Capital a Integralizar	(550.000)
Reserva Legal	87.500
Reservas de Lucros	57.500
Lucros Retidos	170.000

Ao final do período de 2013, a empresa apurou um Lucro antes do Imposto sobre a Renda e Contribuições no valor deR$400.000.

De acordo com a política contábil da empresa, ao final do exercício, no caso da existência de lucros, os estatutos da empresa determinam que a mesma deve observar os percentuais abaixo para os cálculos das Participações e Contribuições, apuração do Lucro Líquido e sua distribuição.

Dividendos a Pagar	50%
Participações da Administração nos Lucros da Sociedade	20%
Participações de Debêntures	25%
Participação dos Empregados nos Lucros da Sociedade	25%
Provisão para IR e Contribuições	20%
Reserva de Lucros	20%
Reserva Legal	5%

O restante do Lucro Líquido deverá ser mantido em Lucros Retidos conforme decisão da Assembleia Geral Ordinária (AGO) até o final do exercício de 2014, conforme Orçamento de Capital aprovado em AGO de2012.

Com base nas informações anteriores, responda às próximas quatro questões.

Preparação:

Para as respostas solicitadas nas próximas quatro questões, é premente o cálculo do lucro líquido. Pelos parâmetros acima, ficaria da seguinte forma:

Lucro antes do imposto de renda e da contribuição social	R$ 400.000,00
(-) Imposto de renda e contribuição social (20%)	-R$ 80.000,00
Lucro base para o cálculo das participações	R$ 320.000,00
(-) Participação dos debenturistas (25%)	-R$ 80.000,00
(-) Participação dos empregados (25%)	-R$ 60.000,00
(-) Participação dos administradores (20%)	-R$ 36.000,00
Lucro líquido	R$ 144.000,00

O cálculo acima encontra guarida nos seguintes artigos da Lei 6.404/76:

Art. 187. A demonstração do resultado do exercício discriminará:

I – a receita bruta das vendas e serviços, as deduções das vendas, os abatimentos e os impostos;

II – a receita líquida das vendas e serviços, o custo das mercadorias e serviços vendidos e o lucro bruto;

III – as despesas com as vendas, as despesas financeiras, deduzidas das receitas, as despesas gerais e administrativas, e outras despesas operacionais;

IV – o lucro ou prejuízo operacional, as outras receitas e as outras despesas; (Redação dada pela Lei nº 11.941, de 2009)

V – o resultado do exercício antes do Imposto sobre a Renda e a provisão para o imposto;

VI – as participações de debêntures, empregados, administradores e partes beneficiárias, mesmo na forma de instrumentos financeiros, e de instituições ou fundos de assistência ou previdência de empregados, que não se caracterizem como despesa; (Redação dada pela Lei nº 11.941, de 2009)

VII – o lucro ou prejuízo líquido do exercício e o seu montante por ação do capital social.

§ 1º Na determinação do resultado do exercício serão computados:

a) as receitas e os rendimentos ganhos no período, independentemente da sua realização em moeda; e

b) os custos, despesas, encargos e perdas, pagos ou incorridos, correspondentes a essas receitas e rendimentos.

§ 2º (Revogado). (Redação dada pela Lei nº 11.638, de 2007) (Revogado pela Lei nº 11.638, de 2007)

E Art. 190. As participações estatutárias de empregados, administradores e partes beneficiárias serão determinadas, sucessivamente e nessa ordem, com base nos lucros que remanescerem depois de deduzida a participação anteriormente calculada.

Parágrafo único. Aplica-se ao pagamento das participações dos administradores e das partes beneficiárias o disposto nos parágrafos do artigo 201.

Observação relevante: não estão sendo levados em conta nas questões os potenciais efeitos tributários das participações.

(Auditor Fiscal da Receita Federal – ESAF) O valor a ser registrado como Reserva Legal é:

(A) R$2.000.
(B) R$2.500.
(C) R$3.500.
(D) R$7.200.
(E) R$7.500.

Pelo art. 193 da Lei 6.404/76, temos: "Art. 193. Do lucro líquido do exercício, 5% (cinco por cento) serão aplicados, antes de qualquer outra destinação, na constituição da reserva legal, que não excederá de 20% (vinte por cento) do capital social.

§ 1º A companhia poderá deixar de constituir a reserva legal no exercício em que o saldo dessa reserva, acrescido do montante das reservas de capital de que trata o § 1º do artigo 182, exceder de 30% (trinta por cento) do capital social.

§ 2º A reserva legal tem por fim assegurar a integridade do capital social e somente poderá ser utilizada para compensar prejuízos ou aumentar o capital."

Assim, temos que o capital social realizado é de R$ 450.000. Se aplicarmos 20% sobre tal número, temos R$ 90.000. Esse é o teto da reserva legal. O saldo atual é de R$ 87.500. Portanto, o saldo máximo da reserva legal seria de R$ 2.500.

Gabarito "B".

(Auditor Fiscal da Receita Federal – ESAF) O valor distribuído a título de dividendo é:

(A) R$ 160.000.
(B) R$ 124.800.
(C) R$ 96.000.
(D) R$ 72.000.
(E) R$ 68.400.

De acordo com o art. 202 da Lei 6.404/76, temos:

"Art. 202. Os acionistas têm direito de receber como dividendo obrigatório, em cada exercício, a parcela dos lucros estabelecida no estatuto ou, se este for omisso, a importância determinada de acordo com as seguintes normas: (Redação dada pela Lei nº 10.303, de 2001) (Vide Lei nº 12.838, de 2013)

I – metade do lucro líquido do exercício diminuído ou acrescido dos seguintes valores: (Redação dada pela Lei nº 10.303, de 2001)

a) importância destinada à constituição da reserva legal (art. 193); e (Incluída pela Lei nº 10.303, de 2001)

b) importância destinada à formação da reserva para contingências (art. 195) e reversão da mesma reserva formada em exercícios anteriores; (Incluída pela Lei nº 10.303, de 2001)"

O enunciado não fornece maiores detalhes sobre o cálculo. Assim, pelos dados, podemos, simplesmente, aplicar o percentual de dividendos sobre o lucro do exercício: 50% sobre R$ 144.000, que retorna R$ 72.000.

Gabarito "D".

(Auditor Fiscal da Receita Federal – ESAF) O Valor das Participações dos Debenturistas nos Lucros da Sociedade é:

(A) R$80.000.
(B) R$72.000.
(C) R$64.000.
(D) R$48.000.
(E) R$36.000.

Lucro antes do imposto de renda e contribuição social é de R$ 400.000. Após o IR/CSLL, o lucro fica igual a R$ 320.000. Aplicando-se a participação de 25% temos R$ 80.000.

Gabarito "A".

(Auditor Fiscal da Receita Federal – ESAF) Com base nos dados fornecidos, pode-se afirmar que:

(A) o Capital autorizado da empresa é de R$550.000.
(B) o valor a ser destinado para a Reserva de Lucros é de R$28.000.
(C) após a distribuição do resultado, o saldo total do Patrimônio Líquido é de R$837.000.
(D) o valor da Participação da Administração nos Lucros da Sociedade corresponde a R$64.000.
(E) o resultado líquido e sua destinação provocam um aumento líquido de passivo de R$240.000.

A: Incorreta, pois não há qualquer menção quanto ao conceito de capital autorizado; **B:** Incorreta, pois o valor destinado para reserva legal é de R$ 2.500; **D** Incorreta, em razão da participação dos administradores é de R$ 36.000; **E:** –Incorreta, porque, Pelos dados, não é possível fazer essa afirmação.
Resta a alternativa C. Temos o seguinte:
PL inicial = R$ 765.000
(+) Lucro líquido R$ 144.000
(-) Dividendo distribuídos = R$ 72.000
(=) PL Final = R$ 837.000.
As movimentações para constituição das reservas não afetam o total do patrimônio líquido.
Gabarito "C".

(Auditor Fiscal da Receita Federal – ESAF) A Cia. Solimões Industrial adquire um terreno por R$2.000.000 nas proximidades de suas instalações, para valorização. Na tomada de decisão pelo negócio, foi considerada a oportunidade das condições negociadas, o início de obras governamentais nas proximidades para ampliação da malha rodoviária e a construção de um entreposto de produtos agrícolas e a consequente valorização de imóveis naquela região.

Ao registrar a aquisição desse imóvel, a empresa deve classificar esse bem como Ativo:

(A) Diferido.
(B) Imobilizado.
(C) Investimento.
(D) Intangível.
(E) Realizável de Longo Prazo.

De acordo com o item 5 da NBC TG 28 (R3), temos que: "Propriedade para investimento é a propriedade (terreno ou edifício – ou parte de edifício – ou ambos) mantida (pelo proprietário ou pelo arrendatário em arrendamento financeiro) para auferir aluguel ou para valorização do capital ou para ambas, e não para:(a) o uso na produção ou fornecimento de bens ou serviços ou para finalidades administrativas; ou(b) venda no curso ordinário do negócio." Essa é justamente a situação descrita no enunciado. Portanto, a melhor classificação é como "Investimento".
Gabarito "C".

(Auditor Fiscal da Receita Federal – ESAF) No tratamento contábil das contas de Reservas, são classificadas como Reservas de Lucros as:

(A) Reserva de Reavaliação de Ativos Próprios e a Reserva Legal.
(B) Reserva para Contingências e a Reserva de incentivos Fiscais.
(C) Reserva de Lucros para Expansão e a Reserva de Ágio na emissão de Ações.
(D) Reserva de Contingência e a Reserva de Reavaliação de Ativos de Coligadas.
(E) Reserva Especial de Ágio na Incorporação e a Reserva Legal.

A: Incorreta. As reservas de reavaliação foram vedadas pela Lei 11.638/07 e, ademais, não eram reservas de lucro; **B:** Correta. As reservas de contingências e de incentivos fiscais são reservas de lucro e estão previstas nos arts. 195 e 195-A da Lei 6.404/76, respectivamente. Portanto, esse item corresponde a alternativa correta; **C:** Incorreta. A reserva de ágio na emissão de ações é uma reserva de capital; **D:** Incorreta. Idem ao item A; **E:** Incorreta. Idem ao item C.
Gabarito "B".

Em janeiro de 2011, a Cia. Amazônia subscreve 60% do capital ordinário da Cia. Mamoré, registrando essa Participação Societária, em seus ativos, pelo valor de R$720.000. Nesse mesmo período, a empresa controlada vende à vista para a Cia. Amazônia estoques no valor de R$200.000, obtendo nessa transação um lucro de R$50.000. Ao final desse exercício, o Patrimônio Líquido da controlada ajustado correspondia a R$1.230.000 e a investidora repassou para terceiros 70% dos estoques adquiridos da Cia. Mamoré pelo valor à vista de R$250.000.

Considerando estas informações, responda às próximas duas questões.

Resolução: Pelo enunciado, há uma transação ascendente. Ou seja, venda da controlada para a controladora. O lucro na ascendente foi de R$ 50.000. Ou seja, 25% da receita de venda. A controladora vendeu para terceiros 70% dos estoques. Então, em seu ativo ainda restavam R$ 15.000 de lucro não realizado (30% de R$ 50.000).

(Auditor Fiscal da Receita Federal – ESAF) Ao final de dezembro, no encerramento do exercício social, a Cia. Amazônia deve efetuar o lançamento contábil de:

(A) débito na conta Resultado de Investimentos a crédito na conta de Participações Societárias – Cia. Mamoré no valor de R$18.000.
(B) débito na conta Participações Societárias – Cia. Mamoré a crédito de Receitas de Investimentos no valor de R$15.000.
(C) débito na conta de Resultado de Equivalência Patrimonial a crédito de Participações Societárias – Cia. Mamoré no valor de R$12.500.
(D) débito na conta de Resultado de Equivalência Patrimonial a crédito de Participações Societárias – Cia. Mamoré no valor de R$5.000.
(E) débito na conta de Participações Societárias – Cia. Mamoré a crédito de Resultado de Equivalência Patrimonial no valor de R$3.000.

Pelo enunciado, há uma transação ascendente. Ou seja, venda da controlada para a controladora. O lucro na ascendente foi de R$ 50.000. Ou seja, 25% da receita de venda. A controladora vendeu para terceiros 70% dos estoques. Então, em seu ativo ainda restavam R$ 15.000 de lucro não realizado (30% de R$ 50.000).
O PL da controlada é de R$ 1.230.000. Se aplicarmos 60% sobre esse PL teríamos R$ R$ 738.000. (60% de R$ 1.230.000). No entanto, há lucro não realizado de R$ 15.000. Esse valor deve ser excluído do cálculo da equivalência patrimonial. Então, o saldo final da conta de "investimento" na controladora será de: R$ 738.000 - R$ 15.000 = R$ 733.000. Com isso, o lançamento a ser feito corresponde ao seguinte:
D – Investimento na Cia Mamoré
C – Resultado de Equivalência Patrimonial   3.000.
Gabarito "E".

(Auditor Fiscal da Receita Federal – ESAF) Considere que a Cia. Mamoré destina, distribui e paga dividendos no valor de R$10.000 para os acionistas. Nesse caso, a Cia. Amazônia deve efetuar um lançamento de:

(A) débito em conta de Resultado de Equivalência Patrimonial a crédito de conta do Patrimônio Líquido no valor de R$6.000.
(B) débito em Disponibilidades a crédito da conta Participações Societárias – Cia. Mamoré no valor de R$6.000.
(C) débito de Participações Societárias – Cia. Mamoré a crédito da conta Resultado de Equivalência Patrimonial no valor de R$6.000.
(D) débito de Disponibilidades a crédito da conta Resultado de Equivalência Patrimonial no valor de R$6.000.
(E) débito de Dividendos a Pagar a crédito da conta Receitas de Investimentos no valor de R$6.000.

Se a controlada distribuiu dividendo, seu patrimônio líquido foi reduzido. Logo, esse efeito deve repercutir na investidora. A participação da investidora é de 60%. Ou seja, em linhas gerais têm o direito de participar de R$ 6.000 do dividendo distribuído pela investida. Na escrituração da investidora, o lançamento correspondente a esse evento será:
D – Disponibilidades
C – Investimento da Cia Mamoré   R$ 6.000.
Gabarito "B".

(Auditor Fiscal Tributário da Receita Municipal/Cuiabá-MT – FGV) Sobre os componentes patrimoniais, assinale a afirmativa correta.

(A) Uma contingência ativa deve ser contabilizada no ativo circulante.
(B) Uma obra de arte colocada à venda deve ser contabilizada em investimentos.
(C) Os empréstimos obtidos devem ser contabilizados como ativo circulante ou realizável em longo prazo, dependendo do prazo.
(D) Os dividendos a pagar que compõem a parcela do dividendo mínimo obrigatório devem ser contabilizados no passivo.
(E) As participações permanentes no capital social de outras sociedades devem ser contabilizadas no patrimônio líquido.

A: Incorreta. Uma contingência ativa não deve ser contabilidade, vide NBC TG 25; B: Incorreta. Um ativo colocado à venda (e que atenda a certas prerrogativas) deve ser lançado no circulante; C: Incorreta. Os empréstimos obtidos são obrigações, não ativos; D: Correta. A afirmação está correta. Os dividendos mínimos obrigatórios são obrigações para a empresa que os distribui; E: Incorreta. As participações permanentes são ativos, classificados no grupo "Investimento".
Gabarito "D".

(Auditor Fiscal Tributário da Receita Municipal/Cuiabá-MT – FGV) Em dezembro de 2013, a administração de determinada empresa decidiu encerrar as atividades em uma de suas unidades a partir de 2014, a fim de cortar custos. A notícia foi mantida em sigilo, sendo que apenas os diretores e o contador sabiam dos planos para esta unidade.

Dado que os custos com rescisões trabalhistas eram estimados em R$ 300.000,00 e, com outros gastos, em R$ 150.000,00, o procedimento correto em 31/12/2013 foi

(A) contabilizar uma provisão de R$150.000,00.
(B) contabilizar uma provisão de R$225.000,00.
(C) contabilizar uma provisão de R$300.000,00.
(D) contabilizar uma provisão de R$450.000,00.
(E) não contabilizar a provisão.

A questão envolve, principalmente, conhecimento acerca da NBC TG 25, que versa sobre provisões, passivos e ativos contingentes. Por sinal, há um exemplo que guarda estreita semelhança com o enunciado. "Exemplo 5A – Fechamento de divisão – nenhuma implementação antes do fechamento do balanço
Em 12 de dezembro de 20X0, o conselho da entidade decidiu encerrar as atividades de uma divisão. Antes do fechamento do balanço (31 de dezembro de 20X0), a decisão não havia sido comunicada a qualquer um dos afetados por ela, e nenhuma outra providência havia sido tomada para implementar a decisão.
Saída de recursos envolvendo benefícios futuros na liquidação – Não há evento que gera obrigação e, portanto, não há obrigação.
Conclusão – Nenhuma provisão é reconhecida (ver itens 14 e 72)."
Por analogia, temos que nenhuma provisão deve ser reconhecida, que corresponde à alternativa E.
Gabarito "E".

(Auditor Fiscal Tributário da Receita Municipal/Cuiabá-MT – FGV) Em 31/12/2013, uma empresa apresentava em seu patrimônio líquido a conta capital social, no valor de R$ 20.000,00, e reserva legal, no valor de R$3.000,00.

No ano de 2014, a empresa apresentou lucro líquido de R$ 16.000,00. A empresa determina, em seu estatuto social, distribuição de dividendos mínimos obrigatórios de 25% do lucro líquido ajustado.

O montante que a empresa deverá distribuir como dividendos em 2014 será de

(A) R$3.750,00.
(B) R$3.800,00.
(C) R$4.000,00.
(D) R$5.000,00.
(E) R$15.200,00.

Pelos dados e art. 193 da Lei 6.404/76, temos que o saldo da reserva legal deve corresponder a, no máximo, 20% do capital social. Ou seja, R$ 4.000. O saldo já é de R$ 3.000. Logo, poderá ser contabilizado apenas mais R$ 1.000. Ainda, temos que o enunciado menciona a expressão "lucro líquido ajustado". Isso significa que a reserva legal destinado no período poderá ser deduzida da base de cálculo dos dividendos. Com isso, temos:

Lucro líquido	R$ 16.000
(-) Reserva legal (5%)	R$ 800
(=) Base de cálculo dos dividendos	R$ 15.200
(x) Percentual de dividendos	25%
(=) Dividendos	R$ 3.800

Gabarito "B".

(Auditor Fiscal Tributário da Receita Municipal/Cuiabá-MT – FGV) Em 01/01/2013, uma empresa apresentava os seguintes saldos em seu balanço patrimonial:

Caixa:	R$ 10.000,00
Estoques:	R$ 200.000,00
Terreno:	R$ 30.000,00
Capital Social:	R$ 240.000,00

No mês de janeiro, a empresa vendeu metade de seu estoque por R$ 160.000,00, o que é considerado relevante. Do valor, metade será recebida em 30 dias, e a outra metade, em 60 dias.

A empresa considera a taxa para desconto a valor presente de 4% ao mês. Além disso, estima o risco de inadimplência de 2%.

Considerando que essa foi a única transação de janeiro, o valor do Patrimônio Líquido da empresa em 31/01/2013, de acordo com a legislação societária, era, aproximadamente, de

(A) R$56.800,00.
(B) R$287.688,00.
(C) R$287.870,00.
(D) R$290.888,00.
(E) R$296.800,00.

Inicialmente, é necessário calcular o valor presente dos saldos a serem recebidos.
Recebimento em 30 dias = R$ 80.000 / (1+0,04)^1 = R$ 76.923,08
Recebimento em 60 dias = R$ 80.000 / (1+0,04)^2 = R$ 73.964,50
Assim, o saldo de contas a receber total seria de R$ 160.000. Porém, o valor presente das contas a receber seria de R$ 150.887,60. Então, os juros correspondem a R$ 9.112,42.
A estimativa de perda será dada pela aplicação de 2% sobre o valor presente das contas a receber R$ 150.887,60. Então, temos R$ 3.017,75.
Por meio dos dados, teríamos os seguintes lançamentos:
– Contas a receber
C – Receita de vendas   R$ 160.000
D – Ajuste a valor presente (redutora de receita)
C –Juros a apropriar (redutora de contas a receber) R$ 9.112,42
D – Custo da mercadoria vendida
C – Estoque   R$ 100.000
D – Estimativa de perda com créditos de liquidação duvidosa
C – PECLD   R$ 3.017,75
Assim, o novo PL seria dado por: R$ 240.000 + R$ 160.000 – R$ 100.000 – R$ 9.112,42 – R$ 3.017,75 = R$ 287.869,80.
Gabarito "C".

(Auditor Fiscal Tributário da Receita Municipal/Cuiabá-MT – FGV) O contador de uma empresa incorreu em um erro no reconhecimento da despesa de amortização de um ativo intangível, não considerando o valor residual de 40% de seu valor contábil.

Esse erro gerou, no período, o seguinte efeito no patrimônio da empresa, antes de efetuado qualquer ajuste de regularização:

(A) subavaliação do ativo e do patrimônio líquido.
(B) superavaliação do ativo e do patrimônio líquido.
(C) superavaliação do lucro líquido e do patrimônio líquido.
(D) subavaliação do ativo e superavaliação do patrimônio líquido.
(E) superavaliação do ativo e subavaliação do lucro líquido.

O valor residual não deve ser amortizado/depreciado. Se o contador não levou isso em conta, amortizou um valor superior ao que deveria. Portanto, o ativo estava apresentado por um valor inferior, haja vista que a amortização era maior do que deveria ser. Em contrapartida, a despesa também foi superior ao que deveria ter sido. Em suma, o ativo está subavaliado, bem como o patrimônio líquido.
Gabarito "A".

(Auditor Fiscal Tributário da Receita Municipal/Cuiabá-MT – FGV) Uma empresa varejista vende eletrodomésticos. O cliente deve efetuar o pagamento de um valor prefixado durante seis meses, por meio de boletos bancários. O cliente perde os valores já pagos e não recebe o produto, se deixar de pagar uma parcela.

Após os seis meses a empresa separa o produto e aguarda o cliente buscá-lo.

De acordo com a experiência da empresa, os casos de inadimplência diminuem para menos de 1% depois que a quinta parcela é paga.

Nesse sentido, a empresa deve reconhecer a receita de vendas

(A) no acordo de compra.
(B) após o pagamento da primeira parcela.
(C) após o pagamento da quinta parcela.
(D) após o pagamento da sexta parcela.
(E) após constatar que não há defeitos no produto.

A questão deve ser interpretada a partir da NBC TG 30, que trata de receitas. De acordo com o item 7 de tal norma:
"Receita é o ingresso bruto de benefícios econômicos durante o período observado no curso das atividades ordinárias da entidade que resultam no aumento do seu patrimônio líquido, exceto os aumentos de patrimônio líquido relacionados às contribuições dos proprietários."
A questão versa sobre o momento do reconhecimento da receita. Em essência, a questão é determinar o momento em que há a transferência dos riscos benefícios para o comprador. No caso em tela, isso ocorre a partir da quinta parcela, como preconizado pelo dado "de acordo com a experiência da empresa, os casos de inadimplência diminuem para menos de 1% depois que a quinta parcela é paga. Sendo assim, esse é o momento crítico. Para reforçar, trazemos exemplo extraído da própria norma:
"3.Vendas para entrega no pagamento final (lay away sales), segundo as quais as mercadorias são entregues somente quando o comprador fizer o pagamento final de uma série de prestações.
A receita de tais vendas deve ser reconhecida quando da entrega da mercadoria correspondente. No entanto, quando a experiência indicar que a maior parte dessa modalidade de venda é concretizada, a receita pode ser reconhecida a partir do momento em que uma parcela significativa do valor total do objeto da compra tenha sido recebida pelo vendedor, desde que as mercadorias estejam disponíveis nos estoques, devidamente identificadas e prontas para entrega ao comprador."
Portanto, pela conceituação ora exposta e pelo exemplo da própria norma, podemos afirmar que após o pagamento da quinta parcela os critérios para reconhecimento da receita estarão satisfeitos.
Gabarito "C".

(Auditor Fiscal Tributário da Receita Municipal/Cuiabá-MT – FGV) Em 01/01/2013, uma empresa adquiriu os direitos para uso de uma marca por cinco anos. O contrato é renovável a cada cinco anos a custo insignificante, e a empresa pretende renová-lo por mais quinze anos, acreditando que, após este período, a marca não terá mais retorno.

A vida útil a ser estabelecida pelo direito de utilização da marca, em 01/01/2013, é

(A) de cinco anos.
(B) de dez anos.
(C) de quinze anos.
(D) de vinte anos.
(E) indefinida.

Para a resolução dessa questão, é necessário levar em conta o item 94 da NBC TG 4, que segue: "A vida útil de ativo intangível resultante de direitos contratuais ou outros direitos legais não deve exceder a vigência desses direitos, podendo ser menor dependendo do período durante o qual a entidade espera utilizar o ativo. Caso os direitos contratuais ou outros direitos legais sejam outorgados por um prazo limitado renovável, a vida útil do ativo intangível só deve incluir o prazo de renovação, se existirem evidências que suportem a renovação pela entidade sem custo significativo." (Grifo nosso)

No caso em tela, o enunciado menciona "custo insignificante". Portanto, a vida útil pode incluir os 15 anos do período de renovação. Em suma, a resposta correta é vinte anos, alternativa "D".

Gabarito "D".

(Auditor Fiscal Tributário da Receita Municipal/Cuiabá-MT – FGV) De acordo com a característica da compreensibilidade, as informações sobre temas complexos

(A) devem ser excluídas das demonstrações contábeis.
(B) não devem ser excluídas das demonstrações contábeis.
(C) não devem ser excluídas das demonstrações contábeis, quando relevantes.
(D) devem ser apresentadas de modo mais detalhado.
(E) devem ser acompanhadas de esclarecimentos adicionais, de modo que qualquer usuário possa entendê-las.

Conforme a NBC TG Estrutura Conceitual: "Compreensibilidade significa que a classificação, a caracterização e a apresentação da informação são feitas com clareza e concisão, tornando-a compreensível. Mas não é admissível a exclusão de informação complexa e não facilmente compreensível se isso tornar o relatório incompleto e distorcido. Os relatórios contábil-financeiros são elaborados na presunção de que o usuário tem conhecimento razoável de negócios e que age diligentemente, mas isso não exclui a necessidade de ajuda de consultor para fenômenos complexos." (Grifo nosso) Pelo trecho destacado, informações não devem ser excluídas quando relevantes. Portanto, a alternativa "C" é a correta, pois converge para o preceito contido citado normativo.

Gabarito "C".

(Auditor Fiscal Tributário da Receita Municipal/Cuiabá-MT – FGV) De acordo com a Lei nº 4.320/64, sobre os componentes do Balanço Patrimonial, assinale a afirmativa correta.

(A) O Ativo Financeiro compreende os valores numerários, os créditos e os valores realizáveis que possuem autorização orçamentária.
(B) O Passivo Financeiro compreende as dívidas fundadas cujo pagamento depende de autorização orçamentária.
(C) O Ativo Permanente compreende os bens, créditos e valores cuja mobilização ou alienação independe de autorização legislativa.
(D) O Passivo Permanente compreende as dívidas fundadas cuja amortização ou cujo resgate não dependem de autorização legislativa.
(E) As Contas de Compensação registram os bens, os valores, as obrigações e as situações que podem afetar o patrimônio.

Para responder a questão, é necessário ter em vista o Art. 105 da supramencionada lei:
Art. 105. O Balanço Patrimonial demonstrará:
I – O Ativo Financeiro;
II – O Ativo Permanente;
III – O Passivo Financeiro;
IV – O Passivo Permanente;
V – O Saldo Patrimonial;
VI – As Contas de Compensação.
§ 1º O Ativo Financeiro compreenderá os créditos e valores realizáveis independentemente de autorização orçamentária e os valores numerários.
§ 2º O Ativo Permanente compreenderá os bens, créditos e valores, cuja mobilização ou alienação dependa de autorização legislativa.
§ 3º O Passivo Financeiro compreenderá as dívidas fundadas e outras pagamentos independa de autorização orçamentária.
§ 4º O Passivo Permanente compreenderá as dívidas fundadas e outras que dependam de autorização legislativa para amortização ou resgate.

§ 5º Nas contas de compensação serão registrados os bens, valores, obrigações e situações não compreendidas nos parágrafos anteriores e que, imediata ou indiretamente, possam vir a afetar o patrimônio. Pelo artigo em questão, a resposta correta corresponde à alternativa "E".

Gabarito "E".

(Auditor Fiscal Tributário da Receita Municipal/Cuiabá-MT – FGV) Assinale a opção que indica itens que não compõem a dívida flutuante.

(A) Serviços da dívida apagar
(B) Restos a pagar, excluídos os serviços da dívida
(C) Compromissos de longo prazo que atendem ao desequilíbrio orçamentário
(D) Depósitos bancários
(E) Débitos de tesouraria

A resposta depende da consulta do Art. 92. Da Lei 4.320/64, como segue: "A dívida flutuante compreende: I – os restos a pagar, excluídos os serviços da dívida; II – os serviços da dívida a pagar; III – os depósitos; IV – os débitos de tesouraria." Ademais, de acordo com a página eletrônica do Tesouro Nacional, temos: A contraída pelo Tesouro Nacional, por um breve e determinado período de tempo, quer como administrador de terceiros, confiados à sua guarda, quer para atender às momentâneas necessidades de caixa. Pelas ideias expostas no artigo e na página eletrônica do Tesouro Nacional, podemos concluir que a letra "C" não faz parte do conceito de dívida flutuante.

Gabarito "C".

(Auditor Fiscal/MA – FGV) O CPC 03 – Demonstração dos Fluxos de Caixa versa sobre a elaboração e a apresentação desta demonstração.

Em relação à classificação dos juros pagos e recebidos, o CPC determina que

(A) os juros pagos podem ser classificados como atividade operacional ou de investimento, enquanto os juros recebidos podem ser classificados como atividade operacional ou de financiamento.
(B) os juros pagos podem ser classificados como atividade operacional ou de financiamento, enquanto os juros recebidos podem ser classificados como atividade operacional ou de investimento.
(C) os juros pagos e recebidos têm que ser classificados como atividade operacional.
(D) os juros pagos têm que ser classificados como atividade de financiamento, enquanto os juros recebidos têm que ser classificados como atividade de investimento.
(E) os juros pagos podem ser classificados como atividade de financiamento ou operacional, enquanto os juros recebidos podem ser classificados como atividade de financiamento ou investimento.

Resolução: em relação à questão, é necessário acessar os conhecimento contido na NBC TG 3. Especificamente, os itens 31 a 34ª.:
Juros e dividendos
31. Os fluxos de caixa referentes a juros, dividendos e juros sobre o capital próprio recebidos e pagos devem ser apresentados separadamente. Cada um deles deve ser classificado de maneira consistente, de período a período, como decorrentes de atividades operacionais, de investimento ou de financiamento.
32. O montante total dos juros pagos durante o período é divulgado na demonstração dos fluxos de caixa, quer tenha sido reconhecido como despesa na demonstração do resultado, quer tenha sido capitalizado, conforme a NBC TG 20 – Custos de Empréstimos.

33. Os juros pagos e recebidos e os dividendos e os juros sobre o capital próprio recebidos são comumente classificados como fluxos de caixa operacionais em instituições financeiras. Todavia, não há consenso sobre a classificação desses fluxos de caixa para outras entidades. Os juros pagos e recebidos e os dividendos e os juros sobre o capital próprio recebidos podem ser classificados como fluxos de caixa operacionais, porque eles entram na determinação do lucro líquido ou prejuízo. Alternativamente, os juros pagos e os juros, os dividendos e os juros sobre o capital próprio recebidos podem ser classificados, respectivamente, como fluxos de caixa de financiamento e fluxos de caixa de investimento, porque são custos de obtenção de recursos financeiros ou retornos sobre investimentos.

34. Os dividendos e os juros sobre o capital próprio pagos podem ser classificados como fluxo de caixa de financiamento porque são custos da obtenção de recursos financeiros. Alternativamente, os dividendos e os juros sobre o capital próprio pagos podem ser classificados como componente dos fluxos de caixa das atividades operacionais, a fim de auxiliar os usuários a determinar a capacidade de a entidade pagar dividendos e juros sobre o capital próprio utilizando os fluxos de caixa operacionais.

34A. Esta Norma encoraja fortemente as entidades a classificarem os juros, recebidos ou pagos, e os dividendos e juros sobre o capital próprio recebidos como fluxos de caixa das atividades operacionais, e os dividendos e juros sobre o capital próprio pagos como fluxos de caixa das atividades de financiamento. Alternativa diferente deve ser seguida de nota evidenciando esse fato.

Com base no texto acima, temos:
Alternativa A. é falsa, pois juros pagos são operacional ou financiamento.
Alternativa B: verdadeira, pois os juros pagos podem ser classificados como pertencentes às atividades operacional ou financiamento; os juros recebidos podem ser classificados como atividade operacional e de investimento.
Alternativa C. é falsa, pois a norma permite classificação diversa.
Alternativa D: idem ao item C.
Alternativa E: juros recebidos podem ser classificados como atividade operacional ou de investimento.

Gabarito "B".

(Auditor Fiscal/MA - FGV) A Demonstração do Valor Adicionado deve proporcionar aos usuários das demonstrações contábeis informações relativas à riqueza criada pela entidade em determinado período e a forma como tais riquezas foram distribuídas.

Assinale a alternativa que apresenta, na elaboração da DVA, exemplos de valor adicionado recebido em transferência.

(A) Aluguel recebido e reversão da provisão por crédito de liquidação duvidosa.
(B) Royalties recebidos e reconhecimento do valor justo de ativos biológicos.
(C) Dividendos recebidos e receita da venda de ativo imobilizado.
(D) Juros sobre capital próprio recebidos e lucro com a venda de ativo imobilizado.
(E) Juros recebidos em aplicações financeiras e resultado de equivalência patrimonial.

A: Falsa. Provisão para crédito de liquidação duvidosa é lançada no mesmo grupo das receitas de vendas; **B**. Falsa. Reconhecimento do valor justo de ativos biológicos é classificado juntamente com insumos adquiridos de terceiros; **C**. Falsa. Receita da venda de ativo imobilizado é classificado no mesmo grupo que as receitas de vendas; **D**. Falsa. Item ao idem C; **E**. Correta. Os dois itens (juros recebidos em aplicações financeiras e resultado de equivalência patrimonial).

Gabarito "E".

(Auditor Fiscal/MA - FGV) De acordo com o CPC 26, Apresentação das Demonstrações Contábeis, a Demonstração do Resultado Abrangente é parte do conjunto completo de demonstrações contábeis.

Assinale a alternativa que apresenta exemplos de resultados abrangentes.

(A) Efeito cambial sobre investimentos no exterior e reconhecimento do valor de mercado dos instrumentos financeiros disponíveis para venda.
(B) Reconhecimento do valor de mercado dos instrumentos financeiros mantidos para negociação e disponíveis para venda.
(C) Efeito cambial sobre investimentos no exterior e ganhos com equivalência patrimonial sobre o resultado.
(D) Ganhos provenientes da alteração no valor justo de um ativo classificado como propriedade para investimento e reconhecimento do valor mercado dos instrumentos financeiros mantidos para negociação.
(E) Efeito cambial sobre dívidas em moeda estrangeira e ganhos provenientes da alteração no valor justo de um ativo classificado como propriedade para investimento.

De acordo com o item 7 da NBC TG 26, temos quais são os "outros resultados abrangentes".

Outros resultados abrangentes compreendem itens de receita e despesa (incluindo ajustes de reclassificação) que não são reconhecidos na demonstração do resultado como requerido ou permitido pelas normas, interpretações e comunicados técnicos emitidos pelo CFC. Os componentes dos outros resultados abrangentes incluem:

(a) variações na reserva de reavaliação quando permitidas legalmente (ver a NBC TG 27 – Ativo Imobilizado e a NBC TG 04 – Ativo Intangível);

(b) ganhos e perdas atuariais em planos de pensão com benefício definido reconhecidos conforme item 93A da NBC TG 33 – Benefícios a Empregados;

(c) ganhos e perdas derivados de conversão de demonstrações contábeis de operações no exterior (ver a NBC TG 02 – Efeitos das Mudanças nas Taxas de Câmbio e Conversão de Demonstrações Contábeis);

(d) ganhos e perdas na remensuração de ativos financeiros disponíveis para venda (ver a NBC TG 38 – Instrumentos Financeiros: Reconhecimento e Mensuração); (Redação alterada pela Resolução CFC n.º 1.376/11)

(e) efetiva parcela de ganhos ou perdas de instrumentos de hedge em hedge de fluxo de caixa (ver também a NBC TG 38). (Redação alterada pela Resolução CFC n.º 1.376/11)

Assim, temos:
A. Correta. Os dois itens são "outros resultados abrangentes", conforme trecho acima. Portanto, essa resposta é a correta; **B**. Incorreta. Variação do valor de mercado de instrumentos financeiros mantidos para negociação são lançados para o resultado. Não são "outros resultados abrangentes"; **C**. Incorreta. Equivalência patrimonial é resultado do período; **D**. Incorreta. Em relação à variação do valor de mercado de instrumentos financeiros mantidos para negociação, idem ao item B; **E**. Incorreta. Efeito cambial sobre dívidas de moedas estrangeira é lançado para o resultado do período.

Gabarito "A".

(Auditor Fiscal/MA – FGV) Em 31/12/2013, o balancete da Cia. Rosa apresentava os seguintes saldos (em reais):

Estoques com previsão de venda de 90dias: 40.000

Aluguel pago antecipadamente com apropriação mensal e linear por 18meses:	36.000
Caixa e Equivalente de Caixa:	12.000
Clientes com vencimento em 180dias:	60.000
Contas de Ajuste a valor presente a apropriar sobre clientes:	3.000
Provisão para Crédito de Liquidação Duvidosa sobre clientes:	9.000
Contas a receber em 270 dias por venda de ativo imobilizado:	55.000
Empréstimo a sócio para recebimento em 30dias:	8.000
Adiantamento de salários de janeiro a empregados:	13.000
Provisão para 13°salário:	80.000
Receita de vendas recebida antecipadamente:	36.000

Com base somente nos dados acima, o Ativo Circulante apresentado no Balanço Patrimonial da Cia. Rosa em 31/12/2013 era de

(A) R$179.000,00.
(B) R$192.000,00.
(C) R$200.000,00.
(D) R$204.000,00.
(E) R$228.000,00.

Resolução: o quadro a seguir classifica os itens constantes do quadro do enunciado:

		Comentário
Estoques com previsão de venda de 90 dias:	40.000	Ativo circulante
Aluguel pago antecipadamente com apropriação mensal e linear por 18 meses:	36.000	Parte proporcional de 12 meses é ativo circulante (R$ 24.000)
Caixa e Equivalente de Caixa:	12.000	Ativo circulante
Clientes com vencimento em 180 dias:	60.000	Ativo circulante
Contas de Ajuste a valor presente a apropriar sobre clientes:	3.000	Ativo circulante - redutora
Provisão para Crédito de Liquidação Duvidosa sobre clientes:	9.000	Ativo circulante - redutora
Contas a receber em 270 dias por venda de ativo imobilizado:	55.000	Ativo circulante
Empréstimo a sócio para recebimento em 30 dias:	8.000	Ativo não circulante - RLP
Adiantamento de salários de janeiro a empregados:	13.000	Ativo circulante
Provisão para 13° salário:	80.000	Passivo
Receita de vendas recebida antecipadamente:	36.000	Passivo

Pelos dados, o ativo circulante será dado pela seguinte soma: R$ 40.000 + R$ 24.000 + R$ 12.000 + R$ 60.000 – R$ 3.000 – R$ 9.000 + R$ 55.000 + 13.000 = R$ 192.000.

Gabarito "B".

(Auditor Fiscal/MA – FGV) Em 31/12/2012, a Cia. Amarela apresentava o seguinte balanço patrimonial:

Ativo		Passivo +PL	
Investimentos-Cia. Verde	8.000	Capital Social	8.000
Total do Ativo	8.000	Total do Passivo +PL	8.000

Também em 31/12/2012, a Cia. Verde apresentava o seguinte balanço patrimonial:

Ativo		Passivo +PL	
Caixa	3.000	Capital Social	10.000
Imóvel	7.000		
Total do Ativo	10.000	Total do Passivo +PL	10.000

Ao longo de 2013, a Cia. Verde auferiu receitas de vendas no valor de R$ 18.000,00 e incorreu em despesas gerais no valor de R$ 14.000,00, ambas com terceiros.

Com base nas informações acima, o saldo da conta Participação de não Controladores no Balanço Patrimonial Consolidado de 31/12/2013 da Cia. Amarela é de

(A) R$800,00.
(B) R$2.800,00.
(C) R$3.200,00.
(D) R$4.000,00.
(E) R$11.200,00.

A Cia. Verde é a empresa investida. Logo, o cálculo da participação de não controladores é feito com base em suas demonstrações quando da consolidação. Em 31/12/2012, o saldo na conta da investidora era de R$ 8.000. E o saldo da conta da investida era de R$ 10.000. Portanto, temos que a investidora detinha 80% do capital da investida. Em 31/12/2013, o patrimônio líquido da investidora saltou de R$ 10.000 para R$ 14.000, pois o lucro da investida foi de R$ 4.000 (R$ 18.000 – R$ 14.000). Portanto, a participação de não controladores será dada pelo cálculo de 20% de R$ 14.000 = R$ 2.800. Ou seja, alternativa B.

Gabarito "B".

(Auditor Fiscal/MA – FGV) Assinale a afirmativa que melhor se aplica à capacidade informacional da análise vertical do Balanço Patrimonial.

(A) Análise da evolução do comportamento das contas do ativo ao longo dos anos.
(B) Evidenciação das receitas e despesas que mais contribuíram na formação do lucro ou do prejuízo.
(C) Análise da estratégia de política de pagamento da empresa.
(D) Avaliação do desempenho da empresa e da capacidade de gerar lucros.
(E) Possibilidade de detecção da composição percentual dos tipos de aplicações e as origens de recursos que compõe o patrimônio da entidade.

A: A análise da evolução é feita pela chamada "análise horizontal"; **B:** Como o enunciado fala em "balanço patrimonial", não está correta a afirmação, pois trata de receitas e despesas, elementos que compõem a demonstração do resultado do exercício; **C:** Não há relação conceitual direta entre política de pagamento e análise vertical; **D:** A avaliação de desempenho de uma entidade geralmente é obtida pela observação conjunta do lucro/prejuízo e do conjunto de ativos e passivos empregados para sua geração; **E:** Correta. A afirmação E é que a mais se aproxima do intento da chamada análise vertical aplicada ao balanço patrimonial, que sinteticamente se refere à identificação dos ativos e passivos mais relevantes da entidade em comparação com alguma base específica, geralmente o ativo total.

Gabarito "E".

(Auditor do Tesouro Municipal/Recife-PE – FGV) Leia o fragmento a seguir.

Demonstração contábil que evidencia a receita e a despesa orçamentárias, bem como os recebimentos e os pagamentos de natureza extra orçamentária, conjugados com os saldos em espécie do exercício anterior e os que serão transferidos para o exercício seguinte.

O fragmento apresenta o conceito de

(A) balanço patrimonial.
(B) balanço orçamentário.
(C) balanço financeiro.
(D) demonstração das variações.
(E) demonstração do resultado do exercício.

De acordo com a Lei nº 4.320/1.964, art. 101, "os resultados gerais do exercício serão demonstrados no Balanço Orçamentário, no Balanço Financeiro, no Balanço Patrimonial, na Demonstração das Variações Patrimoniais, além de outros quadros demonstrativos." Nesse sentido, Segundo a Lei nº 4.320/64, O Balanço Financeiro demonstrará a receita e a despesa orçamentárias bem como os recebimentos e os pagamentos de natureza extra orçamentária, conjugados com os saldos em espécies provenientes do exercício anterior, e os que se transferem para o exercício seguinte. Portanto, a definição contida no enunciado refere-se ao balanço financeiro, alternativa "C".

Gabarito "C".

(Auditor do Tesouro Municipal/Recife-PE – FGV) Uma sociedade por ações apresentava a seguinte composição no patrimônio líquido, em 31/12/2010:

Capital Social: R$ 120.000,00 Reserva Legal: R$20.000,00

Em 2011, a entidade auferiu lucro líquido de R$100.000,00.

Dado que a entidade determina, em seu estatuto, a distribuição de dividendos mínimos obrigatórios de 25% do lucro líquido, a distribuição de dividendos em 2011 foi de

(A) R$20.000,00.
(B) R$23.750,00.
(C) R$24.000,00.
(D) R$25.000,00.
(E) R$55.000,00.

Em essência, a questão está incompleta, pois seria necessário frisar claramente qual a base de cálculo dos dividendos mínimos obrigatórios, haja vista que o Art. 202 da Lei 6.404/76 não determina isso, deixa a cabo do estatuto da sociedade. Todavia, normalmente é adotada a seguinte maneira de calcular os dividendos mínimos obrigatórios: Percentual sobre o lucro ajustado. O lucro ajustado, nesse contexto, significa o lucro do período subtraído do valor destinado para a formação da reserva legal e contingência e acrescido da reversão dessa última. Há que se levantar o fato de que o Art. 193 da já mencionada lei impõe um teto para o saldo da conta de reserva legal: 20% do capital social. Por meio desses dados, temos condições de responder à questão. O limite do saldo da reserva legal seria de R$ 24.000. O saldo atual é de R$ 20.000. O lucro líquido é de R$ 100.000. Se aplicarmos 5% sobre os R$ 100.000 teremos R$ 5.000. Contudo, nem todo esse valor poderá ser destinado para formação da reserva legal, pois o máximo é R$ 4.000. Com isso, a base de cálculo dos dividendos será de R$ 96.000 (R$ 100.000 – R$ 4.000). Se aplicarmos 25% sobre R$ 96.000 teremos R$ 24.000. Isso corresponde à alternativa "C".

Gabarito "C".

(Auditor do Tesouro Municipal/Recife-PE – FGV) Determinada entidade apresentava as seguintes contas em 31/12/2013:

Fornecedores: R$20.000,00;

Financiamentos: R$30.000,00;

Arrendamentos mercantis financeiros a pagar: R$ 40.000,00; Dividendos a pagar: R$36.000,00;

Adiantamento a fornecedores: R$42.000,00;

Salários, férias, encargos e participações: R$ 60.000,00; Planos de pensão e saúde: R$67.000,00;

Outras contas e despesas a pagar: R$ 23.000,00; Provisões para contingências: R$90.000,00;

Provisão para Créditos de Liquidação Duvidosa: R$4.000,00.

Com base nas informações acima, o valor do passivo da entidade, em 31/12/2013, era de

(A) R$326.000,00.
(B) R$330.000,00.
(C) R$366.000,00.
(D) R$408.000,00.
(E) R$412.000,00.

Das contas apresentadas, os passivos são os seguintes: fornecedores, financiamentos, arrendamentos a pagar, dividendos a pagar, salários e participações; planos de pensão e saúde; outras contas e despesas a pagar e provisão para contingências. A soma desses itens monta a R$ 366.000. Isso corresponde à alternativa "C". Adiantamento a fornecedores e provisão para créditos de liquidação duvidosa são rubricas constantes do ativo.

Gabarito "C".

(Auditor do Tesouro Municipal/Recife-PE – FGV) Uma empresa que prestava serviços de auditoria contábil possuía, em 31/12/2012, um terreno no Ativo Imobilizado, contabilizado por R$ 50.000,00. Nessa data, a direção da empresa decidiu mudar o uso do terreno, passando a contabilizá-lo como Propriedade para Investimento, ao valor justo de R$80.000,00.

A variação de R$ 30.000,00 em 31/12/2012 deve ser classificada como

(A) Receita Operacional.
(B) Receita Financeira.
(C) Ajuste Financeiro.
(D) Ajuste do Patrimônio Líquido.
(E) Reserva de Lucros.

Segundo o item 62 da NBC TG 28, temos: "Até a data em que o imóvel ocupado pelo proprietário se torne propriedade para investimento escriturada pelo valor justo, a entidade deprecia a propriedade e reconhece quaisquer perdas por redução no valor recuperável (impairment) que tenham ocorrido. A entidade trata qualquer diferença nessa data entre o valor contábil da propriedade de acordo com o Pronunciamento Técnico CPC 27 e o seu valor justo da seguinte forma: (a) qualquer diminuição resultante no valor contábil da propriedade é reconhecida no resultado. Porém, até o ponto em que a quantia esteja incluída em reavaliação anteriormente procedida nessa propriedade, a diminuição é debitada contra esse excedente de reavaliação; (b) qualquer aumento resultante no valor contábil é tratado como se segue: (i) até o ponto em que o aumento reverta perda anterior por *impairment* dessa propriedade, o aumento é reconhecido no resultado. A quantia reconhecida no resultado não pode exceder a quantia necessária para repor o valor contábil para o valor contábil que teria sido determinado (líquido de depreciação) caso nenhuma perda por *impairment* tivesse sido reconhecida; (ii) qualquer parte remanescente do aumento é creditada diretamente no patrimônio líquido, em ajustes de avaliação patrimonial, como parte dos outros resultados abrangentes. Na alienação subsequente da propriedade para investimento, eventual excedente de reavaliação incluído no patrimônio líquido deve ser transferido para lucros ou prejuízos acumulados, e a transferência do saldo remanescente excedente de avaliação também se faz diretamente para lucros ou prejuízos acumulados, e não por via da demonstração do resultado." (Grifo nosso)

Em suma, a diferença positiva de R$ 30.000 deve ser reconhecida no patrimônio líquido. Isso redunda na alternativa "D".

Gabarito "D".

(Auditor do Tesouro Municipal/Recife-PE – FGV) Uma loja vende celulares pelo preço de R$1.000,00.

Em julho de 2014, a loja vendeu trinta celulares, sendo metade à vista e o restante no cartão de crédito, cujo recebimento será em agosto. A loja oferece garantia de um ano sobre os aparelhos vendidos. Além disso, estima que cada celular que apresentar defeitos maiores terá custo de reparação de R$ 800,00, enquanto o que apresentar defeitos menores terá custo de R$ 300,00cada.

A loja possui o seguinte histórico: 20% dos celulares têm defeitos maiores, 40% têm defeitos menores e 40% não apresentam defeitos. Em 31/07/2014, a loja deve reconhecer provisão para garantias no valor de

(A) R$280,00.
(B) R$4.200,00.
(C) R$8.400,00.
(D) R$18.000,00.
(E) R$19.800,00.

Dos aparelhos vendidos, 6 estão sujeitos a defeitos maiores (20% de 30) e 12 estão sujeitos a defeitos menores (40% de 30). Se multiplicarmos 6 por R$ 800 e 12 por R$ 300, teremos R$ 4.800 e R$ 3.600, respectivamente. A soma de ambos perfaz R$ 8.400. Esse é o valor da provisão para garantia a ser constituída. Assim, a opção correta é a "C".

Gabarito "C".

(Auditor do Tesouro Municipal/Recife-PE – FGV) Uma entidade adquiriu dez apartamentos, em um prédio ao lado de sua fábrica, por R$ 500.000,00 cada. Esses apartamentos são alugados para os funcionários da entidade que são, originalmente, de fora doestado.

No Balanço Patrimonial dessa entidade, os apartamentos devem ser evidenciados no subgrupo

(A) Ativo Circulante.
(B) Ativo Realizável a Longo Prazo.
(C) Investimentos.
(D) Ativo Imobilizado.
(E) Patrimônio Líquido.

Inicialmente, é válido recorrer à NBC TG 27, que trata de ativos imobilizados. Especificamente, ao item 6:

"Ativo imobilizado é o item tangível que: é mantido para uso na produção ou fornecimento de mercadorias ou serviços, para aluguel a outros, ou para fins administrativos; e se espera utilizar por mais de um período. Correspondem aos direitos que tenham por objeto bens corpóreos destinados à manutenção das atividades da entidade ou exercidos com essa finalidade, inclusive os decorrentes de operações que transfiram a ela os benefícios, os riscos e o controle desses bens."

No caso em tela, os ativos são alugados para funcionários da própria empresa. Ou seja, eles fazem parte do esforço para a produção de bens e serviços. Nesse sentido, atendem integralmente à definição de um ativo imobilizado. Portanto, a melhor resposta é a "D".

Gabarito "D".

(Auditor do Tesouro Municipal/Recife-PE – FGV) Assinale a opção que indica, em uma empresa de roupas, um exemplo de ativo circulante no Balanço Patrimonial de 31/12/2013.

(A) Adiantamento a diretor, que deverá ser recebido em 01/02/2014.
(B) Valor a receber de um cliente, em01/01/2015.
(C) Empréstimo obtido com vencimento, em01/12/2014.
(D) Venda de ativo imobilizado para uma sociedade controlada, com vencimento em01/09/2014.
(E) Contas a receber de outra empresa, com vencimento em 01/10/2014.

Das alternativas, temos:
A: Adiantamento a diretor deve ser tratado como um ativo realizável a longo prazo, independentemente do prazo de recebimento, conforme Lei 6.404/76; **B:** Valor será recebido no exercício subsequente a 2014, portanto é um ativo realizável a longo prazo; **C:** Empréstimo obtido é um passivo; **D:** Idem à justificativa da alternativa A; **E:** Das cinco alternativas, é a única que representa um ativo circulante. Portanto, é resposta correta.

Gabarito "E".

(Auditor do Tesouro Municipal/Recife-PE – FGV) De acordo com a Lei nº 6.404/76, a Demonstração do Resultado do Exercício deve discriminar as informações listadas a seguir, à exceção de uma. Assinale-a.

(A) Participações de debêntures, empregados, administradores e partes beneficiárias.
(B) Lucro ou prejuízo líquido do exercício e seu montante por ação do capital social.
(C) Receita bruta das vendas e serviços, deduções das vendas, abatimentos e impostos.
(D) Receita líquida das vendas e serviços, custo das mercadorias e serviços vendidos e lucro bruto.
(E) Dividendo mínimo obrigatório e adicional proposto.

A demonstração do resultado do exercício termina no lucro ou prejuízo líquido do exercício (formalmente, ainda as sociedades apresentam o lucro por ação). Das alternativas, a "E" contempla um item que não faz parte da demonstração do resultado do exercício. A distribuição dos dividendos mínimos obrigatórios ocorre após a apuração do lucro do exercício. Portanto, não está contemplada na demonstração do resultado do exercício.

Gabarito "E".

(Auditor do Tesouro Municipal/Recife-PE – FGV) Em 31/12/2011, uma entidade encerrou a criação de um software. Na criação, gastou R$ 100.000,00 em pesquisas e R$ 200.000,00 no desenvolvimento, já comprovada a viabilidade para produzir e utilizar o ativo. Depois de pronto o novo software, a entidade gastou R$ 80.000,00 em publicidade a fim de promovê-lo.

A entidade começou a utilizar o software em 01/01/2012, estimando que ele seria utilizado por cinco anos. Já em 31/12/2012, a entidade constatou que poderia ter retorno de R$ 150.000,00 com o software.

Em 31/12/2013, o valor contábil do software era de

(A) R$112.500,00.
(B) R$120.000,00.
(C) R$150.000,00.
(D) R$180.000,00.
(E) R$228.000,00.

De acordo com a NBC TG 4, que versa sobre ativos intangíveis, os gastos com pesquisas devem ser lançados no resultado do período. No caso dos gastos com desenvolvimento, sob circunstâncias restritas, poderão ser reconhecidos como ativo. No enunciado, aparentemente há indícios da possibilidade de reconhecimento. Os gastos com publicidade são reconhecidos como despesa. Pelos dados, a amortização seria de R$ 40.000 por ano. Logo, em 31/12/2012, o valor contábil do software seria de R$ 160.000. Como o valor recuperável é de R$ 150.000, ocorre a baixa de R$ 10.000. Nesse momento, restam quatro anos para o fim do uso do software. Ademais, a amortização anual também será alterada. Se houver a divisão de R$ 150.000 pelos quatro anos restantes, teremos como nova amortização o valor de R$ 37.500. Portanto, em 31/12/2013, o valor contábil do software será de R$ 112.500. Isso corresponde à alternativa "A".

Gabarito "A".

(Auditor do Tesouro Municipal/Recife-PE – FGV) Em 31/12/2013, uma entidade possuía entre suas contas os seguintes saldos:

Caixa: R$20.000,00;

Depósito vinculado para liquidação de contratos de câmbio: R$10.000,00;

Depósito com restrição de movimentação por força de cláusula contratual de financiamento: R$15.000,00;

Numerário em trânsito: R$22.000,00.

Com base nessas informações, o valor da conta Disponibilidades da Entidade, em 31/12/2013, era de

(A) R$20.000,00.
(B) R$42.000,00.
(C) R$47.000,00.
(D) R$52.000,00.
(E) R$67.000,00.

Dos quatro itens apresentados, os depósitos vinculados para liquidação de contratos de câmbio e o depósito com restrição de movimentação não são recursos disponíveis para livre movimentação da sociedade. Portanto, não podem ser classificados como "disponibilidades" da entidade. Esse grupo é, em tese, o mais líquido dos ativos. Apenas "caixa" e "numerário em trânsito" atendem a ideia de liquidez imediata. Assim, a alternativa correta é "B", R$ 42.000.

Gabarito "B".

(Auditor Fiscal/ES – CESPE) Uma empresa realizou os seguintes eventos contábeis durante o mês de março do ano X1.

• prestação de serviços no valor de R$ 100 mil à vista;
• pagamento de despesas com salários de funcionários no valor de R$ 30 mil, referente à mão de obra do mês anterior;
• despesas com contratação de empresa para consultoria e treinamento no valor de R$ 5 mil, a serem pagas em trinta dias;
• empréstimos concedidos a funcionários no valor de R$ 10 mil, sendo a primeira parcela vincenda em sessenta dias;
• recebimento da antecipação de um cliente no valor de R$15 mil, por serviços que serão prestados somente em abril;
• pagamento de despesas de energia elétrica do mês no valor de R$ 1mil.

Considerando a situação hipotética acima apresentada, assinale a opção correta acerca dos procedimentos de escrituração contábil, do regime de apuração e do sistema de partidas dobradas.

(A) No livro diário, a antecipação de um cliente deve ser registrada a débito da conta caixa ou banco e a crédito da conta receitas antecipadas, logo o impacto nas disponibilidades será nula em função da obrigação preestabelecida.
(B) O empréstimo no valor de R$10 mil representa um passivo de curto ou longo prazo, em função da quantidade de parcelas para amortização da dívida.
(C) O recebimento da antecipação de um cliente no valor de R$ 15 mil representa um ativo, em função do direito de prestar o serviço em data posterior.
(D) O resultado da empresa pelo regime de competência será R$ 30 mil maior que aquele apurado pelo regime de caixa, em razão das despesas de salários do período.
(E) Caso a empresa esteja apurando o resultado pelo regime de caixa, ela terá aferido um lucro de R$ 84 mil ao final do mês de março.

Abaixo, são analisadas cada uma das alternativas:
A: A alternativa está incorreta, pois o recebimento antecipado de um cliente afeta as disponibilidade de recursos da empresa, pois terá mais recursos em caixa para empreender; **B:** O empréstimo de R$ 10.000 é um ativo para a sociedade, não um passivo; **C:** O recebimento de recursos antecipados cria uma obrigação/passivo para a sociedade que recebeu o adiantamento; **D:** Pelo regime de competência, a empresa teria receita de R$ 100.000, R$ 0 de salários, R$ 5.000 de despesa com contrato de consultoria e despesa de energia elétrica de R$ 1.000. Com isso, o resultado seria de R$ 96.000. Pelo regime de caixa, o resultado seria de R$ 115.000 de receita à vista e adiantamento de clientes e saídas de R$ 31.000 para pagamento de mão de obra e energia. O empréstimo concedido é um saída de caixa mas não gera uma despesa, portanto não afeta a apuração do lucro pelo regime de caixa. Por esses dados, o resultado pelo regime de caixa será de R$ 84.000. Assim, a afirmação é falsa; **E:** Como calculado no item "D", o resultado pelo regime de caixa é de R$ 84.000. A resposta corresponde à alternativa "E".

Gabarito "E".

(Auditor Fiscal/ES – CESPE) Em relação à demonstração do resultado do exercício, assinale a opção correta com base na situação hipotética apresentada.
(A) A margem bruta corresponde à receita líquida de venda deduzida dos custos das mercadorias vendidas e, para esta empresa, a margem bruta representa 69% da receita líquida apurada no exercício.
(B) A receita efetiva, aquela cujo fato gerado aconteceu, corresponde a R$13.000,00.
(C) Se a empresa não tivesse apurado uma receita não operacional com vendas, o resultado seria um prejuízo de R$ 3.000,00 no exercício.
(D) As despesas com seguros são diferidas, portanto não constam da apuração do exercício e da demonstração do resultado do exercício.
(E) Na demonstração do resultado do exercício, a referida empresa deve apresentar todos os itens de receitas e despesas realizados no período, portanto, o lucro do exercício apurado em 31/12/X1 corresponde a R$6.000,00.

Resolução: o passo inicial é identificar quais itens afetam o resultado do período. O quadro a seguir, montado sobre os dados da situação, cumpre esse intento:

		Afeta o resultado?
Receita antecipada	3.000	Não
Capital social	25.000	Não
Receita de vendas	10.000	Sim

Aplicações financeiras com disponibilidade imediata	3.000	Não
Salários a pagar	1.000	Não
Estoque de material consumo	2.000	Não
Empréstimos a pagar a longo prazo	5.000	Não
Debêntures exigíveis a longo prazo	6.000	Não
Despesas com alimentação	5.000	Sim
Ações em tesouraria	3.000	Não
Custo da mercadoria vendida	4.000	Sim
Participações em controladas	5.000	Não
Contas a pagar	2.000	Não
Despesas salários	1.000	Sim
Ajustes de avaliação patrimonial	2.000	Não
Máquinas e equipamentos	6.000	Não
Despesas com seguros	3.000	Sim
Reservas de capital	7.000	Não
Marcas e patentes	10.000	Não
Receitas não operacionais	6.000	Sim
Pesquisa e desenvolvimento de novos produtos (viáveis)	9.000	Não
Caixa	10.000	Não
Reservas de lucros	9.000	Não
Impostos a recolher	4.000	Não
Clientes	1.000	Não
Edificações	7.000	Não
Empréstimos concedidos a longo prazo	8.000	Não

Por meio da coluna "Afeta o resultado?", separamos quais tiveram como resposta "Sim" e, a partir disso, é possível estruturar uma DRE, ainda que pró-forma:
DRE (versão simplificada e pró-forma)

Receita de vendas	10.000
(-) Custo da mercadoria vendida	-4.000
Lucro bruto	6.000
(Despesas) Receitas operacionais	
Despesa de salários e alimentação	-6.000
Despesa de seguros	-3.000
Lucro operacional	-3.000
Receita não operacional	6.000
Resultado do exercício	3.000

Por meio do quadro e DRE acima, é possível concluir que a única afirmação verdadeira consta da alternativa "C".

Gabarito "C".

(Auditor Fiscal/ES – CESPE) Considerando os efeitos das mudanças nas taxas de câmbio e conversão de demonstrações contábeis das empresas e de suas filiais, agências, sucursais ou dependências no exterior, assinale a opção correta.

(A) Ao final de cada exercício financeiro, os itens não monetários dos investimentos mensurados pelo custo histórico não serão convertidos da moeda estrangeira para a moeda funcional, a não ser quando o investimento for descontinuado.

(B) Se a Cia. brasileira K detém 85% do capital da Cia. D, que opera no exterior e utiliza as mesmas práticas contábeis da investidora, os ganhos cambiais da Cia. K em relação à investida, após a avaliação pela equivalência patrimonial, serão reconhecidos, proporcionalmente ao investimento, na demonstração do resultado do exercício da Cia. K.

(C) Os métodos de avaliação de investimentos permanentes no exterior permitidos pela legislação brasileira incluem a equivalência patrimonial, o método do custo e o valor justo.

(D) Na norma brasileira, não há regulação específica para a contabilização de investimentos no exterior.

(E) Quando uma investidora recebe reembolso de capital de investimento no exterior, a variação cambial deve ser reconhecida diretamente no seu patrimônio líquido, para não provocar efeito no resultado do período.

Alternativa **A**. Incorreta, pois, segundo a NBC TG 02, os itens não monetários que são mensurados pelo custo histórico em moeda estrangeira devem ser convertidos, usando-se a taxa de câmbio vigente na data da transação; Alternativa **B**: Incorreta, pois os ganhos cambiais são lançados em conta do patrimônio líquido da investidora e constitui-se em "outros resultados abrangentes"; Alternativa **C**: Afirmação correta; Alternativa **D**: Incorreta, pois a NBC TG 02 cumpre essa função; Alternativa **E**: Incorreta, pois, de acordo com os itens 48 e 49 da NBC TG 02, tais eventos ensejam baixa contra o resultado do período.

Gabarito "C".

(Auditor Fiscal/ES – CESPE) Em relação aos ativos intangíveis, assinale a opção correta.

(A) O subgrupo do ativo intangível compõe-se de bens corpóreos e incorpóreos destinados à manutenção da companhia ou exercidos com essa finalidade.

(B) Os gastos ocorridos na fase de pesquisa de produtos desenvolvidos na empresa devem ser reconhecidos como despesas nos resultados dos períodos em que ocorrerem, porque não são adequados para reconhecimento como ativos produzidos.

(C) Os ágios decorrentes de expectativa de rentabilidade futura de intangíveis gerados no ambiente interno da companhia, como o fundo de comércio e o goodwill, são reconhecidos na contabilidade pelo seu valor justo.

(D) O registro das amortizações dos ativos intangíveis deve ser iniciado a partir do momento em que o ativo estiver disponível para uso.

(E) Os ativos intangíveis incluem marcas, patentes, softwares, licenças, despesas antecipadas, gastos com desenvolvimento e outros gastos que gerem benefícios incrementais futuros, não contemplados em norma específica.

Alternativa **A**. Incorreta, pois bens corpóreos são classificados como ativo imobilizado; Alternativa **B**. A afirmação está em linha com o apregoado pela NBC TG 04, que trata de ativos intangíveis. Portanto, é a alternativa correta; Alternativa **C**. Incorreta, pois esse tipo de ativo gerado internamente não é passível de reconhecimento pela contabilidade; Alternativa **D**. Incorreta, pois intangíveis de vida útil indefinida não são amortizados; Alternativa **E**. Incorreta, pois despesas antecipadas não são classificadas no grupo "Intangível", apesar de serem ativos também.

Gabarito "B".

(Analista Tributário/RFB – ESAF) A companhia Metalgrosso S.A. apresenta como extrato de seu Livro Razão, em 31.12.2011, a seguinte relação de contas e respectivos saldos:

Contas	Saldo
01 – Ações de Coligadas	60
02 – Ações em Tesouraria	10
03 – Aluguéis Passivos	32
04 – Amortização Acumulada	25
05 – Bancos c/ Movimento	100
06 – Caixa	80
07 – Capital a Realizar	45
08 – Capital Social	335
09 – Clientes	120
10 – Comissões Ativas	46
11 – Custo das Vendas	200
12 – Depreciação	28
13 – Depreciação Acumulada	45
14 – Descontos Concedidos	18
15 – Descontos Obtidos	17
16 – Despesas de Organização	90
17 – Duplicatas a Receber	85
18 – Duplicatas a Pagar	115
19 – Duplicatas Descontadas	35
20 – Fornecedores	195
21 – Máquinas e Equipamentos	130
22 – Mercadorias	145
23 – Móveis e Utensílios	40
24 – Obrigações Trabalhistas	18
25 – Prêmio de Seguros	40
26 – Prejuízos Acumulados	12
27 – Provisão para Devedores Duvidosos	30
28 – Provisão para Imposto de Renda	22
29 – Receitas de Vendas	350
30 – Reservas de Capital	65
31 – Reservas de Lucro	125
32 – Salários e Ordenados	60
33 – Seguros a Vencer	28
34 – Títulos a Pagar	20
35 – Veículos	180

Elaborando um balancete de verificação com os saldos acima, certamente encontraremos saldos credores no montante de

(A) R$ 1.065,00.
(B) R$ 1.308,00.
(C) R$ 1.338,00.
(D) R$ 1.373,00.
(E) R$ 1.443,00

Estão elencadas a seguir as contas que possuem saldo credor:

Contas	Saldo
04 – Amortização Acumulada	25
08 – Capital Social	335
10 – Comissões Ativas	46
13 – Depreciação Acumulada	45
15 – Descontos Obtidos	17
18 – Duplicatas a Pagar	115
19 – Duplicatas Descontadas	35
20 – Fornecedores	195
24 – Obrigações Trabalhistas	18
27 – Provisão para Devedores Duvidosos	30
28 – Provisão para Imposto de Renda	22
29 – Receitas de Vendas	350
30 – Reservas de Capital	65
31 – Reservas de Lucro	125
34 – Títulos a Pagar	20
TOTAL	**1.443**

Gabarito "E".

(**Analista Tributário/RFB – ESAF**) Assinale a opção correta.

(A) São coligadas as empresas quando uma participa com 10% ou mais do capital social da outra sem exercer o controle acionário.
(B) O investimento é considerado relevante quando atinge ou ultrapassa 20% do patrimônio líquido da investida (ou 15% se for considerado um grupo de empresas).
(C) Capital Social é o capital subscrito e pago pelos acionistas quando adquirem ações, seja no início da sociedade ou quando ela promove aumento de capital durante seu funcionamento.
(D) A operação de *leasing* é um arrendamento mercantil ou aluguel de bens móveis; a sociedade de *leasing* concede um bem à empresa e essa lhe paga um aluguel mensal; o bem não deverá ser contabilizado como ativo.
(E) A expressão impostos a recolher é adequada ao nome da conta Impostos a Pagar porque, na verdade, quem paga o imposto é o consumidor; a empresa apenas entrega ou recolhe o imposto ao governo.

A: Incorreto. Uma empresa é coligada quando a investidora tem influência significativa sobre a investida. Segundo o artigo 243 da Lei 6.404/1976, "é presumida influência significativa quando a investidora for titular de 20% (vinte por cento) ou mais do capital votante da investida, sem controlá-la". **B:** Incorreto. Não existe tal previsão na Lei 6.404/1976. **C:** Incorreto. O capital subscrito é o valor que os acionistas se comprometeram a entregar à empresa, sendo que essa entrega pode ser à vista ou a prazo. Já o capital realizado (integralizado) é o capital subscrito que já foi entregue à empresa. **D:** Incorreto. A contabilização do bem arrendado no ativo dependerá do tipo de arrendamento (Financeiro ou Operacional). *Vide* CPC 06 – Arrendamento Mercantil. **E:** O valor do imposto está incluído no valor pago ao consumidor, sendo possível concluir que este é quem efetivamente o paga, restando à empresa o recolhimento.

Gabarito "E".

(Analista Tributário/RFB – ESAF) A firma Mobiliada S.A. possui móveis e utensílios adquiridos em dezembro de 2010 por R$ 40.000,00. Incorporados ao grupo imobilizado em janeiro de 2011, esses bens são depreciados com valor residual de 5%, considerando-se uma vida útil de 10 anos como é costumeiro. No exercício de 2012, no balanço de 31 de dezembro, a empresa deverá apresentar esses móveis com valor contábil de

(A) R$ 40.000,00.
(B) R$ 32.400,00.
(C) R$ 32.000,00.
(D) R$ 30.400,00.
(E) R$ 30.000,00.

Se os bens têm valor residual de R$ 2.000,00 (5% de R$ 40.000,00), significa que o valor depreciável é de R$ 38.000,00 (R$ 40.000,00 – R$ 2.000,00). Esse valor será depreciado por 10 anos, o que significa R$ 3.800,00 por ano. Considerando que em 2010 os bens não foram depreciados, visto que foram adquiridos em dezembro, o montante depreciado em 2011 e 2012 foi R$ 7.600,00 (R$ 3.800,00 em 2011 e R$ 3.800,00 em 2012). Sendo assim, o valor contábil dos bens será R$ 32.400,00 (R$ 40.000,00 – R$ 7.600,00).
Gabarito "B".

(Auditor Fiscal da Receita Federal – ESAF) A Empresa Controladora S.A., companhia de capital aberto, apura um resultado negativo de equivalência patrimonial que ultrapassa o valor total de seu investimento na Empresa Adquirida S.A. em R$ 400.000,00. A Empresa Controladora S.A. não pode deixar de aplicar recursos na investida, uma vez que ela é a única fornecedora de matéria-prima estratégica para seu negócio. Dessa forma, deve a investidora registrar o valor da equivalência

(A) a crédito do investimento, ainda que o valor ultrapasse o total do investimento efetuado.
(B) a crédito de uma provisão no passivo, para reconhecer a perda no investimento.
(C) a crédito de uma provisão no ativo, redutora do investimento.
(D) a débito do investimento, ainda que o valor ultrapasse o total do investimento efetuado.
(E) a débito de uma reserva de capital, gerando uma cobertura para as perdas.

O CPC 18 – Investimento em coligada e em controlada – define que "após reduzir a zero o saldo contábil da participação do investidor, perdas adicionais devem ser consideradas, e um passivo deve ser reconhecido somente na extensão em que o investidor tenha incorrido em obrigações legais ou construtivas (não formalizadas) de fazer pagamentos em nome da coligada. Se a coligada subsequentemente apurar lucros, o investidor retoma o reconhecimento de sua participação nesses lucros somente após o ponto em que a parte que lhe cabe nesses lucros posteriores se igualar à sua participação nas perdas não reconhecidas". Observe que quando o saldo do investimento for "zerado", o prejuízo adicional com o investimento (caso em que a empresa investida tenha passivo a descoberto) deverá ser reconhecido pela investidora com uma provisão no passivo (reconhecendo a perda adicional) apenas se o investidor tiver incorrido em obrigações legais ou construtivas (não formalizadas) de fazer pagamentos em nome da coligada. Na questão, a situação é de uma obrigação construtiva, visto que o investidor está "obrigado" a manter sua investida, pois esta é a principal fornecedora de matéria-prima estratégica para seu negócio. Sendo assim, uma perda adicional com o investimento deve ser reconhecida pela constituição de uma provisão no passivo.
Gabarito "B".

(Auditor Fiscal da Receita Federal – ESAF) Na identificação e determinação de erro contábil de períodos anteriores, devem ser consideradas as omissões e incorreções nas demonstrações contábeis da entidade de um ou mais períodos anteriores que

(A) não estavam disponíveis quando da autorização para divulgação das demonstrações contábeis desses períodos e não retroagissem a prazo superior a dois exercícios contábeis.
(B) somente quando se verifica efetivamente fraudes administrativas nos cálculos e informações que respaldaram as informações sobre as quais as demonstrações retrospectivas foram baseadas.
(C) na avaliação de seus efeitos incluíssem os efeitos decorrentes de cálculos matemáticos ou aplicação equivocada de políticas contábeis que não retroagissem a cinco períodos contábeis.
(D) contivessem informações que pudessem ter sido razoavelmente obtidas e levadas em consideração na elaboração e na apresentação dessas demonstrações contábeis.
(E) a necessidade de uma reapresentação retrospectiva exigir premissas baseadas no que teria sido a intenção da Administração naquele momento passado e não produzissem efeitos fiscais.

O CPC 23 – Políticas Contábeis, Mudança de Estimativa e Retificação de Erro – define que "erros de períodos anteriores são omissões e incorreções nas demonstrações contábeis da entidade de um ou mais períodos anteriores decorrentes da falta de uso, ou uso incorreto, de informação confiável que: a) estava disponível quando da autorização para divulgação das demonstrações contábeis desses períodos; e b) pudesse ter sido razoavelmente obtida e levada em consideração na elaboração e na apresentação dessas demonstrações contábeis".
Gabarito "D".

(Auditor Fiscal da Receita Federal – ESAF) Os bens adquiridos e mantidos pela empresa, sem a produção de renda e destinados ao uso futuro para expansão das atividades da empresa, são classificados no balanço como

(A) Imobilizado em Andamento.
(B) Realizável a Longo Prazo.
(C) Propriedades para Investimentos.
(D) Investimentos Temporários.
(E) Outros Investimentos Permanentes.

De acordo com o inciso III do artigo 179 da Lei 6.404/1976, serão classificadas em contas investimentos: "as participações..."
Diz o inciso III do artigo 179: Art. 179. As contas serão classificadas do seguinte modo: (...) III - em investimentos: as participações permanentes em outras sociedades e os direitos de qualquer natureza, não classificáveis no ativo circulante, e que não se destinem à manutenção da atividade da companhia ou da empresa; A questão deixa claro que os bens serão utilizados para expansão das atividades da empresa no futuro, não devendo, portanto, serem registrados no imobilizado.
Gabarito "E".

(Auditor Fiscal da Receita Federal – ESAF) A empresa Valorização S.A. tem como estratégia a compra de suas próprias ações para aumentar a liquidez de seus papéis no mercado e aproveitar a vantagem da diferença entre o valor patrimonial e o valor de mercado. O resultado obtido, quando da venda dessas ações em tesouraria, pela empresa Valorização S.A., deve ser contabilizado como

(A) reserva de capital, quando gerarem um ganho.

(B) outras receitas operacionais, quando gerarem um ganho.
(C) ágio na venda de ações, quando gerarem uma perda.
(D) ações em tesouraria, quando gerarem uma perda.
(E) despesas não operacionais, quando gerarem uma perda.

As ações em tesouraria são registradas deduzindo o saldo do patrimônio líquido, tendo, portanto, saldo devedor. Quando a empresa vende ações de emissão própria (ações em tesouraria) por um valor maior que o valor patrimonial, deve registrar o ganho em conta de reserva de capital, conforme demonstrado a seguir:
D – Caixa
C – Ações em Tesouraria (baixa pela venda)
C – Reserva de Capital – Ganho na Alienação de Ações em Tesouraria
Sendo assim, tal transação não transitará pelo resultado do exercício.
Gabarito "A".

(Auditor Fiscal da Receita Federal – ESAF) O balancete de verificação evidencia

(A) os estornos efetuados no período.
(B) a configuração e classificação correta dos itens contábeis.
(C) a igualdade matemática dos lançamentos efetuados no período.
(D) o registro dos movimentos individuais das contas contábeis no período.
(E) os lançamentos do período, quando efetuados de forma correta no período.

O balancete de verificação elenca todas as contas contábeis a classifica seus saldos em duas colunas (credor e devedor). Tal demonstrativo tem como objetivo verificar se as partidas dobradas foram obedecidas no processo de escrituração contábil. Sendo assim, ele evidencia tão somente a "igualdade matemática dos lançamentos efetuados no período".
Gabarito "C".

(Auditor Fiscal da Receita Federal – ESAF) Dos registros da Cia. Galáctica, relativos à operação de alienação de Investimentos, foram extraídos os seguintes dados:

Dados da negociação	Valor em R$
Valor Recebido pela Venda	9.500
Valor Patrimonial da Conta Investimento – Custo	9.000
Valor do Ágio já Amortizado	1.500
Saldo da Conta Investimento – Ágio (valor ainda não amortizado)	800
Estimativas de Perdas c/ Investimento Registradas	400

Com base nos dados fornecidos, pode-se afirmar que esse evento gerou

(A) um lançamento de crédito na conta de Investimento – Valor de Custo no valor de R$ 9.500,00.
(B) o reconhecimento de um desembolso na aquisição do investimento no valor de R$ 9.000,00.
(C) um Ganho com Alienação de investimentos no valor de R$ 100,00.
(D) o registro de um débito na conta de Investimentos – Ágio no valor total de R$ 800,00.
(E) uma Perda com a Alienação de Investimentos no valor de R$ 700,00.

O valor contábil do investimento pode ser assim apurado:

Valor patrimonial da conta Investimento – Custo	9.000
(+) Saldo da Conta Investimento – Ágio (valor ainda não amortizado)	800
(-) Estimativas de Perdas c/ Investimento registradas	400
(=) Valor Contábil	**9.400**

Se o bem tem valor contábil de R$ 9.400,00 e foi vendido por R$ 9.500,00, significa que apurou um ganho de R$ 100,00 com a sua alienação.
Gabarito "C".

(Auditor Fiscal da Receita Federal – ESAF) Observado o exposto no gráfico de Participações Societárias da Cia. Firmamento, a seguir, pode-se afirmar que

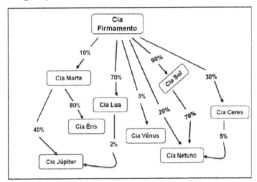

(A) a participação dos acionistas não controladores na Cia. Netuno corresponde a 16,5% do capital total.
(B) os dividendos distribuídos pela Cia. Vênus devem ser reconhecidos pela investidora como Receitas.
(C) os juros sobre o capital próprio, quando calculados e pagos pela Cia. Éris, são registrados pela investidora a débito de Participações Societárias.
(D) a Cia. Júpiter é controlada indireta da Cia. Firmamento, mesmo que não se verifique influência significativa da investidora.
(E) a investidora, ao registrar a remuneração distribuída aos acionistas pela Cia. Sol, efetua um crédito na conta Resultado de Equivalência Patrimonial.

A: Incorreto, a Cia. Firmamento é controladora da Cia. Netuno com 84,5% de participação (20% direto + 63% via Cia. Sol + 1,5% via Cia. Ceres). Sendo assim, os não controladores possuem 15,5% da Cia. Netuno; **B:** Correto, por possuir apenas 3% da Cia. Vênus pressupõe-se que não há influência da Cia. Firmamento. Sendo assim, o investimento é avaliado pelo método de custo e os dividendos são registrados como receita (crédito) a contrapartida de caixa (débito); **C:** Incorreto, os juros sobre o capital próprio são contabilizados como receita; **D:** Incorreto, pois a Cia. Firmamento não controla a Cia. Marte e apesar de controlar a Cia. Lua, esta não controla a Cia. Jupiter; **E:** Incorreto, por se tratar de uma controlada, a Cia. Firmamento deverá avaliar o investimento na Cia. Sol pelo método de equivalência patrimonial. Quando da apuração do lucro da Cia. Sol, a Cia. Firmamento efetuará o lançamento aumentando o valor do seu investimento (débito). No entanto, quando da distribuição de dividendos por parte da Cia. Sol, a Cia Firmamento creditará o investimento na Cia. Sol (refletindo assim a redução do patrimônio da Cia. Sol decorrente da distribuição de dividendos).
Gabarito "B".

(Auditor Fiscal da Receita Federal – ESAF) A empresa Controle S.A. recebeu um laudo de avaliação da empresa adquirida Invest S.A., com os seguintes dados:

Laudo de avaliação Empresa Invest S.A.

	Avaliação	Contábil
Marcas e Patentes	R$ 500.000,00	R$ 0,00
Carteira de Clientes – direito	R$ 150.000,00	R$ 0,00
Expectativa de rentabilidade futura	R$ 1.200.000,00	R$ 0,00
Fórmulas	R$ 50.000,00	R$ 0,00
Imobilizado	R$ 100.000,00	R$ 100.000,00
TOTAL	R$ 2.000.000,00	R$ 100.000,00

Essa operação, de aquisição, gera um lançamento contábil na empresa

(A) Invest S.A. na conta de ativo intangível – marcas e patentes de R$ 500.000,00.
(B) Controle S.A. na conta de valores a receber de R$ 150.000,00.
(C) Invest S.A. na conta de intangível de R$ 650.000,00.
(D) Controle S.A. na conta de investimento – ágio de R$ 1.200.000,00.
(E) Invest S.A. na conta de imobilizado R$ 2.000.000,00.

Dos R$ 2.000.000,00 referentes à aquisição, R$ 800.000,00 referem-se a ativos identificados e, portanto, serão registrados na contabilidade como um investimento. Já os R$ 1.200.000,00 restantes referem-se à expectativa de rentabilidade futura, sendo esse o valor a ser registrado como ágio.
Gabarito "D".

(Auditor Fiscal da Receita Federal – ESAF) A empresa Highlith S.A. implantou nova unidade no norte do país. Os investimentos na unidade foram de R$ 1.000.000,00, registrados no ativo imobilizado. No primeiro ano, a empresa contabilizou um ajuste de perda de valor recuperável de R$ 15.000,00. No segundo ano, o valor da unidade, caso fosse vendida para o concorrente e único interessado na aquisição, seria de R$ 950.000,00. Ao analisar o valor do fluxo de caixa descontado da unidade, apurou-se um valor de R$ 980.000,00. Dessa forma, deve o contador da empresa

(A) manter o valor do investimento, visto não haver perda de valor recuperável.
(B) reconhecer um complemento de perda de valor recuperável de R$ 5.000,00.
(C) reverter parte da perda de valor recuperável no valor de R$ 25.000,00.
(D) registrar um complemento de perda de valor recuperável de R$ 15.000,00.
(E) estornar o total da perda de valor recuperável de R$ 50.000,00.

O valor recuperável é o maior entre o valor líquido de venda e o valor em uso, ou seja, R$ 980.000. O ativo está registrado, no entanto, pelo valor contábil de R$ 985.000,00 (R$ 1.000.000,00 menos R$ 15.000,00 referente ao ajuste de perda contabilizado). Sendo assim, a empresa precisará ajustar o valor contábil ao valor recuperável no montante de R$ 5.000,00, a ser reconhecido como perda de valor recuperável.
Gabarito "B".

(Auditor Fiscal da Receita Federal – ESAF) A Cia. Gráfica Firmamento adquire uma máquina copiadora, em 02/01/2008, pelo valor de R$ 1,2 milhões, com vida útil estimada na capacidade total de reprodução de 5 milhões de cópias. A expectativa é de que, após o uso total da máquina, a empresa obtenha por este bem o valor de R$ 200.000,00, estabelecendo um prazo máximo de até 5 anos para atingir a utilização integral da máquina.

No período de 2008/2009, a empresa executou a reprodução de 2.500.000 das cópias esperadas e no decorrer de 2010 foram reproduzidas mais 1.300.000 cópias. Ao final de 2010, o Departamento de Gestão Patrimonial da empresa determina como valor recuperável desse ativo R$ 440.000,00.

Com base nos dados fornecidos, é possível afirmar que

(A) o valor depreciável dessa máquina é de R$ 1.000.000,00.
(B) o saldo da depreciação acumulado em 2010 é de R$ 720.000,00.
(C) em 2010 a empresa deve registrar como despesa de depreciação o valor de R$ 640.000,00.
(D) o valor líquido dessa máquina ao final de 2010 é R$ 240.000,00.
(E) ao final de 2010 a empresa deve reconhecer uma perda estimada de R$ 200.000,00.

A: Se a empresa adquiriu a máquina por R$ 1.200.000,00 e espera um valor residual de R$ 200.000,00 significa que a empresa depreciará R$ 1.000.000,00 durante o prazo de vida útil do bem, sendo esse o valor depreciável; B: Até 2010 a empresa efetuou 3.800.000 cópias de um total de 5.000.000,00. Sendo o valor depreciável de R$ 1.000.000,00, temos que proporcionalmente foi depreciado um montante de R$ 760.000,00 (R$ 1.000.000,00 / 5.000.000 x 3.800.000); C: No exercício de 2010 foram efetuadas 1.300.000 cópias das 5.000.000. Sendo a depreciação nesse exercício igual a R$ 260.000,00 (R$ 1.000.000,00 / 5.000.000 x 1.300.000); D: considerando que a empresa já depreciou R$ 760.000,00 até 2010 (vide item "b"), o valor contábil será de R$ 440.000,00; E: Se a empresa determinou o valor recuperável de R$ 440.000,00 e o valor contábil também é de R$ 440.000,00 não há que se falar em reconhecimento de perda.
Gabarito "A".

(Auditor Fiscal da Receita Federal – ESAF) Os gastos com a aquisição de Peças e Materiais de Consumo e Manutenção de itens do imobilizado e o de Peças e Conjunto para Reposição em Máquinas e Equipamentos são classificados:

(A) ambos como Ativo Circulante.
(B) Despesas Operacionais e Estoques.
(C) Conta de Resultado e Imobilizado.
(D) ambos como Imobilizado.
(E) Imobilizado e estoques.

Peças e Materiais de Consumo e Manutenção de itens do imobilizado – itens de pequeno valor que não alteram a vida útil dos bens. Por esse motivo não deve ter seu valor agregado ao imobilizando, sendo lançado diretamente como despesa no resultado do exercício. Peças e Conjunto para Reposição em Máquinas e Equipamentos – são itens que alteram a vida útil dos equipamentos, devendo portanto ser lançados agregando valor ao imobilizado.
Gabarito "C".

(Auditor Fiscal da Receita Federal – ESAF) A empresa Captação S.A. emitiu debêntures para financiamento de uma nova usina de açúcar. Foram realizados gastos com advogados, consultores e bancos de investimento, no processo de estruturação da emissão e colocação no mercado dos papéis. Fundamentado nas novas normas contábeis brasileiras, referidos gastos devem ser registrados como

(A) Conta redutora do passivo não circulante (debêntures) – longo prazo.
(B) Despesas com Emissão de Debêntures, no resultado, em outras despesas.
(C) Débito de conta redutora do Capital Social – Gastos com Captação.
(D) Despesa financeira para compor o custo financeiro total da operação de captação de recursos, durante a vigência do título.
(E) Despesa antecipada, no Ativo Circulante e Não Circulante, de acordo com o período que serão geradas as receitas decorrentes do projeto.

O CPC 08 (R1) – Custos de Transação e Prêmios na Emissão de Títulos e Valores Mobiliários – define que "os custos de transação de que trata este Pronunciamento Técnico, enquanto não captados os recursos a que se referem, devem ser apropriados e mantidos em conta transitória e específica do ativo como pagamento antecipado".
Gabarito "E".

(Auditor Fiscal da Receita Federal – ESAF) A empresa Data Power S.A. apura sobre sua folha de pagamentos administrativa de R$ 100.000,00 o total de 20% de INSS, correspondente a 12% de contribuição da parcela de responsabilidade da empresa e 8% da parcela do empregado. A empresa efetuou a contabilização de R$ 20.000,00 como despesa de INSS no resultado. Ao fazer a conciliação da conta, deve o contador

(A) considerar o lançamento correto, uma vez que a folha refere-se a despesas administrativas.
(B) estornar da despesa o valor de R$ 8.000,00, lançando a débito da conta salários a pagar.
(C) reverter da despesa o valor de R$ 12.000,00, lançando contra a conta de INSS a recolher.
(D) reconhecer mais R$ 8.000,00 a débito de despesa de INSS pertinente a parcela do empregado.
(E) lançar um complemento de R$ 12.000,00 a crédito da conta salários a pagar.

Conforme descrito na questão, a empresa lançou como despesa sua o INSS dos empregados, tendo feito portanto o seguinte lançamento:
D – Despesa de Salários – 100.000
D – Despesa com Encargos Sociais – 20.000
C – Salários a Pagar – 100.000
C – Encargos Sociais a Pagar (INSS) – 20.000
Para deixar os lançamentos corretos é necessário manter como despesa com encargos sociais apenas a parte patronal do INSS (R$ 12.000,00), tendo como contrapartida do ajuste um débito na conta que foi originalmente creditada (salários a pagar). O lançamento de ajuste será:
D – Salários a Pagar
C – Despesas com Encargos Sociais – 8.000
Gabarito "B".

(Auditor Fiscal da Receita Federal – ESAF) A empresa Venus S.A., fabricante de peças para automóveis, adquiriu um terreno para aproveitar a valorização que o mercado aquecido está permitindo. A Venus também aluga o prédio lateral de sua fábrica para a *Holding* do Grupo ocupar com as suas atividades administrativas. Dessa forma, esses eventos devem ser contabilizados, respectivamente, como

(A) propriedades para investimento e arrendamento mercantil.
(B) imobilizado e imobilizado.
(C) propriedade para investimento e propriedade para investimento.
(D) investimento e propriedade para investimento.
(E) propriedade para investimento e imobilizado.

O CPC 28 – Propriedade para Investimento – define Propriedade para investimento como "a propriedade (terreno ou edifício – ou parte de edifício – ou ambos) mantida (pelo proprietário ou pelo arrendatário em arrendamento financeiro) para auferir aluguel ou para valorização do capital ou para ambas". Observa-se que o terreno adquirido pela empresa Vênus tem essas características, sendo, portanto, uma "propriedade para investimento". O mesmo CPC 28 apresenta que "em alguns casos, a entidade possui propriedade que está arrendada e ocupada por sua controladora ou por outra controlada. A propriedade não se qualifica como propriedade para investimento nas demonstrações contábeis consolidadas, porque a propriedade está ocupada pelo proprietário sob a perspectiva do grupo". Sendo assim, o prédio que a empresa Vênus aluga para a *Holding* do grupo será classificada contabilmente como investimento.
Gabarito "E".

(Auditor Fiscal da Receita Federal – ESAF) De conformidade com a legislação societária atualizada, os saldos existentes em 31.12.2008, no Ativo Diferido, poderiam ser

(A) integralmente baixados para as contas de Despesas Não Operacionais, quando não apresentassem condições de recuperação e realocados a outros ativos, quando fosse o caso.
(B) realocados de acordo com a sua natureza e finalidade a outro grupo do ativo e reclassificados como Ajustes de Exercícios Anteriores, caso não fosse possível realizar esta realocação em bases confiáveis.
(C) reclassificados para uma conta transitória de Ajustes de Conversão, para aqueles que pudessem ser identificados em bases confiáveis e o excedente, se fosse o caso, estornados contra a conta de Ganhos/Perdas de itens Descontinuados.
(D) alocados a outro grupo de contas, de acordo com a sua natureza, ou permanecer no ativo sob esta classificação até a completa amortização, desde que sujeito à análise de imparidade.
(E) transferidos integralmente para a conta de Ajustes de Avaliação Patrimonial, deduzido da avaliação do valor recuperável.

Com a extinção do grupo diferido, os valores ali registrados passaram a ter dois tratamentos distintos: a) aqueles itens com características de ativos intangíveis (os direitos que tenham por objeto bens incorpóreos destinados à manutenção da companhia ou exercidos com essa finalidade, inclusive o fundo de comércio adquirido) passaram a ser registrados no grupo intangível, grupo incluído pela Lei 11.638/2007; b) os demais itens seguem a definição do artigo 299-A da Lei 6.404/1976, que define que "o saldo existente em 31 de dezembro de 2008 no ativo diferido que, pela sua natureza, não puder ser alocado a outro grupo de contas, poderá permanecer no ativo sob essa classificação até sua completa amortização, sujeito à análise sobre a recuperação".
Gabarito "D".

(Auditor Fiscal da Receita Federal – ESAF) Com relação à distribuição de dividendos de sociedades abertas, pode-se afirmar que:

(A) o dividendo deverá ser pago ou creditado, salvo deliberação em contrário da assembleia geral, no prazo de sessenta dias da data em que for declarado e, em qualquer caso, dentro do exercício social.

(B) em casos nos quais o estatuto da empresa for omisso quanto à distribuição do dividendo obrigatório, o acionista minoritário terá direito a 50% do total do lucro líquido apurado no exercício, acrescido pelos saldos das reservas de lucro.
(C) a companhia que, por força de Lei ou de disposição estatutária, levantar balanço semestral, não poderá declarar, por deliberação dos órgãos de administração, dividendo à conta do lucro apurado nesse balanço.
(D) a companhia somente pode pagar dividendos à conta de lucro líquido do exercício, de lucros acumulados e de reserva de lucros para proprietários de ações ordinárias.
(E) a legislação societária veta a fixação de qualquer outra forma de cálculo dos dividendos, seja de acionistas controladores ou não controladores, que não contemple no mínimo 30% dos lucros líquidos de cada exercício.

O § 3º do artigo 205 da Lei 6.404/1976 define que "o dividendo deverá ser pago, salvo deliberação em contrário da assembleia-geral, no prazo de 60 (sessenta) dias da data em que for declarado e, em qualquer caso, dentro do exercício social".
Gabarito "A".

(Auditor Fiscal da Receita Federal – ESAF) O conjunto completo das demonstrações contábeis exigidas pelas Normas Brasileiras de Contabilidade inclui

(A) o relatório do Conselho de Administração e as Notas Explicativas, compreendendo um resumo das políticas contábeis significativas.
(B) o resumo das políticas Contábeis e o Valor Adicionado obrigatoriamente a todos os tipos de entidade.
(C) a Demonstração do Valor Adicionado, se entidade prestadora de serviços, e de Resultado Abrangente, se instituição financeira.
(D) as Demonstrações dos Fluxos de Caixa e das Mutações do Patrimônio Líquido do período.
(E) a Demonstração da Conta Lucros / Prejuízos Acumulados e o Relatório de Impacto Ambiental.

O CPC 26 (R1) – Apresentação das Demonstrações Contábeis – define que o conjunto completo de demonstrações contábeis inclui:
Balanço patrimonial ao final do período;
Demonstração do resultado do período;
Demonstração do resultado abrangente do período;
Demonstração das mutações do patrimônio líquido do período;
Demonstração dos fluxos de caixa do período;
Notas explicativas, compreendendo um resumo das políticas contábeis significativas e outras informações elucidativas; e
Balanço patrimonial do início do período mais antigo comparativamente apresentado quando a entidade aplica uma política contábil retrospectivamente ou procede à reapresentação retrospectiva de itens das demonstrações contábeis, ou ainda quando procede à reclassificação de itens de suas demonstrações contábeis.
Demonstração do valor adicionado do período (CPC 09), se exigida legalmente ou por algum órgão regulador ou mesmo se apresentada voluntariamente;
A demonstração do resultado abrangente pode ser apresentada em quadro demonstrativo próprio ou dentro das mutações do patrimônio líquido (como uma coluna da DMPL).
Gabarito "D".

(Auditor Fiscal da Receita Federal – ESAF) A Demonstração do Resultado Abrangente deve evidenciar

(A) somente as parcelas dos resultados líquidos apurados que afetem os acionistas não controladores.
(B) parcela dos outros resultados abrangentes de empresas investidas, reconhecida por meio do método de equivalência patrimonial.
(C) ajustes de instrumentos financeiros de participações societárias avaliadas pelo método de custo.
(D) o resultado líquido após tributos das operações descontinuadas das entidades controladas.
(E) o resultado antes do imposto sobre a renda e contribuições apuradas no período.

O CPC 26 (R1) – Apresentação das Demonstrações Contábeis – define que "a demonstração do resultado abrangente deve, no mínimo, incluir as seguintes rubricas: a) resultado líquido do período; b) cada item dos outros resultados abrangentes classificados conforme sua natureza (exceto montantes relativos ao item (c); c) parcela dos outros resultados abrangentes de empresas investidas reconhecida por meio do método de equivalência patrimonial; e d) resultado abrangente do período".
Gabarito "B".

Considere as informações a seguir para responder as próximas 2 questões.

Os estatutos da Cia. Omega estabelecem que, dos lucros remanescentes, após as deduções previstas pelo artigo 189 da Lei 6.404/1976 atualizada, deverá a empresa destinar aos administradores, debêntures e empregados uma participação de 10% do lucro do exercício a cada um. Tomando como base as informações constantes da tabela abaixo:

Itens apurados em 31.12.2010	Valores em R$
Resultado apurado antes do Imposto, Contribuições e Participações	500.000,00
Valor estabelecido para Imposto de Renda e Contribuição Social	100.000,00
Saldos da conta /Prejuízos Acumulados	(150.000,00)

(Auditor Fiscal da Receita Federal – ESAF) O valor das Participações dos Administradores é:

(A) R$ 40.000.
(B) R$ 36.000.
(C) R$ 32.400.
(D) R$ 22.500.
(E) R$ 20.250.

A Lei 6.404/1976 define no artigo 187, inciso VI, que as participações serão discriminadas no resultado do exercício: "*VI – as participações de debêntures, de empregados, administradores e partes beneficiárias, mesmo na forma de instrumentos financeiros, e de instituições ou fundos de assistência ou previdência de empregados, que não se caracterizem como despesa;*". O artigo 190 completa definindo que "as participações estatutárias de empregados, administradores e partes beneficiárias serão determinadas, sucessivamente e nessa ordem, com base nos lucros que remanescerem depois de deduzida a participação anteriormente calculada". A combinação dos dois artigos indica que as participações são calculadas no resultado do exercício, antes da constituição de reservas. Sendo assim, a apuração das participações será:

Lucro antes do IR e CSLL	500.000,00
(-) IR e CS	(100.000,00)
(-) Prejuízo Acumulado	(150.000,00)
(=) Base de cálculo para participações	**250.000,00**

(-) Participação de debenturistas (10%)	(25.000,00)
(=) **Base de cálculo para participação de empregados**	**225.000,00**
(-) Participação de empregados (10%)	(22.500,00)
(=) **Base de cálculo para participação de administradores**	**202.500,00**
(-) Participação de administradores (10%)	(20.250,00)

Gabarito "E".

(**Auditor Fiscal da Receita Federal – ESAF**) Pode-se afirmar que o valor do Lucro Líquido do Exercício é:

(A) R$ 350.000.
(B) R$ 332.250.
(C) R$ 291.600.
(D) R$ 182.500.
(E) R$ 141.600.

Considerando os valores apurados na questão anterior é possível montar a seguinte demonstração do resultado do exercício:

Lucro antes do IR e CSLL	500.000,00
(-) IR e CS	(100.000,00)
(-) Participação de debenturistas (10%)	(25.000,00)
(-) Participação de empregados (10%)	(22.500,00)
(-) Participação de administradores (10%)	(20.250,00)
(=) **Lucro Líquido do Exercício**	**332.250,00**

Gabarito "B".

(**Auditor Fiscal da Receita Federal – ESAF**) Nas empresas industriais são classificados como valor adicionado recebido em transferência os

(A) resultados de equivalência patrimonial e os dividendos relativos a investimentos avaliados ao custo.
(B) dividendos de participações societárias avaliadas pelo método de equivalência e os aluguéis.
(C) dividendos distribuídos e os resultados da avaliação de ativos ao seu valor justo.
(D) juros sobre o capital próprio creditados e as receitas financeiras de qualquer natureza.
(E) gastos com ativos construídos pela empresa para uso próprio e os resultados obtidos com aquisições societárias vantajosas.

O CPC 09 – Demonstração do Valor Adicionado – define que "valor adicionado recebido em transferência representa a riqueza que não tenha sido criada pela própria entidade, e sim por terceiros, e que a ela é transferida, por exemplo: receitas financeiras, de equivalência patrimonial, dividendos, aluguel, *royalties* etc. Precisa ficar destacado, inclusive para evitar dupla-contagem em certas agregações". A partir desse conceito podemos julgar os itens da questão:
A: Correto, os dois itens referem-se a valores oriundos de investimentos em outras empresas.
B: Incorreto, os dividendos de participações societárias avaliadas pelo método de equivalência já estão incluídos no resultado da equivalência patrimonial.
C: Incorreto, o resultado da avaliação de ativos é gerado pela própria empresa.
D: Incorreto, capital próprio creditado é uma distribuição de riqueza.
E: Incorreto, gastos com ativos são insumos.

Gabarito "A".

(**Analista Tributário da Receita Federal – ESAF**) A empresa Merendaria Maria Ltda. realizou, no banco em que é correntista, uma operação de desconto de títulos com incidência de juros.

O lançamento necessário para contabilizar essa operação no Diário da empresa deverá ser

(A)
Bancos c/Movimento
a Diversos
a Duplicatas Descontadas   xxx,xx
a Encargos da Operação   x,xx   xxx,xx

(B)
Diversos
a Duplicatas Descontadas
Bancos c/Movimento   xxx,xx
Encargos da Operação   x,xx   xxx,xx

(C)
Bancos c/Movimento
a Diversos
a Duplicatas a Receber   xxx,xx
a Encargos da Operação   x,xx   xxx,xx

(D)
Diversos
a Duplicatas a Receber
Bancos c/Movimento   xxx,xx
Encargos da Operação   x,xx   xxx,xx

(E)
Duplicatas Descontadas
a Duplicatas a Receber   xxx,xx
e
Encargos da Operação
a Bancos c/Movimento   x,xx

Quando do desconto de títulos, a empresa receberá do banco o montante líquido de encargos (débito em banco conta movimento). Já os encargos são lançados na conta de despesa (débito em Encargos da operação). A contrapartida desses lançamentos será a baixa do título descontado, que ocorrerá a crédito de uma conta de passivo (crédito em Duplicatas descontadas). O lançamento da operação será, portanto:
Débito: Banco Conta Movimento
Débito: Encargos da Operação
Crédito: Duplicatas Descontadas

Gabarito "B".

(**Analista Tributário da Receita Federal – ESAF**) Uma empresa, cujo livro Razão contém essas contas, apresentou os seguintes saldos para compor o balanço patrimonial em 31/12/2011.

01 – Ações de Coligadas	10.000,00
02 – Aluguéis pagos Antecipadamente	1.200,00
03 – Bancos c/Movimento	20.000,00
04 – Bancos c/Poupança	6.000,00
05 – Caixa	3.000,00
06 – Capital a Integralizar	12.000,00
07 – Capital Social	55.000,00
08 – Clientes	9.000,00
09 – Contas a Receber	11.000,00
10 – Depreciação Acumulada	3.500,00
11 – Despesa de Organização	2.500,00
12 – Despesas Pré-Operacionais	2.000,00
13 – Duplicatas a Pagar	25.000,00
14 – Duplicatas a Receber	15.000,00
15 – Duplicatas Descontadas	8.000,00

16 – Empréstimos a Coligadas	6.500,00
17 – Empréstimos Bancários	32.000,00
18 – Endosso para Desconto	8.000,00
19 – Móveis e Utensílios	21.000,00
20 – Prov. p/Créditos de Liquidação Duvidosa	1.000,00
21 – Provisão para Férias	3.000,00
22 – Provisão para Imposto de Renda	4.500,00
23 – Reserva Legal	2.000,00
24 – Seguros a Vencer	1.800,00
25 – Títulos Endossados	8.000,00
26 – Títulos a Receber	13.000,00

Ao elaborar o balanço patrimonial a empresa vai apresentar um Ativo Circulante no valor de

(A) R$ 58.000,00.
(B) R$ 68.000,00.
(C) R$ 69.800,00.
(D) R$ 71.000,00.
(E) R$ 79.000,00.

Dentre as contas contábeis elencadas pela questão, apenas as apresentadas a seguir compõem o ativo circulante:

Conta Contábil	Valor
02 – Aluguéis Pagos Antecipadamente	1.200,00
03 – Bancos c/Movimento	20.000,00
04 – Bancos c/Poupança	6.000,00
05 – Caixa	3.000,00
08 – Clientes	9.000,00
09 – Contas a Receber	11.000,00
14 – Duplicatas a Receber	15.000,00
20 – Prov. p/Créditos de Liquidação Duvidosa	-1.000,00
24 – Seguros a Vencer	1.800,00
25 – Títulos Endossados	-8.000,00
26 – Títulos a Receber	13.000,00
TOTAL	**71.000,00**

Gabarito "E".

(Auditor Fiscal – São Paulo/SP – FCC) Em relação à avaliação dos elementos patrimoniais, considere:

I. O valor contábil de um terreno de R$ 300.000,00, cujo teste de *impairment* indicou valor justo líquido da despesa de venda de R$ 290.000,00 e valor em uso de R$ 280.000,00, deve ser reduzido em R$ 20.000,00.
II. As obrigações de curto prazo com fornecedores devem ser ajustadas ao seu valor presente, quando houver efeito relevante.
III. Uma patente adquirida que expira em 10 anos e com valor residual igual a zero gera despesa de amortização de 10% do seu valor de aquisição em cada ano, se a empresa utilizar o método linear de amortização.
IV. O investimento em controlada, que representa participação no capital votante de 60% e no capital social de 50%, deve ser aumentado em R$ 60.000,00 se a investida tiver apurado lucro no exercício de R$ 100.000,00.

Está correto o que se afirma APENAS em

(A) III e IV.
(B) I e II.
(C) I, II e III.
(D) II e III.
(E) II, III e IV.

I: Incorreto. O CPC 01 – Redução ao Valor Recuperável de ativos – define o valor recuperável como o maior valor entre o preço líquido de venda do ativo e o seu valor em uso. Caso um desses valores exceda o valor contábil do ativo, não haverá desvalorização nem necessidade de estimar o outro valor.
II: Correto. O CPC 12 – Ajuste a Valor Presente – define que "os elementos integrantes do ativo e do passivo decorrentes de operações de longo prazo, ou de curto prazo quando houver efeito relevante, devem ser ajustados a valor presente com base em taxas de desconto que reflitam as melhores avaliações do mercado quanto ao valor do dinheiro no tempo e os riscos específicos do ativo e do passivo em suas datas originais".
III: Correto. Se a empresa amortizar 10% ao ano ao final de 10 anos o valor residual será igual a zero.
IV: Incorreto. O capital social é dividido entre capital votante (com direito a voto) e capital sem direito a voto. No exemplo dado pela questão o valor a ser aumentado na participação será de R$ 50.000,00 (equivalente à participação de 50% no capital social).

Gabarito "D".

(Auditor Fiscal – São Paulo/SP – FCC) Na Demonstração de Resultados do Exercício,

(A) o custo dos produtos vendidos contém o valor da depreciação de máquinas da fábrica alocado à produção vendida no período.
(B) o Imposto Predial e Territorial Urbano é classificado como Despesas Financeiras.
(C) os custos de transação da emissão de ações subscritas e integralizadas reduzem o resultado do exercício.
(D) o Imposto sobre Produtos Industrializados é classificado como Despesas com Vendas.
(E) o valor da receita bruta corresponde à entrada de caixa referente às vendas da empresa no período.

A: Correto, pois no "custo dos produtos vendidos" estão incluídos todos os gastos de produção alocados aos produtos vendidos; B: Incorreta, pois o Imposto Predial e Territorial Urbano (IPTU) será classificado pelas Despesas Tributárias; C: Incorreto. Segundo o CPC 08, "os custos de transação incorridos na captação de recursos por intermédio da emissão de títulos patrimoniais devem ser contabilizados, de forma destacada, em conta redutora de patrimônio líquido, deduzidos os eventuais efeitos fiscais, e os prêmios recebidos devem ser reconhecidos em conta de reserva de capital"; D: Incorreto. O Impostos sobre Produtos Industrializados (IPI) será classificado em conta dedutora da receita de venda; E: Incorreto. A Receita Bruta não necessariamente representa entrada de caixa visto que parte das vendas podem ser realizadas a prazo, ou seja, sem entrada de caixa.

Gabarito "A".

(Auditor Fiscal – São Paulo/SP – FCC) Considere os itens patrimoniais, a seguir, de uma sociedade anônima de capital aberto:

I. Ações de outras empresas em que não há intenção de vendas.
II. Ações adquiridas de sua própria emissão.

III. Financiamento a ser pago em 15 meses após a data do Balanço Patrimonial.

I, II e III são classificados, respectivamente, como

(A) ativo não circulante – aplicação financeira, ativo não circulante – investimentos e passivo não circulante.
(B) ativo circulante, ativo não circulante – aplicação financeira e passivo não circulante.
(C) ativo não circulante – investimentos, patrimônio líquido e passivo não circulante.
(D) ativo não circulante – investimentos, patrimônio líquido e passivo circulante.
(E) ativo realizável a longo prazo, ativo não circulante – investimentos e passivo não circulante.

I: classificada como investimento permanente, visto que não há intenção de venda; II: classificada como conta redutora do patrimônio líquido, ações em tesouraria; III: classificada passivo não circulante, considerando que a obrigação não vencerá dentro do exercício seguinte.
Gabarito "C".

(Auditor Fiscal – São Paulo/SP – FCC) No reconhecimento inicial, NÃO compõe o custo de um item do ativo imobilizado os

(A) custos com a promoção de produtos gerados por tal ativo.
(B) impostos não recuperáveis sobre a compra.
(C) custos de fretes e manuseio.
(D) custos de montagem.
(E) custos de preparação do local de instalação.

O CPC 27 – Ativo Imobilizado – define que o custo de um item do ativo imobilizado compreende: a) seu preço de aquisição, acrescido de impostos de importação e impostos não recuperáveis sobre a compra, depois de deduzidos os descontos comerciais e abatimentos; b) quaisquer custos diretamente atribuíveis para colocar o ativo no local e condição necessárias para o mesmo ser capaz de funcionar da forma pretendida pela administração; e c) a estimativa inicial dos custos de desmontagem e remoção do item e de restauração do local (sítio) no qual este está localizado. Tais custos representam a obrigação em que a entidade incorre quando o item é adquirido ou como consequência de usá-lo durante determinado período para finalidades diferentes da produção de estoque durante esse período.
Gabarito "A".

(Auditor Fiscal – São Paulo/SP – FCC) Na combinação de negócios, o adquirente deve mensurar os ativos identificáveis adquiridos pelos seus respectivos

(A) custos históricos corrigidos na data de aquisição.
(B) valores justos da data de aquisição.
(C) valores justos do último balanço patrimonial anterior à aquisição.
(D) valores de liquidação.
(E) custos históricos.

Segundo o CPC 15 – Combinação de Negócios –, o adquirente deve mensurar os ativos identificáveis adquiridos e os passivos assumidos pelos "respectivos valores justos da data da aquisição".
Gabarito "B".

(Auditor Fiscal da Receita Federal – ESAF) A firma comercial Alvorada Mineira Ltda. adquiriu um bem de uso por R$ 6.000,00, pagando uma entrada de 25% em dinheiro e financiando o restante em três parcelas mensais e iguais. A operação foi tributada com ICMS de 12%.

Ao ser contabilizada a operação acima, o patrimônio da firma Alvorada evidenciará um aumento no ativo no valor de:

(A) R$ 6.720,00.
(B) R$ 4.500,00.
(C) R$ 5.220,00.
(D) R$ 5.280,00.
(E) R$ 3.780,00.

Ao adquirir o bem por R$ 6.000 a empresa aumentou seu ativo permanente no mesmo montante e reduziu o caixa em R$ 1.500, decorrente do pagamento de 25% à vista, resultando num aumento líquido de R$ 4.500 no ativo. A informação sobre o ICMS é irrelevante.
Gabarito "B".

(Auditor Fiscal da Receita Federal – ESAF) A quitação de títulos com incidência de juros ou outros encargos deve ser contabilizada em lançamentos de segunda ou de terceira fórmulas, conforme o caso, pois envolve, ao mesmo tempo, contas patrimoniais e de resultado.

Especificamente, o recebimento de duplicatas, com incidência de juros, deve ter o seguinte lançamento contábil:

(A) débito de duplicatas e de juros e crédito de caixa.
(B) débito de duplicatas e crédito de caixa e de juros.
(C) débito de caixa e crédito de duplicatas e de juros.
(D) débito de caixa e de duplicatas e crédito de juros.
(E) débito de juros e de caixa e crédito de duplicatas.

O recebimento de duplicatas implicará e um débito na caixa, representando a entrada do dinheiro na empresa, um crédito em duplicatas a receber, representando a baixa do valor a receber, e um crédito na conta de receita de juros.
Gabarito "C".

(Auditor Fiscal da Receita Federal – ESAF) A firma Comercial de Produtos Frutíferos Ltda., que encerra seu exercício social no último dia do ano civil, contabilizou por duas vezes o mesmo fato contábil em 31/10/2008, caracterizando o erro de escrituração conhecido como duplicidade de lançamento. Esse erro só foi constatado no exercício seguinte.

Os lançamentos foram feitos a débito de conta do resultado e a crédito de conta do passivo circulante. Em face dessa ocorrência, pode-se dizer que, no balanço patrimonial de 31/12/2008:

(A) a situação líquida da empresa foi superavaliada.
(B) o ativo circulante da empresa foi subavaliado.
(C) o passivo circulante da empresa apresentou uma redução indevida.
(D) o patrimônio líquido da empresa apresentou uma redução indevida.
(E) a situação líquida da empresa não foi afetada.

O lançamento descrito na questão representou para a empresa ao final do exercício um valor superavaliado do passivo circulante, devido ao crédito indevido, e um valor subavaliado do resultado, devido ao débito indevido. Este débito, ao reduzir a receita, reduziu consequentemente o patrimônio líquido da empresa.
Gabarito "D".

(Auditor Fiscal da Receita Federal – ESAF) A empresa Revendedora S.A. alienou dois veículos de sua frota de uso, por R$ 29.000,00, à vista.

O primeiro desses carros já era da empresa desde 2005, tendo entrado no balanço de 2007 com saldo de R$ 25.000,00 e depreciação acumulada de 55%.

O segundo veículo foi comprado em primeiro de abril de 2008 por R$ 10.000,00, não tendo participado do balanço do referido ano de 2007.

A empresa atualiza o desgaste de seus bens de uso em períodos mensais.

Em 30 de setembro de 2008, quando esses veículos foram vendidos, a empresa registrou seus ganhos ou perdas de capital com o seguinte lançamento de fórmula complexa:

(A) Diversos
    a Diversos
    Caixa   29.000,00
    Perdas de Capital 6.000,00 35.000,00
    a Veículo "A" 25.000,00
    a Veículo "B" 10.000,00 35.000,00

(B) Diversos
    a Diversos
    Caixa   29.000,00
    Depreciação Acumulada 18.500,00 47.500,00
    a Veículos 35.000,00
    a Ganhos de Capital 12.500,00 47.500,00

(C) Diversos
    a Diversos
    Caixa   29.000,00
    Depreciação Acumulada 17.500,00 46.500,00
    a Veículos 35.000,00
    a Ganhos de Capital 11.500,00 46.500,00

(D) Diversos
    a Diversos
    Caixa   29.000,00
    Depreciação Acumulada 13.750,00 42.750,00
    a Veículos 35.000,00
    a Ganhos de Capital 7.750,00 42.750,00

(E) Diversos
    a Diversos
    Caixa   29.000,00
    Depreciação Acumulada 19.000,00 48.000,00
    a Veículos 35.000,00
    a Ganhos de Capital 13.000,00 48.000,00

Se o primeiro veículo entrou o ano de 2007 com 55% depreciado significa dizer que já havia sido depreciado 33 meses até aquela data. A seguir estão os cálculos da depreciação até o momento da venda.

	Veículo 1	Veículo 2
Valor do bem	25.000,00	10.000,00
Vida útil (em meses)	60	60
Depreciação mensal (valor depreciável ÷ vida útil)	416,67	166,67
Meses da data da compra a 30/9/2008	42	6
Depreciação acumulada (data da compra a 30/9/2008)	17.500,00	1.000,00
Valor contábil líquido (valor do bem - depreciação acumulada)	7.500,00	9.000,00

Considerando os dados apresentados, é possível concluir que o ganho obtido com a venda foi de R$12.500 (R$29.000 do preço de venda subtraído do valor contábil líquido de R$16.500). O lançamento contábil correto apresenta a entrada no caixa (débito) de R$29.000, a baixa (crédito) do ativo no valor de R$35.000, a baixa (débito) da depreciação acumulada no valor de R$18.500 e o ganho de capital de R$12.500.

Gabarito "B".

(Auditor Fiscal da Receita Federal – ESAF) A diminuição do valor dos elementos do ativo será registrada periodicamente nas contas de:

(A) provisão para perdas prováveis, quando corresponder à perda por ajuste ao valor provável de realização, quando este for inferior.
(B) depreciação, quando corresponder à perda do valor de capital aplicado na aquisição de direitos da propriedade industrial ou comercial.
(C) exaustão, quando corresponder à perda de valor dos direitos que têm por objeto bens físicos sujeitos a desgaste ou perda de utilidade por uso, ação da natureza ou obsolescência.
(D) provisão para ajuste ao valor de mercado, quando corresponder à perda pelo ajuste do custo de aquisição ao valor de mercado, quando este for superior.
(E) amortização, quando corresponder à perda de valor, decorrente da exploração de direitos cujo objeto sejam recursos minerais ou florestais, ou bens aplicados nessa exploração.

A: em concordância com o artigo 183 da Lei 6.404/1976; **B:** o § 2º do artigo 183 da Lei 6.404/1976 define que a depreciação será utilizada "quando corresponder à perda do valor dos direitos que têm por objeto bens físicos sujeitos a desgaste ou perda de utilidade por uso, ação da natureza ou obsolescência"; **C:** o § 2º do artigo 183 da Lei 6.404/1976 define que a exaustão será utilizada "quando corresponder à perda do valor, decorrente da sua exploração, de direitos cujo objeto sejam recursos minerais ou florestais, ou bens aplicados nessa exploração"; **D:** a provisão para ajuste ao valor de mercado será utilizada quando o valor de mercado for inferior ao custo de aquisição (artigo 183 da Lei 6.404/1976); **E:** o § 2º do artigo 183 da Lei 6.404/1976 define que a amortização será utilizada "quando corresponder à perda do valor do capital aplicado na aquisição de direitos da propriedade industrial ou comercial e quaisquer outros com existência ou exercício de duração limitada, ou cujo objeto sejam bens de utilização por prazo legal ou contratualmente limitado".

Gabarito "A".

(Auditor Fiscal da Receita Federal – ESAF) A relação seguinte refere-se aos títulos contábeis constantes do livro Razão da empresa comercial Concórdia Sociedade Anônima, e respectivos saldos, em 31 de dezembro de 2008:

01 – Bancos Conta Movimento	17.875,00
02 – Bancos Conta Empréstimos	50.000,00
03 – Conta Mercadorias	42.500,00
04 – Capital Social	105.000,00
05 – Móveis e Utensílios	280.000,00
06 – ICMS a Recolher	7.500,00
07 – Custo das Mercadorias Vendidas (CMV)	212.500,00
08 – Salários e Ordenados	10.000,00
09 – Contribuições de Previdência	3.750,00
10 – Despesas com Créditos de Liquidação Duvidosa	3.500,00

11 – Depreciação Acumulada	44.800,00
12 – Retenção de Lucros	51.200,00
13 – Vendas de Mercadorias	352.000,00
14 – Impostos e Taxas	2.200,00
15 – PIS e COFINS	8.625,00
16 – ICMS sobre vendas	52.500,00
17 – Pró-labore	7.600,00
18 – Fornecedores	157.750,00
19 – PIS e COFINS a Recolher	1.800,00
20 – Duplicatas a Receber	100.000,00
21 – Encargos de Depreciação	32.000,00
22 – Provisão para Créditos de Liquidação Duvidosa	3.000,00

Ao elaborar o balancete geral de verificação, no fim do exercício social, com as contas e saldos apresentados, a empresa, certamente, encontrará:

(A) um balancete fechado em R$ 773.050,00.
(B) um saldo credor a menor em R$ 100.000,00.
(C) um saldo devedor a maior em R$ 25.600,00.
(D) um endividamento de R$ 167.050,00.
(E) um lucro com mercadorias de R$ 137.500,00.

Classificando as contas da questão temos o seguinte quadro:

Conta contábil	Débito	Crédito
01 – Bancos Conta Movimento	17.875,00	
02 – Bancos Conta Empréstimos		50.000,00
03 – Conta Mercadorias	42.500,00	
04 – Capital Social		105.000,00
05 – Móveis e Utensílios	280.000,00	
06 – ICMS a Recolher		7.500,00
07 – Custo das Mercadorias Vendidas (CMV)	212.500,00	
08 – Salários e Ordenados	10.000,00	
09 – Contribuições de Previdência	3.750,00	
10 – Despesas com Créditos de Liquidação Duvidosa	3.500,00	
11 – Depreciação Acumulada		44.800,00
12 – Retenção de Lucros		51.200,00
13 – Vendas de Mercadorias		352.000,00
14 – Impostos e Taxas	2.200,00	
15 – PIS e COFINS	8.625,00	
16 – ICMS sobre vendas	52.500,00	
17 – Pró-labore	7.600,00	
18 – Fornecedores		157.750,00
19 – PIS e COFINS a Recolher		1.800,00
20 – Duplicatas a Receber	100.000,00	
21 – Encargos de Depreciação	32.000,00	
22 – Provisão para Créditos de Liquidação Duvidosa		3.000,00
TOTAL	773.050,00	773.050,00

Como pode ser observado, o balancete fechou com débitos e créditos no montante de R$ 773.050,00.
Gabarito "A".

(**Auditor Fiscal da Receita Federal – ESAF**) A Lei n. 6.404/1976, com suas diversas atualizações, determina que, ao fim de cada exercício social, com base na escrituração mercantil da companhia, exprimindo com clareza a situação do patrimônio e as mutações ocorridas no exercício, a diretoria fará elaborar as seguintes demonstrações financeiras:

(A) balanço patrimonial; demonstração dos lucros ou prejuízos acumulados; demonstração do resultado do exercício; demonstração das origens e aplicações de recursos; demonstração dos fluxos de caixa; e, se companhia aberta, demonstração do valor adicionado.
(B) balanço patrimonial; demonstração dos lucros ou prejuízos acumulados; demonstração do resultado do exercício; demonstração dos fluxos de caixa; e demonstração do valor adicionado.
(C) balanço patrimonial; demonstração dos lucros ou prejuízos acumulados; demonstração do resultado do exercício; demonstração das origens e aplicações de recursos; e demonstração das mutações do patrimônio líquido.
(D) balanço patrimonial; demonstração dos lucros ou prejuízos acumulados; demonstração do resultado do exercício; demonstração das origens e aplicações de recursos; e, se companhia aberta, demonstração das mutações do patrimônio líquido.
(E) balanço patrimonial; demonstração dos lucros ou prejuízos acumulados; demonstração do resultado do exercício; demonstração dos fluxos de caixa; e, se companhia aberta, demonstração do valor adicionado.

Segundo o artigo 176 da Lei 6.404/1976 "ao fim de cada exercício social, a diretoria fará elaborar, com base na escrituração mercantil da companhia, as seguintes demonstrações financeiras, que deverão exprimir com clareza a situação do patrimônio da companhia e as mutações ocorridas no exercício: balanço patrimonial; demonstração dos lucros ou prejuízos acumulados; demonstração do resultado do exercício; demonstração dos fluxos de caixa; e, se companhia aberta, demonstração do valor adicionado".
Gabarito "E".

(**Auditor Fiscal da Receita Federal – ESAF**) Em 31.12.2008, a empresa Baleias e Cetáceos S/A colheu em seu livro Razão as seguintes contas e saldos respectivos com vistas à apuração do resultado do exercício:

01 - Vendas de Mercadorias	R$ 12.640,00
02 - Duplicatas Descontadas	R$ 4.000,00
03 - Aluguéis Ativos	R$ 460,00
04 - Juros Passivos	R$ 400,00
05 - ICMS sobre vendas	R$ 2.100,00
06 - Fornecedores	R$ 3.155,00
07 - Conta Mercadorias	R$ 1.500,00
08 - FGTS	R$ 950,00
09 - Compras de Mercadorias	R$ 3.600,00
10 - ICMS a Recolher	R$ 1.450,00
11 - Clientes	R$ 4.500,00

12 - Salários e Ordenados	R$ 2.000,00
13 - PIS s/Faturamento	R$ 400,00
14 - COFINS	R$ 1.100,00
15 - Frete sobre vendas	R$ 800,00
16 - Frete sobre compras	R$ 300,00
17 - ICMS sobre compras	R$ 400,00

O inventário realizado em 31.12.08 acusou a existência de mercadorias no valor de R$ 1.000,00.

Considerando que na relação de saldos acima estão indicadas todas as contas que formam o resultado dessa empresa, pode-se dizer que no exercício em causa foi apurado um Lucro Operacional Bruto no valor de

(A) R$ 9.040,00.
(B) R$ 6.540,00.
(C) R$ 5.040,00.
(D) R$ 4.240,00.
(E) R$ 2.350,00.

O primeiro passo para resolver a questão é apurar o Custo da Mercadoria Vendida (CMV), que é dado pela seguinte fórmula:
CMV = Estoque inicial + Compras − Estoque final.
O valor das compras que deve compor o saldo do estoque é dado da seguinte forma:

Compras brutas

(+) Fretes

(+) Seguros

(−) Deduções (Devolução de compras, abatimentos sobre compras, impostos recuperáveis e descontos incondicionais obtidos)

Sendo assim, o valor das compras a ser considerado no estoque da empresa em questão é dado da seguinte forma:

Compra de mercadorias	3.600
(+) Fretes	300
(−) Impostos recuperáveis	400
Total a ser registrado no estoque	3.500

Colocando os dados na fórmula do CVM, temos:
CMV = 1.500 + 3.500 − 1.000 = 4.000
Uma vez apurado o CMV, é possível montar a Demonstração do Resultado, conforme apresentado a seguir:

Vendas	12.640,00
(−) ICMS sobre vendas	(2.100,00)
(−) PIS sobre faturamento	(400,00)
(−) COFINS	(1.100,00)
(=) Receita líquida	9.040,00
(−) CMV	(4.000,00)
(=) Lucro bruto	5.040,00

Gabarito "C."

(**Auditor Fiscal da Receita Federal − ESAF**) A empresa Livre Comércio e Indústria S.A. apurou, em 31/12/2008, um lucro líquido de R$ 230.000,00, antes da provisão para o Imposto de Renda e Contribuição Social sobre o Lucro e das participações estatutárias.

As normas internas dessa empresa mandam destinar o lucro do exercício para reserva legal (5%); para reservas estatutárias (10%); para imposto de renda e contribuição social sobre o lucro (25%); e para dividendos (30%).

Além disso, no presente exercício, a empresa determinou a destinação de R$ 50.000,00 para participações estatutárias no lucro, sendo R$ 20.000,00 para os Diretores e R$ 30.000,00 para os empregados.

Na contabilização do rateio indicado acima, pode-se dizer que ao pagamento dos dividendos coube a importância de:

(A) R$ 39.000,00.
(B) R$ 33.150,00.
(C) R$ 35.700,00.
(D) R$ 34.627,50.
(E) R$ 37.050,00.

A Lei 6.404 define no artigo 187, inciso VI, que as participações serão discriminadas no resultado do exercício.
VI − as participações de debêntures, de empregados e administradores, mesmo na forma de instrumentos financeiros, e de instituições ou fundos de assistência ou previdência de empregados, que não se caracterizem como despesa;
O artigo 190 completa definindo que "as participações estatutárias de empregados, administradores e partes beneficiárias serão determinadas, sucessivamente e nessa ordem, com base nos lucros que remanescerem depois de deduzida a participação anteriormente calculada".
A combinação dos dois artigos indica que as participações são calculadas no resultado do exercício, antes da constituição de reservas. Sendo assim, apresentamos a seguir o cálculo do valor do dividendo:

Lucro líquido antes do imposto	230.000,00
(−) Participação dos empregados	(30.000,00)
(=) Base de cálculo para IR e CS	200.000,00
(−) Provisão para IR e CS	(50.000,00)
(−) Participação dos administradores	(20.000,00)
(=) Lucro líquido	130.000,00
Reserva legal (5% do lucro líquido)	(6.500,00)
Base de cálculo para dividendos (lucro líquido excluído valor da reserva legal)	123.500,00
Dividendo (30% da base de cálculo)	37.050,00

Gabarito "E."

(**Auditor Fiscal da Receita Federal − ESAF**) Na Contabilidade da empresa Atualizadíssima S.A. os bens depreciáveis eram apresentados com saldo de R$ 800.000,00 em 31/03/2008, com uma Depreciação Acumulada, já contabilizada, com saldo de R$ 200.000,00, nessa data.

Entretanto, em 31/12/2008, o saldo da conta de bens depreciáveis havia saltado para R$ 1.100.000,00, em decorrência da aquisição, em primeiro de abril, de outros bens com vida útil de 5 anos, no valor de R$ 300.000,00.

Considerando que todo o saldo anterior é referente a bens depreciáveis à taxa anual de 10%, podemos dizer que no balanço patrimonial a ser encerrado em 31 de dezembro de 2008 o saldo da conta Depreciação Acumulada deverá ser de

(A) R$ 340.000,00.
(B) R$ 305.000,00.
(C) R$ 325.000,00.
(D) R$ 320.000,00.

(E) R$ 290.000,00.

Para resolver a questão é necessário apurar o valor da depreciação do período de 1/4/2008 a 31/12/2008, considerando que o valor da depreciação acumulada até 31/3/2008 já é conhecido (R$ 200.000,00).

	Ativos existentes antes até 31/3/2008	Ativos adquiridos em 1/4/2008
Valor do bem	800.000,00	300.000,00
percentual de depreciação anual	10%	20%
Valor da depreciação anual	80.000,00	60.000,00
Depreciação de 1/4/2008 a 31/12/2008	60.000,00	45.000,00

A depreciação acumulada no período de 1/4/2008 a 31/12/2008 (R$60.000,00 + R$45.000,00) somada ao valor acumulado até 31/3/2008 (R$200.000,00) totaliza R$305.000,00.

Gabarito "B".

(Auditor Fiscal da Receita Federal – ESAF) Ao elaborar a folha de pagamento relativa ao mês de abril, a empresa Rosácea Areal Ltda. computou os seguintes elementos e valores:

Salários e ordenados	R$ 63.000,00
Horas-extras	R$ 3.500,00
Salário-família	R$ 80,00
Salário-maternidade	R$ 1.500,00
INSS contribuição Segurados	R$ 4.800,00
INSS contribuição Patronal	R$ 9.030,00
FGTS R$	5.320,00

Considerando todas essas informações, desconsiderando qualquer outra forma de tributação, inclusive de imposto de renda na fonte, pode-se dizer que a despesa efetiva a ser contabilizada na empresa será de

(A) R$ 66.500,00.
(B) R$ 87.230,00.
(C) R$ 79.270,00.
(D) R$ 77.630,00.
(E) R$ 80.850,00.

Dentre os elementos apresentados pela questão, não representam despesas para a empresa o salário-família, o salário maternidade e o INSS – Contribuição Segurados. Os dois primeiros representam descontos ao valor do INSS a pagar e o último representa um desconto sobre o valor dos salários.

Gabarito "E".

(Técnico da Receita Federal – ESAF) Assinale a opção que contém a afirmativa incorreta.

(A) No balanço, as contas serão classificadas segundo os elementos do patrimônio que registrem, e agrupadas de modo a facilitar o conhecimento e a análise da situação financeira da companhia.
(B) Os ingressos e os custos, as receitas e as despesas, os ganhos e as perdas, bem como todos os encargos do exercício social devem constar na Demonstração do Resultado do Exercício.
(C) No ativo, as contas serão dispostas em ordem crescente de grau de liquidez dos elementos nelas registrados, em grupos especificados na Lei.
(D) Entre os componentes do passivo podemos encontrar as exigibilidades, as dívidas, os credores, bem como todo e qualquer débito da empresa para com seus agentes.
(E) Entre os componentes do ativo devem ser evidenciados os estoques, as disponibilidades, os créditos, como também os bens de uso, de renda e de consumo, existentes na data do balanço.

Dentre as afirmativas apresentadas apenas o item "c" está incorreto. No ativo, as contas são dispostas em ordem decrescente de grau de liquidez dos elementos nelas registrados, conforme definido no § 1º do artigo 178 da Lei 6.404/1976.

Gabarito "C".

(Técnico da Receita Federal – ESAF) No encerramento do exercício de 2005, a empresa Javeli S/A promoveu a contabilização do encargo de depreciação do exercício, no valor de R$ 12.000,00; da provisão para créditos de liquidação duvidosa, no valor de R$ 7.000,00, e da provisão para Imposto de Renda e Contribuição Social sobre o Lucro, no valor de R$ 17.000,00.

Com o registro contábil dos fatos indicados a empresa teve seu ativo patrimonial diminuído em

(A) R$ 12.000,00.
(B) R$ 19.000,00.
(C) R$ 24.000,00.
(D) R$ 29.000,00.
(E) R$ 36.000,00.

Das operações apresentadas pela questão, apenas a Depreciação do Exercício e a Provisão para Créditos de Liquidação Duvidosa afetam o valor do ativo. A provisão para imposto de renda e contribuição social refere-se a um passivo (imposto a pagar), não afetando assim o valor do ativo. Sendo assim, o ativo será diminuído em R$ 19.000, sendo R$ 12.000 da Depreciação e R$ 7.000 da Provisão para Créditos de Liquidação Duvidosa.

Gabarito "B".

(Técnico da Receita Federal – ESAF) Uma máquina de uso próprio, depreciável, adquirida por R$15.000,00 em março de 1999 e instalada no mesmo dia com previsão de vida útil de dez anos e valor residual de 20%, por quanto poderá ser vendida no mês de setembro de 2006, sem causar ganhos nem perdas contábeis?

Referido bem, nas condições acima indicadas e sem considerar implicações de ordem tributária ou fiscal, poderá ser vendido por

(A) R$ 5.900,00.
(B) R$ 5.400,00.
(C) R$ 3.900,00.
(D) R$ 3.625,00.
(E) R$ 3.000,00.

Apresentamos a seguir um resumo com dados apresentados pela questão:

Valor depreciável (80% de R$15.000,000,	R$ 12.000
Vida útil em meses (10 anos)	120
Depreciação mensal	R$ 100,00

Meses depreciados de março/1999 a setembro/2006	91
Valor depreciado	R$ 9.100,00
Valor residual à época da venda	R$ 5.900,00

O valor depreciável de R$12.000,00 decorre do fato de que, do valor total do bem (R$15.000,00), apenas 80% será depreciado posto que existe um valor residual de 20%. Como o valor depreciável durante os 120 meses de vida útil é de R$12.000,00, temos que o valor mensal de depreciação é de R$100,00 (R$12.000,00 ÷ 120 meses). Contando os meses decorridos da aquisição (março de 1999) até a venda do bem (setembro de 2006) apuramos 91 meses, o equivalente a R$9.100,00 depreciados e consequentemente um valor contábil igual a R$5.900,00 (R$15.000,00 – R$9.100,00). Vendendo a máquina pelo valor contábil (R$5.900,00), a empresa não apurará nem ganho nem perda na operação.

Gabarito "A".

(Técnico da Receita Federal – ESAF) Assinale abaixo a opção que contém a afirmativa incorreta. Em relação à Escrituração, a Lei n. 6.404/1976 e alterações pertinentes determinam que

(A) a escrituração da companhia será mantida em registros permanentes.
(B) os registros devem observar métodos ou critérios contábeis uniformes no tempo.
(C) as mutações patrimoniais devem ser registradas de acordo com o regime de competência.
(D) as diferenças entre os princípios contábeis e as determinações de Leis fiscais serão observadas em registros auxiliares.
(E) as demonstrações financeiras serão assinadas pelos administradores, por contabilistas legalmente habilitados e pelos proprietários da companhia.

A: o *caput* do artigo 177 da Lei 6.404/1976 define que "a escrituração da companhia será mantida em registros permanentes"; **B:** o *caput* do artigo 177 da Lei 6.404/1976 define que os registros devem "observar métodos ou critérios contábeis uniformes no tempo"; **C:** o *caput* do artigo 177 da Lei 6.404/1976 define que os registros devem "registrar as mutações patrimoniais segundo o regime de competência"; **D:** o § 2º do artigo 177 da Lei 6.404/1976 define que "a companhia observará exclusivamente em livros ou registros auxiliares, sem qualquer modificação da escrituração mercantil e das demonstrações reguladas nesta Lei, as disposições da Lei tributária, ou de legislação especial sobre a atividade que constitui seu objeto, que prescrevam, conduzam ou incentivem a utilização de métodos ou critérios contábeis diferentes ou determinem registros, lançamentos ou ajustes ou a elaboração de outras demonstrações financeiras"; **E:** O § 4º do artigo 177 da Lei 6.404/1976 define que "as demonstrações financeiras serão assinadas pelos administradores e por contabilistas legalmente habilitados".

Gabarito "E".

(Técnico da Receita Federal – ESAF) Ao contratar um empréstimo no Banco do Brasil para reforço de capital de giro, a empresa Tomadora S/A contabilizou:

débito de Bancos c/Movimento	R$ 500,00
crédito de Empréstimos Bancários	R$ 500,00
crédito de Juros Passivos	R$ 40,00

Para corrigir esse lançamento em um único registro a empresa deverá contabilizar:

(A) débito de Bancos c/Movimento R$ 500,00
débito de Juros Passivos R$ 40,00
crédito de Empréstimos Bancários R$ 540,00

(B) débito de Bancos c/Movimento R$ 460,00
débito de Juros Passivos R$ 40,00
crédito de Empréstimos Bancários R$ 500,00

(C) débito de Bancos c/Movimento R$ 540,00
crédito de Empréstimos Bancários R$ 500,00
crédito de Juros Ativos R$ 40,00

(D) débito de Juros Passivos R$ 40,00
crédito de Bancos c/Movimento R$ 40,00

(E) débito de Juros Passivos R$ 80,00
crédito de Bancos c/Movimento R$ 40,00

O único lançamento que corrigiria o apresentado na questão é o que consta na letra "e". Após a realização desse lançamento de acerto, a contabilidade terá recebido de forma consolidada a seguinte movimentação:

Débito de Bancos c/Movimento	R$ 460,00
Débito de Juros Passivos	R$ 40,00
Crédito de Empréstimos Bancários	R$ 500,00

A correção deste lançamento está no fato de que ficará registrado na conta Banco c/Movimento o valor líquido depositado pelo banco na conta empresa. No passivo o valor líquido do empréstimo no momento da contratação será igual a R$460,00. A conta redutora de juros passivos indica que o empréstimo é prefixado, e será baixada proporcionalmente ao tempo decorrido da operação contratada.

Gabarito "E".

(Técnico da Receita Federal – ESAF) As contas e saldos abaixo são da escrituração contábil da firma Experiência Experimental Ltda., ao fim do exercício de 2005.

Aluguéis Ativos	R$ 20.000,00
Bancos conta Movimento	R$ 40.000,00
Capital a Realizar	R$ 10.000,00
Capital Social	R$ 88.000,00
Custo das Vendas	R$ 65.000,00
Depreciação Acumulada	R$ 18.000,00
Despesas de Juros	R$ 16.000,00
Duplicatas a Pagar	R$ 40.000,00
Duplicatas a Receber	R$ 50.000,00
Duplicatas Descontadas	R$ 10.000,00
Fornecedores	R$ 75.000,00
Material de Consumo	R$ 4.000,00
Mercadorias	R$ 60.000,00
Móveis e Utensílios	R$ 80.000,00
Provisão p/Créditos de Liquidação Duvidosa	R$ 2.000,00
Provisão p/Imposto de Renda	R$ 5.000,00

Receitas de Vendas	R$ 110.000,00
Reserva Legal	R$ 9.000,00
Reservas de Capital	R$ 13.000,00
Salários	R$ 15.000,00
Veículos	R$ 70.000,00

A relação não constitui, necessariamente, um balancete fechado, em virtude da omissão proposital de alguns saldos, mas, uma vez organizadas por natureza de saldo, mesmo mantendo-se a eventual diferença inicial, essas contas vão evidenciar os seguintes valores.

Assinale a opção correta.

(A) saldos devedores R$ 400.000,00.
(B) saldos credores R$ 380.000,00.
(C) ativo R$ 290.000,00.
(D) patrimônio líquido R$ 130.000,00.
(E) passivo exigível R$ 115.000,00.

Apresentamos a classificação das contas apresentadas na questão:

Conta	Valor	Natureza do saldo	Grupo de contas
Aluguéis Ativos	20.000,00	Devedora	Ativo
Bancos conta Movimento	40.000,00	Devedora	Ativo
Capital a Realizar	10.000,00	Diferença entre capital subscrito e a subscrever	
Capital Social	88.000,00	Credora	Patrimônio líquido
Custo das Vendas	65.000,00	Devedora	Patrimônio líquido *
Depreciação Acumulada	18.000,00	Credora	Ativo
Despesas de Juros	16.000,00	Devedora	Patrimônio líquido *
Duplicatas a Pagar	40.000,00	Credora	Passivo
Duplicatas a Receber	50.000,00	Devedora	Ativo
Duplicatas Descontadas	10.000,00	Credora	Ativo
Fornecedores	75.000,00	Credora	Passivo
Material de Consumo	4.000,00	Devedora	Patrimônio líquido *
Mercadorias	60.000,00	Devedora	Ativo
Móveis e Utensílios	80.000,00	Devedora	Ativo
Provisão p/Créditos de Liquidação Duvidosa	2.000,00	Credora	Ativo
Provisão p/ Imposto de Renda	5.000,00	Devedora	Patrimônio líquido *
Receitas de Vendas	110.000,00	Credora	Patrimônio líquido *
Reserva Legal	9.000,00	Credora	Patrimônio líquido
Reservas de Capital	13.000,00	Credora	Patrimônio líquido
Salários	15.000,00	Devedora	Patrimônio líquido *
Veículos	70.000,00	Devedora	ativo

* Referem-se a contas do resultado que afetam o patrimônio líquido. Dentre as alternativas apresentadas pela questão, a única correta é a que define o Patrimônio Líquido com saldo de R$130.000,00.

Gabarito "D".

(Técnico da Receita Federal – ESAF) A Lei n. 6.404/1976 e as alterações pertinentes estabelecem que na Demonstração de Resultado do Exercício seja evidenciada a lucratividade absoluta, indicando-se o montante, em reais ou fração, do lucro obtido por ação do capital social.

A empresa Revendas Comerciais S/A, cujo capital social é constituído de 600 mil ações, apresentou os seguintes dados em relação ao exercício de 2005:

Reserva Legal	R$ 30.000,00
Reservas Estatutárias	R$ 45.000,00
Participações Estatutárias	R$ 18.000,00
Provisão para Imposto de Renda	R$ 40.000,00
Receita Líquida de Vendas	R$ 225.000,00
Lucro Operacional Bruto	R$ 145.000,00
Lucro Operacional Líquido	R$ 106.000,00
Lucro Não Operacional	R$ 24.000,00
Capital Social	R$ 800.000,00

No caso ora apresentado, baseado apenas nas informações fornecidas, podemos dizer que o lucro por ação do capital social a ser indicado na última linha da DRE foi da ordem de

(A) R$ 0,15 por ação.
(B) R$ 0,12 por ação.
(C) R$ 0,11 por ação.
(D) R$ 0,09 por ação.
(E) R$ 0,08 por ação.

Com base nos dados apresentados pela questão é possível apurar o valor do Lucro Líquido, base para o cálculo do lucro por ação, conforme apresentado a seguir:

Lucro Operacional Líquido	106.000,00
(+) Lucro Não Operacional	24.000,00
(=) Lucro antes do IR	130.000,00
(-) Provisão para Imposto de Renda	-40.000,00
(-) Participações Estatutárias	-18.000,00
(=) Lucro líquido	72.000,00
Lucro por ação (R$72.000 ÷ 600.000 ações)	0,12

Gabarito "B".

(Técnico da Receita Federal – ESAF) O Contador da empresa Comercial de Laticínios S.A., cujos estatutos sociais determinavam o pagamento de 10% dos lucros como participação aos empregados, teve de informar à Assembleia Geral o valor absoluto dessa participação no exercício em que o lucro líquido foi de R$ 300.000,00, a reserva legal foi constituída de R$ 5.000,00, a participação estatutária de administradores foi de R$ 12.000,00, e o imposto de renda e a contribuição social sobre o lucro foram provisionados em R$ 75.000,00.

Com fulcro nessas informações, o referido contador pode afirmar que a participação de empregados foi de

(A) R$ 30.000,00.
(B) R$ 22.500,00.
(C) R$ 22.000,00.
(D) R$ 21.800,00.
(E) R$ 21.300,00.

A Lei 6.404 define no artigo 187, inciso VI, que as participações serão discriminadas no resultado do exercício.
VI – as participações de debêntures, de empregados e administradores, mesmo na forma de instrumentos financeiros, e de instituições ou fundos de assistência ou previdência de empregados, que não se caracterizem como despesa;
O artigo 190 completa definindo que "as participações estatutárias de empregados, administradores e partes beneficiárias serão determinadas, sucessivamente e nessa ordem, com base nos lucros que remanescerem depois de deduzida a participação anteriormente calculada". A combinação dos dois artigos indica que as participações são calculadas no resultado do exercício, antes da constituição de reservas. A ordem de preferência no pagamento de participações definida na Lei determina que a participação de empregados será determinada antes da participação dos administradores. Sendo assim, apresentamos a seguir o cálculo da participação de empregados:

Lucro líquido	300.000,00
(-) Imposto de renda e contribuição social	- 75.000,00
(=) Base de cálculo para a participação de empregados	225.000,00
Participação de empregados (10% de R$ 225.000)	22.500,00

Gabarito "B".

(Auditor Fiscal/CE – ESAF) Na empresa Nutricional S/A, o resultado do exercício havia sido apurado acusando um lucro de R$ 50.000,00, quando foram realizadas as verificações de saldos para efeito de ajustes de encerramento e elaboração do balanço patrimonial. Os resultados, contabilizados segundo o regime contábil de Caixa ao longo do período, evidenciaram a existência de:

– salários de dezembro, no valor de R$ 15.000,00, ainda não quitados;
– juros de R$ 4.000,00 já vencidos no exercício, mas ainda não recebidos;
– aluguéis de R$ 6.300,00, referentes a janeiro de 2007, pagos em dezembro de 2006;
– comissões de R$ 7.200,00, recebidas em dezembro de 2006, mas que se referem ao exercício seguinte.

Após a contabilização dos ajustes segundo o Princípio da Competência, o lucro do exercício passou a ser de

(A) R$ 38.100,00.
(B) R$ 32.700,00.
(C) R$ 45.300,00.
(D) R$ 39.900,00.
(E) R$ 39.000,00.

Após apurar o resultado do exercício pelo regime da caixa, a empresa deverá efetuar ajustes para adequar o resultado ao regime de competência, conforme apresentada a seguir:

Resultado pelo regime de caixa	50.000,00
(-) salários de dezembro, no valor de R$ 15.000,00, ainda não quitados	(15.000,00)
(+) juros de R$ 4.000,00 já vencidos no exercício, mas ainda não recebidos	4.000,00
(+) aluguéis de R$ 6.300,00, referentes a janeiro de 2007, pagos em dezembro de 2006	6.300,00
(-) comissões de R$ 7.200,00, recebidas em dezembro de 2006, mas que se referem ao exercício seguinte	(7.200,00)
(=) Resultado pelo regime de competência	38.100,00

Gabarito "A".

(Auditor Fiscal/CE – ESAF) A avaliação de bens do ativo imobilizado ocorre pelo custo de aquisição, deduzido de depreciação para reconhecer o desgaste físico ou a obsolescência.

Se um bem, de vida útil estimada em 5 anos, adquirido em outubro de 2005 por R$ 80.000,00, for depreciado com 10% de valor residual, no exercício de 2006 sofrerá depreciação no valor de

(A) R$ 7.200,00.
(B) R$ 8.000,00.
(C) R$ 14.400,00.
(D) R$ 16.000,00.
(E) R$ 18.000,00.

O importante na Resolução dessa questão é observar que apenas parte do bem será depreciado, visto que existe um valor residual, a pergunta é sobre a depreciação no ano de 2006 e não a depreciação acumulada desde a aquisição do bem. Apresentamos a seguir um quadro com a Resolução da questão:

Valor do bem	80.000,00
Valor depreciável (90% do valor do bem)	72.000,00
Depreciação mensal (valor depreciável ÷ meses de depreciação)	1.200,00
Meses depreciados no exercício de 2006	12
Depreciação em 2006 (depreciação mensal x 12 meses)	14.400,00

Gabarito "C".

(Auditor Fiscal/CE – ESAF) Assinale abaixo a assertiva verdadeira.

Na equação geral do sistema contábil também são considerados como origem de recursos

(A) os aumentos de ativo, os aumentos de despesas e as diminuições de passivo.
(B) os aumentos de patrimônio líquido, os aumentos de resultado e as diminuições de passivo.
(C) os aumentos de ativo, os aumentos de patrimônio líquido e as diminuições de passivo.
(D) os aumentos de ativo, os aumentos de resultado e as diminuições de passivo.
(E) os aumentos de passivo, os aumentos de patrimônio líquido e as diminuições de ativo.

São consideradas origens de recursos as fontes que podem ser utilizadas para aquisição de bens e direitos, tais como: lucro do exercício, realização do capital social, recursos de terceiros, originários do aumento do passivo exigível a longo prazo, da redução do ativo realizável a longo prazo e da alienação de investimentos e direitos do Ativo Imobilizado.

Gabarito "E".

(Auditor Fiscal/CE – ESAF) Assinale abaixo o lançamento contábil (com omissão de data e histórico, para fins de simplificação) que deverá ser utilizado para registrar no livro Diário a quitação de duplicatas no valor de R$ 1.100,00, com juros de 10% de seu valor.

(A) Diversos
     a Bancos conta Movimento
       Duplicatas a Pagar   1.100,00
       Juros Ativos   110,00   1.210,00

(B) Diversos
     a Bancos conta Movimento
       Duplicatas a Receber   1.100,00
       Juros Ativos   110,00   1.210,00

(C) Bancos conta Movimento
     a Diversos
       a Duplicatas a Pagar   1.100,00
       a Juros Ativos   110,00   1.210,00

(D) Bancos conta Movimento
     a Diversos
       a Duplicatas a Receber   1.100,00
       a Juros Ativos   110,00   1.210,00

(E) Duplicatas a Receber
     a Diversos
       a Bancos conta Movimento   1.100,00
       a Juros Ativos   110,00   1.210,00

Como o valor da duplicata é R$ 1.100, esse será o valor a ser baixado na contabilidade a crédito de duplicatas a receber. No entanto, o valor efetivamente recebido foi R$ 1.210,00, sendo esse o valor que entrará na conta bancária da empresa (débito). O crédito necessário para completar a partida dobrada refere-se aos juros da operação, no montante de R$ 110,00. O lançamento será o apresentado a seguir:
D – Banco conta movimento   R$1.210,00
C – Duplicatas a receber   R$1.100,00
C – Juros ativos   R$110,00

Gabarito "D".

(Auditor Fiscal/CE – ESAF) Com base na experiência de perdas efetivas no recebimento de seus créditos, a Microempresa Satélite S/A constituiu no exercício de 2005 uma provisão no valor de R$ 2.700,00. No exercício de 2006, a empresa deu baixa em créditos no valor de R$ 1.860,00 e chegou ao fim do exercício com valores a receber no montante de R$ 120.000,00.

Considerando-se a necessidade da constituição de nova provisão à base de 3% dos créditos existentes, mesmo levando em conta o saldo não utilizado da provisão anterior, pode-se dizer que os referidos créditos devem ir a balanço, deduzidos de provisão no valor de

(A) R$ 4.440,00.
(B) R$ 2.760,00.
(C) R$ 3.600,00.
(D) R$ 900,00.
(E) R$ 1.740,00.

Como a empresa possui valores a receber no montante de R$ 120.000 e constitui provisão de 3% sobre esse valor, a provisão para devedores duvidosos será igual a R$ 3.600 (3% de R$ 120.000).

Gabarito "C".

(Auditor Fiscal/CE – ESAF) O Armazém de Brinquedos Ltda. promoveu vendas a prazo no valor de R$ 18.000,00, com entregas em domicílio. As vendas foram tributadas com ICMS de R$ 3.000,00, sendo de R$ 2.000,00 o valor do frete pago. Sabendo-se que a operação gerou como resultado operacional bruto (RCM) um prejuízo de R$ 1.800,00, pode-se afirmar que o custo das mercadorias vendidas (CMV) foi de

(A) R$ 19.800,00.
(B) R$ 16.800,00.
(C) R$ 14.800,00.
(D) R$ 13.200,00.
(E) R$ 11.200,00.

Os dados apresentados pela questão permitem montar a seguinte Demonstração do Resultado do Exercício:

Receita de vendas	18.000,00
(-) ICMS	(3.000,00)
(=) Receita líquida	15.000,00
(-) CMV	(16.800,00)
(=) Prejuízo	(1.800,00)

Gabarito "B".

(Auditor Fiscal/CE – ESAF) A Cia. Boreal, em 01.10.2005, contrai um empréstimo bancário no valor de um milhão de euros, pelo prazo de 60 meses, com carência de 24 meses, pagamento do principal em 3 parcelas anuais após o período de carência e juros trimestrais de 6%, pagáveis no quinto dia útil subsequente ao dia de vencimento dos juros. Com relação a essa operação, é possível afirmar que,

(A) em 2006, havendo variação cambial, somente o passivo exigível a longo prazo da empresa será afetado.
(B) somente no exercício de 2007, por ocasião da primeira amortização de principal, deverá ocorrer o reconhecimento da variação cambial relativa à moeda externa.
(C) no exercício de 2006, deve ser registrado apenas o valor efetivamente pago das despesas de juros.
(D) em 2005, as disponibilidades foram afetadas pelo montante dos juros apropriados como despesas financeiras do período.
(E) o valor registrado como variação do valor do euro, se houver, na elaboração do fluxo de caixa de 2006, deve ser ajustado ao resultado para a identificação do caixa gerado pelas operações.

A: como existem parcelas que vencerão no curto prazo, o passivo circulante também será afetado; **B:** a variação cambial deverá ser reconhecida mensalmente pelo regime de competência; **C:** a variação cambial deverá ser registrada em 2006; **D:** a apropriação dos juros não afeta as disponibilidades, visto que se trata de um lançamento a débito na despesa e crédito no passivo; **E:** por se tratar de uma despesa que não representa desembolso, deverá ser efetuado o ajuste quando comparado, o fluxo de caixa e o resultado do exercício.

Gabarito "E".

(Auditor Fiscal/PE – UPENET/IAUPE) Entidade Contábil, significando entes que utilizam a Contabilidade como instrumento de controle e mensuração do patrimônio, pode(m) ser

(A) até uma pessoa física.
(B) somente as pessoas jurídicas.
(C) somente as pessoas que tiverem registro na Junta Comercial.
(D) somente as entidades com fins lucrativos.
(E) somente as entidades públicas.

Uma entidade contábil pode representar uma empresa, sob qualquer forma de constituição, ou mesmo uma pessoa física.
Gabarito "A".

(Auditor Fiscal/PE – UPENET/IAUPE) Os lançamentos de 4ª fórmula são caracterizados pela existência de

(A) mais de uma conta devedora e apenas uma conta credora.
(B) uma única conta devedora e mais de uma conta credora.
(C) duas ou mais contas devedoras e, no máximo, duas contas credoras.
(D) mais de uma conta devedora e mais de uma conta credora.
(E) uma única conta devedora e uma única conta credora.

A classificação das partidas dobradas em fórmulas está assim definida: Lançamentos de primeira fórmula – um débito e um crédito; Lançamentos de segunda fórmula – um débito e mais de um crédito; Lançamentos de terceira fórmula – mais de um débito e um crédito; Lançamentos de quarta fórmula – mais de um débito e mais de um crédito.
Gabarito "D".

(Auditor Fiscal/PE – UPENET/IAUPE) Duas ou mais contas devedoras e apenas uma conta credora caracterizam um lançamento de

(A) 3ª fórmula.
(B) 2ª fórmula.
(C) 1ª fórmula.
(D) 4ª fórmula.
(E) 5ª fórmula.

A classificação das partidas dobradas em fórmulas está assim definida: Lançamentos de primeira fórmula – um débito e um crédito; Lançamentos de segunda fórmula – um débito e mais de um crédito; Lançamentos de terceira fórmula – mais de um débito e um crédito; Lançamentos de quarta fórmula – mais de um débito e mais de um crédito.
Gabarito "A".

(Auditor Fiscal/PE – UPENET/IAUPE) São contas bilaterais as contas

(A) de despesas.
(B) de receitas.
(C) do Patrimônio Líquido.
(D) do Ativo Permanente.
(E) Caixa, Duplicatas a Receber e Duplicatas a Pagar.

As contas bilaterais são aquelas que sofrem variações em 2 sentidos, podendo o saldo aumentar ou diminuir. Das contas elencadas pela questão, apenas Caixa, Duplicatas a Receber e Duplicatas a Pagar possuem essa característica.
Gabarito "E".

(Auditor Fiscal/PE – UPENET/IAUPE) Ocorrerá lucro durante um período quando:

(A) o ativo for maior que as receitas.
(B) se aumentar o ativo e se reduzir o patrimônio líquido.
(C) as despesas forem maiores que as receitas.
(D) as receitas forem maiores que as despesas.
(E) o ativo for maior que o passivo.

O conceito de lucro consiste em receitas maiores que despesas.
Gabarito "C".

(Auditor Fiscal/PE – UPENET/IAUPE) Sobre as afirmações abaixo, assinale a alternativa que contém a afirmação CORRETA.

(A) Os fatos contábeis podem ser permutativos, modificativos e mistos.
(B) Os fatos administrativos, por não alterarem a composição do patrimônio, não são registrados na contabilidade.
(C) Os atos administrativos, por alterarem a composição do patrimônio, são registrados na contabilidade.
(D) Dentre os vários processos de escrituração, o mais usado atualmente é o maquinizado.
(E) O método das partidas dobradas, apesar de já ser conhecido desde o século XIII, só agora, a partir do século XX, é que teve sua aplicabilidade.

A: Os fatos contábeis são classificados como permutativos (movimentação entre contas contábeis sem alterar o valor do PL), modificativos (alteram o valor do PL) e mistos (simultaneamente permutativo e modificativo); B: fatos administrativos (ex.: aquisição de estoques) alteram o patrimônio e portanto devem ser registrados na contabilidade; C: atos administrativos (ex.: trâmite de correspondências) não alteram o patrimônio e portanto devem ser registrados na contabilidade; D: o processo de escrituração mais utilizado atualmente é o informatizado; E: desde a criação do método das partidas dobradas pelo frei Luca Paccioli, a metodologia é adotada.
Gabarito "A".

(Auditor Fiscal/PE – UPENET/IAUPE) A demonstração financeira que evidencia ativo, passivo e patrimônio líquido é o(a)

(A) balanço patrimonial.
(B) demonstração de lucros acumulados.
(C) demonstração do fluxo de caixa.
(D) demonstração de resultado do exercício.
(E) demonstração de valor adicionado.

A: evidencia ativo, passivo e patrimônio líquido; B: evidencia o lucro do período, sua distribuição e a movimentação ocorrida no saldo da conta de lucros ou prejuízos acumulados; C: provê informações relevantes sobre os pagamentos e recebimentos ocorridos durante um determinado período; D: apresenta as operações realizadas pela empresa de forma a destacar o resultado do exercício; E: informa a capacidade de geração de valor e a forma de distribuição das riquezas.
Gabarito "A".

(Auditor Fiscal/PE – UPENET/IAUPE) No pagamento de uma obrigação tributária já registrada em seu Passivo, a empresa ultrapassou o prazo de vencimento, tendo que resgatá-la com os respectivos acréscimos legais cabíveis. Essa operação caracteriza-se como um fato contábil

(A) modificativo diminutivo.
(B) permutativo.
(C) modificativo aumentativo.
(D) misto aumentativo.
(E) misto diminutivo.

A: reduz o valor do patrimônio líquido; B: movimentação entre contas contábeis sem alterar o valor do PL; C: aumenta o valor do patrimônio líquido; D: simultaneamente permutativo e modificativo aumentativo; E: simultaneamente permutativo e modificativo diminutivo. Representa o fato descrito na questão pelo fato de haver um lançamento permutativo, representado pela baixa da obrigação e do caixa, e modificativo diminutivo, representado pela despesa de juros que reduz o patrimônio.

Gabarito "E".

(Auditor Fiscal/PE – UPENET/IAUPE) Indique a alternativa que contém o lançamento contábil de um dos fatos contábeis descritos abaixo.

1. compra de material de consumo a prazo;
2. apropriação de consumo de energia elétrica;
3. pagamento de duplicata com juros de mora;
4. pagamento de salários do período anterior.

(A) Despesas de Energia Elétrica a Contas a Pagar.
(B) Despesas de Salários a Caixa.
(C) Duplicatas a Pagar a Caixa.
(D) Caixa a Receitas de Juros.
(E) Caixa a Salários a Pagar.

A: o lançamento equivale à apropriação de consumo de energia elétrica (conforme proposto no lançamento 2); B: o lançamento equivale ao pagamento de salários; C: o lançamento equivale ao pagamento de duplicatas; D: o lançamento equivale ao recebimento de juros; E: o lançamento equivale à entrada de recursos que serão posteriormente pagos como salários.

Gabarito "A".

(Auditor Fiscal/PE – UPENET/IAUPE) A empresa Jasmim S/A cujo exercício social coincide com o ano-calendário pagou, em 30/04/97, o prêmio correspondente a uma apólice de seguro contra incêndio de suas instalações para viger no período de 01/05/97 a 30/04/98. O valor pago de R 30.000,00 foi contabilizado como despesa operacional do exercício de 1997.

Observando-se o princípio contábil da competência, o lançamento de ajuste, feito em 31.12.1997, irá provocar, no resultado do exercício de 1998, uma

(A) redução de R$ 30.000,00.
(B) redução de R$ 10.000,00.
(C) majoração de R$ 20.000,00.
(D) redução de R$ 20.000,00.
(E) majoração de R$ 10.000,00.

O valor pago a título de prêmio de seguros deve ser lançado no resultado à medida que o tempo for passando. Sendo assim, dos R$ 30.000,00 pagos pelo prêmio do seguro, R$ 20.000,00 (8 dos 12 meses de vigência do contrato) devem ser registrados no exercício de 1997 e R$ 10.000,00 (4 dos 12 meses de vigência do contrato) devem ser registrados no exercício de 1998.

Gabarito "B".

(Auditor Fiscal/PE – UPENET/IAUPE) A empresa Cravos e Rosas S/A, ao encerrar o exercício social em 31.12.19X7, tinha estoques de bens de vendas de 100 mil unidades, ao custo unitário de R 1,00 (um real) e duplicatas emitidas em vendas a prazo, no valor total de R 200.000,00 (duzentos mil reais).

I. A empresa tem experiência válida e comprovada, nos últimos três exercícios, de que 2% de seus créditos costumam se tornar iliquidáveis;
II. O preço de mercado de suas mercadorias foram cotados a R$ 1,10 (um real e dez centavos) a unidade, no dia do balanço;
III. As duplicatas a receber ainda não estão vencidas.

Ao aplicar integralmente o princípio contábil da prudência, referida empresa apresentará, em seu balanço, esse Ativo Circulante (estoques e créditos) ao valor contábil de

(A) R$ 297.100,00.
(B) R$ 298.900,00.
(C) R$ 296.000,00.
(D) R$ 294.900,00.
(E) R$ 300.000,00.

Os estoques, por consistirem em 100.000 unidades a R$ 1,00 cada, possuem valor contábil de R$ 100.000,00. As duplicatas a receber possuem valor contábil de R$ 196.000,00, correspondente aos R$ 200.000,00 deduzidos da provisão para devedores duvidosos de R$ 4.000,00 (equivalente a 2% do total). Sendo assim, o ativo circulante da empresa será no valor de R$ 296.000,00 (R$ 100.000,00 de estoques e R$ 196.000,00 de duplicatas a receber)

Gabarito "C".

(Auditor Fiscal/RN – ESAF) A empresa Armazéns Gerais alugou um de seus depósitos pelo prazo de 25 meses, ao valor mensal de R$ 800,00, recebendo o valor total na assinatura do contrato, em primeiro de novembro de 2003.

A empresa contabilizou a transação segundo o princípio da competência de exercício. O procedimento resultou em acréscimo contábil do patrimônio no valor de

(A) R$ 20.000,00 no Ativo Circulante.
(B) R$ 18.400,00 no Ativo Realizável a Longo Prazo.
(C) R$ 11.200,00 no Ativo Circulante.
(D) R$ 10.400,00 no Ativo Realizável a Longo Prazo.
(E) R$ 1.600,00 no Ativo Circulante.

Afirmar que a empresa recebeu todo o valor do contrato em novembro de 2003 implica o aumento do caixa (Ativo Circulante) no valor de R$ 20.000,00 (R$ 800,00 x 25).

Gabarito "A".

(Auditor Fiscal/RN – ESAF) A firma Linhas de Comércio Ltda. tem no livro razão uma conta intitulada "Provisão para Créditos de Liquidação Duvidosa" com saldo credor de R$ 9.000,00, oriundo do balanço patrimonial de 2002, mas que permanece inalterado ao final do exercício de 2003.

No balanço patrimonial, que será elaborado com data de 31.12.03, a empresa deverá demonstrar as contas "Duplicatas a Receber" e "Clientes", com saldo devedor de R$ 350 mil e R$ 200 mil, respectivamente.

Considerando-se que está comprovada a expectativa de perda provável de 3% dos créditos a receber, a empresa deverá contabilizar uma provisão. Este fato, aliado às outras informações constantes do enunciado, fará com que o lucro da empresa, referente ao exercício de 2003, seja reduzido no valor de

(A) R$ 7.500,00.
(B) R$ 9.000,00.
(C) R$ 16.290,00.
(D) R$ 16.500,00.
(E) R$ 25.500,00.

A Provisão para Devedores Duvidosos deverá ser de R$ 16.500, o equivalente a 3% sobre o saldo das contas duplicatas a receber e clientes. Como já havia um saldo de R$ 9.000 referente ao exercício anterior, é necessária a constituição de apenas R$ 7.500.

Gabarito "A".

(Auditor Fiscal/RN – ESAF) A empresa Comércio & Serviços Generais S/A apresenta as seguintes contas e respectivos saldos, em 31 de dezembro de 2004.

Contas	saldos	Contas	saldos
Ações de Coligadas	260	Lucros Acumulados	90
Aluguéis Ativos	52	Máquinas e Equipamentos	300
Amortização Acumulada	35	Materiais	160
Bancos c/Movimento	140	Mercadorias	240
Caixa	215	Móveis e Utensílios	280
Capital a Integralizar	75	Produtos Acabados	180
Capital Social	700	Prov. p/Créditos Liquidação Duvidosa	90
Clientes	210	Provisão para Férias	45
Depreciação Acumulada	110	Provisão para Imposto de Renda	80
Despesas a Pagar	55	Provisão p/Perdas Investimentos	70
Despesas a Vencer	60	Receitas a Receber	95
Despesas Gerais	176	Receitas a Vencer	140
Despesas Pré-Operacionais	105	Receitas de Vendas	500
Devedores Duvidosos	65	Reservas de Capital	130
Duplicatas Descontadas	70	Reservas Estatutárias	125
Duplicatas a Pagar	230	Reserva Legal	95
Duplicatas a Receber	220	Salários e Ordenados	102
Encargos de Depreciação	124	Títulos a Pagar	490
Financiamentos Bancários	250	Títulos a Receber	200
Fornecedores	110	Veículos	200
ICMS a Recuperar	10	ICMS sobre Vendas	50

Elaborando-se o balancete geral de verificação com os saldos supra indicados, certamente, encontraremos

(A) contas patrimoniais com saldos credores, somando R$ 2.465,00.

(B) contas patrimoniais com saldos devedores, somando R$ 2.500,00.

(C) contas de natureza devedora, com saldos no valor de R$ 3.017,00.

(D) contas de natureza credora, com saldos no valor de R$ 3.392,00.

(E) saldos devedores e credores, igualmente, no valor de R$ 3.467,00.

Apresentamos a seguir o Balancete de Verificação da empresa:

	Natureza da conta	
Conta	Devedora	Credora
Ações de Coligadas	260	
Lucros Acumulados		90
Aluguéis Ativos		52
Máquinas e Equipamentos	300	
Amortização Acumulada		35
Materiais	160	
Bancos c/Movimento	140	
Mercadorias	240	
Caixa	215	
Móveis e Utensílios	280	
Capital a Integralizar	75	
Produtos Acabados	180	
Capital Social		700
Prov. p/Créditos Liquidação Duvidosa		90
Clientes	210	
Provisão para Férias		45
Depreciação Acumulada		110
Provisão para Imposto de Renda		80
Despesas a Pagar		55
Provisão p/Perdas Investimentos		70
Despesas a Vencer	60	
Receitas a Receber	95	
Despesas Gerais	176	
Receitas a Vencer		140
Despesas Pré-Operacionais	105	
Receitas de Vendas		500
Devedores Duvidosos	65	
Reservas de Capital		130
Duplicatas Descontadas		70
Reservas Estatutárias		125
Duplicatas a Pagar		230
Reserva Legal		95
Duplicatas a Receber	220	
Salários e Ordenados	102	
Encargos de Depreciação	124	
Títulos a Pagar		490
Financiamentos Bancários		250
Títulos a Receber	200	
Fornecedores		110
Veículos	200	
ICMS a Recuperar	10	
ICMS sobre Vendas		50
TOTAL	3.467	3.467

Gabarito "E".

(Auditor Fiscal/RN – ESAF) Às 9 horas do dia 25 de novembro, a empresa Alvoradinha Ltda. praticou o seguinte fato contábil: recebimento, em cheque, de duplicatas no valor de R$ 2.200,00, com incidência de juros à taxa de 10% (dez por cento). Para contabilizar aludido fenômeno patrimonial em um único lançamento, o Contador deverá fazê-lo como segue.

(A) Caixa
   a Diversos
      p/recebimento desta data, a saber:
      a Duplicatas a Receber valor principal   2.200,00
      a Juros Ativos
         valor dos juros incidentes   220,00   2.420,00

(B) Caixa
   a Diversos
      p/recebimento desta data, a saber:
      a Duplicatas a Receber valor principal   2.000,00
      a Juros Ativos
         valor dos juros incidentes   200,00   2.200,00

(C) Bancos conta Movimento
   a Diversos
      p/recebimento desta data, a saber:
      a Duplicatas a Receber
         valor principal   2.200,00
      a Juros Ativos
         valor dos juros incidentes   220,00   2.420,00

(D) Diversos
   a Duplicatas a Receber
   p/recebimento desta data, a saber:
   Caixa
      valor principal   2.000,00
   Juros Ativos
      valor dos juros incidentes   200,00   2.200,00

(E) Bancos Conta Movimento
   a Diversos
      p/recebimento nesta data, a saber:
      a Duplicatas a Receber
         valor principal   2.000,00
      a Juros Ativos
         valor dos juros incidentes   200,00   2.200,00

Por ter entrado no caixa da empresa o valor de R$ 2.420 (principal + juros), a conta caixa será debitada nesse valor. O título referente ao recebimento tinha o valor de R$ 2.200, devendo ser esse o valor da sua baixa (crédito). O crédito no valor de R$ 220 necessário para completar a partida dobrada representa a receita de juros da operação.
Gabarito "A".

(Auditor Fiscal/RN – ESAF) A empresa Beta S/A, pertencendo ao mesmo ramo de atividade da empresa Alfa S/A, resolveu com ela estabelecer uma coligação acionária. Para isso adquiriu 20% das ações emitidas por Alfa S/A, pagando R$ 3,50 por unidade, com o cheque 850.013 do Banco do Brasil S/A.

A empresa Alfa S/A tem capital social no valor de R$ 320.000,00, composto de 100 mil ações, e patrimônio líquido no valor de R$ 340.000,00.

Sabendo-se que o investimento de Beta S/A deverá ser avaliado pelo método da Equivalência Patrimonial, podemos dizer que sua contabilidade deverá registrar o fato acima da seguinte forma:

(A) Débito de ativo permanente: Ações de Coligadas 64.000,00.
Débito de ativo permanente: Ágio na Aquisição 4.000,00.
Débito de resultado: Perda de Capital – Ágio 2.000,00.
Crédito de ativo circulante: Bancos c/Movimento 70.000,00.

(B) Débito de ativo permanente: Ações de Coligadas 64.000,00.
Débito de ativo permanente: Ágio na Aquisição 6.000,00.
Crédito de ativo circulante: Bancos c/Movimento 70.000,00.

(C) Débito de ativo permanente: Ações de Coligadas 68.000,00.
Débito de ativo permanente: Ágio na Aquisição 2.000,00.
Crédito de ativo circulante: Bancos c/Movimento 70.000,00.

(D) Débito de ativo permanente: Ações de Coligadas 68.000,00.
Débito de resultado: Perda de Capital – Ágio 2.000,00.
Crédito de ativo circulante: Bancos c/Movimento 70.000,00.

(E) Débito de ativo permanente: Ações de Coligadas 70.000,00.
Crédito de ativo circulante: Bancos c/Movimento 70.000,00.

Ao adquirir 20% da empresa Alfa, a empresa Beta adquiriu o equivalente a R$ 68.000 do Patrimônio Líquido de Alfa (20% de R$ 340.000). Beta pagou por essa participação R$ 3,50 para cada uma das 20.000 ações que adquiriu, pagando um total de R$ 70.000, sendo esse o valor que saiu da conta bancária da empresa (crédito). O registro do investimento será também por R$ 70.000, sendo esse valor segregado em duas contas, uma de ações de coligadas no valor de R$ 68.000 e outra de ágio na aquisição no valor de R$ 2.000.
Gabarito "C".

(Auditor Fiscal/RN – ESAF) A empresa Comércio de Linhas S/A promove, anualmente, a depreciação de seus ativos permanentes segundo o costume mercantil, mas sempre observando o valor residual de 15%.

Este ativo está composto das contas

Móveis e Utensílios	R$ 120.000,00
Veículos	R$ 200.000,00
Edificações	R$ 300.000,00
Terrenos R$	100.000,00

Todos esses elementos foram adquiridos há mais de dois anos, mas estão contabilizados pelo valor original de aquisição, apenas com as atualizações decorrentes dos princípios fundamentais de contabilidade.

No exercício de 2003, para fins de encerramento do exercício social, a empresa deverá contabilizar encargos de depreciação no valor de

(A) R$ 68.000,00.
(B) R$ 64.000,00.
(C) R$ 57.800,00.
(D) R$ 54.400,00.
(E) R$ 46.800,00.

Como a questão informa que 15% do valor do bem não será depreciado, o valor depreciável de cada bem será igual a 85% do valor do bem. Apresentamos a seguir um quadro com a apuração da depreciação mensal dos bens da empresa:

	Valor do bem	Valor depreciável	% de depreciação anual	Valor da depreciação anual
Móveis e Utensílios	120.000,00	102.000,00	10%	10.200,00
Veículos	200.000,00	170.000,00	20%	34.000,00
Edificações	300.000,00	255.000,00	4%	10.200,00
Terrenos	100.000,00	-	0%	-
TOTAL	720.000,00			54.400,00

Gabarito "D".

(Auditor Fiscal/RN – ESAF) Os móveis e utensílios usados, vendidos pelos Armazéns Alfa Ltda. por R$ 4.500,00, renderam um ganho de capital líquido de R$ 1.500,00. Como ditos objetos foram adquiridos por R$ 12.000,00 e tinham vida útil estimada em dez anos, sem valor residual, isto significa que, por ocasião da operação de venda, esses móveis já estavam depreciados em

(A) 12,5%.
(B) 25,0%.
(C) 33,3%.
(D) 37,5%.
(E) 75,0%.

Obter um ganho de R$ 1.500 com a venda dos móveis e utensílios por R$ 4.500 significa dizer que esses bens estavam registrados na contabilidade por um valor líquido de R$ 3.000 (R$ 4.500 – R$ 1.500). Se esses bens foram adquiridos por R$ 12.000 e tinham valor líquido de R$ 3.000 significa que esses já haviam sido depreciados em R$ 9.000, o equivalente a 75% do valor de aquisição.

Gabarito "E".

(Auditor Fiscal/RN – ESAF) Considere os seguintes dados e informações sobre determinado bem de uso.

valor de mercado na data da compra	R$ 25.000,00
valor de mercado em 31/12/2004	R$ 21.000,00
valor de aquisição	R$ 20.000,00
valor residual estimado	R$ 2.000,00
data de aquisição	01/07/2003
vida útil estimada:	cinco anos
data de encerramento de exercício social	31 de dezembro

No exercício de 2004 o aludido bem de uso vai gerar encargos de depreciação no valor de

(A) R$ 5.400,00.
(B) R$ 5.000,00.
(C) R$ 4.000,00.
(D) R$ 3.600,00.
(E) R$ 1.800,00.

As informações sobre o valor de mercado do bem na data da compra e em 31/12/2004 são irrelevantes, visto que a contabilidade registrará o valor da compra. Para obter o valor da depreciação em 2004, basta considerar que o valor depreciável total é de R$ 18.000, visto que o bem adquirido por R$ 20.000 terá valor residual após os 5 anos de uso de R$ 2.000. Os R$ 18.000 serão depreciados em 5 anos, o equivalente a R$ 3.600 (R$ 18.000 ÷ 5) por ano, sendo esse o valor da despesa de depreciação no exercício de 2004.

Gabarito "D".

(Auditor Fiscal/RN – ESAF) A pequena empresa Comercial Arruda possui apenas dois empregados: João, com salário bruto mensal de R$ 4.000,00, e Alberto, com salário mensal de apenas R$ 800,00.

Os encargos da folha de pagamento são os seguintes:

• INSS referente ao João: 11%;
• INSS referente ao Alberto: 8%;
• INSS referente ao Empregador: 20%;
• FGTS dos empregados: 8%;
• Foi concedido adiantamento salarial de R$ 800,00 para João.

Ao elaborar a folha de pagamento do mês, a empresa vai contabilizar despesas no valor total de

(A) R$ 6.648,00.
(B) R$ 6.144,00.
(C) R$ 5.760,00.
(D) R$ 5.640,00.
(E) R$ 5.344,00.

O INSS do empregado não é considerado uma nova despesa, visto que representa um valor devido pelo empregado. O adiantamento concedido a João também não interfere no valor da despesa, pois quando da sua concessão não houve contabilização de despesa. Sendo assim, apresentamos a seguir o cálculo da despesa de pessoal:

	Salário	INSS empregador	FGTS	TOTAL
João	4.000,00	800,00	320,00	5.120,00
Alberto	800,00	160,00	64,00	1.024,00
TOTAL	4.800,00	960,00	384,00	6.144,00

Gabarito "B".

(Auditor Fiscal/RN – ESAF) A Cia. Souto e Salto tinha prejuízos acumulados de R$ 40.000,00, mas durante o exercício social apurou lucro. Desse lucro, após destinar R$ 80.000,00 para imposto de renda e CSLL, a empresa distribuiu 10% em participação de debenturistas, no valor de R$ 4.000,00, 10% em participação de administradores, no valor de R$ 3.240,00, e 10% em participação de empregados.

De acordo com as informações acima e com as normas em vigor, podemos dizer que a Cia. Souto e Salto, no final da Demonstração de Resultado do Exercício, vai indicar o lucro líquido do exercício no valor de

(A) R$ 29.160,00.

(B) R$ 29.520,00.
(C) R$ 68.760,00.
(D) R$ 69.160,00.
(E) R$ 69.520,00.

O artigo 190 da Lei 6.404/1976 define que "as participações estatutárias de empregados, administradores e partes beneficiárias serão determinadas, sucessivamente e nessa ordem, com base nos lucros que remanescerem depois de deduzida a participação anteriormente calculada". Pelo fato da participação de debenturistas ser a primeira a ser paga e no valor de R$ 4.000, podemos concluir que a base de cálculo para as participações é de R$ 40.000. Considerando que essa base de cálculo é apurada a partir do lucro antes do imposto de renda deduzido do imposto de renda e contribuição social e dos prejuízos acumulados, temos o seguinte cálculo para as participações:

Lucro antes do IR e CSLL	160.000,00
(-) IR e CS	(80.000,00)
(-) Prejuízo acumulado	(40.000,00)
(=) Base de cálculo para participações	40.000,00
(-) participação de debenturistas	(4.000,00)
(=) Base de cálculo para participação de empregados	36.000,00
(-) participação de empregados	(3.600,00)
(=) Base de cálculo para participação de administradores	32.400,00
(-) participação de administradores	(3.240,00)

Com base nos valores apurados para as participações, é possível montar a seguinte Demonstração do Resultado do Exercício:

Lucro antes do IR e CSLL	160.000,00
(-) IR e CS	(80.000,00)
(-) participação de debenturistas	(4.000,00)
(-) participação de empregados	(3.600,00)
(-) participação de administradores	(3.240,00)
(=) Lucro líquido	69.160,00

Gabarito "D".

(Auditor Fiscal/MG – ESAF) Ao registrar a proposta de destinação dos resultados do exercício, o setor de Contabilidade da empresa deverá contabilizar:

(A) a formação da reserva legal, a débito da conta de Apuração do Resultado do Exercício.
(B) a formação da reserva legal, a crédito da conta de Lucros ou Prejuízos Acumulados.
(C) a distribuição de dividendos, a débito da conta de Lucros ou Prejuízos Acumulados.
(D) a distribuição de dividendos, a crédito de conta do Patrimônio Líquido.
(E) a distribuição de dividendos, a débito de conta do Passivo Circulante.

O lucro apurado no exercício será contabilizado primeiramente na conta lucros e prejuízos acumulados e posteriormente transferido desta conta para a conta de dividendos a distribuir. Sendo assim, para a distribuição de dividendos, é necessário debitar a conta lucros e prejuízos acumulados (cuja natureza é credora) e creditar dividendos a distribuir.

Gabarito "C".

(Auditor Fiscal/MG – ESAF) A empresa Paulistinha S/A possuía uma máquina, adquirida por R$ 7.680,00, instalada para utilização em 12 anos. Após nove anos de uso desse equipamento, tendo a depreciação adequada sido oportunamente contabilizada, foi ele vendido, ocasionando perda de R$ 720,00. Para que as afirmações acima sejam corretas podemos dizer que o valor obtido na venda foi de

(A) R$ 6.960,00
(B) R$ 5.040,00
(C) R$ 1.920,00
(D) R$ 1.200,00
(E) R$ 48,00

Com base nos dados da questão, é possível montar o seguinte quadro resumo:

Valor original do bem	7.680,00
Depreciação anual	640,00
Depreciação acumulada no período de uso (9 anos)	5.760,00
Valor contábil do bem no momento da venda (valor original - depreciação acumulada)	1.920,00

Se o valor contábil do bem no momento da venda era de R$1.920,00, e o bem foi vendido com prejuízo de R$720,00, significa que o bem foi vendido por um valor menor que o valor contábil em R$720,00, sendo esse valor igual a R$1.200,00.

Gabarito "D".

(Auditor Fiscal/MG – ESAF) A empresa ACD Ltda., em 31/12/x4, tinha valores a receber com saldo no valor de R$ 27.000,00 e mandou fazer provisão para créditos de liquidação duvidosa no valor de R$ 810,00. Durante o exercício de x5 a empresa recebeu e deu quitação a 60% desses créditos e mandou dar baixa, por não recebimento, nos outros 40%. Ao findar o ano com novos saldos no valor de R$ 42.000,00, a empresa adotou procedimento igual ao anterior, mandando provisionar seus créditos para fins de balanço.

Com base nessas informações, podemos dizer que a contabilização da provisão para créditos de liquidação duvidosa, referente ao exercício de 2005, provocará na Demonstração do Resultado do Exercício uma redução do lucro final no valor de

(A) R$ 774,00
(B) R$1.746,00
(C) R$ 450,00
(D) R$1.260,00
(E) R$ 936,00

No ano X4 a empresa constituiu Provisão para Devedores Duvidosos no montante equivalente a 3% do saldo dos valores a receber. Mantendo a mesma política, a empresa constituirá em X5 o montante de R$ 1.260 (3% de R$ 42.000). Ocorre que nem todo o saldo de provisão de X4 foi utilizado, visto que 60% da provisão constituída (R$ 486) foi recebido normalmente. Sendo assim, para ficar com uma provisão em X5 com valor equivalente a 3% dos valores a receber, a empresa necessitará constituir apenas R$ 774 de provisão (R$ 1.260 – R$ 486).

Gabarito "A".

(Auditor Fiscal/MG – ESAF) Duas empresas coligadas avaliam seus investimentos pelo método da equivalência patrimonial.

A primeira empresa tem:

Ativo Permanente de	R$ 500.000,00
Patrimônio Líquido de	R$ 300.000,00
Capital Social de	R$ 100.000,00

A segunda empresa tem:

Ativo Permanente de	R$ 350.000,00
Patrimônio Líquido de	R$ 300.000,00
Capital Social de	R$ 150.000,00

A primeira empresa possui 25% do capital social da segunda. A segunda companhia teve lucro de R$ 50.000,00 e distribuiu dividendos no valor de R$ 30.000,00.

Em consequência dos resultados e respectiva distribuição, ocorridos na segunda companhia, a primeira empresa deverá contabilizar o aumento de

(A) R$ 7.500,00 em receitas do período.
(B) R$ 7.500,00 no ativo circulante.
(C) R$ 7.500,00 no ativo permanente.
(D) R$ 12.500,00 no ativo circulante.
(E) R$ 12.500,00 no ativo permanente.

O lucro da segunda empresa impactará inicialmente com um aumento de R$ 12.500 (25% de R$ 50.000) do permanente da primeira empresa, visto que esta contabiliza seus investimentos pelo método de equivalência patrimonial. No entanto, a primeira empresa terá direito a R$ 7.500 (25% de R$ 30.000) dos dividendos distribuídos pela segunda empresa. A contabilização dessa distribuição de dividendos na primeira empresa consistirá no registro de R$ 7.500 na conta caixa/bancos e redução no mesmo valor do investimento, visto que a distribuição impactará na redução do patrimônio líquido da segunda empresa e consequentemente no valor do investimento na primeira empresa. Sendo assim, ao final desses lançamentos, a empresa terá contabilizado o aumento de R$ 12.500 de seu Ativo, sendo R$ 7.500 no Ativo Circulante e R$ 5.000 no Permanente – Investimentos.

Gabarito "B".

Instruções: Para responder às questões de números 31 e 32, utilize as informações a seguir:

A Cia. Participações apresentava em seu Balancete, em 31/12/X9, os saldos, em reais, nas seguintes contas: Disponível 20.000,00; Títulos e Valores Mobiliários 23.000,00; Fornecedores 10.000,00; Debêntures 5.000,00; Clientes 40.000,00; Despesas Administrativas 3.000,00; Provisão para Créditos de Liquidação Duvidosa 2.000,00; Impostos a Recuperar 9.000,00; Adiantamento de Clientes 6.000,00; Despesas Financeiras 8.000,00; Marcas e Patentes 3.000,00; Receitas Financeiras 6.000,00; Custo das Mercadorias Vendidas 80.000,00; Depósitos em Garantia 10.000,00; Reserva Legal 8.000,00; Abatimento sobre Vendas 1.500,00; Estoques de Mercadorias 40.000,00; Receita de Vendas 200.000,00; Capital Social 110.000,00; Empréstimos Obtidos de Longo Prazo 15.000,00; Receita de Equivalência Patrimonial 6.500,00; Ações em Tesouraria 4.000,00; Investimentos em Controladas 44.000,00; Veículos 75.000,00; Despesas de Depreciação de Veículos 4.000,00; Depreciação Acumulada de Veículos 7.000,00; Ajuste de Avaliação Patrimonial (devedor) 9.000,00; Despesas com Vendas 2.000,00.

(Auditor Fiscal/RO – FCC) Com base nas informações apresentadas, o Ativo da Cia. Participações, em 31/12/X9, era, em reais,

(A) 250.000,00
(B) 255.000,00
(C) 256.000,00
(D) 259.000,00
(E) 261.000,00

Das contas apresentadas na questão, as seguintes compõem o ativo da Cia. Participações:

Conta-contábil	Valor
Disponível	20.000,00
Títulos e Valores Mobiliários	23.000,00
Clientes	40.000,00
Provisão para Créditos de Liquidação Duvidosa	(2.000,00)
Impostos a Recuperar	9.000,00
Marcas e Patentes	3.000,00
Depósitos em Garantia	10.000,00
Estoques de Mercadorias	40.000,00
Investimentos em Controladas	44.000,00
Veículos	75.000,00
Depreciação Acumulada de Veículos	(7.000,00)
TOTAL DO ATIVO	255.000,00

Gabarito "B".

(Auditor Fiscal/RO – FCC) Em 31/12/X9, o Patrimônio Líquido da Cia Participações era, em reais,

(A) 217.000,00
(B) 219.000,00
(C) 225.000,00
(D) 227.000,00
(E) 237.000,00

Das contas apresentadas na questão, as seguintes compõem o patrimônio líquido da Cia. Participações:

Conta-contábil	Valor
Despesas Administrativas	(3.000,00)
Despesas Financeiras	(8.000,00)
Receitas Financeiras	6.000,00
Custo das Mercadorias Vendidas	(80.000,00)
Reserva Legal	8.000,00
Abatimento sobre Vendas	(1.500,00)
Receita de Vendas	200.000,00
Capital Social	110.000,00
Receita de Equivalência Patrimonial	6.500,00
Ações em Tesouraria	(4.000,00)
Despesas de Depreciação de Veículos	(4.000,00)
Ajuste de Avaliação Patrimonial (devedor)	(9.000,00)
Despesas com Vendas	(2.000,00)
TOTAL DO PATRIMÔNIO LÍQUIDO	219.000,00

Gabarito "B".

(Auditor Fiscal/RO – FCC) Na Demonstração dos Fluxos de Caixa, são itens classificados como fluxo de caixa das atividades de financiamento

(A) os pagamentos de caixa a fornecedores de mercadorias e serviços e o caixa recebido pela emissão de instrumentos patrimoniais.
(B) os recebimentos de caixa decorrentes de *royalties*, honorários, comissões e outras receitas e a amortização de empréstimos e financiamentos.
(C) os pagamentos de caixa para resgatar ações da entidade e para reduzir o passivo relativo a arrendamento mercantil financeiro.
(D) o caixa recebido proveniente da emissão de debêntures e os pagamentos para aquisição de ações ou instrumentos de dívida de outras entidades.
(E) os pagamentos de caixa para aquisição de ativo intangível e o pagamento de dividendos.

Nas atividades de financiamento são registradas as transações que se relacionam com os empréstimos de credores e investidores à entidade. Dentre os itens elencados na questão, apenas os pagamentos de caixa para resgatar ações da entidade e para reduzir o passivo relativo a arrendamento mercantil financeiro relacionam-se a atividades de financiamento.
Gabarito "C".

(Auditor Fiscal/RO – FCC) Sobre os ativos intangíveis gerados internamente pode-se afirmar que

(A) os gastos da empresa, tanto na fase de pesquisa quanto na fase de desenvolvimento, devem ser reconhecidos no ativo da entidade.
(B) as atividades destinadas à obtenção de novos conhecimentos devem ser reconhecidas no ativo pelo valor do custo.
(C) os gastos com o projeto devem ser considerados como incorridos apenas na fase de desenvolvimento, quando a entidade não conseguir diferenciar a fase de pesquisa da fase de desenvolvimento.
(D) os gastos na fase de desenvolvimento, em qualquer situação, devem ser reconhecidos no resultado.
(E) a entidade pode, durante a fase de desenvolvimento e em alguns casos, identificar um ativo intangível e demonstrar que o mesmo gerará prováveis benefícios econômicos futuros.

Segundo o artigo 179 da Lei 6.404/1976 devem ser registrados no ativo intangível os direitos que tenham por objeto bens incorpóreos destinados à manutenção da companhia ou exercidos com essa finalidade, inclusive o fundo de comércio adquirido. Para registrar um ativo como intangível é necessário que ele apresente expectativa de gerar benefícios.
Gabarito "E".

(Auditor Fiscal/RO – FCC) Em 01/06/X9, a empresa Dara efetuou o desconto de duplicatas no valor de R$ 30.000,00, cujo vencimento era 31/07/X9, à taxa de juros de 2,5% a.m. (juros simples). As despesas cobradas pelo banco foram de R$ 500,00. Sabendo que no dia 31/07/X9 o cliente não pagou a duplicata, a empresa, nesta data, debitou

(A) Duplicatas Descontadas e creditou Disponível, no valor de R$ 28.000,00.
(B) Duplicatas Descontadas e creditou Clientes, no valor de R$ 30.000,00.
(C) Perdas com Clientes e creditou Clientes, no valor de R$ 28.000,00.
(D) Duplicatas Descontadas e creditou Disponível, no valor de R$ 30.000,00.
(E) Disponível e creditou Duplicatas Descontadas no valor de R$ 28.000,00.

Ao descontar uma duplicata, a empresa continua responsável pelo resgate do título no vencimento. Como o cliente não pagou a duplicata, a empresa deverá pagá-la, e neste caso deve creditar o disponível (pelo pagamento da dívida) e debitar duplicatas descontadas (retirando o título do desconto).
Gabarito "D".

(Auditor Fiscal/RO – FCC) Ao contabilizar os dividendos distribuídos por controladas, a controladora debita Caixa/Contas a Receber e credita

(A) Receita Eventual.
(B) Receita de Dividendos.
(C) Investimentos.
(D) Outras Receitas.
(E) Receita de Equivalência Patrimonial.

O investimento em empresas controladas é contabilizado pelo método de equivalência patrimonial. Sendo assim, a controladora deverá registrar a variação do valor do investimento pelos resultados apresentados pelas controladas e os dividendos devem ser distribuídos contra a conta de investimentos.
Gabarito "C".

(Auditor Fiscal/RO – FCC) Uma empresa adquiriu uma máquina, em 01/01/X1, pelo valor de R$ 240.000,00 para utilização em suas operações. A vida útil econômica, estimada pela empresa, para esta máquina foi de 6 anos, sendo que a empresa esperava vendê-la por R$ 60.000,00 ao final deste prazo. No entanto, no início do segundo ano de uso, a empresa reavaliou que a vida útil remanescente da máquina era de três anos e o valor estimado de venda ao final deste período era R$ 45.000,00. A empresa utiliza o método das quotas constantes e, no final de X1, não houve ajuste no valor do ativo pelo teste de recuperabilidade.

Sendo assim, os valores das despesas de depreciação nos anos X1 e X2, em relação a essa máquina, foram, respectivamente, e em reais,

(A) 30.000,00 e 55.000,00
(B) 30.000,00 e 65.000,00
(C) 40.000,00 e 40.000,00
(D) 40.000,00 e 70.000,00
(E) 45.000,00 e 50.000,00

Ano 1: No primeiro ano de uso do bem o valor depreciável considerado foi de R$ 180.000,00 (R$ 240.000,00 ‒ R$ 60.000,00), o que implica uma despesa de depreciação de R$ 30.000,00 (valor depreciável dividido pelos anos de vida útil).
Ano 2: No início do segundo ano o valor contábil do bem era de R$210.000,00 (custo histórico de R$240.000,00 deduzido da depreciação do primeiro ano). Sendo assim, o valor depreciável do bem passou a ser R$165.000,00 (R$210.000,00 ‒ R$45.000,00), o que implica uma despesa de depreciação de R$55.000,00 (valor depreciável dividido pelos anos de vida útil remanescente).
Gabarito "A".

(Auditor Fiscal/RO – FCC) Uma empresa adquiriu um veículo por arrendamento mercantil financeiro que será pago em 48 prestações mensais de R$ 1.000,00 cada. O valor presente das prestações é de R$ 30.673,00 e a taxa de juros compostos implícita no arrendamento mercantil é de 2% ao mês. No momento da aquisição, a empresa deve reconhecer, em reais,

(A) um ativo de 30.673,00.
(B) um passivo de 48.000,00.
(C) um ativo de 48.000,00 e uma receita financeira de 17.327,00.
(D) um ativo de 30.673,00 e uma despesa financeira de 17.327,00.
(E) um ativo de 30.673,00 e uma despesa financeira de 613,46.

Por se tratar de um arrendamento mercantil financeiro, cujas características se assemelham a uma aquisição a prazo, no momento da aquisição a empresa registrará um ativo, pelo direito de uso do bem, e um passivo, pelas obrigações a pagar pela operação, no valor de R$ 30.673,00, que é o valor presente da operação.

Gabarito "A".

(Auditor Fiscal/RO – FCC) Compete ao Conselho Fiscal:

I. fiscalizar, por qualquer de seus membros, os atos dos administradores e verificar o cumprimento dos seus deveres legais e estatutários.
II. denunciar, por qualquer de seus membros, aos órgãos de administração e, se estes não tomarem as providências necessárias para a proteção dos interesses da companhia, à Assembleia-Geral, os erros, fraudes ou crimes que descobrir e sugerir providências úteis à companhia.
III. analisar, ao menos trimestralmente, o balancete e demais demonstrações financeiras elaboradas periodicamente pela companhia.
IV. fornecer ao acionista, ou grupo de acionistas que representem, no mínimo, 20% do capital social, sempre que solicitadas, informações sobre matérias de sua competência.

Está correto o que se afirma em

(A) IV, apenas.
(B) III e IV, apenas.
(C) II e IV, apenas.
(D) I, II e III, apenas.
(E) I, II, III e IV.

I: competência elencada no artigo 163 da Lei 6.404/1976; II: competência elencada no artigo 163 da Lei 6.404/1976; III: competência elencada no artigo 163 da Lei 6.404/1976; IV: o § 6º do artigo 163 da Lei 6.404/1976 define que o conselho fiscal deverá fornecer ao acionista, ou grupo de acionistas que representem, no mínimo 5% (cinco por cento) do capital social, sempre que solicitadas, informações sobre matérias de sua competência.

Gabarito "D".

(Auditor Fiscal/RO – FCC) A Cia. Exatos, empresa de consultoria contábil, iniciou suas atividades em 01/12/X9, com um capital social de R$ 100.000,00, sendo R$ 60.000,00 integralizados em dinheiro e R$ 40.000,00 a serem integralizados no mês de janeiro. Durante o mês de dezembro de X9, ocorreram os seguintes fatos contábeis:

Aquisição, a prazo, de material de consumo.. R$ 6.000,00
Pagamento de assinatura de jornal em 31/12/X9.. R$ 1.000,00
Compra de equipamentos para pagamento em 35 dias sem juros .... R$ 40.000,00
Pagamento a fornecedores de material de consumo .... R$ 2.000,00
Recebimento de adiantamento de clientes por serviços contratados a serem prestados em 40 dias. .... R$ 36.000,00
Reconhecimento da despesa com salários e pró-labore para pagamento em janeiro de X10 .... R$ 48.000,00
Aplicação financeira em 31/12/X9............... R$ 20.000,00
Serviços prestados a clientes para recebimento em 60 dias .... R$ 85.000,00
Reconhecimento e pagamento de despesas gerais.. R$ 5.000,00
Obtenção de empréstimos bancários de longo prazo.. R$ 28.000,00
Compra à vista de um imóvel.................. R$ 75.000,00

O valor total do Ativo da Cia. Exatos, em 31/12/X9 era, em reais,

(A) 220.000,00
(B) 248.000,00
(C) 269.000,00
(D) 288.000,00
(E) 296.000,00

A seguir está apresentada a movimentação decorrente das operações da empresa em dezembro de X9:

	Ativo	Passivo	Patrimônio Líquido
Saldo inicial	60.000,00		60.000,00
Aquisição, a prazo, de material de consumo	6.000,00	6.000,00	
Pagamento de assinatura de jornal em 31/12/X9	movimentação de contas do ativo		
Compra de equipamentos para pagamento em 35 dias sem juros	40.000,00	40.000,00	
Pagamento a fornecedores de material de consumo	-2.000,00	-2.000,00	
Recebimento de adiantamento de clientes por serviços contratados a serem prestados em 40 dias	36.000,00	36.000,00	
Reconhecimento da despesa com salários e pró-labore para pagamento em janeiro de X10		48.000,00	-48.000,00
Aplicação financeira em 31/12/X9	movimentação de contas do ativo		
Serviços prestados a clientes para recebimento em 60 dias	85.000,00		85.000,00
Reconhecimento e pagamento de despesas gerais	-5.000,00		-5.000,00
Obtenção de empréstimos bancários de longo prazo	28.000,00	28.000,00	
Compra à vista de um imóvel	movimentação de contas do ativo		
Saldo final	248.000,00	156.000,00	92.000,00

Gabarito "B".

(Auditor Fiscal/RO – FCC) Para atender às necessidades de informações dos usuários da contabilidade, o Balanço Patrimonial possui uma estrutura própria em que as contas contábeis são classificadas em grupos e subgrupos. Em relação a este assunto, considere:

I. O terreno onde funciona o estacionamento para os funcionários da empresa é um Ativo Imobilizado.
II. Os títulos do tesouro nacional com vencimento em oito anos, mas disponíveis para venda pela empresa, devem ser classificados no Ativo Circulante.
III. As ações de outras empresas, cuja intenção da administração é vendê-las em até 3 anos, devem ser classificadas em Investimentos.
IV. O valor do adiantamento a fornecedores de matéria-prima pode ser classificado como Ativo Circulante.
V. As subvenções governamentais para investimentos são consideradas Reserva de Capital.

Está correto o que se afirma APENAS em

(A) I e II.
(B) I, II e IV.
(C) II, III e IV.
(D) II, IV e V.
(E) III e V.

I: Correta, pois o fato de ser utilizado pelos funcionários representa uma utilização na atividade da empresa; **II:** Correta, apesar do vencimento dos títulos ocorrerem no longo prazo, a intenção da empresa é manter os títulos para venda a qualquer tempo, devendo portanto registrá-los no ativo circulante; **III:** Incorreta, as ações registradas em investimentos são aquelas cuja intenção da empresa é manter investimentos permanentes. Investimentos com intenção de venda devem ser registrados no circulante ou não circulante, a depender do prazo que se pretende realizar o investimento; **IV:** Correta, o adiantamento a fornecedores deve ser registrado no ativo circulante, representando o valor a receber do fornecedor em mercadorias; **V:** Incorreta, pois a partir da edição da Lei 11.638/2007, as subvenções passaram a ser contabilizadas de duas maneiras: a) Doações e subvenções recebidas de forma incondicional (sem que nenhuma obrigação reste à empresa) – serão registradas diretamente no resultado; b) Doações e subvenções que para se efetivarem dependem de eventos futuros – serão registradas no passivo para apropriação ao resultado quando do cumprimento das obrigações.

Gabarito "B".

(Auditor Fiscal/RO – FCC) NÃO se evidencia na Demonstração de Lucros ou Prejuízos Acumulados

(A) a distribuição de dividendos.
(B) a constituição da reserva legal.
(C) o aumento do capital social.
(D) o lucro líquido do exercício.
(E) a reversão da reserva para contingências.

O artigo 186 da Lei 6.404/1976 define que a demonstração de lucros ou prejuízos acumulados discriminará: o saldo do início do período, os ajustes de exercícios anteriores e a correção monetária do saldo inicial, as reversões de reservas e o lucro líquido do exercício e as transferências para reservas, os dividendos, a parcela dos lucros incorporada ao capital e o saldo ao fim do período. O § 2º do mesmo artigo define ainda que a demonstração deverá indicar o montante do dividendo por ação do capital social e poderá ser incluída na demonstração das mutações do patrimônio líquido, se elaborada e publicada pela companhia. Dadas as características da demonstração, apenas o aumento do capital social não seria evidenciado.

Gabarito "C".

(Auditor Fiscal/RO – FCC) Considere os dados extraídos da Demonstração das Mutações do Patrimônio Líquido da empresa A referentes ao exercício financeiro de X1:

Descrição .... R$ (mil)

AUMENTO DE CAPITAL SOCIAL
Com Lucros e Reservas 13.000,00
Por subscrição realizada 17.000,00

REVERSÃO DE RESERVAS
De Contingências 3.000,00
De Lucros a Realizar 1.080,00
AQUISIÇÃO DE AÇÕES 280,00
LUCRO LÍQUIDO DO EXERCÍCIO 14.000,00

PROPOSTA DA ADMINISTRAÇÃO DE DESTINAÇÃO DO LUCRO:

Transferências para reservas
Reserva Legal 700,00
Reserva Estatutária 5.150,00
Reserva de Lucros a Realizar 150,00
Distribuição de Dividendos 12.080,00

A variação no total do Patrimônio Líquido foi, em milhares de reais,

(A) 18.640,00
(B) 18.920,00
(C) 30.720,00
(D) 32.640,00
(E) 66.440,00

Dentre os dados apresentados, alguns alteram o valor do patrimônio e outros representam movimentação de valores entre as próprias contas do patrimônio líquido. Dentre as operações elencadas pela questão, as apresentadas a seguir alteram o valor do patrimônio líquido:

Operações	Valores
Aumento de capital por subscrição	17.000,00
Aquisição de ações	(280,00)
Lucro líquido do exercício	14.000,00
Distribuição de dividendos	(12.080,00)
TOTAL	18.640,00

Gabarito "A".

(Auditor Fiscal/RO – FCC) As empresas de capital aberto são obrigadas a publicar e divulgar um conjunto de informações contábeis. Sobre este assunto, considere:

I. As demonstrações serão complementadas por notas explicativas e outros quadros analíticos ou demonstrações contábeis necessários para esclarecimento da situação patrimonial e dos resultados do exercício.
II. O relatório anual da administração deve relacionar os investimentos da companhia em sociedades coligadas e controladas e mencionar as modificações ocorridas durante o exercício.
III. As notas explicativas devem divulgar as informações exigidas pelas práticas contábeis adotadas no Brasil que não estejam apresentadas em nenhuma outra parte das demonstrações financeiras.

IV. As notas explicativas devem indicar os ônus reais constituídos sobre elementos do ativo, as garantias prestadas a terceiros e outras responsabilidades eventuais ou contingentes.

V. A realização de auditoria das demonstrações contábeis e emissão de parecer sobre sua adequação quanto às normas e práticas contábeis adotadas no Brasil é de competência do conselho fiscal.

Está correto o que se afirma APENAS em

(A) III e V.
(B) II, IV e V.
(C) I, III e IV.
(D) I, II e IV.
(E) I, II, III e IV.

I: Correta, de acordo com o § 4º do artigo 176 da Lei 6.404/1976; II: Correta, de acordo com o artigo 243 da Lei 6.404/1976; III: Correta, de acordo com o § 5º do artigo 176 da Lei 6.404/1976; IV: Correta, de acordo com o § 5º do artigo 176 da Lei 6.404/1976; V: Incorreta, pois a emissão de parecer é de responsabilidade dos auditores independentes.
Gabarito "E".

(Auditor Fiscal/SC – FEPESE) O objeto da contabilidade é:

(A) o patrimônio das entidades.
(B) a apuração do resultado das entidades.
(C) o planejamento contábil das entidades.
(D) o controle e o planejamento das entidades.
(E) o fornecimento de informações a seus usuários de modo geral.

O objeto de estudo da contabilidade é o patrimônio, que compreende os bens, direitos e obrigações da entidade.
Gabarito "A".

(Auditor Fiscal/SC – FEPESE) Segundo a teoria materialista, as contas são classificadas em:

(A) Materiais e imateriais.
(B) Materiais e diferenciais
(C) Patrimoniais e de resultado.
(D) Contas ativas e resultado.
(E) Integrais e diferenciais.

A Teoria Materialista divide as contas em: Diferenciais ou de Resultados e Integrais ou Patrimoniais. Contas Diferenciais ou de Resultados são aquelas que acarretam diferenças no Patrimônio, isto é, acarretam uma variação na Situação Líquida do Patrimônio. Contas Integrais ou Patrimoniais são aquelas que integram o Patrimônio, isto é, todas as contas que representam Bens, Direitos e Obrigações.
Gabarito "E".

(Auditor Fiscal/SC – FEPESE) Analise as afirmativas abaixo e assinale com (V) as verdadeiras e (F) as falsas.

( ) O patrimônio é um conjunto de bens, direitos e obrigações com terceiros, à disposição de uma pessoa jurídica ou pessoa física, necessários ao atendimento de seus objetivos.

( ) Além de dar a conhecer os elementos formadores do lucro/prejuízo de um período (de um exercício social) a Demonstração do Resultado do Exercício (DRE) permite conhecer como o lucro foi destinado.

( ) Os fatos permutativos são aqueles que não alteram o Patrimônio Líquido, alterando apenas qualitativamente os valores dos bens e direitos.

( ) Os fatos mistos provocam alterações quantitativas no Ativo, no Passivo e no Patrimônio Líquido, simultaneamente.

( ) A "despesa com salários" provoca redução no valor do Patrimônio Líquido somente no momento em que os salários são pagos.

Assinale a alternativa que indica a sequência **correta** de cima para baixo.

(A) V – V – F – F – V
(B) V – F – V – F – F
(C) V – F – F – V – F
(D) F – F – V – V – F
(E) F – F – F – V – V

I: Verdadeiro, conceito exato segundo a teoria contábil; II: Falso, a destinação do lucro é apresentada na demonstração das mutações do patrimônio líquido (DMPL) ou na demonstração de lucros e prejuízos acumulados (DLPA), e não na demonstração do resultado do exercício; III: Falso, os fatos permutativos são aqueles que não alteram o Patrimônio Líquido, alterando apenas quantitativamente os valores dos bens e direitos; IV: Verdadeiro, conceito exato de fato misto (permutativo e modificativo); V: Falso, a apropriação da despesa com salários provoca a redução do patrimônio líquido. O pagamento da obrigação reduz o ativo e o passivo.
Gabarito "C".

(Auditor Fiscal/SC – FEPESE) Numa operação em que ocorre o aumento do valor do Patrimônio Líquido, ocasionado pela diminuição do valor do Passivo superior à diminuição do valor do Ativo, o fato contábil pertinente pode ser representado pelo(a):

(A) venda de um bem com lucro.
(B) colocação de debêntures abaixo do par.
(C) pagamento de uma dívida com desconto.
(D) renovação de uma dívida com o banco com a incidência de juros.
(E) prescrição de uma dívida, sem qualquer contraprestação.

A: a operação aumenta o ativo e o patrimônio líquido; B: a operação aumenta o ativo e o passivo; C: a operação reduz o passivo em montante superior à redução do ativo; D: a operação aumenta o passivo e reduz o patrimônio líquido; E: a operação reduz o passivo e aumenta o patrimônio líquido.
Gabarito "C".

(Auditor Fiscal/SC – FEPESE) Analise as afirmativas abaixo

1. Num dado momento, o valor do Patrimônio Líquido pode aumentar e/ou diminuir sem que, neste mesmo momento, ocorra qualquer aumento e/ou redução no valor do Ativo e/ou no valor do Passivo.

2. Pode estar sendo incorrida uma despesa neste momento sem que, neste mesmo momento, esteja ocorrendo um pagamento e sem que, neste mesmo momento, estejam aumentando as obrigações (dívidas) da empresa.

3. Toda redução no valor do Patrimônio Líquido decorre de uma despesa incorrida.

4. As aplicações de recursos podem ter valor inferior ao valor dos capitais de terceiros.

5. Quando o valor do Passivo (obrigações/ dívidas da entidade) for inferior ao valor do Ativo, *a equação básica da Contabilidade* deve ser expressa da seguinte forma: "Ativo + Patrimônio Líquido = Passivo".

Assinale a alternativa que indica todas as afirmativas **verdadeiras**.

(A) É verdadeira apenas a afirmativa 3.

(B) São verdadeiras apenas as afirmativas 1 e 4.
(C) São verdadeiras apenas as afirmativas 2 e 4.
(D) São verdadeiras apenas as afirmativas 2 e 5.
(E) São verdadeiras apenas as afirmativas 2, 3 e 4.

1: Falso, para o patrimônio variar seu valor, é necessária uma variação no ativo ou no passivo; **2:** Verdadeiro, o registro das obrigações é realizado periodicamente (geralmente mensal), podendo haver despesas sendo incorridas diariamente (energia elétrica, por exemplo) que serão contabilizadas apenas no final do exercício; **3:** Falso, o reconhecimento de uma despesa é uma forma de redução do patrimônio líquido, outro exemplo seria a distribuição de dividendos; **4:** Verdadeiro, seria o caso de quando as aplicações de recursos em determinado período é menor que o valor do passivo exigível; **5:** Falso, quando o passivo for inferior ao ativo a equação é expressa pela fórmula: Ativo, Passivo = Patrimônio líquido.
Gabarito "C".

(Auditor Fiscal/SC – FEPESE) A empresa Amazonas (controladora) detém 75% do capital total da empresa Acre (controlada) e avalia esses investimentos pelo MEP – Método da equivalência patrimonial. O patrimônio líquido da empresa Acre era de R$ 265.000,00 e o da empresa Amazonas era de R$ 365.000,00, em 31/12/2009. A empresa Amazonas havia vendido, durante o ano de 2009, R$ 15.000,00 em mercadorias para a empresa Acre, com uma margem de lucro de 30% sobre o preço de venda. No final de 2009, havia ainda 50% de mercadorias adquiridas da Amazonas, no estoque na empresa Acre.

Qual o valor da participação dos acionistas não controladores no balanço consolidado em 31/12/2009?

(A) R$ 64.000,00
(B) R$ 66.250,00
(C) R$ 86.750,00
(D) R$ 87.875,00
(E) R$ 91.250,00

Como a empresa Amazonas detém 75% do controle da empresa Acre, é possível concluir que os 25% restantes pertencem aos acionistas não controladores, ou seja, R$ 66.250,00. A informação sobre a transação entre a controladora e a controlada seria relevante apenas para o cálculo da participação da controladora.
Gabarito "B".

(Auditor Fiscal/SC – FEPESE) A empresa Santa Catarina é detentora de 60% do total das ações da empresa Blumenau e 70% do total das ações da empresa Joinville. O patrimônio líquido em 31/12/2008 da empresa Santa Catarina era de R$ 650.000,00; da Blumenau era de R$ 220.000,00 e da empresa Joinville, R$ 250.000,00. No balanço de 31/12/2009, a empresa Blumenau obteve um lucro de R$ 85.000,00 e destinou 20% desse lucro como dividendos propostos para serem pagos em 2010. Em 31/12/2009, a empresa Joinville obteve um lucro de R$ 115.000,00 e destinou 90% como dividendos propostos para serem pagos em 2010.

Qual o valor total da receita de equivalência patrimonial que foi registrada na contabilidade da empresa Santa Catarina, em 31/12/2009?

(A) R$ 30.115,00
(B) R$ 48.850,00
(C) R$ 91.800,00
(D) R$ 114.500,00
(E) R$ 131.500,00

Por se tratar de um investimento registrado pelo método de equivalência patrimonial, para encontrar o valor da receita de equivalência, basta aplicar ao lucro das empresas investidas o percentual investido, conforme apresentado no quadro a seguir:

	Lucro	Participação %	Receita de Equivalência Patrimonial
Blumenau	85.000,00	60%	51.000,00
Joinville	115.000,00	70%	80.500,00
TOTAL			131.500,00

Gabarito "E".

(Auditor Fiscal/SC – FEPESE) No que tange a investimentos permanentes, podem ser avaliados pelo MEP (método da equivalência patrimonial) os investimentos:

(A) em coligadas sobre cuja administração a investidora tenha influência significativa, ou de que participe com 20% ou mais do capital votante; em controladas; em outras sociedades que façam parte de um mesmo grupo ou estejam sob controle comum.
(B) em coligadas sobre cuja administração a investidora tenha influência significativa, ou de que participe com 10% ou mais do capital votante, desde de que os investimentos sejam relevantes; em controladas; em outras sociedades que façam parte de um mesmo grupo ou estejam sob controle comum.
(C) em coligadas e equiparadas a coligadas desde que os investimentos sejam relevantes e a controladora exerça influência; em controladas; em outras sociedades que façam parte de um mesmo grupo ou estejam sob controle comum.
(D) conforme a Lei 11.638, em todos os investimentos em controladas, coligadas ou equiparadas a coligadas, desde que haja influência e que esses investimentos sejam relevantes em relação ao capital da investidora.
(E) em coligadas ou equiparadas a coligadas sobre cuja administração a investidora tenha influência significativa, ou de que participe com 25% ou mais do capital total sem controlar; em outras sociedades que façam parte de um mesmo grupo ou independentemente e estarem sob controle comum.

A Lei 11.638/2007 alterou o entendimento sobre quando avaliar um investimento permanente pelo método de equivalência patrimonial. A seguir está o texto que vigora após a alteração:
–Art. 248. No balanço patrimonial da companhia, os investimentos em coligadas sobre cuja administração tenha influência significativa, ou de que participe com 20% (vinte por cento) ou mais do capital votante, em controladas e em outras sociedades que façam parte de um mesmo grupo ou estejam sob controle comum serão avaliados pelo método da equivalência patrimonial...

Sendo assim, esquematizando o artigo 248 temos que existem 5 possibilidades de avaliar um investimento permanente pelo método de equivalência patrimonial:
– Coligadas com influência significativa (Ex.: direito de eleger diretores, etc.);
– Coligadas com 20% ou mais do capital votante;
– Controladas;
– Sociedades que fazem parte de um mesmo grupo;
– Sociedades com controle em comum (acordo de acionistas).
Gabarito "A".

(Auditor Fiscal/SC – FEPESE) A Subvenção Governamental deve ser contabilizada:

(A) como ativo subvencionado.
(B) como custo, no resultado da entidade.
(C) como despesa, no resultado da entidade.
(D) como Reserva de Capital, no Patrimônio Líquido da entidade.
(E) como receita ao longo do período, confrontada com as despesas que pretende compensar.

A Lei 11.638/2007 revogou a alínea "d" do § 1º do artigo 182, a qual definia que as doações ou subvenções governamentais para investimentos seriam contabilizadas no patrimônio líquido. A partir da entrada em vigor da referida Lei, essas operações passaram a ser contabilizadas de duas maneiras:
Doações e subvenções recebidas de forma incondicional (sem que nenhuma obrigação reste à empresa) – serão registradas diretamente no resultado.
Doações e subvenções que para se efetivarem dependem de eventos futuros – serão registradas no passivo para apropriação ao resultado quando do cumprimento das obrigações.
Gabarito "E".

(Auditor Fiscal/SC – FEPESE) As definições descritas estão de acordo com o CPC 02 ou Res. 1.120/08 do CFC, **exceto**:

(A) Moeda funcional é a moeda do ambiente econômico principal no qual a entidade opera.
(B) Taxa de fechamento é a taxa de câmbio vigente no momento em que a operação é realizada, ou seja, no momento em que a receita é ganha e ou no momento em que a despesa é gerada.
(C) Itens monetários são aqueles representados por dinheiro ou por direitos a serem recebidos e obrigações a serem liquidadas em dinheiro.
(D) Itens não monetários são aqueles representados por ativos e passivos que não serão recebidos ou liquidados em dinheiro.
(E) Variação cambial é a diferença resultante da conversão de um valor em uma moeda para um valor em outra moeda, a diferentes taxas cambiais.

A: conforme item 8 do CPC-02; **B:** de acordo com o item 8 do CPC-02 taxa de fechamento "é a taxa de câmbio à vista vigente ao término do período de reporte"; **C:** conforme item 8 do CPC-02; **D:** o conceito de itens não monetários pode ser obtido por dedução a partir do conceito de itens monetários; **E:** conforme item 8 do CPC-02.
Gabarito "B".

(Auditor Fiscal/SC – FEPESE) Quais os elementos que devem ser considerados no cálculo do valor em uso do ativo?

(A) Estimativa dos fluxos de caixa futuros que a entidade espera obter com esse ativo; e o valor do dinheiro no tempo, representado pela atual taxa de juros livre de risco; inflação e taxa de câmbio.
(B) Expectativas sobre possíveis variações no montante ou período desses fluxos de caixa futuros; o valor do dinheiro no tempo, representado pela taxa de juros livre de risco; e o preço decorrente da incerteza inerente ao ativo; inflação e taxa de câmbio.
(C) Estimativa dos fluxos de caixa futuros que a entidade espera obter com esse ativo; e outros fatores, tais como falta de liquidez que participantes do mercado iriam considerar, ao determinar os fluxos de caixa futuros que a entidade espera obter com o ativo.
(D) Expectativas presentes dos fluxos de caixa futuros; taxa de juros ajustada e livre de risco; o preço decorrente da incerteza inerente ao ativo e ao setor empresarial; e outros fatores, tais como falta de liquidez, inflação, taxa de câmbio, etc.
(E) Estimativa dos fluxos de caixa futuros que a entidade espera obter com esse ativo; expectativas sobre possíveis variações no montante ou período desses fluxos de caixa futuros; o valor do dinheiro no tempo, representado pela atual taxa de juros livre de risco; o preço decorrente da incerteza inerente ao ativo; e outros fatores, tais como falta de liquidez que participantes do mercado iriam considerar, ao determinar os fluxos de caixa futuros que a entidade espera obter com o ativo.

Segundo o CPC-01 Redução ao Valor Recuperável de Ativos, item 30, os seguintes elementos devem ser refletidos no cálculo do valor em uso do ativo:
(a) estimativa dos fluxos de caixa futuros que a entidade espera obter com esse ativo;
(b) expectativas acerca de possíveis variações no montante ou no período de ocorrência desses fluxos de caixa futuros;
(c) valor do dinheiro no tempo, representado pela atual taxa de juros livre de risco;
(d) preço pela assunção da incerteza inerente ao ativo (prêmio); e
(e) outros fatores, tais como falta de liquidez, que participantes do mercado iriam considerar ao precificar os fluxos de caixa futuros esperados da entidade, advindos do ativo.
Gabarito "E".

(Auditor Fiscal/SC – FEPESE) De acordo com o CPC-07 (Subvenção e Assistência Governamentais), a subvenção governamental, inclusive subvenção não monetária a valor justo, não deve ser reconhecida, até que exista segurança de que:

(A) a entidade cumprirá todas as condições estabelecidas e a subvenção será recebida.
(B) o governo cumprirá todas as condições estabelecidas, independentemente da subvenção ser recebida.
(C) o governo cumprirá todas as condições estabelecidas, independentemente da subvenção ser recebida.
(D) a entidade cumprirá todas as condições estabelecidas, independentemente da subvenção ser recebida.
(E) tanto a entidade quanto o governo (municipal, estadual ou federal) cumprirão as condições estabelecidas, independentemente da subvenção a ser recebida.

Segundo o item 7 do CPC-07, uma subvenção governamental, inclusive subvenção não monetária a valor justo, não deve ser reconhecida até que exista segurança de que:
(a) a entidade cumprirá todas as condições estabelecidas; e
(b) a subvenção será recebida.
Gabarito "A".

(Auditor Fiscal/SC – FEPESE) De acordo com o CPC-01 – Redução ao Valor Recuperável de Ativos, Vida Útil é definida como:

(A) apenas o período de tempo no qual a entidade espera usar um ativo, independentemente do número de unidades de produção que a entidade espera obter ou produzir com esse ativo.
(B) o período de tempo, não superior ao ciclo operacional da entidade, no qual a entidade espera usar um ativo.
(C) o período de tempo no qual a entidade espera usar um ativo ou o número de unidades de produção ou de unidades semelhantes que a entidade espera obter do ativo.

(D) o período de tempo no qual a entidade espera usar um ativo com objetivo de gerar benefícios presentes e futuros, respeitando o ciclo operacional especifico da atividade da entidade.
(E) o período de tempo no qual a entidade espera usar um ativo com objetivo de gerar benefícios presentes e futuros, respeitando sua vida remanescente além do ciclo operacional específico da atividade.

De acordo com o item 6 do CPC-01, Vida útil é:
(a) o período de tempo durante o qual a entidade espera utilizar um ativo; ou
(b) o número de unidades de produção ou de unidades semelhantes que a entidade espera obter do ativo.
Gabarito "C".

(Auditor Fiscal/SC – FEPESE) Assinale a alternativa que apresenta algumas contas pertencentes/registradas no sub-grupo "Ativos Intangíveis".
(A) Patentes, terrenos, prédios, franquias, direitos autorais.
(B) Software, direitos autorais, veículos, licenças, marcas.
(C) Licenças, patentes, marcas, direitos autorais, arrendamento mercantil financeiro.
(D) Marcas, pesquisa e desenvolvimento (quando ativáveis), patente, direitos autorais.
(E) Terrenos, prédios, veículos, instalações, máquinas.

O artigo 179 da Lei 6.404/1976 define que no ativo intangível serão registrados "os direitos que tenham por objeto bens incorpóreos destinados à manutenção da companhia ou exercidos com essa finalidade, inclusive o fundo de comércio adquirido." Dentre os itens da questão, apenas a letra "d" elenca somente ativos com essas características.
Gabarito "D".

(Auditor Fiscal/SC – FEPESE) Assinale a alternativa correta em relação ao conceito do MEP (método da equivalência patrimonial).
(A) a equivalência patrimonial é baseada no fato de que apenas lucros e prejuízos devem ser reconhecidos (contabilizados).
(B) a equivalência patrimonial é baseada no fato de que os resultados e quaisquer variações patrimoniais de uma controlada ou coligada devem ser reconhecidos (contabilizados) no momento de sua geração, independentemente de serem ou não distribuídos.
(C) a equivalência patrimonial é baseada no fato de que apenas os resultados de uma controladora ou coligada devem ser reconhecidos (contabilizados) no momento de sua geração, independentemente de serem ou não distribuídos.
(D) a equivalência patrimonial é baseada no fato de que os lucros e outras variações patrimoniais positivas de uma controlada ou coligada devem ser reconhecidos (contabilizados) no momento de sua geração, independentemente de serem ou não distribuídos.
(E) a equivalência patrimonial é baseada no fato de que apenas os lucros de uma controlada ou coligada devem ser reconhecidos (contabilizados) no momento de sua geração, independentemente de serem ou não distribuídos.

O método de equivalência patrimonial define que todas as variações no patrimônio líquido da investida são reconhecidos na investidora.
Gabarito "B".

(Auditor Fiscal/SC – FEPESE) Uma empresa adquire uma máquina para produzir um novo produto, por R$ 150.000,00. A empresa paga 80% desse valor à vista e promete pagar o restante em 90 dias. O que acontece com esses eventos na contabilidade?
(A) Aumento de R$ 30.000,00 no total do ativo.
(B) Aumento de R$ 120.000,00 no total do ativo.
(C) Aumento de R$ 150.000,00 no total do ativo.
(D) Aumento de R$ 150.000,00 no total do ativo e R$ 30.000,00 no total do passivo.
(E) Uma diminuição de R$ 120.000,00 no total do ativo e um aumento de R$ 30.000,00 no passivo.

A operação implicará uma redução no caixa de R$ 120.000,00 (80% pago à vista) e um aumento da conta máquinas no valor de R$ 150.000,00, implicando um aumento líquido de R$ 30.000,00 no ativo. A operação causará também um aumento de R$ 30.000,00 no passivo em decorrência do registro do montante a pagar em 90 dias.
Gabarito "A".

(Auditor Fiscal/SC – FEPESE) Todas as definições abaixo estão corretas, exceto:
(A) A incorporação é a operação pela qual uma ou mais sociedades são absorvidas por outra, que a sucede em todos os direitos e obrigações, enquanto a fusão é a operação pela qual se unem duas ou mais sociedades para formar sociedade nova, que as sucederá em todos os direitos e obrigações.
(B) A cisão é a operação pela qual a companhia transfere parcelas do seu patrimônio para uma ou mais sociedades constituídas para esse fim, ou já existentes, extinguindo-se a companhia cindida, se houver versão de todo o seu patrimônio, e dividindo-se o seu capital, se parcial a versão.
(C) A incorporação é a operação pela qual se unem duas ou mais sociedades para formar sociedade nova, que lhes sucederá em todos os direitos e obrigações, enquanto a fusão é a operação pela qual uma ou mais sociedades são absorvidas por outra, que a sucede em todos os direitos e obrigações.
(D) A incorporação é a operação pela qual uma ou mais sociedades são absorvidas por outra, que a sucede em todos os direitos e obrigações, enquanto a cisão é a operação pela qual a companhia transfere parcelas do seu patrimônio para uma ou mais sociedades, constituídas para esse fim, ou já existentes, extinguindo-se a companhia cindida, se houver versão de todo o seu patrimônio, e dividindo-se o seu capital, se parcial a versão.
(E) A fusão é a operação pela qual se unem duas ou mais sociedades para formar sociedade nova, que as sucederá em todos os direitos e obrigações.

A: o artigo 227da Lei 6.404/1976 define que incorporação é a operação pela qual uma ou mais sociedades são absorvidas por outra, que lhes sucede em todos os direitos e obrigações, e o artigo 228 define fusão como a operação pela qual se unem duas ou mais sociedades para formar sociedade nova, que lhes sucederá em todos os direitos e obrigações; B: o artigo 229 da Lei 6.404/1976 define cisão como a operação pela qual a companhia transfere parcelas do seu patrimônio para uma ou mais sociedades, constituídas para esse fim ou já existentes, extinguindo-se a companhia cindida, se houver versão de todo o seu patrimônio, ou dividindo-se o seu capital, se parcial a versão; C: o artigo 227 da Lei 6.404/1976 define que incorporação é a operação pela qual uma ou mais sociedades são absorvidas por outra, que lhes sucede em todos os direitos e obrigações; D: o artigo

227 da Lei 6.404/1976 define que incorporação é a operação pela qual uma ou mais sociedades são absorvidas por outra, que lhes sucede em todos os direitos e obrigações; E: o artigo 228 da Lei 6.404/1976 define fusão como a operação pela qual se unem duas ou mais sociedades para formar sociedade nova, que lhes sucederá em todos os direitos e obrigações.

Gabarito "C".

(Auditor Fiscal/SC – FEPESE) Quanto ao CPC-08 Custos de Transação e Prêmios na Emissão de Títulos e Valores Mobiliários, a entidade deve divulgar as seguintes informações, para cada natureza de captação de recursos (títulos patrimoniais ou de dívida):

(A) a identificação de cada processo de captação de recursos, agrupando-os conforme sua natureza; o montante dos custos de transação incorridos em cada processo de captação; o montante de quaisquer prêmios obtidos no processo de captação de recursos, por intermédio da emissão de títulos de dívida ou de valores mobiliários; a taxa de juros efetiva (tir) de cada operação; o montante dos custos de transação e prêmios (se for o caso) a serem apropriados ao resultado em cada período subsequente.

(B) o montante dos custos de transação incorridos em cada processo de captação; o montante de quaisquer prêmios obtidos no processo de captação de recursos, por intermédio da emissão de títulos de dívida ou de valores mobiliários; a taxa de juros nominal (tir) de cada operação; o montante dos custos de transação e prêmios a serem apropriados ao patrimônio líquido; os valores das emissões e os ganhos.

(C) o montante dos custos de transação incorridos em cada processo de captação; a taxa de juros composto de cada operação; o montante dos custos de transação e prêmios (se for o caso) a serem apropriados ao patrimônio líquido.

(D) o montante de quaisquer prêmios obtidos no processo de captação de recursos por intermédio da emissão de títulos de dívida ou de valores mobiliários; a taxa de juros nominal de cada operação; e o montante dos custos de transação.

(E) os custos de transação; os juros compostos das operações; e o retorno sobre o investimento provável.

O item 20 do CPC-08 exige a divulgação das seguintes situações:
(a) a identificação de cada processo de captação de recursos agrupando-os conforme sua natureza;
(b) o montante dos custos de transação incorridos em cada processo de captação;
(c) o montante de quaisquer prêmios obtidos no processo de captação de recursos por intermédio da emissão de títulos de dívida ou de valores mobiliários;
(d) a taxa de juros efetiva (tir) de cada operação; e
(e) o montante dos custos de transação e prêmios (se for o caso) a serem

Gabarito "A".

(Auditor Fiscal/SC – FEPESE) Quanto à unidade geradora de caixa, pode afirmar:

(A) A identificação de uma unidade geradora de caixa não requer julgamento.

(B) As unidades geradoras de caixa são apenas aquelas responsáveis pela geração de caixa decorrentes das atividades operacionais apresentadas na demonstração do fluxo de caixa.

(C) Unidade geradora de caixa é o menor grupo identificável de ativos que gera as entradas de caixa, que são em grande parte independentes das entradas de caixa de outros ativos ou de grupos de ativos.

(D) Unidade geradora de caixa é o menor grupo identificável de ativos que gera as saídas de caixa, que são em grande parte independentes das saídas de caixa de outros ativos ou de grupos de ativos.

(E) Unidade geradora de caixa é o maior grupo identificável de ativos que gera as entradas e saídas de caixa, que são em grande parte independentes das entradas e das saídas de caixa de outros ativos ou de grupos de ativos.

Segundo o item 6 do CPC-01, a Unidade geradora de caixa é o menor grupo identificável de ativos que gera entradas de caixa, entradas essas que são em grande parte independentes das entradas de caixa de outros ativos ou outros grupos de ativos.

Gabarito "C".

(Auditor Fiscal/SC – FEPESE) Quanto à caixa e equivalentes de caixa, pode-se afirmar:

(A) Equivalentes de caixa são todos os ativos que se tornarão em algum momento caixa.

(B) Caixa e equivalentes de caixa incluem somente caixa e depósitos à vista.

(C) Caixa e equivalentes de caixa incluem não somente caixa e depósitos à vista, mas também outros tipos de contas que possuem as mesmas características de liquidez em relação ao caixa. Equivalentes de caixa não incluem investimentos de curto prazo de alta liquidez.

(D) Caixa e equivalentes de caixa incluem não somente caixa e depósitos à vista, mas também outros tipos de contas que possuem as mesmas características de liquidez em relação ao caixa. Equivalentes de caixa incluem investimentos de curto prazo de alta liquidez.

(E) Caixa e equivalentes de caixa incluem não somente caixa e depósitos à vista, mas também outros tipos de contas que possuem as mesmas características de liquidez em relação ao caixa. Equivalentes de caixa incluem investimentos de curto prazo e médio prazo.

Segundo o item 6 do CPC-03, equivalentes de caixa são aplicações financeiras de curto prazo, de alta liquidez, que são prontamente conversíveis em montante conhecido de caixa e que estão sujeitas a um insignificante risco de mudança de valor.

Gabarito "D".

(Auditor Fiscal/SC – FEPESE) Em relação ao teste no valor recuperável de ativos (*impairment test*), assinale a alternativa **correta**.

(A) O valor recuperável consiste no menor valor entre o valor líquido de venda e o valor em uso.

(B) O valor recuperável consiste no maior valor entre o valor líquido de venda e o valor em uso.

(C) O valor Líquido de venda é aquele formalizado por uma operação compulsória, sem dedução das despesas de venda.

(D) O cálculo do valor recuperável dos ativos, sem exceções, deve ser efetuado somente quando existirem evidências de possíveis perdas.

(E) O cálculo do valor recuperável dos ativos, sem exceções, deve ser efetuado somente quando existirem evidências de possíveis perdas. Essas perdas são lançadas diretamente no patrimônio líquido.

Segundo o item 6 do CPC-01, Valor recuperável de um ativo ou de unidade geradora de caixa é o maior montante entre o seu valor justo líquido de despesa de venda e o seu valor em uso.
Gabarito "B".

(Auditor Fiscal da Receita Federal – ESAF) São atributos necessários para identificar a existência dos ativos Permanente Investimentos

(A) constituírem direitos de qualquer natureza, essência ou forma destinados à continuidade da empresa.
(B) representarem direitos de qualquer natureza, essência ou forma destinados ao desenvolvimento da atividade principal da empresa.
(C) não possuírem a característica de realização e não se destinarem à manutenção da atividade da empresa.
(D) serem destinados ao desenvolvimento da atividade principal da empresa e à capacidade de transformação em moeda.
(E) somente representarem direitos não destinados à utilização no desenvolvimento da atividade principal da empresa.

O inciso III do artigo 179 da Lei 6.404/1976 define que no Ativo Permanente - Investimentos são registradas "as participações permanentes em outras sociedades e os direitos de qualquer natureza, não classificáveis no ativo circulante, e que não se destinem à manutenção da atividade da companhia ou da empresa".
Gabarito "C".

(Auditor Fiscal da Receita Federal – ESAF) A Cia. ABC adquire 2% do total de ações da Cia. Lavandisca. Na ocasião da operação, o preço acordado envolvia o valor das ações e dividendos adquiridos, relativos a saldos, de Reservas e Lucros Acumulados, preexistentes e ainda não distribuídos. No momento em que ocorrer o efetivo pagamento dos dividendos referentes a esses itens, o tratamento contábil dado a esse evento deverá ser:

(A) creditar o valor correspondente a esse dividendo em conta de receita não operacional em contrapartida do registro do ingresso do recurso no caixa.
(B) ajustar o resultado do exercício e creditar o valor correspondente a esse dividendo em conta de deságio em aquisição de investimentos permanentes em contrapartida do registro do ingresso do recurso no caixa.
(C) lançar o valor correspondente a esse dividendo a crédito da conta participação societária em contrapartida do registro do ingresso do recurso no caixa.
(D) registrar os dividendos recebidos como receita operacional em contrapartida ao lançamento de débito na conta caixa.
(E) considerar o valor recebido como receita não operacional e debitando em contrapartida da conta ágio em investimentos societários.

Como o valor do investimento já incluía o valor dos dividendos ainda não distribuídos, ao receber esses valores, a empresa baixará o investimento (crédito) em contrapartida da entrada dos recursos em caixa (débito).
Gabarito "C".

(Auditor Fiscal da Receita Federal – ESAF) A diferença verificada, ao final do período, entre o valor da participação societária relevante de companhia aberta e o resultante da aplicação do percentual de sua participação no patrimônio líquido da empresa investida, é registrado como item do resultado operacional quando corresponder:

(A) a eventos que provoquem diminuição do percentual de participação no capital da investida se esta for uma coligada.
(B) a aumento no patrimônio líquido da empresa coligada decorrente da reavaliação de seus ativos.
(C) a eventos resultantes de aumentos do percentual de participação no capital social da empresa controlada.
(D) a variação cambial de investimento em coligada ou controlada e controlada no exterior.
(E) a diminuições do patrimônio líquido de coligadas provocadas por reavaliações de ativos.

A: a alteração no percentual de participação altera apenas o total do investimento, sem reflexo no resultado; **B:** quando o aumento na investida refere-se à reavaliação de ativos não altera o resultado, pois o aumento é registrado em conta de reserva de reavaliação de coligadas/controladas; **C:** a alteração no percentual de participação altera apenas o total do investimento, sem reflexo no resultado; **D:** a variação cambial de investimento será registrada como resultado operacional; **E:** o aumento na investida refere-se à reavaliação de ativos, não altera o resultado, pois o aumento é registrado em conta de reserva de reavaliação de coligadas/controladas.
Gabarito "D".

(Auditor Fiscal da Receita Federal – ESAF) A Cia. Jovial, controlada da Cia. Época, em um determinado exercício reconhece como ajustes de exercícios os efeitos relevantes decorrentes de efeitos da mudança de critério contábil. Neste caso, a controladora que avalia seu investimento pelo método de equivalência patrimonial deverá:

(A) registrar o efeito correspondente à sua participação em seu resultado como item operacional.
(B) proceder à realização de assembleia extraordinária e dar conhecimento aos acionistas minoritários do fato ocorrido na controlada.
(C) apenas efetuar a evidenciação do fato em notas explicativas e constar em ata de assembleia extraordinária.
(D) lançar também como Ajustes de Exercícios Anteriores o valor proporcional à sua participação societária.
(E) apenas fazer a evidenciação do fato em notas explicativas, tendo em vista que o fato não afeta o seu resultado.

O ajuste realizado na Cia. Jovial alterará o valor do seu Patrimônio Líquido, que é base de cálculo para registro do valor do investimento na Cia. Época, variação essa registrada como resultado operacional.
Gabarito "A".

(Auditor Fiscal da Receita Federal – ESAF) A Cia. Jaguaribe, em 01.03.2000, recebe em doação, do município x, um terreno industrial avaliado em R$ 250.000, para instalar uma nova unidade fabril. Essa operação, prevista no planejamento estratégico da empresa no item expansão, envolve um investimento total de 15,5 milhões com previsão para entrar em operação nos próximos dois anos. Indique o procedimento contábil que a Cia. Boa Sorte, detentora de 60% do capital votante dessa empresa, deverá ter em relação à doação do bem.

(A) Aplicar o percentual de participação no capital da controlada e registrar o valor apurado como Reserva de Lucros a Realizar.
(B) Reconhecer em seu resultado, no momento em que o evento ocorreu, uma receita operacional de valor proporcional à sua participação.
(C) Registrar em seu patrimônio líquido, como Reserva de Capital, o valor proporcional à sua participação societária.

(D) Indicar em notas explicativas o acréscimo patrimonial de sua investida e a potencialidade de um provável ganho de capital.
(E) Lançar ao final do exercício no qual a controlada registrou a incorporação do terreno como um ganho de capital relativo à doação.

A doação irá aumentar o ativo da Cia. Jaguaribe e consequentemente aumentará seu Patrimônio Líquido. O reflexo desse aumento na Cia. Boa Sorte será um aumento no investimento na mesma proporção, com contrapartida na receita operacional.
Gabarito "B".

(Auditor Fiscal da Receita Federal – ESAF) Na verificação de participação recíproca em operações de incorporação, o procedimento exigido pela Lei 6.404/1976 será:
(A) a empresa incorporada deverá alienar, no período de seis meses, a parcela de ações ou quotas que não excederem o valor dos lucros e reservas.
(B) somente a empresa incorporadora deverá publicar o fato em jornal de grande circulação no local onde estiver sediada, justificando a natureza e o valor da operação.
(C) mencionar o fato nos relatórios e demonstração financeira de ambas as sociedades e eliminar esse tipo de participação, no prazo máximo de um ano.
(D) mencionar esse fato apenas no relatório da administração, justificando a necessidade da operação e indicando as classes e valor nominal das ações envolvidas.
(E) alienar, no período de seis meses, a parcela de ações ou quotas que não excederem o valor dos lucros acumulados da incorporadora.

De acordo com o § 5º do artigo 244 da Lei 6.404/1976, "a participação recíproca, quando ocorrer em virtude de incorporação, fusão ou cisão, ou da aquisição, pela companhia, do controle de sociedade, deverá ser mencionada nos relatórios e demonstrações financeiras de ambas as sociedades, e será eliminada no prazo máximo de 1 (um) ano; no caso de coligadas, salvo acordo em contrário, deverão ser alienadas as ações ou quotas de aquisição mais recente ou, se da mesma data, que representem menor porcentagem do capital social".
Gabarito "C".

(Auditor Fiscal da Receita Federal – ESAF) A empresa Chuí S.A. possui investimentos na empresa Oiapoque S.A., tendo, de acordo com as determinações da Lei das Sociedades por Ações, a obrigatoriedade de efetuar a consolidação. No ano de 2002 a empresa Chuí adquiriu da empresa Oiapoque R$100.000,00 de fios elétricos para reformar suas instalações. Pressupondo que este lucro será eliminado e nunca mais realizado, pode-se:
(A) eliminar agora o Imposto de Renda e a contribuição social sobre ele incidente.
(B) excluir definitivamente o Imposto de Renda e a contribuição social pois não são devidos.
(C) excluir o Imposto de Renda e manter a contribuição social como despesa do período.
(D) manter o Imposto de Renda e eliminar a contribuição social das demonstrações.
(E) manter o Imposto de Renda e a contribuição social pois ambos são despesas do período.

Como a operação entre as empresas se concluiu, visto que os fios adquiridos foram utilizados na reforma da própria empresa Chuí, o imposto de renda e a contribuição social decorrentes da operação serão mantidos.
Gabarito "E".

(Auditor Fiscal da Receita Federal –ESAF) A empresa Fortaleza S.A. consolida em suas demonstrações financeiras a empresa controlada Rio Branco S.A. No ano de 2002 a empresa Fortaleza comprou da empresa Rio Branco S.A. mercadorias para revenda no valor de R$ 10.000.000,00, que ainda permanecem em seus estoques. Considerando uma alíquota de 25% de Imposto de Renda e 9% da Contribuição Social, totalizando 34%, indique o lançamento a ser efetuado no Balanço Patrimonial

Consolidado, relativo ao Imposto de Renda e à Contribuição Social.
(A) Nenhum, pois o Imposto de Renda e a Contribuição Social são despesas do Período.
(B) Débito de Lucros Acumulados e Crédito do Passivo Circulante no valor de R$ 3.400.000,00.
(C) Débito no Ativo Circulante e Crédito nos Lucros Acumulados no valor de R$ 3.400.000,00.
(D) Débito no Passivo Circulante e Crédito nos Lucros Acumulados no valor de R$ 3.400.000,00.
(E) Débito de Ativo Realizável a Longo Prazo e Crédito de Passivo Circulante no valor de R$ 2.500.000,00, pois somente o Imposto de Renda deve ser eliminado.

O imposto de renda e a contribuição da operação reduziram o resultado da empresa Rio Branco S.A. em R$ 3.400.000 (34% de R$ 10.000.000). Como a operação ainda não se realizou financeiramente, pois a empresa Fortaleza S.A. ainda não vendeu o estoque, esse valor precisa retornar ao lucro da empresa, através de um crédito na conta lucros e prejuízos acumulados. A contrapartida desta operação (débito) irá eliminar o efeito do pagamento do imposto, através de um débito no ativo circulante.
Gabarito "C".

(Auditor Fiscal da Receita Federal –ESAF) É fator condicional para a efetivação das condições aprovadas, de operação de fusão se os peritos nomeados determinarem que o valor dos patrimônios líquidos vertidos para a formação do novo capital social seja:
(A) inferior a 20% do capital preferencial das empresas envolvidas.
(B) pelo menos, igual ao montante do capital a realizar.
(C) no máximo 50% do capital ordinário anterior de cada uma das empresas.
(D) inferior ao total do capital preferencial anterior de cada uma das empresas.
(E) totalmente integralizado e superior a 50% do capital ordinário.

De acordo com o artigo 226 da Lei 6.404/1976, "as operações de incorporação, fusão e cisão somente poderão ser efetivadas nas condições aprovadas se os peritos nomeados determinarem que o valor do patrimônio ou patrimônios líquidos a serem vertidos para a formação de capital social é, ao menos, igual ao montante do capital a realizar".
Gabarito "B".

(Auditor Fiscal da Receita Federal – ESAF) A Cia. Alternativa emitiu debêntures 1998, que ainda estavam em circulação em 2000, ano em que essa empresa passa por um processo de cisão.

Com relação à integridade dos direitos dos debenturistas, pode-se afirmar que:
(A) os sócios dissidentes do processo de cisão responderão pelo prazo de 5 anos pelo valor de resgate das debêntures.

(B) a responsabilidade pelo resgate das debêntures somente poderá ser repassada aos acionistas ordinários que permanecerem nas novas sociedades.
(C) os sócios dissidentes do processo de cisão responderão pelo prazo de 10 anos pelo valor de resgate das debêntures.
(D) tanto a sociedade cindida quanto aquelas que absorveram parcelas de seu patrimônio respondem solidariamente pelo resgate das debêntures.
(E) apenas as novas sociedades surgidas do processo de cisão serão responsáveis pelo resgate das debêntures na proporção registrada em seus passivos.

O artigo 233 da Lei 6.404/1976 define que "na cisão com extinção da companhia cindida, as sociedades que absorverem parcelas do seu patrimônio responderão solidariamente pelas obrigações da companhia extinta. A companhia cindida que subsistir e as que absorverem parcelas do seu patrimônio responderão solidariamente pelas obrigações da primeira anteriores à cisão".
Gabarito "D".

(Auditor Fiscal da Receita Federal – ESAF) Em casos de liquidação de sociedades não é dado poder ao liquidante, sem a expressa autorização de assembleia, de:
(A) alienar bens móveis e imóveis da empresa em liquidação.
(B) receber e dar quitação em recebíveis da empresa em liquidação.
(C) convocar assembleia geral a cada 6 meses para prestar contas das operações praticadas.
(D) representar a companhia e praticar todos os atos necessários à liquidação.
(E) prosseguir na atividade social, ainda que, para facilitar o processo de liquidação, sem a expressa autorização da assembleia geral.

O parágrafo único do artigo 211 da Lei 6.404/1976 define que "sem expressa autorização da assembleia-geral o liquidante não poderá gravar bens e contrair empréstimos, salvo quando indispensáveis ao pagamento de obrigações inadiáveis, nem prosseguir, ainda que para facilitar a liquidação, na atividade social".
Gabarito "E".

Instruções para Resolução das próximas seis questões.

Em uma operação de verificação dos livros contábeis, realizada na Cia. Luanda, foi possível identificar os seguintes dados:

I. O Balanço Patrimonial dos exercícios 20x1 e 20x2

Contas Do Ativo	20x1	20x2
Disponibilidades	8.000	6.000
Clientes	12.000	22.500
(-) Prov. p/ Créditos de Liq. Duvidosa	(300)	(800)
Estoques	2.000	6.500
Participações Societárias	5.300	5.300
Imóveis	12.000	12.000
Equipamentos	15.000	20.000
Veículos	20.000	20.000
(-) Depreciação Acumulada	(2.000)	(7.500)
TOTAL DO ATIVO	72.000	84.000

CONTAS DO PASSIVO+PL	20x1	20x2
Contas a Pagar	1.000	4.000
Fornecedores	9.000	6.000
Dividendos a Pagar	------	3.000
Impostos Provisionados	1.000	2.000
Notas Promissórias a Pagar	10.000	------
Financiamentos de Longo Prazo	16.000	22.000
Capital Social	30.000	40.000
Reservas de Lucros	4.000	0
Lucros/Prejuízos Acumulados	1.000	7.000
TOTAL DO PASSIVO+PL	72.000	84.000

II. A Demonstração das Mutações do Patrimônio Líquido

	Capital Social	Reserva de Lucros	Lucros/ Prejuízos Ac.	Total
Saldo em 31.12.20x1	30.000	4.000	1.000	35.000
Transferências p/ Capital	4.000	(4.000)		0
Novas Subscrições	6.000			6.000
Incorporação do Resultado Líquido 19x2			9.000	9.000
Distribuição do Resultado				0
Dividendos			(3.000)	(3.000)
Saldo em 31.12.20x2	40.000	0	7.000	47.000

III. Itens da Demonstração de Resultado do Exercício

Itens Adicionais	20X1	20X2
Vendas	100.000	152.000
CMV	64.000	82.000
Despesas totais do período	34.000	59.000
Resultado antes do IR	2.000	11.000
Variações Cambiais Passivas	---	6.000
Despesas de Depreciações	2.000	5.500
Provisão p/ pagamento do Imposto de Renda	1.000	2.000
Provisão p/ Créditos de Liquidação Duvidosa	300	800

IV. Outras informações adicionais
As Notas Promissórias vencem em 180 dias.

Os financiamentos foram contratados junto ao Banco ABC em 30.12.20x1 pelo prazo de 8 anos, com carência de 3 anos e juros de 5% anuais, pagáveis ao final de cada período contábil. O saldo devedor é corrigido pela variação da moeda x, com pagamento do principal em 5 parcelas anuais após o período de carência.

Com base unicamente nos dados fornecidos, responder às próximas seis questões.

(**Auditor Fiscal da Receita Federal – ESAF**) O valor dos ingressos de caixa gerado pelas vendas no período examinado foi:

(A) 159.500
(B) 150.000
(C) 141.200
(D) 139.500
(E) 139.200

O saldo da conta clientes aumentou R$ 10.500 (R$ 22.500 – R$ 12.000), indicando que do total de receita de vendas esse valor não foi recebido no período. Além disso, a despesa de provisão no período foi igual ao saldo da provisão para devedores duvidosos, indicando que a provisão de R$ 300 ora constituída havia sido baixada. Sendo assim, do total de receitas de vendas, apenas R$ 141.200 (R$ 152.000 – R$ 10.500 – R$ 300) ingressaram no caixa da empresa.

Gabarito "C".

(**Auditor Fiscal da Receita Federal – ESAF**) Examinando os dados, verifica-se que a empresa pagou aos fornecedores o valor de:

(A) 89.500
(B) 86.500
(C) 85.000
(D) 82.000
(E) 75.500

O primeiro passo para a Resolução da questão é apurar o valor das compras no período, conforme apresentado a seguir:
CMV = Estoque inicial + Compras – Estoque Final
82.000 = 2.000 + Compras – 6.500
Compras = 82.000 – 2.000 + 6.500
Compras = 86.500
Com o valor das compras é possível definir a seguinte movimentação para a conta Fornecedores:

Fornecedores

Pagamentos	89.500	9.000	Saldo inicial
		86.500	Compras
		6.000	Saldo final

Gabarito "A".

(**Auditor Fiscal da Receita Federal – ESAF**) Com base nos dados identificados, pode-se afirmar que a saída de caixa para o pagamento de despesas foi:

(A) 52.700
(B) 50.700
(C) 44.700
(D) 45.500
(E) 43.700

Apresentamos a seguir o cálculo das despesas pagas no período, considerando as despesas que não representaram desembolso para a empresa.

Despesas totais do período	59.000
(-) Provisão p/ Créditos de Liquidação Duvidosa	(800)
(-) Despesas de Depreciações	(5.500)
(-) Variação no contas a pagar	(3.000)
(-) Variação de financiamentos de longo prazo	(6.000)
(=) Despesas pagas no período	43.700

Gabarito "E".

(**Auditor Fiscal da Receita Federal – ESAF**) No período a empresa efetuou compras de estoques no valor de:

(A) 89.500
(B) 86.500
(C) 85.000
(D) 82.000
(E) 75.500

Apresentamos a seguir o cálculo das compras efetuadas no período.
CMV = Estoque inicial + Compras – Estoque Final
82.000 = 2.000 + Compras – 6.500
Compras = 82.000 – 2.000 + 6.500
Compras = 86.500

Gabarito "B".

(**Auditor Fiscal da Receita Federal – ESAF**) Com os dados fornecidos e aplicando o método indireto para elaborar o fluxo de caixa, pode-se afirmar que a contribuição do resultado ajustado para a formação das disponibilidades é:

(A) 21.300
(B) 12.000
(C) 17.500
(D) 20.500
(E) 6.000

Ao Lucro Líquido do exercício devem ser somados os valores do resultado que não representaram movimentação nas disponibilidades da empresa, conforme apresentado a seguir:

Vendas	152.000
(-) CMV	(82.000)
(=) Lucro bruto	70.000
(-) Despesas totais do período	(59.000)
(=) Resultado antes do IR	11.000
(-) Provisão p/ pagamento do Imposto de Renda	(2.000)
(-) Provisão p/ Créditos de Liquidação Duvidosa	(800)
(=) Lucro líquido do exercício	8.200
(+) Variações Cambiais Passivas	6.000
(+) Despesas de Depreciações	5.500
(+) Provisão p/ Créditos de Liquidação Duvidosa	800
(=) Formação das disponibilidades	20.500

Gabarito "D".

(**Auditor Fiscal da Receita Federal – ESAF**) O valor dos itens de Investimentos que contribuíram para a variação das disponibilidades é:

(A) (5.500)
(B) (5.000)
(C) (500)
(D) 5.000
(E) 5.500

É possível verificar através da análise da variação dos saldos das contas do Ativo Permanente que a única que variou no período foi a de Equipamentos, que aumentou em R$ 5.000, indicando que houve uma variação negativa no mesmo valor das disponibilidades.

Gabarito "B".

(**Auditor Fiscal da Receita Federal – ESAF**) Representam operações que não afetam o fluxo de caixa:
(A) recebimento por doação de terrenos e depreciações lançadas no período.
(B) aquisição de bens não de uso e quitação de contrato de mútuo.

(C) alienação de participações societárias e depreciações lançadas no período.
(D) amortizações efetuadas no período de diferidos e venda de ações emitidas.
(E) repasse de recursos para empresas coligadas e aquisição de bens.

A: representa um aumento no Ativo Permanente e no Patrimônio Líquido, sem impacto no fluxo de caixa da empresa; **B:** as duas operações indicam saídas de caixa; **C:** a alienação de participações societárias indica a entrada de recursos em caixa; **D:** a venda de ações emitidas representa uma entrada de recursos em caixa; **E:** as duas operações indicam saídas de caixa.

Gabarito "A".

(**Auditor Fiscal da Receita Federal – ESAF**) No sistema contábil abaixo apresentado só faltou anotar as despesas incorridas no período. Todavia, considerando as regras do método das partidas dobradas, podemos calcular o valor dessas despesas.

Componentes	Valores
Capital	R$ 1.300,00
Receitas	R$ 1.000,00
Dívidas	R$ 1.800,00
Dinheiro	R$ 1.100,00
Clientes	R$ 1.200,00
Fornecedores	R$ 1.350,00
Prejuízos Anteriores	R$ 400,00
Máquinas	R$ 1.950,00

Com base nos elementos apresentados, pode-se afirmar que o valor das despesas foi
(A) R$ 200,00
(B) R$ 400,00
(C) R$ 800,00
(D) R$ 1.200,00
(E) R$ 1.400,00

Ao considerar que a única conta faltante para montar o Balanço Patrimonial da empresa é a de despesas, basta classificar adequadamente as contas e verificar que o valor das despesas é de R$ 800,00, conforme apresentado a seguir:

Ativo		Passivo	
Dinheiro	1.100,00	Dívidas	1.800,00
Clientes	1.200,00	Fornecedores	1.350,00
Máquinas	1.950,00	PL	
		Capital	1.300,00
		Receitas	1.000,00
		Prejuízos Anteriores	(400,00)
		Despesas	(800,00)
Total	4.250,00	Total	4.250,00

Gabarito "C".

(**Auditor Fiscal da Receita Federal – ESAF**) Eis aí as contas extraídas do balancete de verificação da empresa Emenes Ltda., em 31.12.2002:

Componentes	valores
Aluguéis Ativos	R$ 900,00
Adiantamento a Fornecedores	R$ 1.000,00
Caixa e Bancos	R$ 1.200,00
Capital Social	R$ 3.000,00
Clientes	R$ 1.500,00
Contas a Pagar	R$ 2.400,00
Custo da Mercadoria Vendida	R$ 300,00
Depreciação Acumulada	R$ 650,00
Descontos Concedidos	R$ 340,00
Descontos Obtidos	R$ 220,00
Duplicatas a Receber	R$ 1.600,00
Duplicatas Descontadas	R$ 1.350,00
Empréstimos Obtidos	R$ 1.040,00
Fornecedores	R$ 2.100,00
Insubsistência Ativa	R$ 160,00
Impostos	R$ 280,00
Impostos a Recolher	R$ 450,00
Juros Passivos	R$ 120,00
Máquinas e Equipamentos	R$ 2.010,00
Mercadorias	R$ 1.380,00
Móveis e Utensílios	R$ 2.250,00
Prejuízos Acumulados	R$ 900,00
Provisão p/ Devedores Duvidosos	R$ 400,00
Provisão p/ Imposto de Renda	R$ 200,00
Receitas de Serviços	R$ 300,00
Receitas de Vendas	R$ 260,00
Reserva de Reavaliação	R$ 1.000,00
Reserva Legal	R$ 840,00
Salários	R$ 750,00
Salários a Pagar	R$ 180,00
Seguros	R$ 90,00
Superveniências Passivas	R$ 80,00
Veículos	R$ 1.850,00

Com base nas contas e saldos anteriores, podemos dizer que, mesmo o balancete de verificação não estando fechado corretamente, ele apresenta:

(A) Ativo no valor de R$ 12.790,00
(B) Passivo no valor de R$ 7.720,00
(C) Patrimônio Líquido no valor de R$ 3.940,00
(D) Saldos Devedores no valor de R$ 15.650,00
(E) Saldos Credores no valor de R$ 13.250,00

A classificação das contas da questão de acordo com o saldo devedor ou credor está apresentada a seguir:

	Devedor	Credor
Aluguéis Ativos		900,00
Adiantamento a Fornecedores	1.000,00	
Caixa e Bancos	1.200,00	
Capital Social		3.000,00

Clientes	1.500,00	
Contas a Pagar		2.400,00
Custo da Mercadoria Vendida	300,00	
Depreciação Acumulada		650,00
Descontos Concedidos	340,00	
Descontos Obtidos		220,00
Duplicatas a Receber	1.600,00	
Duplicatas Descontadas		1.350,00
Empréstimos Obtidos		1.040,00
Fornecedores		2.100,00
Insubsistência Ativa		160,00
Impostos	280,00	
Impostos a Recolher		450,00
Juros Passivos	120,00	
Máquinas e Equipamentos	2.010,00	
Mercadorias	1.380,00	
Móveis e Utensílios	2.250,00	
Prejuízos Acumulados	900,00	
Provisão p/ Devedores Duvidosos		400,00
Provisão p/ Imposto de Renda		200,00
Receitas de Serviços		300,00
Receitas de Vendas		260,00
Reserva de Reavaliação		1.000,00
Reserva Legal		840,00
Salários	750,00	
Salários a Pagar		180,00
Seguros	90,00	
Superveniências Passivas		80,00
Veículos	1.850,00	
TOTAL	15.650,00	15.450,00

Gabarito "D".

(Auditor Fiscal da Receita Federal – ESAF) Na microempresa do meu Tio, no mês de outubro, os salários somados às horas-extras montaram a R$ 20.000,00. Os encargos de Previdência Social foram calculados em 11%, a parte do segurado, e em 22%, a parcela patronal.

Ao contabilizar a folha de pagamento, o Contador deverá fazer o seguinte registro:

(A)   Salários e Ordenados
    a Salários a Pagar   20.000,00
        Previdência Social
    a Previdência Social a Recolher   6.600,00

(B)   Salários e Ordenados
    a Salários a Pagar   17.800,00
        Previdência Social
    a Previdência Social a Recolher   6.600,00

(C)   Salários e Ordenados
    a Salários a Pagar   17.800,00
        Previdência Social
    a Previdência Social a Recolher   4.400,00

(D)   Salários e Ordenados
    a Salários a Pagar   17.800,00
        Salários a Pagar
    a Previdência Social a Recolher   2.200,00
        Previdência Social
    a Previdência Social a Recolher   4.400,00

(E)   Salários e Ordenados
    a Salários a Pagar   20.000,00
        Salários a Pagar
    a Previdência Social a Recolher   2.200,00
        Previdência Social
    a Previdência Social a Recolher   4.400,00

Os 11% referentes à parte do segurado não representam uma despesa adicional da empresa, visto que esse valor é descontado do salário dos funcionários. A parte patronal de 22%, no entanto, é uma despesa adicional da empresa. Sendo assim, os lançamentos contábeis da folha de pagamento estão apresentados a seguir:

Salários e ordenados a Salários a pagar   20.000,00
Justificativa: débito de despesa e crédito de salários a pagar, indicando o compromisso da empresa com os funcionários.
Salários a pagar a Previdência social a recolher   2.200,00
Justificativa: o débito em salários a pagar reduz o valor a ser pago aos funcionários decorrente da retenção dos encargos da previdência da parte referente ao segurado. O crédito é em previdência social a recolher, pois esse valor será repassado para a previdência social
Previdência social a Previdência social a recolher   4.400,00
Justificativa: por se tratar da parcela patronal da previdência social, o valor deve ser debitado como despesa e creditado como um passivo à previdência social.

Gabarito "E".

(Auditor Fiscal da Receita Federal – ESAF) A firma Rinho Ltda. apresenta as seguintes rubricas vinculadas ao resultado do exercício:

COFINS	R$ 180,00
Custo da Mercadoria Vendida	R$ 2.800,00
Despesas Financeiras	R$ 600,00
ICMS s/ Vendas	R$ 720,00
PIS s/ Faturamento	R$ 60,00
Receita Operacional Bruta	R$ 6.000,00
Salários e Ordenados	R$ 1.000,00

Com base nos dados apresentados, pode-se dizer que a empresa apresenta:

(A) Receita Líquida de Vendas R$ 5.280,00
(B) Receita Líquida de Vendas R$ 2.240,00
(C) Lucro Operacional Bruto R$ 5.040,00
(D) Lucro Operacional Líquido R$ 2.240,00
(E) Lucro Operacional Líquido R$ 640,00

Com base nos dados apresentados pela questão, é possível montar a seguinte Demonstração do Resultado do Exercício:

Receita Operacional Bruta	6.000,00
(-) ICMS s/ Vendas	(720,00)
(-) PIS s/ Faturamento	(60,00)
(=) Receita líquida	5.220,00
(-) Custo da Mercadoria Vendida	(2.800,00)
(=) Lucro bruto	2.420,00
(-) COFINS	(180,00)
(-) Despesas Financeiras	(600,00)
(-) Salários e Ordenados	(1.000,00)
(=) Lucro líquido	640,00

Gabarito "E".

(Auditor Fiscal da Receita Federal – ESAF) Observemos os seguintes fatos administrativos: aluguel de R$ 200,00 mensais que foi contratado em 30 de agosto de 2002, mas foi pago apenas até 30 de novembro do mesmo ano; compra de mercadorias por R$ 4.000,00, tendo sido vendido no mesmo ano 40% do volume adquirido, com lucro de 15%; salário de dezembro de R$ 500,00 com INSS de 11% dos empregados e 20% dos empregadores e FGTS de 8%.

Considerando o registro contábil correto desses eventos, podemos dizer que eles reduziram o lucro do ano de 2002 no valor de

(A) R$ 1.000,00
(B) R$ 1.200,00
(C) R$ 1.255,00
(D) R$ 1.440,00
(E) R$ 1.680,00

Apresentamos a seguir o quadro com o resumo do impacto dos eventos no resultado do exercício:

Evento	Receita	Custo	Despesa	Lucro/prejuízo
Aluguel de R$ 200,00 mensais, que foi contratado em 30 de agosto de 2002, mas foi pago apenas até 30 de novembro do mesmo ano;			800,00	(800,00)
Compra de mercadorias por R$ 4.000,00, tendo sido vendido no mesmo ano 40% do volume adquirido, com lucro de 15%;	1.840,00	1.600,00		240,00
Salário de dezembro de R$ 500,00 com INSS de 11% dos empregados e 20% dos empregadores e FGTS de 8%.			640,00	(640,00)
TOTAL	1.840,00	1.600,00	1.440,00	(1.200,00)

O aluguel foi considerado no montante de R$ 800,00 por se tratar de um valor mensal referente aos meses de setembro a dezembro. A venda de mercadorias teve o custo de R$ 1.600,00 por referir-se a 40% do total adquirido e a receita de R$ 1.840,00 decorre do lucro de 15%. A despesa de salários no total de R$ 640,00 refere-se ao salário (R$ 500,00), o INSS do empregador (R$ 100,00) e o FGTS (R$ 40,00). O INSS dos empregados não entra no cálculo por se tratar de um desconto sobre o salário, não representando nova despesa para a empresa.

Gabarito "B".

(Auditor Fiscal da Receita Federal – ESAF) Ao examinarmos a carteira de cobrança da empresa Gaveteiro S/A., encontramos diversas duplicatas a receber, algumas ainda a vencer, no valor de R$ 120.000,00; outras já vencidas, no valor de R$ 112.000,00; mais algumas em fase de cobrança, já protestadas, no valor de R$ 111.000,00 e outras descontadas em Bancos, no valor de R$ 98.000,00. Também havia uma Provisão para Créditos Incobráveis com saldo credor de R$ 4.000,00.

Pelo conhecimento que temos da empresa e de sua carteira de cobrança, sabemos que a experiência de perda com esses créditos tem sido de cerca de 4%, sendo correto um provisionamento deste porte.

Feitas as provisões e contabilizadas corretamente, com base em 4% dos devedores duvidosos, é correto dizer que a Demonstração do Resultado do Exercício conterá como despesa dessa natureza o valor de

(A) R$ 9.720,00
(B) R$ 9.640,00
(C) R$ 8.760,00
(D) R$ 5.800,00
(E) R$ 5.280,00

A Provisão para Devedores Duvidosos deve ser calculada sobre as duplicatas a vencer (R$ 120.000), vencidas (R$ 112.000) e em cobrança (R$ 111.000), totalizando uma base de cálculo de R$ 343.000. Ao calcularmos 4% sobre esse valor, apuramos R$ 13.720. Como já havia contabilizado R$ 4.000, a empresa deverá complementar lançando R$ 9.720 adicionais, sendo esse o valor da despesa.

Gabarito "A".

(Auditor Fiscal da Receita Federal – ESAF) A máquina ALFA foi comprada por R$ 130.000,00 em 01/10/2001 e a máquina BETA foi comprada pelo mesmo preço, em 01/04/2002. Ambas as máquinas têm durabilidade igual: deverão ser usadas durante dez anos.

O desgaste físico desses bens deverá ter contabilização anual. Assim sendo, na Demonstração de Resultado do Exercício de 2002, elaborada em 31.12.02, constarão Encargos de Depreciação no valor de

(A) R$ 3.250,00, referente à máquina BETA.
(B) R$ 9.750,00, referente à máquina ALFA.
(C) R$ 13.000,00, referente à máquina BETA.
(D) R$ 16.250,00, referente à máquina ALFA.
(E) R$ 22.750,00, referente a ambas as máquinas.

Ao perguntar qual o valor dos encargos de depreciação em 2002, a questão quer saber o valor da despesa de depreciação. Nesse caso, como a máquina Alfa foi adquirida em 2001, ela foi depreciada de outubro de 2001 a dezembro de 2002, devendo, no entanto, constar como despesa de 2002 apenas o valor da depreciação referente ao período compreendido entre janeiro a dezembro de 2002 (12 meses). A máquina Beta, adquirida em abril de 2002, foi depreciada por nove meses. Apresentamos a seguir o cálculo da depreciação do ano de 2002.

Máquina	Valor do bem	Depreciação mensal	Quantidade de meses depreciados em 2002	Valor da depreciação
Alfa	130.000,00	1.083,33	12	13.000,00
Beta	130.000,00	1.083,33	9	9.750,00
Total				22.750,00

Gabarito "E".

(**Auditor Fiscal da Receita Federal – ESAF**) Fomos chamados a calcular os dividendos a distribuir, no segundo semestre, da empresa Rentábil. A empresa é uma sociedade anônima e os seus estatutos determinam que os dividendos devem ser o mínimo obrigatório de acordo com a Lei, mas não estabelecem o valor percentual sobre o lucro líquido. Os valores que encontramos para montar a base de cálculo foram: reserva estatutária de R$ 6.500,00, participação de administradores no lucro de R$ 7.000,00, participação de empregados no lucro de R$ 8.000,00, Provisão para o Imposto de Renda e CSLL de R$ 95.000,00 e lucro líquido, antes do imposto de renda, de R$ 180.000,00. Ficamos com o encargo de calcular o valor da reserva legal e do dividendo mínimo obrigatório.
Feitos os cálculos corretamente, podemos afirmar com certeza que o dividendo será no valor de
(A) R$ 15.000,00
(B) R$ 16.625,00
(C) R$ 30.000,00
(D) R$ 33.250,00
(E) R$ 35.000,00

O artigo 202 da Lei 6.404/1976 define as regras para o dividendo obrigatório, sendo essas: "os acionistas têm direito de receber como dividendo obrigatório, em cada exercício, a parcela dos lucros estabelecida no estatuto ou, se este for omisso, a importância determinada de acordo com as seguintes normas:
I - metade do lucro líquido do exercício diminuído ou acrescido dos seguintes valores:
a) importância destinada à constituição da reserva legal (art. 193); e
b) importância destinada à formação da reserva para contingências (art. 195) e reversão da mesma reserva formada em exercícios anteriores;
II - o pagamento do dividendo determinado nos termos do inciso I poderá ser limitado ao montante do lucro líquido do exercício que tiver sido realizado, desde que a diferença seja registrada como reserva de lucros a realizar (art. 197);
III - os lucros registrados na reserva de lucros a realizar, quando realizados e se não tiverem sido absorvidos por prejuízos em exercícios subsequentes, deverão ser acrescidos ao primeiro dividendo declarado após a realização".
Apresentamos a seguir a memória de cálculo do dividendo:

Lucro líquido antes do imposto	180.000,00
(-) Provisão para IR e CS	(95.000,00)
(-) Participação dos empregados	(8.000,00)
(-) Participação dos administradores	(7.000,00)
(=) Lucro líquido	70.000,00
Reserva legal (5% do lucro líquido)	3.500,00
Base de cálculo para dividendos (lucro líquido excluído valor da reserva legal)	66.500,00
Dividendo (50% da base de cálculo)	33.250,00

Gabarito "D".

(**Técnico da Receita Federal – ESAF**) A empresa Primavera Ltda., no encerramento do exercício de 2002, obteve as seguintes informações, conforme segue:

	Valores em R$
Adiantamento a Fornecedores	1.000,00
Adiantamento de Clientes	2.000,00
Ativo Imobilizado	20.000,00
Capital Social	29.000,00
Contas a Pagar	40.000,00
Depreciação Acumulada	2.000,00
Despesas Antecipadas	1.000,00
Disponibilidades	1.000,00
Duplicatas a Receber	30.000,00
Estoques	20.000,00
Realizável a Longo Prazo	2.000,00
Reserva Legal	2.000,00

Assinale a opção correta, que corresponde ao valor do Ativo que estará presente no Balanço Patrimonial.
(A) R$ 71.000,00
(B) R$ 72.000,00
(C) R$ 73.000,00
(D) R$ 74.000,00
(E) R$ 75.000,00

Apresentamos as contas descritas na questão que compõem o ativo:

Descrição	Valor
Adiantamento a Fornecedores	1.000,00
Ativo Imobilizado	20.000,00
Depreciação Acumulada	(2.000,00)
Despesas Antecipadas	1.000,00
Disponibilidades	1.000,00
Duplicatas a Receber	30.000,00
Estoques	20.000,00
Realizável a Longo Prazo	2.000,00
Total do ativo	73.000,00

Gabarito "C".

(**Técnico da Receita Federal – ESAF**) A empresa Internacional S/A., no encerramento do exercício de 2002, obteve as seguintes informações, conforme segue:

	Valores em R$
Adiantamento a Fornecedores	15.000,00
Ativo Imobilizado	1.300.000,00
Contas a Pagar	1.100.000,00
Disponibilidades	150.000,00
Duplicatas a Receber	1.200.000,00
Empréstimos	1.000.000,00
Estoques	850.000,00
Lucros Acumulados	200.000,00
Reserva Legal	10.000,00

Na elaboração do Balanço Patrimonial da empresa, os valores do Patrimônio Líquido e do Capital Social Integralizado serão:

	Valores em R$	
	Patrimônio Líquido	Capital Social Integralizado
(A)	1.400.000,00	1.190.000,00
(B)	1.400.000,00	1.205.000,00
(C)	1.415.000,00	1.205.000,00
(D)	1.415.000,00	1.225.000,00
(E)	1.425.000,00	1.225.000,00

Ao classificar as contas apresentadas na questão, apuramos um Ativo Total igual a R$ 3.515.000,00 e Passivo igual a R$ 2.100.000,00, o que implica que o Patrimônio Líquido deve ser igual a R$ 1.415.000,00 (R$ 3.515.000,00 – R$ 2.100.000,00). Como a única conta não apresentada é o Capital Social, e as demais contas do Patrimônio Líquido somam R$ 210.000,00, é possível concluir que o valor do Capital Social é de R$ 1.205.000,00, conforme apresentado a seguir:

ATIVO		PASSIVO	
Disponibilidades	150.000,00	Contas a Pagar	1.100.000,00
Adiantamento a Fornecedores	15.000,00	Empréstimos	1.000.000,00
Estoques	850.000,00		
Duplicatas a Receber	1.200.000,00	Patrimônio líquido	1.415.000,00
Ativo Imobilizado	1.300.000,00	Capital Social	1.205.000,00
		Lucros Acumulados	200.000,00
		Reserva Legal	10.000,00
Total	3.515.000,00	Total	3.515.000,00

Gabarito "C".

(Técnico da Receita Federal – ESAF) A Companhia Tríplice, no encerramento do exercício de 2002, obteve as seguintes informações, conforme segue:

	Valores em R$
Lucro Bruto	90.000,00
Lucro Operacional	70.000,00
Receitas Financeiras	2.000,00
Despesas Financeiras	10.000,00
Participação dos empregados	7.000,00
Provisão para Imposto de Renda e Contribuição Social sobre o Lucro Líquido	15.000,00

Assinale a opção correta, que contém o valor da Reserva Legal que deverá ser constituída, considerando que o saldo final da Reserva terá um percentual inferior ao limite legal.

(A) R$ 1.400,00
(B) R$ 1.800,00
(C) R$ 2.200,00
(D) R$ 2.400,00
(E) R$ 2.800,00

A reserva legal segue as regras de constituição definidas no artigo 193 da Lei 6.404.

Art. 193. Do lucro líquido do exercício, 5% (cinco por cento) serão aplicados, antes de qualquer outra destinação, na constituição da reserva legal, que não excederá de 20% (vinte por cento) do capital social.
§ 1º A companhia poderá deixar de constituir a reserva legal no exercício em que o saldo dessa reserva, acrescido do montante das reservas de capital de que trata o § 1º do artigo 182, exceder de 30% (trinta por cento) do capital social.
Considerando que o lucro operacional já contempla em seu valor o lucro bruto, as receitas financeiras e as despesas financeiras, esses valores não serão considerados no cálculo do lucro líquido, que é a base de cálculo do lucro líquido, conforme apresentado a seguir:

Lucro operacional	70.000,00
Participação dos empregados	(7.000,00)
Provisão para IR e CSLL	(15.000,00)
Lucro líquido do exercício	48.000,00
Reserva legal (5% do lucro líquido)	2.400,00

Gabarito "D".

(Técnico da Receita Federal – ESAF) A empresa Espera Ltda. determinou ao Banco do Brasil que protestasse um título, que estava em seu poder para cobrança, no valor de R$ 25.000,00; não suficiente, envidou esforços judiciais sem sucesso. A venda que originou o título havia acontecido no exercício anterior. Ao final do exercício anterior, a empresa possuía o seguinte Balanço Patrimonial:

Valores em R$

Ativo	
Ativo Circulante	330.000,00
Disponibilidades	10.000,00
Caixa e Bancos	10.000,00
Realizável a Curto Prazo	320.000,00
Duplicatas a Receber	200.000,00
Devedores Duvidosos	-30.000,00
Estoques	150.000,00
Ativo Permanente	180.000,00
Imobilizado	200.000,00
Depreciação acumulada	-20.000,00
Ativo Total	510.000,00
Passivo	
Passivo Circulante	220.000,00
Fornecedores	220.000,00
Patrimônio Líquido	290.000,00
Capital Social	200.000,00
Reserva Legal	10.000,00
Lucros Acumulados	80.000,00
Total do Passivo	510.000,00

Assinale a opção em que o registro contábil da operação, de baixa do título, está correto.

		Valores em R$	
	Contas	Débito	Crédito
(A)	Despesas com Títulos Incobráveis a	25.000	
	Duplicatas Descontadas		25.000

(B)	Devedores Duvidosos	25.000	
	a Duplicatas a Receber		25.000
(C)	Despesas com Títulos Incobráveis	25.000	
	a Duplicatas a Receber		25.000
(D)	Ajuste de Exercícios Anteriores	25.000	
	a Duplicatas a Receber		25.000
(E)	Despesas com Títulos Incobráveis	25.000	
	a Bancos Conta Movimento		25.000

No exercício financeiro cujo título foi originado havia uma Provisão para Devedores Duvidosos em montante suficiente para comportar a perda. Sendo assim, quando a empresa for efetuar a baixa do título, ela deverá fazê-lo em contrapartida à provisão existente, ficando o débito na conta Devedores Duvidosos e o crédito em Duplicatas a Receber.

Gabarito "B".

(Técnico da Receita Federal – ESAF) A Companhia Delta, no encerramento do exercício de 2002, obteve as seguintes informações, conforme segue:

	Valores em R$
Capital Social	1.000.000,00
Financiamentos	50.000,00
Lucro Antes do Imposto de Renda	300.000,00
Prejuízos Acumulados	70.000,00
Provisão para Imposto de Renda e Contribuição Social sobre o Lucro Líquido	90.000,00

Estatutariamente as participações no resultado são: empregados 10%; administradores 10%. Assinale o valor do Lucro Líquido do Exercício.

Lucro Líquido do Exercício
Valores em R$
(A) 183.400,00
(B) 170.100,00
(C) 168.000,00
(D) 153.000,00
(E) 150.000,00

A Lei 6.404 define no artigo 190 as regras para cálculo das participações estatutárias:
"Art. 190. As participações estatutárias de empregados, administradores e partes beneficiárias serão determinadas, sucessivamente e nessa ordem, com base nos lucros que remanescerem depois de deduzida a participação anteriormente calculada."
Apresentamos a seguir o cálculo das participações;

Lucro antes do IR	300.000,00
(-) Provisão para IR	(90.000,00)
(-) Prejuízo acumulado	(70.000,00)
(=) Base de cálculo para a participação dos empregados	140.000,00
(-) Participação empregados	(14.000,00)
(=) Base de cálculo para a participação dos administradores	126.000,00
(-) Participação administradores	(12.600,00)

Substituindo os valores das participações na DRE, teremos o seguinte Lucro Líquido:

Lucro antes do IR	300.000,00
(-) Provisão para IR	(90.000,00)
(-) Participação empregados	(14.000,00)
(-) Participação administradores	(12.600,00)
(=) Lucro líquido	183.400,00

Gabarito "A".

(Técnico da Receita Federal – ESAF) A empresa Comercial Luna Ltda. descontou uma duplicata em 01.07.03, pelo prazo de 25 dias, no valor de R$ 1.000,00. O Banco deduziu do valor a importância de R$ 50,00, referentes a Despesas Financeiras. Assinale a opção em que o registro contábil da operação está correto.

Valores em R$

(A) Diversos
a Duplicatas a Receber 1.000,00
Bancos Conta Movimento 950,00
Despesas Financeiras 50,00

(B) Diversos
a Duplicatas Descontadas 1.000,00
Bancos Conta Movimento 950,00
Despesas Financeiras 50,00

(C) Duplicatas a Receber 1.000,00
a Diversos
a Bancos Conta Movimento 950,00
a Despesas Financeiras 50,00

(D) Duplicatas Descontadas 1.000,00
a Diversos
a Bancos Conta Movimento 950,00
a Despesas Financeiras 50,00

(E) Bancos Conta Movimento 1.000,00
a Diversos
a Duplicatas a Receber 950,00
a Despesas Financeiras 50,00

Como o banco descontou R$ 50 do valor da duplicata, a empresa só recebeu em sua conta bancária o valor de R$ 950 (a débito). O valor total da duplicada descontada é de R$ 1.000, sendo esse o valor registrado a crédito na conta de duplicatas descontadas. Os R$ 50 descontados pelo banco representam uma despesa financeira. O lançamento fica, portanto:
D – Banco conta movimento
D – Despesas financeiras
C – Duplicatas descontadas

Gabarito "B".

(Técnico da Receita Federal – ESAF) Com relação às peças que compõem as Demonstrações Financeiras, assinale a opção correta.
(A) A Demonstração do Resultado do Exercício evidencia a modificação ocorrida na posição financeira da empresa.

(B) Na demonstração de lucros ou prejuízos acumulados estarão presentes todos os elementos da competência do período.
(C) A Demonstração das Origens e Aplicações de Recursos tem a função de apurar o resultado não operacional da empresa.
(D) No balanço, as contas serão classificadas segundo os elementos do patrimônio que registrem, e agrupadas de modo a facilitar o conhecimento e a análise da situação financeira da companhia.
(E) O Fluxo de Caixa tornou-se peça obrigatória das Demonstrações Financeiras, com a promulgação da Lei 10.303/01.

A: a DRE demonstrada não mostra variação da posição financeira, visto que nem toda transação evidenciada nesse demonstrativo representa uma variação nas disponibilidades da empresa; **B:** na DLPA estarão presentes apenas as transações que movimentaram a conta lucros/prejuízos acumulados; **C:** a DOAR tem a função de demonstrar a variação do capital circulante líquido e não é mais obrigatória a partir da edição da Lei 11.638/2007; **D:** o item está de acordo com o artigo 178, que define que "no balanço, as contas serão classificadas segundo os elementos do patrimônio que registrem, e agrupadas de modo a facilitar o conhecimento e a análise da situação financeira da companhia"; **E:** a Demonstração do Fluxo de Caixa se tornou obrigatória a partir da edição da Lei 11.638/2007.
Gabarito "D".

(**Técnico da Receita Federal – ESAF**) Em cada círculo está inscrito o nome de uma empresa. A seta indica participação de uma empresa no capital de outra. No retângulo está o percentual de cada participação.

Assinale a opção correta.

(A) A empresa Alfa controla indiretamente a empresa Ômega.
(B) A empresa Alfa controla indiretamente a empresa Lâmina.
(C) A empresa Beta controla a empresa Lâmina.
(D) A empresa Beta controla a empresa Ômega.
(E) A empresa Gama controla a empresa Beta.

A: ao participar de 90% do capital da empresa Gama, que por sua vez participa de 90% da empresa Ômega, e de 80% da empresa Beta, que por sua vez participa dos 10% restantes da empresa Ômega, a empresa Alfa participa indiretamente com 89% da empresa Ômega; **B:** apesar da participação de 80% na empresa Beta, Alfa não controla Lâmina, pois Beta detém apenas 10% de Lâmina, o que representa uma participação indireta de 8%; **C:** Beta detém apenas 10% da Lâmina; **D:** Beta detém apenas 10% de Ômega; **E:** Gama não detém nenhuma participação em Beta.
Gabarito "A".

(**Auditor do Tesouro Municipal/Recife-PE – ESAF**) A empresa "Z" Ltda., no encerramento do exercício de 2002, obteve as seguintes informações:

	Valores em R$
Adiantamento a Fornecedores	500,00
Adiantamento de Clientes	1.000,00
Ativo Imobilizado Bruto	20.000,00
Capital Social	26.500,00
Contas a Pagar	40.000,00
Depreciação Acumulada	2.000,00
Disponibilidades	1.000,00
Duplicatas a Receber	50.000,00
Reserva Legal	2.000,00

Considerando somente estas informações, assinale a única opção correta, correspondente ao valor do Ativo.

(A) R$ 69.000,00
(B) R$ 69.500,00
(C) R$ 72.000,00
(D) R$ 73.000,00
(E) R$ 74.500,00

Apresentamos a seguir as contas que compõem o ativo da empresa "Z" Ltda:

Conta	Valor
Adiantamento a Fornecedores	500,00
Ativo Imobilizado Bruto	20.000,00
Depreciação Acumulada	(2.000,00)
Disponibilidades	1.000,00
Duplicatas a Receber	50.000,00
Total	69.500,00

Gabarito "B".

(**Auditor do Tesouro Municipal/Recife-PE – ESAF**) Com base somente nas informações abaixo, em 31 de dezembro de 2002, com todas as contas do balanço presentes na listagem, indique o Lucro Líquido do Exercício da empresa.

Contas	Valores em R$
Caixa	70.000,00
Capital Social	125.000,00
Depreciação Acumulada	55.000,00
Duplicatas a Receber	150.000,00
Estoque Final	470.000,00
Fornecedores	520.000,00
Móveis e Utensílios – Valor Bruto	160.000,00

(A) R$ 120.000,00
(B) R$ 130.000,00
(C) R$ 140.000,00
(D) R$ 150.000,00
(E) R$ 160.000,00

Considerando que a única conta não apresentada pela questão é o Lucro líquido do Exercício, classificando as contas do ativo, Passivo e Patrimônio líquido, é possível concluir que o valor dessa conta para fechar o Balanço Patrimonial deve ser R$ 150.000,00, conforme apresentado a seguir:

Ativo		Passivo	
Caixa	70.000,00	Fornecedores	520.000,00
Duplicatas a Receber	150.000,00		
Estoque Final	470.000,00	PL	
Móveis e Utensílios – Valor Bruto	160.000,00	Capital Social	125.000,00
Depreciação Acumulada	(55.000,00)	Lucro líquido do exercício	150.000,00
Total	795.000,00	Total	795.000,00

Gabarito "D".

(Auditor do Tesouro Municipal/Recife-PE – ESAF) A empresa "W" Ltda., no encerramento do exercício de 2002, apurou as seguintes informações:

	Valores em R$
Lucro Bruto	9.000,00
Lucro Operacional	7.000,00
Participação dos empregados	700,00
Provisão para Imposto de Renda e Contribuição Social sobre o Lucro Líquido	1.300,00

Assinale a opção que contém o valor correto da Reserva Legal que deverá ser constituída.

(A) R$ 150,00
(B) R$ 185,00
(C) R$ 250,00
(D) R$ 285,00
(E) R$ 350,00

A reserva legal é calculada aplicando-se 5% sobre o lucro líquido do exercício, que na questão é apurado deduzindo-se do lucro operacional a provisão para IR e CSLL e a participação dos empregados, conforme apresentado a seguir:

Lucro operacional	7.000,00
(-) Provisão para IR e CSLL	(1.300,00)
(-) Participação dos empregados	(700,00)
(=) Base de cálculo para a reserva legal	5.000,00
Reserva legal (5% de R$5.000)	250,00

A informação sobre o lucro bruto é irrelevante para a Resolução da questão, visto que este valor é apurado anteriormente ao lucro operacional.

Gabarito "C".

(Auditor do Tesouro Municipal/Recife-PE – ESAF) A empresa "X" S/A., no encerramento do exercício de 2002, apurou as seguintes informações, exceto a de Capital Social:

	Valores em R$
Adiantamento a Fornecedores	2.000,00
Ativo Imobilizado	13.000,00
Contas a Pagar	3.500,00
Disponibilidades	2.500,00
Duplicatas a Receber	12.000,00
Empréstimos	5.800,00
Estoques	5.300,00
Lucros Acumulados	4.500,00
Reserva Legal	400,00

Na elaboração do Balanço Patrimonial da empresa, os valores do Patrimônio Líquido e do Capital Social Integralizado serão:

	Patrimônio Líquido	Capital Social Integralizado
(A)	R$ 20.400,00	R$ 20.400,00
(B)	R$ 24.900,00	R$ 20.200,00
(C)	R$ 24.900,00	R$ 20.600,00
(D)	R$ 25.500,00	R$ 20.600,00
(E)	R$ 25.500,00	R$ 20.200,00

Considerando que a única conta não apresentada pela questão é o Capital Social, classificando as contas do Ativo, Passivo e Patrimônio Líquido, é possível concluir que o valor dessa conta para fechar o Balanço Patrimonial deve ser R$ 20.600,00, conforme apresentado a seguir:

Ativo		Passivo	
Disponibilidades	2.500,00	Contas a Pagar	3.500,00
Duplicatas a Receber	12.000,00	Empréstimos	5.800,00
Estoques	5.300,00		
Adiantamento a Fornecedores	2.000,00	PL	25.500,00
Ativo Imobilizado	13.000,00	Capital social	20.600,00
		Lucros Acumulados	4.500,00
		Reserva Legal	400,00
Total	34.800,00	Total	34.800,00

Gabarito "D".

(Auditor do Tesouro Municipal/Recife-PE – ESAF) A empresa "XYZ" apresenta o seguinte Balanço Patrimonial em 31 de dezembro de 2002 (valores em R$):

Ativo	31.12.2002	31.12.2001
Ativo Circulante	50,00	20,00
Disponibilidades	50,00	20,00
Caixa e Bancos	50,00	20,00
Ativo Permanente	90,00	100,00
Imobilizado	100,00	100,00
Depreciação Acumulada	-10,00	0,00
Total do Ativo	140,00	120,00
PASSIVO		
Patrimônio Líquido	140,00	120,00
Capital Social	120,00	120,00
Reserva Legal	1,00	0,00
Lucros Acumulados	19,00	0,00
Total do Passivo	140,00	120,00

Considere que a empresa foi constituída em 31.12.2001, não possui estoques, todas as compras foram para cobrir pedidos de clientes; todas as compras e vendas foram pagas e recebidas a vista; não houve incidência de impostos e todo o Lucro Líquido do Exercício foi reinvestido na atividade. Levando-se em conta tais informações, assinale a proposição correta a respeito do Balanço Patrimonial apresentado.

(A) A empresa, em 2002, adquiriu novos equipamentos, para aumentar as suas instalações, no valor de R$ 100,00.
(B) O Lucro Líquido do Exercício, em 2002, foi de R$ 30,00, conforme pode-se observar pela variação da conta Caixa e Bancos.
(C) A depreciação lançada, em 2002, no valor de R$ 10,00, representa um fundo que fica no Patrimônio Líquido, na conta de Lucros Acumulados.

(D) A variação da conta Caixa e Bancos, no valor de R$ 30,00, em 2002, é formada pelo Lucro Líquido do Exercício no valor de R$ 20,00 adicionado pelo valor da depreciação, no período, que foi de R$ 10,00.
(E) A empresa aumentou o seu Capital Social, em 2002, no valor de R$ 120,00, para financiar o seu crescimento.

A: o imobilizado da empresa permaneceu no valor de R$ 100 no período, indicando que nada foi adquirido; **B:** o lucro líquido foi de R$ 20, tendo a empresa destinado R$ 1 para constituição da reserva legal e mantido R$ 19 na conta lucros acumulados; **C:** a contrapartida da depreciação acumulada é uma despesa de depreciação, que reduz o lucro líquido do exercício; **D:** a depreciação de R$ 10 afetou o lucro líquido da empresa. O lucro sem o efeito da depreciação (que não afeta o caixa) teria sido de R$ 30, sendo essa a variação do caixa no período; **E:** o capital social não se alterou no período, permanecendo com o valor de R$ 120.
Gabarito "D".

(Auditor do Tesouro Municipal/Recife-PE – ESAF) A empresa Filinto Ltda., no encerramento do exercício, em 31 de dezembro de 2002, em seu balancete de verificação, apurou as seguintes informações:

	Valores em R$
Lucro Antes do Imposto de Renda	100.000,00
Imposto de Renda de Contribuição Social sobre o Lucro Líquido	25.000,00
Lucro Líquido do Exercício	75.000,00
Patrimônio Líquido(*)	200.000,00
Capital Social(*)	160.000,00
Reservas de Capital(*)	10.000,00
Reserva Legal(*)	30.000,00

(*) antes da distribuição do resultado do exercício.

Indique o valor da Reserva Legal que deverá ser constituída.
(A) R$ 2.000,00
(B) R$ 2.250,00
(C) R$ 2.750,00
(D) R$ 3.250,00
(E) R$ 3.750,00

Sobre o lucro líquido do exercício aplica-se 5% para apuração da reserva legal, sendo no montante de R$ 3.750 (5% de R$ 75.000) para a questão. No entanto, existem limites a serem seguidos de acordo com o artigo 193 da Lei 6.404/1976, conforme apresentado a seguir:
Art. 193. Do lucro líquido do exercício, 5% (cinco por cento) serão aplicados, antes de qualquer outra destinação, na constituição da reserva legal, que não excederá de 20% (vinte por cento) do capital social.
§ 1º A companhia poderá deixar de constituir a reserva legal no exercício em que o saldo dessa reserva, acrescido do montante das reservas de capital de que trata o § 1º do artigo 182, exceder de 30% (trinta por cento) do capital social.
§ 2º A reserva legal tem por fim assegurar a integridade do capital social e somente poderá ser utilizada para compensar prejuízos ou aumentar o capital.
Existem, portanto, duas regras a serem observadas quando do cálculo da reserva legal. A primeira é o limite de 20% do capital social. Na questão, esse limite seria R$ 32.000,00 (20% de R$ 160.000,00), o que permitiria que se constituísse apenas mais R$ 2.000 de reserva legal. No entanto, a segunda regra definida na Lei diz que a companhia deixará de constituir a reserva legal quando o saldo dessa reserva somado ao montante de reservas de capital atingir 30% do capital social. Na questão, o somatório das duas reservas é igual a R$ 40.000,00, sendo possível para a empresa constituir reserva legal até o limite de R$ 48.000,00.
Gabarito "A".

(Auditor do Tesouro Municipal/Recife-PE – ESAF) A empresa "Y" Ltda., no encerramento do exercício de 2002, obteve as seguintes informações:

	Valores em R$
Capital Social	50.000,00
Financiamentos	30.000,00
Lucro Antes do Imposto de Renda	100.000,00
Prejuízos Acumulados	20.000,00
Provisão para Imposto de Renda e Contribuição Social sobre o Lucro Líquido	25.000,00

Estatutariamente, as participações no resultado são: a) empregados 10%; b) administradores 10%.

Indique a opção que contém os valores corretos das participações dos Empregados e Administradores e do Lucro Líquido do Exercício.

	Empregados	Administradores	Lucro Líquido do Exercício
(A)	R$ 10.000,00	R$ 10.000,00	R$ 55.000,00
(B)	R$ 7.500,00	R$ 7.500,00	R$ 60.000,00
(C)	R$ 7.500,00	R$ 6.750,00	R$ 60.750,00
(D)	R$ 5.500,00	R$ 5.500,00	R$ 64.000,00
(E)	R$ 5.500,00	R$ 4.950,00	R$ 64.550,00

O artigo 190 da Lei 6.404/1976 define que "as participações estatutárias de empregados, administradores e partes beneficiárias serão determinadas, sucessivamente e nessa ordem, com base nos lucros que remanescerem depois de deduzida a participação anteriormente calculada". O cálculo das participações está apresentado a seguir:

Lucro antes do IR e CSLL	100.000,00
(-) Provisão para IR e CSLL	(25.000,00)
(-) Prejuízos acumulados	(20.000,00)
(=) Base de cálculo para participação de empregados	55.000,00
(-) Participação de empregados	(5.500,00)
(=) Base de cálculo para participação de administradores	49.500,00
(-) Participação de empregados	(4.950,00)

De posse dos valores pagos para as participações é possível apurar o Lucro Líquido do Exercício, conforme apresentado a seguir:

Lucro antes do IR e CSLL	100.000,00
(-) Provisão para IR e CSLL	(25.000,00)
(-) Participação de empregados	(5.500,00)
(-) Participação de empregados	(4.950,00)
(=) Lucro líquido do exercício	64.550,00

Gabarito "E".

(Auditor do Tesouro Municipal/Recife-PE – ESAF) A empresa Comercial Lâmina Ltda. Descontou uma duplicata em 02.01.03, pelo prazo de 15 dias, no valor de R$ 100,00. O Banco deduziu do valor a importância de R$ 5,00, referente a Despesas Financeiras. O registro contábil da operação está correto em uma única opção. Assinale-a.

(A)
Contas	Valores em R$	
	Débito	Crédito
Diversos		
a Duplicatas Descontadas		100,00
Bancos Conta Movimento	95,00	
Despesas Financeiras	5,00	

(B)
Diversos		
a Duplicatas a Receber		100,00
Bancos Conta Movimento	95,00	
Despesas Financeiras	5,00	

(C)
Duplicatas a Receber	100,00	
a Diversos		
a Bancos Conta Movimento		95,00
a Despesas Financeiras		5,00

(D)
Duplicatas Descontadas	100,00	
a Diversos		
a Bancos Conta Movimento		95,00
a Despesas Financeiras		5,00

(E)
Bancos Conta Movimento	100,00	
a Diversos		
a Duplicatas a Receber		95,00
a Despesas Financeiras		5,00

O valor da duplicata descontada é R$ 100, devendo ser esse o valor a ser contabilizado a crédito na conta de duplicatas descontadas. Devido à dedução de R$ 5, o banco depositou na conta bancária da empresa apenas R$ 95, sendo esse o valor a ser debitado na conta bancos. Os R$ 5 descontados pelo banco representam uma despesa financeira (débito).

Gabarito "A".

(Auditor do Tesouro Municipal/Recife-PE – ESAF) A empresa Participações S/A. adquiriu 60% do capital da empresa Contrata Ltda., tomando o seu controle com intenção de permanência, pelo valor de R$ 30.000,00, em 02/01/2003:

Contrata Ltda.	
Balanço de 30 de novembro de 2002	
	Valores em R$
Capital Social	40.000,00
Reserva de Capital	1.000,00
Reserva Legal	2.000,00
Lucro Líquido do Exercício (janeiro a novembro de 2002)	5.000,00

Com base nos dados da empresa Contrata Ltda., acima, assinale o lançamento que corresponde a este fato contábil.

(A)
Contas	Valores em R$	
	Débito	Crédito
Carteira de Ações (Realizável LP)	30.000,00	
a Bancos Conta Movimento		30.000,00

(B)
Diversos		
a Bancos Conta Movimento		30.000,00
Investimentos Avaliados pelo PL - Contrata Ltda.	28.800,00	
Investimentos - Ágio – Contrata Ltda.	1.200,00	

(C)
Diversos		
a Bancos Conta Movimento		30.000,00
Investimentos Avaliados pelo PL - Contrata Ltda.	24.000,00	
Investimentos - Ágio – Contrata Ltda.	6.000,00	

(D)
Investimento em Ações	30.000,00	
a Bancos Conta Movimento		30.000,00

(E)
Bancos Conta Movimento	30.000,00	
a Diversos		
a Investimentos Avaliados pelo PL - Contrata Ltda.		24.000,00
a Investimentos - Ágio – Contrata Ltda.		6.000,00

A empresa Contrata Ltda. tem Patrimônio Líquido igual a R$ 48.000, sendo a participação adquirida pela empresa Participações S/A equivalente a R$ 28.800 (60% de R$ 48.000). Como a empresa pagou pela participação R$ 30.000, esse será o valor creditado da conta bancos. O investimento também será registrado por esse valor (débito), devendo a empresa separar o valor do investimento (R$ 28.800) do ágio na aquisição (R$ 1.200).

Gabarito "B".

9. AUDITORIA

Fabrício de Oliveira Barros, Pedro Henrique Barros e Rosenei Novochadlo da Costa

1. AUDITORIA: CONCEITOS, OBJETIVOS, TIPOS GERAIS E PRÁTICA DA AUDITORIA

(Auditor Fiscal Tributário Municipal – Prefeitura Cuiabá – 2016 – FGV) De acordo com a NBC TA 240 – Responsabilidade do Auditor em Relação à Fraude, no Contexto da Auditoria de Demonstrações Contábeis, assinale a opção que indica o(s) principal(ais) responsável(eis) pela detecção da fraude.

(A) O auditor independente.
(B) O sócio encarregado do trabalho de auditoria.
(C) Os funcionários da entidade.
(D) Os responsáveis pela governança da entidade e sua administração.
(E) O governo, representado pela Comissão de Valores Mobiliários.

A NBC TA 240 em seu item 4 define que "A principal responsabilidade pela prevenção e detecção da fraude é dos responsáveis pela governança da entidade e da sua administração". Gabarito "D".

(Auditor Fiscal Tributário da Receita Municipal/Cuiabá-MT – FGV) No caso de o trabalho de auditoria ser de interesse público e, portanto, exigido pelo Código de Ética Profissional do Contabilista e pelas normas profissionais do CFC, exige-se que o auditor seja independente da entidade sujeita à auditoria.

Segundo a NBC TA 200, Objetivos Gerais do Auditor Independente e a Condução da Auditoria em Conformidade com Normas de Auditoria, a independência aprimora a capacidade do auditor de atuar com

(A) confiabilidade.
(B) confiança.
(C) capacidade.
(D) integridade.
(E) imparcialidade.

Segundo consta da NBC TA 200 (objetivos gerais do auditor independente e a condução da auditoria em conformidade com normas de auditoria), item A16, temos: "A16. No caso de trabalho de auditoria ser de interesse público e, portanto, exigido pelo Código de Ética Profissional do Contabilista e pelas normas profissionais do CFC, se exige que o auditor seja independente da entidade sujeita a auditoria. O Código de Ética Profissional do Contabilista e as normas profissionais descrevem a independência como abrangendo postura mental independente e independência na aparência. A independência do auditor frente à entidade salvaguarda a capacidade do auditor de formar opinião de auditoria sem ser afetado por influências que poderiam comprometer essa opinião. <u>A independência aprimora a capacidade do auditor de atuar com integridade</u>, ser objetivo e manter postura de ceticismo profissional." (grifo nosso). A alternativa correta é a "D". Gabarito "D".

(Auditor Fiscal Tributário Municipal – Prefeitura Cuiabá – 2016 – FGV) Os princípios fundamentais de ética profissional, quando da condução de auditoria de demonstrações contábeis, estão implícitos no Código de Ética Profissional do Contabilista e na NBC PA 01, que trata do controle de qualidade.

Assinale a opção que indica alguns dos princípios fundamentais da ética profissional relevantes para o auditor de acordo com a norma vigente no Brasil.

(A) Competência, comportamento profissional e tempestividade.
(B) Conduta profissional, zelo e representatividade.
(C) Integridade, objetividade e confidencialidade.
(D) Representatividade, objetividade e tempestividade.
(E) Comportamento profissional, confidencialidade e transparência.

A NBC PA em seu item A7 detalha "Os princípios fundamentais da ética profissional a serem observa-dos pelos auditores incluem: (a) integridade; (b) objetividade; (c) competência profissional e devido ze-lo; (d) confidencialidade; e (e) comportamento profissional. Esses princípios estão implícitos no Código de Ética Profissional do Contabilista". Gabarito "C".

(Auditor Fiscal/MA – FGV) A respeito da *Auditoria Independente*, analise as afirmativas a seguir.

I. A opinião do auditor expressa se as demonstrações contábeis estão apresentadas adequadamente, em todos os aspectos relevantes, em conformidade com a estrutura de relatório financeiro.
II. A auditoria conduzida em conformidade com as normas de auditoria e as exigências éticas relevantes capacita o auditor a formar opinião sobre as demonstrações contábeis.
III. A auditoria em conformidade com as normas de auditoria é conduzida com base na premissa de que a administração e, quando apropriado, os responsáveis pela governança têm conhecimento de certas responsabilidades que são fundamentais para a condução da auditoria.

Assinale:
(A) se somente a afirmativa I estiver correta.
(B) se somente a afirmativa II estiver correta.
(C) se somente as afirmativas I e III estiverem corretas.
(D) se somente as afirmativas II e III estiverem corretas.
(E) se todas as afirmativas estiverem corretas.

De acordo com os itens 3 e 4 da NBC TA 200 (Objetivos Gerais Do Auditor Independente e a Condução da Auditoria em Conformidade com Normas de Auditoria), temos:
"3. O objetivo da auditoria é aumentar o grau de confiança nas demonstrações contábeis por parte dos usuários. Isso é alcançado mediante a expressão de uma opinião pelo auditor sobre <u>se as demonstrações contábeis foram elaboradas, em todos os aspectos relevantes,</u> em

conformidade com uma estrutura de relatório financeiro aplicável. No caso da maioria das estruturas conceituais para fins gerais, essa opinião expressa se as demonstrações contábeis estão apresentadas adequadamente, em todos os aspectos relevantes, em conformidade com a estrutura de relatório financeiro. A auditoria conduzida em conformidade com as normas de auditoria e exigências éticas relevantes capacita o auditor a formar essa opinião (ver item A1)"
4. As demonstrações contábeis sujeitas à auditoria são as da entidade, elaboradas pela sua administração, com supervisão geral dos responsáveis pela governança. As NBC TAs não impõem responsabilidades à administração ou aos responsáveis pela governança e não se sobrepõe às leis e regulamentos que governam as suas responsabilidades. Contudo, a auditoria em conformidade com as normas de auditoria é conduzida com base na premissa de que a administração e, quando apropriado, os responsáveis pela governança têm conhecimento de certas responsabilidades que são fundamentais para a condução da auditoria. A auditoria das demonstrações contábeis não exime dessas responsabilidades a administração ou os responsáveis pela governança (ver itens A2 a A11)." (grifo nosso) Conforme os trechos grifados, todas as afirmativas estão corretas. Portanto, a resposta correta corresponde à alternativa "E".

Gabarito "E".

(Auditor do Tesouro Municipal/Recife-PE – FGV) O reconhecimento pelo auditor de que existem circunstâncias que podem causar distorção relevante nas demonstrações contábeis revela o requisito ético relacionado à auditoria de demonstrações contábeis, denominado

(A) julgamento profissional.
(B) evidência funcional.
(C) ceticismo profissional.
(D) condução apropriada.
(E) conformidade legal.

Segundo o item 13 da NBC TA 200 (objetivos gerais do auditor independente e a condução da auditoria em conformidade com normas de auditoria), temos:
"Julgamento profissional é a aplicação do treinamento, conhecimento e experiência relevantes, dentro do contexto fornecido pelas normas de auditoria, contábeis e éticas, na tomada de decisões informadas a respeito dos cursos de ação apropriados nas circunstâncias do trabalho de auditoria. Ceticismo profissional é a postura que inclui uma mente questionadora e alerta para condições que possam indicar possível distorção devido a erro ou fraude e uma avaliação crítica das evidências de auditoria." (grifo nosso). A característica do enunciado corresponde a ceticismo profissional. Portanto, a alternativa correta é a "C".

Gabarito "C".

(Auditor Fiscal da Receita Federal – ESAF) É correto afirmar que:

1. a firma de auditoria tem por obrigação estabelecer e manter sistema de controle de qualidade para obter segurança razoável que a firma e seu pessoal cumprem com as normas profissionais e técnicas e as exigências legais e regulatórias aplicáveis.
2. a firma de auditoria deve estabelecer e manter sistema de controle de qualidade para obter segurança razoável que os relatórios emitidos pela firma ou pelos sócios do trabalho são apropriados nas circunstâncias.
3. o objetivo do auditor é implementar procedimentos de controle de qualidade no nível do trabalho que forneçam ao auditor segurança razoável de que a auditoria está de acordo com normas profissionais e técnicas e exigências legais e regulatórias aplicáveis.

(A) Todas são falsas.
(B) Somente 1 e 2 são verdadeiras.
(C) Somente a 3 é verdadeira.
(D) Somente a 2 é falsa.
(E) Todas são verdadeiras.

Segundo item 2 das NBC TA 220, temos: "Os sistemas, as políticas e os procedimentos de controle de qualidade são de responsabilidade da firma de auditoria. De acordo com a NBC PA 01 – Controle de Qualidade para Firmas
(Pessoas Jurídicas e Físicas) de Auditores Independentes que executam exames de auditoria e revisões de informação contábil histórica e outros trabalhos de asseguração e de serviços correlatos, item 11, a firma tem por obrigação estabelecer e manter sistema de controle de qualidade para obter segurança razoável que: (a) a firma e seu pessoal cumprem com as normas profissionais e técnicas e as exigências legais e regulatórias; aplicáveis; e (b) os relatórios emitidos pela firma ou pelos sócios do trabalho são apropriados nas circunstâncias." Pela leitura do item, pode-se concluir que as três assertivas são verdadeiras. Portanto, alternativa E.

Gabarito "E".

(Auditor Fiscal da Receita Federal – ESAF) O auditor da empresa Negócios S.A. estabeleceu três procedimentos obrigatórios para emissão do parecer. O primeiro, que a empresa renovasse o contrato de auditoria para o próximo ano, o segundo, que a empresa emitisse a carta de responsabilidade da administração e o terceiro, que o parecer seria assinado por sócio do escritório de contabilidade, cuja única formação é administração de empresas. Pode-se afirmar, com relação aos procedimentos, respectivamente, que:

(A) é ético, não é procedimento de auditoria e atende as normas de auditoria e da pessoa do auditor.
(B) não é ético, não é procedimento de auditoria e não atende as normas de auditoria e da pessoa do auditor.
(C) é ético, não deve ser considerado para emissão do parecer e atende as normas de auditoria e da pessoa do auditor.
(D) é ético, considera-se apenas em alguns casos para emissão do parecer e não atende as normas de auditoria e pessoa do auditor.
(E) não é ético, é procedimento de auditoria e não atende as normas de auditoria e da pessoa do auditor.

Quanto aos três procedimentos é possível relatar:
1) renovasse o contrato de auditoria para o próximo ano – não se trata de um procedimento ético, visto que o auditor não pode vincular a emissão do seu parecer à renovação contratual;
2) que a empresa emitisse a carta de responsabilidade da administração – é um procedimento válido, cujo objetivo é evidenciar a responsabilidade da administração quanto às informações e dados submetidos aos exames de auditoria.
3) que o parecer seria assinado por sócio do escritório de contabilidade, cuja única formação é administração de empresas – tal procedimento não atende às normas de auditoria, que define que o parecer de auditoria é de exclusiva responsabilidade de contador registrado no Conselho Regional de Contabilidade.

Gabarito "E".

(Auditor Fiscal da Receita Federal – ESAF) A empresa Restrição S.A. contratou empresa de auditoria independente somente para emitir parecer sobre seu Balanço Patrimonial. A empresa disponibilizou acesso ilimitado a todas as áreas da empresa, a todos os relatórios, registros, dados, informações e demais demonstrações contábeis, de forma a serem possíveis todos os procedimentos de auditoria. Assim, podemos classificar esta auditoria como sendo:

(A) uma limitação na extensão do trabalho.
(B) um trabalho de objetivo ilimitado.

(C) uma indeterminação na extensão do trabalho.
(D) um trabalho de objetivo limitado.
(E) uma restrição na extensão do trabalho.

Na situação descrita pela questão não há que se falar em restrição na extensão de um trabalho, visto que esta situação se caracteriza com o não acesso do auditor às áreas objeto do trabalho de auditoria. O trabalho de auditoria na empresa Restrição S.A. caracteriza-se pela delimitação da demonstração contábil a ser auditada, tratando-se, portanto, de um trabalho de objetivo limitado.
Gabarito "D".

(Auditor Fiscal da Receita Federal – ESAF) No momento da circularização de advogados da empresa auditada, o objetivo do auditor é

(A) identificar todos os compromissos.
(B) questionar os ativos e passivos contingentes.
(C) identificar todos os passivos contingentes.
(D) questionar as chances de sucesso das ações.
(E) identificar os valores a serem divulgados.

O foco da circularização de advogados é a identificação dos passivos contingentes, visto que são esses valores que devem ser contabilizados por representarem risco para a continuidade da empresa. O registro dos passivos contingentes é a aplicação do princípio da prudência.
Gabarito "C".

(Agente Fiscal/Teresina-PI – CESPE) Com base na doutrina e na legislação referentes à auditoria contábil e fiscal, julgue os itens seguintes.

(1) A auditoria contábil utiliza técnicas e procedimentos que permitem atestar a veracidade e a adequação dos registros e demonstrações, mas não se restringe à escrituração da entidade objeto dos trabalhos da auditoria.
(2) A não observância de regras básicas no preenchimento dos papéis de trabalho pode acarretar falhas que comprometem a auditoria realizada, como a não verificação das correções recomendadas no exame anterior e o não esclarecimento do critério adotado para se selecionar o piso dos valores considerados relevantes.
(3) O auditor deve estar especialmente atento a condições ou eventos que representem aumento de risco de fraude ou erro, tais como os constatados na estrutura ou na atuação inadequada da administração da entidade, como, por exemplo, a baixa rotatividade de pessoal-chave das áreas financeira, contábil e de auditoria interna e a permanência por períodos prolongados de auditores e advogados.
(4) No processo de planejamento de seus trabalhos, o auditor pode ter, intencionalmente, estabelecido nível de relevância em um patamar acima daquele utilizado para avaliar os resultados da auditoria. Isso pode ser feito para reduzir a probabilidade de distorções não identificadas e para aumentar a margem de segurança, ao se avaliarem as distorções identificadas no curso dos trabalhos.
(5) Se o auditor verificar, no curso de seus trabalhos, que o nível de risco é maior que o previsto inicialmente, ele tem a opção de reduzir o risco de detecção via modificação da natureza, época e extensão dos testes substantivos planejados.
(6) Caso o auditor verifique, durante a realização de seu trabalho, que não existem controles que assegurem que as vendas sejam tempestivamente registradas, o que pode acarretar a inobservância do regime de competência, nesse caso, ele deverá obter, na data do balanço, o número da última nota fiscal emitida pelo setor competente e verificar se essa nota e as anteriores foram registradas pela contabilidade.
(7) Na escolha entre amostragem aleatória e sistemática, o auditor deve considerar que certas populações possuem características capazes de distorcer uma seleção aleatória, como, por exemplo, a introdução de padrões, modalidades de agrupamento ou alguma outra modalidade de disposição. Na ocorrência de tais características, o auditor deve preferir a seleção sistemática.
(8) Duas entidades são consideradas partes relacionadas desde que tenham um dirigente em comum. Por outro lado, são consideradas ligadas quando os sócios-gerentes são os mesmos.
(9) Quando forem emitidos dois relatórios, um em forma curta e outro em forma longa, a inclusão de informações adicionais relevantes no relatório em forma longa deve suprir as insuficiências e deficiências inerentes ao relatório em forma curta.
(10) A CVM obriga que os auditores independentes registrados na autarquia submetam-se à revisão de seu controle de qualidade. Essa revisão deve ser realizada por outro auditor independente, e cópia do relatório de revisão deve ser encaminhada à CVM.

1: A auditoria não poderia se limitar a escrituração da entidade, pois esta poderia não estar representando a totalidade das operações realizadas pela empresa. É por essa razão que os auditores buscam informações além das apresentadas pela empresa, fazendo inclusive confirmações com terceiros, dentre outros testes; **2:** Os papéis de trabalho são o conjunto de documentos e apontamentos com informações e provas coligidas pelo auditor que constituem a evidência do trabalho executado e o fundamento de sua opinião. O preenchimento inadequado dos papéis de trabalho poderá acarretar uma inadequada conclusão dos trabalhos; **3:** A primeira parte da questão está correta, pois o auditor deve realmente estar atento a condições que representem risco de fraude ou erro na entidade auditada. Ocorre que os exemplos apresentados na questão não representam riscos à entidade, mas sim pontos positivos para a administração da empresa, como a baixa rotatividade de funcionários-chave; **4:** Os exames de auditoria devem ser planejados e executados na expectativa de que os eventos relevantes relacionados com as demonstrações contábeis sejam identificados. Estabelecer um nível de relevância acima do patamar suficiente para atingir os objetivos da auditoria implicará a realização de testes desnecessários; **5:** O risco de detecção é a probabilidade de os procedimentos de auditoria não detectarem uma distorção materialmente relevante num saldo ou conjunto de transações, isolada ou conjuntamente. Para garantir que seu trabalho irá atingir o objetivo o auditor pode (deve) a qualquer tempo modificar a natureza, época e extensão dos testes substantivos planejados; **6:** A questão exemplifica um procedimento de auditoria chamado de teste de corte ou "CUT-OFF". Esse teste representa um corte nas operações para avaliar a aderência às normas; **7:** A amostragem aleatória consiste em escolher qualquer item da população sem critérios predeterminados. A amostragem sistemática é uma outra forma estatística na qual o auditor predetermina um intervalo constante entre os itens selecionados. Nenhuma dessas duas metodologias seria viável para se utilizar em uma população com as características descritas na questão. A forma de seleção mais adequada para o caso seria a casual (por julgamento ou tendenciosa), em que a amostra é formada a critério do auditor, embasado na sua experiência profissional; **8:** Partes relacionadas são entidades, físicas ou jurídicas, com as quais a companhia tenha possibilidade de contratar em condições que não sejam as de comutatividade e independência, tais como: controladas, coligadas, sociedades pertencentes aos controladores, administradores etc.; **9**: O relatório em forma curta apresentado na questão representa o "Parecer dos Auditores Independentes", que é o documento mediante o qual o auditor expressa sua opinião, de forma clara e objetiva, sobre as demonstrações contábeis nele indicadas. O relatório em forma longa é aquele apresentado à entidade auditada contendo informações detalhadas sobre os achados da auditoria. De nenhuma forma uma informação relevante estaria suficientemente apresentada somente no relatório de forma longa, pois o parecer é uma expressão de opinião pública que deve conter todas as informações relevantes; **10**: Na Instrução CVM Nº 308, de 14 de maio de 1999, ficou definido que os auditores independentes deverão, a cada quatro anos, submeter-se à revisão do seu controle de qualidade, segundo as diretrizes emanadas do Conselho Federal de Contabilidade – CFC e do Instituto Brasileiro de Contadores – IBRACON, que será realizada por outro auditor independente, também registrado na Comissão de Valores Mobiliários, cuja escolha deverá ser comunicada previamente a esta Autarquia. O auditor revisor deverá emitir relatório de revisão do controle de qualidade a ser encaminhado ao auditor independente e à CVM até 31 de outubro do ano em que se realizar a revisão.

Gabarito 1C, 2C, 3E, 4E, 5C, 6C, 7E, 8E, 9E, 10C

(Fiscal de Tributos Estaduais/AL – CESPE) Acerca da auditoria das demonstrações contábeis, julgue os itens a seguir.

(1) Para ajustar demonstrações contábeis, não se requer do auditor independente a adoção de procedimento específico para a identificação de eventos ocorridos entre a data do balanço e a de seu parecer.

(2) O parecer com abstenção de opinião é aquele em que o auditor deixa de emitir opinião acerca das demonstrações contábeis, por não ter obtido comprovação suficiente para fundamentá-la.

(3) É procedimento de verificação de controles internos a avaliação do caixa pequeno, que se deve destinar apenas ao pagamento de despesas miúdas, pois é boa norma que ele não seja utilizado para pagamento de fornecedores, salários e comissões.

(4) As estimativas contábeis são de responsabilidade do auditor independente, que deve fundamentar e pôr à disposição da administração os procedimentos e métodos utilizados no estabelecimento de valores de provisões.

(5) Quando houver participação de outros auditores independentes no exame das demonstrações contábeis das controladas relevantes, o auditor da controladora deve destacar esse fato em seu parecer.

1: Para ajustar as demonstrações contábeis o auditor deverá realizar o procedimento de "evento subsequente", que consiste em analisar fatos contábeis de relevância ocorridos no período entre a data do término do exercício social e a de emissão do parecer. Esse procedimento é parte normal da auditoria; **2**: A questão apresenta a exata definição do parecer com abstenção de opinião; **3**: Controle interno consiste em medidas adotadas pela empresa para proteger os seus ativos, controlar a exatidão e confiabilidade das informações contábeis, promover a eficiência operacional e motivar a adesão às políticas de direção estabelecidas. O objetivo da existência do caixa pequeno é pagar despesas de pequeno valor, e para garantir que os controles internos referentes a esse caixa estão sendo seguidos é preciso verificar se apenas despesas dessa natureza estão sendo pagas por esse mecanismo; **4**: As estimativas contábeis são de responsabilidade da administração da entidade e se baseiam em fatores objetivos e subjetivos, requerendo seu julgamento na determinação do valor adequado a ser registrado nas demonstrações contábeis; **5**: Quando houver participação de outros auditores independentes no exame das demonstrações contábeis relevantes, das controladas e/ou coligadas, o auditor da controladora e/ou investidora deve destacar esse fato no seu parecer.

Gabarito 1E, 2C, 3C, 4E, 5C

(Auditor Fiscal/Limeira-SP – CESPE) Com relação à auditoria, seus princípios, conceitos e normas aplicáveis, julgue os itens subsequentes.

(1) Uma tendência recente, que constitui um novo desafio para a auditoria, sob o impacto das tecnologias da informação, é reduzir os prazos de realização dos trabalhos e emissão de opinião, para que as demonstrações contábeis possam ser divulgadas prontamente, já com o parecer dos auditores.

(2) Entre os procedimentos a serem adotados pela auditoria interna, é relevante identificar as contingências passivas – administrativas ou judiciais – e determinar que todas estejam provisionadas, em consonância com o princípio da prudência.

(3) Segundo as normas de auditoria interna adotadas no Brasil, para o planejamento dos trabalhos é relevante considerar se a entidade é administrada por sócio ou gerente profissional, se é estatal ou privada e se tem auditoria independente ou não.

(4) Na dúvida sobre a regularidade em uma operação de aquisição de mercadoria pela entidade auditada, o auditor deverá, entre outros aspectos, confrontar o documento fiscal com o pedido, a autorização e os procedimentos de compra, verificar a autenticidade e o cumprimento das formalidades relativas ao referido documento, e comparar as características da transação com as usuais da empresa em questão.

(5) Para fazer face a um maior grau de risco associado à verificação de uma conta, o auditor deverá reunir um maior número de provas ou provas mais fidedignas. Entretanto, os riscos tendem a ser minimizados quando os controles internos são mais eficazes.

(6) Considere a seguinte situação hipotética. Um auditor constatou, ao verificar os saldos das diversas contas de uma empresa, que contas a receber incluía alguns adiantamentos de clientes.
Nessa situação, o auditor deverá recomendar que, para fins de apresentação das demonstrações, a empresa efetue um lançamento de ajuste, a débito de adiantamento de clientes e a crédito de contas a receber.

(7) Os riscos de amostragem associados com testes substantivos são: de aceitação incorreta e de rejeição correta. O primeiro se relaciona à eficiência da auditoria; o segundo, à eficácia da auditoria.

(8) Um especialista que seja empregado do auditor independente não deve ser considerado como auxiliar do processo de auditoria. Nessa circunstância, o auditor independente não precisa avaliar a competência profissional desse especialista a cada trabalho realizado.

1: Para garantir que as auditorias das demonstrações contábeis sejam concluídas no prazo, as empresas de auditoria e os auditores estão investindo em tecnologias que garantam a segurança dos trabalhos e tragam agilidade ao processo. Dentre essas tecnologias está a auditoria baseada em risco e os sistemas de gerenciamento dos papéis de trabalho; ERRADO. **2**: A deliberação CVM Nº 489/2005, que versa sobre provisões, passivos, contingências passivas e contingências ativas, define que nem todas as contingências passivas devem ser provisionadas, devendo seguir o esquema apresentado a seguir:

Probabilidade de ocorrência do desembolso		Tratamento contábil
Provável	Mensurável com suficiente segurança	Provisionar
	Não mensurável com suficiente segurança	Divulgar em notas explicativas
Possível		Divulgar em notas explicativas
Remota		Não divulgar em notas explicativas

3: Os pontos abordados pela questão são importantes para o planejamento dos trabalhos de auditoria externa, sendo irrelevantes para a auditoria interna, cuja finalidade é agregar valor ao resultado da organização, apresentando subsídios para o aperfeiçoamento dos processos, da gestão e dos controles internos, por meio da recomendação de soluções para as não conformidades apontadas nos relatórios; **4:** A questão descreve testes de auditoria usuais para validar uma transação como a descrita na questão. O auditor em questão efetuou testes de observância (comparou as características da transação com as usuais da empresa) e testes substantivos (inspeção do documento fiscal); **5:** Risco de auditoria é a possibilidade de o auditor vir a emitir uma opinião tecnicamente inadequada sobre demonstrações contábeis significativamente incorretas. Sendo assim, quanto maior o risco apresentado por uma conta maior deve ser a quantidade de testes que o auditor efetuará; **6:** A conta adiantamentos de clientes registra no passivo o recebimento dos clientes que contrataram os bens ou serviços, de parcelas em dinheiro antecipadamente à produção dos bens ou execução de tais serviços. Para ajustar a conta será necessário debitar a contas a receber e creditar adiantamento de clientes; **7:** A aceitação incorreta é o risco de que, embora o resultado da aplicação de procedimentos de auditoria sobre a amostra leve à conclusão de que o saldo de uma conta ou classe de transações não está relevantemente distorcido, ele efetivamente esteja. A rejeição incorreta é o risco de que, embora o resultado da aplicação de procedimentos de auditoria sobre a amostra leve à conclusão de que o saldo de uma conta ou classe de transações está relevantemente distorcido, ele efetivamente esteja. A questão trocou os dois conceitos; **8:** O trabalho de auditoria deve ser realizado por pessoal que tenha um nível de treinamento e de experiência profissional compatível com o grau de complexidade das atividades da entidade auditada. Se esse profissional é empregado do auditor independente ele conhece sua competência, não necessitando de avaliação a cada trabalho.

Gabarito 1C, 2E, 3E, 4C, 5C, 6E, 7E, 8C

(Auditor Fiscal da Receita Federal – ESAF) São características do auditor experiente possuir experiência prática de auditoria e conhecimento razoável de:

(A) processos de auditoria, normas de auditoria e exigências legais aplicáveis.
(B) normas de auditoria e exigências legais aplicáveis e processos judiciais cíveis dos diretores.
(C) ambiente de negócios em que opera a entidade e negócios estratégicos realizados pelos seus concorrentes.
(D) assuntos de auditoria e de relatório financeiro relevantes à atividade da entidade e das atividades dos conselheiros em outras empresas.
(E) processos sigilosos e fórmulas dos produtos registradas pela empresa e pelos seus concorrentes.

Com base no Item 6 da NBC TA 230 (Documentação de Auditoria), temos: "6. Para fins das normas de auditoria, os seguintes termos possuem os significados atribuídos abaixo: Documentação de auditoria é o registro dos procedimentos de auditoria executados, da evidência de auditoria relevante obtida e conclusões alcançadas pelo auditor (usualmente também é utilizada a expressão "papéis de trabalho"). Arquivo de auditoria compreende uma ou mais pastas ou outras formas de armazenamento, em forma física ou eletrônica que contêm os registros que constituem a documentação de trabalho específico. Auditor experiente é um indivíduo (interno ou externo à firma de auditoria) que possui experiência prática de auditoria e conhecimento razoável de: <u>(i) processos de auditoria; (ii) normas de auditoria e exigências legais e regulamentares aplicáveis</u>; (iii) ambiente de negócios em que opera a entidade; e (iv) assuntos de auditoria e de relatório financeiro relevantes ao setor de atividade da entidade." (grifo nosso)

Gabarito "A".

(Auditor Fiscal Tributário da Receita Municipal/Cuiabá-MT – FGV) De acordo com o Código de Ética Profissional do Contabilista e da NBC PA 01, assinale a opção que indica princípios fundamentais de ética profissional quando da condução de auditoria de demonstrações contábeis.

(A) Integridade, objetividade e comportamento profissional.
(B) Competência, confidencialidade e ceticismo profissional.
(C) Integridade, conduta profissional e julgamento profissional.
(D) Conhecimento, zelo profissional e objetividade.
(E) Ceticismo profissional, julgamento profissional e confidencialidade.

Segundo a NBC PA 01 (Controle de Qualidade para Firmas (Pessoas Jurídicas e Físicas) de Auditores Independentes), item A7, temos: "Cumprimento das exigências éticas relevantes (ver item 20) A7. Os princípios fundamentais da ética profissional a serem observados pelos auditores incluem: (a) <u>integridade</u>; (b) <u>objetividade</u>; (c) competência profissional e devido zelo; (d) confidencialidade; e (e) <u>comportamento profissional</u>. Esses princípios estão implícitos no Código de Ética Profissional do Contabilista." (Grifo nosso). A resposta correta, portanto, é a "A".

Gabarito "A".

(Auditor Fiscal/MA – FGV) As alternativas a seguir apresentam princípios fundamentais do Código de Ética Profissional do Contabilista, quando da condução de auditoria de demonstrações contábeis, à exceção de uma. Assinale-a.

(A) Integridade.
(B) Objetividade.
(C) Competência e zelo profissional.
(D) Confidencialidade.
(E) Compromisso comportamental.

De acordo com o item A7 da NBC PA 01 (Controle de Qualidade para Firmas (Pessoas Jurídicas e Físicas) de Auditores Independentes), temos: "A7. Os princípios fundamentais da ética profissional a serem observados pelos auditores incluem: (a) integridade; (b) objetividade; (c) competência profissional e devido zelo; (d) confidencialidade; e (e) comportamento profissional. Esses princípios estão implícitos no Código de Ética Profissional do Contabilista." Das alternativas, apenas a "E" não consta do citado normativo. Portanto, é a resposta a ser assinalada.

Gabarito "E".

(Auditor Fiscal da Receita Federal – ESAF) A ética profissional é condição para o exercício de qualquer profissão. Na execução do trabalho de auditoria, o auditor externo deve atender aos seguintes princípios éticos profissionais:

(A) integridade, eficiência, confidencialidade e dependência
(B) independência, integridade, eficiência e confidencialidade

(C) dependência, integridade, imparcialidade e ineficiência
(D) confidencialidade, integridade, eficiência e negligência
(E) eficiência, confidencialidade, integridade e parcialidade

A: o auditor deve agir com independência; B: todos os princípios estão corretos; C: o auditor deve agir com independência; D: o auditor não pode agir com negligência; E: o auditor deve agir com imparcialidade.
Gabarito "B".

(Auditor Fiscal da Receita Federal – ESAF) A escolha do auditor nas Sociedades Anônimas é de competência:

(A) do Conselho de Administração
(B) do Conselho Consultivo
(C) do Conselho Fiscal
(D) da Comissão de Valores Mobiliários
(E) da Diretoria Executiva

Dada a importância de escolher o auditor, principalmente nas sociedades anônimas, esse ato deve ocorrer pelo seu órgão máximo, o Conselho de Administração.
Gabarito "A".

(Auditor Fiscal da Receita Federal – ESAF) O auditor externo deve recusar o serviço de auditoria, sempre que:

(A) possuir ações ou debêntures da entidade auditada.
(B) for independente em relação à entidade auditada.
(C) tiver conhecimento da atividade da entidade auditada.
(D) identificar e compreender as atividades da empresa.
(E) estiver capacitado para exercer o trabalho.

A NBC PA 290 – Independência – Trabalhos de Auditoria e Revisão define situações que podem ameaçar a independência. Dentre essas situações está a ameaça de que interesse financeiro ou outro interesse influenciará de forma não apropriada o julgamento ou o comportamento do auditor. A norma também define que interesse financeiro é a participação em ações ou outros títulos, debênture, empréstimo ou outro instrumento de dívida da entidade, incluindo direitos e obrigações de adquirir essa participação e derivativos diretamente relacionados a essa participação. Sendo assim, possuir ações ou debêntures da entidade auditada é uma situação que poderá implicar na independência do auditor e na consequente recusa a prestar o serviço.
Gabarito "A".

(Auditor Fiscal da Receita Federal – ESAF) Para o exercício da profissão, o auditor deve ter acesso a todos os documentos, fatos e informações da empresa. Assim, o sigilo deve ser mantido em diversas situações, exceto:

(A) na relação entre o auditor e a justiça.
(B) na relação entre o auditor e a entidade auditada.
(C) na relação entre os auditores e os órgãos fiscalizadores.
(D) na relação entre o auditor e demais terceiros.
(E) na relação entre os auditores.

O item 1.6.1 da Resolução CFC nº 821/97, que definia em quais circunstâncias o auditor deve observar o sigilo profissional, foi revogado. O assunto passou a ser regulado pela NBC P 1.6 e continua a constar como circunstâncias em que o sigilo deve ser observado:
a) na relação entre o auditor e a entidade auditada;
b) na relação entre os auditores;
c) na relação entre os auditores e os organismos reguladores e fiscalizadores;
d) na relação entre o auditor e demais terceiros.
Gabarito "A".

(Auditor do Tesouro Municipal/Natal-RN – ESAF) O auditor independente de demonstrações contábeis comunicou ao seu cliente, em documento confidencial, uma circunstância adversa que influiria na contratação dos seus serviços. Assinale a opção correta.

(A) O procedimento feriu o Código de Ética dos Contabilistas.
(B) A comunicação deveria ser feita na Carta de Representação.
(C) A comunicação deveria ser feita no Parecer dos Auditores.
(D) O procedimento não feriu o Código de Ética dos Contabilistas.
(E) Tal fato justificaria a ressalva no parecer, por limitação de escopo.

O fato de ter comunicado ao cliente a circunstância adversa que influenciaria na contratação dos serviços demonstrou observância aos padrões éticos da profissão. Assim sendo, o auditor não feriu o Código de Ética dos Contabilistas.
Gabarito "D".

(Agente Fiscal de Rendas/SP – FCC) São princípios contábeis enunciados pela Resolução CFC nº 750/93, do Conselho Federal de Contabilidade:

(A) continuidade, prevalência da essência sobre a forma e tempestividade.
(B) registro pelo valor atualizado, regime de caixa e materialidade.
(C) entidade, competência e reavaliação de ativos.
(D) ajuste de bens ao valor de mercado, recuperação de despesas e uniformidade.
(E) prudência, oportunidade e continuidade.

Os princípios fundamentais de contabilidade aprovados pela Resolução CFC Nº 750/93 são:
o da Entidade;
o da Continuidade;
o da Oportunidade;
o do Registro pelo Valor Original;
o da Competência; e
o da Prudência.
Gabarito "E".

(Auditor do Tesouro Municipal/Recife-PE – ESAF) A auditoria estabelece como "escopo" do trabalho o período das demonstrações financeiras. Indique qual das normas abaixo não se refere ao período objeto da auditoria.

(A) Transações com partes relacionadas.
(B) Carta de responsabilidade da administração.
(C) Amostragem estatística.
(D) Eventos subsequentes.
(E) Estimativas contábeis.

Eventos subsequentes são eventos ocorridos entre as datas do balanço e a do seu parecer que possam demandar ajustes nas Demonstrações Contábeis ou a divulgação de informações nas notas explicativas.
Gabarito "D".

2. AUDITORIA INTERNA

(Auditor Fiscal Tributário Municipal – Prefeitura Cuiabá – 2016 – FGV) A comunicação efetiva entre o auditor interno e o auditor independente cria um ambiente no qual o auditor independente pode ser infor-mado sobre assuntos significativos que podem afetar o seu trabalho. No entanto, existem circunstâncias nas quais o auditor independente não pode utilizar o trabalho da auditoria interna para os fins da audito-ria.

De acordo com a NBC TA 610, Utilização do Trabalho de Auditoria Interna, assinale a opção que indica o trabalho da auditoria interna que **não** pode ser utilizado pelo auditor independente.

(A) Testes da eficácia operacional dos controles.
(B) Observação das contagens do estoque.
(C) Rastreamento de transações pelo sistema de informações aplicável para as demonstrações contábeis.
(D) Testes sobre a observância dos requisitos de regulamentação.
(E) Julgamento sobre processos de riscos judiciais.

As confirmações externas e julgamento de riscos judiciais podem exigir a necessidade de especialista, portanto, no planejamento não pode ser utilizado informações da auditoria interna no Julgamento sobre processos de riscos judiciais.
Gabarito "E".

(**Auditor Fiscal da Receita Federal – ESAF**) Entre as seguintes opções, não é de competência da auditoria interna examinar os seguintes objetivos:

(A) integridade, adequação e eficácia dos controles internos.
(B) eficácia das informações físicas, contábeis e financeiras.
(C) adequação dos controles internos e das informações físicas.
(D) integridade das informações operacionais, financeiras e físicas.
(E) eficiência e eficácia do parecer dos auditores independentes.

Da NBC TI 01, que trata das regras da auditoria interna, é possível extrair as competências da auditoria interna, mas nenhuma delas refere-se à validação do parecer dos auditores independentes, cujo objetivo é distinto do trabalho de auditoria interna.
Gabarito "E".

(**Auditor Fiscal da Receita Federal – ESAF**) Assinale a assertiva correta quanto às características da auditoria interna e externa.

(A) A auditoria interna é independente da empresa e a auditoria externa deve realizar testes nos controles internos e modificá-los quando necessário.
(B) A auditoria interna é obrigatória, conforme determina a Lei 6.404/76, e a auditoria externa deve disponibilizar seus papéis de trabalho sempre que solicitados.
(C) A auditoria interna tem como objetivo atender à gestão da empresa e a auditoria externa atender às necessidades da diretoria da empresa.
(D) A auditoria interna não avalia os controles internos e a auditoria externa os elabora, modifica e implanta na empresa auditada.
(E) A auditoria interna tem como objetivo a revisão das atividades da empresa continuamente e a auditoria externa é independente em todos os aspectos.

A: a auditoria interna, por ser realizada por profissionais da própria estrutura da empresa, não tem independência, apenas autonomia; B: a lei 6.404/76 não define obrigatoriedade de auditoria interna; C: o objetivo da auditoria externa é emitir um parecer sobre as demonstrações contábeis; D: a auditoria interna, como a auditoria externa, avalia os controles internos da empresa e a auditoria externa não elabora, modifica ou implanta esses controles; E: ambos os conceitos apresentados estão corretos.
Gabarito "E".

(**Auditor Fiscal da Previdência Social – ESAF**) O objetivo geral da auditoria interna é atender:

(A) à administração da empresa.
(B) aos acionistas da empresa.
(C) à auditoria externa da empresa.
(D) à gerência financeira da empresa.
(E) à gerência comercial da empresa.

Segundo a NBC TI 01 – Da Auditoria Interna, "a Auditoria Interna compreende os exames, análises, avaliações, levantamentos e comprovações, metodologicamente estruturados para a avaliação da integridade, adequação, eficácia, eficiência e economicidade dos processos, dos sistemas de informações e de controles internos integrados ao ambiente, e de gerenciamento de riscos, com vistas a assistir à administração da entidade no cumprimento de seus objetivos".
Gabarito "A".

(**Auditor do Tesouro Municipal/Fortaleza-CE – ESAF**) Identifique a afirmação que não corresponde a definições ou características da auditoria interna ou externa.

(A) A principal característica da auditoria interna é a independência, ou seja, não possui vínculo com a empresa.
(B) O auditor externo será culpado se negligenciar fato importante em seus exames ou relatórios.
(C) A inspeção física de um bem é um procedimento da auditoria externa para confirmação da existência do bem contabilizado.
(D) A fraude é o ato intencional de omissão de transações e o erro ato não intencional resultante da omissão, desatenção etc.
(E) A auditoria das demonstrações contábeis tem como objetivo obter evidências sobre as demonstrações contábeis para emissão de parecer.

A: Segundo a NBC TA 01 a auditoria interna tem autonomia para realizar seus trabalhos, mas por estar subordinada à alta administração não possui independência; B: o auditor possui responsabilidade sobre o trabalho realizado, respondendo pelos fatos que negligenciar; C: Segundo a NBC TA 01 inspeção é o exame de registros, documentos e de ativos tangíveis; D: Segundo a NBC TA 01 fraude é ato intencional e erro é ato não intencional; E: o objetivo da auditoria é a emissão de parecer.
Gabarito "A".

(**Auditor Fiscal/São Paulo-SP – FCC**) Uma das diferenças entre o auditor independente e o auditor interno é que o primeiro

(A) necessita de registro no Conselho Regional de Contabilidade e o segundo, não.
(B) está dispensado de recomendar modificações nos controles internos da entidade e o segundo, não.
(C) precisa ter conhecimentos sobre tecnologia da informação e o segundo, não.
(D) não pode ficar subordinado a pessoas que possam ter seus trabalhos por ele examinados e ao segundo, sim.
(E) tem por obrigação emitir um parecer sobre as demonstrações contábeis da entidade e o segundo, não.

O auditor independente emitirá sua opinião através do parecer de auditoria, enquanto o auditor interno emitirá sua opinião através de um relatório. Apresentamos a seguir as características de cada auditor:

Auditor Interno	Auditor Externo
* Atua como empregado da empresa * Menor grau de independência * Executa auditoria contábil e operacional * Principal objetivo: verificar se as normas internas vêm sendo seguidas * Executa maior volume de testes * Remuneração: Salário * Responsabilidade trabalhista * Reporte: Diretoria	* Não tem vínculo empregatício * Maior grau de independência * Executa apenas auditoria contábil * Principal objetivo: Emitir o parecer * Executa menor volume de testes * Remuneração: Honorários * Responsabilidade civil e criminal * Reporte: Geralmente aos acionistas ou diretores

Gabarito "E".

(Auditor Tributário/Jaboatão dos Guararapes-PE – FCC) Com relação às não conformidades apontadas no relatório, deve o auditor interno

(A) apontá-las, cabendo à administração a determinação de procedimentos corretivos ou impeditivos para os pontos apresentados.
(B) apresentar subsídios à administração para o aperfeiçoamento dos processos, da gestão e dos controles internos por meio de recomendações de soluções.
(C) criar, implantar e fazer cumprir os novos controles internos por ele criados para minimização ou eliminação dos pontos.
(D) aguardar determinação da administração para que inicie a criação e a implantação de novos controles.
(E) exigir e determinar as diversas áreas, as correções e sugestões por ele propostas para solução dos pontos apresentados.

Segundo a NBC TI 01 "a atividade de Auditoria Interna está estruturada em procedimentos, com enfoque técnico, objetivo, sistemático e disciplinado, e tem por finalidade agregar valor ao resultado da organização, apresentando subsídios para o aperfeiçoamento dos processos, da gestão e dos controles internos, por meio da recomendação de soluções para as não conformidades apontadas nos relatórios".
Gabarito "B".

(Auditor Fiscal da Receita Federal – ESAF) Entre as assertivas a seguir, indique a opção que não representa uma consideração relevante a ser feita no planejamento do trabalho da auditoria externa.

(A) O conhecimento detalhado das práticas contábeis adotadas pela entidade e as alterações procedidas em relação ao exercício anterior.
(B) O conhecimento detalhado do sistema contábil e de controles internos da entidade e seu grau de confiabilidade.
(C) A natureza, oportunidade e extensão dos procedimentos de auditoria a serem aplicados no trabalho.
(D) O uso dos trabalhos de outros auditores independentes, especialistas e auditores internos.
(E) O conhecimento das práticas contábeis adotadas pelos fornecedores e clientes da empresa auditada e as alterações procedidas.

O planejamento deve considerar todos os fatores relevantes na execução dos trabalhos, especialmente os seguintes:
a) o conhecimento detalhado das práticas contábeis adotadas pela entidade e as alterações procedidas em relação ao exercício anterior;
b) o conhecimento detalhado do sistema contábil e de controles internos da entidade e seu grau de confiabilidade;
c) os riscos de auditoria e identificação das áreas importantes da entidade, quer pelo volume de transações, quer pela complexidade de suas atividades;
d) a natureza, oportunidade e extensão dos procedimentos de auditoria a serem aplicados;
e) a existência de entidades associadas, filiais e partes relacionadas;
f) o uso dos trabalhos de outros auditores independentes, especialistas e auditores internos;
g) a natureza, conteúdo e oportunidade dos pareceres, relatórios e outros informes a serem entregues à entidade; e
h) a necessidade de atender prazos estabelecidos por entidades reguladoras ou fiscalizadoras e para a entidade prestar informações aos demais usuários externos.
Gabarito "E".

(Auditor do Tesouro Municipal/Recife-PE – FGV) Para determinar se o trabalho dos auditores internos está adequado aos fins da auditoria, o auditor independente deve avaliar as circunstâncias a seguir, **à exceção de uma**. Assinale-a.

(A) A competência técnica dos auditores internos.
(B) A probabilidade de que o trabalho dos auditores internos seja realizado com o devido zelo profissional.
(C) O grau de materialidade envolvido na avaliação da evidência de auditoria coletada pelos auditores internos.
(D) A probabilidade de que haja comunicação eficaz entre os auditores internos e o auditor independente.
(E) A objetividade da função de auditoria interna.

De acordo com o item 9 da NBC TA 610 (Utilização do Trabalho de Auditoria Interna)
"9. Para determinar se é provável que o trabalho dos auditores internos seja adequado para os fins da auditoria, o auditor independente deve avaliar: (a) a objetividade da função de auditoria interna; (b) a competência técnica dos auditores internos; (c) se é provável que o trabalho dos auditores internos seja realizado com o devido zelo profissional; e (d) se é provável que haja comunicação eficaz entre os auditores internos e o auditor independente (ver item A4)." Por exclusão, a alternativa correta é a "C".
Gabarito "C".

(Auditor Fiscal da Receita Federal – ESAF) Com relação aos relatórios de auditoria interna, pode-se afirmar que:

(A) podem considerar posições de interesse da administração e dos gestores, sendo conduzidos aos interesses desses.
(B) devem estar disponíveis a qualquer administrador da empresa, sem restrição.
(C) podem relatar parcialmente os riscos associados aos possíveis pontos a serem levantados pela auditoria externa.
(D) somente devem ser emitidos antes do final dos trabalhos, quando houver irregularidades que requeiram ações imediatas.
(E) não devem ser emitidos antes do final dos trabalhos, por não possuírem informações completas.

A NBC T1 01 – Da Auditoria Interna define que "a Auditoria Interna deve avaliar a necessidade de emissão de relatório parcial, na hipótese de constatar impropriedades/irregularidades/ ilegalidades que necessitem providências imediatas da administração da entidade, e que não possam aguardar o final dos exames".
Gabarito "D".

(**Auditor Fiscal/RN – ESAF**) Analise as afirmativas a seguir e assinale a opção correta.

I. A auditoria interna deve assessorar a administração na prevenção de fraudes e erros;
II. A auditoria interna é independente e imparcial;
III. Fraude é o ato intencional de omissão praticado para manipular documentos, registros e relatórios.

(A) As assertivas I, II e III estão erradas.
(B) As assertivas I, II e III estão corretas.
(C) As assertivas I e II estão corretas e a III está incorreta.
(D) As assertivas II e III estão incorretas e a I está correta.
(E) As assertivas I e III estão corretas e a II está incorreta.

I: correta, conforme item 12.1.3.1 da NBC TI 01 – Da Auditoria Interna; II: incorreta, pois a auditoria interna faz parte da estrutura organizacional da empresa, possuindo apenas autonomia para realização dos trabalhos; III: correta, conforme conceito do item 12.1.3.2 da NBC TI 01 – Da Auditoria Interna.
Gabarito "E".

(**Auditor Fiscal/RN – ESAF**) A segregação de funções é um dos procedimentos de atividades de controle para resguardar que as diretrizes da administração sejam seguidas. Indique qual das funções a seguir estaria atendendo ao procedimento de segregação de funções, no processo de recebimentos de caixa, se acumulada sob responsabilidade do mesmo indivíduo.

(A) Autoridade para aprovar e registrar créditos em contas de clientes.
(B) Autoridade para efetuar fechamentos de caixa.
(C) Ser responsável pelo cálculo da provisão para devedores duvidosos.
(D) Poder efetuar a baixa de créditos considerados incobráveis.
(E) Autoridade para efetuar devoluções de vendas.

A: não é recomendável acumular essas funções, visto que seria possível a esse indivíduo registrar créditos inexistentes; **B:** não haveria problema em acumular essas atividades, visto que o fechamento de caixa deve ser feito pelo responsável pelos recebimentos; **C:** não é recomendável acumular essas funções, visto que seria possível a esse indivíduo superestimar a provisão para imprimir perdas para a empresa; **D:** não é recomendável acumular essas funções, visto que seria possível a esse indivíduo baixar créditos recebidos e "embolsar" o dinheiro; **E:** não é recomendável acumular essas funções, visto que seria possível a esse indivíduo simular a devolução de vendas e "embolsar" o dinheiro.
Gabarito "B".

(**Auditor Fiscal/RN – ESAF**) O auditor interno, ao constatar impropriedades e irregularidades relevantes com necessidade de providências imediatas, deve

(A) proceder à conclusão dos relatórios imediatamente.
(B) antecipar o relatório final para permitir providências rápidas.
(C) emitir relatório parcial para permitir providências imediatas.
(D) concluir os trabalhos no curso do prazo planejado.
(E) expedir relatório até o estágio de realização, sem concluir o trabalho.

A NBC TI 01 – Da Auditoria Interna define que "a auditoria interna deve avaliar a necessidade de emissão de relatório parcial, na hipótese de constatar impropriedades/irregularidades/ ilegalidades que necessitem providências imediatas da administração da entidade, e que não possam aguardar o final dos exames".
Gabarito "C".

3. CONTROLES INTERNOS

(**Auditor Tributário/Jaboatão dos Guararapes-PE – FCC**) São formas de levantamento dos controles internos:

(A) fluxograma, questionário e descrição.
(B) discrição, fluxograma e confirmação.
(C) entrevista, descrição e elaboração.
(D) questionário, inventário e documentação.
(E) organograma, questionário e intimação.

Controle Interno é o conjunto de atividades, planos, rotinas, métodos e procedimentos interligados, estabelecidos com vistas a assegurar que os objetivos das empresas sejam alcançados. A melhor forma de identificar esses controles seria através da elaboração de fluxogramas para identificação das atividades relevantes, questionários sobre os procedimentos adotados pela empresa e descrição das atividades observadas.
Gabarito "A".

(**Auditor Fiscal da Receita Federal – ESAF**) Uma revisão limitada, em face do caráter restrito de seu alcance, não possibilita ao auditor condições de expressar uma opinião sobre as demonstrações contábeis. Essa limitação refere-se a:

(A) avaliação de risco de auditoria, controles internos e sistemas de informações contábeis da empresa.
(B) avaliação de controles internos e inadequado controle do sistema de informações contábeis.
(C) falta de planejamento adequado e da adequada avaliação dos controles internos da empresa.
(D) falta de conhecimento suficiente das estratégias e das atividades operacionais da empresa auditada.
(E) avaliação dos sistemas de controles internos e testes nos registros contábeis na extensão necessária.

O objetivo de uma revisão limitada é a emissão de um relatório no qual o auditor, apesar de não ter efetuado uma auditoria completa, afirma que os valores mais significativos das demonstrações contábeis foram revisados e que nada chamou sua atenção no sentido de que as referidas demonstrações não representem, adequadamente, em todos os aspectos relevantes, a posição patrimonial e financeira da empresa. Em uma revisão limitada, além de serem efetuados testes de saldos, utiliza-se, também, questionários específicos para documentar os controles internos e os procedimentos que a empresa utiliza para resumir, classificar e registrar suas operações. Outra técnica muito utilizada é a da revisão analítica dos saldos. Sendo assim, a limitação da revisão refere-se apenas a avaliação dos sistemas de controles internos e testes nos registros contábeis na extensão necessária.
Gabarito "E".

(**Auditor Fiscal/MG – ESAF**) É objetivo do controle interno, exceto:

(A) a precisão e a confiabilidade dos relatórios contábeis.
(B) a salvaguarda do patrimônio da empresa.
(C) o estímulo à eficiência operacional.
(D) a unificação das responsabilidades.
(E) à aderência às políticas existentes.

Dentre os itens apresentados pela questão, apenas a unificação das responsabilidades não se refere a objetivo do controle interno. A unificação de responsabilidades é contrária aos mandamentos do controle interno, visto que as boas práticas pregam a segregação de funções, que consiste na separação de responsabilidades conflitantes.
Gabarito "D".

(**Auditor Fiscal/PB – FCC**) O trabalho da auditoria visa avaliar a integridade, adequação, eficácia, eficiência e economicidade

(A) somente dos controles internos referentes às áreas administrativas e financeiras da empresa, com o objetivo de garantir que as demonstrações contábeis estejam adequadas.
(B) dos sistemas de informações, dos processos e de controles internos integrados ao ambiente e de gerenciamento de riscos, para em nome dos administradores fazer cumprir os controles internos e seus objetivos.
(C) dos processos, dos sistemas de informações e de controles internos integrados ao ambiente e de gerenciamento de riscos, para auxiliar a administração da empresa no cumprimento de seus objetivos.
(D) do conjunto sistêmico de controles internos da companhia, relatando ao mercado as ineficiências encontradas e garantindo ao acionista a confiabilidade nas demonstrações contábeis apresentadas pela empresa.
(E) dos processos existentes na companhia, para permitir sua revisão e crítica, determinando aos representantes dos processos a implantação de novos procedimentos e punindo em caso de não cumprimento.

A NBC TI 01 – Da Auditoria Interna define que a "auditoria interna compreende os exames, análises, avaliações, levantamentos e comprovações, metodologicamente estruturados para a avaliação da integridade, adequação, eficácia, eficiência e economicidade dos processos, dos sistemas de informações e de controles internos integrados ao ambiente, e de gerenciamento de riscos, com vistas a assistir à administração da entidade no cumprimento de seus objetivos". Como pode ser observado, o item "c" traz a exata definição da resolução.
Gabarito "C".

(Auditor Fiscal da Previdência Social – ESAF) Os controles internos podem ser classificados em:

(A) contábeis e jurídicos.
(B) patrimoniais e econômicos.
(C) financeiros e econômicos.
(D) empresariais e externos.
(E) administrativos e contábeis.

Os controles internos são classificados conforme apresentado a seguir:
Controles internos administrativos – representam o conjunto de procedimentos que está indiretamente relacionado com a elaboração das demonstrações contábeis. Consiste em avaliar os setores que fornecem as informações para a contabilidade.
Controles internos contábeis – representam o conjunto de processos internos que está diretamente relacionado com a elaboração das demonstrações contábeis.
Gabarito "E".

(Auditor Fiscal da Receita Federal – ESAF) A avaliação dos controles internos compreende:

(A) suposição e presunção de que os procedimentos e métodos estabelecidos e um grau razoável de segurança de que estes não estão sendo aplicados e funcionando conforme o previsto.
(B) conhecimento e compreensão dos procedimentos e métodos estabelecidos e um grau razoável de insegurança de que estes estão sendo aplicados e não estão funcionando conforme o previsto.
(C) suposição e presunção de que os procedimentos e métodos estabelecidos e um grau elevado de insegurança de que estes estão sendo aplicados e funcionando conforme o previsto.
(D) certeza e compreensão dos procedimentos e métodos estabelecidos e um grau razoável de segurança de que estes estão sendo aplicados e não funcionando conforme o previsto.
(E) conhecimento e compreensão dos procedimentos e métodos estabelecidos e um grau razoável de segurança de que estes estão sendo aplicados e funcionando conforme o previsto.

A: o trabalho de auditoria não pode ser embasado em suposição e presunção; **B:** o auditor deve ter um nível adequado de segurança sobre os procedimentos e métodos utilizados pela empresa; **C:** o trabalho de auditoria não pode ser embasado em suposição e presunção, e, além disso, o auditor deve ter um nível adequado de segurança sobre os procedimentos e métodos utilizados pela empresa; **D:** o auditor busca com um grau razoável de segurança a compreensão de que os procedimentos e métodos utilizados pela empresa funcionam conforme o previsto; **E:** exato conceito da avaliação dos controles internos.
Gabarito "E".

(Auditor Fiscal da Receita Federal – ESAF) Indique o componente abaixo que não está relacionado com a estrutura de controle interno de uma entidade.

(A) Controle das atividades
(B) Informação e comunicação
(C) Risco de auditoria
(D) Monitoração
(E) Avaliação de risco

O sistema contábil e de controles internos compreende o plano de organização e o conjunto integrado de método e procedimentos adotados pela entidade na proteção do seu patrimônio, promoção da confiabilidade e tempestividade dos seus registros e demonstrações contábeis e da sua eficácia operacional. Nesse sentido é possível concluir que o único item que não representa um controle interno é o risco de auditoria.
Gabarito "C".

(Auditor Fiscal/RN – ESAF) A relação custo *versus* benefício para a avaliação e determinação dos controles internos deve considerar que o custo dos controles internos de uma entidade:

(A) deve ser superior aos benefícios por ele gerados.
(B) não deve ser inferior aos benefícios por ele gerados.
(C) não deve ser igual ou inferior aos benefícios por ele gerados.
(D) deve ser superior ou igual aos benefícios por ele gerados.
(E) não deve ser superior aos benefícios por ele gerados.

Se o custo de implantação de um controle interno for superior ao benefício por ele gerado em termo de proteção aos ativos da empresa, não será viável a implantação do controle. Sendo assim, o custo dos controles internos de uma entidade "não deve ser superior aos benefícios por ele gerados".
Gabarito "E".

(Auditor do Tesouro Municipal/Natal-RN – ESAF) Assinale a opção que não representa um controle eficaz para prevenir o inflacionamento da folha de pagamento.

(A) Reajuste de salários previamente aprovados pela diretoria.
(B) Anotações formais de realização de jornada de trabalho.
(C) Resumo da folha de pagamento contabilizado mensalmente.
(D) Conferência dos cálculos realizada por funcionário independente.

(E) Comparação com valores anteriores e análise de variações independentes.

A: ajuda no controle, pois exige uma análise mais apurada de alçada superior; **B:** ajuda no controle, pois permite o controle de horas extras e ociosidade; **C:** apesar de representar um controle interno a análise do resumo da folha esse procedimento em nada adiantaria para prevenir o aumento da folha; **D:** ajuda no controle, pois evita os pagamentos em duplicidade; **E:** ajuda no controle, pois permite a percepção de variações indevidas na folha de pagamento.
Gabarito "C".

(Auditor Fiscal/PB – FCC) A empresa Ordem S.A. estabelece, em seus controles internos de tesouraria, que todos os pagamentos deverão ser efetuados mediante a emissão de cheques, assinados por um diretor e um gerente de tesouraria. O auditor, ao entrar na sala do gerente de tesouraria, percebe que dois talões de cheques, sem preenchimento dos valores, já estão assinados pelo diretor financeiro para serem utilizados pelo tesoureiro. É correto afirmar que

(A) a empresa não possui controles internos para os processos de tesouraria.
(B) os controles internos de tesouraria são eficazes para qualquer tipo de desvio financeiro.
(C) o tesoureiro é uma pessoa de confiança, não sendo necessário à segregação de funções.
(D) não há conformidade entre os controles internos definidos e sua ocorrência no processo.
(E) o diretor financeiro delega a responsabilidade ao tesoureiro pelos pagamentos, garantindo o controle.

A: a empresa possui controles internos, no entanto esses não estão sendo cumpridos; **B:** os controles internos de tesouraria não são eficazes visto que seus executores encontraram forma de burlá-los; **C:** o controle interno independente do juízo de valor sobre a pessoa que o executa, sendo necessária sua execução mesmo quando envolver pessoas de confiança; **D:** o item está correto, pois o fato do cheque já conter uma assinatura implica que quem já assinou não saberá o objeto do gasto, demonstrando a inconformidade entre o controle interno definido e sua ocorrência no processo; **E:** a delegação de responsabilidade implica a não eficiência do controle definido.
Gabarito "D".

(Fiscal de Rendas/RJ – FGV) Avalie as afirmativas a seguir:

I. O controle físico sobre os ativos pode envolver a guarda de numerários e títulos em cofre.
II. O estabelecimento da entidade deve ser, preferencialmente, cercado e deve haver inspeção das pessoas que entram e saem do estabelecimento.
III. Os controles físicos se preocupam tanto com acessos físicos diretos quanto acessos indiretos.
IV. Atividades de controle físico incluem contagens periódicas de ativos e comparação com quantias apresentadas nos registros de controle.

Assinale:

(A) se somente as afirmativas I e II estiverem corretas.
(B) se somente as afirmativas I e IV estiverem corretas.
(C) se somente as afirmativas II e III estiverem corretas.
(D) se somente as afirmativas III e IV estiverem corretas.
(E) se todas as afirmativas estiverem corretas.

Todos os conceitos apresentados na questão estão corretos de acordo com as boas práticas de controle interno.
Gabarito "E".

4. PROCEDIMENTOS GERAIS DE AUDITORIA: TESTES DE OBSERVÂNCIA E SUBSTANTIVOS

(Auditor Fiscal Tributário – Prefeitura Lages/SC – 2016 – FEPESE) Imagine que um auditor independente precise acompanhar os trabalhos de outros profissionais na execução de determinado trabalho. Por exemplo, quando este auditor acompanha três profissionais especializados em informática, para que os mesmos confi-gurem o acesso aos sistemas de informação contábeis.

Esse procedimento básico é considerado como sendo de:

(A) Observação.
(B) Investigação.
(C) Confirmação.
(D) Inspeção dos sistemas.
(E) Análise computacional.

O procedimento de observação consiste na verificação *in loco*, buscando obter evidência adequada o sufi-ciente para emissão do parecer.
Gabarito "A".

(Auditor Fiscal Tributário – Prefeitura Lages/SC – 2016 – FEPESE) Quanto aos testes substantivos e de ob-servância, é incorreto afirmar:

(A) Os testes substantivos ou procedimento substantivo são definidos como procedimentos de auditoria destinados a obter competente e razoável evidência da validade e propriedade do tratamento contábil das transações e saldos.
(B) Os testes substantivos ou procedimento substantivo objetivam confirmar se os sistemas são substantivos, ou seja, se estão funcionando adequadamente.
(C) Os testes substantivos ou procedimento substantivo visam à obtenção de evidência quanto à suficiência, exatidão e validade dos dados produzidos pelo sistema contábil da entidade.
(D) Os testes de observância ou testes de controle são testes que objetivam confirmar se os sistemas de controle estabelecidos pelo auditado estão funcionando adequadamente.
(E) Os testes de observância ou testes de controle têm como objetivo assegurar que os procedimentos de controle interno estejam em efetivo funcionamento e cumprimento.

É incorreto afirmar que os sistemas são substantivos em relação ao funcionamento adequadamente. Não existe tal condições nas normas de auditoria.
Gabarito "B".

(Auditor Fiscal Tributário – Prefeitura Lages/SC – 2016 – FEPESE) Pode-se considerar que os tipos de testes substantivos normalmente incluídos nos programas de auditoria são:

(A) Procedimentos de revisão analítica e Testes de detalhes de transação; Testes de observância e Testes de detalhes de estimativas contabilísticas.
(B) Testes de detalhes de transação; Testes de detalhes de saldos; Testes de detalhes de estimativas contabilísticas e Testes de conciliação bancária.
(C) Procedimentos de revisão analítica; Testes de detalhes de transação; Testes de detalhes de saldos e Testes de detalhes de estimativas contabilísticas.
(D) Testes de detalhes de saldos; Testes de detalhes de estimativas contabilísticas; Teste de saldos de fornecedores e Teste de saldos de clientes.

(E) Procedimentos de revisão analítica; Testes de detalhes de transação; Testes de detalhes de saldos; Testes analíticos e Testes de observância.

A NBC TA 250 em seu item A11 descreve que "Os procedimentos de auditoria aplicados para a formação da opinião sobre as demonstrações contábeis podem levar ao conhecimento do auditor casos de não conformidade ou suspeita de não conformidade com leis e regulamentos. Por exemplo, tais procedimentos de auditoria podem incluir: leitura de minutas; indagação a administração da entidade e os assessores legais internos ou externos a respeito de litígios, ações e autuações; e execução de testes substantivos de detalhes de classes de transações, saldos contábeis ou divulgações." RNC
Gabarito "C".

(Auditor Fiscal Tributário – Prefeitura Lages/SC – 2016 – FEPESE) O auditor pode fazer testes diretos de saldos de contas para coletar evidência suficiente com uma análise direta da composição dos saldos de contas.

Não é etapa básica na amostragem para testes substantivos de saldos de contas:

(A) Fazer o teste de suficiência e os testes de eficácia.
(B) Especificar o objetivo de auditoria do teste e definir o que é uma informação incorreta.
(C) Definir a população da qual a amostra será extraída e escolher um método apropriado de amostragem.
(D) Determinar o tamanho da amostra e selecionar a amostra.
(E) Auditar os itens selecionados e documentar o procedimento de amostragem e os resultados obtidos.

Na etapa de amostragem para testes substantivos de saldo de contas, não incluem na etapa básica de amos-tragem. Nessa etapa não se realiza o teste de suficiência e nem o teste de eficácia. RNC
Gabarito "A".

(Auditor Fiscal Tributário Municipal – Prefeitura Cuiabá – 2016 – FGV) Um auditor precisa avaliar os es-toques de entidade auditada.

As opções a seguir apresentam possíveis procedimentos de auditoria para lidar com riscos avaliados de distorção relevante decorrente de fraude em relação à quantidade do estoque, *à exceção de uma*. Assinale-a.

(A) Examinar os registros de estoque da entidade, identificando os locais que exigem atenção específica durante ou após a contagem física do estoque.
(B) Realizar contagens físicas de estoque em datas préagendadas e traçar um cronograma escalonado para contagens físicas de estoques em diferentes localidades.
(C) Conduzir contagens de estoque no fim ou perto do fim do período de reporte.
(D) Executar procedimentos adicionais durante a observação da contagem física de estoques, como examinar mais rigorosamente o conteúdo de itens encaixotados.
(E) Comparar as quantidades para o período corrente com períodos anteriores por classe ou categoria de estoque, local ou outros critérios, ou comparação de quantidades contadas com registros de estoques.

Todas alternativas estão corretas previstas na NBC TA 501 que trata das Evidências de Auditoria, com exceção do Item (B). RNC
Gabarito "B".

(Auditor Fiscal da Receita Federal – ESAF) Quando o auditor, de posse de algumas faturas selecionadas, tem como objetivo conferir detalhes cotejando os dados de embarque com os dados da prestação de serviços efetuados por uma determinada empresa, este teste denomina-se:

(A) de revisão analítica
(B) substantivo
(C) de conferência
(D) abrangente
(E) de observância

Como o objetivo do teste realizado pelo auditor é obter evidência quanto à suficiência, exatidão e validade dos dados produzidos pelo sistema contábil da entidade, ele está realizando um teste substantivo. Segundo a NBC TI 01, os "testes substantivos visam à obtenção de evidência quanto à suficiência, exatidão e validade dos dados produzidos pelos sistemas de informação da entidade".
Gabarito "B".

(Auditor Fiscal da Receita Federal – ESAF) A empresa Evolution S.A. comprou novo sistema de faturamento para registro de suas vendas. A auditoria externa realizou testes para confirmar se todas as operações de vendas, efetivamente, haviam sido registradas na contabilidade. Esse procedimento tem como objetivo confirmar a:

(A) existência.
(B) abrangência.
(C) mensuração.
(D) ocorrência.
(E) divulgação.

A: existência verifica se o componente patrimonial existe em certa data; **B:** abrangência verifica se todas as transações estão registradas, conforme o teste realizado na empresa Evolution S.A.; **C:** mensuração verifica se os itens estão avaliados de acordo com os Princípios Fundamentais de Contabilidade e as Normas Brasileiras de Contabilidade.; **D:** ocorrência verifica se a transação de fato ocorreu; **E:** divulgação verifica se os itens estão classificados e descritos de acordo com os Princípios Fundamentais de Contabilidade e as Normas Brasileiras de Contabilidade.
Gabarito "B".

(Auditor Fiscal da Receita Federal – ESAF) O teste substantivo tem como objetivo:

(A) a obtenção de evidência quanto à suficiência, exatidão e validade dos dados produzidos pelos sistemas de informação da entidade.
(B) a suposição de evidência quanto à suficiência, exatidão e valor dos dados produzidos pelo sistema contábil da entidade.
(C) a obtenção de evidência quanto à suficiência, exatidão e velocidade dos dados produzidos pelo sistema de custos da entidade.
(D) a suposição de evidência quanto à suficiência, inexatidão e valor dos lançamentos produzidos pelo sistema contábil da entidade.
(E) a obtenção de evidência quanto à insuficiência, exatidão e validade dos registros produzidos pelo sistema contábil da entidade.

A NBC TI 01 – Da Auditoria Interna define que "os testes substantivos visam à obtenção de evidência quanto à suficiência, exatidão e validade dos dados produzidos pelos sistemas de informação da entidade".
Gabarito "A".

(Auditor Fiscal da Receita Federal – ESAF) Durante o acompanhamento de um inventário físico de estoques, o auditor deve efetuar o *cut-off* para:

(A) determinar o momento em que os registros con-

tábeis auxiliares, bem como os documentos com eles relacionados, refletem o levantamento do inventário.
(B) comprovar que efetivamente todos os itens a serem inventariados estão adequadamente acondicionados no almoxarifado da empresa.
(C) determinar o momento em que as três últimas compras e as três últimas vendas de mercadorias ocorreram durante o inventário.
(D) comprovar que os procedimentos adotados pela administração para a contagem de estoques são adequados às práticas usuais.
(E) comprovar que os documentos de compras de mercadorias estão suportados por documentação suporte às necessidades da empresa.

O teste de *cut-off* representa um corte nas operações para avaliar a aderência às normas, ou seja, o auditor pede para que sejam parados os procedimentos que estão sendo executados naquele momento e verifica a aderência às normas e diretrizes. No caso do cut-off do inventário físico o objetivo será determinar se o estoque está de acordo com a documentação correlata.
Gabarito "A".

(Auditor Fiscal da Receita Federal – ESAF) O teste referente à constatação, pelo auditor, de que os orçamentos para aquisição de ativos são revisados e aprovados por um funcionário adequado, denomina-se:

(A) de revisão analítica
(B) de observância
(C) substantivo
(D) de abrangência
(E) documental

Como o objetivo do teste realizado pelo auditor é confirmar com razoável segurança que os procedimentos de controle interno estabelecidos pela administração estão em efetivo funcionamento e cumprimento, ele está realizando um teste de observância. Segundo a NBC TI 01, os testes de observância visam à obtenção de razoável segurança de que os controles internos estabelecidos pela administração estão em efetivo funcionamento, inclusive quanto ao seu cumprimento pelos funcionários e administradores da entidade".
Gabarito "B".

(Auditor Fiscal da Receita Federal – ESAF) O teste referente à análise de movimentação e investigação de quaisquer flutuações relevantes e não usuais, entre o exercício corrente e o exercício anterior, nos índices de empréstimos de curto e longo prazo, denomina-se:

(A) de revisão analítica
(B) substantivo
(C) de observância
(D) documental
(E) de abrangência

O teste tipificado na questão é a revisão analítica, cujo objetivo é a verificação do comportamento de valores significativos, mediante índices, quocientes, quantidades absolutas ou outros meios, com vistas à identificação de situação ou tendências atípicas.
Gabarito "A".

(Auditor Fiscal da Receita Federal – ESAF) O auditor, por meio de uma listagem de dividendos, confere a exatidão dos valores de pagamentos desses, com as respectivas autorizações dadas em atas de reuniões de diretoria ou de assembleias de acionistas. Esse procedimento chama-se:

(A) inspeção
(B) observação
(C) investigação
(D) cálculo
(E) confirmação

O teste tipificado na questão é o cálculo, cujo objetivo é a conferência da exatidão aritmética de documentos comprobatórios, registros e demonstrações contábeis e outras circunstâncias.
Gabarito "D".

(Auditor Fiscal da Receita Federal – ESAF) O acompanhamento para verificar os procedimentos de contagem física de barras de ouro, no cofre de um determinado banco, é denominado:

(A) investigação
(B) conferência
(C) inspeção
(D) revisão
(E) cálculo

O teste tipificado na questão é a inspeção, que segundo a NBC TI 01 consiste na verificação de registros, documentos e de ativos tangíveis.
Gabarito "C".

(Auditor Fiscal da Receita Federal – ESAF) O procedimento a ser aplicado, quando o auditor tiver como objetivo investigar relações inesperadas ou não usuais entre os valores do exercício corrente e o anterior, das despesas de reparos e manutenção de equipamentos, é denominado:

(A) observação
(B) confirmação
(C) investigação
(D) inspeção
(E) procedimento analítico

O teste tipificado na questão é o procedimento de revisão analítica (procedimento analítico) cujo objetivo é a verificação do comportamento de valores significativos, mediante índices, quocientes, quantidades absolutas ou outros meios, com vistas à identificação de situação ou tendências atípicas.
Gabarito "E".

(Auditor Fiscal da Receita Federal – ESAF) Assinale a opção que não se refere ao objetivo de obtenção, pelo auditor independente, da carta de responsabilidade da administração.

(A) Atendimento às normas de auditoria independente.
(B) Delimitação de responsabilidade do auditor e da administração.
(C) Obtenção de evidências de auditoria por escrito.
(D) Esclarecimento de pontos não constantes nas demonstrações contábeis.
(E) Confirmação da exatidão e fidedignidade dos números.

Dentre as alternativas da questão apenas a que se refere à confirmação da exatidão e fidedignidade dos números não se referem à carta de responsabilidade da administração, pois este item é justamente o objeto do trabalho do auditor.
Gabarito "E".

(Auditor Fiscal da Previdência Social – ESAF) O objetivo da revisão pelos pares consiste na:

(A) explicação de motivos que levaram os auditores a emitir pareceres com ressalva contratados por seus clientes.
(B) avaliação dos procedimentos adotados pelos auditores com vistas a assegurar a qualidade dos trabalhos

desenvolvidos.

(C) análise dos procedimentos adotados pelos auditores no cumprimento de um razoável critério de seleção de amostras.
(D) determinação dos procedimentos indicados pelo auditor revisor quanto à qualidade dos trabalhos executados.
(E) análise da variação de taxa horária média dos três últimos anos praticada pelo auditor.

De acordo a NBC PA 11 – Revisão Externa de Qualidade pelos Pares, objetivo da revisão pelos pares é a "avaliação dos procedimentos adotados pelo Contador que atua como Auditor Independente e pela Firma de Auditoria, daqui em diante denominados "Auditor", com vistas a assegurar a qualidade dos trabalhos desenvolvidos. A qualidade, neste contexto, é medida pelo atendimento ao estabelecido nas Normas Brasileiras de Contabilidade Técnicas e Profissionais editadas pelo Conselho Federal de Contabilidade (CFC) e, na falta destas, nos pronunciamentos do IBRACON – Instituto dos Auditores Independentes do Brasil, e, quando aplicável, nas normas emitidas por órgãos reguladores".
Gabarito "B".

(Auditor Fiscal/SC – FEPESE) Assinale a alternativa correta.

(A) A revisão analítica deve ser feita apenas após os testes nas contas de ativo, passivo, receitas e despesas.
(B) Não faz parte da revisão analítica o cálculo de índices econômico-financeiros por parte do auditor.
(C) O objetivo da revisão analítica é efetuar os testes de superavaliação nas contas do balanço patrimonial e na demonstração do resultado do exercício.
(D) O objetivo da revisão analítica é detectar e analisar situações anormais e significativas constatadas no balanço patrimonial e na demonstração do resultado do exercício.
(E) O objetivo da revisão analítica é efetuar os testes de subavaliação nas contas do balanço patrimonial e na demonstração do resultado do exercício.

A: a revisão analítica pode ser realizada inclusive na fase de planejamento para identificar as contas relevantes; B: a revisão analítica verifica o comportamento de valores mediante índices, quocientes e quantidades absolutas; C: a revisão analítica pode ser utilizada para identificar superavaliação ou subavaliação; D: correta definição do objetivo da revisão analítica; E: a revisão analítica pode ser utilizada para identificar superavaliação ou subavaliação.
Gabarito "D".

(Auditor Fiscal/RN – ESAF) Os testes de observância têm como objetivo obter:

(A) certeza de que os procedimentos de controle interno estabelecidos pela administração estão em efetivo funcionamento e cumprimento.
(B) razoável segurança de que os procedimentos de controle interno estabelecidos pela administração estão em efetivo funcionamento e cumprimento.
(C) certeza de que os procedimentos de controle interno estabelecidos pela administração não estão em efetivo funcionamento e cumprimento.
(D) confiabilidade absoluta de que os procedimentos de controle interno estabelecidos pela administração não estão em efetivo funcionamento e parcial cumprimento.
(E) razoável certeza de que os procedimentos de controle interno estabelecidos pela administração não estão em efetivo funcionamento e cumprimento.

A NBC TI 01 – Da Auditoria Interna define que "os testes de observância visam à obtenção de razoável segurança de que os controles internos estabelecidos pela administração estão em efetivo funcionamento, inclusive quanto ao seu cumprimento pelos funcionários e administradores da entidade".
Gabarito "B".

(Agente Fiscal de Rendas/SP – FCC) Os testes substantivos de auditoria dividem-se em testes de

(A) amostragem estatística e procedimentos de revisão analítica.
(B) eventos subsequentes e testes de transações e saldos.
(C) transações e saldos e procedimentos de revisão analítica.
(D) observância e testes de circularização de saldos.
(E) observância e testes de amostragem estatística.

Os testes substantivos visam à obtenção de evidência quanto à suficiência, exatidão e validade dos dados produzidos pelo sistema contábil da entidade, dividindo-se em: testes de transações e saldos e procedimentos de revisão analítica.
Gabarito "C".

(Auditor Fiscal/MA – FGV) O procedimento de auditoria planejado para avaliar a efetividade operacional dos controles na prevenção ou detecção e na correção de distorções relevantes no nível de afirmações, é denominado

(A) relevância substantiva.
(B) avaliação de risco.
(C) teste de controle.
(D) cálculo de materialidade.
(E) processo de prevenção.

De acordo com a NBC TA 500, de forma mais precisa ao item A29, temos: "Os testes de controle são definidos para avaliar a eficácia operacional dos controles na prevenção, detecção e correção de distorções relevantes no nível da afirmação. A definição de testes de controles para obtenção de evidência de auditoria inclui a identificação de condições (características ou atributos) que indiquem a realização de controle, e condições de desvio que indiquem desvios da execução apropriada. A presença ou ausência dessas condições pode então ser testada pelo auditor." (grifo nosso). A definição do item está em linha com o "teste de controle". Portanto, "C" é a alternativa correta.
Gabarito "C".

(Auditor Fiscal da Receita Federal – ESAF) Os testes substantivos de auditoria dividem-se nas seguintes categorias:

(A) testes de eventos subsequentes e testes de transações e saldos
(B) testes de observância e testes de circularização de saldos
(C) testes de amostragem estatística e procedimentos de revisão analítica
(D) testes de observância e testes de amostragem estatística
(E) testes de transações e saldos e procedimentos de revisão analítica

Os testes substantivos visam à obtenção de evidência quanto à suficiência, exatidão e validade dos dados produzidos pelo sistema contábil da entidade, dividindo-se em: a) testes de transações e saldos; e b) procedimentos de revisão analítica.
Gabarito "E".

(Auditor Fiscal da Previdência Social – ESAF) Os procedimentos relacionados para compor um programa de auditoria são desenhados para:

(A) detectar erros e irregularidades significativas.
(B) proteger o auditor em caso de litígio legal.
(C) avaliar a estrutura dos controles internos.
(D) coletar evidências suficientes de auditoria.
(E) desenvolver um plano estratégico da empresa.

Os procedimentos de auditoria são o conjunto de técnicas que permitem ao auditor obter evidências ou provas suficientes e adequadas para fundamentar sua opinião sobre as demonstrações contábeis auditadas e abrangem testes de observância e testes substantivos.
Gabarito "D".

(Auditor Fiscal da Previdência Social – ESAF) Ao constatar a ineficácia de determinados procedimentos de controle o auditor deve:
(A) aumentar a extensão dos testes de controle.
(B) diminuir a extensão dos testes substantivos.
(C) aumentar o nível planejado de risco de detecção.
(D) diminuir o nível de risco inerente da área em questão.
(E) aumentar o nível planejado de testes substantivos.

A avaliação dos controles internos da empresa é de extrema importância para definir a quantidade de testes substantivos a serem realizados. Se o auditor concluir que os controles são ineficientes, deverá aumentar a quantidade de testes substantivos para reduzir assim o risco de auditoria.
Gabarito "E".

(Auditor Fiscal da Previdência Social – ESAF) A determinação da amplitude dos exames necessários à obtenção dos elementos de convicção que sejam válidos para o todo no processo de auditoria é feita com base:
(A) na experiência do auditor em trabalhos executados.
(B) na quantidade de horas negociadas com o cliente para execução do trabalho.
(C) na análise de riscos de auditoria e outros elementos que dispuser.
(D) na quantidade de lançamentos contábeis feitos pela empresa.
(E) na observância dos documentos utilizados no processo de contabilização.

A aplicação dos procedimentos de auditoria deve ser realizada, em razão da complexidade e volume das operações, por meio de provas seletivas, testes e amostragens, cabendo ao auditor, com base na análise de riscos de auditoria e outros elementos de que dispuser, determinar a amplitude dos exames necessários à obtenção dos elementos de convicção que sejam válidos para o todo.
Gabarito "C".

(Auditor Fiscal da Previdência Social – ESAF) A circularização é um procedimento de auditoria que aplicado à área de contas a receber confirma:
(A) os cálculos efetuados pelo auditor.
(B) a existência física do bem da empresa.
(C) a existência física do documento gerador do fato.
(D) a existência de duplicatas descontadas.
(E) o saldo apresentado pela empresa no cliente.

A circularização consiste na confirmação de saldos com terceiros. Sendo assim, esse procedimento confirma o saldo apresentado pela empresa na conta clientes.
Gabarito "E".

(Auditor Fiscal da Previdência Social – ESAF) A administração de uma entidade envia uma carta às diversas instituições financeiras com as quais se relaciona comercialmente, solicitando informações dos saldos em aberto existentes nessas empresas em uma determinada data, cuja resposta deva ser enviada diretamente aos seus auditores independentes. Nesse caso, ocorre um procedimento de:
(A) investigação
(B) observação
(C) confirmação
(D) revisão analítica
(E) inspeção

A questão descreve o procedimento de circularização, também conhecida como confirmação por se tratar de uma confirmação dos saldos com terceiros.
Gabarito "C".

(Auditor Fiscal da Previdência Social – ESAF) Em decorrência das respostas de circularização, de advogados internos e externos da empresa auditada, o auditor independente recebeu diversas respostas com opinião sobre a possibilidade remota de insucesso de ações de diversas naturezas, contra a empresa, já em fase de execução. Neste caso, o auditor deve:
(A) concordar integralmente com os advogados.
(B) discordar parcialmente dos advogados.
(C) concordar parcialmente com os advogados.
(D) discordar integralmente dos advogados.
(E) não concordar nem discordar dos advogados.

As respostas dos advogados se mostraram não confiáveis, visto que mesmo ações já em fase de execução foram informadas como de baixa probabilidade de perda. Sendo assim, é possível que o auditor desconsidere essa opinião, discordando integralmente dos advogados, visto que se trata de informação que poderia levar a uma conclusão inadequada do auditor.
Gabarito "D".

(Auditor Fiscal da Previdência Social – ESAF) Na realização dos serviços de auditoria, a avaliação do controle interno é de fundamental importância para o auditor. Assim sendo, pode-se afirmar que:
(A) há relação do controle interno com o número de testes a serem aplicados pela auditoria. Desta forma, se o controle interno for eficiente, menor será o número de testes, mas o auditor nunca deverá deixar de aplicá-los. No entanto, se o controle interno for deficiente, o auditor deverá aplicar número maior.
(B) empresa que apresente controle interno deficiente, segundo a avaliação do auditor, dispensa a aplicação de teste, pois o controle interno não interfere nessa análise.
(C) o número de testes é puramente subjetivo, ou seja, depende da experiência do auditor.
(D) os testes de auditoria não guardam correlação com a avaliação do controle interno da empresa.
(E) empresa que apresente controle interno eficiente, segundo a avaliação do auditor, dispensa a aplicação de testes de auditoria.

A avaliação dos controles internos da empresa é de extrema importância para definir a quantidade de testes substantivos a serem realizados. Se o auditor concluir que os controles são ineficientes, deverá aumentar a quantidade de testes substantivos para reduzir assim o risco de auditoria.
Gabarito "A".

(Auditor Fiscal da Previdência Social – ESAF) Em relação aos procedimentos de auditoria, pode-se dizer que o procedimento de correlação das informações é aplicado quando

(A) faz-se a contagem de caixa.
(B) implica declaração formal e imparcial de pessoas independentes da empresa auditada e que estejam habilitadas a confirmar.
(C) o auditor verificar o recebimento de duplicatas a receber que afetam as disponibilidades e contas a receber.
(D) analisam-se os registros de uma determinada área da empresa que está sob exame.
(E) é realizado qualquer procedimento de auditoria em contas do passivo, caracterizando-se pela observação das rotinas adotadas pelo empregado da empresa auditada em relação à execução de sua atividade diária.

A correlação citada na questão refere-se ao reflexo da movimentação de uma conta contábil em outra, dada à existência das partidas dobradas.
Gabarito "C".

(Agente Tributário Estadual/MS – FGV) Assinale a alternativa que apresente o procedimento que deve ser efetuado pelo auditor independente que, após a execução de seus trabalhos, conclui que existem dúvidas em relação à continuidade das operações da empresa auditada.

(A) O auditor deverá mencionar a preocupação com a continuidade das operações da empresa aos seus diretores, sem, entretanto, mencioná-las em seu parecer.
(B) Como não existe certeza de que a empresa será liquidada, o auditor ainda não pode mencionar esse fato no parecer.
(C) O auditor deve mencionar logo no primeiro parágrafo de seu parecer a preocupação existente em relação à continuidade da empresa.
(D) Em função da incerteza, o auditor não poderá emitir um parecer sobre as demonstrações contábeis.
(E) O auditor deve, pelo menos, mencionar em seu parecer um parágrafo de ênfase que explique sua preocupação em relação ao futuro da empresa, após o parágrafo de opinião.

Quando constatar que há evidências de riscos na continuidade normal das atividades da entidade, o auditor independente deverá, em seu parecer, mencionar, em parágrafo de ênfase, os efeitos que tal situação poderá determinar na continuidade operacional da entidade, de modo que os usuários tenham adequada informação sobre ela.
Gabarito "E".

(Auditor Fiscal da Receita Federal – ESAF) O auditor independente, ao utilizar o trabalho específico dos auditores internos, deve:

(A) ressalvar que o trabalho foi efetuado pelos auditores internos e a responsabilidade é limitada, registrando que a empresa tem conhecimento da decisão por utilizar estes trabalhos.
(B) incluir, na documentação de auditoria, as conclusões atingidas relacionadas com a avaliação da adequação do trabalho dos auditores internos e os procedimentos de auditoria por ele executados sobre a conformidade dos trabalhos.
(C) restringir a utilização a trabalhos operacionais, de elaboração de cálculos e descrição de processos que não ofereçam riscos ao processo de auditoria, visto que a responsabilidade é limitada sobre eles.
(D) dividir as responsabilidades com a administração da empresa auditada, restringindo seus trabalhos ao limite da auditoria realizada e à documentação produzida pelos seus trabalhos.
(E) assumir a qualidade dos trabalhos da auditoria interna, incluindo em seus papéis de trabalho como documentação suporte e comprobatória.

De acordo com o item 13 da NBC TA 610 (Utilização do Trabalho de Auditoria Interna), temos:
"13. Se o auditor independente usa um trabalho específico dos auditores internos, ele deve incluir na documentação de auditoria as conclusões atingidas relacionadas com a avaliação da adequação do trabalho dos auditores internos e os procedimentos de auditoria executados pelo auditor independente sobre aquele trabalho em conformidade com a NBC TA 230 –Documentação de Auditoria, itens 8 a 11 e A6." (grifo nosso) O item enseja que a resposta certa é alternativa "B".
Gabarito "B".

(Auditor Fiscal/MA – FGV) Exemplos de políticas e de procedimentos que uma entidade pode implementar para auxiliar na prevenção e detecção de não conformidade com leis e regulamentos estão listados a seguir, à exceção de um. Assinale-o.

(A) Manutenção de controle das leis e regulamentos importantes que a entidade tenha que cumprir no seu setor de atividade e registro de ocorrências.
(B) Instituição ou operação de sistemas apropriados de controle interno e externo dos órgãos governamentais.
(C) Desenvolvimento, divulgação e acompanhamento de código de conduta.
(D) Confirmação que os empregados sejam adequadamente treinados e entendam o código de conduta.
(E) Monitoramento da conformidade do código de conduta e agir apropriadamente para disciplinar os empregados que deixem de cumpri-lo.

Segundo a NBC TA 250 (consideração de leis e regulamentos na auditoria de demonstrações contábeis)
A2. Seguem exemplos dos tipos de política e procedimentos que a entidade pode implementar para auxiliar na prevenção e detecção de não conformidade com leis e regulamentos: a) monitoramento de requisitos legais para assegurar que procedimentos operacionais sejam planejados para cumprir esses requisitos; **b) instituição ou operação de sistemas apropriados de controle interno**; c) desenvolvimento, divulgação e acompanhamento de código de conduta; d) confirmação que os empregados sejam adequadamente treinados e entendam o código de conduta; e) monitorar a conformidade do código de conduta e agir apropriadamente para disciplinar os empregados que deixem de cumpri-lo; f) contratação de assessores legais para auxiliar o monitoramento de requisitos legais; g) manutenção de controle das leis e regulamentos importantes que a entidade tenha que cumprir no seu setor de atividade e registro de ocorrências. Em entidades de grande porte, essas políticas e procedimentos podem ser suplementados pela atribuição de responsabilidades apropriadas aos seguintes: a)função de auditoria interna; b) comitê de auditoria; e c) função de controle interno para monitorar a conformidade com leis e regulamentos (compliance). No item b grifado, temos discordância em relação à alternativa "B". Em outras palavras, a afirmação contida na alternativa não condiz com o preconizado pela norma. Portanto, é o item incorreto. Nesse contexto, a resposta correta.
Gabarito "B".

(Auditor Fiscal da Receita Federal – ESAF) A empresa Agrotoxics S.A. tem seus produtos espalhados por diversos representantes, em todas as regiões do Brasil.

Seu processo de vendas é por consignação, recebendo somente após a venda. O procedimento de auditoria que garantiria confirmar a quantidade de produtos existentes em seus representantes seria:

(A) inventário físico.
(B) custeio ponderado.
(C) circularização.
(D) custeio integrado.
(E) amostragem.

Mesmo estando espalhado pelos representantes, o procedimento de auditoria adequado para confirmar a existência física dos estoques seria a contagem física (inventário físico).
Gabarito "A".

(Auditor Fiscal da Receita Federal – ESAF) A auditoria externa realizou na empresa Avalia S.A. o cálculo do índice de rotatividade dos estoques para verificar se apresentava índice correspondente às operações praticadas pela empresa. Esse procedimento técnico básico corresponde a:

(A) inspeção.
(B) revisão analítica.
(C) investigação.
(D) observação.
(E) confronto.

A: inspeção consiste em exame de registros, documentos e de ativos tangíveis; **B:** revisão analítica consiste na verificação do comportamento de valores significativos, mediante índices, quocientes, quantidades absolutas ou outros meios, procedimento adotado na empresa Avalia S.A.; **C:** investigação consiste na obtenção de informações com pessoas ou entidades conhecedoras da transação, dentro ou fora da entidade; **D:** observação é o acompanhamento de processo ou procedimento quando de sua execução; **E:** confronto é a comparação de dados contábeis com os registros físicos.
Gabarito "B".

(Auditor Fiscal da Receita Federal – ESAF) A empresa Grandes Resultados S.A. possui prejuízos fiscais apurados nos últimos três anos. A empresa estava em fase pré-operacional e agora passou a operar em plena atividade. As projeções para os próximos cinco anos evidenciam lucros. O procedimento técnico básico que aplicado pelo auditor constataria esse evento seria:

(A) ocorrência.
(B) circularização.
(C) cálculo.
(D) inspeção.
(E) inventário físico.

A: ocorrência verifica se a transação de fato ocorreu; **B:** circularização consiste na confirmação de saldos com terceiros. Sendo assim, esse procedimento confirma o saldo apresentado pela empresa na conta clientes; **C:** Cálculo é a conferência da exatidão aritmética de documentos comprobatórios, registros e demonstrações contábeis e outras circunstâncias; **D:** inspeção consiste em exame de registros, documentos e de ativos tangíveis. Esse procedimento será utilizado na auditoria da empresa Grandes resultados S.A. pois permite a constatação de que a empresa teve prejuízos fiscais na fase pré-operacional e que as projeções para os próximos anos evidenciam lucros; **E:** inventário físico é a contagem de bens materiais.
Gabarito "D".

(Auditor Fiscal da Receita Federal – ESAF) Quando a administração de uma entidade solicita, por carta postal, aos seus clientes que respondam diretamente aos seus auditores independentes, caso não concorde com o saldo em aberto informado, numa determinada data, tem-se uma circularização:

(A) branca
(B) preta
(C) positiva
(D) negativa
(E) atestatória

Apresentamos a seguir a descrição dos tipos de circularização:
Circularização do Tipo Positiva – é utilizada quando há necessidade de resposta da pessoa de quem quer se obter uma confirmação formal. Este pedido pode ser:
Branco – quando não se coloca valores nos pedidos de confirmação; e
Preto – quando utilizados saldos ou valores a serem confirmados na data base indicada.
Circularização do Tipo Negativa – é utilizada quando a resposta for necessária, em caso de discordância da pessoa de quem quer se obter a confirmação, ou seja, na falta de confirmação, o auditor entende que a pessoa concorda com os valores colocados no pedido de confirmação. Esse tipo de pedido é geralmente usado como complemento do pedido de confirmação positivo e deve ser expedido como carta registrada para assegurar que a pessoa de quem se quer obter a confirmação, efetivamente, recebeu tal pedido.
As descrições permitem concluir que o tipo de circularização utilizada na questão foi negativa.
Gabarito "D".

(Auditor Fiscal da Receita Federal – ESAF) Durante a fase de testes de observância, o auditor constatou algumas imperfeições no ciclo de compras e foi necessário aumentar o nível de risco de detecção. Assim, pode-se afirmar que o auditor deve:

(A) aumentar os testes de controle.
(B) diminuir os testes substantivos.
(C) aumentar os testes substantivos.
(D) diminuir os testes de controle.
(E) manter os testes substantivos.

Risco de detecção é a possibilidade do saldo de uma conta ou de uma informação estar errada e não ser detectada ou ainda levar o auditor a concluir pela sua inexistência em função de um erro de avaliação próprio ou da sua equipe. Quando a empresa apresenta um elevado risco de detecção, o auditor deve aumentar a quantidade de testes substantivos, reduzindo assim o risco de auditoria.
Gabarito "C".

(Auditor Fiscal da Receita Federal – ESAF) Como resposta a uma circularização de advogados, o auditor recebeu a seguinte resposta de um dos advogados da empresa auditada: o valor da ação, contra nosso cliente é 100.000 reais, e a expectativa de perda é remota. Baseado no julgamento do advogado, a posição do auditor é que a empresa

(A) contabilize o valor total da ação e adicione uma nota explicativa.
(B) contabilize o valor parcial da ação e adicione uma nota explicativa.
(C) contabilize o valor parcial da ação sem uma nota explicativa.
(D) não contabilize o valor da ação e não inclua nota explicativa.
(E) não contabilize o valor da ação e adicione uma nota explicativa.

A deliberação CVM Nº 489/2005, que versa sobre provisões, passivos, contingências passivas e contingências ativas, define que nem todas as contingências passivas devem ser provisionadas, devendo seguir o esquema apresentado a seguir:

Probabilidade de ocorrência do desembolso		Tratamento contábil
Provável	Mensurável com suficiente segurança	Provisionar
	Não mensurável com suficiente segurança	Divulgar em notas explicativas
Possível		Divulgar em notas explicativas
Remota		Não divulgar em notas explicativas

Como é possível observar, a empresa não necessitará provisionar ou divulgar a contingência.

Gabarito "D".

(Auditor Fiscal da Receita Federal – ESAF) Um assistente de auditoria foi designado para acompanhar a contagem física de lingotes de alumínio nas instalações da Alumiar S/A. Ao chegar no local, foi atendido pelo engenheiro responsável e gerente de contabilidade, quando então foi convidado para conhecer o lugar onde estavam empilhados os lingotes. Retornando ao escritório, tratou logo de efetuar o *cut-off* das movimentações de mercadorias.

No pátio da empresa, o engenheiro comunicou que a primeira pilha de lingotes referia-se a alumínio de 95% de pureza, a segunda pilha referia-se a alumínio de 50% de pureza e a terceira 25% de pureza.

O procedimento de contagem foi efetuado como o auditor havia previsto. No entanto, retornando ao seu escritório, o auditor passou a refletir: "será que aquele produto era realmente alumínio e com os percentuais de pureza que me informaram?" Indique qual o procedimento que o auditor deveria ter efetuado para que essa dúvida fosse esclarecida.

(A) Contactar um outro auditor mais experiente da empresa e pedir sua presença imediata para auxiliar no acompanhamento do inventário.
(B) Pedir ao engenheiro presente no local do inventário que emita um certificado atestando os percentuais de pureza de cada pilha.
(C) Retirar amostras de cada pilha de lingotes de alumínio para que sejam enviadas posteriormente para certificação por um profissional independente.
(D) Interromper a contagem dos lingotes de alumínio e relatar que, por não conhecer o produto, o saldo de estoques deve ser ressalvado.
(E) Acompanhar os procedimentos de contagem e relatar que, por não conhecer suas características, o saldo de estoque deve ser ressalvado.

A: a opinião de outro auditor pouco adiantaria nessa situação, pois há a necessidade de validar uma informação técnica de engenharia; **B:** a opinião do próprio engenheiro da empresa não apresenta a independência necessária para validar o material; **C:** o profissional independente poderá informar ao auditor se o material auditado referia-se ao informado pelo engenheiro; **D:** mesmo que fosse retirar lingotes para certificação por um profissional independente, de nada adiantaria interromper a contagem; **E:** considerando que a empresa disponibilizou o estoque para verificação da auditoria, não caberia a emissão de parecer com ressalva,

que é utilizado apenas em caso de discordância com as demonstrações contábeis ou limitação dos trabalhos do auditor.

Gabarito "C".

(Auditor Fiscal da Receita Federal – ESAF) A Cia. Miudezas vende, em média, 70% de seus produtos a prazo e possui cerca de 5 mil clientes. O perfil de seus clientes é o de pessoas que possuem renda familiar de até 10 salários mínimos. Na análise da constituição de provisão para devedores duvidosos do saldo de clientes da Cia. Miudezas, o auditor deve

(A) circularizar um percentual significativo de clientes, questionando quanto à posição em atraso e suas justificativas.
(B) analisar individualmente o máximo possível a carteira de clientes da empresa e tirar suas conclusões pessoais.
(C) segregar a carteira de clientes em função de períodos de contas vencidas, medindo tendências e probabilidades de perdas.
(D) efetuar testes globais sobre o saldo de clientes, uma vez que as perdas efetivas do setor variam de 5 a 10 % das vendas.
(E) estabelecer um valor adicional de provisão para cobrir perdas prováveis, de modo que não afete o fluxo de caixa projetado.

A: no caso da Cia Miudezas seria infrutífera a circularização dada à grande pulverização dos clientes; **B:** analisar individualmente os clientes implicaria um grande dispêndio de tempo para pouco resultado dada à grande pulverização da carteira; **C:** trabalhar com a tendência e o histórico de perdas seria a forma mais produtiva para calcular a provisão para devedores duvidosos; **D:** os testes globais impedem a análise das características da carteira; **E:** estabelecer sem critério um adicional de provisão não é recomendável visto que isso deve ser feito com base em dados.

Gabarito "C".

(Auditor Fiscal da Receita Federal – ESAF) Se, após a emissão do parecer, o auditor tomar conhecimento de um fato, existente na data da emissão do parecer que, se conhecido na ocasião, poderia ter gerado a modificação do seu parecer final, nesse caso o procedimento a ser efetuado pelo auditor será:

(A) emitir um novo parecer de auditoria com parágrafo de ênfase sobre as demonstrações contábeis revisadas.
(B) avaliar o efeito junto com a administração e incluir como parágrafo de ênfase no próximo parecer.
(C) comunicar aos órgãos reguladores que o parecer emitido naquela data não tem validade legal.
(D) emitir um comunicado público que, exceto pelo fato mencionado, sua opinião é correta.
(E) emitir um comunicado à Comissão de Valores Mobiliários de que desconhecia tal fato na data de emissão do parecer.

Os fatos ocorridos após a divulgação das demonstrações contábeis também devem ser considerados para os eventos subsequentes. A identificação de um evento relevante, mesmo após a emissão do parecer, exigirá um novo parecer de auditoria contendo o parágrafo de ênfase.

Gabarito "A".

(Auditor Fiscal/CE – ESAF) A empresa CompraVia Ltda. determinou que a partir do mês de dezembro as funções de pagamento das compras efetuadas passarão a ser feitas pelo departamento de compras, extinguindo-se o setor de Contas a Pagar. Esse procedimento afeta a eficácia da medida de controle interno denominada

(A) confirmação.
(B) segregação.
(C) evidenciação.
(D) repartição.
(E) atribuição.

Um importante controle interno é a segregação de funções, que consiste em estabelecer que uma mesma pessoa não tenha acesso a transações conflitantes. Ao permitir que o departamento que efetua a compra também efetue o pagamento, a empresa está aumentando o risco de fraude e erro, pois não adotou a adequada segregação de funções.
Gabarito "B".

(Auditor Fiscal/CE – ESAF) Os testes de observância visam:

(A) confirmar que as normas e procedimentos da empresa estejam estabelecidos e previstos em seus manuais.
(B) estabelecer normas para implantação dos controles internos na empresa.
(C) evidenciar que os procedimentos estabelecidos pela empresa estão funcionando e sendo cumpridos na prática.
(D) assegurar que as demonstrações contábeis sejam apresentadas a todos os usuários.
(E) garantir que os administradores da empresa estejam implantando os sistemas de controles internos.

A NBC TI 01 – Da Auditoria Interna define que os testes de observância "visam à obtenção de razoável segurança de que os controles internos estabelecidos pela administração estão em efetivo funcionamento, inclusive quanto ao seu cumprimento pelos funcionários e administradores da entidade".
Gabarito "C".

(Auditor Fiscal/MG – ESAF) Ao ser feita a análise da conta de Estoques da empresa Comercial de sapatos Ltda., o auditor externo depara-se com lançamento a débito, dessa conta, do valor referente a ICMS sobre mercadorias adquiridas. A consideração que pode ser feita sobre o processo de auditoria é que o auditor afirmará que:

(A) o saldo da conta encontra-se subavaliado em decorrência de o débito de ICMS ser um crédito de imposto da empresa.
(B) o lançamento deveria ter sido efetuado a débito de ICMS no resultado, por tratar-se de imposto sobre mercadorias.
(C) o lançamento é devido e o saldo da conta não se encontra nem superavaliado, nem subavaliado.
(D) a conta deve ser ajustada, sendo creditada pelo valor e a contrapartida levada a resultado em despesa de ICMS.
(E) o saldo da conta encontra-se superavaliado, em função do ICMS sobre mercadorias ser um direito da empresa.

O ICMS sobre mercadorias adquiridas representa um ativo da empresa, visto que se trata de um valor a recuperar. Esse valor, no entanto, deve ser registrado em conta específica. O registro do ICMS na conta estoque implicou na superavaliação do estoque.
Gabarito "E".

(Agente Fiscal/Teresina – ESAF) Examinando os valores de um demonstrativo da movimentação mensal dos custos dos produtos vendidos, o auditor constatou incongruências na correlação com os valores de um demonstrativo similar das receitas de vendas do mesmo período. O procedimento técnico de auditoria aplicado neste caso denomina-se:

(A) inspeção
(B) observação
(C) investigação e confirmação
(D) revisão analítica
(E) cálculo

A análise da correlação de valores permite ao auditor identificar inconsistência no comportamento desses valores, sendo esse um procedimento da revisão analítica. Esse procedimento consiste na verificação do comportamento de valores significativos, mediante índices, quocientes, quantidades absolutas ou outros meios, com vistas à identificação de situação ou tendências atípicas.
Gabarito "D".

(Auditor do Tesouro Municipal/Natal-RN – ESAF) O auditor comparou os valores constantes no orçamento anual, elaborado pela administração da entidade auditada, com os valores realizados, apresentados nos balancetes analíticos contábeis. O procedimento de auditoria aplicado, nesse caso, denomina-se:

(A) revisão analítica
(B) cálculo
(C) observação
(D) investigação e confirmação
(E) inspeção

A comparação do orçamento com os valores realizados permite ao auditor identificar a tendência de comportamento do patrimônio da empresa, sendo esse, portanto, um procedimento da revisão analítica. Esse procedimento consiste na verificação do comportamento de valores significativos, mediante índices, quocientes, quantidades absolutas ou outros meios, com vistas à identificação de situação ou tendências atípicas.
Gabarito "A".

(Auditor Fiscal/PB – FCC) O auditor ao aplicar os testes de superavaliação ou subavaliação nas contas de Ativos e Passivos objetiva confirmar se o contador observou, na elaboração das demonstrações contábeis, o princípio

(A) da entidade.
(B) da oportunidade.
(C) da materialidade.
(D) do custo como base do valor.
(E) da prudência.

Segundo o artigo 10 da Resolução CFC Nº 750/93 "o Princípio da Prudência determina a adoção do menor valor para os componentes do ativo e do maior valor para os do passivo, sempre que se apresentem alternativas igualmente válidas para a quantificação das mutações patrimoniais que alterem o patrimônio líquido". É com base nos testes de superavaliação ou subavaliação que o auditor verifica se este princípio está sendo cumprido.
Gabarito "E".

(Auditor Fiscal/PB – FCC) A forma do auditor obter confirmação de que eventuais passivos não foram registrados como a tributos ou contingências é através do procedimento de ......, sendo que o não fornecimento de respostas pelos consultores jurídicos é considerado uma ...... na extensão da auditoria, suficiente para ...... a emissão de um parecer ....

Completa corretamente, nessa ordem, as lacunas do excerto acima:

(A) verificação	- restrição	- invalidar	- com abstenção de opinião
(B) inventário físico	- limitação	- validar	- com ressalvas
(C) conformidade	- restrição	- confirmar	- adverso
(D) circularização	- limitação	- impedir	- sem ressalvas
(E) confirmação	- limitação	- exigir	- sem ressalvas

A circularização é uma técnica de confirmação externa utilizada para obter uma declaração formal e independente de pessoas não ligadas à empresa, a fim de confirmar uma transação, sendo essa técnica utilizada para confirmar que eventuais passivos não foram registrados. Caso o auditor não obtenha respostas às circularizações, ele pode considerar que houve uma limitação nos seus trabalhos. A limitação ao trabalho de auditoria é uma circunstância que impede a emissão de parecer sem ressalva.

Gabarito "D".

(Auditor Fiscal/PB – FCC) É um método aceitável para projeção de erros em amostras não estatísticas, o método

(A) do quociente.
(B) do desvio padrão.
(C) da estratificação.
(D) de interpolação.
(E) da soma.

Um método aceitável para a projeção de erros em amostragens não estatísticas é o do quociente, que consiste na análise da proporção entre a projeção do risco de amostragem e o erro aceitável.

Gabarito "A".

(Agente Fiscal de Rendas/SP – FCC) Para certificar-se que direitos de crédito efetivamente existem em determinada data, o auditor independente utiliza, principalmente, o procedimento de

(A) revisão analítica de recebíveis.
(B) inspeção de ativos tangíveis.
(C) circularização dos devedores da companhia.
(D) conferência do cálculo dos créditos.
(E) observação de processo de controle.

A circularização é uma técnica de confirmação externa utilizada para obter uma declaração formal e independente de pessoas não ligadas à empresa a fim de confirmar uma transação, sendo essa técnica utilizada para confirmar que eventuais passivos não foram registrados. Nenhum outro teste descrito pela questão garantiria a existência do crédito.

Gabarito "C".

(Auditor Tributário/Jaboatão dos Guararapes-PE – FCC) O auditor tributário, ao avaliar os débitos pendentes de recebimento na Prefeitura, de IPTU – Imposto Predial e Territorial Urbano, percebe que tem sido constante a confirmação por parte dos contribuintes de pagamentos de débitos não baixados pela Prefeitura. Ao emitir carta, solicitando a comprovação de débitos ou dos saldos em aberto, antes da emissão de nova cobrança, o auditor fiscal estará realizando um procedimento de auditoria denominado

(A) inventário físico.
(B) amostragem.
(C) lançamento.
(D) arbitragem.
(E) circularização.

A questão descreve o procedimento de circularização, que consiste na obtenção de declaração formal e independente de pessoas não ligadas à instituição a fim de confirmar uma transação.

Gabarito "E".

(Auditor Fiscal da Receita Municipal – Prefeitura Teresina/PI – 2016 – FCC) Estão sujeitas à auditoria, entre outras demonstrações contábeis, o Balanço Patrimonial e a Demonstração do Resultado do Exercício da entidade, elaborados pela sua administração. Na auditoria das demonstrações contábeis do exercício de 2015 de determinada empresa prestadora de serviços, o auditor, ao examinar as obrigações da empresa, constatou que o ISS a recolher com vencimento no exercício subsequente, no valor de R$ 1.487.950,00, foi classificado incorretamente no Balanço Patrimonial. As obrigações, quando se vencerem no exercício seguinte, deverão ser classificadas no grupo de contas do Balanço Patrimonial

(A) Obrigações fiscais de longo prazo.
(B) Ativo diferido.
(C) Passivo circulante.
(D) Ativo realizável a longo prazo.
(E) Passivo não circulante.

Constatou que o ISS a recolher com vencimento no exercício subsequente, ao realizar o ajuste ocorreu a provisão no Passivo Circulante.

Gabarito "C".

5. PROCEDIMENTOS DE AUDITORIA ESPECÍFICOS

(Auditor Fiscal Tributário Municipal – Prefeitura Cuiabá – 2016 – FGV) Um auditor foi convidado para auditar a Cia. X. Antes de aceitar o trabalho, o auditor determinou que a estrutura de relatório financeiro que seria aplicada na elaboração das demonstrações contábeis era inaceitável. No entanto, a administração não concordou em fornecer divulgações adicionais nas demonstrações contábeis. O auditor entendeu que a limitação resultaria na emissão de relatório com abstenção de opinião sobre as demonstrações contábeis.

Sobre o posicionamento do auditor em aceitar ou não o trabalho, de acordo com as normas brasileiras de auditoria independente, assinale a afirmativa correta.

(A) Aceitar, mas exigir honorários maiores.
(B) Aceitar, mas fazer uma denúncia ao IBRACON.
(C) Aceitar, apenas se o trabalho é exigido por lei ou regulamento.
(D) Não aceitar, mesmo que o trabalho seja exigido por lei ou regulamento.
(E) Não aceitar, mesmo que o trabalho seja exigido por lei ou regulamento e fazer uma denúncia ao IBRACON.

O Trabalho do Auditor é Independente, no entanto podem ocorrer situações que o auditor deve realizar seu trabalho na hipótese de exigência legal ou por regulamento.

Gabarito "C".

(Auditor Fiscal da Receita Municipal – Prefeitura Teresina/PI – 2016 – FCC) O controle externo, no âmbito do Estado do Piauí, é exercido com o auxílio do Tribunal de Contas. As auditorias, como instrumentos de fiscalização utilizados pelo Tribunal de Contas no exercício de suas atribuições, serão realizadas com a finalidade de:

I. Examinar a legalidade e a legitimidade dos atos de gestão dos responsáveis sujeitos à sua jurisdição, quanto aos aspectos contábil, financeiro, orçamentário, operacional e patrimonial.
II. Avaliar o desempenho dos órgãos e das entidades jurisdicionadas, assim como dos sistemas, dos programas e das ações governamentais, quanto aos aspectos da economicidade, da eficiência e da eficácia dos atos praticados.
III. Subsidiar a apreciação dos atos sujeitos a registro.
IV. Comprovar a legalidade e avaliar o resultado do cumprimento das metas previstas na Lei Orçamentária Anual, bem como a aplicação de recursos públicos por entidades de direito privado.
V. Avaliar, quanto à eficácia e à eficiência os sistemas administrativos e operacionais de controle interno utilizados pelas entidades da Administração indireta do Estado na gestão orçamentária, financeira, patrimonial, operacional e de pessoal.

Está correto o que se afirma APENAS em

(A) I, III e IV.
(B) I e V.
(C) I, II e III.
(D) II, III, IV e V.
(E) II, IV e V.

Essa questão entra no mérito da legislação do Estado do Piauí em específico os artigos 86 a 90 da Constitui-ção do Piauí, que trata dos itens I, II e III que tratam do controle externo, sendo os demais controle interno.
Gabarito "C".

(Fiscal de Tributos/PA – ESAF) As estimativas contábeis que requerem o seu julgamento, na determinação do valor adequado a ser registrado nas demonstrações contábeis são de responsabilidade do:

(A) administrador
(B) auditor independente
(C) auditor interno
(D) acionista
(E) contador

As estimativas contábeis são de responsabilidade da administração da entidade e se baseiam em fatores objetivos e subjetivos, requerendo seu julgamento na determinação do valor adequado a ser registrado nas Demonstrações Contábeis.
Gabarito "A".

(Auditor Fiscal da Receita Federal – ESAF) A empresa Orion S.A. realizou a contagem de seus estoques (inventário físico), em 31 de outubro de 2013. O auditor foi contratado para realizar a auditoria das Demonstrações Contábeis de 31 de dezembro de 2013. Em relação ao inventário, deve o auditor:

(A) validar a posição apresentada nas demonstrações contábeis de 31 de dezembro de 2013, uma vez que foi atendida a exigência de inventariar os estoques, uma vez ao ano.
(B) solicitar nova contagem de inventário em 31 de dezembro de 2013 ou na data do início dos trabalhos de auditoria, sendo sempre obrigatória sua presença e participação na contagem física e aprovação dos procedimentos de inventário.
(C) exigir que seja elaborada nota explicativa evidenciando a posição do inventário em 31 de outubro de 2013, ressalvando a posição do inventário em 31 de dezembro de 2013, esclarecendo que não houve contagem das posições de estoques entre 31 de outubro e 31 de dezembro de 2013.
(D) executar procedimentos para obter evidência de auditoria de que as variações no estoque, entre 31 de outubro de 2013 e 31 de dezembro de 2013, estão adequadamente registradas.
(E) limitar sua avaliação a posição de estoques apresentada em 31 de outubro de 2013, restringindo o escopo de seu trabalho na área de estoques, aos saldos apresentados nesta data.

Para responder a questão, podemos recorrer à NBC TA 501 – Evidência de Auditoria itens 4 e 5
"4. Se o estoque for relevante para as demonstrações contábeis, o auditor deve obter evidência de auditoria apropriada e suficiente com relação a existência e as condições do estoque mediante: (a) acompanhamento da contagem física dos estoques, a não ser que seja impraticável, para (ver itens A1 a A3): (i) avaliar as instruções e os procedimentos da administração para registrar e controlar os resultados da contagem física dos estoques da entidade (ver item A4); (ii) observar a realização dos procedimentos de contagem pela administração (ver item A5); (iii) inspecionar o estoque (ver item A6); e (iv) executar testes de contagem (ver itens A7 e A8); e (b) execução de procedimentos de auditoria nos registros finais de estoque da entidade para determinar se refletem com precisão os resultados reais da contagem de estoque.
5. Se a contagem física dos estoques for realizada em outra data que não a data das demonstrações contábeis, o auditor deve, além dos procedimentos exigidos pelo item 4, executar procedimentos para obter evidência de auditoria de que as variações no estoque entre a data da contagem e a data das demonstrações contábeis estão adequadamente registradas (ver itens A9 a A11)."
Pelo exposto principalmente no item 5, temos que a alternativa D corresponde ao pedido pela norma de auditoria em questão.
Gabarito "D".

(Auditor Fiscal da Previdência Social – ESAF) Para determinação da suficiência de cobertura de seguros para ativo imobilizado deve-se proceder ao confronto da cobertura da apólice com o valor:

(A) da existência física do ativo imobilizado.
(B) das despesas antecipadas.
(C) total das despesas de seguros.
(D) do saldo contábil do ativo imobilizado.
(E) do Patrimônio Líquido.

O saldo contábil do Ativo Imobilizado é o valor a ser validado pelo auditor, sendo necessário que este valor esteja totalmente coberto por seguro para garantir a integridade desses bens.
Gabarito "D".

(Auditor Fiscal da Receita Federal – ESAF) Em relação às estimativas contábeis realizadas pela empresa auditada, o auditor independente deve:

(A) sempre que constatar possível tendenciosidade da administração, concluir que as estimativas contábeis estão inadequadas, ressalvando o relatório.
(B) periodicamente exigir da administração e de seus advogados carta de responsabilidade pelas estimativas efetuadas, eximindo a auditoria de avaliar os cálculos e premissas.
(C) revisar os julgamentos e decisões feitos pela administração na elaboração destas estimativas contábeis, para identificar se há indicadores de possível tendenciosidade da administração.

(D) reavaliar as premissas e cálculos e, quando discordar, determinar a modificação dos valores contabilizados, sob pena de não emitir o relatório de auditoria.
(E) aceitar os valores apresentados, por serem subjetivos e de responsabilidade da administração e de seus consultores jurídicos ou áreas afins.

De acordo com a NBC TA 540, item 21, temos: "O auditor deve revisar os julgamentos e decisões feitas pela administração na elaboração de estimativas contábeis para identificar se há indicadores de possível tendenciosidade da administração. Indicadores de possível tendenciosidade da administração não constituem, por si só, distorções para concluir sobre a razoabilidade de estimativas contábeis individuais" (grifo nosso). Pelo normativo, a resposta correta é "C".
Gabarito "C".

(Auditor Fiscal Tributário da Receita Municipal/Cuiabá-MT – FGV) Sobre estimativas contábeis, de acordo com a NBC TA 540 – Auditoria de Estimativas Contábeis, assinale a afirmativa correta.

(A) A diferença entre o desfecho da estimativa contábil e o valor originalmente reconhecido ou divulgado nas demonstrações contábeis representa uma distorção.
(B) O auditor deve revisar o desfecho das estimativas contábeis incluídas nas demonstrações contábeis do período anterior, de modo a questionar os julgamentos feitos nesse período.
(C) O potencial para tendenciosidade da administração intencional é inerente em decisões subjetivas, que são, muitas vezes, necessárias na elaboração de estimativa contábil.
(D) As estimativas contábeis do valor justo, para as quais é usado modelo especializado desenvolvido para a entidade, envolvem pequena incerteza e podem gerar riscos mais baixos de distorção relevante.
(E) O auditor deve revisar as estimativas contábeis para identificar se há indicadores de possível tendenciosidade da administração, de modo a concluir sobre a razoabilidade de estimativas contábeis individuais.

De acordo com o item A9 da NBC TA 540, temos: "Tendenciosidade da administração não intencional e o potencial para tendenciosidade da administração intencional são inerentes em decisões subjetivas que são muitas vezes necessárias na elaboração de estimativa contábil." Portanto, a alternativa correta é "C".
Gabarito "C".

(Auditor Fiscal da Receita Federal – ESAF) No processo de amostragem o LSE – Limite Superior de Erro para superavaliações é determinado pela:

(A) soma do erro projetado e da provisão para risco de amostragem.
(B) divisão da população pela amostra estratificada.
(C) soma do erro estimado e da confiabilidade da amostra.
(D) divisão do erro total pela população escolhida.
(E) subtração do erro total, do desvio das possíveis perdas amostrais.

A fórmula para obtenção do valor limite superior de erro (LSE) para superavaliação é: LSE = Resultado da soma do erro projetado + provisão para risco de amostragem.
Gabarito "A".

(Auditor Fiscal da Receita Federal – ESAF) O auditor independente, ao efetuar o teste de auditoria nos contratos de seguros, constatou que todas as apólices estavam em vigor conforme relatório entregue pelo contador da Cia. Siderúrgica Ferro e Aço S.A. Dois dias após o encerramento dos trabalhos de auditoria, uma explosão ocorre em uma das principais caldeiras da empresa e o auditor é convocado pelo conselho de administração do cliente para esclarecimentos, já que a cobertura de seguros não era suficiente para o sinistro ocorrido. Apesar de ter efetuado o teste quanto à vigência das apólices, o auditor não atentou em:

(A) verificar o grau de risco de eventual sinistro dos imobilizados.
(B) avaliar o montante segurado com o valor dos imobilizados.
(C) verificar as medidas preventivas tomadas pela empresa.
(D) avaliar a real situação financeira da companhia seguradora.
(E) verificar detalhadamente as informações fornecidas para a seguradora.

A situação descrita pela questão indica que o auditor considerou suficiente a existência da apólice de seguros. No entanto, no momento da ocorrência do sinistro, o valor segurado se mostrou insuficiente para cobrir os prejuízos da empresa, demonstrando que o auditor não comparou o valor segurado com o valor dos ativos imobilizados.
Gabarito "B".

(Auditor Fiscal/RN – ESAF) Para reconhecimento dos passivos tributários, em discussão jurídica, devem os escritórios de advocacia ou advogados da entidade auditada classificar o sucesso das causas em remoto, possível ou provável. Assim podemos afirmar que o auditor deve

(A) calcular a provisão reconhecendo os passivos prováveis e analisando as probabilidades nos processos possíveis.
(B) não contabilizar provisão para as autuações que estejam sendo discutidas administrativamente, mesmo com posição desfavorável à entidade.
(C) não reconhecer referidos passivos porque se assim o fizer estará reconhecendo a obrigação.
(D) compor a provisão sem considerar os processos com provável perda judicial.
(E) solicitar o registro contábil de provisão para processos com classificação remota de perda.

A deliberação CVM Nº 489/2005, que versa sobre provisões, passivos, contingências passivas e contingências ativas, define que nem todas as contingências passivas devem ser provisionadas, devendo seguir o esquema apresentado a seguir:

Probabilidade de ocorrência do desembolso		Tratamento contábil
Provável	Mensurável com suficiente segurança	Provisionar
	Não mensurável com suficiente segurança	Divulgar em notas explicativas
Possível		Divulgar em notas explicativas
Remota		Não divulgar em notas explicativas

Gabarito "A".

(Agente Fiscal/Teresina – ESAF) Assinale a opção que contenha apenas rubricas que são objeto dos exames de auditoria sobre as estimativas contábeis realizadas pela administração da entidade auditada.

(A) Salários a pagar, depreciação acumulada e provisão para devedores duvidosos.
(B) Comissões a pagar, depreciação acumulada e provisão para perdas permanentes.
(C) Custos dos produtos vendidos, depreciação e provisões para garantias de produtos.
(D) Caixa e bancos, contas a pagar e provisão para imposto de renda diferido a pagar.
(E) Reserva de contingências, provisão para férias e provisão de comissões a pagar.

Estimativas contábeis são valores esperados para ativos e passivos da empresa, cálculos com base em critérios subjetivos. O principal exemplo de estimativa é o cálculo de provisões. A reserva para contingências também é uma estimativa contábil, visto que se trata de valor estimado com base em critérios subjetivos.
Gabarito "E".

(Agente Fiscal/Teresina – ESAF) Assinale a opção que contém apenas rubricas que são objeto dos exames de auditoria sobre as estimativas contábeis realizadas pela administração da entidade auditada.

(A) Salários a pagar, depreciação acumulada e provisão para devedores duvidosos
(B) Comissões a pagar, depreciação acumulada e provisão para perdas permanentes
(C) Custos dos produtos vendidos, depreciação e provisões para garantias de produtos
(D) Caixa e bancos, contas a pagar e provisão para imposto de renda diferido a pagar
(E) Reserva de contingências, provisão para férias e provisão de comissões a pagar

Estimativas contábeis são valores esperados para ativos e passivos da empresa, cálculos com base em critérios subjetivos. O principal exemplo de estimativa é o cálculo de provisões. A reserva para contingências também é uma estimativa contábil, visto que se trata de valor estimado com base em critérios subjetivos.
Gabarito "E".

(Auditor do Tesouro Municipal/Natal-RN – ESAF) Em razão do método de partida dobrada, diversas contas patrimoniais e de resultado são inter-relacionadas. Das opções abaixo, assinale a que não corresponde a esta afirmativa.

(A) Vendas – Contas a Receber
(B) Compras – Contas a Pagar
(C) Estoques – Custo das Mercadorias Vendidas
(D) Investimentos – Resultado da Equivalência Patrimonial
(E) Imobilizado – Provisão para Devedores Duvidosos

A: a contrapartida das vendas a prazo é o contas a receber; **B:** a contrapartida das compras a prazo é o contas a receber; **C:** a contrapartida da baixa de estoques é o Custo das Mercadorias Vendidas; **D:** a contrapartida do aumento ou diminuição dos investimentos avaliados pelo método de equivalência patrimonial é o resultado da equivalência patrimonial; **E:** não existe qualquer relação entre o imobilizado e a Provisão para Devedores Duvidosos.
Gabarito "E".

(Auditor do Tesouro Municipal/Natal-RN – ESAF) O sócio-diretor pagou diversos compromissos pessoais com recursos financeiros da empresa e determinou que tais valores fossem contabilizados como duplicatas a receber de um determinado cliente. A situação descrita caracteriza-se como:

(A) Ativo fictício
(B) Ativo oculto
(C) Passivo fictício
(D) Passivo oculto
(E) Ativo intangível

Contabilizar como duplicatas a receber (ativo) valores que não representam tal bem significa a criação de um ativo inexistente, fictício.
Gabarito "A".

(Auditor do Tesouro Municipal/Natal-RN – ESAF) No encerramento do exercício social, o balanço patrimonial apresentava a rubrica contábil "Caixa" com saldo credor. Indique a opção que pode justificar essa situação.

(A) pagamentos a fornecedores não contabilizados.
(B) empréstimos concedidos não contabilizados.
(C) recebimentos de numerários não contabilizados.
(D) adiantamentos recebidos de clientes.
(E) compras a prazo canceladas.

Considerando que fisicamente é impossível um saldo credor de caixa, visto que o caixa poderá chegar ao mínimo de zero, é possível concluir que entradas de recursos não foram contabilizadas. A única entrada de recursos elencada na questão é o recebimento de numerário.
Gabarito "C".

(Auditor do Tesouro Municipal/Natal-RN – ESAF) A posição negativa do capital circulante líquido pode indicar que a empresa tem risco de continuidade operacional. Essa situação ocorre quando o

(A) Ativo Circulante é maior do que o Passivo Circulante.
(B) Ativo Circulante e o Realizável a Longo Prazo são inferiores ao Passivo Total.
(C) Ativo Circulante, deduzido dos Estoques, é superior ao Passivo Circulante.
(D) Ativo Circulante é menor do que o Passivo Circulante.
(E) Ativo Circulante é menor do que o Ativo Fixo.

O capital circulante líquido é apurado pela seguinte fórmula:
Capital circulante líquido = Ativo circulante – Passivo circulante
Para o capital circulante líquido, apresentar posição negativa é necessário que o Ativo Circulante seja menor que o Passivo Circulante.
Gabarito "D".

(Auditor do Tesouro Municipal/Natal-RN – ESAF) Um dos indicadores de riscos de continuidade operacional citado pelas normas de auditoria independente de demonstrações contábeis é a existência de passivo a descoberto, ou seja, quando o(a)

(A) Ativo Total é superior ao Passivo Total.
(B) Ativo Total é inferior à soma do Passivo Circulante e Exigível a Longo Prazo.
(C) Ativo Total é superior ao Patrimônio Líquido.
(D) Passivo Circulante é superior ao Patrimônio Líquido.
(E) soma do Passivo Circulante e Exigível a Longo Prazo é superior ao Patrimônio Líquido.

O passivo a descoberto é caracterizado pela existência de passivos exigíveis (circulante e de longo prazo) em maior quantidade que o ativo total. Nessa situação inexiste Patrimônio Líquido.
Gabarito "B".

(**Auditor do Tesouro Municipal/Natal-RN – ESAF**) Efetuando análises verticais e horizontais das demonstrações de resultados mensais de uma empresa, o auditor constatou expressivas variações nas margens operacionais em determinados meses. A fórmula de cálculo utilizada para obter tal margem foi:

(A) Lucro Líquido/Vendas Líquidas
(B) Lucro Operacional/Vendas Brutas
(C) Lucro Líquido/Despesas Operacionais
(D) Lucro Operacional/Vendas Líquidas
(E) Despesas Operacionais/Vendas Brutas

A margem operacional demonstra a relação entre o lucro operacional e as vendas líquidas, sendo apresentada pela seguinte fórmula:

$$\text{Margem operacional} = \frac{\text{Lucro operacional}}{\text{Vendas líquidas}}$$

Gabarito "D".

(**Auditor do Tesouro Municipal/Natal-RN – ESAF**) Na análise dos indicadores de atividade da empresa, o auditor constatou significativa variação no prazo médio de estocagem. Indique a fórmula que o profissional utilizou para mensurar esse prazo em dias.

(A) Estoque Final/Custo dos Produtos Vendidos Final) x 360
(B) (Estoque Inicial/Custo dos Produtos Vendidos do Ano Anterior) x 360
(C) (Estoque Médio Anual/Custo dos Produtos Vendidos do Ano) x 360
(D) (Estoque Final/Custo dos Produtos Vendidos do Ano) x 12
(E) (Estoque Inicial/Custo dos Produtos Vendidos no Ano) x 360

O Custo da Mercadoria Vendida (CMV) representa a baixa do estoque pela venda, sendo sua análise decisiva para saber o tempo médio que os produtos ficam estocados na empresa. Dividindo o CMV pelo valor médio do estoque, é possível obter quantas vezes esse estoque médio foi vendido no período. Multiplicando esse valor pela quantidade de dias de período é possível obter qual o prazo de venda médio do estoque nesse período. Sendo assim, a fórmula para o prazo médio de estocagem anual é:

$$\text{Prazo médio de estocagem} = \frac{\text{Estoque médio anual}}{\text{Custos dos produtos vendidos no ano}} \times 360$$

Gabarito "C".

(**Auditor Fiscal/São Paulo-SP – FCC**) O saldo da conta corrente da entidade auditada no Banco Mineiro do Sul S/A em 31.12.2005 era de R$ 158.000,00, credor. Na mesma data, o saldo da mesma conta corrente na escrituração contábil da companhia era de R$ 136.000,00, devedor. No procedimento de conciliação bancária, nessa mesma data, o auditor constatou que

– Os cheques de nº 15 a 18, emitidos pela companhia, não haviam ainda sido apresentados ao banco, no valor total de R$ 11.500,00.

– Houve cobrança de despesas bancárias no valor de R$ 1.200,00, não contabilizada pela companhia.

– A duplicata nº 22, no valor de R$ 12.700,00, em cobrança no banco, havia sido paga pelo credor, sem que houvesse sido registrado o fato na escrituração contábil da entidade.

– Um depósito de R$ 1.000,00, efetuado pela companhia, não havia ainda sido compensado.

Efetuados os ajustes correspondentes, o valor correto do saldo da conta corrente bancária da entidade é de, em R$:

(A) 149.300,00
(B) 147.500,00
(C) 146.500,00
(D) 145.300,00
(E) 137.000,00

Após efetuada a conciliação bancária o saldo das duas contas (conta corrente e conta contábil) será o mesmo, conforme apresentado a seguir:

	Conta corrente no banco	Conta contábil
Saldo inicial	158.000,00	136.000,00
Os cheques de nº 15 a 18, emitidos pela companhia, não haviam ainda sido apresentados ao banco, no valor total de R$ 11.500,00.	(11.500,00)	
Houve cobrança de despesas bancárias no valor de R$ 1.200,00, não contabilizada pela companhia.		(1.200,00)
A duplicata nº 22, no valor de R$ 12.700,00, em cobrança no banco, havia sido paga pelo credor, sem que houvesse sido registrado o fato na escrituração contábil da entidade.		12.700,00
Um depósito de R$ 1.000,00, efetuado pela companhia, não havia ainda sido compensado.	1.000,00	
Saldo final	147.500,00	147.500,00

Gabarito "B".

(**Auditor Fiscal/São Paulo-SP – FCC**) A Cia. Varginha importou uma máquina para ser utilizada em suas atividades industriais, pelo valor CIF de R$ 200.000,00. Sobre a importação incidiram os seguintes tributos:

Imposto de Importação	R$ 20.000,00
Imposto sobre Produtos Industrializados (IPI)	R$ 22.000,00
Imposto sobre Circulação de Mercadorias e Serviços (ICMS)	R$ 58.914,00
Contribuição para o PIS	R$ 4.708,00
Contribuição para o Financiamento da Seguridade Social (COFINS)	R$ 21.683,00

Adicionalmente, a companhia desembolsou R$ 4.000,00 para que a máquina fosse devidamente instalada em sua fábrica e em condições de produzir. Ao analisar essa operação, o auditor independente constatou que o custo de aquisição tinha sido corretamente escriturado. Sabendo-se que a companhia é contribuinte do IPI, do ICMS, do PIS e da COFINS no regime de incidência não cumulativa, o valor encontrado pelo auditor no registro contábil da importação correspondeu a, em R$:

(A) 250.391,00
(B) 246.391,00
(C) 228.708,00
(D) 224.000,00
(E) 220.000,00

Os tributos que incidirem sobre a importação que forem recuperáveis serão contabilizados em conta própria do ativo para posterior redução do imposto a pagar. Sendo assim, o valor total do bem na contabilidade será o custo de aquisição (R$200.000), o custo de instalação (R$4.000) e o imposto de importação (R$20.000) por não ser recuperável, totalizando R$224.000.

Gabarito "D".

(Auditor Fiscal/São Paulo-SP – FCC) Ao efetuar a auditoria das contas do Ativo Permanente da Cia. Mercúrio, o auditor constatou que a aquisição de 30% das ações da Cia. Polar, realizada durante o exercício, tinha sido contabilizada pelo custo de aquisição de R$ 300.000,00. Na ocasião da compra, o Patrimônio Líquido da investida correspondia a R$ 1.100.000,00 e o da investidora, a R$ 2.100.000,00. À vista desses fatos, o auditor concluiu que o lançamento em questão estava

(A) correto, porque o investimento não é relevante para a investidora.
(B) correto, porque a Cia. Polar não é controlada pela Cia. Mercúrio.
(C) correto, porque atendeu ao princípio contábil do custo como base de valor.
(D) incorreto, porque o valor do investimento é R$ 270.000,00, com ágio de R$ 30.000,00.
(E) incorreto, porque o valor do investimento é de R$ 330.000,00, com deságio de R$ 30.000,00.

Ao adquirir 30% da Cia. Polar, a Cia. Mercúrio estava adquirindo o equivalente a R$330.000 (30% de R$1.100.000) da Cia. Polar. Se o valor pago pelo investimento foi apenas R$300.000, significa que houve um deságio na compra, que deve ficar registrado na contabilidade através do lançamento de R$330.000 da participação e de uma conta redutora de deságio no valor de R$30.000.

Gabarito "E".

(Auditor Fiscal/São Paulo-SP – FCC) No curso de auditoria externa realizada na Cia. Novo Hamburgo foram constatadas as seguintes irregularidades:

– Registro incorreto de gastos de manutenção do Ativo Imobilizado de R$ 30.000,00 como despesas, em vez de acréscimo ao valor dos bens.

– Insuficiência na constituição da Provisão para Créditos de Liquidação Duvidosa no valor de R$ 17.000,00.

– Falta de registro contábil de duplicatas já pagas, mantidas incorretamente no Passivo Circulante, no valor de R$ 28.000,00.

– Falta de registro de adiantamento a empregados no valor de R$ 6.000,00.

Efetuados os lançamentos de ajuste para sanar tais irregularidades, recomendados pelo auditor, o resultado da companhia

(A) diminuiu R$ 21.000,00.
(B) diminuiu R$ 15.000,00.
(C) permaneceu inalterado.
(D) aumentou R$ 13.000,00.
(E) aumentou R$ 7.000,00.

Apresentamos a seguir um quadro demonstrando o impacto dos eventos no resultado, que aumentou R$13.000 no período.

Evento	Impacto
Registro incorreto de gastos de manutenção do Ativo Imobilizado de R$ 30.000,00 como despesas, em vez de acréscimo ao valor dos bens.	Aumenta o resultado em R$30.000, visto que reduz o total de despesas
Insuficiência na constituição da Provisão para Créditos de Liquidação Duvidosa no valor de R$ 17.000,00.	Reduz o resultado em R$17.000, visto que aumentará o total de despesas
Falta de registro contábil de duplicatas já pagas, mantidas incorretamente no Passivo Circulante, no valor de R$ 28.000,00.	Não afeta o resultado, apenas o total do caixa e duplicatas a pagar
Falta de registro de adiantamento a empregados no valor de R$ 6.000,00.	Não afeta o resultado, apenas o total do caixa e de adiantamento a empregados

Gabarito "D".

(Auditor Fiscal/São Paulo-SP – FCC) Em auditoria externa de estoques de uma empresa industrial, que tinha iniciado suas atividades no exercício em curso, foi constatado que o custo total de produção no período importou em R$ 320.000,00. Foi iniciada nesse exercício a produção de 2.000 unidades do bem X, sendo que no final do período estavam ainda em processo 500 unidades com grau de acabamento equivalente a 20% do produto pronto. Confirmada essa percentagem com os engenheiros de produção da empresa, o auditor verificou que o estoque de produtos em processo tinha sido avaliado e registrado por R$ 80.000,00, na escrituração contábil da empresa. O valor do estoque de produtos em processo está

(A) correto.
(B) subestimado em R$ 70.000,00.
(C) superestimado em R$ 60.000,00.
(D) subestimado em R$ 30.000,00.
(E) superestimado em R$ 20.000,00.

A resolução da questão depende da utilização da técnica do equivalente de produção, conforme apresentado a seguir:

	Quantidade real	% de acabamento	Equivalente de produção em quantidade (quantidade real x % de acabamento)
Produtos acabados	1.500	100%	1.500
Produtos em elaboração	500	20%	100
TOTAL	2.000		1.600

Conforme apresentado no quadro anterior, as unidades produzidas representam um total de 1.600 unidades, considerando o percentual de acabamento dos produtos em elaboração. A partir das unidades produzidas é possível concluir que o custo de produção unitário é de

R$200 (R$320.000 ÷ 1.600 unidades). O custo unitário permite apurar o custo total de produção, conforme apresentado a seguir:

	Equivalente de produção	Custo total (equivalente de produção x Custo unitário – R$200)
Produtos acabados	1.500	300.000,00
Produtos em elaboração	100	20.000,00
TOTAL	1.600	320.000,00

O valor a ser registrado para os produtos em elaboração deveria ser R$20.000,00. Se eles estavam registrados por R$80.000,00 estavam superestimados em R$60.000,00.
Gabarito "C".

(Auditor Fiscal/PB – FCC) Em relação ao Inventário Físico de Estoques a ser realizado pelas empresas, é responsabilidade do auditor:

(A) sempre acompanhar e aplicar testes que confirmem a existência física dos elementos registrados nas contas contábeis da empresa auditada.
(B) quando o valor dos estoques for expressivo em relação à posição patrimonial e financeira da empresa, o auditor deve acompanhar o inventário físico executando testes de confirmação das contagens físicas e procedimentos complementares necessários.
(C) acompanhar e colaborar na execução do inventário físico, quando a empresa for industrial elaborando os ajustes necessários nas demonstrações contábeis.
(D) proceder ao inventário físico, apresentando as divergências para que a empresa possa realizar os ajustes e elaborar as demonstrações contábeis.
(E) confirmar que os ajustes apurados no inventário físico tenham sido contabilizados, sendo desobrigado de acompanhar o inventário físico em qualquer situação.

A: incorreto, pois o auditor irá verificar a materialidade para decidir a necessidade de acompanhar a contagem física; B: correto, de acordo com a relevância o auditor irá realizar os testes de auditoria; C: incorreto, o auditor não deve colaborar na execução do inventário ou nos ajustes das demonstrações por ser um agente independente; D: incorreto, o auditor não deve proceder ao inventário, pois o controle interno é responsabilidade da administração da empresa, cabendo ao auditor validar sua eficiência; E: incorreto, se o valor do estoque for relevante, deverá o auditor acompanhar seu inventário físico.
Gabarito "B".

(Auditor Fiscal/PB – FCC) Na Empresa Autocontrole S.A., a entrega física das mercadorias vendidas é feita pela área de expedição que possui dois funcionários, um separa a mercadoria e o outro confere a quantidade separada. A empresa possui um funcionário com salário de R$ 600,00 para efetuar as cópias em máquina copiadora da empresa, em virtude de em períodos anteriores ter constatado que funcionários tiravam cópias de documentos particulares, o que gerava um custo para a empresa de R$ 450,00 por mês. É correto afirmar que estes procedimentos para a auditoria representam, respectivamente,

(A) inventário físico e valor mínimo de venda.
(B) conferência e avaliação de método de custo.
(C) multiplicação de tarefas e inventário físico.
(D) supervisão e implantação de controle.
(E) segregação de funções e custo *versus* benefício.

O fato da empresa dispor de dois funcionários para a expedição das vendas demonstra a existência de um ponto de controle interno de revisão das atividades através da segregação de funções. Ao contratar um funcionário para tirar cópias por um valor maior que as perdas decorrentes da inexistência do controle, a empresa não observou a relação custo x benefício.
Gabarito "E".

(Agente Fiscal de Rendas/SP – FCC) O auditor, ao inspecionar a conta corrente que a companhia auditada mantinha junto ao Banco União S/A, verificou que o valor constante no extrato bancário e o saldo da respectiva conta no livro Razão eram divergentes. Aprofundando seu exame, constatou:

I. Dois cheques emitidos pela entidade, no valor total de R$ 2.500,00, não haviam sido descontados junto à instituição financeira.
II. O banco havia cobrado taxas e comissões sobre seus serviços no valor de R$ 980,00, fatos não contabilizados na entidade.
III. O banco devolveu uma duplicata descontada de emissão da companhia no valor de R$ 3.050,00, em virtude de não pagamento, fato não contabilizado na entidade.
IV. O banco cobrou juros de R$ 2.020,00 sobre um empréstimo à companhia, ainda não quitado, sendo que esta não o contabilizou desrespeitando, portanto, o princípio da competência.

Se o extrato bancário, antes da reconciliação, indicava um saldo credor de R$ 3.200,00, o saldo devedor da conta corrente no livro Razão, antes da reconciliação, correspondia, em reais, a

(A) 8.200,00
(B) 6.750,00
(C) 6.050,00
(D) 3.750,00
(E) 700,00

As situações apresentadas pela questão representam eventos cujo impacto precisam ser registrados no extrato bancário ou na contabilidade, de forma a apresentar um saldo final conciliado. Apresentamos a seguir o impacto de cada transação no extrato bancário ou na contabilidade:

	Extrato bancário	Contabilidade
I. Dois cheques emitidos pela entidade, no valor total de R$ 2.500,00, não haviam sido descontados na instituição financeira.	(2.500,00)	
II. O banco havia cobrado taxas e comissões sobre seus serviços no valor de R$ 980,00, fatos não contabilizados na entidade.		(980,00)
III. O banco devolveu uma duplicata descontada de emissão da companhia no valor de R$ 3.050,00, em virtude de não pagamento, fato não contabilizado na entidade.		(3.050,00)
IV. O banco cobrou juros de R$ 2.020,00 sobre um empréstimo à companhia, ainda não quitado, sendo que esta não o contabilizou desrespeitando, portanto, o princípio da competência.		(2.020,00)
TOTAL	(2.500,00)	(6.050,00)

Se antes dos ajustes o saldo do extrato bancário era de R$3.200, após os ajustes ficou com saldo de R$700 (R$3.200 – R$2.500). Esse valor de R$700 também será o saldo final da contabilidade, já que os saldos estarão conciliados. Sendo assim, conclui-se que o saldo inicial da contabilidade era de R$6.750 e que após os lançamentos de R$6.050 negativos o saldo final ficou em R$700.

Gabarito "B".

(Agente Fiscal de Rendas/SP – FCC) Uma auditoria independente efetuada na Cia. Gomes Carvalho constatou:

I. Uma máquina que sofreu um acréscimo patrimonial de R$ 50.000,00, em função de uma reavaliação aprovada pela assembleia geral, foi depreciada em 10% no final do exercício, sem que fosse efetuada a correspondente baixa na reserva de reavaliação contra a conta de Lucros Acumulados.

II. Uma aplicação financeira de R$ 100.000,00 em um CDB de 90 dias, com vencimento em 30 de janeiro do ano-calendário seguinte, cujo rendimento prefixado era de R$ 4.500,00, não tivera parte dessa receita apropriada no exercício, em desacordo com o princípio da competência.

III. Uma venda à vista efetuada nos últimos dias do ano no valor de R$ 25.000,00, com custo de mercadoria vendida de R$ 15.000,00, não havia sido contabilizada, sendo que os impostos e contribuições sobre o lucro da companhia são cobrados à alíquota de 30%.

No balanço patrimonial da companhia, que adota o sistema de inventário permanente, em decorrência dos ajustes feitos pela auditoria, houve um aumento do

(A) Resultado do Exercício em R$ 4.500,00.
(B) Ativo Circulante em R$ 13.000,00.
(C) Ativo Circulante em R$ 8.500,00.
(D) Passivo Circulante em R$ 7.000,00.
(E) Resultado do Exercício em R$ 13.500,00.

Os efeitos decorrentes dos ajustes da auditoria estão apresentados no quadro a seguir:

Ajuste	Efeito dos ajustes			
	Ativo Circulante	Passivo Circulante	Resultado do exercício	Reserva de reavaliação
I. Uma máquina que sofreu um acréscimo patrimonial de R$ 50.000,00, em função de uma reavaliação aprovada pela assembleia geral, foi depreciada em 10% no final do exercício, sem que fosse efetuada a correspondente baixa na reserva de reavaliação contra a conta de Lucros Acumulados.	-	-	5.000,00	- 5.000,00
II. Uma aplicação financeira de R$ 100.000,00 em um CDB de 90 dias, com vencimento em 30 de janeiro do ano-calendário seguinte, cujo rendimento prefixado era de R$ 4.500,00, não tivera parte dessa receita apropriada no exercício, em desacordo com o princípio da competência.	3.000,00	-	3.000,00	-
III. Uma venda à vista efetuada nos últimos dias do ano no valor de R$ 25.000,00, com custo de mercadoria vendida de R$ 15.000,00, não havia sido contabilizada, sendo que os impostos e contribuições sobre o lucro da companhia são cobrados à alíquota de 30%.	10.000,00	3.000,00	7.000,00	-
TOTAL	13.000,00	3.000,00	15.000,00	- 5.000,00

Gabarito "B".

(Agente Fiscal de Rendas/SP – FCC) Na auditoria da Demonstração de Resultado do Exercício de uma companhia, foi constatado pelo auditor:

I. Um prêmio de seguro pago no dia 1º de julho do exercício, no valor de R$ 84.000,00, com vigência de dois anos, a partir dessa data, foi lançado integralmente como despesa.

II. Duplicatas aceitas por uma empresa cliente no valor de R$ 30.000,00, com pagamento atrasado em mais de dez meses, sem perspectiva nenhuma de recebimento, que estão classificadas no ativo circulante da companhia auditada.

III. A depreciação de um imóvel da companhia adquirido por R$ 500.000,00, com vida útil estimada de 25 anos, não tinha sido contabilizada.

Em função dos ajustes corretamente efetuados pelo auditor, o resultado do exercício

(A) aumentou em R$ 13.000,00.
(B) aumentou em R$ 3.000,00.
(C) ficou inalterado.
(D) diminuiu em R$ 9.000,00.
(E) diminuiu em R$ 29.000,00.

Os efeitos decorrentes dos ajustes da auditoria estão apresentados no quadro a seguir:

Ajuste	Efeito dos ajustes	
	Ativo	Resultado do exercício
I. Um prêmio de seguro pago no dia 1º de julho do exercício, no valor de R$ 84.000,00, com vigência de dois anos, a partir dessa data, foi lançado integralmente como despesa.	63.000,00	63.000,00
II. Duplicatas aceitas por uma empresa cliente no valor de R$ 30.000,00, com pagamento atrasado em mais de dez meses, sem perspectiva nenhuma de recebimento, que estão classificadas no ativo circulante da companhia auditada.	- 30.000,00	- 30.000,00

III. A depreciação de um imóvel da companhia adquirido por R$ 500.000,00, com vida útil estimada de 25 anos, não tinha sido contabilizada.	- 20.000,00	- 20.000,00
TOTAL	13.000,00	13.000,00

Gabarito "A".

6. PLANEJAMENTO DA AUDITORIA

(Auditor Fiscal Tributário Municipal – Prefeitura Cuiabá – 2016 – FGV) O planejamento da auditoria deve definir a estratégia do trabalho e desenvolver o plano de auditoria.

Sobre o planejamento da auditoria, assinale a afirmativa correta.

(A) O planejamento é uma fase isolada, que termina com o início do trabalho de auditoria.
(B) A experiência anterior dos membros-chave da equipe de trabalho com a entidade não influenciam a natureza e a extensão das atividades de planejamento.
(C) A estratégia global e o plano de auditoria são de responsabilidade do auditor e da administração da entidade auditada.
(D) A estratégia global deve definir o alcance, a época e a direção da auditoria, para orientar o desenvolvimento do plano.
(E) Uma vez iniciada a auditoria, devem permanecer inalterados a estratégia global e o plano de auditoria.

A NBC TA 300 que trata do planejamento da auditoria em seu item 8 descreve "Ao definir a estraté-gia global, o auditor deve: (a) identificar as características do trabalho para definir o seu alcance; (b) definir os objetivos do relatório do trabalho de forma a planejar a época da auditoria e a natureza das comunicações requeridas; (c) considerar os fatores que no julgamento profissional do auditor são sig-nificativos para orientar os esforços da equipe do trabalho; (d) considerar os resultados das atividades preliminares do trabalho de auditoria e, quando aplicável, se é relevante o conhecimento obtido em outros trabalhos realizados pelo sócio do trabalho para a entidade; e (e) determinar a natureza, a época e a extensão dos recursos necessários para realizar o trabalho. RNC
Gabarito "D".

(Auditor Fiscal Tributário Municipal – Prefeitura Cuiabá – 2016 – FGV) De acordo com a NBC 200, Objetivos Gerais do Auditor Independente e a Condução da Auditoria em Conformidade com as Normas de Auditoria, assinale a opção que indica os objetivos gerais do auditor ao conduzir a auditoria das demonstrações contá-beis.

(A) Obter segurança razoável de que as demonstrações contábeis estão livres de distorção relevante e apresentar relatório sobre elas.
(B) Identificar fraudes nas demonstrações contábeis e aprimorar o controle interno para que novas fraudes não acon-teçam.
(C) Detectar erros nas demonstrações contábeis e instruir a administração e os responsáveis pela governança, de modo que novos erros sejam evitados.
(D) Apresentar um relatório com parecer que reflita sua opinião sobre as demonstrações contábeis apresentadas e assegurar que elas estão livres de fraudes.
(E) Dar uma opinião imparcial sobre as demonstrações contábeis e assegurar que estas estão livres de fraudes e de er-ros.

A NBC TA 200 em seu item 11 detalha que "Ao conduzir a auditoria de demonstrações contábeis, os objetivos gerais do auditor são: (a) obter segurança razoável de que as demonstrações contábeis co-mo um todo estão livres de distorção relevante, independentemente se causadas por fraude ou erro, possibilitando assim que o auditor expresse sua opinião sobre se as demonstrações contábeis foram elaboradas, em todos os aspectos relevantes, em conformidade com a estrutura de relatório financeiro aplicável; e (b) apresentar relatório sobre as demonstrações contábeis e comunicar-se como exigido pelas NBC TAs, em conformidade com as constatações do auditor. RNC
Gabarito "A".

(Auditor Fiscal da Receita Municipal – Prefeitura Teresina/PI – 2016 – FCC) O risco de distorção relevante é o risco de que as demonstrações contábeis contenham distorção relevante antes da auditoria.

Segundo a NBC TA 200, podem ocorrer no nível

(A) geral da demonstração contábil e no nível dos processos operacionais e administrativos.
(B) geral da demonstração contábil e no nível da afirmação para classes de transações, saldos contá-beis e divulgações.
(C) de controle das normas e registros contábeis e no nível dos processos operacionais e administrati-vos.
(D) da implementação e manutenção do controle interno e no nível da afirmação para classes de tran-sações, saldos contábeis e divulgações.
(E) de controle das normas e registros contábeis e no nível da afirmação para classes de transações, saldos contábeis e divulgações.

A NBC TA 200 em seu item A34 apresenta dois níveis de risco de distorção relevante, sendo o primeiro no nível geral da demonstração contábil e o segundo no nível da afirmação para classes de transações, saldos contábeis e divulgações. RNC
Gabarito "B".

(Auditor do Tesouro Municipal/Recife-PE – FGV) Nas atividades de planejamento da auditoria, deve-se estabelecer uma estratégia global que defina seu alcance, sua época e sua direção, a fim de orientar o desenvolvimento do plano de auditoria.

Os procedimentos a serem adotados estão listados a seguir, à exceção de um. Assinale-o.

(A) Identificar as características do trabalho para definir o seu alcance.
(B) Definir os objetivos do relatório do trabalho, de forma a planejar a época da auditoria e a natureza das comunicações requeridas.
(C) Considerar, para orientar os esforços da equipe do trabalho, os fatores que, no julgamento profissional do auditor, são irrelevantes.
(D) Considerar os resultados das atividades preliminares do trabalho de auditoria.
(E) Determinar a natureza, a época e a extensão dos recursos necessários para realizar o trabalho.

De acordo com o item 8 da NBC TA 300 (Planejamento da Auditoria de Demonstrações Contábeis) temos:
"8. Ao definir a estratégia global, o auditor deve: (a) identificar as características do trabalho para definir o seu alcance; (b) definir os objetivos do relatório do trabalho de forma a planejar a época da auditoria e a

natureza das comunicações requeridas; (c) considerar os fatores que no julgamento profissional do auditor são significativos para orientar os esforços da equipe do trabalho; (d) considerar os resultados das atividades preliminares do trabalho de auditoria e, quando aplicável, se é relevante o conhecimento obtido em outros trabalhos realizados pelo sócio do trabalho para a entidade; e (e) determinar a natureza, a época e a extensão dos recursos necessários para realizar o trabalho (ver itens A8 a A11)." A afirmativa "C" menciona "[...] irrelevantes" no final da frase.

Gabarito "C".

(Auditor Tributário/Jaboatão dos Guararapes-PE – FCC) O planejamento completo da auditoria externa engloba

(A) o período em que a empresa será auditada e as informações obtidas após o fechamento do contrato ou a aceitação da proposta.
(B) o momento em que as auditorias serão realizadas até o término do trabalho, compreendendo da data da assinatura do contrato até o encerramento dos trabalhos na empresa.
(C) desde a fase de avaliação para a contratação dos serviços, no primeiro contato com o cliente, envolvendo todo o processo de auditoria, até a finalização dos trabalhos e emissão do parecer.
(D) a fase preliminar da auditoria após a assinatura do contrato, onde são definidos os procedimentos a serem aplicados, as horas a serem aplicadas ao trabalho e as pessoas a serem utilizadas.
(E) somente os procedimentos a serem realizados para confirmação das demonstrações contábeis, bem como o parecer a ser emitido.

A importância de se iniciar o planejamento desde a fase de avaliação para contratação dos serviços está no fato de que os conhecimentos obtidos nessa fase balizarão a quantidade de testes necessários para garantir que a auditoria atingirá seu objetivo. Durante todo o processo de auditoria, o planejamento e os programas de trabalho devem ser revisados e atualizados sempre que novos fatos o recomendarem.

Gabarito "C".

(Auditor do Tesouro Municipal/Recife-PE – FGV) Um planejamento adequado é benéfico para a auditoria das demonstrações contábeis. A esse respeito, analise as afirmativas a seguir.

I. Permite que o auditor dedique atenção apropriada às áreas importantes da auditoria.
II. Permite que o auditor identifique e resolva problemas potenciais tempestivamente.
III. Permite que o auditor organize adequadamente o trabalho para que a auditoria seja realizada de forma eficaz e eficiente.
IV. Permite que o auditor selecione os membros da equipe de trabalho com níveis apropriados de capacidade e competência para responderem às evidências esperadas e aloque apropriadamente os recursos.

Assinale:

(A) se somente as afirmativas I, II e IV estiverem corretas.
(B) se somente as afirmativas I, II e III estiverem corretas.
(C) se somente as afirmativas II, III e IV estiverem corretas.
(D) se somente as afirmativas I, III e IV estiverem corretas.
(E) se todas as afirmativas estiverem corretas.

Segundo o item 2 da NBC TA 300 (planejamento da auditoria de demonstrações contábeis), temos:
2. O planejamento da auditoria envolve a definição de estratégia global para o trabalho e o desenvolvimento de plano de auditoria. Um planejamento adequado é benéfico para a auditoria das demonstrações contábeis de várias maneiras, inclusive para (ver itens A1 a A3): a) auxiliar o auditor a dedicar atenção apropriada às áreas importantes da auditoria; b) auxiliar o auditor a identificar e resolver tempestivamente problemas potenciais; c) auxiliar o auditor a organizar adequadamente o trabalho de auditoria para que seja realizado de forma eficaz e eficiente; d) auxiliar na seleção dos membros da equipe de trabalho com níveis apropriados de capacidade e competência para responderem aos riscos esperados e na alocação apropriada de tarefas; e) facilitar a direção e a supervisão dos membros da equipe de trabalho e a revisão do seu trabalho; f) auxiliar, se for o caso, na coordenação do trabalho realizado por outros auditores e especialistas. As afirmações i, ii e iii constam dos itens "a", "b" e "c", conforme nosso grifo. A afirmação iv aparentemente refere-se ao item "d", mas leitura mais atenta mostra que não são afirmações congruentes. Portanto, é uma afirmação errada. Diante disso, alternativa correta é a "B".

Gabarito "B".

(Auditor Fiscal/RN – ESAF) No planejamento de auditoria, o auditor deve avaliar relevância em dois níveis:

(A) de demonstração de resultado e de saldo sintético.
(B) de demonstrações contábeis e de saldo de conta.
(C) de saldo de conta e de parecer de auditoria.
(D) de parecer de auditoria e volume de transações.
(E) de volume de transações e de demonstrações contábeis.

A NBC TA 200 define que s riscos de distorção relevante podem existir em dois níveis: no nível geral da demonstração contábil; e no nível da afirmação para classes de transações, saldos contábeis e divulgações.

Gabarito "B".

7. RELEVÂNCIA E MATERIALIDADE NA AUDITORIA

(Auditor Fiscal Tributário – Prefeitura Lages/SC – 2016 – FEPESE) Quanto ao conceito de materialidade em auditoria, é incorreto afirmar:

(A) Materialidade é um conceito que transmite um significado ou importância acerca de um item.
(B) Materialidade pode ser definida como a magnitude de uma omissão ou declaração incorreta de informações contábeis que, em vista das circunstâncias, torna provável que o julgamento de pessoa razoável com base nestas informações teria sido alterado ou influenciado pela omissão ou declaração incorreta.
(C) A materialidade inclui tanto a natureza da declaração incorreta quanto o seu valor monetário, e deve ter sua importância avaliada pelos usuários das demonstrações financeiras.
(D) Materialidade é um conceito objetivo e independe de julgamento.
(E) O risco de auditoria e a materialidade estão relacionados, uma vez que o risco de auditoria é definido em termos de materialidade.

A alternativa está D incorreta, segundo a NBC TA 320 em seu item 4 descreve que a determinação de materialidade pelo auditor é uma questão de julgamento profissional e é afetada pela percepção do auditor das necessidades de informações financeiras dos usuários das demonstrações contábeis.

Gabarito "D".

(Auditor Fiscal Tributário Municipal – Prefeitura Cuiabá – 2016 – FGV) Para fins das normas de auditoria, os valores fixados pelo auditor, para reduzir a um nível baixo a probabilidade de que as distorções não corrigidas e não detectadas em conjunto excedam a materialidade para as demonstrações contábeis como um todo, são denominados

(A) materialidade para execução da auditoria.
(B) objetividade para execução da auditoria.
(C) relevância para execução da auditoria.
(D) limites relacionados a empresas do mesmo setor.
(E) parâmetros das demonstrações contábeis.

A NBC TA 320 em seu item 9 define que "Para fins das normas de auditoria, *materialidade para execu-ção da auditoria* significa o valor ou valores fixados pelo auditor, inferiores ao considerado relevante para as demonstrações contábeis como um todo, para adequadamente reduzir a um nível baixo a probabi-lidade de que as distorções não corrigidas e não detectadas em conjunto, excedam a materialidade para as demonstrações contábeis como um todo. Se aplicável, materialidade para execução da auditoria refere-se, também, ao valor ou valores fixados pelo auditor inferiores ao nível ou níveis de materialidade para classes específicas de transações, saldos contábeis e divulgações".

Gabarito "A".

(Auditor Fiscal/MA – FGV) A determinação da materialidade para o planejamento envolve o exercício de julgamento profissional. Aplica-se frequentemente uma porcentagem a um referencial selecionado como ponto de partida para determinar a materialidade para as demonstrações contábeis como um todo.

Os fatores que podem afetar a identificação de referencial apropriado incluem

(A) os elementos das notas explicativas.
(B) os itens que tendem a inibir a atenção dos usuários das demonstrações contábeis da entidade específica.
(C) a natureza da entidade, a fase do seu ciclo de vida, o seu setor e o ambiente econômico em que atua.
(D) a estrutura societária da entidade e como ela é determinada.
(E) a volatilidade relativa do capital.

De acordo com a NBC TA 320 (materialidade no planejamento e na execução da diretoria), de forma mais focada o item A3, temos: "A3. A determinação da materialidade para o planejamento envolve o exercício de julgamento profissional. Aplica-se frequentemente uma porcentagem a um referencial selecionado como ponto de partida para determinar a materialidade para as demonstrações contábeis como um todo. Os fatores que podem afetar a identificação de referencial apropriado incluem: (a) os elementos das demonstrações contábeis (por exemplo, ativo, passivo, patrimônio líquido, receita, despesa); (b) se há itens que tendem a atrair a atenção dos usuários das demonstrações contábeis da entidade específica (por exemplo, com o objetivo de avaliar o desempenho das operações, os usuários tendem a focar sua atenção em lucro, receita ou patrimônio líquido); <u>(c) a natureza da entidade, a fase do seu ciclo de vida, o seu setor e o ambiente econômico em que atua;</u> (d) a estrutura societária da entidade e como ela é financiada (por exemplo, se a entidade é financiada somente por dívida em vez de capital próprio, os usuários dão mais importância a informações sobre os ativos, e processos que os envolvam, do que nos resultados da entidade); e (e) a volatilidade relativa do referencial." (grifo nosso).
Das alternativas, a única que traz assertiva com ideia similar/igual à da norma é a "C", conforme destacado em nosso grifo.

Gabarito "C".

(Auditor Fiscal da Receita Federal – ESAF) A determinação de materialidade para execução de testes:

(A) não é um cálculo mecânico simples e envolve o exercício de julgamento profissional. É afetado pelo entendimento que o auditor possui sobre a entidade, atualizado durante a execução dos procedimentos de avaliação de risco, e pela natureza e extensão de distorções identificadas em auditorias anteriores e, dessa maneira, pelas expectativas do auditor em relação a distorções no período corrente.
(B) é um cálculo mecânico simples e envolve o exercício de julgamento profissional. É afetado pelo entendimento que o auditor possui sobre a entidade, atualizado durante a execução dos procedimentos de avaliação de risco, e pela natureza e extensão de distorções identificadas em auditorias anteriores e, dessa maneira, pelas expectativas do auditor em relação a distorções no período corrente.
(C) não é um cálculo mecânico simples e envolve o exercício de julgamento profissional. Não deve ser afetado pelo entendimento que o auditor possui sobre a entidade, atualizado durante a execução dos procedimentos de avaliação de risco, e pela natureza e extensão de distorções identificadas em auditorias anteriores e, dessa maneira, pelas expectativas do auditor em relação a distorções no período corrente e subsequentes.
(D) é um cálculo mecânico simples e envolve o exercício de julgamento profissional. Não deve ser afetado pelo entendimento que o auditor possui sobre a entidade, atualizado durante a execução dos procedimentos de avaliação de risco, e pela natureza e extensão de distorções identificadas em auditorias anteriores e, dessa maneira, pelas expectativas do auditor em relação a distorções no período corrente.
(E) não é um cálculo mecânico simples e envolve o exercício de julgamento profissional. Não deve ser afetado pelo entendimento que o auditor possui sobre a entidade, não deve ser atualizado durante a execução dos procedimentos de avaliação de risco, e pela natureza e extensão de distorções identificadas em auditorias anteriores e, dessa maneira, pelas expectativas do auditor em relação a distorções em períodos subsequentes.

O item A12 da NBC TA 320 (Materialidade no Planejamento e na Execução da Auditoria) diz que:
"A12. Planejar a auditoria somente para detectar distorção individualmente relevante negligenciando o fato de que as distorções individualmente irrelevantes em conjunto podem levar à distorção relevante das demonstrações contábeis e não deixa margem para possíveis distorções não detectadas. A materialidade para execução da auditoria (que, conforme definição, é um ou mais valores) é fixada para reduzir a um nível adequadamente baixo a probabilidade de que as distorções não corrigidas e não detectadas em conjunto nas demonstrações contábeis excedam a materialidade para as demonstrações contábeis como um todo. Da mesma forma, a materialidade para execução da auditoria relacionada a um nível de materialidade determinado para classe específica de transações, saldos contábeis ou divulgação é fixada para reduzir a um nível adequadamente baixo a probabilidade de que as distorções não corrigidas e não detectadas em conjunto nessa classe específica de transações, saldos contábeis ou divulgação excedam o nível de materialidade para essa classe específica de transações, saldos contábeis ou divulgação. <u>A determinação de materialidade para execução de testes não é um cálculo mecânico simples e envolve o exercício de julgamento profissional. É afetado pelo entendimento que o auditor possui sobre a entidade, atualizado durante a execução dos procedimentos de avaliação de risco, e pela natureza e extensão de distorções identificadas em auditorias anteriores e, dessa maneira, pelas expectativas do auditor</u>

em relação a distorções no período corrente." (grifo nosso)
Por esse normativo, a resposta correta corresponde à alternativa "A".
Gabarito "A".

(Auditor Fiscal/MA – FGV) O auditor, ao realizar uma auditoria, exerce julgamento sobre a magnitude das distorções que são consideradas relevantes. Esses julgamentos fornecem a base para

(A) determinar a natureza, a época e a extensão de procedimentos de avaliação de risco.
(B) identificar e avaliar os riscos de distorção irrelevante.
(C) determinar a natureza, a época e a extensão de procedimentos operacionais de relevância.
(D) tomar decisões econômicas razoáveis com base nas informações das demonstrações contábeis.
(E) entender que as demonstrações contábeis são elaboradas, apresentadas e auditadas considerando níveis de materialidade.

De acordo com a NBC TA 320 (materialidade no planejamento e na execução da auditoria), especificamente o item 6, temos: "6. Ao planejar a auditoria, o auditor exerce julgamento sobre a magnitude das distorções que são consideradas relevantes. Esses julgamentos fornecem a base para:
(a) determinar a natureza, a época e a extensão de procedimentos de avaliação de risco;
(b) identificar e avaliar os riscos de distorção relevante; e
(c) determinar a natureza, a época e a extensão de procedimentos adicionais de auditoria.
A materialidade determinada no planejamento da auditoria não estabelece necessariamente um valor abaixo do qual as distorções não corrigidas, individualmente ou em conjunto, serão sempre avaliadas como não relevantes. As circunstâncias relacionadas a algumas distorções podem levar o auditor a avaliá-las como relevantes mesmo que estejam abaixo do limite de materialidade. Apesar de não ser praticável definir procedimentos de auditoria para detectar distorções que poderiam ser relevantes somente por sua natureza, ao avaliar seu efeito sobre as demonstrações contábeis o auditor considera não apenas a magnitude, mas, também, a natureza de distorções não corrigidas, e as circunstâncias específicas de sua ocorrência (NBC TA 450, item A16)." (grifo nosso). A alternativa "A" é a única que encontra guarida no normativo citado. Logo, é a resposta correta.
Gabarito "A".

(Auditor do Tesouro Municipal/Recife-PE – FGV) A respeito da materialidade, assinale a afirmativa **_incorreta_**.

(A) A determinação de materialidade pelo auditor é uma questão de apuração científica e é afetada pela percepção do auditor das necessidades de informações financeiras dos usuários das demonstrações contábeis.
(B) O conceito de materialidade é aplicado pelo auditor no planejamento e na execução da auditoria, bem como na avaliação do efeito de distorções identificadas na auditoria e de distorções não corrigidas, se houver, sobre as demonstrações contábeis.
(C) Ao planejar a auditoria, o auditor exerce julgamento sobre a magnitude das distorções que são consideradas relevantes para determinar a natureza, a época e a extensão de procedimentos adicionais de auditoria.
(D) A materialidade determinada no planejamento da auditoria não estabelece necessariamente um valor abaixo do qual as distorções não corrigidas, individualmente ou em conjunto, serão sempre avaliadas como não relevantes.

(E) Ao estabelecer a estratégia global de auditoria, o auditor deve determinar a materialidade para as demonstrações contábeis como um todo.

De acordo com o item 12 da NBC TA 320 (Materialidade no Planejamento e na Execução da
Auditoria), temos: "A12. Planejar a auditoria somente para detectar distorção individualmente relevante negligencia o
fato de que as distorções individualmente irrelevantes em conjunto podem levar à distorção relevante das demonstrações contábeis e não deixa margem para possíveis distorções não detectadas. A materialidade para execução da auditoria (que, conforme definição, é um ou mais valores) é fixada para reduzir a um nível adequadamente baixo a probabilidade de que as distorções não corrigidas e não detectadas em conjunto nas demonstrações contábeis excedam a materialidade para as demonstrações contábeis como um todo. Da mesma forma, a materialidade para execução da auditoria relacionada a um nível de materialidade determinado para classe específica de transações, saldos contábeis ou divulgação é fixada para reduzir a um nível adequadamente baixo a probabilidade de que as distorções não corrigidas e não detectadas em conjunto nessa classe específica de transações, saldos contábeis ou divulgação excedam o nível de materialidade para essa classe específica de transações, saldos contábeis ou divulgação. A determinação de materialidade para execução de testes não é um cálculo mecânico simples e envolve o exercício de julgamento profissional. É afetado pelo entendimento que o auditor possui sobre a entidade, atualizado durante a execução dos procedimentos de avaliação de risco, e pela natureza e extensão de distorções identificadas em auditorias anteriores e, dessa maneira, pelas expectativas do auditor em relação a distorções no período corrente." (grifo nosso). Pela norma, a alternativa A apresenta um conceito incorreto.
Gabarito "A".

(Auditor Fiscal da Receita Federal – ESAF) Durante o trabalho final de auditoria, o auditor identificou algumas diferenças numéricas em determinadas áreas testadas. Assinale, entre os pontos relacionados abaixo, o de maior relevância.

(A) Diferença de 2% no valor da depreciação anual do imobilizado.
(B) Ausência de apropriação *pro-rata temporis* de receita financeira.
(C) Diferença de 5% no valor da provisão para devedores duvidosos.
(D) Ausência de contratos de seguros dos veículos e caminhões.
(E) Diferença de 5%, considerado imaterial, de conciliação bancária.

A: por se tratar de uma conta que não envolve recursos financeiros e pelo baixo percentual de diferença, trata-se de um evento de pouca relevância; **B:** a ausência da apropriação da receita foi, apesar de errada, conservadora pelo fato de ter deixado de registrar uma receita; **C:** por se tratar de uma estimativa contábil, é esperada uma margem de erro na apuração; **D:** a ausência de contratos é um item de controle interno, não tendo impacto nas demonstrações contábeis; **E:** a conciliação bancária evidencia a gestão financeira da empresa, tornando qualquer diferença relevante.
Gabarito "E".

8. RISCOS DA AUDITORIA

(Auditor Fiscal Tributário – Prefeitura Lages/SC – 2016 – FEPESE) O risco de auditoria pode ser definido como sendo:

(A) O risco que afeta as operações e os possíveis resultados de atividades de uma organização.

(B) O risco que os auditores enfrentam ao se envolverem com um cliente específico.
(C) O risco de reputação ou de incapacidade do cliente de pagar os serviços de auditoria.
(D) O risco de que o auditor possa dar um parecer sem ressalvas para demonstrações financeiras que contêm afirmações materiais incorretas.
(E) O risco relacionado ao registro de transações e a apresentação de dados financeiros nas demonstrações financeiras de uma organização.

Todo trabalho do auditor tem como objetivo a apresentação de um parecer sem ressalvas, o maior risco está na hipótese de afirmações incorretas, que podem levar o trabalho de auditoria na elaboração do parecer sem ressalva. RNC
Gabarito "D".

(Auditor Fiscal Tributário – Prefeitura Lages/SC – 2016 – FEPESE) Não é exemplo de circunstância em que a amostragem de unidades monetárias poderia ser empregada:

(A) Testes de preços de estoques em que o auditor espera relativamente poucas incorreções e não que a população contenha um número significativo de incorreções grandes.
(B) Testes de adições de ativos imobilizados, quando o principal risco está relacionado à existência.
(C) Confirmação de contas a receber quando os saldos credores não são significativos.
(D) Confirmação de empréstimos a receber como empréstimo imobiliário e crédito parcelado.
(E) Confirmação de contas a pagar quando os saldos dessas contas representam valores substantivos.

Confirmações de contas a pagar com valores substantivos é realizado o procedimento de confirmações ex-ternas (circularização). RNC
Gabarito "E".

(Auditor Fiscal/MA – FGV) O auditor, no processo de avaliação de risco da entidade, deve buscar entender se a entidade tem processo para os casos listados a seguir, à exceção de um. Assinale-o.

(A) Identificar riscos de negócio relevantes para os objetivos das demonstrações contábeis.
(B) Estimar a significância dos riscos.
(C) Avaliar a probabilidade da ocorrência de riscos.
(D) Decidir sobre ações em resposta aos riscos.
(E) Analisar procedimentos analíticos de erros e fraudes.

De acordo com o item 15 da NBC TA 315 (identificação e avaliação dos riscos de distorção relevante por meio do entendimento da entidade), temos: "15. O auditor deve buscar entender se a entidade tem processo para: (a) identificar riscos de negócio relevantes para os objetivos das demonstrações contábeis; (b) estimar a significância dos riscos; (c) avaliar a probabilidade de sua ocorrência; e (d) decidir sobre ações em resposta a esses riscos (ver item A79). Dos itens, apenas o "E" não está contemplado no item 15. Portanto, é a alternativa a ser assinalada.
Gabarito "E".

(Auditor do Tesouro Municipal/Recife-PE – FGV) Os procedimentos de avaliação de risco, que procuram obter evidência de auditoria a respeito do desenho e da implementação dos controles relevantes, podem incluir as ações relacionadas nos itens a seguir:

I. indagações junto ao pessoal da entidade.
II. observação da aplicação de controles específicos.
III. inspeção de documentos e relatórios.
IV. acompanhamento das transações por meio de sistema de informação relevante para as demonstrações contábeis.

Assinale:

(A) se todos os itens estiverem corretos.
(B) se somente os itens I, II e III estiverem corretos.
(C) se somente os itens II, III e IV estiverem corretos.
(D) se somente os itens I e IV estiverem corretos.
(E) se somente os itens II e IV estiverem corretos.

De acordo com o item 6 da NBC TA 315, temos: "6. Os procedimentos de avaliação de riscos incluem o seguinte: (a) indagações à administração e a outros na entidade que, no julgamento do auditor, possam ter informações com probabilidade de auxiliar na identificação de riscos de distorção relevante devido a fraude ou erro (ver item A6); (b) procedimentos analíticos (ver itens A7 a A10); (c) observação e inspeção (ver item A11)". A interpretação das alternativas em comparação o requisitado na norma que todas as afirmações são corretas.
Gabarito "A".

(Auditor Fiscal da Previdência Social – ESAF) O risco de sistemas contábeis e de controles internos que deixarem de prevenir e/ou detectar uma distorção no saldo de uma conta que pode ser relevante, classifica-se como risco:

(A) inerente
(B) do trabalho
(C) de controle
(D) detecção
(E) do negócio

Apresentamos a seguir os conceitos dos riscos relacionados à auditoria:
Risco de detecção – É a possibilidade do saldo de uma conta ou de uma informação estar errada e não ser detectada ou ainda levar o auditor a concluir pela sua inexistência em função de um erro de avaliação próprio ou da sua equipe.
Risco de controle – Ocorre quando um erro ou uma fraude não foram detectados pelo sistema de controle interno. Este deixou de prevenir e corrigir em tempo uma distorção no saldo de uma conta, sendo que era responsabilidade dos controles a sua detecção. O risco pode ser relevante individualmente ou em conjunto com outras distorções; o nível deste risco é em função da efetividade dos procedimentos de controle interno da empresa auditada.
Risco inerente – É o risco que está relacionado com as atividades operacionais da empresa, normalmente este risco já existe, é intrínseco da natureza das ações e negócios da empresa.
O risco descrito pela questão é o risco de controle.
Gabarito "C".

(Auditor Fiscal da Previdência Social – ESAF) Assinale a opção que não corresponde ao fator de risco inerente em estoques.

(A) Flutuações significativas nos preços de materiais.
(B) Alterações significativas nos níveis de produção.
(C) Variação no custo-padrão é relevante.
(D) Processo de produção envolve várias etapas complexas.
(E) Análise de composição de estoques.

Risco inerente é o risco que está relacionado com as atividades operacionais da empresa, normalmente este risco já existe, é intrínseco da natureza das ações e negócios da empresa. A análise da composição de estoques não se trata de qualquer risco para a empresa.
Gabarito "E".

(Auditor Fiscal da Receita Federal – ESAF) O risco de controle é o risco:

(A) de o auditor deixar de realizar um procedimento de auditoria, que levará a divergências relevantes nas demonstrações contábeis.

(B) de associar a empresa a um cliente sem credibilidade e ter sua imagem confundida com a imagem do cliente.
(C) de que os sistemas contábeis e de controle interno deixem de detectar uma distorção de saldo que poderia ser relevante.
(D) de que os sistemas administrativos e o auditor deixem de avaliar as demonstrações contábeis.
(E) de o auditor emitir uma opinião tecnicamente inadequada sobre as demonstrações contábeis e estas apresentarem uma situação enganosa ao mercado.

O risco de controle ocorre quando um erro ou uma fraude não foram detectados pelo sistema de controle interno. Este deixou de prevenir e corrigir em tempo uma distorção no saldo de uma conta, sendo que era responsabilidade dos controles a sua detecção. O risco pode ser relevante individualmente ou em conjunto com outras distorções; o nível deste risco é em função da efetividade dos procedimentos de controle interno da empresa auditada.
Gabarito "C".

(Auditor Fiscal da Receita Federal – ESAF) Quando os produtos que estão sendo vendidos pela empresa auditada estão sujeitos a alterações significativas de preços, o auditor deve considerar:

(A) aumento de risco inerente.
(B) redução de risco de controle.
(C) aumento de risco de detecção.
(D) redução de risco inerente.
(E) aumento de risco de controle.

Apresentamos a seguir os conceitos dos riscos relacionados à auditoria:
Risco de detecção – É a possibilidade do saldo de uma conta ou de uma informação estar errada e não ser detectada ou ainda levar o auditor a concluir pela sua inexistência em função de um erro de avaliação próprio ou da sua equipe.
Risco de controle – Ocorre quando um erro ou uma fraude não foi detectada pelo sistema de controle interno. Este deixou de prevenir e corrigir em tempo uma distorção no saldo de uma conta, sendo que era responsabilidade dos controles a sua detecção. O risco pode ser relevante individualmente ou em conjunto com outras distorções; o nível deste risco é em função da efetividade dos procedimentos de controle interno da empresa auditada.
Risco inerente – É o risco que está relacionado com as atividades operacionais da empresa, normalmente este risco já existe, é intrínseco da natureza das ações e negócios da empresa.
Pelos conceitos apresentados é possível concluir que a alteração nos preços dos produtos vendidos pela empresa é um risco inerente.
Gabarito "A".

(Auditor Fiscal da Receita Federal – ESAF) Quando um auditor eleva o nível de risco de controle, porque determinados procedimentos de controle do cliente mostraram-se ineficientes, ele deve:

(A) aumentar o nível de risco inerente.
(B) estender os testes de controle.
(C) aumentar o nível de risco de detecção.
(D) efetuar testes alternativos de controle.
(E) aumentar o nível de testes substantivos.

A avaliação dos controles internos da empresa é de extrema importância para definir a quantidade de testes substantivos a serem realizados. Se o auditor concluir que os controles são ineficientes, deverá aumentar a quantidade de testes substantivos para reduzir assim o risco de auditoria.
Gabarito "E".

(Auditor Fiscal da Receita Federal – ESAF) O risco que o auditor corre por considerar, como resultado de uma amostra que suporte sua conclusão, que o saldo de uma conta ou classe de transações registradas estão relevantemente corretos, quando de fato não estão, é denominado:

(A) risco de aceitação incorreta
(B) risco de superavaliação de confiabilidade
(C) risco de rejeição incorreta
(D) risco de subavaliação de confiabilidade
(E) risco de estimativa contábil

Ao aceitar incorretamente o saldo de uma conta ou classe de transações, o auditor estará afetando a eficácia da auditoria, pois emitirá um parecer sobre dados incorretos.
Gabarito "A".

(Auditor Fiscal da Receita Federal – ESAF) Ao determinar o tamanho de uma amostra, o auditor deve considerar:

(A) tamanho da população, risco de amostragem e erro esperado.
(B) tamanho da população, erro tolerável e erro esperado.
(C) risco da população, risco de controle e erro esperado.
(D) risco de amostragem, erro tolerável e erro esperado.
(E) risco de detecção, tamanho da população e desvio aceitável.

Na determinação da amostra o auditor deve levar em consideração os seguintes fatores:
a) população objeto da amostra;
b) estratificação da amostra;
c) tamanho da amostra;
d) risco da amostragem;
e) erro tolerável; e
f) erro esperado.
Gabarito "D".

(Auditor Fiscal/CE – ESAF) O sistema adquirido pela empresa Certifica S.A. continha um erro de parametrização interna, não registrando na contabilidade dez notas fiscais. O auditor ao realizar os testes de auditoria constata o erro. Esse risco de auditoria é denominado risco de

(A) negócio.
(B) detecção.
(C) inerência.
(D) controle.
(E) estrutura.

Apresentamos a seguir os conceitos dos riscos relacionados à auditoria:
Risco de detecção – É a possibilidade do saldo de uma conta ou de uma informação estar errada e não ser detectada ou ainda levar o auditor a concluir pela sua inexistência em função de um erro de avaliação próprio ou da sua equipe.
Risco de controle – Ocorre quando um erro ou uma fraude não foi detectada pelo sistema de controle interno. Este deixou de prevenir e corrigir em tempo uma distorção no saldo de uma conta, sendo que era responsabilidade dos controles a sua detecção. O risco pode ser relevante individualmente ou em conjunto com outras distorções; o nível deste risco é em função da efetividade dos procedimentos de controle interno da empresa auditada.
Risco inerente – É o risco que está relacionado com as atividades operacionais da empresa, normalmente este risco já existe, é intrínseco da natureza das ações e negócios da empresa.
Pelos conceitos apresentados é possível concluir que a alteração nos preços dos produtos vendidos pela empresa é um risco de controle.
Gabarito "D".

(Auditor do Tesouro Municipal/Fortaleza-CE – ESAF) O processo de auditoria tem sido muito questionado mundialmente, levando os auditores e as empresas de auditoria a avaliarem com maior rigor os riscos, antes de aceitarem os trabalhos. Assim, os principais riscos avaliados pela auditoria são:

(A) Risco Inerente, Risco de Controle e Risco de Atualização.
(B) Risco de Controle, Risco Inerente e Risco de Processo.
(C) Risco de Detecção, Risco de Controle e Risco Inerente.
(D) Risco de Processo, Risco de Detecção e Risco de Controle.
(E) Risco de Detecção, Risco de Controle e Risco de Atualização.

Apresentamos a seguir os conceitos dos riscos relacionados à auditoria:
Risco de detecção – É a possibilidade do saldo de uma conta ou de uma informação estar errada e não ser detectada ou ainda levar o auditor a concluir pela sua inexistência em função de um erro de avaliação próprio ou da sua equipe.
Risco de controle – Ocorre quando um erro ou uma fraude não foram detectados pelo sistema de controle interno. Este deixou de prevenir e corrigir em tempo uma distorção no saldo de uma conta, sendo que era responsabilidade dos controles sua detecção. O risco pode ser relevante individualmente ou em conjunto com outras distorções; o nível deste risco é em função da efetividade dos procedimentos de controle interno da empresa auditada.
Risco inerente – É o risco que está relacionado com as atividades operacionais da empresa, normalmente este risco já existe, é intrínseco da natureza das ações e negócios da empresa.
Gabarito "C".

(Auditor do Tesouro Municipal/Natal-RN – ESAF) Quando não há controles internos projetados para registrar uma transação contábil relevante, o auditor independente de demonstrações contábeis está incorrendo no risco

(A) de Detecção
(B) Inerente
(C) de Controle
(D) Controlável
(E) Absoluto

Apresentamos a seguir os conceitos dos riscos relacionados à auditoria:
Risco de detecção – É a possibilidade do saldo de uma conta ou de uma informação estar errada e não ser detectada ou ainda levar o auditor a concluir pela sua inexistência em função de um erro de avaliação próprio ou da sua equipe.
Risco de controle – Ocorre quando um erro ou uma fraude não foi detectada pelo sistema de controle interno. Este deixou de prevenir e corrigir em tempo uma distorção no saldo de uma conta, sendo que era responsabilidade dos controles sua detecção. O risco pode ser relevante individualmente ou em conjunto com outras distorções; o nível deste risco é em função da efetividade dos procedimentos de controle interno da empresa auditada.
Risco inerente – É o risco que está relacionado com as atividades operacionais da empresa, normalmente este risco já existe, é intrínseco da natureza das ações e negócios da empresa.
Pelos conceitos apresentados é possível concluir que a alteração nos preços dos produtos vendidos pela empresa é um risco inerente.
Gabarito "B".

9. SUPERVISÃO E CONTROLE DE QUALIDADE

(Auditor Fiscal Tributário Municipal – Prefeitura Cuiabá – 2016 – FGV) De acordo com a NBC TA 230, Documentação de Auditoria, o auditor deve preparar documentação suficiente para que um auditor expe-riente, sem nenhum envolvimento anterior com a auditoria, entenda:

I. a natureza, época e extensão dos procedimentos de auditoria executados para cumprir om as normas de auditoria e exigências legais e regulamentares aplicáveis.
II. os resultados dos procedimentos de auditoria executados e a evidência de auditoria obtida.
III. os assuntos significativos identificados durante a auditoria, as conclusões obtidas a respeito deles e os julgamentos profissionais significativos exercidos para chegar a essas conclusões.

Está correto o que se afirma em:

(A) I, apenas.
(B) I e II, apenas.
(C) I e III, apenas.
(D) II e III, apenas.
(E) I, II e III.

A NBC TA 230 que trata da documentação de auditoria em seu item 8 descreve que "O auditor deve preparar documentação de auditoria que seja suficiente para permitir que um auditor experiente, sem nenhum envolvimento anterior com a auditoria, entenda; (a) a natureza, época e extensão dos procedimentos de auditoria executados para cumprir com as normas de auditoria e exigências legais e regulamentares aplicáveis. (b) os resultados dos procedimentos de auditoria executados e a evidência de auditoria obti-da; e (c) assuntos significativos identificados durante a auditoria, as conclusões obtidas a respeito deles e os julgamentos profissionais significativos exercidos para chegar a essas conclusões". RNC
Gabarito "E".

(Auditor Fiscal Tributário da Receita Municipal/Cuiabá-MT – FGV) Sobre a revisão do controle de qualidade do trabalho de auditoria, assinale a afirmativa correta.

(A) É o processo que fornece uma avaliação subjetiva dos julgamentos feitos pela equipe de trabalho.
(B) Deve ser feita em até 30 dias após a data do relatório.
(C) É realizada apenas em companhias abertas.
(D) O profissional mais experiente da equipe de trabalho é designado revisor de controle de qualidade.
(E) Os especialistas externos contratados pela firma não fazem parte da equipe de trabalho.

A resposta da questão está fundada no item 7 da NBC TA 220 (controle de qualidade da auditoria de demonstrações contábeis):
"Revisão de controle de qualidade do trabalho é um processo estabelecido para fornecer uma avaliação objetiva, na data ou antes da data do relatório, dos julgamentos relevantes feitos pela equipe de trabalho e das conclusões atingidas ao elaborar o relatório. O processo de revisão de controle de qualidade do trabalho é somente para auditoria de demonstrações contábeis de companhias abertas e de outros trabalhos de auditoria, se houver, para os quais a firma determinou a necessidade de revisão de controle de qualidade do trabalho.
Revisor de controle de qualidade do trabalho é um sócio ou outro profissional da firma, uma pessoa externa adequadamente qualificada, ou uma equipe composta por essas pessoas, nenhuma delas fazendo parte da equipe de trabalho, com experiência e autoridade suficientes e apropriadas para avaliar objetivamente os julgamentos relevantes feitos pela equipe de trabalho e as conclusões atingidas para elaboração do relatório de auditoria.
Equipe de trabalho são todos os sócios e quadro técnico envolvidos no trabalho, assim como quaisquer pessoas contratadas pela firma ou uma firma da rede para executar procedimentos de auditoria no trabalho. Isso exclui especialistas externos contratados pela firma ou por uma firma da rede (NBC TA 620 – Utilização do Trabalho de Especialistas define o termo especialista do auditor, item 6(a))" (Grifo nosso). Das afirmações, apenas a "E" está correta, conforme trecho destacado acima.
Gabarito "E".

(Auditor do Tesouro Municipal/Recife-PE – FGV) O revisor do controle de qualidade do trabalho deve realizar uma avaliação objetiva dos julgamentos e das conclusões feitas pela equipe de trabalho e atingidas ao elaborar o relatório.

Essa avaliação deve envolver os aspectos relacionados a seguir, à exceção de um. Assinale-o.

(A) Revisão da documentação selecionada, relativa aos julgamentos significativos feitos pela equipe de trabalho, e das conclusões obtidas.
(B) Revisão das demonstrações contábeis e do relatório proposto.
(C) Discussão de assuntos significativos com o sócio encarregado do trabalho.
(D) Implementação das conclusões resultantes das consultas.
(E) Avaliação das conclusões ao elaborar o relatório e consideração sobre sua adequação.

Segundo o item 20 da NBC TA 220 (Controle de Qualidade da Auditoria de Demonstrações Contábeis), temos: "20. O revisor do controle de qualidade do trabalho deve realizar uma avaliação objetiva dos julgamentos significativos feitos pela equipe de trabalho e as conclusões atingidas ao elaborar o relatório. Essa avaliação deve envolver: (a) discussão de assuntos significativos com o sócio encarregado do trabalho; (b) revisão das demonstrações contábeis e do relatório proposto; (c) revisão da documentação selecionada de auditoria relativa aos julgamentos significativos feitos pela equipe de trabalho e das conclusões obtidas; e (d) avaliação das conclusões atingidas ao elaborar o relatório e consideração se o relatório é apropriado (ver itens A26 e A27 e A29 a A31)." Das alternativas, apenas a "D" não está contemplada no item 20 da citada norma.

Gabarito "D".

(Auditor Fiscal da Receita Federal – ESAF) A qualidade nos trabalhos da auditoria independente é essencial para a boa condução dos trabalhos e para emissão do parecer. Assim, em que periodicidade os auditores independentes devem se submeter à revisão dos controles de qualidade internos, por outros auditores independentes com estrutura compatível, conforme determinação do CFC, IBRACON e CVM?

(A) 1 ano
(B) 2 anos
(C) 3 anos
(D) 4 anos
(E) 5 anos

A NBC PA 11 define que "o Auditor deve submeter-se à Revisão Externa de Qualidade, no mínimo uma vez, a cada ciclo de quatro anos".

Gabarito "D".

(Auditor Fiscal da Receita Federal – ESAF) A CVM, no intuito de reduzir a possibilidade de comprometer a qualidade dos serviços de auditoria, em virtude do auditor manter a prestação de serviços a um mesmo cliente por período indeterminado, instituiu o rodízio das empresas de auditoria ao realizarem auditoria em companhias abertas. Assim, efetuado o rodízio, é permitido o retorno da empresa de auditoria ao mesmo cliente, após:

(A) 1 ano
(B) 2 anos
(C) 3 anos
(D) 4 anos
(E) 5 anos

O artigo 31 da instrução CVM 308/99 define que "o Auditor Independente – Pessoa Física e o Auditor Independente – Pessoa Jurídica não podem prestar serviços para um mesmo cliente, por prazo superior a cinco anos consecutivos, contados a partir da data desta Instrução, exigindo-se um intervalo mínimo de três anos para a sua recontratação".

Gabarito "C".

(Auditor Fiscal da Receita Federal – ESAF) Um auditor, sabendo que a taxa de depreciação de um determinado grupo de imobilizado é de 10% ao ano e que não ocorreram adições ou baixas no período sob exame, efetua um cálculo global de despesa de depreciação no valor de $ 1.000. Se os saldos iniciais de custo do bem e da depreciação acumulada eram de $ 10.000 e $ 5.000, respectivamente, e o auditor constata que o livro contábil, no final do exercício, apresenta um saldo de $ 10.000 para o custo do imobilizado e $ 5.500 como depreciação acumulada, neste caso o auditor falhou em:

(A) confiar demasiadamente no sistema da empresa.
(B) confiar que a taxa de depreciação era de 10% ao ano.
(C) não verificar os itens totalmente depreciados.
(D) não verificar os itens reavaliados do imobilizado.
(E) não considerar a adição de um novo imobilizado.

Na situação descrita pela questão o auditor supõe, a princípio corretamente, que o valor da despesa de depreciação do período será igual a R$ 1.000 após a informação de que todos os bens são depreciados a 10% ao ano e que o valor dos bens é igual a R$10.000. Ocorre que o auditor não considerou a possibilidade de existirem dentro do grupo valores totalmente depreciados, que afetariam no valor da despesa de depreciação. Seria o caso, por exemplo, se a empresa tivesse ativos no valor de R$5.000 totalmente depreciados. Nesse caso, apenas os R$5.000 restantes seriam depreciados, gerando apenas R$500 (10% de R$5.000) de despesa.

Gabarito "C".

10. PAPÉIS DE TRABALHO E DOCUMENTAÇÃO DE AUDITORIA

(Auditor Fiscal Tributário – Prefeitura Lages/SC – 2016 – FEPESE) O auditor deve obter representações da administração e, quando apropriado, dos responsáveis pela governança. A exceção ocorre quando:

(A) eles reconhecem sua responsabilidade pelo desenho, implementação e manutenção do controle interno de prevenção e detecção de fraude.
(B) eles revelaram ao auditor os resultados da avaliação do risco da administração de que as demonstrações contábeis podem ter distorções relevantes decorrentes de fraude.
(C) eles reconhecem sua responsabilidade apenas nas circunstâncias especiais derivadas de atos e fatos que eventualmente os mesmos possam ser sujeitos ativos.
(D) eles revelaram ao auditor seu conhecimento sobre a suspeita ou ocorrência de fraude afetando a entidade, envolvendo: (i) a administração; (ii) empregados com funções significativas no controle interno; ou (iii) outros cuja fraude poderia ter efeito relevante nas demonstrações contábeis.
(E) eles revelaram ao auditor seu conhecimento de quaisquer suspeitas ou indícios de fraude que afetam as demonstrações contábeis da entidade, comunicadas por empregados, ex-empregados, analistas, órgãos regu-ladores ou outros.

As representações formais. embora forneçam evidência de auditoria necessária, as representações formais, sozinhas, não fornecem evidência de auditoria apropriada e suficiente a respeito de nenhum dos assuntos dos quais tratam. Além disso, o fato de que a administração forneceu representações formais confiáveis não afeta a natureza ou extensão de outras evidências de auditoria que o auditor obtenha a respeito da respon-sabilidade da administração ou de afirmações específicas. RNC

Gabarito "C".

(Auditor Fiscal/MA – FGV) Assinale a alternativa que indica a finalidade para a qual é usada a documentação de auditoria.

(A) Assistir a equipe de trabalho na aplicação dos procedimentos de elaboração do plano de auditoria e para conhecimento da entidade auditada.
(B) Permitir que a equipe de trabalho não possa ser responsabilizada por seu trabalho, em possíveis questionamentos da auditoria.
(C) Manter um registro de assuntos de importância recorrente para auditorias futuras, quando não houver a aceitação da empresa auditada.
(D) Permitir a condução de inspeções internas em conformidade com as exigências legais, regulamentares e outras exigências aplicáveis.
(E) Assistir aos membros da equipe de trabalho responsáveis pela direção e supervisão do trabalho de auditoria no cumprimento de suas responsabilidades de revisão.

De acordo com a NBC TA 230 (documentação de auditoria), temos: "3. A documentação de auditoria serve para várias finalidades adicionais, que incluem: a) assistir a equipe de trabalho no planejamento e execução da auditoria; b) assistir aos membros da equipe de trabalho responsáveis pela direção e supervisão do trabalho de auditoria e no cumprimento de suas responsabilidades de revisão em conformidade com a NBC TA 220 – Controle de Qualidade da Auditoria de Demonstrações Contábeis; c) permitir que a equipe de trabalho possa ser responsabilizada por seu trabalho; d) manter um registro de assuntos de importância recorrente para auditorias futuras; e) permitir a condução de revisões e inspeções de controle de qualidade em conformidade com a NBC PA 01 – Controle de Qualidade para Firmas (Pessoas Jurídicas e Físicas) de Auditores Independentes que executam exames de auditoria e revisões de informação financeira histórica, e outros trabalhos de asseguração e de serviços correlatos (NBC TA 220, item 2); f) permitir a condução de inspeções externas em conformidade com as exigências legais, regulamentares e outras exigências aplicáveis. (grifo nosso). O item grifado é o único que encontra alternativa com o mesmo sentido do expresso na norma. Especificamente, a alternativa "E".

Gabarito "E".

(Auditor Fiscal Tributário da Receita Municipal/Cuiabá-MT – FGV) De acordo com a NBC TA 230, Documentação de Auditoria, se, após a data do relatório, o auditor obtiver outras conclusões, deve documentar as informações apresentadas a seguir, à exceção de uma. Assinale-a.

(A) As circunstâncias identificadas e os procedimentos novos ou adicionais executados.
(B) O motivo pelo qual não se obtiveram as conclusões mais recentes em um primeiro momento.
(C) As novas conclusões alcançadas e seu efeito sobre o relatório do auditor.
(D) O momento em que as modificações resultantes da documentação de auditoria foram executadas e revisadas.
(E) Por quem as modificações resultantes da documentação de auditoria foram executadas e revisadas.

Com base no item 13 da NBC TA 230 (Documentação de Auditoria), temos: "13. Se, em circunstâncias excepcionais, o auditor executar procedimentos novos ou adicionais ou chegar a outras conclusões após a data do relatório, o auditor deve documentar (ver item A20): (a) as circunstâncias identificadas; (b) os procedimentos novos ou adicionais executados, a evidência de auditoria obtida e as novas conclusões alcançadas, e seu efeito sobre o relatório do auditor; e (c) quando e por quem as modificações resultantes da documentação de auditoria foram executadas e revisadas." Por exclusão, a resposta correta é "B".

Gabarito "B".

11. EVIDÊNCIAS DE AUDITORIA

(Auditor Fiscal Tributário – Prefeitura Lages/SC – 2016 – FEPESE) As evidências de auditoria, segundo a fonte de obtenção, classificam-se em:

(A) Evidência Negativa e Evidência Positiva.
(B) Evidência Negativa, Evidência Positiva ou Evidência Neutra.
(C) Evidência Formal, Evidência Informal, Evidência Documental, Evidência por Circularização.
(D) Evidência Física e Evidência Documental. Quaisquer outras evidências não são podem ser consideradas.
(E) Evidência Física, Evidência Documental, Evidência Analítica, Evidência Testemunhal e Evidência por Confirmação de Terceiros (Circularização).

As evidências de Auditoria devem ser obtidas são coletadas através de diversas maneiras, incluindo física, documental, analítica, testemunhal e circularização. A norma de Auditoria não tem a mesma nomenclatura, pois o Auditor Independente deve obter o máximo de evidência para redução de riscos de distorção relevante. RNC

Gabarito "E".

(Auditor Fiscal da Receita Municipal – Prefeitura Teresina/PI – 2016 – FCC) A evidência de auditoria para a obtenção de conclusões para fundamentar a opinião do auditor é conseguida pela execução de procedimentos de auditoria. O exame de registros ou documentos, internos ou externos, em forma de papel, em forma eletrônica ou em outras mídias, ou o exame físico de um ativo é efetuado mediante o procedimento de auditoria denominado

(A) inspeção.
(B) observação.
(C) circularização.
(D) investigação.
(E) confirmação.

A inspeção compreende o exame de registros ou documentos e exame físico de ativos. RNC

Gabarito "A".

(Auditor Fiscal da Receita Federal – ESAF) Para o fornecimento de evidências às conclusões e recomendações da auditoria interna, as informações devem ser:

(A) suficientes, adequadas, relevantes e úteis.
(B) relevantes, razoáveis, exatas e adequadas.
(C) suficientes, comprobatórias, subjetivas e úteis.
(D) adequadas, calculáveis, hábeis e comprobatórias.
(E) objetivas, exatas, razoáveis e adequadas.

A NBC TI 01 define que "a obtenção de informações sobre os assuntos relacionados aos objetivos e ao alcance da Auditoria Interna, devendo ser observado que: a informação suficiente é aquela que é factual e convincente, de tal forma que uma pessoa prudente e informada possa entendê-la da mesma forma que o auditor interno; a informação adequada é aquela que, sendo confiável, propicia a melhor evidência alcançável, por meio do uso apropriado das técnicas de Auditoria Interna; a informação relevante é a que dá suporte às conclusões e às recomendações da Auditoria Interna; a informação útil é a que auxilia a entidade a atingir suas metas".

Gabarito "A".

(Auditor Fiscal/MA – FGV) Assinale a alternativa que completa corretamente a lacuna do fragmento a seguir

As informações utilizadas pelo auditor para chegar às conclusões em que se fundamenta sua opinião define.

(A) risco de auditoria.
(B) plano de auditoria.
(C) planejamento de auditoria.
(D) evidência de auditoria.
(E) relatório de auditoria.

Segundo o item 5 da NBC TA 500 (evidência de auditoria): "Evidência de auditoria compreende as informações utilizadas pelo auditor para chegar às conclusões em que se fundamentam a sua opinião. A evidência de auditoria inclui as informações contidas nos registros contábeis que suportam as demonstrações contábeis e outras informações."(grifo nosso) O complemento da frase a seguir recai em "evidência de auditoria", alternativa "D".

Gabarito "D".

(Auditor Fiscal/PB – FCC) Identifique entre os eventos abaixo aquele que a única evidência de auditoria é a carta de responsabilidade da administração.

(A) Manutenção de um investimento específico como investimento de Longo Prazo.
(B) Comprovação das responsabilidades e alçadas de cada Diretor.
(C) Existência de processos cíveis, trabalhistas e tributários contra a empresa.
(D) Confirmação da existência física de bens do Ativo Imobilizado.
(E) Saldo das Contas relativas a Tributos da empresa Ativos e Passivos de Curto e Longo Prazo.

A: um investimento poderia tecnicamente ser contabilizado no curto ou longo prazo. Essa segregação ocorrerá a partir da definição de prazo de realização definido pela administração através de uma carta de responsabilidade; **B:** a comprovação das responsabilidades e alçadas poderia ser obtida através da análise do estatuto da empresa; **C:** a existência de processos contra a empresa pode ser obtida através da circularização de advogados; **D:** a confirmação da existência física de bens do ativo pode ser obtida através de uma contagem física; **E:** o saldo e a classificação de curto e longo prazo dos tributos podem ser validados através da inspeção da documentação fiscal da empresa.

Gabarito "A".

(Auditor Fiscal da Receita Federal – ESAF) É permitido ao auditor externo, durante o processo final de montagem dos arquivos da auditoria concluída, modificar os documentos de auditoria. Não se inclui como modificação possível:

(A) apagar, descartar ou destruir documentação superada.
(B) acrescentar referências cruzadas aos documentos de trabalho.
(C) substituir carta de circularização dos advogados, com nova posição das contingências.
(D) conferir itens das listas de verificação, evidenciando ter cumprido os passos pertinentes à montagem do arquivo.
(E) documentar evidência de auditoria que o auditor obteve antes da data do relatório de auditoria.

Pelo item A22 (apêndice) da NBC TA 230 (Documentação de Auditoria), temos:

"A22. A conclusão da montagem do arquivo final de auditoria após a data do relatório do auditor é um processo administrativo que não envolve a execução de novos procedimentos de auditoria nem novas conclusões. Contudo, novas modificações podem ser feitas na documentação de auditoria durante o processo final de montagem se essas forem de natureza administrativa. Exemplos de tais modificações incluem: (a) apagar ou descartar documentação superada; (b) selecionar, conferir e acrescentar referências cruzadas aos documentos de trabalho; (c) conferir itens das listas de verificação evidenciando ter cumprido os passos relativos ao processo de montagem do arquivo; (d) documentar evidência de auditoria que o auditor obteve, discutiu e com a qual concordou junto aos membros relevantes da equipe de trabalho antes da data do relatório de auditoria."

A resposta deve ser obtida por "exclusão" em comparação com o proposto no item A22 da norma supracitada. Assim, temos que a alternativa a ser respondida é a C, pois é a única alteração, das alternativas, não citadas.

Gabarito "C".

(Auditor Fiscal/MA – FGV) A respeito da *evidência de auditoria*, assinale a afirmativa incorreta.

(A) A confiabilidade da evidência de auditoria é maior quando ela é obtida de fontes internas dentro da entidade.
(B) A confiabilidade da evidência de auditoria gerada internamente é maior quando os controles relacionados são efetivos, incluindo os controles, impostos pela entidade, sobre sua elaboração e manutenção.
(C) A evidência de auditoria obtida diretamente pelo auditor é mais confiável do que a evidência de auditoria obtida indiretamente ou por inferência.
(D) A evidência de auditoria em forma de documentos, em papel, mídia eletrônica ou de outro tipo, é mais confiável do que a evidência obtida verbalmente.
(E) A evidência de auditoria fornecida por documentos originais é mais confiável do que a evidência de auditoria fornecida por fotocópias ou *fac-símiles* ou por documentos que foram filmados, digitalizados ou transpostos de outra maneira para forma eletrônica.

Inicialmente, trazemos a definição de "evidência de auditoria", conforme item 5 da NBC TA 500 (Evidência de auditoria): "Evidência de auditoria compreende as informações utilizadas pelo auditor para chegar às conclusões em que se fundamentam a sua opinião. A evidência de auditoria inclui as informações contidas nos registros contábeis que suportam as demonstrações contábeis e outras informações."

Ademais, cabe também a leitura do item A1:

" A evidência de auditoria é necessária para fundamentar a opinião e o relatório do auditor. Ela tem natureza cumulativa e é obtida principalmente a partir dos procedimentos de auditoria realizados durante o curso do trabalho. Contudo, ela também pode incluir informações obtidas de outras fontes, como auditorias anteriores (contanto que o auditor tenha determinado se ocorreram mudanças desde a auditoria anterior que possam afetar sua relevância para a atual auditoria – ver NBC TA 315, item 9) ou procedimentos de controle de qualidade da firma de auditoria para aceitação e continuidade de clientes. Além de outras fontes, dentro e fora da entidade, os seus registros contábeis são importantes fontes de evidência de auditoria. Além disso, informações que podem ser utilizadas como evidência de auditoria podem ter sido elaboradas com a utilização do trabalho de especialista da administração. A evidência de auditoria abrange informações que suportam e corroboram as afirmações da administração e qualquer informação que contradiga tais afirmações. Além disso, em alguns casos, a ausência de informações (por exemplo, a recusa da administração em fornecer uma representação solicitada) é utilizada pelo auditor e, portanto, também constitui evidência de auditoria." Pela análise conjunta do item 5 e do item A1, temos condições de

afirmar que as informações obtidas de fontes externas independentes tendem a trazer maior confiabilidade para auditoria que fontes internas à sociedade. Portanto, a alternativa "A" deve ser a assinalada.
Gabarito "A".

(Auditor do Tesouro Municipal/Natal-RN – ESAF) As informações obtidas pelo auditor independente, para chegar às conclusões em que se baseia sua opinião sobre as demonstrações contábeis, são denominadas:

(A) avaliação de risco de controle
(B) cartas de circularização
(C) evidências de auditoria
(D) avaliação do risco inerente
(E) relatório de auditoria

As evidências (provas) de auditoria são os fatos levantados pelo auditor que irão fundamentar sua opinião sobre as demonstrações contábeis auditadas.
Gabarito "C".

(Auditor do Tesouro Municipal/Recife-PE – ESAF) As indicações de que a continuidade da entidade em regime operacional esteja em risco podem vir das demonstrações contábeis ou de outras fontes. De acordo com a interpretação técnica dada pelo Conselho Federal de Contabilidade, indique qual das opções a seguir não representa uma indicação financeira.

(A) Perda de mercado importante, fornecedor essencial ou financiador estratégico.
(B) Passivo a Descoberto ou Patrimônio Líquido Negativo.
(C) Posição negativa de Capital Circulante ou Capital Circulante Negativo.
(D) Falta de capacidade financeira dos clientes para saldar seus compromissos.
(E) Prejuízos operacionais substanciais de forma continuada.

A: trata-se de um indicador de operação, não relacionado à capacidade financeira da empresa; B: indicador financeiro; C: indicador financeiro; D: indicador financeiro; E: indicador financeiro.
Gabarito "A".

(Auditor do Tesouro Municipal/Recife-PE – ESAF) Um dos instrumentos complementares da auditoria para auxiliar a revisão analítica é a utilização de índices econômicos e financeiros. Para avaliação da capacidade de pagamentos ou liquidação do total dos compromissos, indique qual índice deve ser utilizado.

(A) Índice de Rentabilidade do Ativo
(B) Índice de Liquidez Geral
(C) Índice de Contas a Receber
(D) Índice de Giro do Ativo
(E) Índice de Imobilizações

A: trata-se de um indicador de rentabilidade e não de liquidez; B: por considerar todos ativos e passivo de curto e longo prazo, esse indicador de liquidez permitir identificar a capacidade de pagamento da empresa; C: analisa apenas o contas a receber, sem considerar os demais ativos e passivos; D: não demonstra a capacidade de pagamento da empresa; E: demonstra quando do capital próprio está aplicado em ativos permanentes, não indicando a capacidade de pagamento da empresa.
Gabarito "B".

(Auditor Fiscal/Vitória-ES – CESPE) Com relação à continuidade normal dos negócios de uma entidade, julgue o item que se segue.

(1) Indicações de que uma empresa apresenta risco de descontinuidade podem ser encontradas em suas demonstrações contábeis. Um exemplo disso se traduz pela mudança nas relações com os fornecedores, substituindo-se pagamentos à vista por compras a crédito.

1: A mudança no padrão de comportamento da empresa que compra à vista e passou a comprar a prazo deve ser observada pelo auditor, que buscará entender os motivos que levaram a empresa a adotar a nova prática. Todavia essa mudança de comportamento não indica risco de descontinuidade para a empresa, que pode ter mudado de prática apenas pelas boas condições oferecidas pelos fornecedores ou como forma de não ter que recorrer a empréstimos bancários.
Gabarito 1E.

(Auditor Fiscal/Vitória-ES – CESPE) Com base nos procedimentos usuais e nas circunstâncias, julgue o item abaixo.

(1) Os suprimentos de caixa podem ser justificados pela comprovação da capacidade financeira do supridor e da efetiva entrega dos recursos. Só ficará caracterizada irregularidade quando se constatar a existência de saldo credor na conta caixa.

1: O suprimento de caixa de origem não comprovada indica que a empresa efetuou pagamentos com recursos não contabilizados, decorrentes de operações anteriormente realizadas e também não contabilizadas (omissão de receitas). Como se pode ver pela explicação, não seria a existência de saldo credor na conta caixa a única irregularidade.
Gabarito 1E.

(Auditor Fiscal/Vitória-ES – CESPE) Acerca da auditoria das contas de resultado, julgue o item a seguir.

(1) Considere que uma empresa tenha registrado e embarcado, em 31/12, último dia do exercício social, mercadoria vendida pelo valor de R$ 50.000,00, com cláusula CIF e previsão de entrega para três dias depois. Considere também que o CMV correspondente, também registrado em 31/12, tenha sido de R$ 30.000,00. Nessa situação, é correto inferir-se que a empresa acresceu indevidamente ao resultado do exercício findo o lucro de R$ 20.000,00.

1: Como a empresa era responsável pela mercadoria até o momento da entrega, já que vendeu a mercadoria com cláusula CIF, o lançamento contábil de transferência do bem e respectivo registro da receita e do custo da mercadoria vendida deverão ocorrer apenas no momento da entrega da mercadoria, no dia 3 de janeiro do ano seguinte.
Gabarito 1C.

(Auditor Fiscal/São Paulo-SP – FCC) Nos trabalhos de auditoria externa, o profissional encarregado de revisar as contas a pagar da Cia. Madeirense verificou a existência de várias duplicatas quitadas, emitidas por fornecedores da companhia, mas cuja baixa não tinha sido registrada na escrituração contábil. Esse fato constitui um indício de

(A) falta de origem para suprimentos de caixa.
(B) subestimação de passivos.
(C) passivo fictício.
(D) passivo real a descoberto.
(E) passivo oculto.

A existência de duplicatas não baixadas representa um ativo fictício, o que só seria possível se existisse também um passivo fictício. Não seria possível criar um ativo fictício sem uma contrapartida, também fictícia.
Gabarito "C".

12. FRAUDE E ERRO

(Auditor Fiscal da Receita Municipal – Prefeitura Teresina/PI – 2016 – FCC) Nos trabalhos de auditoria independente na Companhia Distribuidora de Frutas e Legumes do Estado referente ao exercício de 2015, o auditor constatou que, no mês de novembro de 2015, foram contabilizadas duas notas fiscais de vendas com valores adulterados, para mais, em R$ 240.000,00. De acordo com as evidências obtidas pelo auditor, as notas fiscais foram adulteradas, com o objetivo de encobrir desvio de mercadorias no estoque. Segundo a NBC TA 240, este fato caracteriza

(A) burla no controle interno.
(B) erro na escrituração contábil.
(C) omissão de prejuízos.
(D) fraude.
(E) aumento de receita de vendas.

A NBC TA 240 em seu item A1 apresenta "A fraude, seja na forma de informações contábeis fraudulentas ou de apropriação indevida de ativos, envolve o incentivo ou a pressão para que ela seja cometida, uma oportunidade percebida para tal e alguma racionalidade (ou seja, dar razoabilidade a algo falso) do ato." RNC
Gabarito "D".

(Auditor Fiscal/PB – FCC) O auditor interno, ao avaliar o cálculo do ICMS da empresa, identifica, no relatório que suporta os cálculos, a não inclusão de nota fiscal no valor de R$ 50.000,00, na base de cálculo. Ao consultar o responsável pelo setor de processamento de dados da empresa, o mesmo afirma que, atendendo solicitação dos responsáveis da área fiscal, as notas de valor entre R$ 30.000,00 e R$ 50.000,00, não deveriam compor a base de cálculos dos impostos. É correto afirmar que este fato evidencia

(A) uma fraude, por representar um ato intencional praticado pelo responsável da área fiscal de manipulação de transações com o objetivo de reduzir a carga tributária da empresa.
(B) um erro, por tratar-se de desconhecimento da obrigatoriedade do imposto prevista em legislação, por parte do responsável pela área de sistemas da empresa.
(C) uma fraude, por representar um ato não intencional do responsável pela área fiscal visando reduzir a carga tributária da empresa.
(D) um erro, por tratar-se de ato intencional praticado pelo responsável da área fiscal visando reduzir a carga tributária da empresa.
(E) uma fraude, por tratar-se de ato regulamentado pelo fisco para dar condições de empresas em situação financeira difícil se restabelecerem.

A resolução NBC TI 01 define fraude como "o ato intencional de omissão ou manipulação de transações, adulteração de documentos, registros e demonstrações contábeis" e erro como "o ato não intencional resultante de omissão, desatenção ou má interpretação de fatos na elaboração de registros e demonstrações contábeis". Considerando que não existe qualquer legislação que excetue da base de cálculo do ICMS valores entre R$30.000 e R$50.000, é possível concluir que houve uma fraude devido à intenção do responsável da área fiscal em diminuir a base de cálculo do imposto.
Gabarito "A".

(Auditor Tributário/Jaboatão dos Guararapes-PE – FCC) Quanto à conceituação de fraude e erro, considere as afirmações abaixo.

I. A empresa programa seu sistema para, na apuração da base de cálculo do ISS, desconsiderar notas fiscais de prestação de serviços de valores superiores a R$ 5.000,00.
II. O fiscal de tributos ao examinar o livro de registro de notas fiscais de serviços e apuração do ISS percebe que a empresa não escriturou a nota de número 111, mas o valor do tributo foi recolhido corretamente.
III. A empresa registra os serviços efetivamente formalizados através de contrato, sendo que os serviços de pequeno valor, recebidos em dinheiro, no caixa da empresa e sem emissão de notas fiscais, ficam em uma conta em nome do sócio.

As situações I, II e III constituem-se, respectivamente:

(A) fraude, fraude e fraude.
(B) erro, erro e fraude.
(C) erro, erro e erro.
(D) fraude, erro e fraude.
(E) erro, fraude e erro.

I: trata-se de fraude por ser um ato intencional; II: trata-se de erro por ser um ato não intencional; III: trata-se de fraude por ser um ato intencional.
Gabarito "D".

(Auditor Fiscal da Previdência Social – ESAF) Segundo as normas de auditoria, as definições de fraude e erro são, respectivamente:

(A) Ato não intencional de registrar documentos oficiais corretamente, bem como elaborar demonstrações financeiras de forma correta. Ato intencional resultante de omissão, desatenção ou má interpretação de fatos na elaboração de registros e demonstrações contábeis.
(B) Ato não intencional de omissão ou manipulação de transações, adulteração de documentos, registros e demonstrações contábeis. Ato intencional resultante de omissão, desatenção ou má interpretação de fatos na elaboração de registros e demonstrações contábeis.
(C) Ato não intencional de evidenciar a manipulação de transações, adulteração de documentos, registros e demonstrações contábeis. Ato intencional resultante de omissão, desatenção ou interpretação correta de fatos na elaboração de registros e demonstrações financeiras.
(D) Ato intencional de registrar as transações de forma adequada os fatos contábeis e a elaboração das demonstrações contábeis. Ato não intencional resultante de omissão, desatenção ou interpretação de fatos de forma correta na elaboração de registros e demonstrações contábeis.
(E) Ato intencional de omissão ou manipulação de transações, adulteração de documentos, registros e demonstrações contábeis. Ato não intencional resultante de omissão, desatenção ou má interpretação de fatos na elaboração de registros e demonstrações contábeis.

Apresentamos a seguir os conceitos de fraude e erro:
Fraude – o ato intencional de omissão ou manipulação de transações, adulteração de documentos, registros e demonstrações contábeis;
Erro – o ato não intencional resultante de omissão, desatenção ou má

interpretação de fatos na elaboração de registros e demonstrações contábeis.

Gabarito "E".

(Auditor Fiscal Tributário da Receita Municipal/Cuiabá-MT – FGV) Em relação à responsabilidade do auditor em casos de fraudes, assinale a afirmativa correta.

(A) O auditor, para efeitos das normas de auditoria, deve estar preocupado com a fraude que causa distorção relevante nas demonstrações contábeis.
(B) O auditor é o principal responsável pela prevenção e detecção da fraude em uma entidade.
(C) A detecção de todos os riscos de distorções relevantes nas demonstrações contábeis é uma das funções da auditoria.
(D) O auditor deve manter postura de ceticismo profissional durante a auditoria, salvo quando há experiência passada em relação à honestidade e à integridade da administração.
(E) O auditor deve determinar respostas individuais para tratar dos riscos avaliados de distorção relevante decorrente de fraude nas demonstrações contábeis.

De acordo com os itens 2 e 3 da NBC TA 240 (Responsabilidade do Auditor em Relação a Fraude, no Contexto da Auditoria de Demonstrações Contábeis), temos: "2. As distorções nas demonstrações contábeis podem originar-se de fraude ou erro. O fator distintivo entre fraude e erro está no fato de ser intencional ou não intencional a ação subjacente que resulta em distorção nas demonstrações contábeis. 3. Embora a fraude constitua um conceito jurídico amplo, para efeitos das normas de auditoria, o auditor está preocupado com a fraude que causa distorção relevante nas demonstrações contábeis. Dois tipos de distorções intencionais são pertinentes para o auditor – distorções decorrentes de informações contábeis fraudulentas e da apropriação indébita de ativos. Apesar de o auditor poder suspeitar ou, em raros casos, identificar a ocorrência de fraude, ele não estabelece juridicamente se realmente ocorreu fraude (ver itens A1 a A6)." (grifo nosso). Portanto, a reposta correta é a "A".

Gabarito "A".

(Auditor Fiscal da Receita Federal – ESAF) A responsabilidade primária na prevenção e detecção de fraudes e erros é:

(A) da administração.
(B) da auditoria interna.
(C) do conselho de administração.
(D) da auditoria externa.
(E) do comitê de auditoria.

A responsabilidade primária na prevenção e identificação de fraude e erros é da administração da entidade, através da implementação e manutenção de adequado sistema contábil e de controle interno.

Gabarito "A".

(Auditor Fiscal/RN – ESAF) A responsabilidade primária na prevenção e identificação de fraude e erros da entidade é:

(A) da auditoria independente da entidade.
(B) do contador da entidade.
(C) da consultoria contábil da entidade.
(D) do advogado da entidade.
(E) da administração da entidade.

A responsabilidade primária na prevenção e identificação de fraude e erros é da administração da entidade, através da implementação e manutenção de adequado sistema contábil e de controle interno.

Gabarito "E".

13. AMOSTRAGEM E AMOSTRAS: TAMANHO, TIPOS E AVALIAÇÃO DOS RESULTADOS

(Auditor Fiscal da Receita Federal – ESAF) A eficiência da auditoria na definição e utilização da amostra pode ser melhorada se o auditor:

(A) aumentar a taxa de desvio aceitável da amostra, reduzindo o risco inerente e com características semelhantes.
(B) diminuir o percentual a ser testado, mas utilizar a seleção não estatística para itens similares.
(C) concluir que a distorção projetada é maior do que a distorção real de toda a amostra.
(D) estratificar a população dividindo-a em subpopulações distintas que tenham características similares.
(E) mantiver os critérios de seleção uniformes e predefinidos com a empresa auditada.

De acordo com o item 1, constante do Apêndice 1 da NBC TA 530 (Amostra em Auditoria): "1. A eficiência da auditoria pode ser melhorada se o auditor estratificar a população dividindo-a em subpopulações distintas que tenham características similares. O objetivo da estratificação é o de reduzir a variabilidade dos itens de cada estrato e, portanto, permitir que o tamanho da amostra seja reduzido sem aumentar o risco de amostragem" (Grifo nosso).

Gabarito "D".

(Auditor Fiscal da Receita Federal – ESAF) O auditor deve reavaliar o risco de amostragem quando o:

(A) erro tolerável excede os erros da população.
(B) risco de controle excede o risco de rejeição.
(C) erro da população excede o erro tolerável.
(D) risco de aceitação excede o de rejeição.
(E) erro tolerável excede o risco de detecção.

Como o erro tolerável é o erro máximo na população que o auditor está disposto a aceitar e ainda assim concluir que o resultado da amostra atingiu o objetivo da auditoria, caso o erro da população exceda o erro tolerável, o auditor deverá reavaliar o risco de amostragem.

Gabarito "C".

(Auditor Fiscal/Vitória-ES – CESPE) A respeito das normas de execução dos trabalhos de auditoria, julgue o item a seguir.

(1) Considere que, na execução de procedimentos específicos de auditoria, tenha sido verificado que o nível de risco é maior que o previsto na fase de planejamento. Nesse caso, o nível de relevância preliminarmente estabelecido deve ser reduzido.

1: Os exames de auditoria devem ser planejados e executados na expectativa de que os eventos relevantes relacionados com as demonstrações contábeis sejam identificados. Se o risco é maior que o previsto, é prudente que se reduza o nível de relevância, passando a dar maior importância a itens menos relevantes.

Gabarito 1C

(Auditor Fiscal da Receita Federal – ESAF) Quando da aplicação da técnica de amostragem estatística em testes substantivos, quanto menor o tamanho da amostra:

(A) a taxa de desvio aceitável será maior.
(B) a quantificação do erro tolerável será maior.
(C) a taxa de desvio aceitável será menor.
(D) a quantificação do erro tolerável será menor.
(E) esta não afeta o erro tolerável nem o esperado.

Ao usar métodos de amostragem estatística ou não estatística, o auditor deve projetar e selecionar uma amostra de auditoria, aplicar a essa amostra procedimentos de auditoria e avaliar os resultados da amostra, de forma a proporcionar evidência de auditoria suficiente e apropriada. Sendo assim, se a amostra for pequena, é necessário que o auditor aceite um maior desvio para os resultados apresentados.

Gabarito "A".

(Auditor Fiscal da Previdência Social – ESAF) Na determinação da amostra, o auditor não deve levar em consideração o(a):

(A) erro esperado.
(B) valor dos itens da amostra.
(C) tamanho da amostra.
(D) população objeto da amostra.
(E) estratificação da amostra.

Na determinação da amostra o auditor deve levar em consideração os seguintes fatores:
* População objeto da amostra;
* Estratificação da amostra;
* Tamanho da amostra;
* Risco da amostragem;
* Erro tolerável; e
* Erro esperado.

Gabarito "B".

(Auditor Fiscal da Previdência Social – ESAF) Nas alternativas de escolha da amostra, um dos tipos a ser considerado pelo auditor é a seleção:

(A) direcionada e padronizada dos itens que compõem a amostra.
(B) dirigida e padronizada dos itens que comporão a base da amostra a ser utilizada.
(C) casual, a critério do auditor, baseada em sua experiência profissional.
(D) casual, a critério da empresa auditada, para determinação da amostra a ser utilizada.
(E) dirigida em comum acordo entre a empresa auditada e o auditor.

Na seleção de amostra devem ser considerados:
* Seleção aleatória;
* Seleção sistemática, observando um intervalo constante entre as transações realizadas; e
* Seleção casual, a critério do auditor, baseada em sua experiência profissional".

Gabarito "C".

(Auditor Fiscal/MA – FGV) As alternativas a seguir apresentam exemplos de método utilizado pelo auditor para selecionar amostras, à exceção de uma. Assinale-a.

(A) Seleção por intervalo.
(B) Seleção aleatória.
(C) Seleção sistemática.
(D) Seleção ao acaso.
(E) Seleção de bloco.

Segundo a NBC TA 530 (Amostragem em Auditoria), temos: "Existem muitos métodos para selecionar amostras. Os principais são os seguintes: **(a) Seleção aleatória** (aplicada por meio de geradores de números aleatórios como, por exemplo, tabelas de números aleatórios). **(b) Seleção sistemática**, em que a quantidade de unidades de amostragem na população é dividida pelo tamanho da amostra para dar um intervalo de amostragem como, por exemplo, 50, e após determinar um ponto de início dentro das primeiras 50, toda 50ª unidade de amostragem seguinte é selecionada. Embora o ponto de início possa ser determinado ao acaso, é mais provável que a amostra seja realmente aleatória se ela for determinada pelo uso de um gerador computadorizado de números aleatórios ou de tabelas de números aleatórios. Ao usar uma seleção sistemática, o auditor precisaria determinar que as unidades de amostragem da população não estão estruturadas de modo que o intervalo de amostragem corresponda a um padrão em particular da população. (c) Amostragem de unidade monetária é um tipo de seleção com base em valores (conforme descrito no Apêndice 1), na qual o tamanho, a seleção e a avaliação da amostra resultam em uma conclusão em valores monetários. **(d) Seleção ao acaso**, na qual o auditor seleciona a amostra sem seguir uma técnica estruturada. Embora nenhuma técnica estruturada seja usada, o auditor, ainda assim, evitaria qualquer tendenciosidade ou previsibilidade consciente (por exemplo, evitar itens difíceis de localizar ou escolher ou evitar sempre os primeiros ou os últimos lançamentos de uma página) e, desse modo, procuraria se assegurar de que todos os itens da população têm uma mesma chance de seleção. A seleção ao acaso não é apropriada quando se usar a amostragem estatística.**(e) Seleção de bloco** envolve a seleção de um ou mais blocos de itens contíguos da população. A seleção de bloco geralmente não pode ser usada em amostragem de auditoria porque a maioria das populações está estruturada de modo que esses itens em sequência podem ter características semelhantes entre si, mas características diferentes de outros itens de outros lugares da população. Embora, em algumas circunstâncias, possa ser apropriado que um procedimento de auditoria examine um bloco de itens, ela raramente seria uma técnica de seleção de amostra apropriada quando o auditor pretende obter inferências válidas sobre toda a população com base na amostra." (grifo nosso). Dos métodos de seleção, o único que não está no bojo da norma é o "A", seleção por intervalo.

Gabarito "A".

(Auditor do Tesouro Municipal/Recife-PE – FGV) A respeito de uma amostra de auditoria, analise as afirmativas a seguir.

I. Ao definir uma amostra de auditoria, o auditor deve considerar a finalidade do procedimento de auditoria e as características da população da qual será retirada a amostra.
II. O auditor deve selecionar itens para a amostragem de forma que cada unidade de amostragem da população tenha a mesma chance de ser selecionada.
III. Ao definir uma amostra de auditoria, o auditor deve considerar os fins específicos a serem alcançados e a combinação de procedimentos de auditoria que devem alcançar esses fins.

Assinale:
(A) se somente a afirmativa I estiver correta.
(B) se somente as afirmativas I e II estiverem corretas.
(C) se somente as afirmativas II e III estiverem corretas.
(D) se somente as afirmativas I e III estiverem corretas.
(E) se todas as afirmativas estiverem corretas.

Pelos itens 6, 7 e 8 da NBC TA 530 (Amostragem em Auditoria), temos: "6. Ao definir uma amostra de auditoria, o auditor deve considerar a finalidade do procedimento de auditoria e as características da população da qual será retirada a amostra (ver itens A4 a A9). 7. O auditor deve determinar o tamanho de amostra suficiente para reduzir o risco de amostragem a um nível mínimo aceitável (ver itens A10 e A11). 8. O auditor deve selecionar itens para a amostragem de forma que cada unidade de amostragem da população tenha a mesma chance de ser selecionada (ver itens A12 e A13)." Portanto, as três assertivas estão corretas. Portanto, a alternativa "E" é a correta.

Gabarito "E".

(Auditor Fiscal da Receita Federal – ESAF) O auditor, ao realizar o processo de escolha da amostra, deve considerar:

I. que cada item que compõe a amostra é conhecido como unidade de amostragem;
II. que estratificação é o processo de dividir a população em subpopulações, cada qual contendo um grupo de

unidades de amostragem com características homogêneas ou similares;
III. na determinação do tamanho da amostra, o risco de amostragem, sem considerar os erros esperados.

(A) Somente a I é verdadeira.
(B) Somente a II é verdadeira.
(C) I e III são verdadeiras.
(D) Todas são falsas.
(E) Todas são verdadeiras.

I: incorreta, a literatura de auditoria não nomeia os itens da amostra; II: correta, pois a estratificação é a subdivisão da população a partir das características em comum; III: incorreta, pois o auditor deve considerar: população, estratificação, tamanho, risco da amostragem, erro tolerável e erro esperado.
Gabarito "B".

(Auditor Fiscal da Receita Federal – ESAF) Ao selecionar a amostra, o auditor não deve considerar:

(A) sistematização
(B) materialidade
(C) casualidade
(D) experiência
(E) aleatoriedade

A: na seleção da amostra deve-se considerar a seleção sistemática, observando um intervalo constante entre as transações realizadas; B: o auditor não deve considerar a materialidade, visto que a amostragem vai buscar qualquer item com a mesma chance de ocorrência; C: na seleção da amostra deve-se considerar a seleção casual, a critério do auditor, baseada em sua experiência profissional; D: a experiência do auditor pode ser observada na seleção casual; E: na seleção da amostra deve-se considerar a seleção aleatória.
Gabarito "B".

(Auditor Fiscal da Receita Federal – ESAF) O risco de amostragem em auditoria nos testes de procedimentos de comprovação pode ser assim classificado:

(A) subavaliação e superavaliação da confiabilidade.
(B) aceitação incorreta e superavaliação da confiabilidade.
(C) superavaliação da confiabilidade e rejeição incorreta.
(D) rejeição incorreta e subavaliação da confiabilidade.
(E) rejeição incorreta e aceitação incorreta.

O risco de superavaliação e subavaliação da confiabilidade refere-se aos testes de observância, nos quais o auditor irá avaliar se pode ou não confiar nos controles internos. Os riscos que se referem ao testes de procedimentos (substantivos) são os riscos de rejeição incorreta ou aceitação incorreta, em que o auditor aceitará ou rejeitará o saldo de uma conta contábil.
Gabarito "E".

(Auditor Fiscal da Receita Federal – ESAF) O auditor utiliza o método de seleção aleatória de uma amostra quando:

(A) o intervalo entre as seleções for constante.
(B) sua amostra for representativa da população toda.
(C) os itens da população têm igual chance de seleção.
(D) os itens menos representativos são excluídos da população.
(E) não confiar nos controles internos mantidos na população.

A seleção aleatória ou randômica é o método que assegura que todos os itens da população ou do estrato fixado tenham idêntica possibilidade de serem escolhidos.
Gabarito "C".

Dadas as tabelas fornecidas a seguir, responder à questão seguinte.

Tabela I: 5% de risco de Avaliação do Risco de Controle em Nível Baixo

Taxa aceitável de desvios

Taxa Esperada de desvio da população (%)	2%	3%	4%	5%	6%
0,00	151	101	76	61	51
0,50		159	119	95	80
1,00			158	95	80
1,50				126	105
2,00					90

Tabela II: 10% de risco de Avaliação do Risco de Controle em Nível Baixo

Taxa aceitável de desvios

Taxa Esperada de desvio da população (%)	2%	3%	4%	5%	6%
0,00	116	78	59	47	40
0,50	196	131	98	79	66
1,00		178	98	79	66
1,50			134	107	66
2,00			200	134	90
2,50				160	112
3,00					132

(Auditor Fiscal/RN – ESAF) Ao analisar a área de Contas a Receber, constata-se um risco de avaliação de 10%. No ano anterior a empresa de auditoria constatou desvio de 4% e a taxa esperada do desvio da população do ano foi de 1,0%. Determine o tamanho da amostra a ser utilizada.

(A) 200
(B) 107
(C) 158
(D) 178
(E) 98

Para responder a questão basta localizar nas tabelas os dados informados. Como o risco de avaliação do contas a receber foi de 10%, devemos nos ater à tabela II. A taxa esperada do desvio da população de 1% e o desvio de 4% interceptam-se na amostra de 98.
Gabarito "E".

(Auditor Tributário/Jaboatão dos Guararapes-PE – FCC) Ao definir a amostra, o auditor deve estabelecer

(A) uma relação inversa ao volume de operações efetuadas pela entidade na área a ser auditada.
(B) procedimentos que não permitam a estratificação da amostra pela empresa a ser auditada.
(C) um modelo de seleção que não permita haver erro tolerável, visto que o mesmo permite erro de detecção.
(D) uma relação direta com o volume de transações realizadas pela entidade na área a ser auditada.
(E) uma paridade ao modelo estabelecido conjuntamente com a empresa a ser auditada em suas operações.

A amostra selecionada pelo auditor deve ter uma relação direta com o volume de transações realizadas pela entidade na área ou transação objeto de exame, como também com os efeitos na posição patrimonial e financeira da entidade, e o resultado por ela obtido no período.

Gabarito "D".

(Fiscal de Rendas/RJ – FGV) Avalie as afirmativas a seguir:

I. A amostragem de atributos é um teste de controle.
II. A amostragem de variáveis é um teste substantivo.
III. A amostragem de atributos visa a estimar um total monetário de uma população ou o valor monetário de erros em uma população.
IV. A amostragem de variáveis visa a estimar a taxa de desvios em uma população.

Assinale:

(A) se somente as afirmativas I e II estiverem corretas.
(B) se somente as afirmativas I e III estiverem corretas.
(C) se somente as afirmativas II e IV estiverem corretas.
(D) se somente as afirmativas III e IV estiverem corretas.
(E) se todas as afirmativas estiverem corretas.

I: correta, pois a finalidade da amostragem de atributos é estimar a taxa de desvios em uma população, representando um teste de observância (controle); II: correta, pois a finalidade da amostragem de atributos é estimar um total monetário de uma população ou o valor monetário de erros em uma população; III: incorreta, pois o item apresentou a finalidade da amostragem de variáveis; IV: incorreta, pois o item apresentou a finalidade da amostragem de atributos.

Gabarito "A".

14. OPINIÃO DO AUDITOR E RELATÓRIO DE AUDITORIA

(Auditor Fiscal Tributário Municipal – Prefeitura Cuiabá – 2016 – FGV)

A Cia. W é auditada pelo auditor independente João.

A Cia. W publicou suas demonstrações contábeis, em 05/03/2016, com relatório sem ressalva assinado por João.

Em 10/03/2016, João tomou conhecimento de que o principal cliente da Cia. W havia pedido concordata em dezembro e não pagaria sua dívida.

João discutiu o assunto com a administração da Cia. W e determinou que as demonstrações fossem alteradas, o que foi feito.

Assinale a opção que indica o procedimento de João em seu relatório reemitido.

(A) Manter o relatório sem ressalva.
(B) Adicionar um parágrafo de ênfase.
(C) Adicionar uma ressalva em relação à concordata do cliente.
(D) Adicionar uma ressalva em relação à omissão da informação pela Cia W.
(E) Abster-se de dar uma opinião.

A NBC TA 706 em seu item A1 apresenta que "Exemplos de circunstâncias em que o auditor pode considerar necessário incluir um parágrafo de ênfase são: a) existência de incerteza relativa ao desfecho futuro de litígio excepcional ou ação regulatória". RNC

Gabarito "B".

(Auditor do Tesouro Municipal/Recife-PE – FGV) O auditor, ao expressar opinião de que as demonstrações contábeis foram elaboradas, em todos os aspectos relevantes, em conformidade com uma estrutura de relatório financeiro aplicável, produz o seguinte efeito:

(A) revela as distorções do planejamento da auditoria das demonstrações contábeis.
(B) reduz os riscos de auditoria das demonstrações contábeis o que gera segurança para os usuários.
(C) proporciona o aumento de evidências de auditoria das demonstrações contábeis.
(D) aumenta o grau de confiança nas demonstrações contábeis por parte dos usuários.
(E) assegura que os objetivos operacionais desejados pela administração foram alcançados.

De acordo com o item 3 da NBC TA 200 (objetivos gerais do auditor independente e a condução
da auditoria em conformidade com normas de auditoria), temos:
3. <u>O objetivo da auditoria é aumentar o grau de confiança nas demonstrações contábeis por parte dos usuários. Isso é alcançado mediante a expressão de uma opinião pelo auditor sobre se as demonstrações contábeis foram elaboradas,</u> em todos os aspectos relevantes, em conformidade com uma estrutura de relatório financeiro aplicável. No caso da maioria das estruturas conceituais para fins gerais, essa opinião expressa se as demonstrações contábeis estão apresentadas adequadamente, em todos os aspectos relevantes, em conformidade com a estrutura de relatório financeiro. A auditoria conduzida em conformidade com as normas de auditoria e exigências éticas relevantes capacita o auditor a formar essa opinião (ver item A1)." (grifo nosso). Pelo trecho destacado, alternativa correta é a "D".

Gabarito "D".

(Auditor Fiscal da Receita Federal – ESAF) No relatório de auditoria, deve ser divulgado que os procedimentos selecionados dependem do julgamento do auditor, incluindo a:

(A) avaliação dos riscos de não conformidades nas demonstrações contábeis, sempre causadas por fraudes.
(B) estimativa dos riscos de distorção relevante nas demonstrações contábeis, exclusivamente causadas por erro, sendo de responsabilidade da administração a ocorrência de fraudes.
(C) identificação de todos os riscos de distorção nas demonstrações contábeis e no relatório da administração, independentemente se causada por fraude ou erro, determinando sua materialidade.
(D) gestão dos riscos de distorção relevante nas demonstrações contábeis, identificadas na matriz de riscos, causada exclusivamente por erro.
(E) avaliação dos riscos de distorção relevante nas demonstrações contábeis, independentemente se causada por fraude ou erro.

De acordo com o item 31, da NBC TA 700 (Formação da Opinião e Emissão do Relatório do Auditor Independente sobre as Demonstrações Contábeis), temos:
"31. O relatório do auditor independente deve descrever a auditoria especificando que:
(a) a auditoria envolve a execução de procedimentos para obtenção de evidência de auditoria a respeito dos valores e divulgações nas demonstrações contábeis; <u>(b) os procedimentos selecionados dependem do julgamento do auditor, incluindo a avaliação dos riscos de distorção relevante nas demonstrações contábeis, independentemente se causadas por fraude ou erro.</u> Nessas avaliações de risco, o auditor considera os controles internos relevantes para a elaboração das demonstrações contábeis da entidade para planejar procedimentos de auditoria que são apropriados nas circunstâncias, mas não para fins de expressar uma opinião sobre a eficácia dos controles internos da entidade. Nas circunstâncias em que o auditor também tem a responsabilidade de expressar uma opinião sobre a eficácia dos controles internos juntamente com a

auditoria das demonstrações contábeis, o auditor deve omitir a frase de que a consideração do auditor sobre o controle interno não tem a finalidade de expressar uma opinião sobre a eficácia dos controles internos; e (c) a auditoria inclui, também, a avaliação da adequação das práticas contábeis utilizadas e a razoabilidade das estimativas contábeis feitas pela administração, bem como a avaliação da apresentação das demonstrações contábeis, tomadas em conjunto." (grifo nosso). Pelo exposto, a alternativa correta é "E".

Gabarito "E".

(Auditor Fiscal Tributário da Receita Municipal/Cuiabá-MT – FGV) Em 31/12/2013, uma empresa de patrimônio líquido de R$ 400.000,00 possuía financiamentos no valor de R$ 500.000,00. Estes tinham como data de vencimento 31/12/2012, mas a empresa não tinha saldo para pagar os financiamentos e não conseguiu renegociá-los. Por isso, estava considerando declarar falência. As notas explicativas e as demonstrações contábeis não refletiam a incerteza em relação à capacidade de funcionamento da empresa.

Na data, o auditor deve

(A) apresentar um relatório com opinião com ressalva.
(B) apresentar um relatório com opinião adversa.
(C) expressar uma opinião sem ressalvas e incluir um parágrafo de ênfase em seu relatório.
(D) abster-se de emitir sua opinião.
(E) denunciar a empresa ao órgão regulador.

Inicialmente, recorre-se a elementos da NBC TA 705 (Modificações na Opinião do Auditor Independente) para entender as modificações no parecer da auditoria:
"Circunstâncias em que é necessário modificar a opinião do auditor independente
6. O auditor deve modificar a opinião no seu relatório quando: (a) ele conclui, com base na evidência de auditoria obtida, que as demonstrações contábeis, tomadas como um todo, apresentam distorções relevantes (ver itens A2 a A7); ou(b) o auditor não consegue obter evidência de auditoria apropriada e suficiente para concluir que as demonstrações contábeis como um todo não apresentam distorções relevantes (ver itens A8 a A12).
Opinião com ressalva
7. O auditor deve expressar uma opinião com ressalva quando: (a) ele, tendo obtido evidência de auditoria apropriada e suficiente, conclui que as distorções, individualmente ou em conjunto, são relevantes, mas não generalizadas nas demonstrações contábeis; ou
(b) ele não consegue obter evidência apropriada e suficiente de auditoria para suportar sua opinião, mas ele conclui que os possíveis efeitos de distorções não detectadas, se houver, sobre as demonstrações contábeis poderiam ser relevantes, mas não generalizados.
Opinião adversa
8. O auditor deve expressar uma opinião adversa quando, tendo obtido evidência de auditoria apropriada e suficiente, conclui que as distorções, individualmente ou em conjunto, são relevantes e generalizadas para as demonstrações contábeis.
Abstenção de opinião
9. O auditor deve abster-se de expressar uma opinião quando não consegue obter evidência de auditoria apropriada e suficiente para suportar sua opinião e ele conclui que os possíveis efeitos de distorções não detectadas, se houver, sobre as demonstrações contábeis poderiam ser relevantes e generalizadas.
10. O auditor deve abster-se de expressar uma opinião quando, em circunstâncias extremamente raras envolvendo diversas incertezas, o auditor conclui que, independentemente de ter obtido evidência de auditoria apropriada e suficiente sobre cada uma das incertezas, não é possível expressar uma opinião sobre as demonstrações contábeis devido à possível interação das incertezas e seu possível efeito cumulativo sobre essas demonstrações contábeis."

Em complemento, devemos observar também a NBC TA 570 (Continuidade Operacional): "21. Se as demonstrações contábeis foram elaboradas no pressuposto de continuidade operacional, mas no julgamento do auditor, a utilização desse pressuposto pela administração nas demonstrações contábeis é inapropriada, ele deve expressar opinião adversa (ver itens A25 e A26)."
A observação conjunta dos itens permite afirmar que a reposta correta é "B".

Gabarito "B".

(Auditor Fiscal da Receita Federal – ESAF) A administração da empresa Elevação S.A. restringiu a alteração das demonstrações contábeis aos efeitos do evento subsequente que causou a alteração. A legislação vigente, à qual a empresa está subordinada, não proíbe a empresa de proceder desta forma. Nesta situação, o auditor deve alterar o relatório de auditoria para:

(A) retificar a data definitiva em que a empresa deverá fazer a publicação, ressalvando essa alteração nas demonstrações contábeis, sem emitir posição sobre o evento subsequente.
(B) incluir data adicional restrita a essa alteração que indique que os procedimentos do auditor independente, sobre os eventos subsequentes, estão restritos unicamente às alterações das demonstrações contábeis descritas na respectiva nota explicativa.
(C) substituir a data do término dos trabalhos, ressalvando o evento subsequente, mencionando a impossibilidade de avaliação dos impactos.
(D) adicionar parágrafo de outros assuntos, evidenciando o evento subsequente, mencionando a responsabilidade dos administradores sobre os efeitos desse novo evento.
(E) determinar a data de término dos trabalhos, evidenciando a reavaliação das demonstrações contábeis de forma completa e evidenciando que não há impactos nas demonstrações anteriormente apresentadas.

Segundo o item 12 da NBC TA 560 (Eventos Subsequentes), temos: "12. Se a legislação não proíbe a administração de restringir a alteração das demonstrações contábeis aos efeitos do evento ou eventos subsequentes que causaram essa alteração e em que os responsáveis pela aprovação das demonstrações contábeis não estão proibidos de restringir a aprovação a essa alteração, o auditor pode limitar os procedimentos de auditoria aos eventos subsequentes exigidos no item 11(b)(i) a essa alteração. Nesses casos, o auditor independente deve alterar o relatório para incluir data adicional restrita a essa alteração que indique que os procedimentos do auditor independente sobre os eventos subsequentes estão restritos unicamente às alterações das demonstrações contábeis descritas na respectiva nota explicativa (ver item A12)." (grifo nosso). Diante do exposto, a alternativa correta é a "B".

Gabarito "B".

(Auditor Fiscal Tributário da Receita Municipal/Cuiabá-MT – FGV) Uma empresa auditada, após a divulgação de suas demonstrações contábeis, obteve a confirmação de que seu principal cliente não honraria seus compromissos, o que representava saldo significante do ativo. Se o fato fosse do conhecimento do auditor na data do relatório, este teria diferente opinião sobre as demonstrações contábeis.

A administração da empresa decidiu alterar as demonstrações contábeis já divulgadas, de modo a não incluir o valor a receber do cliente.

Nesse caso, o auditor

(A) deve emitir um relatório sem ressalvas.
(B) deve incluir em seu relatório parágrafo de ênfase com referência à nota explicativa, esclarecendo a razão da alteração.
(C) deve incluir em seu relatório parágrafo de ênfase clarificando que os outros clientes irão honrar seus compromissos.
(D) deve comunicar o fato ao órgão regulador.
(E) não deve se pronunciar, já que as demonstrações já estavam divulgadas.

O contexto para responder a questão é mais claro quando levam-se em conta os itens 14, 15 e 16 da NBC TA 560 (Eventos subsequentes): "14. Após a divulgação das demonstrações contábeis, o auditor independente não tem obrigação de executar nenhum procedimento de auditoria em relação às demonstrações contábeis. Entretanto, se, após a divulgação das demonstrações contábeis, o auditor independente tomar conhecimento de fato que, se fosse do seu conhecimento na data do relatório do auditor independente, poderia tê-lo levado a alterar seu relatório, o auditor independente deve: (a) discutir o assunto com a administração e, quando apropriado, com os responsáveis pela governança; (b) determinar se as demonstrações contábeis precisam ser alteradas e, caso afirmativo; (c) indagar como a administração pretende tratar do assunto nas demonstrações contábeis.
15. Caso a administração altere as demonstrações contábeis, o auditor independente deve (ver
item A17): (a) aplicar os procedimentos de auditoria necessários nas circunstâncias das alterações; (b) revisar as providências tomadas pela administração para garantir que todos os que receberam as demonstrações contábeis juntamente com o respectivo relatório do auditor independente sejam informados da situação; (c) exceto se as circunstâncias no item 12 forem aplicáveis: (i) estender os procedimentos de auditoria mencionados nos itens 6 e 7 até a data do novo relatório do auditor independente e datar o novo relatório com data posterior à data de aprovação das demonstrações contábeis reapresentadas; e (ii) fornecer novo relatório do auditor independente sobre as demonstrações contábeis reapresentadas; (d) no caso em que as circunstâncias no item 12 se apliquem, alterar o relatório do auditor independente.
16. O auditor independente deve incluir no seu relatório, novo ou reemitido, Parágrafo de Ênfase com referência à nota explicativa que esclarece mais detalhadamente a razão da alteração das demonstrações contábeis emitidas anteriormente e do relatório anterior fornecido pelo auditor independente." (grifo nosso)
Com isso, alternativa correta é a "B".

Gabarito "B".

(Auditor Fiscal da Receita Federal – ESAF) A empresa Eletronics S.A. fabrica televisores de LCD de última geração. A garantia convencional é dada para três anos e a garantia oferecida é estendida para mais um ano mediante pagamento complementar. Como o custo é baixo, em 90% dos casos o cliente adquire. A empresa registra o valor da venda do televisor como receita de vendas e a garantia estendida como receita de serviços, no resultado. Pode-se afirmar que, nesse caso, não está sendo atendido o princípio:

(A) da continuidade.
(B) do custo como base do valor.
(C) da competência.
(D) da neutralidade.
(E) da entidade.

O valor recebido a título de garantia estendida deverá ser registrado no passivo, evidenciando a obrigação de garantir assistência técnica. Apenas com o término do período de garantia que a sobra do valor registrado no passivo será revertido para o resultado na forma de receita. Sendo assim, ao registrar o valor diretamente no resultado a empresa estará desobedecendo o princípio da competência, que determina que os efeitos das transações e outros eventos sejam reconhecidos nos períodos a que se referem, independentemente do recebimento ou pagamento.

Gabarito "C".

(Auditor Fiscal da Receita Federal – ESAF) Após uma série de respostas de advogados da empresa auditada, o auditor segregou os processos judiciais movidos contra a empresa em três categorias de chance de insucesso, a saber: provável, possível e remota. Quando os processos forem classificados como prováveis, cujo efeito não possa ser razoavelmente estimado, o auditor deve emitir um parecer:

(A) sem ressalva
(B) com parágrafo de ênfase
(C) com ressalva
(D) adverso
(E) com abstenção

Na situação descrita pela questão enquadra-se o uso do parágrafo de ênfase. Esse parágrafo deve ser utilizado quando ocorrer incerteza em relação a fato relevante, cujo desfecho poderá afetar significativamente a posição patrimonial e financeira da entidade e esta incerteza relevante não estiver adequadamente divulgada nas demonstrações contábeis.

Gabarito "B".

(Auditor do Tesouro Municipal/Natal-RN – ESAF) Quando o auditor independente for impedido de examinar um saldo de conta relevante do balanço patrimonial, o seu parecer deverá ser do tipo:

(A) com ressalva ou adverso
(B) com abstenção de opinião ou com ressalva
(C) com parágrafo de ênfase ou de impedimento
(D) adverso ou com ressalva de escopo
(E) com abstenção de opinião ou adverso

O impedimento de examinar o saldo de uma conta relevante representa uma limitação na extensão do trabalho do auditor. Nesse caso o auditor deve emitir opinião com ressalva ou à abstenção de opinião, dependendo da representatividade da conta.

Gabarito "B".

(Agente Fiscal de Rendas/SP – FCC) No curso de auditoria independente realizada na Cia. Estrela do Norte, o auditor constatou a existência de uma única participação societária permanente na Cia. Juazeiro do Sul, sendo que a investidora detinha 30% das ações, com direito a voto da investida, o que correspondia a 20% do seu capital total. O valor contábil do investimento era de R$ 120.000,00 e o patrimônio líquido da investidora R$ 1.300.000,00. O investimento era avaliado na Cia. Estrela do Norte pelo método do custo. O auditor concluiu que o procedimento adotado pela empresa auditada, de acordo com a legislação comercial e fiscal, era

(A) correto, porque a investida era apenas coligada da investidora.
(B) correto, porque o investimento não era relevante para a investidora.
(C) incorreto, porque todos os investimentos em coligadas são avaliados pelo método da equivalência patrimonial.
(D) incorreto, porque o investimento era relevante para a investidora.

(E) incorreto, porque a investida era controlada pela investidora.

Apesar de não ter alterado o conceito de coligada e controlada, a Lei 11.638/2007 alterou o entendimento sobre quando avaliar um investimento permanente pelo método de equivalência patrimonial. A seguir está o texto que vigora após a alteração:

"Art. 248. No Balanço Patrimonial da companhia, os investimentos em coligadas sobre cuja administração tenha influência significativa, ou de que participe com 20% (vinte por cento) ou mais do capital votante, em controladas e em outras sociedades que façam parte de um mesmo grupo ou estejam sob controle comum serão avaliados pelo método da equivalência patrimonial..."

Sendo assim, esquematizando o artigo 248 temos que existem 5 possibilidades de avaliar um investimento permanente pelo método de equivalência patrimonial:

– Coligadas com influência significativa (Ex.: direito de eleger diretores etc.);
– Coligadas com 20% ou mais do capital votante;
– Controladas;
– Sociedades que fazem parte de um mesmo grupo;
– Sociedades com controle em comum (acordo de acionistas).

O gabarito da questão apontou a letra "b" como correta devido ao fato da legislação à época da prova considerar o critério de relevância para adoção da equivalência patrimonial. No entanto, pela atual legislação a empresa adotaria obrigatoriamente a equivalência patrimonial pelo fato de o investimento se enquadrar como coligada com 20% ou mais do capital votante.

Gabarito "B".

10. Economia e Finanças

Antonio Carlos Cintra do Amaral Filho e André Roncaglia de Carvalho

(Auditor Fiscal Tributário da Receita Municipal/Cuiabá-MT – FGV) Ao longo da década de 2000, a indústria de calçados brasileira da região Sudeste perdeu espaço devido ao aumento da participação da China no mercado mundial. O fato da mão de obra chinesa ser mais produtiva e de sua indústria ter um custo de oportunidade menor na produção de calçados alçou a China à condição de líder do mercado mundial de calçados.

Esse exemplo mostra que a China, no mercado de calçados, passou a ter

(A) vantagem absoluta, por ter menor custo de oportunidade.
(B) vantagem absoluta, por ter maior produtividade do trabalho e menor custo de oportunidade.
(C) vantagem absoluta, por ter menor custo de oportunidade, e vantagem comparativa, por ter maior produtividade do trabalho.
(D) vantagem absoluta, por ter maior produtividade do trabalho, e vantagem comparativa, por ter menor custo de oportunidade.
(E) vantagem comparativa, por ter maior produtividade.

Vantagem absoluta refere-se à comparação de custos entre nações: no caso, a China tem uma produtividade do trabalho maior do que a região Sudeste do Brasil, onde a mão de obra é mais cara, tornando a produção do bem brasileiro mais custoso. A vantagem comparativa surge quando se compara a melhor alocação dentro do país, isto é, independentemente do que ocorre, em termos produtivos, em outras nações concorrentes. Neste último tocante, a ideia é avaliar se vale a pena gastar "recursos produtivos" na indústria de calçados, quando comparado ao que se poderia obter utilizando-se essa mão de obra, maquinário e insumos, por exemplo, na produção de outros bens como têxteis ou outro qualquer. Trata-se, portanto, de saber se o país está utilizando os recursos da maneira mais rentável possível. No exercício em questão, a China não só é mais produtiva que o Brasil, como tem o menor custo relativo internamente, ou seja, não obteria mais resultado se gastasse os recursos destinados à produção de calçados à melhor alternativa disponível.
Gabarito "D".

(Auditor Fiscal Tributário da Receita Municipal/Cuiabá-MT – FGV) No estudo *Elasticidade-Renda dos Produtos Alimentares nas Regiões Metropolitanas Brasileiras: uma aplicação da POF 1995/1996*, publicado na revista *Estudos Econômicos*, v. 37, de abril-junho de 2007, foram estimadas elasticidades-renda para alguns alimentos para os anos da pesquisa no Brasil.

Dentre eles, destacam-se:

* açúcar, em São Paulo: – 0,7756
* queijos, em Porto Alegre: 1,0380
* arroz, no Rio de Janeiro: 0,3642

Nesse caso, o açúcar, o queijo e o arroz, nas regiões mencionadas, são, respectivamente,

(A) bem inferior, bem necessário e bem supérfluo.
(B) bem inferior, bem normal e bem necessário.
(C) bem normal, bem inferior e bem supérfluo.
(D) bem normal, bem normal e bem necessário.
(E) bem necessário, bem de luxo e bem supérfluo.

Bens inferiores são aqueles que apresentam uma elasticidade-renda negativa, ou seja, quando a renda aumenta, as pessoas tendem a demandar menos daquele bem, o que é o caso do açúcar, segundo o estudo. O queijo, como esperado, é um bem normal, isto é, sua demanda aumenta quando sobe a renda dos consumidores, gerando uma elasticidade positiva da demanda com relação aos rendimentos do consumidor. Por fim, o arroz pode ser entendido como um bem normal também. No entanto, um bem necessário é um bem normal que tem baixa elasticidade-renda da demanda, isto é, quando o valor deste indicador se encontra entre 0 e 1, como é o caso nesta questão.
Gabarito "B".

(Auditor Fiscal Tributário Municipal – Prefeitura Cuiabá – 2016 – FGV) Assuma que uma pessoa consome os bens A e B.

Quando a pessoa tem uma queda de 10% de sua renda, o consumo do bem A diminui em 20% e, o do bem B, aumenta em 10%.

Considerando o conceito de elasticidade, os bens A e B são, respectivamente,

(A) inferior e superior.
(B) de luxo e normal.
(C) substituto e complementar.
(D) supérfluo e inferior.
(E) de Giffen e inferior.

Primeiramente, é importante calcular as elasticidades-renda da demanda ($E_{R_D}^A$ e $E_{R_D}^B$) pelos dois bens.

$$E_{R_D}^A = \frac{\Delta\% \ Demanda}{\Delta\% \ Renda} = \frac{-20\%}{-10\%} = +2$$

e

$$E_{R_D}^B = \frac{\Delta\% \ Demanda}{\Delta\% \ Renda} = \frac{+10\%}{-10\%} = -1$$

É possível definir um bem como supérfluo se a elasticidade-renda da demanda foi superior a 1, como é o caso do bem A. Neste caso, trata-se de um bem dispensável quando a restrição orçamentária do consumidor é comprimida, situação esta que leva o agente racional a priorizar os bens de maior necessidade. Em segundo lugar, note que o bem B tem sua demanda incrementada com a queda da renda, o que é evidência de que o consumidor está poupando recursos por meio da compra de produtos de qua-lidade inferior, privilegiando a manutenção da quantidade anterior do bem na cesta de consumo. Assim, a alternativa que mais se aproxima dos resultados obtidos é a opção D, pois o bem A é supérfluo e o bem B é claramente inferior, pelos cálculos obtidos. O item A está incorreto porque o bem A não pode ser inferior se sua elasticidade-renda da demanda é positiva. O item B está incorreto porque o bem B não pode ser normal se sua elasticidade-renda da demanda é negativa. O item C está incorreto por que tais definições dizem respeito à elasticidade-preço da demanda e não à elasticidade-renda da demanda. Por fim, O item E está incor-reto por que a definição de bem de Giffen está associada ao preço do bem e não à renda.

Gabarito "D".

(Auditor Fiscal Tributário Municipal – Prefeitura Cuiabá – 2016 – FGV) A curva de indiferença é um ferramental importante na análise de preferências e escolhas do consumidor.

Assinale a opção que indica uma das características das curvas de indiferença, caso o consumidor tenha preferências racionais.

(A) Duas curvas nunca se cruzam, o que viola o pressuposto de transitividade das preferências.
(B) A utilidade do consumidor aumenta quando as curvas se deslocam em direção à origem dos eixos cartesianos.
(C) As curvas de indiferença geram cestas indiferentes mesmo se uma das cestas contenha uma quanti-dade estritamente maior de todos os bens.
(D) As curvas não cruzam o conjunto orçamentário do consumidor.
(E) As curvas são convexas para funções utilidade convexas e côncavas, para funções utilidade côncavas.

O item A está CORRETO. Ao se cruzarem curvas de indiferença viola--se a propriedade da transitividade das preferências, fundamento do axioma da maximização da utilidade do consumidor. Se as curvas se cruzarem, isto indicaria que o consumidor ordena de forma não racional suas cestas de bens. Assim, seria possível que preferindo uma cesta X a uma cesta Y, e esta a uma cesta Z –, o consumidor escolhesse a cesta Z em detrimento da cesta X. O item B está errado pois a utilidade aumenta quanto maior for a quantidade de bens incluídos na cesta, algo que apenas ocorre se as curvas se distanciarem da origem dos eixos do diagrama. O item C está errado porque se houvesse uma quantidade de um bem estritamente maior do que outro, a curva de indiferença perderia sua convexidade, uma propriedade fundamental para a validade da teoria. Apesar de o gabarito apresentar apenas a letra A como a única alternativa correta, entendo que a letra D também está correta. Segundo a teoria, as curvas de indiferença de agentes racionais devem tangenciar a restrição orçamentária do indivíduo. A escolha de palavras do *item D* foi imprecisa, pois tangenciar não equivale a cruzar; caso a curva cruze esta restrição, a teoria garante que haverá uma curva de indiferença mais à direita que respeita o pressuposto da maximização condicionada da utilidade do agente. Por fim, a teoria não admite funções de utilidade côncavas, o que torna o item E errado. Portanto, há duas alternativas corretas, os itens A e D.

Gabarito "A".

(Auditor Fiscal Tributário da Receita Municipal/Cuiabá-MT – FGV) Em relação ao tópico de Curvas de Custo, assinale V para a afirmativa verdadeira e F para a afirmativa falsa.

( ) A soma dos custos marginais de unidades diferentes e sequenciais de produção (CMa(0) + CMa(1) + ... + CMa(q – 1)) fornece o custo variável (CV(q)), em que CMa(*x* – 1) = CV(*x*) – CV(*x* – 1) e CMa e CV representam, respectivamente, os custos marginal e variável, e *x* e *x* – 1, as unidades de produção.
( ) Para uma curva de custo médio de longo prazo, existe necessariamente uma curva de custo médio de curto prazo que atinge um custo médio mínimo no mesmo ponto.
( ) A área sob a curva de custo marginal fornece o custo total de uma empresa.

As afirmativas são, respectivamente,

(A) V, V e V.
(B) V, V e F.
(C) V, F e V.
(D) F, F e V.
(E) F, V e F.

(V) A soma dos custos marginais de unidades diferentes e sequenciais de produção (CMa(0) + CMa(1) + ... + CMa(q – 1)) fornece o custo variável (CV(q)), em que CMa(*x*– 1) = CV(*x*) – CV(*x*– 1) e CMa e CV
A área imediatamente baixo da curva de custo marginal representa o custo variável (CV) representa o custo variável da firma. Dado que para cada quantidade produzida 'x' se observa um valor relacionado para o custo variável. Logo, tem-se $CV(x) = \int_0^{x_0} (Cmg)dx$ *ou seja, o custo variável equivale a somatória dos custos marginais para cada nível de produção (o que é dado pela integral da função), ao se considerar uma função de custo contínua, ao se considerar uma função de custo contínua. Isso ocorre porque* $Cmg = \frac{dCT}{dx} = \frac{dCV}{dx} + \frac{dCF}{dx} = \frac{dCV}{dx}$ *, pois somente CV varia quando x varia.*

(V) Para uma curva de custo médio de longo prazo, existe necessariamente uma curva de custo médio de curto prazo que atinge um custo médio mínimo no mesmo ponto.
A curva de custo média de longo prazo de uma firma é formada por uma envoltória inferior das curvas de custo médio de curto prazo. Sendo assim, independentemente os retornos de escala, pelo menos o ponto de mínimo de uma curva de custo médio de curto prazo será igual ao ponto de mínimo da curva de custo média de longo prazo.

(F) A área sob a curva de custo marginal fornece o custo total de uma empresa.
Isso seria verdadeiro somente se a firma não apresentasse custo fixo, pois assim teríamos CV=CT. (vide resposta do primeiro item desta questão).

Gabarito "B".

(Auditor Fiscal Tributário Municipal – Prefeitura Cuiabá – 2016 – FGV) Em relação às estruturas de mercado de concorrência perfeita e de monopólio, assinale V para a afirmativa verdadeira e F para a falsa.

( ) Uma empresa monopolista sempre atua na parte elástica da curva de demanda.
( ) Em um mercado competitivo, as empresas podem influenciar o preço de mercado por meio da redução de sua produção.
( ) A margem de lucro de uma empresa monopolista pode ser igual à de empresas em concorrência perfeita, desde que a demanda seja perfeitamente elástica.

As afirmativas são, respectivamente,

(A) V, V e V.
(B) V, F e V.
(C) V, F e F.
(D) F, F e V.
(E) F, F e F.

Apesar de o gabarito oficial indicar a primeira afirmativa como correto, entendo que a mesma está incorreta, por que uma empresa monopolista tem a elasticidade-preço da demanda do consumidor como única restrição ao seu controle total sobre o preço de mercado, não sendo uma variável sob seu controle. A empresa monopolista busca atuar no ponto em que, dada esta elasticidade-preço, a receita marginal equivalha ao custo marginal. A segunda afirmativa está incorreta por que a principal característica de um mercado competitivo é a de que os produtores não detêm qualquer poder de influenciar o preço de mercado ou o volume produzido pela totalidade dos concorrentes. A terceira afirmativa não está logicamente equivocada, mas é vazia sentido econômico, pois se a elasticidade-preço da demanda for infinita, não haverá aqui qualquer motivação para uma empresa buscar extrair lucro da atividade, dada a possível presença de muitas possibilidades de substituição ao bem em questão, ou total ausência de preferencia dos agentes por este último, não havendo um mercado. Em virtude desta ambiguidade da terceira afirmativa, ambos os itens D e E estariam corretos, o que provavelmente levou à anulação da questão.

Gabarito: Anulada

(Auditor Fiscal Tributário da Receita Municipal/Cuiabá-MT – FGV) No início do ano de 1999, com a desvalorização do Real, ocorreu, por um breve período, um processo de corrida bancária no Brasil. Considerando a equação quantitativa da moeda, e que a economia esteja em pleno emprego, esse processo tende a

(A) elevar a velocidade de circulação da moeda, pressionando a inflação, reduzindo o saldo monetário médio retido pelos agentes e, portanto, diminuindo a demanda real por moeda.
(B) elevar a velocidade da renda monetária, reduzindo o coeficiente marshaliano, ampliando o saldo monetário médio retido pelos agentes e, consequentemente, ampliando a demanda real por moeda.
(C) reduzir a velocidade da moeda, reduzindo o coeficiente de Cambridge, gerando deflação e elevando a demanda real por moeda.
(D) reduzir a velocidade da moeda e o produto nominal, gerando pressão inflacionária e redução do desemprego.
(E) elevar a demanda real por moeda e o produto real, o que mantém constante a velocidade da renda da moeda.

Uma corrida bancária significa uma elevada demanda por moeda pelo motivo transação, única motivação para se reter moeda, segundo a Teoria Quantitativa da Moeda (TQM). Este caso, os agentes estão buscando fazer saques em suas contas correntes ou se livrar de ativos financeiros de menor liquidez, o que pressiona a taxa de juros para cima, sem que haja aumento na quantidade de moeda; afinal, a corrida bancária implica exatamente a insuficiência do papel moeda em poder do público. No entanto, como a moeda não serve a nenhum fim por si só, os agentes buscam trocá-la por bens que atendem à sua utilidade, o que leva, portanto, a um aumento no número de transações utilizando os encaixes monetários disponíveis. Ao elevar a velocidade de circulação, sem que o produto real seja elevado, o nível de preços é a única variável de ajuste que resta, segundo a equação de trocas que dá suporte à TQM. Formalmente, podemos escrever assim: MV=PY e supondo-se $\Delta M = \Delta Y = 0$, concluímos que $\Delta V = \Delta P$.

Gabarito: A.

(Auditor Fiscal Tributário da Receita Municipal/Cuiabá-MT – FGV) No caso da armadilha da liquidez, abordada pelo modelo IS-LM, assinale a opção que indica os efeitos das políticas monetária e fiscal expansionistas.

(A) A expansão da oferta monetária real será totalmente retida pelos agentes, sem alteração da taxa de juros. Mas a política fiscal expansionista terá o máximo de eficácia, semelhante ao que prediz a teoria keynesiana.
(B) A política monetária expansionista terá o máximo de eficácia, com elevação do produto real e manutenção da taxa de juros. Por sua vez, a elevação dos gastos públicos teria um efeito *crowding-out*, expulsando o investimento privado.
(C) A política monetária expansionista teria um efeito nulo sobre a taxa de juros e o produto da economia, enquanto que a política fiscal elevaria o produto, com a ampliação do investimento público e privado.
(D) A política monetária contracionista gera um aumento da taxa de juros e a contração do produto, enquanto que a política fiscal também contracionista estimula o aumento do investimento privado, elevando o produto.
(E) As duas políticas são totalmente inócuas, sem efeito sobre o produto e a ampliação da taxa de juros, no caso da política fiscal expansionista e da monetária contracionista.

A armadilha da liquidez representa uma situação extrema em que a relação entre renda (Y) e a taxa de juros (r) deixou de existir. Isso significa que a taxa de juros atingiu um nível tão baixo que qualquer tentativa, da parte do governo, de reduzi-la mais encontra uma demanda por moeda estanque, dada a preferência pela liquidez que acomete os agentes durante períodos de recessão prolongada. Neste caso o segmento da LM próximo à origem dos pontos, torna-se horizontal, de maneira que tentativas de ampliar a liquidez, deslocando-se a curva para a direita não logram alterar a renda de equilíbrio. Por outro lado, a política fiscal torna-se plenamente eficaz, haja vista que um deslocamento da curva IS para a direita não causa qualquer alteração na taxa de juros, canalizando plenamente o efeito do aumento de gastos do governo para o aumento da renda.

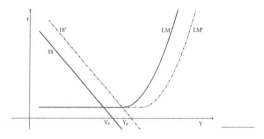

Gabarito: A.

(Auditor Fiscal Tributário Municipal – Prefeitura Cuiabá – 2016 – FGV) Considere a representação de um caso do modelo IS-LM a seguir.

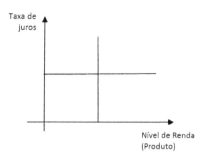

Na análise do gráfico, percebe-se que as retas não foram identificadas. Assim, é correto concluir que o caso destacado é

(A) o de armadilha da liquidez, se a reta vertical for a curva LM.
(B) o clássico, se a reta horizontal for a curva IS.
(C) impossível de ocorrer, pois a curva IS e LM não podem ser perfeitamente elásticas ou inelásticas.
(D) um caso intermediário entre a armadilha da liquidez e o caso clássico.

(E) o de armadilha da liquidez e o clássico, simultaneamente, se a reta horizontal for a curva LM e a vertical for a IS.

Gabarito: O item A está incorreto por que a armadilha da liquidez exige que a curva LM seja horizontal, de forma que apenas a política fiscal seja eficaz em elevar a renda da economia, como previa a teoria keynesiana. O item C está incorreto por que, apesar de improvável, é possível teoricamente que tal configuração ocorra, contanto que o Banco Central detenha total poder de controlar a base monetária. Todavia, nesta situação, o ajuste se daria no nível de preços, variável esta que é tomada como exógena no modelo IS-LM. O item D fica automaticamente errado se entendermos que o gráfico evidencia dois casos extremos, não podendo figurar casos intermediários. O item E é teoricamente errado pois os casos clássico e da armadilha da liquidez são mutuamente excludentes, de acordo com suas definições, a saber: o caso clássico defende a eficácia exclusiva da política monetária enquanto o a armadilha da liquidez defende a eficácia apenas da política fiscal. Portanto, a única alternativa correta é a opção B, em que a curva IS é definida pelo aparato tecnológico da economia e pela disponibilidade de fatores, cabendo à política monetária definir a quantidade de moeda que gerará a demanda agregada da economia. Com efeito, a oferta de bens e serviços se equilibra com a demanda por meio da quantidade de moeda. Gabarito "B".

(Auditor Fiscal Tributário da Receita Municipal/Cuiabá-MT – FGV) No âmbito da administração financeira empresarial, existem funções típicas do administrador financeiro. Uma dessas funções é a de tratar dos processos de tomada de decisão que definem a melhor estrutura dos ativos de uma organização, considerando a relação entre risco e retorno.

A função descrita refere à

(A) tomada de decisões de investimento.
(B) tomada de decisões de financiamento.
(C) tomada de decisões de análise.
(D) análise, ao planejamento e ao controle financeiro.
(E) tomada de decisões de controle financeiro.

As finanças de uma empresa podem ser compreendidas a partir da análise de seu balanço contábil. No lado do passivo encontram-se as obrigações da empresa, ou a estrutura de financiamento de suas atividades; é também chamado de estrutura de capital. No lado dos ativos, temos a aplicação que é feita com estes recursos dentre várias finalidades. Também se pode chamar esta decisão de alocação de recursos pelo nome de investimento, o qual deve refletir a percepção quanto ao retorno de cada ativo ou finalidade. Logo, trata-se de uma decisão de investimento sempre que falamos da estrutura de ativos de uma empresa. Gabarito "A".

(Auditor Fiscal Tributário Municipal – Prefeitura Cuiabá – 2016 – FGV) Cabe a um administrador a avaliação de dois balanços patrimoniais de duas empresas distintas. É uma decisão importante, pois recursos públicos serão destinados ao financiamento das atividades das empresas. Sabe-se que a empresa com melhores indicadores de liquidez receberá o financiamento.

Analise os balanços a seguir.

EMPRESA A

Ativo	(R$)	Passivo	(R$)
CIRCULANTE	6.000	CIRCULANTE	4.000
Disponível	1.000	Contas a Pagar	1.800
Valores a Receber	2.500	Empréstimos	1.700
Estoques	2.500	Provisão de IR	500
REALIZÁVEL A LONGO PRAZO	2.000	EXIGÍVEL A LONGO PRAZO	4.000
ATIVO PERMANENTE	6.000	PATRIMÔNIO LÍQUIDO	6.000
Total	**14.000**	**Total**	**14.000**

EMPRESA B

Ativo	(R$)	Passivo	(R$)
CIRCULANTE	10.000	CIRCULANTE	11.000
Disponível	3.000	Contas a Pagar	5.000
Valores a Receber	2.000	Empréstimos	4.000
Estoques	5.000	Provisão de IR	2.000
REALIZÁVEL A LONGO PRAZO	4.000	EXIGÍVEL A LONGO PRAZO	3.000
ATIVO PERMANENTE	16.000	PATRIMÔNIO LÍQUIDO	16.000
Total	**30.000**	**Total**	**30.000**

Com base nos balanços apresentados, assinale a opção que indica o parecer correto sobre os indicadores de liquidez das empresas. Considere CCL = Capital Circulante Líquido, LC = Liquidez Corrente e LG = Liquidez Geral.

(A) CCLA = CCLB , LCA = LCB e LGA = LGB , portanto deve-se escolher a empresa B.
(B) CCLA > CCLB , LCA = LCB e LGA > LGB , portanto deve-se escolher a empresa A.
(C) CCLA > CCLB , LCA > LCB e LGA = LGB , portanto deve-se escolher a empresa B.
(D) CCLA = CCLB , LCA > LCB e LGA > LGB , portanto deve-se escolher a empresa A.
(E) CCLA > CCLB , LCA > LCB e LGA = LGB , portanto deve-se escolher a empresa A

O Capital Circulante Líquido (CCL) é dado pela subtração do passivo circulante (PC, metade superior do lado direito dos balanços) do ativo circulante (AC, metade superior do lado esquerdo dos balanços) e mede a capacidade de a empresa honrar seus compromissos de curto prazo associados ao ciclo operacional de sua atividade. Já a Liquidez Corrente (LC) denota uma razão entre o Ativo Circulante e o Passivo Circulante, ou seja, revela a proporção entre os direitos a curto prazo da empresa (Caixas, bancos, estoques, clientes) e as dívidas a curto prazo (Empréstimos, financiamentos, impostos, fornecedores). Por fim, a Liquidez Geral (LG) é dada pela razão entre ativo total (AT, de curto e longo prazos) e passivo total (PT). Este índice leva em consideração a situação a longo prazo da empresa, incluindo no cálculo os direitos e obrigações a longo prazo. Portanto, lançando nestas relações os dados dos balanços acima, obtemos:

Empresa A: CCL = AC − PC = 6.000 − 4.000 = 2.000
LC = AC / PC = 6.000/4.000 = 1,5
LG = AT / PT = 8.000 / 8.000 = 1,0

Empresa B: CCL = AC − PC = 10.000 − 11.000 = -1.000
LC = AC / PC = 10.000/11.000 = 0,91
LG = AT / PT = 14.000 / 14.000 = 1,0

Com base nestas relações, estabelecemos que CCLA > CCLB, excluindo-se prontamente os itens A e D. Como a LC de A é maior que a de B e a LG das duas são iguais entre si (excluindo o item B), a decisão deve se dar, a partir dos indicadores analisados, em favor da empresa A, o que nos leva a escolher o item E, já que o item C sugere a escolha da empresa com indicadores de liquidez inferiores.

Gabarito "E".

(Auditor Fiscal Tributário da Receita Municipal/Cuiabá-MT – FGV) Nas organizações brasileiras, os gestores tendem a utilizar a política de dividendos como um mecanismo de redução dos conflitos de agência. A política de dividendos está intimamente ligada às decisões de financiamento de uma empresa, uma vez que esta retira recursos que seriam aplicados para financiar suas atividades.

Na política de dividendos, considera-se a determinação

(A) do desempenho e da evolução da situação econômico- financeira de uma organização.
(B) da fonte de capital próprio, que tanto pode ser utilizada no financiamento das necessidades operacionais como de investimentos.
(C) da porcentagem dos recursos permanentes da empresa, porcentagem esta que se encontra financiada por capital de terceiros.
(D) da porcentagem dos recursos permanentes que se encontra imobilizada em ativos permanentes.
(E) da porcentagem dos lucros líquidos que devem ser distribuídos aos acionistas, como forma de remuneração por seu investimento na empresa.

Trata-se da própria definição de dividendos, ou seja, a parcela dos resultados líquidos da operação real e financeira da empresa, de acordo com os planos de reinvestimentos dos recursos reunidos ao final do exercício fiscal.

Gabarito "E".

(Auditor Fiscal Tributário Municipal – Prefeitura Cuiabá – 2016 – FGV) A sociedade empresária ABC está solicitando capital de terceiros para fazer um investimento importante para seu negócio.

Como auditor, você deve analisar se a sociedade empresária está de acordo com as normas para ser selecionada por um programa de direcionamento de recursos. Para ser selecionada, ela deve ter um custo de capital atual de, no máximo, 5%; a taxa de remuneração das debêntures é de 3%, os juros do empréstimo são de 5% e o financiamento, de 2%; as ações ordinárias exigem 6% e, as preferenciais, 7%. Assuma que não há incidência de impostos.

Considere que a sociedade empresária tem o seguinte balanço patrimonial:

Sociedade Empresária ABC			
Ativo	(R$)	Passivo	(R$)
		Debêntures	20.000,00
		Empréstimos	30.000,00
		Financiamento	10.000,00
		Patrimônio Líquido	
		Ações Ordinárias	30.000,00
		Ações Preferenciais	10.000,00
TOTAL	100.000	TOTAL	100.000,00

Considerando essas informações, determine o Custo Médio Ponderado de Capital.

(A) CMPC = 4,8%, portanto a empresa está de acordo com as normas.
(B) CMPC = 4,6%, portanto a empresa está de acordo com as normas.
(C) CMPC = 5,1%, portanto a empresa está em desacordo com as normas.
(D) CMPC = 2,3%, portanto a empresa está de acordo com as normas.
(E) CMPC = 2,5%, portanto a empresa está de acordo com as normas.

O CMPC é dado pela média ponderada das taxas de remuneração de cada fonte de financiamento da empresa, denominadas a seguir por . As proporções de cada fonte se dão sobre o valor total do passivo (Dívidas + Capital Próprio) e podem ser encontradas de acordo com a fórmula abaixo:

$$CMPC = \frac{Debêntures}{TOTAL} \times R_{deb} + \frac{Empréstimos}{TOTAL} \times R_{emp} + \cdots$$

Assim, aplicando a fórmula aos valores da tabela, encontramos:

$$CMPC = (20\% \times R_{deb}) + (30\% \times R_{emp}) + (10\% \times R_{fin}) + (30\% \times R_{a_{ord}}) + (10\% \times R_{a\_pref})$$

$$CMPC = (20\% \times 3\%) + (30\% \times 5\%) + (10\% \times 2\%) + (30\% \times 6\%) + (10\% \times 7\%)$$

$$CMPC = 4,8\%$$

Portanto, o CMPC da empresa é de 4,8% e ela está, de fato, dentro das normas, isto é, com custo de capital abaixo de 5%. Portanto, o item correto é o item A.

Gabarito "A".

(Auditor Fiscal Tributário da Receita Municipal/Cuiabá-MT – FGV) A literatura técnica especializada em Comportamento Organizacional apresenta a grade gerencial de Blake e Mouton, segundo a qual existem quatro estilos de liderança, cada qual com características únicas.

Dentre os estilos de liderança descritos, o líder cujas principais características visam a equilibrar pessoas e produção, sem se preocupar em maximizar esses aspectos, corresponde ao

(A) líder-equipe.
(B) líder-pessoas.
(C) líder negligente.
(D) líder meio-termo.
(E) líder-tarefa.

Trata-se da definição das lideranças apresentadas por Blake e Mouton que afirma que o líder meio-termo é aquele que mantém uma eficiência da produção razoável e um moral satisfatório.

Gabarito "D".

(Auditor Fiscal Tributário da Receita Municipal/Cuiabá-MT – FGV) Nos estudos sobre estratégia, Mtzenberg formulou cinco conceitos conhecidos como 5 Ps. Cada um aborda a estratégia de uma forma e com uma determinada intenção. O que considera estratégia como uma forma de iludir o concorrente quanto ao curso da ação a ser tomado é denominado

(A) Estratégia como Padrão.
(B) Estratégia como Pretexto.
(C) Estratégia como Plano.
(D) Estratégia como Posição.
(E) Estratégia como Perspectiva.

Trata-se de uma manobra intencional para enganar um concorrente. A organização induz seus competidores a terem uma percepção errônea de seus movimentos competitivos. Assim, a empresa busca se aproveitar das percepções errôneas de seus concorrentes.

Gabarito "B".

(Auditor Fiscal Tributário da Receita Municipal/Cuiabá-MT – FGV) O conceito de poder no ambiente organizacional é um dos mais amplamente discutidos e apresenta diversas tipificações. Uma das tipificações é a decorrente da posição hierárquica detida, ou seja, da posse de autoridade formal.

A respeito do tipo de poder descrito, é correto afirmar que está relacionado ao conceito de poder

(A) coercitivo.
(B) legítimo.
(C) de recompensa.
(D) carismático.
(E) de competência.

O conceito de poder legítimo representa o poder que uma pessoa recebe como resultado da sua posição na hierarquia organizacional. É uma posição de autoridade que oferece poderes de coerção e de recompensa. Porém, o poder legítimo é mais amplo do que o poder para coagir ou recompensar. Inclui a aceitação, por membros de uma organização, da autoridade de uma posição. A pessoa tem o direito, considerando a sua posição e as responsabilidades do seu cargo, de esperar que você concorde com pedidos legítimos.

Gabarito "B".

(Auditor do Tesouro Municipal/Recife-PE – FGV) Com relação ao modelo orçamentário brasileiro, assinale a afirmativa correta.

(A) Está definido na Constituição Federal, sendo composto por quatro instrumentos: o Plano Plurianual, a Lei de Diretrizes Orçamentárias, a Lei Orçamentária Anual e a Lei de Responsabilidade Fiscal.
(B) Tem natureza impositiva, sendo fruto da iniciativa do Poder Executivo, que envia os projetos de lei para apreciação e votação do Poder Legislativo.
(C) Estabelece, de forma nacional, os objetivos, as diretrizes e as metas da administração pública federal para as despesas de capital e as relativas aos programas de duração continuada.
(D) Confere ao Poder Legislativo a competência de, através de comissão mista formada por senadores e deputados, apreciar os projetos das leis orçamentárias e suas alterações.
(E) É formado por leis ordinárias, cada qual com um escopo legislativo definido e específico, o que permite autonomia na execução de seus objetivos e metas.

A resposta está baseada no art. 166 da Constituição Federal que inaugura as disposições referentes ao processo legislativo das leis orçamentárias, nos termos a seguir:
"Art. 166. Os projetos de lei relativos ao plano plurianual, às diretrizes orçamentárias, ao orçamento anual e aos créditos adicionais serão apreciados pelas duas Casas do Congresso Nacional, na forma do regimento comum.
§ 1º Caberá a uma Comissão mista permanente de Senadores e Deputados:
I – examinar e emitir parecer sobre os projetos referidos neste artigo e sobre as contas apresentadas anualmente pelo Presidente da República;
II – examinar e emitir parecer sobre os planos e programas nacionais, regionais e setoriais previstos nesta Constituição e exercer o acompanhamento e a fiscalização orçamentária, sem prejuízo da atuação das demais comissões do Congresso Nacional e de suas Casas, criadas de acordo com o art. 58".

Gabarito "D".

(Auditor do Tesouro Municipal/Recife-PE – FGV) Determinado Chefe do Poder Executivo, preocupado em obedecer ao princípio orçamentário da unidade, solicita esclarecimentos de como deve apresentar suas receitas e despesas.

Sobre tal dúvida, assinale a opção correta.

(A) A obediência ao princípio da unidade requer a apresentação do orçamento em um só documento.
(B) O orçamento deve contemplar os valores líquidos das despesas e receitas do Estado.
(C) Os orçamentos fiscal, de investimento e de seguridade social devem ser harmônicos entre si.
(D) O princípio em comento obriga que, na peça orçamentária, só se possa tratar de receitas e despesas públicas.
(E) O orçamento em questão deve prever o remanejamento de recursos, para fazer face à carência de verbas em determinada dotação.

O sistema de planejamento integrado, advento da Constituição Federal de 1988, ou seja os Instrumentos de Planejamento (o Plano Plurianual – PPA, Lei das Diretrizes Orçamentárias – LDO e a Lei Orçamentária Anual – LOA), veio reforçar a expressão que associa planejamento e orçamento público, passando este a ser elaborado através de três leis distintas e harmônicas entre si, e não mais por uma só lei conforme estabelece a Lei n. 4.320/64.

Gabarito "C".

(Auditor do Tesouro Municipal/Recife-PE – FGV) A respeito do controle e da fiscalização da execução orçamentária, analise as afirmativas a seguir.

I. Envolve a verificação posterior das contas da administração pública.
II. Envolve o exame concomitante das contas da administração pública.
III. Envolve o controle prévio da prática do ato de execução orçamentária.
IV. Envolve a análise da oportunidade e conveniência das despesas públicas.
V. Envolve a avaliação da execução dos programas de governo. Assinale:

(A) se somente as afirmativas I e II estiverem corretas.
(B) se somente as afirmativas I e III estiverem corretas.
(C) se somente as afirmativas II e IV estiverem corretas.
(D) se somente as afirmativas IV e V estiverem corretas.
(E) se somente as afirmativas II e V estiverem corretas.

A lei de Orçamento afirma que o controle e fiscalização da execução orçamentária envolve a verificação posterior e exame concomitante das contas da administração pública.
Gabarito "A".

(Auditor Fiscal Tributário Municipal – Prefeitura Cuiabá – 2016 – FGV) A Lei de Responsabilidade Fiscal (Lei Complementar nº 101, de 04/05/2000) estabelece parâmetros relativos ao gasto público dos entes da federação.

Sobre as disposições da Lei de Responsabilidade Fiscal, assinale a afirmativa incorreta.

(A) O ente da Federação deve instituir, prever e efetivamente arrecadar todos os impostos de sua competência constitucional.
(B) A disponibilidade das informações pormenorizadas sobre a execução orçamentária e financeira, em meios eletrônicos de acesso público está prevista como instrumento de transparência da gestão fiscal.
(C) No âmbito da União, a despesa total com pessoal, em cada período de apuração, não poderá exceder 50% (cinquenta por cento) da receita corrente líquida.
(D) O ato de que resulte aumento da despesa com pessoal expedido nos cento e oitenta dias anteriores ao final do mandato do titular do Poder Executivo somente será válido se aprovado pelo Poder Legislativo.
(E) O Poder Legislativo, diretamente ou com o auxílio do Tribunal de Contas, é um dos órgãos competentes para fiscalizar o cumprimento das normas da Lei de Responsabilidade Fiscal.

O item D está incorreto. O artigo 21 da LRF estabelece que é "nulo de pleno direito o ato de que resulte aumento da despesa com pessoal expedido nos cento e oitenta dias anteriores ao final do mandato do titular do respectivo Poder ou órgão referido no art. 20". Somente será autorizado tal aumento quando "houver prévia dotação orçamentária suficiente para atender às projeções de despesa de pessoal e aos acréscimos dela decorrentes (Incluído pela Emenda Constitucional nº 19, de 1998); e, "se houver autorização específica na lei de diretrizes orçamentárias, ressalvadas as empresas públicas e as sociedades de economia mista. (Incluído pela Emenda Constitucional nº 19, de 1998)."
Gabarito "D".

(Auditor do Tesouro Municipal/Recife-PE – FGV) O Presidente de Câmara Municipal quer saber se os rendimentos das aplicações financeiras eventualmente feitas pela Câmara ao longo do exercício financeiro, ao findar deste, podem ser apropriados pela própria Câmara Municipal.

A resposta a tal consulta é

(A) afirmativa, já que tais recursos representam receita extraordinária própria.
(B) afirmativa, devendo haver o depósito desses valores em caixa especial.
(C) negativa, mas a apropriação será admitida se for evidenciada no balanço financeiro.
(D) negativa, por se tratar de receita extrapatrimonial e reverterá ao Município.
(E) negativa, pois por não ter capacidade arrecadatória, tais valores pertencem ao Município.

A Câmara Municipal por não ter capacidade arrecadatória não poderá apropriar dos rendimentos das aplicações financeiras feitas ao longo do exercício financeiro.
Gabarito "E".

(Auditor do Tesouro Municipal/Recife-PE – FGV) O Prefeito de determinado Município quer saber como deve ser enquadrada a contratação de pessoal realizada mediante credenciamento, ou seja, foi estabelecido o preço do serviço, e a Prefeitura pretende contratar os interessados que preencham os requisitos estabelecidos no instrumento convocatório, não sendo viável, na hipótese, competição, e tendo sido obedecidos os requisitos constitucionais e legais.

Nesta hipótese, tal contratação deve compor

(A) a rubrica "outras despesas de pessoal", em havendo substituição de servidores ou empregados públicos.
(B) a rubrica "outras despesas de pessoal", mesmo que as atividades desempenhadas pelos contratados sejam acessórias às que competem ao órgão ou entidade contratante.
(C) a rubrica "outras despesas correntes", quando o serviço público a ser prestado possibilitar uma pluralidade de contratos simultâneos.
(D) a rubrica "outras despesas de pessoal", se o cargo ocupado não estiver incluído no Plano de Cargos e Salários do Município.
(E) a rubrica "outras despesas correntes", caso a contratação caracterize relação direta de emprego.

Segue do § 1º do ART. 18 da LC 101/2000 que tendo sido obedecidos os requisitos constitucionais e legais, a Prefeitura pode contratar os interessados que preencham os requisitos estabelecidos no instrumento convocatório sendo que tal contratação deve compor a rubrica "outras despesas de pessoal", em havendo substituição de servidores ou empregados públicos.
Gabarito "A".

(Auditor do Tesouro Municipal/Recife-PE – FGV) Com relação às receitas públicas, assinale a afirmativa correta.

(A) São ordinárias as receitas públicas que representam maior intensidade de ingresso de recursos.
(B) São ordinárias as receitas públicas que representam a exploração, pelo Estado, de patrimônio próprio.
(C) São extraordinárias as receitas que representam menor impacto de ingresso de recursos.
(D) Tem natureza derivada a receita proveniente das heranças vacantes, que beneficiem o Estado.
(E) São receitas derivadas as provenientes do patrimônio dos particulares, impostas coercitivamente.

A classificação das receitas públicas segundo a fonte de origem dos recursos afirma que as receitas públicas derivadas são as provenientes de patrimônio de particulares, impostas coercitivamente aos cidadãos, em decorrência do poder soberano do Estado, Compreendem os tributos e as multas, fiscais ou não.

Gabarito "E".

(Auditor do Tesouro Municipal/Recife-PE – FGV) Diretor Geral de Empresa Pública indaga se os créditos provindos de "*Dívida Ativa*", que compõem o balanço patrimonial, poderão ser considerados como Ativo disponível, para fins de amortização da dívida fundada interna e da dívida flutuante que compõem o passivo obrigações em circulação e o passivo exigível a longo prazo, para cumprir o Art. 42 da Lei Complementar nº 101/2000.

Nesse caso, a consulta teria resposta

(A) positiva, desde que o crédito esteja revestido dos atributos de certeza e liquidez.
(B) negativa, dado que a mera inscrição na dívida ativa não significa que os valores tenham sido arrecadados.
(C) positiva, já que os créditos inscritos regularmente no cadastro da Dívida Ativa representam direito creditício da Administração.
(D) positiva, desde que os valores sejam exigíveis e não haja mais possibilidade de impugnação pelo devedor.
(E) negativa, inclusive para hipótese de depósito para discussão sobre o crédito inscrito.

Embora a Dívida Ativa componha o balanço patrimonial, a sua mera inscrição não significa que os valores tenham sido arrecadados, logo os créditos provindos não poderão ser considerados ativo disponível.

Gabarito "B".

(Auditor do Tesouro Municipal/Recife-PE – FGV) Com relação ao *Crédito Público*, analise as afirmativas a seguir.

I. A competência para legislar sobre a matéria é reservada pela Constituição Federal à União.
II. Não editada lei federal, os Estados exercerão competência legislativa plena para atender às suas peculiaridades.
III. É de competência do Congresso Nacional, com sanção da Presidência da República, dispor sobre moeda.
IV. É de competência das Assembleias Legislativas Estaduais a autorização de operações externas de natureza financeira relativas aos Estados Membros.

Assinale:

(A) se somente as afirmativas I e IV estiverem corretas.
(B) se somente as afirmativas II e III estiverem corretas.
(C) se somente as afirmativas II e IV estiverem corretas.
(D) se somente as afirmativas I e III estiverem corretas.
(E) se somente as afirmativas III e IV estiverem corretas.

Dentro do entendimento legal do direito financeiro não editada lei federal, os Estados exercerão competência legislativa plena para atender às suas peculiaridades em relação ao crédito público. Adicionalmente, é de competência do Congresso Nacional, com sanção da Presidência da República, dispor sobre moeda.

Gabarito "B".

(Auditor do Tesouro Municipal/Recife-PE – FGV) Com relação à certidão da dívida ativa, assinale a afirmativa correta.

(A) Possível o protesto das certidões de dívida ativa da União, dos Estados, do Distrito Federal, dos Municípios e das respectivas autarquias e fundações públicas.
(B) Incabível o protesto das certidões de dívida ativa, sendo a certidão da dívida ativa um título cambiariforme.
(C) Não existe óbice ao protesto das certidões de dívida ativa, desde que proposta ação de execução fiscal.
(D) O protesto das certidões de dívida ativa não encontra respaldo na Lei de Execuções Fiscais, sendo, portanto, vedado.
(E) O protesto das certidões de dívida ativa representa ofensa aos princípios constitucionais do contraditório e do devido processo legal.

A Lei n. 9.492, de 10 de setembro de 1997 que regulamenta os serviços concernentes ao protesto de títulos e documentos de dívida ativa inclusive a Certidão de Dívida Ativa versa sobre o possível o protesto das certidões de dívida ativa da União, dos Estados, do Distrito Federal, dos Municípios e das respectivas autarquias e fundações públicas.

Gabarito "A".

(Auditor do Tesouro Municipal/Recife-PE – FGV) O prefeito do município Alpha quer saber se pode constituir empréstimo com o Fundo de Assistência e Aposentadoria dos Servidores Públicos Municipais, concedendo-se ao Fundo em questão garantia de câmbio quanto à desvalorização da moeda.

Nesse caso, a resposta a essa consulta seria

(A) positiva, já que a garantia de câmbio permite a cobertura integral dos riscos da desvalorização da moeda.
(B) positiva, desde que o pagamento de tal empréstimo ocorra com os mesmos acréscimos que os valores receberiam se depositados em aplicações do Fundo.
(C) negativa, já que o patrimônio desses fundos só pode ser utilizado para cobrir as aposentadorias dos funcionários públicos.
(D) negativa, exceto se lei específica o autorizar, determinando todas as condições do pagamento do empréstimo pelo município.
(E) negativa, pois os valores do Fundo constituem patrimônio destinado aos servidores a ele filiados, com vinculação específica conforme a Constituição Federal.

O artigo 40 da Constituição Federal afirma que os valores do Fundo constituem patrimônio destinado aos servidores a ele filiados, com vinculação específica.

Gabarito "E".

(Auditor Fiscal/ES – CESPE) Uma fábrica de calculadoras produz e vende 6.000 calculadoras, com preço de venda de R$ 20,00 por unidade. Os custos variáveis unitários são de R$ 3,00, e as despesas variáveis correspondem a 5% do valor de venda. Os custos fixos totais são de R$ 20.000,00, dos quais R$ 2.000,00 referem-se à depreciação das máquinas utilizadas no processo produtivo. O patrimônio líquido da empresa é de R$ 60.000,00, e a taxa mínima de atratividade é de 20%.

Com base nessa situação hipotética, é correto afirmar que

(A) o ponto de equilíbrio financeiro é de R$ 1.294,11.
(B) a margem de segurança é de R$ 95.000,00.
(C) o ponto de equilíbrio contábil é de R$ 23.529,41.

(D) a margem de contribuição unitária é de R$ 17,00.
(E) o ponto de equilíbrio econômico é de 1.882 unidades.

A receita da empresa foi R$20,00 X 6000 = R$ 120.000,00. O ponto de equilíbrio da empresa foi: PEq = R$20.000,00/(R$ 20,00-R$4,00) = 1250 unidades. A receita mínima será R$ 20,00 X 1250 = R$ 25.000,00. A margem de segurança é dada pelo valor da receita que a empresa excede o valor mínimo de vendas. Nesse caso, a margem de segurança será R$ 120.000,00 - R$ 25.000,00 = R$ 95.000,00.

Gabarito "B".

(Auditor Fiscal/ES – CESPE) Considere que uma indústria tenha apresentado os seguintes saldos de contas em 31/12/xxx1:

aquisição de matéria-prima	R$ 100.000,00
aluguel do galpão da fábrica	R$ 30.000,00
mão de obra direta	R$ 50.000,00
matéria-prima consumida	R$ 90.000,00
custos gerais fabris	R$ 40.000,00
despesas administrativas	R$ 70.000,00
despesas com comissões	R$ 20.000,00

Considere, ainda, que, no mês de janeiro/xxx1, tenham sido fabricadas 1.000 unidades e vendidas 750 unidades por R$ 500,00 cada uma e que não tenha havido saldo de estoques iniciais e finais de produtos em elaboração. Tendo como referência essa situação hipotética, assinale a opção em que se indicam, respectivamente, o saldo de estoques de produtos acabados e o custo dos produtos vendidos.

(A) R$ 62.500,00; R$ 147.500,00
(B) R$ 75.000,00; R$ 225.000,00
(C) R$ 100.000,00; R$ 300.000,00
(D) R$ 48.500,00; R$ 161.500,00
(E) R$ 52.500,00; R$ 157.500,00

O saldo dos estoques é dado por custo envolvido na produção direta: R$ 30.000,00+ R$ 50.000,00+ R$ 90.000,00+ R$ 40.000,00= R$ 210.000,00. Custo unitário = R$ 210.000,00/1000 = R$ 210,00. Como havia 250 peças no estoque, então o custo envolvido será 250 X R$ 210,00 = R$ 52.500,00. O Custo dos produtos vendidos será dado pelas 750 peças vendidas, então o custo envolvido será 750 X R$ 210,00 = R$ 157.500,00.

Gabarito "E".

(Auditor Fiscal/ES – CESPE) Suponha que uma indústria produza três produtos — calças, camisas e camisetas — e que apresente custos totais conjuntos de R$ 80.000,00. Suponha, ainda, que os custos conjuntos sejam distribuídos aos produtos, tendo-se como base de rateio o volume de vendas no mercado conforme a tabela a seguir.

	preço de venda	quantidade produzida/vendida	receita total de vendas
calças	R$ 120,00	500	R$ 60.000,00
camisas	R$ 80,00	600	R$ 48.000,00
camisetas	R$ 40,00	800	R$ 32.000,00

De acordo com a situação hipotética e a tabela apresentadas, assinale a opção em que são indicados, respectivamente, os custos conjuntos unitários dos três produtos.

(A) R$ 68,57; R$ 45,71 e R$ 22,86
(B) R$ 45,32; R$ 32,75 e R$ 32,80
(C) R$ 52,47; R$ 32,75 e R$ 22,86
(D) R$ 68,57; R$ 45,71 e R$ 32,80
(E) R$ 52,47, R$ 45,71 e R$ 22,86

Inicialmente divide-se o custo total pelo volume de vendas para achar as proporções. Como base nisso temos: R$ 60.000,00/R$140.000,00 = 0,43; R$ 48.000,00/R$140.000,00 = 0,34 e R$ 32.000,00/R$140.000,00 = 0,23. Depois multiplica-se pelo custo total e divide-se pelas quantidades de cada um dos produtos. O resultado final será: R$ 34.285,00/500 = R$ 68,57; R$ 27.428,00/600 = R$ 45,71; e R$ 18.285,00/500 = R$ 22,86.

Gabarito "A".

(Auditor Fiscal Tributário Municipal – Prefeitura Cuiabá – 2016 – FGV)
Leia o fragmento a seguir:

"O Brasil possui uma das _____ taxas de juros do planeta. Isso se reflete em diversas atividades do país. Um exemplo disso é a captação de capital para investimentos em projetos. Como há o risco de não se reembolsar o empréstimo no vencimento, os poupadores _____ sua taxa de juros exigida. Por outro lado, ao passo que as oportunidades de investimento se tornam mais atrativas, isto é, prometendo melhores retornos, mais dispostas as empresas estarão a pagar pelos empréstimos. Assim o mercado se _____, atendendo às demandas dos poupadores e investidores."

Assinale a opção que completa corretamente as lacunas do fragmento acima.

(A) maiores – elevam – omite.
(B) maiores – elevam – equilibra.
(C) maiores – reduzem – desonera.
(D) menores – elevam – retrai.
(E) menores – reduzem – renova.

A questão analisa o mercado de crédito como a relação entre poupadores e investidores. De fato, o Brasil apresenta uma das maiores taxas de juros do planeta. Na medida em que o risco de não pagamento por parte do responsável pelos empreendimentos se eleva, também em virtude da elevada taxa de juros de financiamento, o crédito é concedido a uma taxa maior, de sorte a compensar este risco a que está sujeito o credor. Com efeito, o crédito fica escasso, aguardando oportunidades de investimento que ofereçam retornos mais elevados que o custo do financiamento, o que viabilizaria a concessão do crédito.

Por isso, completando o texto com as palavras da alternativa B, lemos: "O Brasil possui uma das **maiores** taxas de juros do planeta. Isso se reflete em diversas atividades do país. Um exemplo disso é a captação de capital para investimentos em projetos. Como há o risco de não se reembolsar o empréstimo no vencimento, os poupadores **elevam** sua taxa de juros exigida. Por outro lado, ao passo que as oportunidades de investimento se tornam mais atrativas, isto é, prometendo melhores retornos, mais dispostas as empresas estarão a pagar pelos empréstimos. Assim o mercado se **equilibra**, atendendo às demandas dos poupadores e investidores."

Gabarito "B".

11. COMÉRCIO INTERNACIONAL E LEGISLAÇÃO ADUANEIRA

Gustavo Caldas Guimarães de Campos e Renan Flumian

1. PARTE GERAL

(Auditor Fiscal da Receita Federal – ESAF) Sobre a aplicação de medidas de defesa comercial no Brasil, é incorreto afirmar que:

(A) as medidas de salvaguarda definitivas serão aplicadas exclusivamente como elevação do imposto de importação, por meio de adicional à TEC, sob a forma de alíquota ad valorem.
(B) ao Departamento de Defesa Comercial (DECOM), compete examinar a procedência e o mérito de petições de abertura de investigações de dumping, de subsídios e de salvaguardas, com vistas à defesa da produção doméstica.
(C) as medidas compensatórias têm como objetivo compensar subsídio concedido, direta ou indiretamente, no país exportador, para a fabricação, produção, exportação ou ao transporte de qualquer produto, cuja exportação ao Brasil cause dano à indústria doméstica.
(D) o conceito de prejuízo grave é relevante para as medidas de salvaguarda, e deve ser compreendido como a deterioração geral significativa da situação de uma determinada indústria doméstica.
(E) não se aplicarão medidas de salvaguarda contra produto procedente de países em desenvolvimento, quando a parcela que lhe corresponde nas importações do produto considerado não for superior a 3% e a participação do conjunto dos países em desenvolvimento não represente mais do que 9% das importações do produto considerado.

A: incorreta, pois a assertiva explica a forma de aplicação das medidas de salvaguarda provisórias e não definitivas (art. 4°, § 3°, do Decreto 1.488/95); B: correta (art. 20, I, do Decreto n° 8.663/16) – a assertiva continua correta mesmo com a inovação legislativa; C: correta (art. 1°, § 1°, do Decreto 1.751/95); D: correta (art. 6°, I, do Decreto n° 1.488/95); E: correta (art. 12, I e II, do Decreto n° 1.488/95).
Gabarito "A".

(Auditor Fiscal/ES – CESPE) O processo decisório preferencial, no âmbito da Organização Mundial do Comércio (OMC), ocorre por

(A) arbitragem.
(B) consenso.
(C) votação.
(D) mediação.
(E) referendo.

O processo decisório preferencial, no âmbito da OMC, ocorre por consenso.
Gabarito "B".

(Auditor Fiscal/ES – CESPE) Assinale a opção em que é apresentada a denominação do acordo comercial plurilateral, originalmente abrangido pelo entendimento relativo às normas e procedimentos sobre solução de controvérsias no âmbito da OMC.

(A) Acordo Internacional sobre o Comércio de Frango Congelado
(B) Acordo Internacional do Aço
(C) Acordo Internacional sobre o Comércio de Embarcações Civis
(D) Acordo Internacional sobre Licitações Internacionais
(E) Acordo Internacional de Produtos Lácteos

A denominação de acordo comercial plurilateral é apresentada no Acordo Internacional de Produtos Lácteos. No âmbito da OMC, vige a regra do *single undertaking*, ou seja, os países que aderirem à Organização automaticamente adotam os Anexos 11, 2 (Entendimento Relativo às Normas e Procedimentos sobre Solução de Controvérsias) e 3 (Mecanismo de Exame de Políticas Comerciais) do Acordo Constitutivo da OMC. O Anexo 4 (Acordos Plurilaterais) é opcional: anexo 4A – Acordo sobre Comércio de Aeronaves Civis; Anexo 4B – Acordo sobre Compras Governamentais; Anexo 4C – Acordo Internacional de Produtos Lácteos; Anexo 4D – Acordo Internacional sobre Carne Bovina.
Gabarito "E".

(Auditor Fiscal/ES – CESPE) Considera-se que vários ordenamentos tributários possam ser aplicados a uma mesma situação da vida internacional, visto que esta se encontra "plurilocalizada" em função dos diversos elementos de conexão adotados por cada um desses ordenamentos.

Alberto Xavier. Direito tributário internacional do Brasil. 6.ª ed., Rio de Janeiro: Forense, 2004, p. 5(com adaptações).

No fragmento de texto acima, apresenta-se o conceito de

(A) tributação plurinacional.
(B) conflito de leis tributárias no tempo.
(C) tributação incidental internacional.
(D) dupla tributação.
(E) tributação solidária interterritorial.

Trata-se do conceito de dupla tributação, pois ela resulta da acumulação de incidência de duas cargas tributárias na mesma pessoa e relativa aos mesmos rendimentos em dois países diferentes. Para eliminar a dupla tributação internacional, os países adoptam entre si convenções tendentes a eliminá-las.
Gabarito "D".

(Auditor Fiscal da Receita Federal – ESAF) Sobre o sistema multilateral de comércio e a Organização Mundial do Comércio (OMC), assinale a opção incorreta.

(A) A acomodação institucional dos acordos regionais de comércio dentro da OMC é fundamentada no artigo XXIV do GATT 1994.
(B) A partir da Rodada Tóquio do *Acordo Geral sobre Tarifas e Comércio* (GATT), foi adotada a cláusula de habilitação, aplicável aos países em desenvolvimento.

---

1   Lembrando que o Anexo 1A cuida dos Acordos Multilaterais sobre Comércio de Bens, o Anexo 1B regula o Acordo Geral sobre o Comércio de Serviços (Gats) e o Anexo 1C disciplina o Acordo sobre Aspectos dos Direitos de Propriedade Intelectual.

(C) As decisões na OMC são, como regra geral, adotadas por consenso, inclusive com os votos dos países de menor desenvolvimento relativo.
(D) Na estrutura orgânica da OMC, o órgão máximo é a Conferência Ministerial, composta por representantes de todos os membros.
(E) Novos membros da OMC, em seu processo de acessão à Organização, devem denunciar os acordos regionais que tenham assumido anteriormente.

A: correta. Ressalte-se que a Parte Contratante deverá comunicar às demais Partes sempre que pretender integrar uma união aduaneira ou uma zona de livre troca – parágrafo 7(A) do Art. XXIV do GATT. **B:** correta. A cláusula de habilitação, que consta no art. 1º da Decisão de 28 de novembro de 1979, permite o tratamento tarifário preferencial aos produtos dos países em desenvolvimento. **C:** correta. De acordo com o art. IX.1 de seu Acordo Constitutivo, a OMC segue a prática de processo decisório de consenso, havendo deliberação por meio de voto apenas quando o consenso não for possível. **D:** correta, conforme disposto no art. IV.1 do Acordo Constitutivo da OMC. **E:** incorreta. O Acordo Constitutivo da OMC não faz essa exigência para a acessão (art. XII).
Gabarito "E".

(Auditor Fiscal da Receita Federal – ESAF) Quanto ao Sistema Geral de Preferências, é correto afirmar que:

(A) trata-se de instrumento unilateral e recíproco, pelo qual os outorgantes recebem o mesmo tratamento tarifário preferencial em contrapartida.
(B) em razão das regras multilaterais, sua concessão é revestida por cláusula de irrevogabilidade.
(C) sua concessão é autorizada, no âmbito da Organização Mundial do Comércio (OMC), por meio da Cláusula de Habilitação, por tempo indeterminado.
(D) pode beneficiar apenas as mercadorias oriundas de países de menor desenvolvimento relativo, não se aproveitando para as mercadorias de países em desenvolvimento.
(E) sua criação ocorreu no âmbito da Rodada Doha da OMC.

A: incorreta. O Sistema Geral de Preferências (SGP) consiste em concessões de tarifas mais favoráveis aos países em desenvolvimento ou pouco desenvolvidos. O objetivo é propiciar a integração ao comércio internacional das nações em desenvolvimento, o que não se relaciona com políticas de caráter protecionista. É unilateral e não recíproco. **B:** incorreta. No SGP, cada outorgante elabora uma lista de produtos elegíveis, a redução tarifária e as regras para concessão do benefício. Não há cláusula de irrevogabilidade. **D:** incorreta, pois pode beneficiar tanto produtos originários de países em desenvolvimento e quanto de menor desenvolvimento. **E:** incorreta. O SGP foi criado no âmbito da UNCTAD – Conferência das Nações Unidas para o Comércio e Desenvolvimento.
Gabarito "C".

(Auditor Fiscal da Receita Federal – ESAF) Sobre práticas desleais de comércio e medidas de defesa comercial, é correto afirmar que:

(A) a medidas *antidumping* se materializam na cobrança de valores adicionais quando da importação do produto objeto da medida.
(B) para aplicar uma medida *antidumping*, é suficiente comprovar a prática de discriminação de preços em mercados nacionais distintos.
(C) o subsídio específico não enseja a aplicação de medidas compensatórias, pois apenas o subsídio geral é considerado ilegal com base nas regras da OMC.
(D) as medidas de salvaguarda, destinadas a proteger a indústria nacional que estejam sendo afetadas por surtos repentinos de importações de produtos concorrentes, devem vigorar pelo prazo máximo de seis anos.
(E) por se tratar de uma medida que impõe exceção a um comércio que está sendo praticado de forma leal, a medida de salvaguarda prescinde de processo prévio de investigação.

A: O Dec. 1.602/95, que cuidava do tema, foi revogado pelo Dec. 8.058/13. Mesmo assim, a assertiva permanece correta porque traz a definição correta de uma prática *antidumping* (art.7º do Dec. 8.058/13). **B:** incorreta, pois, de acordo com o Dec. 8.058/13, reconhece-se o *dumping* quando determinado produto é exportado por preço inferior ao que é normalmente praticado no mercado doméstico. O art. 8º do mesmo Decreto dispõe que valor normal é o preço efetivamente praticado para o produto similar nas operações mercantis normais, que o destinem a consumo interno no país exportador. **C:** incorreta. Apenas os subsídios específicos interessam à defesa comercial. Consideram-se subsídios específicos aqueles concedidos a uma empresa ou a um grupo de empresas, ramos de produção ou regiões geográficas. **D:** incorreta. De acordo com o art. 9º do Dec. 1.488/1995, as medidas de salvaguarda serão aplicadas apenas durante o período necessário para prevenir ou reparar o prejuízo grave e para facilitar o ajustamento. O período não deve ser superior a quatro anos, podendo ser estendido. De todo modo, a duração total da medida não será superior a dez anos. **E:** incorreta. De acordo com o art. 2º, § 1º, do Dec. 1.488/1995, a aplicação de medidas de salvaguarda será precedida de investigação pela SECEX.
Gabarito "A".

2. REGIMES ADUANEIROS

(Auditor Fiscal da Receita Federal – ESAF) Sobre os regimes aduaneiros no Brasil, é incorreto afirmar que:

(A) na Admissão Temporária de máquinas e equipamentos para utilização econômica, sob a forma de arrendamento operacional, aluguel ou empréstimo, ocorre suspensão parcial de tributos e pagamento proporcional ao tempo de permanência no País.
(B) a extinção do regime de admissão temporária pode ocorrer com a destruição do bem, às expensas do interessado.
(C) nos portos secos, a execução das operações e a prestação dos serviços conexos serão efetivadas mediante o regime de permissão, salvo quando os serviços devam ser prestados em porto seco instalado em imóvel pertencente à União, caso em que será adotado o regime de concessão precedido da execução de obra pública.
(D) o regime especial de entreposto aduaneiro na importação é o que permite a armazenagem de mercadoria estrangeira em recinto alfandegado de uso público, com suspensão do pagamento dos impostos federais, mas com incidência da contribuição para o PIS/PASEP-Importação e da COFINS-Importação.
(E) o regime de exportação temporária para aperfeiçoamento passivo é o que permite a saída, do País, por tempo determinado, de mercadoria nacional ou nacionalizada, para ser submetida a operação de transformação, elaboração, beneficiamento ou montagem, no exterior, e a posterior reimportação, sob a forma do produto resultante, com pagamento dos tributos sobre o valor agregado.

A única assertiva incorreta é a "D" e deve ser assinalada. "O regime de entreposto aduaneiro na importação permite a armazenagem de mercadoria em local alfandegado com suspensão do pagamento dos impostos incidentes" (art. 3º da Instrução Normativa SRF nº 241/02). Pela redação do artigo citado é fácil verificar a inexistência de ressalva para incidência da contribuição para o PIS/PASEP-Importação e da COFINS-Importação, ou seja, ocorre a suspensão do pagamento de todos os impostos incidentes.

Gabarito "D".

(Auditor Fiscal da Receita Federal – ESAF) Sobre os regimes aduaneiros, é incorreto afirmar que:

(A) os regimes aduaneiros especiais se distinguem do regime comum pela suspensão ou isenção de tributos incidentes nas operações de comércio exterior.
(B) de acordo com a legislação em vigor, as empresas instaladas em Zonas de Processamento de Exportação (ZPE), caracterizadas como áreas de livre comércio com o exterior, não podem vender produtos para o mercado interno.
(C) o regime aduaneiro especial de *drawback* objetiva desonerar de tributos os insumos utilizados na produção de bens destinados à exportação.
(D) o regime de admissão temporária permite a entrada no País de certas mercadorias, com uma finalidade e por período de tempo determinados, com a suspensão total ou parcial do pagamento de tributos aduaneiros incidentes na sua importação, com o compromisso de serem reexportadas.
(E) o regime de trânsito aduaneiro permite o transporte de mercadorias, sob controle aduaneiro, de um ponto a outro do território aduaneiro, com suspensão de tributos.

A: correta. Ver arts. 307 e seguintes do Regulamento Aduaneiro. **B:** incorreta. É possível a venda de produtos industrializados em ZPE para o mercado interno, mas, nesse caso, estarão sujeitos ao pagamento do imposto de importação e do adicional ao frete para renovação da marinha mercante relativos a matérias-primas, produtos intermediários e materiais de embalagem de procedência estrangeira neles empregados, com acréscimo de juros e multa de mora, na forma da lei (art. 18, § 3º, II, da Lei 11.508/2007, e art. 536, § 3º, do RA). **C:** correta. Ver arts. 383 e seguintes do RA. **D:** correta. Ver arts. 353 e seguintes do RA. **E:** correta, conforme disposto no art. 315 do RA.

Gabarito "B".

(Analista-Tributário da Receita Federal – ESAF) Sobre os regimes aduaneiros especiais, é correto afirmar que:

(A) a concessão e a aplicação do Regime Especial de Trânsito Aduaneiro serão requeridas à autoridade aduaneira competente da unidade de destino.
(B) sem prejuízo de controles especiais determinados pela Secretaria da Receita Federal do Brasil, depende de despacho para trânsito a remoção de mercadorias de uma área ou recinto para outro, situado na mesma zona primária.
(C) no caso de transporte multimodal de carga internacional, na importação ou na exportação, quando o desembaraço não for realizado nos pontos de entrada ou de saída do País, a concessão do Regime Especial de Trânsito Aduaneiro será considerada válida para todos os percursos no território nacional, independentemente de novas concessões.
(D) o Regime de *Drawback* não é considerado um incentivo à exportação.
(E) a concessão do Regime de *Drawback* na modalidade suspensão é de competência da Secretaria da Receita Federal do Brasil.

A: incorreta. A concessão e a aplicação do regime de trânsito aduaneiro serão requeridas à autoridade aduaneira competente da unidade de origem, e não na de destino, conforme disposto no art. 325 do Regulamento Aduaneiro. **B:** incorreta, pois a remoção de mercadorias de uma área ou recinto para outro, situado na mesma zona primária independe de despacho para trânsito (§ 2º do art. 325 do RA). **C:** correta, conforme art. 27 da Lei 9.611/1998, e art. 325, § 3º, do RA. **D:** incorreta, conforme art. 383 do RA. **E:** incorreta. De acordo com o art. 386 do RA, "a concessão do regime [de *Drawback*], na modalidade de suspensão, é de competência da Secretaria de Comércio Exterior, devendo ser efetivada, em cada caso, por meio do SISCOMEX".

Gabarito "C".

(Analista-Tributário da Receita Federal – ESAF) Sobre os regimes aduaneiros aplicados em áreas especiais, é incorreto afirmar que:

(A) a isenção do Imposto de Importação e do Imposto sobre Produtos Industrializados prevista no art. 30 do Decreto-Lei n. 288, de 28 de fevereiro de 1967, para a Zona Franca de Manaus, abrange também os automóveis de passageiros.
(B) a exportação de mercadorias da Zona Franca de Manaus para o exterior, qualquer que seja sua origem, está isenta do Imposto de Exportação.
(C) de acordo com o Decreto-Lei n. 291, de 28 de fevereiro de 1967, a Amazônia Ocidental é constituída pelos Estados do Amazonas, do Acre, de Rondônia e de Roraima.
(D) a venda de mercadorias nacionais ou nacionalizadas, efetuada por empresas estabelecidas fora das Áreas de Livre Comércio de Boa Vista – ALCBV e de Bonfim – ALCB, de que trata a Lei n. 8.256, de 25 de novembro de 1991, para empresas ali estabelecidas, fica equiparada à exportação.
(E) as áreas de livre comércio serão administradas pela Superintendência da Zona Franca de Manaus.

A: incorreta, conforme disposto no § 1º do art. 3º do Dec.-lei 288/1967 (com redação dada pela Lei 8.387/1991) e no art. 505, IV, do Regulamento Aduaneiro. **B:** correta, conforme disposto no art. 515 do RA. **C:** correta, conforme § 4º do art. 1º do Dec.-lei 291/1967. **D:** correta, conforme disposto no art. 7º da Lei 11.732/2008 e no art. 527 do RA. **E:** correta, conforme disposto no art. 530 do RA.

Gabarito "A".

(Analista-Tributário da Receita Federal – ESAF) Sobre os regimes aduaneiros especiais e os regimes aduaneiros aplicados em áreas especiais, assinale a opção incorreta.

(A) O Regime Especial de Trânsito Aduaneiro é o que permite o transporte de mercadoria, sob controle aduaneiro, de um ponto a outro do território aduaneiro, com suspensão do pagamento de tributos.
(B) O Regime Aduaneiro Especial de Admissão Temporária é o que permite a importação de bens que devam permanecer no País durante prazo fixado, com suspensão total do pagamento de tributos, ou com suspensão parcial, no caso de utilização econômica, na forma e nas condições estabelecidas na legislação.
(C) No caso de extinção da aplicação do Regime Aduaneiro Especial de Admissão Temporária para Utilização Econômica mediante despacho para consumo, os tributos originalmente devidos deverão ser recolhidos deduzido o montante já pago.
(D) A concessão do Regime de *Drawback*, na modalidade de restituição, é de competência da Secretaria da

Receita Federal do Brasil, e poderá abranger, total ou parcialmente, os tributos pagos na importação de mercadoria exportada após beneficiamento, ou utilizada na fabricação, complementação ou acondicionamento de outra exportada.

(E) Não é permitida a aplicação de regimes aduaneiros suspensivos em Zonas de Processamento de Exportação.

A: correta, conforme disposto no art. 315 do Regulamento Aduaneiro. **B**: correta, conforme disposto no art. 353 do RA. **C**: correta, conforme disposto no art. 375 do RA. **D**: correta, conforme disposto no art. 397 – competência da Secretaria da Receita Federal do Brasil – e do art. 383, III, do RA – que dispõe sobre o Regime de Drawback na modalidade restituição. **E**: incorreta. De acordo com o § 4º do art. 536 do RA, "é permitida a aplicação de regimes aduaneiros suspensivos em zonas de processamento de exportação, observados os termos, limites e condições do regime".

Gabarito "E".

3. VALORAÇÃO ADUANEIRA

(Auditor Fiscal da Receita Federal – ESAF) Sobre o Imposto de Importação, e sobre valoração aduaneira, é correto afirmar que:

(A) considera-se estrangeira, para fins de incidência do Imposto de Importação, toda mercadoria nacional ou nacionalizada exportada, que retorne ao País.

(B) o Imposto de Importação incide sobre mercadoria estrangeira que tenha sido objeto de pena de perdimento, exceto na hipótese em que não seja localizada, tenha sido consumida ou revendida.

(C) o fato gerador do Imposto de Importação é a entrada de mercadoria estrangeira no território nacional. Este é o conceito que a doutrina chama de elemento geográfico ou espacial do fato gerador. Para efeito de cálculo, entre outras situações, considera-se ocorrido o fato gerador do Imposto de Importação no dia do lançamento do correspondente crédito tributário, quando se tratar de bens compreendidos no conceito de bagagem, acompanhada ou desacompanhada.

(D) a base de cálculo do Imposto de Importação, quando a alíquota for específica, é o valor aduaneiro apurado segundo as normas do artigo VII do Acordo Geral sobre Tarifas Aduaneiras e Comércio (GATT 1994).

(E) o Acordo de Valoração Aduaneira estabelece seis métodos para o procedimento de valoração aduaneira, cuja utilização deve ser sequencial, de modo que, na impossibilidade de se pautar pelos anteriores, deve ser adotado o método subsequente. São eles: 1 – método do valor de transação ajustado; 2 – método do valor de transação de produtos similares ao importado; 3 – método do valor de transação de produtos idênticos; 4 – método dedutivo; 5 – método computado; 6 – método dos critérios razoáveis ou método residual.

A: incorreta. Nem toda mercadoria nacional ou nacionalizada exportada que retorna ao país será considerada estrangeira para fins de imposto de importação. O art. 1º, § 1º, do Decr.-Lei 37/1966 (reproduzido no art. 70 do Regulamento Aduaneiro) estabelece como exceção a essa regra geral a mercadoria: I – enviada em consignação e não vendida no prazo autorizado; II – devolvida por motivo de defeito técnico, para reparo ou para substituição; III – por motivo de modificações na sistemática de importação por parte do país importador; IV – por motivo de guerra ou de calamidade pública; ou V – por outros fatores alheios à vontade do exportador. **B**: incorreta. O art. 1º, § 4º, III, do Dec.-Lei 37/1966 dispõe exatamente o contrário: o imposto de importação não incide sobre mercadoria estrangeira que tenha sido objeto de pena de perdimento, exceto na hipótese em que não seja localizada, tenha sido consumida ou revendida. Ver art. 73 do RA. **D**: incorreta. De acordo com o art. 2º do Dec.-Lei 37/1966 (reproduzido no art. 75 do RA), a base de cálculo do imposto, quando a alíquota for específica, é a quantidade de mercadoria, expressa na unidade de medida indicada na tarifa. **E**: incorreta. O Acordo sobre Implementação do Artigo VII do Acordo Geral de Tarifas e Comércio (GATT), ou Acordo de Valoração Aduaneira (AVA) prevê seis métodos: 1º: valor da transação (art. 1); 2º: valor de transação de mercadorias idênticas (art. 2); 3º: valor de transação de mercadorias similares (art. 3); 4º: preço unitário pelo qual as mercadorias importadas ou as mercadorias idênticas ou similares importadas são vendidas no país de importação (método de revenda, art. 5); 5º: valor computado, que será a soma (a) dos custos dos materiais e da fabricação da mercadoria (b) com lucros e despesas gerais e (c) custos de todas as demais despesas necessárias para aplicar a opção de valoração escolhida pelo país – transporte até o porto, carregamento, seguro etc. (art. 6); e 6º: adoção de critérios razoáveis, condizentes com os princípios e disposições gerais deste Acordo e com o Artigo VII do GATT 1994, e com base em dados disponíveis no país de importação (art. 7). O art. 25 da IN/SRF 327/2003 estabelece como regra a aplicação dos métodos substitutivos na ordem sequencial prevista no AVA: quando o valor aduaneiro não puder ser determinado segundo as disposições do art. 1, deve-se passar sucessivamente aos artigos seguintes, até chegar ao primeiro que permita determinar tal valor. O art. 4 do AVA permite a inversão da ordem de aplicação dos métodos previstos nos arts. 5 (4º método) e 6 (5º método). A Instrução Normativa admite essa inversão apenas quando houver a aquiescência da autoridade aduaneira.

Gabarito "C".

4. CONTROLE ADMINISTRATIVO

(Analista-Tributário da Receita Federal – ESAF) Sobre o Sistema Integrado de Comércio Exterior – SISCOMEX, e o Sistema Integrado de Comércio Exterior de Serviços, Intangíveis e outras Operações que Produzam Variações no Patrimônio – SISCOSERV, analise os itens a seguir, classificando-os como verdadeiros (V) ou falsos (F). Em seguida, escolha a opção adequada às suas respostas.

I. O art. 25 da Lei n. 12.546, de 14 de dezembro de 2011, instituiu a obrigação de prestação de informações para fins econômico-comerciais ao Ministério do Desenvolvimento, Indústria e Comércio Exterior relativas às transações entre residentes ou domiciliados no País e residentes ou domiciliados no exterior que compreendam serviços, intangíveis e outras operações que produzam variações no patrimônio das pessoas físicas, das pessoas jurídicas ou dos entes despersonalizados.

II. A prestação das informações de que trata o *caput* do art. 25 da Lei n. 12.546, de 14 de dezembro de 2011, também compreende as operações de compra e venda efetuadas exclusivamente com mercadorias e será efetuada por meio de sistema eletrônico a ser disponibilizado na rede mundial de computadores.

III. O SISCOMEX é o instrumento administrativo que integra as atividades de registro, acompanhamento e controle das operações de comércio exterior, mediante fluxo único, computadorizado, de informações.

IV. No Brasil, em regra, o despacho aduaneiro é processado no SISCOMEX.

(A) Estão corretos somente os itens I e III.
(B) Estão corretos somente os itens I, II e III.

(C) Estão corretos somente os itens I, III e IV.
(D) Estão corretos somente os itens II e IV.
(E) Todos os itens estão corretos.

I: correta, nos termos do próprio art. 25 da Lei 12.546/2011. II: incorreta. De acordo com o inc. II do § 1º do art. 25 da Lei 12.546/2011, a prestação de informações não compreende as operações de compra e venda efetuadas exclusivamente com mercadorias. III: correta, conforme disposto no art. 2º do Dec. 660/1992. IV: correta. Vide art. 1º da IN/SRF 680/2006.
Gabarito "C".

(Analista-Tributário da Receita Federal – ESAF) Analise os itens a seguir, classificando-os como verdadeiros (V) ou falsos (F). Em seguida, escolha a opção adequada às suas respostas.

I. O art. 23 do Decreto-Lei n. 1.455, de 7 de abril de 1976, dispõe sobre infrações consideradas dano ao Erário. De acordo com tal dispositivo, o dano ao erário decorrente das infrações previstas no *caput* do artigo será punido com a pena de perdimento das mercadorias. O aludido artigo também reza que as infrações previstas em seu *caput* serão punidas com multa equivalente ao valor aduaneiro da mercadoria, na importação, ou ao preço constante da respectiva nota fiscal ou documento equivalente, na exportação, quando a mercadoria não for localizada, ou tiver sido consumida ou revendida, observados o rito e as competências estabelecidos no Decreto n. 70.235, de 6 de março de 1972.
II. Na hipótese de decisão administrativa ou judicial que determine a restituição de mercadorias que houverem sido destinadas, será devida indenização ao interessado, com recursos do Fundaf, tendo por base o valor declarado para efeito de cálculo do imposto de importação ou de exportação. Porém, tomar-se-á como base o valor constante do procedimento fiscal correspondente nos casos determinados na legislação.
III. A denúncia espontânea exclui a aplicação de penalidades de natureza tributária ou administrativa, com exceção das penalidades aplicáveis na hipótese de mercadoria sujeita à pena de perdimento.
IV. Aplicam-se às atividades de exploração, avaliação, desenvolvimento e produção de que trata a Lei n. 12.351, de 22 de dezembro de 2010, os regimes aduaneiros especiais e os incentivos fiscais aplicáveis à indústria de petróleo no Brasil.
(A) Estão corretos somente os itens I e III.
(B) Estão corretos somente os itens I, II e III.
(C) Estão corretos somente os itens I e II.
(D) Estão corretos somente os itens III e IV.
(E) Todos os itens estão corretos.

I: correta, conforme disposto nos §§ 1º e 3º do art. 23 do Dec.-Lei 1.455/1976. II: correta, nos termos do art. 30, *caput* e § 1º, do Dec.--Lei 1.455/1976. III: correta, conforme disposto no § 2º do art. 102 do Dec.-Lei 37/1966, com a redação dada pela Lei 12.350/2010. IV: correta, conforme disposto no art. 61 da Lei 12.351, de 2010.
Gabarito "E".

(Analista-Tributário da Receita Federal – ESAF) Analise os itens a seguir, classificando-os como verdadeiros (V) ou falsos (F). Em seguida, escolha a opção adequada às suas respostas.

I. Compete ao Ministro de Estado da Fazenda autorizar a destinação de mercadorias abandonadas, entregues à Fazenda Nacional ou objeto de pena de perdimento.

II. A destinação das mercadorias a que se refere o art. 28 do Decreto-Lei n. 1.455, de 7 de abril de 1976, será feita das seguintes formas: alienação; incorporação ao patrimônio de órgão da Administração Pública; destruição; ou inutilização.
III. O produto da alienação de que trata a alínea a do inciso I do *caput* do art. 28 do Decreto-Lei n. 1.455, de 7 de abril de 1976, terá a seguinte destinação: sessenta por cento ao Fundo Especial de Desenvolvimento e Aperfeiçoamento das Atividades de Fiscalização (Fundaf), instituído pelo Decreto-Lei n. 1.437, de 17 de dezembro de 1975; e quarenta por cento à seguridade social.
IV. Compete ao Presidente da República dispor sobre outras formas de destinação de mercadorias.
(A) Estão corretos somente os itens I e III.
(B) Estão corretos somente os itens I, II e III.
(C) Estão corretos somente os itens I e II.
(D) Estão corretos somente os itens III e IV.
(E) Todos os itens estão corretos.

I: correta, conforme disposto no art. 28 do Dec.-Lei 1.455/1976. II: correta, conforme disposto no art. 29, I a IV, do Dec.-Lei 1.455/1976. III: incorreta. O dispositivo que trata da alienação é a alínea *a* do inc. I do caput do art. 29, e não do art. 28, como constou na questão. No entanto, a distribuição do produto da arrecadação está correta (art. 29, § 5º, I, do Dec.-Lei 1.455/1976). IV: incorreta. De acordo com o § 10 do art. 29 do Dec.-Lei 1.455/1976, "compete ao Ministro de Estado da Fazenda estabelecer os critérios e as condições para cumprimento do disposto neste artigo e dispor sobre outras formas de destinação de mercadorias".
Gabarito "C".

5. DESPACHO E DESEMBARAÇO ADUANEIRO

(Auditor Fiscal da Receita Federal – ESAF) No que concerne à Jurisdição Aduaneira, é incorreto afirmar que:

(A) o recolhimento da multa de que trata o *caput* do art. 38 da Lei n. 12.350, de 20 de dezembro de 2010, não garante o direito à operação regular do local ou recinto alfandegado nem prejudica a aplicação das sanções estabelecidas no art. 37 da referida Lei e de outras penalidades cabíveis ou a representação fiscal para fins penais, quando for o caso.
(B) a Jurisdição dos serviços aduaneiros estende-se às Áreas de Controle Integrado criadas em regiões limítrofes dos países integrantes do MERCOSUL com o Brasil.
(C) poderão ser demarcadas, na orla marítima e na faixa de fronteira, Zonas de Vigilância Aduaneira.
(D) os portos secos não poderão ser instalados na zona primária de portos e aeroportos alfandegados.
(E) para efeito de controle aduaneiro, segundo a Lei n. 11.508, de 20 de julho de 2007, as Zonas de Processamento de Exportação constituem zona secundária.

A: correta, conforme disposto no parágrafo único do art. 38 da Lei 12.350/2010. B: correta, conforme disposto no art. 3º, § 5º, do Regulamento Aduaneiro. C: correta, conforme disposto no art. 4º, *caput*, do RA. D: correta, conforme disposto no art. 11, § 1º, do RA. E: incorreta. O parágrafo único do art. 1º da Lei 11.508/2007, dispõe que as ZPE são consideradas zonas primárias para efeito de controle aduaneiro.
Gabarito "E".

(Auditor Fiscal da Receita Federal – ESAF) Sobre mercadorias avariadas e extraviadas; alfandegamento; e sobre infrações e penalidades dispostas na legislação aduaneira, é correto afirmar:

(A) considerar-se-á, para efeitos fiscais, dano ou avaria qualquer prejuízo que sofrer a mercadoria ou seu envoltório; e extravio toda e qualquer falta de mercadoria, ressalvados os casos de erro inequívoco ou comprovado de expedição.
(B) os créditos relativos aos tributos e direitos correspondentes às mercadorias extraviadas na importação serão exigidos do responsável mediante lançamento por declaração. Porém, fica dispensado o referido lançamento na hipótese de o importador ou de o responsável assumir espontaneamente o pagamento dos tributos.
(C) salvo disposição expressa em contrário, a responsabilidade por infração depende da intenção do agente ou do responsável e da efetividade, natureza e extensão dos efeitos do ato.
(D) compete à Secretaria da Receita Federal do Brasil definir os requisitos técnicos e operacionais para o alfandegamento dos locais e recintos onde ocorram, sob controle aduaneiro, movimentação, armazenagem e despacho aduaneiro de mercadorias procedentes do exterior, ou a ele destinadas, com exceção daquelas sob regime aduaneiro especial, bagagem de viajantes procedentes do exterior, ou a ele destinados, e remessas postais internacionais.
(E) a pessoa jurídica de que tratam os arts. 35 e 36 da Lei n. 12.350, de 20 de dezembro de 2010, responsável pela administração de local ou recinto alfandegado, fica sujeita, observados a forma, o rito e as competências estabelecidos no art. 76 da Lei n. 10.833, de 29 de dezembro de 2003, à aplicação direta da sanção de suspensão das atividades de movimentação, armazenagem e despacho aduaneiro de mercadorias sob controle aduaneiro, referidas no *caput* do art. 34 da Lei n. 12.350, de 20 de dezembro de 2010.

A: correta, conforme disposto no art. 60 do Dec.-Lei 37/1966, e no art. 649 do Regulamento Aduaneiro. **B:** incorreta. De acordo com o art. 60, § 1º, do Dec.-Lei 37/1966, os créditos relativos aos tributos e direitos correspondentes às mercadorias extraviadas na importação serão exigidos do responsável mediante lançamento de ofício. O § 3º do mesmo dispositivo legal dispensa o lançamento de ofício na hipótese de o importador ou o responsável assumir espontaneamente o pagamento dos tributos. **C:** incorreta. O art. 94, § 2º, do Dec.-Lei 37/1966 dispõe que "salvo disposição expressa em contrário, a responsabilidade por infração *independe* da intenção do agente ou do responsável e da efetividade, natureza e extensão dos efeitos do ato". Note-se que há dispositivo semelhante no Código Tributário Nacional (art. 136). **D:** incorreta. De acordo com os arts. 9º e 10 do Regulamento Aduaneiro, essa competência da Secretaria da Receita Federal do Brasil abrange mercadorias procedentes do exterior ou a ele destinadas, inclusive sob regime aduaneiro especial, bagagem de viajantes procedentes do exterior, ou a ele destinados, e remessas postais internacionais. **E:** incorreta. De acordo com o disposto no art. 37, II, da Lei 12.350/2010, a sanção de suspensão das atividades de movimentação, armazenagem e despacho aduaneiro de mercadorias sob controle aduaneiro, deverá ser aplicada apenas na hipótese de reincidência em conduta já punida com advertência, até a constatação pela autoridade aduaneira do cumprimento do requisito ou da obrigação estabelecida.

Gabarito "A."

(Analista-Tributário da Receita Federal – ESAF) Avalie os itens a seguir e assinale a opção correta.

I. O desembaraço aduaneiro de produto de procedência estrangeira é fato gerador do Imposto sobre Produtos Industrializados, considerando-se ocorrido o referido desembaraço quando a mercadoria consta como tendo sido importada e o extravio ou avaria venham a ser apurados pela autoridade fiscal, inclusive na hipótese de mercadoria sob regime suspensivo de tributação.
II. Considera-se ocorrido o fato gerador do Imposto sobre Produtos Industrializados na saída de armazém geral ou outro depositário do estabelecimento industrial ou equiparado a industrial depositante, quanto aos produtos entregues diretamente a outro estabelecimento.
III. Considera-se ocorrido o fato gerador do Imposto sobre Produtos Industrializados na saída do estabelecimento industrial diretamente para estabelecimento da mesma firma ou de terceiro, por ordem do encomendante, quanto aos produtos mandados industrializar por encomenda.

(A) Somente o item I está correto.
(B) O item I e o item II estão corretos.
(C) Os itens I, II e III estão corretos.
(D) Os itens II e III estão corretos.
(E) Os itens I e III estão corretos.

I: correta, conforme disposto no art. 2º, I e § 3º, da Lei 4.502/1964, e no art. 238 do RA. **II:** correta, conforme disposto nos arts. 2º e 5º, I, a, da Lei 4.502/1964, e no art. 36, II, do RIPI (Decreto 7.212/2010). **III:** correta, conforme disposto nos arts. 2º e 5º, I, c, da Lei 4.502/1964, e no art. 36, IV, do RIPI.

Gabarito "C."

(Analista-Tributário da Receita Federal – ESAF) Sobre território aduaneiro, portos, aeroportos e pontos de fronteira alfandegados, recintos alfandegados, e administração aduaneira, é incorreto afirmar que:

(A) o território aduaneiro compreende todo o território nacional.
(B) compreende-se na Zona de Vigilância Aduaneira a totalidade do Estado atravessado pela linha de demarcação, ainda que parte dele fique fora da área demarcada.
(C) com exceção da importação e exportação de mercadorias conduzidas por linhas de transmissão ou por dutos, ligados ao exterior, observadas as regras de controle estabelecidas pela Secretaria da Receita Federal do Brasil, somente nos portos, aeroportos e pontos de fronteira alfandegados poderá efetuar-se a entrada ou a saída de mercadorias procedentes do exterior ou a ele destinadas.
(D) portos secos são recintos alfandegados de uso público nos quais são executadas operações de movimentação, armazenagem e despacho aduaneiro de mercadorias e de bagagem, sob controle aduaneiro.
(E) a fiscalização aduaneira poderá ser ininterrupta, em horários determinados, ou eventual, nos portos, aeroportos, pontos de fronteira e recintos alfandegados.

A: correta, conforme disposto no art. 2º do Regulamento Aduaneiro. **B:** incorreta. De acordo com o § 3º do art. 4º do RA, compreende-se na Zona de Vigilância Aduaneira a totalidade do Município atravessado pela linha de demarcação, e não do Estado. **C:** correta, conforme disposto no art.

8º do RA. **D:** correta, conforme disposto no art. 11 do RA. **E:** correta, conforme disposto no art. 36 do Dec.-Lei 37/1966, e no art. 16 do RA.
Gabarito "B".

(Analista-Tributário da Receita Federal – ESAF) Sobre controle aduaneiro de veículos, é incorreto afirmar que:

(A) a entrada ou a saída de veículos procedentes do exterior ou a ele destinados não poderá ocorrer em porto, aeroporto ou ponto de fronteira não alfandegado.
(B) o agente de carga, assim considerada qualquer pessoa que, em nome do importador ou do exportador, contrate o transporte de mercadoria, consolide ou desconsolide cargas e preste serviços conexos, e o operador portuário, também devem prestar as informações sobre as operações que executem e respectivas cargas.
(C) o conhecimento de carga original, ou documento de efeito equivalente, constitui prova de posse ou de propriedade da mercadoria.
(D) a mercadoria procedente do exterior, transportada por qualquer via, será registrada em manifesto de carga ou em outras declarações de efeito equivalente. O manifesto de carga conterá a identificação do veículo e sua nacionalidade; o local de embarque e o de destino das cargas; o número de cada conhecimento; a quantidade, a espécie, as marcas, o número e o peso dos volumes; a natureza das mercadorias; o consignatário de cada partida; a data do seu encerramento; e o nome e a assinatura do responsável pelo veículo.
(E) no caso de divergência entre o manifesto de carga e o conhecimento de carga, prevalecerá o conhecimento de carga, podendo a correção do manifesto ser feita de ofício.

A: incorreta. Conforme art. 26 do Regulamento Aduaneiro, a entrada ou a saída de veículos procedentes do exterior ou a ele destinados só poderá ocorrer em porto, aeroporto ou ponto de fronteira alfandegado. **B:** correta, conforme disposto no art. 37, § 1º, do Dec.-Lei 37/1966, e no art. 31, § 2º, do RA. **C:** correta, conforme disposto no art. 46 do Dec.-Lei 37/1966, e no art. 554 do RA. **D:** correta, conforme disposto no art. 39 do Dec.-Lei 37/1966, e nos arts. 41 e 44 do RA. **E:** correta, conforme disposto no art. 47 do RA.
Gabarito "A".

(Analista-Tributário da Receita Federal – ESAF) Sobre os procedimentos gerais de importação e de exportação, analise os itens a seguir, classificando-os como verdadeiros (V) ou falsos (F). Em seguida, escolha a opção adequada às suas respostas.

I. O despacho aduaneiro de importação poderá ser efetuado apenas em zona primária.
II. A declaração de importação é o documento base do despacho de importação e será instruída com a via original do conhecimento de carga ou documento de efeito equivalente; a via original da fatura comercial, assinada pelo exportador; o comprovante de pagamento dos tributos, se exigível; e outros documentos exigidos em decorrência de acordos internacionais ou por força de lei, de regulamento ou de outro ato normativo.
III. A conferência aduaneira na importação poderá ser realizada na zona primária ou na zona secundária.
IV. A verificação de mercadoria, na conferência aduaneira ou em outra ocasião, será realizada por Auditor-Fiscal da Receita Federal do Brasil ou, sob a sua supervisão, por Analista-Tributário, na presença do viajante, do importador, do exportador ou de seus representantes, podendo ser adotados critérios de seleção e amostragem, de conformidade com o estabelecido pela Secretaria da Receita Federal do Brasil. Na hipótese de mercadoria depositada em recinto alfandegado, a verificação deverá ser realizada na presença do importador ou do exportador.

(A) Estão corretos somente os itens I e III.
(B) Estão corretos somente os itens I, II e III.
(C) Estão corretos somente os itens II e III.
(D) Estão corretos somente os itens II e IV.
(E) Todos os itens estão corretos.

I: incorreta, pois o despacho de importação poderá ser efetuado em zona primária ou em zona secundária, conforme disposto no art. 49 do Dec.-Lei 37/1966, e no art. 544 do Regulamento Aduaneiro. **II:** correta, conforme artigos 551 e 553 do RA. **III:** correta, conforme disposto no art. 565 do RA. **IV:** incorreta. De acordo com o § 1º do art. 50 do Dec.-Lei 37/1966, e o § 1º do art. 566 do RA, na hipótese de mercadoria depositada em recinto alfandegado, a verificação poderá ser realizada na presença do depositário ou de seus prepostos, dispensada a exigência da presença do importador.
Gabarito "C".

(Analista-Tributário da Receita Federal – ESAF) O art. 76 da Lei n. 10.833, de 29 de dezembro de 2003, dispõe acerca das sanções que os intervenientes nas operações de comércio exterior ficam sujeitos. Para efeito do disposto no referido artigo, considera-se interveniente, exceto:

(A) o despachante aduaneiro, salvo seus ajudantes, uma vez que, nos termos da legislação de regência, a responsabilidade é pessoal do despachante.
(B) o beneficiário de regime aduaneiro ou de procedimento simplificado.
(C) o importador e o exportador.
(D) o transportador, o agente de carga, o operador de transporte multimodal, o operador portuário, o depositário, o administrador de recinto alfandegado, o perito, o assistente técnico.
(E) qualquer outra pessoa que tenha relação, direta ou indireta, com a operação de comércio exterior.

De acordo com o § 2º do art. 76 da Lei 10.833,/2003, e com o § 2º do art. 735 do Regulamento Aduaneiro, considera-se interveniente o importador, o exportador, o beneficiário de regime aduaneiro ou de procedimento simplificado, o despachante aduaneiro e seus ajudantes, o transportador, o agente de carga, o operador de transporte multimodal, o operador portuário, o depositário, o administrador de recinto alfandegado, o perito, o assistente técnico, ou qualquer outra pessoa que tenha relação, direta ou indireta, com a operação de comércio exterior. Portanto, os ajudantes do despachante aduaneiro também são considerados intervenientes nas operações de comércio exterior. Sobre o tema, cabe assinalar que o citado § 2º do art. 76 da Lei 10.833/2003 ganhou nova redação dada pela Lei 13.043/14. Segue a nova redação legal: "Para os efeitos do disposto neste artigo, consideram-se intervenientes o importador, o exportador, o beneficiário de regime aduaneiro ou de procedimento simplificado, o despachante aduaneiro e seus ajudantes, o transportador, o agente de carga, o operador de transporte multimodal, o operador portuário, o depositário, o administrador de recinto alfandegado, o perito ou qualquer outra pessoa que tenha relação, direta ou indireta, com a operação de comércio exterior".
Gabarito "A".

6. COMPETÊNCIA

(Auditor Fiscal da Receita Federal – ESAF) Sobre a aplicação de medidas *antidumping*, é incorreto afirmar que:

(A) compete à Câmara de Comércio Exterior (Camex) homologar ou prorrogar compromissos de preços.
(B) caberá à Secretaria de Comércio Exterior conceder o *status* de economia de mercado para fins de defesa comercial.
(C) a Camex tem competência para suspender a exigibilidade de direito *antidumping* definitivo aplicado, mediante a exigência de depósito em dinheiro ou fiança bancária.
(D) considera-se "produto similar" o produto idêntico, igual sob todos os aspectos ao produto objeto da investigação ou, na sua ausência, outro produto que, embora não exatamente igual sob todos os aspectos, apresente características muito próximas às do produto objeto da investigação.
(E) a margem de *dumping* constitui a diferença entre o valor normal e o preço de exportação.

A única assertiva que contém informação incorreta é a "B" e deve ser assinalada, pois cabe à Câmara do Comércio Internacional (CAMEX) conceder o *status* de economia de mercado para fins de defesa comercial (art. 4º do Decreto nº 8.058/13).
Gabarito "B".

(Auditor Fiscal da Receita Federal – ESAF) A propósito das instituições relacionadas a comércio exterior no Brasil, assinale a opção correta.

(A) A Câmara de Comércio Exterior (CAMEX) não tem interação com o setor privado, pois é um órgão composto por Ministros de Estado e por representantes do Congresso Nacional.
(B) A investigação e determinação final dos direitos *antidumping* e compensatórios é de competência do Departamento de Defesa Comercial (DECOM), do Ministério da Fazenda.
(C) A CAMEX tem por objetivo a formulação, a adoção, a implementação e a coordenação de políticas e atividades relativas ao comércio exterior de bens e também de serviços.
(D) O conselho de ministros da CAMEX é presidido pelo Ministro das Relações Exteriores.
(E) O Comitê de Financiamento e Garantia das Exportações (COFIG), órgão do Ministério da Fazenda, tem por atribuições enquadrar e acompanhar as operações do Programa de Financiamento às Exportações (PROEX).

A: incorreta. O art. 5º, VIII, do Dec. 4.732/2003 dispõe que integra a CAMEX o Conselho Consultivo do Setor Privado – CONEX. Importante destacar que esse artigo ganhou nova redação legal dada pelo Decreto nº 8.807, de 2.016. **B:** incorreta. Cabe à CAMEX fixar direitos *antidumping* e compensatórios (art. 2º, XV, do referido Decreto). **C:** correta, conforme disposto no art. 1º do Decreto já mencionado. Importante destacar que esse artigo ganhou nova redação legal dada pelo Decreto nº 8.807, de 2.016. **D:** incorreta. A CAMEX é presidida pelo Ministro de Estado Chefe da Casa Civil da Presidência da República, conforme previsto no art. 4º, I, do Dec. 4.732/2003. Importante destacar que esse artigo ganhou nova redação legal dada pelo Decreto nº 8.906, de 2016. **E:** incorreta, pois o COFIG não é órgão do Ministério da Fazenda, mas da CAMEX (art. 5º do Dec. 4.732/2003). Importante destacar que esse artigo ganhou nova redação legal dada pelo Decreto nº 8.807, de 2.016.
Gabarito "C".

7. TRIBUTAÇÃO

(Auditor Fiscal da Receita Federal – ESAF) Ao considerar o controle administrativo da Receita Federal do Brasil sobre importações, assinale a opção incorreta.

(A) Toda mercadoria submetida a despacho de importação está sujeita ao controle do correspondente valor aduaneiro, que deve considerar inclusive o Acordo de Valoração Aduaneira da OMC.
(B) No valor aduaneiro não serão incluídos os custos de transporte e seguro, desde que estejam destacados do preço efetivamente pago ou a pagar pelas mercadorias importadas, na respectiva documentação comprobatória.
(C) A utilização do método do valor de transação nas operações comerciais entre pessoas vinculadas somente será permitida quando a vinculação não tiver influenciado o preço efetivamente pago ou a pagar pelas mercadorias importadas.
(D) A determinação do valor aduaneiro, mediante a aplicação do método previsto no artigo 7 do Acordo de Valoração Aduaneira, poderá ser realizada com base em avaliação pericial, desde que fundamentada em dados objetivos e quantificáveis e observado o princípio da razoabilidade.
(E) Os encargos relativos a assistência técnica da mercadoria importada, executadas após a importação, ainda que destacados, serão incluídos no valor aduaneiro.

A: correta (art. 1º da Instrução Normativa SRF nº 16/98; B: correta (art. 3º, I, da Instrução Normativa SRF nº 16/98); C: correta (art. 8º, §2º, III da Instrução Normativa SRF nº 16/98); D: correta (art. 28, da Instrução Normativa SRF nº 327/03); E: incorreta (art. 3º, II, da Instrução Normativa SRF nº 16/98).
Gabarito "E".

(Auditor Fiscal da Receita Federal – ESAF) A Lei n. 10.336, de 19 de dezembro de 2001, instituiu a Cide-Combustíveis, que é uma Contribuição de Intervenção no Domínio Econômico. Sobre a Cide-Combustíveis, é incorreto afirmar que:

(A) a Cide-Combustíveis tem como fatos geradores as operações de comercialização no mercado interno e a importação de combustíveis.
(B) é isenta da Cide-Combustíveis a nafta petroquímica, importada ou adquirida no mercado interno, destinada à elaboração de quaisquer produtos petroquímicos.
(C) são ainda isentos da Cide-Combustíveis os produtos vendidos a empresa comercial exportadora com o fim específico de exportação para o exterior.
(D) a Cide incide sobre álcool etílico combustível destinado a consumo no País.
(E) é responsável solidário pela Cide o adquirente de mercadoria de procedência estrangeira, no caso de importação realizada por sua conta e ordem, por intermédio de pessoa jurídica importadora.

A única assertiva incorreta acerca da Cide-Combustíveis é a "B". O erro está em apontar que está isenta a nafta petroquímica destinada à elaboração de quaisquer produtos petroquímicos, e não é o caso. Só se aplica a produtos petroquímicos específicos. Ver o Parecer Normativo da Receita federal do Brasil COSIT Nº 1, de 06 de abril de 2015.
Gabarito "B".

(Auditor Fiscal da Receita Federal – ESAF) Sobre os regimes aduaneiros no Brasil, é incorreto afirmar que:

(A) na Admissão Temporária de máquinas e equipamentos para utilização econômica, sob a forma de arrendamento operacional, aluguel ou empréstimo, ocorre suspensão parcial de tributos e pagamento proporcional ao tempo de permanência no País.
(B) a extinção do regime de admissão temporária pode ocorrer com a destruição do bem, às expensas do interessado.
(C) nos portos secos, a execução das operações e a prestação dos serviços conexos serão efetivadas mediante o regime de permissão, salvo quando os serviços devam ser prestados em porto seco instalado em imóvel pertencente à União, caso em que será adotado o regime de concessão precedido da execução de obra pública.
(D) o regime especial de entreposto aduaneiro na importação é o que permite a armazenagem de mercadoria estrangeira em recinto alfandegado de uso público, com suspensão do pagamento dos impostos federais, mas com incidência da contribuição para o PIS/PASEP-Importação e da COFINS-Importação.
(E) o regime de exportação temporária para aperfeiçoamento passivo é o que permite a saída, do País, por tempo determinado, de mercadoria nacional ou nacionalizada, para ser submetida a operação de transformação, elaboração, beneficiamento ou montagem, no exterior, e a posterior reimportação, sob a forma do produto resultante, com pagamento dos tributos sobre o valor agregado.

A única assertiva incorreta é a "D" e deve ser assinalada. "O regime de entreposto aduaneiro na importação permite a armazenagem de mercadoria em local alfandegado com suspensão do pagamento dos impostos incidentes" (art. 3º da Instrução Normativa SRF nº 241/02). Pela redação do artigo citado é fácil verificar a inexistência de ressalva para incidência da contribuição para o PIS/PASEP-Importação e da COFINS-Importação, ou seja, ocorre a suspensão do pagamento de todos os impostos incidentes.
Gabarito "D".

(Auditor Fiscal da Receita Federal – ESAF) Sobre o Regime de Tributação Simplificada, o Regime de Tributação Especial e o Regime de Tributação Unificada, analise os itens a seguir, classificando-os como corretos (C) ou errados (E).

Em seguida, escolha a opção adequada às suas respostas.

I. O Regime de Tributação Especial permite a classificação genérica, para fins de despacho de importação, dos bens por ele abarcados, mediante a aplicação de alíquotas diferenciadas do Imposto de Importação, e isenção do Imposto sobre Produtos Industrializados, da Contribuição para o PIS/PASEP-Importação e da COFINS-Importação.
II. O Regime de Tributação Simplificada permite o despacho de bens integrantes de bagagem mediante a exigência tão somente do Imposto de Importação, calculado pela aplicação da alíquota de cinquenta por cento sobre o valor do bem.
III. O Regime de Tributação Unificada é o que permite a importação, por via terrestre, de mercadorias procedentes do Paraguai, mediante o pagamento unificado dos seguintes impostos e contribuições federais incidentes na importação: Imposto de Importação; Imposto sobre Produtos Industrializados; Contribuição para o PIS/PASEP-Importação e COFINS-Importação.
IV. Apesar de ser tributo de competência dos Estados e do Distrito Federal, o Regime de Tributação Unificada poderá incluir o Imposto sobre Operações Relativas à Circulação de Mercadorias e sobre Prestações de Serviços de Transporte Interestadual e Intermunicipal e de Comunicação devido pelo optante.

(A) Estão corretos somente os itens II e III.
(B) Estão corretos somente os itens I, II e III.
(C) Estão corretos somente os itens I e II.
(D) Estão corretos somente os itens III e IV.
(E) Todos os itens estão corretos.

I e II: incorretas. De acordo com os arts. 99 e 101 do Regulamento Aduaneiro, o regime de tributação simplificada é o que permite a classificação genérica, para fins de despacho de importação, de bens integrantes de remessa postal internacional, mediante a aplicação de alíquotas diferenciadas do imposto de importação, e isenção do imposto sobre produtos industrializados, da contribuição para o PIS/PASEP-Importação e da COFINS-Importação; e o regime de tributação especial é o que permite o despacho de bens integrantes de bagagem mediante a exigência tão somente do imposto de importação, calculado pela aplicação da alíquota de cinquenta por cento sobre o valor do bem. III: correta, conforme disposto no art. 2º da Lei 11.898/2009, e no art. 102-A do RA. IV: correta. De acordo com o art. 9º, § 3º, da Lei 11.898/2009, o Regime de Tributação Unificada poderá incluir o ICMS devido pelo optante, desde que o Estado ou o Distrito Federal venha a aderir ao Regime mediante convênio.
Gabarito "D".

(Analista-Tributário da Receita Federal – ESAF) São tributos incidentes sobre o comércio exterior, exceto:

(A) Imposto de Importação.
(B) Imposto sobre Produtos Industrializados.
(C) Imposto sobre Operações Relativas à Circulação de Mercadorias e sobre Prestações de Serviços de Transporte Interestadual e Intermunicipal e de Comunicação.
(D) Contribuição de Intervenção no Domínio Econômico – Combustíveis.
(E) Imposto sobre Operações Relativas à Circulação de Mercadorias e sobre Prestações de Serviços de Transporte Interestadual e Intermunicipal e de Comunicação sobre operações que destinem mercadorias para o exterior.

A: correta (art. 153, I, da CF). B: correta, o IPI não incidirá apenas sobre as exportações (art. 153, § 3º, III, da CF). C: correta, pois o ICMS incide sobre a entrada de bem ou mercadoria importada do exterior por pessoa física ou jurídica (art. 155, § 2º, IX, a, da CF). D: correta (art. 177, § 4º, da CF). E: incorreta, pois o ICMS não incidirá sobre operações que destinem mercadorias para o exterior (art. 155, § 2º, X, a, da CF).
Gabarito "E".

(Analista-Tributário da Receita Federal – ESAF) Sobre as disposições constitucionais relativas aos tributos incidentes sobre comércio exterior, e sobre a Zona Franca de Manaus, assinale a opção correta.

(A) Ao dispor sobre o Imposto de Importação, o art. 153, I, da Constituição Federal, reza que compete à União instituir impostos sobre importação de bens estrangeiros.
(B) O Imposto sobre Produtos Industrializados incide sobre mercadorias industrializadas destinadas ao exterior.
(C) Com o objetivo de fomentar as exportações, a Constituição Federal atribui, excepcionalmente, aos Estados

e ao Distrito Federal a competência para exonerar os contribuintes do Imposto de Exportação.

(D) O art. 40 do Ato das Disposições Constitucionais Transitórias (ADCT), manteve a Zona Franca de Manaus, com suas características de área de livre comércio, de exportação e importação, e de incentivos fiscais, pelo prazo de vinte e cinco anos, a partir da promulgação da Constituição Federal.

(E) O art. 92 do Ato das Disposições Constitucionais Transitórias, incluído pela Emenda Constitucional n. 42, de 19 de dezembro de 2003, acrescentou quinze anos ao prazo fixado no art. 40 do ADCT.

A: incorreta, pois o art. 153, I, da Constituição Federal dispõe que compete à União instituir imposto sobre importação de produtos estrangeiros, e não bens estrangeiros. B: incorreta. O art. 153, § 3º, III, dispõe que o IPI não incidirá sobre produtos industrializados destinados ao exterior. C: incorreta, pois compete à União legislar sobre imposto de importação. D: correta. Esta é a redação do art. 40 do ADCT. E: incorreta. O art. 92 do ADCT acrescentou dez anos ao prazo fixado no art. 40. E, por sua vez, o art. 92-A acrescentou outros cinquenta anos ao prazo fixado pelo art. 92 deste Ato das Disposições Constitucionais Transitórias ((Incluído pela Emenda Constitucional nº 83, de 2014).
Gabarito "D".

(Analista-Tributário da Receita Federal – ESAF) Sobre o Imposto de Importação, é incorreto afirmar que:

(A) o imposto não incide sobre mercadoria estrangeira em trânsito aduaneiro de passagem, acidentalmente destruída.
(B) para efeito de cálculo do imposto, considera-se ocorrido o fato gerador na data do registro da declaração de importação de mercadoria submetida a despacho para consumo.
(C) para efeito de cálculo do imposto, considera-se ocorrido o fato gerador na data do registro da declaração de importação, inclusive no caso de despacho para consumo de mercadoria sob regime suspensivo de tributação e de mercadoria contida em remessa postal internacional ou conduzida por viajante, sujeita ao regime de importação comum.
(D) são contribuintes do imposto o importador, assim considerada qualquer pessoa que promova a entrada de mercadoria estrangeira no Território Nacional, o destinatário de remessa postal internacional indicado pelo respectivo remetente e o adquirente de mercadoria entrepostada.
(E) o representante, no País, do transportador estrangeiro é responsável subsidiário pelo imposto.

A: correta, conforme disposto no art. 1º, § 4º, II, do Dec.-Lei 37/1966, e no art. 71, VII, do Regulamento Aduaneiro. B: correta, conforme disposto no art. 23 do Dec.-Lei 37/1966, e no art. 73, I, do RA. C: correta, conforme disposto no parágrafo único do art. 73 do RA. D: correta, conforme disposto no art. 31 do Dec.-Lei 37/1966, e no art. 104 do RA. E: incorreta, pois a responsabilidade do representante, no País, do transportador estrangeiro é solidária, e não subsidiária, conforme previsto no art. 6º, III, da Lei 10.865/2004, e no art. 255, III, do RA.
Gabarito "E".

(Analista-Tributário da Receita Federal – ESAF) A Lei n. 11.898, de 8 de janeiro de 2009, instituiu o Regime de Tributação Unificada – RTU, na importação de mercadorias procedentes da República do Paraguai. Sobre o RTU, é correto afirmar, exceto:

(A) é vedada a inclusão no Regime de quaisquer mercadorias que não sejam destinadas ao consumidor final, bem como de armas e munições, fogos de artifícios, explosivos, bebidas, inclusive alcoólicas, cigarros, veículos automotores em geral e embarcações de todo tipo, inclusive suas partes e peças, medicamentos, pneus, bens usados e bens com importação suspensa ou proibida no Brasil.
(B) o Poder Executivo poderá fixar limites quantitativos, por tipo de mercadoria, para as importações.
(C) não poderá optar pelo RTU a microempresa optante pelo Regime Especial Unificado de Arrecadação de Tributos e Contribuições devidos pelas Microempresas e Empresas de Pequeno Porte – SIMPLES NACIONAL, de que trata a Lei Complementar n. 123, de 14 de dezembro de 2006.
(D) a operação de importação e o despacho aduaneiro poderão ser realizados pelo empresário ou pelo sócio da sociedade empresária, por pessoa física nomeada pelo optante pelo Regime ou por despachante aduaneiro.
(E) decorrido o prazo de trinta dias da entrada no recinto alfandegado onde será realizado o despacho aduaneiro de importação ao amparo do Regime, sem que tenha sido iniciado ou retomado o respectivo despacho aduaneiro, por ação ou por omissão do optante pelo Regime, a mercadoria será declarada abandonada pela autoridade aduaneira e destinada na forma da legislação específica.

A: correta, conforme disposto no parágrafo único do art. 3º da Lei 11.898/2009. B: correta, conforme disposto no inc. III do art. 4º da mesma Lei. C: incorreta. De acordo com o art. 7º da referida Lei, a microempresa optante pelo SIMPLES NACIONAL poderá optar pelo RTU. D: correta, conforme disposto no § 2º do art. 7º da Lei. E: correta, conforme disposto no § 3º do art. 8º da Lei.
Gabarito "C".

(Analista-Tributário da Receita Federal – ESAF) Acerca do Imposto de Exportação, analise os itens a seguir, classificando-os como verdadeiros (V) ou falsos (F). Em seguida, escolha a opção adequada às suas respostas.

I. A Câmara de Comércio Exterior, observada a legislação específica, relacionará as mercadorias sujeitas ao Imposto de Exportação, mas de acordo com o art. 153, § 10 da Constituição Federal, a alteração das alíquotas do imposto é de competência privativa do Chefe do Poder Executivo.
II. Mesmo considerando a função regulatória do Imposto de Exportação, suas alíquotas não poderão ser manejadas sem a observância de condições e limites estabelecidos em lei em sentido estrito.
III. Segundo entendimento do Supremo Tribunal Federal, é incompatível com a Constituição Federal a norma infraconstitucional que atribui a órgão integrante do Poder Executivo da União a faculdade de estabelecer as alíquotas do Imposto de Exportação.
IV. O Imposto de Exportação incide sobre mercadoria nacional ou nacionalizada destinada ao exterior. Considera-se nacionalizada a mercadoria estrangeira importada a título definitivo.

(A) Estão corretos somente os itens II e III.
(B) Estão corretos somente os itens I e III.

(C) Estão corretos somente os itens I e II.
(D) Estão corretos somente os itens II e IV.
(E) Todos os itens estão corretos.

I: incorreta. De acordo com o art. 1º, § 3º, e art. 3º do Dec.-Lei 1.578/1977, e os arts. 212, § 2º, e 215, § 1º, do RA, A Câmara de Comércio Exterior relacionará as mercadorias sujeitas ao imposto de exportação e poderá reduzir ou aumentar a alíquota do imposto. II: correta, conforme disposto no § 1º do art. 153 da CF. III: incorreta. No julgamento do RE 570.680/RS, o STF concluiu que a competência estabelecida no art. 153, § 1º, da CF não é exclusiva do Presidente da República, pois foi deferida, genericamente, ao Poder Executivo, permitindo que seja exercida por órgão que integre a estrutura desse Poder. IV: correta, conforme disposto no art. 1º do Dec.-Lei 1.578/1977, e no art. 212 do RA.
Gabarito "D".

8. ORGANIZAÇÕES, TRATADOS E ACORDOS INTERNACIONAIS DE COMÉRCIO

(Auditor Fiscal da Receita Federal – ESAF) Sobre a Tarifa Externa Comum (TEC), é incorreto afirmar que:

(A) pelo regime de ex-tarifário, pode haver redução da TEC para bens de capital, inicialmente por cinco anos, para projetos de investimento aprovados pelas Autoridades Nacionais do Mercosul.
(B) faculta-se à Comissão de Comércio do MERCOSUL (CCM) a adoção de medidas específicas de redução de alíquota da TEC tendentes a garantir um abastecimento normal e fluido de produtos nos Estados-Partes.
(C) pode haver redução da TEC em razão de desabastecimento de produção regional de uma matéria-prima para determinado insumo, ainda que exista produção regional de outra matéria-prima para insumo similar mediante uma linha de produção alternativa.
(D) o regime de ex-tarifário permite a redução temporária da alíquota do Imposto de Importação, para 2%, por dois anos, de Bens de Capital (BK) e Bens de Informática e de Telecomunicações (BIT), assim como de suas partes, peças e componentes, quando não houver produção nacional.
(E) o Brasil pode incluir até 100 códigos NCM em sua Lista de Exceção até 31 de dezembro de 2015, mas deve valorizar a oferta exportável existente no MERCOSUL.

A única assertiva incorreta acerca da tarifa externa comum (TEC) é a "A". O mecanismo de ex-tarifário foi criado para reduzir custos de investimentos e modernizar o parque industrial, bem como melhorar a infraestrutura de serviços do país, no que se refere à aquisição de bens de capital sem fabricação nacional. O Ex-tarifário é uma redução temporária da alíquota da TEC para 2%, concedida apenas para Bens de Capital (BK) e Bens de Informática e Telecomunicações (BIT), assim como de suas partes, peças e componentes, sem fabricação nacional, por um período de no máximo, 2 anos.
Gabarito "A".

(Auditor Fiscal da Receita Federal – ESAF) Sobre a Organização Mundial do Comércio (OMC), pode-se afirmar:

(A) com o final da Rodada Uruguai, encerrou-se a validade do GATS, permitindo maior liberalização mundial para o comércio de serviços.
(B) o Brasil não foi membro fundador do GATT, em razão da oposição do Governo Vargas à cláusula do padrão-ouro.
(C) apesar de avanços modestos, a reunião ministerial de Bali conseguiu alcançar um Acordo de Facilitação de Comércio.
(D) a Rodada Uruguai não foi concluída em razão da oposição da Índia quanto ao patenteamento de medicamentos.
(E) em razão do acordo de Bali no acordo de quotas agrícolas, o Brasil encerrou o contencioso do algodão contra os Estados Unidos.

A: incorreta, porque a validade do GATS não foi encerrada. Tanto é assim que um dos principais objetivos da Rodada Doha é justamente negociar a liberalização progressiva em serviços, conforme estabelecido nas discussões do Acordo Geral sobre o Comércio de Serviços – GATS; B: incorreta, pois o Brasil foi sim um dos membros fundadores do Acordo Geral de Tarifas e Comércio – GATT; C: correta. Inclusive, esse acordo (também conhecido como Doha Light) é o primeiro firmado após a conclusão da Rodada Uruguai, em 1994, em Marrakech (Marrocos); D: incorreta, pois a Rodada Uruguai foi concluída em 1993 com 123 países participantes; E: incorreta, pois o contencioso foi encerrado via a assinatura de Memorando de Entendimento pelos dois países. Neste, os Estados Unidos se comprometeram a efetuar ajustes no programa de crédito e garantia à exportação (GSM-102), que passará a operar dentro de parâmetros bilateralmente negociados, propiciando, assim, melhores condições de competitividade para os produtos brasileiros no mercado internacional. Ademais, o entendimento bilateral incluiu pagamento adicional de US$ 300 milhões, com flexibilização para a aplicação dos recursos, para atenuar prejuízos sofridos pelos produtores de algodão brasileiros.
Gabarito "C".

(Auditor Fiscal/ES – CESPE) A Convenção de Viena sobre Direitos dos Tratados

(A) reconhece a mudança fundamental de circunstâncias como causa de extinção de tratados.
(B) dispõe que o órgão de solução de controvérsias da OMC tem jurisdição compulsória sobre tratados comerciais.
(C) determina que o rompimento de relações diplomáticas gera, ipso facto, a suspensão de tratados comerciais.
(D) distingue os conceitos de tratado e de acordo internacional.
(E) estabelece a prioridade dos tratados de direitos humanos sobre os tratados de comércio internacional, em caso de conflito entre ambos.

A: correta, pois por mais que o artigo 62, no seu ponto 1, prevê a impossibilidade de invocar mudança fundamental de circunstâncias como causa para extinguir um tratado, as alíneas "a" e "b" trazem exceções à essa vedação. Portanto, pode-se dizer que a Convenção de Viena sobre Direito dos Tratados reconhece a mudança fundamental de circunstâncias como causa de extinção de tratados; B: incorreta, pois não há qualquer previsão do tipo; C: incorreta. "O rompimento de relações diplomáticas ou consulares entre partes em um tratado não afetará as relações jurídicas estabelecidas entre elas pelo tratado, salvo na medida em que a existência de relações diplomáticas ou consulares for indispensável à aplicação do tratado" (art. 63 da Convenção). Logo, a suspensão de tratados comerciais não é uma consequência automática do rompimento das relações diplomáticas; D: incorreta. Pois tratado significa um acordo internacional concluído por escrito entre Estados e regido pelo Direito Internacional, quer conste de um instrumento único, quer de dois ou mais instrumentos conexos, qualquer que seja sua denominação específica (art. 2º, ponto 1, a, da Convenção de Viena sobre Direito dos Tratados); E: incorreta, pois não existe a citada previsão na Convenção.
Gabarito "A".

(Auditor Fiscal da Receita Federal – ESAF) Sobre a integração regional nas Américas, assinale a opção correta.

(A) Após a extinção da Associação Latino-Americana de Integração (ALADI), foi criada em 1990 a

Associação Latino-Americana de Livre Comércio (ALALC), com objetivos mais amplos do que a sua predecessora.

(B) A Tarifa Externa do Mercado Comum do Sul (MERCOSUL) não admite exceções, em função do objetivo de formação de um mercado comum estabelecido no Tratado de Assunção.

(C) De acordo com o Tratado de Assunção, que instituiu o Mercado Comum do Sul (MERCOSUL), o Grupo Mercado Comum é o órgão superior, correspondendo-lhe a condução política do MERCOSUL e a tomada de decisões para assegurar o cumprimento dos objetivos e prazos estabelecidos para a constituição definitiva do mercado comum.

(D) O sistema de pagamentos em moeda local do MERCOSUL é um mecanismo que viabiliza a realização de operações de comércio exterior nas moedas locais dos Estados Partes, tendo sido implementado de forma voluntária por Brasil e Argentina até o momento.

(E) A Associação Latino-Americana de Integração (ALADI) objetiva a criação de uma união aduaneira latino-americana, com exclusão do México, que já se integrou ao NAFTA.

A: incorreta. A ALALC, criada em 1960, foi substituída pela ALADI, de 1980, e não o contrário. **B:** incorreta. A Tarifa Externa do Mercosul (TEC) comporta exceções. No Brasil, as listas de exceções à TEC constam dos Anexos do Dec. 2.376/1997. **C:** incorreta. De acordo com o Artigo 10 do Tratado de Assunção, o Conselho é o órgão superior do Mercado Comum. O Conselho é integrado pelos Ministros das Relações Exteriores e os Ministros da Economia dos Estados Partes (Artigo 11). **D:** correta. O Conselho do Mercado Comum aprovou o Sistema de Pagamento em Moedas Locais para reduzir os custos financeiros nas transações comerciais entre os Estados Partes. O Sistema já está em funcionamento para operações entre Brasil e Argentina. **E:** incorreta. O México é membro da ALADI.

Gabarito "D".

12. Administração Pública

Wander Garcia e Robinson Barreirinhas

(Auditor Fiscal Tributário Municipal – Prefeitura Cuiabá – 2016 – FGV) Com relação à formação de grupos e seus comportamentos e conflitos, analise as afirmativas a seguir.

I. Os grupos secundários são mais orientados para tarefas e os primários, para as relações interpessoais.
II. O pensamento grupal decorrente de forte adesão interna pode reduzir a capacidade crítica e criar a ilusão de unanimidade.
III. Na acomodação de conflito intergrupal, os grupos colaboram de um modo assertivo, colaborativo e de mútua satisfação.

Assinale:
(A) se somente a afirmativa I estiver correta.
(B) se somente a afirmativa II estiver correta.
(C) se somente a afirmativa III estiver correta.
(D) se somente as afirmativas I e II estiverem corretas.
(E) se todas as afirmativas estiverem corretas.

I: correta. Os grupos sociais primários são os informais, nos quais predominam as relações pessoais. Os grupos sociais secundários são primordialmente os formais, incluindo as organizações, com relações normatizadas por regulamentos explícitos e categóricos; II: correta, pois a tendência à uniformização interna dos grupos tem esses efeitos; III: incorreta, pois não há razão para esperar colaboração espontânea e assertiva entre grupos distintos em conflito, sendo normalmente necessárias ferramentas de diálogo e, muitas vezes, mediação. RB
Gabarito "D".

(Auditor Fiscal Tributário Municipal – Prefeitura Cuiabá – 2016 – FGV) Os postulados de W.E. Deming, com referência à gestão pela qualidade nas organizações, dão atenção específica à avaliação do desempenho.

Nesse sentido, analise as afirmativas a seguir.

I. Avaliações positivas podem ser utilizadas para promover aqueles que o chefe deseja excluir do grupo.
II. Avaliações negativas tendem a não considerar a regra dos 85 – 15% na imputação dos erros ao indivíduo.
III. A classificação por mérito encoraja as pessoas da organização a correr riscos para melhorar os processos.

Assinale:
(A) se somente a afirmativa I estiver correta.
(B) se somente a afirmativa II estiver correta.
(C) se somente a afirmativa III estiver correta.
(D) se somente as afirmativas I e II estiverem corretas.
(E) se todas as afirmativas estiverem corretas.

Discordamos do gabarito. Os 14 princípios de Deming para a qualidade total são, em resumo: (1) estabelecer constância de propósitos, (2) adotar a nova filosofia, acordar para o novo desafio, (3) a qualidade deve fazer parte do produto ou serviço desde o início, afastando a dependência pela inspeção; (4) importância da redução do custo total favorecendo relacionamentos de longo prazo e exclusivos com fornecedores (não mais aprovar orçamentos com base exclusivamente em preço); (5) constante melhoria no processo e serviço para aumento de produtividade e qualidade, (6) treinamento no local de trabalho, (7) instituição da liderança, (8) eliminação do medo, (9) trabalho conjunto, eliminação de barreiras entre departamentos (10) eliminação de metas do tipo "zero defeito", *slogans*, exortações, (11) gestão por processos e substituição das quotas na linha de produção por liderança, (12) abolição da avaliação por números absolutos (avaliações de desempenho e administração por objetivos), passando à avaliação por qualidade, possibilitando que o trabalhador tenha orgulho do que faz, (13) sólido programa de educação e autoaprimoramento, (14) envolvimento de todos no processo de transformação.

Discordamos do gabarito, pois W.E. Deming era crítico das avaliações de desempenho individuais tradicionais, que alimentariam o medo e a leitura errada de indicadores. Deming, a rigor, defendia a avaliação por qualidade, incentivando o orgulho do trabalhador, sem desconsiderar o contínuo monitoramento (checagem no ciclo PDCA). RB
Gabarito "D".

(Auditor Fiscal da Receita Federal – ESAF) Assinale a opção correta. A noção contemporânea de Gestão Pública

(A) descolou-se do Estado e abrange a sociedade civil organizada de forma abrangente.
(B) implica a prestação exclusiva de serviços públicos e serviços de relevância pública.
(C) está, em princípio, circunscrita à ação estatal, porém, sob determinadas condições, pode incluir entidades assistenciais privadas fomentadas pelo Estado.
(D) limita-se à provisão de bens públicos (no sentido originalmente definido por Samuelson).
(E) possui caráter cada vez mais seletivo, focando em necessidades e ações de segmentos específicos.

Para responder à presente questão e grande parte das questões deste capítulo, vale a pena ler o Plano Diretor da Reforma do Aparelho do Estado, cuja redação poderá ser encontrada, na sua integralidade, no seguinte link: http://www.bresserpereira.org.br/Documents/MARE/PlanoDiretor/planodiretor.pdf. Confira trecho do Plano, que permitirá responder à presente questão: "No curto prazo, é possível imaginar avanços na direção da modernização da gestão pública, a partir de ações específicas de laboratórios visando ao estabelecimento de duas instituições básicas: as 'agências autônomas' entre as atividades exclusivas de Estado, e as 'organizações sociais' entre os serviços competitivos ou não exclusivos" (p. 56).
Gabarito "A".

(Auditor Fiscal da Receita Federal – ESAF) São valores basilares da nova Gestão Pública:

(A) eficiência e universalização.
(B) efetividade e equidade.
(C) eficiência e justiça distributiva.
(D) eficiência e qualidade.
(E) efetividade e desenvolvimento humano.

A eficiência está prevista no art. 37, *caput*, da CF e a justiça, não no sentido formal, mas no sentido de tratar desigualmente os desiguais, está prevista, por exemplo, no art. 3º da Constituição Federal.
Gabarito "C".

(Auditor Fiscal da Receita Federal – ESAF) Considere a seguinte situação hipotética: Em 2002, um cidadão foi surpreendido com uma comunicação de inclusão de seu nome no Cadastro de Inadimplentes da União, devido a um débito no valor de R$ 13,63 relativo a uma pendência de 1997. O cidadão prontamente buscou verificar sua pendência por meio da Internet, que apenas informava "situação não regular", tampouco informava estar irregular ou mesmo as razões para tal, indicando que o cidadão deveria se dirigir a uma repartição pública para regularizar sua situação. O cidadão perdeu um dia de trabalho para saldar sua dívida: uma fila para saber do que se tratava; outra para emissão da guia de pagamento; outra para pagamento, no banco; outra para informar o pagamento, tendo em conta que o sistema só registra o pagamento após 4 dias, e obter uma declaração de quitação, comprovando a pronta regularização. Tudo isto em plena era da tecnologia da informação, das redes, das transações em tempo real, das plataformas integradas, das comunicações via Internet, do foco no cliente etc. O cidadão elaborou uma proposta de melhoria de processos contendo cinco opções e encaminhou à repartição pública pertinente. Assinale a opção que mais se enquadra no conceito clássico de reengenharia.

(A) Integrar e otimizar os sistemas de tal forma que o cidadão possa ter uma exata noção de sua situação mediante consulta com senha específica.
(B) Implementar um módulo de sistema que permita ao cidadão quitar suas pendências via Internet, mediante débito em conta ou cartão de crédito.
(C) Melhorar o atendimento aos cidadãos, estabelecendo guichê único para informações, pagamento e expedição de certidões.
(D) Terceirizar a cobrança e a comunicação com cidadãos, de tal forma que os atuais processos possam ser executados com mais rapidez.
(E) Implementar uma central de relacionamento com o cidadão, totalmente informatizada, a partir de novos programas e plataformas de dados, que permita a informação precisa e operações em tempo real.

A reengenharia significa o repensar fundamental do atuar das organizações, para que estas se adaptem às condições ambientais, que envolvem clientes, concorrentes e mudanças permanentes. No caso da questão, apenas a alternativa "e" está em consonância com o conceito de reengenharia.
Gabarito "E".

(Auditor Fiscal da Receita Federal – ESAF) Assinale a opção correta relativamente ao paradigma do cliente.

(A) O cliente é apenas o usuário de serviços públicos.
(B) Todo cidadão é cliente do Estado, mas nem todo cliente do Estado é cidadão.
(C) O cidadão não pode ser tratado como cliente porque, diferentemente deste, tem assegurado direito à provisão de bens públicos.
(D) Foco no cliente está relacionado predominantemente a formas expeditas de atendimento ao público.
(E) Permeabilidade, transparência e controle social são questões que exorbitam o paradigma do cliente.

Na forma da nova Administração Pública, o cliente-cidadão é um consumidor de serviço público e diferencia-se dos clientes de empresas por ser dotado de direitos e deveres perante o Estado. É um avaliador e também partícipe da formulação das políticas.
Gabarito "B".

(Auditor Fiscal da Receita Federal – ESAF) Julgue os itens sobre o alcance e funções do Estado na área de tecnologia da informação, segundo a abordagem contemporânea do governo eletrônico:

I. aplicação maciça de TI aos processos organizacionais buscando-se eficiência e racionalização de gastos.
II. disponibilização de informações fidedignas em tempo real sobre atos, fatos e desempenho de órgão e entidades.
III. ampliação da acessibilidade de cidadãos às tecnologias informacionais buscando-se a redução da exclusão digital.
IV. implantação de portais de serviços amigáveis aos usuários buscando-se otimizar e ampliar prestação de serviços.
V. regulação e fomento visando ao desenvolvimento do mercado produtor de TI.

A quantidade de itens certos é igual a:
(A) 1
(B) 2
(C) 3
(D) 4
(E) 5

Todas as afirmativas trazem informações corretas.
Gabarito "E".

(Auditor Fiscal da Receita Federal – ESAF) Proclama-se o advento do Estado-rede, um aglomerado de complexas relações entre atores estatais, do mercado e da sociedade civil na busca de soluções e ações conjuntas que possam maximizar o bem-estar de todos. Nessa concepção, são funções da rede, exceto:

(A) formar elementos de integração entre esferas legislativas, executivas e do judiciário no sentido de acelerar o processo legislativo e promover o cumprimento de decisões judiciais.
(B) servir de canal de representação de interesses, permitindo que segmentos externos ao estado expressem demandas e solucionem conflitos de forma mais ou menos integrada ao sistema político.
(C) prover meios de difusão e legitimação de políticas públicas, permitindo, inclusive, que informações de utilidade pública atinjam seu público-alvo de forma efetiva.
(D) proporcionar inputs para formulação de políticas, permitindo que problemas sejam detectados e soluções modeladas de forma convergente com as expectativas dos atores envolvidos.
(E) constituir instâncias de controle social, para as quais atos, fatos e resultados tornam-se transparentes.

O Estado-rede consiste no aglomerado de relações do *Estado*, do *mercado* e da *sociedade civil* na busca de soluções e ações conjuntas para o bem comum. A alternativa "a" narra uma situação de integração apenas no âmbito interno da Estado, de modo que não é verdadeira.
Gabarito "A".

(Auditor Fiscal da Previdência Social – ESAF) Um dos princípios da Administração Pública que a diferencia da Administração Privada é a LEGALIDADE. Nas opções que se seguem, marque a que melhor interpreta o significado desse princípio.

(A) Embora a iniciativa privada deva submeter-se à lei, somente a Administração Pública é rigorosamente fis-

calizada. O Administrador deve observar esse princípio estritamente, em detrimento de quaisquer outros.
(B) Legalidade é o atendimento à lei e permite que o Administrador na sua observância defenda o interesse público secundário.
(C) A legalidade é um conceito que incorpora em si a observância da lei, o atendimento do interesse público primário e a ética profissional.
(D) A ação do dirigente de uma empresa pública tem força de lei em qualquer circunstância, já que a investidura do cargo obedece à Constituição Federal.
(E) Qualquer ato ou decisão praticados pelo Administrador público é considerado legal, inclusive nos casos em que há a necessidade de disponibilização de bens ou erários públicos fora dos limites da lei.

A: a iniciativa privada também deve ser rigorosamente fiscalizada quanto ao cumprimento da lei; a diferença entre ela e a Administração é que esta só pode fazer o que a lei autorizar ou determinar; e a iniciativa privada pode fazer tudo o que quiser, a não ser o que a lei proibir; a afirmativa também é falsa quando diz que o Administrador deve observar esse princípio estritamente, em detrimento de quaisquer outros, pois os princípios devem ser respeitados em conjunto; assim, de nada adianta, por exemplo, respeitar o princípio da legalidade estritamente, se a conduta praticada ferir a moralidade administrativa, ou seja, o princípio da moralidade; B: o interesse público secundário é aquele que diz respeito apenas à Administração Pública, enquanto organismo, enquanto pessoa jurídica; ao contrário do interesse público primário, que tem em mira os interesses coletivos, os interesses da sociedade com um todo; o princípio da legalidade leva em conta que se deve obedecer a lei tendo em vista sua finalidade, que, em última análise, é atender ao interesse público primário (e não secundário); C: em sentido amplo, respeitar a legalidade abrange respeitar a lei, atender ao interesse público e agir conforme a moralidade administrativa; D: o dirigente de uma empresa pública, por ser dirigente de uma pessoa jurídica de direito privado estatal, costuma praticar atos regidos pelo direito privado, o que importa dizer que são atos que não têm força de lei, nem no sentido amplo, nem no sentido estrito; há atos desses dirigentes que têm um regime jurídico de direito público, como os praticados no âmbito de uma licitação pública; porém, isso não torna a alternativa verdadeira, por ser uma exceção; ademais, os dirigentes desse tipo de pessoa jurídica não são titulares de cargos públicos, vínculo esse próprio das pessoas jurídicas de direito público, como autarquias e agências reguladoras; E: nenhum ato *fora dos limites da lei* é *legal*.
Gabarito "C."

(Auditor Fiscal da Previdência Social – ESAF) Analise as afirmativas abaixo, indicando **C** para correto e **E** para errado e escolha a opção que representa a sequência correta.

(1) Na gestão pública o dirigente utiliza-se de uma filosofia de negócios e, portanto, assume riscos que são seu principal ingrediente.
(2) A gestão privada caracteriza-se por poder fazer tudo o que não lhe é proibido, enquanto a pública caracteriza-se por fazer somente o que lhe é permitido.
(3) A gestão pública é fiscalizada internamente por meio de um sistema hierárquico, e essa fiscalização deriva do poder-dever de autotutela da Administração.
(4) A gestão pública, diferentemente da gestão privada, submete-se à fiscalização financeiro-orçamentária, exercida pelo poder executivo auxiliado pelos Tribunais de Contas.
(5) Na gestão pública o cidadão-cliente é partícipe da avaliação de resultados, embora não se torne partícipe da formulação de políticas públicas.

(A) C-C-E-E-E
(B) E-E-E-C-C
(C) E-C-C-E-E
(D) C-E-E-E-C
(E) E-E-C-C-C

1: errada, pois a gestão pública não pode assumir riscos não admitidos em lei, em virtude da indisponibilidade do interesse público; **2:** certa, nos termos do art. 5º, II, e 37, *caput*, respectivamente, da CF; **3:** certa, pois internamente a uma pessoa jurídica existe sistema hierárquico, e essa fiscalização deriva do poder de autotutela, pelo qual a Administração pode rever seus atos, independentemente de apreciação judicial; **4:** errada, pois tal fiscalização é exercida internamente, pelo Executivo, e externamente, pelo Poder Legislativo, auxiliado pelos Tribunais de Contas; **5:** errado, pois o cidadão-cliente também é partícipe da formulação de políticas públicas.
Gabarito "C."

(Auditor Fiscal da Previdência Social – ESAF) Nas colunas que se seguem identifique características dos estágios de evolução do Estado Contratual, relacionando a primeira com a segunda. A seguir, assinale a opção que representa a sequência correta.

I. O governo fixa prioridades e os funcionários as põem em andamento.
II. O governo delega poderes e obtém eficiência e produtividade, mas não obtém eficácia na implantação de políticas públicas.
III. Os servidores não são mais executores; eles conhecem e gerenciam as condições entre os grupos de pressão ou esferas de legitimidade.
IV. Incapacidade de intercâmbio de informações, de aprender, de capitalizar as inovações.
V. A distinção de papéis entre os funcionários e a classe política não é mais garantida.

( ) Estágio da Desconcentração
( ) Obstáculo à manutenção do Estágio Hierárquico
( ) Obstáculo à manutenção do Estágio da Desconcentração
( ) Estágio Hierárquico
( ) Estágio Contratual

(A) I - II - III - IV - V
(B) II - V - IV - I - III
(C) III - II - I - IV - V
(D) II - I - IV - III - V
(E) II - I - IV - V – III

O "Estágio da Desconcentração" está ligado ao item II, pois a ideia de *desconcentração* está ligada à de delegação de poderes; é "obstáculo à manutenção do Estágio Hierárquico" o item V, vez que há tendência à mitigação das hierarquias; é "obstáculo à manutenção do Estágio da Desconcentração" o item IV, pois não é possível desconcentrar com incapacidade nos setores citados; no "Estágio Hierárquico" ocorre justamente o fato narrado no item I; o "Estágio Contratual" depende dessa postura dos servidores.
Gabarito "B."

(Auditor Fiscal da Previdência Social – ESAF) O novo paradigma gerencial adotado pela Administração Pública no Brasil enseja uma discussão sobre o conceito de cliente e o conceito de cliente-cidadão. Textos publicados pela ENAP, FGV e outras editoras apresentam parte dessa discussão no que diz respeito à origem de cada uma das palavras e também às controvérsias surgidas pela adoção dessa nova nomenclatura, já adotada por outros países, aplicada ao cliente. Nos textos que se seguem identifique a opção que apresenta o conceito mais adequado ao novo paradigma.

(A) O cliente é o consumidor de serviços mediante um contrato. O cidadão é o indivíduo dotado de direitos e deveres. O cliente-cidadão é um consumidor que tem direitos e deveres em relação a qualquer serviço que contrata na Administração Pública Direta.

(B) O cliente-cidadão é o usuário de qualquer serviço público e privado já que não deixa de ser cidadão. A nomenclatura adotada é uma extensão desse pensamento generalista e destaca o povo brasileiro dos estrangeiros radicados no Brasil.

(C) O novo paradigma gerencial envolve a avaliação do resultado produzido. O cliente-cidadão, mesmo não sendo usuário, é um avaliador dos processos das organizações públicas, participando da elaboração de políticas.

(D) Na forma da nova Administração Pública, o cliente-cidadão é um consumidor de serviço público e diferencia-se dos clientes de empresas por ser dotado de direitos e deveres. É um avaliador e também partícipe da formulação das políticas.

(E) O cliente só é considerado cidadão quando usuário de serviços obrigatórios da Administração Pública, não sendo atribuído esse nome, entretanto, quando se torna consumidor de serviços não exclusivos.

Para responder à presente questão, confira trecho do Plano Diretor da Reforma Administrativa: "A administração pública gerencial vê o cidadão como contribuinte de impostos e como cliente dos seus serviços. Os resultados da ação do Estado são considerados bons não porque os processos administrativos estão sob controle e são seguros, como quer a administração pública burocrática, mas porque as necessidades do cidadão-cliente estão sendo atendidas. O paradigma gerencial contemporâneo, fundamentado nos princípios da confiança e da descentralização da decisão, exige formas flexíveis de gestão, horizontalização de estruturas, descentralização de funções, incentivos à criatividade. Contrapõe-se à ideologia do formalismo e do rigor técnico da burocracia tradicional. À avaliação sistemática, à recompensa pelo desempenho, e à capacitação permanente, que já eram características da boa administração burocrática, acrescentam-se os princípios da orientação para o cidadão-cliente, do controle por resultados, e da competição administrada" (p. 17).
Gabarito "D".

(Auditor Fiscal da Receita Federal – ESAF) Julgue os itens acerca da gestão de processos.

I. O diagnóstico de processos é essencial para a formulação de indicadores de desempenho.
II. A análise da cadeia de valor facilita a identificação e priorização de *stakeholders*.
III. Um plano de melhoria deve ser implementado da forma mais rápida possível de modo a se minimizarem os riscos.
IV. A análise de efetividade deve ser realizada antes da análise de eficiência.
V. *Benchmarks* são padrões referenciais de desempenho em relação aos quais os planos de melhoria devem estar orientados.

Estão corretos apenas os itens

(A) I, II e III
(B) I, II e IV
(C) II, IV e V
(D) II, III e IV
(E) III, IV e V

I: incorreto, pois o diagnóstico de *processos* tem a ver com os *meios*, e não com os *fins*, estes sim relevantes para a verificação do *desempenho*; II: correto, pois tal análise possibilita a construção de pontes entre a organização e seus públicos de interesse (os *stakeholders*); III: incorreto, pois a ferramenta de qualidade conhecida como PDCA, também chamada de ciclo de melhoria contínua, impõe planejar a mudança (*to plan*), implementá-la (*to do*), verificar o resultado (*to check*) e agir corretivamente (*to act correctly*), providências que não são compatíveis com uma atuação muito rápida; IV: correto, pois a *efetividade* consiste na satisfação das necessidades dos clientes, juntando a *eficácia* (cumprimentos dos objetivos previamente estabelecidos) com a *eficiência* (relacionada ao *como fazer*); assim, a efetividade é mais importante que a eficiência; V: correto, pois uma prática eficiente para determinar metas de desempenho é buscar referenciais externos. O referencial, ou *benchmark*, garante que a organização mantenha um foco externo na melhor prática, em vez da prática frequente de basear os objetivos nas melhorias anteriores.
Gabarito "C".

(Auditor Fiscal da Receita Federal – ESAF) Processos de transformação organizacional inspirados na ideia de reengenharia, conforme os conceitos originalmente apresentados por Michael Hammer, tiveram grande aceitação nas últimas décadas, apesar das inúmeras críticas que receberam. A transplantação do conceito original de reengenharia ao setor público implicaria

(A) acentuada reorganização visando à redução de organizações e unidades organizacionais.
(B) enxugamento de pessoal.
(C) privatização, terceirização e devolução de serviços públicos.
(D) descentralização de funções governamentais para instâncias subnacionais e desconcentração para a sociedade civil.
(E) revisão abrangente de processos de trabalho a partir de novas configurações visando a uma maior agregação de valor.

A reengenharia significa o repensar fundamental do atuar das organizações, para que estas se adaptem às condições ambientais, que envolvem clientes, concorrentes e mudanças permanentes. Assim, a alternativa "e" está correta, pois a ideia de revisão abrangente de processos de trabalho caracteriza o conceito de reengenharia.
Gabarito "E".

(Auditor Fiscal da Receita Federal – ESAF) Assinale a opção correta em relação à qualidade.

(A) Um sistema de indicadores de qualidade deve considerar apenas a mensuração da qualidade percebida.
(B) O prêmio nacional da qualidade baseia-se em quesitos da qualidade da gestão e desconsidera o desempenho global da organização.
(C) Gestão da qualidade total é a melhor maneira de se promover a qualidade.
(D) O foco principal da gestão estratégica da qualidade equivale àquele do marketing.
(E) O pressuposto de que a qualidade do produto está na qualidade do processo contradiz o princípio da satisfação do cliente.

Segundo o Plano Diretor da Reforma do Estado, "a estratégia da reforma, nesta dimensão, prevê, ainda, a retomada do programa de qualidade, que deverá enfatizar não apenas o aspecto **qualidade total**, mas também o aspecto **participação**, essencial para o aumento da eficiência dos serviços no nível operacional. O Programa da Qualidade e Participação na Administração Pública estará voltado para o aprimoramento e melhoria da qualidade e eficiência na prestação de serviços pelo setor público" (p. 55, g.n.). A ideia é criar uma maior participação dos funcionários, além de

um aumento da cooperação entre estes e os administradores. A alternativa "d" está correta, pois um dos princípios da gestão da qualidade postula que toda ação desenvolvida no processo produtivo deve ter, como reflexo básico, o aumento da satisfação do cliente.
Gabarito "D".

(Auditor Fiscal da Receita Federal – ESAF) O contrato de gestão é um instrumento consagrado de gestão de resultados na administração pública. Julgue os itens a seguir.

I. Os contratos de gestão firmados com organizações privadas demandam prévia licitação.
II. Os contratos de gestão firmados entre organizações públicas fragilizam o contratado na medida em que não preveem penalidades aos contratantes em caso de impossibilidade de repasses financeiros.
III. A contratualização interna se dá entre a cúpula e instâncias operacionais de uma mesma organização.
IV. O descumprimento injustificado pelas agências reguladoras de contrato de gestão que tenham firmado leva à demissão de seus dirigentes.
V. A regulamentação do parágrafo 8º do art. 37 da Constituição Federal permite a ampliação da autonomia gerencial mediante contrato de gestão apenas para autarquias e fundações.

Estão corretos apenas os itens

(A) I, II e III
(B) I, II e IV
(C) II, III e IV
(D) II, IV e V
(E) III, IV e V

I: incorreta, pois os contratos de gestão celebrados com organizações sociais não demandam prévia licitação (Lei 9.637/98); II: correta, pois a posição de ascendência que o Poder Público tem sobre os órgãos ou entidades da administração impede a imposição de penalidades para o primeiro, fragilizando, em certo ponto, a situação do contratado; III: correta, pois, no âmbito interno, ou seja, no âmbito de uma mesma pessoa jurídica, o contrato de gestão se dá entre *órgãos autônomos* (Ministérios e Secretarias Estaduais e Municipais) e *órgãos superiores* (Departamentos, Procuradorias etc.) e *subalternos* (seções de expediente, por exemplo); IV: correta; vide, por ex., o art. 8º, IV, da Lei 9.961/00 (Lei da Agência Nacional de Saúde Suplementar – ANS); V: o art. 37, § 8º, da CF não faz essa limitação; o dispositivo permite o contrato de gestão com qualquer órgão ou entidade da administração direta e indireta.
Gabarito "C".

(Auditor Fiscal da Receita Federal – ESAF) São temas no âmbito da gestão estratégica de RH contemporânea, exceto:

(A) alinhamento entre a área de RH e os objetivos estratégicos da organização.
(B) gestão do aprendizado organizacional de forma integrada à gestão do conhecimento.
(C) gestão da motivação, não apenas como uma responsabilidade central da área de RH, mas também como uma responsabilidade de linha.
(D) desenvolvimento de lideranças, a partir da identificação de qualidades natas dos líderes e da capacitação para formação de liderados.
(E) gestão da qualidade de vida.

De fato, a gestão estratégica de RH contemporânea deve cuidar para não privilegiar a hierarquia, mas sim a liderança, a confiança, a descentralização da decisão, as formas flexíveis de gestão, a horizontalização de estruturas e o incentivo à criatividade.
Gabarito "D".

(Auditor Fiscal da Receita Federal – ESAF) As recentes mudanças constitucionais no funcionalismo público implicaram, exceto:

(A) o fim da aposentadoria integral para as carreiras típicas de Estado.
(B) a possibilidade de demissão por insuficiência de desempenho.
(C) o advento do regime de emprego para atividades de natureza auxiliar.
(D) a possibilidade de demissão por excesso de quadros, quando as despesas com funcionalismo excederem os limites fixados na Lei de Responsabilidade Fiscal.
(E) a adoção do regime celetista para os cargos de nível médio.

A: de fato, o fim da aposentadoria integral, apesar de ainda não regulamentado, foi admitido pela Emenda Constitucional 20/98 (art. 40, § 14, da CF); **B:** a insuficiência de desempenho é causa de *exoneração*, e não de *demissão* de servidor público (art. 41, § 1º, III, da CF); ademais, a insuficiência de desempenho já era motivo para exoneração de servidores, quando estes estivessem em estágio probatório; C e **E:** de fato, as atribuições de natureza auxiliar (como é o caso de boa parte das atribuições de nível médio) admitem contratação pelo regime celetista; **D:** art. 169, §§ 3º e 4º, da CF.
Gabarito "B".

(Auditor Fiscal da Receita Federal – ESAF) Assinale a opção correta a respeito da gestão de redes e parcerias.

(A) As redes constituem apoio operacional na implementação descentralizada de políticas públicas e instâncias de representação de interesse.
(B) As redes implicam configurações organizacionais de caráter mecanicista e auto-orientadas para questões específicas.
(C) A noção de estado-rede aplica-se à crescente integração global a partir da emergência de organizações supranacionais.
(D) O modelo das organizações da sociedade civil de interesse público presta-se à terceirização de atividades governamentais para entidades não governamentais.
(E) A transnacionalização do associativismo inviabiliza a implementação da sociedade rede, conforme definida por Castels.

As redes pressupõem interface com o mercado e a sociedade civil, de modo que a alternativa "a" está correta.
Gabarito "A".

(Auditor Fiscal/São Paulo-SP – FCC) O Plano Diretor da Reforma do Aparelho do Estado, elaborado pelo Ministério da Administração Federal e Reforma do Estado (MARE), implementado nos anos 90, teve, entre seus principais objetivos e diretrizes,

(A) propiciar a reforma do Aparelho do Estado, estabelecendo condições para que o Governo possa aumentar sua governança, fortalecendo as funções de coordenação e regulação.
(B) aumentar a eficiência da gestão pública, privilegiando e fortalecendo os sistemas de controle *a priori* da atividade administrativa.
(C) a profissionalização dos setores estratégicos da Administração e a ampliação da participação direta do Estado nos diversos setores da sociedade e da economia.

(D) a reforma do Estado, mediante a substituição do modelo burocrático pela administração gerencial, com foco no cidadão, prescindindo, assim, de sistemas de controles *a priori* e *a posteriori*.

(E) o fortalecimento do núcleo estratégico do Estado, com a modernização das estruturas organizacionais, ampliando e fortalecendo os sistemas centralizados de controle de processos.

O Plano Diretor da Reforma do Aparelho do Estado pode ser encontrado no link: www.bresserpereira.org.br/Documents/MARE/PlanoDiretor/planodiretor.pdf. **A:** Segundo o plano diretor, "busca-se o fortalecimento das funções de regulação e de coordenação do Estado, particularmente no nível federal, e a progressiva descentralização vertical, para os níveis estadual e municipal, das funções executivas no campo da prestação de serviços sociais e de infraestrutura" (p. 13, g.n.). Ademais, "pretende-se reforçar a **governança** - a capacidade de governo do Estado - através da transição programada de um tipo de administração pública burocrática, rígida e ineficiente, voltada para si própria e para o controle interno, para uma administração pública gerencial, flexível e eficiente, voltada para o atendimento do cidadão" (p. 13, g.n.); **B** e **D:** a eficiência se alcança não com o controle de *meios* (o controle *prévio*, *a priori*), mas com o controle de *fins*, ou seja, de *resultados*; essa é a diferença entre a administração burocrática e a administração gerencial, esta última objetivada pela reforma; é necessário controle, sim, mas um controle *a posteriori*; **C:** a reforma do estado não prevê a ampliação da participação direta do Estado na economia, mas sim a diminuição; **E:** o plano diretor não fortalece a centralização, mas sim a descentralização.

Gabarito "A".

(Auditor Fiscal/São Paulo-SP – FCC) É correto apontar entre as motivações para o movimento de Reforma do Estado, levado a efeito na esfera federal pelo Ministério da Administração Federal e Reforma do Estado,

(A) o ideário neoliberal, que propõe a retirada do Estado de diversos setores da sociedade, reduzindo-se seu papel de prestador direto de serviços públicos e de agente de fomento da atividade econômica.

(B) a intenção de ampliar a intervenção do Estado no domínio econômico, dada a crescente demanda da sociedade por bens e serviços públicos, do que resultou a profissionalização e a ampliação do Aparelho do Estado.

(C) a crise fiscal, caracterizada pela crescente perda de crédito por parte do Estado e pelo esgotamento da poupança pública, o que ensejou a privatização em larga escala de empresas estatais exploradoras de atividade econômica e prestadoras de serviço público.

(D) o esgotamento do modelo de Estado prestador direto de serviços públicos, enfatizando-se a privatização de empresas estatais, desonerando o Estado da responsabilidade pela disponibilização de tais serviços aos usuários.

(E) a necessidade de implementação de uma política de ajuste fiscal, como consequência do cumprimento de obrigações com organismos internacionais, implicando redução do Aparelho do Estado, bem como do setor público não estatal, em função do esgotamento das fontes de financiamento.

A: a afirmativa é falsa, como se pode ver do texto do Plano Diretor da Reforma do Estado: "Dada a crise do Estado e o irrealismo da proposta neoliberal do Estado mínimo, é necessário reconstruir o Estado, de forma que ele não apenas garanta a propriedade e os contratos, mas também exerça seu papel complementar ao mercado na coordenação da economia e na busca da redução das desigualdades sociais" (p. 44); **B:** a afirmativa é falsa, como se pode ver do texto do Plano Diretor da Reforma do Estado, que estabelece como objetivo global: "Limitar a ação do Estado àquelas funções que lhe são próprias, reservando, em princípio, os serviços não exclusivos para a propriedade pública não estatal, e a produção de bens e serviços para o mercado para a iniciativa privada" (p. 45); **C:** a afirmativa é verdadeira, como se pode ver do seguinte trecho do Plano Diretor: "O programa de privatizações reflete a conscientização da gravidade da crise fiscal e da correlata limitação da capacidade do Estado de promover poupança forçada através das empresas estatais. Através desse programa transfere-se para o setor privado a tarefa da produção que, em princípio, este realiza de forma mais eficiente" (p. 13); **D:** a afirmativa é falsa, pois o Estado não deve ficar desonerado da responsabilidade pela disponibilização de serviços públicos aos usuário; porém, essa responsabilidade deve ficar mais no sentido de criar condições para a prestação do serviço, regulamentá-lo e fiscalizá-lo; **E:** a afirmativa é falsa em sua parte final, como se pode verificar do seguinte trecho do Plano Diretor: "A reforma do Estado envolve múltiplos aspectos. O ajuste fiscal devolve ao Estado a capacidade de definir e implementar políticas públicas. Através da liberalização comercial, o Estado abandona a estratégia protecionista da substituição de importações. O programa de privatizações reflete a conscientização da gravidade da crise fiscal e da correlata limitação da capacidade do Estado de promover poupança forçada através das empresas estatais. Através desse programa transfere-se para o setor privado a tarefa da produção que, em princípio, este realiza de forma mais eficiente. Finalmente, através de um programa de publicização, transfere-se para o setor público não estatal a produção dos serviços competitivos ou não exclusivos de Estado, estabelecendo-se um sistema de parceria entre Estado e sociedade para seu financiamento e controle" (p. 13).

Gabarito "C".

(Auditor Fiscal/São Paulo-SP – FCC) O modelo de Administração Burocrática, que tem entre seus principais expoentes Max Weber, caracteriza-se

(A) pela criação de uma estrutura própria e estável, imune à alternância dos governantes, submetida a rígidos controles de resultado e de qualidade, sendo comumente criticada pelo excesso de formalismo e falta de flexibilidade.

(B) pela consolidação do patrimonialismo, fazendo com que o Aparelho do Estado atue como extensão do poder dos governantes, sendo comumente criticada pelo clientelismo, nepotismo e ausência de controles efetivos.

(C) pelo fortalecimento do Aparelho do Estado, que passa a atuar de forma paralela e imune ao poder dos governantes, sendo comumente criticada pelo inchaço dos quadros de servidores públicos e ausência de eficiência na correspondente atuação.

(D) pela ênfase na ideia de carreira, hierarquia funcional, impessoalidade e formalismo, sendo comumente criticada pela rigidez do controle dos processos, de forma auto-referenciada e sem compromisso com os resultados para o cidadão.

(E) como reação à Administração Pública patrimonialista, buscando instituir mecanismos de controle da atuação dos governantes, com ênfase nos resultados, sendo comumente criticada pela ausência de controles eficazes dos processos.

A: o modelo de administração burocrática está mais voltado ao controle de *meios*, e não de *resultados*; **B:** há três grandes modelos de administração pública, o modelo patrimonialista (em que o aparelho do Estado é extensão do poder do soberano, ensejando corrupção, nepotismo etc.); o modelo burocrático (que veio para combater a corrupção e nepotismo, mas que acaba se preocupando demais com o controle de *meios*, controle de processos); e o modelo gerencial (que veio para garantir a eficiência, e que preza o controle de *resultados*); repare que a administração burocrática veio, na verdade, para combater o patrimonialismo; **C:** na administração burocrática o aparelho estatal não está imune ao poder dos governantes; ao contrário, o controle (prévio) é a tônica desse modelo; **D:** a afirmativa está correta; confira texto do Plano Diretor da Reforma do Estado, nesse sentido: "Administração Pública Burocrática - Surge na segunda metade do século XIX, na época do Estado liberal, como forma de combater a corrupção e o nepotismo patrimonialista. Constituem princípios orientadores do seu desenvolvimento a profissionalização, a ideia de carreira, a hierarquia funcional, a impessoalidade, o formalismo, em síntese, o poder racional-legal. Os controles administrativos visando evitar a corrupção e o nepotismo são sempre *a priori*. Parte-se de uma desconfiança prévia nos administradores públicos e nos cidadãos que a eles dirigem demandas. Por isso são sempre necessários controles rígidos dos processos, como por exemplo na admissão de pessoal, nas compras e no atendimento a demandas. Por outro lado, o controle - a garantia do poder do Estado - transforma-se na própria razão de ser do funcionário. Em consequência, o Estado volta-se para si mesmo, perdendo a noção de sua missão básica, que é servir à sociedade. A qualidade fundamental da administração pública burocrática é a efetividade no controle dos abusos; seu defeito, a ineficiência, a auto-referência, a incapacidade de voltar-se para o serviço aos cidadãos vistos como clientes. Este defeito, entretanto, não se revelou determinante na época do surgimento da administração pública burocrática porque os serviços do Estado eram muito reduzidos. O Estado limitava-se a manter a ordem e administrar a justiça, a garantir os contratos e a propriedade" (p. 15); **E:** a administração burocrática tem ênfase no controle de *meios* (e não de *resultados*), focando, sim, no controle de *processos*.

Gabarito "D".

(Auditor Fiscal/São Paulo-SP – FCC) A partir da segunda metade do século XX, começa a verificar-se a erosão do modelo de Administração Púbica Burocrática, seja em função da expansão das funções econômicas e sociais do Estado, seja em face do desenvolvimento tecnológico e do fenômeno da globalização. Surge, então, o modelo da Administração Pública Gerencial, cujas características são:

(A) concentração dos processos decisórios, aumento dos controles de processos e ênfase no cidadão.
(B) descentralização dos processos decisórios, redução dos níveis hierárquicos, competição administrativa no interior das estruturas organizacionais e ênfase no cidadão.
(C) inversão do conceito clássico de hierarquia, com redução dos níveis inferiores e aumento dos intermediários, dando a estes mais poder decisório, com ênfase no controle dos processos internos.
(D) acentuação da verticalização das estruturas organizacionais, com aumento dos níveis hierárquicos superiores, onde se concentra o poder decisório, ênfase nos controles interno e externo da atuação dos escalões inferiores.
(E) descentralização dos processos decisórios, horizontalização das estruturas organizacionais, substituição dos mecanismos de controle de processos por mecanismos de controle de resultados, com foco no cidadão.

Para entender a questão, confira o seguinte trecho do Plano Diretor da Reforma do Estado: "Administração Pública Gerencial - Emerge na segunda metade do século XX, como resposta, de um lado, à expansão das funções econômicas e sociais do Estado, e, de outro, ao desenvolvimento tecnológico e à globalização da economia mundial, uma vez que ambos deixaram à mostra os problemas associados à adoção do modelo anterior. A eficiência da administração pública - a necessidade de reduzir custos e aumentar a qualidade dos serviços, tendo o cidadão como beneficiário - torna-se então essencial. A reforma do aparelho do Estado passa a ser orientada predominantemente pelos valores da **eficiência** e qualidade na prestação de serviços públicos e pelo desenvolvimento de uma cultura gerencial nas organizações. A administração pública gerencial constitui um avanço e até um certo ponto um rompimento com a administração pública burocrática. Isto não significa, entretanto, que negue todos os seus princípios. Pelo contrário, a administração pública gerencial está apoiada na anterior, da qual conserva, embora flexibilizando, alguns dos seus princípios fundamentais, como a admissão segundo rígidos critérios de mérito, a existência de um sistema estruturado e universal de remuneração, as carreiras, a avaliação constante de desempenho, o treinamento sistemático. A diferença fundamental está na forma de controle, que deixa de basear-se nos processos para concentrar-se nos **resultados**, e não na rigorosa profissionalização da administração pública, que continua um princípio fundamental. Na administração pública gerencial a estratégia volta-se (1) para a definição precisa dos objetivos que o administrador público deverá atingir em sua unidade, (2) para a garantia de autonomia do administrador na gestão dos recursos humanos, materiais e financeiros que lhe forem colocados à disposição para que possa atingir os objetivos contratados, e (3) para o controle ou cobrança *a posteriori* dos resultados. Adicionalmente, pratica-se a competição administrada no interior do próprio Estado, quando há a possibilidade de estabelecer concorrência entre unidades internas. No plano da estrutura organizacional, a **descentralização** e a **redução dos níveis hierárquicos** tornam-se essenciais. Em suma, afirma-se que a administração pública deve ser permeável à **maior participação dos agentes privados e/ou das organizações da sociedade civil** e deslocar a ênfase dos procedimentos (meios) para os resultados (fins) (...) O paradigma gerencial contemporâneo, fundamentado nos princípios da confiança e da descentralização da decisão, exige **formas flexíveis de gestão**, **horizontalização de estruturas**, **descentralização de funções**, incentivos à criatividade. Contrapõe-se à ideologia do formalismo e do rigor técnico da burocracia tradicional. À avaliação sistemática, à recompensa pelo desempenho, e à capacitação permanente, que já eram características da boa administração burocrática, acrescentam-se os princípios da orientação para o cidadão-cliente, do controle por resultados, e da competição administrada." (p. 15-17 – g.n.). A alternativa "e" está incorreta, pois não há substituição de um controle por outro. Na administração gerencial, o controle de processos continua existindo, mas há maior ênfase no controle de resultados.

Gabarito "B".

(Auditor Fiscal/São Paulo-SP – FCC) Do ponto de vista do servidor público, a Administração Gerencial prioriza

(A) o fortalecimento das carreiras formalmente estabelecidas, com garantia de ascensão por tempo de serviço e manutenção de mecanismos de estabilidade.
(B) o recrutamento por concurso público, para carreiras eminentemente técnicas, e por métodos de seleção diferenciados, para profissionais que ocupem funções de liderança, instituição de técnicas de motivação, treinamento e capacitação.
(C) o recrutamento e a promoção por avaliação de desempenho, focada em sistema de controle de resultados aliado à autonomia dos servidores.
(D) o abandono de modelos clássicos de carreira, estruturada em níveis e com promoção por mérito e antiguidade, por evolução funcional horizontal, com acréscimos salariais decorrentes de participação nos resultados e gratificações por funções.
(E) a remuneração por desempenho, a constante capacitação, o sistema de promoção por mérito em carreiras estruturadas e a autonomia dos executores.

Para entender a questão, confira o seguinte trecho do Plano Diretor da Reforma do Estado: "O paradigma gerencial contemporâneo, fundamentado nos princípios da confiança e da descentralização da decisão, exige formas flexíveis de gestão, horizontalização de estruturas, descentralização de funções, incentivos à criatividade. Contrapõe-se à ideologia do formalismo e do rigor técnico da burocracia tradicional. À avaliação sistemática, à recompensa pelo desempenho, e à capacitação permanente, que já eram características da boa administração burocrática, acrescentam-se os princípios da orientação para o cidadão-cliente, do controle por resultados, e da competição administrada" (p. 17).

Gabarito "E".

(Auditor Fiscal/São Paulo-SP – FCC) A ideia de reengenharia do setor público conjuga as noções de reforma do Estado e reforma do Aparelho do Estado, ambas presentes no Plano Diretor da Reforma do Aparelho do Estado. Dentro desse conceito, cabe distinguir, no denominado Aparelho do Estado,

(A) o núcleo estratégico, onde se exercem as atividades de definição de políticas públicas, regulação, fiscalização e fomento dos setores de atuação exclusiva do estado, como os de prestação de serviços de grande relevância social, sendo imprescindível a atuação direta do setor público em ambos os setores.

(B) o núcleo estratégico, assim considerado o governo, em sentido lato, a quem cabe definir as políticas públicas dos setores de regulamentação, fiscalização e fomento, sendo mais adequado para a gestão das atividades deste último o estabelecimento de parcerias com a iniciativa privada.

(C) os setores de atividades exclusivas, onde se exerce o poder extroverso do Estado – de fiscalizar e regulamentar –; dos setores de serviços não exclusivos, onde o Estado atua simultaneamente com organizações públicas não estatais e privadas, como, por exemplo, nas áreas da saúde e educação.

(D) os setores próprios da atuação do Estado, denominado núcleo estratégico – definição de políticas públicas, regulação, fiscalização e prestação de serviços públicos – dos setores que devem ser reservados à atuação exclusiva do setor privado, como o de intervenção direta no domínio econômico.

(E) os setores de atuação preferencial do estado, denominado núcleo estratégico, dos setores de atuação preferencial do setor privado, consistente na intervenção direta no domínio econômico e desempenho de serviços públicos não exclusivos, cabendo ao Estado também fomentar a atuação do privado na função de agente regulador.

Para entender a questão, confira o seguinte trecho do Plano Diretor da Reforma do Estado: "No Aparelho do Estado é possível distinguir quatro setores: NÚCLEO ESTRATÉGICO. Corresponde ao governo, em sentido lato. É o setor que define as leis e as políticas públicas, e cobra o seu cumprimento. É portanto o setor onde as decisões estratégicas são tomadas. Corresponde aos Poderes Legislativo e Judiciário, ao Ministério Público e, no poder executivo, ao Presidente da República, aos ministros e aos seus auxiliares e assessores diretos, responsáveis pelo planejamento e formulação das políticas públicas. ATIVIDADES EXCLUSIVAS. É o setor em que são prestados serviços que só o Estado pode realizar. São serviços em que se exerce o poder extroverso do Estado - o poder de regulamentar, fiscalizar, fomentar. Como exemplos temos: a cobrança e fiscalização dos impostos, a polícia, a previdência social básica, o serviço de desemprego, a fiscalização do cumprimento de normas sanitárias, o serviço de trânsito, a compra de serviços de saúde pelo Estado, o controle do meio ambiente, o subsídio à educação básica, o serviço de emissão de passaportes, etc. SERVIÇOS NÃO EXCLUSIVOS. Corresponde ao setor onde o Estado atua simultaneamente com outras organizações públicas não estatais e privadas. As instituições desse setor não possuem o poder de Estado. Este, entretanto, está presente porque os serviços envolvem direitos humanos fundamentais, como os da educação e da saúde, ou porque possuem "economias externas" relevantes, na medida que produzem ganhos que não podem ser apropriados por esses serviços através do mercado. As economias produzidas imediatamente se espalham para o resto da sociedade, não podendo ser transformadas em lucros. São exemplos deste setor: as universidades, os hospitais, os centros de pesquisa e os museus. PRODUÇÃO DE BENS E SERVIÇOS PARA O MERCADO. Corresponde à área de atuação das empresas. É caracterizado pelas atividades econômicas voltadas para o lucro que ainda permanecem no aparelho do Estado como, por exemplo, no setor de infraestrutura. Estão no Estado seja porque faltou capital ao setor privado para realizar o investimento, seja porque são atividades naturalmente monopolistas, nas quais o controle via mercado não é possível, tornando-se necessário no caso de privatização, a regulamentação rígida" (p. 41/42).

Gabarito "C".

(Auditor Fiscal/São Paulo-SP – FCC) No que diz respeito ao controle de gestão de redes organizacionais, é correto afirmar:

(A) Fundamenta-se na perspectiva de um sistema de unidades independentes, caracterizando-se pela preocupação em identificar e resolver problemas e pela adoção de comportamentos estratégicos.

(B) A ênfase recai sobre a coordenação das ações individuais, perspectivas de curto prazo, com vistas ao alcance de resultados imediatos.

(C) Seus gerentes atuam com base em procedimentos articulados e devem ser treinados a partir de perspectivas rigorosamente especializadas e totalizantes.

(D) Apoia-se na coordenação flexível e no reforço das hierarquias em linha, com permanentes e claras definições de tarefas.

(E) Busca, por meio de seus gerentes, sofisticar os mecanismos de controle e emitir comandos claramente delimitados, de molde a atingir pessoas que operam em diferentes unidades de trabalho.

As redes organizacionais pressupõem a formação de equipes de trabalho com o propósito unificador, caracterizando-se justamente pela preocupação em identificar e resolver problemas e pela adoção de comportamentos estratégicos. Tais redes exigem: a) objetivos comuns; b) pessoas interligadas; c) lideranças; d) transposição de níveis hierárquicos; e) número de participantes definidos. Tais características só são compatíveis com a alternativa "a".

Gabarito "A".

(Auditor Fiscal/São Paulo-SP – FCC) A partir dos anos 90, ganha ênfase o conceito de reengenharia, concebido como uma intervenção estratégica para adaptar as organizações ao ambiente em que atuam, o qual caracteriza-se por

(A) privilegiar operações centralizadas e a especialização, concebendo-as como ferramentas estratégicas de mudança.

(B) priorizar obtenção contínua de pequenas reduções de custos e da racionalização dos recursos humanos, com o objetivo de dar maior agilidade e competitividade às organizações.

(C) ter o propósito básico de promover redefinições em departamentos das unidades organizacionais, respeitando as fronteiras, os conflitos e as polarizações existentes entre eles.

(D) apoiar-se em uma visão integral das organizações, no acúmulo de conhecimento, no planejamento e na vinculação das mudanças estruturais às mudanças humanas e culturais.

(E) aplicar critérios e métodos quantitativos, partindo do pressuposto de que a ação e o fazer têm prevalência sobre o pensar.

A reengenharia significa o repensar fundamental do atuar das organizações, para que estas se adaptem às condições ambientais, que envolvem clientes, concorrentes e mudanças permanentes. Assim, a alternativa "d" está correta, pois a visão integral das organizações, o acúmulo de conhecimento, o planejamento e percepção de que as mudanças estruturais são impostas pelas mudanças humanas e culturais caracterizam o conceito de reengenharia.
Gabarito "D".

(Auditor Fiscal/São Paulo-SP – FCC) O paradigma do cliente impacta de forma diferenciada as organizações do setor público e as do setor privado, em decorrência de uma série de condicionamentos e particularidades das respectivas gestões. No setor público,

(A) o paradigma do cliente não pode ser incorporado, pois as organizações públicas não estão orientadas para o mercado e não necessitam, assim, satisfazer a clientela destinatária dos serviços que prestam.
(B) o administrador público não pode aderir plenamente à defesa dos direitos do consumidor, sob pena de perder o controle de seus planos orçamentários e distanciar-se das diretrizes governamentais mais amplas, às quais está subordinado.
(C) o paradigma do cliente acaba por ser negado em função do caráter de universalidade da atuação do Estado, que deve fornecer serviços de igual qualidade para todos os cidadãos, independentemente de suas necessidades e opiniões individuais.
(D) a perspectiva do cliente tem impacto reduzido, dada a impossibilidade legal e política de se promover alterações na qualidade dos serviços prestados pelo Estado, na medida em que seu foco deve ser a ampliação dos cidadãos alcançados.
(E) o dever de atender está cerceado pela presença de interesses burocráticos ou corporativos e contrapõe-se à limitação dos recursos públicos, o que acaba por determinar a oferta de serviços que nem sempre satisfazem a massa de clientes atendida.

O Plano Diretor da Reforma do Estado impõe, sim, a incorporação do paradigma do cliente, apesar das dificuldades inerentes aos interesses burocráticos ou corporativos. O cidadão é cliente dos serviços da administração pública: "A administração pública gerencial vê o cidadão como contribuinte de impostos e como cliente dos seus serviços. Os resultados da ação do Estado são considerados bons não porque os processos administrativos estão sob controle e são seguros, como quer a administração pública burocrática, mas porque as necessidades do cidadão-cliente estão sendo atendidas. (p. 17)". Porém, reconhece-se que "A ideia burocrática de um Estado voltado para si mesmo está claramente superada, mas não foi possível ainda implantar na administração pública brasileira uma cultura de atendimento ao cidadão-cliente" (p. 39).
Gabarito "E".

(Auditor Fiscal/São Paulo-SP – FCC) O Programa Nacional de Desburocratização, implantado no início dos anos 80, idealizado pelo Ministro Hélio Beltrão, caracterizou-se

(A) pela retomada dos conceitos contidos no Decreto-Lei nº 200, de 1967, buscando, assim, a atuação administrativa centralizada, sem, no entanto, deixar de lado a dimensão política do governo.
(B) pela diminuição do peso das instituições burocráticas no serviço público, procurando retomar alguns procedimentos tradicionais da rotina administrativa, não necessariamente alinhados com a eficiência.
(C) pela implementação por meio de uma sólida base parlamentar de apoio, o que lhe forneceu condições inéditas de sustentabilidade.
(D) por focalizar o usuário do serviço público e divulgar amplamente seus princípios norteadores, concentrando-se na produção de mudanças no comportamento e na atuação da burocracia pública.
(E) pela introdução, no setor público, de alguns estilos gerenciais baseados nos modelos e princípios administrativos do setor privado, conseguindo, assim, a ampla adesão de empresas estatais e dos principais grupos financeiros do País.

O Programa Nacional de Desburocratização foi instituído pelo Decreto 83.740/79 e seu objetivo era melhorar os processos administrativos para gerar eficiência e economia de esforços. Esse Decreto foi revogado pelo Decreto 5.378/05, que institui o "Programa Nacional de Gestão Pública e Desburocratização - GESPÚBLICA e o Comitê Gestor do Programa Nacional de Gestão Pública e Desburocratização". A alternativa "a" está incorreta, pois o decreto-lei citado tem como princípios a descentralização e não a centralização. A alternativa "b" está incorreta, pois o Decreto 83.740/79 visava justamente o contrário: simplificar e gerar eficiência (art. 3º, b e c). A alternativa "c" está incorreta, pois o decreto é da alçada do Poder Executivo. A alternativa "d" está correta (art. 3º). A alternativa "e" está incorreta, pois os grupos financeiros do País não fazem parte da Administração Pública Federal, destinatária do programa (art. 1º). Atenção: o Programa Nacional de Gestão Pública e Desburocratização (Gespública) foi descontinuado pelo Decreto 9.904/2017, que revogou o Decreto 5.378/2005.
Gabarito "D".

(Auditor Fiscal/São Paulo-SP – FCC) Como forma de equacionar a crise do Estado, consistente na escassez de recursos frente ao aumento das demandas sociais, surge o conceito de Estado empreendedor, o qual caracteriza-se por

(A) criar condições institucionais que mobilizem e organizem o processo governamental, tendo em vista a inovação permanente, a superação de obstáculos e o alcance de resultados efetivos.
(B) fomentar a criatividade e a ousadia, mas, principalmente, a disposição de correr riscos para encontrar as soluções mais inovadoras.
(C) implementar uma nova forma de utilização de recursos públicos, cujo principal critério é a elaboração de planos detalhados por uma equipe de especialistas com experiência e visão de mercado.
(D) incentivar a formação de líderes que, por sua capacidade de mobilização e persuasão, sejam capazes de instaurar uma nova dinâmica na ação governamental.
(E) propiciar a adesão a procedimentos mercadológicos e a orientação para busca de lucro como critérios para dinamizar as organizações e romper com as rotinas burocráticas.

A Reforma do Estado prega, com responsabilidade, a criatividade, a inovação e o espírito empreendedor, tudo com vistas à busca da eficiência.
Gabarito "A".

(Auditor Fiscal/São Paulo-SP – FCC) Na última década, tem se verificado o crescimento do chamado "terceiro setor", com a proliferação de organizações não governamentais (ONGs). A respeito dessas entidades, é correto afirmar que

(A) atuam muito próximas dos partidos políticos de esquerda e, por tal razão, concentram-se na área de

defesa dos direitos humanos e sociais, atuando fora dos quadros constitucionais do Estado.
(B) atuam quase que exclusivamente no campo ecológico e ambiental, dada a facilidade de obter financiamento internacional para desenvolvimento de projetos nessa área e dado o maior apelo político das questões ambientais.
(C) concorrem deslealmente com os governos democraticamente constituídos, pois não estão obrigadas a prestar contas de seus atos nem se submetem aos mecanismos eleitorais de legitimação e aprovação popular.
(D) funcionam basicamente como centros geradores de novas ideias e de novos comportamentos coletivos, agindo apenas como instrumentos de pressão sobre governos pouco representativos e distantes dos interesses da população.
(E) formam um universo complexo, sendo que algumas atuam com enfoque despolitizador, procurando substituir o Estado, e outras atuam com claro direcionamento político, buscando estimular a cidadania nos grupos menos favorecidos da sociedade, introduzir modificações nas prioridades governamentais e superar a dinâmica burocrática dos aparatos públicos.

A alternativa "e", por não generalizar em demasia tais organizações, é única que pode ser considerada correta.
Gabarito "E".

(Auditor Fiscal/São Paulo-SP – FCC) A questão da excelência dos serviços públicos tem merecido destaque no debate contemporâneo a respeito do Estado e da Administração Pública. Os padrões superiores de excelência nos serviços públicos são adquiridos em decorrência,
(A) basicamente, da observância do sistema de controle, independentemente das metas gerenciais estabelecidas.
(B) principalmente, da adoção de novas filosofias gerenciais e organizacionais, da valorização dos recursos humanos e da incorporação, pelos servidores públicos, da perspectiva da cidadania.
(C) especificamente de demonstrarem qualidade na medida em que atendem às expectativas dos contribuintes independentemente dos custos e da quantidade de recursos mobilizados.
(D) essencialmente, da incorporação pelo servidor de uma nova postura ética e da generalização de um espírito fiscalizador no setor público.
(E) basicamente da observância das normas que definem as atribuições e responsabilidades de servidores públicos e usuários.

Para responder à presente pergunta, confira trecho do Plano Diretor da Reforma do Estado: "A dimensão institucional-legal e a dimensão cultural dos entraves a uma administração pública moderna, gerencial, eficiente e voltada para o atendimento do **cidadão** complementam-se com a dimensão-gestão. Na verdade, é nesta última que a administração pública demonstra sua energia, pois sua eficiência e efetividade dependerão da capacidade de gestão nela existente. Esta dimensão diz respeito a um elemento central da técnica administrativa de como fazer, com que métodos, de que modo, sob orientação de quais valores. A boa gestão é aquela que define objetivos com clareza, recruta os melhores elementos através de concursos e processos seletivos públicos, **treina permanentemente** os funcionários, desenvolve sistemas de **motivação** não apenas de caráter material mas também de caráter psicossocial, dá **autonomia** aos executores e, afinal, cobra os **resultados**. Nada disto existe na administração pública federal" (p. 38, g.n.).
Gabarito "B".

(Auditor Fiscal/São Paulo-SP – FCC) O enfoque gerencial da Administração Pública costuma ser associado à ideologia neoliberal, em função de
(A) as técnicas de gerenciamento serem quase sempre introduzidas ao mesmo tempo em que se realiza um ajuste estrutural para combater o *déficit* fiscal.
(B) ambas as abordagens defenderem o estado mínimo, com o governo atuando apenas no chamado núcleo estratégico, sendo que, para tanto, afigura-se necessário definir processos e recompensar o mérito dos funcionários.
(C) ter sido introduzido pela equipe do governo Thatcher, em 1979, como forma de diminuir o tamanho do Estado na economia e reverter o processo de decadência econômica da Inglaterra.
(D) ambas as abordagens defenderem a necessidade de servidores competentes, bem treinados e bem pagos, com o objetivo de servir o cidadão.
(E) terem em comum a premissa de que o Estado deve intervir diretamente no setor econômico, em substituição à iniciativa privada, razão pela qual deve-se aplicar aos servidores os métodos de gestão, orientados para a obtenção de resultados.

Para responder à presente pergunta, confira trechos do Plano Diretor da Reforma do Estado: "Dada a crise do Estado e o irrealismo da proposta neoliberal do Estado mínimo, é necessário reconstruir o Estado, de forma que ele não apenas garanta a propriedade e os contratos, mas também exerça seu papel complementar ao mercado na coordenação da economia e na busca da redução das desigualdades sociais" (p. 44). "A reação imediata à crise - ainda nos anos 80, logo após a transição democrática - foi ignorá-la. Uma segunda resposta igualmente inadequada foi a neoliberal, caracterizada pela ideologia do Estado mínimo. Ambas revelaram-se irrealistas: a primeira, porque subestimou tal desequilíbrio; a segunda, porque utópica. Só em meados dos anos 90 surge uma resposta consistente com o desafio de superação da crise: a ideia da reforma ou reconstrução do Estado, de forma a resgatar sua autonomia financeira e sua capacidade de implementar políticas públicas. Neste sentido, são inadiáveis: (1) o ajustamento fiscal duradouro; (2) reformas econômicas orientadas para o mercado, que, acompanhadas de uma política industrial e tecnológica, garantam a concorrência interna e criem as condições para o enfrentamento da competição internacional; (3) a reforma da previdência social; (4) a inovação dos instrumentos de política social, proporcionando maior abrangência e promovendo melhor qualidade para os serviços sociais; e (5) a reforma do aparelho do Estado, com vistas a aumentar sua "governança", ou seja, sua capacidade de implementar de forma eficiente políticas públicas" (p. 11).
Gabarito "A".

(Auditor Fiscal/São Paulo-SP – FCC) Constitui princípio basilar do conceito original de reengenharia
(A) o estabelecimento de alianças estratégicas para segmentação do mercado.
(B) o drástico enxugamento do quadro de pessoal.
(C) a fusão de estruturas e eliminação de redundâncias.
(D) a radical redefinição dos processos em base zero, conhecido como princípio da "folha em branco".
(E) a terceirização em larga escala.

A reengenharia significa o repensar fundamental (radical) do atuar das organizações, para que estas se adaptem às condições ambientais, que envolvem clientes, concorrentes e mudanças permanentes. Assim, a alternativa "d" está correta.
Gabarito "D".

(Auditor Fiscal/São Paulo-SP – FCC) O Decreto-Lei no 200, que embasou a reforma administrativa de 1967, é considerado um avanço na busca de superação da rigidez burocrática e é tido como um marco na introdução da administração gerencial no Brasil. O referido diploma legal

(A) estabeleceu mecanismos de controle de resultados e avaliação de desempenho dos entes descentralizados.
(B) desencadeou um movimento de centralização progressiva das decisões no executivo Federal.
(C) introduziu uma política desenvolvimentista, fundada em parcerias com o setor privado.
(D) promoveu a multiplicação de órgãos de planejamento junto às Administrações Públicas federal, estadual e municipal, com o objetivo de formularem planos regionalizados de fomento à indústria.
(E) possibilitou a transferência de atividades para autarquias, fundações, empresas públicas e sociedades de economia mista, visando a alcançar descentralização funcional.

A: o decreto-lei referido não chegou a tanto; **B:** o decreto-lei em questão valoriza a descentralização, e não a centralização; **C:** o decreto-lei trabalha mais com a ideia de descentralização no âmbito da criação de entidades da Administração Indireta; **D:** o decreto-lei em tela não visou à formulação de planos regionalizados de fomento à indústria; **E:** arts. 4º, 5º e 6º, II, do decreto-lei em tela.
Gabarito "E".

(Auditor Fiscal/São Paulo-SP – FCC) Constitui exemplo do enrijecimento burocrático sofrido pela Administração Pública contemporânea, após a edição da Constituição Federal de 1988,

(A) a generalização do procedimento licitatório também para os entes descentralizados, não obstante a exclusão, em relação aos mesmos, da regra do concurso público.
(B) a transferência maciça de atribuições e recursos a Estados e Municípios.
(C) a subordinação dos entes descentralizados às mesmas regras de controle formal utilizadas na Administração direta.
(D) a obrigatoriedade de isonomia salarial entre os diversos poderes.
(E) a não delimitação das atribuições e competências da União, Estados e Municípios, gerando sobreposição de órgãos nas diversas esferas de governo.

A alternativa "c" é verdadeira e um exemplo disso é o art. 70, *caput*, da CF.
Gabarito "C".

(Auditor Fiscal/São Paulo-SP – FCC) O modelo de Estado subsidiário propugna a participação do setor público apenas nas áreas onde a iniciativa privada mostre-se deficitária. Tal modelo dá ênfase à atuação da Administração na função de fomento, podendo-se citar como um de seus instrumentos as Organizações Sociais, que

(A) integram a estrutura da Administração, como entidades descentralizadas, atuando em setores essenciais, porém não exclusivos do Estado, tal como saúde e educação.
(B) são entidades do setor privado que, após receberem a correspondente qualificação, passam a atuar em colaboração com a Administração, podendo receber recursos orçamentários.
(C) pertencem originalmente ao setor privado e, após receberem a correspondente qualificação, passam a ser consideradas entidades públicas.
(D) são entidades do setor privado, declaradas por lei como de interesse público, que gozam de privilégios fiscais.
(E) são entidades privadas, cuja atuação é subsidiária à atuação pública no fomento a atividades comerciais e industriais.

A e C: as organizações sociais não integram a administração indireta; são entidades de cooperação da Administração; são entidades paraestatais; **B:** arts. 1º e 12 da Lei 9.637/98; **D:** tais entidades podem ou não gozar de privilégios fiscais, a depender do preenchimento de requisitos previstos na lei tributária; **E:** tais entidades atuam nas áreas descritas no art. 1º da Lei 9.637/98 (ensino, pesquisa, saúde etc.), e não em atividades comerciais e industriais.
Gabarito "B".

13. ÉTICA NA ADMINISTRAÇÃO PÚBLICA E IMPROBIDADE ADMINISTRATIVA

Wander Garcia

1. CONCEITO, MODALIDADES, TIPIFICAÇÃO E SUJEITOS ATIVO E PASSIVO DA IMPROBIDADE ADMINISTRATIVA

(**Auditor Fiscal da Receita Federal – ESAF**) Das condutas relacionadas a seguir, indique todas aquelas que podem configurar ato de improbidade administrativa de um Auditor-Fiscal da Receita Federal:

I. por negligência no exercício da função, deixar de adotar as medidas necessárias à cobrança do tributo devido por uma empresa, vindo tal fato acarretar a prescrição da dívida;
II. revelar fato que chegou ao seu conhecimento em razão das suas atribuições e que deveria permanecer em segredo;
III. receber hospedagem grátis em um hotel de luxo, a título de presente de um contribuinte que ele acabou de fiscalizar;
IV. prestar assessoria a uma empresa sediada no mesmo município onde ele exerce as suas funções.

(A) I, II e III
(B) I, II, III e IV
(C) II, III e IV
(D) I, III e IV
(E) I, II e IV

I: art. 10, X, da Lei 8.429/1992; II: art. 11, III, da Lei 8.429/1992; III: art. 9º, I, da Lei 8.429/1992; IV: art. 9º, VIII, da Lei 8.429/1992.

Gabarito "B".

(**Auditor Fiscal da Receita Federal – ESAF**) O fato de um servidor público federal, investido em cargo que lhe confere competência legal, para conceder determinado benefício fiscal e no exercício dessa sua função, deliberadamente, concede esse benefício a alguém, mas sem a observância das formalidades legais ou regulamentares aplicáveis à espécie, causando com isso lesão ao Erário

(A) comete ato de improbidade administrativa, como tal previsto em lei (Lei nº 8.429/1992, art. 10).
(B) comete apenas infração administrativa, punível com a penalidade de suspensão (Lei nº 8.112/90, arts. 117/IX e 130).
(C) comete infração capitulada como crime funcional contra a ordem tributária (Lei nº 8.137/90, art. 3º).
(D) não comete nenhuma infração prevista em lei como passível de punição.
(E) viola o Código de Ética (Decreto nº 1.171/1994), mas isso não é tipificado como ato de improbidade nem como crime funcional contra a ordem tributária.

Art. 10, VII, da Lei 8.429/1992.

Gabarito "A".

(**Técnico da Receita Federal – ESAF**) Pela Lei Federal nº 8.429/1992, o agente público deverá prestar declaração de seus bens. Tal declaração somente não inclui a seguinte categoria de bens:

(A) semoventes
(B) móveis
(C) dinheiro
(D) utensílios de uso pessoal
(E) títulos e ações

Art. 13, § 1º, da Lei 8.429/1992.

Gabarito "D".

(**Técnico da Receita Federal – ESAF**) Nos termos da Lei Federal nº 8.429/1992, é obrigatória a declaração de bens do agente público ao tomar posse. Esta declaração não inclui, necessariamente, os seguintes bens:

(A) semoventes.
(B) de filhos que vivam sob a dependência econômica do declarante.
(C) localizados no exterior.
(D) objetos e utensílios de uso doméstico.
(E) qualquer espécie de valores patrimoniais.

Art. 13, § 1º, da Lei 8.429/1992.

Gabarito "D".

(**Auditor do Tesouro Municipal/Natal-RN – ESAF**) Configura enriquecimento ilícito no exercício da função pública

(A) agir negligentemente na arrecadação de tributo.
(B) a liberação de verba pública sem a observância das normas pertinentes.
(C) permitir a aquisição de bem público por valor superior ao de mercado.
(D) frustrar a licitude de processo licitatório.
(E) o servidor público aumentar o seu patrimônio de forma desproporcional à sua renda, se não conseguir justificar a origem lícita desse aumento.

A: art.10, X, da Lei 8429/1992; B: art.10, XI, da Lei 8429/1992; C: art.10, V, da Lei 8429/1992; D: art.10, VIII, da Lei 8429/1992. E: art. 9º, VII, da Lei 8.429/1992.

Gabarito "E".

(**Auditor do Tesouro Municipal/Natal-RN – ESAF**) Configuram ato de improbidade administrativa as seguintes condutas praticadas por um Auditor-Fiscal do Tesouro do Estado do Rio Grande do Norte:

I. prestar serviço de consultoria a uma empresa contribuinte do ICMS, sediada nesse Estado;
II. deixar de adotar, por displicência, as medidas necessárias à cobrança do ICMS devido por uma empresa, dando causa, com tal conduta, à prescrição da dívida;
III. revelar a terceiros a situação fiscal de um contribuinte, cujo conhecimento decorreu do exercício das funções;
IV. morar gratuitamente num imóvel de propriedade de um contribuinte do ICMS, sediado no mesmo município onde exerce suas funções.

Estão corretas as afirmativas

(A) apenas I e III.
(B) apenas II e IV.
(C) apenas I, II e III.
(D) apenas II, III e IV.
(E) I, II, III e IV.

I: art. 9º, VIII, da Lei 8.429/1992; II: art. 10, X, da Lei 8.429/1992; III: art. 11, III, da Lei 8.429/1992; IV: art. 9º, I, da Lei 8.429/1992.
Gabarito "E".

(Auditor Fiscal/AL – CESPE) Os atos de improbidade praticados por qualquer agente público, servidor ou não, contra a administração direta, indireta ou fundacional de qualquer dos poderes da União, dos estados, do Distrito Federal, dos municípios, de território, de empresa incorporada ao patrimônio público ou de entidade para cuja criação ou custeio o erário haja concorrido ou concorra com mais de 50% do patrimônio ou da receita anual serão punidos na forma da Lei n.º 8.429/1992. Considerando essa norma, julgue os itens abaixo.

(1) Estão sujeitos às penalidades previstas nessa norma legal os atos de improbidade praticados contra o patrimônio de entidade para cuja criação ou custeio o erário haja concorrido ou concorra com menos de 50% do patrimônio ou da receita anual, limitando-se, nesses casos, a sanção patrimonial à repercussão do ilícito sobre a contribuição dos cofres públicos.
(2) Para os fins dessa lei, são considerados igualmente agentes públicos um deputado estadual no exercício do seu mandato, um fiscal de tributos estaduais e um servidor comissionado.
(3) As disposições dessa lei são aplicáveis, no que couber, àquele que, mesmo não sendo agente público, induza ou concorra para a prática do ato de improbidade ou dele se beneficie sob qualquer forma, direta ou indiretamente.
(4) Quando o ato de improbidade causar lesão ao patrimônio público ou ensejar enriquecimento ilícito, caberá à autoridade policial responsável pelo inquérito representar ao Ministério Público, para a indisponibilidade de todos e quaisquer bens do indiciado.
(5) Os agentes públicos de qualquer nível ou hierarquia são obrigados a velar pela estrita observância dos princípios de legalidade, impessoalidade, moralidade e publicidade no trato dos assuntos que lhe são afetos.

1: art. 1º, p. único, da Lei 8.429/1992; 2: art. 2º da Lei 8.429/1992; 3: art. 3º da Lei 8.429/1992; 4: caberá à autoridade *administrativa* responsável (art. 7º da Lei 8.429/1992); 5: art. 37, *caput*, da CF.
Gabarito 1C, 2C, 3C, 4E, 5C.

(Auditor Fiscal/ES – CESPE) Julgue os itens que se seguem.

(1) A lei de improbidade é endereçada não somente ao agente público. Suas disposições são aplicáveis, no que for cabível, àquele que, mesmo não sendo agente público, induza ou concorra para a prática do ato de improbidade ou dele se beneficie sob qualquer forma direta ou indireta.

1: art. 3º da Lei 8.429/1992.
Gabarito 1C.

(Agente Tributário Estadual/MS – FGV) O agente público pode ser condenado nas penas de improbidade administrativa por praticar, nessa qualidade, ato imoral que, além de não ter gerado prejuízo para a Administração, não reflete corrupção econômica?

(A) Sim, por ofensa, ainda que culposa, ao princípio da moralidade administrativa, de assento constitucional.
(B) Sim, porque a improbidade administrativa, embora dependa de uma ação ou omissão dolosa do agente público, prescinde da ocorrência de dano ao patrimônio público e de indício de corrupção econômica.
(C) Sim, desde que o ato de improbidade administrativa vise à satisfação de interesse pessoal do agente ou de terceiro.
(D) Não, porque a improbidade se relaciona, sempre, com valores e questões materiais, sendo ilícito de resultado.
(E) Depende da gravidade do ato imoral.

Uma das modalidades de improbidade administrativa, prevista no art. 11 da Lei 8.429/1992, é de violação a princípios da administração pública.
Gabarito "B".

(Fiscal de Rendas/RJ – FGV) Assinale a afirmativa incorreta.

(A) É vedada ao servidor a utilização de bens da Administração Pública para fins particulares.
(B) Somente se caracteriza ato de improbidade administrativa quando ocorre dano patrimonial ao erário.
(C) Constitui ato de improbidade administrativa facilitar a aquisição de bem ou serviço por preço superior ao de mercado.
(D) Permitir a realização de despesas não autorizadas em lei ou regulamento constitui exemplo de ato de improbidade administrativa.
(E) A lei prevê ser improbidade administrativa o ato de facilitar ou concorrer para que terceiro se enriqueça ilicitamente.

A: art. 9º, IV, da Lei 8.429/1992; B: há mais duas modalidades de improbidade, quais sejam, enriquecimento ilícito do agente (art. 9º) e violação a princípios da administração pública (art. 11); C: art. 10, V, da Lei 8.429/1992; D: art. 10, IX, da Lei 8.429/1992; E: art. 10, I, da Lei 8.429/1992.
Gabarito "B".

(Auditor do Tesouro Municipal/Fortaleza-CE – ESAF) Um Auditor do Tesouro Municipal de Fortaleza que presta assessoria a uma empresa contribuinte do ISS, sediada nesse Município,

(A) não comete ato de improbidade administrativa se a atividade de assessoria não for de natureza tributária.
(B) comete ato de improbidade administrativa somente se a empresa tiver sido por ele fiscalizada.
(C) não comete ato de improbidade administrativa se a atividade de assessoria for fora do horário de expediente.
(D) comete ato de improbidade administrativa.
(E) não comete ato de improbidade administrativa.

Art. 9º, VIII, da Lei 8.429/1992.
Gabarito "D".

2. SANÇÕES E PROVIDÊNCIAS CAUTELARES POR ATO DE IMPROBIDADE ADMINISTRATIVA

(Auditor Fiscal da Receita Federal – ESAF) Considerando a legislação sobre improbidade administrativa, Lei nº 8.429, de 2 de junho de 1992, assinale a opção incorreta.

(A) Constitui crime a representação por ato de improbidade contra agente público ou terceiro beneficiário quando o autor da denúncia o sabe inocente.
(B) A perda da função pública só se efetiva com o trânsito em julgado da sentença condenatória.
(C) A autoridade administrativa ou judicial competente pode determinar o afastamento do agente público de seu cargo, sem direito a remuneração, quando a medida for necessária à instrução processual.
(D) A aplicação das sanções decorrentes desta legislação independe da efetiva ocorrência de dano ao patrimônio público.
(E) A prescrição para as ações destinadas a efetivar as sanções desta legislação ocorre em até cinco anos após o término do mandato eletivo.

A: art. 19 da Lei 8.429/1992; B: art. 20 da Lei 8.429/1992; C: com direito à remuneração (art. 20, p. único, da Lei 8.429/1992); D: art. 21, I, da Lei 8.429/1992; E: art. 23, I, da Lei 8.429/1992.
Gabarito "C".

(Auditor Fiscal/MG – ESAF) Um servidor público do Estado de Minas Gerais praticou um ato que configura infração disciplinar grave, punível com a pena de demissão. Esse mesmo ato está previsto na Lei nº 8.429/1992 como ato de improbidade administrativa e, no Código Penal, como crime contra a Administração Pública. Ele foi punido administrativamente, com a pena de demissão. Nessa hipótese:

(A) não poderá ser punido criminalmente porque ninguém pode ser punido duas vezes pelo mesmo fato.
(B) a sanção administrativa disciplinar impede a sanção por improbidade administrativa porque ambas têm a mesma natureza e finalidade.
(C) não há impedimento para que seja punido criminalmente e, também, por improbidade administrativa.
(D) poderá ser punido criminalmente, também, mas, não, por ato de improbidade administrativa.
(E) a punição por ato de improbidade administrativa dependerá da ocorrência de dano ao erário.

Art. 12, *caput*, da Lei 8.429/1992.
Gabarito "C".

(Auditor Fiscal/CE – ESAF) São consequências da prática de ato de improbidade pelo agente público infrator, exceto:

(A) a perda da função pública, após sentença condenatória transitada em julgado.
(B) a perda dos direitos políticos, após sentença condenatória transitada em julgado.
(C) ressarcimento integral do dano, se houver.
(D) pagamento de multa civil.
(E) proibição de contratar com o Poder Público.

Não há *perda*, mas *suspensão* dos direitos políticos (art. 12 da Lei 8.429/1992).
Gabarito "B".

(Auditor do Tesouro Municipal/Natal-RN – ESAF) Assinale a afirmativa correta.

(A) As sanções previstas na Lei de Improbidade Administrativa somente se aplicam aos que ostentam a condição de agente público.
(B) O herdeiro do servidor público que se enriqueceu ilicitamente no exercício da função pode perder o quinhão da herança que seja fruto do enriquecimento ilícito.
(C) A indisponibilidade dos bens, para fins de garantir o ressarcimento do dano, nos casos de improbidade administrativa, somente pode ser requerida depois de transitar em julgado a condenação imposta.
(D) Para fins da Lei de Improbidade Administrativa, somente pode ser considerado agente público a pessoa que ocupe um cargo público remunerado.
(E) Empregado de sociedade de economia mista não está sujeito à Lei de Improbidade Administrativa.

A: art. 3º da Lei 8.429/1992; B: art. 8º da Lei 8.429/1992; C: o art. 7º da Lei 8.429/1992 permite que se requeira em juízo a medida mesmo antes do aforamento da ação por improbidade administrativa; D: art. 2º da Lei 8.429/1992; E: art. 2º da Lei 8.429/1992
Gabarito "B".

(Fiscal de Tributos/PA – ESAF) O ato de "perceber vantagem econômica, direta ou indireta, para facilitar a alienação, permuta ou locação de bem público ou o fornecimento de serviço por ente estatal por preço inferior ao valor de mercado" importa em pena de:

(A) suspensão dos direitos políticos por até dez anos.
(B) pagamento de multa civil de até duas vezes o valor do dano.
(C) suspensão da função pública.
(D) proibição de contratar com o Poder Público pelo prazo de cinco anos.
(E) perda da nacionalidade brasileira.

Art. 9º, III, c/c art. 12, I, da Lei 8.429/1992;
Gabarito "A".

(Fiscal de Tributos/Vila Velha-ES – CESPE) Julgue os itens que se seguem, com base na Lei de Improbidade.

(1) Na fixação das penas previstas na lei em questão, o juiz deve levar em conta a extensão do dano causado, independentemente do proveito patrimonial obtido pelo agente, o qual é mero exaurimento do crime.
(2) A aplicação das sanções previstas na mencionada lei independe da ocorrência de dano ao patrimônio público.

1: art. 12, p. único, da Lei 8.429/1992; 2: art. 21, I, da Lei 8.429/1992.
Gabarito 1E,2C.

(Auditor Fiscal/São Paulo-SP – FCC) A aplicação de uma sanção por ato de improbidade administrativa

(A) resta prejudicada somente ante a aplicação de sanção penal pelo mesmo ato.
(B) resta prejudicada somente ante a aplicação de sanção civil pelo mesmo ato.
(C) resta prejudicada somente ante a aplicação de sanção administrativa pelo mesmo ato.
(D) resta prejudicada ante a aplicação de sanção penal, civil, ou administrativa pelo mesmo ato.
(E) aplica-se independentemente das sanções penais, civis e administrativas pelo mesmo ato.

Art. 12, *caput*, da Lei 8.429/1992.
Gabarito "E".

3. PROCESSO E OUTRAS QUESTÕES RELATIVAS À IMPROBIDADE ADMINISTRATIVA

(Auditor Fiscal da Previdência Social – ESAF) A representação por ato de improbidade contra agente público ou terceiro beneficiário, quando o autor da denúncia o sabe inocente, é crime punível com a pena de:

(A) detenção de seis meses a 10 meses e multa.
(B) reclusão de três meses a ano e multa.
(C) detenção de seis meses a dois anos ou multa.
(D) detenção de seis meses a dois anos e multa.
(E) reclusão de seis meses a um ano e multa.

Art. 19 da Lei 8.429/1992;
Gabarito "A".

(Auditor Fiscal/São José do Rio Preto-SP – VUNESP) Assinale a afirmativa que está contida na Lei de Improbidade Administrativa.
(A) A autoridade administrativa poderá decretar o sequestro dos bens do agente que tenha enriquecido ilicitamente ou causado dano ao patrimônio público.
(B) O sequestro dos bens só poderá ser decretado no curso de procedimento administrativo.
(C) A ação principal será proposta dentro do prazo de 60 dias pelo Ministério Público, único legitimado para tanto.
(D) A sentença que julgar procedente ação civil de reparação de dano ou decretar a perda dos bens havidos ilicitamente determinará o pagamento ou a reversão dos bens, conforme o caso, em favor da pessoa jurídica prejudicada pelo ilícito. (E) O Ministério Público poderá desistir da ação, se houver acordo, transação ou conciliação.

A: a autoridade *judicial* (art. 16 da Lei 8.429/1992; B: o sequestro pode ser prévio ou incidental à ação judicial principal; C: art. 17, *caput*, da Lei 8.429/99; os legitimados são o Ministério Público e a pessoa jurídica lesada e o prazo para ingressar com a ação principal, efetivada medida cautelar, é de 30 dias; D: art. 18 da Lei 8.429/1992; E: art. 17, § 1º, da Lei 8.429/1992.
Gabarito "D".

4. QUESTÕES DE CONTEÚDO VARIADO SOBRE IMPROBIDADE ADMINISTRATIVA

(Agente Tributário Estadual/MS – ESAF) Em relação à legislação que pune os atos de improbidade administrativa, assinale a afirmativa verdadeira.
(A) Pode ocorrer ato de improbidade administrativa mesmo se não houver dano ao patrimônio público.
(B) A aprovação, pelo competente Tribunal de Contas, do ato impugnado exclui a aplicação de sanções por improbidade.
(C) As ações relativas à improbidade prescrevem em cinco anos contados do fato, quando o acusado for servidor público efetivo.
(D) É permitida a representação por autor anônimo para a instauração do procedimento administrativo destinado a apurar denúncias de improbidade.
(E) A perda da função pública ocorre quando da decisão condenatória, ainda que não definitiva.

A: art. 21, I, da Lei 8.429/1992; B: art. 21, II, da Lei 8.429/1992; C: isso depende do estatuto dos servidores públicos locais, conforme se depreende do art. 23, II, da Lei 8.429/1992; D: art. 14, § 1º, da Lei 8.429/1992; E: art. 20 da Lei 8.429/1992.
Gabarito "A".

(Fiscal da Receita Estadual/AC – CESPE) Quanto à improbidade administrativa, assinale a opção correta.
(A) O dano causado a empresa privada não pode resultar em ato de improbidade.
(B) Considere que um funcionário público, mediante a prática de ato de improbidade, enriqueça-se ilicitamente e, após isso, faleça. Nessa situação, os sucessores desse servidor responderão pelas penas previstas na Lei de Improbidade.
(C) Considere, por hipótese, que, de forma ilícita, funcionários do BANPARÁ quebrassem o sigilo bancário de um correntista desse banco. Nessa situação, a prática descrita caracterizaria ato de improbidade atentatório aos princípios da administração pública.
(D) O ato de improbidade administrativa do qual decorre enriquecimento ilícito impõe, entre outras sanções, perda da função pública, suspensão dos direitos políticos de cinco a oito anos, pagamento de multa civil de até duas vezes o valor do dano e proibição de contratar com o poder público ou de receber benefícios ou incentivos fiscais ou creditícios, direta ou indiretamente, ainda que por intermédio de pessoa jurídica da qual seja sócio majoritário, pelo prazo de cinco anos.

A: pode, caso se trate de uma das entidades de que trata o art. 1º, *caput* (parte final) e p. único, da Lei 8.429/1992; B: os sucessores só respondem pelas penas pecuniárias e, mesmo assim, até o limite do valor da herança (art. 8º da Lei 8.429/1992); C: art. 11, III, da Lei 8.429/1992; D: art. 12, I, da Lei 8.429/1992.
Gabarito "C".

(Auditor do Tesouro Municipal/Fortaleza-CE – ESAF) Assinale a assertiva correta.
(A) Servidor de autarquia não está sujeito às disposições da Lei da Improbidade Administrativa.
(B) O terceiro, não servidor, que se beneficia do ato de improbidade administrativa, não pode ser condenado a restituir o benefício indevido.
(C) Não está sujeito às disposições da Lei de Improbidade Administrativa aquele que não seja agente público, mesmo que tenha concorrido para a prática do ato ímprobo.
(D) O herdeiro do servidor que se enriqueceu ilicitamente no exercício da função não está sujeito a perder o quinhão da herança que seja fruto do enriquecimento ilícito.
(E) A perda da função pública é uma das sanções cominadas na Lei da Improbidade Administrativa.

A: art. 2º c/c art. 1º da Lei 8.429/1992; B e C: art. 3º da Lei 8.429/1992; D: art. 8º da Lei 8.429/1992; E: art. 12 da Lei 8.429/1992.
Gabarito "E".

5. DEVERES ÉTICOS E OUTRAS QUESTÕES

(Auditor Fiscal da Receita Federal – ESAF) Das condutas relacionadas a seguir, indique todas as que constituem deveres éticos do servidor público:
I. ser probo, leal e justo no exercício das suas funções;
II. desempenhar, a tempo, as atribuições do cargo, função ou emprego público de que seja titular;
III. exercer com estrita moderação as prerrogativas funcionais que lhe sejam atribuídas;
IV. agir de forma a beneficiar aqueles que colaboram com o governo.
(A) I, II e IV
(B) II, III e IV
(C) I, III e IV
(D) I, II e III
(E) I, II, III e IV

I: item XIV, "c", "a" e "t", do Código de Ética Profissional do Servidor Público Civil do Poder Executivo Federal, instituído pelo Decreto 1.171/1994.

Gabarito "D".

(Auditor Fiscal da Receita Federal – ESAF) De acordo com o Código de Ética Profissional do Servidor Público Civil do Poder Executivo Federal, "a moralidade da Administração Pública não se limita à distinção entre o bem e o mal, devendo ser acrescida da ideia de que o fim é sempre o bem comum. O equilíbrio entre a legalidade e a finalidade, na conduta do servidor, é que poderá consolidar a moralidade do ato administrativo". Esse enunciado expressa:

(A) o sentido do princípio da legalidade na Administração Pública.
(B) que o estrito cumprimento da lei conduz à moralidade na Administração Pública.
(C) que o ato administrativo praticado de acordo com a lei não pode ser impugnado sob o aspecto da moralidade.
(D) que todo ato legal é também moral.
(E) um valor ético que deve nortear a prática dos atos administrativos.

Esse enunciado está no item III do Código de Ética Profissional do Servidor Público Civil do Poder Executivo Federal, instituído pelo Decreto 1.171/1994. De fato, o item trata do princípio da moralidade, como se pode reparar do seu início ("a moralidade da Administração Pública não se limita...") e do seu fim ("...é que poderá consolidar a moralidade do ato administrativo"). E o princípio da moralidade impõe obediência aos **valores éticos**, conforme a alternativa "e".

Gabarito "E".

(Auditor Fiscal da Receita Federal – ESAF) Um servidor da Secretaria da Receita Federal, por curiosidade, utilizou sua senha de acesso aos sistemas informatizados para conhecer a situação fiscal de determinadas autoridades públicas. Manteve segredo sobre as informações obtidas, mas, como o acesso ficou registrado, o fato chegou ao conhecimento de seus superiores. Nesta hipótese, esse servidor:

(A) cometeu crime contra a administração pública.
(B) cometeu crime de violação de sigilo funcional.
(C) cometeu infração funcional de falta de zelo, dedicação às atribuições do cargo e descumprimento de normas legais.
(D) não cometeu qualquer irregularidade.
(E) deve receber uma menção de elogio se tiver descoberto alguma irregularidade nos dados consultados.

Art. 116, I e III, da Lei 8.112/90.

Gabarito "C".

(Auditor Fiscal da Receita Federal – ESAF) Das afirmativas a seguir, indique todas as que estão corretas:

I. o administrado tem direito de ter vista dos autos em que figure na condição de interessado, de obter cópia das decisões nele contidas e conhecer as decisões proferidas;
II. o administrado pode arguir a suspeição da autoridade administrativa, se esta não o fizer espontaneamente;
III. os princípios da razoabilidade e da proporcionalidade, por comportarem juízo subjetivo na sua aplicabilidade, não podem ser considerados no processo administrativo;
IV. o decoro, a probidade e a boa-fé, embora sejam valores éticos, devem ser observados no processo administrativo.

(A) I, III e IV
(B) I, II e IV
(C) II, III e IV
(D) I, II e III
(E) I, II, III e IV

I: art. 3º, II, da Lei 9.784/99; **II:** art. 20 da Lei 9.784/99; **III:** art. 2º, caput, da Lei 9.784/99; **IV:** art. 2º, p. único, IV, da Lei 9.784/99.

Gabarito "B".

(Agente Fiscal/Teresina-PI – CESPE) Acerca da ética na administração pública, julgue os itens que se seguem.

(1) O debate sobre a conveniência da codificação de normas éticas no serviço público terminou com a vitória daqueles que julgavam essa via como inadequada.
(2) Apesar das diferenças culturais, existe concordância universal no sentido de que o agente público evite assumir comportamentos dúbios ou conflituosos com o interesse público que representa.
(3) A corrupção é um problema central, que deve ser tratado com urgência pela administração pública, pois ela abala a autoridade moral, afeta a eficiência dos governos, reforça o crime organizado e corrói a legalidade e a moralidade do Estado de Direito.
(4) A prevenção e a repressão da improbidade administrativa pressupõem não só uma legislação estruturada, mas também uma conduta ética socialmente valorizada, de modo que, nesse contexto, qualquer desvio seja considerado um desvalor passível de sanção legal e moral.
(5) Os valores éticos aplicáveis à administração pública são imutáveis e absolutos.
(6) Princípios norteadores da conduta de agentes públicos, como a legalidade, a moralidade, a impessoalidade e a publicidade, ainda não possuem *status* constitucional no ordenamento jurídico brasileiro.
(7) O desfazimento de um ato administrativo em decorrência de sua imoralidade, mesmo que ele seja legal, não está previsto no sistema jurídico brasileiro, já que a moralidade administrativa é um conceito meramente subjetivo.

1: venceu os que defendiam a codificação; exemplo disso é o Código de Ética Profissional do Servidor Público Civil do Poder Executivo Federal, instituído pelo Decreto 1.171/1994; **2:** o agente público deve ser impessoal (art. 37, caput, da CF); um dos aspectos da impessoalidade é o que determina respeito ao princípio da finalidade, pelo qual o agente deve buscar atender ao interesse público, e não conflitar com este; **3:** está correta, pois, de fato, a corrupção leva a todas as consequências narradas; **4:** de fato, não basta uma lei boa; é importante a consciência de todos, a cidadania e a efetiva aplicação da lei; **5:** é claro que há valores universais (como a boa-fé, a lealdade e a probidade); no entanto, outros valores vão surgindo, de acordo com as necessidades sociais, daí o caráter mutável e relativo dos valores éticos; **6:** art. 37, caput, da CF; **7:** a moralidade administrativa é um princípio jurídico (art. 37, caput, da CF e art. 2º da Lei 9.784/99); portanto, descumprido tal dever jurídico, a consequência é a invalidação (o desfazimento) do ato, por parte da Administração e até por parte do Judiciário, quando alguém impugnar em juízo referido ato, o que é possível, por exemplo, por meio de ação popular (art. 5º, LXXIII, da CF).

Gabarito 1E, 2C, 3C, 4C, 5E, 6E, 7E.

14. INFORMÁTICA

Helder Satin

1. HARDWARE

(Fiscal de Rendas/RJ – FGV) Dos sistemas de armazenamento e as tecnologias empregadas nos discos rígidos, SATA é o que oferece melhor desempenho, quando comparado com IDE e SCSI.

Enquanto o padrão SATA-I possibilita taxas de 150 MB/s, o SATA-II permite 300 MB/s.

O padrão SATA suporta dois recursos: o primeiro, que possibilita ligar ou desligar um dispositivo com a máquina ligada, e o segundo, que possibilita a um disco atender a mais de um pedido de leitura/escrita e ter diversos comandos pendentes a serem executados em uma ordem internamente determinada pelo dispositivo, aumentando levemente a performance.

Esses recursos são conhecidos, respectivamente, por:

(A) HOT-READ/WRITE e OVERLAY.
(B) HOT-READ/WRITE e NCQ.
(C) HOT-SWAP e OVERLAY.
(D) HOT-ON/OFF e NCQ.
(E) HOT-SWAP e NCQ.

A: Errada, o recurso que possibilita ligar ou desligar o dispositivo mesmo com a máquina ligada se chama HOT-SWAP. **B:** Errada, o recurso que possibilita ligar ou desligar o dispositivo mesmo com a máquina ligada se chama HOT-SWAP. **C:** Errada, o recurso que possibilita a um disco atender vários pedidos de leitura/escrita e ter vários comandos pendentes a serem executados se chama NCQ. **D:** Errada, o recurso que possibilita ligar ou desligar o dispositivo mesmo com a máquina ligada se chama HOT-SWAP. **E:** Correta, o recurso que possibilita ligar ou desligar o dispositivo mesmo com a máquina ligada se chama HOT-SWAP, e o recurso que possibilita a um disco atender vários pedidos de leitura/escrita e ter vários comandos pendentes a serem executados se chama NCQ.
Gabarito "E".

(Auditor Fiscal/SC – FEPESE) Assinale a alternativa **correta** a respeito dos diferentes tipos de memória utilizados em computadores.

(A) Memórias RAM são memórias de acesso aleatório, nas quais o tempo de acesso aos dados pode variar de forma significativa, dependendo da localização física do dado no módulo de memória.
(B) A memória cache L2 é uma evolução da memória L1, que possui o diferencial de transferir o dobro de *bits* a cada ciclo de relógio.
(C) A memória cache L1 trabalha na mesma velocidade do processador, enquanto a memória cache L2 trabalha na frequência de operação da placa-mãe do computador.
(D) Memórias Flash são memórias de alta velocidade utilizadas pelo processador para armazenar dados utilizados com frequência, com o intuito de agilizar o processamento.
(E) Tipicamente, as memórias ROM são utilizadas em PCs para armazenar o programa BIOS (*Basic Input/Output System*) do computador, que fornece um suporte básico de acesso ao *hardware* e inicia a carga do sistema operacional.

A: Errada, pois em uma Memória RAM qualquer posição pode ser acessada a qualquer hora, portanto a localização física do dado não influencia na velocidade de leitura. **B:** Errada, o diferencial entre as memórias do tipo L1 e L2 é o tamanho, sendo a L2 muito maior que a L1. **C:** Errada, a frequência da memória do tipo L2 não está atrelada à frequência de operação da placa-mãe, ela é definida na fabricação do processador. Apenas modelos muito antigos ainda são atrelados à placa-mãe. **D:** Errada, memórias Flash são memórias de armazenamento de dados, porém não de dados utilizados com frequência com o intuito de agilizar o processamento, são exemplos comuns de memória Flash os *pen drives*. **E:** Correta, a memória ROM é uma memória não volátil utilizada para armazenar a BIOS e dar suporte à inicialização do sistema.
Gabarito "E".

(Auditor Fiscal/SC – FEPESE) Associe os dispositivos de armazenamento de dados com a respectiva tecnologia de armazenamento utilizada.

Tecnologia de armazenamento
1. Magnética
2. Eletrônica
3. Ótica

Dispositivo de armazenamento
( ) DVD-R e Disco *Blu-Ray*.
( ) Cartões de memória SD, xD e *Memory Stick*.
( ) Disco rígido (HD).
( ) CD-RW e DVD-RW.
( ) *Pen drive*.

Assinale a alternativa que indica a sequência correta, de cima para baixo.

(A) 1 – 2 – 2 – 1 – 3
(B) 1 – 3 – 2 – 1 – 3
(C) 2 – 1 – 3 – 3 – 2
(D) 3 – 1 – 1 – 1 – 2
(E) 3 – 2 – 1 – 3 – 2

A: Errada, DVD-R e Disco *Blu-Ray* utilizam leitores óticos, portanto são dispositivos de armazenamento ótico. **B:** Errada, Cartões de memória SD, xD e *Memory Stick* utilizam gravação eletrônica, portanto são dispositivos de armazenamento eletrônico. **C:** DVD-R e Disco *Blu-Ray* utilizam leitores óticos, portanto são dispositivos de armazenamento ótico. **D:** Errada, Cartões de memória SD, xD e *Memory Stick* são dispositivos de armazenamento eletrônico. **E:** Correta, todas as associações estão corretas.
Gabarito "E".

(Auditor Fiscal/SC – FEPESE) Assinale a alternativa **correta** a respeito de sistemas operacionais de 32 bits e de 64 bits.

(A) Sistemas operacionais de 32 bits podem ser instalados somente em PCs cujos processadores possuem arquitetura de 32 bits.
(B) A velocidade de qualquer aplicação executada em um PC com sistema operacional de 64 bits é superior

àquela obtida executando a mesma aplicação no mesmo *hardware*, mas com sistema operacional de 32 bits.
(C) Computadores com sistema operacional de 64 bits são capazes de utilizar mais memória RAM do que aqueles com sistema operacional de 32 bits.
(D) Sistemas operacionais de 64 bits podem ser instalados tanto em PCs com processadores de 32 bits quanto em PCs com processadores de 64 bits.
(E) Computadores com sistema operacional de 64 bits transferem dados pela rede com o dobro da velocidade de transmissão daqueles com sistemas operacionais de 32 bits.

A: Errada, Sistemas Operacionais de 32 bits podem ser instalados em computadores de 64 bits, porém não irão se beneficiar de sua arquitetura. **B:** Errada, nem toda aplicação é desenhada para tirar proveito de sistemas e processadores de 64 bits. **C:** Correta, sistemas operacionais de 64 bits podem endereçar uma quantidade maior de memória (chegado na casa dos Terabytes) que os sistemas feitos na arquitetura de 32 bits (até 4Gb). **D:** Errada, Sistemas Operacionais de 64 bits só podem ser instalados em computadores com um processador de 64 bits. **E:** Errada, a transmissão de dados em rede não tem sua velocidade ditada pelo processador, e sim pela placa de rede e os meios de comunicação entre os dois pontos de rede.
Gabarito "C".

(Auditor Fiscal/SC – FEPESE) Assinale a alternativa **correta** a respeito dos componentes utilizados em uma rede local (LAN).

(A) A interface de rede pode consistir em uma placa de expansão conectada à placa-mãe, ou pode vir integrada à placa-mãe do computador.
(B) Um modem é um componente indispensável para efetuar a conexão à rede local, pois permite a conexão física do computador a um ponto de rede.
(C) O *driver* de rede é utilizado para converter os dados em formato digital, armazenados no computador, no formato analógico, que é utilizado na transmissão pela rede.
(D) Os cabos utilizados em redes locais possuem, por padrão, a cor azul.
(E) O *firewall* da rede impede que os computadores da rede local por ele protegida sejam infectados por *softwares* maliciosos.

A: Correta, uma interface de rede pode estar integrada à placa-mãe (placas on*board*) ou conectada a uma porta de expansão (placas off*board*). **B:** Errada, o modem é utilizado apenas em conexões do tipo *dial-up* e não em conexões de rede. **C:** Errada, o driver de rede é um conjunto de instruções que fazem com que o sistema operacional possa trabalhar com a interface de rede. **D:** Errada, os cabos de rede locais podem possuir outras cores além do azul, como preto, cinza, amarelo, não existe uma cor-padrão. **E:** Errada, o firewall da rede apenas garante que a política de acesso e segurança seja respeitada, impedindo que certos tipos de acesso à rede sejam realizados.
Gabarito "A".

(Auditor Fiscal – São Paulo/SP – FCC) Dispositivos de entrada e saída possibilitam introduzir dados externos ao computador para processamento e apresentar dados processados pelo computador. Alguns dispositivos efetuam ambos papéis, servindo de dispositivo de entrada e saída. Um exemplo destes dispositivos é

(A) a *webcam*.
(B) a tela sensível ao toque.
(C) o leitor de código de barras.
(D) o *mouse* ótico.
(E) o *scanner*.

A: Errada, *webcam* são dispositivos de entrada (imagem) apenas. **B:** Correta, as telas sensíveis ao toque exibem as informações ao usuário e permitem que ele interaja com o conteúdo apresentado. **C:** Errada, o leitor de código de barras é um dispositivo de texto de entrada apenas. **D:** Errada, o *mouse* ótico é um dispositivo de entrada apenas. **E:** Errada, o scanner é um dispositivo de entrada apenas.
Gabarito "B".

(Auditor Fiscal – São Paulo/SP – FCC) Os dispositivos ou mídias de armazenamento são capazes de armazenar informações para posterior uso e processamento eletrônico. Dentre as mídias, dispositivos e tecnologias utilizadas para o armazenamento de informações NÃO se inclui o

(A) código QR.
(B) *pendrive*.
(C) código de barras.
(D) barramento de memória.
(E) RFID.

A: Errada, o código QR (QRCode) permite o armazenamento de informações de texto. **B:** Errada, os pendrives são mídias de armazenamento Flash do tipo. **C:** Errada, os códigos de barra permitem o armazenamento de texto. **D:** Correta, o barramento de memória tem por função permitir o tráfego de informações, não armazenando nada durante o processo. **E:** Errada, a tecnologia RFID permite o armazenamento de informações em etiquetas RFID.
Gabarito "D".

(Auditor Fiscal – São Paulo/SP – FCC) Sobre placas de redes (dispositivos de entrada e saída de computadores), considere:

I. Dois tipos de placas são as de padrão *Token Ring* e *Ethernet*. Cada placa de rede possui um endereço físico único para seu endereçamento chamado de MAC Address.
II. As placas de rede possuem conectores BNC para a utilização com cabos coaxiais e/ou conectores RJ45 que possibilitam a utilização de cabos de par trançado.
III. Devido às altas taxas de transferência e ao baixo custo, as placas de padrão *Token Ring* e Wi-fi estão cada vez mais dominando o mercado e deixando de lado o padrão *Ethernet*.

Está correto o que se afirma em

(A) I e II, apenas.
(B) III, apenas.
(C) II e III, apenas.
(D) I e III, apenas.
(E) I, II e III.

Apenas a afirmativa III está incorreta, o padrão *Token Ring* não está dominando o mercado atual, mas sim os padrões *Ethernet* e *Wi-fi*, portanto apenas a alternativa A está correta.
Gabarito "A".

(Técnico da Receita Federal – ESAF) Analise as seguintes afirmações relacionadas aos conceitos básicos de informática: Hardware e Software.

I. Frequência de atualização de um monitor é a frequência com que a tela de vídeo é redesenhada para evitar que a imagem fique piscando. A área da imagem inteira da maioria dos monitores é atualizada aproximadamente 1.024 vezes por segundo.

II. Nas versões mais novas do Windows, para se utilizar o recurso de suporte a vários monitores, precisa-se, para cada monitor, de um adaptador de vídeo PCI, AGP, *onboard* ou outro tipo compatível com a placa-mãe.

III. O USB (*Universal Serial Bus* - barramento serial universal) é um barramento externo que dá suporte à instalação Plug and Play, permitindo a conexão e desconexão de dispositivos sem desligar ou reiniciar o computador.

IV. A resolução de tela é a configuração que determina a quantidade de informações apresentadas na tela do monitor, medida em polegadas quadradas. Uma resolução baixa, como 640 x 480, faz com que os itens na tela apareçam menores e a área da tela torna-se pequena. Uma resolução alta, como 1.024 x 768, apresenta uma área de exibição maior e os itens individuais tornam-se grandes.

Indique a opção que contenha todas as afirmações verdadeiras.

(A) I e II.
(B) II e III.
(C) III e IV.
(D) I e III.
(E) II e IV.

A: Errada, a afirmativa I está incorreta, a taxa de atualização da maioria dos monitores é de 60 vezes por segundo ou 60Hz. **B:** Correta, apenas as afirmativas II e III estão corretas. **C:** Errada, a afirmativa IV está incorreta, a área da tela é medida em pixels e uma resolução baixa faz com que os itens apareçam maiores e uma resolução maior faz com que itens apareçam menores devido à quantidade de pixels disponível para representar cada item. **D:** Errada, a afirmativa I está incorreta, a taxa de atualização da maioria dos monitores é de 60 vezes por segundo ou 60Hz. **E:** Errada, a afirmativa IV está incorreta, a área da tela é medida em pixels e uma resolução baixa faz com que os itens apareçam maiores e uma resolução maior faz com que itens apareçam menores devido à quantidade de pixels disponível para representar cada item.
Gabarito "B".

(Técnico da Receita Federal – ESAF) Nos dispositivos de armazenamento de dados, quando se utiliza espelhamento visando a um sistema tolerante a falhas, é correto afirmar que

(A) ao apagar um arquivo em um disco com sistema de espelhamento, o arquivo equivalente no disco espelhado só será apagado após a execução de uma ação específica de limpeza que deve ser executada periodicamente pelo usuário.
(B) ao ocorrer uma falha física em um dos discos, os dados nos dois discos tornam-se indisponíveis. Os dados só serão mantidos em um dos discos quando se tratar de uma falha de gravação de dados.
(C) o sistema fornece redundância de dados usando uma cópia do volume para duplicar as informações nele contidas.
(D) o disco principal e o seu espelho devem estar sempre em partições diferentes, porém no mesmo disco físico.
(E) o disco a ser utilizado como espelho deve ter sempre o dobro do tamanho do disco principal a ser espelhado.

A: Errada, quando um arquivo é apagado em um sistema com espelhamento, ele é excluído automaticamente no disco espelhado. **B:** Errada, o espelhamento existe justamente para evitar este tipo de problema, uma falha física de um dos discos não afeta o arquivo no outro disco. **C:** Correta, o espelhamento cria uma cópia redundante dos arquivos duplicando-o em outra unidade. **D:** Errada, para que o espelhamento seja feito de forma eficaz deve-se utilizar duas unidades físicas de disco diferentes. **E:** Errada, ambos os discos devem ser exatamente iguais em tamanho para que o espelhamento possa ser feito.
Gabarito "C".

(Auditor Fiscal/ES – CESPE) No que se refere aos componentes funcionais de computadores e aos periféricos e dispositivos de entrada, de saída e de armazenamento de dados, assinale a opção correta.

(A) Memórias do tipo ROM podem ser processadas inúmeras vezes, bem como ser apagadas por qualquer programa de computador.
(B) A função da unidade central de processamento é executar os programas armazenados nos dispositivos de saída.
(C) A unidade lógica executa as operações aritméticas dirigidas pela memória secundária.
(D) A memória principal de um computador é, geralmente, uma memória volátil (RAM).
(E) Dispositivos periféricos de entrada e de saída são utilizados exclusivamente para comunicação do computador com meios de armazenamento em massa na nuvem.

A: Errada, a memória do tipo ROM (Read-onlyMemory) não pode ter seu conteúdo alterado ou removido após a gravação inicial. **B:** Errada, dispositivos de saída não armazenam programas, seu papel é de enviar informações para fora do computador. **C:** Errada, a memória secundária é uma memória de armazenamento de grandes volumes de dados, a unidade lógica se comunica com as memórias primárias para suas ações de calculo. **D:** Correta, a memória principal é usada para armazenar informações durante o processamento, portanto precisam ter alta velocidade de acesso para suportar as frequentes requisições e alta volatilidade para trabalhar com os diversos dados necessários. **E:** Errada, os dispositivos de entrada e saída também são usados para comunicação com o usuário e outros dispositivos que não são necessariamente de armazenamento como, por exemplo, outra unidade de rede.
Gabarito "D".

(Auditor Fiscal/CE – ESAF) Analise as seguintes afirmações relacionadas a conceitos básicos de Informática.

I. O *Chipset* é o principal componente de uma placa-mãe, no qual é possível encontrar os controladores de acesso à memória, controladores do barramento IDE, AGP e ISA.

II. O *Driver* é um conjunto de rotinas que permite ao sistema operacional acessar o periférico, funcionando como uma espécie de tradutor entre o dispositivo.

III. Um HD SCSI, ao ser conectado à saída IDE UDMA/66 de uma placa-mãe, tem sua velocidade de acesso multiplicada por 66, chegando a uma taxa de transferência da ordem de 150 *Giga Bytes*/segundo.

IV. Um processador, para ler dados de uma memória RAM, deve indicar o endereço desejado na memória, usando, para isto, o barramento de dados, recebendo os dados desejados via memória cache.

Indique a opção que contenha todas as afirmações verdadeiras.

(A) I e II.
(B) II e III.
(C) III e IV.
(D) I e III.
(E) II e IV.

A: Correta, apenas as afirmativas I e II estão corretas. **B:** Errada, a afirmativa III está incorreta, um HD SCSI não pode ser ligado a uma interface IDE. **C:** Errada, as alternativas III e IV estão incorretas, um HD SCSI não pode ser ligado a uma interface IDE e na leitura da memória o processador recebe os dados via registradores. **D:** Errada, a afirmativa III está incorreta, um HD SCSI não pode ser ligado a uma interface IDE. **E:** Errada, a afirmativa IV está incorreta, na leitura da memória o processador recebe os dados via registradores.
Gabarito "A".

(**Auditor Fiscal/MG – ESAF**) As memórias internas de um computador são de dois tipos básicos:

(A) a memória ROM, representada basicamente pelos CDs, e a memória RAM, que é composta pelos discos rígidos.
(B) a memória RAM, baseada em *chips* semicondutores, que é volátil e compõe a memória principal do microcomputador, e a memória ROM, que não é volátil e que normalmente armazena o BIOS (*Basic Input- Output System*).
(C) as memórias estáticas ou RAM e as memórias dinâmicas ou discos rígidos.
(D) o BIOS (*Basic Input-Output System*) e os discos magnéticos.
(E) os arquivos e os programas utilitários.

A: Errada, o CD não pode ser considerado uma memória ROM, que é uma memória não volátil que armazena a BIOS. **B:** Correta, a memória RAM é volátil e compõe a memória principal do computador e a ROM é uma memória não volátil que armazena a BIOS. **C:** Errada, a memória RAM não é uma memória estática. **D:** Errada, a BIOS não é um tipo de memória, mas sim instruções utilizadas na inicialização do computador. **E:** Errada, arquivos e programas não são tipos de memória, são apenas arquivos que são armazenados na memória.
Gabarito "B".

(**Auditor Fiscal/RN – ESAF**) Analise as seguintes afirmações relacionadas a conceitos de *hardware*.

I. O barramento USB é um barramento externo que dá suporte à instalação *plug and play*.
II. Uma porta infravermelha é uma porta óptica utilizada em um computador para se comunicar com outros computadores ou dispositivos usando luz infravermelha e um cabo de fibras ópticas.
III. O uso do barramento USB permite a conexão e a desconexão de dispositivos de um computador sem desligar ou reiniciar o mesmo, sendo possível o uso de uma única porta USB para se conectar mais de 16 dispositivos periféricos.
IV. Um pool de impressão deve ser formado por duas ou mais impressoras diferentes conectadas a um servidor de impressão que agirá como uma única impressora. Nesse caso, quando se deseja imprimir um documento, o trabalho de impressão é enviado à impressora denominada Padrão, que se encarrega de distribuir os trabalhos para as impressoras disponíveis no pool.

Indique a opção que contenha todas as afirmações verdadeiras.

(A) I e II.
(B) II e III.
(C) III e IV.
(D) I e III.
(E) II e IV.

A: Errada, a afirmativa II está incorreta, na comunicação infravermelha não é utilizado nenhum tipo de cabo. **B:** Errada, a afirmativa II está incorreta, na comunicação infravermelha não é utilizado nenhum tipo de cabo. **C:** Errada, a afirmativa IV está incorreta, um pool de impressão consiste em uma impressora conectada a vários dispositivos por meio de várias portas. **D:** Correta, apenas as afirmativas I e III estão corretas. **E:** Errada, as afirmativas II e IV estão incorretas, na comunicação infravermelha não é utilizado nenhum tipo de cabo e um pool de impressão consiste em uma impressora conectada a vários dispositivos por meio de várias portas.
Gabarito "D".

(**Auditor Fiscal/RN – ESAF**) Analise as seguintes afirmações relacionadas a conceitos de *hardware* e *software*.

I. O mais importante pacote de *software* de um computador é o conjunto de *drives* nele instalados, utilizados para controle de todos os periféricos.
II. O sistema operacional é um sistema integrado de programas que gerencia as operações da CPU, controla os recursos e atividades de entrada/saída e de armazenamento e fornece vários serviços de apoio à medida que o computador executa os programas aplicativos dos usuários.
III. O sistema operacional executa atividades que minimizam a necessidade de intervenções dos usuários, como, por exemplo, acesso à rede e gravação e recuperação de arquivos.
IV. Para obter o rendimento máximo de um computador utilizado como servidor, o sistema operacional deverá ser acionado após a inicialização de todos os aplicativos de gerenciamento de rede.

Indique a opção que contenha todas as afirmações verdadeiras.

(A) I e II.
(B) II e III.
(C) III e IV.
(D) I e III.
(E) II e IV.

A: Errada, a afirmativa I está incorreta, os *drives* não são *softwares*, mas sim um conjunto de instruções utilizadas pelo Sistema Operacional para controlar os periféricos. **B:** Correta, apenas as afirmativas II e III estão corretas. **C:** Errada, a afirmativa IV está incorreta, alterar a ordem com que o sistema operacional é inicializado não possui qualquer reflexo no desempenho de um computador. **D:** Errada, a afirmativa I está incorreta, os *drives* não são *softwares*, mas sim um conjunto de instruções utilizadas pelo Sistema Operacional para controlar os periféricos. **E:** Errada, a afirmativa IV está incorreta, alterar a ordem com que o sistema operacional é inicializado não possui qualquer reflexo no desempenho de um computador.
Gabarito "B".

(**Agente de Tributos/MT – CESPE**) Com relação a *hardware* e *software* de computadores pessoais, julgue os itens a seguir.

(1) Muitas vezes, o acesso à Internet é realizado com auxílio de uma linha telefônica. Para que o computador possa efetivar o acesso por meio da linha telefônica, é necessário o uso de um dispositivo denominado *modem*, o qual permite que o computador transmita e receba dados por meio da linha telefônica.

(2) As placas de rede modernas são todas do tipo *on board*, construídas na própria placa-mãe do computador. Para o controle desse tipo de placa, é necessária a prévia instalação do UNIX, que auxilia o sistema operacional Windows a controlar a placa de rede.

(3) Para a realização de *backup*, existem vários procedimentos que vão desde a aquisição de equipamentos e computadores específicos até procedimentos mais simples como, por exemplo, a gravação de dados em CD-ROM. Uma vantagem dos CD-ROMs é que todas as variedades dessa mídia permitem um número ilimitado de operações de leitura e escrita, possibilitando que qualquer tipo de CD-ROM seja utilizado inúmeras vezes para operações de *backup*.

1: Correta, o modem é o periférico que permite o acesso à Internet por meio de uma conexão discada; **2:** Errada, existem placas de rede on *board* e off *board* e não há necessidade de possuir o sistema UNIX para dar suporte a este tipo de placa; **3:** Errada, apenas os CD-RW permitem a operação de reescrita de dados, os CD-ROMs podem ser gravados apenas uma vez.

Gabarito 1C, 2E, 3E.

§1° – É fundamental que todos os documentos impressos contenham o timbre municipal, ou seja, cada documento produzido, inclusive usando editores eletrônicos de textos modernos e atuais, deve ser impresso com o timbre.

(Auditor Fiscal/São Paulo-SP – FCC) Observe que "É fundamental que todos os documentos impressos contenham o timbre municipal". O processo de digitalização do timbre proveniente de meio externo, em papel, pode ser feito por meio de

(A) scam.
(B) acelerador de vídeo.
(C) pen drive.
(D) fax modem.
(E) impressora multifuncional.

A: Errada, o scam é um tipo de ameaça de segurança. **B:** Errada, a placa aceleradora de vídeo tem como função melhorar o processamento de imagens do computador, tornando-o mais rápido neste quesito. **C:** Errada, o *pen drive* é um dispositivo de armazenamento de dados. **D:** Errada, o fax modem tem como função permitir a conexão com a Internet por linha telefônica. **E:** Correta, uma impressora multifuncional tem a capacidade de digitalizar documentos.

Gabarito "E".

(Agente Fiscal de Rendas/SP – FCC) Durante um levantamento de informações contábeis em um estabelecimento comercial, um agente necessita gravar um CD de forma emergencial. Sabendo que esse agente possui uma unidade gravadora de CD externa, e que deseja conectar esse dispositivo em um microcomputador que possui um barramento do tipo universal, ele deverá

(A) utilizar a porta serial RS-232.
(B) utilizar a porta USB.
(C) conectar o dispositivo a uma porta BBS.
(D) instalar a unidade em um slot de memória disponível.
(E) conectar a unidade na BIOS.

A: Errada, a porta serial RS-232 está se tornando obsoleta e é pouco usual. **B:** Correta, a porta USB é o novo padrão de conexão universal. **C:** Errada, BBS não é um padrão de porta universal atual. **D:** Errada, barramentos de memória não são do tipo universal, eles são específicos para memória. **E:** Errada, a BIOS é um programa de computador pré-gravado em memória permanente executado por um computador quando ligado.

Gabarito "B".

(Agente Fiscal de Rendas/SP – FCC) É um sistema que, em um microcomputador, executa as funções necessárias para a inicialização do *hardware* do sistema quando o equipamento é ligado, controla rotinas de entrada e saída e permite ao usuário a modificação de detalhes da configuração do *hardware*.

(A) EPROM.
(B) DRAM.
(C) SLOT.
(D) BIOS.
(E) BACKBONE.

A: Errada, EPROM é um tipo de memória de leitura. **B:** Errada, a DRAM é um tipo de memória de acesso randômico utilizada pelo sistema durante seu funcionamento. **C:** Errada, um *SLOT* é um barramento em que se pode instalar um periférico. **D:** Correta, a BIOS é um programa de computador pré-gravado em memória permanente executado por um computador quando ligado. **E:** Errada, um Backbone *designa* o esquema de ligações de rede centrais de um sistema mais amplo, tipicamente de elevado desempenho.

Gabarito "D".

2. PLANILHAS ELETRÔNICAS

(Auditor Fiscal da Receita Municipal – Prefeitura Teresina/PI – 2016 – FCC) Os notebooks ultrafinos (ultra-books) utilizam drives do tipo SSD (Solid-State Drive) ao invés de HDs por serem normalmente mais silencio-sos, menores, mais resistentes e de acesso mais rápido. Assim como os pen drives, os dispositivos SSD utili-zam

(A) chips BIOS para armazenar as informações. Esses chips são baratos e compactos, porém o acesso a eles é mais lento do que o acesso às memórias.
(B) memória flash para armazenar dados. Esse tipo de memória não perde seu conteúdo quando a ali--mentação elétrica é cortada.
(C) memória flash para armazenar dados. Esse tipo de memória perde seu conteúdo quando a alimen-tação elétrica é cortada.
(D) registradores para armazenar informações. Os registra-dores são tipos de memória de acesso muito rápido, porém muito caros.
(E) memória cache para armazenar dados. Esse tipo de memória é acessada duas vezes mais rápido do que as memórias RAM convencionais.

Diferentemente dos HDDs (Hard disk drives) que utilizam tecnologia magnética para a leitura e escrita de dados, os SSDs utilizam memórias eletrônicas do tipo Flash, semelhantes as utilizadas por pendrives, que não perdem seu conteúdo quando não estão energizadas, são menores e possuem velocidades de leitura e escri-ta muito maiores que os HDDs. Os registradores são componentes usados pelo CPU para realizar as opera-ções necessárias para o funcionamento do computador, a memó-ria cache é uma memória auxiliar utilizada pelo processador para agilizar o acesso a informações e o chip BIOS é o componente responsável pelo pro-cesso de inicialização (boot) do sistema operacional. Portanto, apenas a alternativa B está correta.

Gabarito "B".

(Fiscal da Receita/CE) Considerando a figura acima, que ilustra uma janela do BrOffice Calc 3.1, com uma planilha em processo de edição, assinale a opção correta.

(A) Na situação da figura, o valor da célula B4 foi obtido a partir da fórmula =B$3+$A2 e, se essa fórmula for copiada da célula B4 para a célula C4, será obtido, na célula C4, o valor 17.
(B) A célula A4 será preenchida automaticamente com o valor 6 caso o seguinte procedimento seja realizado: selecionar as células A1, A2 e A3; manter pressionado o botão do *mouse* na alça de preenchimento — pequeno quadrado preto no canto inferior direito da célula A3 sobreposto do qual o ponteiro se transforma em uma cruz —; arrastar o ponteiro do *mouse* até o canto inferior direito da célula A4; e liberar, em seguida, o botão do *mouse*.
(C) Ao se digitar a fórmula =MED(C1:C3) na célula D2 e, em seguida, se teclar Enter, essa célula ficará preenchida com o número 7.
(D) Ao se digitar a fórmula =CONT.NUM(A1:C1;7) na célula D3 e, em seguida, se teclar Enter, essa célula ficará preenchida com o número 3.

A: Errada, o sinal $ quando antes da identificação da linha da célula fixa a linha, quando antes da identificação da coluna fixa a coluna, portanto o resultado seria 13. B: Errada, o procedimento descrito irá preencher a célula A4 com o valor correspondente à progressão dos números selecionados, portanto teria o valor 4. C: Correta, a fórmula mencionada calcula a mediana dos valores no intervalo escolhido. D: Errada, a função =CONT.NUM calcula o número de células que contém o número especificado no intervalo especificado.
Gabarito "C".

(Fiscal da Receita/CE) A partir da figura anterior, que mostra uma janela do Microsoft Excel 2003 com uma planilha em processo de edição, assinale a opção correta.

(A) Se for digitada, na célula D1, a fórmula =$B$4&$C$6, então, ao se pressionar a tecla Enter, essa célula será preenchida com o valor 1,37.
(B) Para se mesclar as células D4, D5 e D6 em uma única célula, é suficiente realizar o seguinte procedimento: selecionar as referidas células; clicar, no menu Formatar, a opção Células; na janela disponibilizada, selecionar a guia Borda e, nessa guia, marcar a caixa de seleção Mesclar células; clicar o botão OK.
(C) Sabendo que, na célula D4, está inserida a fórmula =$B$4&$C$6, caso se selecione a célula B4 e se clique uma vez no botão Diminuir casas decimais, localizado na barra de ferramentas, o valor da célula B4 será modificado para 1,30 e o valor apresentado na célula D4 também será modificado.
(D) Na situação da figura, sabendo que as células de A3 a D6 estão selecionadas, para se classificar a planilha pelo nome do material, é suficiente realizar o seguinte procedimento: clicar, no menu Ferramentas, a opção Classificar e, na janela disponibilizada, clicar o botão OK.

A: Correta, o caractere & concatena os valores definidos, portanto resultaria em 1,3 de uma célula e 7 da outra, resultando em 1,37. B: Errada, dentro da opção Células deve-se utilizar a aba Alinhamento para que se encontre a função Mesclar células. C: Errada, os zeros à direita da vírgula são ignorados quando os valores são concatenados, portanto o valor se manteria igual. D: Errada, a opção Classificar está no menu "Dados" e não no "Ferramentas".
Gabarito "A".

(Auditor Fiscal/MA – FGV) Observe a planilha a seguir criada no Excel, um dos principais editores de planilhas em uso nas empresas.

- nas células E7, E8, E9 e E10 foi utilizada uma função, que mostra o menor preço entre as cotações dos fornecedores M1, M2 e M3, para os itens propostos.
- Em E12 foi utilizada a função SOMA, para exibir a soma das células de E7 a E10.
- nas células F7 foi utilizada a função SE, para indicar o fornecedor com o menor preço para o item proposto, utilizando o conceito de referência absoluta.
- Para finalizar F7 foi selecionada, o que resultou na exibição de um pequeno "quadradinho" no canto

inferior direito dessa célula. A partir dele e mediante os movimentos de clicar e arrastar, essa célula foi copiada para F8, F9 e F10.

As expressões inseridas nas células E8, E12 e F9 foram, respectivamente:

(A) =MÍNIMO(B8:D8), =SOMA(E7:E10)e=SE(E9=B9;$B$6;SE(E9=C9;$C$6;$D$6))
(B) =MENOR(B8:D8), =SOMA(E7:E10)e=SE(E9=B9;$D$6;SE(E9=C9;$C$6;$B$6))
(C) =MÍNIMO(B8:D8), =SOMA(E7:E10)e=SE(E9=B9;$C$6;SE(E9=C9;$D$6;$C$6))
(D) =MENOR(B8:D8), =SOMA(E7:E10)e=SE(E9=B9;$D$6;SE(E9=C9;$B$6;$C$6))
(E) =MÍNIMO(B8:D8), =SOMA(E7:E10)e=SE(E9=B9;$B$6;SE(E9=C9;$C$6;$D$6))

Considerando a versão em português do MS Excel, a fórmula que retorna o menor valor em um conjunto de células é =MÍNIMO, forma correta desta fórmula é =MÍNIMO(B8:D8). Para realizar a soma de um intervalo de células utilizamos a fórmula =SOMA e, como separador do intervalo de E7 até E10, o símbolo dois pontos (:). A fórmula correta para obter o nome do fornecedor é =SE(E9=B9;$B$6;SE(E9=C9;$C$6;$D$6)) onde primeiro é verificado se o menor preço (E9) é igual a primeira cotação da linha (B9). Caso seja verdadeiro, o resultado é o cabeçalho da coluna correspondente, ($B$6). Se for falso, é feita outra verificação, desta vez para a segunda cotação, (E9=C9). Se a comparação por verdadeira, o nome referente a segunda coluna ($C$6) é retornado. Caso E9 não seja igual a C9, ($D$6) é apresentado. É usada a referência absoluta apenas no valor de retorno (que indica sempre a mesma célula) para que possa ser feito o preenchimento dos outros campos sem que seja perdida a referência dos cabeçalhos. Portanto, apenas a alternativa A está correta.

Gabarito "A".

(Auditor Fiscal/PE – UPENET/IAUPE) Sabendo que a figura abaixo representa a parte superior da tela de abertura do Excel ao ser iniciado, indique a alternativa que representa uma afirmação FALSA.

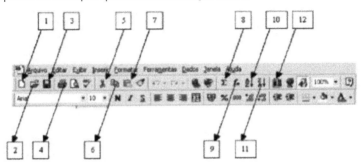

(A) O botão indicado por "7" não tem uso no Excel, por isso está desabilitado.
(B) O botão indicado por "2" abre uma caixa de diálogo para o usuário escolher uma planilha já existente para ser aberta.
(C) O botão indicado por "4" imprime a planilha ativa (aquela que está em uso).
(D) O botão indicado por "3", ao ser acionado, grava automaticamente as alterações realizadas na planilha ativa e/ou abre uma caixa de diálogo para que o usuário salve uma planilha ativa pela primeira vez.
(E) O botão indicado por "11" classifica textos e valores em ordem decrescente.

A: Correta, a afirmação está incorreta, o botão ativa a função Colar, que só estará ativada quando algo estiver na área de transferência. B: Errada, a afirmação está correta. C: Errada, a afirmação está correta. D: Errada, a afirmação está correta. E: Errada, a afirmação está correta.

Gabarito "A".

(Auditor Fiscal/PE – UPENET/IAUPE) Ainda sobre a figura anterior, com relação ao botão indicado pelo número "9", uma das alternativas a seguir é VERDADEIRA, identifique-a

(A) Viabiliza, apenas, a inserção de funções lógicas.
(B) Abre uma caixa de diálogo para inserir uma função na célula selecionada.
(C) Pode ser usado para gerar uma nova coluna a partir de outra existente.
(D) Possibilita a manipulação de valores não numéricos.
(E) Pode gerar valores a partir de células de colunas e linhas livremente.

A: Errada, ela permite a inserção de funções, sejam elas lógicas ou não. B: Correta, o botão indicado permite a inserção de uma função na célula selecionada. C: Errada, o botão indicado tem por função a inserção de funções na célula e não de geração de colunas. D: Errada, ele possibilita a inserção de funções em uma célula. E: Errada, o botão indicado tem por função a inserção de funções na célula.

Gabarito "B".

(Auditor Fiscal/PE – UPENET/IAUPE) Ainda, analisando a figura da questão anterior, para criar um gráfico, deve-se

I. clicar em qualquer célula da matriz que contém o intervalo de dados e acionar o botão "12".
II. clicar no menu Inserir, Gráfico e, a partir do assistente, selecionar o intervalo dos dados que irão compor o gráfico.
III. selecionar o intervalo dos dados que irão compor o gráfico e clicar no menu Inserir, Gráfico.

Assinale a alternativa CORRETA.

(A) Apenas I e III estão corretas.
(B) Apenas I está correta.
(C) Apenas I e II estão corretas.
(D) Todas estão corretas.
(E) Apenas II e III estão corretas.

A: Errada, a afirmativa II também está correta. **B:** Errada, as afirmativas II e III também estão corretas. **C:** Errada, a afirmativa III também está correta. **D:** Correta, todas as três afirmativas estão corretas. **E:** Errada, a afirmativa I também está correta.

Gabarito "D".

(Auditor Fiscal/PE – UPENET/IAUPE) Com o auxílio do teclado, para excluir células, linhas ou colunas no Excel, procede-se da seguinte forma:

(A) Seleciona a(s) célula(s), segura o CTRL e o - (sinal de subtração).
(B) Seleciona a(s) célula(s), segura o CTRL, ALT, depois o sinal de - (sinal de subtração).
(C) Seleciona a(s) célula(s), segura o CTRL, SHIFT, depois o sinal de - (sinal de subtração).
(D) Seleciona a(s) célula(s), segura o SHIFT e o - (sinal de subtração).
(E) Seleciona a(s) célula(s), segura o ALT e o - (sinal de subtração).

A: Correta, o atalho CTRL e – (sinal de subtração) ativa a função de exclusão de linhas ou colunas. **B:** Errada, o atalho correto é CTRL e – (sinal de subtração), não é necessária a tecla ALT. **C:** Errada, o atalho correto é CTRL e – (sinal de subtração), não é necessária a tecla SHIFT. **D:** Errada, o atalho SHIFT e – (sinal de subtração) não possui nenhuma função no Excel. **E:** Errada, o atalho ALT e – (sinal de subtração) não possui nenhuma função no Excel.

Gabarito "A".

(Auditor Fiscal/PE – UPENET/IAUPE) Para saber o maior valor em um intervalo de células, devemos usar uma das seguintes funções. Assinale-a.

(A) Max.
(B) Teto.
(C) Máximo.
(D) Mult.
(E) Maior.Valor

A: Errada, a função Max não é uma função válida. **B:** Errada, a função Teto arredonda um número para cima. **C:** Correta, a função Máximo informa o maior número de um intervalo de células. **D:** Errada, a função Mult não é uma função válida. **E:** Errada, a função Maior.Valor não é uma função válida.

Gabarito "C".

(Auditor Fiscal/PE – UPENET/IAUPE) Usando a função =MÉDIA(SOMA(A2:A4); SOMA(B2:B4)) e tendo os seguintes valores nas células: A2=8, A3=2, A4=5, B2=3, B3=6 e B4=2, o resultado será

(A) 13.
(B) 16.
(C) 26.
(D) 12.
(E) um erro #NOME.

A: Correta, a função somaria os valores de A2 a A4 e B2 a B4 e faria o cálculo da média, que resulta em 15 + 11 / 2 = 13. **B:** Errada, o valor correto seria 13, onde a média da soma de A2 a A4 (15) e B2 a B4 (11) resulta em 13. **C:** Errada, sob o valor 26 (soma dos intervalos de A2 a A4 e B2 a B4) a função média calcularia a média deste valor, dividindo-o por dois. **D:** Errada, o valor correto seria 13, onde média da soma de A2 a A4 (15) e B2 a B4 (11) resulta em 13. **E:** Errada, a função está preenchida corretamente e também estão os intervalos mencionados.

Gabarito "A".

(Auditor Fiscal/PE – UPENET/IAUPE) Para modificar as características de impressão da planilha ativa, deve-se usar:

I. Arquivo, Visualizar impressão, Configurar.
II. Arquivo, Área de impressão, Configurar área de impressão.
III. Arquivo, Configurar impressão.
IV. Arquivo, Configurar Página.

Assinale a alternativa CORRETA.

(A) Apenas I está correta.
(B) Apenas I e IV estão corretas.
(C) I, II e III estão corretas.
(D) I, II e IV estão corretas.
(E) Todas estão corretas.

A: Errada, a afirmativa IV também está correta. **B:** Correta, apenas as afirmativas I e IV estão corretas. **C:** Errada, a afirmativa II está incorreta, não há opção Área de impressão no menu Arquivo. **D:** Errada, as afirmativas II e III estão incorretas, não há opção Área de impressão no menu Arquivo nem opção Configurar impressão no mesmo menu. **E:** Errada, as afirmativas II e III estão incorretas, não há opção Área de impressão no menu Arquivo nem opção Configurar impressão no mesmo menu.

Gabarito "B".

(Auditor Fiscal/PE – UPENET/IAUPE) Se quiser vincular na plan2 algum conteúdo da plan1, deve-se:

(A) copiar o conteúdo da Plan 1 e acionar, na Plan2, o menu Editar, Colar Especial, opção Colar Vínculo.
(B) copiar o conteúdo da Plan 1 e acionar, na Plan2, o menu Colar Especial.
(C) copiar o conteúdo da Plan 1 e acionar, na Plan2, o menu Editar, Colar Vínculo.
(D) arrastar o conteúdo de Plan 1 e Soltar em Plan2, segurando a tecla CTRL.
(E) copiar o conteúdo da Plan 1 e acionar, na Plan2, o menu Colar especial, opção Valores.

A: Correta, a opção Colar Vínculo faz uma ligação entre valores de planilhas diferentes dentro de um mesmo documento. **B:** Errada, deve-se utilizar a opção Colar Vínculo dentro do menu Colar Especial para que a ligação dos valores seja realizado. **C:** Errada, a opção Colar Vínculo se encontra dentro da opção Colar Especial, que está no menu Editar. **D:** Errada, é necessário copiar o conteúdo e não arrastá-lo, também é preciso utilizar a função Colar Vínculo. **E:** Errada, dentro do menu Colar Especial, deve-se utilizar a opção Colar Vínculo e não a opção Valores.

Gabarito "A".

(Fiscal de Rendas/RJ – FGV) Observe as planilhas *SEFAZ55* e *SEFAZ99* a seguir, criadas no software Excel 2007 BR.

SEFAZ55

	A	B	C	D
1	SEFAZ55			
2	15	44	37	13
3				
4				?
5				
6			a ser transportado para SEFAZ99 :	3

SEFAZ99

	A	B	C	D
1	SEFAZ99			
2		Valor transportado		
3		da célula D6 de *SEFAZ55* :		3

Na planilha *SEFAZ55* foram inseridos os números mostrados nas células de A2 a D2.

Em seguida, foram inseridas as fórmulas =MOD(MED(A2:D2);7) na célula D4 e =CONT.SE(A2:D2;">=15") em D6. Para finalizar, foi inserida em D3 na planilha SEFAZ99 uma fórmula que transporta o valor da célula D6 de SEFAZ55.

Nessas condições, o valor que aparece na célula D4 de SEFAZ55 e a fórmula inserida em D3 na planilha SEFAZ99 são, respectivamente:

(A) 5 e =SEFAZ55!D6
(B) 0 e =SEFAZ55!D6
(C) 1 e =SEFAZ55!D6
(D) 0 e =SEFAZ55&D6
(E) 5 e =SEFAZ55&D6

A: Correta, a mediana (MED) de A2 a D2 é 40, que divido por 7 resulta em resto (MOD) 5 e para se transportar o valor da célula da outra planilha a fórmula deve mencionar o nome da planilha seguido por exclamação e a célula a ser transportada. **B:** Errada, a mediana (MED) de A2 a D2 é 40, que divido por 7 resulta em resto (MOD) 5. **C:** Errada, a mediana (MED) de A2 a D2 é 40, que divido por 7 resulta em resto (MOD) 5. **D:** Errada, a mediana (MED) de A2 a D2 é 40, que divido por 7 resulta em resto (MOD) 5. **E:** Errada, o resultado da primeira fórmula está correto, porém na segunda fórmula deve-se usar ! e não & para referenciar a célula em outra planilha.
Gabarito 'A'.

(Auditor Fiscal/RO – FCC) Uma planilha Microsoft contém:

	A	B
1	42	=33+2*A1
2	6	

Ao arrastar a célula B1 pela alça de preenchimento para a célula B2, o resultado nesta última (B2) será

(A) 35
(B) 45
(C) 52
(D) 55
(E) 62

A: Errada, a fórmula faria a conta de 2*B1, que resultaria em 33 + 12 = 45. **B:** Correta, ao preencher a célula B2 utilizando a alça de preenchimento a partir da célula B1, a fórmula faria a conta de 2*B1, que resultaria em 33 + 12 = 45. **C:** Errada, a fórmula faria a conta de 2*B1, que resultaria em 33 + 12 = 45. **D:** Errada, a fórmula faria a conta de 2*B1, que resultaria em 33 + 12 = 45. **E:** Errada, a fórmula faria a conta de 2*B1, que resultaria em 33 + 12 = 45.
Gabarito 'B'.

(Auditor Fiscal – São Paulo/SP – FCC) O *MS Excel* permite que dados sejam introduzidos em planilhas e processados por fórmulas. As fórmulas

(A) sempre têm um resultado numérico.
(B) são equações que computam apenas funções matemáticas pré-definidas.
(C) são expressas por uma sequência de símbolos alfanuméricos, sempre terminando com o símbolo =.
(D) são equações que recebem como entrada apenas valores numéricos e datas.
(E) são equações que executam cálculos, recebendo como entrada funções, operadores, referências e constantes.

A: Errada, há outras possibilidades de resultado, por exemplo, verdadeiro ou falso. **B:** Errada, não apenas funções matemáticas, mas também comparações são possíveis no MS Excel. **C:** Errada, o símbolo = precede todas as funções do MS Excel. **D:** Errada, como entradas podem existir outros valores como texto por exemplo. **E:** Correta, as fórmulas do MS Excel são equações que aceitam diversos valores de entrada e apresentam um resultado de saída.
Gabarito 'E'.

(Técnico da Receita Federal – ESAF) Analise as seguintes afirmações relacionadas ao uso Microsoft Excel, em suas versões mais recentes. Para isso, considere uma planilha formada pelas células A1:F9, na formatação original e preenchida com números reais.

I. Na planilha em questão, considerando-se que as células D1, D2 e D3 estão preenchidas com os valores inteiros 5, 6 e 7, respectivamente, ao se selecionar a célula D10, digitar =D1&D2&D3 e, finalmente, teclar <Enter>, o resultado apresentado na célula D10 será 18.
II. Partindo-se da célula A10, ao se selecionar o intervalo de A10 até F10, em seguida, digitar a fórmula =SOMA(A1: A9) e, finalmente, teclar <Ctrl> + <Enter>, a célula F10 irá apresentar o resultado da soma das células de F1 até F9.
III. Ao selecionar a célula F10, digitar a fórmula =MULT(A1: F10) e, finalmente, teclar <Enter>, a célula F10 irá apresentar o produto de todos os números contidos nas células da planilha.
IV. Ao selecionar a célula A10, digitar a fórmula =(5+3)*2+10% e, finalmente, teclar <Enter>, o resultado apresentado pela célula A10 será 1610,00%.

Indique a opção que contenha todas as afirmações verdadeiras.

(A) I e II.
(B) II e III.
(C) III e IV.
(D) I e III.
(E) II e IV.

A: Errada, a afirmativa I está incorreta, o caractere & quando utilizado em fórmulas concatena os valores, portanto o resultado seria 567. **B:** Errada, a afirmativa III está incorreta, a fórmula =MULT não é uma fórmula válida. **C:** Errada, a afirmativa III está incorreta, a fórmula =MULT não é uma fórmula válida. **D:** Errada, a afirmativa I está incorreta, o caractere & quando utilizado em fórmulas concatena os valores, portanto o resultado seria 567. **E:** Correta, apenas as afirmativas II e IV estão corretas.
Gabarito 'E'.

(Fiscal de Tributos Estaduais/AC – CESPE) João, um fiscal da Receita Estadual do Acre, precisa enviar um relatório para José, também fiscal da Receita Estadual do Acre, que se encontra em outra localidade. Esse relatório consiste em dados retirados de um banco de dados Access e tratados em uma planilha do Excel. José não possui o Microsoft Excel instalado nem tem como fazer a instalação deste aplicativo.

Na situação hipotética acima, para que José receba o relatório e possa lê-lo, João deverá

I. converter os dados do Excel para o Word utilizando o seguinte procedimento: selecionar os dados; clicar o *menu* Editar; selecionar a opção Copiar; abrir uma janela do Word; clicar o *menu* Editar da janela do Word; clicar a opção Colar; salvar o arquivo do Word e encaminhá-lo como anexo para o endereço de *e-mail* de José por meio do Outlook Express.

II. considerar que, como os dados foram extraídos de um banco de dados, é preciso abrir o arquivo com o Access e encaminhá-lo no formato .mdb, pois assim José poderá abri-lo utilizando o Word.

III. selecionar os dados no Excel; pressionar e manter pressionada a tecla ; teclar , liberando, em seguida, a tecla ; abrir um novo documento do Word; pressionar e manter pressionada a tecla ; teclar , liberando então a tecla ; salvar o novo documento; abrir o Outlook Express; compor uma mensagem e anexar o arquivo correspondente ao novo documento do Word.

IV. fazer um *download* da Internet de um aplicativo conversor de dados chamado OLE e usá-lo para fazer a conversão dos dados do Excel para Word e encaminhar o arquivo anexo à mensagem de correio eletrônico no formato .xls.

Estão certos apenas os itens

(A) I e II.
(B) I e III.
(C) II e IV.
(D) III e IV.

A: Errada, a afirmativa II está incorreta, o Microsoft Word não pode abrir arquivos de extensão .mdb. **B:** Correta, apenas as afirmativas I e III estão corretas. **C:** Errada, as afirmativas II e IV estão incorretas, o Microsoft Word não pode abrir arquivos de extensão .mdb e o formato xls é de arquivos do Excel, portanto não fariam diferença os passos descritos. **D:** Errada, a afirmativa IV está incorreta, o formato xls é de arquivos do Excel, portanto não fariam diferença os passos descritos.
Gabarito "B".

(Fiscal de Tributos – Prefeitura Tanguá/RJ – 2017 – MSCONCURSOS)
No Microsoft Office Excel 2016, usando nomes, você pode facilitar muito o entendimento e a manutenção das fórmulas. É possível definir um nome para um intervalo de células, uma função, uma constante ou uma tabela. Depois que você adotar a prática de uso de nomes na pasta de trabalho, poderá atualizar, auditorar e gerenciar facilmente esses nomes. As alternativas abaixo apresentam algumas opções disponíveis para definir um nome, exceto a alternativa:

(A) Usando a lista suspensa de Preenchimento Automático de Fórmula, onde os nomes válidos são automaticamente listados para você.
(B) Digitando o nome, por exemplo, como um argumento para uma fórmula.
(C) Selecionando a lista suspensa de Preenchimento Automático de Nome, onde os nomes válidos são automaticamente listados para você.
(D) Selecionando um nome definido em uma lista disponível no comando Usar em Fórmula, no grupo Nomes Definidos na guia Fórmulas.

No MS Excel, os nomes podem ser gerenciados através dos itens presentes no grupo "Nomes Definidos" na guia Fórmulas. Ao digitar o símbolo de igual em uma célula é exibida uma lista com as fórmulas disponíveis no software, chamada de Preenchimento Automática de Fórmula, que também exibirá os nomes definidos pelo usuário. Um nome também pode ser usado em uma fórmula apenas sendo digitado pelo usuário ou através da opção "Usar em Fórmula" presente no grupo Nomes Definidos da guia Fórmulas. Não há uma lista chamado de Preenchimento Automática de Nome, portanto, apenas a alternativa C deve ser marcada.
Gabarito "C".

(Auditor Fiscal da Receita Municipal – Prefeitura Teresina/PI – 2016 – FCC)
Considere que a receita prevista global disponibilizada no site da Prefeitura de Teresina foi disponibilizada na planilha abaixo, criada no Microsoft Excel 2010 em português:

	A	B
1	Exercício	Total
2	2016	R$ 2.993.294.001,00
3	2015	R$ 2.816.711.509,00
4	2014	R$ 2.498.851.424,00
5	2013	R$ 2.128.681.937,00
6	2012	R$ 1.706.772.397,00
7	2011	R$ 1.564.432.972,00
8	2010	R$ 1.161.101.632,00
9	2009	R$ 1.088.413.500,00
10	2008	R$ 953.114.000,00
11		

(http://transparencia.teresina.pi.gov.br/receitas.jsp)

Na célula B11, para somar os valores da coluna Total, apenas para valores da coluna "Exercício" posteriores ao ano de 2014, utiliza-se a fórmula:

(A) =SOMASE(A2:A10;>2014;B2:B10)
(B) =SE((B3:B11)>2014;SOMA(C3:C11))
(C) =SOMASE(A2:A10;">2014";B2:B10)
(D) =SOMA((B3:B11)>2014;C3:C11)
(E) =SE(B3:B11>2014;SOMA(C3:C11))

Para a realizar a soma de valores de uma coluna em uma matriz de células de acordo com os valores de outra coluna é necessário utilizar a fórmula =SOMASE, que faz uma verificação lógica antes de somar os valores desejados, neste caso a sintaxe correta seria =SOMASE(A2:A10;">2014";B2:B10) onde A2:A10 se refere ao intervalo de células que contém o valor a ser analisado na condição lógica, ">2014" (com aspas) é a condição lógica a ser usada, neste caso, a condição é o valor do primeiro intervalo ser maior que 2014 e por fim B2:B10 que indica o intervalo onde se encontram os valores que deverão ser somados. Portanto, apenas a alternativa C está correta.
Gabarito "C".

3. EDITORES DE TEXTO

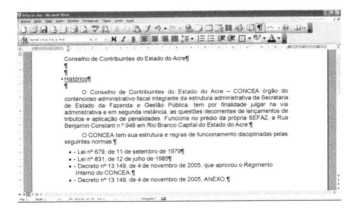

(Fiscal da Receita/CE) Considerando a figura acima, que ilustra uma janela do Microsoft Word 2003 com um texto em edição, assinale a opção correta.

(A) Para se centralizar e aplicar negrito ao trecho "Conselho de Contribuintes do Estado do Acre", na primeira linha do documento, é suficiente realizar o seguinte procedimento: selecionar o trecho mencionado; clicar o botão **N** e, em seguida, o botão .

(B) Para se sublinhar a palavra "Contribuintes", na primeira linha do documento, é suficiente realizar o seguinte procedimento: posicionar o cursor sobre a referida palavra e, a seguir, clicar o botão **S**.

(C) Por meio da opção Configurar página, acessada a partir do *menu* **Formatar**, é possível definir a orientação da página do documento como retrato ou paisagem.

(D) Na situação da figura, é correto afirmar que os quatro últimos parágrafos mostrados do documento foram formatados utilizando-se a opção Marcadores e numeração, do *menu* **Formatar**, ou clicando-se o botão .

A: Errada, o botão aplica o alinhamento Justificado, o botão correto seria o botão . **B:** Correta, não basta apenas posicionar o cursor, deve-se fazer um duplo clique sobre a palavra para que ela seja selecionada e então clicar o botão **S**. **C:** Errada, a opção Configurar página se encontra no *menu* Arquivo. **D:** Errada, o botão aplica Marcadores numéricos, o botão correto seria .
Gabarito "B".

(Fiscal de Rendas/RJ – FGV) Um fiscal de rendas está digitando um texto no Word 2007 BR. Durante esse trabalho, ele executou três procedimentos com utilização de atalhos de teclado.

I. Para converter a expressão literal, previamente selecionada, "secretaria de estado de fazenda do estado do rio de janeiro – sefaz", para "SECRETARIA DE ESTADO DE FAZENDA DO ESTADO DO RIO DE JANEIRO – SEFAZ", pressionou duas vezes, simultaneamente, as teclas Shift e F3.

II. Pressionou simultaneamente as teclas Alt e E, para centralizar um string de caracteres que se encontrava alinhado pela margem esquerda, em um determinado parágrafo.

III. Pressionou simultaneamente as teclas Ctrl e P, para abrir uma janela que permite a impressão do documento aberto no Word.

Assinale:

(A) se somente a afirmativa I estiver correta.
(B) se somente as afirmativas I e II estiverem corretas.
(C) se somente as afirmativas I e III estiverem corretas.
(D) se somente as afirmativas II e III estiverem corretas.
(E) se todas as afirmativas estiverem corretas.

A: Errada, a afirmativa III também está correta. **B:** Errada, a afirmativa II está incorreta, o atalho para centralizar o texto é Ctrl + E e não Alt + E. **C:** Correta, somente as afirmativas I e III estão corretas. **D:** Errada, a afirmativa II está incorreta, o atalho para centralizar o texto é Ctrl + E e não Alt + E. **E:** Errada, a afirmativa II está incorreta, o atalho para centralizar o texto é Ctrl + E e não Alt + E.
Gabarito "C".

(Técnico da Receita Federal – ESAF) Uma tabela é composta por linhas e colunas de células que podem ser preenchidas com textos e elementos gráficos. Considere uma tabela no Word com N linhas e M colunas, onde N e M são maiores que 2, e analise as seguintes afirmações relacionadas à navegação nesta tabela.

I. Ao se teclar <Enter> com o cursor posicionado no início da primeira célula de uma tabela, o Word irá permitir a inserção de um texto antes da tabela, caso esta esteja no início do documento.

II. Ao se teclar <Tab> com o cursor posicionado no fim da última linha de uma tabela, o Word irá adicionar uma nova linha na parte inferior da tabela.

III. Ao se teclar <Alt> + <End> em uma tabela, o Word irá mover o cursor para a última célula da coluna em que se encontra o cursor.

IV. Ao se teclar <Shift> + <Tab> em uma tabela, o Word irá mover o cursor para a última célula na tabela.

Indique a opção que contenha todas as afirmações verdadeiras.

(A) I e II.
(B) II e III.
(C) III e IV.
(D) I e III.
(E) II e IV.

A: Correta, apenas as afirmativas I e II estão corretas. **B:** Errada, a afirmativa III está incorreta, as teclas <Alt> + <End> movem o cursor para a última célula da linha e não da coluna. **C:** Errada, a afirmativa IV está incorreta, as teclas <Shift> + <Tab> movem o cursor uma célula para a esquerda, caso haja uma. **D:** Errada, a afirmativa III está incorreta, as teclas <Alt> + <End> movem o cursor para a última célula da linha e não da coluna. **E:** Errada, a afirmativa IV está incorreta, as teclas <Shift> + <Tab> movem o cursor uma célula para a esquerda, caso haja uma.
Gabarito "A".

(Auditor Fiscal – São Paulo/SP – FCC) O MS Word

(A) permite formatação condicional do documento, atribuindo-se fontes e cores de acordo com o seu conteúdo.
(B) é apenas um editor de textos, não permitindo a edição de figuras e tabelas.
(C) não permite a construção automática de uma tabela de conteúdo para um documento.
(D) possui recursos de correção ortográfica e correção gramatical.
(E) permite a construção de *slides* com transições sofisticadas.

A: Errada, esta é uma função do MS Excel. **B:** Errada, o MS Word possui algumas ferramentas para edição de tabelas e figuras. **C:** Errada, o MS Word permite a criação de uma tabela de conteúdo por meio das opções de referência. **D:** Correta, o MS Word possui função de correção ortográfica e gramatical. **E:** Errada, esta é uma função do MS PowerPoint.
Gabarito "D".

(Auditor Fiscal/ES – CESPE) No que diz respeito ao editor de texto Microsoft Word 2007, assinale a opção correta.

(A) Por meio da funcionalidade Facebook login, localizada no menu Ferramentas, o Word 2007 possibilita ao usuário editar textos diretamente no Facebook.
(B) Com relação à consistência com outros tipos de arquivos, o Word 2007 é capaz de processar e gravar arquivos no formato txt, mas não suporta arquivos do tipo rtf.
(C) As atualizações automáticas, que podem ser acessadas pela opção Atualizar, presente no menu Arquivo do Word 2007, possibilitam que esse *software* esteja sempre atualizado com as últimas correções disponíveis na Internet.
(D) Por meio do Microsoft Word 2007, é possível inserir imagens, alterar a cor das imagens para tons de preto e branco e inserir legendas numeradas em um documento.
(E) É possível a edição de documentos pdf no Word 2007, bastando que o usuário habilite essa função mediante a instalação do Acrobat Reader.

A: Errada, não existe tal funcionalidade no Word 2007, o Facebook login em geral se refere à possibilidade de realizar login em algum site ou sistema utilizando as credenciais de acesso da rede social Facebook. **B:** Errada, os arquivos do tipo rtf (RichTextFormat), originalmente usados pelo software Wordpad, são compatíveis com as versões do Microsoft Word. **C:** Errada, as opções de atualização podem ser acessadas através da aba Recursos do item Opções do Word. Lá o usuário poderá verificar por atualizações do software e do sistema operacional. **D:** Correta, através da opção Inserir Imagem é possível adicionar imagens ao documento e também realizar algumas edições aplicando efeitos artísticos ou de cor além de criar legendas numeradas para o documento. **E:** Errada, o Acrobat Reader é o programa utilizado para a leitura de arquivos no formato pdf e não tem relação com o Word. A edição deste formato diretamente no MS Word está disponível a partir da versão 2013.
Gabarito "D".

(Auditor Fiscal/MA – FGV) Observe o texto a seguir, ao qual foi aplicado um tipo de alinhamento.

A atual Controladoria Geral do Estado do Maranhão – CGE foi criada através da Lei Delegada n° 4, de 30 de setembro de 1968, sob a denominação de Auditoria Geral do Estado do Maranhão - AGE.
Mais recentemente, seguindo a tendência do governo federal, a Lei n° 7.844, de 31 de janeiro de 2003, transforma a Auditoria Geral do Estado em Controladoria Geral do Estado, estabelecendo em seu Art. 9° que a Controladoria Geral do Estado tem por finalidade exercer o controle contábil, financeiro, orçamentário, patrimonial e operacional; com foco na gestão das políticas públicas conduzidas pelas entidades da Administração Pública Estadual; quanto à legalidade, legitimidade, economicidade, eficiência, eficácia, aplicação de auxílios, subvenções e renúncias de receitas.
Durante esses 44 anos de existência, a Controladoria Geral do Estado vivencia o desafio de fiscalizar e orientar os órgãos estaduais no cumprimento de suas atribuições, adaptando-se às necessidades provocadas pelas mudanças transcorridas no governo estadual, cujo impacto é notado principalmente no aumento do volume de trabalho. A decorrência natural dessa modificação de cenário á a exigência cada vez maior de eficiência na execução dos trabalhos de auditoria.

Nos principais softwares de edição de textos, como o Word 2007/2010 BR ou Writer do pacote LibreOffice, um mesmo atalho de teclado é utilizado para imprimir o texto.

O tipo de alinhamento e o atalho de teclado são, respectivamente,

(A) justificado e Ctrl + I.
(B) centralizado e Ctrl + I.
(C) justificado e Ctrl + M.
(D) centralizado e Ctrl + P.
(E) justificado e Ctrl + P.

No alinhamento centralizado o texto é posicionado sempre ao centro da linha, podendo haver espaços em branco até as margens. No alinhamento justificado o texto busca ocupar todo o espaço disponível até as margens, adicionando espaços extras quando necessário; O atalho para impressão, não só nos softwares mencionados mas também na grande maioria dos softwares que permitem essa ação é o Ctrl + P. Portanto, apenas a alternativa E está correta.
Gabarito "E".

(Fiscal de Tributos – Prefeitura Tanguá/RJ – 2017 – MSCONCURSOS) Antes de compartilhar um documento importante com colegas ou clientes, você provavelmente toma a precaução de ler ou revisar o conteúdo do documento para garantir que tudo está correto e que o documento não contém nada que você não deseja compartilhar com outras pessoas. Se você planeja compartilhar uma cópia eletrônica de um documento do Microsoft Office 2007, seria uma boa ideia realizar uma etapa extra de revisão do documento a procura de dados ocultos ou informações pessoais que podem ser armazenados no próprio documento ou nas propriedades do documento (metadados). Os documentos do Office podem conter os seguintes tipos de dados ocultos e informações pessoais:

I - Comentários, marcas de revisão de alterações controladas, versões e anotações à tinta.
II - Propriedades de documento e informações pessoais.
III - Cabeçalhos, rodapés e marcas d'água.
IV - Linhas, colunas e planilhas ocultas.

Estão corretas:

(A) I, II, III e IV.
(B) Apenas as opções II, III e IV.
(C) Apenas as opções III e IV.
(D) Apenas as opções II e IV.

Todas as afirmativas estão corretas. Documentos do Word podem possuir comentários e marcas de revisão, através de funções presentes na guia Revisão; as propriedades do documento incluem informações como o nome do autor, título, assunto e categorias, entre outras; documentos podem possuir cabeçalhos, rodapés e marcas d'agua através de opções presentes na guia Inserir, sob o grupo de opções Cabeçalho e Rodapé; por fim, é possível ocultar linhas e colunas através da opção Ocultar e Reexibir presente no item Formatar do grupo Células da guia Início do MS Excel. Portanto, a alternativa A está correta.
Gabarito "A".

(Fiscal de Tributos – Prefeitura Tanguá/RJ – 2017 – MSCONCURSOS) A segurança da informação está diretamente relacionada com proteção de um conjunto de informações, no sentido de preser-var o valor que possuem para um indivíduo ou uma organização. São características básicas da segurança da informação os atributos de confidencialidade, integridade, disponibilidade e autenticidade, não estando esta segurança restrita somente a sistemas computacionais, informações eletrônicas ou sistemas de armazenamento. A propriedade que garante que a informação manipulada mantenha todas as características originais estabelecidas pelo proprietário da informação, incluindo controle de mudanças e garantia do seu ciclo de vida é a:

(A) Confidencialidade
(B) Integridade
(C) Disponibilidade
(D) Autenticidade

A: Errada, a confidencialidade é a propriedade que garante que apenas aqueles com permissão para tal poderão acessar uma informação. B: Correta, a integridade é a propriedade que garante que uma informação terá sempre as mesmas características de quando criada e não será alterada de sua forma original. C: Errada, a disponibilidade é a propriedade que garante que uma informação estará sempre disponível para aqueles que tenham permissão de acessá-la. D: Errada, a autenticidade é a propriedade que garante que seja possível aferir de forma incontestável a sua fonte emissora.
Gabarito "B".

(Fiscal de Tributos – Prefeitura Tanguá/RJ – 2017 – MSCONCURSOS) Para inserir uma tabela no Microsoft Word 2016, basta clicar na Guia Inserir, na opção Tabela e mover o cursor sobre a grade até realçar o número correto de colunas e linhas desejado. Uma outra maneira de executar essa mesma tarefa é através da Guia Inserir, e na opção Tabela clicar em Inserir Tabela. Assim, você pode criar uma tabela com mais de dez colunas e oito linhas, além de definir o comportamento de largura das colunas. As alternativas abaixo apresentam as opções disponíveis na seção Comportamento de ajuste automático para configurar a largura das colunas, exceto a alternativa:

(A) Largura automática da coluna: você pode deixar o Word definir automaticamente a largura das colunas que se ajustará ao tamanho de seu documento.
(B) Largura de coluna fixa: você pode deixar o Word definir automaticamente a largura das colunas com Automático ou pode definir uma largura específica para todas as colunas.
(C) Ajustar-se automaticamente ao conteúdo: isso criará colunas muito estreitas que serão expan-didas conforme você adicionar conteúdo.
(D) Ajustar-se automaticamente à janela: isso mudará automaticamente a largura de toda a tabela para ajustar-se ao tamanho de seu documento.

O ajuste automático tem como opções a Largura de coluna fixa, ajustar--se de acordo com o conteúdo e ajus-tar-se à janela, itens corretamente descritos nas alternativas B, C e D, entretanto, não existe a opção de Largura automática da coluna, para isso utiliza-se a opção largura de coluna fixa com o valor Automático. Portanto, apenas a alternativa A deve ser marcada.
Gabarito "A".

4. OFFICE – POWERPOINT

(Auditor Fiscal/RO – FCC) A criação do efeito de Persiana horizontal pode ser elaborada no aplicativo PowerPoint por meio do menu

(A) Apresentações e da Opção Transição de slides.
(B) Apresentações e da Opção Novo slide.
(C) Inserir e da Opção Novo slide.
(D) Inserir e da Opção Apresentação de slides.
(E) Editar e da Opção Apresentação de slides.

A: Correta, a opção Transição de slides controla a forma como os slides surgem na tela, sendo uma delas o efeito de Persiana Horizontal. **B:** Errada, a opção mencionada apenas cria um novo slide no corpo da apresentação. **C:** Errada, a opção mencionada apenas cria um novo slide no corpo da apresentação. **D:** Errada, a opção Apresentação de Slides não se encontra no *menu* Inserir e não controla a transição de slides, onde o efeito de Persiana horizontal pode ser aplicado. **E:** Errada, a opção Apresentação de Slides não se encontra no menu Editar e não controla a transição de slides, onde o efeito de Persiana horizontal pode ser aplicado.

Gabarito "A".

(Auditor Fiscal – São Paulo/SP – FCC) No *MS PowerPoint*, podem ser utilizados modelos prontos ou criados modelos novos. Para editar ou criar um novo modelo deve-se abrir a guia

(A) Exibir, clicar em *Slide* mestre e editar o *slide* mestre da apresentação e os leiautes associados.
(B) Editor de modelo e preencher um ou mais *slides* modelo.
(C) Arquivo, clicar em Modelos e preencher um ou mais *slides* modelo.
(D) Arquivo, clicar em Salvar como e selecionar o formato Modelo de apresentação.
(E) Exibir, clicar em Modelo de apresentação e preencher um ou mais *slides* modelo.

A edição e criação de modelos do MS PowerPoint é feita por meio da opção Modelos de apresentação localizada no menu Exibir, portanto apenas a alternativa E está correta.

Gabarito "E".

5. BANCOS DE DADOS

(Técnico da Receita Federal – ESAF) Analise as seguintes afirmações relacionadas aos conceitos básicos de gerenciadores de banco de dados.

I. Uma chave primária é uma ou mais linhas cujo valor ou valores identificam de modo exclusivo cada registro de uma tabela. Uma chave primária permite valores nulos e deve sempre ter um índice variável. Chaves estrangeiras são usadas para relacionar uma tabela a chaves primárias em outras tabelas.
II. Indexar um campo é um recurso que acelera a pesquisa e a classificação em uma tabela baseada em valores de chave e pode impor exclusividade nas linhas de uma tabela. A chave primária de uma tabela é automaticamente indexada. Alguns campos não podem ser indexados por causa de seus tipos de dados, como, por exemplo, campos Objeto OLE.
III. No uso da linguagem SQL para manipulação de dados em um banco de dados, a cláusula GROUP BY deve ser colocada antes da cláusula HAVING, pois os grupos são formados e as funções de grupos são calculadas antes de resolver a cláusula HAVING.
IV. No uso da linguagem SQL para manipulação de dados em um banco de dados, a cláusula WHERE funciona exatamente igual à cláusula HAVING.

Indique a opção que contenha todas as afirmações verdadeiras.

(A) I e II.
(B) II e III.
(C) III e IV.
(D) I e III.
(E) II e IV.

A: Errada, a afirmativa I está incorreta, chaves primárias não permitem valores nulos. **B:** Correta, apenas as afirmativas II e III estão corretas. **C:** Errada, a afirmativa IV está incorreta, a cláusula HAVING, diferentemente da cláusula WHERE, faz operações com funções agregadas. **D:** Errada, a afirmativa I está incorreta, chaves primárias não permitem valores nulos. **E:** Errada, a afirmativa IV está incorreta, a cláusula HAVING, diferentemente da cláusula WHERE, faz operações com funções agregadas.

Gabarito "B".

6. INTERNET

(Fiscal da Receita/CE) Com relação aos navegadores de Internet Firefox 3.5 e Internet Explorer 6.0 (IE6), assinale a opção correta.

(A) Complementos são programas que ampliam os recursos dos navegadores web. No IE6, é possível ativar ou desativar um complemento a partir da opção Gerenciar Complementos, encontrada no menu Editar.
(B) O Firefox, por padrão, bloqueia janelas popup inconvenientes em sítios da Web. Caso se deseje que determinados sítios utilizem popups, é possível habilitar permissão específica por meio de funcionalidades disponibilizadas na aba Conteúdo, da janela Opções..., acessada no menu Ferramentas.
(C) No Firefox, ao se pressionar as teclas [Ctrl] e [D], abre-se a janela Gerenciador de *Downloads*, que apresenta uma lista com os *downloads* em andamento e também os *downloads* finalizados.
(D) Ao se clicar o botão ⟳, presente na barra de ferramentas do IE6, obtém-se a versão mais recente da página web exibida.

A: Errada, no IE6 não há opção "Gerenciar Complementos" no menu Editar. **B:** Correta, os *pop-ups* podem ser habilitados por meio de funcionalidade disponibilizada na aba Conteúdo, da janela Opções acessada no menu Ferramentas. **C:** Errada, as teclas [Ctrl] e [D] abrem a janela "Novo Favoritos", as teclas que ativam o Gerenciados de *Downloads* são [Ctrl] e "F". **D:** Errada, o botão ⟳ abre a janela "Histórico de Navegação".

Gabarito "B".

(Fiscal de Rendas/RJ – FGV) O *twitter* é definido como uma rede social e servidor para *microblogging* que permite aos usuários o envio e a leitura de atualizações pessoais de outros contatos utilizando a web e outros meios específicos em dispositivos portáteis.

As alternativas a seguir apresentam algumas características dessa tecnologia, à exceção de uma. Assinale-a.

(A) Pode ser chamado de como o *"SMS da Internet"*.
(B) Possibilita seguir pessoas entrando na página deles e clicando em *"follow"*.
(C) Utiliza textos de até 140 caracteres conhecidos como *"tweets"*.
(D) Emula o funcionamento do *software "Outlook Express"*.
(E) Usa @*usuariodapessoa* no começo da mensagem para enviá-la especificamente a uma pessoa.

A: Errada, a afirmativa está correta, por se tratar de textos curtos ele pode ser chamado de "SMS da Internet" em uma alusão bem construída. **B:** Errada, a afirmativa está correta, é possível seguir as atualizações de outras pessoas por meio da função "follow". **C:** Errada, a afirmativa está correta, os textos que podem ter até 140 caracteres são chamados "tweets". **D:** Errada, o *software* "Outlook Express" é um gerenciador de correio eletrônico e trabalha com mensagens de tamanho muito superior ao suportado pelo Twitter. **E:** Errada, a afirmativa está correta, a utilização de @usuariodapessoa envia o tweet para uma pessoa específica.

Gabarito "D".

(Auditor Fiscal/RO – FCC) No Internet Explorer, o Bloqueador de *Pop-ups* pode ser habilitado ou desativado mediante acesso ao *menu*

(A) Arquivo.
(B) Exibir.
(C) Ferramentas.
(D) Editar.
(E) Favoritos.

A: Errada, o *menu* "Arquivo" dá acesso a opções referentes à janela atual como Abrir nova Página ou Nova Aba, não sendo o Bloqueador de *Pop-ups* parte deste *menu*. **B:** Errada, o *menu* "Exibir" dá acesso a opções de exibição da página atual, não sendo o Bloqueador de *Pop-ups* parte deste *menu*. **C:** Correta, o Bloqueador de *Pop-ups* é um dos recursos disponíveis no *menu* "Ferramentas". **D:** Errada, o *menu* "Editar" dá acesso a opções de edição da página, como Copiar e Colar por exemplo, não sendo o Bloqueador de *Pop-ups* parte deste *menu*. **E:** Errada, o *menu* "Favoritos" dá acesso a opções de *sites* classificados como Favoritos, não sendo o Bloqueador de *Pop-ups* parte deste *menu*.

Gabarito "C".

(Técnico da Receita Federal – ESAF) Analise as seguintes afirmações relacionadas a conceitos básicos de Internet, Intranet e redes de computadores.

I. Um *backbone* é a interconexão central de uma rede internet. Pode ser entendido como uma espinha dorsal de conexões que interliga pontos distribuídos de uma rede, formando uma grande via por onde trafegam informações.
II. *Finger* é um serviço Internet que permite obter informações sobre usuários de uma máquina.
III. *Download* é o processo de transferência de uma cópia de um arquivo presente em um computador remoto para outro computador através da rede. O arquivo recebido é gravado em disco no computador local e apagado do computador de origem.
IV. FTP é o protocolo padrão da Internet, usado para transferência de *e-mail* entre computadores.

Indique a opção que contenha todas as afirmações verdadeiras.

(A) I e II.
(B) II e III.
(C) III e IV.
(D) I e III.
(E) II e IV.

A: Correta, apenas as afirmativas I e II estão corretas. **B:** Errada, a afirmativa III está incorreta, no *download* o arquivo não é apagado do computador remoto, ele é apenas copiado. **C:** Errada, as afirmativas III e IV estão incorretas, no *download* o arquivo não é apagado do computador remoto, ele é apenas copiado e o protocolo FTP é utilizado para transferência de arquivos, o protocolo responsável por enviar *e-mail* é o SMTP. **D:** Errada, a afirmativa III está incorreta, no *download* o arquivo não é apagado do computador remoto, ele é apenas copiado. **E:** Errada, a afirmativa IV está incorreta, o protocolo FTP é utilizado para transferência de arquivos, o protocolo responsável por enviar *e-mail* é o SMTP.

Gabarito "A".

(Técnico da Receita Federal – ESAF) Analise as seguintes afirmações relacionadas a conceitos básicos de Internet e Intranet.

I. O POP (*Post Office Protocol*) é um protocolo que trabalha no ciclo das mensagens eletrônicas. Serve para que os usuários possam enviar facilmente suas mensagens de *e-mail* para um servidor.
II. O *Dial Up* é um sistema utilizado pelos *browsers* para que, quando for solicitado um acesso a um endereço do tipo www.prova.com.br, o computador possa transformar este nome em um endereço IP válido e realizar a conexão.
III. Um *proxy* é um servidor que atua como "ponte". Uma conexão feita através de *proxy* passa primeiro pelo *Proxy* antes de chegar no seu destino, por exemplo, a Internet. Desse modo, se todos os dados trafegam pelo *Proxy* antes de chegar à Internet, eles podem ser usados em redes empresariais para que os computadores tenham conexão à Internet limitada e controlada.
IV. Protocolos são um conjunto de instruções de como duas ou mais ferramentas se comunicam. O navegador *web* e o servidor *web* precisam entender um ao outro, por isso os dois se utilizam do HTTP para interpretar as informações que recebem e formular as mensagens que irão mandar.

Indique a opção que contenha todas as afirmações verdadeiras.

(A) I e II.
(B) II e III.
(C) III e IV.
(D) I e III.
(E) II e IV.

A: Errada, as afirmativas I e II estão incorretas, o protocolo POP atua no recebimento de mensagens eletrônicas e não no envio delas e o *dial-up* é uma forma de conexão com a internet através de um modem e uma linha telefônica convencional, o sistema descrito se chama na verdade DNS. **B:** Errada, a afirmativa II está incorreta, *dial-up* é uma forma de conexão com a internet através de um modem e uma linha telefônica convencional, o sistema descrito se chama na verdade DNS. **C:** Correta, apenas as afirmativas III e IV estão corretas. **D:** Errada, a afirmativa I está incorreta, o protocolo POP atua no recebimento de mensagens eletrônicas e não no envio delas. **E:** Errada, a afirmativa II está incorreta, *dial-up* é uma forma de conexão com a internet através de um modem e uma linha telefônica convencional, o sistema descrito se chama na verdade DNS.

Gabarito "C".

(Auditor Fiscal/ES – CESPE) O protocolo de aplicação que permite ao usuário navegar na Internet de maneira segura mediante o uso de certificados digitais é denominado

(A) UDPS.
(B) HTTPS.
(C) FTP.
(D) SSH.
(E) TCPS.

A: Errada, UDPS não é nome de nenhum protocolo de comunicação de rede. **B:** Correta, o HTTPS (HyperText Transfer Protocol Secure) é o protocolo utilizado para navegação na Internet de forma segura através da criptografia dos dados transmitidos. **C:** Errada, o protocolo FTP (File Transfer Protocol) é usado para a transferência de arquivos entre computadores. **D:** Errada, o SSH (Secure Shell) é usado para conexão remota entre computadores. E: Errada, TCPS não é nome de nenhum protocolo de comunicação de rede.

Gabarito "B".

(Auditor Fiscal/ES – CESPE) Serviços de correio eletrônico gratuitos, como o Gmail, o Hotmail e o Outlook Express, utilizam, pelo menos, dois protocolos de aplicação na Internet. A interface desses serviços é *web*, logo eles suportam o protocolo HTTP. No entanto, para o envio de correio eletrônico para domínios de *email* diferentes do domínio de origem, esses serviços utilizam, pelo menos, o protocolo

(A) IMAP.
(B) SNMP.
(C) RTSP.
(D) POP3.
(E) SMTP.

A: Errada, o protocolo IMAP (Internet Message Access Protocol) é usado para gerenciamento de caixas de correio eletrônico, não sendo possível enviar mensagens através dele. B: Errada, o protocolo SNMP (Simple Network Management Protocol) é usando para monitoramento e gerenciamento de redes de computadores. C: Errada, o protocolo RTSP (Real Time Streaming Protocol) é usado para transferência de dados em tempo real, como áudio e vídeo. D: Errada, o protocolo POP3 é usado apenas para o recebimento de mensagens de correio eletrônico. E: Correta, o protocolo SMTP é usado para o envio de mensagens de correio eletrônico entre domínios diferentes.

Gabarito "E".

(Auditor Fiscal/RN – ESAF) Analise as seguintes afirmações relacionadas a conceitos básicos e modos de utilização de tecnologias, ferramentas, aplicativos e procedimentos associados à Internet/Intranet.

I. Na Internet, a escolha do caminho por onde uma mensagem deve transitar é chamado de roteamento.
II. Um endereço eletrônico de *e-mail* consiste de uma sequência de nomes separados por ponto, por exemplo, www.meunome.com.br, podendo ser entendido como a versão legível do endereço IP.
III. Quando copia um arquivo da rede para o seu computador, o usuário está fazendo um download. A expressão pode ser aplicada para cópia de arquivos de servidores FTP, imagens transferidas diretamente da tela do navegador ou quando as mensagens de correio eletrônico são trazidas para o computador do usuário.
IV. A linguagem padrão, de âmbito internacional, para a programação de *sites* na Web que possibilita que todas as ferramentas de navegação exibam o conteúdo do *site* é conhecida como WWW.

Indique a opção que contenha todas as afirmações verdadeiras.

(A) I e II.
(B) II e III.
(C) III e IV.
(D) I e III.
(E) II e IV.

A: Errada, a afirmativa II está incorreta, a descrição apresentada se encaixa melhor no conceito de *sites* e não de endereços eletrônicos de *e-mail*. B: Errada, a afirmativa II está incorreta, a descrição apresentada se encaixa melhor no conceito de *sites* e não de endereços eletrônicos de *e-mail*. C: Errada, a afirmativa IV está incorreta, a descrição apresentada descreve o HTML, www é um sistema de documentos de hipermídia executados na internet. D: Correta, apenas as afirmativas I e III estão corretas. E: Errada, as afirmativas II e IV estão incorretas, a descrição apresentada na afirmativa II se encaixa melhor no conceito de *sites* e não de endereços eletrônicos de *e-mail*, e a descrição apresentada na afirmativa IV descreve o HTML, www é um sistema de documentos de hipermídia executados na internet.

Gabarito "D".

(Auditor Fiscal/RN – ESAF) Analise as seguintes afirmações relacionadas a conceitos básicos e modos de utilização de tecnologias, ferramentas, aplicativos e procedimentos associados à Internet/Intranet.

I. Intranet é uma rede privada que se baseia na mesma tecnologia da Internet, mas que é utilizada para agilizar e incrementar a comunicação e a produtividade dentro de uma empresa.
II. Duas Intranets podem ser interligadas por meio de uma VPN.
III. O comércio eletrônico é normalmente definido como a arte ou técnica de vender produtos elétricos ou eletrônicos por meio de redes interconectadas que utilizam tecnologias baseadas em rede.
IV. No comércio eletrônico seguro, os parceiros comerciais devem utilizar apenas suas Intranets para trocarem informações e realizarem transações seguras.

Indique a opção que contenha todas as afirmações verdadeiras.

(A) III e IV.
(B) II e III.
(C) I e II.
(D) I e III.
(E) II e IV.

A: Errada, a as afirmativas III e IV estão incorretas, o comércio eletrônico consiste em realizar transações comerciais por meio de um equipamento eletrônico, como, por exemplo, um computador e em transações seguras, deve existir um certificado de segurança que garante a confiabilidade do *site*. B: Errada, a afirmativa III está incorreta, o comércio eletrônico consiste em realizar transações comerciais por meio de um equipamento eletrônico, como, por exemplo, um computador. C: Correta, apenas as afirmativas I e II estão corretas. D: Errada, a afirmativa III está incorreta, o comércio eletrônico consiste em realizar transações comerciais por meio de um equipamento eletrônico, como, por exemplo, um computador. E: Errada, a afirmativa IV está incorreta, em transações seguras, deve existir um certificado de segurança que garante a confiabilidade do *site*.

Gabarito "C".

(Auditor Fiscal/RN – ESAF) Analise as seguintes afirmações relacionadas a conceitos básicos e modos de utilização de tecnologias, ferramentas, aplicativos e procedimentos associados à Internet/Intranet.

I. O MPEG foi criado para comprimir imagens retiradas do mundo real. Funciona bem com fotos e desenhos naturalísticos, mas não é tão eficiente com desenhos de letras, linhas e *cartoons*.
II. A Internet2 é uma rede paralela à Internet formada por universidades para desenvolver aplicações avançadas para a área acadêmica e de pesquisa.
III. Host é um computador ligado permanentemente à rede que mantém um repositório de serviços para outros computadores na Internet.
IV. A definição formal de HTML une os conceitos de hipertexto e multimídia. Ou seja, um documento HTML contém imagens, sons, textos e vídeos, como qualquer título multimídia.

Indique a opção que contenha todas as afirmações verdadeiras.
(A) I e II.
(B) II e III.
(C) III e IV.
(D) I e III.
(E) II e IV.

A: Errada, a afirmativa I está incorreta, o MPEG foi criado para comprimir e transmitir áudio e vídeo com qualidade. **B:** Correta, apenas as afirmativas II e III estão corretas. **C:** Errada, a afirmativa IV está incorreta, a definição de HTML inclui o conceito de hipermídia, em que os elementos que compõem um documento são conectados por hiperligações. **D:** Errada, a afirmativa I está incorreta, o MPEG foi criado para comprimir e transmitir áudio e vídeo com qualidade. **E:** Errada, a afirmativa IV está incorreta, a definição de HTML inclui o conceito de hipermídia, em que os elementos que compõem um documento são conectados por hiperligações.
Gabarito "B".

(Auditor do Tesouro Municipal/Natal-RN – ESAF) A convenção de nomes que identifica de forma exclusiva a localização de um computador, diretório ou arquivo na Internet é denominada:
(A) URL
(B) Logon Interativo
(C) DNS
(D) FTP
(E) *HyperLink*

A: Correta, a URL é uma identificação de um domínio na internet, que pode ser acessado por um navegador para sua visualização. **B:** Errada, Logon Interativo não é uma denominação de convenção da internet. **C:** Errada, o DNS é o protocolo responsável por transformar um endereço URL em seu endereço IP correspondente. **D:** Errada, o FTP é um protocolo utilizado na troca de arquivos. **E:** Errada, *HyperLink* é uma ligação em forma de referência que aponta para outro documento.
Gabarito "A".

(Agente Fiscal/Teresina-PI – CESPE) Acerca de Internet, julgue os itens que se seguem.
(1) O termo TCP/IP denomina o grupo de aplicativos de computador que tem a função de detectar e eliminar a infecção de programas por vírus de computador.
(2) Em diversas ferramentas para envio de correio eletrônico, está disponível uma opção — muitas vezes, denominada Cc: — que permite o envio de cópias de uma mensagem de *e-mail* para outros destinatários além do destinatário principal.

1: Errada, o termo TCP/IP denomina um conjunto de protocolos que formam a base das redes de computadores; **2:** Correta, a opção denominada Cc: (do inglês Carbon Copy) envia uma cópia da mensagem eletrônica para outros endereços de *e-mail*.
Gabarito 1E, 2C.

(Auditor Fiscal/Vitória-ES – CESPE) Acerca de conceitos relacionados à Internet e à *World Wide Web*, julgue os itens que se seguem.
(1) A estrutura do endereço de correio eletrônico joao@empresadojoao.com.br é compatível com a estrutura de um endereço de *e-mail* de uma instituição comercial do Brasil.
(2) Técnicas criptográficas são, muitas vezes, utilizadas em diversas ferramentas que permitem a transmissão de arquivos tal que, caso estes sejam interceptados ou indevidamente recebidos por terceiros, torna-se muito difícil que os receptores consigam ter acesso, efetivamente, à informação contida nesses arquivos. A ciência da criptografia avançou tanto nas últimas duas décadas que nenhum código criptográfico desenvolvido nos últimos 20 anos foi quebrado.

1: Correta, endereços de *e-mail* comerciais no Brasil terminam com .com.br e iniciam com a estrutura usuário@dominio; **2:** Errada, vários tipos de criptografia criados nos últimos 20 anos foram quebrados como por exemplo a WEP e a WPA.
Gabarito 1C, 2E.

(Fiscal de Tributos/Rio Branco-AC – CESPE) Com relação a conceitos de Internet e intranet, julgue os próximos itens.
(1) Não é possível, em uma intranet, a troca de mensagens de correio eletrônico entre dois usuários de dois computadores pertencentes a essa intranet.
(2) A sequência de caracteres joao@empresa.com.br é um exemplo de URL, ou endereço de página da Web, e a sequência de caracteres www.empresa.com.br é um exemplo de endereço de correio eletrônico.

1: Errada, em uma intranet pode haver troca de mensagens eletrônicas entre computadores; **2:** Errada, as definições estão invertidas, joao@empresa.com.br é um endereço de correio eletrônico e www.empresa.com.br é um exemplo de URL.
Gabarito 1E, 2E.

(Fiscal de Tributos/Rio Branco-AC – CESPE) Com relação a mensagens de correio eletrônico, julgue o item abaixo.
(1) Normalmente, os programas que viabilizam o uso de correio eletrônico possuem funcionalidade que permite encaminhar uma mensagem recebida para um outro endereço de correio eletrônico.

1: Correta, é muito comum programas que dão suporte a correio eletrônico terem a função que permite encaminhar uma mensagem a outro correio eletrônico.
Gabarito 1C.

(Fiscal de Tributos Estaduais/AC – CESPE) Com relação a tecnologias de informação, assinale a opção correta.
(A) A *intranet* é semelhante a um sítio da Web mas usa protocolos totalmente diferentes daqueles usados na Internet.
(B) O termo banda larga é comumente usado para *design*ar tecnologias que permitem acesso de alta velocidade à Internet.
(C) O comércio eletrônico (*e-commerce*) pode incluir a compra e venda de produtos e serviços pela Internet. Para acessar os sítios que prestam esse serviço é essencial que o usuário tenha assinatura digital, pois, caso contrário, não é possível a conclusão de transação de compra e(ou) venda.
(D) O Internet Explorer permite a navegação e a organização de arquivos e pastas no computador, evitando desperdício de espaço em disco. Esse aplicativo também protege, de forma eficaz, o computador contra infecção por vírus de computador.

A: Errada, uma intranet é uma rede privada que assenta sobre os protocolos da Internet. **B:** Correta, conexões com a internet em alta velocidade são chamadas banda larga. **C:** Errada, é possível a realização de transações sem assinatura digital, ainda que isso não seja seguro. **D:** Errada, a função do Internet Explorer é de navegação em páginas da Internet e não a manutenção de arquivos.
Gabarito "B".

Um governo municipal deseja implantar um sistema fisco-tributário que permita o levantamento das contribuições realizadas, a apuração do montante de impostos pagos, o "batimento" de contas visando à exatidão dos valores recebidos em impostos contra as movimentações realizadas em estabelecimentos comerciais, industriais e de prestação de serviços, bem como os impostos sobre propriedades territoriais (moradias e terrenos) no âmbito de seu município, tudo em meio eletrônico usando a tecnologia mais avançada de computadores, tais como redes de computadores locais e de longa distância interligando todos os equipamentos, processamento distribuído entre estações de trabalho e servidores, uso de sistemas operacionais Windows e Linux (preferencialmente daquele que, processado em uma única estação de trabalho, na interrupção de um programa mantenha o processamento ininterrupto de todos os demais que estão em funcionamento) e tecnologia internet e intranet, com toda a segurança física e lógica das informações que garanta autenticidade, sigilo, facilidade de recuperação e proteção contra invasões e pragas eletrônicas.

[...]

§2º – Avisos eletrônicos via internet deverão ser encaminhados a cada contribuinte.

[...]

§6º – A fim de economizar despesas com papéis, o sistema de trâmite e controle de processos de contribuintes, bem como a troca de memorandos internos, deverão utilizar a tecnologia WEB em rede exclusiva da prefeitura.

[...]

§7º – Objetivando economia de despesas com telefonemas e tempo de deslocamento, os funcionários serão estimulados a realizar conversação eletrônica.

(Auditor Fiscal/São Paulo-SP – FCC) Como requisitos característicos expostos nos §2º, §6º e §7º podem ser respectivamente observados os conceitos de

(A) e-mail, chat e WAN.
(B) WAN, chat e intranet.
(C) intranet, e-mail e chat.
(D) LAN, chat, e e-mail.
(E) e-mail, intranet e chat.

A: Errada, chat é um conceito relacionado a comunicação instantânea e não com redes exclusivas. **B:** Errada, WAN é um conceito relacionado a redes de computadores e não a mensagens eletrônicas. **C:** Errada, intranet é uma rede privada que se utiliza dos conceitos da internet, ela não está diretamente relacionada a comunicação instantânea. **D:** Errada, LAN são redes de computadores locais, o conceito não está relacionado a comunicação instantânea. **E:** Correta, e-mail trata de mensagens eletrônicas, a intranet é uma rede exclusiva via WEB e chat é uma forma de comunicação instantânea.
Gabarito "E".

(Agente Fiscal de Rendas/SP – FCC) A necessidade de agilizar e facilitar o trâmite de documentos em uma organização, por meio da internet e do correio eletrônico, como, por exemplo, em uma aplicação transacional que controla o trâmite de processos, em que cada departamento ou setor organizacional recebe um documento eletrônico, complementa suas informações e, eletronicamente, remete-o para outro departamento ou setor, aponta para uma aplicação Web de *workflow* que, usando ferramentas de colaboração está intrinsecamente associada aos conceitos de

(A) content delivery network.
(B) content provider.
(C) groupware.
(D) workstation.
(E) access provider.

A: Errada, uma *content delivery network* (CDN) é uma rede de computadores que cooperam de modo transparente para fornecer conteúdo a usuários finais. **B:** Errada, um *content provider* (provedor de conteúdo) não segue necessariamente um *workflow*. **C:** Correta, um *groupware* é um sistema baseado em computador que auxilia grupos de pessoas envolvidas em tarefas comuns (ou objetivos) e que provê interface para um ambiente compartilhado. **D:** Errada, *workstation* é um conceito que define uma estação de trabalho, muitas vezes é usado como sinônimo de computador pessoal. **E:** Errada, um *access provider* (provedor de acesso, em português) é qualquer organização que provê conexão de acesso à Internet.
Gabarito "C".

(Auditor Fiscal/S.J. Rio Preto-SP – VUNESP) Selecione a alternativa contendo a correta definição sobre os termos, recursos e serviços disponibilizados aos usuários na rede mundial de computadores, a Internet.

(A) Browser é um programa que habilita seus usuários a interagirem com documentos hipertexto hospedados em um servidor acessível pela Internet.
(B) Link é um protocolo de comunicação utilizado para transferir dados pela World Wide Web ou através das redes corporativas, as chamadas Intranets.
(C) HTTP é uma referência num documento em hipertexto, indicando o caminho de acesso a outro documento ou a outro recurso disponível na Internet.
(D) HTML é o endereço de um arquivo, de um computador ou de qualquer recurso disponível na Internet ou numa rede corporativa, uma Intranet.
(E) URL é a linguagem de marcação utilizada para produzir páginas na World Wide Web, que podem ser interpretadas pelos programas navegadores.

A: Correta, os Browsers, ou navegadores, são programas que permitem o acesso a páginas na Internet. **B:** Errada, Link é uma referência para um endereço de um *site* na Internet. **C:** Errada, HTTP é um protocolo de comunicação utilizado para sistemas de informação de hipermídia distribuídos e colaborativos. **D:** Errada, o HTML é uma linguagem de marcação utilizada para o desenvolvimento de páginas WEB. **E:** Errada, a URL é uma identificação de um domínio na internet, que pode ser acessado por um navegador para sua visualização.
Gabarito "A".

7. SISTEMAS OPERACIONAIS – WINDOWS

(Fiscal de Rendas/RJ – FGV) Sistemas operacionais como *Windows 98 SE, Windows XP Professional, Windows Vista* e o *Windows 7* utilizam ícones e atalhos de teclado com o objetivo de facilitar a execução de operações.

Nesse sentido, pressionar simultaneamente as teclas Alt e Tab tem por significado:

(A) classificar todos os ícones existentes na área de trabalho, em ordem alfabética.
(B) mover uma pasta ou arquivo que esteja armazenado em um disco rígido, para outro.
(C) copiar uma pasta ou arquivo que esteja armazenado em um disco rígido, para outro.

(D) acessar uma aplicação por meio da escolha em uma janela de diálogo, dentre as que se encontram em execução no ambiente *Windows*.
(E) acessar uma aplicação diretamente sem auxílio de uma janela de diálogo, dentre as que se encontram em execução no ambiente *Windows*.

A: Errada, não há teclas de atalho para classificar os ícones da área de trabalho na configuração-padrão dos sistemas mencionados. **B:** Errada, para que isso fosse feito, deveriam ser usados os atalhos Ctrl + X no local de origem do arquivo (estando ele previamente selecionado) e Ctrl + V no local de destino. **C:** Errada, para que isso fosse feito, deveriam ser usados os atalhos Ctrl + C no local de origem do arquivo (estando ele previamente selecionado) e Ctrl + V no local de destino. **D:** Correta, as teclas Alt + Tab permitem alternar a janela ativa por meio da escolha em uma janela de diálogo. **E:** Errada, as teclas Alt + Tab permitem acessar uma aplicação dentre as que se encontram em execução, porém com o auxílio de uma janela de diálogo.
Gabarito "D".

(Auditor Fiscal/RO – FCC) No Windows, estão disponíveis no menu Ferramentas do Meu computador APENAS as Opções de pasta

(A) Modo de exibição e Geral.
(B) Modo de exibição, Tipos de arquivo e Sincronizar.
(C) Geral e Tipos de arquivo.
(D) Geral, Modo de exibição e Tipos de arquivo.
(E) Mapear unidade de rede e Tipos de arquivo.

A: Errada, há também a opção Tipos de Arquivo. **B:** Errada, não há opção Sincronizar nas Opções de Pasta do *menu* Ferramentas no Meu Computador. **C:** Errada, há também a opção Modo de Exibição. **D:** Correta, todas as 3 opções mencionadas podem ser encontradas em Opções de Pasta do *menu* Ferramentas no Meu Computador. **E:** Errada, Mapear unidade de rede é uma opção acessível diretamente no *menu* Ferramentas e não dentro de Opções de Pasta.
Gabarito "D".

(Auditor Fiscal/MA – FGV) Um auditor está acessando

na janela Computador/Windows Explorer em um microcomputador com sistema operacional Windows 7 BR. Para gerenciar e organizar os arquivos armazenados na pasta Documentos, ele clicou em tipo.
Em consequência, os arquivos serão mostrados na janela agrupados por

(A) nome do arquivo.
(B) tamanho do arquivo.
(C) data de modificação.
(D) título em ordem alfabética.
(E) extensão indicativa do formato.

A: Errada, para isso ele deveria clicar em Nome. B: Errada, para isso ele deveria clicar em Tamanho. C: Errada, para isso ele deveria clicar em Data de modificação. D: Errada, para isso ele deveria clicar em Nome. E: Correta, o campo Tipo agrupa os arquivos por seu tipo de arquivo, que pode ser identificado através de sua extensão.
Gabarito "E".

(Auditor Fiscal/SC – FEPESE) Assinale a alternativa **correta** a respeito do compartilhamento (exportação) de arquivos e pastas nos sistemas operacionais Windows ou Linux.

(A) Um arquivo pode ser 'compartilhado' (ou 'exportado'), de modo a se tornar acessível a partir de outros computadores da rede.

(B) É possível efetuar o compartilhamento ('exportação') somente de discos inteiros ou de partições físicas ou lógicas do disco.
(C) Qualquer usuário da rede, a partir do seu computador, pode ler um arquivo compartilhado que se encontra armazenado em outro computador da rede, mas somente o usuário que efetuou o compartilhamento pode alterar o arquivo a partir do seu computador.
(D) Uma pasta (também chamada de 'diretório') pode ser 'compartilhada' (ou 'exportada'), de modo a tornar o seu conteúdo acessível a partir de outros computadores da rede.
(E) Qualquer usuário da rede, a partir do seu computador, pode alterar um arquivo compartilhado que se encontra armazenado em outro computador da rede.

A: Errada, só é possível compartilhar um arquivo a partir do computador onde ele se encontra. **B:** Errada, também é possível compartilhar arquivos ou diretórios separadamente. **C:** Errada, qualquer usuário pode alterar um arquivo disponibilizado na rede, desde que lhe tenha sido dado permissão para isso. **D:** Correta, uma pasta também pode ser compartilhada tornando seu conteúdo disponível a partir de outros computadores. **E:** Errada, apenas usuários que tenham permissão para isso podem alterar arquivos compartilhados na rede.
Gabarito "D".

(Auditor Fiscal – São Paulo/SP – FCC) Na rede do *MS Windows*,

(A) não é possível acessar arquivos ou impressoras presentes em outros computadores da mesma rede. Estes recursos são disponibilizados apenas pelos servidores centrais de rede.
(B) é possível acessar arquivos e impressoras presentes em outros computadores da mesma rede, desde que seus donos ativem o compartilhamento.
(C) é possível acessar todos os arquivos e todas as impressoras presentes em outros computadores da mesma rede, mesmo que seus donos não ativem o compartilhamento.
(D) é possível acessar todos os arquivos presentes em outros computadores da mesma rede, mesmo que seus donos não ativem o compartilhamento e as impressoras que foram compartilhadas.
(E) não é possível acessar arquivos presentes em outros computadores da mesma rede, apenas as impressoras que foram compartilhadas pelos seus donos.

Em redes do MS Windows é possível acessar arquivos e impressoras de outros computadores que se encontram na mesma rede apenas se seus donos ativarem o compartilhamento e as configurações de Firewall permitirem tal compartilhamento, portanto apenas a opção B está correta.
Gabarito "B".

(Auditor Fiscal – São Paulo/SP – FCC) No *MS Windows Vista*, para exibir a fila de impressão remota caso o ícone de impressora não esteja visível na área de notificação, deve-se clicar no botão Iniciar, em

(A) Rede, em Compartilhamento e Redes e em Impressoras, e selecionar a impressora da lista clicando duas vezes.
(B) Configurações de Impressoras e selecionar a impressora da lista clicando duas vezes.
(C) Painel de Controle, em *Hardware* e Som e em Impressoras, e selecionar a impressora da lista clicando duas vezes.

(D) Rede e em Impressoras, e selecionar a impressora da lista clicando duas vezes.
(E) Computador e em Impressoras, e selecionar a impressora da lista clicando duas vezes.

Para ver a lista de impressão remota é necessário aplicar um duplo clique na impressora em questão, para isso é necessário ir até o Painel de Controle, opção *Hardware* e Sons e subitem Dispositivos e Impressoras, portanto apenas a letra C está correta.
Gabarito "C".

(Técnico da Receita Federal – ESAF) A memória virtual é um recurso de armazenamento temporário usado por um computador para executar programas que precisam de mais memória do que ele dispõe. Em relação ao uso e gerenciamento da memória virtual de um computador com o sistema operacional Windows é correto afirmar que:

(A) para cada 2 Kbytes reservado em disco para uso como memória virtual, o sistema irá utilizar apenas 1 Kbyte para armazenamento devido às diferenças entre palavras de 16 bits e 32 bits existentes entre a memória RAM e o HD.
(B) o espaço reservado em disco para uso como memória virtual deverá estar localizado somente na raiz da unidade de disco na qual está instalado o sistema operacional.
(C) quando o computador está com pouca memória RAM e precisa de mais, imediatamente, para completar a tarefa atual, o Windows usará espaço em disco rígido para simular RAM do sistema.
(D) o despejo da memória do sistema quando ocorre em memória virtual permite que o sistema se recupere do erro sem ser reiniciado.
(E) ao se reduzir as configurações de tamanho máximo ou mínimo do arquivo de paginação, não será necessário reiniciar o computador para que as alterações sejam efetivadas.

A: Errada, o espaço em disco reservado para a memória virtual é utilizado em sua totalidade, não havendo espaço inutilizado. **B:** Errada, pode-se alocar espaço de qualquer unidade de disco, contanto que esta tenha espaço livre para isso. **C:** Correta, o papel da memória virtual é suprir uma eventual falta de memória RAM utilizando o disco rígido para simular a RAM. **D:** Errada, o despejo de memória serve para que os dados armazenados na memória sejam despejados em um arquivo no HD para que eles possam ser recuperados caso o sistema reinicie. **E:** Errada, ao alterar o tamanho máximo ou mínimo do arquivo de paginação é necessário reiniciar o sistema.
Gabarito "C".

(Técnico da Receita Federal – ESAF) No sistema operacional Windows, quando o sistema de arquivos utilizado é NTFS, é possível utilizar um recurso de compactação e descompactação automática de arquivos e pastas para se economizar espaço em disco rígido. Analise as seguintes afirmações relacionadas ao uso desse recurso.

I. Ao mover um arquivo de uma unidade NTFS diferente, na qual ele se encontrava compactado, para uma pasta não compactada, ele será mantido compactado no destino.
II. Ao adicionar um arquivo em uma pasta compactada, ele será compactado automaticamente.
III. Ao copiar um arquivo da mesma unidade NTFS para uma pasta compactada, o arquivo manterá o estado em que se encontrava na origem, seja ele compactado ou não.
IV. Ao mover um arquivo da mesma unidade NTFS para uma pasta compactada, o arquivo manterá o estado em que se encontrava na origem, seja ele compactado ou não.

Indique a opção que contenha todas as afirmações verdadeiras.

(A) I e II.
(B) II e III.
(C) III e IV.
(D) I e III.
(E) II e IV.

A: Errada, a afirmativa I está incorreta, para mover o arquivo ele é descompactado, como em seu destino não há compactação, ele não será compactado novamente. **B:** Errada, a afirmativa III está incorreta, o arquivo manterá o estado em que se encontrava na origem apenas quando for movido. **C:** Errada, a afirmativa III está incorreta, o arquivo manterá o estado em que se encontrava na origem apenas quando for movido. **D:** Errada, as afirmativas I e III estão incorretas, para mover o arquivo ele é descompactado, como em seu destino não há compactação, ele não será compactado novamente, e copiando-se um arquivo em uma mesma unidade ele não manterá seu estado anterior. **E:** Correta, apenas as afirmativas II e IV estão corretas.
Gabarito "E".

(Auditor Fiscal/CE – ESAF) Analise as seguintes afirmações relacionadas a conceitos básicos de Sistemas Operacionais.

I. O Kerberos é um protocolo de criptografia de chave privada utilizado por algumas versões do Sistema Operacional Windows como protocolo de autenticação padrão. Nesses casos, o controlador de domínio Windows executa o serviço de servidor do Kerberos e os computadores clientes do Windows executam o serviço de cliente do Kerberos.
II. Nas versões do Windows com sistemas de arquivo NTFS e que permitem compactação de pastas, ao se adicionar ou copiar um arquivo para uma pasta compactada, ele será compactado automaticamente. Ao se mover um arquivo de uma unidade NTFS para uma pasta compactada, ele também será compactado, desde que a unidade de origem seja diferente da unidade de destino.
III. Quando um microcomputador é ligado, o primeiro *software* carregado é o Sistema Operacional, que faz a contagem da memória RAM, detecta os dispositivos instalados e por fim carrega o BIOS. Este procedimento inicial é chamado de POST (*Power-On Self Test*).
IV. O Samba é um servidor para Windows que permite o gerenciamento e compartilhamento de recursos em redes formadas por computadores com o Linux. Instalando o Samba, é possível usar o Windows como servidor de arquivos, servidor de impressão, entre outros, como se a rede utilizasse apenas servidores Linux.

Indique a opção que contenha todas as afirmações verdadeiras.

(A) I e II.
(B) II e III.
(C) III e IV.
(D) I e III.
(E) II e IV.

A: Correta, apenas as afirmativas I e II estão corretas. **B:** Errada, a afirmativa III está incorreta, o procedimento correto é o inverso, a BIOS é carregada primeiro e é seguida pelo Sistema Operacional. **C:** Errada, as afirmativas III e IV estão incorretas, o procedimento correto é o inverso, a BIOS é carregado primeiro e é seguida pelo Sistema Operacional, e Samba é um programa que simula um servidor Windows em sistemas baseados em UNIX. **D**: Errada, a afirmativa III está incorreta, o procedimento correto é o inverso, a BIOS é carregada primeiro e é seguida pelo Sistema Operacional. **E**: Errada, a alternativa IV está incorreta, Samba é um programa que simula um servidor Windows em sistemas baseados em UNIX.

Gabarito "A".

(Auditor Fiscal/RN – ESAF) Analise as seguintes afirmações relacionadas a conceitos de organização e de gerenciamento de arquivos.

I. Os arquivos com extensões criadas para tipos específicos são, em geral, denominado "tipo de arquivo registrado". Estes tipos de arquivos não são rastreados pelo registro do sistema operacional.

II. Recursos compartilhados podem ser definidos como os recursos da rede disponíveis para os usuários, tais como pastas, arquivos ou impressoras. Um recurso compartilhado também pode se referir a um recurso em um servidor, disponível para usuários da rede.

III. Quanto maior o tamanho de cluster utilizado, também chamado de tamanho da unidade de alocação, mais eficiente será o armazenamento de informações no disco.

IV. Uma unidade de alocação é a menor quantidade de espaço em disco que pode ser alocada para manter um arquivo.

Indique a opção que contenha todas as afirmações verdadeiras.

(A) I e II.
(B) II e III.
(C) III e IV.
(D) I e III.
(E) II e IV.

A: Errada, a afirmativa I está incorreta, quando um arquivo com extensão desconhecida é executado, ele gera uma entrada no registro do sistema. **B**: Errada, a afirmativa III está incorreta, unidade de alocação é a menor quantidade de espaço em disco que pode ser alocada para armazenar um arquivo. **C**: Errada, a afirmativa III está incorreta, unidade de alocação é a menor quantidade de espaço em disco que pode ser alocada para armazenar um arquivo. **D**: Errada, as afirmativas I e III estão incorretas, quando um arquivo com extensão desconhecida é executado, ele gera uma entrada no registro do sistema, e unidade de alocação é a menor quantidade de espaço em disco que pode ser alocada para armazenar um arquivo. **E**: Correta, apenas as afirmativas II e IV estão corretas.

Gabarito "E".

(Auditor do Tesouro Municipal/Natal-RN – ESAF) No Windows Explorer do Windows 98, a barra de títulos indica:

(A) o nome do arquivo que será aberto
(B) o nome do último arquivo aberto
(C) a pasta que está sendo explorada no momento
(D) apenas o nome da unidade de disco rígido que está ativa
(E) apenas o nome dos arquivos compartilhados

A: Errada, os arquivos são abertos por programas e não pelo Windows Explorer. **B**: Errada, os arquivos são abertos por programas e não pelo Windows Explorer. **C**: Correta, é exibido o nome da pasta que está sendo explorada atualmente. **D**: Errada, a barra de títulos mostra sempre o nome da pasta sendo explorada naquele momento. **E**: Errada, os arquivos são abertos por programas e não pelo Windows Explorer e na barra de títulos é exibido o nome da pasta explorada atualmente.

Gabarito "C".

(Auditor do Tesouro Municipal/Natal-RN – ESAF) No Windows Explorer do Windows 98, para se fazer a seleção de um conjunto de arquivos não adjacentes deve-se, antes de dar um clique sobre cada arquivo a ser selecionado, pressionar:

(A) a tecla Shift
(B) a tecla Ctrl
(C) as teclas Shift + F4
(D) as teclas Shift + Ctrl
(E) as teclas Shift + Alt

A: Errada, a tecla Shift faz com que todos os arquivos no intervalo sejam selecionados. **B**: Correta, a tecla Ctrl permite selecionar arquivos não adjacentes. **C**: Errada, as teclas Shift + F4 não realizam a seleção de arquivos. **D**: Errada, as teclas Shift + Ctrl não realizam a seleção de arquivos. **E**: Errada, as teclas Shift + Alt não realizam a seleção de arquivos.

Gabarito "B".

§1º – É fundamental que todos os documentos impressos contenham o timbre municipal, ou seja, cada documento produzido, inclusive usando editores eletrônicos de textos modernos e atuais, deve ser impresso com o timbre.

(Auditor Fiscal/São Paulo-SP – FCC) Capturado o timbre de meio externo e tendo sido convertido em formato digital, este

(A) não pode ser inserido diretamente no editor eletrônico de texto.
(B) pode ser inserido como figura no editor eletrônico de texto, mesmo no formato gif.
(C) não pode ser inserido no editor eletrônico de texto se estiver no formato gif.
(D) somente pode ser inserido em um editor de apresentações.
(E) somente pode ser inserido no editor eletrônico de texto se estiver no formato bmp.

A: Errada, após ser digitalizado o timbre pode sim ser inserido diretamente no editor de texto. **B**: Correta, ainda que esteja no formato gif, ele pode ser inserido como uma figura no editor de textos. **C**: Errada, editores de texto permitem imagens no formato gif. **D**: Errada, ele pode ser inserido em outros editores como o de texto por exemplo. **E**: Errada, o editor de textos aceita outros formatos como gif, jpg e png por exemplo.

Gabarito "B".

Um governo municipal deseja implantar um sistema fisco-tributário que permita o levantamento das contribuições realizadas, a apuração do montante de impostos pagos, o "batimento" de contas visando à exatidão dos valores recebidos em impostos contra as movimentações realizadas em estabelecimentos comerciais, industriais e de prestação de serviços, bem como os impostos sobre propriedades territoriais (moradias e terrenos) no âmbito de seu município, tudo em meio eletrônico usando a tecnologia mais avançada de computadores, tais como redes de computadores locais e de longa distância interligando todos os equipamentos, processamento distribuído entre estações de trabalho e servidores, uso de sistemas operacionais Windows e Linux (preferencialmente daquele que, processado em uma única estação de trabalho, na interrupção de um programa mantenha o processamento ininterrupto de todos os demais que estão em funcionamento) e tecnologia internet e intranet, com toda a segurança física e lógica das informações que garanta autenticidade, sigilo, facilidade de recuperação e proteção contra invasões e pragas eletrônicas.

(Auditor Fiscal/São Paulo-SP – FCC) Para organizar os arquivos recebidos dos contribuintes pela internet pode-se usar

(A) somente o diretório /usr do *Linux*.
(B) tanto o *Windows Explorer* quanto o diretório /home do *Linux*.
(C) tanto o *Internet Explorer* quanto o diretório /usr do *Linux*.
(D) pastas de arquivos do *Windows* mas não diretórios do *Linux*.
(E) o *Windows Explorer* mas não diretórios do *Linux*.

A: Errada, o diretório /usr armazena os executáveis e bibliotecas da maioria dos programas instalados no sistema. **B:** Correta, o Windows Explorer é o gerenciador de arquivos do Windows, e o diretório /home armazena os arquivos do sistema. **C:** Errada, o Internet Explorer é um navegador Web e não um gerenciador de arquivos e o diretório /usr armazena os executáveis e bibliotecas da maioria dos programas instalados no sistema. **D:** Errada, pode-se armazenar tanto em pastas do Windows como em diretórios do Linux. **E:** Errada, pode-se armazenar tanto em pastas do Windows como em diretórios do Linux.
Gabarito "B".

(Agente Fiscal de Rendas/SP – FCC) Em um aplicativo processado no ambiente operacional do Microsoft Windows XP, um dos requisitos especificados diz respeito ao armazenamento do conteúdo da memória de um microcomputador no disco rígido que, em seguida, será desligado, permitindo, entretanto, o retorno ao estado anterior. Para atender esse requisito, cuja funcionalidade se insere entre as Propriedades de Opções de energia, deve-se usar a opção de Ativar

(A) Esquemas de energia.
(B) *backup*.
(C) *No-break*.
(D) Restauração do sistema.
(E) hibernação.

A: Errada, o esquema de energia gerencia a forma como a energia é utilizada pelo computador. **B:** Errada, o *backup* não faz parte das opções presentes em Opções de Energia. **C:** Errada, o *No-break* é um componente físico e não uma das opções em Opções de Energia. **D:** Errada, a Restauração do Sistema é uma opção que retorna as configurações do Windows a um estado anterior. **E:** Correta, a hibernação faz com que o sistema seja desligado, porém mantém as informações armazenadas para que o computador possa retornar ao estado anterior ao seu desligamento.
Gabarito "E".

(Fiscal de Tributos – Prefeitura Tanguá/RJ – 2017 – MSCONCURSOS) O Windows 10 disponibiliza o software Alarmes e Relógio. Sobre essa ferramenta, é correto dizer:

I. - Você receberá uma notificação quando um alarme ou timer for acionado em seu computador, mesmo se o aplicativo estiver fechado ou o computador estiver bloqueado.
II. - Se o computador entrar em suspensão, talvez os alarmes e timers não funcionem.
III. - Somente os notebooks e tablets mais recentes com um recurso chamado InstantGo podem despertar do modo de suspensão para soar um alarme ou timer.
IV. - Até mesmo com o InstantGo, o dispositivo poderá não despertar se não estiver ligado na tomada.

(A) Apenas as opções I, II e IV estão corretas.
(B) Apenas as opções I, III e IV estão corretas.
(C) Apenas as opções II e IV estão corretas.
(D) Todas estão corretas.

Todas as afirmativas estão corretas. O software Alarmes e Relógio permite criar alarmes que geram alertas no computador mesmo se o software estiver fechado, entretanto, eles não irão funcionar se o computador estiver desligado ou em suspensão, a menos que possuam o recurso InstantGo disponibilizado pela Microsoft, que permite ao sistema maior controle da gestão de energia do equipamento, permitindo liga-lo ou desligá-lo em determinadas circunstâncias, desde que possua os requisitos de hardware e esteja conectado a uma bateria ou fonte de energia. Portanto, a afirmativa D deve ser assinalada porque todas as alternativas estão corretas.
Gabarito "D".

8. SISTEMAS OPERACIONAIS – LINUX

(Fiscal de Rendas/RJ – FGV) As distribuições *Linux* utilizam diversos gerenciadores de janelas e de pastas e arquivos, cada um com suas peculiaridades e que representam ambientes gráficos. Assinale a alternativa que apresenta exemplos de gerenciadores mais utilizados no *Linux*.

(A) KDE, GNOME e BLACKBOX.
(B) DEBIAN, XFCE e UBUNTU.
(C) MANDRIVA, REDHAT e SPARC.
(D) FREEBSD, MOBLIN e LXDE.
(E) KERNEL, SUSE e FLUXBOX.

A: Correta, todas representam ambientes gráficos do Linux. **B:** Errada, Debian e Ubuntu são distribuições Linux e não gerenciadores de janelas. **C:** Errada, Mandriva e RedHat são distribuições Linux, enquanto SPARC é uma arquitetura de processador e não gerenciadores de janelas. **D:** Errada, FreeBSD e Moblin são distribuições Linux e não gerenciadores de janelas. **E:** Errada, Kernel se refere ao núcleo do sistema operacional e Suse é uma distribuição Linux e não gerenciadores de janelas.
Gabarito "A".

(Auditor Fiscal/MA – FGV) Os sistemas operacionais possuem um núcleo que oferece serviços aos usuários e suas aplicações e que representa a camada de *software* mais próxima ao *hardware*.

Esse núcleo recebe a seguinte denominação:

(A) *setup*.
(B) *kernel*.
(C) *swapper*.
(D) *firmware*.
(E) *scheduler*.

A: Errada, setup é a denominação do processo de instalação de algum item de software. **B:** Correta, o núcleo de um sistema operacional recebe o nome de *kernel* e é responsável por gerenciar os recursos do sistema e como intermediário entre os softwares e os componentes de hardware do sistema. **C:** Errada, *swapper* não é um termo relacionado aos componentes de sistemas operacionais. **D:** Errada, o *firmware* é um conjunto de instruções inseridas diretamente no hardware de algum equipamento. **E:** Errada, o *scheduler* é responsável por distribuir as tarefas a serem executadas de acordo com sua prioridade ou dependendo das necessidades e objetivos do usuário, como diminuir latência, tempo de resposta, maximizar o total de tarefas feitas, entre outros.
Gabarito "B".

(Auditor Fiscal/SC – FEPESE) Considerando as características dos sistemas operacionais, assinale a alternativa **correta**.

(A) Um computador com sistema operacional multiusuário pode ser utilizado por vários usuários simultaneamente.
(B) Um computador com sistema operacional multitarefa permite que diferentes usuários executem tarefas simultaneamente no computador.
(C) Um sistema operacional multitarefa é sempre um sistema operacional multiusuário.
(D) Um sistema operacional multitarefa requer um computador com processador que possua dois ou mais núcleos.
(E) Um sistema operacional multiusuário requer um computador com processador que possua dois ou mais núcleos.

A: Correta, um SO multiusuário pode ser usado por vários usuários simultaneamente. **B:** Errada, um SO multitarefa permite que um usuário execute várias tarefas de forma simultânea. **C:** Errada, nem todo SO multitarefa é multiusuário. **D:** Errada, SOs multitarefa podem ser executados normalmente em computadores com apenas um núcleo por meio do uso de threads. **E:** Errada, SOs multiusuário podem ser executados normalmente em computadores com apenas um núcleo.
Gabarito "A".

(Técnico da Receita Federal – ESAF) O *Kernel* de um Sistema Operacional

(A) é o programa mais elementar existente no computador para ser executado antes do POST. Com a configuração do *Kernel*, pode-se gerenciar todas as configurações de *hardware* da máquina, como tamanho e tipo de disco rígido, tipo e quantidade de memória RAM, interrupções e acesso à memória (IRQs e DMA), hora e data do relógio interno e o estado de todos os periféricos conectados.
(B) é o método gráfico de controlar como o usuário interage com o computador. Ao invés de executar ações através de linha, o usuário desenvolve as tarefas desejadas usando um *mouse* para escolher entre um conjunto de opções apresentadas na tela.
(C) é uma tecnologia utilizada para fazer a "ponte" entre o *browser* e as aplicações de servidor. Os programas de servidor, denominados *Kernel*, são utilizados para desempenhar inúmeras tarefas, como, por exemplo, processar os dados inseridos em formulários, mostrar *banners* publicitários e permitir o envio de notícias para amigos.
(D) representa a camada mais baixa de interface com o *hardware*, sendo responsável por gerenciar os recursos do sistema como um todo. Ele define as funções para operação com periféricos e gerenciamento de memória.
(E) é uma interface para programadores que criam *scripts* ou aplicativos que são executados em segundo plano em um servidor da Web. Esses *scripts* podem gerar textos ou outros tipos de dados sem afetar outras operações.

A: Errada, esta alternativa descreve o funcionamento da BIOS e não do Kernel. **B:** Errada, esta alternativa descreve o funcionamento de um ambiente gráfico, no Kernel não há interação por meio de *mouse*. **C:** Errada, a alternativa descreve o funcionamento dos CGIs (Commong Gateway Interface) e não de um Kernel. **D:** Correta, o Kernel gerencia os recursos do sistema, define operações com periféricos e gerenciamento de memória. **E:** Errada, o Kernel não possui como função servir de interface para programação, sua tarefa é gerenciar os recursos do sistema.
Gabarito "D".

(Técnico da Receita Federal – ESAF) O sistema operacional Linux é composto por três componentes principais. Um deles, o *Shell*, é

(A) o elo entre o usuário e o sistema, funcionando como intérprete entre os dois. Ele traduz os comandos digitados pelo usuário para a linguagem usada pelo *Kernel* e vice-versa. Sem o *Shell* a interação entre usuário e o *Kernel* seria bastante complexa.
(B) o núcleo do sistema. É responsável pelas operações de baixo nível, tais como: gerenciamento de memória, suporte ao sistema de arquivos, periféricos e dispositivos.
(C) o substituto do *Kernel* para as distribuições mais recentes do *Linux*.
(D) o responsável por incorporar novas funcionalidades ao sistema. É através dele que se torna possível a implementação de serviços necessários ao sistema, divididos em aplicações do sistema e aplicações do usuário.
(E) o responsável pelo gerenciamento dos processos em execução pelo Sistema Operacional.

A: Correta, o Shell é a interface entre o usuário e o sistema, traduzindo comandos digitados para a linguagem utilizada pelo Kernel. **B:** Errada, a alternativa descreve o funcionamento do Kernel e não do Shell. **C:** Errada, o Shell é uma interface para o Kernel e não seu substituto. **D:** Errada, ele não é responsável por incorporar novas funcionalidades. **E:** Errada, o Shell é apenas uma interface entre o usuário e o sistema, portanto não tem capacidade de gerenciar processos.
Gabarito "A".

(Técnico da Receita Federal – ESAF) No sistema operacional Linux devem-se respeitar vários tipos de limites de recursos que podem interferir com a operação de alguns aplicativos. Particularmente mais importantes são os limites do número de processos por usuário, o número de arquivos abertos por processo e a quantidade de memória disponível para cada processo. Nesse sistema operacional, o

(A) comando **/etc/conf/bin/idtune SHMMAX 100** define que a quantidade máxima de arquivos abertos suportados pelo sistema é igual a 100.
(B) comando **/etc/conf/bin/idtune -g SHMMAX** define a quantidade máxima de arquivos que podem ser abertos.
(C) comando **/proc/sys/fs/file-max** informa a quantidade máxima de arquivos que o sistema suporta.
(D) limite original padrão para o número de arquivos abertos geralmente é definido como um valor igual a zero.
(E) limite máximo de arquivos por processo é fixado quando o núcleo é compilado.

A: Errada, o comando descrito define o tamanho máximo para os segmentos de memória compartilhada. **B:** Errada, o comando descrito exibe o valor máximo para os segmentos de memória compartilhada. **C:** Errada, o comando descrito informa a quantidade máxima de arquivos abertos suportados pelo sistema. **D:** Errada, o limite-padrão de arquivos abertos é definido em um número maior que zero. **E:** Correta, o limite de arquivos por processo é fixado quando o núcleo é compilado.
Gabarito "E".

Um governo municipal deseja implantar um sistema fisco-tributário que permita o levantamento das contribuições realizadas, a apuração do montante de impostos pagos, o "batimento" de contas visando à exatidão dos valores recebidos em impostos contra as movimentações realizadas em estabelecimentos comerciais, industriais e de prestação de serviços, bem como os impostos sobre propriedades territoriais (moradias e terrenos) no âmbito de seu município, tudo em meio eletrônico usando a tecnologia mais avançada de computadores, tais como redes de computadores locais e de longa distância interligando todos os equipamentos, processamento distribuído entre estações de trabalho e servidores, uso de sistemas operacionais Windows e Linux (preferencialmente daquele que, processado em uma única estação de trabalho, na interrupção de um programa mantenha o processamento ininterrupto de todos os demais que estão em funcionamento) e tecnologia internet e intranet, com toda a segurança física e lógica das informações que garanta autenticidade, sigilo, facilidade de recuperação e proteção contra invasões e pragas eletrônicas.

(Auditor Fiscal/São Paulo-SP – FCC) A preferência especificada no objetivo indica que é recomendado o uso de sistema operacional

(A) multitarefa.
(B) monousuário, mas não multitarefa.
(C) monotarefa e multiusuário.
(D) multitarefa e multiusuário, mas não monousuário.
(E) monotarefa e monousuário.

A: Correta, sistema multitarefa pode realizar várias atividades ao mesmo tempo sem que isso faça com que outra atividade pare. B: Errada, o sistema deve ser multitarefa, não há menção sobre a necessidade de suporte a mais de um usuário. C: Errada, um sistema monotarefa processa apenas um processo por vez, a especificação pede um sistema multitarefa. D: Errada, não há menção sobre a necessidade de mais de um usuário portanto ele poderia ser monousuário. E: Errada, um sistema monotarefa processa apenas um processo por vez, a especificação pede um sistema multitarefa.
Gabarito "A".

9. PROGRAMAÇÃO E SISTEMAS

(Auditor Fiscal/SC – FEPESE) Analise o conceito abaixo.

Sistemas que permitem ajustar o posicionamento da empresa no mercado com o intuito de obter vantagens competitivas, utilizando informações recolhidas de fontes internas e externas à organização, devidamente sintetizadas e processadas por ferramentas de análise e simulação.

Assinale a alternativa que indica o tipo de sistema que se enquadra ao conceito apresentado.

(A) Sistemas de Apoio a Decisão.
(B) Sistemas de Informações Gerenciais.
(C) Sistemas de Informações Estratégicas.
(D) Sistemas de Gerenciamento de Informações.
(E) Sistemas de Gerenciamento de Bancos de Dados.

A: Errada, Sistemas de Apoio a Decisão são sistemas baseados em um modelo genérico de tomada de decisão que por meio da análise de um grande número de variáveis torna possível o posicionamento em uma determinada questão. B: Errada, Sistemas de Informações Gerenciais apenas agrupam e sintetizam os dados das operações da organização de forma a facilitar a tomada de decisão. C: Correta, os Sistemas de Informações Estratégicas integram e sintetizam dados de fontes internas e externas à organização, que através de ferramentas de análise, comparações e simulações facilitam a tomada de decisão e a ajustar o posicionamento da empresa. D: Errada, Sistemas de Gerenciamento de Informações apenas proveem informações necessárias para a tomada de decisão, não realizando nenhum tipo de análise sobre os dados. E: Errada, Sistemas de Gerenciamento de Bancos de Dados funcionam como uma interface para um banco de dados de armazenamento, eles não realizam nenhum tipo de análise sobre os dados armazenados.
Gabarito "C".

(Fiscal de Rendas/RJ – FGV) Os Sistemas de Informação fornecem feedback para a administração sobre as operações do sistema para sua direção e manutenção, enquanto ele troca entradas e saídas com seu ambiente. Nesse sentido, o termo Sistemas de Informação é definido como um conjunto organizado de recursos para coletar, transformar e disseminar informações em uma organização.

Assinale a alternativa que indique esses recursos.

(A) Qualidade, confidencialidade, acessibilidade, usabilidade e *design*.
(B) Classes, processos, funções, integridade e desempenho.
(C) Tempo, conteúdo, forma, organização e gerenciamento.
(D) Tecnologia, finanças, meio ambiente, projetos e modularidade.
(E) Pessoas, *hardware*, *software*, dados e redes.

A: Errada, esta alternativa contém apenas conceitos que um *Sistema de Informação* deve possuir e não os recursos que fazem parte dele. B: Errada, esta alternativa contém apenas elementos que compõem a estrutura técnica de um *Sistema de Informação*. C: Errada, os recursos mencionados não ajudam a coletar, transformar ou disseminar informações da organização. D: Errada, finanças, projetos e modularidade não são recursos que ajudam a coletar, transformar ou disseminar informações em uma organização. E: Correta, pessoas, *hardware*, *software*s, dados e redes são recursos que ajudam a coletar, transformar e disseminar informações em uma organização.
Gabarito "E".

(Agente Fiscal de Rendas/SP – FCC) Com objetivo de facilitar e agilizar a implantação de sistemas e processos, foi solicitada à área de TI uma abordagem de desenvolvimento que consiste na repetição de uma série de ciclos durante a vida de um sistema, em que cada ciclo é concluído com uma versão do produto pronta para distribuição. Essa versão é um conjunto relativamente completo e consistente de artefatos, possivelmente incluindo manuais e um módulo executável do sistema, que podem ser distribuídos para usuários internos ou externos. No campo da tecnologia da informação, esta maneira de desenvolver sistemas caracteriza a abordagem

(A) do processo unificado.
(B) da análise funcional.
(C) do modelo cascata.
(D) da engenharia reversa.
(E) da análise essencial.

A: Correta, o processo unificado de desenvolvimento de sistemas combina os ciclos iterativo e incremental para a construção de *software*s. B: Errada, a análise funcional consiste na descrição detalhada das funções e operações do sistema. C: Errada, o modelo cascata é sequencial no qual o desenvolvimento é visto através das fases de análise de requisitos, projeto, implementação, testes, integração e manutenção.

D: Errada, a engenharia reversa consiste em usar a criatividade para, a partir de uma solução pronta, retirar todos os possíveis conceitos novos ali empregados. **E:** Errada, a análise essencial é a técnica que orienta a análise de sistemas para a essência do negócio ao qual se destina independente das soluções de informática que serão utilizadas em sua construção.

Gabarito "A".

(Agente Fiscal de Rendas/SP – FCC) Durante a especificação de um sistema aberto e distribuído foi solicitado à equipe de TI a utilização da arquitetura especificada pelo conjunto Padrão ISO/IEC 10746 que propõe uma abordagem do sistema por meio de cinco pontos de vista distintos, quais sejam: visão da empresa, visão da informação, visão computacional, visão da engenharia e visão da tecnologia. Dessa forma, a equipe de TI utilizou o modelo de referência

(A) MDA.
(B) UML.
(C) MOF.
(D) CORBA.
(E) ODP.

A: Errada, o MDA é um modelo de *design* de *software* que provê um conjunto de regras para a estruturação de especificações expressas na forma de modelos. **B:** Errada, a UML é uma linguagem de modelagem universal usada na concepção e documentação de projetos. **C:** Errada, o MOF é um padrão de engenharia dirigida a modelos que utiliza uma arquitetura de 4 camadas em sua representação. **D:** Errada, CORBA é a arquitetura padrão criada pelo Object Management Group para estabelecer e simplificar a troca de dados entre sistemas distribuídos heterogêneos. **E:** Correta, o ODP é um modelo de referência especificado pelo Padrão ISSO/IEC 10746 que leva em consideração 5 pontos de vista distintos: computacional, da informação, da tecnologia, da engenharia e da empresa.

Gabarito "E".

(Auditor Fiscal/MA – FGV) As restrições de integridade são um dos principais objetivos de um sistema de gerência de banco de dados.

Nesse contexto, analise as afirmativas a seguir e assinale V para a verdadeira e F para a falsa.

( ) *Integridade Referencial* – funciona ao nível da tabela, sendo que o valor dos campos que constituem a chave estrangeira de uma tabela deve estar também presente na chave primária da tabela que referenciam ou, quando muito, podem ter o valor NULL.
( ) *Integridade de Domínio* – funciona ao nível da linha da tabela do banco de dados, sendo que o valor de um campo deve obedecer ao tipo de dados e às restrições de valores admitidos para essa coluna.
( ) *Integridade de Entidade* – funciona ao nível da coluna da tabela do banco de dados, sendo que cada tabela deve possuir na sua definição uma chave secundária.

As afirmativas são, respectivamente,

(A) F, V e F.
(B) F, V e V.
(C) V, F e F.
(D) V, V e F.
(E) F, F e V.

A primeira afirmativa está correta. A Integridade Referencial age em nível de tabela e tem como objetivo garantir que um registro filho não tenha seu registro pai excluído, sendo possível que haja chaves estrangeiras de valor nulo. A segunda afirmativa está incorreta, a Integridade de Domínio atua garantindo que o valor de cada coluna respeite as especificações de tipo (numérico, texto, booleano, etc.), tamanho e nulidade. A terceira afirmativa está incorreta, a Integridade de Entidade funciona em nível de linha, garantindo que uma chave primária não tenha um valor nulo e seja única. Portanto, apenas a alternativa C está correta.

Gabarito "C".

(Auditor Fiscal/MA – FGV) Com relação à *arquitetura da computação em nuvem*, analise as afirmativas a seguir.

I. O *back end* inclui o computador do cliente ou a rede de computadores, além da aplicação necessária para acessar o sistema de computação em nuvem.
II. No *front end* estão vários computadores, servidores e sistemas de armazenamento de dados que criam a "nuvem" de serviços de computação.
III. Um servidor central administra o sistema, monitorando o tráfego e as demandas do cliente para assegurar que tudo funcione satisfatoriamente, além de usar um tipo especial de *software* chamado *middleware*, que permite aos computadores em rede se comunicarem uns com os outros.

Assinale:

(A) se somente a afirmativa I estiver correta.
(B) se somente a afirmativa II estiver correta.
(C) se somente a afirmativa III estiver correta.
(D) se somente as afirmativas I e II estiverem corretas.
(E) se todas as afirmativas estiverem corretas.

A afirmativa I está incorreta, a definição se refere ao *front end* e não ao *backend*. A afirmativa II também está incorreta, a definição se refere ao *backend* e não ao *front end*. A afirmativa III está correta. Portanto, apenas a alternativa C é verdadeira.

Gabarito "C".

10. REDES

(Fiscal de Rendas/RJ – FGV) Para que um microcomputador conectado a uma rede possa acessar a Internet, há necessidade da configuração de um parâmetro conhecido como endereço IP.

Considerando a versão 4 do IP, as máquinas utilizam endereços do tipo 999.999.999.999, enquadrados nas classes A, B e C, conforme as faixas ocupadas pelo primeiro octeto. Endereços IP de classe C são os mais utilizados pela maioria dos provedores brasileiros, havendo regras específicas que atestam sua validade.

Assinale a alternativa que indique um endereço IP válido de classe C.

(A) 10.200.40.67
(B) 146.164.0.0
(C) 198.128.228.35
(D) 202.133.256.99
(E) 255.255.255.224

A: Errada, os endereços que vão de 1.0.0.0 até 127.0.0.0 são da classe A. **B:** Errada, os endereços que vão de 128.0.0.0 até 191.255.255.255 são da classe B. **C:** Correta, os endereços que vão de 192.0.0.0 até 223.255.255.255 são da classe C. **D:** Errada, não existem octetos com valor maior que 255. **E:** Errada, endereços que vão de 240.0.0.0 até 255.255.255.254 são da classe E.

Gabarito "C".

(Fiscal de Rendas/RJ – FGV) Devido ao papel que executa e pelas características que possui, o roteador é um equipamento de interligação que exerce função de elevada importância.

A esse respeito, analise as afirmativas a seguir.

I. Os roteadores realizam filtro de tráfego com base no endereço IP, que funciona como um parâmetro lógico, na camada de rede da arquitetura OSI/ISO.
II. Os roteadores integram LANs heterogêneas, que pode resultar na formação de uma WAN com acesso à Internet, com base nos protocolos da arquitetura TCP/IP.
III. Os roteadores representam a solução por segmentação, para problemas de redes com congestionamento devido às colisões resultantes do funcionamento do protocolo *token passing*.

Assinale:

(A) se somente a afirmativa I estiver correta.
(B) se somente as afirmativas I e II estiverem corretas.
(C) se somente as afirmativas I e III estiverem corretas.
(D) se somente as afirmativas II e III estiverem corretas.
(E) se todas as afirmativas estiverem corretas.

A: Errada, a afirmativa II também está correta. **B:** Correta, apenas as afirmativas I e II estão corretas. **C:** Errada, a afirmativa III está incorreta, a utilização de token passing elimina a existência de colisões em uma rede. **D:** Errada, a afirmativa III está incorreta, a utilização de token passing elimina a existência de colisões em uma rede. **E:** Errada, a afirmativa III está incorreta, a utilização de token passing elimina a existência de colisões em uma rede.

Gabarito "B".

(Auditor Fiscal/MA – FGV) As redes de computadores com acesso à Internet, operam com base nos protocolos de comunicação da arquitetura TCP/IP. Cada máquina necessita ter um IP único, podendo esse endereço ser de uma das classes A, B ou C.

Nesse contexto, os dois endereços de classe C válidos são

(A) 100.142.253.255 e 127.0.0.1
(B) 128.191.132.0 e 192.0.0.255
(C) 146.255.129.127 e 164.255.32.0
(D) 193.217.53.76 e 220.125.145.139
(E) 200.150.201.13 e 239.256.128.33

Os endereços de IP são compostos por classes divididas de acordo com a apresentação dos primeiros 4 bits. Na Classe A o primeiro bit 0 e o intervalo de IPs de 1.0.0.0 até 127.0.0.0; na Classe B, os primeiros bits são 10 (um, zero) e o intervalo de IPs de 128.0.0.0 até 191.255.0.0; na Classe C os primeiros bits 110 (um, um zero) e o intervalo de IPs de 192.0.0.0 até 223.255.255.0. As Classes D e E existem, porém são usadas para multicast e testes, respectivamente. Portanto, a alternativa que contém apenas endereços da classe C é a alternativa D.

Gabarito "D".

(Auditor Fiscal/SC – FEPESE) Identifique quais das seguintes afirmativas, a respeito da Internet e das intranets, são corretas.

1. A Internet é uma rede de longa distância (WAN), enquanto as intranets são redes locais (LANs).
2. As intranets utilizam os mesmos protocolos de comunicação utilizados na Internet.
3. Intranets são redes privadas, enquanto a Internet é uma rede pública.
4. A Internet interliga várias intranets.

Assinale a alternativa que indica todas as afirmativas corretas.

(A) São corretas apenas as afirmativas 1 e 3.
(B) São corretas apenas as afirmativas 2 e 3.
(C) São corretas apenas as afirmativas 2 e 4.
(D) São corretas apenas as afirmativas 1, 2 e 4.
(E) São corretas apenas as afirmativas 1, 3 e 4.

A: Errada, a afirmativa 1 está incorreta, a diferença entre Internet e Intranet está no fato de a primeira ser uma rede pública e a segunda uma rede privada. **B:** Correta, apenas as afirmativas 1 e 3 estão corretas. **C:** Errada, a afirmativa 4 está incorreta, a Internet é um conjunto de rede públicas, ainda que algumas Intranets possam ter acesso à Internet. **D:** Errada, as afirmativas 1 e 4 estão incorretas, a diferença entre Internet e Intranet está no fato de a primeira ser uma rede pública e a segunda uma rede privada, e a Internet é um conjunto de rede públicas, ainda que algumas Intranets possam ter acesso à Internet. **E:** Errada, as afirmativas 1 e 4 estão incorretas, a diferença entre Internet e Intranet está no fato de a primeira ser uma rede pública e a segunda uma rede privada, e a Internet é um conjunto de rede públicas, ainda que algumas Intranets possam ter acesso à Internet.

Gabarito "B".

(Auditor Fiscal – São Paulo/SP – FCC) O sistema hierárquico e distribuído de gerenciamento de nomes utilizado por computadores conectados à Internet, que é utilizado para a resolução ou conversão de nomes de domínios como arpanet.com em endereços IP como 173.254.213.241, é chamado de

(A) HTTP.
(B) *Gateway*.
(C) DNS.
(D) Roteador.
(E) *Switch*.

A: Errada, HTTP é um protocolo usado para navegação em páginas de *hyperlink*. **B:** Errada, *Gateway* é o computador que controla a saída e entrada dos dados em uma rede. **C:** Correta, o DNS é o protocolo responsável pela conversão de nomes de domínios em endereços IP. **D:** Errada, os Roteadores são componentes de rede responsáveis pelo redirecionamento dos pacotes enviados na rede para seus destinos corretos. **E:** Errada, o *Switch* é um elemento de rede responsável por ligar vários pontos de rede.

Gabarito "C".

(Auditor Fiscal – São Paulo/SP – FCC) Atualmente, é possível a utilização de serviços de correio eletrônico por meio da Internet, os chamados *webmails*. Para usar este tipo de serviço, o computador do usuário necessita apenas de um navegador e conexão com a Internet, não sendo necessária a instalação de outros programas. Porém, alguns serviços de *webmail* possibilitam que se utilize programas tradicionais como *Thunderbird* ou *Outlook Express* para a leitura e envio de *e-mails*, pois disponibilizam acesso a servidores

(A) UDP e TCP.
(B) DNS e NTP.
(C) IMAP e UDP.
(D) HTTP e FTP.
(E) POP3 e SMTP.

A: Errada, UDP e TCP são protocolos de rede e não de envio de mensagens eletrônicas. **B:** Errada, NTP é um protocolo de sincronização de horário e DNS é um protocolo de conversão de nomes. **C:** Errada, o UDP é um protocolo de transmissão de dados em rede e não de mensagens eletrônicas. **D:** Errada, o FTP é um protocolo de transferência de arquivos em rede. **E:** Correta, os protocolos POP3 e SMTP gerenciam o recebimento e envio, respectivamente, de mensagens eletrônicas.

Gabarito "E".

(**Auditor Fiscal – São Paulo/SP – FCC**) Em uma rede com topologia estrela, todas as máquinas se ligam em um mesmo dispositivo central que fecha a conexão entre todos os nós da rede. O dispositivo central que analisa os pacotes que chegam e gerencia sua distribuição, enviando-os somente para a máquina de destino, é conhecido como

(A) barramento.
(B) *hub*.
(C) *backbone*.
(D) *access point*.
(E) *switch*.

A: Errada, barramento é um item de *hardware* interno que leva os dados entre dispositivos em um mesmo computador e não um *hardware* de rede. **B:** Errada, o *hub* apenas repete o sinal enviado, não fazendo controle do tráfego. **C:** Errada, o *backbone* descreve um esquema de ligações centrais de um sistema mais amplo, tipicamente de elevado desempenho. **D:** Correta, o *access point* é um dispositivo de redes sem fio que trabalha de forma parecida com a de um roteador, interligando vários dispositivos e encaminhando cada pacote para seu destinatário. **E:** Errada, o *switch* é um item de rede que apenas interliga várias máquinas não realizando tratamento dos pacotes que por ele trafegam.

Gabarito "D".

(**Técnico da Receita Federal – ESAF**) Analise as seguintes afirmações relacionadas a conceitos básicos de redes de computadores.

I. Um repetidor é um dispositivo responsável pelo encaminhamento e roteamento de pacotes de comunicação em uma rede ou entre redes. Tipicamente, uma instituição, ao se conectar à Internet, deverá adquirir um repetidor para conectar sua Rede Local (LAN) ao ponto da Internet.
II. O SNMP (*Simple Network Management Protocol*) é um protocolo usado para monitorar e controlar serviços e dispositivos de uma rede TCP/IP. É o padrão adotado pela RNP para a gerência de rede.
III. O UDP é o protocolo de transporte sem conexão da família TCP/IP, usado com aplicações como o de serviço DNS.
IV. O WHOIS é um banco de dados de informações utilizados pelos *Firewalls* para permitir acesso dos usuários de uma LAN à Internet.

Indique a opção que contenha todas as afirmações verdadeiras.

(A) I e II.
(B) II e III.
(C) III e IV.
(D) I e III.
(E) II e IV.

A: Errada, a afirmativa I está incorreta, os repetidores não fazem roteamento de pacotes, sua função é unicamente retransmitir os pacotes, sem se importar para onde eles estão indo. **B:** Correta, apenas as afirmativas II e III estão corretas. **C:** Errada, a afirmativa IV está incorreta, o WHOIS é um protocolo de consulta de informações de contato e DNS de uma entidade na internet. **D:** Errada, a afirmativa I está incorreta, os repetidores não fazem roteamento de pacotes, sua função é unicamente retransmitir os pacotes, sem se importar para onde eles estão indo. **E:** Errada, a afirmativa IV está incorreta, o WHOIS é um protocolo de consulta de informações de contato e DNS de uma entidade na internet.

Gabarito "B".

(**Técnico da Receita Federal – ESAF**) Analise as seguintes afirmações relacionadas a conceitos básicos de redes de computadores.

I. No roteamento dinâmico utilizado pelos *Hubs* e *Switches*, as tabelas de roteamento refletem dinamicamente as modificações na topologia da rede. As tabelas são atualizadas a partir de informações trocadas entre estes dispositivos.
II. O endereço usado para identificar uma sub-rede, denominado máscara de sub-rede, deve ser composto por bytes completos. Desta forma, em uma LAN, as três máscaras de sub-rede possíveis são: 255.255.255.0, 255.255.0.0 e 255.0.0.0.
III. Alguns endereços IP são reservados, não podendo ser utilizados para identificar as placas de interface de rede em um computador. Um desses endereços, o 127.0.0.0, identifica a própria máquina.
IV. Um ARP traduz um endereço IP para o endereço MAC correspondente. Quando o endereço MAC associado ao um endereço IP não é conhecido, o ARP envia uma mensagem de consulta para o endereço de *broadcast*. Cada máquina na rede recebe a mensagem e verifica se o endereço IP consultado pertence a uma de suas placas e, em caso afirmativo, responde informando o endereço MAC equivalente.

Indique a opção que contenha todas as afirmações verdadeiras.

(A) I e II.
(B) II e III.
(C) III e IV.
(D) I e III.
(E) II e IV.

A: Errada, as afirmativas I e II estão incorretas, os *Hubs* não realizam roteamento de pacotes, eles apenas os retransmitem, e as máscaras de sub-rede tem seus octetos definidos pela quantidade de bits presentes em cada um, portanto podem ter uma quantidade de bits menor que 8 e, logo, números diferentes de 255. **B:** Errada, a afirmativa II está incorreta, as máscaras de sub-rede têm seus octetos definidos pela quantidade de bits presentes em cada um, portanto podem ter uma quantidade de bits menor que 8 e logo números diferentes de 255. **C:** Correta, apenas as afirmativas III e IV estão corretas. **D:** Errada, a afirmativa I está incorreta, os *Hubs* não realizam roteamento de pacotes, eles apenas os retransmitem. **E:** Errada, a afirmativa II está incorreta, as máscaras de sub-rede têm seus octetos definidos pela quantidade de bits presentes em cada um, portanto podem ter uma quantidade de bits menor que 8 e logo números diferentes de 255.

Gabarito "C".

(**Técnico da Receita Federal – ESAF**) Os *switches* são dispositivos

(A) capazes de estabelecer a comunicação de computadores distantes entre si e até mesmo com protocolos de comunicação diferentes.
(B) utilizados por uma tecnologia de rede desenvolvida pela IBM chamada *Token Ring*, cujo princípio de operação é a comunicação em forma de circuito fechado.
(C) que têm a função de transferir os pacotes de um segmento para todos os demais, não fazendo qualquer tipo de seleção ou endereçamento.
(D) semelhantes a *hubs*, mas não repetem o mesmo pacote para todas as portas. Cada pacote é dirigido para o dispositivo de destino, evitando colisões e excesso de tráfego.

(E) da estrutura de nível mais alto em uma rede composta por várias sub-redes. O *switch* é composto por linhas de conexão de alta velocidade, que se conectam às linhas de menor velocidade.

A: Errada, os *switches* interligam equipamentos por meio de cabos de par trançado, portanto seu alcance é limitado ao tamanho do cabo e também limitado à conexões locais. **B:** Errada, *switches* são utilizados em vários tipos de rede, e o equipamento utilizado em redes Token Ring é o HUB. **C:** Errada, os *switches* possuem a capacidade de diferenciar os destinos e assim apenas encaminham o pacote para seu destino, não realizando a transmissão deste para toda a rede. **D:** Correta, os *switches* enviam o pacote apenas para seu destino evitando, assim, colisões na rede. **E:** Errada, os *switches* operam atualmente nas camadas 2 ou 3 do modelo OSI, e nem sempre são compostos por linhas de alta velocidade.
Gabarito "D".

(Auditor Fiscal/CE – ESAF) Os _____ são utilizados para dividir o tráfego entre os segmentos de uma mesma rede ou para interligar redes com diferentes protocolos na camada física.

Escolha a opção que preenche corretamente a lacuna acima.

(A) Servidores IDS
(B) Servidores DNS
(C) Hubs
(D) Roteadores
(E) Conectores RJ45

A: Errada, os Servidores IDS atuam na detecção de invasões em redes privadas. **B:** Errada, Servidores DNS realizam a conversão do endereço de um *site* para o endereço IP correspondente. **C:** Errada, HUBs são dispositivos que apenas retransmitem os pacotes para toda a rede sem fazer distinção de destinos. **D:** Correta, os Roteadores dividem o tráfego entre os segmentos de uma rede e também podem interligar redes com diferentes protocolos na camada física. **E:** Errada, conectores RJ45 são peças utilizadas nas pontas de cabos de rede para que estes possam ser ligados em uma interface de rede.
Gabarito "D".

(Auditor Fiscal/MG – ESAF) Analise as seguintes afirmações relacionadas a conceitos básicos sobre Internet/Intranet.

I. A maioria dos gerenciadores de correio eletrônico instalados nas máquinas dos usuários podem ser configurados de tal forma que as mensagens são transferidas do servidor de correio eletrônico para o disco rígido na máquina do usuário e, em seguida, são removidas do servidor, mesmo que o usuário não as remova de sua própria máquina.
II. Os *Plug-ins* são programas auxiliares usados pelos computadores pessoais para permitirem conexões de alta velocidade com a Internet. Normalmente esses programas estão associados à transferência de arquivos muito grandes, tais como jogos, sons, vídeos e imagens.
III. Uma Intranet é uma rede privada interna baseada na tecnologia da Internet.
IV. URL são recursos da Internet para procurar diretórios FTP em busca de arquivos sobre um determinado assunto utilizando-se palavras-chave.

Indique a opção que contenha todas as afirmações verdadeiras.

(A) I e II.
(B) II e III.
(C) III e IV.
(D) I e III.
(E) II e IV.

A: Errada, a afirmativa II está incorreta, *Plug-ins* são pequenos pacotes que adicionam funcionalidades a outros programas. **B:** Errada, a afirmativa II está incorreta, *Plug-ins* são pequenos pacotes que adicionam funcionalidades a outros programas. **C:** Errada, a afirmativa IV está incorreta, URL corresponde a um endereço de um recurso na internet, como exemplo um *site* ou um servidor de arquivos. **D:** Correta, apenas as afirmativas I e III estão corretas. **E:** Errada, as afirmativas II e IV estão incorretas, *Plug-ins* são pequenos pacotes que adicionam funcionalidades a outros programas e URL corresponde a um endereço de um recurso na internet, como exemplo um *site* ou um servidor de arquivos.
Gabarito "D".

(Auditor Fiscal/MG – ESAF) O conjunto de protocolos utilizados pela Internet permite a interconexão de diferentes redes para a transmissão de pacotes de dados. Com relação a esses protocolos e serviços a eles relacionados é correto afirmar que

(A) *Dial-up* é um termo utilizado na Internet para *designar* o ato de copiar arquivos de um computador remoto para a máquina do usuário, via FTP.
(B) um servidor *Gateway* na Internet oferece um serviço de busca que, a partir de uma palavra-chave, localiza a informação desejada em uma grande base de dados, normalmente hospedada em outro servidor na Internet.
(C) os dados transferidos pelo protocolo HTML podem conter apenas texto.
(D) os dados transferidos pelo protocolo HTTP podem conter texto, áudio ou imagens.
(E) os *Cookies* são vírus muito utilizados para rastrear e manter as preferências de um usuário ao navegar pela Internet.

A: Errada, *Dial-up* é a denominação de conexões que utilizam a linha telefônica convencional e um modem de conexão. **B:** Errada, o servidor *Gateway* é o aparelho que faz a comunicação entre redes, separando domínios de colisão. **C:** Errada, os dados transferidos pelo protocolo HTML também podem conter imagens e outros elementos. **D:** Correta, dados transferidos por HTTP podem conter texto e multimídia. **E:** Errada, os Cookies são arquivos de armazenamento temporário utilizados por vários *sites* durante a navegação.
Gabarito "D".

(Auditor Fiscal/MG – ESAF) Analise as seguintes afirmações relativas a conceitos de protocolos e acesso à Internet.

I. Um computador que não tenha o protocolo TCP/IP instalado só poderá acessar a Internet através de um modem com uma linha discada.
II. Na Internet, o protocolo de aplicação FTP é o mais popular para a transferência de arquivos, sendo implementado por um processo servidor e por um processo cliente, sendo este último executado na máquina na qual a transferência foi solicitada.
III. O IMAP é o protocolo através do qual as máquinas dos usuários podem enviar mensagens para os servidores de correio eletrônico que, por sua vez, utilizam o mesmo protocolo para transferir a mensagem para o servidor de destino.
IV. Uma VPN ou Rede Privada Virtual é uma rede segura que utiliza a Internet como sua principal rede *backbone* para conectar as redes internas ou Intranets de uma ou várias empresas.

Indique a opção que contenha todas as afirmações verdadeiras.
(A) I e II.
(B) II e III.
(C) III e IV.
(D) I e III.
(E) II e IV.

A: Errada, a afirmativa I está incorreta, o protocolo TCP/IP também é necessário em conexões com linha discada. **B:** Errada, a afirmativa III está incorreta, o protocolo IMAP gerencia correios eletrônicos de modo que as mensagens continuam sendo armazenadas no servidor, ele não é utilizado para o envio de mensagens. **C:** Errada, a afirmativa III está incorreta, o protocolo IMAP gerencia correios eletrônicos de modo que as mensagens continuam sendo armazenadas no servidor, ele não é utilizado para o envio de mensagens. **D:** Errada, as afirmativas I e III estão incorretas, o protocolo TCP/IP também é necessário em conexões com linha discada, e o protocolo IMAP gerencia correios eletrônicos de modo que as mensagens continuam sendo armazenadas no servidor, ele não é utilizado para o envio de mensagens. **E:** Correta, apenas as afirmativas II e IV estão corretas.
Gabarito "E".

(Auditor Fiscal/RN – ESAF) Um protocolo é um conjunto de regras e convenções para envio de informações em uma rede. Essas regras regem, além de outros itens, o conteúdo e o controle de erro de mensagens trocadas pelos dispositivos de rede. Com relação a estas regras e convenções é correto afirmar que

(A) o protocolo de rede SNMP é usado para gerenciar redes TCP/IP - *Transmission Control Protocol/Internet Protocol*. Em alguns sistemas operacionais, o serviço SNMP é utilizado para fornecer informações de *status* sobre um *host* em uma rede TCP/IP.
(B) uma conexão DHCP pode utilizar um servidor TCP/IP para obter um endereço IP.
(C) o IP é o protocolo mensageiro do TCP/IP responsável pelo endereçamento e envio de pacotes na rede, fornecendo um sistema de entrega com conexões que garante que os pacotes cheguem a seu destino na sequência em que foram enviados.
(D) o protocolo FTP é o mensageiro do TCP/IP, responsável pelo endereçamento e envio de pacotes FTP na rede. O FTP fornece um sistema de entrega sem conexões que não garante que os pacotes cheguem a seu destino.
(E) os protocolos FTP, SMTP, POP3 e HTTP são os únicos da família de protocolos TCP/IP utilizados na Internet que fornecem um sistema de entrega sem conexões, mas que garantem que os pacotes cheguem a seu destino na sequência em que foram enviados.

A: Correta, o protocolo SMTP é um dos tipos de protocolo para monitoramento de rede oferecendo uma série de informações sobre hosts. **B:** Errada, TCP/IP é um protocolo de rede e não um servidor de distribuição de IPs. **C:** Errada, o IP é um endereço de rede que identifica um computador dentro da rede, o protocolo TCP/IP realiza a transmissão de dados em redes IP. **D:** Errada, o FTP é um protocolo de troca de arquivos em rede. **E:** Errada, existem muitos outros tipos de protocolo que utilizam o TCP/IP, como por exemplo IMAP e HTTPS.
Gabarito "A".

(Auditor Fiscal/São Paulo-SP – FCC) Têm relação objetiva com os elementos do trecho de texto "... redes de computadores locais e de longa distância interligando todos os equipamentos, processamento distribuído entre estações de trabalho e servidores..."

(A) LAN, roteamento e anel.
(B) criptografia, WAN e assinatura digital.
(C) intranet, WAN e criptografia.
(D) roteamento, barramento e criptografia.
(E) LAN, assinatura digital e barramento.

A: Correta, todos os elementos fazem parte de redes de computadores, sendo respectivamente uma denominação de rede, uma ação envolvida na transmissão dos dados e uma topologia de rede. **B:** Errada, assinatura digital garante autoria de dados em transmissões em rede, não tendo relação objetiva com os conceitos mencionados. **C:** Errada, a criptografia garante o envio de forma segura dos dados na rede, não tendo relação objetiva com os conceitos mencionados. **D:** Errada, a criptografia garante o envio de forma segura dos dados na rede, não tendo relação objetiva com os conceitos mencionados. **E:** Errada, assinatura digital garante autoria de dados em transmissões em rede, não tendo relação objetiva com os conceitos mencionados.
Gabarito "A".

(Auditor Fiscal da Receita Municipal – Prefeitura Teresina/PI – 2016 – FCC) Considere hipoteticamente que a Prefeitura de Teresina possui uma pequena rede local de computadores (LAN), como a mostrada na figura abaixo.

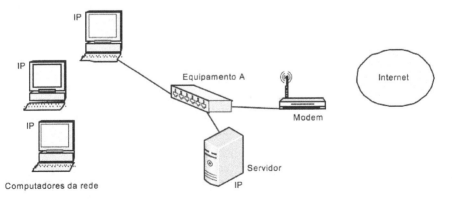

O equipamento A e um endereço IP possível para algum dos computadores da rede são, respectivamente,

(A) bridge – 192.258.10.2
(B) switch – 192.168.1.56
(C) roteador – 133.177.291.1
(D) hub – 279.257.2.46
(E) access point –197.257.133.2

O equipamento que permite conectar equipamentos em diversas redes distintas é o switch, pois tem a capacidade de encaminhar corretamente os pacotes de informação para o destinatário correto em cada rede. Considerando também que os endereços IP são números de 32 bits divididos em quatro octetos com valores de 0 a 255, o único endereço válido mostrado na questão seria o endereço 192.168.1.56. Portanto, apenas a alternativa B está correta.

Gabarito "B".

11. SEGURANÇA

(Fiscal de Rendas/RJ – FGV) A *assinatura digital* visa dar garantia de integridade e autenticidade a arquivos eletrônicos, comprova que a mensagem ou arquivo não foi alterado e que foi assinado pela entidade ou pessoa que possui a chave privada e o certificado digital correspondente, utilizados na assinatura.

A assinatura digital emprega chaves criptográficas definidas como um conjunto de bits baseado em um determinado algorítmo capaz de cifrar e decifrar informações que, para isso, utiliza chaves simétricas ou chaves assimétricas.

A esse respeito, analise as afirmativas a seguir.

I. Chaves simétricas são simples e nelas o emissor e o receptor utilizam a mesma chave para cifrar e decifrar uma informação, acarretando riscos menores, diminuindo consideravelmente as possibilidades de extravio ou fraudes. É por esta razão que chaves públicas são utilizadas em assinaturas digitais.
II. Chaves assimétricas funcionam com duas chaves: a chave privada e a chave pública. Nesse esquema, uma pessoa ou uma organização deve utilizar uma chave de codificação e disponibilizá-la a quem for mandar informações a ela. Essa é a chave pública. Uma outra chave deve ser usada pelo receptor da informação para o processo de decodificação: é a chave privada, que é sigilosa e individual. As chaves são geradas de forma conjunta, portanto, uma está associada à outra.
III. A assinatura digital funciona da seguinte forma: é necessário que o emissor tenha um documento eletrônico e a chave pública do destinatário. Por meio de algoritmos apropriados, o documento é então cifrado de acordo com esta chave pública. O receptor usará então sua chave privada correspondente para decifrar o documento. Se qualquer *bit* deste for alterado, a assinatura será deformada, invalidando o arquivo.

Assinale:
(A) se somente a afirmativa I estiver correta.
(B) se somente as afirmativas I e II estiverem corretas.
(C) se somente as afirmativas I e III estiverem corretas.
(D) se somente as afirmativas II e III estiverem corretas.
(E) se todas as afirmativas estiverem corretas.

A: Errada, a afirmativa I está incorreta, chaves simétricas não acarretam riscos menores, pois deve haver uma cópia em cada extremidade da comunicação, elevando as chances de uma potencial descoberta por terceiros. B: Errada, a afirmativa I está incorreta, chaves simétricas não acarretam riscos menores, pois deve haver uma cópia em cada extremidade da comunicação, elevando as chances de uma potencial descoberta por terceiros. C: Errada, a afirmativa I está incorreta, chaves simétricas não acarretam riscos menores, pois deve haver uma cópia em cada extremidade da comunicação, elevando as chances de uma potencial descoberta por terceiros. D: Correta, apenas as afirmativas II e III estão corretas. E: Errada, a afirmativa I está incorreta, chaves simétricas não acarretam riscos menores, pois deve haver uma cópia em cada extremidade da comunicação, elevando as chances de uma potencial descoberta por terceiros.

Gabarito "D".

(Auditor Fiscal/ES – CESPE) Com base nas propriedades da segurança da informação, é correto afirmar que a utilização de assinatura digital garante

(A) cifra simétrica.
(B) disponibilidade.
(C) confidencialidade.
(D) autenticação.
(E) integridade.

A: Errada, cifra simétrica não é uma propriedade de segurança, mas sim um tipo de algoritmo para criptografia de dados. B: Errada, a disponibilidade é a propriedade que garante que um recurso estará sempre disponível para aqueles que têm permissão de acessá-los e isso depende de fatores independentes da assinatura digital. C: Errada, a confidencialidade é a propriedade que assegura que um recurso não será disponibilizado ou divulgado para pessoas que não possuam permissão para acessá-lo, fatores que não são influenciados pela assinatura digital. D: Errada, a característica garantida pela assinatura digital é a autenticidade (a certeza de que um documento provém de sua fonte anunciada) e não autenticação (ato de confirmar algo como autêntico). E: Correta, a assinatura digital funciona de forma análoga a uma assinatura física, garantindo que o documento foi gerado pelo emissor (autenticidade) e também sua integridade, característica que garante que um documento não sofreu modificações indevidas, uma vez que alterações no documento invalidariam a assinatura.

Gabarito "E".

(Auditor Fiscal/MA – FGV) Com relação aos aspectos da segurança da informação, analise as afirmativas a seguir.

I. *Autenticação* – visa garantir ao remetente e ao destinatário a identidade da outra parte envolvida na comunicação, confirmando ou não se é de fato quem alega ser.
II. *Integridade* – visa garantir que apenas o remetente e o destinatário pretendido devem poder entender o conteúdo da mensagem transmitida.
III. *Confidencialidade* – visa garantir que o conteúdo da comunicação, durante a transmissão, não seja alterado por acidente ou por má intenção.

Assinale:
(A) se somente a afirmativa I estiver correta.
(B) se somente a afirmativa II estiver correta.
(C) se somente a afirmativa III estiver correta.
(D) se somente as afirmativas I e II estiverem corretas.
(E) se todas as afirmativas estiverem corretas.

A afirmativa I está correta. A autenticação é o processo que permite garantir que algo foi originário de um dado remetente. Em geral o processo é feito via assinatura digital. A afirmativa II está incorreta, pois a integridade visa garantir que um documento não sofreu alterações indevidas durante a comunicação da informação. A afirmativa III também está incorreta, pois a Confidencialidade visa garantir que a informação não estará disponível ou será divulgada para pessoas não autorizadas. Portanto, apenas a alternativa A está correta.

Gabarito "A".

(Auditor Fiscal/MA – FGV) A segurança na Internet constitui atualmente uma das preocupações dos administradores de redes, pelos danos que as pragas virtuais podem causar.

Nesse contexto, analise as descrições a seguir.

I. São *malwares* que necessitam de uma interação do usuário para infectar uma máquina. O exemplo clássico é um anexo de *e-mail* contendo um código executável malicioso. Se o usuário receber e abrir tal anexo, o *malware* será executado na máquina.

II. São *malwares* capazes de entrar em uma máquina sem qualquer interação do usuário. O exemplo clássico é o de um usuário que está executando uma aplicação de rede frágil para o qual um atacante pode enviar um *malware*, que varre a Internet em busca de outros hospedeiros que estejam executando a mesma aplicação de rede vulnerável.

Essas descrições definem, respectivamente, os seguintes termos:

(A) worm e *sniffer*.
(B) vírus e *worm*.
(C) *proxy* e vírus.
(D) *spyware* e *proxy*.
(E) *sniffer* e *spyware*.

Um worm é um tipo de vírus que se auto replica através da criação de cópias em redes de computadores e não necessita de software hospedeiro ou interação do usuário para tal. O vírus, por sua vez, também cria cópias de si mesmo, porém necessita de um software hospedeiro que, ao ser executado, inicia a função maliciosa do vírus. Um sniffer é um programa que analisa dados trafegados em uma rede a procura de informações específicas. Um proxy é um servidor que atua como intermediário na transmissão de dados em rede. Um spyware é um programa que coleta informações sobre o usuário e as envia para outra pessoa. Portanto, apenas a alternativa B está correta.
Gabarito "B".

(Auditor Fiscal/MA – FGV) O *Backup* é um dos principais procedimentos de segurança adotados pelos usuários dos sistemas informatizados.

Nesse contexto, assinale V para a afirmativa verdadeira e F para a falsa.

( ) Três exemplos de dispositivos que podem ser utilizados no *backup* são um *pendrive* de 32GB, um DVD/RW de 4,7 GB e um disco rígido de 2TB.
( ) *Restore* é o nome dado ao processo de restauração de dados armazenados em subsistemas de discos e/ou biblioteca de fitas em um *backup*.
( ) o *backup* é dito incremental ou diferencial quando é realizada a cópia completa com execução diária, semanal e/ou mensal.

As afirmativas são, respectivamente,

(A) F, V e F.
(B) F, V e V.
(C) V, F e F.
(D) V, V e F.
(E) F, F e V.

A primeira afirmativa está correta, todos os três exemplos possuem boa capacidade de armazenamento e podem ser usados de acordo com as necessidades dos arquivos a serem protegidos em backup. A segunda afirmativa também está correta, pois o processo de recuperação de informações armazenadas em backups recebe a denominação de Restore. A terceira afirmativa está incorreta, no backup incremental ou diferencial apenas os arquivos novos ou que sofreram alteração desde o último backup completo ou incremental são salvos. O processo descrito na afirmativa se refere à um backup completo. Portanto, apenas a alternativa D está correta.
Gabarito "D".

(Auditor Fiscal/SC – FEPESE) Os programas antivírus são capazes de proteger os computadores de uma série de ameaças à sua segurança, dentre as quais podemos citar:

(A) *worms* e *spam*.
(B) *port scans* e *rootkits*.
(C) *bots* e *phishing scams*.
(D) *spyware* e cavalos de Troia.
(E) ataques de negação de serviço e *backdoors*.

A: Errada, *spam* consiste no envio de mensagens de correio eletrônico não requisitadas pelo destinatário e em geral contendo propagandas de produtos ou serviços. **B:** Errada, *port scans* são aplicativos que têm como objetivo testar as portas lógicas de um determinado host. **C:** Errada, *phishing scams* são mensagens de correio eletrônico que têm como objetivo enganar o destinatário e leva-lo a um *site* na Internet que tem como objetivo obter senhas de acesso, em geral a bancos. **D:** Correta, programas antivírus são capazes de proteger o computador de ameaças do tipo *spyware* e cavalos de Troia. **E:** Errada, ataques de negação de serviço, também conhecidos como DDOS, são ataques praticados na internet e direcionados a serviços web como hospedagem de *sites*, servidores de jogos ou *e-mail*s.
Gabarito "D".

(Auditor Fiscal – São Paulo/SP – FCC) Sobre vírus, considere:

I. Um vírus de celular pode propagar-se de telefone para telefone através da tecnologia *bluetooth* ou da tecnologia MMS (*Multimedia Message Service*).
II. Para proteger o computador da infecção por vírus é recomendável desabilitar, no programa leitor de *e-mails*, a autoexecução de arquivos anexados às mensagens.
III. Para proteger o telefone celular da infecção por vírus é recomendável aplicar todas as correções de segurança (*patches*) que forem disponibilizadas pelo fabricante do aparelho.
IV. Todos os vírus são programas independentes que não necessitam de um programa hospedeiro para funcionar e são carregados na memória RAM automaticamente quando o computador é ligado.

Está correto o que se afirma em

(A) I e III, apenas.
(B) I, II, III e IV.
(C) I, II e III, apenas.
(D) II e III, apenas.
(E) II, apenas.

Todas as afirmativas estão corretas, os vírus para celulares podem ser propagados por *Bluetooth* ou mensagens do tipo MMS e manter o aparelho sempre atualizado ajuda a prevenir as infecções. Já no caso dos computadores, desabilitar a autoexecução nos leitores de mensagens de correio eletrônico ajuda a prevenir que anexos infectados afetem o computador e há tipos de vírus que afetam a memória RAM do computador e são independentes, portanto a alternativa B é a correta.
Gabarito "B".

(Auditor Fiscal – São Paulo/SP – FCC) Considere a frase a seguir.
Na criptografia I um emissor codifica seu documento com a chave II da pessoa que receberá a mensagem.

O texto codificado apenas poderá ser decodificado pelo III pois, somente ele tem a chave IV relacionada à chave

V que originou o texto cifrado.

As lacunas I, II, III, IV e V devem ser preenchidas, correta e respectivamente, por

(A) de chaves públicas, privada, destinatário, pública e privada.
(B) assimétrica, privada, emissor, pública e privada.
(C) simétrica, pública, emissor, privada e pública.
(D) assimétrica, pública, destinatário, privada e pública.
(E) simétrica, privada, destinatário, pública e privada.

Apenas a criptografia assimétrica possui chaves diferentes (pública e privada), nela uma mensagem criptografada com uma chave pública apenas poderá ser descriptografada pela chave privada que a gerou, portanto a alternativa D está correta.
Gabarito "D".

(Auditor Fiscal – São Paulo/SP – FCC) No texto a seguir:

A assinatura digital é o resultado da aplicação de uma função matemática que gera uma espécie de impressão digital de uma mensagem. O primeiro passo no processo de assinatura digital de um documento eletrônico é a aplicação dessa função, que fornece uma sequência única para cada documento conhecida como "resumo".

a função matemática citada é mais conhecida como função

(A) quântica.
(B) de Hash.
(C) quadrática.
(D) de Euler.
(E) binária.

A função matemática que resulta em uma sequência única para cada arquivo é denominada de função *Hash*, portanto apenas a alternativa B está correta.
Gabarito "B".

(Auditor Fiscal – São Paulo/SP – FCC) Sobre o *backup* de informações em uma organização, é correto afirmar:

(A) Os testes de restauração (*restore*) devem ser periódicos com o objetivo de garantir a qualidade dos *backups*.
(B) Para a implementação do *backup*, deve-se levar em consideração apenas a importância da informação e o nível de classificação utilizado.
(C) É recomendável fazer *backup* com frequência apenas dos dados e arquivos executáveis de um sistema computacional.
(D) Os *backups* devem ser mantidos no mesmo local físico da localidade de armazenamento dos dados originais.
(E) A frequência para a realização dos *backups* nada tem a ver com a periodicidade em que os dados são alterados.

A: Correta, os testes de restauração dos dados são importantes para garantir que os *backups* estão sendo feitos corretamente e assegurar a rápida recuperação quando for necessário. B: Errada, também é importante considerar a periodicidade de atualização dos dados salvos. C: Errada, todos os arquivos de importância para a empresa devem ser salvos, sejam executáveis ou simples documentos de texto. D: Errada, os *backups* devem ser mantidos fisicamente longe para evitar perda por desastres como incêndios ou inundações. E: Errada, a periodicidade de atualização da informação é um item muito relevante para a realização de *backups*.
Gabarito "A".

(Técnico da Receita Federal – ESAF) Analise as seguintes afirmações relacionadas à criptografia.

I. A criptografia de chave simétrica pode manter os dados seguros, mas se for necessário compartilhar informações secretas com outras pessoas, também deve-se compartilhar a chave utilizada para criptografar os dados.
II. Com algoritmos de chave simétrica, os dados assinados pela chave pública podem ser verificados pela chave privada.
III. Com algoritmos RSA, os dados encriptados pela chave pública devem ser decriptados pela chave privada.
IV. Com algoritmos RSA, os dados assinados pela chave privada são verificados apenas pela mesma chave privada.

Indique a opção que contenha todas as afirmações verdadeiras.

(A) I e II.
(B) II e III.
(C) III e IV.
(D) I e III.
(E) II e IV.

A: Errada, a afirmativa II está incorreta, algoritmos de chave simétrica possuem apenas uma chave para cifrar e decifrar os dados. B: Errada, a afirmativa II está incorreta, algoritmos de chave simétrica possuem apenas uma chave para cifrar e decifrar os dados. C: Errada, a afirmativa IV está incorreta, dados cifrados pela chave privada podem ser decifrados pela respectiva chave pública. D: Correta, apenas as afirmativas I e III estão corretas. E: Errada, as afirmativas II e IV estão incorretas, algoritmos de chave simétrica possuem apenas uma chave para cifrar e decifrar os dados e com algoritmos RSA dados cifrados pela chave privada podem ser decifrados pela respectiva chave pública.
Gabarito "D".

(Técnico da Receita Federal – ESAF) Analise as seguintes afirmações relacionadas a vírus e antivírus.

I. Um *cookie* é um vírus do tipo *malware* que pode ser armazenado pelo *browser* se um *website* requisitar. A informação não tem um tamanho muito grande e, quando acionados, alteram a configuração de segurança do *browser*.
II. Qualquer *malware* que possua um *backdoor* permite que o computador infectado seja controlado totalmente ou parcialmente através de um canal de IRC ou via conexão com uma porta.
III. O Cavalo de Troia é um programa que, explorando deficiências de segurança de computadores, propaga-se de forma autônoma, contaminando diversos computadores geralmente conectados em rede. O Cavalo de Troia mais conhecido atacou quantidades imensas de computadores na Internet durante os anos 90.
IV. A Engenharia Reversa é a arte de reverter códigos já compilados para uma forma que seja legível pelo ser humano. Técnicas de engenharia reversa são aplicadas na análise de vírus e também em atividades ilegais, como a quebra de proteção anticópia. A engenharia reversa é ilegal em diversos países, a não ser que seja por uma justa causa como a análise de um *malware*.

Indique a opção que contenha todas as afirmações verdadeiras.

(A) I e II.
(B) II e III.

(C) III e IV.
(D) I e III.
(E) II e IV.

A: Errada, a afirmativa I está incorreta, cookies são arquivos de armazenamento temporários utilizados por diversos web*sites* durante a navegação do usuário, não tendo o poder de alterar qualquer configuração de segurança. **B:** Errada, a afirmativa II está incorreta, Cavalo de Troia é um programa que aparenta ser confiável, porém mantém uma porta de conexão aberta para que o computador seja invadido. **C:** Errada, a afirmativa III está incorreta, Cavalo de Troia é um programa que aparenta ser confiável, porém mantém uma porta de conexão aberta para que o computador seja invadido. **D:** Errada, as afirmativas I e III estão incorretas, cookies são arquivos de armazenamento temporários utilizados por diversos web*sites* durante a navegação do usuário, não tendo o poder de alterar qualquer configuração de segurança, e Cavalo de Troia é um programa que aparenta ser confiável, porém mantém uma porta de conexão aberta para que o computador seja invadido. **E:** Correta, apenas as afirmativas II e IV estão corretas.
Gabarito "E".

(Técnico da Receita Federal – ESAF) Analise as seguintes afirmações relacionadas a sistemas de *backup*:

I. Um *backup* incremental copia somente os arquivos criados ou alterados desde o último *backup* normal ou incremental.
II. Ao se utilizar uma combinação de *backups* normais ou incrementais para restaurar dados, será necessário ter o último *backup* normal e todos os conjuntos de *backups* incrementais.
III. A forma mais segura de se fazer um *backup* diferencial em todo o conteúdo de um HD é por meio da implementação de um sistema de espelhamento de disco.
IV. Com um sistema tolerante a falhas, do tipo RAID3 ou RAID5, o *backup* completo é feito no último disco do conjunto, que deve ser substituído com a frequência necessária para se manter a segurança desejada. Recomenda-se, no mínimo, uma substituição semanal.

Indique a opção que contenha todas as afirmações verdadeiras.

(A) I e II.
(B) II e III.
(C) III e IV.
(D) I e III.
(E) II e IV.

A: Correta, apenas as afirmativas I e II estão corretas. **B:** Errada, a afirmativa III está incorreta, sistemas de espelhamento de disco realizam um *backup* total dos arquivos e não diferencial. **C:** Errada, as afirmativas III e IV estão incorretas, sistemas de espelhamento de disco realizam um *backup* total dos arquivos e não diferencial e sistemas com RAID3 ou 5 utilizam bits de paridade para garantir tolerância a falhas, não havendo um disco específico para o *backup* completo. **D:** Errada, a afirmativa III está incorreta, sistemas de espelhamento de disco realizam um *backup* total dos arquivos e não diferencial. **E:** Errada, a afirmativa IV está incorreta, sistemas com RAID3 ou 5 utilizam bits de paridade para garantir tolerância a falhas, não havendo um disco específico para o *backup* completo.
Gabarito "A".

(Técnico da Receita Federal – ESAF) Entre as técnicas utilizadas pelos hackers, a *sniffing* consiste

(A) no envio de um SYN como se fosse abrir uma conexão real que, em seguida, envia outro SYN para o fechamento da conexão. Este método é utilizado para interrupção de todas as conexões estabelecidas pelo sistema.
(B) na abertura de uma conexão TCP em uma porta alvo.
(C) na abertura de uma conexão UDP em uma porta alvo.
(D) na captura de pacotes que trafegam no mesmo segmento de rede em que o *software* funciona.
(E) na utilização de ferramentas para fazer o mapeamento de portas TCP e UDP acessíveis.

A: Errada, a técnica de sniffig apenas captura pacotes que transitam na rede em que o *software* se encontra. **B:** Errada, a técnica de sniffing não tem capacidade de abrir portas no computador-alvo. **C:** Errada, a técnica de sniffing não tem capacidade de abrir uma porta no computador-alvo. **D:** Correta, a técnica de sniffing captura pacotes transmitidos no mesmo segmento de rede em que o *software* funciona. **E:** Errada, a técnica de sniffing não mapia portas acessíveis e sim captura pacotes de informação.
Gabarito "D".

(Auditor Fiscal/CE – ESAF) Nos sistemas de Segurança da Informação, existe um método que _____.
Este método visa garantir a integridade da informação.

Escolha a opção que preenche corretamente a lacuna acima.

(A) valida a autoria da mensagem
(B) verifica se uma mensagem em trânsito foi alterada
(C) verifica se uma mensagem em trânsito foi lida por pessoas não autorizadas
(D) cria um *backup* diferencial da mensagem a ser transmitida
(E) passa um antivírus na mensagem a ser transmitida

A: Errada, validar a autoria de uma mensagem não garante sua integridade. **B:** Correta, verificar se uma mensagem foi alterada ou não garantirá sua integridade. **C:** Errada, o fato de verificar se uma mensagem foi lida por terceiros não garante que ela não foi alterada. **D:** Errada, o *backup* de uma mensagem também não garante que ela não foi alterada. **E:** Errada, o fato de uma mensagem ter sido escaneada por um antivírus não irá garantir que ela não foi alterada.
Gabarito "B".

(Auditor Fiscal/CE – ESAF) Analise as seguintes afirmações relacionadas a conceitos básicos de Segurança da Informação.

I. Um firewall, instalado entre uma rede LAN e a Internet, também é utilizado para evitar ataques a qualquer máquina desta rede LAN partindo de máquinas da própria rede LAN.
II. A confidenciabilidade é a propriedade de evitar a negativa de autoria de transações por parte do usuário, garantindo ao destinatário o dado sobre a autoria da informação recebida.
III. Na criptografia de chaves públicas, também chamadas de criptografia assimétrica, uma chave é utilizada para criptografar e uma chave diferente é utilizada para decriptografar um arquivo.
IV. Uma das finalidades da assinatura digital é evitar que alterações feitas em um documento passem sem ser percebidas. Nesse tipo de procedimento, o documento original não precisa estar criptografado.

Indique a opção que contenha todas as afirmações verdadeiras.

(A) I e II.
(B) II e III.

(C) III e IV.
(D) I e III.
(E) II e IV.

A: Errada, as afirmativas I e II estão incorretas, como o firewall está localizado entre a rede LAN e a Internet ele não consegue controlar a comunicação interna da rede, e a confidenciabilidade é a propriedade que garante que a informação não estará disponível ou será divulgada a terceiros. **B:** Errada, a afirmativa II está incorretas, confidenciabilidade é a propriedade que garante que a informação não estará disponível ou será divulgada a terceiros. **C:** Correta, somente as afirmativas III e IV estão corretas. **D:** Errada, a afirmativa I está incorreta, como o firewall está localizado entre a rede LAN e a Internet ele não consegue controlar a comunicação interna da rede. **E:** Errada, a afirmativa II está incorreta, confidenciabilidade é a propriedade que garante que a informação não estará disponível ou será divulgada a terceiros.

Gabarito "C".

(Auditor Fiscal/MG – ESAF) Os investimentos na área de segurança da informação têm crescido em paralelo com o crescimento do comércio eletrônico na Internet. Com relação aos conceitos de segurança da informação é correto afirmar que a

(A) confiabilidade é a habilidade de cada usuário saber que os outros são quem dizem ser.
(B) integridade de mensagens é a habilidade de se ter certeza de que a mensagem remetida chegará ao destino sem ser modificada.
(C) autenticidade é a garantia de que os sistemas estarão disponíveis quando necessário.
(D) integridade é a garantia de que os sistemas desempenharão seu papel com eficácia em um nível de qualidade aceitável.
(E) confiabilidade é a capacidade de controlar quem vê as informações e sob quais condições.

A: Errada, a confiabilidade garante que uma informação só poderá ser visualizada por aqueles que têm permissão para isso. **B:** Correta, a integridade dos dados garante que a informação mantém suas características originais e garante seu ciclo de vida. **C:** Errada, autenticidade garante que uma mensagem teve origem em um determinado local. **D:** Errada, a integridade dos dados garante que a informação mantém suas características originais e garante seu ciclo de vida. **E:** Errada, a confiabilidade garante que uma informação só poderá ser visualizada por aqueles que têm permissão para isso.

Gabarito "B".

(Auditor Fiscal/RN – ESAF) Analise as seguintes afirmações relacionadas a conceitos de proteção e segurança da Informação.

I. O SSL é um protocolo para comunicações seguras em redes que usam uma combinação de tecnologia de chave secreta e pública.
II. Uma CA (Autoridade de Certificação) é uma entidade responsável pelo estabelecimento e a garantia da autenticidade de chaves públicas pertencentes a usuários ou a outras autoridades de certificação.
III. Uma VPN é a extensão da Internet que engloba vínculos autenticados, criptografados e encapsulados. Geralmente utilizadas por entidades financeiras para conexão com seus clientes domésticos, as conexões do tipo VPN podem fornecer acesso remoto e conexões seguras à Internet.
IV. Um sistema tolerante a falhas está relacionado à habilidade de um computador ou sistema operacional em assegurar a integridade dos dados quando falhas de *hardware* ocorrem. No gerenciamento de disco, apenas volumes espelhados são tolerantes a falhas.

Indique a opção que contenha todas as afirmações verdadeiras.

(A) I e II.
(B) II e III.
(C) III e IV.
(D) I e III.
(E) II e IV.

A: Correta, apenas as afirmativas I e II estão corretas. **B:** Errada, a afirmativa III está incorreta, VPN é uma rede privada que se utiliza de criptografia e tunelamento para garantir segurança e privacidade à comunicação. **C:** Errada, as afirmativas III e IV estão incorretas, VPN é uma rede privada que se utiliza de criptografia e tunelamento para garantir segurança e privacidade à comunicação, e existem outras formas de garantir tolerância a falhas por meio de utilização de técnicas de RAID. **D:** Errada, a afirmativa III está incorreta, VPN é uma rede privada que se utiliza de criptografia e tunelamento para garantir segurança e privacidade à comunicação. **E:** Errada, a afirmativa IV está incorreta, existem outras formas de garantir tolerância a falhas por meio de utilização de técnicas de RAID.

Gabarito "A".

(Auditor Fiscal/RN – ESAF) Os tipos de *backups* determinam quais dados sofrem a cópia de segurança e a forma como ela deve ser feita. Com relação a este assunto é correto afirmar que

(A) o *backup* incremental deve ser feito sempre antes de um *backup* normal.
(B) o *backup* normal deve ser feito sempre após um *backup* diferencial e só deve ser descartado após o próximo *backup* incremental.
(C) o uso de um *backup* normal diário dispensa o uso de um *backup* incremental semanal.
(D) o uso de um *backup* diferencial após um *backup* normal pode danificar todo o sistema de *backup* de uma empresa se, após a sua realização, não for feito um *backup* incremental.
(E) a principal diferença entre os *backups* normal, incremental e diferencial está no sistema de fitas utilizado para armazená-los.

A: Errada, o *backup* incremental precisa de ao menos um *backup* total ou um *backup* incremental anterior para que possa ser feito, portanto deve ser feito após um *backup* normal. **B:** Errada, assim como o incremental, o *backup* diferencial precisa de um *backup* total para que possa ser feito, além disso, o *backup* total não pode ser descartado, pois ele é necessário para a restauração das informações. **C:** Correta, o *backup* normal diário dispensa o uso de qualquer outro tipo de *backup*. **D:** Errada, o *backup* diferencial não necessita de um *backup* incremental como complemento ou medida de segurança. **E:** Errada, o *backup* normal salva todos os dados do sistema, o *backup* incremental salva todas as alterações feitas desde o último *backup* total ou incremental feito e o *backup* diferencial salva as alterações desde o último *backup* total, sendo o último mais rápido na hora de restaurar os arquivos.

Gabarito "C".

(Fiscal de Tributos Estaduais/AC – CESPE) Atualmente, uma das grandes preocupações das organizações, no que se refere a sistemas de informação, é a segurança. Acerca dos conceitos de sistemas de informação, proteção e segurança da informação, assinale a opção correta.

(A) Um filtro de *spam* (às vezes chamado de filtro de *e-mail*) ajuda a proteger o computador contra vírus específicos e *software* mal-intencionado, como *worms* e cavalos de Troia, mas não impede o recebimento de mensagens de mala direta perigosas ou indesejadas.
(B) Quando um usuário tem instalado em seu computador um antivírus e o mantém atualizado, não há necessidade de tomar outras providências com relação à segurança, pois esse tipo de *software* permite uma total proteção do sistema.
(C) Um *firewall* ajuda a tornar o computador invisível para invasores *online* e alguns programas mal-intencionados, como vírus, *worms* e cavalos de Troia. Um *firewall* também pode ajudar a impedir que *software* do computador do usuário acesse a Internet e aceite atualizações e modificações sem sua permissão. É importante ter um *firewall* e um *software* antivírus ativados antes de se conectar com a Internet.
(D) Ao receber um *e-mail* de um desconhecido com um *link* para outro sítio, o usuário pode acessá-lo, normalmente, pois os sistemas de segurança corporativos possuem uma alta tecnologia de segurança que inibe qualquer tentativa de envio de vírus ou qualquer tentativa de invasão.

A: Errada, o filtro de spam serve para prevenir que *e-mail*s indesejados sejam recebidos na caixa de mensagens de um correio eletrônico. **B:** Errada, o antivírus não consegue proteger contra todos os tipos de ameaça, o ideal é possuir também um firewall. **C:** Correta, o firewall ajuda a proteger o computador contra ataques externos de vários tipos de vírus, ele é altamente recomendado para computadores conectados à Internet. **D:** Errada, links vindos de endereços de *e-mail* desconhecidos não devem ser acessados para não comprometer a segurança do sistema.
Gabarito "C".

(Fiscal de Tributos Estaduais/AC – CESPE) Existem muitas maneiras de perder informações em um computador involuntariamente, como em decorrência de queda de energia, relâmpago, inundações, ou simplesmente falha de equipamento. Por isso, é essencial ter cópias de segurança. Acerca desse assunto, assinale a opção **incorreta**.

(A) O Usuário deve fazer cópias de *backup* dos seus arquivos regularmente e os manter em um local separado, pois, assim, pode obter parcialmente ou totalmente as informações de volta caso algo aconteça aos originais no computador.
(B) Existem muitas formas de fazer o *backup* das suas informações. O *backup* pode ser feito em *hardware*, *software* ou até mesmo mediante um serviço via Web.
(C) Um CD-RW é um CD em que podem ser gravadas informações (RW significa regravável). Como muitos computadores novos já vêm com uma unidade de CD-RW interna, uma maneira de fazer *backup* consiste na utilização desse tipo de mídia.
(D) A maioria das pessoas não faz *backup* por falta de opção de *software*, pois a compra de aplicativos com esse objetivo é bastante onerosa, o que ocorre devido ao fato de os sistemas operacionais atuais não darem suporte a esse tipo de ferramenta.

A: Errada, esta afirmativa está correta. **B:** Errada, esta afirmativa está correta. **C:** Errada, esta afirmativa está correta. **D:** Correta, esta afirmativa está incorreta, existem muitas ferramentas gratuitas para a realização de *backup*, assim como muitos sistemas operacionais que dão suporte a esta ação de forma nativa, como é o caso do Windows Vista e Windows 7.
Gabarito "D".

Um governo municipal deseja implantar um sistema fisco-tributário que permita o levantamento das contribuições realizadas, a apuração do montante de impostos pagos, o "batimento" de contas visando à exatidão dos valores recebidos em impostos contra as movimentações realizadas em estabelecimentos comerciais, industriais e de prestação de serviços, bem como os impostos sobre propriedades territoriais (moradias e terrenos) no âmbito de seu município, tudo em meio eletrônico usando a tecnologia mais avançada de computadores, tais como redes de computadores locais e de longa distância interligando todos os equipamentos, processamento distribuído entre estações de trabalho e servidores, uso de sistemas operacionais Windows e Linux (preferencialmente daquele que, processado em uma única estação de trabalho, na interrupção de um programa mantenha o processamento ininterrupto de todos os demais que estão em funcionamento) e tecnologia internet e intranet, com toda a segurança física e lógica das informações que garanta autenticidade, sigilo, facilidade de recuperação e proteção contra invasões e pragas eletrônicas.

[...]

§ 2º – Avisos eletrônicos via internet deverão ser encaminhados a cada contribuinte.

[...]

§ 5º – Palavras chaves de busca de assuntos da prefeitura serão cadastradas na internet para facilitar a pesquisa dos cidadãos a assuntos municipais de seu interesse.

[...]

§ 7º – Objetivando economia de despesas com telefonemas e tempo de deslocamento, os funcionários serão estimulados a realizar conversação eletrônica.

(Auditor Fiscal/São Paulo-SP – FCC) Os itens de segurança, citados no trecho de texto "... toda a segurança física e lógica das informações que garanta **autenticidade**, **sigilo**, **facilidade de recuperação** e **proteção contra invasões** e **pragas eletrônicas**", aqui em negrito, estão respectivamente ordenados em relação aos conceitos de

(A) autenticação, assinatura digital, *backup* e antivírus.
(B) assinatura digital, autenticação, *backup* e antivírus.
(C) criptografia, assinatura digital, antivírus e *backup*.
(D) assinatura digital, criptografia, *backup* e antivírus.
(E) criptografia, autenticação, *backup* e antivírus.

A: Errada, autenticação não garante autenticidade da informação. **B:** Errada, a autenticação não garante sigilo da informação, a autenticação é um processo que busca verificar a identidade digital do usuário. **C:** Errada, a criptografia garante sigilo e não autenticidade. **D:** Correta, a assinatura digital garante autenticidade dos dados, a criptografia o sigilo durante envio, o *backup* permite que eles sejam facilmente recuperados em caso de perda e o antivírus protege contra pragas eletrônicas. **E:** Errada, a criptografia garante sigilo e não autenticidade.
Gabarito "D".

(**Auditor Fiscal/São Paulo-SP – FCC**) A Cifra (ou Código) de César, conhecida por ser um tipo de cifra de substituição em que cada letra do texto é substituída por outra, está mais fortemente caracterizada como uma solução no seguinte trecho de texto:

(A) "...os funcionários serão estimulados a realizar conversação eletrônica...".
(B) "Palavras chaves de busca de assuntos da prefeitura serão cadastradas na internet para facilitar a pesquisa dos cidadãos...".
(C) "...segurança física e lógica das informações que garanta autenticidade, sigilo...".
(D) "...pesquisas de assuntos de interesse municipal...".
(E) "Avisos eletrônicos via internet deverão ser encaminhados a cada contribuinte...".

A: Errada, a criptografia não é uma solução para comunicação eletrônica. **B:** Errada, a criptografia, ainda que seja utilizada em comunicações pela Internet, não é uma solução de busca. **C:** Correta, a criptografia age na segurança física e lógica das informações, garantindo seu sigilo. **D:** Errada, a criptografia não é uma solução para pesquisas na Internet. **E:** Errada, a criptografia não é uma solução para envio de mensagens eletrônicas.

Gabarito "C".

(**Auditor Fiscal da Receita Municipal – Prefeitura Teresina/PI – 2016 – FCC**) Um funcionário de uma empresa percebeu que seu computador estava sendo controlado remotamente sem seu consentimento, quando foi notificado pelo administrador da rede que, a partir de seu computador, estavam sendo enviados spams, realizados ataques de negação de serviço e propagação de outros códigos maliciosos. Com base nestas características e ações, conclui-se que o computador deve estar infectado por um

(A) vírus.
(B) rootkit.
(C) keylogger.
(D) spyware.
(E) bot

A: Errada, o vírus é uma definição genérica de um programa que infecta o computador realizando copias de si mesmo, nem sempre possuindo a capacidade de envio de spam e realização de ataques de negação de serviço. **B:** Errada, o rootkit é um programa que tem por objetivo esconder de métodos normais de varredura a existência de determinados programas ou processos no computador. **C:** Errada, o keylogger é um programa capaz de registrar tudo que é digitado pelo usuário para que este conteúdo seja enviado para algum usuário malicioso. **D:** Errada, o spyware tem por objetivo monitorar as atividades do usuário durante sua navegação na internet e uso do computador. **E:** Correta, o bot é um programa capaz de realizar uma série de atividades remotas através do computador infectado.

Gabarito "E".

(**Auditor Fiscal da Receita Municipal – Prefeitura Teresina/PI – 2016 – FCC**) A assinatura digital permite, de forma única e exclusiva, a confirmação da autoria de um determinado conjunto de dados, por exemplo, um arquivo, um e-mail ou uma transação. Esse método de autenticação comprova que a pessoa criou ou concorda com um documento assinado digitalmente, como a assinatura de próprio punho faz em um documento escrito. Na assinatura digital, a verificação da origem dos dados é feita com

(A) a chave privada do receptor.
(B) a chave privada do remetente.
(C) o hash do receptor.
(D) o hash do remetente.
(E) a chave pública do remetente.

A tecnologia de assinatura digital funciona utilizando-se chaves do tipo simétrica, onde existe uma chave pública e uma chave privada. O processo de assinatura digital compreende a assinatura da informação com a chave privada do emissor, que pode então ser validada utilizando-se a chave pública deste mesmo emissor. Esse processo também garante que a informação não foi alterada. Portanto, apenas a alternativa E está correta.

Gabarito "E".

15. Raciocínio Lógico, Matemática Financeira e Estatística

Enildo Garcia

1. RACIOCÍNIO LÓGICO
1.1. INTRODUÇÃO. ESTRUTURAS LÓGICAS

(Auditor Fiscal da Receita Federal – ESAF) Três meninos, Zezé, Zozó e Zuzu, todos vizinhos, moram na mesma rua em três casas contíguas. Todos os três meninos possuem animais de estimação de raças diferentes e de cores também diferentes. Sabe-se que o cão mora em uma casa contígua à casa de Zozó; a calopsita é amarela; Zezé tem um animal de duas cores – branco e laranja – ; a cobra vive na casa do meio. Assim, os animais de estimação de Zezé, Zozó e Zuzu são, respectivamente:

(A) cão, cobra, calopsita.
(B) cão, calopsita, cobra.
(C) calopsita, cão, cobra.
(D) calopsita, cobra, cão.
(E) cobra, cão, calopsita.

Solução
Construamos um quadro a partir das afirmações iniciais:
I) A cobra mora na casa do meio e o cão mora na casa contígua à de Zozó. Logo, Zozó mora na casa do meio e temos as alternativas:
Opção 1:

Casa	-	Zozó	-
Animal	Cão	Cobra	-
Cor	-	-	-

Opção 2:

Casa	-	Zozó	-
Animal	-	Cobra	Cão
Cor	-	-	-

II) Completemos com o dado de que a calopsita é amarela
Opção 1:

Casa	-	Zozó	-
Animal	Cão	Cobra	Calopsita
Cor	-	-	Amarela

Opção 2:

Casa	-	Zozó	-
Animal	Calopsita	Cobra	Cão
Cor	Amarela	-	-

iii) Na opção 1), Zezé só pode ficar na primeira casa, pois na última já tem a calopsita de cor amarela e na opção 2) ele só pode estar na última. De qualquer maneira, os animais de Zezé, Zozó e Zuzu são, respectivamente, cão, cobra e calopsita.

Gabarito "A".

(Agente Fiscal de Rendas/SP – FCC) Considere a proposição "Paula estuda, mas não passa no concurso". Nessa proposição, o conectivo lógico é

(A) disjunção inclusiva.
(B) conjunção.
(C) disjunção exclusiva.
(D) condicional.
(E) bicondicional.

Solução
Conjunção p E q. Só é verdadeira se p E q são verdadeiros.

Gabarito "B".

1.2. LÓGICA DE ARGUMENTAÇÃO

(Auditor Fiscal do Trabalho – ESAF) Um poliedro convexo é regular se e somente se for: um tetraedro ou um cubo ou um octaedro ou um dodecaedro ou um icosaedro. Logo:

(A) Se um poliedro convexo for regular, então ele é um cubo.
(B) Se um poliedro convexo não for um cubo, então ele não é regular.
(C) Se um poliedro não for um cubo, não for um tetraedro, não for um octaedro, não for um dodecaedro e não for um icosaedro, então ele não é regular.
(D) Um poliedro não é regular se e somente se não for: um tetraedro ou um cubo ou um octaedro ou um dodecaedro ou um icosaedro.
(E) Se um poliedro não for regular, então ele não é um cubo.

Solução
Vamos verificar as alternativas.
A) Falso porque pode ser octaedro, um dodecaedro ou um icosaedro.
B) Falso, pois se não é um cubo pode ser um octaedro etc. e ser então regular.
C) Falso porque teria que ser tudo ou/ou.
D) Falso Se e somente se equivale a p → p E (q → p.) E a negação de p não implica a negação de q.
E) Verdadeiro.

Gabarito "E".

(Auditor Fiscal Tributário Estadual – SEGEP/MA – 2016 – FCC) Jair tem 8 primos, dos quais irá convidar 5 para um jantar em sua casa. Ocorre que 2 dos 8 primos só podem ir ao jantar se forem juntos. O total de escolhas diferentes dos 5 convidados que Jair pode fazer para o jantar é igual a

(A) 40.
(B) 56.
(C) 30.
(D) 26.
(E) 36.

Solução
i) Sem os 2 primos que só podem ir juntos há C6,3 = 6.5.4/3.2.1 = 20 escolhas que Jair pode fazer.
ii) Com os 2 primos que só podem ir juntos restam 6 primos que podem ser escolhidos.
Então há C 6,5 = C 6,1 = 6 escolhas que Jair pode fazer.
Assim, Jair pode fazer um total de 20 + 6 = 26 escolhas diferentes.
Gabarito "D".

(Auditor Fiscal/MG – ESAF) Sete modelos, entre elas Ana, Beatriz, Carla e Denise, vão participar de um desfile de modas. A promotora do desfile determinou que as modelos não desfilarão sozinhas, mas sempre em filas formadas por exatamente quatro das modelos. Além disso, a última de cada fila só poderá ser ou Ana, ou Beatriz, ou Carla ou Denise. Finalmente, Denise não poderá ser a primeira da fila. Assim, o número de diferentes filas que podem ser formadas é igual a:

(A) 420
(B) 480
(C) 360
(D) 240
(E) 60

Solução:
1) Se a última da fila for a Ana, temos 7-1=6 modelos -> 5 para a 1ª da fila(sem a Denise), 5 para a 2ª e 4 para a 3ª posição = 5x5x4=100 diferentes filas.
Idem para os casos de Beatriz e Carla. Temos, até agora, o total de 100x3=300 filas
Agora, a Denise sendo a ultima da fila, temos
1ª Sol.) 6 escolhas para a 1ª modelo da fila, 5 para a 2ª e 3 para a 3ª com um total de 6.5.4=120 filas diferentes.
2ª Sol.) um arranjo de 6 modelos 3 a 3, ie. A6,3 = 6.5.4 = 120 filas.
3ª Sol.) pelo Principio da Contagem, 6.5.4 = 120 filas diferentes.
Somando 1) e 2) obtemos o total de 420 filas diferentes.
Gabarito "A".

(Auditor Fiscal/MG – ESAF) O reino está sendo atormentado por um terrível dragão. O mago diz ao rei: "O dragão desaparecerá amanhã se e somente se Aladim beijou a princesa ontem". O rei, tentando compreender melhor as palavras do mago, faz as seguintes perguntas ao lógico da corte:
1. Se a afirmação do mago é falsa e se o dragão desaparecer amanhã, posso concluir corretamente que Aladim beijou a princesa ontem?
2. Se a afirmação do mago é verdadeira e se o dragão desaparecer amanhã, posso concluir corretamente que Aladim beijou a princesa ontem?
3. Se a afirmação do mago é falsa e se Aladim não beijou a princesa ontem, posso concluir corretamente que o dragão desaparecerá amanhã?
O lógico da corte, então, diz acertadamente que as respostas logicamente corretas para as três perguntas são, respectivamente:

(A) Não, sim, não
(B) Não, não, sim
(C) Sim, sim, sim
(D) Não, sim, sim
(E) Sim, não, sim

Solução
Seja d: o dragão desapareceu e
b: Aladim beijou a princesa.
A afirmação d <=> b (se e somente se) é equivalente a d =>b E b =>d.
1) Se for falsa é porque d=>b é falsa, ie, não se sabe se Aladim beijou ou não
OU b=>d é falsa. De qualquer maneira não se pode concluir b.
A resposta de
1) é não.
2) Sim, devido à equivalência de d<=>b.
3) Sim, pois (d<=>b falso e não beijou) => d.
Gabarito "D".

(Auditor Fiscal/MG – ESAF) Se André é culpado, então Bruno é inocente. Se André é inocente, então Bruno é culpado. Se André é culpado, Léo é inocente. Se André é inocente, então Léo é culpado. Se Bruno é inocente, então Léo é culpado. Logo, André, Bruno e Léo são, respectivamente:

(A) Culpado, culpado, culpado.
(B) Inocente, culpado, culpado.
(C) Inocente, culpado, inocente.
(D) Inocente, inocente, culpado.
(E) Culpado, culpado, inocente.

Solução por enumeração dos 8 (2x2x2) casos possíveis.
A B L   André, Bruno e Léo.   C: culpado; I: inocente

	A	B	L
DI	I	C	C
DII	I	C	I
DIII	I	I	C
DIV	I	I	I
DV	C	C	C
DVI	C	I	I
DVII	C	C	I
DVIII	C	I	C

Sabe-se que
Se A é C => B é I Saem casos 5 e 7.
Se A é I => B é C casos 1 e 2. E eliminamos casos 3, 4, 5 e 7.
Se A é C => L é I. Sai caso 8.
Se A é I => L é C. Eliminam-se casos 2 e 4.
Se B é I => L é C. Sai caso 6.
Restou o caso 1, que é a resposta da questão.
Gabarito "B".

Quatro amigos de infância — André, Bruno, Carlos e Davi — resolveram reunir-se novamente depois de muitos anos de separação. Todos têm profissões diferentes — advogado, arquiteto, engenheiro e médico —, moram em cidades diferentes — Brasília, Campinas, Goiânia e Vitória — e possuem diferentes passatempos — violão, xadrez, pintura e artesanato. Além disso, sabe-se que André mora em Goiânia, não é arquiteto e não joga xadrez como passatempo. Bruno tem por passatempo o violão, não mora em Brasília e é médico. Carlos não tem o artesanato como passatempo, é engenheiro e não mora em Campinas. Sabe-se que o passatempo do arquiteto é a pintura e que ele mora em Brasília.

(Auditor Fiscal/Vitória-ES – CESPE) Com base nessas informações, julgue os itens seguintes.

(1) André é advogado.
(2) Bruno mora em Vitória.
(3) Carlos tem o xadrez por passatempo.

(4) Davi é arquiteto.
(5) O advogado mora em Goiânia.

Solução
I) Façamos um quadro com as informações iniciais

Nome	André	Bruno	Carlos	Davi
Profissão	-	Médico	Engenheiro	-
Cidade	Goiânia	-	-	-
Passatempo	-	Violão	-	-

Sobram as profissões advogado e arquiteto.

1) Como André não é arquiteto, ele é advogado e Davi é, então, arquiteto. E gosta de pintura e mora em Brasília.

2) André não joga xadrez – seu passatempo é, então, o artesanato.

II) O quadro fica completo com o passatempo xadrez:

Nome	André	Bruno	Carlos	Davi
Profissão	Advogado	Médico	Engenheiro	Arquiteto
Cidade	Goiânia	Campinas	Vitória	Brasília
Passatempo	Artesanato	Violão	Xadrez	Pintura

(Como Carlos não mora em Campinas, ele mora em Vitória e Bruno mora em Campinas.)

Gabarito 1C, 2E, 3C, 4C, 5C

1.3. COMPREENSÃO E ELABORAÇÃO DA LÓGICA DAS SITUAÇÕES POR MEIO DE: RACIOCÍNIO MATEMÁTICO (QUE ENVOLVAM, ENTRE OUTROS, CONJUNTOS NUMÉRICOS RACIONAIS E REAIS)

(Auditor Fiscal da Receita Federal – ESAF) Se $\alpha = \sqrt[3]{e}$, então $\beta = \sqrt[3]{e}$. Se $\alpha = e^3$, então β ou δ são iguais a $\sqrt[3]{e}$. Se $\delta = e^3$, então $\beta = e^3$.

Se $\delta = \sqrt[3]{e}$, então $\alpha = \sqrt[3]{e}$. Considerando que as afirmações são verdadeiras, segue-se, portanto, que:

(A) $\alpha = \beta = \delta = e^3$
(B) $\alpha = \beta = e^3$, mas $\delta = \sqrt[3]{e}$
(C) $\alpha = \sqrt[3]{e}$, mas $\beta = \delta = e^3$
(D) $\alpha = \beta = \delta = \sqrt[3]{e}$
(E) $\alpha = \delta = \sqrt[3]{e}$, mas $\beta = e^3$

Solução

i) Suponha $\alpha = \sqrt[3]{e}$.
Logo, $\beta = \sqrt[3]{e}$ e $\alpha = \beta = \sqrt[3]{e}$.
Se $d = e^3$, então $\beta = e^3$ Absurdo, pois supusemos $\beta = \sqrt[3]{e}$.
Então,
$d = \sqrt[3]{e}$. daí, temos que $\alpha = \beta = d = \sqrt[3]{e}$. → Resposta D.

ii) Suponha, agora, que $\alpha = e^3$. Então, β ou d são iguais a $\sqrt[3]{e}$.
Ou $d = \sqrt[3]{e}$, então $\alpha = \sqrt[3]{e}$ Absurdo pois supusemos $\alpha = e^3$.
Ou $\beta = \sqrt[3]{e}$, daí, $\beta = \sqrt[3]{e}$ e $\alpha = e^3$. → não há essa resposta.

Gabarito "D".

1.4. CONCEITOS BÁSICOS DE RACIOCÍNIO LÓGICO: PROPOSIÇÕES; VALORES LÓGICOS DAS PROPOSIÇÕES; SENTENÇAS ABERTAS; NÚMERO DE LINHAS DA TABELA VERDADE; CONECTIVOS; PROPOSIÇÕES SIMPLES; PROPOSIÇÕES COMPOSTAS

(Fiscal de Tributos – Prefeitura Tanguá/RJ – 2017 – MSCONCURSOS)

A tabela-verdade da proposição

(p →q)∧r ↔(p ∧~r) possui:

(A) 4 linhas
(B) 8 linhas
(C) 16 linhas
(D) 32 linhas

1ª Solução
Uma vez que há 3 proposições simples p, q e r, pelo Teorema da construção da tabela-verdade de uma proposição composta, existem 2^n linhas na tabela, ou seja, 2^3 = 8 linhas.

2ª Solução
Construção da tabela-verdade:

p	q	r	~r	p→ q	(p →q)∧r	p ∧~r	(p →q)∧r ↔(p ∧~r)
V	V	V	F	V	V	F	F
V	V	F	V	V	F	V	F
V	F	V	F	F	F	F	V
V	F	F	V	F	F	V	F
F	V	V	F	V	V	F	F
F	V	F	V	V	F	F	V
F	F	V	F	V	V	F	F
F	F	F	V	V	F	F	V

Nota-se que existem 2^n linhas na tabela, ou seja, 2^3 = 8 linhas.

Gabarito "B".

(Fiscal de Tributos – Prefeitura Tanguá/RJ – 2017 – MSCONCURSOS)
Qual das seguintes sentenças é classificada como uma proposição simples?

(A) Será que vou ser aprovado no concurso?
(B) Ele é goleiro do Bangu.
(C) João fez 18 anos e não tirou carta de motorista.
(D) Bashar al-Assad é presidente dos Estados Unidos.

Resolução
As sentenças *a* e *b* não são proposições porque não podem ser valoradas, cada uma, como Verdadeira ou Falsa.
A sentença *c* é uma proposição composta.
A sentença *d* é uma proposição simples que pode ser valorada como Verdadeira ou Falsa.
Gabarito "D".

(Auditor Fiscal da Receita Federal – ESAF) Considere a seguinte proposição: "Se chove ou neva, então o chão fica molhado". Sendo assim, pode-se afirmar que:

(A) Se o chão está molhado, então choveu ou nevou.
(B) Se o chão está molhado, então choveu e nevou.
(C) Se o chão está seco, então choveu ou nevou.
(D) Se o chão está seco, então não choveu ou não nevou.
(E) Se o chão está seco, então não choveu e não nevou.

Solução
Seja
p: chove
q: neva
r: chão molhado
e a proposição (p ou q) → r. Isto é, se chove ou neva então o chão está molhado.
Construímos a tabela-verdade:

p:	q:	(p ou q) → (chão molhado)	~(p ou q) → (chão seco)
chove	neva		
V	V	V	F
V	F	V	F
F	V	V	F
F	F	F	V

Logo se o chão está seco, isto é, ~(p ou q), então p é F e q é F, ou seja, não choveu e não nevou.
Gabarito "E".

(Agente Fiscal de Rendas/SP – FCC) Considere as seguintes frases:
I. Ele foi o melhor jogador do mundo em 2005.
II. FORMULA é um número inteiro.
III. João da Silva foi o Secretário da Fazenda do Estado de São Paulo em 2000.
É verdade que APENAS

(A) I e II são sentenças abertas.
(B) I e III são sentenças abertas.
(C) II e III são sentenças abertas.
(D) I é uma sentença aberta.
(E) II é uma sentença aberta.

Solução
I é sentença aberta – 'ele' pode ser substituído pelo nome do jogador, apelido etc.
II é sentença aberta – 'FORMULA' pode ser substituída por x, a, y etc.
Gabarito "A".

(Agente Fiscal de Rendas/SP – FCC) Das cinco frases abaixo, quatro delas têm uma mesma característica lógica em comum, enquanto uma delas não tem essa característica.
I. Que belo dia!
II. Um excelente livro de raciocínio lógico.
III. O jogo terminou empatado?
IV. Existe vida em outros planetas do universo.
V. Escreva uma poesia.
A frase que não possui essa característica comum é a

(A) I.
(B) II.
(C) III.
(D) IV.
(E) V.

Solução
são todas sentenças abertas exceto a IV.
Gabarito "D".

1.5. IMPLICAÇÕES LÓGICAS: IMPLICAÇÃO ENTRE PROPOSIÇÕES; PROPRIEDADE DAS IMPLICAÇÕES LÓGICAS; RELAÇÕES ENTRE IMPLICAÇÕES

(Agente Fiscal de Rendas/SP – FCC) Das proposições abaixo, a única que é logicamente equivalente à p → q é

(A) ~ q → ~ p
(B) ~ q → p
(C) ~ p → ~ q
(D) q → ~ p
(E) ~ (q → p)

Solução
Na tabela-verdade temos

p E q	p	q	p → p	~p	~q	~q → ~ p	(contrapositiva)
	V	V	V	V	V	V	
	V	F	F	V	F	F	
	F	V	V	F	V	V	
	F	F	V	F	F	V	são equivalentes.

Gabarito "A".

1.6. RACIOCÍNIO SEQUENCIAL; ORIENTAÇÃO ESPACIAL E TEMPORAL; FORMAÇÃO DE CONCEITOS; DISCRIMINAÇÃO DE ELEMENTOS

(Fiscal de Tributos – Prefeitura Tanguá/RJ – 2017 – MSCONCURSOS) Mariana dispõe de 4 cores diferentes para pintar a bandeira abaixo. Deseja-se pintar a bandeira de forma que partes adjacentes não sejam pintadas com a mesma cor. Quantas bandeiras diferentes Mariana conseguirá pintar?

(A)24
(B)36
(C)108
(D)256

Resolução
Sejam 1, 2, 3, 4 as cores e *a*, *b*, *c*, *d* e *e* as partes da bandeira:

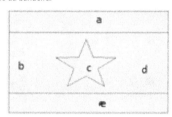

Pintando *a* e *e* com a cor 1 teremos

parte da bandeira	a	b	c	d	e	total
Cores possíveis	1	2 (ou 3 ou 4)	3 (ou 2 ou 4)	4 (ou 2 ou 3)	1	
número de cores	1	3	3	3	1	1x3x3x3x1 = 27

Uma vez que há 4 cores para as partes *a* e *e*, têm-se, assim, 4x27 = 108 bandeiras diferentes que Mariana conseguirá pintar.
Gabarito "C".

(Auditor Fiscal da Receita Federal – ESAF) Considere um retângulo formado por pequenos quadrados iguais, conforme a figura abaixo. Ao todo, quantos quadrados de quaisquer tamanhos podem ser contados nessa figura?

(A) 128
(B) 100
(C) 64
(D) 32
(E) 18

Solução
são 18 quadrados de lado L,
  10 „   „   „ 2L e
  4 „   „   „ 3L.   Total de 32 quadrados.
Gabarito "D".

(Auditor Fiscal do Trabalho – ESAF) Em um grupo de pessoas, há 20 mulheres e 30 homens, sendo que 20 pessoas estão usando óculos e 36 pessoas estão usando calça jeans. Sabe-se que, nesse grupo, i) há 20% menos mulheres com calça jeans que homens com calça jeans, ii) há três vezes mais homens com óculos que mulheres com óculos e iii) metade dos homens de calça jeans estão usando óculos. Qual a porcentagem de pessoas no grupo que são homens que estão usando óculos, mas não estão usando calça jeans?

(A) 5%.
(B) 10%.
(C) 12%.
(D) 20%.
(E) 18%.

Solução
(Homens com jeans) + (Mulheres com jeans) = 36
(Mulheres com jeans) = 80% (Homens com jeans) = 0,8 (Homens c/ jeans)
Logo,

(Homens c/ jeans) + 0,8 (Homens c/ jeans) = 36
1,8 (Homens c/ jeans) = 36 → (Homens c/ jeans) = 20
Há 3 vezes mais (homens de óculos) do que (Mulheres de óculos)
Mas (Homens de óculos) + (Mulheres de óculos) = 20
3 (Mulheres de óculos) + (Mulheres de óculos) = 20
4 (Mulheres de óculos) = 20
(Mulheres de óculos) = 5 → (Homens de óculos) = 20 – 5 = 15
E metade dos (Homens com jeans) usam óculos, isto é, 20/2 = 10.
Temos, então,
(Homens de óculos sem usar jeans) = (Homens de óculos) - (Homens com jeans que usam óculos)
15 – 10 = 5. Então a percentagem desses em relação ao grupo é de:
5/50 = 1/10 = 10%.
Gabarito "B".

(Fiscal de Tributos/Santos-SP – FCC) Observe que a sucessão de figuras a seguir obedece a um padrão de construção para a obtenção das figuras subsequentes.

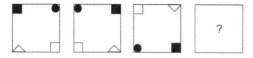

A quarta figura, que completa a sequência, é

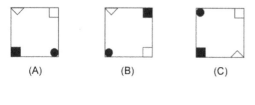

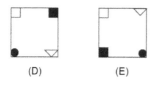

Solução
O quadrado preenchido anda no sentido horário e a bola preenchida anda no sentido AH (anti-horário). Então a resposta e letra A.
Gabarito "A".

(Fiscal de Tributos/Santos-SP – FCC) São dadas 4 sequências de três cartas, em duas das quais aparecem duas cartas viradas.

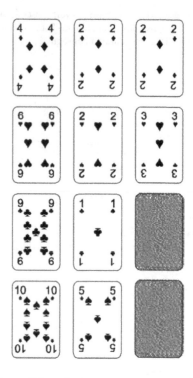

Se todas as linhas obedecem a um mesmo padrão, os números marcados nas cartas viradas da 3ª e 4ª linhas são, respectivamente,

(A) 6 e 10.
(B) 9 e 2.
(C) 10 e 5.
(D) 6 e 9.
(E) 9 e 6.

Solução
Note que, em cada linha, o valor da primeira carta e o produto das outras 2 são:

$$4 = 2 \times 2$$
$$6 = 2 \times 3$$

Teremos, então,

$$9 = 3 \times 3$$
$$10 = 5 \times 2$$

Gabarito "B".

(Fiscal de Tributos/Santos-SP – FCC) Em cada linha da tabela abaixo, o número da extrema direita é resultado de operações efetuadas com os outros dois números.

9	7	14
7	4	12
8	4	X

Se a sucessão de operações é a mesma nas três linhas, o número X é

(A) 10
(B) 11
(C) 16

(D) 18
(E) 21

Solução
Seja * a sucessão de operações.
Temos
9*7=14   → 9-7=2 e 2x7=14
7*4=12   → 7-4=3 e 3x4=12
8*4=X   → 8-4=4   4x4=16

(Fiscal de Tributos/Santos-SP – FCC) Para disputar um jogo de futebol, os funcionários de certa empresa pretendem montar um time em que o ataque deverá ser composto por 5 pessoas, que serão escolhidas entre as elencadas por dois setores da empresa:

setor A: Juca, Romão, Santos e Lupércio;

setor B: Zeca, Nonô, Gugu, Aristides e Chico.

Para compor o ataque será considerado que:

• ele deverá ter exatamente 2 jogadores do setor A e exatamente 3 do setor B;

• exatamente três funcionários, escolhidos entre Juca, Santos, Gugu e Chico, deverão jogar;

• se Gugu jogar, então Nonô não jogará;

• Romão e Santos não deverão jogar juntos.

Nessas condições, se Nonô jogar, os funcionários do setor A que deverão compor o ataque são

(A) Romão e Santos.
(B) Santos e Lupércio.
(C) Juca e Romão.
(D) Santos e Juca.
(E) Juca e Lupércio.

Solução
Entre Juca, Santos, Gugu e Chico, 3 devem jogar → C4,3= 4 casos:
JSG 2 da equipe A e 1 da B; não pode ter N, faltam 2 de B.
JSC 1 da equipe A e 2 da B. Como só pode R, é o L.
JGC 1 da equipe A e 2 da B; não pode ter N.
SGC 1 da equipe A e 2 da B; não pode ter N.
Resposta 2) JSC – Santos e Juca, letra D.

2. MATEMÁTICA BÁSICA

2.1. TRIGONOMETRIA

(Auditor Fiscal da Receita Federal – ESAF) Um projétil é lançado com um ângulo de 30° em relação a um plano horizontal. Considerando que a sua trajetória inicial pode ser aproximada por uma linha reta e que sua velocidade média, nos cinco primeiros segundos, é de 900km/h, a que altura em relação ao ponto de lançamento este projétil estará exatamente cinco segundos após o lançamento?

(A) 0,333 km
(B) 0,625 km
(C) 0,5 km
(D) 1,3 km
(E) 1 km

Solução
Distância percorrida d = v.t = 900 x 5/3600 = 5/4 = 1,25 km

Altura atingida h = d x 0,5 onde 0,5 = sen 30°

Logo,
h = 1,25 x 0,5 = 0,625 km,

2.2. MATRIZES, DETERMINANTES E SOLUÇÃO DE SISTEMAS LINEARES

(Auditor Fiscal da Receita Federal – ESAF) Com relação ao sistema,

$$\begin{cases} x + y + z = 1 \\ \dfrac{2x - y}{3z + 2} = \dfrac{z+1}{2x+y} = 1 \end{cases}$$

Onde $3z + 2 \neq 0$ e $2x + y \neq 0$ pode-se, com certeza, afirmar que:

(A) é impossível.
(B) é indeterminado.
(C) possui determinante igual a 4.
(D) possui apenas a solução trivial.
(E) é homogêneo.

As equações são
x+y+z=1   x+y+z=1
2x-y=3z+2 => 2x-y-3z=2
z+1=2x+y   2x+y-z=1

Temos o determinante:

1	1	1
2	-1	-3
2	1	-1

que vale 4.

(Auditor Fiscal do Trabalho – ESAF) Seja y um ângulo medido em graus tal que $0° \leq y \leq 180°$ com $y \neq 90°$. Ao multiplicarmos a matriz abaixo por α, sendo α ≠ 0, qual o determinante da matriz resultante?

$$\begin{bmatrix} 1 & tg\ y & 1 \\ \alpha & tg\ y & 1 \\ \cos y & sen\ y & \cos y \end{bmatrix}$$

(A) $\alpha \cos y$.
(B) $\alpha^2\ tg\ y$.
(C) $\alpha\ sen\ y$.
(D) 0.
(E) $-\alpha\ sen\ y$.

Solução
Deseja-se o det (α.M)

Façamos tgy=seny/cosy para facilitar os cálculos:

M =

1	seny/cosy	1
α	seny/cosy	1
cosy	seny	cosy

O det M = (seny/cosy)(cosy) + (α)(seny/cosy)(cosy)+(seny) − (cosy)(seny)/(cosy)- α (seny/cosy)(cosy) - seny = seny + αseny +seny - seny - αseny -seny = 0

Então,

det(α.M)= α³detM= α³.0=0

A resposta é 0

Gabarito "D".

(Agente Fiscal/PI – ESAF) Se o sistema formado pelas equações :

$$p y + x = 4$$
$$y - x = q$$

tem infinitas soluções, então o produto dos parâmetros "p" e "q" é igual a:

(A) 4
(B) 5
(C) 6
(D) 8
(E) 10

Solução
Há infinitas soluções quando existem mais incógnitas que equações.
Det. do sistema x + py = 4   é detA = 1   p   = p + 1.
                 -x + y = q   -1   1

$$x = \frac{\det \begin{matrix} 4 & p \\ q & 1 \end{matrix}}{\det A} = \frac{4 - pq}{p + 1} \qquad y = \frac{\det \begin{matrix} 1 & 4 \\ -1 & q \end{matrix}}{\det A} = \frac{q + 4}{p + 1}$$

Eliminando a incógnita x,
x=0 => 4 − pq = 0 → pq = 4

Gabarito "A".

2.3. ÁLGEBRA

(Auditor Fiscal Tributário Estadual – SEGEP/MA – 2016 – FCC) Em uma reunião realizada em um dia do mês de outubro estavam presentes apenas pessoas que faziam aniversário naquele mês. Das pessoas presentes, apenas três faziam aniversário exatamente no dia da reunião, e todas as demais faziam aniversário em dias diferentes entre si duas a duas. Sabendo-se que o mês de outubro tem 31 dias, é correto concluir que nessa reunião estavam presentes no

(A) máximo 32 pessoas.
(B) mínimo 28 pessoas.
(C) máximo 31 pessoas.
(D) máximo 33 pessoas.
(E) mínimo 18 pessoas.

Resolução
Tirando o dia em que três pessoas faziam aniversário exatamente nesse dia, restam os outros 30 dias do mês em que as demais faziam aniversário em dias diferentes entre si duas a duas.
Sendo assim, tem-se o máximo de 3 + 30 = 33 pessoas presentes nessa reunião. => Letra D

Gabarito "D".

(Auditor Fiscal Tributário Estadual – SEGEP/MA – 2016 – FCC) Quatro meninos têm 5, 7, 9 e 11 carrinhos cada um. A respeito da quantidade de carrinhos que cada um tem, eles afirmaram:

− Antônio: Eu tenho 5 carrinhos;
− Bruno: Eu tenho 11 carrinhos;
− Cássio: Antônio tem 9 carrinhos;
− Danilo: Eu tenho 9 carrinhos.

Se apenas um deles mentiu, tendo os outros dito a verdade, então é correto concluir que a soma do número de carrinhos de Antônio, Bruno e Cássio é igual a

(A) 23.
(B) 25.
(C) 21.
(D) 27.
(E) 22.

Resolução
Ou Cássio ou Danilo mentiu pois os dois disseram ter o mesmo número de carrinhos.
Suponha que
i) Cássio mentiu.
Assim, Antônio disse a verdade e tem 5 carrinhos, Bruno disse a verdade e tem 11. Sobram, então, 7 carrinhos para Cássio.
A soma do número de carrinhos de Antônio, Bruno e Cássio é igual a 5 + 11 + 7 = 23.
ii) Danilo mentiu. Há, neste caso, uma contradição entre as afirmações de Cássio e Antônio.

Gabarito "A".

(Auditor Fiscal da Receita Federal – ESAF) Em uma repartição, 3/5 do total dos funcionários são concursados, 1/3 do total dos funcionários são mulheres e as mulheres concursadas correspondem a 1/4 do total dos funcionários dessa repartição. Assim, qual entre as opções abaixo é o valor mais próximo da porcentagem do total dos funcionários dessa repartição que são homens não concursados?

(A) 21%
(B) 19%
(C) 42%
(D) 56%
(E) 32%

Solução
Monte-se o quadro:

	Concursados	Não Concursados	Totais
Homens	a	x	D
Mulheres	1/4	b	1/3
Totais	3/5	c	1

(Total de funcionários é 1 (100%). Deseja-se saber o número de homens não concursados x.

Temos o sistema de equações:
Colunas   a+1/4=3/5   linhas a+x=d
          x+b=c   1/4+b=1/3
          d+1/3=1   3/5+c=1

daí,
a=3/5-1/4=7/20

b=1/3-1/4=1/12
c=1-3/5=2/5
d=1-1/3=2/3
E
x=c-b
x=2/5-1/12
x=19/60=31,67% Aproximadamente 32%.
Gabarito "E".

(Auditor Fiscal da Receita Federal – ESAF) Se um polinômio f for divisível separadamente por (x − a) e (x − b) com a ≠ b, então f é divisível pelo produto entre (x − a) e (x − b). Sabendo-se que 5 e -2 são os restos da divisão de um polinômio f por (x - 1) e (x + 3), respectivamente, então o resto da divisão desse polinômio pelo produto dado por (x - 1) e (x + 3) é igual a:

(A) $\frac{13}{4} x + \frac{7}{4}$

(B) $\frac{7}{4} x - \frac{13}{4}$

(C) $\frac{7}{4} x + \frac{13}{4}$

(D) $-\frac{13}{4} x - \frac{13}{4}$

(E) $-\frac{13}{4} x - \frac{7}{4}$

Solução
Sendo
f(x)=p(x).q(x)+r(x), com q(x) quociente, r(x) resto e sabendo que na divisão de f(x) por (x-1), o resto vale f(1), temos
f(1)=r(1)=5. O mesmo consideramos para (x+3) → f(-3)=-2.
Seja o resto da forma r(x)=ax+b.
Então,
r(1)=5=a+b
r(-3)=-2=-3a+b

Resolvendo o sistema, obtemos
a=7/4 e b=13/4 e r(x) tem a forma (7/4+13/4).
Gabarito "C".

(Auditor Fiscal Tributário Estadual – SEGEP/MA – 2016 – FCC) Cláudio está fazendo um programa de condicionamento físico de caminhadas diárias. A cada dois dias ele deve aumentar em 200 m a distância percorrida na caminhada, sendo que no primeiro dia ele começa caminhando 500 m. Em tal programa, o primeiro dia de caminhada em que Cláudio irá correr exatos 9,7 km será o

(A) 49°.
(B) 97°.
(C) 93°.
(D) 91°.
(E) 47°.

Solução
Após o primeiro dia, ele percorre 100 metros ao dia segundo a fórmula e = 500 + 100t , sendo t o tempo.
Assim, percorrerá 9,7 km = 9.700m em
9.700 = 500 + 100t
9.200 = 100t
t = 92 dias, ou seja, no 92° dia terá feito o percurso.

Portanto,
o primeiro dia de caminhada em que Cláudio irá correr exatos 9,7 km será o 93° dia.
Gabarito "C".

(Auditor Fiscal Tributário Estadual – SEGEP/MA – 2016 – FCC) Os registros da temperatura máxima diária dos primeiros 6 dias de uma semana foram: 25 °C; 26 °C, 28,5 °C; 26,8 °C; 25 °C; 25,6 °C. Incluindo também o registro da temperatura máxima diária do 7o dia dessa semana, o conjunto dos sete dados numéricos será unimodal com moda igual a 25 °C, e terá mediana igual a 26 °C. De acordo com os dados, é correto afirmar que, necessariamente, a temperatura máxima diária do 7o dia foi

(A) inferior a 25 °C.
(B) superior a 26,8 °C.
(C) igual a 26 °C.
(D) inferior a 25,6 °C.
(E) superior a 26 °C.

Resolução
Colocando-se as temperaturas em ordem crescente tem-se

dia	temperatura	obs.
1	25	
5	25	moda
6	25,6	
2	26	mediana
4	26,8	
3	28,5	
7	t	

Ao observar as opções, nota-se
A: Incorreta pois neste caso a mediana não seria 26.
C: Incorreta porque neste caso não seria unimodal pois haveria 2 modas: 25 e 26.
D: Incorreta pois neste caso a mediana não seria 26.
B: Não necessariamente correta.
E: Correta: para não haver modificação na mediana, a temperatura máxima diária do 7o dia foi, necessariamente, superior a 26 °C.
Gabarito "E".

(Auditor Fiscal da Receita Federal – ESAF) Um corredor está treinando diariamente para correr a maratona em uma competição, sendo que a cada domingo ele corre a distância da maratona em treinamento e assim observou que, a cada domingo, o seu tempo diminui exatamente 10% em relação ao tempo do domingo anterior. Dado que no primeiro domingo imediatamente antes do início do treinamento, ele fez o percurso em 4 horas e 30 minutos e, no último domingo de treinamento, ele correu a distância da maratona em 3 horas, 16 minutos e 49,8 segundos, por quantas semanas ele treinou?

(A) 1
(B) 5
(C) 2
(D) 4
(E) 3

Solução
Transformemos os tempos em segundos:
Uma semana antes do treino 4h T0 = 30min = 4,5 x 3 600s=16 200s

Último domingo 3h 16min Tn = 49,8s = 11 809,8s
A cada treinamento fica 0,9 vezes mais rápido:
T1 = 16 200 X 0,9 = 14 580 → primeira semana
T2 = 14 580 X 0,9 = 13 122 → segunda semana
T3 = 13 122 x 0,9 = 11 809,8 → terceira semana e atingiu → tempo!
→ treinou 3 semanas

Gabarito "E".

(Auditor Fiscal/São Paulo-SP – FCC) No presente mês, o salário médio mensal pago a todos os funcionários de uma firma foi de R$ 530,00. Sabe-se que os salários médios mensais dos homens e mulheres são respectivamente iguais a R$ 600,00 e R$ 500,00. No próximo mês, todos os homens receberão um adicional de R$ 20,00 e todas as mulheres, um reajuste salarial de 10%, sobre os salários atuais. Supondo que o quadro de funcionários não se alterou, após esses reajustes o salário médio mensal de todos os funcionários passará a ser igual a:

(A) R$ 540,00
(B) R$ 562,00
(C) R$ 571,00
(D) R$ 578,00
(E) R$ 580,00

Solução
h: número de homens   H: salário total dos homens
m: número de mulheres   M: salário total das mulheres
Atualmente o salário médio dos funcionários é de 530:
530 = (H + M)/(m+h)   (1)
e
600 = H/h → H=600h   (2)
500 = M/m → M=500m
De (1) temos 530(m+h) = H + M
530m + 530 h = 600h + 500m
30m = 70h → m = 7h/3   (3)
E m + h = 7h/3 + h=10h/3
Daqui a um mês o salário médio dos homens passa a ser de 600+ 20= 620 e o das mulheres de 500x1,1=550.
Então o salário médio de todos os funcionários será de
(550m+620h)/(m+h)
(550x7h/3 + 620h)/(10h/3) = (550x7 + 620x3)/10=(3850 + 1860)/10=
=5710/10=571.

Gabarito "C".

(Auditor Fiscal/Limeira-SP – CESPE) A secretaria de fazenda da prefeitura de um município arrecada os impostos A = iluminação noturna e B = manutenção do sistema de esgotos e águas pluviais, de competência municipal. Considere que esses impostos têm valores únicos por domicílio, sendo de R$ 28,00 o valor mensal referente ao imposto A e de R$ 45,00 o valor mensal referente ao imposto B. A arrecadação referente a 23 desses valores rendeu ao município o montante de R$ 780,00. Com referência a essa situação e a essas 23 quantias arrecadadas, julgue os itens que se seguem.

(1) Se, das 23 quantias arrecadadas, x referem-se ao imposto A e y, ao imposto B, então x × y > 100.
(2) Dessas 23 quantias arrecadadas, o total referente ao imposto B é superior ao referente ao imposto A.

Solução
imposto   A   B
            -       -
            -       -.
        ....
            28   45

Seja x impostos A e y impostos B
x + y =23
28x + 45y = 780
Resolutivo
28x + 28y = 23.28 = 644
28x + 45y = 780   => 17y = 136 => y = 8 e x = 15
(1) esta certa, pois x.y = 15.8 = 120
Imposto A = 28x = 28.15 = 420
"   B = 45y = 45.8 = 360
(2) Errada

Gabarito 1C, 2E.

(Auditor Fiscal/Limeira-SP – CESPE) A despesa mensal de uma empresa com cada um de seus empregados de nível superior, incluindo salário e encargos sociais, é igual a R$ 2.500,00. O total dessas despesas com esse pessoal, mensalmente, é um valor superior a R$ 18.000,00 e inferior a R$ 26.000,00. Por motivos de economia, essa despesa deverá ficar entre R$ 13.000,00 e R$ 17.000,00 mensalmente e, para isso, a empresa terá de demitir alguns desses profissionais. Com base nessas informações, julgue os itens seguintes.

(1) As informações do texto são suficientes para se concluir que a empresa terá de demitir mais de 3 empregados.
(2) Dependendo da quantidade de empregados, a menor economia que a empresa fará com as demissões é de R$ 5.000,00 e a maior, de R$ 10.000,00.

Solução
Atualmente
18 000 < despesa1 < 26 000 e deve passar para 13 000 < despesa2 < 17 000

Cada empregado significa uma despesa mensal de 2 500
Então, se n1 for o número atual de empregados, temos
18 000 < 2 500n < 26 000
180 < 25n1 < 260
7,2 < n1 < 10,4 =>   há 8, 9 ou 10 funcionários
E para a nova despesa,
13 000 < 2 500n2 < 17 000
130 < 25n2 < 170
5,2 < n2 < 6,8   n2 = 5, .., 6

Número de empregados atuais	Demitir	Economia
8, 9 ou 10	2	5 000
	3	7 500
	4	10 000

Gabarito 1E, 2C.

(Auditor do Tesouro Municipal/Recife-PE – ESAF) Em uma amostra, realizada para se obter informação sobre a distribuição salarial de homens e mulheres, encontrou-se que o salário médio vale R$ 1.200,00. O salário médio observado para os homens foi de R$ 1.300,00 e para as mulheres foi de R$ 1.100,00. Assinale a opção correta.

(A) O número de homens na amostra é igual ao de mulheres.

(B) O número de homens na amostra é o dobro do de mulheres.
(C) O número de homens na amostra é o triplo do de mulheres.
(D) O número de mulheres é o dobro do número de homens.
(E) O número de mulheres é o quádruplo do número de homens.

Solução
Seja
m o número de mulheres
h " " " homens
S soma dos salários de todos os funcionários
Sh " " " dos homens
Sm " " " das mulheres
Temos
S=Sh + Sm
xbarra = 1 200 = S/(m+h) → 1 200 = (Sh + Sm)/(m + h)
Sh/h =1 300 → Sh =1 300h
Sm/m =1 100 → Sm =1 100m
Daí,
1 200 = (1 300h + 1 100m)/(m+h)
Suponha, agora, h = km.
1 200 = (1 300h+1 100m)/(m+km)
12 = (13km + 11m)/(1+k)m → 12=(13k+11)m/(1+k)m → 12 = (13k+11)/(1+k)
12+12k = 13k+11
k=1 → h = m O o número de homens é igual ao número de mulheres.
Gabarito "A".

(Auditor Fiscal da Receita Federal – ESAF) No tempo $t_0 + 2$ o preço médio de um bem é 30% maior do que em $t_0 + 1$, 20% menor do que em t_0 e 40% maior do que em $t_0 + 3$. Assinale a opção que dá o relativo de preços do bem em $t_0 + 3$ com base em $t_0 + 1$.

(A) 162,5%
(B) 130,0%
(C) 120,0%
(D) 092,9%
(E) 156,0%

Solução
Considere a tabela

tempo	preço
t_0	x
t_0 +1	y
t_0 + 2	z
t_0 + 3	w

Em t_0 + 2 temos
z = 1,3y = 0,8x = 1,4w
Deseja-se
(w/y) . 1100 .
1,3y = 1,4w → w/y = 1,3/1,4 = 13/14 e (w/y) . 100 = (13/14) . 100 = 1300/14 = 92,9%,
Gabarito "D".

(Auditor Fiscal da Previdência Social – ESAF) Numa pesquisa amostral, observa-se que o salário médio mensal dos indivíduos entrevistados é de R$ 500,00. Os salários médios de homens e mulheres são R$ 600,00 e R$ 420,00, respectivamente. Assinale a opção que dá a relação entre o número de homens e de mulheres da amostra.

(A) O número de homens é o dobro do número de mulheres.
(B) O número de homens é 4/5 do número de mulheres.
(C) O número de homens é igual ao número de mulheres.
(D) O número de homens é 1/5 do número de mulheres.
(E) O número de homens é 3/5 do número de mulheres.

Solução
Seja
m o número de mulheres
h " " " homens
S soma dos salários de todos os funcionários
Sh " " " dos homens
Sm " " " das mulheres
Temos
S = Sh + Sm
xbarra = 500 = S/(m+h) → 500 = (Sh + Sm)/(m + h)
Sh/h = 600 → Sh = 600h
Sm/m = 420 → Sm = 420m
Daí,
500 = (600h + 420m)/(m+h)
Suponha, agora, h = km.
50 = (60h+42m)/m+km)
50 = (60km + 42m)/(1+k)m → 50 = (60k+42)m/(1+k)m → 50 = (60k+42)/(1+k)
50+50k = 60k+42
10k = 8 k = 4/5 → h = 4/5 m o número de homens é 4/5 do número de mulheres.
Gabarito "B".

2.4. GEOMETRIA BÁSICA

(Auditor Fiscal da Receita Federal – ESAF) Considere uma esfera, um cone, um cubo e uma pirâmide. A esfera mais o cubo pesam o mesmo que o cone. A esfera pesa o mesmo que o cubo mais a pirâmide. Considerando ainda que dois cones pesariam o mesmo que três pirâmides, quantos cubos pesa a esfera?

(A) 4
(B) 5
(C) 3
(D) 2
(E) 1

Solução:
Considerando: Esfera(E), Cone(O), Cubo(U) e Pirâmide(P)
Colocando em termo de U

E+U=0   E=0-U
E=U+P → E=0-U=U+P .-> 0-P=2U (*)
2O=3P   O=3P/2

Então, substituindo em (*),

3P/2 - P=2U → P/2=2U → P=4U
Mas E=U+P
=U+4U
E=5U

Gabarito "B".

(Auditor Fiscal da Receita Federal – ESAF) Sabe-se que os pontos A,B,C, D, E, F e G são coplanares, ou seja, estão localizados no mesmo plano. Sabe-se, também, que destes sete pontos, quatro são colineares, ou seja, estão numa mesma reta. Assim, o número de retas que ficam determinadas por estes sete pontos é igual a:

(A) 16
(B) 28
(C) 15
(D) 24
(E) 2

Solução
Sejam A,B,C e D os pontos colineares e E,F e G os outros pontos do plano.
Como por dois pontos distintos podemos passar uma reta, teremos retas que passam por
A e E   B e E   C e E   D e E
A e F   B e F   C e F   D e F
A e G   B e G   C e G   D e G
E e F
E e G
F e G
Mais a reta que contém A, B C e D. → Total de 16 retas.

Gabarito "A".

(Auditor Fiscal do Trabalho – ESAF) Quando se faz alguns lados de um polígono tenderem a zero ele degenera naturalmente em um polígono de menor número de lados podendo até eventualmente degenerar em um segmento de reta. Dessa maneira, considere um quadrilátero com duas diagonais iguais e de comprimento $5\sqrt{2}$ cada uma. Sendo A a área desse quadrilátero, então:

(A) A = 25.
(B) 25 ≤ A ≤ 50.
(C) $5\sqrt{2}$ < A ≤ 25.
(D) 0 ≤ A ≤ 25.
(E) A ≥ 25.

Solução
$L^2+L^2=D^2$ (pelo Teorema de Pitágoras)
$D^2=2 L^2=50$ → $L^2=25$ L=5
Então,
Área máxima = 25 (quadrado)
Área mínima = 0 (segmento=quadrilátero degenerado) 0 ≤ A ≤ 25
Logo, 0 ≤ Área ≤ 25

Gabarito "D".

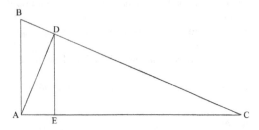

(Auditor Fiscal/Limeira-SP – CESPE) Na figura acima, o triângulo ABC é retângulo e o ângulo BAC é reto. O cateto AB mede 6 cm e AC, 8 cm. Do vértice A, traçou-se um segmento perpendicular ao lado BC, formando-se os triângulos retângulos ABD e ADC. Do vértice D, traçou-se um novo segmento, perpendicular ao lado AC, obtendo-se os triângulos retângulos ADE e CDE. Com relação a esses triângulos, julgue os itens que se seguem.

(1) O perímetro do triângulo ABD é superior a 14 cm.

(2) A área do trapézio ABDE é superior a 15 cm².

(3) Os comprimentos dos segmentos AB, AD e DE estão em progressão geométrica.

Solução
AB= 6; AC=8.
ângulo ADE = ângulo C, pois AB // DE e BC reta cortam 2 paralelas;
angulo DAE = ângulo B, porque DAE + ADE = 90 → DAE + C = 90 e B + C = 90 → DAE – B = 0 → B = DAE;
ângulo CDE = ângulo B, porque os triângulos ABC e CDE são semelhantes (caso AA)
"   BAD   "   C, pois BAD + B = 90 e B + C = 90.
Pelo Teorema de Pitágoras $BC^2 = AB^2 + AC^2$
BC2 = 36 + 64 = 100 → BC = 10
sen C = AB / BC = 6 /10
sen C = 3/5
sen B = AC / BC = 8/10
sen B = 4/5
i) No triângulo retângulo ACD, senC = AD/AC => 3/5 = AD/8 => AD = 24/5
No triângulo ABD, sem BAD=senC=BD/AB => 3/5 = BD/6 => BD = 3/5 = 18/5
Então,
(!) o perímetro do triângulo ABD = AB + BD + AD = 6 + 18/5 + 24/5 = 6 + 42/5 = (30 +42)/5 = 72/5 = 14,4cm
Resp. O item (1) está Correto.

(2) S=Área do trapézio ABDE = (AB + DE)AE/2.
No triângulo ADE, sen ang.DAE = sem B = 4/5 = DE/AD = DE/((24/5) => DE = 96/25.
No triângulo ADE, sen ang. ADE = sem C = 3/5 = AE/AD = AE/(24/5) => AE = 72/25.
Temos, então,
S = (6 + 96/25) .(72/25)/(2) = [(150 + 96)/(25)].[36/25] = (246/25). (36/25) = 8856/625 = 14,1696 cm².
Resp. O item (2) está Errado.

(3) O comprimento dos segmentos AB, AD e DE estão em PG de razão 96/25 / 24/25 = 24/5/6 = 4/5.
AB=6
AD=24/5
DE=96/25

Resp. O item (3) está Correto.

Gabarito 1C, 2E, 3C.

2.5. COMBINAÇÕES, ARRANJOS E PERMUTAÇÃO

(Auditor Fiscal do Trabalho – ESAF) O departamento de vendas de uma empresa possui 10 funcionários, sendo 4 homens e 6 mulheres. Quantas opções possíveis existem para se formar uma equipe de vendas de 3 funcionários, havendo na equipe pelo menos um homem e pelo menos uma mulher?

(A) 192.
(B) 36.
(C) 96.
(D) 48.
(E) 60.

Solução
Total de equipes C10,3=10.9.8/3.2.1=120.
Equipes só com homens 4.3.2=24
Então o total de equipes com pelo menos um homem e uma mulher é de 120 - 24 = 96.
Outra solução:
1 M e 2H → C6,1 x C4,2 = 6x(4.3/2.1) = 6x6 = 36
2M e 1H → C6,2 x C4,1 = 6.5/2.1 x 4 = 15x4 = 60
Dando o total de 60 + 36 = 96 equipes.
Gabarito "C".

2.6. OPERAÇÕES, PROPRIEDADES, PROBLEMAS ENVOLVENDO AS QUATRO OPERAÇÕES NAS FORMAS FRACIONÁRIA E DECIMAL

(Auditor Fiscal/MG – ESAF) Um indivíduo fazendo cálculos chegou à dízima 5,48383.... Obtenha o número racional p/q que representa esta dízima.

(A) Tal número não existe porque esta dízima corresponde a um número irracional.
(B) p=5483, q=990.
(C) p=5483-54=5429, q=999.
(D) p=5483-54=5429, q=900.
(E) p=5483-54=5429, q=990

Solução
N = 5,4 + 0,08383...
Mas d = 0,08383... => 1 000 d = 83,83...
Logo, 1 000d – d = 83
Ou 990 d = 83
d = 83/990
Então N = 5,4 + 83/990 = 5 429/990
Gabarito "E".

2.7. CONJUNTOS NUMÉRICOS COMPLEXOS; NÚMEROS E GRANDEZAS PROPORCIONAIS; RAZÃO E PROPORÇÃO; DIVISÃO PROPORCIONAL; REGRA DE TRÊS SIMPLES E COMPOSTA; PORCENTAGEM

(Auditor Fiscal da Receita Federal – ESAF) Considere as inequações dadas por:

$f(x) = x^2 - 2x + 1 \leq 0$ e $g(x) = -2x^2 + 3x + 2 \geq 0$.

Sabendo-se que A é o conjunto solução de $f(x)$ e B o conjunto solução de $g(x)$, então o conjunto $Y = A \cap B$ é igual a:

(A) $Y = \left\{ x \in R \mid -\dfrac{1}{2} < x \leq 2 \right\}$

(B) $Y = \left\{ x \in R \mid -\dfrac{1}{2} \leq x \leq 2 \right\}$

(C) $\{ x \in R \mid x = 1 \}$

(D) $\{ x \in R \mid x \geq 0 \}$

(E) $\{ x \in R \mid x \leq 0 \}$

Solução
Temos
$f(x) = (x-1)^2 \leq 0$ e $g(x) = -(x-2)(2x+1) \geq 0$.
A primeira inequação só é válida para x=1, pois x – 1 = 0 <=> x=1, isto é:
A = { x ∈R | x=1}, onde A é o conjunto solução de f(x).
Agora,
g(x) = -(x-2)(2x+1) ≥ 0 só é válida se
(i) (x-2)≤0 e (3x+1)≥ 0   OU   (ii) (x-2)≥0 e (3x+1)≤0.
De (i) temos
x≤2 e x≥1/3   e de (ii), x≥2 e x≤1/3 (não tem elemento em comum)
Logo,
B = {∈R | 1/3<=x<=2 onde B é o conjunto solução de g(x).
E a interseção de A e B é o conjunto {1}, isto é: A ∩ B = { x ∈R | x=1}
Gabarito "C".

(Auditor Fiscal/S.J. Rio Preto-SP – VUNESP) Um tanque de água possui uma tubulação que o enche em 4 horas, e outra um cano onde sai água, que o esvazia em 6 horas. Inicialmente, o tanque está vazio. Então, se ambas as tubulações estão funcionando simultaneamente, após uma hora, a proporção do tanque que encheu é de

(A) 1/12.
(B) 1/18.
(C) 1/24.
(D) 1/8.
(E) 1/6.

Solução
Em 1 hora a primeira tubulação enche ¼ do tanque e a segunda esvazia 1/6 dele. Então
1 hora → (¼ - 1/6) do tanque, ie, 1/12 que enche em 1 hora.
Gabarito "A".

2.8. PROGRESSÕES ARITMÉTICA E GEOMÉTRICA

(Auditor Fiscal/MG – ESAF) Os valores da função exponencial f $(t)=c(1+r)^t$, t real, c>0 e 1+r>0, nos pontos em que t é um número natural, constituem uma progressão geométrica.

Indique a razão desta progressão.

(A) c.
(B) 1+r.
(C) c-1.
(D) r.
(E) c(1+r).

Solução
f(t) = c(1 + r) t
Para t pertencente a N é PG, 1+r>0.

t = 1 => f(1) = c(1 +r)
t = 2 => f(2) = c(1+ r)² => q(razão) = f(2) / f(1) = [c(1 + r) ²] /[(c) (1 + r)] = > q = 1 +r

Gabarito "B".

(Agente Fiscal/PI – ESAF) A soma dos três primeiros termos de uma progressão aritmética é igual a 30, e o seu produto igual a 360. O produto entre o primeiro e o terceiro termo desta mesma progressão é igual a:

(A) 18
(B) 20
(C) 26
(D) 36
(E) 40

Solução
s= = a1+a2+a3 = 30
p=a1xa2xa3 = 360
Seja a1= a2 – r   r: razão da PA
a3= a2 + r
daí,
s = (a2 – r) + a2 + (a2 + r) = 3a2
a2 = 30/3=10
e p (a2-r)a2x(a2+r)=360
$a_2(a_2^2-r^2) = 3600 \rightarrow 10(100 - r^2) = 3600 \rightarrow 100 - r^2 = 36$ r^2=64 r=8
Então
a1=a2 – r = 10-8=2
a3=a2 +r=10 +8 = 18 e a1x a3= 2x18=36

Gabarito "D".

(Auditor Fiscal/Limeira-SP – CESPE) O número 52 foi escrito como a soma dos números inteiros positivos A, B, C, D e E. Sabe-se que os números A, C e D estão em progressão aritmética crescente e a média aritmética desses números é igual a 6. Sabe-se também que B, D e E estão em progressão geométrica crescente e que a média geométrica desses números é igual a 8 (isto é, B × D × E = 83). Julgue os itens subsequentes, com relação a esses números.

(1) A > B.
(2) A > C.
(3) A + B + C + D > E.

Solução
52 = A+B+C+D+E
A C D → PA crescente com média aritm. 6
B D E → PG cresc. Com média geom. 8

Seja A = C-r D = C+r (r: razão da PA)
Então (A+C+D = C-r + C +C+r)/3 = 6
3C/3 = 6 → C = 6

B.D.E = 8^3
Seja B = D/q q: razão da PG
E = D.q
Então BDE = 8^3 = D/q . D . D.q
$8^3 = D^3 \rightarrow D = 8$

Como D = C+r ou 8 = 6+r, r = 2 e A = C-r = 6-2 = 4.

Temos
4+B+6+8+E = 52
B+E = 34
D/q + D.q = 34
8/q + 8q = 34
$8 + 8q^2 = 34q \rightarrow 8q^2 - 34q + 8 = 0 \rightarrow q = 1/4$ (não serve porque a PG é cresc.) ou q = 4.
Logo, B = 2 e E = 32, ou seja, os números são
A B C D E
4 2 6 8 32

Respostas
1) A>B Certo
2) A > C Errado
3) A+B+C+D = 20 não é maior que E = 32. Errado.

Gabarito 1C, 2E, 3E

(Auditor Fiscal da Receita Federal – ESAF) Assinale a opção que expresse a relação entre as médias aritmética (A), geométrica (G) e harmônica (H), para um conjunto de n valores positivos (X_{1}, X2, ..., Xn):

(A) G ≤ H ≤ , com G = H = somente se os n valores forem todos iguais.
(B) G ≤ ≤ H, com G = = H somente se os n valores forem todos iguais.
(C) ≤ G ≤ H, com = G = H somente se os n valores forem todos iguais.
(D) H ≤ G ≤ A, com H = G = A somente se os n valores forem todos iguais.
(E) ≤ H ≤ G, com = H = G somente se os n valores forem todos iguais.

Solução
Sabe-se que H ≤ G ≤ A e quando os n valores forem iguais temos H=G=A.

Gabarito "D".

3. MATEMÁTICA FINANCEIRA

3.1. JUROS SIMPLES. MONTANTE E JUROS. TAXA REAL E TAXA EFETIVA. TAXAS EQUIVALENTES. CAPITAIS EQUIVALENTES

(Auditor Fiscal/RO – FCC) Dois capitais foram aplicados a uma taxa de juros simples de 2% ao mês. O primeiro capital ficou aplicado durante o prazo de um ano e o segundo, durante 8 meses. A soma dos dois capitais e a soma dos correspondentes juros são iguais a R$ 27.000,00 e R$ 5.280,00, respectivamente. O valor do módulo da diferença entre os dois capitais é igual a

(A) R$ 5.000,00
(B) R$ 4.000,00
(C) R$ 3.000,00
(D) R$ 2.500,00
(E) R$ 2.000,00

Solução
C1 + C2 = 27000 => C1 = 27000 - C2
C1 x 0,02 x 12 + C2 x 0,02 x 8 = 5280
0,24 C1 + 0,16 C2 = 5280
0,24 (27000 – C2) + 0,16 C2 = 5280
6480 – 0,24 C2 + 0,16 C2 = 5280
0,08 C2 = 6480 - 5280 = 1200 => C2 = 1200/0,08 = 15000
E C1 = 12000
Logo, Módulo (C2 – C1) = 3000

Gabarito "C".

(Auditor Fiscal/RO – FCC) A compra de um equipamento por uma indústria poderá ser feita por uma das duas opções seguintes: à vista por R$ 41.600,00 ou em duas prestações anuais e consecutivas de valores iguais, vencendo a primeira um ano após a data da compra. Considerando-se uma taxa de juros compostos de 8% ao ano e o critério do desconto composto real, tem-se que o valor de cada prestação referente à segunda opção, que tornam equivalentes, na data da compra, as duas opções é

(A) R$ 23.328,00
(B) R$ 22.064,00
(C) R$ 21.600,00
(D) R$ 20.800,00
(E) R$ 20.400,00

Solução
Primeira parcela P e segunda, Px(1,08).
A soma das duas deve ser equivalente a 41 600(1+i)2 = (41 600)(1,08)2
Logo
41 600x1,1664 = P + 1,08P
48 522,24 = 2,08P
P = 23 328
Gabarito "A".

(**Auditor Fiscal/SC – FEPESE**) Um Capital de $ 1.000,00 ficou aplicado durante 135 dias, alcançando no final deste período o montante de $ 1.450,00.

Calcule a taxa mensal de juros simples que esse capital rendeu e assinale a alternativa que indica a resposta **correta**.

(A) 10,00%.
(B) 12,00%.
(C) 15,00%.
(D) 17,00%.
(E) 21,00%.

Solução
135 dias = 4,5 meses
J(juros) = 1450 – 1000 = 450
Então
450 = 1 000.j.4,5   (j: taxa de juros.)
j = 0,10 = 10%
Gabarito "A".

(**Auditor Fiscal/SC – FEPESE**) Uma dívida cujo valor final é de R$ 2.000,00 será paga daqui a 2 meses e outra dívida cujo valor final é de $ 4.000,00 será paga daqui a 5 meses.

Considerando juros simples de 6% ao mês, calcule o valor de um único pagamento a ser efetuado daqui a 3 meses que liquide totalmente as dívidas e assinale a alternativa que indica a resposta **correta**.

(A) $ 2.691,43
(B) $ 3.691,43
(C) $ 4.691,43
(D) $ 5.691,43
(E) $ 6.691,43

Solução
Então, o pagamento único deve ser de 2 120 + 3 571,43 = 5 691,43
Letra D.
A primeira dívida, de 2 000, levará mais um mês para ser paga. Logo, para quitá-la deve-se pagar
2 000 x 1,06 = 2 120.
A segunda será antecipada de 2 meses e terá um desconto e pagar-se-á (4 000)/(1+0,06x2) = 4 000/1,12 = 3 571,43
Então, o pagamento único deve ser de 2 120 + 3 571,43 = 5 691,43
Gabarito "D".

(**Auditor Fiscal/CE – ESAF**) Qual o capital que aplicado a juros simples à taxa de 2,4% ao mês rende R$ 1 608,00 em 100 dias?

(A) R$ 20 000,00.
(B) R$ 20 100,00.
(C) R$ 20 420,00.
(D) R$ 22 000,00.
(E) R$ 21 400,00.

Solução
100 dias = 3 1/3 mês = 10/3
1 608 = (C) x (10/3) x (0,024)
4 824v = c x 10 x 0,024
C = 20 100
Gabarito "B".

(**Auditor Fiscal da Receita Federal – ESAF**) Os capitais de R$ 2.500,00, R$ 3.500,00, R$ 4.000,00 e R$ 3.000,00 são aplicados a juros simples durante o mesmo prazo às taxas mensais de 6%, 4%, 3% e 1,5%, respectivamente. Obtenha a taxa média mensal de aplicação destes capitais.

(A) 2,9%
(B) 3%
(C) 3,138%
(D) 3,25%
(E) 3,5%

Solução
Calculem-se os juros
2 500x6% = 150
3 500x4% = 140
4 000x3% = 120
3 000x1,5% = 45
soma 13 000   455
Agora, uma simples regra de três
13 000   455
   100   x   x = 100x455/13 000   → x = 3,5%
Gabarito "E".

(**Auditor do Tesouro Municipal/Fortaleza-CE – ESAF**) Os capitais de 200, 300 e 100 unidades monetárias são aplicados a juros simples durante o mesmo prazo às taxas mensais de 4%, 2,5% e 5,5%, respectivamente. Calcule a taxa mensal média de aplicação destes capitais.

(A) 2,5%
(B) 3%
(C) 3,5%
(D) 4%
(E) 4,5%

Solução
Calculem-se os juros
200x4% = 8,0
300x2,5% = 7,5
100x5,5% = 5,5
soma 600   21,0
Agora, uma simples regra de três
600   21
100   x   x = 100x21/600   → x = 3,5%
Gabarito "C".

(**Auditor Fiscal da Receita Federal – ESAF**) Uma conta no valor de R$ 2.000,00 deve ser paga em um banco na segunda-feira, dia 8. O não pagamento no dia do vencimento implica uma multa fixa de 2% sobre o valor da conta mais o pagamento de uma taxa de permanência de 0,2% por dia útil de atraso, calculada como juros simples, sobre o valor da conta. Calcule o valor do pagamento devido no dia 22 do mesmo mês, considerando que não há nenhum feriado

bancário no período.
(A) R$ 2.080,00
(B) R$ 2.084,00
(C) R$ 2.088,00
(D) R$ 2.096,00
(E) R$ 2.100,00

Solução
multa = 2% de 2 000 = 40
tx sobre 10 dias úteis = 2 000 x 0,2% x 10 = 40
Valor do pagto. = 2 000 +40 (multa) + 40 *tx) = 2 080
Gabarito "A".

(**Auditor Fiscal da Receita Federal – ESAF**) Os capitais de R$ 7.000,00, R$ 6.000,00, R$ 3.000,00 e R$ 4.000,00 são aplicados respectivamente às taxas de 6%, 3%, 4% e 2% ao mês, no regime de juros simples durante o mesmo prazo. Calcule a taxa média proporcional anual de aplicação destes capitais.

(A) 4%
(B) 8%
(C) 12%
(D) 24%
(E) 48%

Solução
    7 000 x 6% = 420
    6 000 x 3% = 180
    3 000 x 4 % = 120
    4 000 x 2 % =   80
total 20 000   800
Com uma simples regra de três temos
20 000 800
100   x   => x = 80 000/20 000 = 4%am => 48% aa
Gabarito "E".

(**Fiscal de Tributos/PA – ESAF**) Três capitais nos valores de R$ 1.000,00, R$ 2.000,00 e R$ 4.000,00 são aplicados respectivamente às taxas de 5,5%, 4% e 4,5% ao mês, durante o mesmo número de meses. Obtenha a taxa média mensal de aplicação destes capitais.

(A) 3,5%
(B) 4%
(C) 4,25%
(D) 4,5%
(E) 5%

Solução
Calculem-se os juros
   1 000x5,5% = 55
   2 000x4%   = 80
   4 000x4,5% =180
soma 7 000   315
Agora, uma simples regra de três
7 000 315
100   x   x=100x315/7 000 → x=4,5%
Gabarito "D".

(**Agente Tributário Estadual/MS – ESAF**) Três capitais são aplicados a juros simples pelo mesmo prazo. O capital de R$ 3.000,00 é aplicado à taxa de 3% ao mês, o capital de R$ 2.000,00 é aplicado a 4% ao mês e o capital de R$ 5.000,00 é aplicado a 2% ao mês. Obtenha a taxa média mensal de aplicação desses capitais.

(A) 3%
(B) 2,7%
(C) 2,5%
(D) 2,4%
(E) 2%

Solução
Calculem-se os juros
   3 000x3% = 90
   2 000x4% = 80
   5 000x2% = 100
soma 10 000   270
Agora, uma simples regra de três
10 000 270
100   x   x=100x270/10 000 → x=2,7%
Gabarito "B".

(**Fiscal de Tributos/Santos-SP – FCC**) Dois capitais foram aplicados a juro simples, o primeiro por 4 meses à taxa de 3% ao mês e o segundo por 5 meses à taxa de 4% ao mês. Se a soma dos dois capitais é igual a R$ 6 200,00 e o juro total acumulado nessas aplicações foi de R$ 960,00, o maior capital excede o menor em

(A) R$ 620,00
(B) R$ 750,00
(C) R$ 800,00
(D) R$ 845,00
(E) R$ 930,00

Solução
C1 + C2 = 6 200 => C1= 6 200 - C2
C1x0,03x4 + C2x0,04x5 = 960
0,12C1 + 0,20C2 = 960
0,12(6 200 – C2) + 0,20C2 = 960
744 –0,12C2 + 0,20C2 = 960
0,08C2 = 960 – 744
0,08C2 = 216
C2 = 2 700 => C1 = 6 200 – 2 700 = 3 500
Quer saber 3 500 – 2 700 = 800
Gabarito "C".

(**Agente Tributário Estadual/MS – FGV**) Um artigo custa, à vista, R$ 200,00 e pode ser comprado a prazo com uma entrada de R$ 100,00 e um pagamento de R$ 120,00 um mês após a compra. Os que compram a prazo pagam juros mensais de taxa:

(A) 5%.
(B) 10%.
(C) 20%.
(D) 25%.
(E) 30%

Solução
Financia 200 – 100 e paga 120 em um mês.
Logo são cobrados 20 de juros, isto é,
100 20
100   x   x = 20 %am de taxa.
Gabarito "C".

(**Auditor Fiscal/S.J. Rio Preto-SP – VUNESP**) Marcelo recebia, há dois anos atrás, a importância de R$ 1.512,00 de aposentadoria, e hoje sua aposentadoria subiu para R$ 1.660,00. O salário mínimo, por sua vez, era de R$ 360,00 e no mesmo período subiu para R$ 415,00. Como o salário mínimo aumentou mais em porcentagem do que a aposentadoria de Marcelo, pode-se dizer que houve uma perda, em porcentagem, do valor da aposentadoria, em quantidades de salários mínimos. Essa perda, em porcentagem, foi de, aproximadamente,

(A) 13,2%.
(B) 9,8%.
(C) 15,3%.
(D) 4,8%.
(E) 5%

Solução
há dois anos: 1512 =   4,2 SM (salários mínimos
Hoje,   1660 =   4 SM
Assim, a perda (4,2 – 4 = 0,2) foi, em porcentagem, de
 4,2 → 0,2
 100 → x   => x =   4,761 Aproximada/ 4,8%
Gabarito "D".

3.2. JUROS COMPOSTOS. MONTANTE E JUROS. TAXA REAL E TAXA EFETIVA. TAXAS EQUIVALENTES. CAPITAIS EQUIVALENTES. CAPITALIZAÇÃO CONTÍNUA

(Auditor Fiscal da Receita Federal – ESAF) No sistema de juros compostos um capital PV aplicado durante um ano à taxa de 10 % ao ano com capitalização semestral resulta no valor final FV. Por outro lado, o mesmo capital PV, aplicado durante um trimestre à taxa de it% ao trimestre resultará no mesmo valor final FV, se a taxa de aplicação trimestral for igual a:

(A) 26,25 %
(B) 40 %
(C) 13,12 %
(D) 10,25 %
(E) 20 %

Solução
Como 10% aa (ao ano) => 5% as (ao semestre), temos
$PV(1+5\%)^2 = PV(1+i)$
$(1+0,05)^2 = 1+i$
$1,05^2 = 1+i$
$1,1025 = 1+i$
$i = 0,1025 = 10,25\%$
Gabarito "D".

(Fiscal da Receita/CE) A quantia de R$ 110.500,00 foi repartida em 2 partes, que foram aplicadas na mesma data, sob o regime de juros compostos. Uma parte foi aplicada no banco A, que paga juros de 3% ao mês, e a outra, no banco B, que paga juros de 5,06% ao mês. Considerando que 10 meses após as aplicações os montantes nos 2 bancos eram iguais, que $\dfrac{1,0506}{1,03} = 1,02$ e que 1,1 corresponde ao valor aproximado de $1,02^5$, é correto afirmar que a parte aplicada no banco A, em reais, era

(A) inferior a 49.000.
(B) superior a 49.000 e inferior a 59.000.
(C) superior a 59.000 e inferior a 69.000.
(D) superior a 69.000.

Solução
X+Y=110 500 (*)

Montante após 10 meses:
$X(1+0,03)^{10} = Y(1+0,0506)^{10}$
$X(1,03)^{10} = Y(1,0506)^{10}$
$X/Y = (1,0506/1,03)^{10}$
$X/Y = 1,2^{10} = (1,02)^5 \times (1,02)^5 = 1,1 \times 1,1 = 1,21$

Temos
Y=X/1,21 e aplicando em (*),
X+X/1,21=110 500
2,21X/1,21=110 500
X=110 500×1,21/2,21=133 705/2,21 X=60 500
Gabarito "C".

(Fiscal da Receita/CE) Caso a quantia de R$ 10.000,00 seja investida em uma conta remunerada à taxa efetiva de 21% ao ano, com capitalização composta e mensal, o valor dos juros resultantes 18 meses após o depósito será

(A) inferior a R$ 3.200,00.
(B) superior a R$ 3.200,00 e inferior a R$ 3.400,00.
(C) superior a R$ 3.400,00 e inferior a R$ 3.600,00.
(D) superior a R$ 3.600,00.

Solução
18 meses = 1,5 anos
$M = (C)(1,21)^{1,5} = (10000)(1,21)^{1,5} = (10000)(1,21)^{3/2} = [10000][1,21][\sqrt{1,21}] = 10000 \times 1,21 \times 1,1 = 13310$
J = M – C = 13310 – 10000 = 3310
Gabarito "B".

(Fiscal da Receita/CE) Se, para uma aplicação de um ano, um fundo de investimentos oferecer a taxa de remuneração de 12,35%, e a taxa de inflação nesse período for de 5%, então a taxa real de ganho desse fundo no período será igual a

(A) 1,07%.
(B) 7%.
(C) 7,35%.
(D) 17,35%.

Solução
(1 + 5%) (1 + i) = (1+12,35%)
(1,05)(1+ i) = 1,1235
1+ i = (1,1235)/(1,05)
1 + i = 1,07
i = 0,07 = 7%
Gabarito "B".

(Fiscal de Rendas/RJ – FGV) No regime de juros compostos, a taxa de juros semestral equivalente à taxa de 125% ao ano é igual a:

(A) 45%.
(B) 50%.
(C) 61,25%.
(D) 62,25%.
(E) 275%.

Solução
$(1 + 1,25)^1 = (1 + j)^2$
$\sqrt{2,25} = 1 + j$
1,5 = 1 + j
j = 0,50 = 50%
Gabarito "B".

(Fiscal de Rendas/RJ – FGV) Uma quantia foi aplicada durante um ano à taxa de 10% ao ano e a seguir, o valor resultante foi reaplicado, por mais um ano, a juros de 20% ao ano. Ambas as taxas são juros compostos. Para que a mesma quantia, aplicada durante igual período, resultasse no mesmo montante, deveria ser aplicada à taxa anual efetiva única de:

(A) 14,89%.
(B) 15,25%.
(C) 16,33%.
(D) 18,45%.
(E) 20,00%.

Solução
M1 = C (1,1)
M2 = M1 (1,2)
Então M2 = C(1,1)(1,2) = C(1,32)
Agora 1,32 = $(1 + j)^2$ (2 anos)
sqrt(1,32) = 1 + j
1 + j = 1,14891
j = 0,1489 = 14,89%
Gabarito "A".

(Fiscal de Rendas/RJ – FGV) Uma empresa parcela a venda de seus produtos que podem ser financiados em duas vezes, por meio de uma série uniforme de pagamentos postecipada. A taxa de juros efetiva cobrada é de 10% ao mês no regime de juros compostos e o cálculo das parcelas é feito considerando-se os meses com 30 dias.

Se um indivíduo comprar um produto por R$ 1.000,00, o valor de cada prestação mensal será:

(A) R$ 525,68.
(B) R$ 545,34.
(C) R$ 568,24.
(D) R$ 576,19.
(E) R$ 605,00.

Solução:

M=1 000$(1+i)^2$ = 1ª prestação X + X(1+i)
(1 000)$(1,1)^2$ = X + 1,1X
(1 000)(1,21) = 2,1X
X = (1 210)/(2,1) = 576,1904

Outra solução:
PMT = [VP][(i) (1 + i)^2]/[(1 + i)^2 -1)= [1 000][(0,1)(1,21)]/[1,21 – 1]

PMT = 576,1904
Gabarito "D".

(Fiscal de Rendas/RJ – FGV) Um indivíduo comprou um título perpétuo pelo qual paga R 500,00 por semestre. Sabendo que a taxa de juros anual, juros compostos, é de 21%, o valor presente desse título é:

(A) R$ 4.761,90.
(B) R$ 5.000,00.
(C) R$ 6.857,25.
(D) R$ 7.500,00.
(E) R$ 25.000,00.

Solução
Valor presente V = A/i   A valor recebido = 500 e 1 ano= 2 semestres

$(1 + i)^2$ = 1.21
1 + i = 1,1
i = 0,1 ao semestre
Então V = 500/0,1
V = 5000
Gabarito "B".

(Fiscal de Rendas/RJ – FGV) Um empréstimo foi feito à taxa de juros real de 20%.

Sabendo-se que a inflação foi de 10% no período, a taxa de juros aparente é:

(A) 12%.
(B) 22%.
(C) 28%.
(D) 30%.
(E) 32%

Solução
Taxa aparente = Taxa real + Inflação + inflação x taxa real
Taxa aparente = 0,20 + 0,10 + 0,10x0,20
Taxa aparente = 0,30 + 0,02 = 0,32
Gabarito "E".

(Auditor Fiscal/CE – ESAF) Qual o valor mais próximo da taxa equivalente à taxa nominal de 48% ao ano com capitalização mensal?

(A) 3,321% ao mês.
(B) 24% ao semestre.
(C) 26,532% ao semestre.
(D) 10,773% ao trimestre.
(E) 8,825% ao bimestre.

Solução
i = ik/k
i = 0,48/12 = 0,04 ao mês = 4% ao mês
$(1 + 0,04)^6$ (ao semestre) $1,04^2$ = 1,0816 $1,04^4$ = 1,16986
$1,04^6$ = 1,26532
Então a taxa vale 26,532% ao semestre
Gabarito "C".

(Auditor Fiscal da Receita Federal – ESAF) Ana quer vender um apartamento por R$ 400.000,00 à vista ou financiado pelo sistema de juros compostos a taxa de 5% ao semestre. Paulo está interessado em comprar esse apartamento e propõe à Ana pagar os R$ 400.000,00 em duas parcelas iguais, com vencimentos a contar a partir da compra. A primeira parcela com vencimento em 6 meses e a segunda com vencimento em 18 meses. Se Ana aceitar a proposta de Paulo, então, sem considerar os centavos, o valor de cada uma das parcelas será igual a:

(A) R$ 220.237,00
(B) R$ 230.237,00
(C) R$ 242.720,00
(D) R$ 275.412,00
(E) R$ 298.654,00

Solução
VP = R/(1 + 0,05) + R/$(1 + 0,05)^3$ (equivalência de capitais)
VP=R(1/1,05) + 1/$(1,05)^3$
VP =[R] [(0,9524) + (1/1,157625)]
400 000 = R (0,95238 + 0,86384) = R x 1,81622
R = 220 237
Gabarito "A".

(Auditor Fiscal/MG – ESAF) A que taxa mensal de juros compostos um capital aplicado aumenta 80% ao fim de quinze meses.
(A) 4%.
(B) 5%.
(C) 5,33%.
(D) 6,5%.
(E) 7%.

Solução:
Deseja-se M = 1,80C.   cálculos
Como M = C(1 +i)^{15}, temos $1,04^2$ = 1,0816
1,80 C = C(1 +i)^{15} $1,04^4$ = 1,1698585
1,80 = (1 +i)^{15} $1,04^{12}$ = 1,6010
Sabe-se que (1 + 4%)^{15} = 1.80094. $1,04^{14}$ = 1,7318
Logo i = 0,04= 4% $1,04^{15}$ = 1,80094
Gabarito "A".

(Auditor do Tesouro Municipal/Fortaleza-CE – ESAF) Qual o capital hoje que é equivalente a uma taxa de juros compostos de 10% ao semestre, a um capital de R$ 100.000,00 que venceu há um ano mais um capital de R$ 110.000,00 que vai vencer daqui a seis meses?
(A) R$ 210.000,00
(B) R$ 220.000,00
(C) R$ 221.000,00
(D) R$ 230.000,00
(E) R$ 231.000,00

Solução
Primeiro capital
M=C(1+0,10)^2
M=100000x1,1^2
M=100000x1,21
M=121000
E, somado ao segundo capital, temos
121000+100000=221000
Gabarito "C".

(Auditor Fiscal da Previdência Social – ESAF) Obtenha o valor mais próximo da quantia que deve ser depositada ao fim de cada mês, considerando uma taxa de rendimento de 2% ao mês, juros compostos, com o objetivo de se obter R$ 50.000,00 ao fim de dez meses.
(A) R$ 5.825,00
(B) R$ 5.000,00
(C) R$ 4.782,00
(D) R$ 4.566,00
(E) R$ 3.727,00

Solução
Como Sn = a1(q^n – 1)/(q – 1)   PG de razão 1,02 e primeiro termo p
Temos 50000 = p(1,02)^{10} – 1/(1,02 – 1)
50000 = p(1,218994 – 1)/0,02
50000 = p(0,218994/0,02 = px10,9497   p = 50000/10,94971 = 4566,33
Gabarito "D".

(Auditor Fiscal/ES – CESPE) Se um capital de R$ 2.000,00 foi aplicado por um período de 2 meses, sem saques no período, e o montante desse investimento, ao final dos 2 meses, foi de R$ 2.205,00, então, nesse investimento, foi praticada a taxa de juros compostos de 5% a.m.

Solução
M = C(1 +i)^2
2205 = 2000(1 + i)^2
(1 + i)2 = 2205/2000 = 1,1025
Extraindo a raiz obtemos
1 + i = 1,05   => i= 0,05 = 5%
Gabarito "C".

(Auditor Fiscal/ES – CESPE) Considere que R$ 2.000,00 tenham sido investidos em uma aplicação financeira que paga juros compostos de 5% a.m. e que, depois de certo período em que não houve qualquer saque ou nova aplicação nesse investimento, o montante era de R$ 2.315,25. Nessas condições, é correto concluir que esse investimento foi feito por 3 meses

Solução
2000(.1 + 0,05)^t = 2315,25
(1,05)t =1,157625 cálculo (1,05)^2 = 1,1025 e (1,05)3 = 1,157625
t = 3
Gabarito "C".

(Fiscal de Tributos/Vila Velha-ES – CESPE) Julgue os itens que se seguem.

(1) Considere-se que Mauro tenha aplicado o montante de R$ 10.000,00 em uma instituição financeira que paga juros compostos de 8% ao ano. Nessa situação, tomando-se 0,3 e 0,033 como valores aproximados para log10(2) e log10(1,08), respectivamente, é correto afirmar que o tempo decorrido para que a aplicação realizada por Mauro alcance o montante de R$ 20.000,00 é inferior a 8 anos.

(2) Considere-se que uma aplicação de R$ 10.000,00 tenha alcançado, após um ano, um montante de R$ 11.550,00. Nesse caso, se a taxa de inflação no período foi de 10%, então a taxa real de juros dessa aplicação no período foi inferior a 6%.

(3) O volume de 0,5 dm3 é igual a 50 mL.

(4) A solução do sistema de equações a seguir satisfaz às desigualdades z > x > y.
$$3x – y + z = 8$$
$$x + y + z = 4$$
$$2x + y – z = –8$$

Solução
(1) 20000 = 10000(1 +0,08)^t
2 = 1,08^t
log 2 = t log 1,08 t = log 2 / log 1,08
t = 0,3/0,033 => t = 9,09 anos.

(2) 11550 = 10000(1 + i)
1,155 = 1 + i
i = 0,155 = 15,5%   Logo 15,5% - 10% = 5,5% , isto é , a taxa real de juros < 6%

(3) 1 l = 1 dm3 = 1000 ml
então 0,5 dm3 = 500 ml

(4) Temos o sistema
3x – y + z = 8   4x + 2z = 12
x + y + z = 4 => 3x + 2y = 22
2x + y – z = 18   5x = 26   => x=26/5 y=16/5 z=-22/5

Gabarito 1E, 2C, 3E, 4C

(Fiscal de Tributos Estaduais/AC – CESPE) Marina fez um empréstimo a juros compostos de 4% ao mês e pagou sua dívida 4 meses depois. Sabendo que Marina pagou R$ 170,00 de juros e assumindo que $(1,04)^4 = 1,17$, a quantia que Marina tomou emprestada foi
(A) inferior a R$ 850,00.
(B) superior a R$ 851,00 e inferior a R$ 950,00.
(C) superior a R$ 951,00 e inferior a R$ 1.050,00.
(D) superior a R$ 1.051,00.

Solução
$C(1 + 0,04)^4 = C + 170$
$1,17C = C + 170$
$0,17C = 170$
$C = 1000$
Gabarito "C".

(Agente Fiscal de Rendas/SP – FCC) Um capital de R$ 50.000,00 foi aplicado à taxa semestral, durante 2 anos, com capitalização contínua, apresentando, no final do período, um montante igual a R$ 200.000,00. Utilizando ln 2 = 0,69 (ln é o logaritmo neperiano), tem-se que i é igual a
(A) 14,02%
(B) 17,25%
(C) 30%
(D) 34,5%
(E) 69%

Solução
n = 2 anos = 4 semestres
$M = C\, e^{nj}$
$M = C\, e^{4j}$
$200\,000 = 50\,000\, e^{4j}$
$4 = e^{4j}$
Ao aplicar logaritmos obtemos
$\ln 4 = 4j$
$2\ln 2 = 4j$
$2 \times 0,69 = 4j \quad 0,69 = 2j$
$j = 0,345 \rightarrow j = 34,5\,\%$
Gabarito "D".

3.3. DESCONTOS: SIMPLES, COMPOSTO. DESCONTO RACIONAL E DESCONTO COMERCIAL

(Auditor Fiscal do Trabalho – ESAF) Um título sofre um desconto simples por dentro de R$ 10.000,00 cinco meses antes do seu vencimento a uma taxa de desconto de 4% ao mês. Qual o valor mais próximo do valor nominal do título?
(A) R$ 60.000,00.
(B) R$ 46.157,00.
(C) R$ 56.157,00.
(D) R$ 50.000,00.
(E) R$ 55.000,00.

Solução
D = 10.000   j = 4%am   t = 5 meses
$D = (C)(j)(t)$
$10.000 = (C)(0,04)(5)$
$C = (10.000) / (0,20) = 50.000$
O valor nominal é de C + D = 50.000 + 10.000 = 60.000
Gabarito "A".

(Fiscal da Receita/CE) Em uma instituição financeira que usa o desconto comercial composto à taxa de 1% ao mês, um comerciante contraiu um empréstimo, no valor nominal de R$ 882.700,00, para ser liquidado em uma única parcela um ano após o empréstimo. Nessa situação, e considerando (0,99) elevado a potência 6 = 0,94, se o comerciante desejar mudar a forma de pagamento do empréstimo para duas parcelas de valores iguais, a serem pagas, respectivamente, ao final do sexto e décimo segundo meses, então o valor de cada parcela será igual a
(A) R$ 389.976,86.
(B) R$ 426.800,00.
(C) R$ 427.700,00.
(D) R$ 441.350,00.

Primeira prestação daqui a 6 meses terá desconto (valerá) = $A/(1-i)^6$ e a segunda (A),
Teremos, então:
$A/(1-i)^6 + A = 882\,700$
$(A)/(0,99)^6 + A = 882\,700$
$A/0,94 + A = 882\,700$
$A + 0,94A = 882\,700 \times 0,94 = 829\,738$
$1,94A = 829\,738$
$A = 427\,700$
Gabarito "C".

(Fiscal de Rendas/RJ – FGV) Com relação aos diferentes tipos de *desconto simples* analise as afirmativas a seguir:
I. O desconto racional (por dentro), no regime de capitalização simples, é dado pela diferença entre o valor futuro e o valor presente.
II. O desconto comercial (por fora), no regime de capitalização simples, é dado pela relação D = VF*d*n, no qual VF é o valor futuro, d é a taxa de desconto por período e n é o número de períodos de desconto.
III. O desconto bancário é o contrato pelo qual o banco (descontador) antecipa ao cliente (descontário) o valor de um crédito.
Assinale:
(A) se somente as afirmativas I e II estiverem corretas.
(B) se somente as afirmativas I e III estiverem corretas.
(C) se somente a afirmativa III estiver correta.
(D) se somente as afirmativas II e III estiverem corretas.
(E) se todas as afirmativas estiverem corretas.

Solução
I. Sempre verdade para qualquer desconto.
II. Sim, a taxa do desconto simples é sobre o valor nominal.
III. Sim, o desconto é esse tipo de contrato.
Gabarito "E".

(Fiscal de Rendas/RJ – FGV) Um título com três anos até o vencimento tem valor futuro de R 10.000,00. Sabendo-se que um banco apresenta uma taxa de desconto composto comercial de 50% ao ano, o valor presente desse título é:
(A) R$ 1.250,00.
(B) R$ 2.000,00.
(C) R$ 3.333,33.
(D) R$ 4.000,00.
(E) R$ 5.000,00

Solução

Valor atual V = N(1 – i)^n
V = 10 000(1 – 0,50)^3
V = 10 000 × 0,5^3 = 10 000 × 0,125 = 1 250
Gabarito "A".

(Auditor Fiscal/RO – FCC) Um título é descontado em um banco 45 dias antes de seu vencimento, considerando a convenção do mês comercial. A taxa de desconto utilizada pelo banco é de 3% ao mês. Caso a operação seja a do desconto racional simples, o valor presente do título é igual a R$ 40.000,00. Utilizando a operação do desconto comercial simples, o valor presente do título é

(A) R$ 38.200,00
(B) R$ 38.949,00
(C) R$ 39.209,50
(D) R$ 39.919,00
(E) R$ 39.959,50

Solução
t = 45 dias = 1,5 meses   j = 3%am: VP = 40 000.
Mas
f = jt = 1,5 × 0,03 = 0,045
VP = 40 000 = N/(1+f) = N/1,045
N = 41 800
Valor pres. = N.- desconto = N(1 – 4,5%) = 41 800(1 – 0,045) = 41 800
× 0,955 = 39 919
Gabarito "D".

(Auditor Fiscal/SC – FEPESE) Um título com vencimento em 29 de dezembro de X10 é descontado por $ 3.000,00 no dia 1º de agosto do mesmo ano a uma taxa de juros simples de 6% ao mês.

Utilizando a modalidade de Desconto Comercial Simples (desconto por fora), calcule o valor de resgate (valor nominal) do título, utilizando o ano civil de 365 dias e assinale a alternativa que indica a resposta **correta.**

(A) $ 4.285,71
(B) $ 4.825,71
(C) $ 5.285,71
(D) $ 5.428,71
(E) $ 5.582,71

Solução
Com o ano civil temos o total t de 31 (agosto) + 30 (setembro) + 31 (outubro) + 30(novembro) + 28(dezembro) =
= 150 dias -= 5 meses.
Temos
D = N (1 – it)   (desconto comercial simples)
3 000 = N(1- 0,06 × 5)
3 000 = N (1 – 0,3)
3 000 = N × 0,7   => N = 4 285,71
Gabarito "A".

(Auditor Fiscal/CE – ESAF) Uma empresa desconta um título no valor nominal de R$ 112 551,00 quatro meses antes do seu vencimento por meio de um desconto racional composto calculado à taxa de 3% ao mês. Calcule o valor mais próximo do valor do desconto.

(A) R$ 12 635,20.
(B) R$ 12 551,00.
(C) R$ 11 255,10.
(D) R$ 12 633,33.
(E) R$ 12 948,00.

Solução
d = N - N/(1 + i) ^{n}
d = 112 551 – 112 551/(1,03)^4 (1,03)^4 = 1,12551
d = 112 551 – 112 551/1,12551
d = 112 551 – 100 000 = 12 551
Gabarito "B".

(Auditor Fiscal da Receita Federal – ESAF) O valor nominal de uma dívida é igual a 5 vezes o desconto racional composto, caso a antecipação seja de dez meses. Sabendo-se que o valor atual da dívida (valor de resgate) é de R$ 200.000,00, então o valor nominal da dívida, sem considerar os centavos, é igual a:

(A) R$ 230.000,00
(B) R$ 250.000,00
(C) R$ 330.000,00
(D) R$ 320.000,00
(E) R$ 310.000,00

Solução
N = 5d R(resgate) = 200 000
Como d = N – R, temos
N/5 = N – 200 000
200 000 = N – N/5 = 4N/5
N = 1 000 000/4
N = 250 000
Gabarito "B".

(Auditor Fiscal/MG – ESAF) Um cheque pré-datado é adquirido com um desconto de 20% por uma empresa especializada, quatro meses antes de seu vencimento. Calcule a taxa de desconto mensal da operação considerando um desconto simples por dentro.

(A) 6,25%.
(B) 6%.
(C) 4%.
(D) 5%.
(E) 5,5%

Solução
D = N – N/(1 + ni)
0,20 N = N - N/(1 + 4i)
0,20 = 1 - 1/(1 + 4i)
1/(1 + 4i) = 1 – 0,2 = 0,8
1 + 4i = 1/0,8 = 1,25
4i = 0,25   i = 0,0625 = 6,25%
Gabarito "A".

(Auditor do Tesouro Municipal/Fortaleza-CE – ESAF) Um título no valor nominal de R$ 20.000,00 sofre um desconto comercial simples de R$ 1.800,00 três meses antes de seu vencimento. Calcule a taxa mensal de desconto aplicada.

(A) 6%
(B) 5%
(C) 4%
(D) 3,3%
(E) 3%

Solução:
D = Nin (D:desconto comercial simples)
1 800 = 20 000.i.3 = 1 800 = 60 000i
i = 0,03 = 3%.
Obs.: Pode-se conferir o resultado: 3% de 20 000 × 3 = 9 000 de desconto.
Gabarito "E".

(Agente Tributário Estadual/MS – ESAF) Uma nota promissória no valor nominal de R$5.000,00 sofre um desconto comercial simples a uma taxa de desconto de 4% ao mês. Qual o valor do desconto, dado que a nota foi resgatada três meses antes do seu vencimento?

(A) R$ 416,70
(B) R$ 524,32
(C) R$ 535,71
(D) R$ 555,00
(E) R$ 600,00

Solução
Como D = Nin, temos
D = 5 000 x 0,04 x 3 = 5 000x0,12 = 600
Gabarito "E".

(Agente Tributário Estadual/MS – ESAF) Um título é descontado por R$ 4.400,00 quatro meses antes do seu vencimento. Obtenha o valor de face do título considerando que foi aplicado um desconto racional composto a uma taxa de 3% ao mês. (Despreze os centavos, se houver).

(A) R$ 4.400,00
(B) R$ 4.725,00
(C) R$ 4.928,00
(D) R$ 4.952,00
(E) R$ 5.000,00

Solução
Como D = N - Nin/(1 + in), temos
4 400 = N - Nx0,03x4/(1 + 0,03x4)
4 400 = N – 0,12N/1,12 = N/1,12
N = 4 928 (valor nominal)
Gabarito "D".

3.4. AMORTIZAÇÕES. SISTEMA FRANCÊS. SISTEMA DE AMORTIZAÇÃO CONSTANTE. SISTEMA MISTO

(Auditor Fiscal do Trabalho – ESAF) Um financiamento no valor de R$ 82.000,00 deve ser pago em 18 prestações trimestrais iguais, a uma taxa de 10% ao trimestre, vencendo a primeira prestação ao fim do primeiro trimestre. Calcule o valor mais próximo do saldo devedor imediatamente após o pagamento da segunda prestação.

(A) R$ 75.560,00.
(B) R$ 76.120,00.
(C) R$ 78.220,00.
(D) R$ 77.440,00.
(E) R$ 76.400,00.

Solução
C = 82.000
j = 10% ao trimestre
t = 18 trimestres
Valor da prestação p
C = p at,j   at,j - fator de amortização com tempo t e taxa j
82.000 = (p) (a 18,10%)
82.000 = p 8,20141   → p = 10 000
Depois de pagas duas prestações o saldo devedor sobre as 16 que faltam
saldo = p.a16,10%
saldo = 10 000 . 7,82371
saldo = 78 237
Gabarito "C".

(Fiscal da Receita/CE) Se uma dívida de R$ 8.000,00 for paga pelo sistema de amortização constante (SAC), em cinco prestações mensais, consecutivas, com a primeira prestação vencendo um mês após a dívida ter sido contraída, e a taxa mensal de juros for de 5%, então, o valor da quarta prestação, em reais, será

(A) inferior a 1.800.
(B) superior a 1.800 e inferior a 1.850.
(C) superior a 1.850 e inferior a 1.900.
(D) superior a 1.900.

Solução
Amortização A= 8 000/5 = 1 600
juros j = 5% de 1 600 = 80
Primeira prestação = A + 8 000 x 0,05 = 2 000
As prestações são 2 000, 1 920, 1 840, 1 760 e 1 600.
2ª solução
Pela fórmula Pn = A – (n-1)j = 2 000 -3x80 = 2 000 - 240 = 1 760
n=0,1,...4 (prestação)
Então a quarta prestação vale 1 760.
Gabarito "A".

(Fiscal de Rendas/RJ – FGV) Com relação aos diferentes sistemas de amortização, analise as afirmativas a seguir:

I. Segundo o Sistema de Amortização Constante, para um empréstimo de R$ 50.000,00, a ser amortizado em 25 vezes a uma taxa de juros de 5% ao mês, o valor acumulado das três primeiras prestações é de R$ 12.700,00.
II. No Sistema Francês de Amortização as prestações são crescentes, com juros decrescentes.
III. No Sistema Americano de Amortização, para um empréstimo de R$ 50.000,00, a ser amortizado em 25 vezes a uma taxa de juros de 5% ao mês, o valor acumulado das três primeiras prestações é de R$ 7.500,00.

Assinale:

(A) se somente as afirmativas I e II estiverem corretas.
(B) se somente as afirmativas I e III estiverem corretas.
(C) se somente a afirmativa III estiver correta.
(D) se somente as afirmativas II e III estiverem corretas.
(E) se todas as afirmativas estiverem corretas.

Solução
I. A planilha de pagamento para SAC fica assim:

Período	Juros	Amortiz.	Prestação	Saldo devedor	Cálculos
0				50 000	Amortiz. mensal: Dívida/n=50 000/25=2 000
1	2 500	2 000	4 500	48 000	Juros na 1ª=5% de 50 000=2 500
2	2 400	2 000	4 400	46 000	
3	2 300	2 000	4 300	44 000	
Soma			13 200		

Soma das 3 primeiras prestações = 4 500 + 4 400 + 4 300 = 13 200
II. Sistema Francês: Como no sistema francês as prestações são iguais, os juros são decrescentes e as amortizações são crescentes.
III. Sistema Americano: No período de carência só se pagam os juros

Período	Amortização	Juros	Prestação	Saldo devedor	Cálculos
1	0	2500	2500	50000	Juros = 5% de 50000=2500
2	0	2500	2500	50000	
3	0	2500	2500	50000	
Soma	0	7500	7500	50000	

No último pagamento são pagos os juros e o capital emprestado.
Soma das 3 primeiras prestações = 2500x3=7500

Gabarito "C".

(Fiscal de Rendas/RJ – FGV) Um indivíduo adquiriu uma moto, no valor de R$ 19.804,84 a ser pago em 36 prestações pelo Sistema Price de Amortização. Ao final do 12° mês ele ainda deve R$ 14.696,13.

Sabendo-se que a taxa de juros do empréstimo é de 2% ao mês e que a prestação tem o valor de R$ 777,00, o saldo devedor, após o pagamento da próxima prestação, será de:

(A) R$ 14.000,00.
(B) R$ 14.147,53.
(C) R$ 14.198,84.
(D) R$ 14.213,05.
(E) R$ 14.322,01.

Solução
Juros J = 14696,13 x 2% = 293,92
E a amortização A = 777 – 293,92 = 483,08
Paga a prestação, o saldo devedor fica
14696,13 – 483,08 = 14213,05

Gabarito "D".

(Auditor Fiscal/RO – FCC) A dívida referente à aquisição de um imóvel deverá ser liquidada pelo Sistema de Amortização Constante (SAC) por meio de 48 prestações mensais, a uma taxa de 2% ao mês, vencendo a primeira prestação um mês após a data de aquisição. Se o valor da última prestação é de R$ 2.550,00, tem-se que o valor da 26ª prestação é igual a

(A) R$ 3.700,00
(B) R$ 3.650,00
(C) R$ 3.600,00
(D) R$ 3.550,00
(E) R$ 3.500,00

Solução
Cálculo da amortização, que é constante em todo o período
A = 2550/(1 + 2%) = 2550/1,02 = 2500.
S = Valor do bem = 48 x 2500 = 120000
A 26ª prestação = A + Juros 25ª.
E o juro da 26ª = 2% Saldo 25ª (saldo devedor no período anterior 25ª)
S25 = 120000 - 25 x 2500 = 120000 – 62500 = 57500
Logo Juros 26ª = 2% de 57500 = 1150
Finalmente,
Prestação = A + Juros 25ª = 2500 + 1150 = 3650.

Gabarito "B".

(Auditor Fiscal/SC – FEPESE) Um empréstimo de $ 100.000,00 será pago em 12 prestações mensais iguais e sucessivas pela tabela *price* a juros de 1% ao mês. Calcule o saldo devedor do empréstimo no 6° mês e assinale a alternativa que indica a resposta **correta**.

(A) $ 51.492.10

(B) $ 58.492.10
(C) $ 62.492,52
(D) $ 66.492.10
(E) $ 68.234,52

Solução

período	prestação	Juros	amortiz	sld devedor	cálculos prest = 100000/11,2551=8884,94
0				100000	A = Prest – J; Sld dev=Sld dev ant - A
1	8884,94	1000	7884,94	92115,06	juros1 = 1% de 100000 = 1000
2	8884,94	921,15	7963,79	84151,27	juros2 = 1% de 92115,06= 921,15
3	8884,94	841,51	8043,43	76107,84	...
4	8884,94	761,08	8123,86	67983,98	
5	8884,94	679,84	8205,10	59778,88	
6	8884,94	597,79	8287,15	51491,73	

Gabarito "A".

3.5. FLUXO DE CAIXA. VALOR ATUAL. TAXA INTERNA DE RETORNO

(Auditor Fiscal/RO – FCC) Considere o fluxo de caixa abaixo referente a um projeto em que o desembolso inicial foi de R$ 25.000,00. A uma taxa de atratividade de 20% ao ano, o índice de lucratividade do projeto apresenta um valor de 1,176.

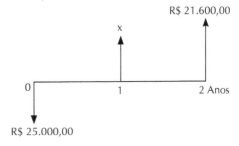

O valor de X é igual a

(A) R$ 12.000,00
(B) R$ 13.200,00
(C) R$ 14.400,00
(D) R$ 15.000,00
(E) R$ 17.280,00

Solução
O desembolso vale 25000 x 1,176 = 29400.
Na data 1 temos
29400 (1 + 20%) = X + 21600/(1 + 20%)
29400x1,2 = X + 21600/1,2
35280 = X + 18000
 = -17280

Gabarito "E".

(Auditor Fiscal/SC – FEPESE) Podemos afirmar que o resultado do Valor Presente Líquido (VPL) depende do custo inicial, dos retornos e suas datas de ocorrência, e da taxa requerida ajustada ao nível de risco de um determinado projeto.

A partir da análise do fluxo de caixa abaixo, considerando uma taxa de juros de 10% ao ano,

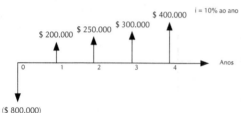

Calcule o VPL e assinale a alternativa que indica a resposta **correta**.

(A) $ 89.790,57
(B) $ 87.029,57
(C) $ 80.920,57
(D) $ 78.290,57
(E) $ 72.790,57

Solução
VPL = -800 000 + 200 000/1,1 + 250 000/1,1² + 300 000/1,1³ + 400 000/1,1⁴
VPL = -800 000 + (200 000×1,1³ + 250 000×1,1² + 300 000×1,1 + 400 000)/1,1⁴
VPL = -800 000 + (266 200 + 302 500 + 330 000 + 400 000)/1,4641
VPL = -800 000 + 1 298 700 /1,4641 = -800 000 + 887 029,57
VPL = 87 029,57
Gabarito "B".

(Auditor Fiscal/SC – FEPESE) Considerando o Gráfico abaixo, onde o eixo Y representa os VPL(s) em $ e o Eixo X, as taxas em %.

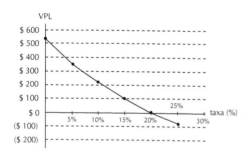

Assinale a alternativa que identifica **corretamente** a Taxa Interna de Retorno (TIR).

(A) 30%
(B) 25%
(C) 20%
(D) 15%
(E) 0%

Solução
Como a taxa interna de retorno torna zero o VPL, neste caso a TIR vale 20 % que é quando o VPL é zero.
Gabarito "C".

(Agente Fiscal de Rendas/SP – FCC) A representação gráfica abaixo corresponde ao fluxo de caixa de um projeto de investimento com a escala horizontal em anos.

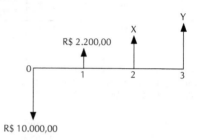

Se a taxa interna de retorno referente a este projeto é igual a 10% ao ano e (X + Y) = R$ 10.285,00, tem-se que X é igual a

(A) R$ 3.025,00
(B) R$ 3.267,00
(C) R$ 3.388,00
(D) R$ 3.509,00
(E) R$ 3.630,00

Solução
Calculemos a soma dos valores atuais dos fluxos com a taxa de 10% aa:
Soma = -10 000 + 2 200/1,1 + X/1,1² + Y/1,1³
Essa soma deve ser igual a zero para a taxa interna de retorno.
Soma = 0
-10 000 1,1³ + 2 200 1,1² + X 1,1 + Y = 0
-10 000 x 1,331 + 2 200 x 1,21 + 1,1X +Y=0
-13 310 + 2 662 + 1,1X + Y = 0
-10 648 + 1,1X + Y = 0

Mas Y = 10 285 – X e ficamos
-10 648 + 1,1X + 10 285 – X = 0
0,1X = 363 → X = 3 630
Gabarito "E".

3.6. QUESTÕES DE CONTEÚDO VARIADO DE MATEMÁTICA FINANCEIRA

(Auditor Fiscal/CE – ESAF) Metade de um capital foi aplicada a juros compostos à taxa de 3% ao mês por um prazo de doze meses enquanto a outra metade foi aplicada à taxa de 3,5% ao mês, juros simples, no mesmo prazo de doze meses. Calcule o valor mais próximo deste capital, dado que as duas aplicações juntas renderam um juro de R$ 21 144,02 ao fim do prazo.

(A) R$ 25 000,00.
(B) R$ 39 000,00.
(C) R$ 31 000,00.
(D) R$ 48 000,00.
(E) R$ 50 000,00.

Solução
M1 = [(1 + 0,03)]¹² [C/2] = [1,4258][C/2]
M2 = [(1 + (0,035)(12)] = [1,42][C/2]
M1 + M2 = [2,8458] [C/2]
Mas: Juros = 21 144,02 = [M1 – (C/2)] + [(M2 – (C/2)] = M1 + M2 – C
daí,
21 144,02 = (2,8458)(C/2) – C = 1,4229C – C = 0,4229C => C = 49 997,68
Gabarito "E".

(Auditor Fiscal da Receita Federal – ESAF) Um capital é aplicado a juros compostos à taxa de 40% ao ano durante um ano e meio. Calcule o valor mais próximo da perda percentual do montante considerando o seu cálculo pela convenção exponencial em relação ao seu cálculo pela convenção linear, dado que $1,40^{1,5} = 1,656502$.

(A) 0,5%
(B) 1%
(C) 1,4%
(D) 1,7%
(E) 2,0%

Solução
Convenção linear = juros compostos no tempo inteiro x juros simples no tempo fracionário.
Linear: M1 = C (1 + 40%)1 x C(1 + 40%x0,5) = C1,4 x (1 + 0,2) = 1,4C+1,2C = 1,68C
Convenção exponencial = juros compostos
Exponencial: M2 = C(,1+ 0,4) 1. = Cx1,401,5 = 1,656502C
Perda = M1 - M2 = 1,68C - 1,656502C = 0,023498C
Então
1,656502C 0,023498C
100   x
daí, x 1,42 ≈1,4%
Gabarito "C".

(Auditor Fiscal da Previdência Social – ESAF) Uma pessoa física recebeu um empréstimo de um banco comercial no valor de R$ 10.000,00 por um prazo de três meses para pagar de volta este valor acrescido de 15% de juros ao fim do prazo. Todavia, a pessoa só pode usar em proveito próprio 75% do empréstimo, porque, por força do contrato, usou o restante para fazer uma aplicação no próprio banco que rendeu R$ 150,00 ao fim dos três meses. Indique qual foi a taxa efetiva de juros paga pela pessoa física sobre a parte do empréstimo que utilizou em proveito próprio.

(A) 12% ao trimestre
(B) 14% ao trimestre
(C) 15% ao trimestre
(D) 16% ao trimestre
(E) 18% ao trimestre

Solução
Utilizou 2500 e obteve 150 de renda.
7500   1500-150   =>   x = 100x1 350/7 500 = 18%at
 100   x
Gabarito "E".

(Agente Fiscal de Rendas/SP – FCC) Uma pessoa aplica 40% de seu capital, na data de hoje, a uma taxa de juros simples de 30% ao ano, durante 6 meses. Aplica o restante, na mesma data, à taxa de juros compostos de 10% ao trimestre, durante 1 semestre. Sabendo- se que a soma dos montantes obtidos através destas duas operações é igual a R$ 65.230,00, tem-se que o valor do capital inicial total que esta pessoa possui na data de hoje é

(A) R$ 50.000,00
(B) R$ 52.500,00
(C) R$ 55.000,00
(D) R$ 57.500,00
(E) R$ 60.000,00

Solução
$0,4C(1 +0,3x0,5) + 0,6Cx1,1^2 = 65 230$
$0,4C(1 + 0,15) + 0,726C = 65 230$
$0,46C + 0,726C = 65 230$
$1,186C = 65 230$ => C= 55 000
Gabarito "C".

(Fiscal de Tributos/Santos-SP – FCC) Duas pessoas fundaram uma empresa com o capital total de R$ 240 000,00 e após um ano de atividade o lucro foi de R$ 80 000,00. Dividiram esse lucro em partes diretamente proporcionais aos respectivos capitais que cada um investiu. O lucro do primeiro sócio correspondeu à metade do lucro do segundo mais R$ 2 000,00. O capital investido pelo segundo sócio foi

(A) R$ 172 000,00
(B) R$ 168 000,00
(C) R$ 164 700,00
(D) R$ 160 000,00
(E) R$ 156 000,00

Solução

sócio	capital	lucro
1º.	A	x
2º.	B	y
soma	240 000	80 000

Lucro em partes proporcionais
A   B
─── = ───
x   y

Pela propriedade das proporções temos

$\dfrac{A+B}{x+y} = \dfrac{A}{x} = \dfrac{B}{y} = \dfrac{240\,000}{80\,000} = 3$

daí
A = 3x
B= 3y
Mas x= y/2 + 2 000
A/3 = (B/3)/2 + 2 000
2A = B + 6. 2 000
2A – B = 12 000   e A + B = 240 000
Donde
3A = = 252 000 e A = 84 000
Segue que B = 240 000 – A   → B = 156 000
Gabarito "E".

4. ESTATÍSTICA

4.1. ESTATÍSTICA DESCRITIVA: GRÁFICOS, TABELAS, MEDIDAS DE POSIÇÃO E DE VARIABILIDADE

(Auditor Fiscal da Receita Federal – ESAF) Considere a seguinte amostra aleatória das idades em anos completos dos alunos em um curso preparatório. Com relação a essa amostra, marque a única opção correta:

29, 27, 25, 39, 29, 27, 41, 31, 25, 33, 27, 25, 25, 23, 27, 27,

32, 26, 24, 36, 32, 26, 28, 24, 28, 27, 24, 26, 30, 26, 35, 26,

28, 34, 29, 23, 28.

(A) A média e a mediana das idades são iguais a 27.
(B) A moda e a média das idades são iguais a 27.
(C) A mediana das idades é 27 e a média é 26,08.
(D) A média das idades é 27 e o desvio-padrão é 1,074.
(E) A moda e a mediana das idades são iguais a 27.

Solução
Calculando as frequências, obtemos:

x	F	x.f	f (acum.)	Observ.
23	2	46	2	
24	3	72	5	
25	4	100	9	
26	5	130	14	
27	6	162	20	Moda
28	4	112	24	
29	3	87	27	
30	1	30	28	
31	1	31	29	
32	2	64	31	
33	1	33	32	
34	1	34	33	
35	1	35	34	
36	1	36	35	
39	1	39	36	
41	1	41	37	
Total	37	1052		

Idades em ordem crescente
23,23
24,24,24,
25 25 25 25
26 26 26 26 26
27 27 27 27 (27)   mediana   (19ª Posição = (37+1)/2)
Então moda = mediana=27.

Gabarito "E".

(Auditor Fiscal da Receita Federal – ESAF) A tabela mostra a distribuição de frequências relativas populacionais (f') de uma variável X:

X	f'
–2	6a
1	1a
2	3a

Sabendo que "a" é um número real, então a média e a variância de X são, respectivamente:

(A) $\mu_x = -0,5$ e $\sigma^2_x = 3,45$
(B) $\mu_x = 0,5$ e $\sigma^2_x = -3,45$
(C) $\mu_x = 0$ e $\sigma^2_x = 1$
(D) $\mu_x = -0,5$ e $\sigma^2_x = 3,7$
(E) $\mu_x = 0,5$ e $\sigma^2_x = 3,7$

Solução:

Total	10ª	–5a
x	F	xf
–2	6ª	–12a
1	1ª	1a
2	3ª	6a
Total	10ª	–5a

daí,
Média=–5a/10a=–0,5
Variância:
Como s^2 = [somat(x_i^2)fi]/soma(f) – xbarra^2, temos

x	F	x^2	x^{2}f
–2	6ª	4	24a
1	1ª	1	1ª
2	3ª	4	12a
Soma	10a		37a

Então
s^2 = 37a/10a – (0,5)^2
s^2 = 3,7 – 0,25 = 3,45

Gabarito "A".

(Auditor Fiscal do Trabalho – ESAF) Em uma universidade, 56% dos alunos estudam em cursos da área de ciências humanas e os outros 44% estudam em cursos da área de ciências exatas, que incluem matemática e física. Dado que 5% dos alunos da universidade estudam matemática e 6% dos alunos da universidade estudam física e que não é possível estudar em mais de um curso na universidade, qual a proporção dos alunos que estudam matemática ou física entre os alunos que estudam em cursos de ciências exatas?

(A) 20,00%.
(B) 21,67%.
(C) 25,00%.
(D) 11,00%.
(E) 33,33%.

Solução
5% dos alunos estudam Matemática e
6% dos alunos estudam Física
Logo, 5+6=11% dos alunos estudam Matemática ou Física.
Mas 44% são de Exatas
Então,
11%   44%
x   100%   => x=11/44 %=25%.

Gabarito "C".

Tabela 1 (questões a seguir)
Considere a tabela agrupada em classes mostrada a seguir, referente a um conjunto com as notas de 100 alunos (considerados como a população da pesquisa) para a resolução das questões 34 e 35.

Classes	% acumulado
15 ⊢ 35	30
35 ⊢ 55	40
55 ⊢ 75	60
75 ⊢ 95	90
95 ⊢ 115	100

(Auditor Fiscal/SC – FEPESE) Qual é a média das notas dos alunos?

(A) 58
(B) 61
(C) 72
(D) 75
(E) 76,875

Solução
Refaz-se a tabela a partir dos pontos médios dos intervalos:

X	f	Xf
25	30	750
45	10	450
65	20	1 300
85	30	2 550
105	10	1 050
Total	100	6 100

Daí, xbarra=média=6 100/100 = 61
Gabarito "B".

(Auditor Fiscal/SC – FEPESE) Qual é o desvio padrão das notas dos alunos?

(A) 25,91
(B) 26
(C) 27
(D) 28
(E) 28,14

Solução: (di=xi-média)

Di	f	di^2	$di^2 f$
-36	30	1 296	38 800
-16	10	256	2 560
4	20	16	320
24	30	576	17 280
44	10	1 936	19 360
Total			78 320

Var=78 320/100=783,3 → DP=sqrt(var)=28
Gabarito "D".

(Fiscal de Rendas/RJ – FGV) A média, a mediana e a variância das idades de um grupo de vinte pessoas são, hoje, iguais, respectivamente, a 34, 35 e 24.

Daqui a dez anos, os valores da média, da mediana e da variância das idades dessas pessoas serão, respectivamente:

(A) 44, 35 e 34.
(B) 44, 45 e 12.
(C) 44, 45 e 24.
(D) 34, 35 e 12.
(E) 44, 45 e 124.

Solução

1) Média= somat(x_i)/20 = 34 x_i10= somat(xi +10)/20 = somat(x_i)/20 + somat(10)/20=xi + 20.10/20=34 + 10=44

2) Mediana m
m = (x10 + x11))2 (p/ número par de elementos)
m10=(x10+10 + x11 +10)/2=(x10+x11)/2+ 20/2=m+10=35+10=45

3) Variância
s2=somat(xi-xbarra)2/20
Daqui a 10 anos:
v2=somat(xi+10 – (xbarra+10))/20=somat(xi – xbarra)/20=s2=24

Outra solução
Pela propriedade da média, essa fica somada/subtraída de k se somarmos ou subtrairmos a ela um número k.
Idem para a mediana – ela se modifica de k se somarmos +/- k.
E a variância não se altera e somarmos +/- k as observações.
Gabarito "C".

(Auditor Fiscal/RO – FCC) Em uma cidade é realizado um levantamento referente aos valores recolhidos de determinado tributo estadual no período de um mês. Analisando os documentos de arrecadação, detectou-se 6 níveis de valores conforme consta no eixo horizontal do gráfico abaixo, em que as colunas representam as quantidades de recolhimentos correspondentes.

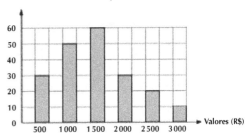

Com relação às medidas de posição deste levantamento tem-se que o valor da

(A) média aritmética é igual ao valor da mediana.
(B) média aritmética supera o valor da moda em R$ 125,00.
(C) moda supera o valor da mediana em R$ 500,00.
(D) mediana supera o valor da média aritmética em R$ 25,00.
(E) média aritmética é igual à metade da soma da mediana e a moda.

Solução
moda = 1500

Xi	Fi	Xifi	Freq. Acumulada
500	30	15 000	30
1 000	50	50 000	80
1 500	60	90 000	140
2 000	30	60 000	170
2 500	20	50 000	190
3 000	10	30 000	200
Soma	-	295 000	-

Mediana está na posição 200/2=100 => mediana=1 500
Média = soma (xifi)/soma(fi) = 295 000/2 000 = 1 475
Gabarito "D."

(Auditor Fiscal da Receita Federal – ESAF) Para dados agrupados representados por uma curva de frequências, as diferenças entre os valores da média, da mediana e da moda são indicadores da assimetria da curva. Indique a relação entre essas medidas de posição para uma distribuição negativamente assimétrica.

(A) A média apresenta o maior valor e a mediana se encontra abaixo da moda.
(B) A moda apresenta o maior valor e a média se encontra abaixo da mediana.
(C) A média apresenta o menor valor e a mediana se encontra abaixo da moda.
(D) A média, a mediana e a moda são coincidentes em valor.
(E) A moda apresenta o menor valor e a mediana se encontra abaixo da média.

Solução
Para curva assimétrica negativa temos
 xbarra < Md < Mo
Gabarito "C."

(Auditor Fiscal da Receita Federal – ESAF) Seja S o desvio padrão do atributo X. Assinale a opção que corresponde à medida de assimetria de X como definida pelo primeiro coeficiente de Pearson.

(A) 3/S
(B) 4/S
(C) 5/S
(D) 6/S
(E) 0

Solução
Ass = (xbarra – Mo)/S h = 20 fMo = 30 fant=25 fpost=15
Mo = linfMo – h(fMo – fant)/(2fMo – fant -fpost)
Mo = 140 – 20(30 – 25)/(2x30 – 25 – 15)
Mo = 140 – 20x5/(60 – 40)
Mo = 140 – 5
Mo = 135
Logo Ass = (138 – 135)/S
Ass = 3/S
Gabarito "A."

Para a solução da questão seguinte, utilize o enunciado que segue.

O atributo do tipo contínuo X, observado como um inteiro, numa amostra de tamanho 100 obtida de uma população de 1000 indivíduos, produziu a tabela de frequências seguinte:

Classes	Frequência (f)
29,5-39,5	4
39,5-49,5	8
49,5-59,5	14
59,5-69,5	20
69,5-79,5	26
79,5-89,5	18
89,5-99,5	10

(Auditor Fiscal da Receita Federal – ESAF) Para a distribuição de frequências do atributo X sabe-se que

$$\sum_{i=1}^{7}(x_i - \bar{x})^2 f_i = 24.500 \text{ e que}$$
$$\sum_{i=1}^{7}(x_i - \bar{x})^4 f_i = 14.682.500.$$

(Nessas expressões os x_i representam os pontos médios das classes e a média amostra).

Assinale a opção correta. Considere para sua resposta a fórmula da curtose com base nos momentos centrados e suponha que o valor de curtose encontrado é populacional.

(A) A distribuição do atributo X é leptocúrtica.
(B) A distribuição do atributo X é platicúrtica.
(C) A distribuição do atributo X é indefinida do ponto de vista da intensidade da curtose.
(D) A informação dada se presta apenas ao cálculo do coeficiente de assimetria com base nos momentos centrados de X.
(E) A distribuição de X é normal.

Solução
Calcule-se o coeficiente momento de curtose (alfa4) = M4 / s4 onde M4 momento de ordem 4 e s4 var ao quadrado.
Então
alfa4 = 14682500 / 24500²
alfa4 = 0,0246 < 3 → curva platicúrtica
Gabarito "B."

(Auditor Fiscal da Previdência Social – ESAF) A média e o desvio-padrão obtidos num lote de produção de 100 peças mecânicas são, respectivamente, 16 Kg e 40g. Uma peça particular do lote pesa 18Kg. Assinale a opção que dá o valor padronizado do peso dessa bola.

(A) –50
(B) 0,05
(C) 50
(D) –0,05
(E) 0,02

Solução
Como Z = (Xi − Xbarra)/s, temos
Z = (18 000 − 16 000)/40
Z = 2 000/40
Z = 50
Gabarito "C".

(Auditor Fiscal da Previdência Social − ESAF) O atributo X tem distribuição normal com média 2 e variância 4. Assinale a opção que dá o valor do terceiro quartil de X, sabendo-se que o terceiro quartil da normal padrão é 0,6745.

(A) 3,3490
(B) 0,6745
(C) 2,6745
(D) 2,3373
(E) 2,7500

Solução
O desvio-padrão DP é 2 e Z=(X−Xbarra)/s.
Para Z=0,6745 temos
0,6745=(X−2)/2
1,3490 = X − 2
X = 3,3490
Gabarito "A".

(Auditor Fiscal da Previdência Social − ESAF) Dada a sequência de valores 4, 4, 2, 7 e 3 assinale a opção que dá o valor da variância. Use o denominador 4 em seus cálculos.

(A) 5,5
(B) 4,5
(C) 3,5
(D) 6,0
(E) 16,0

Solução
Média xbarra= soma(xi)/5 = 20/5 = 4

xi	(xi − xbarra)^2
4	0
4	0
2	4
7	9
3	1
soma 14	→ Var(x) = soma[(xi − xbarra)^2] / 4 = 14/4 = 3,5

Gabarito "C".

(Auditor Fiscal da Previdência Social − ESAF) Uma estatística importante para o cálculo do coeficiente de assimetria de um conjunto de dados é o momento central de ordem três μ_3. Assinale a opção correta.

(A) O valor de μ_3 é obtido calculando-se a média dos desvios absolutos em relação à média.
(B) O valor de μ_3 é obtido calculando-se a média dos quadrados dos desvios em relação à média.
(C) O valor de μ_3 é obtido calculando-se a média dos desvios positivos em relação à média.
(D) O valor de μ_3 é obtido subtraindo-se o cubo da média da massa de dados da média dos cubos das observações.
(E) O valor de μ_3 é obtido calculando-se a média dos cubos dos desvios em relação à média.

Solução
O momento central de ordem r é calculado pela fórmula
μ_r = [soma(di)^r]/n onde os di são os desvios em relação à média.
Gabarito "E".

(Fiscal de Tributos/PA − ESAF) Um certo atributo W, medido em unidades apropriadas, tem média amostral 5 e desvio-padrão unitário. Assinale a opção que corresponde ao coeficiente de variação, para a mesma amostra, do atributo Y = 5 + 5W.

(A) 16,7%
(B) 20,0%
(C) 55,0%
(D) 50,8%
(E) 70,2%

Solução
ybarra = 5wbarra+ 5 = 5x5 + 5 = 30
Qdo se soma ou se multiplica uma cte a média, essa fica
(var y) = 5^2 (var w)   Sy = 5 Sw = 5.1 = 5   multiplicada ou somada pela cte; já a variância fica multiplicada por cte.   ao quadrado.
E se somada não se altera.
Então
CVy = Sy/ybarra   s
CVy% = 5x100/30 = 100/6 = 16,7%
Gabarito "A".

A Tabela abaixo mostra a distribuição de frequência obtida de uma amostra aleatória dos salários anuais em reais de uma firma. As frequências são acumuladas.

Classes de Salário	Frequências
(5.000 - 6.500)	12
(6.500 - 8.000)	28
(8.000 - 9.500)	52
(9.500 - 11.000)	74
(11.000 - 12.500)	89
(12.500 - 14.000)	97
(14.000 - 15.500)	100

(Agente Fiscal/PI − ESAF) Assinale a opção que corresponde ao salário mediano da firma.

(A) R$ 10.250,00
(B) R$ 8.000,00
(C) R$ 8.700,00
(D) R$ 9.375,00
(E) R$ 9.500,00

Solução
Md = 8 000 + 1 500(50 − 28)/24
Md = 8 000 + 1 500 x22/24
Md = 8 000 + 1 375 = 9 375
Gabarito "D".

Instruções: Para responder às duas questões a seguir utilize, dentre as informações abaixo, as que julgar adequadas. Se Z tem distribuição normal padrão, então:

P(0< Z < 1) = 0,341 , P(0< Z < 1,6) = 0,445 , P(0< Z < 2) = 0,477

(Agente Fiscal de Rendas/SP – FCC) Considerando as respectivas definições e propriedades relacionadas às medidas de posição e de variabilidade, é correto afirmar:

(A) Concedendo um reajuste de 10% em todos os salários dos empregados de uma empresa, tem-se também que a respectiva variância fica multiplicada por 1,10.
(B) Definindo coeficiente de variação (CV) como sendo o quociente da divisão do desvio padrão pela respectiva média aritmética (diferente de zero) de uma sequência de valores, tem-se então que CV também poderá ser obtido dividindo a correspondente variância pelo quadrado da média aritmética.
(C) Subtraindo um valor fixo de cada salário dos funcionários de uma empresa, tem-se que o respectivo desvio padrão dos novos valores é igual ao valor do desvio padrão dos valores anteriores.
(D) Dividindo todos os valores de uma sequência de números estritamente positivos por 4, tem-se que o respectivo desvio padrão fica dividido por 2.
(E) Em qualquer distribuição de valores em estudo, a diferença entre a mediana e a moda é sempre diferente de zero.

Solução
A) Errado, porque var(k . x) = k² . var(x).
B) Errado, pois se CV=DP/média, então var/ média² = (DP)2 / média² = CV²
C) Certo, porque var(k + x) = var (x) e, consequentemente, o desvio-padrão.
D) Errado, porque var(x/k) = (1/k²) x.
E) Errado, pois na distribuição normal, por exemplo, Md = Mo e a diferença entre as duas é zero.
Gabarito "C".

(Agente Tributário Estadual/MS – FGV) Analise as afirmativas a seguir, a respeito da média aritmética:

I. A soma dos resíduos em relação à média aritmética é sempre igual a zero.
II. É em relação à média aritmética que a soma dos valores absolutos dos resíduos é mínima.
III. É em relação à média aritmética que a soma dos quadrados dos resíduos é mínima.
Assinale:
(A) se somente a afirmativa II estiver correta.
(B) se somente as afirmativas I e II estiverem corretas.
(C) se somente as afirmativas I e III estiverem corretas.
(D) se somente as afirmativas II e III estiverem corretas.
(E) se todas as afirmativas estiverem corretas.

Solução
I. Correto, porque soma(xi – xbarra) = soma(xi) – n.soma(xbarra)= soma(xi) – n.xbarra=m.xbarra-n.xbarra=0.
II. Correto, pois desvio médio = (soma (valores absolutos dos resíduos) (/n é é é mínimo.
III. Errado, porque SQ/n = variância que não é necessariamente mínima.
Gabarito "C"

4.2. PROBABILIDADES: CONCEITO, AXIOMAS E DISTRIBUIÇÕES (BINOMINAL, NORMAL, POISSON, QUI-QUADRADO ETC.)

(Auditor Fiscal da Receita Federal – ESAF) O número de petroleiros que chegam a uma refinaria ocorre segundo uma distribuição de Poisson, com média de dois petroleiros por dia. Desse modo, a probabilidade de a refinaria receber no máximo três petroleiros em dois dias é igual a:

(A) $\frac{32}{73} e^{-4}$

(B) $\frac{3}{71} e^{4}$

(C) $\frac{71}{3} e^{-4}$

(D) $\frac{71}{3} e^{-2}$

(E) $\frac{32}{3} e^{-2}$

Solução
É importante notar o parâmetro lambda que era antes 2 petroleiros por dia, agora é 4 por dois dias.
Então,
A probabilidade de receber no máximo 3 petroleiros em dois dias é
P(X<=3)=P(X=0)+P(X=1)+P(X=2)+P(X=3)=
=(4⁰/0!+4¹/1!+4.²/2!+4³/3!) e-4=(1+4+8+32/3)e⁻⁴=
=(3+12+24+32)e⁻⁴/3=
=71 e⁻⁴/3
Gabarito "C".

(Auditor Fiscal da Receita Federal – ESAF) Em um experimento binomial com três provas, a probabilidade de ocorrerem dois sucessos é doze vezes a probabilidade de ocorrerem três sucessos. Desse modo, as probabilidades de sucesso e fracasso são, em percentuais, respectivamente, iguais a:

(A) 80 % e 20 %
(B) 30 % e 70 %
(C) 60 % e 40 %
(D) 20 % e 80 %
(E) 25 % e 75 %

Solução
P(X=x)=(n x)px(1-p)n-x
n=3 e P(X=2)=P(X=3)
Então
(3 2)p2(1-p)1=12(3 3)p3(1-p)0
3p2(1-p=1)1=12,1,p3.(1-p)0
3p2(1-p)=12p3,1
(1-p)=4.p
1=5p   → p=1/5 → p=0,20 → p=20% (sucesso)
daí 1-p=80%(fracasso).
Gabarito "D".

(Auditor Fiscal da Receita Federal – ESAF) A função densidade de probabilidade de uma variável aleatória contínua x é dada por:

$$f(x) = \begin{cases} 3x^2, & \text{se } -1 \leq x \leq 0 \\ 0, & \text{caso contrário} \end{cases}$$

Para esta função, a média de x, também denominada expectância de x e denotada por E(x) é igual a:

(A) $\dfrac{4}{3}$

(B) $\dfrac{3}{4}$

(C) $-\dfrac{3}{4}$

(D) $\dfrac{-3}{4}x$

(E) $-\dfrac{4}{3}x$

Solução
E(X)=int x.f(x)dx -inf +inf
E(X)=int x.3x2dx -1 0
E(X)=int 3x3dx -1 0=3x4/4 ´[0 -1
E(X)=0-3(-1)4
E(X)=-3/4
Gabarito "C".

(Auditor Fiscal do Trabalho – ESAF) Em uma amostra aleatória simples de 100 pessoas de uma população, 15 das 40 mulheres da amostra são fumantes e 15 dos 60 homens da amostra também são fumantes. Desejando-se testar a hipótese nula de que nesta população ser fumante ou não independe da pessoa ser homem ou mulher, qual o valor mais próximo da estatística do correspondente teste de qui-quadrado?

(A) 1,79.
(B) 2,45.
(C) 0,98.
(D) 3,75.
(E) 1,21.

Solução
Constrói-se o quadro dos valores observados:

	Fumantes	Não fumantes	Total
Homens	15	45	60
Mulheres	15	25	40
Total	30	60	100

E o de valores esperados:

	Fumantes	Não fumantes	Total
Homens	18	42	60
Mulheres	12	28	40
Total	30	60	100

E a estatística qui-quadrado é
$3^2(1/18+1/42+1/12+1/28)=1575/882=1,79$
Gabarito "A".

(Auditor Fiscal do Trabalho – ESAF) Considere os dados da questão anterior. Ao se escolher ao acaso cinco pessoas da amostra, sem reposição, a probabilidade de exatamente quatro delas serem homens fumantes é dada por:

(A) Cn.k p^k $(1-p)^{n-k}$, sendo p=0,15, n=5 e k=4.
(B) Cm,k CN-m,n-k /CN,n, sendo N=100, n=5, m=15 e k=4.
(C) CM,k CN-m,n-k /CN,n, sendo N=100, n=5, m=60 e k=4.
(D) Cm,k CN-m,n-k /CN,n, sendo N=100, n=15, m=5 e k=4.
(E) Cn.k p^k $(1-p)^{n-k}$, sendo p=0,25, n=5 e k=4.

Solução
Temos agora uma distribuição Hipergeométrica.
Considere um conjunto de N objetos dos quais (r) são do tipo I e (N – r) são do tipo II. (sucesso/fracasso; Homem/mulher; Fumante/Não Fumante ...)
Um sorteio de n objetos (n < N) é feito ao acaso e sem reposição. A variável aleatória discreta X que é igual ao número de objetos do tipo I selecionados nesse sorteio tem distribuição hipergeométrica.
Os valores possíveis de X vão de 0 a min(r, n), uma vez que não podemos ter mais do que o número de objetos existentes do tipo I, nem mais que o total de sorteados.
Sua função de probabilidade é dada por
P(X=x) =, 0 ≤ x ≤ mínimo(r, n).ou P(X=x) = Cr,x .CN—r,n-x /CN,n.
No caso, N=100(total de pessoas) , x=4(exatamente 4), r=15(homens fumantes), n=5.
Daí,
P(X=4) = C15,4 .C85,1 /C100,5
Gabarito "B".

(Fiscal de Rendas/RJ – FGV) Se A e B são eventos independentes com probabilidades P[A] = 0,4 e P[B] = 0,5 então P[A ∪ B] é igual a:

(A) 0,2.
(B) 0,4.
(C) 0,5.
(D) 0,7.
(E) 0,9.

Solução
P[A ∪ B] =P(A)+P(B)-PAinterB)
Como são eventos independentes, PainterB)=P(S).)P(B)=0,4.0,5=0.2
daí,
P[A ∪ B] =0,4+0.5-0.2=0,7
Gabarito "D".

(Fiscal de Rendas/RJ – FGV) 40% dos eleitores de uma certa população votaram, na última eleição, num certo candidato A. Se cinco eleitores forem escolhidos ao acaso, com reposição, a probabilidade de que três tenham votado no candidato A é igual a:

(A) 12,48%.
(B) 17,58%.
(C) 23,04%.
(D) 25,78%.
(E) 28,64%

Solução
Trata-se da binomial com n=5. X=3, p= 0,4
P)X=x) = Cn, p^x $(1-p)^{n-x}$
P(X=3) = C5,3 $0,4^3$ $0,6^2$
P(X=3) = (10) (0,064)(0,36)
P(X=3) = 10x 0,02304 = 0,2304 = 23,04%
Gabarito "C".

(Auditor Fiscal/RO – FCC) A média aritmética de todos os salários dos funcionários em uma repartição pública é igual a R$ 1.600,00. Os salários dos funcionários do sexo masculino apresentam um desvio padrão de R$ 90,00 com um coeficiente de variação igual a 5%. Os salários dos funcionários do sexo feminino apresentam um desvio padrão de R$ 60,00 com um coeficiente de variação igual a 4%. Escolhendo aleatoriamente um funcionário desta repartição, a probabilidade dele ser do sexo feminino é igual a

(A) 1/2
(B) 1/3
(C) 3/4
(D) 3/5
(E) 2/3

Solução
xbarra = 1 600   sH = 90   CvH = 5%   sM = 60   CvM = 4%
Como xbarraH = sH/CVh, temos xbarraH = 90/0,05 = 1 800 e
    xbarraM = Cvm/sM =>   xbarraM = 60/0,04 = 1 500.
Mas xbarraH = Sh/h   (Média salário homens = soma salários dos homens/h , h:número de homens)
Ou 1 800 = Sh/h, ie, Sh = 1 800h e
1 500 = Sm/m ou Sm = 1 500m
Temos que a média dos salários de todos os funcionários, xbarra = 1 600
Então
xbarra = (Sh + Sm)/(h + m)
1 600 = (1 800h + 1 500m)/(h + m)   (Simplificar por 100)
16(h + m) = 18h + 15m
16h + 16m = 18h + 15m
m = 2h   (O número de homens é o dobro do número de mulheres)
Então, a proporção do número de mulheres em relação ao total de funcionários vale
m / (m + h) = 2h/(2h + h) = 2/3
Gabarito "E".

(Auditor Fiscal/SC – FEPESE) Sejam dois eventos, A e B, mutuamente exclusivos. A probabilidade de ocorrência de A vale 0,2. A probabilidade de ocorrência de B vale 0,4. Quanto vale a probabilidade de ocorrência do evento A união B?

(A) 0,08
(B) 0,4
(C) 0,48
(D) 0,52
(E) 0,6

Solução:
P(A união B)= P(A) + P(B)   (eventos mutuamente exclusivos)
            =0,2 + 0,4 = 0,6
Gabarito "E".

(Auditor Fiscal/SC – FEPESE) Uma variável aleatória X segue uma distribuição binomial com os seguintes parâmetros: número de ensaios = 100; probabilidade de sucesso em cada ensaio = 0,2. De acordo com essas informações, qual é o valor esperado de X?

(A) 0,2
(B) 0,8
(C) 20
(D) 80
(E) 100

Solução
X ~ B(100;0,2)   n=100; p=0,2
E(X)=n.p
E(X)=100.0,2=20
Gabarito "C".

(Auditor Fiscal/SC – FEPESE) Uma amostra aleatória de 100 elementos de uma população resultou em um erro padrão igual a 10 para uma variável X. Admite-se que a média amostral de X siga uma distribuição normal.

Com base nas informações anteriores, calcule o erro amostral de um intervalo bilateral de 95% de confiança para a média de X.

(A) 1,645
(B) 1,96
(C) 10
(D) 16,45
(E) 19,6

Solução
Erro-padrão = s/sqrt(n) = 10.
Para IC de 95% z=1,96 E= z . (Erro-padrão)
Então
E= (1,96)(10) =19,6.
Gabarito "E".

(Auditor Fiscal/MG – ESAF) Ana precisa chegar ao aeroporto para buscar uma amiga. Ela pode escolher dois trajetos, A ou B. Devido ao intenso tráfego, se Ana escolher o trajeto A, existe uma probabilidade de 0,4 de ela se atrasar. Se Ana escolher o trajeto B, essa probabilidade passa para 0,30. As probabilidades de Ana escolher os trajetos A ou B são, respectivamente, 0,6 e 0,4. Sabendo-se que Ana não se atrasou, então a probabilidade de ela ter escolhido o trajeto B é igual a:

(A) 6/25
(B) 6/13
(C) 7/13
(D) 7/25
(E) 7/16

Solução
Sejam K o evento se atrasar e
       B o evento ir pelo caminho. b.
Então, pela Regra da Probabilidade Total,
P(K)=P(K!Á).p(A)+P(K!B).P(B)
Logo,
P(K)=0,40x0,60+0,30x0,40
P(K)=0,24+0,12=0,36   => probabilidade de se atrasar= 0,36 e a de não se atrasar=1-0,36=0,64.

Seja L o evento não se atrasar.
P(L)=1-PK).
Então P(L) =P(L!Á).p(A)+P(L!B).P(B)
Obs.: P(L!A)=1-P(K!A)=1-0,4=0,6

Agora seja o evento não se atrasar E ter ido pelo caminho B, isto é, B inter L)
P(B inter L) = P(B)xP(L)
0,28 = p(B)x0,64
P(B) = 0,28/0,64=28/64=7/16
Gabarito "E".

(Auditor Fiscal da Receita Federal – ESAF) Assinale a opção que corresponde à estimativa da frequência relativa de observações de X menores ou iguais a 145.

(A) 62,5%
(B) 70,0%
(C) 50,0%
(D) 45,0%
(E) 53,4%

Solução
145 = 140 + 20(freq145 -40)/30
15= 20(freq145 -40)/30
450/20 = freq145 – 40
freq145 = 22,5+ 40
freq145 = 62,5%

Gabarito "A".

Para a solução das questões seguintes, utilize o enunciado que segue.

O atributo do tipo contínuo X, observado como um inteiro, numa amostra de tamanho 100 obtida de uma população de 1000 indivíduos, produziu a tabela de frequências seguinte:

Classes	Frequência (f)
29,5-39,5	4
39,5-49,5	8
49,5-59,5	14
59,5-69,5	20
69,5-79,5	26
79,5-89,5	18
89,5-99,5	10

(Auditor Fiscal da Receita Federal – ESAF) Assinale a opção que corresponde à estimativa da mediana amostral do atributo X.

(A) 71,04
(B) 65,02
(C) 75,03
(D) 68,08
(E) 70,02

Solução

classe	fi	f acum		Cálculos
	4	4		Md = linf + h(n/2 -facAnt)/fiMd
	8	12		Md = 69,5 + 10(50 – 46)/26
...	14	26		Md = 69,5 + 10x4/26
	20	46		Md = 69,5 + 1,54
69,5-79,5	26	72	classe da Md	Md = 71,04
...	18	90		
	10	100		

Gabarito "A".

(Auditor Fiscal da Receita Federal – ESAF) Assinale a opção que corresponde ao valor modal do atributo X no conceito de Czuber.

(A) 69,50
(B) 73,79
(C) 71,20
(D) 74,53
(E) 80,10

Solução
Mo=l_{mo} + h(f_{mo} -f_{ant})/($2f_{mo}$ - f_{post}-f_{ant})

Mo=69,5+10(26-20)/(2x26 -18 -20)
69,5 + 10(26 - 20)/(52 – 20 - 18) = 69,5 + 60/14
Mo=69,5+4,29
Mo=73,79

Gabarito "B".

(Auditor Fiscal da Previdência Social – ESAF) A variável aleatória X tem distribuição uniforme no intervalo (0,α) onde α é uma constante maior do que 0,5. Determine o valor de α tal que F(0,5)=0,7, sendo F(x) a função de distribuição de X.

(A) 3/4
(B) 1/4
(C) 1
(D) 5/7
(E) ½

Solução
f(x) = 1/(α – 0) = 1/α em (0,α)
F(X) = int (1/α) dx (integral de 0 a x). = x/α.
Mas F(0,5) = 0,7
0,5/α = 0,7
α = 0,5/0.7 => α = 5/7

Gabarito "D".

(Auditor Fiscal da Previdência Social – ESAF) Sabe-se que o número de clientes que procuram atendimento numa agência da previdência no período das 17 às 18 horas tem distribuição de Poisson com média de 3 clientes. Assinale a opção que dá o valor da probabilidade de que mais de 2 clientes apareçam no período. Sabe-se que e^{-3} = 0,0498, sendo e o número neperiano.

(A) 0,776
(B) 0,667
(C) 0,500
(D) 0,577
(E) 1,000

Solução
Parâmetro L(lambda) = 3 clientes por período.
Deseja-se p = .P(X>2).
Mas P(X ≤ 2) = P(X=0) + P(X=1) + P(X=2) e P(X=x) = e^{-L} L^x/x!..
Então
P(X ≤ 2) = (1 + 3 + 9/2) e^{-3}
P(X ≤ 2) = (17/2) 0,0498 = 0,4233
Mas p = P(X>2) = 1 – P(X ≤2) =1 – 0,4233 = 0,5767

Gabarito "D".

(Auditor Fiscal da Previdência Social – ESAF) Considere um ensaio aleatório com espaço amostral {T,U,V,W}. Considere os eventos M={T}, N={U,V} e S={W}. Assinale a opção correta relativamente à probabilidade de M ∩ S.

(A) Não se pode determinar a probabilidade da interseção sem maiores informações.
(B) É o produto das probabilidades de M, N e S, pois os eventos são estatisticamente independentes.
(C) A probabilidade é um, pois pelo menos um dos três eventos deve ocorrer.

(D) A probabilidade da interseção é 1/3 se os eventos elementares forem igualmente prováveis.
(E) A probabilidade da interseção é nula, pois os eventos são mutuamente exclusivos.

Solução
Como M, N e S são disjuntos, ie, mutuamente exclusivos, a probabilidade da interseção é nula.
Gabarito "E".

4.3. AMOSTRAGEM: AMOSTRAS CASUAIS E NÃO CASUAIS. PROCESSOS DE AMOSTRAGEM, INCLUINDO ESTIMATIVAS DE PARÂMETROS

(Fiscal de Rendas/RJ – FGV) Para estimar a proporção p de pessoas acometidas por uma certa gripe numa população, uma amostra aleatória simples de 1600 pessoas foi observada e constatou-se que, dessas pessoas, 160 estavam com a gripe. Um intervalo aproximado de 95% de confiança para p será dado por:

(A) (0,066, 0,134).
(B) (0,085, 0,115).
(C) (0,058, 0,142).
(D) (0,091, 0,109).
(E) (0,034, 0,166).

Solução
p = 160/1600 = 0,1   (p-chapéu e Zc = 2 para o IC de 95%.
Calcule-se o valor de E (margem de erro):
E = Zc.sqrt(p(1-p)/n
E = 2 x sqrt(0,1x0,9/1 600)
E = 2 x sqrt(0,09/1600) = 2 x 0,3/40
E = 0,6/40 = 0,015
E o intervalo para p é

I(p – E ; P + E) = (0,1 – 0,015; 0,1 + 0,015) = (0,085; 0,115)
Gabarito "B".

(Auditor do Tesouro Municipal/Recife-PE – ESAF) Para uma amostra de tamanho 100 de um atributo discreto X obteve-se a função de distribuição empírica seguinte:

$$F(x) = \begin{cases} 0 & \text{se } x<1 \\ 0,15 & \text{se } 1 \leq x<2 \\ 0,35 & \text{se } 2 \leq x<3 \\ 0,55 & \text{se } 3 \leq x<4 \\ 0,85 & \text{se } 4 \leq x<5 \\ 1 & \text{se } x \geq 5 \end{cases}$$

Assinale a opção que corresponde à frequência de observações de X iguais a três.

(A) 55
(B) 35
(C) 20
(D) 30
(E) 85

Solução:

Intervalo	F acumul.	Freq.	X	
< 1	0	0	0	
1 – 2	15	15	1	
2 – 3	35	20	2	
3 – 4	55	20	3	Freq. De x = 3 é 20 – Letra C
4 – 5	85	30	4	
< 5	100	15	5	
Soma		100		

Gabarito "C".

(Auditor do Tesouro Municipal/Recife-PE – ESAF) O quadro seguinte apresenta a distribuição de frequências da variável valor do aluguel (X) para uma amostra de 200 apartamentos de uma região metropolitana de certo município. Não existem observações coincidentes com os extremos das classes. Assinale a opção que corresponde à estimativa do valor x tal que a frequência relativa de observações de X menores ou iguais a x seja 80%.

Classes	R$ Frequências
350-380	3
380-410	8
410-440	10
440-470	13
470-500	33
500-530	40
530-560	35
560-590	30
590-620	16
620-650	12

(A) 530
(B) 560
(C) 590
(D) 578
(E) 575

Solução
Completemos a tabela

Classes	f	f acum	f acum relat	
350-380	3	3	1,5	
380-410	8	11	5,5	

410-440	10	21	10,5
440-470	13	34	17
470-500	33	67	33,5
500-530	40	107	53,5
530-560	35	142	71
560-590	30	172	86	→ Classe dos 80% (D8)
590-620	16	188	94
620-650	12	200	100

n=200   i=8
PD8 = in/10 = 8x200/10 = 160   h=30 facant = 142   fD8 = 30
X80% = Linf + h(PD8 - facant)//fD8
X80% = 560 + 30(160 − 142)/30 = 560 + 18
X80% = 578
Gabarito "D".

(Auditor Fiscal da Receita Federal − ESAF) Em um ensaio para o estudo da distribuição de um atributo financeiro (X) foram examinados 200 itens de natureza contábil do balanço de uma empresa. Esse exercício produziu a tabela de frequências abaixo. A coluna *Classes* representa intervalos de valores de X em reais e a coluna P representa a frequência relativa acumulada. Não existem observações coincidentes com os extremos das classes.

As questões seguintes referem-se a esses ensaios.

Classes	P (%)
70-90	5
90-110	15
110-130	40
130-150	70
150-170	85
170-190	95
190-210	100

Assinale a opção que dá o valor médio amostral de X.

(A) 140,10
(B) 115,50
(C) 120,00
(D) 140,00
(E) 138,00

Solução
Calculem-se os pontos médios xy das classes

xi	fi	xifi	f acum
80	5	400	5
100	10	1000	15
120	25	3000	40

140	30	4200	70	(classe da moda)
160	15	2400	85	
180	10	1800	95	
200	5	1000	100	
soma	100	13800		

E xbarra=soma(xifi)/soma(fi)
xbarra = 13800/100=138
Gabarito "E".

(Auditor Fiscal da Receita Federal − ESAF) Assinale a opção que corresponde à estimativa do quinto decil da distribuição de X.

(A) 138,00
(B) 140,00
(C) 136,67
(D) 139,01
(E) 140,66

Solução
D5 =Linf + h(PD5 - fant)/fD5
D5 = 130 + 20(50 − 40)/30 = 130 + 6,67 = 136,67
Gabarito "C".

(Auditor Fiscal da Previdência Social − ESAF) Sabe-se que P {X ≥ 4,3465} = 0,05 onde X tem distribuição F com 3 graus de liberdade no numerador e 7 graus de liberdade no denominador. Assinale a opção que dá o valor de y tal que P {Y ≥ y} = 0,95, onde Y tem distribuição F com 7 graus de liberdade no numerador e 3 graus de liberdade no denominador.

(A) 0,500
(B) 0,230
(C) 0,641
(D) 0,150
(E) 0,780

Solução
3GL/4Gl para x ≥ 4,3465 ;P(.) = a/b.
a)b = 4,3465   => b)a = 1/ 4,365 => b/a = 0,230.
Gabarito "B".

(Auditor Fiscal da Previdência Social − ESAF) Assinale a opção correta em referência ao significado do termo amostragem aleatória simples.

(A) Refere-se a um método de classificação da população.
(B) Refere-se à representatividade da amostra.
(C) É um método de escolha de amostras.
(D) Refere-se a amostras sistemáticas de populações infinitas.
(E) Refere-se à amostragem por quotas.

Solução
É o método mais simples e um dos mais utilizados para escolher uma amostra.
Gabarito "C".

A tabela de frequências abaixo deve ser utilizada nas duas questões seguintes, apresenta as frequências acumuladas (F) correspondentes a uma amostra da distribuição dos salários anuais de economistas (Y) − em R$ 1.000,00, do departamento de fiscalização da Cia. X. Não existem realizações de Y coincidentes com as extremidades das classes salariais.

Classes	F
29,5 - 39,5	2
39,5 - 49,5	6
49,5 - 59,5	13
59,5 - 69,5	23
69,5 - 79,5	36
79,5 - 89,5	45
89,5 - 99,5	50

(Fiscal de Tributos/PA – ESAF) Assinale a opção que corresponde ao salário anual médio estimado para o departamento de fiscalização da Cia. X.

(A) 70,0
(B) 69,5
(C) 68,0
(D) 74,4
(E) 60,0

Solução

xi	fi	xifi	
34,5	2	68	
44,5	4	178	
54,5	7	381,5	
64,5	10	645	
74,5	13	968,5	← classe modal
84,5	9	760,5	
94,5	5	472,5	
soma	50	3475	xbarra = 3 475/50 = 69,5

Gabarito "B".

(Fiscal de Tributos/PA – ESAF) Assinale a opção que corresponde ao salário modal anual estimado para o departamento de fiscalização da Cia. X, no conceito de Czuber.

(A) 94,5
(B) 74,5
(C) 71,0
(D) 69,7
(E) 73,8

Solução
Mo = linf + h(fMo – fant)/(2fMo – fant – fpost)
Mo = 69,5 + 10(13 – 10)/(2x13 -10 - 9)
Mo = 69,5 + 10x3/(26 - 19)
Mo = 69,5 + 30/7 = 73,8
Gabarito "E".

(Auditor Fiscal/ES – CESPE) Uma auditoria foi realizada nas filiais I e II da empresa A&B, com o propósito de examinar a lisura dos processos de compras efetuadas em determinado trimestre. Para a realização de um estudo-piloto e considerando que a população de notas fiscais existentes nessas filiais era muito grande, em cada filial foi tomada uma amostra aleatória simples de 900 notas fiscais. Para cada nota fiscal examinada, registrou-se, entre outras coisas, o logaritmo natural do valor da compra constante na nota fiscal: X. Uma avaliação estatística mostrou que as distribuições de X para as filiais I e II são aproximadamente normais, com médias μ_I e μ_{II} e desvios padrão σ_I e σ_{II}, respectivamente, em que σ_I σ_{II}. Os resultados por filial são mostrados na tabela abaixo.

Filial	número de notas fiscais examinadas	média amostral da distribuição de X (em ln R$)	variância amostral da distribuição de X
I	900	8,5	4
II	900	8,3	5

Com base nas informações acima e considerando-se que $\Phi(2) = 0,9772$ e $\Phi(0,675) = 0,7500$, em que $\Phi(z)$ representa a função de distribuição acumulada da distribuição normal padrão, julgue os itens a seguir.

(1) Para ambas as filiais, a margem de erro para a estimativa do valor médio de X é igual a 2,28%, considerando-se que o nível de confiança seja igual a 97,72%

Solução
Épsilon = s/Sqrt(n)   (margem de erro)
Épsilon = .sqrt(4)/sqrt(900)
Épsilon = 2/30 = 0,06667x100 = 6,6667%
Gabarito "E".

(2) A margem de erro para a estimativa do valor médio de X para a filial I diminuirá se o nível de confiança desejado para a estimativa intervalar aumentar de 95% para 99,9%

Errado, pois o intervalo passa de 1,96s (a 95% para 3s (a 99,9%), e a margem de erro aumenta.
Gabarito "E".

(3) O erro padrão da estimativa da média de X para a filial I é inferior a 0,07.

Solução
Épsilon = s/sqrt(n)
Épsilon = 2/30 = 0,06667
06667   Certo
Gabarito "C".

4.4. INFERÊNCIA: INTERVALOS DE CONFIANÇA. TESTES DE HIPÓTESES PARA MÉDIAS E PROPORÇÕES

(Fiscal de Rendas/RJ – FGV) Suponha que os salários dos trabalhadores numa certa região sejam descritos por uma variável populacional com média desconhecida e desvio padrão igual a R$200,00. Para se garantir, com 95% de probabilidade, que o valor da média amostral dos salários não diferirá do valor da média populacional por mais de R$10,00, a amostra aleatória simples deverá ter no mínimo, aproximadamente, o seguinte tamanho:

(A) 3.568.
(B) 3.402.
(C) 2.489.
(D) 2.356.
(E) 1.537

15. RACIOCÍNIO LÓGICO, MATEMÁTICA FINANCEIRA E ESTATÍSTICA

Solução
X ~ N com média desconhecida e DP=200.
Margem de erro E= 10/200=0,05
$Z_{a/2}$ = 1,96
Aplicando na fórmula do tamanho amostral, temos
n =$Z_{a/2}^2$ / E^2
n = $1,96^2$/ $0,05^2$
n= 1536,64 ~1537 → n= 1537
Gabarito "E".

(Fiscal de Rendas/RJ - FGV) Para testar H_0: $p \le 0,5$ contra H1: $p > 0,5$, sendo p a proporção de pessoas que são protegidas por planos de previdência privada numa certa população, uma amostra aleatória simples de tamanho 400 será obtida e será usado como critério de decisão rejeitar a hipótese H_0 se a proporção de pessoas com essa proteção na amostra for maior ou igual a um certo número k. Ao nível de significância de 5%, o valor de k é aproximadamente igual a:

(A) 0,508.
(B) 0,541.
(C) 0,562.
(D) 0,588.
(E) 0,602.

Solução
p_0 = 0,5 n = 400
O z observado, para proporção, deve ser
zobs = (pchapéu – p_0)/sqrt $[p_0(1-p_0)/n]$ e, no caso, pchapéu = k e zobs = 1,96 para nível de significância de 5%.
Então,
1,96 = (k – 0,5)/sqrt[(0,5x0,5/400]
1,96 = (k – 0,5)/(0,5/20)
1,96x0,5/20 = k- 0,5
0,049 = k – 0,5 → k = 0,549
Gabarito "B".

(Fiscal de Rendas/RJ - FGV) Para testar H_0: μ ≤ 10 contra H_1: μ > 10, sendo μ a média de uma variável populacional suposta normalmente distribuída com variância igual a 100, uma amostra aleatória simples de tamanho 25 foi obtida e resultou num valor da média amostral igual a 15,76. Ao nível de significância de 5%, o valor-p (nível crítico) correspondente e a decisão a ser tomada são respectivamente:

(A) 0,102 e não rejeitar H_0.
(B) 0,01 e rejeitar H_0.
(C) 0,058 e não rejeitar H_0.
(D) 0,002 e rejeitar H_0.
(E) 0,154 e não rejeitar H_0.

Solução
X ~ N com média μ e var=100 => DP=10, n=25, xbarra=15,76, μ0 = 10.
Então,
z = (xbarra - μ0)./(DP/sqrt(n)
z = (15,76 – 10)/(10/5)
z = 5,76/2
z = 2,88 que corresponde a uma área de 0,0020 na normal padronizada (valor-p).
Para o nível de significância de 5%(0,05) temos o zt, z tabelado, de 1,645.
Como z > zt , isto é z calculado > z tabelado, devemos rejeitar H_0.
Gabarito "D".

(Auditor Fiscal/RO – FCC) Os valores dos salários dos empregados de determinado ramo de atividade apresentam uma distribuição normal com média R$ 2.000,00 e variância igual a 62.500 (R$)2. Considere os valores das probabilidades P(0 ¡Ü Z ¡Ü z) para a distribuição normal padrão:

z	0,25	0,52	0,84	1,28
P(0 ≤ Z ≤ z)	0,10	0,20	0,30	0,40

Então, a porcentagem dos empregados que ganham salários inferiores a R$ 1.790,00 ou salários superiores a R$ 2.320,00 é igual a

(A) 30%
(B) 40%
(C) 50%
(D) 60%
(E) 70%

Solução
s = sqrt(62 500) = 250 (desvio padrão)
X ~ N(2 000,250)
Deseja-se P(X < 1 790)
z padronizado = (XI – 2 000)/250
xi= 1 790, temos
z = (1 790 – 2 000)/250 = -210/250= -0,84 e, pela tabela, ´p = 0,3.= 30 %
Para ou P(X > 2320),
para xi = 2 320,
z = (2 320 – 2 000)/250 = 320/250 = 1,28 , pela tabela, ´p = 0,40 = 40%
Então a área entre 1 790 e 2 320 vale 30% + 40% = 70%, ie, há 70% dos salários entre 790 e 2 320.
Portanto, a porcentagem dos empregados que ganham salários inferiores a R$ 1.790,00 ou salários superiores a R$ 2.320,00 vale 1 (100%) - 70% = 30%,
Gabarito "A".

(Auditor Fiscal/RO – FCC) Em uma pesquisa realizada numa grande região, apurou-se que 90% dos habitantes eram favoráveis à implantação de uma indústria. O tamanho da amostra desta pesquisa foi de 1.600 e considerou-se normal a distribuição amostral da frequência relativa dos habitantes da região a favor desta implantação. O intervalo de confiança de 95,5% encontrado para a proporção foi igual a [88,5% ; 91,5%]. Caso o tamanho da amostra tivesse sido de 2.500 e apurando-se a mesma proporção anterior, tem-se que a amplitude do intervalo de 95,5% seria de

(A) 1,2%
(B) 2,4%
(C) 3,6%
(D) 4,8%
(E) 6,4%

Solução
Amplitude encontrada = 91,5 – 88,5 = 3% => E(erro) = 0,03
Como n = z2p(1-0)/E2, temos
1 600 = z2.p(1 -p)/(0,0009)
z2,p(1-p) = 1 600x0,0009 = 1,44 (manter-se-ão IC de 95,5% e proporção)
Se aumentarmos n para 2500, o novo E será
2 500 = z2p(1-p)/E2
E2 = z2p(1-p)/2 500
E2 = 1,44/2 500=0,000576
E = 0,024 = 2,4%
Gabarito "B".

(Auditor Fiscal/SC – FEPESE) Sejam as seguintes hipóteses estatísticas sobre a média de uma variável X em uma população:

Hipótese nula: média = 100

Hipótese alternativa: média, 100

Para testar as hipóteses coletou-se uma amostra aleatória de 16 elementos da população citada, registrando os valores de X, resultando em: média amostral = 110; erro padrão = 4. Admite-se que X tem distribuição normal na população. Deseja-se que o teste tenha significância de 1%, acarretando em um valor crítico para a estatística de teste t, com 15 graus de liberdade, aproximadamente igual a 3.

Com base nas informações existentes, o valor da estatística de teste e a decisão do teste serão:

(A) –2,5; aceitar a hipótese nula.
(B) 2,5; aceitar a hipótese nula.
(C) 2,5; rejeitar a hipótese nula.
(D) 10; aceitar a hipótese nula.
(E) 10; rejeitar a hipótese nula.

Solução
No caso, a estatística t vale
t=(xbarra-mu)/erro-padrão
t =(110-100)/(4)
t=2,5
Conclusão: como o t observado 2,5 é menor que o t tabelado(aprox. 3), devemos aceitar H0, ie, aceitar a hipótese nula.
Gabarito "B".

(Auditor Fiscal da Previdência Social – ESAF) Tem-se uma variável aleatória normal X com média μ e desvio-padrão σ. Assinale a opção que dá o intervalo contendo exatamente 95% da massa de probabilidades de X.

(A) (μ−0,50σ; μ+0,50σ)
(B) (μ−0,67σ; μ+0,67σ)
(C) (μ−1,00σ; μ+1,00σ)
(D) (μ−2,00σ; μ+2,00σ)
(E) (μ−1,96σ; μ+1,96σ)

Solução
Sabe-se que 95% das observações estão entre −1,96σ e μ+1,96σ.
Gabarito "E".

(Auditor Fiscal da Previdência Social – ESAF) Um atributo X tem distribuição aproximadamente normal com média μ e variância σ^2. A partir de uma amostra aleatória de tamanho 16 da população definida por X, deseja-se testar a hipótese $H_0 : \mu = 22$ contra a alternativa Ha : μ 22. Para esse fim calcula-se a média amostral = 30 e a variância amostral s^2 = 100. Assinale a opção que corresponde à probabilidade de significância (p-valor) do teste.

(A) 2P {T > 3,2} onde T tem distribuição de Student com 15 graus de liberdade.
(B) p {|Z| > 3,2} onde Z tem distribuição normal padrão.
(C) P {Z < −2,2} onde Z tem distribuição normal padrão.
(D) P {T < −3,2} onde T tem distribuição de Student com 15 graus de liberdade.
(E) P {|T| > 2,2} onde T tem distribuição de Student com 15 graus de liberdade

Solução
O p-valor do teste é
t = (xbarra - μ)/ s/sqrt(n) com *(n-1) graus de liberdade.
t = (30 − 22)/10/4 = 8x4/10 = 3,2, com GL = 15.
Gabarito "A".

(Auditor Fiscal da Previdência Social – ESAF) Sejam $X_1,...,X_n$ observações de um atributo X.
Sejam

$$\bar{x} = \frac{1}{n}\sum_{i=1}^{n} x_i \quad e \quad s^2 = \frac{1}{n}\sum_{i=1}^{n}(x_i - \bar{x})^2.$$

Assinale a opção correta.

(A) Pelo menos 95% das observações de X diferem de em valor absoluto por menos que 2S.
(B) Pelo menos 99% das observações de X diferem de em valor absoluto por menos que 2S.
(C) Pelo menos 75% das observações de X diferem de em valor absoluto por menos que 2S.
(D) Pelo menos 80% das observações de X diferem de em valor absoluto por menos que 2S.
(E) Pelo menos 90% das observações de X diferem de em valor absoluto por menos que 2S.

Solução
Sabe-se que o intervalo entre (*xbarra -2S) e (*xbarra + 2S) contém pelo menos 75% das observações, ie, pelo menos 75% das observações de X diferem de, em valor absoluto, por menos que 2S.
Gabarito "C".

(Auditor Fiscal da Previdência Social – ESAF) Temos duas populações normais A e B com mesma variância e amostras aleatórias independentes dessas populações de tamanhos n1=20 e n2=20 respectivamente. Assinale a opção que dá o número de graus de liberdade da estatística de Student utilizada no teste de igualdade das médias das populações A e B.

(A) 40
(B) 19
(C) 16
(D) 20
(E) 38

Solução
Teste μ1 = μ2 deve ter (n1 − 1) + (n2 − 1) = 19 + 19 = 38 graus de liberdade.
Gabarito "E".

(Auditor Fiscal da Previdência Social – ESAF) Tem-se uma população normal com média μ e variância 225. Deseja-se construir, a partir de uma amostra de tamanho n dessa população, um intervalo de confiança para μ com amplitude 5 e coeficiente de confiança de 95%. Assinale a opção que corresponde ao valor de n. Use como aproximadamente 2 o quantil de ordem 97,5% da distribuição normal padrão.

(A) 225
(B) 450
(C) 500
(D) 144
(E) 200

Solução
DP = sqrt(225) = 15
X ~ N(μ ,15)
Épsilon = 5/2 = 2,5

sqrt(n) = Zc. s/Épsilon
sqrt(n) = 2 .15/2,5 = 30/2,5
sqrt(n) = 12 => n=144

(Auditor Fiscal/ES - CESPE) O p-valor correspondente ao teste de hipóteses $H_0 : \mu_I = \mu_{II}$, versus $H_A : \mu_I \neq \mu_{II}$, é inferior a 4,8% e a hipótese nula não é rejeitada quando o nível de significância for igual ou superior a 5%.

Solução
p- valor = (xbarra – mu)/s/sqrt(n)
p-valor = (8,5 – 8,3)/2/30
p-valor = 0,2/1/15 = 3,0 → inferior a 4,8

(Auditor Fiscal/ES - CESPE) Se uma nota fiscal da filial I for selecionada aleatoriamente, estima-se que a probabilidade de essa nota apresentar um valor X igual a 12,5 é inferior a 0,995.

Solução
z = (zc - 8,5)/s = (12,5-8,5)/2 = 4/2 = 2 e $\Phi(2) = 0,9772$

(Agente Tributário Estadual/MS – FGV) Uma amostra aleatória de tamanho 400 revelou que 64% dos torcedores brasileiros acham que conquistaremos o hexacampeonato mundial de futebol. O intervalo de 95% de confiança para a proporção de torcedores na população que acreditam no hexacampeonato é:

(A) 64% ± 3,9%
(B) 64% ± 4,2%
(C) 64% ± 4,7%
(D) 64% ± 5,1%
(E) 64% ± 5,6%

Solução
n=400
IC de 95% → Zc= 1,96
p=0,64 (= p-chapéu)
Erro E=Zc. sqrt(p(1-p)/n)
E=1,96.sqrt(0,64 x 0,36/400)
E=1,96x0,8x0,6/20 = 0,047 = 4,7%
Logo, proporção = 64% ± 4,7% → letra C.

4.5. CORRELAÇÃO E REGRESSÃO

(Fiscal de Rendas/RJ – FGV) Duas variáveis aleatórias x e y têm coeficiente de correlação linear igual a 0,8. Se w e z são tais que $w = 2x – 3$ e $z = 4 – 2y$ então o coeficiente de correlação entre w e z será igual a:

(A) –0,8.
(B) –0,64.
(C) 0,36.
(D) 0,64.
(E) 0,8

Solução
Suponha z = a'w + b' a reta de regressão de w e z
e   y =ax + b   a de x e y.
Então o coeficiente a' = (z2 – z1)/(w2 – w1)   pontos z2 = 2x2 – 3;
z1=2x1 – 3; w2=4 – 2y2;   w1=4 – 2y1.

Daí,
a' = (4 – 2y2 - (4- 2y1))/(2x2 – 3 – (2x1 – 3))
a' = (-2y2 – 2y1)/(2x2 + 2x1)
a' = -(y2 – y1)/(x2 – x1 = -a   (a: coeficiente de x da equação y = ax +b).

Daí o coeficiente de correlação entre w e z = - coef entre x e y ,ie, = -0,8.

(Auditor Fiscal da Previdência Social – ESAF) Para o modelo de regressão linear y y=α +βx+ε onde y é a variável resposta, x a variável independente, α e β são parâmetros desconhecidos e ε é uma componente de erro aleatória com média zero. Assinale a opção que corresponde à interpretação do parâmetro α.

(A) É o valor predito de y, dado que x = 0, desde que esse valor de x seja compatível com o conjunto de observações da variável exógena.
(B) Mede a variação esperada em y por unidade de variação na variável exógena.
(C) É o valor esperado de y, quando se padroniza a variável exógena.
(D) Mede a variação da reta de regressão.
(E) Mede o coeficiente angular da reta de regressão.

Solução
Quando x=0, y = . α.

(Auditor Fiscal/ES – CESPE) Uma auditoria foi realizada nas filiais I e II da empresa A&B, com o propósito de examinar a lisura dos processos de compras efetuadas em determinado trimestre. Para a realização de um estudo-piloto e considerando que a população de notas fiscais existentes nessas filiais era muito grande, em cada filial foi tomada uma amostra aleatória simples de 900 notas fiscais. Para cada nota fiscal examinada, registrou-se, entre outras coisas, o logaritmo natural do valor da compra constante na nota fiscal: X. Uma avaliação estatística mostrou que as distribuições de X para as filiais I e II são aproximadamente normais, com médias μ_I e μ_{II} e desvios padrão σ_I e σ_{II}, respectivamente, em que σ_I σ_{II}. Os resultados por filial são mostrados na tabela abaixo.

Filial	número de notas fiscais examinadas	média amostral da distribuição de X (em ln R$)	variância amostral da distribuição de X
I	900	8,5	4
II	900	8,3	5

Com base nas informações acima e considerando-se que $\Phi(2) = 0,9772$ e $\Phi(0,675) = 0,7500$, em que $\Phi(z)$ representa a função de distribuição acumulada da distribuição normal padrão, julgue os itens a seguir.

(1) Por regressão linear simples obtém-se um modelo na forma = 8,5 – 0,2z em que representa o valor médio da distribuição de X em função de z = 0 (para a filial I) ou z = 1 (para a filial II), o que permite concluir que a correlação linear entre X e z é igual a –0,2.

Solução
Corr(X,Y) = (900.26 − 8.29)/sqrt [(900.12 − 64)(900.100 − 100.100)]
Corr(X,Y) = (23400 − 232)/sqrt [(10800 - 64)(90000 − 10000)]
Corr(X,Y) = 23168/sqrt(10736 x 80000)
Corr(X,Y) = 23168/29306,65 = 0,7905

Gabarito: E.

4.6. ANÁLISE DE REGRESSÃO

(Auditor Fiscal/RO – FCC) Considere que as vendas anuais, em milhões de reais, de um produto são estimadas por meio do modelo $y_t = \alpha + \beta t + \varepsilon_t$, t = 1, 2, 3, . . . em que y_t representa o valor das vendas no ano (1999+t). α e β são parâmetros desconhecidos e ε_t é o erro aleatório com as respectivas hipóteses consideradas para o modelo de regressão linear simples. Com base nas informações anuais de 2000 até 2009 e utilizando o método dos mínimos quadrados obteve-se a estimativa para α como sendo igual a 1,4. A média aritmética dos valores de yt de 2000 até 2009 apresentou um valor igual a 3,6. O valor de $(y_{t+1} - y_t)$ para t > 0, considerando a função encontrada pelo método dos mínimos quadrados, é uma constante igual a

(A) 0,55
(B) 0,50
(C) 0,40
(D) 0,36
(E) 0,30

Solução
ybarra = 3,6 e n=10 (de 2000 a 2009)
ybarra = 3,6 = soma(yi)/10 -> soma(yi) = 36
Mas
  t   yi   B=beta
  1   1,4 + B
  2   1,4 + 2B
  3   1,4 + 3B
 ...   .
 10 1,4 + 10B
----
tot. soma(yi) = 10x1,4 + B(10x11)/2
36 = 14 + 55B
55B = 36 − 14 = 22
B = 22/55 = 0,40 => yi = 1,4 + 0,40 t
y(i+1) − yi = 1,4 + 0,4(i+1) − (1,4 + 0,4i) = 0,40

Gabarito: C.

(Auditor Fiscal/SC – FEPESE) Um modelo linear (reta) de regressão apresenta inclinação igual a 1,5 e intercepção igual a 10.

Qual é o valor da variável dependente de acordo com o modelo de reta quando a variável independente vale 20?

(A) 40
(B) 55
(C) 201,5
(D) 300
(E) 2001,5

Solução
A reta de regressão tem, então, a forma
    y=1,5x+10.
Para quando x valer 20, y valerá
y=1.5.20+10
y=30+10
y=40.

Gabarito: A.